# Friedrich Nietzsche
## Uma Biografia Filosófica

O GEN | Grupo Editorial Nacional reúne as editoras Guanabara Koogan, Santos, Roca, AC Farmacêutica, Forense, Método, LTC, E.P.U. e Forense Universitária, que publicam nas áreas científica, técnica e profissional.

Essas empresas, respeitadas no mercado editorial, construíram catálogos inigualáveis, com obras que têm sido decisivas na formação acadêmica e no aperfeiçoamento de várias gerações de profissionais e de estudantes de Administração, Direito, Enfermagem, Engenharia, Fisioterapia, Medicina, Odontologia, Educação Física e muitas outras ciências, tendo se tornado sinônimo de seriedade e respeito.

Nossa missão é prover o melhor conteúdo científico e distribuí-lo de maneira flexível e conveniente, a preços justos, gerando benefícios e servindo a autores, docentes, livreiros, funcionários, colaboradores e acionistas.

Nosso comportamento ético incondicional e nossa responsabilidade social e ambiental são reforçados pela natureza educacional de nossa atividade, sem comprometer o crescimento contínuo e a rentabilidade do grupo.

# JULIAN YOUNG

## Friedrich Nietzsche
### Uma Biografia Filosófica

Tradutora
**Marisa Motta**

Revisão técnica
**Teresa Dias Carneiro**

A EDITORA FORENSE se responsabiliza pelos vícios do produto no que concerne à sua edição, aí compreendidas a impressão e a apresentação, a fim de possibilitar ao consumidor bem manuseá-lo e lê-lo. Os vícios relacionados à atualização da obra, aos conceitos doutrinários, às concepções ideológicas e referências indevidas são de responsabilidade do autor e/ou atualizador.

As reclamações devem ser feitas até noventa dias a partir da compra e venda com nota fiscal (interpretação do art. 26 da Lei n. 8.078, de 11.09.1990).

Traduzido de
FRIEDRICH NIETZSCHE, FIRST EDITION
Copyright © Cambridge University Press 2010
All rights reserved.
Syndicate of the Press of the University of Cambridge, England.
ISBN: 978-0-521-87117-4

**Friedrich Nietzsche: uma biografia filosófica**
ISBN 978-85-309-3469-9
Direitos exclusivos da presente edição para o Brasil
*Copyright* © 2014 by
**FORENSE UNIVERSITÁRIA um selo da EDITORA FORENSE LTDA.**
Uma editora integrante do GEN | Grupo Editorial Nacional
Travessa do Ouvidor, 11 – 6º andar – 20040-040 – Rio de Janeiro – RJ
Tels.: (0XX21) 3543-0770 – Fax: (0XX21) 3543-0896
bilacpinto@grupogen.com.br | www.grupogen.com.br

O titular cuja obra seja fraudulentamente reproduzida, divulgada ou de qualquer forma utilizada poderá requerer a apreensão dos exemplares reproduzidos ou a suspensão da divulgação, sem prejuízo da indenização cabível (art. 102 da Lei n. 9.610, de 19.02.1998).

Quem vender, expuser à venda, ocultar, adquirir, distribuir, tiver em depósito ou utilizar obra ou fonograma reproduzidos com fraude, com a finalidade de vender, obter ganho, vantagem, proveito, lucro direto ou indireto, para si ou para outrem, será solidariamente responsável com o contrafator, nos termos dos artigos precedentes, respondendo como contrafatores o importador e o distribuidor em caso de reprodução no exterior (art. 104 da Lei n. 9.610/98).

1ª edição – 2014

Tradutora: Marisa Motta
Revisora técnica: Teresa Dias Carneiro

CIP – Brasil. Catalogação-na-fonte.
Sindicato Nacional dos Editores de Livros, RJ.

Y67f
Young, Julian
    Friedrich Nietzsche: uma biografia filosófica / Julian Young ; tradução MarisaMotta. – 1. ed. – Rio de Janeiro: Forense, 2014.

    760 p. : il.
    Tradução de: *Friedrich Nietzsche: a philosophical biography*
    Inclui índice
    ISBN 978-85-309-3469-9

    1. Nietzsche, Friedrich Wilhelm, 1844-1900. 2. Filósofos – Alemanha – Biografia. I.Título.

13-04034
                                                 CDD: 921.3
                                                 CDU: 929:1(430)

## Friedrich Nietzsche
## Uma Biografia Filosófica

Neste relato magnificamente escrito, Julian Young oferece a mais abrangente biografia atual da vida e da filosofia do filósofo alemão do século XIX, Friedrich Nietzsche. Young lida com muitos problemas complexos criados pela estreita associação da história pessoal de Nietzsche e sua obra: por que o filho de um pastor luterano desenvolveu o arquétipo do "Anticristo"; por que esse arquétipo prussiano detestava a Prússia de Bismarck; e qual a razão que motivou esse inimigo do feminismo a preferir a companhia de mulheres feministas. Ao situar o pensamento de Nietzsche no contexto da época – a ascensão do militarismo prussiano, o antissemitismo, a ciência darwiniana, os movimentos da "Juventude" e da emancipação, assim como a "morte de Deus" – Young enfatiza a influência decisiva de Platão e Richard Wagner na tentativa de Nietzsche de renovar a cultura ocidental. Ele também descreve o efeito devastador na personalidade de Nietzsche de seu amor infeliz por Lou Salomé e busca entender por que, aos 44 anos, ele enlouqueceu.

Este livro inclui uma seleção de mais de 30 fotografias de Nietzsche, seus amigos e seus locais de trabalho.

Graduado pela Universidade de Cambridge e pela Universidade de Pittsburgh, Julian Young é professor da cátedra Kenan de Ciências Humanas da Universidade Wake Forest. Young é também professor de filosofia da Universidade de Auckland e professor honorário de Pesquisa na Universidade da Tasmânia. Especialista em filosofia alemã dos séculos XIX e XX, ele é autor de nove livros, dos quais o mais recente é *Nietzsche's Philosophy of Religion*. Julian Young faz palestras em universidades e conferências no mundo inteiro.

## NOTA

Capítulos e seções com títulos em itálico discutem as obras de Nietzsche. Os demais se referem à vida de Nietzsche. Há três maneiras de ler este livro. Pode-se ler só a vida de Nietzsche, ou só suas obras, ou ainda melhor, ler a vida e a obra de Nietzsche.

NOTA

# ÍNDICE

*Lista de Ilustrações* .................................................... XVII
*Lista de Abreviaturas* ................................................... XIX
*As obras de Nietzsche* .................................................. XIX
*Agradecimentos* ......................................................... XXI

### PARTE UM
### JUVENTUDE

| | |
|---|---:|
| 1. DA CAPO | 3 |
| Röcken | 3 |
| Naumburg | 13 |
| Deus | 20 |
| | |
| 2. PFORTA | 23 |
| Uma Herança Dividida | 23 |
| O Currículo | 29 |
| A Sociedade *Germania* | 30 |
| Dúvida Religiosa | 32 |
| A Rebeldia Adolescente | 33 |
| Novos Amigos | 35 |
| A Partida do Colégio | 36 |
|     Trabalhos Literários (1858-1864) | 37 |
|     Religião | 38 |
|     Música | 42 |
|     Tragédia | 45 |
|     Poesia | 46 |
|     Moral e Política | 53 |
|     Pátria *versus* Cidadão do Mundo | 56 |
|     Destino e Liberdade | 57 |
| | |
| 3. BONN | 59 |
| Livre por Fim | 59 |
| Embriaguez e Duelo | 61 |
| O Bordel de Colônia | 63 |
| David Strauss e a Crítica ao Cristianismo | 65 |
| A Partida de Bonn | 71 |
| | |
| 4. LEIPZIG | 73 |
| Instalando-se | 73 |

Época Feliz .................................................. 74
O Estudo dos Clássicos ....................................... 78
Guerra e Política ............................................ 80
Serviço Militar .............................................. 84
Retorno a Leipzig: Primeiro Encontro com Wagner .............. 87
"Conto de Fadas e Botas de Sete Léguas" ...................... 90

5. SCHOPENHAUER .............................................. 93
    O Mundo como Vontade e Representação ..................... 93
    A Conversão de Nietzsche ................................. 98
    O Impacto de Kant e Lange ................................ 102
    A Crítica a Schopenhauer ................................. 104
    A Reconstrução de Schopenhauer ........................... 105

## PARTE DOIS
## O PROFESSOR RELUTANTE

6. BASILEIA .................................................. 113
Basileia em 1870 ............................................. 113
A Vida Universitária ......................................... 115
Colegas e Amigos ............................................. 117
Burckhardt ................................................... 118
Overbeck ..................................................... 119
A Ilha dos Abençoados ........................................ 120
O Final de um Idílio ......................................... 125

7. RICHARD WAGNER E O NASCIMENTO DA OBRA *A ORIGEM DA TRAGÉDIA* . 129
    A Visão Wagneriana do Mundo .............................. 130
    A Arte do Futuro ......................................... 136
    O Impacto de Schopenhauer ................................ 137
    A Sabedoria de Silenus ................................... 145
    A Arte de Homero ......................................... 146
    A Tragédia Grega ......................................... 148
    O Papel do Mito .......................................... 152
    A Solução para o Enigma da Relação de Wagner com os Gregos . 153
    Sócrates e a Morte da Tragédia ........................... 155
    O que há de Errado com nossa Maneira de Ser Atual? ....... 156

8. A GUERRA E SUAS CONSEQUÊNCIAS ............................. 159
A Guerra Franco-Prussiana .................................... 160
A Guerra de Nietzsche ........................................ 161
As Consequências ............................................. 163
    A Violência .............................................. 164
Prússia ...................................................... 166
    Sobre o Futuro de nossas Instituições Educacionais ....... 167

9. A FILOLOGIA ANAL .......................................... 175
"A Propaganda Maciça" de Rohde ............................... 177

A Reação Enérgica de Wilamowitz ........................................... 178
A Reação Adversa de Ritschl ................................................. 180
A Intervenção de Wagner .................................................... 181
Von Bülow e a "Meditação de Manfred" ....................................... 182
O Retiro para as Montanhas .................................................. 184
A Filologia Anal e Compulsiva ................................................ 185
Filologia Existencial ........................................................ 185
As Relações com o Casal Wagner .............................................. 187
    "Cinco Prefácios para Cinco Livros não Escritos" ......................... 188

**10. CONSIDERAÇÕES EXTEMPORÂNEAS** .......................................... 193
Divertimento em Basileia .................................................... 193
Tristeza em Bayreuth ........................................................ 196
    A Primeira Consideração Extemporânea: David Strauss, o Sectário e o Escritor.. 199
A Cura de Repouso em Flims .................................................. 203
O Caso de Rosalie Nielsen ................................................... 204
Apelos aos Alemães .......................................................... 205
    Segunda Consideração Extemporânea: Da Utilidade e Desvantagens da História
    para a Vida .............................................................. 207
    Notas Secretas ........................................................... 211

**11. VOCÊ GOSTA DE BRAHMS?** ................................................ 217
Depressão, Casamento e Desistência .......................................... 217
    Wagner em Avaliação ...................................................... 220
A Vida Pessoal, um Novo Editor, Mulheres .................................... 226
Bergün ...................................................................... 229
Brahms é Banido em Bayreuth ................................................. 230
    Terceira Consideração Extemporânea: Schopenhauer como Educador ........... 232
Natal em Casa e o "Hino à Amizade" .......................................... 239

**12. AUF WIEDERSEHEN BAYREUTH** ............................................. 241
    Nós, Filólogos ........................................................... 243
Uma Resenha, Adeus a Romundt, Saudação de Aniversário para Wagner e uma Crise
de Saúde .................................................................... 246
"Cura" em Steinabad ......................................................... 249
Um Novo Apartamento e Novos Amigos: Paul Rée e Heinrich Köselitz ............ 254
Veytaux, Genebra e uma Proposta de Casamento ................................ 258
    Wagner em Bayreuth ....................................................... 261
O Primeiro Festival de Bayreuth ............................................. 268
Retorno a Bayreuth e um Flerte .............................................. 272

**13. SORRENTO** ............................................................. 275
A Viagem ao Sul ............................................................. 276
Malwida von Meysenbug ....................................................... 277
A Villa Rubinacci ........................................................... 278
Rosenlaui: Nietzsche e Sherlock Holmes ...................................... 283
O Retorno à Basileia ........................................................ 287
O Incidente Chocante do Médico Amigo e do Amigo Cuidador .................... 287

14. *HUMANO, DEMASIADO HUMANO* .................................... 291
A Adesão ao Positivismo.................................................. 292
O Espírito Livre: Nietzsche e o Movimento de Reforma da Vida .................. 294
O Mosteiro dos Espíritos Livres............................................ 299
    *Humano, demasiado Humano: A Crítica à Metafísica*...................... 301
Por que Desconstruir a Metafísica?......................................... 309
    A Cultura Superior de Nietzsche ...................................... 315
    A Teoria da Evolução Cultural........................................ 316
    A Vida Racional: Escravidão, Castigo, Eutanásia, Eugenia, Conservação........ 318
    Religião e Arte na Cultura Superior ................................... 319
    Globalização..................................................... 322
    O Problema do Livre-Arbítrio........................................ 324
    Sobre a Necessidade da Metafísica pelo Ser Humano...................... 325

## Parte Três
## O NÔMADE

15. O ANDARILHO E SUA SOMBRA......................................... 329
Receptividade ao *Humano, demasiado Humano* .............................. 329
    Miscelânea de Opiniões e Sentenças................................... 331
A Partida da Basileia..................................................... 332
St. Moritz............................................................. 333
Saúde e Epicuro ........................................................ 334
    O Andarilho e sua Sombra.......................................... 339
    A Construção do Walden II ......................................... 344
    Mulheres ....................................................... 346
    Nietzsche era um Democrata?........................................ 348
Naumburg, Riva, Veneza, Marienbad, Stresa................................. 349
Gênova, Recoaro e Sils Maria.............................................. 353

16. *AURORA* ......................................................... 357
    Um Livro para Leitores Lentos....................................... 357
    Felicidade ...................................................... 359
    A Estrutura Teórica................................................ 360
    Crítica à Metafísica Cristã........................................... 362
    Crítica à Moral Cristã .............................................. 364
    O Oposto ao Ideal do Cristianismo.................................... 367
    Autocriação...................................................... 368
    O Paradoxo da Felicidade........................................... 372
    O Idílio Heroico .................................................. 373
    O Egoísmo Benevolente ............................................ 374
    Conselho Concreto ............................................... 378
    O *Status* da Estrutura Teórica........................................ 379

17. *A GAIA CIÊNCIA* ................................................... 383
Primeiro Verão em Sils Maria.............................................. 383
    A Entrada do Eterno Retorno ....................................... 385
Segundo Inverno em Gênova.............................................. 388
*Carmen*, São Januário, Rée e Sarah Bernhardt................................ 389

Messina .................................................................. 392
   Idílios de Messina ..................................................... 394
   *A Gaia Ciência* ........................................................ 395
   O Principal Argumento .................................................. 396
   A Evolução Cultural .................................................... 397
   A Maneira como Somos Agora ............................................. 399
   O Futuro de Nietzsche .................................................. 400
   A Vida como Obra de Arte ............................................... 405
   Realidade, Verdade e Conhecimento ...................................... 409

18. O CASO SALOMÉ ........................................................ 411
Lou Salomé ............................................................... 411
Nietzsche em Roma ........................................................ 412
O Mistério de Sacro Monte e a Fotografia do "Chicote" .................... 414
Comportamentos Dissimulados .............................................. 416
Nietzsche em Tautenburg .................................................. 418
Elizabeth *versus* Lou ................................................... 419
Ela Disse Ela Disse Ele Disse ............................................ 421
Lou em Tautenburg ........................................................ 422
   Ao Sofrimento .......................................................... 424
Ruptura com a Família .................................................... 427
O Fim do Caso ............................................................ 427
Consequências ............................................................ 428

19. ZARATUSTRA ........................................................... 433
Refúgio em Rapallo ....................................................... 433
Anti-Antissemitismo ...................................................... 434
Nietzsche, o "Herdeiro" de Wagner ........................................ 435
Segundo Verão em Sils Maria .............................................. 437
Continuação do Caso Salomé ............................................... 438
A Sombra de Bernhard Förster ............................................. 441
O Primeiro Inverno em Nice ............................................... 442
Dois Discípulos .......................................................... 443
Uma Nova Bíblia .......................................................... 444
   Assim Falou Zaratustra: Prólogo ........................................ 446
   Zaratustra Parte I: Os Discursos de Zaratustra ......................... 449
   Zaratustra Parte II .................................................... 456
   Zaratustra Parte III ................................................... 462
   Zaratustra Parte IV .................................................... 466
   A Festa do Burro ....................................................... 468

20. O CÍRCULO DE MULHERES DE NIETZSCHE ................................... 471
Joseph Paneth ............................................................ 471
Resa von Schirnhofer ..................................................... 472
O "Outro" Nietzsche ...................................................... 473
Meta von Salis ........................................................... 474
Terceiro Verão em Sils Maria ............................................. 475
Helen Zimmern ............................................................ 476
Heinrich von Stein ....................................................... 477

Reconciliação com Elizabeth em Zurique .................................... 479
Helene Druskowitz.......................................................... 480
Segundo Inverno em Nice.................................................... 481
Quarto Verão em Sils Maria................................................. 482
Nietzsche e suas Amigas Feministas ......................................... 484
Os Förster ................................................................ 487
A "Desgraça de Schmeitzner"................................................ 488
    Terceiro Inverno em Nice............................................ 489
    O Cosmopolitismo de Nietzsche ...................................... 490
A Publicação de *Além do Bem e do Mal* .................................... 492
"Dinamite", "Filosofia Elitista", "Patológico" ............................ 493

## 21. ALÉM DO BEM E DO MAL ................................................ 497
O Coração das Trevas ...................................................... 497
    Filosofia Teórica: Os "Preconceitos" dos Metafísicos ............... 502
    A Metafísica do Poder .............................................. 505
    Epistemologia ...................................................... 508
    Crítica Cultural ................................................... 509
    Como Superar a Doença da Modernidade: Os Filósofos do Futuro ....... 516
    A República de Nietzsche ........................................... 519
    Hierarquia ......................................................... 519
    A Questão da Escravidão ............................................ 521
    Mais uma Vez as Mulheres ........................................... 524
    Moral, Religião e a Arte no Novo Mundo ............................. 526

## 22. A PREPARAÇÃO ........................................................ 531
Quinto Verão em Sils Maria ................................................ 531
As Explosões nas Planícies ................................................ 532
Hino à Vida ............................................................... 533
Um Mês no Campo ........................................................... 534
Quarto Inverno em Nice .................................................... 535
Os Preparativos para a Grandeza ........................................... 536
    Os Prefácios de 1886 ............................................... 538
    *A Gaia Ciência*, Livro V: Ser Científico em Relação à Ciência ..... 539
    As Palavras do Andarilho ........................................... 544
    A Terra não Descoberta de Nietzsche ................................ 546
    A Saúde da Comunidade .............................................. 547
    Saúde Mental ....................................................... 549
    "Um Pensamento Adorável: Via Sils para a Grécia!" .................. 551

## 23. A GENEALOGIA DA MORAL ............................................... 553
*Parsifal*, Dostoievski e um Terremoto "Bem-Intencionado" ................. 553
Jovens e Antissemitas ..................................................... 555
Intermezzo ................................................................ 556
Depressão em Chur ......................................................... 557
Quinto Verão em Sils Maria ................................................ 558
Quinto e Último Inverno em Nice ........................................... 562
Projetos Literários ....................................................... 564
    Sobre *A Genealogia da Moral* ...................................... 566

ÍNDICE

    Primeiro Ensaio: "Bem e Mal", "Bom e Mau"................................. 567
    O Primeiro Ensaio: Contribuição para uma Visão do Futuro................. 571
    Segundo Ensaio: A Moral Consagrada pelo Hábito e a Soberania Individual .... 573
    As Origens da Consciência Pesada......................................... 576
    A Contribuição do Segundo Ensaio para uma Visão do Futuro................ 579
    Terceiro Ensaio: Qual é o Significado dos Ideais Ascéticos?.................. 580
    Wagner e o Ideal Ascético................................................ 581
    Sexo e o Filósofo........................................................ 581
    Perspectivismo e Objetividade............................................ 583
    O Ideal Ascético conforme Praticado e Difundido pelos Sacerdotes.......... 588
    O Ideal Ascético na Modernidade......................................... 590
    O que Há de Errado com o Ideal Ascético?................................. 591
    A Ciência e o Ideal Ascético.............................................. 592
    Senhores do Universo................................................... 595
    A Questão do Método................................................... 597

24. 1888 .................................................................... 599
Inverno em Nice............................................................ 599
Primeira Visita a Turim..................................................... 601
*Sic Incipit Gloria Mundi*................................................... 602
O Último Verão em Sils Maria............................................... 605
Visitantes................................................................. 606
    Escritos em Sils Maria: *O Caso Wagner* ................................. 608
    *Décadence* ............................................................ 609
    A História de *O Anel* .................................................. 612
    O Livro Escrito em Sils Maria: *O Crepúsculo dos Ídolos*.................... 614
    Qual é a Natureza da Realidade?.......................................... 615
    O que é Liberdade?..................................................... 617
    O que é Felicidade?..................................................... 618
    Por que o Desejo do Eterno Retorno é "Dionisíaco"?........................ 620
    Como um "Imoralista" Lidaria com as Ações Nocivas?...................... 622
    O Egoísmo É Prejudicial?................................................ 624
    O que há de Errado com os Alemães?..................................... 626
    O que Gostaríamos que Substituísse a Cultura Moderna?.................... 628
    Qual é o Lugar da Arte na Nova Sociedade?................................ 628
Última Estada em Turim.................................................... 629
    O Anticristo ........................................................... 629
    O Judaísmo e as Origens da Moral dos Escravos............................ 630
    O Jesus Histórico....................................................... 632
    A Perversão de Paulo................................................... 632
    As Acusações contra o Cristianismo...................................... 633
    O Grande Meio-Dia..................................................... 635
    A Religião na "República" de Nietzsche................................... 639
    *Ecce Homo*............................................................ 641
    Como Alguém se Torna o que É .......................................... 643
    Em quem Nietzsche se Transformou?..................................... 645
O Ataque da Artilharia..................................................... 647
O Estado Mental de Nietzsche.............................................. 650

25. CATÁSTROFE ........................................................ 653
O Deus Nietzsche ..................................................... 653
A História do Cavalo ................................................. 657

26. A ASCENSÃO E QUEDA DE *A VONTADE DE PODER* ..................... 661
    O Estímulo Intelectual de Casaubon .............................. 663
    A Explicação de todos os Acontecimentos ......................... 665
    A Transvaloração de todos os Valores ............................ 667
    A História de um Projeto Literário Fracassado ................... 669
    A Pureza Intelectual ............................................ 672
    A Doutrina Cosmológica .......................................... 673
    A Doutrina Biológica ............................................ 675
    A Doutrina Psicológica .......................................... 676
    O que Resta da Vontade de Poder? ................................ 677
    O Problema do "Monstro Saudável" ................................ 679

27. O FIM ............................................................ 681
A Clínica na Basileia ................................................ 681
A Clínica em Jena .................................................... 682
Em Naumburg .......................................................... 684
Uma Celebridade ...................................................... 684
A Exploração de Elizabeth ............................................ 685
O Santuário em Weimar ................................................ 688
A Morte de Nietzsche ................................................. 690

28. A LOUCURA DE NIETZSCHE ........................................... 691

Cronologia ........................................................... 697
Índice Alfabético .................................................... 703

# LISTA DE ILUSTRAÇÕES

Ilustrações nas páginas XXV a XL.

1. Karl Ludwig Nietzsche (pai de Nietzsche). Fotografia Klassik Stiftung Weimar, GSA (Goethe – und Schiller – Archiv) 101/324.
2. Franziska Nietzsche (mãe de Nietzsche), com cerca de 25 anos.
3. A paróquia de Röcken onde Nietzsche nasceu, com a igreja do pai atrás. Fotografia do autor.
4. Weintgarten nº 18, a casa de Franziska Nietzsche em Naumburg. Fotografia do autor.
5. Nietzsche aos 17 anos. Fotografia GSA 101/1.
6. Friedrich Ritschl, o querido professor de Nietzsche em Leipzig. Fotografia GSA 101/392.
7. Paul Deussen, com aproximadamente 19 anos. Fotografia GSA 101/133.
8. Nietzsche aos 24 anos na época do serviço militar. Fotografia GSA 101/9.
9. Arthur Schopenhauer, o "retrato celestial de nosso mestre" de Jules Luntenschütz. Pintura a óleo Schopenhauer – Archiv, Universitätsbibliotheck, Frankfurt a.m.
10. Franz Overbeck. Fotografia GSA 101/362.
11. A casa da família Wagner em Tribschen, Lucerna. Fotografia do autor.
12. Richard e Cosima Wagner em maio de 1872, na época da mudança deles para Bayreuth. Fotografia (de F. Luckhardt) Museu Richard Wagner, Bayreuth.
13. Nietzsche com os amigos Erwin Rohde (à esquerda) e Carl von Gersdorff, outubro de 1871. Fotografia GSA 101/41.
14. Wahnfried, a casa da família Wagner em Bayreuth. Fotografia do autor. Wahnfried – nome da casa – Aqui minhas decepções encontraram a paz.
15. O Teatro do Festival em Bayreuth. Fotografia do autor.
16. Malwida von Meysenbug. Fotografia GSA 101/203.
17. Elizabeth Förster-Nietzsche (irmã de Nietzsche), com cerca de 30 anos. Fotografia GSA 101/160.
18. Paul Rée. Fotografia GSA 101/160.
19. Heinrich Köselitz ("Peter Gast"). Fotografia GSA 101/214.
20. Mathilde Trampedach. Fotografia GSA 101/452.
21. A casa Durish em Sils Maria. O quarto de Nietzsche no segundo andar à esquerda, aos fundos. Fotografia do autor.
22. O quarto de Nietzsche na casa Durish. Fotografia do autor.
23. O "enorme bloco de pedra piramidal" às margens do lago Silverplana, onde pela primeira vez Nietzsche pensou no "eterno retorno". Fotografia do autor.
24. Lou Salomé em 1882, o ano do "caso Salomé". Fotografia GSA 101/92.
25. "Você vai encontrar mulheres? Não esquece o chicote." Lou Salomé, Paul Rée e Nietzsche em Lucerna. Fotografia (de Jules Bonnet) Wikimedia Commons.

26. Memorial de Nietzsche na península de Chasté, com citação da "Canção da Embriaguez" de *Zaratustra*. Construído em 1900 por Carl Fuchs e Walther Lampe. Fotografia do autor.
27. Resa von Schirnhofer. Fotografia de coleção particular.
28. Meta von Salis Marschlins. Desenho a carvão (de W. Allers) Museu Rätisches, Chur.
29. Lago Silverplana com vista para Sils Maria. Fotografia do autor.
30. O Arquivo Nietzsche, antiga Villa Silberblink, Weimar. Fotografia do autor.
31. Nietzsche em maio de 1899, pouco antes de sua morte. Fotografia GSA 101/37.
32. Elizabeth Förster-Nietzsche e o chanceler Adolf Hitler. Fotografia GSA 72/1596.

# LISTA DE ABREVIATURAS

## As obras de Nietzsche

As obras de Nietzsche publicadas são citadas com o uso das seguintes abreviaturas: algarismos romanos referem-se às partes mais extensas de seus livros e algarismos arábicos a seções e não a páginas. As referências KGW e KSA citam o número do volume seguido pelo número do caderno de anotações e, entre colchetes, o número da nota (por exemplo, KSA 13, 14 [204]). As referências KGB citam o número do volume seguido pelo número da carta (por exemplo, KGB 11.3 393). As traduções de KGB, KGW e KSA são de minha autoria. Algumas vezes modifiquei as traduções dos livros publicados de Nietzsche que eu cito.

**A** *The Antichrist* em *The Anti-Christ, Ecce Homo, Twilight of the Idols and Other Writings*. (Org.) A. Ridley, trad. J. Norman (Cambridge: Cambridge University Press, 2005). A seguir "Ridley e Norman".

**AOM** *Assorted Opinions and Maxims* em *Human, All Too Human*. (Org.) E. Heller, trad. R. Hollingdale (Cambridge: Cambridge University Press, 1986). A seguir "Heller e Hollingdale".

**BGE** *Beyond Good and Evil*. (Org.) R.-P. Horstmann, trad. J. Norman (Cambridge: Cambridge University Press, 2002).

**BT** *The Birth of Tragedy* em *The Birth of Tragedy and Other Writings*. (Orgs.) R. Geuss e R. Speirs, trad. R. Speirs (Cambridge: Cambridge University Press, 1999).

**D** *Daybreak*. (Orgs.) M. Clark e B. Leiter, trad. R. Hollingdale (Cambridge: Cambridge University Press, 1997). Citado por mim como *Dawn*.

**EH** *Ecce Homo*, em Ridley e Norman.

**EI** *On the Future of our Educational Institutions*, trad. M. W. Grenke (South Bend, *In*: St. Augustine's Press, 2004).

**GM** *On the Genealogy of Morals*, (Org.) K. Anseel-Pearson, trad. C. Diethe (Cambridge: Cambridge University Press, 1994).

**GS** *The Gay Science*, (Org.) B. Williams, trad. J. Naukhoff (Cambridge: Cambridge University Press, 2001).

**HH** *Human, All too Human*, em Heller e Hollingdale.

**HKG** *Friedrich Nietzsche: Werke und Brief: Historich-kritische Gesamtausgabe*, vol. II (Org.) Hans Joachim Mette (Munique: Beck, 1933).

**KGB** *Nietzsche Briefwechsel: Kritische Gesamtausgabe* (25 vols.), (Orgs.) G. Colli e M. Montinari (Berlim: de Gruyter, 1975-2004).

**KGW** *Nietzsche Werke: Kritische Gesamtausgabe* (24 vols. + quatro CDs), (Orgs.) G. Colli e M. Montinari (Berlim: de Gruyter, 1967-2006).

**KSA** *Kritische Studienausgabe* (15 vols.), (Orgs.) G. Colli e M. Montinari (Berlim: de Gruyter, 1999).

**NCW** *Nietzsche contra Wagner* em *The Portable Nietzsche*, (Org.) W. Kaufmann (Nova York: Penguin, 1982).

**PTA** *The Complete Works of Friedrich Nietzsche*, vol. 2, *Early Greek Philosophy*, (Org.) O. Levy, trad. M. A. Mügge (Nova York, Gordon Press).

**S** *Nietzsche: Werke in Drei Bänden* (3 vols.), (Org.) K. Schlechta (Munique: Hanser, 1965).

**TI** *Twilight of the Idols*, em Ridley e Norman.

**UM** *Untimely Meditations*, (Org.) D. Breazeale, trad. R. Hollingdale (Cambridge: Cambridge University Press, 1997). Daqui por diante "Breazeale e Hollingdale".

**WB** *Wagner in Bayreuth*, em Breazeale e Hollingdale.

**WC** *The Case of Wagner: A Musician's Problem*, em Ridley e Norman.

**WP** *The Will to Power*, (Org.) W. Kaufmann, trad. W. Kaufmann e R. Hollingdale (Nova York: Vintage, 1968).

**WS** *The Wanderer and his Shadow*, em Heller e Hollingdale.

**Z** *Thus Spoke Zarathustra*, (Trad. e org.) G. Parker (Nova York: Oxford University Press, 2005).

### Outras obras

**BM** *On the Basis of Morality*, Arthur Schopenhauer, trad. E. F. J. Payne (Nova York: Bobbs-Merill, 1965).

**C** *Friedrich Nietzsche: Chronik in Bildern und Texten*, (Orgs.) R. Benders e S. Oettermann para o Stiftung Weimarer Klassik (Munique-Viena: Hanser, 2000).

**J** *Friedrich Nietzsche: Biographie* (3 vols.), C. P. Janz (Munique-Viena: Hanser, 1978).

**FR** *The Fourfold Root of the Principle of Sufficient Reason*, Arthur Schopenhauer, trad. E. F. J. Payne (La Salle: Open Court, 1974).

**LN** *The Lonely Nietzsche*, Elizabeth Förster-Nietzsche, trad. P. Cohn (Londres: Heinemann, 1915).

**PP** *Parerga und Paralipomena* (2 vols.), Arthur Schopenhauer, trad. E. F. J. Payne (Oxford: Clarendon Press, 1974).

**WMD** *Wagner on Music and Drama*, Richard Wagner (Orgs.) A. Goldman e E. Sprinchorn, trad. W. Aston Ellis (Londres: Gollancz, 1964).

**WN** *On the Will in Nature*, Arthur Schopenhauer, trad. E. F. J. Payne (Nova York: Berg, 1992).

**WPW** *Richard Wagner's Prose Works*, vol. 5, Richard Wagner, trad. W. Ashton Ellis (Londres: Kegan Paul, Trench, Trübner and Co., 1896).

**WR** *The World as Will and Representation* (2 vols.), Arthur Schopenhauer, trad. E. F. J. Payne (Nova York: Dover, 1969).

**YN** *The Young Nietzsche*, Elizabeth Förster-Nietzsche, trad. A. Ludovici (Londres: Heinemann, 1992).

# AGRADECIMENTOS

Sou profundamente grato às seguintes pessoas: Curt Paul Janz pela correspondência elucidativa sobre a lamentável fotografia do "chicote"; ao professor Gerhard Shaumann, que passou o dia inteiro mostrando-me Tautenberg, o lugar do *tetê-à-tête* de Nietzsche com Lou Salomé, e à sua mulher Karin, que me levou aos vinhedos de Saale-Unstrut, onde Nietzsche cresceu; a Frau Petra Dorfmüller, arquivista de Schulpforte, que me forneceu informações importantes a respeito da escola onde Nietzsche estudou; ao Dr. Gudrun Föttinger, diretor do Museu Wagner em Bayreuth, que, em meio ao festival de 2007, conversou longamente comigo sobre as obras iniciais de Wagner; ao professor Mario Russo, que por fim me ajudou a encontrar o que resta da Villa Rubinaci em Sorrento; a Wolfgang Bottenberg, autor da reprodução das músicas de Nietzsche disponíveis no *website* deste livro, esclareceu muitas facetas de sua vida e pensamento; a Joanna Bottenberg por seus esclarecimentos e a maravilhosa hospitalidade em Montreal; a Peter Loptson que, como de hábito, me mantém atualizado do ponto de vista filosófico, além de corrigir-me em diversos aspectos da história do século XIX; a Friedrich Voit meu apoio constante nas dificuldades de tradução; a Christine Swanton que em inúmeras ocasiões me orientou a distinguir o falso do verdadeiro; a minha revisora, Mary Montgomery, que me salvou várias vezes de cometer solecismos gramaticais; e a minha editora, Beatrice Rehl, sempre entusiasmada e criteriosa. Agradeço em especial a Anja van Polanen Petel: só uma supermulher teria suportado, ano após ano, um marido desaparecido sem deixar vestígios nas profundezas do século XIX.

A realização deste livro só se concretizou graças a uma licença sabática da Universidade de Auckland em 2006, à bolsa de estudos Writing Fellowship em 2007 e ao Discovery Project Grant do Australian Research Council em 2008-2009. Trechos do Capítulo 5 foram incluídos em meu ensaio "Schopenhauer, Nietzsche, Death and Salvation" publicado pelo *European Journal of Philosophy* vol. 16, nº 2, p. 311-324, e textos do Capítulo 7 em meu artigo "Richard Wagner and the Birth of *The Birth of Tragedy*" publicado no *International Journal of Philosophical Studies* vol. 16, nº 2, 2008, p. 217-245. Agradeço aos editores destes periódicos a permissão de reutilizar este material.

# ILUSTRAÇÕES

1. Karl Ludwig Nietzsche (pai de Nietzsche).

2. Franziska Nietzsche (mãe de Nietzsche), com cerca de 25 anos.

3. A paróquia de Röcken, onde Nietzsche nasceu, com a igreja do pai atrás.

4. Weintgarten, 18, a casa de Franziska Nietzsche em Naumburg.

5. Nietzsche aos 17 anos.

6. Friedrich Ritschl, o querido professor de Nietzsche em Leipzig.

7. Paul Deussen, com aproximadamente 19 anos.

8. Nietzsche aos 24 anos na época do serviço militar.

9. Arthur Schopenhauer, o "retrato celestial de nosso mestre" de Jules Luntenschütz.

10. Franz Overbeck.

11. A casa da família Wagner em Tribschen, Lucerna.

12. Richard e Cosima Wagner em maio de 1872, na época da mudança deles para Bayreuth.

13. Nietzsche com os amigos Erwin Rohde (à esquerda) e Carl von Gersdorff, outubro de 1871.

| Here where my delusions found peace | WAHNFRIED | Name this house. |

14. Wahnfried, a casa da família Wagner em Bayreuth.

15. O Teatro do Festival em Bayreuth.

16. Malwida von Meysenbug.

17. Elizabeth Förster-Nietzsche (irmã de Nietzsche), com cerca de 30 anos.

18. Paul Rée.

19. Heinrich Köselitz ("Peter Gast").

20. Mathilde Trampedach.

21. A casa Durish em Sils Maria. O quarto de Nietzsche no segundo andar à esquerda, aos fundos.

22. O quarto de Nietzsche na casa Durish.

23. O "enorme bloco de pedra piramidal" às margens do lago Silverplana onde pela primeira vez Nietzsche pensou no "eterno retorno".

24. Lou Salomé em 1882, o ano do "caso Salomé".

25. "Você vai encontrar mulheres? Não esqueça o chicote."

26. Memorial de Nietzsche na península de Chasté, com citação da "Canção da Embriaguez", de *Zaratustra*. Construído em 1900 por Carl Fuchs e Walther Lampe.

27. Resa von Schirnhofer. Fotografia de coleção particular.

28. Meta von Salis Marschlins.

29. Lago Silverplana com vista para Sils Maria.

30. O Arquivo Nietzsche, antiga Villa Silberblink, Weimar.

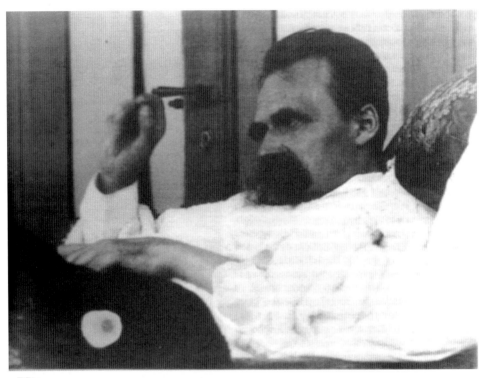
31. Nietzsche em maio de 1899, pouco antes de sua morte.

32. Elizabeth Förster-Nietzsche e o chanceler Adolf Hitler.

PARTE UM

# JUVENTUDE

# 1

# DA CAPO

## Röcken

Segundo Nietzsche, sua maior inspiração era a ideia de que alguém em um estado perfeito de saúde mental poderia examinar sua vida inteira e, então, se levantando em êxtase em um pé só exclamasse "*Da Capo!* – Mais uma vez! De novo! Voltar ao início!" da "peça inteira e do desempenho". Com uma saúde mental perfeita ninguém poderia "desejar com mais ardor" do que o "eterno retorno" da vida em um tempo infinito, não as versões espúrias dos seres ignóbeis, e, sim, exatamente a *mesma* vida nos mínimos detalhes, por mais dolorosos e vergonhosos que fossem. Sua tarefa específica seria a de ser capaz de atingir um ponto em que pudesse exclamar "*Da Capo*" diante de sua vida. Iremos descrever sua luta até atingir este ponto.

Friedrich Nietzsche, "Fritz", nasceu (exatamente uma semana antes de uma de suas admirações profundas, Sarah Bernhardt), em 15 de outubro de 1844, no vilarejo saxônico de Röcken. Dois fatos são importantes em relação ao local de seu nascimento. Em primeiro lugar, Röcken localizava-se na região da Saxônia anexada à Prússia em 1815. Esta anexação resultou de uma punição imposta devido à aliança do rei da Saxônia com Napoleão, a quem os prussianos, junto com seus aliados russos, austríacos e suecos derrotaram na batalha de Leipzig em 1813. (Nietzsche lembra-se que, ao contrário do resto da família, sua avó paterna fora uma grande admiradora de Napoleão,[1] uma peculiaridade que mais tarde teve uma influência importante em sua visão política.)

Como iremos ver, a Prússia exerceu um papel vital na formação intelectual de Nietzsche. Na juventude ele tinha um orgulho profundo da nacionalidade prussiana, como declarou em um momento de autodefinição – "eu sou prussiano" – e era um grande admirador de Otto von Bismarck, primeiro-ministro da Prússia e depois chanceler do Reich após a unificação dos estados alemães. Depois dos horrores da guerra franco-prussiana (1870-1871), na qual Bismarck iniciou uma "guerra de escolha" a fim de forçar alianças para que os estados alemães se unissem contra um inimigo comum, Nietzsche ficou cada vez mais chocado com o uso do poder implacável do chanceler prussiano e do chauvinismo condescendente de pessoas incultas, cujos interesses eram estritamente materiais e convencionais. No entanto, o fato de ter sido educado em uma família ardorosamente adepta da política

---

[1] EH 13 (ver KSA 14. p. 472).

e do sistema educacional prussiano, ele adquiriu, como sugerimos neste livro, o arquétipo de uma personalidade prussiana. O filósofo que desejava que as pessoas organizassem suas vidas de uma maneira rígida seguindo "uma linha direta" voltada para uma única "meta",[2] além de realizar uma "ordenação metódica" da alma e do estado de espírito, pode ser aclamado como o avô do pós-modernismo contemporâneo, um tributo à quase ilimitada capacidade dos filósofos de premeditadamente interpretarem-se mal.

O segundo fato importante em relação ao lugar onde Nietzsche nasceu foi sua posição como o cerne da Reforma Protestante: Röcken localizava-se a cerca de 70 quilômetros de Eisleben, a terra natal de Martinho Lutero, a cerca de 25 quilômetros ao sudoeste de Leipzig, onde Johann Sebastian Bach trabalhou e morreu, e a uns 50 quilômetros de Halle, onde Georg Friedrich Handel nasceu e trabalhou. As duas grandes expressões musicais do luteranismo alemão e da terra natal de Nietzsche, Bach e Handel, exerceram uma grande importância na musicalidade profunda de Fritz. Ele lembrava-se que, ao ouvir o coro Aleluia do *Messias* de Handel, aos nove anos, sentiu que deveria se unir ao canto alegre dos anjos, no qual Jesus ascendia ao céu, e decidiu escrever algo similar a essa música.[3]

O fato de o futuro pretenso "Anticristo" ter nascido no berço do Protestantismo criou um paradoxo que tentaremos solucionar. Como o Protestantismo alemão gerou e nutriu essa víbora em seu âmago?

\*\*\*

Fritz foi batizado como "Friedrich Wilhelm" porque nasceu no dia do aniversário do rei da Prússia, Friedrich Wilhelm IV, e, em razão de seu pai, Karl Ludwig (ver Ilustração 1), ser um *Königstreu*, um adepto ardoroso do monarquismo.

Ludwig, como o pai de Nietzsche era chamado, nasceu em 1813, filho de Friedrich August (1756-1862), um "superintendente" (ou seja, um arquidiácono) na Igreja Luterana e escritor de tratados sobre temas morais e teológicos. A mãe de Ludwig, Erdmuthe, descendia de cinco gerações de pastores luteranos. O fato de Ludwig ser um monarquista prussiano era resultado em parte de uma questão de gratidão. Depois de concluir seus estudos de teologia na Universidade de Halle, tornou-se tutor das três filhas do duque de Sax-Altenburg, um pequeno principado que, como Röcken, se situava na Saxônia prussiana. Neste período ele adotou um estilo dândi de vestir-se bem distante dos trajes clericais simples, um gosto pela elegância que seu filho herdaria. E foi também em Sax-Altenburg que ele conheceu o rei da Prússia, a quem deve ter causado uma boa impressão, porque, por um decreto imperial de 1842, foi nomeado pastor das paróquias de Röcken e dos vilarejos vizinhos de Michlitz e Bothfeld.

Nesse mesmo ano, Ludwig, com 29 anos, conheceu a jovem Franziska Oehler (ver Ilustração 2), de 17 anos, filha de David Ernst Oehler, pastor do vilarejo próximo de Pobles. Suas roupas elegantes, maneiras educadas e o talento de pianista, um dom também herdado pelo filho, encantaram a jovem, e eles casaram-se no ano seguinte.

---

2   TI I 44.
3   KGW 1.1 4 [77].

Nietzsche, então, cresceu cercado por pastores luteranos. No entanto, seria um erro considerar sua tentativa posterior de assassinar o Cristianismo como uma reação à sua formação fundamentalista ou puritana. Sua família não tinha estas ideias radicais, como ele afirma em *Ecce Homo*, sua semiautobiografia, que escreveu no final de sua carreira: "Eu sou a pessoa certa para declarar guerra ao Cristianismo, porque ele nunca me causou um grande infortúnio ou restringiu minha vida, e os cristãos praticantes sempre tiveram uma atitude positiva em relação a mim."[4]

O pai de Nietzsche era um homem muito culto, com uma grande cultura musical, não tinha interesse no dogma e pensava que as sutilezas da crença teológica pertenciam à privacidade da consciência individual. E Erdmuthe Nietzsche, como a irmã de Fritz, Elizabeth, recordou em suas anotações que "crescera em um período de um racionalismo árido... e por consequência sentiu-se bem durante o retorno ortodoxo da década de 1850, quando as pessoas começaram a 'renascer' e denunciavam-se em público como pecadores desesperados".[5] Sua avó materna expressava o mesmo antifanatismo, e o jovem Fritz era extremamente ligado a seu "lar aconchegante [*gemütlich*] e indulgente". David Oehler era filho de um tecelão que, por meio da inteligência, da educação e do casamento, ascendeu a uma posição de pequena nobreza rural e, assim, pôde viver como um nobre rural. Ele teve 11 filhos, gostava de jogar cartas, além de ser fazendeiro e ótimo caçador. Era um músico talentoso que organizava reuniões musicais regulares para animar as noites de inverno e tinha uma biblioteca enorme, um dos refúgios preferidos de Fritz.

Na verdade, a Igreja Luterana assemelhava-se à anglicana. Era um caminho para o progresso social e uma vida de relativa nobreza. Portanto, seria um erro empregar o adjetivo "*trollopiano*" para supor que a fé cristã não tinha significado para as famílias Nietzsche e Oehler, que a observavam apenas de fora, só em sua forma social. A fé deles era genuína e inquestionável, intocada pela dúvida em sua maior parte.* Ela era a base da vida deles, como afirmou Elizabeth: "Durante toda a nossa infância, e o Cris-

---

4    EH 1 7.
5    YN p. 32.
*    Há uma exceção registrada disso, que aparece em uma carta que o tio de Nietzsche, Edmundo Oehler, lhe escreveu em 1862: "Você vai querer saber como estou. Estou muito bem agora, graças a Deus. A melancolia e a névoa úmida fazem parte do passado, agora há de novo ar fresco e puro... Depois de um período de noite escura e grande sofrimento interno, um novo dia e uma nova vida começam a raiar. Jesus Cristo, crucificado, ressuscitado e elevado aos céus, ainda vive e rege hoje; ele é agora meu único Senhor e o rei do meu coração, só a ele seguirei, por ele viverei, morrerei e trabalharei. Por um tempo considerável, vivi em dúvida por ter seguido a homens, minha própria razão, e a sabedoria mundana. Como você decerto sabe, as opiniões dos homens constantemente se cancelam mutuamente, o que significa que uma alma inquieta pode encontrar fundações pouco firmes. Agora, porém, que Jesus se tornou o senhor do meu coração, o tempo da dúvida ficou no passado. Agora tenho uma fundação firme, pois Jesus permanece sempre único e o mesmo... Meu querido Fritz, sei de nossas conversas que você também é uma alma inquieta, atormentada e conflituosa. Siga meu conselho e faça de Jesus o seu Senhor, somente a quem seguirá... e não a qualquer sistema humano. Somente a Jesus, somente a Jesus, e de novo somente a Jesus... a Jesus somente" (KGB I.I Para Nietzsche 58). Isso parece sugerir que o tio Edmund de Nietzsche, após uma crise religiosa, emergiu para um Cristianismo "renascido", que, em geral, os Nietzsche e Oehler consideravam bem estranho.

tianismo e a religião nunca contiveram um elemento de restrição, mas tivemos de ambos constantes exemplos das maiores manifestações sublimes de submissão natural.[6]

Os Nietzsche e os Oehlen criavam as crianças em um ambiente de uma vida autenticamente cristã, com as manifestações espontâneas da virtude cristã. Por este motivo, o ataque feroz do Nietzsche maduro contra o Cristianismo é um enigma biográfico. O Cristianismo foi o fundamento material e emocional familiar que preencheu sua infância com amor e segurança, um calor humano que ele nunca deixou de valorizar. Fritz tinha uma ligação profunda, em especial, com o pai. Em suas reflexões autobiográficas escritas aos 13 anos, ele assim o descreveu,

> O modelo perfeito de um pároco do campo! Dotado de vitalidade e de um coração caloroso, além de todas as virtudes de um cristão, ele vivia de uma forma tranquila, simples e feliz, e era amado por todos que o conheciam. Sua educação e seu comportamento alegre encantaram muitos eventos sociais a que era convidado e, assim, todos gostavam dele. Nas horas de lazer ocupava-se com os prazeres da ciência e da música. Era um virtuose no piano, especialmente nas improvisações de um tema...[7]

Uma aptidão em que logo Fritz se distinguiria. Elizabeth qualifica essa descrição de seu pai com uma nuance ligeiramente mais crítica, porque ele não aceitava discórdias,

> ele era um homem extremamente sensível e levava a sério qualquer comentário. Qualquer sinal de desentendimento na paróquia ou na família lhe era tão doloroso, que ele se refugiava em seu escritório e recusava-se a comer e beber, e não falava com ninguém.[8]

No entanto, ela nunca duvidou da intensa devoção de Fritz por ele:

> Nosso pai costuma passar muito tempo conosco, mas, sobretudo, com o filho mais velho, Fritz, a quem chama de seu "pequeno amigo" e a quem permite lhe fazer companhia mesmo quando está ocupado, porque Fritz senta-se imóvel e observa seu pai trabalhar. Mesmo quando Fritz só tinha um ano ele gostava tanto de música que, sempre que chorava por alguma razão nosso pai tocava piano para ele. Então, ele sentava-se ereto em seu carrinho de bebê e imóvel não desgrudava os olhos do músico.[9]

Em *Ecce Homo*, Nietzsche diz,

> considero um grande privilégio ter tido um pai como ele; até mesmo creio que todos os dons naturais e talentos que possuo explicam-se por esse fato... Acima de tudo, não havia uma intenção deliberada de minha parte e sim uma mera espera, para que eu entrasse involuntariamente em um mundo de coisas sublimes e delicadas (o mundo dos livros); nesse mundo sentia-me em casa, só lá minha paixão mais íntima liberava-se.[10]

---

6  YN p. 32.
7  KGW 1.1 4 [77].
8  YN p. 15.
9  YN p. 16.
10 EH I.3. Esta é, na verdade, uma versão anterior dessa passagem. Em dezembro de 1888 Nietzsche reescreveu-a para incluir uma crítica grave à irmã, uma correção que só foi divulgada na década de 1960.

CAP. 1 | DA CAPO

Portanto, os motivos que levaram Nietzsche a se opor ao Cristianismo não se baseiam no desejo edipiano de "matar o pai".

\*\*\*

O vicariato de Röcken (ver Ilustração 3) era dirigido por três mulheres – pela mãe viúva de Ludwig, Erdmuthe, uma mulher gentil, mas doente e sensível a barulhos, e por suas meias-irmãs solteironas: Auguste cuidava da casa e tinha problemas gástricos e Rosalie, um pouco dominadora, sofria dos "nervos" e interessava-se por política, fato incomum para uma mulher de sua época, e lia jornais. Fritz gostava de todas elas.

Franziska, que deu à luz a Fritz aos 18 anos, era uma mulher inteligente, com bom coração, uma educação modesta, uma fé simples e uma visão limitada e conservadora típica de uma menina criada no meio rural. Ela reclamava com seu filho adolescente de "seu desejo de ser diferente". Por sua vez, ele reclamava dela e da "virtude de Naumburg" de Elizabeth, uma expressão que denotava a moralidade estreita, legalista e opressiva de uma cidade pequena inspirada no nome da cidade para a qual logo eles iriam mudar em seguida.

A irmã de Fritz, Elizabeth, nasceu em 10 de julho de 1846 e foi batizada como Elizabeth Therese Alexandra, nomes das três princesas de quem o pai fora tutor na corte de Sax-Altenburg. Elizabeth, ou "Llama", como Fritz a apelidou, adorava o irmão mais velho, que, por sua vez, a tratava com superioridade, embora de maneira gentil. Elizabeth lembra que depois que entrou na escola primária ele começou a chamá-la de "menininha", apesar de só terem menos de dois anos de diferença de idade e, na rua, insistia em andar cinco passos adiante dela ou de qualquer amiga com quem estivesse.\* Desde bem pequena, ela desenvolveu o hábito de guardar tudo o que Fritz escrevia, a origem da notável e extensa coleção do material não publicado (o *Nachlass*), que sobreviveu à morte de Nietzsche. Sem nenhuma capacidade de pensamento abstrato e com tendência ao sentimentalismo (sua escrita seria muito melhor sem "ohs" e "ahs", Nietzsche queixava-se à sua mãe),[11] Elizabeth tinha uma capacidade sagaz (por fim criminosa) de empreendedorismo que, como veremos, permitiu que tivesse uma vida confortável apoiando-se no nome do irmão depois que ele enlouqueceu.

Como Franziska não era responsável por cuidar da casa, e além de ter uma idade mais próxima dos filhos do que dos adultos da família, ela exercia mais um papel de irmã mais velha de Fritz e de Elizabeth do que a função de mãe.

\*\*\*

---

\* Em 1862, aos 16 anos, Elizabeth foi enviada para Dresden, capital cultural do sudeste da Alemanha para completar sua educação. A carta a seguir revela sua afeição por ela e sua orientação quanto à formação da irmã: "Querida, querida Lisbeth... penso sempre em você... até mesmo quando estou dormindo sonho com você e com o tempo que passamos juntos... Você ainda ficará alguns meses em Dresden. Acima de tudo tente conhecer bem os tesouros artísticos de Dresden, para que possa realmente aproveitar a estadia. Você deve visitar galerias de arte pelo menos uma ou duas vezes por semana, e seria bom que examinasse duas ou três pinturas e me as descrevesse em detalhes, por escrito, é claro" (KGB 1.1 302).

11  KGB I.I 296.

Eis como Nietzsche aos 17 anos lembra o vilarejo onde nasceu em um dos seus fragmentos autobiográficos que escreveu na adolescência:

> Nasci em Röcken, um vilarejo à beira de uma estrada e perto de Lützen. Ele é cercado por florestas de salgueiros e de alguns choupos e olmos e, assim, à distância só as chaminés e a torre da antiga igreja são visíveis acima do topo das árvores. O vilarejo tem pequenos lagos artificiais separados por estreitas faixas de terra. Ao redor deles veem-se salgueiros nodosos de um verde brilhante. Mais além via-se o vicariato rodeado por um jardim e um pomar, e a igreja. Ao lado encontra-se o cemitério cheio de túmulos parcialmente cobertos por terra. O vicariato é sombreado por três olmos frondosos cujas altura e forma dão uma impressão agradável ao visitante... Nesse lugar viveu feliz minha família protegida do grande mundo. O vilarejo e seus arredores constituíam meu mundo, e tudo além dele era uma região desconhecida e mágica.[12]

Três anos antes, suas lembranças, embora na maioria alegres, tinham algumas sombras góticas:

> O vilarejo de Röcken parece encantador com suas florestas ao redor e seus lagos. Acima de tudo, vemos a torre da igreja coberta de musgo. Lembro-me bem de um dia em que andei com meu querido pai de Lützen a Röcken e como na metade do caminho ouvimos o som dos sinos anunciando as festas da Páscoa. Esse som ainda ecoa com frequência em minha mente e a nostalgia leva-me de volta para a casa distante de meu pai. Quantas vezes interessaram-me os ataúdes, as roupas pretas e as antigas inscrições nos túmulos e nos monumentos quando eu via a antiga capela mortuária... Nossa casa fora construída em 1820 e, portanto, estava em excelentes condições. Vários degraus levavam ao térreo. Ainda me lembro do escritório no último andar com suas prateleiras de livros, entre eles muitos livros de pinturas e rolos de papel, meu lugar preferido na casa. Atrás da casa havia um jardim e um pomar. Parte disso inundava-se na primavera, assim como o porão. Na frente da casa havia um pátio com um celeiro e um estábulo que conduziam ao jardim com flores. Em geral, sentava-me nos locais sombreados. Atrás do muro verde havia quatro lagos rodeados por salgueiros. Andar entre eles, vendo os raios de sol refletindo em sua superfície e os pequenos peixes alegres brincando era a minha maior alegria. Porém ainda tenho de mencionar algo que sempre me aterrorizava em segredo: na luz lúgubre da igreja havia uma estátua em tamanho real de São Jorge esculpida em pedra por um escultor habilidoso. A figura impressionante, a arma terrível e o misterioso lusco-fusco sempre me faziam recuar quando a olhava.* Certa vez disseram que seus olhos brilhavam de uma maneira tão aterrorizante que todos que os viam ficavam horrorizados. Ao redor do cemitério havia casas de fazendas e jardins construídos em estilo rústico. A harmonia e a paz reinavam em todas as casas, e acontecimentos violentos eram inexistentes. Os habitantes raramente saíam do vilarejo, no máximo no período da feira anual, quando os rapazes e as moças iam para a animada Lützen, a fim de admirar as multidões e as brilhantes mercadorias à venda.[13]

Embora Röcken fosse um lugar tranquilo, o mundo externo era bem diferente:

---

12 KGW I.2 10 [10].
\* Isto é um erro. Nunca houve uma estátua de São Jorge na igreja de Röcken, mas dois altos-relevos de parede retratando cavaleiros medievais, cada um deles armado com uma espada grande.
13 KGW I.I 4 [77].

CAP. 1 | DA CAPO

> Enquanto nós vivíamos em Röcken em calma e paz, acontecimentos importantes abalaram quase todos os países da Europa. Anos antes o material explosivo [a Revolução Francesa em 1789] difundira-se por toda parte e só precisava de uma faísca para incendiar-se. Depois ouvimos da distante França os primeiros sons dos choques das armas e as canções das batalhas. A terrível Revolução de Fevereiro de 1848 espalhou-se com uma velocidade incrível. "Liberdade, Igualdade e Fraternidade" era o grito em todos os países, e as pessoas humildes e da classe alta armaram-se às vezes em defesa do rei ou contra ele. A guerra revolucionária em Paris foi imitada em quase todos os estados da Prússia. Apesar de ter sido reprimido, esse movimento revolucionário permaneceu por muito tempo como um desejo das pessoas de ter uma "República Alemã". Esses conflitos nunca chegaram a Röcken, embora eu ainda me lembre dos vagões cheios de multidões animadas acenando bandeiras que passavam pela estrada principal.[14]

Na família monarquista em Röcken não havia, é claro, qualquer simpatia por essa reprodução da Revolução Francesa (uma reprodução que mobilizou Richard Wagner em Dresden e Karl Marx na Renânia). Ao saber que, em um esforço para acalmar a multidão, o rei da Prússia adotara a insígnia vermelha dos revolucionários socialistas, Ludwig caiu em prantos.[15] Durante toda a sua vida, como veremos, Nietzsche nutriu um ódio a Rousseau (autor do grito de batalha da Revolução Francesa "Liberdade, Igualdade e Fraternidade"), ao socialismo e a qualquer tipo de revolução. E, fiel ao monarquismo do pai, sempre pensou que a monarquia era a forma ideal de governo.[16]

***

Durante esse período tumultuado na Europa, Franziska deu à luz seu terceiro filho, batizado de Joseph em homenagem ao duque Joseph de Sax-Altenburg, a quem Karl Ludwig servira. Com seu precoce talento literário, Nietzsche, aos 13 anos, escreveu o seguinte:

> Até então vivemos felizes e alegres, nossa vida transcorria imperturbável como um brilhante dia de verão. Mas agora nuvens negras pairam sobre nós, relâmpagos e golpes de martelo foram enviados do céu para nos ferir. Em setembro de 1848, meu amado pai de repente enlouqueceu. No entanto, nós nos consolamos e a ele, com a esperança de que ele se recuperasse logo. Talvez melhores dias voltassem e ele faria de novo suas pregações e crismas, porque seu espírito ativo era incapaz de indolência. Diversos médicos tentaram em vão descobrir a natureza de sua doença. Então, chamamos o Dr. Opolcer, que morava em Leipzig na ocasião para consultar meu pai em Röcken. Esse excelente homem imediatamente reconheceu os sintomas da alteração mental. Para nosso horror

---

14 *Ibidem*.
15 YN p. 15.
16 É notável que este primeiro texto guardado no espólio literário de Nietzsche seja um esboço de uma peça de teatro escrita aos 10 anos, na qual um rei, seu herói, enfrentou uma revolução (KGW I.I. I [I]). Em um texto escrito aos 18 anos Nietzsche escreveu que as monarquias sempre são exemplares nos assuntos cotidianos do Estado, sobretudo, na guerra. Os gregos perceberam essa característica e, por esse motivo, Zeus reinou sobre todos os deuses; a potência em que se transformou o império persa não foi pelo fato de os persas serem mais inteligentes, e, sim, por causa de sua profunda devoção ao rei (KGW I.2 10 [33]). Em 1883, ao comentar a respeito da modernidade ocidental, ele escreveu que "a era dos reis não existe mais, porque as pessoas não lhes dão mais valor: elas não *querem* ver o símbolo de seus ideais nos reis, mas, sim, um meio para seu proveito" (WP 725). Em seu pensamento posterior, como veremos, o "rei filósofo" de Platão é uma ideia predominante.

ele diagnosticou a doença como uma encefalomalacia, um amolecimento do cérebro, felizmente ainda não em estado avançado, mas já extremamente perigosa. Meu pai sofreu terrivelmente, e a doença agravou-se a cada dia. Por fim, ele perdeu a visão e teve de suportar seu sofrimento em eterna escuridão. Ele ficou na cama até julho de 1849, quando surgiu seu dia de redenção e, em 26 de julho, mergulhou em um sono profundo do qual só acordava em momentos intermitentes. Suas últimas palavras foram: "Fränzchen – Fränzchen – venha – mãe – ouça – oh, Deus"! Ele morreu tranquilo e bem-aventurado em 27 de julho de 1849, com 35 anos. Quando acordei na manhã seguinte ouvi gemidos e soluços altos. Minha querida mãe aproximou-se com os olhos marejados de lágrimas e gritou "Oh, Deus! Meu bom Ludwig morreu". Embora fosse muito jovem e inexperiente, eu já tinha uma ideia da morte: o pensamento de que ficaria separado de meu querido pai para sempre se apoderou de mim e chorei amargamente. Os dias seguintes passaram-se entre lágrimas e as preparações para o funeral. Oh, Deus! Eu ficara órfão de pai, minha querida mãe uma viúva! Em 2 de agosto meu amado pai foi enterrado. A paróquia providenciara para ele um túmulo de pedra. Às 13 horas começou a cerimônia fúnebre e ouvi o dobre fúnebre dos sinos da igreja. Oh, o som alto desses sinos nunca sairia dos meus ouvidos; jamais esqueceria a melodia lúgubre do hino "Jesus, meu salvador"! O som do órgão ressoou nos espaços vazios da igreja.[17]

Como uma autópsia revelou a perda de um quarto do cérebro, é quase certo que Nietzsche perdeu seu amado pai de alguma doença cerebral. Embora tivesse apenas cinco anos, essa perda marcou-o para a vida inteira. Em 1885, ao receber sete mil francos suíços de indenização judicial por um processo movido contra seu editor, a primeira coisa que fez depois de pagar as dívidas da livraria foi comprar uma lápide gravada para o túmulo do pai, 36 anos após a morte de Ludwig.[18] Algumas fontes indicam que o próprio Nietzsche (na época em pleno suplício com o Cristianismo) desenhou a lápide na qual escreveu uma citação de São Paulo: "O amor jamais acaba" (1ª Epístola aos Coríntios, 13, 8).

A morte do pai logo seguida pela perda da *Vaterhaus* [casa do pai], como Nietzsche sempre se referia ao vicariato de Röcken, foram seus primeiros sentimentos de insegurança. Uma sensação de não ter um lar tornou-se um tema obsessivo em sua poesia. Aos 14 anos, por exemplo, deixando aflorar sentimentos que tinha dificuldade de expressar além da poesia, ele compôs o seguinte poema:

*Em que lugar?*
*Pequeno pássaro no ar,*
*Voe para longe com sua melodia,*
*E encontre para mim minha querida,*
*Minha amada Casa.*

*Oh, cotovia, pegue essa flor*
*Com ternura.*
*Eu a colhi para decorar*
*A casa distante de meu pai.*

---

17   KGW 1. 1 4 [77].
18   KGB 111. 3 652.

CAP. 1 | DA CAPO

*Oh, rouxinol, voe em minha direção*
*E leve este botão de rosa*
*Para o túmulo do meu pai.*[19]

\*\*\*

No entanto, logo depois a desolação de Fritz intensificou-se com mais dois "golpes de martelo vindos do céu". O jovem de 13 anos continuou seu relato:

> Quando uma árvore perde suas folhas e está definhando os passarinhos abandonam seus galhos. Nossa família perdeu seu líder. A alegria desapareceu de nossos corações e uma profunda tristeza apoderou-se de nós. Mas quando nossas feridas haviam começado a curar um novo acontecimento doloroso as abriu. Nessa época eu tive um sonho no qual ouvi a música do órgão da igreja, a música que ouvira no funeral do meu pai. Quando percebi o que havia por trás dos sons, um túmulo se abriu de repente e meu pai vestido com uma mortalha de linho saiu dele. Ele correu para a igreja e um momento depois voltou com uma criança nos braços. O túmulo abriu-se de novo, ele entrou nele, e a tampa o cobriu. O som muito alto do órgão parou e eu acordei. No dia seguinte, o pequeno Joseph sentiu-se mal com cólicas fortes e depois de poucas horas morreu. Nossa dor não teve limites. Meu sonho fora premonitório. O pequeno cadáver nos braços do meu pai. Nessa dupla desgraça, Deus no céu era nosso único consolo e proteção. Isso aconteceu [em]... no ano de 1850.[20]

Como o vicariato precisava de um novo pastor, Fritz perdeu não só o pai e o irmão, como também a *Vaterhaus*:

> O momento em que nós nos separaríamos de nossa amada Röcken se aproximava. Ainda me lembro do último dia e noite que passamos lá. No final da tarde brinquei com várias crianças locais, consciente de que o fazia pela última vez. O sino de vésperas tocou melancolicamente pelos lagos, uma escuridão opaca abateu-se sobre a terra, e a Lua e as estrelas brilharam no céu noturno. Não consegui dormir por muito tempo. À uma e meia da manhã desci para o pátio. Diversos vagões estavam sendo carregados lá. O brilho fosco das lanternas iluminava melancolicamente o pátio. Eu achava impossível que fosse me sentir em casa em outro lugar. Como foi doloroso partir de um vilarejo onde senti alegria e tristeza, onde os túmulos do meu pai e de meu irmão estavam, onde as pessoas locais sempre me cercaram de amor e amizade. Começara a amanhecer quando nosso vagão entrou na estrada que nos levaria a Naumburg, onde uma nova casa nos esperava. *Adieu, adieu*, querida *Vaterhaus*.[21]

\*\*\*

Antes, mencionamos a questão de como um grande inimigo do Cristianismo crescera no âmago do Protestantismo alemão, em uma família que lhe oferecia pleno calor humano e amor. Por que na maturidade ele começou a atacar os fundamentos de sua segurança na infância? Talvez o compromisso filosófico de Nietzsche de contar a verdade sem medo ou favoritismo tenha sobrepujado as considerações pessoais. Porém, também ele pode ter percebido na infância os cantos sombrios do

---

19  KGW 1. 1 4 [9].
20  KGW 1. 1 4 [77]. Nietzsche disse que Joseph morrera "no final de 1850", mas, na verdade, Joseph morreu em fevereiro daquele ano (ver J I p. 47).
21  KGW 1. 1 4 [77].

mundo iluminado pelo Sol de sua terra natal luterana e, por isso, a semente da dúvida já estivesse presente em suas experiências infantis. A leitura cuidadosa de seus fragmentos autobiográficos ainda com a crença cristã sugere esta segunda hipótese.

O filósofo adulto tinha um arsenal de descrições polêmicas do Cristianismo: "casa de loucos", "câmara de tortura", "Deus carrasco",[22] entre outras. Uma frase, no entanto, tem um significado especial: "Casa cristã doente e a atmosfera de masmorra."[23] "Casa doente" tem uma conotação específica para Fritz, visto que, a partir do final dos seus 13 anos, a casa da família Nietzsche foi, no sentido literal, uma "casa doente". Embora as lembranças de seu pai em *Ecce Homo* sejam elogiosas há, não obstante, uma ênfase na doença: "Meu pai morreu aos 35 anos: ele era delicado, adorável e doentio, um ser humano destinado a viver pouco tempo neste mundo, uma lembrança agradável, porém, apenas de uma vida efêmera."[24] E, como já vimos, Nietzsche afirmou que devia ao pai todos os seus "dons naturais e talentos", *exceto* "o sim à vida que *não* estava incluído na dívida" (observação importante que omitimos). Ao reunir estas observações, vemos que Nietzsche lembrava do pai como "doentio" não só fisicamente como também espiritualmente, e em sua terminologia posterior como alguém que "negava a vida", em vez de ter uma visão positiva: alguém com pouca energia, alienado da vida com a esperança de encontrar a verdadeira casa em um mundo melhor. Lembremos também a observação de Elizabeth de que, mesmo antes da doença, Ludwig era tão sensível a qualquer sinal de discórdia que se "se refugiava em seu escritório e recusava-se a comer e beber, e não falava com ninguém". É possível que uma das críticas de Nietzsche formuladas, pelo menos inconscientemente, contra a visão de mundo do Cristianismo era que, ao reduzir o mundo a uma sala de espera fria e exposta a correntes de ar onde os pecadores eram obrigados a morar antes da partida para o "verdadeiro" mundo acima de nós, ela privou seu pai de viver a plenitude da vida que ele poderia ter usufruído, se não estivesse preso em suas garras, ou talvez até mesmo o tenha privado da vida em si.

Quanto à expressão "atmosfera de masmorra", faz-nos pensar no "horror" de Fritz (que ele não contava a ninguém) diante da imagem ameaçadora de São Jorge com sua terrível arma e os olhos brilhantes na igreja lúgubre. Isto poderia ter sido o primeiro encontro com "o Deus carrasco"? E a mortalha, as roupas pretas e os ataúdes: o ambiente próximo da infância de Nietzsche oferecia encontros diários com a morte e com o terror de seu significado cristão. Apesar de as reflexões autobiográficas de Fritz serem, em geral, convencionalmente alegres, havia também o que chamamos de um tom velado "gótico". Mais tarde, ele se referiria ao Cristianismo como um mundo sem Sol "cinza, gelado, com névoas eternas e sombras",[25] o que sugere que algumas das sementes da crítica posterior ao Cristianismo originam-se dos terrores precoces de uma criança imaginativa.

---

22  GM II 22.
23  TI VI 3.
24  EH I 1.
25  AOM 17.

CAP. 1 | DA CAPO

## Naumburg

Obrigada a partir do vicariato de Röcken, a família Nietzsche mudou-se em abril de 1850 para o vilarejo vizinho de Naumburg. Primeiro, a família hospedou-se em Neugasse, na casa de um agente comercial de ferrovias, Herr Otto. (A estrada de ferro que ligava Naumburg a Leipzig em uma direção e, em outra, a Weissenfels fora concluída havia pouco tempo.) Depois das mortes da tia Augusta em 1855 e, no ano seguinte, da avó Erdmuthe, Franziska mudou-se para a casa de uma amiga e, depois, aliviada por ter escapado do domínio das mulheres mais velhas, mudou-se para sua própria casa. No outono de 1858, mudou-se mais uma vez para a Rua Weingarten nº 335 (hoje, nº 18), onde viveu o resto da vida (ver Ilustração 4). Foi desta casa que Nietzsche partiu para o colégio interno em 1858, e para onde voltou demente, 32 anos depois, para ser cuidado por sua mãe até sua morte em 1897.

\*\*\*

Localizado perto da confluência dos rios Unstrut e Saale, Naumburg é uma pequena cidade com uma catedral. Mas, vindo de um vilarejo minúsculo, para Fritz aos cinco anos ela era uma enorme e assustadora metrópole. Eis sua primeira impressão da cidade:

> Minha avó, tia Rosalie e uma criada partiram antes de Röcken e nós as seguimos nos sentindo muito tristes... Para nós [Fritz e Elizabeth] foi uma experiência terrível após ter vivido tanto tempo no campo. Então, evitávamos as ruas lúgubres e procurávamos a área rural, como um pássaro fugindo de sua gaiola... Surpreendi-me com as multidões com as quais não estava habituado. E depois fiquei atônito ao perceber que as pessoas não se conheciam, porque em nosso vilarejo todos se conheciam. O que mais me desagradou foram as longas ruas pavimentadas.[26]

Fritz, como vimos, sentiu a perda do pai como uma "ferida". A perda de Röcken e a mudança para um ambiente estranho e assustador significaram outra ferida. Logo, é claro, elas começaram a curar devido à adaptabilidade de um menino saudável, e ele acostumou-se a viver em Naumburg. Mas, embora curadas, elas deixaram uma cicatriz. Como já mencionamos, o desejo de recuperar a segurança da terra natal permaneceu um pensamento subliminar durante toda a vida de Nietzsche.

\*\*\*

Logo que Fritz adaptou-se à mudança de escala, o fato de Naumburg ser uma cidade cercada por uma muralha medieval deu-lhe um sentimento de relativa segurança. Elizabeth assim a descreve:

> A cidade era cercada por muralhas, e de 22 horas até 5 horas os cinco portões ficavam fechados, isolando os moradores do mundo externo. Só apertando com força a campainha e mediante um pequeno donativo, o guardião dos portões permitia, depois de uma longa espera, que as pessoas entrassem na cidade. Por isso, as pessoas que traba-

---

26  KGW 1.1 4 [77].

lhavam até tarde nos vinhedos nas colinas apressavam-se a ir para a cidade quando ouviam o som do pequeno sino da torre da Câmara Municipal avisando, alguns minutos antes, que os portões iriam fechar. Ao redor da cidade havia um fosso profundo ladeado por uma bonita alameda de olmos que, por sua vez, era cercada por jardins, campos e os vinhedos nas colinas.[27]

Pelo menos até o início de sua vida nômade no final da década de 1870, Nietzsche sempre detestou as cidades grandes. Ele gostava das cidades pequenas protegidas do mundo tão vasto por uma muralha, onde os vizinhos se conheciam e tinham contato com a região rural. Ele gostava, em especial, das antigas cidades medievais da Alemanha. Em 1874, por exemplo, escreveu ao amigo Edwin Rohde[28] que planejava partir da cidade de Basileia e instalar-se na cidade medieval murada (até hoje) de Rotenburg-ob-der-Tauber, na Francônia, visto que, ao contrário das cidades modernas, ela era ainda "*altdeutsch*" (antiquada) e "preservada".

Naumburg, tanto no estilo de vida quanto do ponto de vista arquitetônico, também era "*altdeutsch*". Segundo escreveu Elizabeth, "era uma cidade profundamente cristã e conservadora, leal ao rei e um bastião do Trono e da Igreja".[29] A seguir, veremos as observações de Fritz aos 13 anos, um monarquista convicto, por ocasião da visita do rei da Prússia:

> Nosso querido rei homenageou Naumburg com sua visita em 1854. A cidade fez grandes preparativos para recebê-lo. Todos os colegiais vestiram-se de branco e preto [as fitas e insígnias significavam lealdade à Coroa] e ficaram de pé a partir das 11 horas na praça do mercado à espera do pai do país. Aos poucos, o céu encobriu-se, começou a chover – o rei não viria mais! Bateu meio-dia o rei ainda não chegara. Muitas crianças começaram a sentir fome. Depois a chuva ficou mais forte e as ruas encheram-se de lama. À uma hora da tarde a impaciência aumentou. De repente, às duas horas os sinos começaram a tocar e o céu sorriu em meio às suas lágrimas acima da multidão alegre e agitada. Em seguida, ouviu-se o barulho de uma carruagem; os gritos entusiasmados invadiram a cidade; balançávamos nossos gorros exultantes e gritávamos o mais alto possível. Uma brisa fresca agitou as centenas de bandeiras penduradas nos telhados, todos os sinos tocaram e a multidão aos gritos praticamente empurrou a carruagem em direção à catedral. Em seu recinto havia muitas jovens com vestidos brancos e guirlandas de flores nos cabelos. O rei desceu da carruagem, elogiou os preparativos e entrou na residência que lhe fora destinada. Essa noite a cidade inteira reuniu-se nas ruas. As pirâmides de guirlandas da Câmara Municipal e da catedral foram iluminadas por lâmpadas minúsculas. Milhares de faixas enfeitavam as casas. Fogos de artifício instalados na praça da catedral de tempos em tempos iluminavam a catedral escura com uma luz etérea.[30]

\*\*\*

Assim que chegou a Naumburg, Fritz foi enviado para a *Knaben-Bürgerschule*, a escola primária municipal para meninos da cidade, em vez de cursar uma escola particular. A razão, como se lembra Elizabeth, era a ideia surpreendentemente

---

27  YN p. 21-2.
28  KGB II. 3 364.
29  YN p. 22.
30  KGW 1.1 4.

moderna da avó Erdmuthe de que, até aos 10 anos, as crianças de todas as camadas sociais deveriam estudar juntas, para que "as crianças de classes sociais mais altas compreendessem melhor a maneira de pensar das classes inferiores".[31] (O mesmo pensamento, supomos, motiva a família real britânica a enviar seus filhos para fazerem o serviço militar.) No entanto, apesar da amizade dos seus primeiros amigos, os primos Wilhelm Pinder e Gustav Krug, a ideia de misturar o míope e estudioso Fritz com meninos mais rudes de "classes inferiores" não foi bem-sucedida. Após um ano, os três meninos foram transferidos para a escola particular de Herr Weber, dedicada a preparar alunos para ingressarem no ensino secundário. Eles cursaram a escola até 1854, quando foram admitidos no *Domgymnasium*, a Escola Secundária da Catedral, um prédio construído ao lado da catedral. Nesta escola pela primeira vez Nietzsche começou a ter as enxaquecas que o atormentariam a vida inteira e, por isso, ausentava-se com frequência do colégio. Não obstante, ele estudava quase sempre até às 11 horas ou a meia-noite, embora tivesse de acordar às cinco horas na manhã seguinte.[32] Por conseguinte, ele ganhou uma bolsa de estudos no prestigioso colégio interno Pforta, para onde foi transferido no outono de 1858.

\*\*\*

Apesar de muito estudioso, nos anos em que Fritz viveu em Naumburg ele participou de várias atividades lúdicas. Assim Fritz descreve a vida que ele e seus dois amigos levavam na escola primária de Weber:

> Herr Candidato [para ordenação] Weber, um diligente professor cristão, sabia que éramos amigos e não tentava nos separar. Essa foi a base de nossa educação futura. Além do ensino excelente de religião, tínhamos aula de grego e latim. Não éramos sobrecarregados de trabalho e, portanto, tínhamos tempo para fazer atividades físicas. No verão, realizávamos com frequência pequenas excursões à região rural nos arredores da cidade. Visitamos o lindo castelo de Schönburg, o de Goseck Frieburg, assim como Rudelsburg e Saaleck, em geral, juntos com todos os alunos do Instituto. É sempre alegre andar em grupo; ouvíamos músicas patrióticas, havia jogos divertidos, e quando o caminho percorria uma floresta enfeitávamo-nos com folhas e galhos. Os castelos ecoavam os gritos selvagens dos farristas e eu imaginava as festas animadas dos antigos cavaleiros. Nos pátios e nas florestas fazíamos batalhas a cavalo, imitando em miniatura as épocas gloriosas da Idade Média. Depois subíamos nas torres altas e nos postos de observação e vislumbrávamos a luz dourada do vale ao entardecer e, quando a névoa envolvia os prados, voltávamos para casa em meio aos nossos gritos de felicidade. Todas as primaveras fazíamos um banquete que imaginávamos ser nossa versão dos festivais animados. Íamos a Rossbach, um pequeno vilarejo perto de Naumburg, onde dois pássaros esperavam por nossas bestas. Atirávamos neles com entusiasmo e Herr Weber dividia os espólios das vítimas entre nós. Como era divertido! Nos bosques brincávamos de polícia e ladrão.[33]

Fora a ideia de dar aos garotos bestas para matar as aves, essas atividades promovidas por Herr Weber faziam parte de jogos normais de meninos pequenos. En-

---

31  YN p. 24.
32  KGW 1.1 4 [77].
33  KGW 1.1 4 [77].

tretanto, Fritz tinha uma maneira peculiar de praticar esses jogos de guerra, o que revelava uma inteligência precoce e criativa.

Em 1854, em seguida às vitórias dos russos contra os turcos na região do Mar Negro, a Inglaterra e a França declararam guerra à Rússia, com o objetivo de evitar uma expansão em direção ao Ocidente, que ameaçaria o Mediterrâneo e suas principais rotas terrestres para a Índia. As maiores batalhas foram travadas no Rio Alma, em Balaclava e em Inkerman. Apesar da grande incompetência dos ingleses, como a investida suicida da Brigada Ligeira, a conquista da fortaleza costeira russa de Sebastopol em setembro de 1885 resultou, por fim, nas negociações de paz. O jovem Fritz de 13 anos comentou a visão das crianças de Naumburg em relação à Guerra da Crimeia:

> Os franceses e ingleses enviaram seus exércitos e navios para ajudar os turcos. O cenário da guerra era a Crimeia e um grande exército sitiou Sebastopol, onde se encontrava o grande exército russo sob o comando de Menschikoff. Imediatamente, apoiamos a causa russa e contestávamos com raiva quem ajudava os turcos na guerra. Como tínhamos soldados de chumbo e umas peças de brinquedo que permitiam montar diferentes modelos e construções, dedicamo-nos a recriar o cerco a Sebastopol e a batalha. Construímos muralhas de terra e todos procuraram novos métodos para mantê-las estáveis. Tínhamos um pequeno livro que chamávamos de "listas da guerra", em que anotávamos as balas atiradas e o aumento do tamanho dos nossos exércitos com novas aquisições. Às vezes, cavávamos um pequeno poço simulando a baía de Sebastopol, construímos fortificações e enchemos o poço de água. Fazíamos as balas de piche, enxofre e salitre e as jogávamos em chamas em navios de papel. Logo labaredas brilhantes iluminavam o local e nosso entusiasmo aumentava porque era um espetáculo muito bonito, e como com frequência brincávamos à noite, víamos as balas incandescentes assobiando na escuridão. No final, a frota inteira, assim como as bombas, explodiu; durante a batalha, as labaredas atingiam 70 centímetros de altura. Passei momentos felizes, não só com meus amigos [Pinder e Krug], mas, também, com minha irmã. Nós também construíamos fortificações com nosso conjunto de peças, e por meio de muita prática aprendemos técnicas sofisticadas de construção... Discutíamos longamente tudo o que descobríamos sobre a ciência da guerra e, então, tornamo-nos uns especialistas. Dicionários de termos de guerra e livros militares recém-publicados enriqueciam nossa coleção, e já queríamos escrever um grande dicionário militar.[34]

Outro jogo que revelava a inteligência excêntrica e multifacetada de Fritz, assim como seus sentimentos monarquistas, é relembrado por Elizabeth:

> Meu irmão e eu criamos um mundo imaginário no qual minúsculas figuras de porcelana de homens e animais, soldadinhos de chumbo etc. circulavam em torno de uma personalidade central personificada por um esquilo de porcelana de uns três centímetros de altura que chamávamos de Rei Esquilo... Nunca pensamos que não havia um traço de realeza em um esquilo; ao contrário, achávamos que ele tinha uma presença majestosa (...) este minúsculo rei inspirava todos os tipos de pequenas cerimônias alegres. Tudo o que meu irmão fazia era em homenagem ao Rei Esquilo; todas as suas produções musicais eram dedicadas a glorificar Sua Majestade; em seu aniversário (...) recitamos poemas e

---

34  KGW 1.1 4 [77].

encenamos peças escritas por meu irmão. O Rei Esquilo era um patrono das artes e, portanto, precisava ter uma galeria de quadros. Fritz pintou Madonas, paisagens etc. Uma linda pintura em especial representava uma sala em um antigo mosteiro, onde uma lamparina antiquada colocada em um nicho iluminava a sala com um brilho estranho.[35]

\*\*\*

Fritz tinha um relacionamento muito próximo e afetuoso com a irmã e a mãe. Mas também se afeiçoara a Wilhelm Pinder e Gustav Krug que, como vimos, foram seus primeiros amigos. Eles continuaram amigos durante os anos escolares, embora tenham começado a se afastar quando Wilhelm e Gustav foram estudar na Universidade de Heidelberg, e Fritz foi para Bonn.

Os dois amigos vinham de famílias de uma posição social mais elevada do que a família de Nietzsche. Wilhelm, um menino gentil e um pouco frágil, vivia com o pai e a avó na metade de uma das melhores casas da cidade (a outra metade era habitada pelos Krug), uma casa de cinco andares em frente à praça do mercado, onde supostamente Frederico, o Grande, e Napoleão haviam se hospedado. A avó Pinder, uma grande amiga da avó de Fritz, era uma das senhoras mais proeminentes de Naumburg, e sua casa era um local de reunião de pessoas interessadas em literatura e artes. Ela e Erdmuthe incentivaram a amizade dos meninos. O juiz Pinder gostava muito de literatura, e foi ele quem introduziu Fritz às obras de Goethe, a quem Nietzsche admirou mais do que qualquer outro ser humano. A poesia era o principal vínculo entre Fritz e Wilhelm. Gustav tinha uma constituição mais vigorosa do que Wilhelm. Seu pai, como escreveu Fritz,

> era um músico de grande talento. Ele havia composto diversas músicas importantes (...) e tinha um piano magnífico, e muitas vezes parei fascinado em frente à sua casa ouvindo a música sublime de Beethoven. Mendelssohn era seu amigo íntimo, assim como os irmãos Müller, os famosos violinistas a quem tive a sorte de ouvir tocar. Em sua casa havia sempre um seleto grupo de amantes da música e todos os virtuoses que queriam tocar em Naumburg pediam a recomendação de Herr Krug.[36]

Criado nessa família, Gustav desenvolveu uma paixão pela música tão forte como a de Fritz, e logo se tornou um ótimo violinista, embora tenha escrito a Fritz em dezembro de 1863 que estava tocando com extrema dificuldade um concerto para violino de Mendelssohn. A música era o principal elo entre ele e Fritz, um elo alimentado pelo ambiente musical extremamente rico proporcionado não só pelos Krug, como também por Naumburg. Fritz assim comentou este ambiente musical da cidade nos seus anos de infância:

> Eu ouvi muitos oratórios. O primeiro réquiem espetacular que ouvi – como as palavras *"Dies irae, dies illa"* tocaram-me o coração. Mas, oh, o celestial *Benedictus*! Eu assistia com frequência ensaios. O réquiem era em geral tocado em missas em homenagem a mortos realizadas ao anoitecer dos dias de outono enevoados. No recinto sagrado, na semiescuridão da catedral, eu me sentava e ouvia as melodias sublimes. O diretor

---

35  YN p. 46.
36  KGW 1.1 4 [77].

musical da catedral, Herr Wetig, era um músico perfeito que regia e compunha. Seu pequeno coro era sempre impecável, e ele o ensaiava na sociedade coral de maneira exemplar. Além disso, era considerado o melhor professor de música de Naumburg. Sua mulher, uma ex-cantora de ópera, também se dedicava a melhorar o desempenho do coro. Havia ainda dois diretores musicais em Naumburg, Otto Claudius, regente da antiga *Liedertafel*, um compositor diligente embora um pouco presunçoso, e Fuckel, que dirigia o coro da cidade. Também ouvi *Judas Maccabaeus* de Haendel e a belíssima *Criação* de Haydn. Assisti também à execução da delicada suíte *Sonho de uma noite de verão*, de Mendelssohn.[37] Que abertura maravilhosa! Senti como se elfos estivessem dançando em uma noite estrelada em círculos etéreos.[38]

\*\*\*

Por ser tímido e, ao mesmo tempo, por ter altas expectativas, Nietzsche tinha dificuldade de fazer amigos. Mas, assim que conquistava um amigo, ele o valorizava profundamente. Portanto, não surpreende que a amizade tenha sido um tema muito discutido em suas obras da maturidade. Ele propunha dois elementos da amizade em diferentes contextos, que deveriam basear-se, em graus distintos, em uma verdadeira amizade. O primeiro deles, o elemento "agonístico", fundamentava-se no estudo do ideal grego do *agon* – a competição agressiva e debates conflitantes e antagônicos entre amigos. "Em seu amigo", extraído do livro *Assim falou Zaratustra*, "você poderá encontrar seu pior inimigo".[39] A amizade com Gustav Krug foi marcada por um elemento agonístico extremamente forte. Fritz mencionou "que, com frequência, ao praticarmos uma peça musical juntos, tínhamos opiniões opostas, fazíamos diversas tentativas, tocando alternadamente no piano".[40] Como veremos, a persistência de Gustav superou o conservadorismo musical inato de Nietzsche e o persuadiu, em uma década profética, a se entusiasmar pela *Zukunftmusik* [música do futuro] de Richard Wagner.

Nietzsche não acreditava em expor sua alma a outra pessoa: é preciso vestir suas *melhores* roupas e não aparecer diante de um amigo "sem roupas", diz *Zaratustra*.[41] Em vez da intimidade das almas, propõe Nietzsche, o segundo elemento da verdadeira amizade seria um compromisso compartilhado de uma meta comum. É isso que constitui os vínculos partilhados da luta agonística. O companheirismo teve uma grande importância na amizade com Pinder. Ele era, lembra Nietzsche, "mais conciliatório que Gustav, até mesmo o oposto", e, assim, "vivia quase sempre em harmonia e, portanto, tínhamos afinidade em nossas opiniões e ideias".[42]

Na última parte de sua vida criativa, Nietzsche sentiu-se profundamente solitário. Como seu alter ego, Zaratustra, ele vivia sozinho em uma montanha na Suíça. Mas, sob o aspecto intelectual, pelo menos, ele aceitava essa situação. Por ser um crítico social radical, um "espírito livre", que se opunha às convenções fundamentais das quais a vida social dependia, ele reduzia o número de possíveis companheiros e amigos a um ponto mínimo. Porém, em sua juventude ele não foi de modo algum um crítico social. Na ver-

---

37   A música de Mendelssohn com o mesmo título da peça de Shakespeare.
38   KGW 1.1 4 [77]. Elfos "dançando em círculos etéreos" é uma citação de "A Dança", de Schiller.
39   Z I 14.
40   KGW 1.1 4 [77].
41   Z I 14.
42   *Ibidem*.

dade ele era, como logo veremos, um conformista social *veemente*. E não lhe faltavam amigos. A acusação feita com frequência de sua incapacidade de ter amigos é falsa.

\*\*\*

Como era Fritz nos anos de pré-adolescência em Naumburg? Primeiro, embora não fosse um prodígio como Mozart, não obstante, tinha uma inteligência prodigiosa. Já vimos sua criatividade incomum nos jogos quando garoto. Em Naumburg, começou a estudar piano, e após dois anos de estudo já tocava as sonatas para piano mais fáceis de Beethoven. (Nos padrões britânicos, ele atingiu o grau 8 em dois anos.) Em suas reflexões autobiográficas, ele relacionou 46 poemas escritos entre 11 e 13 anos (ele tinha paixão por listas). E na pré-adolescência, adorava consultar a biblioteca do avô, Oehler, e visitar as livrarias em Leipzig com ele.[43] Como recordou Elizabeth, foi o avô Oehler o primeiro a perceber os dons extraordinários de Fritz e quem contou a Franziska que ele era o menino mais talentoso que jamais vira, mais talentoso que seis filhos juntos.[44]

Menos visível, porém evidente, era o fato de ser um garoto extremamente afetivo com sua família e amigos e, em especial, com o avô Oehler. Sem seus dois "nobres e verdadeiros amigos", disse ele,

> Provavelmente, nunca teria me sentido em casa em Naumburg. Mas, assim que conquistei esses dois amigos tão animados e alegres, viver aqui se tornou um prazer e seria muito doloroso ter de partir. Nós três estávamos sempre juntos, exceto quando eu fazia uma viagem de férias a algum lugar com minha mãe e minha irmã.[45]

A Wilhelm também era importante essa amizade, porque em suas anotações feitas na adolescência, ele disse que Fritz "era um amigo muito querido e amado".[46]

No entanto, Fritz sentia necessidade de solidão. Em suas palavras retrospectivas, ele assim descreveu sua personalidade:

> Eu presenciei muito jovem tanta tragédia e tristeza e, por esse motivo, não fui tão impulsivo e alegre como as crianças em geral são. Meus colegas implicavam comigo por ser sério demais. Isso aconteceu tanto na escola primária quanto no Instituto [de Herr Weber] e na escola secundária. A partir da infância, procurei a solidão e sentia-me melhor quando não me importunavam. E, em geral, sentia-me mais feliz no templo livre da natureza. As tempestades sempre me causavam uma profunda impressão; o barulho distante de um trovão e o brilho de um relâmpago só aumentavam minha reverência a Deus.[47]

Essas duas necessidades humanas gêmeas, a solidão e a sociabilidade, são, provavelmente, universais. Mas, sem dúvida, Nietzsche sentia um desejo extremo de ficar sozinho na maturidade, em grande parte porque tinha muitas coisas importantes para dizer e um sentido perspicaz de que o tempo para dizê-las era curto. A

---

43   KGW 1.1 4 [77].
44   YN p. 30.
45   KGW 1.1 4 [77].
46   YN p. 42.
47   KGW 1.1 4 [77].

solidão é o destino de um escritor. No entanto, na autoavaliação em Nietzsche havia um grau de dramatização adolescente. Como vimos, no início de sua vida Fritz era bastante sociável, até mesmo impetuoso. Além disso, não devemos ver qualquer indício de misantropia em seu prazer de entrar no "templo livre da natureza". A razão desta "verdadeira alegria" não significava que não havia alegria entre os seres humanos, mas, sim, que na transcendência da natureza ele descobria Deus.

## Deus

Na maior parte de sua juventude, Nietzsche quis entrar para o sacerdócio. Identificando-se com o pai morto, ele teve momentos de devoção quando bem pequeno. Elizabeth lembrava-se que ele tinha o apelido de "pequeno pastor" porque, já na escola primária, "ele recitava textos bíblicos e hinos com tanto sentimento que quase fazia as pessoas chorarem".[48]

Entretanto, esse sentimento era mais de devoção do que um talento teatral. Na anotação a seguir escrita aos 13 anos, percebe-se a intensidade surpreendente de um sentimento de religiosidade genuíno ligado à necessidade de acreditar que um dia se reuniria ao pai:

> Eu já vivenciei tantas coisas – alegria e tristeza, coisas alegres e coisas tristes –, mas em todas as ocasiões Deus guiou-me com segurança como um pai guia um filho pequeno e fraco... Decidi dedicar-me para sempre ao Seu serviço. Que meu querido Senhor me dê força e poder para realizar minhas intenções e que me proteja ao longo da vida. Como uma criança eu confio em sua graça divina: Ele nos protegerá e não sofreremos nenhum infortúnio. Sua santidade será provada! Tudo o que Ele me der eu aceitarei com alegria: felicidade e infelicidade, pobreza e riqueza, e olharei com coragem a morte que nos unirá em um estado permanente de êxtase e beatitude. Sim, querido Senhor, deixe Seu rosto brilhar acima de nós sempre! Amém![49]

Existe uma frase importante nesse texto: "Tudo o que Ele me der eu aceitarei com alegria." Isto é quase uma formulação precisa da doutrina de Nietzsche de sua maturidade na qual, às vezes, ele refere-se ao *amor fati* [amor do destino] ou ao "desejo do eterno retorno à mesma condição": a doutrina ideal que um ser humano seja capaz de dizer um "Sim" feliz a *qualquer* coisa que aconteça, e a seu eterno retorno. Esta doutrina foi elaborada bem depois que Nietzsche não mais acreditava no Deus cristão. Mas esta devoção cristã da juventude de Nietzsche sugere que este sentimento constituiu o cerne de suas reflexões na maturidade no esforço de redescobrir, mesmo na ausência de Deus, os elementos vitais da visão apaixonada da vida cristã.

Outro aspecto da devoção cristã de Fritz revelada na filosofia de sua maturidade era seu amor pelo Natal. É claro que ele gostava do Natal como qualquer garoto normal, das férias e dos presentes, mas também por outro motivo. Aos 13 anos, questionou-se por que gostava ainda mais do Natal do que dos aniversários, e sua

---

48  YN p. 25.
49  KGW 1.1 4 [77].

resposta foi que o Natal "era a festa mais abençoada do ano, visto que não diz respeito apenas a nós, mas também a todos os seres humanos, ricos e pobres, humildes e importantes, de classe baixa e alta. E era precisamente esta alegria universal que estimulava nosso humor".[50] Este mesmo desejo profundamente enraizado de união e harmonia entre todos os homens refletiu-se na lembrança de Fritz de uma visita realizada em agosto de 1860 a Gorenzen, uma cidade rodeada por uma floresta próxima a Eisleben, a cidade natal de Lutero, a sudeste das montanhas Harz, onde seu tio Edmund Oehler era pastor:

> Era domingo. Meu tio ficara muito ocupado a manhã inteira. Eu o vi do lado de fora da entrada da igreja. O comparecimento dos fiéis era grande e regular. Que sermão maravilhoso ele fez. Ele falou sobre reconciliação dizendo em seu texto: "Se você trouxer um presente para o altar, primeiro faça a paz com seu irmão". Este foi um dia de comunhão. Logo depois do sermão, dois funcionários municipais, homens educados, porém inimigos há muito tempo, estenderam-se as mãos em sinal de reconciliação.[51]

Apesar de sua hostilidade ao Cristianismo em sua maturidade, Nietzsche conservou o prazer do espírito autêntico do Natal. Ele reapareceu em sua filosofia como um desejo de um momento no qual "todos os homens devem compartilhar a experiência desses pastores que veem o céu brilhar e ouvem as palavras 'Em um mundo em paz, a bondade fluirá para todos os seres humanos'".[52] Veremos como Nietzsche conciliou esse desejo de paz universal com seu enaltecimento ao *agon*, assim como à "sua vontade de poder".

\*\*\*

O jovem Nietzsche, além de *devoto*, também tinha *boa índole*, às vezes expressa de um modo exagerado. Em suas memórias, Elizabeth comentou que gostaria de lembrar-se de pelo menos um incidente de maldade genuína da parte dele, mas que não se recordava de nada. O ato intencional mais próximo de crueldade, ou melhor, de desumanidade, foi o fato de os dois serem elogiados por doarem seus melhores brinquedos a missionários que os iriam dar aos "pequenos pagãos negros" na África quando, na verdade, eles doaram seus piores brinquedos. Envergonhadíssimo, Fritz escreveu à irmã:

> Lizzie, eu queria ter dado minha caixa de cavaleiros. Eles são meus melhores soldados e meus preferidos. Mas a serpente de Eva dentro de mim fez-me hesitar: "Deus quer de fato que você dê seus melhores brinquedos, Fritz?" (A ideia de enviar meus adorados soldados às crianças negras e, provavelmente, a canibais selvagens me pareceu impossível.) Porém, Fritz sussurrou em resposta: "Sim, deveria ter dado, Lizzie".[53]

Fritz também era muito *obediente*, às vezes de uma maneira prussiana exageradamente inflexível. Elizabeth lembra-se que, devido a uma tempestade, os meninos

---

50 *Ibidem*.
51 *Ibidem*.
52 WS 350.
53 YN p. 33-4.

da escola primária correram como loucos para casa. Todos, exceto Fritz "que caminhava devagar com seu boné cobrindo a lousa e o pequeno lenço em cima do resto", sem pensar nas instruções da mãe: "Corra, menino, corra". Quando ela o repreendeu por chegar em casa encharcado ele respondeu, "Mas, mamãe, as regras da escola determinam que, ao sairmos do colégio, os meninos estão proibidos de pular e correr na rua e, sim, que devem voltar para casa calmamente e com compostura".[54]

Em resumo, às vésperas de sua partida para o colégio interno, Fritz era um menino precoce, tímido, afetuoso, devoto, virtuoso e obediente, não convencional apenas devido à intensidade de sua dedicação às convenções de sua educação prussiana e luterana. Era difícil perceber o menor indício do futuro Sansão que derrubaria os pilares do templo cristão.

---

54  YN p. 25.

# 2

# PFORTA

Em setembro de 1858, Franziska Nietzsche recebeu uma carta do rei do colégio interno de Pforta oferecendo a Fritz uma bolsa de estudos na melhor e mais famosa escola secundária da Alemanha. Segundo Elizabeth, as notícias do seu excelente desempenho demonstrado na Escola Secundária da Catedral chegaram aos ouvidos do reitor por intermédio de parentes de Naumburg. Fritz queria ir para Pforta desde os 10 anos e expressou seu desejo nestes versos magníficos:

> *Lá, onde através da porta estreita*
> *Sempre os alunos de Pforta*
> *Vivem com tanta liberdade*
> *Lá em Pforta é que eu gostaria de estar!*

E, como a bolsa de estudos asseguraria seu futuro financeiro pelos próximos seis anos, esta era uma oferta que Franziska, embora lamentasse amargamente a separação de seu filho querido, não poderia recusar. No mês seguinte, Fritz tornou-se aluno do Colégio Pforta, onde permaneceria até setembro de 1864.

Fundado como uma abadia cisterciense chamada Porta Coeli (Portão do Céu), Pforta ("Portão" agora da educação e não mais do céu) tinha sido transformado em um colégio em 1543 pelo príncipe eleitor Moritz da Saxônia, uma "dissolução" e reciclagem dos mosteiros que fora uma meta importante na Reforma Protestante. Dez anos mais tarde, Eduardo VI, com um objetivo similar, fundou o Hospital de Cristo no antigo convento dos frades franciscanos em Londres. Pforta, ou Schulpforte (Colégio Pforta), como é chamado hoje, ficava a cerca de uma hora a pé de Naumburg e, às vezes, Fritz voltava caminhando para casa nas férias. Pforta situava-se ao sul do Rio Saale, em um vale arborizado que se estendia da extremidade ocidental de Naumburg até o desfiladeiro estreito de Kösen. O terreno do colégio tinha 73 acres de jardins, pomares, bosques, prédios e claustros protegidos do mundo externo por um muro largo com quase quatro metros de altura que formava um retângulo quase perfeito em torno da propriedade. Um afluente do Saale passava no meio do terreno, separando os prédios de trabalho, os jardins e a maioria das casas dos professores do colégio. Pequena e extremamente seletiva a escola à época de Nietzsche tinha uns 200 alunos.

## Uma Herança Dividida

Que tipo de lugar era Pforta? Primeiro, como o reitor mencionou em 1843, em um discurso comemorativo do aniversário de 300 anos da fundação do colégio, ele "era uma entidade escolástica fechada", uma "entidade" dentro de um Estado no qual "todos os direitos dos pais eram cedidos à *alma mater*" durante os "seis anos mais decisivos de formação, da adolescência até o ingresso na universidade", com a finalidade de os jovens ficarem "afastados de todas as distrações associadas à vida da cidade".[1]

Além do isolamento total, os alunos do Pforta viviam sob um controle rígido. Os alunos tinham de pedir permissão para fazerem quase tudo. O *Nachlass*\* de Nietzsche contém inúmeras referências escritas ao seu tutor pedindo permissão para passear, ter algum dinheiro para pequenos gastos, alugar um piano, comprar um doce, encontrar sua família etc. Em razão deste controle estrito, era inútil contestar a alegação do reitor de que o colégio formava a "totalidade" da personalidade do aluno; "não apenas o desenvolvimento de suas mentes, mas também a formação moral e o caráter deles" e, por consequência, "todos os alunos do Pforta, como regra, saem da instituição com uma marca definida de uma diligência sólida que perdurará por toda a sua vida".[2]

"Diligência sólida" era uma expressão típica de modéstia no conceito do Colégio Pforta. (Elizabeth comentou que, embora os professores soubessem que Fritz era o aluno mais talentoso que jamais haviam visto, ele "nunca ouviu uma menção aos seus talentos especiais", porque Pforta "sob nenhuma circunstância adularia seus alunos bem-dotados".)[3] Mas o reitor esqueceu de mencionar a crença nos valores da instituição. Profundamente orgulhoso de seus ex-alunos famosos, como Klopstock, Novalis, Fichte e os irmãos Schlegel, os grandes nomes do Romantismo alemão, assim como o importante historiador Leopold von Ranke, o colégio encarava seu papel como sendo o treinar jovens para a *geistige Führung des Volkes*, a "liderança espiritual das pessoas";[4] para a liderança intelectual, cultural, espiritual e, por fim, política mais ou menos direta da nação. Porém, como a "marca" do Colégio Pforta a ser impressa na aristocracia cultural futura poderia ser alcançada? Por meio, segundo o reitor, de "um espírito viril, rígido e poderoso de disciplina" que ensinava aos alunos obedecer "às ordens e aos desejos de seus superiores", "o preciso e pontual cumprimento do dever", o "autocontrole" e um "trabalho enérgico e determinado", ao mesmo tempo em que estimulava o desenvolvimento de uma "iniciativa pessoal original".[5] Todos estes preceitos são familiares até hoje a qualquer aluno que frequenta colégios internos na Inglaterra: as técnicas clássicas de Esparta – banhos frios, uma hierarquia de monitores e submonitores com o poder de vida e morte sobre seus subordinados, uma rotina diária regimental, falta de privacidade, exceto nos banheiros, e, algumas vezes, nem mesmo lá ("um controle total", de acordo com Michel Foucault), castigo corporal, entre outras regras. O Colégio Pforta assemelhava-se a uma

---

[1] YN p. 74-75.
\* **N.t.:** Em alemão, coletânea de manuscritos, notas, correspondências etc. deixada por estudiosos após sua morte.
[2] *Ibidem*.
[3] YN p. 107.
[4] JI p. 66.
[5] YN p. 75.

academia militar prussiana, com exceção do fato de ele formar "funcionários" em vez de uma liderança cultural militar,[6] apesar de mais tarde ter formado uma classe militar também.

Fritz assim descreveu sua rotina diária:

> Tentarei dar uma ideia da minha vida cotidiana em Pforta. Às quatro da manhã abrem-se as portas do dormitório e, a partir dessa hora, as pessoas têm liberdade de fazer o que querem. Mas depois das cinco horas da manhã (no inverno às seis horas) todos têm de sair do dormitório: quando toca a sineta da escola, os monitores do dormitório gritam: "Acordem, levantem-se, apressem-se" e castigam todos os alunos com dificuldade de sair da cama. Depois os meninos vestem uma roupa qualquer o mais rápido possível e correm para os banheiros, a fim de garantir um lugar antes que fiquem cheios demais. Os garotos não demoram mais de 10 minutos entre o momento em que se levantam da cama e se lavam e, em seguida, todos voltam para seus quartos a fim de vestirem-se adequadamente. Vinte e cinco minutos depois toca a primeira sineta e, na segunda, todos têm que estar no saguão para as preces. O monitor mantém a ordem até a chegada do professor... pontualmente às seis horas (no inverno às sete horas), o sino toca e os alunos vão para suas salas de aula.[7]

Ronald Hayman, biógrafo de Nietzsche, dedica pouco tempo à sua vida em Pforta. Referindo-se a um episódio em que Fritz segurou uma vela acesa na mão para provar que sua autodisciplina seguia os padrões romanos, ele observa que "o sadismo na opressão autoritária sempre provoca o masoquismo no desejo de destacar-se por meio da obediência" e sugere que o Colégio Pforta transformou Nietzsche em um "sadomasoquista".[8] Embora seja uma observação pertinente, ele ignorou, primeiro, o fato de que algumas pessoas *gostam* de ter uma vida pautada pela obediência e, segundo, ele omitiu o lado caloroso do Pforta.

As refeições, por exemplo, comparadas, pelo menos, com minha experiência em colégio interno, eram substanciais e, do ponto de vista nutritivo, surpreendentemente saudáveis. Além disso, as frutas e os legumes plantados nos pomares e nas hortas do colégio deviam ser bem gostosos. A descrição de Fritz do seu dia a dia continua:

> O cardápio do almoço desta semana é o seguinte:
> Segunda-feira: sopa, carne, legumes e frutas.
> Terça-feira: sopa, carne, legumes, pão e manteiga.
> Quarta-feira: sopa, carne, legumes e frutas.
> Quinta-feira: sopa, carne ensopada, legumes, rim grelhado e salada.
> Sexta-feira: sopa, porco assado, legumes, pão e manteiga; ou sopa, lentilhas, salsicha, pão e manteiga.
> Sábado: sopa, carne, legumes e frutas.
>
> E no jantar servido às sete horas:
> Segunda-feira e sexta-feira: sopa, pão, manteiga e queijo.
> Terça-feira e sábado: sopa, batatas, arenque, pão e manteiga.
> Quarta-feira: sopa, salsicha, purê de batatas ou picles.

---

6   A analogia de Janz. Ver JI p. 66.
7   KGW 1.2 6 [77].
8   Hayman (1980) p. 28.

Quinta-feira: sopa, panquecas, molho de ameixa, pão e manteiga.
Domingo: sopa, arroz-doce, pão e manteiga; ou ovos, salada, pão e manteiga.[9]

Segundo, a disciplina e a organização não eram, na verdade, tão rígidas e inflexíveis como o reitor dizia. Os alunos tinham bastante tempo para passear, jogar boliche e nadar e, no inverno, patinar no Rio Saale congelado, e Fritz destacou-se na natação e na patinação. Apesar de acordarem bem cedo, às quatro e meia, o fato de dormirem às oito e meia ou às nove horas permitia que os meninos dormissem cerca de oito horas. E, como Fritz recorda-se, no verão, quando a temperatura atingia 24º C, as aulas terminavam e no resto do dia todos os alunos iam nadar. Aos domingos, os meninos bebiam vinho (da uva de Saale-Unstrut, região vinícola do norte da Alemanha) cujos vinhedos eram cultivados no terreno do colégio.

Em terceiro lugar, a experiência de Fritz no colégio, pelo que sabemos, foi relativamente isenta dos perigos habituais de colégios internos, como intimidações e abuso sexual. É possível que alguns acontecimentos da vida na escola tenham sido omitidos nas cartas que escrevia para casa diversas vezes por semana, mas, em geral, exceto pelas doenças ocasionais, os relatos eram de um jovem feliz no colégio: ele só se queixava quando não podia patinar por causa do mau tempo ou quando seus pedidos à mãe não eram prontamente atendidos. (Ele tinha o hábito que persistiu na idade adulta de tratar a mãe como uma empresa de venda por correspondência, com pedidos de entrega imediata de copos resistentes, tinteiros, penas para escrever de aço, sabonete, chocolate, biscoito wafer, caderno de apontamentos, blocos de papel, tesouras, sapatos sociais, utensílios para descalçar botas, conjunto de instrumentos para desenhar, entre outras coisas.)[10] Em oposição à sugestão de Hayman de sadismo, Elizabeth sempre mencionou como os monitores eram gentis com seu irmão. E ele gostava e admirava Oscar Krämer, o monitor diretamente responsável por ele (e, por isso, mais do que ninguém podia fazer de sua vida um inferno ou um paraíso), e a quem convidou para tomar chá com sua mãe em casa.[11] Aliás, foi Krämer quem tirou de sua mão a vela acesa com a qual Fritz estava se queimando dizendo-lhe para não ser tão estúpido. Bem jovem, Krämer morreu como tenente na batalha de Sadowa em 1866, um acontecimento que com certeza influenciou a aversão de Nietzsche à guerra.

Em quarto lugar, apesar de o reitor afirmar que os alunos estavam totalmente distanciados do ambiente da cidade e da casa, existia um contato frequente com a família. Não só havia a troca de cartas regulares e os suprimentos que eram enviados pela família, como também quase todos os domingos Fritz caminhava meia hora até Almrich, que ficava no meio do caminho entre Pforta e Naumburg, para passar a tarde com a mãe e a irmã.

É claro, separado de seu segundo lar e de seus melhores amigos, no início Fritz sentiu muita saudade de casa. Quando se aproximou pela primeira vez de Pforta à luz cinzenta do amanhecer, tremendo de medo diante de um "futuro ameaçador e

---

9   KGW 1.2 6 [77].
10  KGB 1.1 21, 22.
11  KGW 1.2 6 [77].

sombrio", os muros de Pforta assemelharam-se, como escreveu a Wilhelm, "mais a uma prisão do que a uma *alma mater*".[12] Felizmente, ele encontrou em seu tutor (equivalente ao diretor de um internato no sistema inglês) um homem com uma fé simples e grande bondade, que ofereceu a Fritz o que ele chamou de "cura para sua saudade de casa" (segundo as teorias do professor Buddensieg):

1. Se quisermos aprender algo valioso não podemos ficar sempre em casa.
2. Nossos queridos pais não querem que fiquemos em casa; portanto, devemos atender aos desejos deles.
3. Nossos seres amados estão nas mãos de Deus. Estamos sempre em seus pensamentos.
4. Se trabalharmos com perseverança e zelo, nossos pensamentos tristes desaparecerão.
5. Se esses conselhos não ajudarem, rezemos para Deus todo-poderoso.[13]

Embora nenhuma dessas recomendações tenha ajudado muito, Fritz gostava profundamente de Robert Buddensieg (ele foi o primeiro dos diversos pais substitutos de Nietzsche) e chorou amargamente sua morte precoce de tifo em agosto de 1861.[14] Apesar de ter mantido relações amistosas com seu novo tutor, Max Heinze,* pelo resto da vida, Heinze não substituiu Buddensieg no afeto de Fritz.

Fritz ansiava pelas férias escolares em uma espécie de êxtase. E ao voltar para o colégio lembrava-se de uma das canções de Schubert: "Os dias dourados das férias terminaram, dissipados como um sonho", "meu coração está obscurecido pelas nuvens da tristeza",[15] e assim por diante. Mas nada disso indica que o colégio era um lugar de tormento sádico. Fritz, é claro, sentia falta de casa e da família. Porém, o que ele na verdade sentia falta era da *liberdade*, a liberdade de comer, beber, dormir, caminhar, ler, escrever, tocar piano quando, onde e com quem gostava. "O período escolar", observou, "foram anos difíceis... porque o espírito jovem precisa confinar-se em limites estreitos".[16]

\*\*\*

A representação de Pforta como uma máquina sádica destinada a produzir robôs prussianos deve ser vista sob outro ângulo: havia um espírito de renascimento humanístico que permeava visão de mundo do colégio, revelada na ênfase no currículo dos clássicos. O humanismo de Pforta reverenciava Roma, mas acima de tudo a Grécia, como o ápice da civilização ocidental. A partir deste pressu-

---

12   KGB 1.1 55.
13   KGW 1.2 6 [77].
14   KGB 1.1 257.
\*    Heinze tornou-se um historiador de filosofia famoso. Por pouco tempo ele foi colega de Nietzsche na Universidade da Basileia antes de transferir-se para a Universidade de Leipzig. Entre outros trabalhos acadêmicos, preparou uma edição dos escritos de Lênin, o que revela um homem com uma visão muito ampla.
15   KGB 1.1 69.
16   KGW 1.2 6 [77].

posto originava-se um compromisso discreto, mas real, de um ideal de liberdade e republicanismo baseado no modelo da Cidade-Estado de Atenas e na república romana. Do ponto de vista político, a cultura predominante de Pforta era "liberal" dentro da visão do século XIX, que preconizava o liberalismo em vez do governo autoritário, a extensão dos direitos civis e dos privilégios (algumas vezes até mesmo às mulheres), e seguia em direção a um governo democrático. E, em especial, no contexto alemão, ele abraçava a causa da unificação alemã. No entanto, graças ao autoritarismo de Bismarck e de um imperador fraco, o Reich alemão, criado em 1871, foi um grande desapontamento para os membros do colégio, liberais que haviam apoiado sua criação na expectativa de que a unificação terminaria com os inúmeros estados insignificantes governados ainda com uma concepção feudal por duques e príncipes. Além disso, o espírito "desconstrucionista" da filologia clássica, quando se estendia além dos textos antigos, tinha uma tendência intrínseca a minar as convicções e autoridades estabelecidas. (Mais tarde, Nietzsche referiu-se ao "desconstrucionismo voltairiano" como um efeito expressivo dos estudos históricos.)[17] Tão importante como a influência do darwinismo em abalar os fundamentos da fé cristã no século XIX foi o desconstrucionismo filológico da Bíblia realizado por estudiosos como David Strauss (ver p. 199-202). (Quando Jacques Derrida disse aos estudantes radicais em 1968 que era mais importante desconstruir textos do que derrubar as barricadas das ruas de Paris, ele apenas repetiu o que a filologia fizera nos últimos 100 anos.)

No entanto, Pforta, assim como os melhores colégios internos ingleses da época e atuais, era repleto de contradições "criativas". Por um lado, ele venerava a autoridade prussiana, mas, por outro, discretamente subvertia qualquer autoridade. Apesar de ser opressivamente protestante – as preces e a presença aos cultos frequentes eram obrigatórias – gostava de tudo que se referisse à Antiguidade, inclusive à Grécia antiga, ou seja, deuses *pagãos*. E ainda de modo mais ambíguo, embora fosse de uma lealdade arbitrária ao reino da Prússia, também era discretamente republicano.

Nietzsche nunca duvidou que o Colégio Pforta exerceu um papel fundamental em lhe moldar o caráter e a personalidade. Ele permaneceu leal e agradecido à escola, não só pela maravilhosa educação em humanidades, mas, também, pela "formação" que recebera. Vinte e dois anos depois de sair do colégio ele escreveu:

> Na formação de uma pessoa o mais importante é ter sob qualquer circunstância uma disciplina rigorosa no *momento certo*, isto é, em uma idade em que ficamos orgulhosos diante da grande expectativa de outras pessoas em relação a nós. Por isso, eu diferencio uma educação escolar severa de outras educações menos exigentes, com uma demanda maior do aluno; que a bondade, e até mesmo a excelência, seja exigida como se fosse normal; que o elogio seja escasso; que a tolerância exista sem restrições; que a culpa seja assumida de forma rigorosa e prática, sem condescendência em relação a talentos ou antecedentes. Todos nós precisamos de um colégio com essas características, que ofereça também uma boa formação física e espiritual, porque seria fatal diferenciar esses dois aspectos na educação de um jovem! Essa

---

[17] UM II 7.

mesma disciplina torna o soldado e o erudito eficientes; e, ao observar com mais atenção, veremos que o erudito verdadeiro tem em suas veias os mesmos instintos de um verdadeiro soldado.[18]

Como enfatizamos antes, Nietzsche era, e assim continuaria o resto da vida, um prussiano em seu âmago. Sua formação familiar o predispôs a isso, mas seu compromisso inabalável quanto à disciplina prussiana – ao seu "autocontrole" assim denominado em sua terminologia posterior – foi em grande parte influenciada por sua formação em Pforta. Mas, por ser intrinsecamente uma entidade em contradição, Pforta produziu, em Nietzsche, um ser contraditório. Assim como os internatos ingleses formaram líderes da sociedade predominante, ao mesmo tempo formaram cidadãos desleais, como os espiões comunistas a exemplo de Burgess, Maclean, Philby e Blunt, do mesmo modo Pforta produziu um Nietzsche prussiano, mais tarde antiprussiano, que, apesar de sua "formação prussiana", decidiu na maturidade destruir tudo em que acreditara.

## O Currículo

O currículo do Pforta centralizava-se no ensino do grego e do latim e, em menor grau, nos clássicos alemães. Os alunos respiravam o ar da Grécia e de Roma, de Goethe e Schiller, e não o da Europa moderna. As ciências naturais e a matemática eram matérias pouco valorizadas e destinadas a meninos menos bem-dotados. Então, como seria previsível, o ensino da matemática era fraco e Fritz depois do entusiasmo inicial começou a achá-la extremamente desinteressante. Ele foi um péssimo aluno nessa matéria, e, no momento de fazer o *Abitur*, o exame final de conclusão do colégio, o professor de matemática quis reprová-lo, porém outro examinador perguntou reservadamente, "Mas o senhor quer reprovar o melhor aluno da história do colégio?" Na década de 1870, ao desenvolver um interesse profundo pelas ciências naturais, Nietzsche sentiu a falta de um conhecimento básico resultante da maneira superficial do ensino de ciências em Pforta. Neste sentido, escreveu em 1881:

> Éramos obrigados a estudar matemática e física e ficávamos desanimados diante de nossa ignorância, e nossa vida diária, nossas atividades, tudo o que acontecia em casa, no local de trabalho, no céu, no campo de manhã à noite, reduzia-se a milhares de problemas desagradáveis e irritantes que demonstravam que *precisávamos* saber matemática e mecânica e, então, nos ensinavam nosso primeiro *prazer* no aprendizado de ciências... No entanto, deveríamos ter aprendido a *reverenciar* as ciências.[19]

Além de latim e grego, Fritz também estudava francês e hebraico, por causa de sua intenção de obedecer ao desejo da mãe de estudar teologia na universidade. Mas ele nunca dominou completamente uma língua estrangeira, antiga ou moder-

---
18  YN p. 107-108.
19  D 195.

na. Embora conseguisse pensar em latim, os escritos em latim de Fritz pareciam traduções do alemão. Mais tarde, apesar de passar muito tempo na Itália compreendia mal o italiano. Sempre precisava de um dicionário para ler em francês e seu conhecimento de inglês era inexistente. Lia Byron e Shakespeare, autores que adorava, nas traduções em alemão. Estes detalhes são importantes porque, apesar de se definir como "um europeu genuíno" e lamentar seu chauvinismo alemão, ele sempre pensava em alemão e, portanto, era um alemão sob todos os aspectos.

## A Sociedade *Germania*

Até o último ano no colégio Fritz não fez amigos íntimos. Como em geral era o melhor aluno da classe, seus colegas achavam que ele era um *Streber* – uma pessoa que demonstrava grande aplicação na realização de suas tarefas para distinguir-se. Reservado, sério demais para sua idade, inadaptado à vida competitiva e rude de um colégio interno, ele parecia estranho aos olhos de seus colegas; e depois do episódio da mão queimada, esta impressão acentuou-se. Por este motivo, sua expectativa das férias não consistia apenas no desejo de reencontrar o conforto de sua casa, mas também de aproveitar a companhia de seus únicos amigos, Wilhelm e Gustav.

Nas férias de verão de 1860 os três amigos decidiram fundar uma sociedade dedicada à literatura e às artes chamada *Germania*.[20] Esta iniciativa foi a primeira ideia imprecisa de um verdadeiro fenômeno alemão, o desejo de criar um "círculo", como o Círculo Wagner e, mais tarde, o Círculo Stefan George, destinado à restauração cultural, um desejo que persistiria ao longo da vida de Nietzsche. Assim, Elizabeth relatou a criação da sociedade *Germania*:

> Em 5 de julho os amigos compraram por nove *Groschen* uma garrafa de vinho tinto de Naumburg e encaminharam-se sérios e dignos para a ruína de Schönburg, a uma hora da cidade. Por uma escada extremamente precária, eles subiram até a parte mais alta da torre de observação, de onde se descortinava uma vista magnífica do pitoresco vale do Saale e lá, acima da região enevoada da planície, discutiram o plano de realizar suas aspirações mais elevadas em defesa da cultura.

O estatuto da sociedade determinava que cada membro contribuiria mensalmente com certa quantia de dinheiro, a fim de comprar, *inter alia*, as obras do poeta de vanguarda, Friedrich Hölderlin, assim como todos os meses um trabalho original de literatura, arte ou música. O trabalho comprado era criticado com rigor, mas de uma maneira construtiva pelos membros da sociedade. No final da cerimônia de criação da sociedade, continuou Elizabeth, "os amigos fizeram votos de amizade e comunhão de ideias, batizaram-na de *Germania* e jogaram a garrafa de vinho vazia no precipício".[21]

---

20   É provável que o nome tenha se inspirado na confraria da Universidade em Jena à qual o tio de Fritz por casamento, Emil Schenk, pertencia. O nome tem óbvias conotações nacionalistas.
21   YN p. 91-3.

Assim como a maioria das sociedades, *Germania* começou com grande entusiasmo, porém, sob pressão, segundo as palavras de Fritz, de "trabalhos escolares, lições de dança, assuntos amorosos, tumultos políticos",[22] aos poucos ficou moribunda, faliu e, por fim, terminou em julho de 1863. Fritz foi o membro mais diligente, em parte porque, por ter mudado de colégio, concluiu o *Abitur* seis meses depois de Wilhelm e Gustav.

Durante a existência da *Germania*, seus membros contribuíram e discutiram (pessoalmente nas férias e por correspondência no período escolar) inúmeros trabalhos próprios ou de outras pessoas. As compras mais importantes foram, em 1861,[23] uma versão reduzida para piano do libreto da ópera *Tristão e Isolda* de Wagner (quatro anos antes de ser apresentada pela primeira vez) e uma assinatura da *Neue Zeitschrift für Musik*, uma revista fundada por Schumann em 1834, hoje dedicada a explicar e defender a *Zukunftsmusik* em geral e, em especial, a música de Wagner.

Com a partitura de *Tristão*, Gustav conseguiu por fim converter Fritz à causa da "música do futuro". A experiência de conversão, que aconteceu em 1861 ou em 1862, consistiu nos dois tocando a música no piano a quatro mãos, além de cantarem todas as partes da ópera. De acordo com as lembranças de Elizabeth, a interpretação desta música do futuro com suas vozes poderosas lhe pareceu o uivo de lobos e que "uma mulher surda que vivia do lado oposto de nossa casa precipitou-se ansiosa para a janela ao ouvir um barulho assustador que penetrara até mesmo em seus ouvidos, porque pensara que podia haver um incêndio em algum lugar".[24]

As contribuições originais[25] à sociedade consistiram em poemas e composições musicais, assim como palestras sobre literatura, história, música e filosofia. Fritz contribuiu, *inter alia*, com quatro partes de um *Oratório de Natal* inspirado na obra de mesmo nome de Bach e com diversos poemas como as "Seis Canções Sérvias Folclóricas, traduzidas por F. Nietzsche" (Wilhelm não soube explicar como ele poderia tê-las traduzido, pois não conhecia o dialeto servo-croata),[26] além de palestras sobre Byron, Napoleão III, e com seu primeiro livro de filosofia *Destino e liberdade* escrito em março de 1862.

Nesse ínterim, no colégio também, Fritz também já começara a produzir trabalhos importantes. Além de seus estudos clássicos, ele escreveu ensaios extensos sobre, *inter alios*, Hölderlin, Byron, Saga Ermanarich e outras sagas nórdicas, acerca da origem e natureza da civilização e da natureza da terra natal. Ao adquirir uma percepção maior sobre os princípios da crítica filológica, ele começou a ter uma visão mais racional da Bíblia.

---

22 *Ibidem*.
23 Ou talvez no final de 1860. Ver KGB 1.1. Para Nietzsche 33.
24 YN p. 98.
25 Relacionadas por Nietzsche em KGW 1.2 13 [28].
26 KGB 1.2 Resposta 41.

## Dúvida Religiosa

Como vimos, a infância de Fritz foi marcada por uma devoção apaixonada em vez de meramente convencional, uma devoção refletida em suas primeiras composições musicais. Sua atitude em relação à Bíblia era de crença irrestrita. Ele compartilhava a devoção e a poesia com seu primeiro amigo genuíno do colégio, Paul Deussen, também filho de pastor e que pretendia seguir o sacerdócio. Esta fase de religiosidade culminou na crisma dos dois em março de 1861. Deussen assim a descreveu:

> Lembro-me muito bem da atmosfera santificada e de enlevo que se apoderou de nós durante as semanas antes e depois de nossa crisma. Estávamos quase preparados a partir dessa vida para ficar com Cristo, e nosso pensamento, sentimento e empenho irradiavam-se de uma alegria celestial.[27]

No entanto, logo depois as fraturas começaram a surgir na estrutura da devoção de Fritz. Durante as férias da Páscoa ele teve uma discussão séria com Franziska, que resultou em uma carta de desculpas em contraste marcante com a afeição alegre das correspondências anteriores:

> E agora, querida mamãe, uma palavra só para seus ouvidos. Estas férias de Páscoa foram tristes e sombrias em razão daqueles acontecimentos ruins, e sinto uma dor profunda sempre que penso como eu a aborreci. Peço que me perdoe, querida mamãe: seria terrível que esse incidente prejudicasse nossa relação tão afetuosa. Perdoe-me, querida mamãe... A partir de agora farei o possível com meu comportamento e meu amor por você para curar a mágoa.[28]

É quase certo que o motivo da discussão referiu-se à religião, porque Fritz começara a ler livros com uma abordagem "científica" da religião (no sentido amplo alemão qualquer pesquisa racional e disciplinada é considerada "científica) e isso ofendera o tradicionalismo simples de Franziska. Ela ficou chocada quando em novembro Fritz recomendou o livro racionalista de Karl von Hase, *Life of Jesus*, à irmã.[29] Deussen confirmou que a "ciência" estava começando a abalar a fé cristã de Fritz. A intoxicação religiosa da época da crisma, escreveu ele,

> por ser uma planta cultivada artificialmente ela não poderia durar e, sob a influência de nossa educação diária e da vida em si, dissipou-se tão rápido como surgira. Nesse ínterim, preservamos certo grau de fé até terminarem as provas do *Abitur*. O que a abalou, sem que percebêssemos, foi o excelente método histórico-crítico que usávamos em Pforta para atormentar os antigos e, é claro, aplicava-se também aos assuntos bíblicos.[30]

Nietzsche utilizou o "método histórico-crítico" em sua filosofia da maturidade para minar o Cristianismo e a moral cristã. Em termos gerais, era a "dúvida her-

---

27 Deussen (1901) p. 4.
28 KGB 1.1 230.
29 KGB 1.1 288.
30 Deussen (1901) p. 4.

menêutica", um questionamento minucioso de um texto guiado pelo pressuposto que havia mais (ou talvez menos) detalhes que percebíamos e outros que passavam despercebidos, mas que, provavelmente, de uma forma ou de outra, representavam uma ignomínia. Porém, como observou Deussen, o "método" era essencialmente (e incipientemente subversivo) uma disciplina da filologia adaptada dos textos clássicos da Bíblia. Portanto, o que estava começando a acontecer era a resolução de uma das contradições inerentes à visão do mundo de Pforta. A "ciência" começara a abalar a fé.

Na primavera de 1862, na palestra "Destino e História", proferida para uma plateia de duas pessoas e que constituiu o "sínodo" da sociedade *Germania*, Fritz insistiu que era uma necessidade e um direito ter uma visão "livre e não sectária" do Cristianismo, mesmo a pessoas em cuja criação isso pareceria quase um "crime". No entanto, como veremos ao discutir este ensaio, o objetivo de Fritz não era *rejeitar* o Cristianismo e sim *modernizá-lo*. A forma cristã de vida, essencial para o tecido da sociedade, era valiosa demais para ser rejeitada. Mas as crenças teológicas precisavam ser reformuladas a fim de se harmonizarem, e não de conflitarem, com a ciência moderna. A busca de um Cristianismo moderno, como veremos, fundamentou o livro de David Strauss, *Life of Jesus*, que Fritz leu no primeiro ano da universidade.

## A Rebeldia Adolescente

A crítica de Fritz à religiosidade ingênua foi acompanhada por um espírito de rebeldia adolescente. Essa fase durou cerca de um ano e começou na primavera de 1862, e depois ele retomou seu comportamento habitual e terminou brilhantemente os estudos em Pforta. Na fase rebelde, procurou a companhia dos alunos indisciplinados do colégio, tipos com um caráter questionável como Guido Meyer e Raimund Granier, personagens da contracultura de Pforta. Juntos eles riam dos alunos estudiosos e bem comportados, além de beberem, fumarem e cheirarem rapé escondidos. Meyer foi expulso em março de 1863 pelo uso ilegal de bebida, uma decisão que Fritz descreveu à sua mãe como um grave erro de justiça e seu dia mais triste em Pforta.[31]

No campo da literatura, Fritz apaixonou-se por Byron, um ícone da rebeldia, e seguiu o caminho da transgressão blasfematória. Escreveu um pequeno romance, *Euphorion*, no qual o herói homônimo engravida uma freira que depois se casa com o próprio irmão, e o enviou a Granier, seu parceiro niilista, descrevendo-o com orgulho como "repulsivo", só valendo para ser usado como papel higiênico.[32] Surge um desejo de morte em sua poesia – "Oh, se eu pudesse, cansado do mundo/Voar para longe/E como a andorinha que voa para o sul/Voaria para meu túmulo." Em outro poema, um bêbado joga uma garrafa de genebra no Cristo crucificado.

As cartas para a casa agora começavam com uma pseudossofisticação, "querido Povo" em vez da "Querida Mamãe", o que mereceu em troca uma reprimenda. Ele

---
31    KGB 1.1 343.
32    KGB 1.1 324.

também teve problemas no colégio. Por ser monitor, Fritz tinha de fazer vistorias e relatar tudo o que precisava ser consertado nas salas de aula e nos dormitórios. Com um gesto de rebeldia brando, ele sucumbiu à tentação de inserir em seus relatórios pequenas brincadeiras como "os bancos no segundo ano avançado, que foram pintados há pouco tempo, ficam grudados nas pessoas que sentam neles". Por causa desta brincadeirinha, ele foi proibido de sair do colégio e perdeu um encontro pré-agendado com Franziska em Almrich. Mais uma vez o "Querido Fritz" foi substituído por "meu querido filho" e recebeu uma advertência severa de casa:

> Graças a Deus não foi um castigo pior, mas francamente... Eu esperava mais tato de sua parte. Você de novo incorreu no erro da vaidade, sempre querendo fazer algo diferente dos outros, e eu achei o castigo bem justificado, pois é uma terrível arrogância contra os professores esse tipo de comportamento. Então, no futuro seja mais cuidadoso em sua maneira de pensar e agir, siga sempre seu bom senso e, assim, evitará as discussões e turbulências que tenho observado cada vez mais em você.[33]

A rebeldia adolescente atingiu o auge em abril de 1863, quando Fritz foi descoberto por um professor completamente bêbado. Em consequência, perdeu o cargo de monitor e foi mais uma vez proibido de sair do colégio e, por isso, o encontro de domingo com a mãe e a irmã teve de ser cancelado. De novo ele escreveu à mãe em um estado de extremo constrangimento:

> Querida mãe, escrevo-lhe hoje para contar incidentes bastante desagradáveis e dolorosos dos quais eu sou totalmente responsável. Comportei-me muito mal e não sei se poderá ou se irá querer me perdoar. Peguei a caneta com relutância e com o coração oprimido, sobretudo, quando me lembro dos momentos felizes que passamos juntos nas férias de Páscoa, que nunca antes haviam sido perturbados por discussões. Domingo passado fiquei bêbado e não tenho como desculpar-me, exceto pelo fato de que não sabia quanto aguentava beber e estava animadíssimo à tarde... [Ele comemorava o fim das provas do final do ano.] Você pode imaginar como estou envergonhado e deprimido por causar tanta tristeza com esse relato indigno, que nunca antes lhe havia provocado tanto pesar. Eu fiquei também muito triste por causa do relato do pastor Kletschke [o capelão da escola que Fritz escolhera para substituir Heinze como seu tutor e que o indicara como monitor sênior]... Escreva-me logo e com bastante rigor porque ninguém merece mais do que eu... escreva-me muito em breve e não fique tão zangada, querida mãe. Seu muito deprimido, Fritz.[34]

A importância desse incidente encerrou a fase de rebeldia, porque a partir de então seu nome nunca mais constou do livro de castigos do Colégio Pforta. Mas, ao longo de sua vida, ele evitou o álcool. Em *Ecce Homo* ele atribui sua preferência pela água em vez de bebidas alcoólicas por ter "quase se transformado em um marinheiro" em Pforta.[35]

\*\*\*

---

[33] KGB 1.1 Para Nietzsche 56.
[34] KGB 1.1. 350.
[35] EH II 1.

No último ano de estudos em Pforta predominou a questão da escolha de seu *Brotstudium*, seu curso básico na universidade que proporcionasse retornos financeiros rápidos. Por ser um jovem de uma família com poucos recursos financeiros, ele tinha poucas opções de escolha. Com seu talento multifacetado, ele lamentou-se que a escolha de uma profissão fosse um "jogo de loteria".[36] Por algum tempo ele pensou em música; "sinto-me morto quando não ouço música", escreveu ele à mãe.[37] Por fim, decidiu seguir o que o Colégio Pforta, pelo treinamento e pela ideologia, o predestinara: clássicos, a "filologia clássica". Assim ele escreveu em 1869,

> Só no final de minha vida em Pforta, ao ter adquirido adequado autoconhecimento, eu desisti de meus planos de uma vida artística e, como resultado, optei pela filologia. Era uma disciplina (*Wissenschaft*) que poderia ser estudada com equanimidade diante do fluxo inconstante e ansioso das minhas predisposições, uma disciplina que pode ser abordada com ponderação e uma lógica controlada, ou seja, um trabalho de rotina que não excita a mente.[38]

Esse comentário revela, além da paixão de Nietzsche pela *ordem* prussiana, que, embora ele gostasse dos gregos, o mesmo não acontecia com a filologia, um fato percebido por Ulrich Wilamowitz em uma resenha de seu primeiro livro que, como veremos, tinha a intenção de desviá-lo da profissão. Ao escolher uma carreira pela qual não tinha paixão, Nietzsche guardou em seu íntimo um dilema angustiante que, um dia, ele teria de resolver.

## Novos Amigos

Nos últimos meses no colégio, Fritz reconheceu com tristeza que, com a ida de Wilhelm e Gustav para a Universidade de Heidelberg, inadequada para um filólogo, a amizade com eles estava enfraquecendo. Entretanto, surgiram dois novos amigos para substituí-los: primeiro, Paul Deussen* e logo depois o barão Carl von Gersdorff (ver Ilustração 13), um produto atípico de uma família prussiana Junker.** No início, Carl e Fritz se uniram atraídos pelo interesse pela música, encontrando-se pela primeira vez na sala de música do Pforta. Carl encantou-se com a improvisação no piano de Fritz e observou que ele "não teria dificuldade em acreditar que mesmo Beethoven não improvisaria de uma maneira tão comovente como Nietzsche, so-

---

36 KGB 1.1 353.
37 KGB 1.1 352.
38 Schlecha III p. 151.
\* Assim como Nietzsche, Deussen começou sua vida acadêmica como um filólogo especializado em grego. Mas depois, por influência de Schopenhauer, ele dedicou-se ao pensamento oriental e tornou-se professor de tempo integral em Berlim e um dos mais renomados orientalistas de sua época.
\*\* Seguindo a tradição Junker, Von Gersdorff lutou na Guerra Austro-Prussiana em 1866 e na Guerra Franco-Prussiana de 1870-1871. Um de seus irmãos mais velhos morreu na primeira e outro na última, este segundo recebeu a Cruz de Ferro. Embora tivesse sido obrigado a assumir a administração da propriedade rural da família, o verdadeiro desejo de Von Gersdorff era de ser artista. Ele fez um discurso no funeral de Nietzsche em 1900. Em 1904, revelando sintomas crescentes de doença mental, cometeu suicídio atirando-se de uma janela.

bretudo, com a ameaça de um temporal com relâmpagos e trovões".[39] Na época em que saíram do colégio, passaram a se tratar de uma maneira mais familiar com o uso do "você" (de *Sie* para *Du*), naquela época, ainda mais do que hoje, um grande passo nas relações pessoais entre alemães.

Em 2002, em um livro intitulado *Zarathustra's Secret*,[40] totalmente desprovido de evidências, o autor fez uma declaração sensacionalista de que o "segredo" pecaminoso de Zaratustra (isto é, Nietzsche) era o de ser "homossexual". Neste sentido, cabe enfatizar que Deussen e Carl eram heterossexuais. Quanto a Fritz, em seu penúltimo ano no colégio, interessou-se por Anna Redtel, irmã de um conhecido do colégio, com quem tocava duetos no piano quando ela visitava os avós em Kösen (entre Pforta e Naumburg). Ele lhe dedicou uma coleção de suas primeiras composições, peças curtas de música vocal e de piano.[41]

Fritz e seus amigos escreviam cartas entre eles em termos afetuosos. Eles sentiam uma "falta terrível" da companhia dos amigos e "ansiavam" pelas férias, quando estariam juntos de novo. E como era moda na Europa vitoriana, trocavam constantemente fotografias. Assim como um colegial saudável atual gosta de ter fotografias de atrizes de cinema com grandes seios nas paredes, Fritz decorava as paredes de seu quarto com as fotografias dos amigos.[42]

Isso seria um relacionamento "homossexual"? De modo algum. A troca de expressões afetivas entre amigos, talvez surpreendente para alguém criado no mundo atual, onde a comunicação entre amigos é mais seca emocionalmente, era comum na época vitoriana. Haveria sentimentos homoeróticos envolvidos? É possível. Para os homens vitorianos que passavam seus anos de formação em colégios internos masculinos e que eram incentivados a idealizar a vida dos aristocratas gregos, era natural reservar seus sentimentos mais íntimos e ternos para as pessoas do mesmo sexo. E, a este respeito, Fritz não era uma exceção. Mas se Nietzsche fosse considerado "homossexual", então a maioria dos homens da época vitoriana também seria.

## A Partida do Colégio

Fritz saiu do colégio logo depois de seu aniversário de 20 anos, tendo sido julgado o melhor aluno por muitos anos. Com uma educação excelente recebida por seus professores que se alternavam como professores em Pforta e em cátedras nas melhores universidades, ele estava apto a ser um filólogo clássico profissional. Ele tinha um futuro brilhante à sua frente. No entanto, duas nuvens pairavam sob sua cabeça.

A primeira era a saúde. Devido ao regime espartano do colégio, os alunos só constavam dos registros médicos se estivessem de fato doentes. Mas nos seis anos em Pforta Fritz foi internado na enfermaria não menos que 18 vezes, em uma média

---

39  YN 110.
40  Kohler (2002).
41  JI p. 125-126.
42  KGB 1.1 217. O fato de ter pedido em uma carta à mãe um retrato dela para acrescentar à coleção indica que não há nenhuma conotação de homossexualidade nessa troca de fotografias com os amigos.

de três vezes por ano. Em duas ocasiões, a doença foi tão grave que o mandaram para a casa a fim de convalescer. Na maioria dos casos, ele sofria de vários tipos de gripe, mas estas gripes eram sempre acompanhadas por dores de cabeça, que o atormentavam em muitas outras ocasiões. Como veremos, as enxaquecas acompanhadas por náusea e vômito o torturariam durante toda a sua vida adulta.

As enxaquecas de Nietzsche tinham uma causa física. Mas elas eram exacerbadas por seu grau alto de miopia e pela tensão imposta pela imensa quantidade de leituras. (Com frequência ele lia a noite inteira, com o pé dentro de um balde de água gelada para impedi-lo de dormir.[43]) Além disso, havia também um aspecto psicossomático pelo menos no ritmo destes ataques: o estresse o tornava mais vulnerável. Em 1862, por exemplo, foi um ano especialmente ruim e ele sofreu quatro internações na enfermaria e, por fim, o mandaram para casa a fim de convalescer – um período de doenças que coincidiu com seu flerte com o niilismo confuso da contracultura de Pforta. E no ano seguinte ele mergulhou em profunda depressão, revelada em 16 de abril na carta enviada à mãe confessando o episódio da bebedeira e, em seguida, internou-se na enfermaria do dia 24 de abril até 5 de maio, e mais uma vez de 7 de maio a 20 de maio.

A segunda nuvem que pairou sobre a partida de Fritz de Pforta é sugerida por um poema escrito nos últimos dias no colégio. Em parte, ele diz,

> *Mais uma vez antes de viajar*
> *Eu olho para frente*
> *Em minha solidão levanto as mãos*
> *Em sua direção, meu refúgio,*
> *A quem nas profundezas do meu coração*
> *Eu dediquei solenemente altares*
> *Então, durante todo o tempo*
> *Sua voz sempre me chama.*
> *Nos altares, profundamente gravada, brilha*
> *A palavra: para um deus desconhecido...*
> *Preciso conhecê-lo, oh, desconhecido*
> *Você que atinge a profundeza de minha alma...*[44]

A sofisticação filológica, como vimos, privou Nietzsche de sua fé simples de sua infância em Naumburg. Embora isso não o tenha levado ao ateísmo – o *desejo* por Deus não diminuíra – ele não mais conhecia Deus, que se tornara o "deus desconhecido" (a designação grega poderia ter sido extraída de *Lovely Blueness*, de Hölderlin). Deus passou a ser uma busca ao longo de toda a sua vida.

### *Trabalhos Literários (1858-1864)*

Seria fácil desprezar seus trabalhos literários da juventude escritos em Pforta. Mas incorreríamos em um erro, porque muitos dos principais temas de sua filosofia na

---

43  C p. 594.
44  JI p. 124-5.

maturidade (com exceção da "vontade de poder" e do "eterno retorno") foram esboçados em seus trabalhos de adolescência. Nietzsche, é claro, não manteve suas concepções da adolescência inalteradas ao longo da vida. Não obstante, é imprescindível compreender essas visões para entender o que de fato o interessava. Organizaremos as discussões por tópicos em vez de textos, discutindo suas percepções sobre religião, música, tragédia grega, poesia, política e moral, terra natal *versus* cosmopolitismo e liberdade da vontade.

## *Religião*

"Sobre a Infância dos Povos",[45] uma palestra realizada na sociedade *Germania* para um público de duas pessoas em 24 de março de 1861 contém o início de sua reflexão da vida inteira em relação à origem da religião. É um trabalho impressionante para um jovem de 17 anos.

O vínculo mais fundamental do *Volk* [povo], argumenta Fritz, é a linguagem comum. Este pressuposto é verdadeiro por definição, porque é uma linguagem compartilhada que constitui um grupo de indivíduos como um povo. Mas a característica mais importante é a religião compartilhada. Nos primeiros estágios primitivos da civilização, diz Fritz, as pessoas consideravam-se filhas de Deus. Aterrorizadas por seu poder expresso por trovões e relâmpagos, elas procuravam sua ajuda e perdão por seus pecados por meio de preces e sacrifícios. A primeira e mais natural religião adora a um Deus que é imanente nos fenômenos naturais – a "verdade" que Deus era um ser sobrenatural em vez de um ser natural lhes era desconhecida. No entanto, ao longo do tempo o monoteísmo primordial adquiriu o "acréscimo pagão" do politeísmo. Mesmo os judeus eram politeístas e consideravam Jeová, o Deus de Israel, apenas o mais elevado dos deuses, com o papel de rei em relação aos outros. As diversas forças naturais e as diferentes estações representavam poderes divinos distintos, criados pela representação vaga de uma multiplicidade de intervenções sobrenaturais que governavam o destino de cada pessoa. A noção de que alguns desses espíritos eram benevolentes e outros eram malévolos surgia de uma maneira natural, e todos ansiavam por se beneficiarem dos favores dos benevolentes. Em seguida, homens profundos que se apresentaram como mensageiros de Deus fundaram uma nova forma de religião ao acrescentar os fundamentos da moralidade à crença teológica e pela propagação de sínteses de deuses e de moral entre seu povo. Assim surgiram as religiões das nações com uma espiritualidade mais rica da Antiguidade. Mas, Fritz conclui, a história mostrou que,

> mesmo os pensamentos religiosos maduros conduzem a um ponto de vista que exige que uma doutrina pura e natural seja satisfeita, na qual filósofos esclarecidos retornarão ao único Deus como a fonte primordial de todos os seres. É missão do Cristianismo realizar este processo, não tripudiando ou destruindo as religiões pagãs pela força, mas, sim, despertando a necessidade natural de um ensinamento mais gentil. [Fritz

---

45  KGW 1.2 10 [3].

sem dúvida pensa aqui nos missionários alemães da África a quem ele e Elizabeth deram, quando crianças, seus piores brinquedos.] No entanto, na ideia fundamental do Cristianismo é o amor que os tira de sua condição não abençoada e os leva aos braços da Igreja, onde a salvação somente pode ser alcançada.

Esse texto é claramente escrito dentro dos parâmetros da teologia cristã, que o obriga a postular o monoteísmo como a primeira e a mais natural ideia do divino, uma hipótese implausível que mais tarde ele rejeita. Entretanto, o fato de ele pensar que a religião *tinha* uma origem já revela certo distanciamento da fé cristã: como ele diz em *Genealogia da Moral* o mero reconhecimento de que a crença religiosa *tem* uma história abala a premissa que ela seja produto de uma revelação divina.

No ano seguinte, o processo de distanciamento de Fritz do Cristianismo ingênuo progredira muito. Nas férias de Páscoa, em "Destino e História",[46] outra palestra na sociedade *Germania*, ele escreveu que,

> se examinarmos a doutrina cristã e a história da Igreja com liberdade e sem restrições ideológicas, chegaremos a diversas conclusões que contradizem as ideias em geral aceitas. Porém, as restrições que nos foram impostas desde o início pelo hábito e preconceitos limitaram o desenvolvimento de nossos intelectos e predeterminaram no desenvolvimento de nossa personalidade a marca da infância e, assim, somos forçados a julgar essa visão livre e irrestrita quase como um pecado [uma alusão, é claro, a Franziska] e de nos defrontarmos com um julgamento sectário a respeito da religião adequada à nossa época.

Desse modo, Fritz afirmou seu direito de ser um crítico imparcial, o que mais tarde ele chamou de um "espírito livre", um desejo de observar a religião sob a perspectiva do conhecimento erudito de sua idade. Porém, ao longo dos anos, em razão de um sentido notável de responsabilidade intelectual maduro com respeito à sua comunidade e sua importante tradição, ele continuou,

> essa tentativa não é um trabalho de algumas semanas e sim de uma vida inteira. Como poderíamos, apenas com nossas reflexões adolescentes, destruir a autoridade de dois mil anos e o testemunho de mentes importantes? Como teríamos a audácia de, com nossas fantasias e ideias imaturas, desprezar todas as alegrias profundas, bênçãos e tristezas que pertencem à religião na história do mundo? Com uma extrema arrogância tentamos solucionar problemas filosóficos que provocaram opiniões conflitantes durante dois mil anos, ou destruir crenças que, segundo as convicções dos intelectuais mais renomados, são as únicas capazes de elevar a condição humana de um animal a um verdadeiro homem, ou de unir a ciência natural e a filosofia sem conhecer seus resultados primordiais. Ou, por fim, de construir um sistema de realidade fora da ciência natural e da história, embora a unidade da história mundial e dos princípios fundamentais ainda não tenha sido revelada à mente humana.

Agora veremos a primeira revelação do que poderíamos chamar de "imagem de Colombo", a imagem do filósofo marinheiro que surge em sua filosofia da maturidade:

---

46  KGW 1.2 13 [6].

Ousar lançar-se ao mar sem bússola ou guia significava a morte e destruição para os primeiros navegadores; a maioria era exterminada por tempestades e poucos descobriam novas terras. Em meio ao ilimitado oceano de ideias é preciso voltar com frequência para a terra firme.

No entanto, Fritz permaneceu decidido a ter uma visão científica de sua época: "a história e a ciência, o maravilhoso legado de nosso passado e o prenúncio de nosso futuro, são as únicas bases nas quais podemos construir a torre de nossas especulações." E antecipando-se às premissas de *A Gaia Ciência* no tocante às consequências da "morte de Deus", ele não dissimula o fato de que os efeitos da visão contemporânea seriam traumáticos:

> Iniciaremos uma grande revolução, quando a humanidade perceber que toda a estrutura do Cristianismo repousa em [meras] premissas: a existência de Deus, a imortalidade, a autoridade da Bíblia sempre permanecerão problemáticas.

E já com a ideia que desenvolveria na frase importante de *A Gaia Ciência*, "Só como criadores poderemos destruir",[47] um aforismo que indica que Nietzsche não era *apenas* um "desconstrucionista", ele escreveu,

> Fiz uma tentativa [*Versuch*] de negar tudo. Oh, a destruição é fácil, já a construção! E mesmo quando a destruição parece mais fácil do que na verdade é, em razão da influência em nosso íntimo das características de nossa infância, da influência de nossos pais e de nossa educação, então esses preconceitos tão enraizados não são facilmente eliminados com argumentos racionais.

O resultado pode ser a apostasia, a perda da integridade intelectual que, em *Humano Demasiadamente Humano*, descrevemos como o retorno de "espíritos livres" a um "amor perdido, seja ela chamada de religião ou metafísica":[48]

> Por força do hábito, a necessidade de algo mais elevado e o [medo da] dissolução de todas as formas sociais enfrentam a suspeita de termos nos enganado durante dois mil anos por uma miragem... até que por fim experiências tristes e amargas nos fazem retroceder às antigas crenças infantis.

Entretanto, essas observações não indicam uma rejeição ao Cristianismo. Na verdade, o que Fritz quer é modernizá-lo, e reconciliar a religião com a visão naturalista de sua época. Em abril de 1862, Fritz escreveu para Wilhelm e Gustav:

> O Cristianismo não é fatalista... só quando reconhecermos que somos responsáveis pela nossa existência e que o fracasso de uma vida sem relevância é nossa culpa, e não o resultado de uma força superior, só assim a ideia fundamental do Cristianismo penetrará em nosso âmago. O Cristianismo é essencialmente uma questão de coração: apenas quando o incorporarmos como nossa natureza mais íntima, seremos

---

47 GS 58.
48 HH 153.

verdadeiros cristãos. Em resumo, o ensinamento do Cristianismo exprime só as ideias básicas do coração do ser humano. Elas são símbolos...[49]

Em *O Anticristo*, praticamente o último texto escrito por ele, Nietzsche diz que, para o Jesus histórico, "o reino do céu está no coração". O verdadeiro Jesus era um professor de ética, assim como Buda, que ensinou como atingir um estado de paz interior por meio da prática do amor universal e incondicional. Ele não tinha crenças metafísicas – a transformação do "céu" em um destino sobrenatural após a morte foi uma distorção dos seus ensinamentos por São Paulo. Para Nietzsche, ser cristão significava viver segundo a ética do amor, e não acreditar em uma força sobrenatural que controlava a vida. Em um ensaio escrito na mesma época de "Destino e História", Fritz refutou "a ilusão de um mundo sobrenatural" alegando ser algo que "conduz a humanidade a uma visão falsa em relação ao mundo natural": ao fazer do sobrenatural o *locus* de tudo o que é sagrado, o Cristianismo metafísico deprecia, "des-deifica" o mundo natural e real. Esta "compreensão errônea" do Cristianismo era o resultado enganador da "infância dos povos", visto que o fato de "Jesus humanizar-se demonstra apenas que o ser humano não procura a bem-aventurança no infinito e, sim, na Terra". Em seguida, Fritz observou que "só com o ônus da dúvida e do conflito o ser humano atingiria sua humanidade: ele se veria como o início, o meio e o fim da religião".[50]

A última observação na carta escrita a Wilhelm e Gustav é, na realidade, uma citação do livro *The Essence of Christianity*, de Ludwig Feuerbach (traduzido para o inglês por George Eliot).[51] A declaração revolucionária de Feuerbach afirmava que todos os deuses eram criações humanas, projeções de concepções humanas de perfeição, ou seja, de "exemplos". Isto explica o argumento de Fritz de que o Cristianismo baseava-se em sua essência em "símbolos". Neste sentido, Jesus não era um caminho para outra vida, mas, sim, um modelo para a que vivíamos.

Em resumo, em 1862 Nietzsche rejeitou a visão metafísica do Cristianismo, porém, ao mesmo tempo, continuou totalmente comprometido com a ética do Cristianismo, uma posição que coincidiu com a atitude adotada por George Eliot na mesma época. Portanto, quando em *Crepúsculo dos Ídolos* ele a critica por ser uma "mulher com uma visão moralista limitada", sem capacidade de perceber que o Cristianismo nada mais era que uma falácia e que sua ética só tinha sentido com sua concepção metafísica,[52] ele também critica sua antiga maneira de pensar.

Em 1862, Nietzsche, apesar de seu compromisso com a ética, abandonou a ideia da metafísica do Cristianismo. No entanto, será que ele teria aderido *completamente* ao espírito positivista de sua época? Ele teria rejeitado a concepção do sobrenatural, ou algo que transcendesse a natureza física das coisas, algo "metafísico" ainda permanecia em sua visão do mundo? Para responder estas questões é preciso examinar o que ele escreveu sobre a arte e, sobretudo, acerca da música.

---

49 KGB 1.1 301.
50 JI p. 103.
51 Feurbach (1855).
52 TI IX 5.

## Música

Vimos no primeiro capítulo o vínculo inseparável entre a música e a religião na infância de Nietzsche. Quase todas as suas experiências musicais intensas foram de música sacra; praticamente todas as suas primeiras composições de música coral foram peças sacras. Este vínculo revela-se em sua primeira contribuição à filosofia da música, como veremos neste texto autobiográfico escrito em 1858:

> Deus nos concedeu a música para que *acima de tudo* nos elevássemos. A música reúne todas as qualidades: ela pode exaltar-nos, divertir-nos, alegrar-nos, ou partir o mais duro dos corações com a suavidade de seus sons melancólicos. Mas sua tarefa principal é de conduzir nossos pensamentos a coisas mais elevadas, ao êxtase e à comoção. Acima de tudo, esse é o objetivo da música sacra... A arte musical com frequência exprime-se em sons mais penetrantes do que as palavras da poesia e apodera-se das fissuras mais ocultas do coração. Porém, tudo o que Deus nos envia só pode recompensar-nos com a bem-aventurança se usarmos o que Ele nos dá de uma maneira criteriosa e adequada. A música eleva nosso ser conduzindo-o à bondade e à verdade. Se, entretanto, a música for apenas uma diversão ou uma espécie de vã ostentação ela é pecaminosa e prejudicial. No entanto, esse erro é muito frequente; quase toda a música moderna incorre nessa falha moral. Outro fato lamentável é que muitos compositores modernos tentam compor de uma forma mais obscura possível. Mas esses esforços artificiais, que talvez agradem um conhecedor, não sensibilizam um ouvido humano saudável... sobretudo a *Zukunftsmusik* de Liszt, Berlioz [ou Wagner] que se esforça a qualquer preço para ser diferente.[53]

Três temas são abordados nesse texto. Primeiro, a concepção puritana de que a música "eleva" nossos pensamentos, caso contrário, ela é pecaminosa. Segundo, a ideia de que a música pecaminosa revela-se de duas formas: em um entretenimento vulgar e obscurantismo profundo. E, em terceiro lugar, o conservadorismo musical inato de Fritz, porque o texto autobiográfico sugere seu "horror à música moderna" personificada na *Zukunftsmusik*. "Mozart, Haydn, Schubert, Mendelssohn, Beethoven e Handel são os únicos pilares da música alemã e nos quais eu me baseio",[54] declarou ele com um tom desafiador.

Esses mesmos temas são mencionados três anos depois na seguinte carta escrita para Wilhelm e Gustav em janeiro de 1861, o ano em que compôs as quatro partes do *Oratório de Natal*:

> Embora julguem que o oratório ocupa o mesmo lugar na música espiritual, como o da ópera na música terrena, não concordo com essa opinião e até mesmo a considero um menosprezo ao oratório. O oratório é de uma simplicidade maravilhosa e, na verdade, ele é uma elevação espiritual estritamente religiosa, como deveria ser. Por isso, o oratório rejeita todos os artifícios que a ópera usa como efeitos; esses efeitos não são acidentais, porque a música operística ainda se destina às massas. Ela estimula apenas o sentido da audição. Seu conteúdo também é muito mais simples e, em grande parte, é facilmente compreensível mesmo para uma plateia sem cultura musical. Por esse motivo, eu creio que em seu gênero musical o oratório está em um nível mais elevado que a ópera pelo

---

53 KGW 1.1 4 [77].
54 *Ibidem*.

fato de ela ser mais simples, seu impacto mais imediato e sua recepção mais ampla. Mas se não for esse o motivo é preciso procurar a causa não no tipo da música, mas, sim, no tratamento e na falta de seriedade de nossa época. Como uma composição dividida em muitas partes desconectadas como o oratório unifica-se e, sobretudo, transmite uma impressão sagrada? Além disso, seu método "autêntico (*altväterisch*)" de representação é uma desvantagem por ser demasiadamente artificial, pois pertence mais ao mundo do estudo do que de nossas igrejas e salas de concertos e, assim, torna a música difícil, na realidade, impossível de ser compreendida por pessoas sem refinamento musical... No entanto, a principal razão de o oratório não ser muito popular é o fato de que sua música contém quase sempre uma mistura de elementos profanos, quando sua condição essencial seria possuir em todas as suas partes a marca evidente do sagrado, do divino.[55]

De novo vemos que a música conduz nossos pensamentos ao reino celestial, e que isso é acessível a pessoas comuns. Entretanto, desta vez a observação não se refere à obscuridade intencional dos compositores e, sim, à insistência na "autenticidade" dos artistas – uma insistência pedante de um estilo original de representação em vez de um estilo adequado ao ouvido contemporâneo – que bloqueia o acesso. (Assim como o Cristianismo precisa modernizar-se para permanecer um fenômeno vivo, o mesmo aplica-se ao desempenho musical.) E agora o que identificamos como a antítese "pecaminosa" do uso apropriado da música é explicitamente a "ópera". Isso é interessante porque, depois que ele tornou-se um wagneriano, a mesma rejeição puritana à ópera manifestou-se. Como veremos, a única diferença é que em substituição ao oratório, a música dramática wagneriana transforma-se em paradigma de boa música, em razão de Nietzsche, assim como Wagner, considerar a música dramática como uma função religiosa. E sua oposição a Wagner resultou do fato de ter mudado de opinião em relação à música do compositor, que nada mais era que uma "ópera": um entretenimento barato e pecaminoso. Mas em todas as mudanças de opinião o gosto pela música sacra permaneceu inalterado. Mesmo após a perda da fé cristã, a música de qualidade, pelo menos até começar a perder a sanidade mental, de uma forma ou de outra, era a música sacra.

Em 1862 Fritz renunciou ao Cristianismo ingênuo e metafísico de sua mãe. O positivismo não o atraiu. Ao discutir "a essência da música" no início de 1863, ele escreveu que um grande compositor deve inspirar-se "em Algo indefinível, demoníaco":

> A comunicação com esse Algo demoníaco é o desejo mais elevado que a compreensão artística tem que satisfazer. No entanto, ela não é uma sensação nem um conhecimento, mas, sim, uma intimação indefinida do divino. Por meio do movimento torna-se um sentimento, no qual subitamente o céu brilha.[56]

Sentimentos similares exprimiram-se em julho de 1864 no final do período de estudos em Pforta, em uma carta enviada a um aluno, Rudolf Buddensieg.[57] Buddensieg sugerira que a música produzia seus efeitos ao estimular as mesmas partes do sistema nervoso que todas as artes elevadas. Fritz retrucou que isso era uma mera descrição do "efeito físico" da música. Muito mais importante era o fato de produzir

---

55  KGB 1.1 203.
56  HKG II p. 172.
57  Não confundir com seu tutor, Robert Buddensieg.

uma intuição espiritual, que, por sua singularidade, grandeza e poder de sugestão, funciona como um milagre repentino. Porém, não pense que a base dessa intuição emocional apoia-se na sensação: ao contrário, ela apoia-se na parte mais elevada e perfeita do espírito consciente. Você também tem a sensação de que algo inesperado de repente se revela? Você não sente que foi transportado para outro reino, que em geral está escondido dos homens?... Nada na arte supera esse efeito... [Ao escrever] para um amigo há mais de dois anos eu chamei esse efeito de "algo demoníaco". Se houver intimações de mundos superiores é aqui onde elas escondem-se.[58]

Oito anos depois a "demoníaco" surgiu no primeiro livro de Nietzsche, *A Origem da Tragédia*, como "Dionísio". Ele significou "o espírito da música" que nasceu na tragédia grega, a arte mais elevada jamais produzida segundo Nietzsche.

Em sua filosofia da maturidade, Nietzsche criticou a "deificação da arte":

> A arte levanta a cabça quando a religião não mais a controla com tanto rigor. Ela assume humores e sentimentos criados pela religião, coloca-os em seu âmago e eles crescem com mais profundidade e emoção... O Iluminismo debilitou insidiosamente os dogmas da religião e inspirou uma desconfiança fundamental em relação a eles; nesse sentido, os sentimentos que o Iluminismo excluiu na religião voltaram-se para a arte,[59]

em especial para a música. A importância desse texto reside em conteúdo autobiográfico. O próprio "iluminismo" de Fritz nos anos em que estudou em Pforta levou-o a renunciar ao dogma teológico ingênuo de sua formação. O efeito, no entanto, não foi – ainda não – de transformá-lo em um positivista, mas com essa nova visão ele reelaborou a noção do "além" em um domínio livre de dogmas acessível através da arte. A devoção de Fritz tornou-se uma devoção à arte.

*\*\*\**

Como uma continuação da religião por outros meios, a música converteu-se para Fritz na principal forma de arte e, portanto, na atividade básica da vida. Mas também era fundamental em dois outros aspectos.

Primeiro, é importante para as línguas:

> quanto mais antiga for uma língua mais rica em sonoridade ela será e, assim, com frequência não distinguimos seus sons dos timbres da música. As línguas mais antigas têm poucas palavras e não possuem conceitos universais. Podemos quase afirmar que são línguas de sentimento em vez de línguas de palavras.[60]

A ideia de que a primeira forma de comunicação dos seres humanos seria mais similar a uma música sem palavras do que o que reconheceríamos como linguagem*

---

58   KGB 1.1 435.
59   HH I 150.
60   HKG II p. 114.
\*    A ideia originou-se com Rousseau, Condillac e Herder e exerceu um papel importante na obra de Wagner, *Ópera e drama* (1852), que possivelmente foi o caminho mais ou menos direto para chegar a Nietzsche. Há pouco tempo a ideia foi relembrada na obra do arqueólogo Stephen Mithen, *The Singing Neanderthals* (Mithen, 2005).

levou Nietzsche, em sua filosofia da maturidade, a suspeitar das palavras, um paradoxo em um dos escritores mais prolíficos e fluentes da língua alemã. Quanto mais "prolixo" nos tornarmos, diz ele em *Wagner em Bayreuth*, mais nos distanciaremos do verdadeiro sentimento e percepção.

O outro contexto em que a primazia da música evidencia-se é na análise de Fritz da origem e natureza da tragédia grega.

## *Tragédia*

O título completo do primeiro livro de Nietzsche, publicado em 1872, é *A Origem da Tragédia no Espírito da Música*. No entanto, é extraordinário como os textos escritos no período de Pforta revelam que a ideia mais fundamental e revolucionária deste livro já tinha sido elaborada antes de ele sair do colégio.

Em "Pensamentos referentes à música coral na tragédia", escrito na primavera de 1864, Nietzsche diz que, "enquanto os dramas alemães desenvolvem-se a partir do épico",

> a origem do drama grego reside no lirismo associado a elementos musicais... Nas tragédias preservadas mais antigas de Ésquilo, o coro tem um papel predominante; as palavras pronunciadas com frequência servem apenas para introduzir um novo tema musical, que muda o espírito do coro e requer um desenvolvimento do sentimento. O coro aos poucos se retira quando a ação afasta-se dele e das passagens corais. Ele mantém sua importância pelo fato de conter o elemento musical essencial que dá um efeito genuinamente trágico à tragédia. Quanto a esse efeito trágico, os gregos têm uma visão diferente da nossa: ele é introduzido nas cenas de grande *pathos*, de transbordamento de emoção, sobretudo musical, nas quais a ação tem um papel pequeno. O sentimento lírico, em contraste [com o nosso] é crucial na tragédia grega. O coro nessas cenas exerce um papel vital e decisivo para o sucesso da tragédia. Sem dúvida, é possível formular uma hipótese bem fundamentada de que em seu ponto máximo a tragédia inteira, e não só as partes corais, é dominada pela ordem e proporções de um planejamento musical. O que é estrofe e antístrofe a não ser uma simetria musical?

Não só esse ensaio sobre a primazia do coro antecipa a tese do livro *A Origem da Tragédia*, como também (agora que ele fora convertido por Gustav à música do futuro) é a tese do renascimento da tragédia nos dramas musicais de Wagner: a "ausência de sentido" da ópera contemporânea, algo que os gregos no auge de sua civilização jamais teriam tolerado, poderia ser resgatado nos "feitos brilhantes e projetos de reforma de Richard Wagner". Nas grandes tragédias dos gregos, conclui Fritz, o termo wagneriano *Gesamtkunstwerk* (o "trabalho artístico" coletivo no qual todas as artes individuais reúnem-se) é prefigurado: as tragédias gregas prenunciam o que existe de mais recente na escola musical que impulsiona a "arte do futuro" [a expressão wagneriana de um trabalho artístico coletivo], na qual as mais nobres das artes encontram seu caminho em total harmonia.[61] Porém, o fato de Wagner ter sido considerado o salvador da arte e da cultura em 1864 é importante, porque demonstra que, em vez

---

61  HKG II p. 371-374. Nota de abril-maio de 1864.

de Wagner ter influenciado o primeiro livro de Nietzsche com a força de sua personalidade, como em geral é um consenso, o tema já existia na mente de Fritz muito antes que conhecesse Wagner.

O tema do livro *A Origem da Tragédia* começou a ser elaborado pelo aluno dois anos antes de terminar o ensino médio. E em um contexto evidente as reflexões sobre a natureza do efeito trágico feitas em 1864 são bem diferentes das observações expressas em 1872. Ao longo da vida Nietzsche retomou diversas vezes a questão da natureza desse efeito paradoxal: por que a tragédia não causa impacto em casas vazias, que tipo de prazer sentimos em testemunhar a destruição do herói trágico, um personagem que, em muitos aspectos, representa nossas melhores e mais sábias qualidades? No total, Nietzsche formulou quatro respostas a esta pergunta, que abordam uma característica genuína que nos atrai para o drama trágico. Em *A Origem da Tragédia* ele menciona a ideia da transcendência da individualidade. Mas nesse contexto ele afirma que o efeito e o objetivo da tragédia, como, por exemplo, no destino de Édipo, é o de nos proteger do orgulho arrogante, o húbris, a fim de lembrar-nos a diferença que existe entre os homens e os deuses (mas no caso dos gregos um conceito complexo de assimilar devido à dificuldade de diferenciar um deus de um campeão olímpico). A tragédia demonstra que "a divindade com frequência inflige aos homens um sofrimento injustificado, não arbitrariamente, mas, sim, para preservar a ordem habitual do mundo".[62]

A seriedade dos gregos em relação ao festival de apresentação de dramas trágicos revela-se no fato que,

> O prazer estético mais sublime não impedia o julgamento dos atenienses quanto aos aspectos éticos e religiosos [da tragédia], que sempre tinham origem religiosa, a seu ver. O efeito teatral de suas produções, portanto, não se assemelhava à teatralidade de nossos teatros ou igrejas, uma vez que havia uma mistura e interligação em seus temas.[63]

Embora *A Origem da Tragédia* não prossiga com a análise do efeito trágico – talvez o autor tenha escolhido enfatizar outro aspecto – essa ideia da natureza essencialmente religiosa é central neste livro e em todos os pensamentos posteriores de Nietzsche sobre a tragédia.

## *Poesia*

Durante o período em Pforta, Fritz continuou a escrever sem cessar poesias. Mas ele também escreveu *sobre* poesia, em especial acerca da poesia de Friedrich Hölderlin (1770-1843).

Hölderlin fora um amigo mais jovem de Schiller e amigo íntimo de seus colegas de universidade em Tübingen, Schelling e Hegel. Um filósofo, além de poeta, Hölderlin foi a fonte de muitas ideias importantes de Hegel. Em 1806, aos 36 anos, ele

---

62  HKG p. 368-369. Nota de abril-maio de 1864.
63  *Ibidem*.

mergulhou em uma espécie de insanidade que um diagnóstico moderno provavelmente classificaria de esquizofrenia.

Os poemas de Hölderlin, os quais ele chamava com frequência de "hinos", assim como seus trabalhos de prosa lírica, exprimem uma veneração religiosa pela natureza. Seu pensamento é permeado por uma antítese entre a "clareza da apresentação" e "o fogo do céu"; entre a razão humana finita e a infinitude do "sagrado". Ele julgava que a modernidade ocidental fora dominada por uma racionalidade "clara", mas superficial e, por isso, perdera seu sentido do divino e afastara-se do "grande início" do Ocidente da Grécia antiga. (Um século mais tarde Max Weber mencionaria o "desencantamento" da modernidade ocidental.) O poeta, que está mais perto dos deuses do que os outros mortais, tem a função sacerdotal de restaurar o *"pathos sagrado"*. "Qual é o significado dos poetas em épocas desprotegidas? Hölderlin pergunta em "Bread and Wine." Eles são, responde, "sacerdotes sagrados do deus do vinho/Que andam a esmo de terra em terra na noite sagrada".

Como "andar a esmo" sugere, Hölderlin alega que esse é o preço que "o poeta" paga por estar mais perto dos deuses do que os outros mortais. Ao pressentir o início da loucura, ele começou a achar que era um "falso padre" punido por seu húbris, por ter ultrapassado o limite entre os mortais e os deuses.

Hölderlin tornou-se um poeta importante na Primeira Guerra Mundial, quando muitos de seus grandes poemas foram publicados pela primeira vez. Relativamente pouco conhecido na época de Nietzsche e repudiado por seu fim infeliz, agora ele é considerado um dos dois ou três maiores poetas alemães. Ele é uma presença marcante nas obras de Nietzsche, assim como em Heidegger (um fato que criou um vínculo profundo, apesar de secreto, entre eles).

Heidegger observou que em *A Origem da Tragédia* a distinção fundamental entre os reinos de Apolo e de Dionísio, entre o "apolíneo" e o "dionisíaco" é, na verdade, uma reapresentação da distinção de Hölderlin da "clareza da apresentação" e do "fogo do céu".[64] Tendo em vista que o reino super-racional do "sagrado" de Hölderlin, como indica a citação de "Bread and Wine", o reino do "deus do vinho" ou, em outras palavras, de Dionísio (ou Baco), esta observação é sem dúvida correta. As poesias de Nietzsche ecoam a sonora musicalidade de Hölderlin e, às vezes, ele o cita em seus poemas. Alusões e citações indiretas de Hölderlin permeiam as obras mais poéticas da filosofia da maturidade de Nietzsche, em especial, no livro *Assim falou Zaratustra*: a excelente tradução comentada de Graham Parkes mencionou 15 alusões referentes, sobretudo, ao romance poético *Hyperion*, porém, existem mais alusões a Hölderlin.[65] Cosima Wagner anotou em seu diário em dezembro de 1873 que ela sentia uma influência ambígua de Hölderlin em Nietzsche: "Malwida von

---

64  Heidegger (a partir de 1977). V. 39 p. 190-194.
65  Z. Uma alusão omitida por Parkes é o mote no início da Parte III do trabalho. "Ele que sobe as montanhas altas ri de todas as tragédias reais e imaginárias (*Trauer-Spielo und Trauer-Ernste*)." "*Trauer-Spiel*" reaparece em *Além do Bem e do Mal*. Existem elevações da alma, nas quais até mesmo os efeitos trágicos da tragédia dissipam-se (BGE 30). Em razão de Empédocles ter se atirado para a morte do cume do monte Etna dentro da cratera por acreditar que tinha se tornado imortal, é provável que essa referência seja uma alusão ao título da obra de Hölderlin, *Der Tod des Empedocles: Fragmente eines Trauerspiels*.

Meysenbug deu a Richard Wagner obras de Hölderlin [no Natal]. R. e eu percebemos, com certa preocupação, a grande influência que esse escritor exerceu no [professor] Nietzsche; uma retórica afetada, o excesso de metáforas estranhas (o vento do Norte celebra a florescência das flores etc.); mas ao mesmo tempo deu um belo e nobre significado ao seu estilo."[66]

\*\*\*

Assim como Gustav introduziu Fritz à música de Wagner, Wilhelm Pinder apresentou-o à poesia de Hölderlin.[67] A paixão crescente de Fritz pelo poeta era inspirada não só por suas obras, mas também por sua vida, que ele conhecia bem,[68] e com a qual se identificava muito em razão das semelhanças entre a vida de Hölderlin e a sua. Como Nietzsche, Hölderlin perdeu o pai ainda criança, sofreu uma grande influência da mãe, amava a natureza e escreveu poesias com esse tema, estudou em um colégio interno bem similar a Pforta, tinha aversão a qualquer forma de vulgaridade e uma tendência à melancolia, fez poucos amigos no colégio, mas tinha um amigo íntimo em sua cidade, angustiava-se com o estado atual da cultura alemã, era apaixonado pela Grécia e planejara estudar teologia na universidade.

Na idade adulta, as semelhanças entre as duas vidas continuaram. Hölderlin teve um amor impossível por Susette Gontard, mãe do menino de quem era tutor e a quem homenageou em versos como "Diotima", ao passo que Nietzsche sentiu também um amor impossível por Cosima Wagner, a quem homenageou como "Ariadne".[69] E, é claro, a semelhança mais surpreendente de todas foram as longas noites de loucura em que Hölderlin e Nietzsche mergulharam, o primeiro de 1806 até sua morte em 1843, e o segundo de 1889 até sua morte em 1900. Hölderlin sentia uma profunda identificação com Empédocles, o antigo poeta grego que, se sentindo mais um deus do que um homem, se jogou na cratera do Etna. Assim como nas hipóteses de Fritz no ensaio que discutiremos, Hölderlin deve ter sentido a aproximação da loucura como uma queda no Etna: o "tom melancólico" de seu "texto tão significativo e dramático", *The Death of Empedocles*, segundo Fritz, é permeado pelo prenúncio do "futuro de um poeta infeliz, o túmulo de uma longa loucura". Mas Nietzsche, por influência de Hölderlin, também se identificou com a morte de Empédocles. Esta identificação suscita a possibilidade, que abordaremos mais tarde, de que a maneira pela qual a loucura apoderou-se de Nietzsche foi, de certa forma, um destino "predestinado".

\*\*\*

---

66 C p. 308.
67 Wilhelm interessou-se por Hölderlin em novembro de 1858 (KGB 1.1 Para Nietzsche 24). Mas Fritz só demonstrou interesse em agosto de 1861 (KGB 1.1 251). Em outubro de 1861 ele escreveu de Pforta pedindo à mãe para lhe enviar a biografia de Hölderlin (*Moderne Klassiker Deutsche Literature-Geschichte der neurn Zeit in Biographien Kritiken und Proben: Friedrich Hölderlin* de Wilhelm Neumann), que estava na estante da casa, porque precisava consultar o livro para o ensaio que estava escrevendo (KGB 1.1 281), um ensaio concluído no dia 19 desse mês.
68 Por intermédio da biografia mencionada na nota de rodapé anterior.
69 Devo esse paralelismo ao livro de Thomas Brobjer, *Breitage zur Quellenforschung Abhandlungen* (Brobjer 2001).

Em outubro de 1861, o professor de literatura alemã incumbiu Fritz de escrever um ensaio com o título "Uma Carta para um Amigo Distante [isto é, imaginário] Recomendando-o a Ler meu Poeta Preferido". Entregando-se à sua paixão, Fritz escolheu escrever sobre Hölderlin.[70] O ensaio[71] começa assim:

> Algumas observações em sua última carta a respeito de Hölderlin surpreenderam-me muito e sinto-me forçado a opor-me às suas opiniões em favor de meu poeta favorito... Você disse, "Eu não compreendo como Hölderlin pode ser seu poeta preferido. Para mim esse fluxo de palavras obscuras, e semidementes de uma mente fragmentada só causa uma impressão triste e repulsiva. Uma linguagem intrincada, ideias que pertencem a um hospício, uma verborreia feroz de pensamentos contra os alemães, a deificação do mundo pagão, às vezes naturalismo, às vezes panteísmo, outras politeísmo em uma mistura caótica, sua poesia é desfigurada por todas essas características, embora escrita com uma métrica grega bem elaborada.

A linha geral de defesa de Fritz contra um ataque imaginário, o modo de persuasão que permearia sua filosofia da maturidade, não era a de contestar as opiniões de um amigo, e sim de oferecer uma perspectiva diferente delas. Ele sugere, em primeiro lugar, que os versos de Hölderlin não são apenas "bem elaborados", mas representam o virtuosismo em sua forma mais sublime. *Hyperion*, em especial, soa às vezes como "o barulho das ondas em um mar revolto" e com suas alternâncias de "sons suaves que se dissolvem" e as "dissonâncias dolorosas", e "música", para Fritz, significava a condição suprema da arte.

Em relação à crítica aos alemães, continua Fritz, Hölderlin de fato diz algumas verdades duras sobre o desgaste da cultura alemã, apesar de ele não detestar os alemães, mas, sim, a "barbárie", o desejo de riqueza e de bens materiais em detrimento do interesse por assuntos éticos ou espirituais e a redução do ser humano a "meras peças em uma engrenagem de uma máquina [*Fachmenschen*], que estão destruindo suas comunidades. Em outras palavras, tratava-se de um amor severo, de uma críti-

---

70   Na verdade, praticamente a metade do ensaio foi, como diríamos hoje, um "plágio" da biografia de Hölderlin citada na nota de rodapé 67. Por sua vez, partes desse ensaio foram "plágios" de obras de C. T. Schwab e Alexander Jung. Os cadernos de anotações da juventude de Nietzsche contêm muitas passagens copiadas de outros autores. Em sua maturidade, ele "plagiou" a Bíblia, Schopenhauer, Hölderlin e com frequência, de uma maneira imprecisa, a si mesmo. Mas falar de plágio aqui é anacrônico. A ideia de "propriedade intelectual" não existia na Europa até a Convenção de Berna adotada em 1886 e, portanto, o uso de citações de textos de outros autores era habitual na época. Na Alemanha foi uma prática usual até meados do século XX. A transição do plágio como um pecado venal para um pecado mortal é uma noção moderna, o resultado da absorção, em especial, da universidade ao capitalismo ocidental pós-moderno. Esse conceito não existe na cultura japonesa e, suponho, também na China. Nossa única preocupação aqui se refere ao fato de o "plágio" indicar que o ensaio foi escrito como um trabalho eventual e tedioso e, assim, o autor deu pouca ênfase ou nenhuma à descrição de Hölderlin como "meu poeta preferido". Mas é evidente que não. Porque, além da identificação pessoal já mencionada, as cartas de Nietzsche à época mostram que ele se dedicava com empenho a escrever esse ensaio. Além disso, em sua carta ao amigo Rohde em 3 de setembro de 1869, ele refere-se mais uma vez a Hölderlin como, entre outros poetas, "meu poeta favorito desde a época do ensino médio". Nietzsche releu as obras de Hölderlin na década de 1870, referindo-se a ele como o "glorioso Hölderlin", e recomendou, em especial, *Hyperion*, ao seu aluno Louis Kelterborn (ver livro de Brobjer mencionado na nota de rodapé 69).

71   KGW 1.2 12 [1].

ca originária de um "amor à Pátria que Hölderlin possuía no mais alto grau". (Fritz poderia ter enfatizado esse aspecto ao citar o poema de Hölderlin "Homecoming/ To the Relatives", no qual o poeta, ao voltar para a Suábia, sua terra natal nos Alpes suíços, onde encontrara com alegria "o Supremo", estava, no entanto, em um estado de "luto sagrado" porque os "parentes" ainda ateus lhes foram estranhos. Isto criou seu sacerdócio poético do amor: sua missão de tornar reais ou concretos seus vínculos "reencontrando o sagrado".)

Quanto à acusação de falta de clareza, Fritz argumentou que a aparente opacidade de suas obras devia-se à profundidade "sofocliana" criada pela "plenitude inexaurível de seus pensamentos profundos". A fim de enfatizar esta profundidade, Fritz observou que Hölderlin não era apenas um poeta, mas também um escritor de obras filosóficas que demonstravam sua "fraternidade espiritual" com Schiller e com seu amigo íntimo, Hegel, o grande filósofo.

Quais eram, segundo Fritz, as ideias profundas transmitidas por Hölderlin? Ele cita o poema "Evening Fantasy":

> *No céu noturno as flores da primavera*
> *As inúmeras rosas florescem e a paz parece*
> *Um mundo dourado; Oh, leve-me para lá*
> *Nuvens vermelhas! E lá, bem alto, talvez*
> *Na luz e no ar, amor e tristeza possam se dissipar!*
> *Mas, temerosa em face de um pedido tolo, a magia*
> *Desaparece. Escurece e sozinho sob o céu continuo só como sempre estou.*
> *Venha agora, suave descanso! O coração tanto deseja, mas, por fim, juventude,*
> *você também desaparecerá!*
> *Oh, sonhador inquieto!*
> *Agora a paz e a serenidade são minha maturidade.*

Não é difícil entender por que Nietzsche considera esse belo poema profundo e não versos delirantes (é fácil associá-lo à composição de Richard Strauss, *Quatro Últimas Canções*). Ele exprime sua própria *Weltschmerz*, a nostalgia espiritual do lar e da terra natal que ele revela em diversos poemas como "Solidão", "Nostalgia" e "Volta ao Lar". Porém, aqui, é evidente, a volta ao lar para o jovem Nietzsche é idealizada de uma maneira pós-cristã. Ela consiste não na reunião de almas que partem para o céu cristão, mas no que Freud chamou de sentimento "oceânico": a transcendência da individualidade na experiência de união com a natureza, com a totalidade do ser, "o Tudo".

Esse desejo tornou-se o tema principal da filosofia da maturidade de Nietzsche. Em seu primeiro livro, *A Origem da Tragédia*, ele afirma que a "individualidade [é]... a fonte de todo o sofrimento",[72] e sugere que sua transcendência é a alegria paradoxal que é a essência do "efeito trágico". E em seu pensamento posterior, como veremos, a transcendência na perspectiva "dionisíaca" do mundo é o elemento essencial do desejo da vida do "eterno retorno".

\*\*\*

---

72  BT 10.

O romance lírico de Hölderlin, *Hyperion*, que Fritz escolhe entre outros para elogiá-lo em seu ensaio, exprime sentimentos similares aos do "Evening Fantasy". Ele consiste em uma série de cartas escritas por Hyperion, um grego, a Bellarmin, um amigo alemão. Hyperion, por ter viajado algum tempo na Europa ocidental e ter absorvido determinados costumes de viver característicos do Ocidente, descobre ao voltar para a Grécia que não mais vivenciava a experiência da totalidade que conhecera em seu país.

Schiller diferenciava o "sentimental" do "ingênuo" (nenhuma das duas palavras tem um sentido pejorativo). A poesia que exprime uma união simples e irrefletida com a natureza usufruída por uma flor é "ingênua", mas a poesia que anseia resgatar essa união "ingênua" é "sentimental". O anseio "sentimental" de "ingenuidade", sugere Schiller, assemelha-se ao desejo de uma pessoa doente de recobrar a saúde. Ele classifica a poesia da antiga Grécia, sobretudo a de Homero, como "ingênua", ao passo que a dos românticos do século XIX, em que ele se inclui, seria "sentimental". As cartas de Hyperion (e os poemas de Nietzsche) são "sentimentais". Eles revelam o contraste entre a descrição idealizada da experiência primal grega e o desencantamento, a racionalização e a mecanização da modernidade ocidental. A primeira carta evoca o estado primordial de conexão a todas as coisas, uma experiência que Hyperion descreve sucintamente em seu retorno à Grécia:

> Ser indissociável a tudo o que existe – isso é a vida divina, o céu do homem. Estar unido a todas as vidas para retornar ao autoesquecimento abençoado com toda a natureza é o ápice dos pensamentos e alegrias, o pico eterno da montanha, o lugar de repouso eterno.

Na totalidade primal de tudo o que existe, a morte é superada, porque nessa totalidade só existe a juventude do novo ser:

> Ser indissociável a tudo o que existe! Diante dessas palavras, a Virtude despe sua armadura colérica... e a Morte desaparece da união dos seres, e uma indivisibilidade e uma juventude eternas abençoam e embelezam o mundo.

No entanto, essa experiência perde-se no momento em que Hyperion reflete:

> Com frequência detenho-me nesse pensamento, meu Bellarmin! Um instante de reflexão faz-me voltar ao lugar onde estava – sozinho, com todas as tristezas da condição de um ser mortal; e o refúgio do meu coração, o mundo de eterna união desvanece-se. A natureza fecha seus braços e eu sinto-me um estranho perante ela e não a compreendo.

Todos os dias a racionalidade "apolínea" destrói a unidade ao introduzir uma fissura entre a natureza e um tema conhecido:

> Ah! Se eu não tivesse frequentado suas escolas!... O conhecimento corrompeu tudo em mim. Tornei-me racional, aprendi a diferenciar-me do que me cerca e, agora, estou sozinho no belo mundo, uma pessoa excluída do jardim da natureza onde cresci e desabrochei, definhando sob o Sol do meio-dia.

Seguindo a narrativa bíblica do paraíso, da queda e da redenção, *Hyperion* termina com uma visão de uma unidade resgatada:

> Oh, Natureza!...Os homens caem como frutas podres, deixem-os morrer, pois assim retornam às suas raízes; então eu também, oh, árvore da vida, florescerei de novo... Como brigas de amantes, assim são as dissonâncias do mundo. A reconciliação é possível, mesmo em meio à discussão, e tudo o que estava separado encontra-se mais uma vez no final... tudo o que é eterno na vida brilhante.[73]

O comentário de Nietzsche sobre *Hyperion* revela ao mesmo tempo seu estado mental,

> embora se irradiasse como uma luz trêmula que tudo transfigura, só havia insatisfação e ausência de realizações; os versos do poeta evocam "imagens etéreas" que, nos sons, despertam a nostalgia do lar, nos deleitam, mas também despertam a insatisfação. Em nenhum lugar o anseio pela Grécia revelou-se em sons tão puros como aqui; em parte alguma a relação espiritual de Hölderlin com Schiller e Hegel, seu amigo íntimo, é mais evidente do que em *Hyperion*.

O anseio pelo paraíso da antiga Grécia exprime, é claro, não só as angústias de um adolescente, como também o sonho comunitário de Pforta.

\*\*\*

Empédocles foi um poeta, profeta, místico e cientista grego que viveu no início do século V a.C. Em um dos seus poemas ele descreve a si mesmo como um "deus imortal, não mais mortal" rodeado por multidões que lhe pediam uma "palavra de cura" para se curarem de suas doenças. Segundo a lenda, ele tinha o poder de ressuscitar os mortos e, como já mencionado, morreu atirando-se na cratera do Etna. Em *The Death of Empedocles*, de Hölderlin, o autor fez uma tentativa de descrever sua versão pessoal do mito. Fritz escreveu,

> Na tragédia não concluída de "Empédocles", o poeta revela sua natureza. A morte de Empédocles demonstra o orgulho do deus, o desprezo pela humanidade, o fastio pela terra e o panteísmo. Sempre que leio a obra seu texto abala-me de uma forma singular. Empédocles encarna uma majestade divina.

Mais uma vez surge a ideia da transcendência da mortalidade da individualidade humana: Empédocles ousou desafiar a morte porque era, ou se tornara, imortal. Mas qual é a importância do "panteísmo"? Cremos que a experiência de fundir-se em um ser "Único" deve ser, acima de tudo, uma experiência de *redenção*, em que todas as tristezas dissipam-se. Schopenhauer, ao criticar o panteísmo de Spinoza, alegou que o Único "não é divino, e sim demoníaco". Porém se esta premissa fosse correta a ideia de fundir-se em um ser "Único" deveria ser uma experiência repulsiva, e não atraente. Para atrair, redimir, ser a fonte de um êxtase feliz, a totalidade das coisas deve ser vivenciada como um fato divino.

---

[73] Esses trechos de *Hyperion* foram extraídos de Hölderlin (1965).

A experiência do contato inicial de Nietzsche com Hölderlin, expressa em seu elogio "meu poeta favorito", proporciona, como sugerimos, uma visão oculta que moldou as áreas mais profundas de sua filosofia no final da vida. Por algum tempo, Schopenhauer obscureceu esta visão e o afastou de Hölderlin. Mas a partir de *Zaratustra* sua filosofia foi um longo retorno. Portanto, é difícil enfatizar demais a importância deste ensaio. Seu professor Koberstein, por exemplo, não ficou entusiasmado com o trabalho. Ao lhe dar uma nota II/IIa (cerca de um B+), comentou: "Eu deveria dar ao autor do texto um conselho amigável: de interessar-se por um poeta mais saudável, mais lúcido e mais alemão." Ao repetir, exatamente, os sentimentos de um "amigo imaginário", ele demonstrou que o ensaio inteiro era impermeável a novas ideias.

## *Moral e Política*

Grande parte da palestra "Destino e História",[74] realizada na sociedade *Germania*, pouco se referia ao destino ou à história e continha, em especial, algumas observações sobre a moral.

"Como é usual (*Sitte*), o produto de pessoas específicas em determinada época representa uma direção peculiar do espírito", escreveu Nietzsche, "então a moral (*Moral*) é o produto de um desenvolvimento universal da humanidade, o somatório de todas as verdades do nosso mundo". Estas observações não esclarecem bem seu significado, mas a ideia surgiu como um paradoxo na filosofia da maturidade de Nietzsche. De acordo com este paradoxo, embora haja em geral um "relativismo ético", não existia uma cultura independente de verdades morais, e os valores morais representam uma cultura específica de determinado momento. Nietzsche sugeriu também que seu conjunto de valores – força, autodisciplina e autodesenvolvimento – eram valores absolutos. É possível que estas observações feitas na juventude sejam um indício para solucionar o paradoxo: em oposição aos valores "habituais", os valores muito abstratos de Nietzsche são os que os seres humanos notáveis sempre tiveram e terão.

Outra observação interessante em seu trabalho juvenil é sua opinião de que "o bem é a evolução mais sutil do mal". É impossível decifrar a ideia subjacente a essa observação. Mas é interessante porque a sublimação do "mal" e do "bem", como veremos, será um tema relevante na filosofia da maturidade de Nietzsche: não devemos "castrar" a maldade em um homem, diz ele, visto que toda a sua bondade é, na realidade, uma sublimação da maldade.

O terceiro tema central de sua filosofia da maturidade, que apareceu de maneira incipiente em "Destino e História", refere-se à tensão entre o indivíduo e a comunidade:

> a luta entre a vontade individual e a geral será sempre um problema crucial, a questão da justificativa do indivíduo de seus atos diante da comunidade, das pessoas perante a humanidade e da humanidade em face ao mundo.

---

74 KGW 1.2 13 [6].

A compreensão mais comum da filosofia da maturidade de Nietzsche é a expressão "só o super-homem tem valor". Apenas uma pessoa excepcional tem valor, o resto da sociedade, o "rebanho" (sobretudo as mulheres), representa um impedimento ao surgimento de um grande indivíduo, e na melhor das hipóteses seu sucedâneo. Examinaremos mais tarde esta representação. Entretanto, seu pensamento na juventude era o oposto desta visão: assim como as pessoas precisam encontrar uma justificativa de seus atos diante da humanidade e do mundo, então, o indivíduo necessita ter uma justificativa para sua contribuição às outras pessoas.

Antes de encerrarmos o tópico das visões iniciais de Nietzsche sobre a moral, iremos discutir sua concepção de educação moral. Em sua filosofia da maturidade, sobretudo em *Da Utilidade e Desvantagens da História para a Vida*, Nietzsche aborda reiteradamente, com uma maneira característica do século XIX, a centralidade das figuras "monumentais" ou "educadores" (de forma sucinta, "exemplos") na educação moral. Esta ideia já estava bem enraizada nos textos escritos em Pforta. Assim, por exemplo, em um ensaio escrito em março de 1864 sobre o provérbio "só se deve falar bem dos mortos", Fritz diz que, apesar de ser obviamente falso se alguém estiver interessado pela história com um objetivo científico, mas quando se trata da história como *arte* dedicada a "esclarecer a vida", o provérbio tem seu mérito, pois, neste contexto, estamos interessados não na precisão e sim na orientação moral. O elemento importante da verdade no provérbio é que a honra que prestamos aos mortos não diz respeito a eles como indivíduos, mas, sim, "a verdade eterna que eles personificam".[75]

As mesmas ideias de *Da Utilidade e Desvantagens da História para a Vida* encontram-se em um ensaio escolar realizado em janeiro de 1864, intitulado "Sobre o que Existe de Atraente, Educativo e Instrutivo para os Jovens no Estudo da História da Pátria". Os grandes feitos de nossos ancestrais, escreveu ele, influenciam-nos porque os vemos como se fossem *nossos* feitos. A história de outros povos nos afeta em certo grau, mas não com o impacto de nosso povo, uma vez que não temos uma identificação comparável com seus heróis. O valor da identificação com os heróis nacionais faz com que a "compreensão da Pátria como um todo nos advirta a sermos fiéis às suas virtudes". "Nas descrições fascinantes da história nacional", Fritz conclui, "percebemos o destino que o povo deve cumprir, qual é a tarefa que lhe é atribuída".[76]

\*\*\*

De acordo com os princípios de sua formação, Fritz começou seus estudos em Pforta como um monarquista convicto. A monarquia era a melhor forma de governo, escreveu em meados de 1861, sobretudo durante as guerras. Como já observado, o poder dos persas residiu "não na sagacidade de seu povo, mas no fato de honrarem mais a monarquia do que outros povos".[77] No entanto, logo o monarquismo im-

---

75 HKG II p. 359-363.
76 HKG II p. 336-342.
77 Ver Capítulo 1, nota de rodapé 16. Essa observação revela o hábito que Nietzsche nunca abandonou de basear suas conclusões políticas em acontecimentos da Antiguidade. Poucas vezes lhe ocorreu que conclusões diferentes e talvez com um fundamento mais sólido pudessem ser extraídas da história moderna. Esta tendência, é claro, reflete o fato de que, dentro dos muros de Pforta, a Antiguidade clássica representava o mundo "real", um mundo sem os muros de um sonho.

pregnou-se com o liberalismo de Pforta. Ao entusiasmar-se por Napoleão III,* ele o escolheu como tema de uma palestra na sociedade *Germania* no início de 1862.

Napoleão III, embora temido e hostilizado pelos alemães (a plateia da sociedade *Germania* recebeu muito mal a palestra), era um homem inteligente e culto. Com um entusiasmo radiante, Fritz chamava-o de "gênio" (o conceito ancestral do "super-homem" de *Zaratustra*). Porém, o que ele admirava realmente era sua "inacreditável moderação" em sua ascensão ao poder; "o fato de ter sido eleito pelos representantes do povo no Parlamento e depois imperador por um plebiscito popular no qual recebeu seis milhões de votos" e, portanto, representava "a vontade de todos". Assim, em uma etapa inicial Napoleão apoiou-se e exprimiu-se por meio desta vontade popular. Era esta a conduta que os "gênios" deviam sempre seguir, pois de outra forma seus governos carregariam as "sementes da corrupção". O ideal de um "Estado livre" era, em outras palavras, o de um "presidente eleito pelos representantes do povo".[78]

Essa aprovação bem britânica de uma democracia parlamentar foi tema dos comentários "Whiggish" de Fritz, no mesmo ano sobre a história da Inglaterra. A guerra civil de 1642 foi motivada pela "monarquia absolutista" e o "despotismo agressivo" de Carlos I. Sua execução demonstrou a força da opinião pública: o "espírito do povo" não suportou o ataque à sua liberdade e o desprezo à sua autoridade, apesar de a execução de Carlos I ter sido desnecessária e excessiva em relação às demandas da opinião pública.[79] Outros sinais de sua teoria favorável ao liberalismo inglês encontram-se nas notas escritas em 1862, nas quais ele comentou os direitos humanos, em especial o direito de liberdade dos escravos proveniente não do Estado, mas do "valor divino" de todos os seres humanos.[80]

Mas apesar desse liberalismo[81] Fritz manteve a firme convicção em uma hierarquia social sob a liderança forte de um "gênio" político, que teria privilégios especiais. Como ele mencionou na palestra sobre Napoleão III "o gênio submete-se a leis diferentes e superiores das que regem as pessoas comuns". Esta observação gera um paradoxo que, no entanto, é apenas aparente:

---

\*   Napoleão III, sobrinho de Napoleão Bonaparte, foi eleito presidente da República da França em 1850 e assumiu o título de imperador em 1852. Em seguida à desastrosa derrota na Guerra Franco-Prussiana, ele exilou-se na Inglaterra em 1871 e viveu até a morte em Chislehurst, em Kent. *Quel dommage!*
78  KGW 1.2 12 [9].
79  KGW 1.2 [12A. 1]. Nesse trecho Nietzsche parafraseou um historiador chamado Guizot. Porém ele não o teria "plagiado" em seus cadernos de anotações – nota escrita por interesse próprio e não por algum compromisso com o colégio – se não achasse que o comentário era relevante. E como vimos, essa visão corresponde às ideias expressas na palestra sobre Napoleão, na qual se baseou em notas do livro *History of the Last Forty Years* de Menzel (ver KGW 1.2 12A [9]).
80  KGW 1.2 12A 6. Essas notas foram também copiadas do livro *History of Society* de Theodor Mundt, mas de novo essa cópia indicou a forte afinidade que Fritz sentia pelas opiniões de Mundt.
81  Às vezes, alguns estudiosos sugerem que o ensaio final de Nietzsche antes de sair do colégio sobre Teógnis de Megara, um poeta-aristocrata do século VI a.C., que lutou contra uma tentativa de revolução popular, antecipou a rejeição à democracia nas obras da maturidade de Nietzsche. No entanto, como Curtz Janz observou, Nietzsche apenas disse que, embora para Teógnis a nobreza fosse "boa" e o povo "ruim (*schlecht*)", sua atitude era "típica de um aristocrata que vê seus privilégios especiais serem ameaçados com a aproximação de uma revolução popular". Ele não manifesta admiração por Teógnis; ao contrário, ele o chama de "Junker" com uma nostalgia triste e de certa forma confusa do passado (JI p. 123-124).

> O gênio submete-se a leis diferentes e superiores das que regem as pessoas comuns, leis que com frequência contradizem as leis fundamentais da moral e da justiça. Entretanto, em sua essência, essas leis são as mesmas do ponto de vista de uma perspectiva mais ampla... O gênio representa o auge da harmonia natural e espiritual...[82]

Esse é um texto importante, porque aborda um tema que permeia a filosofia da maturidade de Nietzsche e é visto quase sempre erroneamente como "imoralismo". O Nietzsche maduro ataca com regularidade a moral universalista – "os que falam 'bem para tudo, mal para tudo'", como diz Zaratustra. Embora isso seja considerado uma manifestação da suposta tese "só o bem-estar do super-homem tem valor", na verdade, é uma ideia bem diferente. A rejeição ao universalismo reflete a convicção de Nietzsche de que valores distintos são adequados a culturas diferentes em épocas diferentes. A notas de 1862, por exemplo, argumentam que o erro cometido pelo comunismo baseia-se na suposição de que a mesma forma de governo adapta-se a todas as pessoas, o que comprovou ser um engano, visto que elas veem o mundo de maneiras distintas.[83] Mas Nietzsche também rejeita o universalismo em um nível intrassocial, porque alegava sua tese de "estratificação das virtudes": o que era virtuoso para mim dependia do momento da minha vida, do papel que eu exercia na totalidade social. As virtudes tinham conotações específicas, uma vez que eram o modo pelo qual os indivíduos contribuíam melhor para o bem comum. Então, se eu fosse um líder político ou espiritual, meus privilégios não seriam os mesmos das pessoas que por natureza exercem um papel inferior na sociedade. Porém, isso não significava que só meu bem-estar tinha importância, ao contrário, pois o bem comum beneficiava-se por eu ter estes privilégios. Não só Goethe, como também a comunidade como um todo, que sofreria se fosse privado de seus poemas, porque eles eram sua fonte de renda.

## *Pátria* versus *Cidadão do Mundo*

Como vimos, nas poesias da juventude e nas lembranças de infância de Fritz, havia um profundo anseio de criar raízes de "sangue e terra" em sua pátria. Mas depois de ir para Pforta, sinais de uma perspectiva diferente da *Heimat* (pátria) começam a surgir. Em agosto de 1859 ele escreveu o seguinte poema:

> *Cavalos velozes*
> *Não me causam medo ou angústia*
> *Em lugares distantes.*
> *E quem quer que me veja, me conhece*
> *E quem quer que me conheça, chama-me:*
> *O homem sem lar...*
> *Ninguém ousa*
> *Perguntar-me*
> *Onde é minha terra natal:*
> *Talvez eu nunca tenha me aprisionado*

---

82  KGW 1.2 12 [9].
83  KGW 1.2 12ª.

> *Ao espaço e às horas ligeiras,*
> *Sou livre como uma águia...*[84]

Nesse poema ele parece descobrir o outro lado da ausência de um lar, talvez por ter se habituado à vida do colégio interno (mas, por sua vez, pode estar aparentando um espírito aventureiro em contrapartida ao fato de ter sido privado de sua casa). Um pensamento similar exprimiu-se aproximadamente ao mesmo tempo no texto *Capri e Heligoland*: "somos peregrinos nesse mundo – somos cidadãos do mundo".[85] Mais tarde, em seguida a uma oposição decisiva ao nacionalismo prussiano, Nietzsche passou a chamar-se de um "bom europeu" e teve a expectativa de que a cultura europeia houvesse se globalizado *na* cultura mundial. Este "cosmopolitismo" talvez tenha se iniciado nesta época. Em 1864, no entanto, nas reflexões sobre a importância da história nacional discutida anteriormente, ele observou que uma das vantagens da história nacional é evitar que nos perdêssemos em "sonhos de cidadão do mundo". Mas um mês depois, em um ensaio escolar sobre se o exílio era um castigo mais severo antigamente do que no mundo moderno[86] (o envio de criminosos à Austrália pelos ingleses foi citado como uma versão moderna do exílio), Fritz criticou o lamento de Ovídio de seu exílio de Roma dizendo que era "indigno" de um homem. Ao sugerir que os povos modernos esclarecidos haviam superado o excessivo apego à pátria do passado, assim como havíamos superado a xenofobia, ele afirmou que aprendemos a não nos restringirmos aos hábitos em que fomos criados. E que, acima e além de nossa terra natal, existia no ser humano "uma convicção interna, sua honra, na verdade, seu mundo espiritual", em resumo uma "pátria espiritual", poderíamos, propôs ele, encontrar uma nova pátria no que antes nos era estrangeiro.

Toda essa argumentação, em contraste com sua rejeição à ideia do "cidadão do mundo", parecia, embora não muito coerente, uma afirmação de sua tendência ao cosmopolitismo. Na realidade, durante os anos passados em Pforta houve uma tensão não resolvida entre a terra natal e o cosmopolitismo, na qual Fritz conflitava-se. Cremos que uma das maiores realizações de Nietzsche em seu pensamento maduro foi a de encontrar a solução genuína para este conflito.

## Destino e Liberdade

A palestra realizada em 1862 na sociedade *Germania*, "Destino e História", abrangeu, como vimos, uma série de temas que pouco se referiam ao seu título. Mas, agora, por fim, chegamos ao tema do título, a questão da relação entre o determinismo causal, o "destino", e a liberdade da vontade humana, porque Fritz acreditava que a "história" era um registro da livre ação humana.

O problema com que ele se confrontou – um problema tão difícil que alguns filósofos contemporâneos pensaram que a solução, em princípio, estaria além da

---
84  KGW 1.2 9 [2].
85  KGW 1.2 6 [65-66].
86  HKG II p. 343-344.

mente humana – questionava se a liberdade do ser humano, o aparente pressuposto moral e existencial em relação com os seres humanos, seria compatível com o princípio de que todos os acontecimentos tinham uma causa, o cerne da visão científica do mundo. A questão adicional impunha o seguinte dilema: se não fossem compatíveis, à qual das duas deveríamos renunciar? Não podemos dizer que Fritz solucionou o problema, porque, como seria de esperar de um filósofo novato de apenas 17 anos, a discussão era bastante confusa.

Mas Fritz tinha certeza sobre as consequências do determinismo universal: "se existisse apenas um verdade fundamental, o homem seria então apenas um joguete das forças sombrias e causais, sem responsabilidades por seus erros, totalmente livre de questionamentos morais, nada mais do que um elo de uma corrente". Porém, se isso fosse verdade, diz ele, seria melhor desconhecer esta condição humana, porque o conhecimento desta verdade provocaria uma raiva insuportável que levaria o homem "a lutar convulsivamente contra os grilhões que o prendiam", criando nele "uma ânsia exasperada de perturbar o mecanismo do mundo".

O ensaio é totalmente ambíguo quanto à questão do destino e da liberdade. "Talvez a liberdade seja o potencial máximo do destino", a ideia de que a história do mundo em determinado ponto provocou o surgimento de entidades indeterminadas. Mas não esclarece por que deveríamos pensar que o destino, em dado momento do processo de evolução, retirou-se de cena.

Ao perceber que fora vago em relação à questão da liberdade, Fritz retomou o tema algumas semanas depois em "Liberdade da Vontade e do Destino".[87] Agora seu objetivo era demonstrar a compatibilidade do destino e da liberdade. As ações de uma pessoa começavam, argumentou, não após o nascimento, mas já como um embrião, ou talvez pelos seus pais e ancestrais. Nossas ações, em outras palavras, eram determinadas por nossa herança genética. Neste sentido, o determinismo era real. Mas "a vontade livre... significa a capacidade de agir de forma consciente, ao passo que o destino era o princípio que nos determinava inconscientemente". Por consequência "a diferença precisa entre destino e liberdade desaparecia". Ou seja, eles eram compatíveis e necessários à concepção adequada da individualidade humana: "sem *fatum*, a liberdade total da vontade transformaria o homem em deus, o princípio fatalista o tornaria um robô". Uma bela retórica, mas de pouco valor intelectual, pois se a liberdade fosse apenas a *consciência* da escolha, estas escolhas seriam determinadas por forças além de nosso controle e das quais não teríamos consciência, o problema de como atribuir liberdade e responsabilidade às pessoas permanecia insolúvel. Em *The Manchurian Candidate* o protagonista sofre uma lavagem cerebral e transforma-se em um assassino destinado a matar o presidente, com plena consciência de sua escolha. Mas ele, na verdade, nada mais é que um robô que sofreu uma lavagem cerebral. Como veremos, Nietzsche debateu-se com o problema da liberdade e determinismo durante toda a sua vida.

---

87  KGW 1.2 13 [7].

# 3

# BONN

Nietzsche atravessou o portão do colégio Pforta pela última vez como aluno em 7 de setembro de 1864. Rodeados por uma multidão de estudantes reunidos para despedir-se dos alunos que partiam, ele e mais outros jovens subiram em uma carruagem enfeitada com flores escoltada por postilhões com roupas festivas. O futuro estava em Bonn, em cuja famosa universidade ele decidira matricular-se, sobretudo devido aos seus renomados filólogos, Otto Jahn (um famoso biógrafo de Mozart) e Friedrich Ritschal (ver Ilustração 6), mas também porque teria um amigo cursando a mesma universidade: nascido e criado na Renânia, Paul Deussen (ver Ilustração 7) pretendia cursar a universidade de sua terra natal. Neste ínterim, os dois jovens tinham cinco semanas livres antes de começar os estudos.

## Livre por Fim

Eles passaram as duas primeiras semanas em Naumburg, onde Deussen causou uma ótima impressão na família de Nietzsche. Em seguida, em 23 de setembro, os dois amigos partiram para uma lenta viagem em direção a Bonn.

"Precisamos", Nietzsche escreveu para um amigo em Pforta, "ter algumas restrições a fim de sermos capazes de saborear a liberdade".[1] Depois de seis anos de estudos intensos, confinado em uma instituição quase monástica que localizava o mundo real dois milênios no passado, Nietzsche, em sua viagem para a Renânia, experimentou os encantos da liberdade com intensidade. Suas cartas brilhavam com o entusiasmo de poder fazer o que queria e fascinado por um mundo novo (ele nunca saíra da região oriental da Alemanha) em que cada detalhe era vibrante e importante: "Eu anoto tudo, as características diferentes da comida, as atividades, a agricultura e assim por diante", ele escreveu para casa.[2]

Eles fizeram três paradas no caminho. A primeira foi em Elberfeld, perto do Reno, a leste de Düsseldorf, onde Nietzsche teve o primeiro encontro com a Alemanha católica. Lá eles hospedaram-se à noite na casa de uma das tias de Deussen:

> Tomamos vinho e comemos pão, aqui em qualquer lugar que se vai você encontra bolos deliciosos e fatias de pão de centeio integral... a cidade é extremamente comercial, as casas são a maioria cobertas de ardósia. As mulheres gostam muito

---

1 KGB 1.2 471.
2 KGB 1.2 446.

de usar imagens de santos penduradas na cabeça. As mulheres jovens são muito elegantes com seus casacos e suas cinturas extraordinariamente finas... Depois de visitar diversos cafés em uma tarde de domingo bebemos um vinho Mosela excelente... minhas improvisações no piano tiveram um efeito considerável... tudo é, como diria Lisabeth, "encantador".[3]

Os amigos seguiram depois para Königswater, a alguns quilômetros rio abaixo de Bonn, na margem oposta do rio. Lá eles fizeram brincadeiras de jovens recém-saídos do colégio interno. O impulsivo primo de Deussen, Ernst Schnabel, convenceu-os a fazer um passeio a cavalo, fato que prudentemente Nietzsche não mencionou em suas cartas para a família, mas assim Deussen descreveu o passeio em suas memórias:

> Entusiasmados pelo vinho e a camaradagem, apesar de termos pouco dinheiro, fomos convencidos a alugar cavalos para ir a Drachenfels [Rochedo do Dragão, uma famosa vista turística ao longo do Reno, visível de Bonn]. Foi a única vez que vi Nietzsche a cavalo. Ele interessava-se menos em admirar a beleza da paisagem do que examinar as orelhas do cavalo. Ele tentava medi-las e descobrir se estava montado em um burro ou em um cavalo. À noite agimos ainda mais enlouquecidos. Nós três andamos pelas ruas da pequena cidade fazendo serenatas para as moças que supúnhamos estarem escondidas atrás das janelas. Nietzsche assobiava e falava com um tom amoroso "Minha linda querida, linda querida". Schnabel dizia todos os tipos de bobagens, fingindo que era um rapaz pobre da Renânia e implorando por um abrigo à noite.[4]

Apesar do mal-estar na manhã seguinte, essa travessura teve o charme de um *Sonho de uma Noite de Verão*.

A terceira e mais longa parada dos amigos foi na casa dos pais de Deussen, em Oberdreis, perto de Koblenz, mais uma vez perto do Reno. Nietzsche conheceu o pai de Deussen (assim como seu pai, um pastor luterano), "um homem bom e importante, mas dispersivo", e a mãe, "Frau Pastorin", uma mulher "tão educada, com tanta delicadeza de sentimentos e atitudes, e de tanta capacidade de trabalho, uma pessoa de raras qualidades". Porém, seu principal interesse concentrou-se na irmã de Deussen, Marie ("às vezes ela lembra você, então não consigo deixar de lhe dar uma atenção especial",[5] escreveu a Elizabeth), a quem, assim como com Anna Redtel, expressava afeição dedicando-lhe música.

Em 15 de outubro de 1864, Fritz e Frau Deussen comemoraram seus aniversários:

> De manhã cedo cantamos a quarta parte do coral "Glória ao Senhor, oh, minha Alma" do lado de fora do quarto de Frau e do pastor Deussen... À noite jogamos jogos de entretenimento na grama e dançamos... Na manhã do dia seguinte viajamos seis horas para Neuwied, após uma comovente despedida. Estávamos um pouco cansados ao chegarmos ao navio [no qual desceríamos o Reno] e chegamos a Bonn por volta das quatro horas da tarde.[6]

\*\*\*

---

[3] KGB 1.2 445.
[4] Hayman (1980) p. 59.
[5] KGB 1.2 446.
[6] KGB 1.2 448.

Bonn era um lugar caro para morar, e devido aos recursos financeiros escassos de Franziska, que só podia lhe dar 20 táleres por mês, quando ele precisaria de pelo menos 30, Nietzsche estava constantemente com pouco dinheiro. Nas suas cartas para a casa, apesar de seu constrangimento, havia sempre a "antiga queixa" de falta de dinheiro, e se lhe podiam enviar mais. A situação era tão difícil que ele demorou duas semanas para juntar os sete táleres a fim de matricular-se na universidade. Por fim, matriculou-se a pedido da mãe como estudante de Teologia, embora seu interesse básico fosse o estudo dos clássicos.

Nietzsche encontrou um quarto no segundo andar de uma casa, em Bonngasse 518, cujo conforto era relativo – "espaçoso, com três janelas grandes, tudo muito elegante e limpo, e com um sofá[7]–, no qual achou ser o máximo do luxo depois dos seis anos espartanos em Pforta. Embora com tão poucos recursos, ele não resistiu a alugar um pequeno piano, sobre o qual pendurou um retrato de seu pai.

Apesar de sua falta de dinheiro, no tempo em que Nietzsche passou em Bonn não faltaram festas de estudantes nos barcos do Reno, quantidades copiosas do vinho da Renânia, muitas noitadas regadas a cerveja no *Kneipe* [nos bares] e viagens pelo rio até Colônia. O principal motivo de Nietzsche ter abandonado este estilo de vida dissoluto em Bonn foi sua decisão de aderir a uma confraria de estudantes, a Francônia.

## Embriaguez e Duelo

As confrarias, *Burschenschaften*, ou *Corps* eram (e de certo modo ainda são) uma característica predominante na vida estudantil na Alemanha. Criadas em 1815 por jovens alemães que haviam retornado havia pouco tempo das "guerras de libertação" contra os exércitos de ocupação de Napoleão, seu objetivo original era promover um movimento de uma Alemanha unida e liberal. No entanto, em 1860 degeneraram para clubes sociais onde os membros bebiam cerveja e desafiavam-se em duelos, a ponto de adquirirem um estigma duelístico. Mas, apesar desses hábitos, seus membros tinham (e ainda têm) um propósito sério e profundo: criar conexões com os futuros líderes do mundo dos negócios e da política que poderiam ser úteis no futuro, ou seja, uma "rede de contatos". Para sua mãe indiferente ao movimento das confrarias, Nietzsche enalteceu-as: as confrarias eram, escreveu, "o futuro da Alemanha e o berço dos parlamentos alemães".[8]

Os motivos da adesão de Nietzsche à confraria de Francônia eram ambíguos. Ele admirava o idealismo do movimento descrevendo-o em 1872 em *Sobre as Origens de nossas Instituições Educacionais*, como "o nosso apelo interno e renovado das forças éticas mais puras". Mas, é claro, ele sabia muito bem que as confrarias haviam degenerado em 1860 para clubes onde se bebiam bebidas alcoólicas. Em parte, cremos, ele aderiu à Francônia porque entre seus membros estavam muitos ex-alunos de Pforta que ele conhecia, como Deussen. Porém, pensamos também que, por ser um rapaz ambicioso com origens bem modestas, ele tinha a intenção

---

7   KGW 1.2 448.
8   KGB 1.2 470.

de fazer uma rede de contatos com pessoas poderosas e influentes que poderiam ajudá-lo no futuro.

Ao escrever como um estudante de Direito de Göttingen (onde, seguindo a tradição da família, ele aderira à confraria da Saxônia), o amigo artístico e sensível de Nietzsche, Carl von Gersdorff, lamentou-se que, embora houvesse feito bons amigos na confraria, só a pressão familiar impedia que ele deixasse de ser membro por causa do "hábito repulsivo e bárbaro de beber cerveja".[9] Nietzsche, no entanto, respondeu que "quem quer que, como estudante, quisesse conhecer sua época e seu povo, deveria pertencer a uma confraria. Suas conexões e orientações representavam, de uma forma mais nítida possível, o tipo da próxima geração de homens". Sem dúvida, continuou, o "materialismo simbolizado pela cerveja [*Biermaterialismus*] de alguns dos membros era intolerável, mas era preciso suportá-lo".[10] Embora esta observação possa ser uma alusão ao príncipe Henrique que, em meio a uma farra com o notório boêmio Falstaff, disse que, ao ascender o trono, conheceria seu povo, Nietzsche assume uma imparcialidade falsa. Na verdade, subliminarmente ele quis dizer que era necessário pertencer a uma confraria, a fim de ter uma rede de contatos.

Em outra ocasião Nietzsche referiu-se ao seu desejo de experimentar a vida de um "estudante libertino".[11] Ronald Hayman, sempre atento ao aspecto psicanalítico de sua biografia de Nietzsche, sugeriu que o tímido e "introvertido" aluno do colégio Pforta decidira conscientemente se tornar uma pessoa "extrovertida"[12] e sociável. Mas pensamos que esta sugestão é desnecessariamente hermética. O fato é que, depois de seis anos confinado em um colégio interno, liberar seus hormônios com vinho, mulheres e música seria um comportamento normal, até mesmo *padrão* para o jovem Nietzsche. Assim como o passeio a cavalo a Drachenfels, beber cerveja às margens do Reno fora a manifestação de um rapaz "saboreando os primeiros prazeres da liberdade".

\*\*\*

Quando escreveu à mãe contando-lhe sua adesão à confraria Francônia, Nietzsche disse de uma maneira defensiva, "Eu imagino você com um ar de desaprovação", e tentou elogiá-la o máximo possível: "sete alunos de Pforta aderiram ao mesmo tempo... a maioria filólogos, e todos amantes da música".[13] Para Pinder, ele disse que tanto seus amigos de Pforta quanto ele eram membros cultos autênticos da confraria, que tentavam seguir "uma direção mais espiritual".[14] É possível que seja verdade, mas Nietzsche entregou-se ao "materialismo da cerveja". Ele dizia que ia com frequência a feiras divertidas, bailes, noites bebendo em bares e que começava a ter uma barriga de bebedor de cerveja.[15] Além disso, contou com uma mistura de vergonha e provocação que estava de ressaca (não disse isso, é claro, à sua mãe, mas, sim, a Elizabeth, em quem podia confiar e que sorria indulgente mesmo diante das piores fraquezas do irmão):

---

9   KGB 1.3. Para Nietzsche 95.
10  KGB 1.2 467.
11  S III p. 128.
12  Hayman (1980) p. 58.
13  KGB 1.2 449.
14  KGB 1.2 470.
15  KGB 1.2 449.

> Assim que saí com dificuldade da cama, escrevo esta manhã para dizer que não estou de ressaca [*Kater*, que também significa "gato"]. Você não conhece esse animal peludo e com cauda. Ontem à noite fizemos uma grande reunião, cantamos "Pai do Povo" e bebemos ponche sem parar... Éramos 40 pessoas, e o bar tinha uma decoração espetacular... a *Gemütlichkeit* (a reunião calorosa) de ontem foi celestial...[16]

Não só Nietzsche embebedava-se, como também decidiu fazer um duelo. Como contou Deussen, ao caminhar um dia pela praça do mercado ele encontrou um rapaz de outra confraria. Eles tiveram uma conversa agradável sobre arte e literatura e, então, Nietzsche perguntou com extrema educação se ele aceitaria fazer um duelo. O rapaz concordou, e embora Deussem tivesse ficado extremamente preocupado com seu amigo míope e agora um pouco gordo (o primo de Von Gersdoff quase morrera de uma ferida de um duelo),[17] não havia nada que pudesse fazer para impedir o duelo.

> Eles empunharam as espadas e as lâminas brilhantes dançavam em torno de suas cabeças desprotegidas. Pouco depois de três minutos o opositor de Nietzsche cortou a parte superior de seu nariz, onde os óculos se apoiam. O sangue escorreu para o chão e os dois concordaram que o castigo fora consumado. Coloquei meu amigo com um curativo em uma carruagem, levei-o para casa, fiz com que ele se deitasse, consolei-o assiduamente, proibi visitas e álcool. Em dois ou três dias nosso herói recuperou-se totalmente, exceto por uma pequena cicatriz inclinada, na parte de cima do nariz, que nunca desapareceu, mas que não lhe ficava mal.[18]

A última frase é um equívoco; fotografias posteriores não mostram sinal de uma cicatriz. Deussen omitiu delicadamente o fato de que, por escrúpulo ou incompetência, Nietzsche fracassou em infligir uma cicatriz em seu opositor.

## O Bordel de Colônia

Outra atividade importante dos membros da Francônia era perseguir jovens. Deussen e Elizabeth haviam combinado de criar uma imagem de Nietzsche como alguém que não praticava essa atividade, como se fosse desprovido de atração sexual. Elizabeth escreveu que "seu amor nunca excedeu uma afeição moderada e poética... ao longo de sua vida ele jamais caiu nas garras de uma grande paixão ou de um amor vulgar",[19] ao passo que Deussen alegava que "segundo tudo o que sei de Nietzsche, creio que as palavras *mulierem nunquam attigit* (nunca tocou em uma mulher) aplicam-se a ele".[20] Porém, estas opiniões são extremamente suspeitas. A biografia de Elizabeth, editada após o colapso mental de Nietzsche no final de 1888, retratou sua vida como a de santo cristão, sobretudo, para refutar a alusão de que sua insanidade

---

16  KGB 1.2 453.
17  KGB 1.3. Para Nietzsche 96.
18  Hayman (1980) p. 62.
19  JN p. 113.
20  JI p. 138.

fora causada pela sífilis, enquanto Deussen não teve contato pessoal com Nietzsche entre 1873 e 1887.

Sem dúvida Nietzsche teve, no geral, uma vida casta. Mas ele também escreveu poemas como o seguinte, que foi publicado no capítulo de *Assim falou Zaratustra* intitulado "Entre as Filhas do Deserto":

> *Vocês, donzelas do deserto,*
> *Sob cujos pés eu,*
> *Pela primeira vez*
> *Um europeu sob palmeira*
> *Permiti-me sentar...*
> *Além do deserto,*
> *De modo algum devastado,*
> *Pois fui tragado*
> *Por este pequeno oásis:*
> *Ele simplesmente abriu, bocejando,*
> *Sua boca suave,*
> *O cheiro suave de todas as pequenas bocas,*
> *Então caí nele entre vocês,*
> *Amadas donzelas...*
> *Aqui agora estou sentado*
> *Nesse pequeno oásis...*
> *Ansiando por uma boca redonda de uma jovem*

e assim por diante.[21] É inconcebível que esse poema pudesse ter sido escrito por alguém que nunca sentira um desejo sexual vulgar. De maneira mais concreta, a tese da falta de interesse pelo sexo (além da hipótese de que fosse homossexual, uma hipótese difícil, embora não impossível, seria difícil de conciliar com o poema anterior) é desmentida pelas diversas vezes em que disse que visitara prostíbulos em Leipzig e Nápoles.

De qualquer modo, não existe dúvida a respeito de uma ida de Nietzsche a um prostíbulo em Colônia, uma meia hora subindo o Reno a partir de Bonn. Colônia deslumbrava, fascinava e intimidava o jovem Nietzsche acostumado a cidades pequenas. "Ela causou-me um impacto de uma cidade do mundo", escreveu a Elizabeth, "uma infinidade de línguas diferentes e uma mistura heterogênea de costumes [a cidade em *Assim falou Zaratustra* chama-se "A Vaca Malhada"], muitos batedores de carteira e outros tipos de malandros".[22] Certo dia, em fevereiro de 1865, de acordo com o relato de Deussen, Nietzsche lhe disse,

> ele fora sozinho para Colônia e ao chegar à cidade visitara locais turísticos acompanhado por um guia de uma agência de turismo e, por fim, pediu que o levasse a um restaurante. No entanto, o guia levou-o a uma casa de má reputação. "Vi-me", Nietzsche contou-me no dia seguinte, "de repente rodeado por umas seis aparições vestidas com roupas baratas e vistosas e gazes, olhando-me com um ar de expectativa. Por um breve espaço fiquei mudo. Em seguida, dirigi-me instintivamente para o piano como

---

21  ZIV 16.
22  KGB 1.2 469.

se fosse a única alma presente. Toquei alguns acordes, o que me libertou da paralisia, e parti do lugar".[23]

Gerações de biógrafos deram valor a essa história e, na verdade, é provável que seja um relato preciso do que Nietzsche *contou* ao amigo um pouco afetado. Mas existe um fato implausível. "Leve-me a um *Restaurante*!" não tem nenhuma semelhança com "Leve-me a um *Prostíbulo*!", embora o ato de correr para o piano possa ser verdadeiro, sugerindo o terror do colegial ainda virgem diante do mistério do "eterno feminino". É possível que ele tenha dado instruções vagas ao guia acompanhadas por uma cotovelada e uma piscadela. Lembremos que Nietzsche estava na época tentando ser um "estudante extrovertido". O mais provável é que tenha ido ao prostíbulo com a intenção de perder a virgindade, mas o nervosismo apossou-se dele. Thomas Mann usa esse incidente em seu livro *Doutor Fausto*, na passagem em que seu herói pensa tanto na jovem de nariz arrebitado que tocara em seu braço que acaba se afastando ele a rejeitou. Mais tarde ele escreveu um ensaio no qual sugeria que fora isso que Nietzsche fizera.[24] Isso não parece improvável. Pode-se até especular que o poema "Filhas do Deserto", citado anteriormente, seja uma lembrança das filhas do "deserto" moral de Colônia.

## David Strauss e a Crítica ao Cristianismo

A vida de estudante não se resumia a cerveja e a jogos de boliche. Era preciso estudar. Por ter se matriculado no curso de Teologia, Nietzsche tinha de estudar a matéria. Mais tarde, ele comentou que seu único interesse fora a "crítica das fontes", ou seja, a transferência das técnicas da crítica textual da filologia grega para a Bíblia. Basicamente, o que ele tinha em mente era ler o livro de David Strauss, *Life of Jesus*.

Publicado pela primeira vez em dois volumes em 1835-1836, com o título *The Life of Jesus Critically Examined*, Strauss causou uma grande controvérsia. (Ele teve um profundo impacto em George Eliot, levando-a a abandonar a fé e, em 1846, ela o traduziu para o inglês sob seu verdadeiro nome Marian Evans.) Em 1864, Strauss publicou uma versão resumida sob o título *The Life of Jesus Examined for the German People*, que era a versão que Nietzsche possuía e lia com uma atenção sôfrega.[25]

Strauss interessava-se pela vida de Jesus sob a ótica de seus discípulos. De acordo com sua opinião, em vez de serem crônicas históricas precisas os evangelhos baseavam-se em mitos conscientes e inconscientes, com o objetivo de elevar e inspirar a mente. Os mitos da concepção imaculada e da morte e ressurreição de Jesus faziam parte de uma narrativa inspiradora. Ao contrário da crença usual, nenhum dos evangelhos é relato testemunhado, e sim redigido muitos anos depois da morte de Jesus. Além disso, existem muitas inconsistências entre os autores dos evangelhos e entre eles e São Paulo, um aspecto da crítica que Nietzsche registrou em seu

---

23 JI p. 137-138.
24 Mann (1947) p. 359[ff].
25 KGB 1.2 480.

caderno de anotações em março de 1865.[26] Profundamente anticlerical, Strauss declara em seu prefácio "que devemos reconhecer que, se o Cristianismo deixou de ser um milagre, os padres não mais serão capazes de dizer que são os agentes dos milagres atribuídos a eles". O Cristianismo metafísico, em outras palavras, é um embuste clerical destinado a aumentar o prestígio e o poder dos padres.

*** 

Não surpreende que, no tempo em que passou bebendo em farras, o trabalho produzido por Nietzsche em Bonn tenha sido muito escasso e, na verdade, ele nunca terminou um ensaio durante o ano inteiro. No entanto, escreveu sobre temas religiosos que, embora fragmentados, demonstram como seu pensamento estava influenciado por Strauss. Apesar de escritos por um estudante de Teologia, a visão destes textos não é de um crente, e sim de um observador externo e hostil.

Um texto, por exemplo, descreveu "a visão do mundo do Catolicismo na Idade Média" como essencialmente "supernaturalista"; o céu situava-se acima de sete esferas dos planetas, e o inferno localizava-se no centro da Terra. A essência desta concepção é "um dualismo entre o espírito e a natureza". A ortodoxia protestante, continuou Nietzsche, assumiu o controle dessa visão do mundo. Em consequência,

> a Terra é um lugar de exílio, o corpo, uma prisão. Devemos preenchê-la de ódio e repugnância em relação à vida. O homem vivencia uma terrível ânsia de autodestruição. A terra e tudo o que lhe diz respeito são absolutamente opostos à visão celestial.[27]

E em outro texto escrito no mesmo ano, com o título "Sobre a Vida de Jesus", a influência de Strauss é evidente:

> de acordo com a perspectiva dos crentes, Deus, como o fundamento da vida e o defensor da visão da história do mundo, precisa intervir em seu progresso. Essa concepção da não divinização do mundo... Essa divisão de Deus e do mundo é capaz de ter uma justificativa filosófica?[28]

Textos como esses revelam que os estudos de Teologia de Nietzsche, em vez de o estarem preparando para seguir a carreira eclesiástica, o estavam conduzindo a uma direção oposta. Não só ele perdera a fé, como também, por influência de Strauss, começou a ver o Cristianismo como um fenômeno pernicioso e, portanto, a perda da fé não mais era um pesar e sim o início de uma nova existência mais saudável espiritualmente. Nesse momento nasce o embrião da crítica ao Cristianismo que apareceria na filosofia da maturidade de Nietzsche. O Cristianismo, ao fazer com que o mundo sobrenatural fosse o lugar do sagrado e da bem-aventurança, não mais endeusou o mundo natural, privando-o da santidade que possuía em épocas pré-cristãs e transformando-o em um lugar de dor e exílio. E no tipo de religiosidade imanente de Strauss inspirado em Hegel, vemos também o início da ideia de

---

26 KGW 1.4 29 [1].
27 KGW 1.4 35 [1].
28 KGW 1.4 29 [1].

que qualquer adoração a Deus deveria ser a um deus *imanente*, um deus que não estava "acima" do mundo, mas sim *no* mundo – a visão panteísta que o interesse de Nietzsche pela poesia de Hölderlin já havia manifestado.

De acordo com o anticlericalismo de Strauss, os textos escritos em Bonn também revelam o início da identificação de Nietzsche dos padres como propagadores malévolos de uma concepção do mundo perniciosa. Os missionários da África, por exemplo (os mesmos missionários a quem, quando crianças, ele e Elizabeth haviam dado brinquedos), "confundiam os conceitos de teísmo e moralidade", fingindo que havia uma obrigação de converter os "pagãos" bárbaros à verdadeira fé. Mas sem a capacidade de provar a existência de Deus, eles reduziam-se a "ameaças e seduções". "Em resumo", Nietzsche concluiu, "o clero cristão sofre sob o mesmo fanatismo de todos os padres".[29] Em razão de observações como estas, é evidente que a ideia de seguir a carreira de pastor do pai desaparecera.

\*\*\*

Como seria de esperar, as cartas da família que ele recebia em Bonn demonstravam uma crescente ansiedade em relação à direção espiritual de Nietzsche:

> Mamãe deseja-lhe muitas felicidades por seu aniversário. Só Deus sabe o amor que sinto por você. Faça do Senhor Deus seu líder em seu novo caminho na vida e em seu novo ano de vida; assim, Ele o abençoará e o protegerá para que continue a ser a alegria de seu querido e abençoado pai, de mim e Lieschen.[30]

E, como um reforço à pressão da família para que permanecesse com uma linha de conduta rigorosa, Elizabeth, quase repetindo as frases da mãe, escreveu: "Feliz aniversário... em minha prece mais íntima a Deus pedi neste novo ano de sua vida e do novo caminho de vida, que Ele o proteja para que continue a ser tão querido e bom como no passado."[31]

Tudo em vão. Quando voltou para casa nas férias da Páscoa em 1875, mais gordo, e ao contar de uma maneira rude as noitadas em que os membros da confraria bebiam, ele abruptamente anunciou sua decisão de abandonar a Teologia pela Filologia, mostrando o livro de Strauss diante dos olhares horrorizados da mãe e da irmã. E recusou-se a acompanhar a mãe à missa de domingo e à comunhão. Segundo Elizabeth, uma cena terrível resultou no choro de Franziska e só terminou quando a tia Rosalie, a especialista em Teologia da família, explicou sabiamente que "na vida dos grandes teólogos sempre houve momentos de dúvida, e o melhor a fazer nessas ocasiões era evitar discussões". Por fim, Franziska concordou e disse que Fritz jamais seria obrigado a tomar qualquer decisão contra sua consciência.[32] A partir de então, assuntos religiosos passaram a ser um tabu entre a mãe e o filho. Embora ele continuasse a ser seu adorado filho até o fim da vida, ela refugiou-se em seu castelo da fé, e ele em seu castelo da negação. "Na verdade", ela escreveu ao irmão Edmund,

---

29  KGW 1.4 36 [1].
30  KGB 1.2. Para Nietzsche 86.
31  KGB 1.3. Para Nietzsche 87.
32  JN p. 135.

"não penso que a filosofia seja um tema feminino, porque perdemos as bases em que nos apoiamos".[33]

Nesse ínterim, o conflito provocara uma crise espiritual em Elizabeth, uma batalha entre a mentalidade convencional de uma cidade pequena e o irmão, seu herói amado. Apesar de tentar apaziguar as relações entre mãe e filho, ela sempre tomava o partido de Fritz, como uma forma de aliança secreta contra a opressão familiar. A vida inteira ela "apoiou" Fritz. Ela idolatrava uma imagem que construíra dele e, como o admirável biógrafo suíço-alemão de Nietzsche, Curt Paul Janz* comentou, ela não perdoava ninguém – *inclusive o próprio Nietzsche* – que tentasse perturbá-lo.

Em maio de 1865, Elizabeth escreveu a Fritz dizendo que iria visitar o tio Edmund com a intenção de tentar resolver sua crise espiritual; é provável que ela tenha escolhido Edmund em razão do período, como vimos, em que ele teve sérias dúvidas religiosas, mas do qual sua fé emergiu praticamente intacta. "Com seus pontos de vista", ela escreveu a Fritz,

> que, na verdade, são deprimentes – você é um aluno extremamente determinado. Segundo mamãe, eu também sou muito inteligente, mas devido à minha natureza conformista sinto-me muito confusa... Porém, não tenho dúvida de que é muito mais fácil não acreditar do que o oposto, assim como é difícil decidir o caminho certo a seguir... De qualquer modo, lamento realmente que tenha trazido o infeliz Strauss com você nas férias e que tenha falado tanto dele. Ouvir que é possível duvidar e criticar as ideias mais elevadas (pelo menos para os fiéis) é o primeiro passo em direção a uma nova crença ou descrença. E quando isso aconteceu, senti que a parede sólida e protetora ruiu e, agora, estamos diante de um deserto enorme, sem guia, confuso e envolto em uma névoa onde nada é firme, com apenas nosso espírito pobre, miserável e com tanta frequência falível para guiar-nos.[34]

Essa carta causou um grande impacto em Nietzsche – a imagem do "deserto" é recorrente ao longo de sua obra para descrever a desolação do ateísmo – e pela primeira e talvez última vez em sua vida, ele tratou Elizabeth como se merecesse uma resposta séria e intelectualizada:

> Dessa vez você me proporcionou um rico material que gostei muito de "ruminar" no sentido intelectual. No entanto, em primeiro lugar gostaria de referir-me a uma passagem em sua carta que foi escrita com um sentimento espiritual e não de um coração conformista. Não se preocupe, querida Lizbeth. Se sua vontade é genuína e resoluta, como você diz, nosso querido tio não terá muitos problemas em solucionar sua crise existencial. Quanto ao seu princípio básico, de que a verdade é sempre mais difícil de encontrar, eu concordo em parte. Mas, é difícil acreditar que 2 x 2 não seja 4. A infalibilidade desse cálculo matemático o torna mais verdadeiro?

---

33   JI p. 147.
\*    JI p. 148-149. Curt Paul Janz tocou viola durante 46 anos na Orquestra Sinfônica da Basileia, e interessou-se por Nietzsche devido à sua relação com Richard Wagner. Sua biografia com 1.980 páginas reunidas em três volumes dedicados à vida de Nietzsche e não às suas obras, não só é um livro abrangente, como também é um trabalho de uma percepção sagaz de Nietzsche como ser humano. Apesar de ter agora (2009) 90 anos suas ideias esclarecedoras trocadas em nossa correspondência foram muito importantes enquanto escrevia este livro.
34   KGB 1.3 Para Nietzsche 97.

Por outro lado, é tão difícil aceitar como verdadeiro tudo o que aprendemos e que aos poucos se enraizou em nós, e que é verdadeiro para nossos parentes e para muitas pessoas boas e que, além disso, proporciona conforto e eleva o espírito dos homens? Isso é muito mais difícil do que se aventurar em novos caminhos, em desacordo com os hábitos adquiridos, com a insegurança inerente à independência, vivenciar oscilações de humor e até mesmo problemas de consciência, com frequência desalentadores, mas sempre com a verdade, a beleza e a bondade de nosso objetivo?

Ter essa visão de Deus, do mundo e da reconciliação que nos faz sentirmos confortáveis é o fato mais importante em nossas vidas? As pessoas com a mente inquieta e que questionam a vida são indiferentes em relação ao resultado de suas pesquisas. Ao questionarmos estamos procurando descanso, paz, felicidade? Não, buscamos a verdade mesmo no que existe no mais alto grau de feiura ou de repulsão.

Agora a última observação: se acreditarmos a partir de nossa juventude que a salvação pode ser alcançada por outros meios sem Jesus, com Maomé, por exemplo, não teríamos as mesmas bênçãos? É a fé que abençoa, não o objetivo real subjacente à fé. Eu lhe escrevo isso, querida Lisbeth, com a finalidade de mostrar que as pessoas religiosas apelam para suas experiências íntimas para demonstrar a infalibilidade de sua fé. A verdadeira fé é infalível, ela realiza as expectativas de quem a tem, mas não oferece o menor apoio para encontrarmos sua verdade objetiva.

Desse modo, os seres humanos dividem-se: se você quiser lutar para obter a paz da alma e a felicidade, então, acredite; caso queira ser um discípulo da verdade, questione.[35]

Dois temas que dominariam a filosofia da maturidade de Nietzsche foram abordados com seriedade nessa carta. Em primeiro lugar, a escolha rigorosa entre a verdade amarga e a felicidade ilusória; em segundo, a visão do "espírito livre", como Nietzsche se referiria mais tarde, preso heroicamente ao mastro da verdade.

É importante observar que para Nietzsche essa opção não se tratava apenas de uma escolha acadêmica. Como ele disse a Elizabeth, a fé cristã "conforta e eleva o espírito". Além disso, ele gostava da segurança e do calor humano proporcionado por sua família cristã. E por ser músico ele acreditava que "a vida sem música seria um equívoco" e, portanto, valorizava a herança musical do Luteranismo; em junho de 1865, como membro dos 600 cantores da Sociedade Coral Municipal de Bonn, ele cantou "com enorme entusiasmo" a peça *Israel no Egito* de Handel durante os três dias do festival de música de Colônia.[36] Apesar de suas objeções ao "catolicismo beato" da Renânia[37] e a influência da universidade dos jesuítas dedicada a "erradicar o Protestantismo",[38] ele identificava-se com sua terra natal protestante e não com uma visão ateísta, uma identificação que o levou a ser um membro ativo da Gustav Adolphus Society, um clube anticatólico em prol da diáspora protestante.[39] Queixava-se à tia Rosalie que os pregadores locais eram inferiores aos de Naumburg, e que os festivais locais tinham características ofensivamente católicas.[40]

---

35 KGB 1.2 469. A carta é datada de 11 de junho de 1865.
36 KGB 1.2 469.
37 KGB 1.2 470.
38 KGB 1.2 454.
39 KGB 1.2 454, 460.
40 KGB 1.2 454.

Em Bonn, Nietzsche cultivou com intensidade sua nostalgia da magia infantil do Natal. Incapaz de arcar com a despesa do preço da passagem no Natal de 1864, ele escreveu à mãe e à irmã,

> Espero que tenham uma árvore de Natal bem iluminada... Iremos iluminar uma árvore na taverna, mas é claro será apenas um pálido reflexo de como comemoramos em casa porque, sobretudo, não temos nossa família e parentes... Vocês se lembram dos maravilhosos Natais que passamos em Gorenzen [onde tio Edmund era pastor]? (...) Era tão agradável; a casa e o vilarejo cobertos de neve, a cerimônia religiosa à noite, minha cabeça cheia de melodias, a união familiar... e eu vestido com meu camisão de dormir, o frio, e muitas coisas alegres e sérias. Era um ambiente delicioso. Quando toquei minha música "Véspera do Ano-Novo"* era assim que eu ouvia seus sons.[41]

*Do ponto de vista emocional*, Nietzsche permaneceu cristão, especificamente um protestante luterano. E continuou muitíssimo dependente da visão contemplativa da vida cotidiana ocasionada pelas festas de sua juventude.[42] "Eu adoro a véspera do Ano-Novo e os aniversários", ele escreveu,

> porque proporcionam horas – as quais poderíamos criar para nós mesmos, mas raramente o fazemos – em que nossa alma pode ficar imóvel para rever uma fase de nosso desenvolvimento. As decisões cruciais [isto é, o Ano-Novo] nascem nesses momentos. Habituei-me a essas ocasiões para rever os manuscritos e as cartas dos últimos anos e fazer anotações. Por algumas horas ficamos acima do tempo e quase a um passo além de nosso desenvolvimento. Podemos apreender e documentar o passado e ter a coragem e resolução de resumir nosso caminho trilhado. É adorável quando as bênçãos dos parentes caem como uma chuva suave sobre essas resoluções e decisões, as primeiras sementes do futuro.[43]

Embora seu intelecto o influenciasse a achar que o Deus cristão fosse uma mera superstição, na verdade, como ele disse em uma carta a Elizabeth, isso era uma constatação profundamente "feia". Para ele, assim como para a irmã, o efeito de seu intelecto (ou o de David Strauss) era lançá-lo em um "deserto" onde não havia "mapa". Ao citar para Raimund Granier (seu companheiro da rebeldia adolescente) uma passagem de Byron em *Manfred*, ele exprimiu seu espírito fragmentado e perturbado, o conflito entre a visão racional e as necessidades de seu coração.

> *Mas o sofrimento deve ser o instrutor da sabedoria;*
> *A tristeza significa conhecimento: as pessoas mais sábias*
> *São as que lamentarão com mais profundidade a verdade fatal.*
> *A árvore do conhecimento não é a da vida.*[44]

Portanto, devido à desolação emocional que ela provoca, o que impelia Nietzsche a comprometer-se, de um modo tão incondicional, com a verdade? Talvez ele não

---

\* "A New Year's Eve" [*Eine Sylversternacht*] uma peça para piano e violino escrita em 1864.
41 KGB 1. 456.
42 Em *A Gaia Ciência* sua concepção da *arte* referiu-se à capacidade de "distanciamento" pessoal para ter uma visão geral da vida, em vez de meros detalhes "em primeiro plano" (GS 78).
43 KGB 1.2 458.
44 KGB 1.2 479. O poema é citado de novo em HH 109.

tivesse outra opção. Assim que sentiu o impacto devastador da "ciência" de Strauss (sem mencionar a de Darwin), seria impossível esquecer o que aprendera. Quando abrimos a caixa de Pandora não temos como fechar sua tampa. No entanto, qual seria a *justificativa* de Nietzsche a si mesmo de ter se tornado um cavaleiro da justiça?

Como vimos no último capítulo, Nietzsche considerava a crença das religiões supernaturalistas como a fé da "infância dos povos". Então, o fato de superar a superstição primitiva significaria transformar-se em um intelectual *adulto*. Mas, por que era tão importante ser um adulto? Zaratustra diz que a mensagem fundamental é a de "transformar-se em quem você é",[45] uma menção sucinta da declaração do poeta grego Píndaro de "transformar-se em quem você é, por ter aprendido esse conhecimento essencial", o que sem dúvida deve ter impressionado a mente de Nietzsche durante seus estudos dos clássicos em Pforta. A vida, em outras palavras, seria a realização da maturidade potencial e crescente em uma vida adulta plena, que, de certa forma, como uma glande, em condições adequadas, cresce e amadurece em um carvalho. Entretanto, ainda se poderia questionar o que *poderíamos* fazer com esse conhecimento essencial? O que havia de tão negativo em sermos uma "glande"? A única resposta que teríamos de imediato se referiria à intenção subjacente da criação divina, na qual todos teriam a oportunidade de realizar seu potencial. Por este motivo, em 1887, em *A Gaia Ciência*, Nietzsche, por fim, questiona por que os cavaleiros da verdade ainda não eram "de fato devotos".[46] Nietzsche nunca renunciou ao seu compromisso com a verdade. No entanto, a principal tarefa de sua filosofia da maturidade foi a de buscar uma justificativa "não religiosa" para seus argumentos.

## A Partida de Bonn

Em fevereiro de 1865 Nietzsche devia 55 táleres (cerca de um ano de aluguel de seu quarto na Rua Bonngasse), e era evidente que, pelo fato de Bonn ter um custo de vida muito mais caro do que outras cidades universitárias, ele não poderia morar lá mais de um ano.

No departamento de filologia da Universidade de Bonn, os dois gigantes, Otto Jahn e Friedrich Ritschl, desentenderam-se (um conflito de interesses típico da vida acadêmica tanto na época como agora, cuja origem ninguém se lembrava). Em consequência, Ritschl aceitou uma cátedra em Leipzig (em resposta a um "convite", como os alemães dizem). Em maio, de qualquer forma querendo voltar para a Alemanha protestante (Leipzig situava-se a apenas 60 quilômetros de Naumburg), Nietzsche decidiu segui-lo. Um estímulo adicional foi a decisão de Von Gersdorff de abandonar o estudo tedioso de Direito em Göttingen e mudar-se para Leipzig, a fim de estudar literatura alemã.

Nas últimas semanas em Bonn, Nietzsche teve dores reumáticas e dores de cabeça lancinantes, agravadas pelas tempestades torrenciais e pelo clima úmido do vale do Reno. É provável que houvesse um elemento psicossomático nestes sinto-

---

45   ZIV 1.
46   GS 344.

mas: cada vez mais, como veremos, as doenças associavam-se às transições na vida de Nietzsche.

Na noite de sua partida por navio pelo Reno, em 9 de agosto, Deussen e seu novo amigo da confraria Francônia, Hermann Mushacke,* o acompanharam ao cais. Três semanas depois ele escreveu a Mushacke de Naumburg em uma tentativa de recapitular o tempo que passara na Renânia. Segundo ele, Bonn deixara um gosto desagradável em sua boca. Porém ele esperava que, por fim, "lembrasse desse período como uma etapa necessária em seu desenvolvimento",

> mas no momento é impossível. Ainda tenho a sensação sob vários aspectos que por minha culpa desperdicei o ano. O tempo que passei na confraria Francônia foi um erro, sobretudo, durante o semestre do último verão. Eu transgredi meu princípio de dedicar mais tempo a coisas e pessoas com as quais aprenderia... Entediei-me. De modo algum critico totalmente a confraria Francônia e lembro-me de uma boa camaradagem. Mas acho que o julgamento político de seus membros é quase inexistente e só é ativo em algumas pessoas. Penso que eles dão uma impressão de serem vulgares e repulsivos, e por não ter sido capaz de desaprovar minhas atitudes eu dificultei minhas relações com outras pessoas. Fiquei também profundamente insatisfeito com meus estudos, apesar de atribuir grande parte de minha insatisfação à confraria, que impediu que eu realizasse minhas melhores intenções. Neste momento, percebo que o caminho do bem-estar espiritual e da elevação do ser humano é um conjunto de atividades produtivas e criativas contínuas e urgentes... Sinto-me envergonhado pelo trabalho que fiz em Bonn... Foi péssimo. Todos os meus trabalhos escolares foram melhores.[47]

É importante constatar nessa carta que, após um ano de uma vida relativamente dissoluta, a reafirmação da ética protestante do trabalho de Pforta não mais o abandonaria. (Por que deveria preocupar-me com a felicidade?... Eu tenho meu trabalho", diz Zaratustra, o alter ego de Nietzsche.) É fundamental também a visão do protestantismo prussiano de construir uma vida como uma narrativa de autodesenvolvimento, um progresso peregrino em direção à autoperfeição. Em ambos os aspectos, Nietzsche envergonhou-se do ano em que passou em Bonn e culpa seu desagrado à associação com a confraria. Não surpreende, portanto, que, em outubro de 1865, durante o primeiro semestre na Universidade de Leipzig, ele tenha escrito uma carta de renúncia (caso contrário ele continuaria membro até o resto da vida):

> Continuo [escreveu ele] a valorizar muito a ideia da confraria. Mas confesso que suas atitudes atuais desagradam-me. Foi difícil permanecer um ano como membro da Francônia. No entanto, creio ser meu dever reconhecer esse fato. Agora, nada mais me prende a ela. Por esse motivo, despeço-me. Talvez a confraria Francônia logo supere o estágio de desenvolvimento em que se encontra.[48]

---

\* Mushacke, um berlinense, acompanhou Nietzsche a Leipzig, onde estudou, no entanto, apenas um semestre. Ele lutou na Guerra Franco-Prussiana e foi condecorado com a Cruz de Ferro. Em seguida, terminou os estudos em Rostok e tornou-se um professor de ensino médio, como seu pai. Nietzsche perdeu contato com ele depois de mudar-se para a Basileia, em 1869.

47 KGB 1.2 478.
48 JI p. 167-8.

# 4

# LEIPZIG

## Instalando-se

Ao partir de Bonn, Nietzsche voltou para Naumburg, onde passou o resto do mês de agosto de 1865, recuperando-se das doenças que o afligiram nas últimas semanas na Renânia. Em seguida, passou duas semanas muito felizes hospedado com a família Mushacke em Berlim, onde visitou os pontos turísticos da cidade. Ele sentiu-se tão bem na companhia do pai de Hermann, Eduard, que este, apesar da diferença de idade, propôs que se tratassem pelo pronome familiar *du*.[1] Depois os dois amigos foram para Leipzig, onde chegaram de trem vindos de Berlim, em 17 de outubro. "Antes de tudo", Nietzsche relatou,

> passeamos pelo centro da cidade sem um objetivo específico, apreciando a visão das casas imponentes e das ruas animadas e em constante atividade. Depois descansamos um pouco ao meio-dia no restaurante Reisse... Foi nessa ocasião que li pela primeira vez o jornal do meio-dia, que se tornou a partir de então um hábito regular. Mas anotamos nesta manhã diversos anúncios de cômodos "respeitáveis" ou "elegantes" com "quarto de dormir" etc.[2]

Depois de uma tarde deprimente subindo e descendo escadas malcheirosas para visitar os supostos cômodos "elegantes", eles encontraram algo adequado em uma rua lateral isolada, a Blumengasse (hoje Scherlstrasse), próxima à universidade. Lá Nietzsche encontrou um quarto no número 4 no andar superior de um antiquário que pertencia ao seu senhorio, Herr Rohn, enquanto Mushacke encontrou aposentos na porta ao lado. (Em abril do ano seguinte, Nietzsche mudou-se para a rua Elisenstrasse, nº 7, por causa do barulho das crianças.)

No dia seguinte, os dois recém-chegados foram matricular-se na universidade, por coincidência, exatamente a 100 anos do dia em que Goethe matriculara-se na mesma universidade. Nietzsche achou que esta coincidência era um presságio esplêndido, apesar do riso pouco disfarçado dos calouros diante do discurso do reitor, no qual explicava que "um gênio com frequência escolhe caminhos extraordinários para atingir sua meta" e, portanto, eles não deveriam seguir a vida estudantil de Goethe como um modelo para a vida que pretendiam ter.[3] (Obrigado pelo pai a estudar

---

1  KGB 1.2 481.
2  KGW 1.2 60 [1].
3  *Ibidem*.

Direito, que o entediava, Goethe passava a maior parte do tempo em Leipzig em farras e cortejando jovens.)

O próximo acontecimento importante foi a aula inaugural pública de Ritschl logo após sua chegada de Bonn:

> Todas as pessoas estavam animadíssimas [escreveu Nietzsche] pelo fato de verem o famoso homem cujo comportamento no incidente em Bonn divulgara seu nome em todos os jornais e casas. A plateia aglomerava-se no salão repleto... De repente, Ritschl entrou no salão com seus grandes chinelos de feltro, embora estivesse vestido com um traje a rigor e uma gravata branca. Ele olhou bem-humorado para o novo mundo diante dele e logo descobriu rostos que não lhe eram estranhos. Enquanto cumprimentava todos os grupos até o final do salão, subitamente ele exclamou, "Olá, aqui está também Herr Nietzsche!", e acenou-me alegremente com a mão.[4]

Cerca de um mês após chegar a Leipzig, ocorreu o encontro filosófico mais importante da vida de Nietzsche: na livraria de seu senhorio, ele descobriu um livro usado da obra-prima de Arthur Schopenhauer, *O Mundo como Vontade e Representação*, comprou-o, leu-o inteiro e ficou perplexo. (Richard Wagner tivera uma "experiência de conversão" similar 11 anos antes.) Ele imediatamente se declarou um entusiasta de Schopenhauer, como continuaria a afirmar na década seguinte. Discutiremos o que exatamente este entusiasmo significou no próximo capítulo.

## Época Feliz

Os anos em que Nietzsche estudou em Leipzig foram os mais felizes de sua vida. Só sua irmã notou o tom indiscutivelmente alegre de suas lembranças de Leipzig,[5] e os biógrafos não perceberam a felicidade dos anos passados em Leipzig. "O último ano em Leipzig", escreveu ele a Von Gersdorff em outubro de 1886,

> foi muito especial para mim. Enquanto em Bonn eu tinha de adaptar-me às regras e hábitos que não compreendia, era obrigado a ter prazeres que não me agradavam, e viver ocioso entre pessoas rudes [na confraria da Francônia], que me deprimiam e me deixavam mal-humorado, Leipzig reverteu inesperadamente essa situação. Amizades deliciosas e afetivas, atos de generosidade imerecidos por parte de Ritschl, inúmeros colaboradores entre meus colegas de universidade, boas tavernas, bons concertos etc. Essa combinação de circunstâncias fez de Leipzig um lugar muito querido.[6]

Iremos rever os motivos da felicidade de Nietzsche durante os anos em que viveu em Leipzig. Em primeiro lugar, foi um período de saúde excelente. (Talvez isso tenha contribuído para a felicidade.) As dores de cabeça terríveis, os vômitos, os problemas gástricos e a insônia que o atormentariam sem cessar mais tarde quase não se manifestaram em Leipzig. E, em segundo lugar, sempre com uma necessidade

---

4   *Ibidem*.
5   YN p. 166.
6   KGB 1.2 523.

profunda de ter amigos, Nietzsche conquistou em Leipzig um grupo de amigos íntimos locais ou por contato regular através de cartas. Entre os amigos, o principal foi Erwin Rohde (ver Ilustração 13), um aluno talentoso de Ritschl, em seguida, Von Gersdorff, e mais distantes Deussen e Mushacke.

A amizade com Rohde* envolvia todos os aspectos de suas vidas. Eles liam Schopenhauer juntos, aprendiam a montar a cavalo e a atirar, e no verão de 1867 recarregaram as forças em um passeio a pé de duas semanas pela floresta da Boêmia. (Durante este passeio, conheceram o vilarejo de Klingenbrunn, para onde Nietzsche retornaria em circunstâncias dramáticas em 1876.) "Neste último verão", Nietzsche escreveu a Von Gersdorff no final de 1867, Rohde e ele "fizeram quase tudo juntos".[7]

***

A terceira fonte de felicidade de Nietzsche foi o fato de que em Ritschl, de quem recebia "atos de generosidade imerecidos", ele encontrara o professor de seus sonhos, o oposto do "professor Deus" usual na Alemanha, a quem era preciso (e ainda é) escrever com um mês de antecedência, a fim de obter uma entrevista de 10 minutos. Brilhante, excêntrico, divertido e obcecado pelo seu tema de estudo, Ritschl era acima de tudo o pai de seus alunos preferidos, que cuidava de todos os aspectos de suas vidas e carreiras. (Sem que ele soubesse Nietzsche chamava-o, afetuosamente, de "Pai Ritschl".) E Nietzsche teve a sorte de ser sempre seu aluno predileto.

Ritschl percebeu o talento excepcional de Nietzsche quando, ao ter escrito outro ensaio sobre Teógnis (o obscuro poeta grego a quem Fritz dedicara um ensaio em Pforta), ele teve a coragem de mostrá-lo a Ritschl. Poucos dias depois, foi chamado para um encontro. Ao dizer que nunca vira um trabalho tão admirável de um aluno, Ritschl pediu-lhe que aumentasse o texto para publicá-lo no *Rheinisches Museum fur Philologie*, o (ainda florescente) periódico clássico acadêmico do qual era editor. A partir desse dia, lembra Nietzsche, desenvolveu-se uma rápida intimidade:

> Eu ia uma ou duas vezes por semana vê-lo na hora do almoço, e em todas as ocasiões encontrava-o disposto a ter uma conversa séria ou frívola. Como regra ele sentava-se em sua poltrona com o jornal de Colônia à sua frente que, junto com o jornal de Bonn, acostumara-se a ler. Também como uma regra em meio à confusão de papéis havia sempre uma taça de vinho tinto na mesa. Quando trabalhava sentava-se em uma cadeira que ele mesmo estofara... Em sua conversa ele era franco; demonstrava sua raiva contra amigos, seu descontentamento com as condições existentes, os defei-

---

* Erwin Rohde (1845-1898), filho de um médico de Hamburgo, também seguira Ritschl de Bonn para Leipzig. No final de 1867, mudou-se para Kiel, onde terminou seu doutorado em 1869 e, em 1872, obteve o cargo de professor assistente. Sob a influência de Nietzsche, fascinou-se por Schopenhauer e Wagner. Depois, com a oposição de Nietzsche a Schopenhauer e Wagner, a amizade deles diminuiu drasticamente, sobretudo, por parte de Rohde. Ele se casou em 1877 e teve quatro filhos. Rohde lecionou em Jena, Tübingen, Leipzig e Heidelberg, tornando-se um dos grandes eruditos clássicos do século XIX. Seu livro, *Psyche*, é considerado até hoje uma obra básica padrão sobre cultos gregos e crenças da alma. Em 1886, houve um encontro decepcionante entre os antigos amigos. Após o colapso mental de Nietzsche, Elizabeth procurou-o em 1894 para pedir seu conselho a respeito da publicação dos manuscritos restantes. Seu julgamento quanto à qualidade dos textos foi negativo e ele aconselhou (sem sucesso) a não publicá-los. Nessa ocasião, ele viu Nietzsche pela última vez que, no entanto, não o reconheceu.

7 KGB 1.2 554.

tos da universidade e as excentricidades dos professores... Por sua vez, ridicularizava suas atitudes, sua ideia obstinada de controlar seus assuntos, e contava, por exemplo, como antigamente tinha o hábito de esconder o dinheiro que recebia em notas de 10, 20, 50 ou 100 táleres dentro de livros para ter a surpresa de descobri-las mais tarde... Sua ânsia de ajudar os outros era maravilhosa; e por esse motivo muitos jovens filólogos, além da dívida em relação a ele por seus progressos no conhecimento científico, também se sentiam ligados a ele por uma dívida íntima e pessoal de gratidão.[8]

Não só Ritschl era o professor dos sonhos, como tinha também uma mulher encantadora. Sophie Ritschl era 14 anos mais nova do que o marido, judia,* com uma inteligência brilhante e apaixonada por música. Como veremos, foi por intermédio de sua amizade com Ottilie Brockhaus, irmã de Richard Wagner, que Nietzsche se encontrou pela primeira vez com o grande homem. Nietzsche passava bastante tempo na sala de visitas de Sophie Ritschl. Seguindo o padrão do modelo romântico do amor impossível (tanto os personagens St.-Preux de Rousseau como Werther de Goethe amavam mulheres de homens exemplares), Nietzsche, é claro, apaixonou-se por Sophie, como logo depois se apaixonaria por Cosima Wagner. Em uma carta a Rohde, ele chamou-a de sua "amiga íntima" e mencionou uma misteriosa "influência feminina" em sua vida.[9] Portanto, Elizabeth estava certa ao referir-se ao elemento "poético" nas relações de Nietzsche com o sexo oposto, embora, como vimos, se enganasse completamente ao alegar que *só* havia um envolvimento "poético".

O Clube Filológico foi outro elemento importante que contribuiu para a felicidade de Nietzsche em Leipzig. Por sugestão de Ritschl, Nietzsche e dois amigos que haviam estudado em Bonn fundaram o clube em 1866, e depois convidaram mais sete alunos para tornarem-se membros. O clube realizava reuniões semanais com o intuito de ouvir palestras dos membros, com frequência de alto nível, porque só os melhores alunos haviam sido convidados a fazerem parte do clube. Mas é evidente que ele também tinha uma função social e intelectual, visto que suas reuniões realizavam-se em lugares como o Deutsche Bierstube (uma cervejaria alemã), o Lion Tavern, ou o restaurante de Mahn. Como vimos, em seus comentários sobre a vida agradável em Leipzig, Nietzsche mencionou os "inúmeros colaboradores entre meus colegas da universidade" e as "boas tavernas" equiparando-os no mesmo nível de fatores positivos.

No capítulo anterior mencionamos a tentativa de Nietzsche ao longo de sua vida de criar círculos de pessoas com talentos excepcionais dedicadas a objetivos elevados e culturais. A sociedade *Germania* foi a primeira tentativa, a vaga ideia de que a confraria Francônia retomasse suas nobres raízes, a segunda e, agora, a Sociedade Filológica foi um terceiro projeto. Entretanto, o círculo mais importante que Nietzsche criou nos anos em que viveu em Leipzig, ao convencer, ou até mesmo ao atormentar amigos e conheci-

---

8    KGW 1.4 60 [1].
*    Apesar de o antissemitismo exacerbado ser um dos aspectos mais marcantes do pensamento maduro de Nietzsche, sua correspondência nessa época, quando escrevia para a família ou para Von Gersdorff, continha observações antissemíticas ocasionais e rotineiras, sem uma característica mais profunda. No entanto, ofendeu-se quando um aluno gordo sentou em uma cadeira de Sophie Ritschel e descreveu-a como "não sendo muito *kosher*" (KGW 1.4 60 [1]).
9    KGB 1.2 583.

dos, foi o dos admiradores de Schopenhauer. Como prometido, o significado e a importância do fascínio de Nietzsche por Schopenhauer serão discutidos no Capítulo 5.

***

Em resumo, em Leipzig a saúde de Nietzsche foi excelente, ele conquistou amigos íntimos, encontrou o professor dos seus sonhos, que substituiu o pai que sempre procurara, criou um círculo de colegas filólogos, assim como um círculo de admiradores de Schopenhauer. Além de todas estas circunstâncias que o agradavam tanto, Leipzig era um lugar onde se cultivava a cultura, sobretudo, a música. Um dos grandes centros musicais da Alemanha, Leipzig fora o local de trabalho de Bach no século XVIII e de Schumann e Mendelssohn algumas décadas antes da chegada de Nietzsche no século XIX. Era também a terra natal de Richard Wagner. Além de oferecer uma vida musical muito rica concentrada na famosa Gewandhaus Orchestra, Leipzig era o centro, em geral bastante polêmico, da teorização a favor ou contra a "música moderna". Criada por Schumann em 1834, a *Neue Zeitschrift für Musik* (revista que a Sociedade *Germania* assinara) era editada em Leipzig e dedicava-se a defender a música "moderna", ou seja, a música wagneriana. Foi em *Neue Zeitschrift* que o grande maestro, Hans von Bülow, publicou alguns de seus artigos mais violentos em defesa de *Tannhäuser* e de outras óperas de Wagner, o que provocou reações opostas de outra publicação de Leipzig, *Die Grenzboten*, que o escritor Gustav Freytag transformara em um bastião da polêmica antiwagneriana.

Nietzsche ia com frequência a concertos, quase sempre junto com Karl Franz Brendel, sucessor de Schumann como editor da *Neue Zeitschrift*. Ele também cantou na *Missa Solemnis* de Beethoven, embora não tenha participado da apresentação formal por causa de um resfriado, uma atuação que ele descreveu como "uma das [mais] maravilhosas experiências musicais jamais vivenciada".[10] Ele ia também ao teatro, onde fantasiava paixões por diversas atrizes. Para uma delas, o "anjo louro", a glamorosa Hedwig Raabe, ele enviou flores acompanhadas por um bilhete em que exprimia sua devoção eterna.

A vida de Nietzsche em Leipzig era divertida e plena da sociabilidade característica da vida estudantil. Porém, é claro que não consistia em apenas divertimentos e amigos. O que diferenciou de sua vida em Bonn e proporcionou a "estrutura" necessária ("uma profissão é a estrutura da vida", certa vez ele escreveu)[11] foi seu empenho em estudar e ser bem-sucedido. Este esforço satisfez sua consciência prussiana e protestante, a necessidade de ter uma vida diligente e em constante autoaperfeiçoamento. "As pessoas religiosas", ele escreveu a Von Gersdorff em 1867,

> acreditam que todas as tristezas e acidentes que acontecem têm o intuito preciso de... esclarecê-los. Não discutimos os pressupostos dessa fé. No entanto, temos o poder de usar todos os acontecimentos, todos os pequenos e grandes acidentes, para nosso aprimoramento e competência, além de nos beneficiarmos com eles. A característica intencional do destino não é uma ilusão se a compreendermos como tal. Cabe a nós fazer um uso significativo do destino, porque os acontecimentos são conchas vazias.

---

10   KGB 1.2 497.
11   KSA 10 12 [1] 16.

Eles dependem de nossa determinação: o valor que atribuímos a um acontecimento corresponde ao valor que ele tem para nós.[12]

Em sua filosofia da maturidade ele conceituou essa ideia como a projeção de uma "providência pessoal" na vida de uma pessoa: interpretá-la como se tudo o que acontecesse fosse "com a melhor das intenções".[13] Essa conceituação, como veremos, é a essência do "desejo do eterno retorno".

## O Estudo dos Clássicos

Os dias de Nietzsche na universidade foram felizes. Porém, isso não implica que não houvesse preocupações e insatisfações. A principal insatisfação (que assumiria na década seguinte grandes proporções) referia-se à prática da disciplina (ou "ciência") que escolhera, a Filologia clássica, uma insatisfação fortalecida por seu crescente interesse pela Filosofia em geral, em especial a Filosofia de Shopenhauer. "A próxima geração de filólogos", Nietzsche escreveu em seu caderno de anotações, "precisa renunciar ao interminável 'ruminar' característico da geração atual".[14] Os "acadêmicos ruminantes" (como ele os chama em *Assim falou Zaratustra*) são meros parasitas sempre refletindo sobre os grandes pensamentos criativos do passado, sem criar nada. Algumas disciplinas, escreveu Nietzsche, às vezes ficam "senis" e, portanto, seus praticantes "com seus corpos emaciados, veias ressecadas e bocas murchas, procuram, como vampiros, sugar o sangue de seres mais jovens e vigorosos".[15] A fragmentação da pesquisa filológica contemporânea em pequenas áreas de especialidade, um processo tão intenso que seus praticantes reduziram-se a linhas de montagem de "operários de fábrica", contribui para este efeito senil. Os acadêmicos atuais não têm uma visão sinóptica, um "pensamento em larga escala", que permitiria que eles não vissem apenas as árvores, mas também a floresta. Os futuros filólogos devem "aprender a julgar em larga escala, a fim de trocar as minúcias de assuntos específicos pelas grandes considerações da filosofia".[16]

Se perguntássemos por que a Filologia deveria lidar com "a humanidade universal... moldada pelas mãos da filosofia",[17] a resposta – que consistiria no cerne da filosofia da maturidade de Nietzsche – seria que a "história" em geral e a filologia clássica em especial não têm valor exceto se "houvesse algum objetivo cultural significativo",[18] ou que pudéssemos obter "percepções que tivessem uma influência essencial em nossa mente".[19] Mais tarde, Nietzsche respondeu a pergunta fundamental, "Qual é a finalidade da Filologia clássica?", ao dizer que o estudo dos gregos

---
12   KGB 1.2 538.
13   GS 277.
14   KGW 1.4 57 [30].
15   KGB 1.2 595.
16   KGW 1.4 57 [30].
17   KGB 1.2 559.
18   KGB 1.2 595.
19   KGW 1.4 57 [27].

é justificável, mas apenas no sentido que ele oferece um "espelho polido" no qual podemos *nos ver*.[20]

A essência dessa crítica ao estudo dos clássicos em meados do século XIX era resultado da visão de que qualquer disciplina proveitosa teria de ser existencialmente "relevante" – relevante para a vida, a *nossa* vida. Nenhum estudo acadêmico, sobretudo de textos mortos do passado, poderia ser um fim em si mesmo. Praticado neste contexto ele convertia-se em um "vampiro" que sugava o sangue daqueles a quem seduzia, transformando-os em eruditos estéreis com má digestão, condenados a viver vidas inúteis e sem sentido.

É importante enfatizar que, nessa fase, Nietzsche não renunciara à Filologia clássica. Ele não condenava a disciplina, mas expressava-se como um "jovem turco", um porta-voz da futura geração que exigia uma reforma radical, cuja natureza, presumimos, era um assunto inflamado em torno de uma cerveja nas reuniões noturnas da Sociedade Filológica. Devido à sua formação e talentos, escreveu ele a Rohde, os jovens filólogos não tinham outra opção a não ser tornarem-se acadêmicos:

> Não temos outra maneira de sermos úteis à humanidade. Em uma análise final não podemos viver egoisticamente. Assim, vamos contribuir para que os jovens filólogos adquiram o ceticismo necessário, que se libertem do pedantismo e da superestimação da disciplina por eles escolhida, para que sejam os verdadeiros fomentadores dos estudos humanísticos.[21]

E, refletindo sobre como seria sua prática pedagógica futura, ele escreveu,

> Minha meta é ser um professor prático e capaz de despertar a reflexão e a autoavaliação nos jovens, a fim de que sempre questionem o porquê, o quê e como [mas, sobretudo, "o porquê"] de sua disciplina.[22]

Mas, apesar de Nietzsche ser um porta-voz da necessidade de uma reforma e não um inimigo da Filologia clássica, beneficiando-se da percepção do que deveria ser feito, pode-se entrever em sua crítica os indícios de seu futuro rompimento com a Filologia clássica. Devido ao conservadorismo entrincheirado das instituições acadêmicas, e pelo fato de Nietzsche ter logo depois levantado sua cabeça de jovem turco acima do parapeito com seu primeiro livro, *A Origem da Tragédia*, seria inevitável que alguém, nesse caso Wilamowitz-Möllendorff, atirasse nele.

Na crítica pode-se também ver as bases desse rompimento sendo construídas e que, por fim, causariam uma desavença (embora nunca um rompimento de relações) entre Nietzsche e seu querido professor, Ritschl. Apesar de sua admiração e afeto por ele, assim que se conheceram Nietzsche percebeu que Ritschl "superestimava em excesso seu tema específico e, por isso, demonstrava certa desaprovação da abordagem demasiado próxima dos filólogos com a filosofia",[23] afastando-os do

---

20  AOM 218.
21  KGB 1.2 569.
22  KGW 1.4 60 [1].
23  KGW 1.4 60 [1].

estudo da Antiguidade para dedicarem-se aos grandes temas existenciais da morte, do sofrimento e do significado, precisamente, como veremos, os tópicos centrais da filosofia de Schopenhauer.

Outro elemento perigoso do apego de Nietzsche a Schopenhauer era o desprezo cáustico que este tinha pelos "professores de filosofia". Um homem rico, Schopenhauer menosprezava as pessoas que viviam "da" em vez de "em prol" da filosofia: segundo o antigo ditado "Quem paga o flautista dá o tom", a independência do pensamento exigia uma independência financeira.

Uma última observação a respeito da vida de Nietzsche como filólogo foi seu desejo de unir os aspectos artísticos e acadêmicos da Filologia clássica; para escrever, como disse a Von Gersdorff em abril de 1867, com estilo e graça "de acordo com o modelo de Schopenhauer". Ele não queria mais escrever de um modo "rígido e seco, como se estivesse preso ao espartilho da lógica, a exemplo do meu ensaio sobre Teógnis",[24] o estilo aprovado pela tradição filológica na época.

Tendo em vista todos esses questionamentos, Nietzsche ficou felicíssimo quando, inesperadamente, lhe ofereceram um cargo de professor de Filologia clássica. Apesar de suas dúvidas em relação à profissão escolhida serem sinais importantes de suas ações futuras, nada obscureceu o céu feliz de Leipzig.

### Guerra e Política

No entanto, outros cenários ficaram mais sombrios. Bismarck tramava uma guerra violenta.

Como resultado da derrota de Napoleão na batalha de Waterloo em 1815, criou-se uma Confederação Germânica, uma união inexpressiva de 39 Estados de língua alemã, em grande parte controlada por governos semifeudais, sob a liderança da Áustria. Bismarck, nomeado primeiro-ministro da Prússia em 1862, não tinha dúvidas de que os Estados alemães só se unificariam sob a liderança prussiana depois da derrota da Áustria. (Na época Nietzsche concordou com Bismarck, ao citar para Von Gersdorff uma observação de Napoleão, que "só com a destruição da Áustria o futuro da Alemanha poderia ser construído".)[25] Enquanto com muita astúcia arquitetava uma forma de pôr a Áustria em uma posição de agressora, Bismarck preparava-se para a guerra.

O motivo formal foi o controle do ducado de Schleswig-Holstein a noroeste do país. (O primeiro-ministro inglês, Lorde Palmerston, dizia que só três pessoas haviam entendido "a pergunta a respeito do conflito de Schleswig-Holstein", mas uma morrera, a outra estava em um hospício, ao passo que ele esquecera a resposta.) Em 14 de junho de 1866, os austríacos convenceram o Parlamento confederado em Frankfurt de declarar guerra à Prússia, o que levou a Prússia a anunciar que a Confederação não mais existia. No dia seguinte à noite, os exércitos prussianos

---

24 KGB 1.2 540.
25 KGB 1.2 512.

invadiram a Saxônia, Hanover e Hesse, e as hostilidades começaram em diversas frentes dispersas.

Para os alemães a guerra civil, uma guerra que de certa maneira opôs o Norte protestante ao Sul católico, acarretou a mesma violência fratricida da quase contemporânea Guerra de Secessão nos Estados Unidos. Deussen, por exemplo, isolado na cidade católica de Tübingen, enfrentou esse isolamento como um inimigo dos prussianos. Embora menos brutal que a guerra americana, os sentimentos amargos que a guerra provocou foram transmitidos por gerações. (Os bávaros ainda dizem que os berlinenses são "prussianos", pensando que os estão insultando, enquanto os berlinenses protestam alegando que a Prússia não existe.)

O Rei Johann I, o governante nominal da Saxônia, era um erudito e um poeta, que traduzira Dante para o alemão. Mas o poder atrás do trono era exercido pelo Conde Beust, antiprussiano, e um dos *bêtes noires* de Nietzsche, que imprudentemente aliou o país quase todo protestante com a Áustria católica e a Baviera.

Como Bismarck sabia, os exércitos do Sul não se equiparavam aos exércitos prussianos profissionais, extremamente bem treinados e motivados, e equipados com uma nova arma devastadora, um rifle que se carregava com rapidez pela culatra chamado *Zündnagelgewehr* [injetor de agulha]. Nem tinham capacidade para enfrentar o Estado-Maior prussiano liderado pelo brilhante Marechal Helmuth von Moltke, que usava trens para transportar as tropas em uma velocidade jamais vista. No dia 3 de julho de 1866, os austríacos foram derrotados em Königgrätz (Sadowa), na região norte da Boêmia. No ano seguinte, após ter anexado o ducado de Schleswig-Holstein, Hanover, Hesse, Nassau e a antiga cidade livre de Frankfurt, a Prússia criou a Federação da Alemanha do Norte, com o rei da Prússia como governante e Bismarck como o poder atrás do trono. Esta federação foi o núcleo do que, cinco anos depois, se constituiria o Império Alemão, no qual o rei da Prússia assumiu o título de imperador e Bismarck foi nomeado chanceler.

No final de junho de 1866, os soldados prussianos do duque de Mecklenburg fizeram uma entrada triunfal em Leipzig sem o disparo de um tiro sequer. Embora a Saxônia não tenha sido anexada, e, assim como a Baviera, pôde manter seu rei, na realidade, passara a ser um Estado vassalo da Prússia. A reação local dividiu-se. Muitas casas ostentaram a bandeira preta, dourada e vermelha do nacionalismo alemão; outras adotaram a bandeira branca e verde da Saxônia. Nietzsche e seus amigos reunidos no café Kintschy transformaram o local em reduto pró-Prússia. Por sua vez, o Restaurante Mahn, que antes ele havia frequentado assiduamente, permaneceu obstinadamente a favor da Saxônia.

Nietzsche, nessa época um veemente partidário de Bismarck e dos prussianos, estava contentíssimo com os acontecimentos. Ele escreveu à sua mãe antes da derrota dos austríacos em Königgrätz que: "eu sou tão comprometido com a causa da Prússia como meu primo [Rudolf Schenkel] é pró-Saxônia".[26] E depois que soube o que acontecera em Königgrätz ele escreveu para Mushacke, que vivia na capital da Prússia, em Berlim:

---

26 KGB 1.2 509.

Quem não teria orgulho de ser prussiano agora. Temos a sensação de que um terremoto está abalando a Terra e tornando-a instável – o que antes pensávamos ser imutável – como se a história que se imobilizara por muitos anos de repente voltasse a agir.[27]

Ao escrever para Pinder, também em Berlim, ele referiu-se a Bismarck como um "ministro tão talentoso e ativo" a quem os franceses chamavam de "revolucionário".[28] E para Von Gersdorff, em serviço militar ativo no campo de batalha, ele escreveu: "Francamente, para mim é um prazer novo e incomum estar de acordo com o governo atual."[29] Pouco depois ele disse a Von Gersdorff que Bismarck lhe dava um imenso prazer. "Leio seus discursos nos jornais como se estivesse bebendo um vinho forte e faço uma pausa para não beber rápido demais, a fim de saborear meu prazer por muito tempo."[30]

Para alguém familiarizado com a aversão de Nietzsche na maturidade a Bismarck (o verdadeiro governante da Alemanha em sua vida adulta inteira), à Prússia e a todas as formas de nacionalismo, esse entusiasmo é um sentimento estranho. O que o motivava nessa época a ser um prussiano tão apaixonado?

Um dos motivos, ao qual retornaremos em breve, era que ele gostava de guerras, como se fossem aventuras heroicas. Lembremos seus soldados de chumbo, seu fascínio pelo cerco de Sebastopol e os jogos de guerra complexos de sua infância. Mas, mesmo que não pensasse nas guerras como acontecimentos arrebatadores, ele ainda assim apoiaria a Prússia, porque concordava com os objetivos da guerra empreendida por Bismarck, ou, pelo menos, o que *julgava* serem seus objetivos. Nietzsche era um partidário entusiasta da unificação alemã, uma vez que seria a única maneira de eliminar as casas dinásticas insignificantes que governavam os inúmeros estados alemães. "Se o povo alemão se unificar", escreveu, então "Herr v. Beust e todos os príncipes dos estados de médio porte poderão ser embalsamados"[31] como relíquias do passado. Além disso, ele apoiava a guerra prussiana porque "esta forma prussiana de desvencilhar-se dos príncipes é a mais razoável para todas as pessoas envolvidas".[32]

A razão de querer desvencilhar-se dos governantes dos estados alemães inexpressivos era sua visão opressiva do absolutismo semifeudal em que eram governados. Em uma fase inicial de sua vida ele permaneceu fiel ao liberalismo que Pforta considerava como uma parte genuína do humanismo. Assim, escreveu ele a Von Gersdorff,

> Todos os partidos políticos [da Prússia] são de fato liberais... Não é uma ofensa que nosso governo seja chamado de "conservador", porque para o rei isso é uma forma de dissimulação... que permite que ele se conduza de acordo com sua maneira livre de pensar.[33]

E, como veremos, ao recomendá-lo para seu primeiro emprego, Ritschl, com quem discutia longamente sobre política, descreveu-o como um partidário da unifi-

---

27 KGB 1.2 511.
28 KGB 1.2 510.
29 KGB 1.2 517.
30 KGB 1.2 258.
31 KGB 1.2 512.
32 KGB 1.2 509.
33 KGB 1.2 512.

cação alemã em bases liberais. Nesta fase da vida, portanto, Nietzsche (que na maturidade seria um opositor implacável do liberalismo) tinha um compromisso liberal com a liberdade de expressão, associação, religião, o direito de propriedade e imunidade no caso de prisão arbitrária. Suas referências em geral positivas à instituição do parlamento sugerem[34] que ele era também a favor de algum tipo de democracia parlamentarista, provavelmente segundo o modelo britânico (outra posição que se reverteria em seu pensamento maduro).

Nesse sentido, livrar-se dos príncipes insignificantes era o fundamento do apoio aos objetivos da guerra de Bismarck. E logo apoiaria a guerra contra a França por acreditar, mais uma vez como Bismarck, que só esta guerra criaria um "compromisso emocional em relação à unificação" com poder efetivo, e que "na Europa a antiga ordem permaneceria enquanto Paris fosse o centro [do poder]".[35]

Essas observações revelam certa coerência entre o que, em 1866, Nietzsche admirava em Bismarck com o que admiraria em Napoleão em sua maturidade. Ele o via como um "bom europeu", um chefe de Estado com convicções cosmopolitas dedicado à "grande política" da Alemanha e à unificação europeia. Por este motivo, ele chamava Bismarck de "revolucionário", e era também a razão de referir-se, de acordo com Hegel, que a história "estava recomeçando". Em resumo, ele julgava que Bismarck, em uma análise final, era um antinacionalista. Nietzsche se opôs a ele quando o viu sob outro ângulo. Ele percebeu que o maquiavelismo de Bismarck o enganara completamente (além de outras pessoas), e que longe de ser um "bom europeu" ele era, na verdade, um prussiano nacionalista com uma sede de poder perigosa, comprometido apenas a proteger os interesses da classe privilegiada da Prússia da qual ascendera.

\*\*\*

No entanto, ele só descobriu a verdadeira personalidade de Bismarck na década de 1870. Em 1866, o apoio de Nietzsche à guerra contra a Áustria era total. Porém, ele começou a perceber como a política de "sangue e ferro" de Bismarck significava um custo terrível para os seres humanos. Ao saber da morte de Oscar Krämer, o gentil monitor que cuidara dele em Pforta, no campo de batalha de Königgrätz, ele escreveu para a família que nenhum número de mortes de austríacos compensaria a perda desta pessoa tão especial. E na mesma carta ele mencionou a morte dos filhos gêmeos de seu senhorio nessa batalha e que o irmão mais velho de Von Gersdorff, Ernst, fora seriamente ferido por um golpe de sabre na cabeça.[36]

Em janeiro de 1867, Von Gersdorff escreveu a Nietzsche que Ernst morrera em consequência desse ferimento, aos 27 anos:

> por doze horas, inconsciente, ele lutou contra a morte... a batalha deve ter sido terrível; seu rosto estava irreconhecível, os olhos moviam-se em círculos sem controle, tinha espasmos em todos os músculos, em seguida gritou como expelisse o ar dos

---

34  Ver KGB 1.2 470 e 509.
35  KGB 1.2 512.
36  KGB 1.2 513.

pulmões, depois outro grito e morreu. Seu rosto voltou a ser o que era, a expressão nobre e serena como em vida.[37]

Nietzsche respondeu-lhe comparando a morte recente de sua tia Rosalie, o final de uma vida em sua "totalidade", com o horrível desperdício de um jovem talento, quantas realizações perdidas! Ele concluiu a carta ao seu amigo que tanto sofria referindo-se à doutrina de Schopenhauer de que o sofrimento era um caminho para a "negação da vontade", para a percepção (veremos isso em mais detalhes no próximo capítulo) que a morte é algo a ser bem recebido e não lamentado.[38]

As mortes na guerra em 1866 começaram a afetar Nietzsche muito mais que os meros números nos jornais. No entanto, essa perda de vidas humanas ainda não o motivara a se opor à guerra ou a Bismarck. Uma característica de Nietzsche (em suas próprias palavras) era sua personalidade com uma "determinação lenta", que as experiências demoravam a "penetrar em seu espírito" até ele mudar de opinião. Mas as mortes de 1866 representaram o início de um processo mental, que se acentuaria de maneira crucial com as mortes de 1871 e, por fim, a extinção da guerra em geral tornou-se o ponto central de seu pensamento.

## Serviço Militar

A Prússia de Bismarck convertera-se em uma sociedade militarizada.[39] O exército era (como Pforta) uma instituição "total". Os soldados recrutados eram isolados do mundo externo nas primeiras quatro a seis semanas, a fim de serem "subjugados". Eles entravam em um mundo extremamente disciplinado de regras enigmáticas e impregnado da virtude inquestionável da obediência à autoridade. Os soldados faziam exercícios físicos e treinamentos (em seu treinamento militar Nietzsche teve de reaprender a montar a cavalo de uma forma mais "regimental"), e esta disciplina mudava totalmente a aparência deles. As pessoas identificavam ex-soldados por sua postura empertigada e pelos movimentos bruscos; mais tarde, com frequência as pessoas pensavam que Nietzsche era um oficial do exército aposentado.

Ciente dos efeitos que o exército exerce nos soldados, o Estado usou os métodos aplicados a eles para doutrinar os cidadãos, tornando-se uma "nação escola". Os homens não só tinham de ser bons soldados, como também precisavam adquirir "habilidades que poderiam ser transmitidas" como disciplina, asseio e uma atitude política "correta": amar o rei e a pátria, e obedecer à autoridade. Estas atitudes "corretas" transparecem com frequência nas cartas de Von Gersdorff e de Nietzsche. Em seu adeus ao irmão Ernst, por exemplo, Von Gersdorff escreveu, em tom de admiração, que "seu dever fora sua vontade". E Nietzsche defendia o "interesse pessoal, *isto é*, da pátria [*vaterländisches*]".[40]

---

37 KGB 1.2 Para Nietzsche 151.
38 KGB 1.2 536.
39 Para uma discussão importante sobre a militarização da sociedade prussiana ver Rohrkrämer (2007).
40 KGB 1.2 511. Ênfase acrescentada.

Devido à lembrança ainda viva da humilhação causada pela ocupação dos exércitos de Napoleão, o novo exército tinha um enorme prestígio na sociedade, prestígio este que, como um trabalho consciente de relações públicas, se fortalecia por meio de desfiles cuidadosamente coreografados destinados a exibir sua força e eficácia. E apesar de os oficiais saberem que cores fortes eram alvos fáceis no campo de batalha, eles relutavam em adotar a cor cinza, porque percebiam a atração exercida por uma aparência militar espetacular. Enquanto os cidadãos civis usavam trajes banais e escuros, os uniformes dos soldados realçavam as cinturas finas, os ombros largos e a postura ereta. O sabre ao lado enfatizava o magnetismo da "permissão de matar". Meninos vestidos com roupas de marinheiro e soldadinhos de chumbo eram os brinquedos preferidos e, assim como com Nietzsche, os temas militares permeavam os jogos infantis. Nietzsche referiu-se à admiração de Elizabeth pelos uniformes militares[41] e tirou uma fotografia com um uniforme militar completo, além do sabre (ver Ilustração 8).

Nesse contexto arriscar a vida ou perder um membro em prol da pátria era uma virtude essencial, não só na retórica oficial, mas também nas lembranças pessoais da guerra:

> A realidade da guerra é difícil [relembra um soldado], mas nenhum outro momento é marcado por virtudes tão nobres e verdadeiras... A guerra provoca um grande entusiasmo, uma coragem audaciosa, uma prontidão ao sacrifício, um sentimento altruístico de dever, um nacionalismo orgulhoso e um amor incondicional por nosso rei e por nossa pátria. Em resumo, ela produz homens.[42]

Esse ambiente social estimulou rituais marciais como duelos, e muitos jovens quiseram ser oficiais. Enquanto os tenentes prussianos eram vistos como "jovens deuses", como o historiador Friedrich Meinecke lembra a partir de sua experiência pessoal, mesmo os soldados sem patente de oficiais atingiam o *status* de semideuses.[43]

Nietzsche estava totalmente impregnado pela cultura de sua época e pelo lugar onde vivia. "Nossa situação é simples", escreveu para a casa logo após saber o resultado da batalha de Königgrätz:

> Quando uma casa incendeia-se, ninguém pergunta quem foi o responsável pelo início do incêndio. E assim o extinguimos. A Prússia está em meio a um incêndio. Agora temos de salvá-la... eu sou um verdadeiro prussiano... É uma desonra ficar em casa quando nossa pátria começa uma guerra de vida ou morte.[44]

Por isso, é natural que em duas oportunidades ele tenha se apresentado como voluntário no exército,[45] porém, foi rejeitado nas duas ocasiões por sua miopia.

Entretanto, em setembro de 1867, com a ameaça de uma nova guerra iminente, seus oito graus de miopia (que, segundo Elizabeth, era muito pouco) não mais

---

41   KGB 1.2 512.
42   Tanera (1896) p. 10.
43   Meinecke (1963) p. 25.
44   KGB 1.2 509.
45   YN p. 130.

foram um empecilho para que se alistasse. Como não foi possível incorporar-se às tropas em Berlim, ele foi enviado a Naumburg para fazer um ano de serviço militar em uma unidade menos glamorosa de artilharia montada. Mas, pelo menos, ele poderia morar em casa e continuar seus estudos filológicos à noite. Além de um ensaio sobre Demócrito (pensador grego que formulou a teoria do atomismo), a pedido de Ritschl, ele tinha uma tarefa incrivelmente tediosa de elaborar um índice do *Rheinisches Museum*. No entanto, ele teria se entusiasmado ao saber que o ensaio que Ritschl o incentivara a escrever acerca das fontes de Diógenes Laércio ganhara um importante prêmio na universidade.

\*\*\*

A vida em quartéis era um contraste muito marcante com sua antiga vida confortável de estudante: trabalhos infindáveis de tirar esterco dos estábulos e cuidar dos cavalos. Ele também tivera de aprender a montar a cavalo em um novo estilo militar, como já mencionado. E incessantes exercícios físicos e treinamentos. Se treinássemos os filólogos com a mesma eficácia, brincou com Rohde, todos os problemas da Filologia estariam resolvidos em 10 anos.[46] Entretanto, com sua determinação habitual de tirar o melhor proveito possível das situações (de "gostar do destino", como diria em sua filosofia da maturidade), Nietzsche considerava esta mudança de existência como um "prato intermediário" útil, porque (defendendo a ideologia prussiana) os rigores da vida militar moldam um homem.[47] E tinha um extremo orgulho de ser o melhor cavaleiro entre os 30 novos recrutas.

Mas, em março de 1868, ele não montou corretamente no cavalo e machucou o peito no arção da sela. Sem dúvida este acidente aconteceu por causa de sua miopia, que deveria desqualificá-lo de novo para o serviço militar. (Elizabeth comentou que devido à sua miopia ele tinha dificuldade de avaliar distâncias e, por isso, luxava com frequência o tornozelo.)[48] O ferimento no peito infeccionou e ele ficou na cama durante 10 dias, com muita dor e tomando morfina todas as manhãs. Por fim, pedaços de ossos começaram a secretar pus. Pensou-se em fazer uma cirurgia e o enviaram a Halle para consultar um famoso cirurgião, Richard von Volkmann, que curou a ferida com iodo. Nietzsche ficou afastado do serviço militar por cinco meses, durante os quais ele foi promovido a anspeçada: "fui promovido a *Gefreiter* [anspeçada], oh, então eu era um *Befreiter* [pessoa livre]", ele escreveu melancólico a Rohde fazendo um trocadilho.[49]

Em 15 de outubro de 1868, no dia do seu aniversário de 24 anos, seu desejo concretizou-se: ele foi oficialmente declarado "por algum tempo inadequado para o serviço militar". No entanto, como percebeu que a guerra contra a França ocorreria mais cedo do que se imaginava e queria participar como um oficial comissionado em vez de um oficial de artilharia sem patente, na primavera seguinte ele fez o serviço militar durante um mês, período no qual adquiriu os conhecimentos necessários para fazer transporte de armas em caminhões.

---

46 KGB 1.2 559.
47 KGB 1.2 559.
48 YN p. 237.
49 KGB 1.2 565.

## Retorno a Leipzig: Primeiro Encontro com Wagner

Assim que foi dispensado do serviço militar, Nietzsche voltou imediatamente para Leipzig. Sentindo que havia superado a vida de estudante – a experiência militar o convertera em um "homem" – procurou um lugar mais confortável para morar do que os buracos do passado. Então, tornou-se um hóspede pagante em uma das melhores casas da cidade, na Rua Lessingstrasse 22, a casa do professor Friedrich Bierdermann, um antigo membro do Parlamento e editor do jornal *Deutsche Allgemeine Zeitung*. Lá Nietzsche fazia todas as suas refeições; "graças a Deus livrei-me do cheiro de gordura e dos judeus", lembranças de sua antiga moradia em cima do restaurante, como escreveu para a família.[50]

A vida na casa de Bierdermann era sem dúvida confortável:

> O velho Bierdermann [ele escreveu a Rohde] é um homem fiel ao seu nome [*bieder* significa presunçoso, respeitável, convencional, conservador, burguês], um bom pai e marido, em resumo tudo o que colocamos nos obituários. Sua mulher é uma *Biederfrau* [presunçosa etc.] e muito franca. Depois temos as duas filhas *Biederfräulein* [presunçosas etc.], *Biederfräulein* I e *Biederfräulein* II.[51]

Bierdermann conseguia lugares para Nietzsche assistir ópera e fazer resenhas de livros para seu jornal. E foi na sala de visitas de Bierdermann que ele conheceu muitos políticos importantes, artistas e atrizes. Assim, por acaso, ele se viu em meio ao centro urbano da vida cultural e social de Leipzig.

\*\*\*

Como vimos, Nietzsche ficara fascinado por Richard Wagner desde que Krug convenceu a sociedade *Germania* a assinar a revista *Neue Zeitschrift für Musik* e depois que os dois haviam tocado juntos uma redução de *Tristão e Isolda* em 1862. Após seu retorno a Leipzig ele fez uma tentativa de conhecer a irmã de Wagner, Ottilie,[52] mulher do orientalista e professor Hermann Brockhaus, uma tarefa fácil de realizar: primeiro, porque Sophie Ritschl e Ottilie eram amigas íntimas e, segundo, Nietzsche era amigo de Ernst Windisch, um aluno preferido de Brockhaus, que no momento diversificava sua área de filologia clássica para o estudo do sânscrito.

Embora fascinado por Wagner, nos primeiros anos em Leipzig Nietzsche ainda não era um wagneriano convicto. Em outubro de 1866, ele escreveu a Von Gersdoff que lera a partitura de *A Valquíria* e "minhas reações foram bastante ambíguas e, portanto, não posso fazer um julgamento a este respeito. As sublimes belezas e virtudes foram permeadas por sons muito feios e imperfeitos".[53] No entanto, em outubro de 1868 ele entusiasmou-se mais pela obra de Wagner. Referindo-se a *Tannhäuser* e a *Lohengrin*, ele escreveu a Rohde que se sentiu particularmente sensibilizado pela "atmosfera de sentimento", o "ar ético, o perfume faustiano, a cruz, a morte e

---

50   KGB 1.2 593.
51   KGB 1.2 596.
52   KGB 1.2 591.
53   KGB 1.2 523.

o túmulo".⁵⁴ Poucos dias depois, escreveu-lhe dizendo que assistira concertos como crítico de música do *Deutsche Allgemeine* – ele acostumara-se a sentar com outros três críticos de música, inclusive um da *Neue Zeitschrift*, de Brendel, e os quatro formavam um "grupo severo" de especialistas – e que o prelúdio de *Tristão* e a abertura de *Os Mestres Cantores de Nuremberg* o haviam conquistado completamente:

> Como posso ficar indiferente a essa música. Ela provoca uma emoção em cada fibra, em cada nervo do meu corpo; e havia muito tempo que não sentia um êxtase tão prolongado como o causado pela abertura.⁵⁵

Em fevereiro seguinte ele assistiu a primeira apresentação em Dresden dos *Mestres Cantores* (a ópera estreara em Munique em junho de 1868, com Wagner sentado ao lado do Rei Ludwig da Baviera no camarote do rei), onde ele teve "um súbito sentimento muito forte de retorno ao lar e de estar em casa (*heimish*)".⁵⁶ Como o primeiro ato da ópera começa com a música de sua terra natal, um coral luterano, Nietzsche teve uma razão especial de sentir-se em *heimish*. Mas esta reação foi, cremos, bem previsível, mesmo entre as pessoas céticas quanto às outras obras de Wagner. O aspecto tranquilizador desta ópera é que a nova música diferente de Walther von Stolzing, depois de muitas tentativas e atribulações, é por fim aceita pelos mestres cantores da guilda, o que demonstra o poder da tradição da flexibilidade de aceitar o novo sem ruptura com a herança cultural, de absorver a nova energia (de acordo com a terminologia posterior de Nietzsche) do "livre espírito", ao mesmo tempo em que preserva a integridade da tradição. Além disso, acima de tudo, a sabedoria de Hans Sachs que, apesar de suas crises de melancolia, é, não obstante, o personagem mais reconfortante da ópera inteira.

***

Wagner nasceu em Leipzig em 1813. Em 1849 ele foi para Dresden, onde, embora sendo diretor de música da corte do rei da Saxônia, ajudou o anarquista russo Mickhail Bakunin a organizar uma rebelião fracassada dos trabalhadores da cidade. Como discípulo de Proudhon que considerava que a "propriedade era um roubo", e de Feuerbach, segundo o qual "qualquer pessoa sem a coragem de ser totalmente negativa tem a força de criar algo novo", Wagner envolveu-se com uma fábrica de granadas e tentou convencer a milícia local a aliar-se aos trabalhadores. Em consequência foi obrigado, após o fracasso da rebelião, a fugir para a Suíça, onde passou os 12 anos seguintes exilado. No entanto, em dezembro de 1851, entusiasmado com o *coup d'état* de Napoleão III, que resultou na extinção do Parlamento francês, ele renunciou não só a seu engajamento com a versão anarquista do socialismo, mas também a qualquer ação política, um afastamento, como veremos, profundamente influenciado pela descoberta do transcendentalismo da "negação do mundo" de Schopenhauer três anos depois.

Em razão de sua história de vida, apesar de sua renúncia à política revolucionária não ser um fato muito conhecido, assim como sua reputação de levar uma vida de

---

54 KGB 1.2 591.
55 KGB 1.2 596.
56 KGB 1.2 625.

amores exóticos, o Wagner que visitou a irmã em Leipzig em novembro de 1868 era uma figura controvertida, até mesmo escandalosa, um escândalo de dimensões locais motivado por sua sugestão de que o conservatório de música de Leipzig deveria mudar-se para Dresden e por seu ataque, entre outros, ao herói local, Felix Mendelssohn, em "*Das Judentum in der Musik* [Judaísmo na Música]".* Porém, previsivelmente, sua visita a Leipzig deveria ser mantida em segredo, em especial da imprensa local.

Devido à doença prolongada de Rohde, ele recebeu uma longa carta,[57] na qual Nietzsche dramatiza de um modo divertido seu primeiro encontro com Wagner. Ao voltar para a casa depois de uma reunião com Ritschl na tarde de 6 de novembro de 1868, ele encontrou um bilhete de seu amigo Windisch: "Se quiser conhecer Richard Wagner vá ao Café Theatre às 15h45." Ele precipitou-se para este encontro misterioso, onde foi informado, *sotto voce*, que Wagner estava hospedado com os Brockhaus; além disso, ele tocara a música de Walther von Stolzing dos *Mestres Cantores* na presença de Sophie Ritschl, que lhe dissera que a conhecia por intermédio de um aluno de seu marido. "Alegria e surpresa da parte de Wagner. Ele tem um profundo desejo de encontrar-me incógnito." Nietzsche e Windisch foram então para a casa dos Brockhaus, mas souberam que Wagner saíra "com um enorme chapéu", provavelmente com a aba sobre os olhos para disfarçar sua identidade. (Como Wagner era extremamente baixo, com apenas 1,66 m de altura, este disfarce seria um pouco inútil.) Depois de seu desapontamento, no entanto, os dois jovens receberam um convite para voltar à casa na noite seguinte, um domingo. Supondo que o encontro seria formal e grande, Nietzsche, sempre um dândi, ficou feliz com a descoberta inesperada de que poderia encomendar um terno em um alfaiate que o prometera para o domingo. O terno ainda não estava pronto quando ele telefonou para a loja, mas o prometeram para uns 15 minutos depois. Quando ele voltou à alfaiataria, ainda não estava pronto. Por fim, por volta das seis e meia da tarde, um "homem baixinho" chegou à casa de Biedermann com um embrulho e a conta.

> Eu o recebi com educação; ele queria receber em dinheiro [porém, Nietzsche não dispunha do dinheiro nem gostava de fazer pagamentos deste tipo]. Surpreso, eu expliquei que não faria negócios com ele, um empregado do alfaiate, e sim só com o alfaiate a quem encomendara o terno. Mas o homem insistiu cada vez mais e, além disso, tinha pouco tempo para vestir-me. Peguei o terno e comecei a vesti-lo. Travei uma luta inglória. Imagine a cena: engalfinhava-me com a camisa, porque queria vestir as calças novas.

Mas o homenzinho venceu a batalha. Foi embora com o terno, deixando Nietzsche sentado no sofá vestido com a camisa, jurando uma vingança terrível contra o alfaiate, e imaginando se seu antigo casaco preto seria adequado para um encontro à noite com Richard Wagner. Ele desesperou-se com a situação, com o medo de atrasar-se e com a expectativa de que suas roupas velhas não fossem apropriadas. Porém, seu desespero foi em vão, porque não havia reunião formal e só estavam presentes a família Brockhaus, Nietzsche, Windisch e Wagner.

---

\* Esse texto antissemita fora publicado na revista *Neue Zeitschrift für Musik* de Brendel em 1850 e resultou em uma petição assinada por colegas profissionais de Brendel, muitos deles judeus, pedindo sua exoneração de seu cargo no conservatório de música de Leipzig.

57  KGB 1.2 599.

A reunião foi mais uma das execuções brilhantes de Wagner:

> Fui apresentado a Richard e disse algumas palavras elogiosas. Ele perguntou-me minuciosamente como conhecera sua música, criticou com veemência todas as apresentações de suas óperas, exceto a famosa apresentação dos *Mestres Cantores* em Munique e ridicularizou os maestros que se dirigem à orquestra com um tom de voz melífluo, "Agora, senhores, alguma paixão", "Meus queridos companheiros, um pouco mais de paixão". Wagner gosta muito de imitar o sotaque de Leipzig... Antes e depois do jantar, ele tocou piano e incluiu todas as partes importantes dos *Mestres Cantores*, imitando todos os trechos vocais com crescente exuberância. Ele tem uma vivacidade e animação maravilhosas, fala extremamente rápido, é muito perspicaz e tem a capacidade de fazer com que uma reunião privada seja um evento muito alegre. Tivemos uma longa conversa sobre Schopenhauer e você não pode imaginar meu prazer ao ouvi-lo falar de Schopenhauer com um entusiasmo indescritível, dizendo o quanto devia à sua sabedoria e que era o único filósofo que entendia a natureza da música. Depois perguntou qual era a opinião atual das pessoas a respeito dele e riu bastante com o termo "os assalariados acomodados" ["os professores de filosofia" de Schopenhauer]. Em seguida, leu um trecho da autobiografia que estava escrevendo, uma cena muitíssimo engraçada de seus dias de estudante em Leipzig, que ainda me faz rir ao lembrar-me... No final da reunião, quando Windisch e eu íamos partir, ele apertou minha mão com muita amabilidade e convidou-me cordialmente para visitá-lo, a fim de discutirmos música e filosofia. Ele também me pediu que familiarizasse minha irmã e meus parentes com sua música, o que lhe prometi solenemente fazer.

Nietzsche estava deslumbrado, totalmente conquistado. O fato de referir-se a Wagner como "Richard" dois dias depois de encontrá-lo pela primeira vez, revelou a cordialidade instantânea e a ligação que sentira em relação a um homem que tinha exatamente a mesma idade que seu pai teria. O efeito imediato deste encontro foi o de unir Wagner a Schopenhauer como os heróis que o guiariam na vida. Ele escreveu a Rohde,

> Wagner, de quem agora conheço a música, a poesia, os escritos sobre estética e, sobretudo, a amizade pessoal tão especial que nos uniu, é a ilustração mais vívida do que Schopenhauer chama de um "gênio"; a semelhança das peculiaridades surge aos olhos imediatamente. Eu gostaria de contar-lhe todos os detalhes de sua vida que soube por sua irmã. Como gostaria que nós [Nietzsche e Rohde] estivéssemos juntos... para deixar-nos levar através desse mar de sons de Schopenhauer, em cujas ondas mais secretas... vivenciamos uma surpreendente descoberta de nós mesmos.[58]

## "Conto de Fadas e Botas de Sete Léguas"

No início de 1869, a cátedra de filologia clássica da Universidade da Basileia ficou vaga. O professor que partira, Adolf Kiessling, escreveu ao seu antigo professor, Ritschl, pedindo-lhe referências sobre Nietzsche, cujo trabalho havia lido em *Rheinishes Museum*. Na carta que enviou como resposta, Ritschl disse que, em seus 39 anos como professor, ele "*nunca* conhecera um jovem que tivesse amadurecido tão cedo". Ele chamou-o de líder de todos os jovens filólogos de Leipzig e previu que se-

---

58  KGB 1.2 604.

ria um dos mais proeminentes filólogos clássicos da Alemanha. Kiessling transmitiu esta informação ao professor Wilhelm Vischer-Bilfinger, um filólogo que dirigia o comitê de educação da Basileia e o conselho da universidade, e que pediu mais informações a Ritschl. Em resposta Ritschl descreveu seu aluno brilhante como,

> sem recursos financeiros próprios... e sem uma posição partidária política, apesar de seu interesse pela unificação alemã, ele não tem afinidade com os prussianos, assim como eu; ao contrário, ele é muito sensível ao livre desenvolvimento cívico e cultural.[59]

É possível que a imagem antiprussiana que Ritschl fez de Nietzsche tenha sido proposital para agradar ao republicanismo suíço, ou talvez fosse uma projeção de sua convicção política em Nietzsche, ou o resultado da dissimulação de Nietzsche quanto ao seu prussianismo para não ferir as suscetibilidades de seu professor. De qualquer modo, era uma imagem falsa. Sua oposição à Prússia surgiu bem mais tarde.

Em consequência dessa rede de relacionamento acadêmico, em 12 de fevereiro de 1869, Nietzsche foi indicado para ocupar essa cátedra. Em 23 de março ele concluiu seu doutorado sem defesa de tese devido ao trabalho publicado em *Rheinisches Museum*. Ele nunca fez o *Habilitation*, ou seja, o pós-doutorado que no sistema alemão é, em geral, um pré-requisito para ocupar qualquer cargo acadêmico.

Assim, aos 24 anos, ao contrário de Rohde e Deussen, que demorariam anos para obter postos acadêmicos, Nietzsche subitamente viu-se na posição de professor assistente com um salário de 3.000 francos suíços (cerca de 800 táleres ou 2.450,00 marcos) por ano, um bom salário para um homem solteiro, embora insuficiente para sustentar um casal. Além das palestras na universidade, o cargo também exigia seis horas por semana de aulas no Pädagogium, a escola secundária local, que antes pertencera à universidade. No ano seguinte Nietzsche foi promovido a professor titular. Como escreveu a Von Gersdoff parecia um "conto de fadas e botas de sete léguas"[60] a facilidade com que, graças a Ritschl, ele ultrapassava as etapas normais de uma carreira acadêmica.

Nietzsche sentiu-se tão feliz com sua sorte que passou uma tarde inteira andando por Leipzig murmurando trechos de *Tannhäuser*, música bem apropriada, visto que uma das grandes atrações da Basileia era uma rocha proveniente de Tribschen, cidade onde Wagner exilara-se. Depois anunciou as excelentes notícias com o envio de pequenos bilhetes em cartões de visitas a amigos e conhecidos, acrescentando, orgulhoso, sob seu nome impresso, a frase "Professor extraord[inário] de Filologia Clássica na Universidade da Basileia". Sua mãe chorou de felicidade. Por um momento, ele ficou subjugado por sua grandeza e enviou uma carta em que terminava a amizade com Deussen (uma decisão que mais tarde ele anularia), porque Nietzsche sentira que ele não fora suficientemente sensível à honra de chamá-lo de professor.[61]

O plano original de Nietzsche fora de tirar umas "férias" depois de terminar seus estudos universitários. Ele planejara fazer durante um ano uma "experiência no estrangeiro" com Rohde em Paris e, quando soube que não mais poderia fazer a viagem, escreveu melancolicamente a Rohde,

---

59  JI p. 254-255.
60  KGB 1.2 610.
61  Esse fato foi relatado na autobiografia de Deussen e citado em KGB 1.4 561.

experimentar a vida de um viajante... de ser o espectador e não o ator. Imaginei nós dois com os olhos sérios e lábios sorridentes andando em meio à multidão em Paris, um par de filósofos sem rumo, turistas com um interesse especial nos grandes museus e livrarias de Paris.[62]

No entanto, como a família Nietzsche era extremamente pobre – sua mãe quase não tinha nada com que viver, exceto sua pequena pensão de viúva – essa ideia sempre havia sido, como Rohde comentou, "um sonho impraticável".[63]

Os últimos dias antes de Nietzsche ir para a Basileia foram tristes. Além do adeus ao sonho de Paris, ele também tinha de despedir-se de sua juventude. Em 11 de abril, ainda em Naumburg, escreveu a Von Gersdorff,

> Esta é minha última noite em minha terra natal; amanhã estarei em um mundo grande e estranho, em uma nova profissão que não me é familiar, em uma atmosfera pesada e opressiva de obrigações e trabalho. Mais uma vez tenho de despedir-me: o tempo dourado de liberdade, de uma atividade sem repressão, da despreocupação de [viver] no presente, de gostar de arte e do mundo sem compromisso, ou pelo menos só um pouco envolvido, um observador, esse tempo pertence ao passado. Agora serei dominado pela deusa severa das regras das obrigações diárias... Terei de tornar-me um filisteu... Pagamos um preço pelo trabalho e status, a única pergunta é se os vínculos são de ferro ou de fibra... Um pastor, peço a Zeus e a todas as musas que me protejam disso. Na verdade, agora pertenço mais às espécies "das engrenagens de uma máquina [*Fachmensch*]".[64]

Nietzsche não poderia recusar essa oferta de trabalho. Entretanto, esses sentimentos eram genuínos. A ideia subjacente a essas reflexões refletia em parte a visão de Schopenhauer da vida de um professor, porém, mais especificamente a atração crescente de Nietzsche pela Filosofia e, em consequência, um afastamento da Filologia. Em seus últimos meses em Leipzig, começara a fazer anotações com a intenção de escrever uma tese de doutorado em Filosofia baseado no conceito de Teleologia de Kant.

Entretanto, enfrentou com coragem a nova situação e em 13 de abril partiu de sua cidade natal e deixou sua juventude para trás. De Naumburg ele viajou sem pressa passando por Bonn e Colônia e chegou à Basileia em 19 de abril de 1869. A universidade exigiu que renunciasse à nacionalidade prussiana para eximi-lo do serviço militar, porém, como ele não havia ainda adquirido a nacionalidade suíça, na linguagem burocrata suíça ele era um "*heimatslos* [sem pátria]". E como nunca adotou a nacionalidade suíça, um "sem pátria" – um tema vital em sua poesia – tornou-se seu *status* oficial para o resto de sua vida. Mais tarde, ao se descrever como um "europeu", ele exprimia, de fato, uma verdade literal.

---

62   KGB 1.2 608.
63   KGB 1.3. Para Nietzsche 211.
64   KGB 1.2 632. Esta, creio, foi a primeira vez que surgiu a ideia do homem de "rebanho", uma noção que exerceria um papel vital na filosofia da maturidade de Nietzsche. *Fashmensch* significa, no sentido literal, "especialista", mas Nietzsche usou a palavra no sentido pejorativo para indicar uma pessoa absorvida em uma atividade profissional mecânica e limitada; a palavra "nerd" teria um significado contemporâneo semelhante.

# 5

# SCHOPENHAUER

Certo dia, em meados de novembro de 1865, logo após chegar a Leipzig, Nietzsche sentiu, apesar de seus parcos recursos financeiros, um impulso repentino:

> Eu encontrei este livro na loja de livros usados do velho Rohn, peguei-o com cuidado e folheei as páginas. Não sei que demônio sussurrou-me: "Leve este livro para a casa." Ao contrário do hábito de não me apressar na compra de livros, levei-o para casa. Em meu quarto joguei-me em um canto do sofá com o livro e deixei esse gênio enérgico e sombrio impregnar minha mente. Neste livro, no qual em cada uma de suas linhas havia sentimentos de renúncia, negação e resignação, eu vi um espelho em que eu descobri o mundo, a vida e minha mente refletidos com uma grandiosidade assustadora.[1]

Esse "gênio sombrio" era Schopenhauer e o livro *O Mundo como Vontade e Representação*. (Ele fora publicado em Leipzig, mas as vendas foram péssimas e, portanto, muitos exemplares ainda eram encontrados nas lojas de livros usados.) Como mencionado no capítulo anterior, Nietzsche imediatamente apaixonou-se por Schopenhauer. Que consequências, devemos agora perguntar, isso teria?

## *O Mundo como Vontade e Representação*

Arthur Schopenhauer (1788-1860) era rico e preservava seu dinheiro com habilidade. Ele herdara o dinheiro de seu pai que, antes de se suicidar atirando-se do último andar de sua casa, fora um homem de negócios bem-sucedido em Hamburgo. Schopenhauer desprezava os "professores de filosofia" em parte por um esnobismo em relação às pessoas que precisavam trabalhar para viver, mas, sobretudo, como já mencionado, porque a independência financeira era um pré-requisito da independência do pensamento. Ele tinha razão quanto às universidades alemãs do século XIX. Como quase sempre eram financiadas por reis e príncipes, a legitimidade de quem as dirigia baseava-se no argumento de que haviam sido nomeados por Deus – a doutrina do "direito divino dos reis" – e filósofos como Kant e Hegel pensavam que a negação total da existência de Deus era impossível. Schopenhauer nunca teve um cargo assalariado em uma universidade e vivia, de acordo com uma frase alemã bem oportuna, como um *freier Schriftsteller*, "um escritor livre", ou como se diz em inglês um *"freelance"*. Nos últimos 27 anos de sua vida, viveu sozinho em Frankfurt. Em seu escritório, tinha um retrato de Kant na parede, um Buda na escrivaninha

---
[1] HKG III p. 297-298.

e, aos seus pés, um poodle. Gostava de ópera, preferia animais a seres humanos e tocava flauta. Sua opinião a respeito das mulheres era impublicável.

O livro *O Mundo como Vontade e Representação*, publicado pela primeira vez em 1818, extensamente revisto e duplicado de tamanho em 1844, foi o único e principal trabalho de Schopenhauer de sistematização da filosofia.[2] Dividia-se em quatro volumes.

No primeiro volume, seguindo seu predecessor admirado (embora às vezes criticado), Immanuel Kant, Schopenhauer afirma na primeira frase que "O mundo é minha representação". Espaço e tempo, substancialidade (realidade) e a ligação causal não são fatores "externos" independentes de nós. Em vez disso, são "formas" e "categorias" que a mente humana impõe em tudo o que capta conscientemente, da mesma maneira como, por exemplo, óculos com lentes verdes fazem com que tudo fique esverdeado ao olharmos através deles, ou um processador de texto com a fonte New Roman digitará o texto inteiro que aparece na tela do computador com esse padrão de fonte. A "natureza", ou seja, o mundo é uma experiência diária, assim como uma ciência natural é nossa criação, um mundo apenas de "aparências" e "fenômenos". Em última análise é uma ficção; por fim, como Schopenhauer diz, é um "sonho".[3] Isso, no jargão filosófico, é o "idealismo" de Schopenhauer inspirado em Kant (uma palavra confusa, mais adequada em conexão com "ideia" do que com "ideal").

Além do "sonho", do outro lado do "véu" criado por nossas mentes está o mundo real, na linguagem de Kant "a coisa em si". Segundo sua afinidade com o pensamento dos índios, Schopenhauer fala com frequência do que se interpõe entre nós e a coisa em si como o "véu de Maia".

Como é o mundo real? A resposta extremamente frustrante de Kant, de Schopenhauer e de quase todos os seus contemporâneos é: jamais saberemos. Em razão de estarmos sempre presos às nossas mentes, nunca sairemos da forma que elas impõem à nossa experiência. E, então, uma vez que nunca vivenciaremos uma experiência sem o "véu", por olharmos na melhor das hipóteses através de um vidro escuro, temos de nos conformar com o fato de que a realidade estará sempre além do alcance da cognição humana.

***

No segundo volume de sua obra-prima, pelo menos na primeira edição, Schopenhauer rejeita a conclusão frustrante de Kant. Observamos, primeiro, nossos corpos e, se olharmos internamente em vez de externamente, ele sugere, encontraremos uma experiência despida do véu. E essa experiência significará a manifestação da "vontade". Isso é uma percepção externa de como a ação física se expressa, introspectivamente, como "vontade" (sentimento, emoção, desejo e decisão). Esta experiência propiciará um indício essencial em relação à natureza da realidade em geral. De uma perspectiva externa, esta experiência revela a essência do corpo físico, de acordo com Schopenhauer, sua realidade interna, sua vontade. Assim, o problema do pensamento kantiano soluciona-se. Retire os véus e o que restará, como a coisa em si, será a vontade:

---

2 Para um relato minucioso da filosofia de Schopenhauer consultar Young (2005).
3 WR I p. 17.

O que Kant opunha à *coisa em si*, à mera *aparência*, a *coisa em si*, a essência de todos os fenômenos e, portanto, de toda a natureza, nada mais é do que a nossa percepção interna *da vontade*.[4]

Embora seja uma importante revelação filosófica, por outro lado, não é uma descoberta feliz. O fato de a "vontade" ser a essência de tudo significa que a essência da vida é o sofrimento. Schopenhauer é famoso por essa visão pessimista da vida. A vida consiste em muitas infelicidades e poucos prazeres: sua característica predominante e opressiva é o sofrimento. Ele apresenta uma série de argumentos convergentes que justificam essa conclusão.

Ao observar o mundo animal vemos que em razão da vontade – da "vontade de viver" – o animal não tem outra opção a não ser caçar e matar outros animais. Na natureza violenta com os dentes e as garras cobertas de sangue, só os animais predadores e adaptados ao seu *habitat* sobrevivem (Schopenhauer antecipou aspectos importantes do darwinismo 40 anos antes). Portanto, medo, sofrimento e morte não são disfunções acidentais de uma natureza em geral benevolente, e sim são inerentes à sua essência.

Em relação ao mundo dos seres humanos, constatamos que a vontade também é uma maldição. Schopenhauer apresenta diversas razões para essa fatalidade. Um dos argumentos demonstra que a vida competitiva e violenta dos animais é atenuada, mas não eliminada, na civilização humana. Apesar de não nos matarmos com tanta frequência, a busca da realização dos nossos desejos prejudica os desejos das outras pessoas. Como os antigos diziam, "*Homo homini lupus*", "o homem é o lobo do homem".[5]

No entanto, um dos argumentos mais intrigantes no que diz respeito ao pessimismo – que eu chamarei de "argumento enfático ou tedioso" — afirma que mesmo que *nunca* causássemos tormento aos outros seres humanos, o sofrimento ainda constituiria a característica predominante de nossas vidas. Em resumo, a vontade que é a essência da humanidade e de tudo o mais pode ou não se realizar. Eu sofrerei se não conseguir realizar minha vontade. Se, por exemplo, a vontade de comer ou de ter relações sexuais não for satisfeita, eu sofrerei com a angústia da fome ou da frustração sexual. Mas, se, por sua vez, eu conseguir realizar minha vontade, logo sentirei uma forma ainda pior de sofrimento, o tédio. No caso da realização de uma relação sexual, Schopenhauer pensa (embora nunca tenha se casado, ele gostava de atrizes), quase imediatamente eu sentiria uma *tristesse* quando ela terminasse: "Todas as pessoas apaixonadas sentem uma extraordinária desilusão depois que obtêm o prazer".[6] Pensando nos argumentos de Schopenhauer em termos do consumismo contemporâneo, se eu desejasse ardentemente um novo carro Mercedes esporte e, por fim, conseguisse comprá-lo sentiria durante algumas semanas um enorme prazer. Mas depois ele submergiria na invisibilidade de ser apenas "o carro". Por este motivo, Schopenhauer conclui que a vida "oscila como um pêndulo" entre os dois "polos" do sofrimento, a insatisfação e o tédio.[7]

\*\*\*

---
4   WN p. 216.
5   WR II p. 578.
6   WR II p. 540.
7   WR I p. 312-313. PP II p. 295.

Após ter diagnosticado, nos dois primeiros volumes de sua obra, a doença do mundo em geral e da condição humana em especial, no terceiro volume de *O Mundo como Vontade...* Schopenhauer analisa a questão da cura, dos caminhos para libertar-se dos sofrimentos da vida.

Em uma contemplação estética da arte e da natureza, Schopenhauer observa que a vontade, por determinado momento, silencia-se. Nas experiências diárias rotineiras tudo é visto em termos de nossos interesses práticos "em relação à vontade". A colina parece ser um local interessante para se fazer um desenvolvimento imobiliário, ou uma jazida valiosa de bauxita poderia ser imediatamente explorada. Por outro lado, em uma contemplação estética, a percepção torna-se – um termo usado por Schopenhauer inspirado em Kant – "desinteressada" (não confundir o termo com "indiferença"). Absorvidos por um momento em uma contemplação estética da colina (talvez uma visão deslumbrante do quadro de Cézanne, *A Montanha Santa Vitória*, dissolvendo-se no azul misterioso do céu do Mediterrâneo), ficamos em "estado de êxtase": esquecemos nossas próprias pessoas e nossas vontades. Por um momento sentimo-nos "puros, isentos de vontade... eternos",[8] com uma percepção desinteressada. E quando isso acontece por um breve instante libertamo-nos da ansiedade e da dor inerentes à vontade. Por um breve momento – como diz Schopenhauer como se fosse um hino à arte – sentimos,

> a paz sempre desejada, mas que nos escapa no... caminho da vontade... um estado indolor, louvado por Epicuro como o estado mais elevado e perfeito dos deuses; nesse momento libertamo-nos da terrível pressão da vontade. Celebramos o sabá da servidão da vontade; a roda de Íxion permanece imóvel.[9]

A essência de quase todas as artes nos proporciona uma percepção pura, isenta de vontade do mundo, do mundo *visível*, é claro, o mundo de "aparência". Mas a música é diferente porque, como Schopenhauer observa, ela não representa o mundo visível. (Ele considera as representações de cantos de pássaros e de cenas de batalhas como uma trivialidade da música.) Esta observação nos deixa apenas duas opções. A primeira seria de adotar o que poderíamos chamar de visão "formalista", uma visão na qual a música não representa nada, mas nos dá prazer pelo padrão harmonioso dos sons sem sentido, assim como a pintura abstrata nos encanta pelo padrão harmonioso das cores sem sentido. Esta era a opinião de Leibniz que, de acordo com Schopenhauer, descreveu a música como "um exercício inconsciente de aritmética em que a mente não percebe os cálculos".[10] A segunda opção seria incorporar o que chamaríamos de uma visão de "profunda representação", uma visão na qual a música *representa* não o mundo de aparência e sim a "coisa em si". Schopenhauer rejeita a visão formalista alegando que ela não explica a profunda importância que atribuímos à música e conclui que, única entre todas as artes, a música proporciona o acesso sem "véu" à realidade. Por isso, a música é a forma mais elevada de arte,

---

8   WR I p. 179.
9   WR I p. 196.
10  WR I p. 256.

"um exercício inconsciente [não de aritmética, e sim] de metafísica no qual a mente não percebe que está filosofando".*[11]

O quarto e último volume de *O Mundo como Vontade...* começa com um relato sobre a virtude moral. Como a vontade e o único lugar de sensibilidade ao sofrimento e ao prazer, com os quais estamos familiarizados, nos pertencem, visto que nosso sofrimento e prazer são "reais", então, Schopenhauer declara que somos "egoístas". Nossos interesses prevalecem acima de tudo, e os interesses dos outros nos são indiferentes, porque só os nossos interesses *existem*. Mas, na verdade, com base na realidade de um mundo de indivíduos, o egoísmo é uma expressão de ilusão metafísica. Segundo Schopenhauer, espaço e tempo, na concepção de Kant, existiam apenas no mundo aparente. Porém, a individualidade depende do espaço e do tempo: só podemos discriminar as coisas como objetos distintos se eles ocuparem partes diferentes do espaço, ou se ocuparem o mesmo espaço, discriminando-os em momentos distintos. No entanto, a coisa em si deve estar "além da individualidade", ser, de fato, uma unidade não diferenciada, o "Todo".

Ao contrário de alguém egoísta, uma pessoa virtuosa tem percepção dessa verdade metafísica. Intuitivamente, ela percebe o caráter ilusório da divisão e diferença (Schopenhauer pensa que as mulheres têm esta percepção mais aguçada do que os homens, seu único elogio às mulheres). De uma maneira inconsciente, elas percebem a sabedoria dos *Upanishads*, *"tat tvam asi"* (tu és essa arte). Assim, elas assumem a dor de outras pessoas como se fosse delas. Portanto, a virtude é o altruísmo, a essência da identificação com os outros. A palavra usada por Schopenhauer para definir esta identificação é "simpatia". Mas, como a vida consiste em sofrimento, com poucas alegrias e muitas tristezas com as quais nos identificamos, a palavra mais específica seria "compaixão".

Existem diferentes graus de percepção da Unidade da vida, mas o mais alto grau pertence a Jesus Cristo santificado, que absorveu os sofrimentos do mundo inteiro. Quando, no entanto, o altruísmo atinge esse nível, ocorre uma profunda transformação, uma "mudança na *gestalt*" radical, porque o santo de repente percebe que o altruísmo é *inútil*; que os esforços para atenuar o sofrimento alheio e a prática do amor, na melhor das hipóteses, só mudam a forma do sofrimento (de enfático para tedioso e vice-versa), porém, nunca diminuirá sua quantidade. "Se", escreveu Schopenhauer,

> compararmos a vida a um caminho circular de carvões incandescentes com poucos espaços frios, um caminho que temos de percorrer sem cessar, então o homem seduzido pela ilusão [isto é, o egoísta] consola-se com o local frio onde está parado, ou o que vê perto dele, e corre em sua direção.

O santo, ao contrário, devido a uma visão completa da ilusão da individualidade,

---

\* Depois de descobrir Schopenhauer, Richard Wagner adotou a visão da profunda representação. Seu opositor, o crítico de música vienense autodesignado por Brahms, Eduard Hanslick, defendia a visão formalista. O formalismo *versus* a profunda representação dominou a polêmica musical do final do século XIX.

11 WR I p. 264.

está em todos os lugares ao mesmo tempo e afasta-se... Em outras palavras, não é mais suficiente para ele amar os outros como a si mesmo e dedicar-se a eles como a si mesmo.[12]

Com essa percepção intuitiva da vida como ela é e sempre será, o sofrimento converte-se em repugnância, uma rejeição à vontade e ao mundo que Schopenhauer define como a "negação da vontade". Por fim, a percepção exprime-se como uma "transição da virtude para o ascetismo".[13]

O ascetismo representa uma espécie de "salvação" desse mundo de dor: segundo os estoicos, se a vontade é a fonte do sofrimento, então a diminuição da vontade significaria a redução do sofrimento. Mas o estoicismo, por não ter um "fim transcendental",[14] não representa a verdadeira salvação, que só se realiza com a morte. Com a morte esse sonho – mais precisamente um pesadelo – da vida termina. Não sabemos o que o substitui. Como a linguagem e o pensamento conceitual estão confinados ao mundo da aparência, que se situa além do sonho, para nós é "nada".* Porém, temos de observar a beatitude dos místicos para ver,

> essa imensa calma de espírito, a profunda tranquilidade, a confiança inabalável e a serenidade retratados por Rafael e Correggio são dogmas... [destinados] a eliminar a impressão sombria do vazio que, ao final, paira por trás de todas a virtudes e santidades que tememos [na comparação de Francis Bacon], como as crianças têm medo do escuro.[15]

A observação do testemunho dos místicos, em outras palavras, que nos é transmitido com a "comprovação do selo da verdade pela arte",[16] demonstra que o nada é *celestial*, um reino de beatitude. Os poucos espíritos que tiveram encontros diretos com a transcendência sabem que existe o "Todo" Insuperável, mas também um "Todo" divino. "A consciência panteísta", escreveu Schopenhauer, "é essencial para o misticismo", como exemplificado na filha espiritual de *Meister* Eckhardt, que exclamou, após sua epifania, "Senhor, alegre-se comigo, tornei-me Deus".[17]

## *A Conversão de Nietzsche*

Essa foi uma exposição sucinta da extraordinária doutrina que repentinamente fascinou Nietzsche e o converteu em um admirador de Schopenhauer. Mas por que a filosofia de Schopenhauer exerceu esse efeito tão profundo?

---

12  WR I p. 380.
13  *Ibidem*.
14  WR II p. 159.
\*   Como o leitor se inclinaria a protestar, a realidade além do "sonho" da vida poderia ser um "nada" inteligível para nós, se Schopenhauer revelou sua grande descoberta de que realidade é a "vontade"? Esta pergunta será discutida em breve.
15  WR I p. 411.
16  *Ibidem*.
17  WR II p. 612-613.

Nietzsche, é claro, não foi o único a ser atraído pelo fascínio de Schopenhauer. Ao contrário, depois de uma vida obscura, na década anterior à sua morte, em 1868, ele tornou-se, como mais tarde Nietzsche observou,[18] o mais famoso filósofo alemão do século XIX. Portanto, Nietzsche foi uma figura representativa: ao perguntarmos o que o atraiu na filosofia de Schopenhauer, estaremos também perguntando o motivo do fascínio exercido em muitas pessoas cultas na segunda metade do século XIX, e até mesmo no século XX.

Albert Camus começa *O Mito de Sísifo* com a famosa frase "o único problema filosófico realmente sério é o suicídio. A reflexão se a vida vale a pena ser vivida significa responder a pergunta fundamental da filosofia". Com esta pergunta referente ao valor (e inevitavelmente também ao significado) da vida, nasceu uma nova filosofia: o "existencialismo", uma filosofia que, em vez de questionar temas obscuros de interesse teórico (na verdade inteligíveis), restritos a um pequeno número de especialistas, dedica-se a investigar as perguntas profundas, preocupantes e muito difíceis subjacentes à consciência da "existência" humana. A primeira pessoa que formulou a pergunta de Camus (e que também continuou a questioná-la) foi Schopenhauer. Neste sentido, ele foi o primeiro "existencialista", o primeiro filósofo desde a Antiguidade a difundir a filosofia às pessoas, sem limitá-la às livrarias e aos salões de conferências.

E difundiu-a com um estilo de escrever claro, elegante, perspicaz e de uma veemência extrema (dirigida em especial contra o otimismo trivial e da obscuridade da "deterioração do cérebro" de Hegel), assim como com uma capacidade de exprimir ideias concretas, passíveis de serem captadas pelos sentidos, exemplos que têm o valor de milhares de palavras vazias. Schopenhauer não só *nos* transmitia seus conceitos em oposição ao grupo restrito de eruditos estéreis, como também tinha uma linguagem que podíamos entender com facilidade. (A crítica de Nietzsche à prática então contemporânea da filologia, como já vimos, opunha-se precisamente ao profissionalismo estéril e introvertido e à ausência de relevância existencial.) No entanto, por que o *conteúdo* da filosofia de Schopenhauer teve uma importância tão vital para Nietzsche e seu círculo de amigos?

Os anos de estudos de Nietzsche foram os mais felizes de sua vida. Mas faltava algo. Embora tenha se matriculado na Universidade de Bonn com a intenção formal de estudar Teologia, sabemos que antes de concluir seus estudos em Pforta ele tinha, na verdade, "perdido sua fé". A metafísica cristã ("astronomia teológica", como mais tarde diria),[19] Deus, céu e a alma imortal tinham se tornado implausíveis devido à modernidade das ciências naturais e humanas. Depois, em *A Gaia Ciência*, ele menciona, de uma forma marcantemente autobiográfica, a perda angustiante da terra natal espiritual em consequência da "morte de Deus". "Onde está Deus?", ele exclama:

> Eu lhe direi! *Nós o matamos* – você e eu! Nós [pensadores modernos] somos seus assassinos. Mas... o que estamos fazendo nós ["copernicianos"] ao libertarmos a terra dos fatores coercitivos que a prendiam ao seu Sol? Para onde estamos indo agora?

---

18  GM III 5.
19  GM III 25.

Para onde estamos indo? Distanciando-nos de todos os sóis? Estamos caindo inexoravelmente? Em todas as direções? A vida ainda teria seus altos e baixos?[20]

Qual foi o resultado da perda de Nietzsche da fé de sua família? O que a religião de sua infância lhe proporcionara? Em essência três coisas: a ética do amor cristão no qual a vida se pautaria; o antídoto ao medo da morte, a doutrina da imortalidade da alma; e a visão da vida como "salvação", a obtenção, por meio da virtude, da beatitude eterna e celestial. A perda dessa estrutura de vida é descrita em *A Gaia Ciência* como uma característica da "falta de direcionamento" da existência pós-cristã. Pois foi exatamente esta estrutura que ele pensou que havia descoberto na filosofia de Schopenhauer. Por este motivo, ele teve sua primeira reação de êxtase. O jovem que entrou na livraria de Rohn era, como nos contou, "desprovido de princípios básicos". Mas o que ele redescobriu em Schopenhauer – a linguagem é explicitamente religiosa – foi a "doença e a recuperação, banimento e refúgio, o inferno e o céu".[21] Ele descobriu em Schopenhauer, como acreditava, a reformulação da essência do Cristianismo de sua infância adaptada aos adultos.

Schopenhauer via sua filosofia sob essa ótica.[22] E podemos perceber o porquê dessa visão, visto que o Cristianismo (pelo menos, o Luteranismo da infância de Nietzsche) concordava com ele nas seguintes doutrinas fundamentais. Primeiro, que esse mundo é um "vale de lágrimas", um lugar de pecado e sofrimento. Segundo, que se deve "amar ao próximo como a si mesmo", que o amor e a compaixão pelo sofrimento eram posturas éticas em relação aos outros. Terceiro, que não devemos temer a morte, porque é apenas uma transição para outro reino do ser humano. E em quarto lugar, que a existência após a morte é a meta e o significado da vida (pelo menos, para os virtuosos), uma vez que é o reino da eterna bem-aventurança.

Em outras palavras, a descoberta de Schopenhauer por Nietzsche tinha o caráter de uma "conversão", de uma experiência de um quase "renascimento": era uma redescoberta da religião, uma reformulação da antiga religião.

Esse fato explica o tom religioso de sua reação ao ler *O Mundo como Vontade e Representação*. Logo depois, começou a chamar Schopenhauer de "meu mestre", um tipo de sacerdote superior aos demais de quem era "discípulo". Além disso, começou a infligir-se castigos corporais, como o de só dormir quatro horas por noite, seguindo a recomendação de Schopenhauer do caminho do ascetismo como "salvação".[23] Ele tornou-se também um propagador de uma nova fé, que "fazia propaganda em benefício de [Schopenhauer] e convencia as pessoas a seguirem fielmente suas doutrinas".[24] Ser um "devoto" passou a ser uma pré-condição de amizade com Nietzsche. A respeito de sua amizade com Rohde, ele escreveu, "o gênio de... Schopenhauer é claro está acima de tudo",[25] assim como referiu-se às amizades com Mushacke e Von Gersdorff. Só Deussen resistiu a esta nova fé, o que levou Nietzsche a ameaçar romper a ami-

---

20 GS 125.
21 HKG III p. 297-298.
22 WR I p. 383 WR II 627-628.
23 HKG III p. 297-298.
24 KGB 1.2 493.
25 KGB 1.2 554.

zade se ele não enxergasse a luz.[26*] E quanto à futura amizade fatídica com Richard Wagner, a influência de Schopenhauer também predominou.

Nietzsche lembrava-se que de 15 em 15 dias ele, Von Gersdorff e Mushacke encontravam-se com o pastor de Naumburg, Friedrich Wenkel, "um pesquisador incansável e protagonista para o ensinamento de Schopenhauer",[27] no Café Kintschy, a fim discutir as doutrinas do filósofo.[28] No grupo de discípulos de Schopenhauer, tanto em Leipzig como em outros lugares da Alemanha, o "mestre" elevava-se quase à posição de Cristo: em uma ocasião em que bebiam vinho Nietzsche comparou o grupo de "amigos de Schopenhauer" com uma reunião dos primeiros cristãos.[29]

Como qualquer grupo de devotos, os discípulos queriam desesperadamente ter uma imagem visual do guru deles. Por fim, Von Gersdorff localizou o dono de um retrato feito por Jules Luntenschütz (ver Ilustração 9), que pertencera a um antigo conhecido de Schopenhauer. Ansioso ele escreveu que o dono do ícone,

> levou-nos ao seu escritório e eu vi o retrato celestial de nosso mestre, diante do qual podemos ficar horas admirando seus olhos brilhantes. Uma fisionomia semelhante à de um deus que parece elevar-se ao infinito, emoldurada por bonitos cabelos brancos sob os quais as sobrancelhas brancas assemelham-se às do Zeus olímpico, olhos tão límpidos e profundos que não conseguimos desviar nosso olhar, assim que nos acostumamos com a expressão que no início nos fascina. A boca é grande, mas exprime uma paz interior amistosa e suave, apesar de sua capacidade de manifestar um desprezo mordaz e amargo.[30]

Nietzsche respondeu, com igual entusiasmo que ele transmitira essa maravilhosa descrição a "dois outros discípulos de nosso mestre, Rohde e Wenkel".[31]

Porém, o que mais atraía em Nietzsche era a doutrina da "salvação" de Schopenhauer. Ao descrever sua opinião sobre o Cristianismo em 1866, escreveu,

> Se o Cristianismo significa "fé em um acontecimento histórico e em uma pessoa histórica", não me identifico com esse Cristianismo. Mas se representar a necessidade de salvação que eu valorizo tanto... Oh! se todos os filósofos fossem discípulos de Schopenhauer.

E ele confessou que ainda sentia "a necessidade metafísica" universal a todos os seres humanos.[32]

---

26   KGB 1.2 595.
\*    Essa resistência é uma ironia, porque, ao se converter, ao contrário de Nietzsche, que se tornou um apóstata, Deussen permaneceu fiel à vida, fundou a Sociedade Schopenhauer em Frankfurt em 1911 e foi o primeiro editor de sua publicação *Jahrbuch* [Anuário] (para o qual o autor deste livro contribuiu com diversos ensaios).
27   KGB 11.2 585.
28   KGB 11.2 493.
29   KGB 11.2 625.
30   KGB 1.3 carta para Nietzsche 193; ver, também, carta para Nietzsche 190.
31   KGB 1.2 500.
32   KGB 1.2 500.

"A necessidade metafísica" referia-se ao título do capítulo de *O Mundo como Vontade e Representação* – "Sobre a Necessidade Metafísica do Homem"[33] – que contém a principal discussão de Schopenhauer sobre religião. Os seres humanos são singulares, argumenta ele, por terem a consciência da mortalidade. Aqueles que vivem à luz do "nada [*das Nichts*]", se tornarão (em especial em uma época pós-cristã) seres "absolutos" ou "vazios", o nada.[34] O medo da morte é inerente e universal, em razão da mera observação de nossa programação biológica da "vontade de viver". A certeza do caráter não definitivo da morte é o verdadeiro cerne das grandes religiões – nenhuma religião atingiu a posição de uma religião mundial sem uma doutrina de imortalidade.

Ao oferecer um "antídoto" ao medo da morte, ao proporcionar um "consolo" à sua inevitabilidade, Schopenhauer realizou a principal tarefa da filosofia, a que Sócrates definiu como a "preparação para a morte".[35] Essa visão da morte é ainda mais real no mundo moderno, uma vez que para as pessoas cultas a metafísica cristã não é mais passível de se acreditar e, assim, só resta à filosofia propiciar algum tipo de consolo.

Como já sugerimos, a doutrina de salvação de Schopenhauer ou, na verdade, sua filosofia inteira, é uma interpretação da morte. Ela fundamenta-se no idealismo. De acordo com o idealismo de Schopenhauer, a morte é apenas a conclusão do "sonho" da vida. No entanto, um sonho requer um sonhador que precisa estar ausente do sonho. Portanto, segundo esta concepção, nosso eu é intangível à morte. E, por este motivo, Schopenhauer acreditava que o idealismo era "a resposta mais completa"[36] à pergunta sobre a imortalidade, ao comprovar a "indestrutibilidade de nossa [verdadeira] natureza interna" pela morte.[37] Quase sempre usamos o pronome "ambíguo" eu,[38] a fim de nos referirmos ao nosso ser "empírico" cotidiano e corporificado, que se encerra com a morte. Entretanto, a percepção metafísica nos leva a ver que a verdadeira referência ao eu é sua "transcendência", um eu que supera suas limitações de tempo, nascimento e morte.

Essa percepção constitui o cerne da filosofia de Nietzsche inspirada em Schopenhauer. Sua "necessidade metafísica" de conhecer a não finalidade da morte, não mais capaz de satisfazer-se com o Cristianismo, encontrou uma nova justificativa nas implicações do idealismo de Schopenhauer.

## *O Impacto de Kant e Lange*

Cerca de nove meses após descobrir Schopenhauer, Nietzsche absorveu-se na leitura do livro de Friedrich Lange, *History of Materialism and Critique of its Significance for the Present*. Este livro, que ele leu assim que foi editado em 1866, propiciou-lhe uma compreensão da filosofia de Kant, entendimento que ele aprofundou entre

---

33  WR II Capítulo 17.
34  WR II p. 411.
35  WR II p. 463.
36  WR II p. 493.
37  O título do Capítulo 46 de WR II é "Sobre a Morte e sua Relação com a Indestrutibilidade de nossa Natureza Interna".
38  WR II p. 491.

1867 e 1868 ao ler *Crítica da Faculdade do Juízo*, de Kant e o estudo em dois volumes de Kuno Fisher sobre Kant publicados havia pouco tempo.[39]

O livro de Lange dividia-se em duas partes. A primeira descrevia a história do materialismo desde os antigos gregos até Kant, e a segunda uma discussão crítica a respeito do materialismo de Kant em meados do século XIX.

Lange simbolizava o início do movimento neokantista, uma renúncia aos excessos metafísicos dos "idealistas alemães", como Fichte e Hegel, e um retorno à modéstia epistemológica de Kant. Impressionado pelo progresso da ciência natural no século XIX, ele preocupava-se intensamente, assim como Kant, com este avanço. Ou, com mais precisão, ele preocupava-se não com a ciência em si, um empreendimento valioso e essencial, mas, sim, com a ciência transformando-se em metafísica – a tese metafísica do materialismo, a tese de que a realidade fundamental consiste apenas em movimento. Assim como Kant, que disse que o objetivo de seu livro *Crítica da Razão Pura* era de "eliminar pela raiz" os três males do "materialismo, fatalismo e ateísmo",[40] ele sentia-se profundamente perturbado pelas implicações existenciais desta doutrina, uma ameaça à religião e à moral.

A solução de Lange foi um retorno ao idealismo de Kant aliado à sua doutrina da incognoscibilidade da coisa em si. A ciência pode e deve explorar o mundo material, mas, por fim, é apenas um mundo "fenomenal" ou "aparente". Por conseguinte, em relação à realidade fundamental, bem compreendida, a ciência nada acrescenta.

A contribuição original de Lange à posição kantiana foi a de mostrar que o materialismo metafísico estava debilitando insidiosamente o *eu* levando-o à conclusão de que só era possível falar de um mundo aparente: o pensamento pleno, a "visão consistente e materialista... está transformando-se... em uma visão consistente e idealista".[41] Portanto, a ciência, em especial a fisiologia da percepção, revela, por exemplo, que a nossa consciência das cores não é uma consciência de algo "externo" ao mundo, e, sim, apenas a reação subjetiva a ondas de luz em nossa retina. A ciência afirma que as entidades barulhentas, vívidas, saborosas e perfumadas da experiência humana são meras invenções de nossa mente. Mas, do mesmo modo, as entidades também afirmam que o cérebro humano, as retinas, as ondas de luz e assim por diante são invenções humanas. A ciência demonstra nossa ignorância em relação à realidade elementar. O espaço, por exemplo, de acordo com Lange, pode ter quatro em vez de três dimensões, sem que isto provoque uma diferença à característica de nossa experiência.[42] Neste sentido, a moral demonstra com grande propriedade que a mente constrói seu mundo, e a ciência limita sua influência ao mundo das aparências. Para os seres humanos, leigos e cientistas, a realidade fundamental seria, então, uma "ordem inconcebível das coisas".[43]

\*\*\*

---

39  Fischer (1860).
40  Kant (1964) B XXXIV.
41  Lange (1925) p. 215, 223.
42  Lange (1925) p. 227.
43  Lange (1925) p. 224-225.

Nietzsche escreveu a Von Gersdorff recomendando o livro de Lange como o "melhor relato" do "movimento materialista de nossa época, da ciência natural e das teorias de Darwin". No entanto, continua, ele oferece "infinitamente mais do que seu título promete".[44] E assim o faz, por não ser um materialista Lange é, na verdade, como Nietzsche corretamente observou, um "kantiano extremamente esclarecido".[45]

A posição de Lange, prossegue Nietzsche (aqui na realidade citando uma síntese da teoria[46] de Lange, sem explicitar seu objetivo), pode resumir-se nas três frases seguintes:

1. O mundo sensível é o produto de nossa capacidade de organização.
2. Os órgãos de nosso corpo visível são, assim como outras partes do mundo da aparência, apenas representações de objetos desconhecidos.
3. A nossa capacidade de organização [o "ser em si mesmo"] desconhece o objeto externo real [a "coisa em si"]. Em ambos os casos, vivenciamos apenas o que construímos.

E assim Nietzsche conclui, "a verdadeira essência das coisas, a coisa em si... nos é desconhecida".[47]

## A Crítica a Schopenhauer

Em torno do final da década de 1867 ou início de 1868, um ano após escrever esses textos, Nietzsche usou esse "kantianismo esclarecido" de Lange para criticar a filosofia de Schopenhauer. O foco da crítica seria a alegação, feita mais de 30 vezes no segundo volume da primeira edição do *O Mundo como Vontade...*, de ter solucionado o problema da "coisa em si", ao ter descoberto a "vontade".

"A tentativa de explicar o mundo de acordo com um único fator", escreveu Nietzsche em seu caderno de anotações, "é um fracasso":

> A pergunta que todos os metafísicos querem responder... se a natureza pode por fim ser compreendida, é respondida por Schopenhauer com um "Sim" definitivo... A solução do último e mais importante enigma do mundo é... a vontade infundada e desconhecida. Mas isso é uma descoberta ambígua. A primeira objeção... é que o conceito da coisa em si é apenas uma categoria oculta. No lugar do X kantiano, ele coloca a vontade, porém só com a ajuda de uma intuição poética, porque a prova lógica não satisfaz nem Schopenhauer nem nós. Em defesa de Schopenhauer... *pode* existir a coisa em si, embora só no sentido de que tudo pode ser pensado por um filósofo no domínio da transcendência. E essa possível coisa em si *pode* ser a vontade, mas isso é só um conjectura... O mundo não se adaptará confortavelmente a seu sistema

---

44 KGB 1.2 562. Essa recomendação, na verdade, foi feita em fevereiro de 1868. Mas Nietzsche esqueceu que recomendara Lange a Von Gersdorff muito antes, em agosto de 1866 (KGB 1.2 517), logo após sua descoberta do livro. As citações restantes em relação à recomendação de Lange a Von Gersdorff estão mencionadas na carta anterior.
45 KGB 1.2 517.
46 Lange (1925) p. 219.
47 KGB 1.2 517.

como Schopenhauer esperava na excitação de sua primeira descoberta. Mais tarde ele lamentou que os problemas mais difíceis da filosofia não haviam sido solucionados nem mesmo em sua filosofia, ou seja, a questão dos limites da individuação... Seu sistema é permeado por contradições. Schopenhauer diz que a coisa em si, a vontade, é livre sob todas as formas de sua aparência... Ela é, diz ele, "nunca um objeto, visto que um objeto é uma mera aparência... No entanto, ele afirma que um objeto não pode ser pensado de maneira objetiva... ele enfeita seus predicados, como roupas brilhantes, originárias do mundo das aparências... assim o conceito [kantiano real] da "coisa em si" é discretamente abandonado e substituído por outro em segredo.[48]

O cerne do impacto de Lange em Nietzsche levou-o a rejeitar a premissa mais essencial e a característica da filosofia de Schopenhauer, sua identificação da realidade fundamental como "vontade". Entretanto, o mais desconcertante foi o fato de que esta rejeição não diminuiu a dedicação de Nietzsche ao "mestre". Ao contrário, aumentou-a: "Você verá que do 'ponto de vista preciso e crítico' de Lange", disse em uma carta a Von Gersdorff, "nosso Schopenhauer subsiste em nós, na verdade ainda mais".[49] E este fascínio será demonstrado, como veremos, pela influência intensa de Schopenhauer em sua amizade com Wagner, como também em seu primeiro livro, *A Origem da Tragédia*. Mas por que a leitura de Lange e a subsequente crítica a Schopenhauer intensificaram em vez de diminuírem sua devoção ao mestre?

## A Reconstrução de Schopenhauer

A observação de Nietzsche de que *O Mundo como Vontade...* era "permeado por contradições" é perfeita. A maior contradição refere-se à sua doutrina da "salvação".

A doutrina da "salvação" de Schopenhauer, como já vimos, era, na realidade, um "consolo" para a morte. Fundamentava-se no idealismo evidente de que o verdadeiro eu, o sonhador do "sonho" da vida, não é tocado pela morte. Porém, esta doutrina de fato significava um consolo? Se seu pressuposto de que a coisa em si seria a "vontade" fosse verdadeiro, um pressuposto repetido várias vezes no segundo volume do livro, então o eu real teria de *ser* a vontade, a única essência fundamental. Mas, segundo Schopenhauer, a vontade é o "suporte"[50] de todas as infelicidades do mundo, no passado, no presente e no futuro, além de ser sua *fonte*: por ser a única realidade, ela teria de ser a fonte de tudo e, portanto, responsável pelo sofrimento da vida; em razão de o mundo ser o "*pior* dos mundos possíveis",[51] ele assemelhava-se a um campo de concentração. O mundo era essencialmente *mal*: por fim, Schopenhauer dizia que a "natureza não é divina e sim demoníaca", "maligna".[52] Havia, assim, uma "justiça interna" no mundo; um equilíbrio preciso entre a maldade de sua essência e a infelicidade de seu destino.[53]

---

48 KGW 1.4 57 [51-55].
49 KGB 1.2 517.
50 WR I p. 354.
51 WR II p. 583.
52 WR II p. 349-350.
53 WR I Seção 63 *passim*.

Mas se essa *premissa* significava o nosso verdadeiro eu, em vez de recebermos um "consolo" diante da morte, o verdadeiro caráter de nosso eu desceria ao reino da autorrepugnância cósmico. A aceitação da filosofia de Schopenhauer representa um declínio em direção a uma terrível espécie de loucura. A vida é sofrimento, e não vale a pena ser vivida. Porém, a hipótese de suicídio deve ser descartada, porque a morte apenas transforma o sofrimento pessoal em cósmico, que merecemos por sermos fundamentalmente maus. Então, só temos a escolha entre o inferno e o inferno. Em resumo, se a vontade é a coisa em si, *não* existe uma doutrina da "salvação" na filosofia de Schopenhauer.

No entanto, é claro, essa doutrina *existe*. Os místicos, como vimos, sabem que a realidade além do "sonho" é "divina", um êxtase, uma "consciência panteística". Portanto, Nietzsche está certo: *O Mundo como Vontade...* é pleno de contradições, sobretudo, entre a conclusão do Livro II e a do Livro IV. Ao final do Livro II a realidade é "demoníaca". Mas no Livro IV ela é "divina". Só o fato de que centenas de páginas separam as duas conclusões permite que essa contradição passe despercebida.

Nietzsche, como já observamos, mencionou que Schopenhauer idoso admitiu que sua filosofia não solucionara "os problemas mais difíceis da filosofia". O que é verdade. Nietzsche referiu-se ao fato de que na edição posterior e ampliada de sua obra-prima, publicada em 1844, Schopenhauer começou a criticar com severidade o pressuposto explícito anterior formulado na "intoxicação" da juventude, que a vontade é a coisa em si: então começou a inserir no segundo volume observações como "a pergunta sobre a manifestação da vontade no mundo e que o mundo é em si fundamental e absoluto... jamais será respondida".[54] Mas, em razão da avidez de Nietzsche e de seus discípulos em descobrir todas as informações possíveis a respeito do "mestre", é possível que tenham tido acesso a uma carta escrita por Schopenhauer ao seu testamenteiro literário, Julius Frauenstädt, oito anos antes de sua morte, na qual ele disse que sua filosofia procurava descrever a coisa em si apenas "em relação [isto é, como] aparência". "Se a coisa em si estiver desassociada dessa relação", continuou Schopenhauer, ele não diz "porque desconheço o que seja".[55] O efeito disso seria o de recolher a "vontade" para o lado da aparência da dicotomia da aparência/realidade. Embora a "vontade" propicie um relato mais profundo do mundo do que sua descrição em termos de entidades materiais, o mundo tal como ele o concebe continua a ser o reino da aparência. Assim, a "vontade", como poderíamos dizer, é uma descrição de uma realidade transitória em vez de definitiva. Em uma análise final, a vontade – *como* vontade – pertence ao "sonho".

Nesse contexto, Schopenhauer reafirmou a posição de Kant de que a coisa em si é, pelo menos em relação à filosofia, incognoscível. E isso soluciona a contradição entre seu pensamento e a doutrina genuína da salvação. (É importante ressaltar que esta posição foi assumida no final da vida em um momento em que ele precisava de um crescente "consolo" diante da morte.) E é esta posição que, sob influência de Lange, Nietzsche apoia com entusiasmo, visto que permitiu encontrar em Schopenhauer, por fim, o que não mais encontrava no Cristianismo, a satisfação de sua "necessidade metafísica" de consolo perante a morte.

---

54 WR II p. 197-198.
55 Young (2005) p. 97.

\*\*\*

Ao afirmar como Kant, Lange, Schopenhauer na maturidade e Nietzsche, que a realidade por trás do mundo da aparência transcende os limites da racionalidade, o pensamento filosófico e o conhecimento assumem duas vertentes. Por um lado, invalida a premissa de que a realidade é a vontade demoníaca. Do mesmo modo, invalida a sua visão divina. Se a realidade em si for uma *terra incógnita*, ela não mais será divina nem demoníaca e, portanto, a doutrina da salvação não tem mais sentido. No entanto, por que Nietzsche disse que o "ponto de vista preciso e crítico" de Lange intensificou sua devoção a Schopenhauer?

Para tentar encontrar uma resposta a essa pergunta,[56] um bom ponto de partida é Kant, em especial em sua famosa observação de que a tarefa da *Crítica do Juízo* é "negar o *conhecimento* [racional], para abrir espaço à *fé* [religiosa]".[57]

Schopenhauer em sua maturidade e sabedoria, embora concordasse com Kant ao rejeitar a premissa da transcendência do conhecimento racional, sugeriu, em uma visão positiva do conhecimento místico, algo mais que uma mera "fé" de que a transcendência seja a salvação. Segundo ele, a filosofia, por ser essencialmente "racional", confronta-se com seus limites, como contra as paredes de uma prisão,[58] quando tenta discutir a transcendência. Ela pode pressupor o domínio da "iluminação" ou da "consciência superior", mas não tem uma "base de apoio nesta premissa".[59] Portanto, sua filosofia em seu ponto mais elevado é obrigada a assumir um "caráter negativo". Ela pode explicar o que significa a "negação da vontade", porém, não o que obteve de positivo. Entretanto, quando a filosofia cumpre sua finalidade, o misticismo "age positivamente".[60] E quando refletimos que todos os místicos, mesmo de épocas e culturas muito diferentes, relatam (de acordo com Schopenhauer) uma experiência igual, a fusão do eu com o divino, podemos concluir que, qualquer que seja a "visão" deles, ela é maravilhosa e real.[61] Esta conclusão, como vimos, é reforçada, segundo Schopenhauer, pela grande "expressão da verdade" nas artes:[62] para ver a "paz que é superior a qualquer razão, essa tranquilidade profunda do espírito, essa confiança e a serenidade inabaláveis, como retratadas por Rafael e Caravaggio, é receber "uma verdade completa e determinada; quando só o conhecimento permanece, a vontade desapareceu".[63]

Os dois pontos nessa última observação (o equivalente a "visto que") indicam que, para confirmar a beatitude mística, Schopenhauer recorreu à doutrina da veracidade estética descrita no terceiro volume de *O Mundo como Vontade...*, uma vez que é a vontade – o interesse prático – que manipula e distorce a per-

---

56 O pensamento de Nietzsche nessa passagem e o de Lange de certa forma se confundem e, portanto, essa observação é uma espécie de depuração. É preciso lembrar que nessa época de sua vida Nietzsche era, apesar de um filólogo profissional, um filósofo *amateur*.
57 Kant (1964) B XXX.
58 WR II p. 641.
59 PP II p. 9-11.
60 WR II 612.
61 WR II 614.
62 Ver p. 85 deste livro.
63 WR p. 411.

cepção, e, quando nos libertamos da vontade, assim como os místicos autênticos, convertemo-nos em um "espelho claro" da realidade totalmente "objetiva".[64] Em uma mente puramente receptiva, a realidade expressa-se tal como ela é. Esta doutrina foi seguida por Nietzsche na juventude em sua tentativa de comprovar a teoria da salvação schopenhauriana. Ao comentar sua leitura da obra de Lange, ele escreveu a Von Gersdorff que a consequência da inacessibilidade da realidade para uma mente racional é a "liberdade artística". Ou seja, as sugestões da transcendência na arte não se prendem à possibilidade de avaliação e de contradições racionais. "Quem", perguntou retoricamente, depois de assimilar o kantismo de Lange, "iria contestar uma obra de Beethoven ou encontrar um defeito na *Madona* de Rafael?"[65]

Por "sugestões de transcendência", Nietzsche tinha em mente acima de tudo, cremos, o que alguém (ou pelo menos ele) "apreende" por meio da música. Em seu famoso *Hino à Música*, composto em 1817, Schubert escreveu, "Oh! arte bem-aventurada, em quantas horas sombrias, quando me atormenta o círculo feroz da vida... me conduziu para um mundo melhor". Essa espécie de "salvação por meio da música", como já vimos, reflete as diversas experiências de Nietzsche com a "arte bem-aventurada". Aos 14 anos, o *Coro de Aleluia* o fez sentir que fazia parte do "alegre canto dos anjos, com o qual Jesus subiu ao céu", o que o levou a concluir que o único objetivo válido da música é o de "ascendermos". Mesmo após a perda da fé cristã, o vínculo entre a música e o divino permaneceu: "a comunicação com o demoníaco", a "tênue sugestão do divino... a sensação de que de repente o céu brilha mais forte" são o efeito da grande música. Pode-se entrever nestas observações o final da *Sinfonia da Ressurreição*, de Gustav Mahler. A experiência e a concepção musical de Nietzsche foram, e permaneceram até perder a sanidade mental, fundamentalmente religiosas.

A pergunta, portanto, que precisa ser feita em relação a essa doutrina da "salvação por meio da música", ou por meio da arte em geral, é se Nietzsche adotou a posição de Kant ou de Schopenhauer. No caso da influência de Kant, as sugestões estéticas da salvação transcendente só poderiam ter o *status* da "fé", apenas proporcionariam uma convicção subjetiva a respeito do desconhecido. Por sua vez, se ele seguiu a doutrina de Schopenhauer, as sugestões estéticas, sobretudo na música, seriam o conhecimento (não racional) da transcendência.

Dois fatores indicam que o jovem Nietzsche seguiu Schopenhauer e não Kant. O primeiro é uma carta de outubro de 1868 a Paul Deussen, na qual ele disse que a crítica de Deussen quanto ao sistema [de Schopenhauer] seria aceitável se apontasse as diversas "provas fracassadas e casos de inabilidade tática" que ele contém (afinal ele havia feito sua crítica a Schopenhauer um ano antes). Mas, continuou, esta crítica seria inaceitável do ponto de vista da "visão de mundo" de Schopenhauer. Esta visão é impossível de ser criticada (aqui ele está implicita-

---

64 WR II p. 368, WR I p. 370-371.
65 KGB 11.2 517.

CAP. 5 | SCHOPENHAUER

mente acusando a frequente condescendência de Deussen* em relação à densidade espiritual), porque

> Algo que se capta ou não. Um terceiro ponto de vista é inconcebível. Alguém que não cheire uma rosa não pode criticar seu perfume. Mas se cheirá-la – *à la bonheur*! Após isso, perderá o desejo de criticá-lo.[66]

Nietzsche referiu-se, sob essa "visão do mundo", ao objetivo precípuo e final da filosofia de Schopenhauer, a "felicidade [*bonheur*]" criada pela doutrina da salvação transcendente. Além disso, ele sugeriu a transcendência por meio da arte ou pela filosofia como uma forma de arte,[67] como análogas à informação transmitida pelos nossos sentidos físicos, em outras palavras, como maneiras de *percepção visual*.

A segunda razão para a abordagem de Nietzsche no tocante à arte como uma forma de transcendência cognitiva foi a autocrítica feita uma década depois, quando aderiu ao "positivismo" e opôs-se à visão de mundo de Schopenhauer e de Wagner. As pessoas que sofrem de "dores pós-religiosas", disse ele em *Humano, demasiado Humano*, mencionam (de acordo com Schopenhauer) a revelação "da verdade total ao olhar a *Madona* de Rafael".[68] Ou, em determinado ponto no último movimento da *Nona Sinfonia* de Beethoven, estas pessoas são capazes de "sentir que pairam acima da terra em uma abóbada de estrelas com o sonho da *imortalidade* em seus corações: todas as estrelas parecem flutuar ao redor delas, e a Terra reduz-se mais e mais".[69] Apesar da beleza do pensamento, agora Nietzsche inclina-se a desmistificar esta "deificação" das artes preconizada tanto em Schopenhauer quanto por ele no passado. Temos, disse, "sentimentos profundos" que nos conduzem "à natureza profunda, interna, próxima de seu cerne". "Mas esses sentimentos", acrescentou, em um trecho em que revela seu processo desconstrucionista,

> são profundos à medida que ocorrem em certos grupos de pensamentos complexos e profundos, pouco perceptíveis que surgem com eles; um sentimento é profundo porque julgamos os pensamentos que os acompanham também profundos. No entanto, um pensamento profundo pode estar muito distante da verdade... Se deduzirmos de um sentimento profundo o elemento da verdade... o que permanece é o sentimento *intenso* de que nada tem a ver com o conhecimento.[70]

Essa *autocrítica*, esse paradigma da vítima dos "sofrimentos posteriores à religião", de seu antigo eu, é explicitada em *Ecce Homo*. Em *Humano, demasiado*

---

\* Em suas memórias, Deussen observou que "Nietzsche tem uma tendência a corrigir-me sempre, de dar-me aulas e às vezes de atormentar-me... esse fato se evidenciara em nossa correspondência após o ano passado em Bonn" (JI p. 161). Nietzsche nunca reconheceu a igualdade intelectual de Deussen como fazia, por exemplo, com Rohde ou von Gersdoff.

66 KGB 1.2 595.
67 KGB 11.2 517.
68 HH 131. As citações de Nietzsche são quase sempre de memória e, em geral, um pouco imprecisas. No entanto, nessa passagem sua observação sobre Schopenhauer é perfeita, exceto pelo acréscimo de "ao olhar".
69 HH 153.
70 HH 15.

*Humano* ele escreveu escolhendo suas palavras com muito cuidado, "Liberei-me *do que não pertencia à minha natureza*".[71] A desconstrução do pensamento de que a música conduz ao "cerne" das coisas supera algo que antes acreditava possuir em *sua natureza*, mas que agora fazia parte da natureza que ele rejeitou e acredita que tenha sobrepujado. No entanto, esta rejeição só acontecerá em um futuro distante. Em 1868, Nietzsche tinha uma devoção religiosa a Schopenhauer que minimizava suas várias críticas "ao mestre" e uma convicção de que a grande música proporcionava um conhecimento genuíno da salvação final. Em razão de Richard Wagner ser também um admirador de Schopenhauer, além da ideia da "salvação por meio da música", isso uniu-os imediatamente na sala de visitas de Ottolie Brockhaus.

---

71  EH III HH 1. Algumas traduções em inglês omitem a menção essencial de "à minha natureza".

PARTE DOIS

# O PROFESSOR RELUTANTE

# 6

# BASILEIA

## Basileia em 1870

Nietzsche chegou à estação de trem de Basileia em 19 de abril de 1869 para assumir seu novo cargo na universidade. A cidade que o recebeu estava em um processo lento, e de alguma forma relutante, de abrir-se ao mundo moderno com a demolição da muralha medieval. Em 1844 a cidade construiu um portão que permitiu a conexão ferroviária com Estraburgo, a primeira linha ferroviária da Suíça. Porém, fechavam-no à noite por decisão do conselho administrativo da cidade, a fim de que os cidadãos não fossem incomodados pela vibração do movimento dos trens e, assim, que "pudessem dormir o sono dos justos". Mais tarde, construíram mais portões ao longo dos 20 anos seguintes para proporcionar mais conexões ferroviárias, mas continuavam fechados à noite e eram controlados pela polícia durante o dia. Entretanto, mesmo diante dos protestos dos pequenos negociantes que temiam que uma cidade aberta arruinasse seus negócios, a demolição total da muralha começou e só três portões foram preservados como monumentos medievais.

Com apenas 30 mil habitantes, em contraste com os 100 mil de Leipzig, Basileia surpreendeu Nietzsche por ser uma cidade pequena, mas o agradou porque preferia cidades pequenas e medievais em vez de cidades modernas. E, apesar do processo de modernização, as características da cidade medieval ainda estavam preservadas. Elizabeth relatou:

> Meu irmão sempre manifestou seu prazer por ter conhecido a antiga Basileia; ele dizia que ao conhecê-la ele pudera ter uma percepção profunda da Idade Média. Os habitantes de Basileia, que tinham hábitos extremamente arraigados, eram muito agradáveis para nós, prussianos... As magníficas casas antigas da Basileia... suas famílias unidas que iam à igreja aos domingos com suas melhores roupas; seus antigos criados que trabalhavam na mesma família de uma geração a outra; a maneira antiquada com que os seus habitantes saudavam-se em seu dialeto da Baixa Alemanha, tudo isso pertencia a uma época há muito tempo esquecida.[1]

Nietzsche passou as primeiras semanas na "horrível" Spalentorweg nº 2, perto de Spalentor, o maior dos portões remanescentes. As acomodações, no entanto, compensavam devido à qualidade da comida da estação central, que era (como até hoje é a comida suíça-alemã) semelhante à comida alemã, porém, melhor.[2] Felizmente,

---
1   YN p. 207.
2   KGB 11.1. 1.

depois de 10 semanas ele mudou-se para uma casa de quatro andares com um terraço perto de Schützengraben (trincheira defensiva) no final da cidade, próxima aos campos e jardins, e com vista para o Reno até a Alemanha e a Floresta Negra, mas ao mesmo tempo distante só 15 minutos a pé da universidade.

Embora para os ingleses a Basileia parecesse muito alemã, para Nietzsche, que nunca antes saíra da Alemanha, a cidade lhe pareceu muito estrangeira. A primeira coisa que observou, em contraste com a Prússia, foi a ausência de um Estado representativo. Não havia rei – o reitor da universidade era eleito pelos professores, e não por uma nomeação real –, nem aristocracia ou culto aos militares. Os desfiles militares, uma característica da vida prussiana, não existiam. E também em contraste com a Alemanha, não havia uma hierarquia eclesiástica nacional, à qual se subordinava o clero local.

O conselho municipal era, na verdade, uma cidade-estado dirigida pelos membros das antigas famílias da Basileia. Nietzsche escreveu a Ritschl logo depois de chegar que "aqui é possível curar-se do republicanismo",[3] e que o governo da alta burguesia não era mais democrático do que o de uma monarquia. A fortuna das famílias tradicionais da Basileia originava-se da manufatura. Mas elas eram extremamente cultas: tanto o chefe do departamento de Nietzsche, Wilhelm Vischer, quanto o seu herói, o grande historiador Jacob Burckhardt, pertenciam a estas famílias. E eles tinham uma preocupação genuína em manter o nível cultural elevado dos cidadãos, o que Nietzsche muito respeitava:

> Tenho uma percepção nítida do tipo desse lugar... uma cidade que promove a cultura e a educação entre seus cidadãos de um modo tão pródigo, que chega a ser desproporcional ao seu tamanho. Isso significa uma comparação censurável em relação a muitas cidades maiores... o *estímulo* a essa promoção é muito maior aqui do que em outros lugares.[4]

Em geral, a Basileia para Nietzsche revelava uma interconexão rígida da liderança política, econômica e intelectual que, às vezes evocava a cidade-estado ideal do livro de Platão, *A República*.

Tendo em vista a determinação das famílias tradicionais da Basileia de evitar um provincianismo cultural, de manter a cidade na vanguarda da vida cultural e intelectual da Europa, seu foco era a universidade. Suas funções não se limitavam a ser uma instituição de treinamento técnico, mas também, como dizia o conselho municipal, de ser "o centro incentivador cultural e espiritual [*geistige*] dos cidadãos". Seu único prédio situava-se próximo à catedral de arenito vermelho no Rheinsprung, uma rua íngreme que conduzia à antiga ponte de madeira (com uma capela no meio) que na época era o único meio de atravessar os 100 metros sobre o Reno. Fundada em 1460, a universidade, em 1870, passava por momentos difíceis devido em parte ao declínio do preço das fitas de seda, a base da economia da Basileia, ao envio de três terços da renda do cantão da Basileia para as regiões rurais, além do fato de que as novas universidades de Zurique e Berna dificultavam atrair alunos: na época de Nietzsche

---

3    KGB 11.1 3.
4    YN p. 208.

o número total de alunos nunca atingiu 200 estudantes. No entanto, patrocinadores dedicados mantinham a universidade em atividade. Uma "Associação Voluntária Acadêmica" foi criada com o objetivo de arrecadar dinheiro para restaurar sua antiga glória, com a realização regular de palestras públicas, a fim de consolidar seu bem-estar no orgulho cívico. Como veremos, diversos ensaios filosóficos sérios de Nietzsche foram apresentados em palestras públicas sob os auspícios da Associação. Esta determinação de preservar um vínculo estreito entre a cidade e a comunidade universitária originou a exigência, só existente em Basileia, de os professores universitários darem aulas às classes mais adiantadas no Pädegogium, a escola secundária local. No caso de Nietzsche isto quase duplicou sua carga horária.

## A Vida Universitária

No início, Nietzsche menosprezou a vida em Basileia. Em especial nas cartas para Sophie Ritschl, ele descrevia como as mulheres suíças eram entediantes, o queijo suíço era incomível, a cultura suíça era provinciana e o patriotismo suíço, "assim como seu queijo fabricado do leite de ovelha, também tinha uma cor amarelada". Até mesmo Jacob Burckhardt, a quem reverenciaria mais do qualquer outro ser vivo, ele descreveu como tendo uma vida medíocre, bebendo cerveja noite após noite com pessoas enfadonhas no bar.[5]

No entanto, é preciso lembrar que por Sophie Ritschl ser um amor impossível, ele exprimia sua saudade de casa no intuito de subliminarmente dizer que sentia sua falta. Mas logo Nietzsche orgulhou-se de designar-se um "suíço livre". Ele tinha queixas legítimas contra a Basileia: o fato de o seu salário ser pago com seis meses de atraso o deixava sem dinheiro no primeiro semestre, além do que os preços na Suíça eram mais caros do que previra, ele tinha dificuldade de pagar suas férias, queixas também agravadas por sua enorme carga horária. Porém ele viveu em Basileia durante 10 anos, o mais longo período de permanência em um mesmo lugar em sua vida inteira e, em 1873, recusou o oferecimento de uma cátedra na Alemanha, em Greifswald, o que demonstra a importância de seu comprometimento com a cidade.

***

Em 28 de maio de 1869, Nietzsche deu a sua primeira palestra na universidade, "Homero e a Filologia Clássica", na qual repetiu a crítica que elaborara em Leipzig sobre o atual estado dos estudos clássicos. "Praticada adequadamente", afirmou, "a Filologia poderia ser uma mistura de ciência e arte com toda a sua atividade inserida em uma visão de mundo filosófica para que os detalhes individuais e isolados desaparecessem como coisas que podem ser rejeitadas e, assim, só restaria a totalidade, a coerência", uma opinião que mais tarde desenvolveria em *A Origem da Tragédia*. Embora suspeitasse que a palestra teria escandalizado Leipzig, ela teve uma boa audiência e foi bem recebida na Basileia. Quinze dias depois da palestra ele escreveu para a família que "as pessoas aqui estão convencidas de que existem

---

5   KGB 11.1 16.

muitas coisas de valor... e agora vejo com clareza que minha posição acadêmica segura deve-se a este fato".[6]

Nietzsche dava aulas de sete às oito horas todas as manhãs, com um total de oito horas/aula por semana. Além disso, ele ensinava seis horas por semana no Pädegogium. Em seus primeiros semestres, suas palestras na universidade abrangeram a história da literatura grega e a filosofia pré-socrática, a retórica grega e romana, a antiga religião grega, a vida e os ensinamentos de Platão, comentários sobre os livros *Bacantes*, de Ésquilo, *Édipo Rei*, de Sófocles e *Os Trabalhos e os Dias*, de Hesíodo. No Pädegogium ele ensinou as obras de Platão, *Apologia de Sócrates*, *Fedro*, *Fédon*, *Sofista*, *A República* e *Protágoras*; livros selecionados de Homero, *Ilíada*, *Prometeu Acorrentado*, de Ésquilo, e *Electra*, de Sófocles. Além das atividades de ensino ele assistia às reuniões dos comitês da universidade, dos membros dos departamentos e da biblioteca. Sua eleição em 1874 como decano de Humanidades testemunhou o respeito de seus colegas em relação a ele, mas aumentou ainda mais a sua carga de trabalho. Ele também substituía colegas doentes e proferia diversas palestras públicas para destacar o perfil público da universidade. E, é claro, sua consciência prussiana o impedia de não dedicar 150% de seu empenho em todas as aulas. Assim, apenas um ano depois que começara a trabalhar na universidade ele foi promovido a professor pleno, aos 25 anos.

Como professor, Nietzsche era instigante e exigente. Ele tratava seus alunos da sexta série como se fossem estudantes universitários, exigindo bastante pesquisa independente. Enviava os melhores alunos para a Universidade de Leipzig e constituía um vínculo social com eles, ao organizar cinco jantares no final dos semestres.[7] Nietzsche era um desses professores com um instintivo senso de disciplina. Em um esboço de *Ecce Homo* (apenas uma parte aparece no livro) ele relembrou,

> eu pertenço a esses educadores involuntários que não precisam nem possuem princípios pedagógicos. Nos sete anos que lecionei em classes mais avançadas no colégio Pädegogium, não tive motivos para castigar um aluno, além do fato de que, como afirmei mais tarde, até mesmo os alunos mais preguiçosos estudavam muito em minhas classes, o que demonstra o estilo dos meus métodos. Um pequeno estratagema astucioso dos meus dias como professor permanece em minha memória: quando um aluno não conseguia dizer adequadamente o tópico da aula anterior, eu assumia a culpa de seu fracasso – eu dizia, por exemplo, que todos tinham o direito de pedir que eu desse mais explicações ou fizesse comentários se algo fosse ensinado de uma maneira por demais superficial ou vaga. Um professor tem a obrigação de ser acessível a *qualquer* nível de inteligência... Esse pequeno estratagema era muito mais eficaz do que qualquer tipo de repreensão. Nunca tive dificuldade em lidar com meus alunos da escola secundária nem com os da universidade.[8]

Algumas observações de Nietzsche em *Ecce Homo* são, como veremos, um pouco mais fantasiosas. Mas o texto a seguir confirma as lembranças dos alunos.

---

6   KGB 11. 1 7.
7   KGB 11.1 67.
8   KSA 13 24 [1] 4. Essa observação feita na segunda frase é citada em *Ecce Homo* (EH I 4).

Um aluno do Pädegogian, por exemplo, lembrava que "nenhum de nossos truques lhe passava despercebido" e contou uma ocasião em que,

> Quando um de nós (agora desempenhando suas obrigações diante de um professor muito respeitado no colégio) não havia preparado bem seu trabalho, ele era solicitado um pouco antes do final da aula a interpretar determinada frase. De pé e com o aparente zelo para realizar a tarefa ele dizia o texto grego que teria de interpretar, tão devagar quanto possível até a sineta tocar. Com uma atenção redobrada, ele lia mais uma frase e, depois, confiante, parava. Nietzsche não se movia. A testa do aluno ficava úmida devido ao suor. "Professor", ele gaguejava, "o senhor não percebeu que a sineta tocou?" Nietzsche o encarava por um instante e, em seguida, sem mover um músculo corrigia-o: "Você quer dizer que eu não a *ouvi*", e saía da sala. No dia seguinte ele começava sua aula olhando para o mesmo aluno e dizia com um ar ardiloso, "Agora, interprete a frase".[9]

Em resumo, Nietzsche era um desses raros professores capazes de inspirar e moldar uma vida inteira, um verdadeiro "educador", como veremos, em um sentido mais rico da palavra.

Um dos alunos lembra, além da qualidade de Nietzsche como professor, "o fato de ele nos tratar mais como companheiros do que garotos maliciosos selvagens, o que na verdade éramos, mas também sua aparência: "Fisicamente, tinha uma constituição delicada e refinada, com certo aspecto feminino, em um contraste marcante com seu bigode marcial, que superava suas outras características físicas."[10] A aparência física de Nietzsche provocava comentários frequentes devido ao seu gosto por vestir-se com extrema elegância. De acordo com o estilo da época (oposto ao estilo atual do culto à juventude) ele tinha uma grande preocupação, como lembrou Elizabeth, em escolher "só estilos e tecidos que o fizessem parecer mais velho; ele não usava nada com um corte jovem e elegante, e só gostava das roupas, modas e chapéus usados por homens mais velhos".[11] O famoso bigode já na época bem grande o envelhecia ainda mais.

## Colegas e Amigos

Em geral, os colegas de Nietzsche na universidade lhe demonstravam uma amabilidade não usual no meio acadêmico. No primeiro ano ele queixou-se de estar sobrecarregado de convites para jantares. Wilhelm Vischer-Bilfinger, Johann Bachofen, Ludwig Rütimeyer eram colegas importantes, mas Jacob Burckhardt ocupava um lugar especial.

Vischer-Bilfinger era a principal autoridade na administração da universidade. Com formação em estudos clássicos, ele reformulou o departamento de estudos clássicos em 1861. Sempre simpático com Nietzsche – fora ele que conseguira sua nomeação – ele fez o possível para suavizar o caminho de seu protegido ao longo

---

9   YN p. 227-228.
10  JI 522.
11  YN p. 205.

da década em Basileia. Bachofen, assim como Vischer-Bilfinger, pertencia a uma das famílias tradicionais da Basileia e era um etnologista inortodoxo interessado nas origens dos primórdios da humanidade. Assim como Nietzsche, ele rejeitava o estudo "científico" trivial do passado, com especulações insignificantes e detalhes obsessivos. Sua concepção fundamentalmente cristã impediu que houvesse uma intimidade mais profunda entre ele e Nietzsche, embora Nietzsche tenha se sentido atraído por sua mulher, 30 anos mais nova que o marido e só um ano mais velha que ele. Rütimeyer era um professor de anatomia e zoologia que estimulou o aspecto científico do temperamento de Nietzsche, em especial introduzindo-o nas críticas à teoria evolucionista de Darwin.

## Burckhardt

Nietzsche desenvolveu com Jacob Burckhardt (1818-1897) uma relação mais próxima e duradoura do que com os outros três colegas. Nascido em uma das famílias tradicionais da Basileia, ele era da mesma geração de Wagner e do pai de Nietzsche. Assim como Nietzsche, ele tinha um talento multifacetado, era um ótimo poeta, artista, dramaturgo (de teatro de marionetes) e músico. Nietzsche o adorava, não só pelo seu talento extraordinário, mas também por ser um excelente professor e ser humano. Ao começar a enlouquecer, em janeiro de 1889, ele escreveu a Burckhardt: "o senhor (*Sie*) – você (*du*) – é o nosso melhor professor".[12] A mudança do tratamento formal para o familiar, "você" é revelador, porque, à medida que perdia contato com a realidade, Nietzsche procurou criar uma intimidade que, apesar de ter desejado e às vezes alegado que estava próximo de tê-la,[13] nunca possuíra.

A razão não era apenas uma questão de diferença de idade e de gostos – Burckhardt jamais gostou de Wagner, ao passo que Nietzsche cada vez sentia-se mais atraído –, mas também devido à personalidade frágil, retraída e antissocial de Burckhardt. Embora fosse um professor carismático, ele era uma pessoa depressiva que temia um colapso decorrente de um desespero final. Em uma observação feita no verão de 1875 – "aqueles que reprimem o desespero como Jacob Burckhardt"[14] – demonstra que Nietzsche percebia a fragilidade emocional dele. Burckhardt, é claro, tinha consciência do brilho intelectual de Nietzsche e o considerava uma pessoa importantíssima para a universidade. Com frequência, ele tinha conversas longas e intensas com o jovem filólogo. Mas a amizade, em oposição a uma familiaridade entre colegas, ele nunca ofereceu a Nietzsche nem a ninguém.

Burckhardt é mais conhecido por seu livro *The Culture of the Renaissance in Italy*, uma obra que exerceu uma profunda influência no pensamento de Nietzsche na maturidade. Ele foi publicado em 1860 e nunca se esgotou. Foi este livro, mais do que qualquer outro, que estabeleceu o conceito da ruptura decisiva dos séculos XIV e XV com a Idade Média, que constituiu o início da era moderna. O livro destaca o

---

12  KGB III.5 1245.
13  KGB 11.5 528.
14  KSA 8 10 [14].

Renascimento italiano como a primeira manifestação do individualismo forte e autoconsciente, o qual ele considerava um fenômeno, como as duas faces de Jano. Por um lado, ele produziu a eclosão de uma sensualidade feroz, de violência e guerra; por outro, incentivou a arte de Rafael, Leonardo e Michelângelo. Em razão de sua conexão suíça, o relato de Burckhardt do Renascimento é provavelmente a origem mais remota da famosa passagem,

> Durante 30 anos, a Itália sob os Bórgia sofreu com guerra, terror, assassinato, carnificina, mas produziu Michelângelo, Da Vinci e o Renascimento. Já a Suíça viveu fraternalmente 500 anos de democracia e paz. E o que produziu? O relógio cuco.*

## Overbeck

Nietzsche sentia uma profunda falta de seu amigo Rohde, que durante o primeiro ano na Basileia, fez uma viagem prolongada à Itália. Ele escrevia para ele com uma afeição amorosa que poderia intrigar algumas mentes modernas:

> Pense em ficar algum tempo comigo após seu retorno da viagem [à Itália]. Talvez seja a última oportunidade por muito tempo. Sinto sua falta de uma forma indizível...É um novo sentimento não ter ninguém aqui com quem eu possa falar dos fatos melhores e piores da vida... minha amizade... está se tornando patológica. Eu lhe suplico como um homem doente: venha para a Basileia.[15]

Mas ele também escrevia para a mãe puritana com o mesmo tom: "Eu gostaria que meu amigo Rohde estivesse aqui, será difícil encontrar um amigo íntimo de novo."[16] É evidente que ele nada tinha a esconder. Em 1871, pleiteou uma cátedra de Filosofia, em parte porque sentia mais afinidade com assunto, mas, ainda com mais urgência, a fim de que Rohde viesse para a Basileia para sucedê-lo na cátedra de ilologia. (Como veremos, este pedido foi recusado.)

No entanto, em abril de 1870, mais uma vez como resultado dos esforços de recrutamento de novos professores de Visher-Bilfinger, um jovem teólogo que ingressou na universidade acalmou muito o desejo de Nietzsche de ter uma alma irmã. Franz Overbeck (ver Ilustração 10) foi morar em Shüzgraben n° 45. Os dois batizaram sua casa de *Gifthütte* (chalé envenenado) inspirados em uma taverna que tinha o nome desagradável de *Das Gifthüttli*** ("chalé envenenado", no dialeto suíço), a meia distância com uma curta caminhada da casa à universidade. Overbeck e Nietzsche jantaram juntos todos os dias nos cinco anos seguintes.

---

\* Essa passagem é do filme *O Terceiro Homem*, lançado em 1949, baseado em livro homônimo de Graham Greene, cujo roteiro foi adaptado pelo autor ou por Orson Wells, que diz essas frases interpretando o personagem Harry Lime. O filme foi dirigido por Carol Reed.
15 KGB 11.1 58.
16 KGB 11.1
** Possivelmente o nome derivava de uma antiga piada sobre a qualidade da cerveja; possivelmente havia alguma inspiração em "arsênio".

Overbeck era sete anos mais velho do que Nietzsche. Apesar de ser alemão, seu pai naturalizou-se cidadão inglês e, assim, o jovem Franz tinha um passaporte britânico. Sua mãe era francesa, e ele fora criado em São Petersburgo. Ele falava inglês, francês e russo em casa, e só aprendeu alemão ao vir para a Alemanha, a fim de estudar em uma escola em Dresden, aos 11 anos. A palestra inaugural de Overbeck intitulou-se "Sobre a Origem e a Prerrogativa de uma Abordagem Puramente Histórica do Novo Testamento". Por ter perdido sua fé (sem o trauma de Nietzsche), ele abordava a Bíblia não como um crente e, sim, como um filólogo estudando um documento histórico. Em 1873, declarou abertamente que ele e sua mulher não mais pertenciam à Igreja Católica, para o prazer de Nietzsche, que disse alegre que "Um dia, nossa casa [o chalé envenenado] não terá má reputação".[17] Embora sua apostasia tenha impedido seu ingresso nas universidades alemãs – ele permaneceu em Basileia o resto de sua vida – sem que ninguém tentasse demiti-lo da universidade, o que revelou a tolerância da geração mais velha da Basileia.

Overbeck foi um amigo fiel de Nietzsche a vida inteira. Ele foi também um amigo com quem Nietzsche nunca discutiu: "Nossa amizade não tinha sombras", relembrou Overbeck. Por sua vez, Nietzsche escreveu,

> Overbeck é a pessoa mais séria, sincera, com uma personalidade encantadora, sem complicações e um pesquisador excelente que todos gostariam de ter como amigo. Ao mesmo tempo, ele tem uma qualidade essencial a todas as pessoas a quem me associo.[18]

Em 1879, no pior momento de sua vida, Nietzsche confessou que a lealdade e a amizade de Overbeck salvaram sua vida: "Em meados da vida eu estava 'cercado' pelo bom Overbeck senão, de outra forma os outros colegas se levantariam e me saudariam: *Mors*."[19] Dez anos depois, como veremos, Overbeck salvou de fato a vida de Nietzsche.

## A Ilha dos Abençoados

Apesar da dedicação em cumprir suas obrigações, Nietzsche nunca se sentiu confortável como professor universitário. Em primeiro lugar, tinha suas reservas em relação à Filologia clássica e a crescente vulnerabilidade ao fascínio da Filosofia que ele trouxera de Leipzig. Mesmo se fosse bem-sucedido em seu pedido para assumir a cátedra de Filosofia, ele ainda se sentiria desconfortável. Na verdade, o que o aborrecia era a repressão da individualidade, a necessidade de se adaptar às expectativas referentes aos professores, de tornar-se uma engrenagem na máquina acadêmica. "Converti-me", escreveu a Sophie Ritschl com desgosto, "no modelo de um professor alemão", coberto de giz, de "poeira", em uma "toupeira educada".[20] Para Rohde ele escreveu em 1870 que duvidava que poderia ser um "bom filólogo" e invejava o amigo que passeava pela Itália "livre como um animal do deserto". (Rohde, por sua

---

17  KGB 11.3 301.
18  KGB 11.300.
19  KGB 11.5 894.
20  KGB 11.1 16.

vez, é bem provável que invejasse o sucesso acadêmico de Nietzsche e sua segurança financeira.) "O ônus mais pesado", continuou Nietzsche, "é representar sempre o papel de professor, de filólogo, o que tenho de provar como tal a todas as pessoas a quem encontro".[21] "Essa nobre profissão", prosseguiu, "tem uma característica agressiva", uma agressividade direcionada à individualidade livre.

Entretanto, Nietzsche conseguia com certa regularidade escapar da vida de uma "toupeira educada". Ele descobriu "um refúgio sem preço"[22] em um lugar chamado Tribschen, a cerca de três horas de distância de trem [sempre pontual].

Tribschen era um promontório à margem de um lago distante 20 minutos a pé do centro de Lucerna. (Tolstoi não suportava Lucerna porque a cidade, assim como agora, era cheia de turistas, e no século XIX em geral ingleses.) Foi em Tribschen que Wagner, com o dinheiro que o Rei Ludwig da Baviera lhe dera, alugara uma grande casa, quadrada, de quatro andares, construída no início do século XIX (ver Ilustração 11), que um decorador de Paris decorara em estilo rococó. Como disse Elizabeth com muito tato, para uma casa suíça sóbria, "o uso de cetim rosa e pequenos cupidos na decoração era um pouco extravagante".[23] Situada em uma pequena colina no lago e cercada por um parque com árvores e um pasto para vacas e carneiros, a sala de estar da casa tinha uma vista espetacular para o lago Lucerna: ao leste via-se através das janelas da sala de estar a montanha Rigi com 2.000 m de altura, ao sudeste o triplo cume de Bürgenstock, enquanto ao sudoeste via-se a montanha Pilatus quase sempre coberta de nuvens. (As diversas pinturas de J. M. W. Turner de Rigi e Pilatus fizeram de Lucerna um lugar favorito para turistas ingleses em busca de "romantismo".)

Wagner, exilado por problemas políticos da Alemanha, mudara-se para a Suíça em 1849 e depois para Tribschen em 1866. Em 1870, ele estava no auge de sua fama e já compusera as duas primeiras óperas da tetralogia do *Anel de Nibelungo*, *Das Rheingold* e *A Valquíria*, assim como *Tristão e Isolda* e trabalhava com empenho em *Siegfried*, a terceira parte do ciclo do *Anel*. Ele sentia-se mais feliz em Tribschen do que em qualquer outro lugar. Nietzsche também sentia o mesmo. Ao final de sua vida, relembrando a tristeza e a recriminação de uma amizade desfeita, Nietzsche recordou-se de Tribschen como "uma ilha distante dos abençoados".[24] (Embora, de uma forma mais prosaica, fosse apenas uma península.)

Frau baronesa Cosima von Bülow (ver Ilustração 12) vivia com Wagner em Tribschen. Nascida em 1837 (o mesmo ano de Overbeck), era 24 anos mais nova que Richard e sete anos mais velha que Nietzsche. Filha ilegítima do grande pianista e compositor Franz Liszt e da extraordinária, mas negligente como mãe, Condessa Marie d'Agoult, a distante mulher do aluno preferido de Lizst e regente de Wagner, Hans von Bülow.* As quatro filhas de Cosima, Daniela, Blandine, Isolde e Eva, as duas primeiras

---

21 KGB 11.1 58.
22 *Ibidem*.
23 YN p. 223.
24 EH III HH 2.
\* Von Bülow regeu a primeira apresentação de *Tristão e Isolda* em 1865 e dos *Mestres Cantores de Nuremberg* em 1868. Em 1875, em Boston, ele regeu a estreia mundial do primeiro concerto para piano de Tchaikovsky. Embora Cosima o tenha deixado para viver com Wagner em 1868, ele não lhe tinha rancor e continuou a defender a música de Wagner e a de Brahms até o final de sua carreira.

filhas de Von Bülow e as duas últimas de Wagner, também moravam em Tribschen. Havia por parte dos habitantes, na maioria católicos, de Lucerna um alto grau de tolerância para permitir que esse casal escandalosamente boêmio vivesse entre eles.

Além da família Wagner e Von Bülow moravam com ela uma governante, uma babá, cinco criados, dois cachorros, vários gatos, um pavão e uma pavoa (que gritavam muito, porque os chamavam de Wotan e Fricka), um cavalo presenteado pelo Rei Ludwig chamado Grane (assim como o cavalo de Brunhilde em a *Cavalgada das Valquírias*), além de vacas, galinhas e carneiros. Provavelmente para combinar com a decoração rococó da casa, Wagner vestia-se com frequência com seus trajes famosos de pintor flamengo do século XVII – casaco de veludo preto, calções de cetim preto amarrados abaixo dos joelhos, meias de seda preta, um grande chapéu preto puxado para uma das orelhas como se fosse uma boina, uma gravata de cetim com um grande laço e uma camisa de renda e linho. Em geral, a casa, como dizia Cosima, era "uma confusão habitual de um gênio criador, tumulto de crianças, balbúrdia de pessoas, idolatria aos animais etc".[25]

Nietzsche chegara à Basileia havia um mês quando decidiu visitar Wagner, como fora combinado em Leipzig. Em 15 de maio de 1869, sem avisar a ninguém, ele interrompeu um passeio de um barco a vapor ao redor do lago, desceu no quebra-mar de Tribschen e dirigiu-se à casa de Wagner. Parou indeciso do lado de fora por algum tempo ouvindo a repetição insistente de um acorde melancólico no piano, que mais tarde foi incorporado ao terceiro ato de *Siegfried*, no qual Wagner trabalhava. Por fim, imbuiu-se de coragem e bateu na porta, mas disseram-lhe que o mestre estava trabalhando e não podia ser interrompido por alguém, nem mesmo por Cosima. No entanto, convidaram-no a jantar dois dias depois, na segunda-feira de Pentecostes.[26] Esta segunda visita deve ter sido um sucesso, porque o jovem professor foi convidado a voltar por ocasião da comemoração do aniversário de 50 anos de Wagner em 22 de maio. Compromissos de trabalho impediram que ele comparecesse, porém, Nietzsche voltou a Tribschen no fim de semana de 5 a 7 de junho e estava presente no dia em que Cosima deu à luz seu primeiro e único filho, Siegfried, em 6 de junho (um nascimento legitimado *post facto* quando Richard e Cosima se casaram em agosto de 1870). A partir de então ele foi convidado a visitar a família sempre que quisesse, e nos três anos entre sua primeira visita e a partida de Wagner para Bayreuth, na primavera de 1872, ele frequentou a casa em 23 ocasiões. Deram-lhe um quarto, com frequência cuidava das crianças, em resumo, era tratado como se fosse um "membro da família". (Certa vez Wagner perguntou-lhe se poderia ser tutor de Siegfried caso acontecesse algo a ele.) Nietzsche sentia-se de fato um membro da família e referia-se aos Wagner como "nós, os Tribschenenses".[27]

Além de estar presente ao nascimento de Siegfried, Nietzsche também compareceu no dia de Natal de 1870, por ocasião da comemoração do aniversário de Cosima. (Cosima nascera em uma noite de 24-25 de dezembro.) Em torno de sete

---

25  KGB 11.2. Para Nietzsche 16.
26  JI p. 293-5.
27  KGB 11.1 58.

## CAP. 6 | BASILEIA

e meia da manhã, 15 músicos, a família e Nietzsche reuniram-se em silêncio no vão da escada. Cosima anotou em seu diário o que aconteceu:

> Ao acordar, ouvi um som cada vez mais alto. Não poderia pensar que fosse um sonho, era o som de uma música, e que música! Então, Richard entrou no quarto com as cinco crianças e deu-me de presente a partitura da "saudação sinfônica de aniversário". As lágrimas escorriam pelo meu rosto, assim como de todas as pessoas da casa.[28]

A música que foi apresentada pela primeira vez – Nietzsche também assistiu ao ensaio secreto em Lucerna no dia anterior – era chamada pela família como "Tribschen" ou o "Idílio da Escada", e pelo mundo como o "Idílio de Siegfried". Durante a manhã, trocaram presentes de Natal. Nietzsche ganhou uma cópia especial do ensaio sobre Beethoven de Wagner e uma edição esplêndida das obras completas de Montaigne, de quem era admirador. Em retorno, ele deu a Richard o que ele pedira, uma cópia da gravura de Dürer, *O Cavaleiro, a Morte e o Diabo*, e a Cosima, uma cópia de seu texto "A Origem do Pensamento Trágico", um ensaio preparatório de *A Origem da Tragédia*. À tarde realizou-se outro concerto privado: primeiro a repetição do *Idílio de Siegfried*, em seguida um septeto de Beethoven e por fim o *Idílio de Siegfried* de novo, e os músicos foram liberados para voltar a Zurique.

\*\*\*

Nietzsche sentia por Wagner a mesma reverência quase religiosa que expressava a Schopenhauer. Logo depois de sua primeira visita a Tribschen, ele escreveu a Wagner,

> Os melhores e mais sublimes momentos de minha vida estão ligados ao seu nome, e só conheço outro homem que considero seu irmão espiritual, Arthur Schopenhauer, por quem sinto a mesma reverência, até mesmo mais como *religione quadam*... Em uma época em que as massas congelam no nevoeiro frio é um grande privilégio aquecer-se à luz de um gênio.[29]

A carta estava assinada pelo "seu mais verdadeiro e devotado discípulo e admirador". Três meses depois ele escreveu a Von Gersdorff,

> Conheci um homem que me revelou a imagem do que Schopenhauer chama de "gênio" e que tem grande admiração pela maravilhosa e intensa filosofia de Schopenhauer. Ele é Richard Wagner, e não devemos acreditar nos julgamentos feitos pela imprensa, nos textos dos estudiosos de música etc. *Só quem* o conhece é capaz de julgá-lo, porque o mundo inteiro tem um enfoque diferente para ele e não se sente bem em sua atmosfera. Ele possui um idealismo tão determinado, uma humanidade tão profunda e comovente, um propósito sério tão arrebatado que quando estou perto dele sinto como se estivesse próximo ao divino.[30]

No final de maio de 1870, Rohde, que havia quase três anos não via o amigo, visitou a Basileia e, é claro, Nietzsche levou-o a Tribschen. Depois da visita, Nietzsche escreveu a Cosima,

---

28   JI p. 393.
29   KGB 11.1 4.
30   KGB 11.1 19.

> Rohde disse-me que ele vivenciara [em Tribschen] o auge de sua viagem "radical" de 15 meses: ele sentiu uma admiração e reverência pela existência plena lá permeada por um sentimento religioso. Agora compreendo por que os atenienses ergueram altares a Ésquilo e Sófocles, e a razão pela qual deram a Sófocles o nome heroico de "Dexion" [aquele que recebe os deuses], visto que ele recebia os deuses em sua casa como convidados. A presença dos deuses na casa do gênio desperta a atmosfera religiosa que relatei.[31]

Logo depois de sua primeira visita a Tribschen ele começou a chamar Wagner de "mestre" e considerar sua carreira como um segundo plano em face da carreira do compositor: em mais de uma ocasião, ele propôs pedir uma licença na universidade ou até mesmo renunciar à sua carreira para dedicar-se integralmente ao projeto ambicioso de construir um teatro em Bayreuth, com o único objetivo de apresentar óperas de Wagner. Mas Wagner nunca demonstrou interesse por esta proposta, porque em sua concepção de seus dramas musicais como um renascimento da tragédia grega, Nietzsche lhe era mais útil como um professor respeitado de grego, que comprovaria este renascimento.

Devido a essa visão de ser um satélite que girava em torno do sol wagneriano, Nietzsche desenvolveu uma relação loquaz e íntima com a companheira de seu sol, Cosima, que tinha quase sua idade. (As conversas tinham às vezes um viés antissemita, com Nietzsche reagindo na mesma moeda ao violento antissemitismo de Cosima.) A intimidade estimulou o hábito de Nietzsche de desenvolver um amor impossível, um hábito que teria durante toda a sua vida. No início da perda de sua sanidade mental, Nietzsche começou a referir-se a Cosima como seu verdadeiro amor, "Ariadne", e a ele como "Dionísio", e a sugerir que as relações dela com Wagner tinham "um caráter de adultério".

Em *A Gaia Ciência* Nietzsche descreveu sua concepção das relações entre os dois sexos. As mulheres, disse, encontram a verdadeira satisfação, exercitam um "excedente de força e prazer", ao se tornarem uma "função" de um homem.[32] (Como ele tinha adotado este papel "feminino" em relação a Wagner, ele estava, talvez inconscientemente, expondo sua experiência pessoal.) Elas se tornam uma "função", continuou, ao se transformarem na "sociabilidade" de um homem. Esta visão, provavelmente baseada na observação do comportamento de Cosima, evidencia suas relações com Wagner. Para cada carta de Wagner a Nietzsche ela escrevia 10, e enquanto em geral as de Wagner eram sucintas, quase telegráficas, as dela para seu "Querido, querido professor Nietzsche" tinham cinco ou seis páginas. E uma vez que Nietzsche também adotara o papel de "função", ela não tinha escrúpulos de encarregá-lo de realizar diversas tarefas. Ele foi incumbido, por exemplo, de encontrar uma fotografia de um tio de Richard, e fazia com frequência compras em Basileia de coisas que não existiam em Lucerna, como roupas íntimas de seda para Richard, marionetes e um teatro de marionetes para as crianças. Segundo Elizabeth, apesar de sua enorme carga horária na universidade, Nietzsche realizava estas tarefas com boa vontade e atento aos mínimos detalhes. Em razão de sua experiência infantil

---

31  KGB 11.1 81.
32  GS 119.

com o teatro de marionetes, ele reclamou com um vendedor que o Diabo não era preto o suficiente e o rei não tinha uma aparência real. Além destas incumbências, Wagner deu-lhe o trabalho hercúleo de supervisionar a impressão de *Minha Vida*, a autobiografia que escrevera a pedido do Rei Ludwig.

O que o casal Wagner pensava do jovem professor? É claro que não tinham dúvidas quanto ao seu brilho intelectual, e em suas longas discussões noturnas sobre cultura, arte e filosofia, Nietzsche detinha a primazia de todos os assuntos gregos, uma língua que Wagner não dominava. E eles gostavam, assim como lhes era útil, de tê-lo como um membro da família.

Por sua vez, eles não pensavam muito no lado afetivo e na autoconsciência de Nietzsche, nem em suas composições musicais. Em 1871, ao ser convidado para passar o Natal de novo em Tribschen, Nietzsche recusou o convite porque teria de trabalhar em sua série de palestras, "O Futuro de nossas Instituições Educacionais". No entanto, o motivo verdadeiro foi o fato de, em sua tentativa de igualar-se ao espírito do presente de aniversário de Wagner do *Idílio de Siegfried* no ano anterior, haver deixado na árvore de Natal a partitura "Lembranças da Véspera do Ano-Novo", uma composição para piano a quatro mãos (um prolongamento do tema da "Véspera do Ano-Novo"). Cosima e Nietzsche tocavam com frequência juntos, mas em sua ausência Hans Richter* o substituía no piano. Enquanto estavam tocando, um criado observou que "o som não era muito bom", e Cosima, ao ver seu pensamento ser articulado, começou a rir. Wagner saiu da sala, não, como pensaram, por raiva, mas sim para controlar suas risadas.[33] (Entretanto, como defesa a Nietzsche cabe mencionar que nem Liszt ou Richard Strauss achavam que ele fosse um compositor tão ruim.)

## O Final de um Idílio

Tribschen foi o lugar onde Nietzsche se sentiu mais à vontade a vida inteira. No gênio entusiasta, caloroso, divertido, imperfeito, transbordante e avassalador de Richard Wagner ele encontrou um pai a quem poderia adorar. Como veremos no capítulo seguinte, Wagner foi um pai intelectual para Nietzsche e exerceu uma profunda influência na elaboração de *A Origem da Tragédia*. Mas também era um pai pessoal e emocional que o convenceu, por exemplo, a não ser mais vegetariano, um regime alimentar que adotara por pouco tempo ao seguir os passos de Von Gersdorff. Em Cosima Nietzsche encontrou uma mãe, um amor fantasioso, uma confidente e uma amiga que simbolizava o ideal das qualidades femininas. Cosima, com o nariz adunco, era mais alta que Wagner, apesar de ele não ser um homem

---

\* Richter regeu a primeira apresentação completa dos *Anel de Nibelungo* em Bayreuth em 1876 e mais tarde tornou-se regente do Halle Orchestra e depois da London Symphony Orchestra na Inglaterra, onde demonstrou uma preparação meticulosa até então desconhecida. Nos anos posteriores ele se converteu em um incentivador veemente da música de Edward Elgar. Como maestro, sua abordagem era grandiosa em vez de errática, com um enfoque na estrutura total e não nos detalhes mais expressivos das grandes obras, um estilo, como veremos, que Nietzsche apoiou com entusiasmo.

33 JI p. 426-428.

baixo, e nas fotografias do casal (ver Ilustração 12) ela precisava sentar, e era ainda mais alta que Nietzsche, de estatura mediana. E na casa de Wagner ele encontrou uma família adotiva que respirava ares de uma cultura europeia sofisticada e que era, ao contrário da sua, livre de restrições rígidas da moral da pequena burguesia: como ele escreveu em uma carta, "Na casa de Wagner... no sopé do Pilatus, em uma solidão mágica entre a montanha e o lago, vivemos juntos com conversas instigantes, em um círculo familiar adorável, sem as banalidades sociais habituais".[34] O que fazia com que esta conversa fosse instigante era a visão de Tribschen como o centro histórico do mundo, o sentimento de que o projeto de Bayreuth seria um novo começo para a Alemanha, para a cultura europeia e talvez para a humanidade como um todo. Elizabeth, que visitou Tribschen em julho de 1870 e na primavera de 1871, fez um registro da atmosfera:

> Ainda me lembro da última noite que passei lá. O pôr do Sol mal terminara e a Lua cheia já brilhava nas grandes extensões de neve no Monte Titlis.* E à medida que a luz do Sol aos poucos desaparecia e a Terra envolvia-se no brilho tênue da Lua, o lago e o contorno pitoresco das montanhas ficavam ainda mais delicados, mais diáfanos... nossa conversa animada gradualmente diminuía e mergulhávamos em um silêncio sonhador. Nós quatro (na verdade cinco) caminhávamos pelo *Räuberweg* [caminho dos ladrões] perto do lago. À frente caminhavam Frau Cosima e meu irmão – a primeira com um vestido de cashmere rosa com uma lapela de renda que descia até a bainha do vestido; em seu braço pendurava-se um grande chapéu toscano enfeitado com uma coroa de rosas cor de rosa, e atrás dela via-se um enorme cão terra-nova preto com um porte majestoso, "Russ". Em seguida, vínhamos Wagner e eu, Wagner vestido com trajes de um pintor flamengo... Ainda me lembro bem como os raios de luz que brilhavam nas árvores nos iluminavam, enquanto caminhávamos em silêncio olhando o lago prateado. Ouvíamos o suave murmúrio das minúsculas ondas que batiam nas margens.[35]

Mas o fascínio não duraria. Em meados de 1870, Wagner começou a falar a respeito da necessidade de mudar para Bayreuth. Diante do colapso de seu mundo ideal, Nietzsche escreveu para Cosima em 19 de junho dizendo que se eles mudassem, ele pediria uma licença prolongada da universidade e iria também para Bayreuth, onde se dedicaria integralmente ao projeto de Wagner.[36] Dois dias depois, ele torceu o tornozelo e ficou de cama durante duas semanas – a doença, como Curt Janz observou,[37] era sua reação habitual ao trauma psicológico.

Wagner por fim partiu de Tribschen em 22 de maio de 1872. Quando Nietzsche foi visitar a família no dia 25 só encontrou Cosima, as crianças e os criados. Como Cosima estava triste por deixar sua "ilha dos abençoados", ele tentou alegrá-la tocando piano. Ele escreveu a Rohde: "Tribschen não existe mais. Eu estive lá por alguns dias, dias melancólicos, e caminhei como entre ruínas."[38] E para Von Gersdorff,

---

34   KGB 11.1 7.
\*    Com 3.020 m de altura; atualmente, a uns 30 minutos de trem do sul de Lucerna.
35   YN p. 223-234.
36   KGB 11.1 81.
37   JI p. 356.
38   KGB 11.1 212.

> No último sábado demos um adeus profundamente triste a Tribschen. Agora Tribschen não mais existe: caminhamos ao seu redor como entre cascalhos, a sensação de tristeza estava por toda parte, no ar, nas nuvens. O cachorro não quis comer. Os criados soluçavam sem parar. Empacotamos os manuscritos, as cartas e os livros – oh, foi tão triste! Os três anos em que frequentei Tribschen, que visitei 23 vezes, como foram importantes para mim! Sem eles o que teria sido de mim! Sinto-me feliz por ter gravado em pedra o mundo de Tribschen em meu livro [*A Origem da Tragédia*].[39]

A partida da família Wagner deixou Nietzsche desolado. No final da vida, apesar das centenas de páginas polêmicas que escreveu contra o grande "feiticeiro", Tribschen ainda surge em *Ecce Homo* como um sonho encantado:

> O que de longe me revigorou de uma maneira mais profunda e afetuosa foi, sem dúvida, meu contato íntimo com Richard Wagner. Eu ofereço por um preço barato todo o resto das minhas relações humanas, mas não cederia a nenhum preço os dias da minha vida que passei em Tribschen, dias de confidências mútuas, de alegria, de acasos sublimes, de momentos profundos... Não sei o que outras pessoas vivenciaram com Wagner: sobre o nosso céu jamais pairou uma nuvem.[40]

Nietzsche nunca foi a Bayreuth. Embora a grande casa de Wagner fosse chamada de *Wahnfried* – "um lugar de refúgio pacífico das desilusões loucas do mundo" (ver Ilustração 14) – Nietzsche achava tudo muito excêntrico. Apesar de ter apoiado a causa de Wagner por mais quatro anos, com crescentes graus de dúvida e momentos de atrito com o "mestre", a antiga e sublime intimidade jamais foi resgatada. É difícil resistir à conclusão de que, emocionalmente, Nietzsche vivenciou a mudança de Tribschen para Bayreuth como uma traição, o segundo "abandono" de um pai. Ao voltar de uma viagem a Rigi em 1874, ele revisitou Tribschen diversas vezes. "Sinto tanta falta", escreveu a Rohde, "sinto-me completamente deserdado".[41] Se Wagner houvesse ficado em Tribschen, *Humano, demasiado Humano*, *O Caso Wagner* e *Nietzsche contra Wagner*, sem mencionar o resto das obras da filosofia da maturidade de Nietzsche talvez jamais tivessem sido escritas.

---

39   KGB 11.1 214.
40   EH II 5.
41   KGB 11.3 393.

# 7

# RICHARD WAGNER E O NASCIMENTO DA OBRA
## *A ORIGEM DA TRAGÉDIA*

Durante três anos, como vimos no capítulo anterior, Nietzsche foi considerado um membro da família Wagner em Tribschen. Além da cordialidade emocional e da música sublime, Tribschen também lhe proporcionou um ambiente filosófico extremamente estimulante, presidido pelo espírito de Arthur Schopenhauer. À sua "filosofia maravilhosamente profunda",[1] Wagner e Nietzsche eram, como vimos, igualmente devotados. Nietzsche enviava seus ensaios e palestras para Wagner, a fim de discuti-los e examiná-los em minúcias, e agradecia a Wagner pelos "muitos problemas puramente científicos" que eles solucionavam em suas discussões.[2] E Wagner enviou para Nietzsche seu ensaio sobre Beethoven, que respondeu, "quero deixar claro como foi importante para mim aprender sua filosofia da música, isto é, *a* filosofia da música, para a elaboração de um ensaio que escrevi neste verão intitulado 'A Visão Dionisíaca do Mundo'"[3]– uma concepção preliminar dos temas centrais do primeiro livro de Nietzsche. Cosima não era uma mera espectadora e contribuía ativamente para a vida intelectual em Tribschen. Uma mulher de uma educação esmerada e perspicácia, ela fazia com regularidade perguntas a Nietzsche sobre seu trabalho filosófico. Ao lhe dedicar seu ensaio "Cinco Prefácios de Cinco Livros Não Escritos", em 1872, ele escreveu, "por um profundo respeito e em resposta às perguntas feitas por cartas ou em conversas".[4]

O produto dessa intimidade emocional e intelectual foi o livro *A Origem da Tragédia*. O prefácio dedicava a obra a Wagner, descrevendo-a como a continuação de uma "conversa" com ele, uma conversa que jamais teria com outra pessoa. O que possibilitou esta "conversa" foi o fato de que, além de ser um gênio musical, um regente e um poeta, Wagner também era um intelectual sério, com uma visão de mundo avançada e peculiar. Os estudiosos e admiradores de Nietzsche tentaram negar sua dívida em relação a esta visão,[5] com base em elementos sem dúvida desagradáveis: o antissemitismo e, mais tarde, a xenofobia alemã. No entanto, é impossível negá-la; para entender o livro de Nietzsche é preciso compreender o "horizonte de

---

1  KGB 11.1 19.
2  KGB 11.1 4.
3  KGB 11.1 108.
4  KSA 1 p. 754.
5  Surpreendentemente, Thomas Brobjer (2008) em seu livro dedicado a discutir as influências filosóficas contemporâneas sobre Nietzsche, não faz referência a Wagner. (Ele omite também uma discussão a respeito de Hyppolite Taine.)

Bayreuth",[6] como ele descreveu em seu caderno de anotações, no qual o livro foi elaborado, os "espetáculos wagnerianos", nas palavras de um crítico contemporâneo,[7] pelos quais ele vê o mundo.

## A Visão Wagneriana do Mundo

O pensamento filosófico de Wagner concentrava-se em quatro tópicos interligados: sociedade, política, arte e religião. Começaremos discutindo o tópico "sociedade" com a *Kulturkritic* de Wagner, sua crítica à condição cultural da modernidade ocidental. A crítica enfoca dois aspectos: o cristianismo e os efeitos da industrialização e da burocratização.

Wagner percebia, assim como a maioria das pessoas cultas de sua época, que o cristianismo não mais atraía a crença. Entretanto, disse ele, o cristianismo nos deixou um legado pernicioso. Enquanto os gregos concebiam a felicidade como uma condição natural do ser humano, a visão do mundo cristã nos condenava a viver em uma "masmorra abominável".[8] O cristianismo ensina a desprezarmos todas as coisas terrenas, mas se contradiz ao pregar ao mesmo tempo o amor fraterno universal.[9] Nada disso Jesus concebeu. O carpinteiro da Galileia foi uma espécie de revolucionário socialista, um homem das classes trabalhadoras que de fato praticava o amor universal que pregava. Não ele e sim a Igreja Católica Apostólica Romana (isso seria um tema crucial nos trabalhos posteriores de Nietzsche) inventou a metafísica mundana, fonte do desprezo por este mundo.[10] Então, em geral, o cristianismo tem sido uma força destrutiva que nos deixou um legado de automenosprezo.

Além disso, ele preparou o caminho inumano da vida econômica moderna. Se o homem for um ser humano sem valor, não há razão para não tratá-lo, como a sociedade industrial faz, como "mero instrumento para o funcionamento de suas máquinas".[11] Na sociedade moderna, o trabalho tornou-se uma "tarefa" árdua e desumana. Os homens transformaram-se em escravos das máquinas e, portanto, converteram-se em máquinas.[12]

Essa condição teve um efeito terrível sobre o bem-estar do ser humano. Como as massas são treinadas para fazerem apenas parte das máquinas, e o trabalho as exaure, elas só usufruem de prazeres desprezíveis e insignificantes nos momentos de lazer. Mas como o consumismo medíocre produz retornos ainda menores, o *tédio* passou a ser a característica principal da sociedade moderna. Na sociedade de consumo, as pessoas ficam "entediadas por prazer".[13] Parte do antissemitismo de Wagner consistia em ver os judeus como seres especialmente produtivos e inclinados ao

---

6    KSA 7 19 [303] *et passim*.
7    *Philologischer Anzeiger* v. 5, nº 3, 1873, p. 134-139.
8    WMD p. 59.
9    WMD p. 68.
10   WMD p. 59.
11   WMD p. 65.
12   WMD p 85-87.
13   WMD p. 62.

consumo, embora em seus escritos posteriores ele tenha criticado os franceses que absorviam a modernidade com um "materialismo francês".

A decadência da sociedade moderna teve um efeito deletério sobre a arte. A reprodução mecânica de trabalhos artísticos e a consequente "democratização" do gosto significou que os mais humildes entre nós podiam colocar nobres peças de arte no consolo da lareira,[14] o que entorpece nossa capacidade de reverenciar a grande arte. A familiaridade casual, em outras palavras, gera o desprezo. Quanto à música e ao teatro, tudo o que o público exausto quer é "distrair-se e entreter-se". Em consequência, a modernidade não mais é capaz de fazer o *Gesamtkunstwerk*, o "trabalho artístico coletivo", que era a glória da Grécia. Em vez de reunirem-se, como nas tragédias gregas, cada forma de arte exerce um papel vital no trabalho artístico, e as artes estão essencialmente divididas, cada uma delas procurando seu nicho para distrair. Assim a ópera, sobretudo a francesa e a italiana, interessa apenas a um público que quer ouvir música fácil de escutar. Os enredos são ridículos, os cantores estendem suas falas entre as grandes árias e quando, por fim, as terminam alguém pede "ainda mais seis", o que destrói, é claro, qualquer possibilidade de continuidade dramática e reduz as oportunidades de criar "um caos de sensações triviais".[15]

Em relação ao aspecto literário da vida moderna, Wagner observou que vivemos em uma cultura de "papel". Sofremos de uma "mania lexicográfica", na qual (em nossas palavras e não nas de Wagner) somos "sobrecarregados de informação". Por este motivo, a característica de nossa época é, em sua essência, "crítica" de uma maneira que reprime a criatividade. Oprimidos pela "história cultural", pensamos que "tudo já foi feito antes" e limitamo-nos a recombinar estilos artísticos do passado.[16] (Podemos dizer que esta visão de Wagner antecipou o "niilismo pós-moderno".)

Finalmente, a maior crítica de Wagner à modernidade refere-se à atomização social. Enquanto no passado éramos ligados pelo companheirismo de um objetivo comum, disse ele, de um mundo homenageado em *Mestres Cantores*, o mundo de artistas e artesãos que trabalhavam juntos para construir as catedrais medievais, a sociedade moderna vive em um mundo de "total egoísmo". Todas as pessoas buscam suas metas egoístas, e a única força de coesão é o Estado. Porém o Estado moderno, burocrático, com regras rígidas e formais, é pior que o egoísmo desenfreado. Com a ajuda de dogmas religiosos e da imprensa, ele transmite às pessoas a mensagem "vamos pensar individualmente" e as manipula para serem instrumentos robóticos de seus objetivos perniciosos e militaristas.

\*\*\*

Feito o diagnóstico preliminar de nossa condição, como remediá-la? A chave está na Grécia e acima de tudo na tragédia grega. Mas, Wagner apressa-se a acrescentar, não significaria fazer uma restauração sem originalidade da Grécia por meio "de uma falsa impressão da arte grega" (um banco vitoriano imitando um templo grego). Por admirarmos os gregos, devemos recriar sua arte em uma realidade contemporâ-

---

14  WPW p. 120.
15  WMD p. 37-41.
16  WPW V p. 113-5.

nea, em vez de uma relíquia fossilizada do passado. E de modo algum devemos admirar todos os aspectos da cultura helênica, em especial a "vergonhosa escravidão", na qual se baseava a vida econômica grega. O objetivo principal seria substituir o regime de quase escravidão "da jornada universal da humanidade, com sua alma doentia em busca de dinheiro" da sociedade moderna, por uma "forte" e "livre humanidade".[17] No entanto, disse Wagner, é o teatro ateniense que proporciona o "modelo típico da relação ideal, sonhada por mim, entre o teatro e o público".[18] Como Wagner via a tragédia grega e o que a distinguia do teatro doente da época atual?

\*\*\*

Em primeiro lugar, a tragédia grega não era um "entretenimento". Ela era apresentada,

> só em dias especiais, sagrados, nos quais o gosto pela arte aliava-se à celebração de um rito religioso, em que os membros mais ilustres do Estado participavam como poetas e artistas, para aparecerem como sacerdotes perante o povo reunido do campo e da cidade; um povo com expectativas tão elevadas da arte sublime que iriam ver que um Sófocles, um Ésquilo, poderiam expressar diante do *Volk* (povo) o significado profundo de seus poemas certos de que seriam entendidos.[19]

Em segundo, era um "trabalho artístico [*kuntswerk*] e coletivo [*Gesamt*]". Ele reunia dois aspectos. O primeiro e mais óbvio era a congregação de todas as artes, sobretudo, as palavras e a música, em um único trabalho artístico. (Se não houvesse música, o que nos levaria a pensar nas obras de Ésquilo ou Sófocles como trabalhos puramente literários, como Nietzsche registrou em seu caderno de anotações, equivaleria a pensar em *Tannhäuser* apenas como palavras.)[20] Além disso, ele reunia a comunidade inteira e, assim, criava e a preservava *como* comunidade. Em contraste com a modernidade fragmentada, na Grécia,

> todas as divisões... todas as forças dispersas concentravam-se em *um* ponto... qualquer divisão dos elementos em canais separados seria tão prejudicial a essa arte *singular* e nobre como para o próprio Estado; desse modo ela poderia amadurecer, mas nunca mudaria sua natureza. Pois essa arte era conservadora...[21]

Observem que "congregação" no primeiro aspecto requer "reunião" no segundo, porque o trabalho artístico só poderia reunir a comunidade se também reunisse as artes, senão o público se fragmentaria em nichos de artes individuais. Segundo Wagner, a fragmentação das artes causa a fragmentação da comunidade – uma tese que recebeu algum apoio uma vez que, na sociedade contemporânea, diferentes tipos de música funcionavam como "símbolos" que identificavam subculturas distintas e exclusivistas.

---

17 WMD p. 65.
18 WMD p. 63.
19 WMD p. 63.
20 KSA 7 1 [1].
21 WMD p. 63.

## CAP. 7 | RICHARD WAGNER E O NASCIMENTO DA OBRA *A ORIGEM DA TRAGÉDIA*

Como a *Gesamtkunsterk* cria e preserva a comunidade? Notem que, em razão de a tragédia grega ser o "modelo" da "relação ideal entre o teatro e o público", ao descrever a arte grega, Wagner está ao mesmo tempo projetando a "arte do futuro", o modelo que sua música pretendia ser. "O companheirismo e a comunidade que se estendem além da mera conexão biológica de ancestrais comuns", escreveu Wagner, "só podem florescer onde a religião e o mito florescem". As "raças helênicas",

> comemoravam solenemente seus antepassados comuns [e assim tornavam-se *gregos*] durante suas festas religiosas, ou seja, a glorificação e adoração do deus ou do herói no qual se sentiam incluídos como uma comunidade... eles materializavam suas tradições nacionais por meio de sua arte e, ainda de forma mais direta na plena maturidade de sua forma artística, a tragédia.[22]

Em outras palavras, a tragédia era um ato religioso, um ato em que a "tradição nacional", o *ethos* de um povo, de sua concepção da maneira adequada de viver, era expressa em forma de mito. Na verdade, continuou Wagner, quando os ritos do templo tornaram-se convencionais e sem alma (refletindo o declínio da Igreja no século XIX), o anfiteatro converteu-se *no* lugar onde a essência da religião, da "convenção religiosa e social", exprimiu-se.[23] A tragédia grega, "a arte em sua perfeição" tornava-se,

> a abstração e o epítome de tudo o que era exprimível na natureza grega. Era a nação – em íntima conexão com sua história – que se refletia em sua arte, que comungava com si mesma e, em poucas horas, deleitava-se com sua mais nobre essência.[24]

A tragédia grega era capaz de exprimir-se dessa forma porque seu conteúdo era mítico, o mito sendo o esclarecimento e a "condensação" da "visão comum da essência das coisas", uma visão da "natureza... dos homens e da moral".[25] Nos mitos (os mitos gregos ou os mitos nórdicos da música de Wagner) incorporavam-se às leis essenciais do que é e do que deveria ser: os homens deveriam ter consciência de que não são deuses – o testemunho do destino de Édipo – e que o poder corrompe como testemunha a destruição provocada por Wotan em sua procura do anel de Nibelungo. A tragédia grega, em outras palavras, era essencialmente *didática* (uma característica de Brecht que, como os gregos, usava máscaras e música em uma tentativa de recapturar esta essência).

Uma vez que é a essência do *Volk* (povo) que se revela na arte, em determinado sentido, em vez de ser um indivíduo, é seu "criador". O dramaturgo apenas expressa o *ethos* comunitário. A arte floresce "desde que inspirada pelo espírito do *Volk*... isto é, um espírito *comunitário*". Quando o "egoísmo" estético manifestou-se no século IV na Grécia, "a arte do povo terminou".[26]

Poderíamos dizer que a comunidade ou *Volk*, tal como Wagner a concebia, era uma sociedade unicultural; uma sociedade em que, apesar das diversidades de estilo

---

22 WMD p. 81.
23 *Ibidem.*
24 WMD p. 63.
25 WMD p. 89.
26 WMD p. 84.

de vida, todas as pessoas tinham um consenso em relação ao bem-estar comum, sobre "valores" fundamentais, independentes dos valores impostos pelo Estado. No entanto, por que deveríamos valorizar a sociedade unicultural? (Por esta concepção ser diametralmente oposta à ideologia do "multiculturalismo" do século XX, que agora vivencia momentos difíceis, o pensamento de Wagner a respeito da comunidade tem uma grande importância contemporânea.)

Um *Volk*, escreveu Wagner, consistia em todos aqueles que sentiam "um desejo comum e coletivo". Membros autênticos que "reconheciam seu desejo individual como um querer coletivo, ou encontravam seu fundamento nesta mesma aspiração". No âmbito do *Volk*, a necessidade coletiva propiciava uma base, a única base para a "ação necessária". Em outras palavras, esta base dava à vida um objetivo e um significado. Onde não havia uma ação necessária existia apenas "capricho". Só restava a busca de desejos que não só eram "egoístas", mas também eram "artificiais" e, portanto, sem sentido, a exemplo da condição da sociedade moderna. A arte comunitária do futuro, disse Wagner, despertará a "necessidade sagrada" e, assim, a vida readquirirá significado.[27] De modo mais específico, o *trabalho* terá de novo um significado prazeroso. Em "Sobre o Estado e a Religião", Wagner explicou que rejeitou o socialismo de sua juventude, quando percebeu que os políticos socialistas só queriam reorganizar o mundo do "trabalho árduo", ao passo que ele queria *aboli-lo*, reformar as práticas trabalhistas para que, como na agricultura medieval, elas constituíssem mais uma vez uma "bela vida"; uma vida em harmonia com a natureza e as estações entremeadas por frequentes "entretenimentos e festas"[28] (a vida que ele celebraria em *Mestres Cantores*). Além disso, visto que a ação necessária atendia ao desejo coletivo, ela extinguiria as classes, embora não as diferenças. Todas as pessoas, de acordo com sua posição, trabalhariam em direção a um objetivo comum. Ao se tornarem membros de uma equipe (ou, talvez de um coro) a indiferença entre os seres humanos desapareceria.

\*\*\*

O cerne desse pensamento é, sem dúvida, a noção de *Volk*. O *Volk* criava e era preservado pela arte; o indivíduo encontrava um significado e uma percepção comunitária dentro do *Volk*. Esta concepção suscita a pergunta em relação à posição de Wagner quanto à questão do nacionalismo *versus* internacionalismo, o regionalismo *versus* cosmopolitismo.

Wagner observou que, enquanto o Império Romano aboliu a realidade do *Volk*, e o cristianismo medieval, ao reconhecer só o "homem *cristão*", extinguira seu conceito preciso, ele queria reviver este conceito e revigorar a realidade.[29] Entretanto – este é o aspecto socialista de seu pensamento – a importância de um *Volk* vigoroso não exclui a preocupação com a humanidade universal. Assim como,

> a arte grega entrelaçava-se ao espírito de uma nação justa e nobre, a arte do futuro deve cingir o espírito de uma humanidade livre, sem os empecilhos da nacionalidade;

---

27 WMD p. 85-7.
28 WMD p. 399-401.
29 WMD p. 85.

sua diferença racial significará o embelezamento, o encanto individual da diversidade e não um obstáculo... Devemos amar todos os seres humanos antes de nos amarmos a nós mesmos.[30]*

O cosmopolitismo de Wagner revela-se também na insistência de que o conteúdo do mito é inesgotável e verdadeiro em todas as épocas e culturas e, portanto, a única tarefa do poeta é "expô-lo" de uma maneira especial para um público específico.[31] Em "Sobre o Estado e a Religião" ele surpreendentemente critica o "patriotismo" por ser uma ilusão prejudicial [*Wahn*].** Ele é prejudicial porque é simplesmente um egoísmo mais intenso que, estimulado pela imprensa, é responsável pelo estado permanente –real ou incipiente – da guerra no mundo moderno. O patriotismo, em outras palavras, é o último refúgio de patifes demagógicos. A partir deste pressuposto ele conclui que a monarquia é necessária e, visto que o trabalho do rei está acima da política nacional, sua única preocupação são os "interesses dos seres humanos além do mero patriotismo".[32]

Como Wagner pode ser ao mesmo tempo nacionalista e cosmopolita? As observações referentes ao "encanto da diversidade" e à "inesgotabilidade do mito universal" sugerem uma síntese entre o multiculturalismo e o uniculturalismo – "a multiplicidade na unidade"[33] como mais tarde Nietzsche diria – de certa maneira como "uma catedral medieval" englobava um conjunto de manifestações regionais, temporais e estilísticas diferentes, ou como uma única língua possui uma série de dialetos regionais. Ou poderíamos pensar em uma sinfonia de Beethoven com sua possibilidade inerente de ter interpretações infinitamente distintas, mas todas válidas, como um modelo para compreender a ideia do mito universal suscetível indefinidamente a muitas interpretações no âmbito dos dialetos das diferentes culturas.

O nacionalismo de Wagner em sua meia-idade assumiu uma forma distinta e menos palatável. Como disse Nietzsche em 1888, ao explicar sua oposição a Wagner, ele perdera a "tendência cosmopolita" da juventude e tornara-se um *reichsdeutsch*,

---

30   WMD p. 65.
\*    Em uma pergunta retórica, perguntamos: "Até os judeus?". Teoricamente, pelo menos, sim, devemos. No infame "Sobre o judaísmo na música", Wagner pelo menos tem a dignidade de colocar a culpa pela situação dos judeus como marginais malignos na recusa do Cristianismo de assimilá-los. Falando em termos lógicos, a solução para a "questão judaica" é, então, a assimilação (WMD p. 51-59). O que torna essa paranoia tão perigosa, no entanto, é que, depois que os judeus são jogados no papel de uma quinta coluna no meio do *Volk*, a eliminação se apresenta como alternativa pronta para a assimilação.
31   WMD p. 90-1.
\*\*  *Wahn* é uma palavra que Wagner usa com frequência. É difícil traduzi-la – Ashton Ellis sabiamente não a traduz – porque ele distingue as formas prejudiciais e benéficas do *Wahn* [a religião é uma forma benéfica] de certo modo como Platão, em *Fedra*, diferencia as formas boas e más da "loucura". (A loucura "divina" para Platão é a inspiração essencial para a grande poesia e o verdadeiro amor.) Segundo nossa opinião, *Wahn*, como Wagner a usa, é uma palavra neutra que significa algo como um "conjunto de crenças que supera qualquer evidência possível que poderíamos ter para comprovar sua verdade". No caderno de anotações de Nietzsche da época de Tribschen há várias menções à palavra *Wahn*, na qual *Ilusão* é usada frequentemente como sinônimo, o que é também ambíguo. Mais tarde ele usará "erro" de uma maneira similar.
32   WMD p. 399-421.
33   BGE 212.

um xenófobo bismarckiano.³⁴ No entanto, pelo menos em teoria, Wagner procurou reconciliar sua posição com preocupações internacionais importantes e escreveu três anos antes do início da Guerra Franco-Prussiana que:

> libertarmo-nos da tirania da civilização materialista da [França]... é a missão essencial da Alemanha; porque só a Alemanha entre todos os países continentais possui as qualidades e as forças mentais e espirituais necessárias para criar uma cultura mais nobre.³⁵

A "interioridade" alemã poderia, com o uso das armas, caso fosse necessário, salvar a Alemanha da dominação decadente da França. (A perniciosidade da ideia de uma "missão" divina alemã revelou-se no fato de que esta mesma ideia de uma missão nacional sem paralelos foi usada pelos intelectuais de direita para justificar a entrada da Alemanha na Primeira Guerra Mundial e pelos intelectuais de direita americanos, influenciados pelos filósofos alemães, a fim de justificar a invasão de Bush no Iraque.)

## A Arte do Futuro

Na visão de Wagner, como vimos, a modernidade estava doente. O cerne de sua cura residia na restauração do trabalho artístico coletivo, o "modelo" oferecido pela tragédia grega. Mas o que exatamente esta arte salvadora, esta "arte do futuro", representaria? Uma arte que pressagiaria a vida no futuro e desejaria fazer parte dela?³⁶ Qual seria, em outras palavras, o modelo teórico que Wagner, o artista – o mais teórico de todos os grandes compositores –, queria realizar?

Essa arte do futuro, como sabemos, "reuniria" as artes individuais em uma única obra e daria um sentido de afirmação à comunidade. Porém, e quanto à estrutura interna do trabalho? Quais seriam precisamente as relações entre seus elementos constitutivos, em especial, entre seus principais atores, a música e as palavras? Não existe uma resposta unívoca a esta pergunta, porque a resposta dada por Wagner mais tarde é bem diferente da que dera na juventude. Discutiremos, primeiro, a visão inicial de Wagner e depois sua reformulação, uma reformulação que exemplifica a parábola familiar de que o idealismo da juventude converte-se em resignação com a idade, mas também que sofreu uma influência crucial, quando Wagner descobriu Schopenhauer.

\*\*\*

O jovem Wagner enfatizava, acima de tudo, a necessidade de restaurar a "unidade orgânica" da arte. Era preciso superar o "caos" dos trechos desconectados da ópera franco-italiana. (A descrição que Nietzsche fez em 1888 de Wagner como um "miniaturista" talentoso sem capacidade de construir genuinamente conjuntos unificados³⁷ é, portanto, um insulto mortal.) Não deveria haver mais "ritornellos", nem interlúdios musicais "autoglorificantes", ou árias longas, que interrompem a continuidade dramá-

---

34 EH II 5, EH VI 2.
35 WMD p. 422.
36 WMD p. 235.
37 WC 7.

tica da obra.³⁸ Não pode haver competição entre o poeta e o músico e sim um "espírito de comunhão de ideias". Eles devem comportar-se como dois viajantes, um dos quais (o poeta) descreve a terra, o outro o mar, mas que compartilham seus respectivos territórios transformando-os em um só.³⁹ Eles colaboram no dia seguinte. No momento em que as palavras perdem grandeza (quando, por exemplo, apenas aceleram o enredo) a orquestra se destaca transmitindo uma sensação de presságio ou de lembrança subjacente ao drama, como nas trilhas sonoras de filmes. Porém, quando as palavras ascendem ao nível de paixão poética, a orquestra fica em segundo plano.⁴⁰

Embora essa relação entre música e palavras *pareça* muito harmônica, essa é uma falsa impressão, porque Wagner explicita que a verdadeira ameaça à unidade da arte é a inconstância musical, a tendência do compositor de atender ao desejo de ouvintes preguiçosos que querem escutar melodias fáceis – *Nessun Dorma, Un bel di*, e assim por diante – árias destinadas a ter "seis repetições". Por fim, o elemento predominante do trabalho deve ser as palavras: as passagens em que a orquestra se destaca "nunca são determinadas *pelo capricho do músico*, como um artifício aleatório do som, mas sim *apenas pelo objetivo do poeta*.⁴¹E isso, na realidade, é a relação natural entre a música e as palavras, uma relação que revela a origem da música em um discurso apaixonado: "A música é a expressão da extrema paixão; a música é o discurso da paixão."⁴²

Mas Wagner não é muito explícito quanto ao motivo de a música subordinar-se às palavras. Talvez *seja* porque só as palavras produzem unidade, pois existe, é óbvio, uma unidade tanto musical quanto dramática, a unidade "absoluta" (puramente instrumental) da boa música. Portanto, as palavras devem ser o elemento dominante do trabalho artístico coletivo. Se sua função for a de reunir a comunidade com uma clara afirmação de seu *ethos* fundamental, então, a exigência mais vital da arte é *a de ser a articuladora deste* ethos. E só as palavras são capazes de articulá-lo. Como Martin Heidegger mencionou no primeiro volume de seu monumental estudo sobre Nietzsche, "uma posição solidamente fundamentada e articulada em meio aos seres humanos" é "o tipo de circunstância que só a grande poesia e o pensamento podem criar".⁴³Se renovarmos nossa mútua compreensão de uma vida prazerosa, então, na metáfora de Wagner a "terra" teria precedência sobre o "mar", porque não podemos manter nossos pontos de apoio se estivermos "todos no mar".

## O Impacto de Schopenhauer

A obra filosófica que provocou êxtase em Nietzsche durante o período em Tribschen foi o "magnífico"⁴⁴ ensaio sobre Beethoven escrito em 1870 – Beethoven era importante para Wagner porque, segundo palavras de Cosima, ele se considerava o

---
38   WMD p. 228-229.
39   WMD p. 215.
40   WMD p. 228.
41   WMD p. 229. Ênfase de Wagner.
42   WMD p. 52.
43   Heiddeger (1979) v. I, p. 88.
44   BT Prefácio.

"único filho de Beethoven"⁴⁵ – e "Sobre o Estado e a Religião" de 1864-1865. Nietzsche escreveu a Von Gersdorff que o ensaio "Sobre o Estado e a Religião" parecia uma carta de Wagner a seu protetor, Ludwig II da Baviera,

> é um ensaio grande e profundo no qual ele explica ao seu "jovem amigo", o pequeno rei da Baviera, seu ponto de vista em relação ao Estado e à religião. Nunca alguém se dirigiu a um rei de uma maneira mais digna e filosófica;* a leitura deste ensaio exaltou-me, mas, ao mesmo tempo, abalou-me por seu idealismo.⁴⁶

No entanto, essas obras foram escritas sob influência do livro *O Mundo como Vontade e Representação*, de Schopenhauer, que Wagner lera em 1854 e imediatamente releu quatro vezes. Como Nietzsche disse a Von Gersdorff, o ensaio "Sobre o Estado e a Religião" inspirou-se sob todos os aspectos no gênio Schopenhauer.⁴⁷

O que Schopenhauer significou para Wagner? Que efeito teve *O Mundo como Vontade...* sobre o compositor? Ele causou, ou pelo menos reforçou com vigor, por um lado, uma mudança em sua concepção sobre a vida, a política e a redenção e, por outro, sua visão em relação à sua natureza e ao significado da música. Como veremos, as duas mudanças estão intimamente conectadas.

Ao referir-se a *Tristão e Isolda*, a primeira ópera criada após a descoberta de Schopenhauer, Wagner escreveu a Franz Liszt, em dezembro de 1854, que a filosofia de Schopenhauer foi um "presente do céu". Sua ideia principal, explicou ele,

> a negação final do desejo de vida é de uma seriedade terrível, mas ela revela a única salvação possível. É claro que para mim esse pensamento não é novo e já poderia ter sido concebido por outra pessoa, porém esse filósofo foi o primeiro a expô-lo com clareza à minha frente... o desejo de morte, de total inconsciência e não existência... libertar-se de todos os sonhos é nossa única salvação final.⁴⁸

E em *Tristão* a inevitabilidade do destino dos dois amantes exprime o desejo deles de "esquecimento":

> *No movimento das ondas,*
> *No sussurro do som,*
> *No alento do mundo*
> *Nas ondas de Tudo*
> *Afogar-se,*
> *Cair –*
> *Inconsciente –*
> *Bênção suprema –*

---

45  KGB 11. 2. Para Nietzsche 32.
\*   Essa explicação foi influenciada pela tentativa de Platão de convencer o tirano de Siracusa a governar de acordo com os princípios de seu livro *A República*.
46  KGB 11.1 19.
47  *Ibidem*.
48  Magge (1983) p. 355.

Essas são as palavras finais de Isolda quando ela cai "como transfigurada" sobre o corpo sem vida de Tristão e morre em seguida, encerrando a ópera.

Como Wagner disse em uma carta a Liszt, a ideia de que a solução do problema da vida residia em sua "negação" preexistia em sua mente antes de vê-la formulada pelo grande pessimista. Ao escrever em "Sobre o Estado e a Religião" para Ludwig, que lhe perguntara (apreensivamente, presume-se) se ainda tinha as doutrinas revolucionárias da juventude, Wagner disse que, por ter descoberto que o objetivo do socialismo não era uma superação, mas apenas uma reorganização do trabalho desumano da indústria moderna, ele decidiu que "meu reino não é desse mundo", e que "aqueles que contribuem para melhorar o mundo" eram na verdade "vítimas de um erro fundamental e exigiam do mundo algo que ele não poderia dar".[49] O que isso significava para o rei, seu tutor, continuou, é que ele deveria tornar-se uma espécie de modelo religioso, uma figura santificada que incorporasse a natureza da "verdadeira religião". Ao reconhecer o irremediável "desgosto do ser humano", o "âmago" da religião é, continuou Wagner,

> a negação do mundo, isto é, o reconhecimento do mundo como um estado mental onírico e transitório, um sonho apoiado apenas na ilusão, e a luta para sua redenção originária da renúncia atingida pela fé.[50]

A redenção do ensaio sobre Beethoven ainda pressupõe o "*Whan* da individualidade" e o "inferno de [uma] existência imersa em uma terrível discórdia". Wagner concluiu, como Schopenhauer, que a redenção consiste em transcender a ilusão do pluralismo, ao reconhecer a verdadeira realidade de uma unidade indissolúvel, uma "Unidade" indiferenciada que elimina a possibilidade de discórdia.[51] A religião nos conduz a um mundo transcendental no qual vivenciamos a "felicidade íntima" de um santo, na certeza do conhecimento de sua outra redenção mundana; ou a felicidade de um mártir, o rei, escreveu Wagner profeticamente para Ludwig, é uma figura "trágica". Esta é a tarefa da grande arte religiosa. Esta tarefa, continuou Wagner (em especial ele pensa aqui em *Tristão*...),

> é a de ascender acima da vida e mostrá-la como um jogo a ser jogado: um jogo que tem uma aparência terrível e severa, mas é apenas uma imagem *Wahn* e, assim, ela nos conforta e nos distancia da verdade comum de nossa angústia.[52]

Existem três temas nessa premissa. Primeiro, a afirmação do pessimismo de Schopenhauer: a vida é sofrimento; o esforço humano para remediá-lo pode mudar sua forma, mas nunca sua quantidade e, portanto, é inútil. Neste sentido, o otimismo proveniente de ideias de melhoria do mundo, como o socialismo de Wagner na juventude, baseia-se na ilusão. Ainda de maneira mais geral, a política é uma desilusão, *Wahn*: quando se mudou de Tribschen para Bayreuth, como vimos, Wagner

---

49 WMD p. 402.
50 WMD p. 413.
51 WPW p. 71-72.
52 WMD p. 420-422.

escreveu em cima da porta da frente de sua nova casa "aqui onde minhas ilusões encontraram a paz, dei-lhe o nome de *Wahnfried* (ilusão e paz)" [ver Ilustração 14].

Em segundo lugar, a passagem não mais afirma o materialismo socialista e sim o idealismo de Schopenhauer: a natureza e o mundo cotidiano são um "sonho" e, assim, a vida nada mais é que um "jogo".[53] Este pressuposto foi o terceiro elemento que possibilitou a filosofia posterior de Wagner, uma afirmação da possibilidade de "salvação" deste mundo de sofrimento, por meio da transcendência para "outro mundo".[54] "A salvação", afirmou Wagner, "nos libertará do infortúnio das aparências", da discórdia e do sofrimento. É claro que não podemos oferecer uma prova racional de que existe outro mundo redentor. A religião sem interesses materiais e mundanos é neste sentido também *Wahn*, uma questão de fé e não de razão. Mas é uma *Wahn* saudável em vez de doentia.[55]

Porém, como poderemos ter acesso a essa fé? Como adquirir a experiência fenomenológica da realidade deste mundo além da pluralidade e, então, além do sofrimento? O elemento essencial é a música, a música vista à luz da revelação de Schopenhauer de sua verdadeira natureza.

\*\*\*

Como já mencionado, segundo Schopenhauer, enquanto a linguagem, o pensamento conceitual e todas as artes lidam com o mundo visível de aparências, a música, de uma maneira não conceitual, revela a natureza da realidade fundamental, a "coisa em si". No ensaio sobre Beethoven, Wagner disse que Schopenhauer foi a primeira pessoa a definir adequadamente a posição da música em relação às outras artes, o que revelou sua opinião quanto ao aspecto elevado e metafísico da música. Por ser um leigo, continuou Wagner, Schopenhauer não era capaz de expressar de forma apropriada seu pressuposto, mas a evolução musical de Beethoven como um exuberante e relativamente superficial virtuose no piano até o profundo músico sem apego às coisas mundanas, como ele é lembrado, demonstra que Schopenhauer tinha razão.[56]

Em razão do não reconhecimento da grande descoberta de Schopenhauer referente à singularidade da música, Wagner escreveu que algumas pessoas (em especial, neste caso, o músico formalista Eduard Hanslick) aplicaram o critério de artes plásticas inapropriado à música, julgando-a em termos de beleza, do "prazer das formas belas".[57] Foi nesta posição que Beethoven, seguindo a tradição de Haydn e Mozart, começou sua carreira. No entanto, em sua maturidade ele demonstrou que a supremacia da grande música residia não em sua beleza e sim por ser *sublime*. Quando a grande música "apodera-se de nós, ela transporta-nos ao êxtase mais

---

53 WMD p. 413.
54 WMD p. 413.
55 WPW p. 80-81.
56 Ao narrar a carreira de Wagner como um longo *Bildungsroman*, um "romance de educação", no qual seu "ego superior" aos poucos vence o "ego inferior", em *Wagner em Bayreuth* (1876), Nietzsche descreve o conflito entre as suas críticas recentes a Wagner e o desejo ainda predominante de agradar o compositor e promover a causa de Bayreuth. É provável que a estrutura desse ensaio conscientemente se refira à estrutura do ensaio de Beethoven.
57 WPW p. 77.

elevado da consciência de nossa infinitude". Portanto, a música mais elevada tem uma característica "religiosa". Ao transmitir um estado "sagrado" de redenção, ela significa uma religião livre de "ficções dogmáticas".[58]

Essa é a característica da sublime música de Beethoven. Ela transmite a "sabedoria mais elevada" em uma linguagem incompreensível devido à complexidade de um dos maiores gênios da música. Ao ficar surdo, doença da qual nunca se queixou, ele tornou-se um "vidente cego". (Na mitologia grega, Tirésias, a quem Hera cegou, adquiriu o dom de uma segunda visão.) Sua sabedoria nos é "extremamente reconfortante". Quem, Wagner questionou enfático, ao ouvir a *Sinfonia Pastoral*, não escutou as palavras de redenção "hoje estará comigo no paraíso?"* Beethoven nos proporciona uma "experiência imediata de [redenção] com uma inteligibilidade transparente". Sua famosa alegria é a "criação do universo do deus Brahma" rindo de si mesma. A *Sinfonia Pastoral*[59] e a *Sinfonia n° 7* libertam-nos de todas as culpas terrenas e, por isso, seu efeito posterior, quando voltamos para o mundo cotidiano de "aparências", é a sensação de termos "perdido o paraíso".[60]

A elevação da música ao *status* religioso confirma, é claro, o argumento de Schopenhauer de que a música é superior a todas as outras artes. Em especial, é superior à poesia. A "poesia", escreveu Wagner, "deve sempre subordinar-se à música". As palavras de Schiller no coral da *Sinfonia n° 9 em Ré Menor* de Beethoven não são importantes, e no movimento final a melodia as precede como uma música puramente instrumental. No máximo elas ajudam a intensificar o tom da música. E na *Missa Solemnis* as palavras (ajudadas, é claro, pelo fato de serem cantadas em latim) funcionam como sons puros e musicais. Neste ponto, Wagner repete a observação de Schopenhauer de que a superficialidade das palavras pode desviar a atenção para a profunda importância metafísica da música e, assim, a missa é superior à ópera porque por meio da repetição constante suas palavras convertem-se em um mero "*solfeggio*", ou seja, sons sem significado.[61]

A posição oposta de Wagner à sua teoria inicial da importância relativa da música e das palavras refletiu-se em suas obras compostas após a influência de Schopenhauer. Ele descobriu *O Mundo como Vontade...* quando compunha o ciclo do *Anel* (o libreto da obra fora concluído bem antes), e este livro teve um profundo impacto no caráter da ópera. Enquanto na parte inicial do *Anel de Nibelungo*, em especial em o *Ouro do Reno* e no primeiro ato de *A Valquíria*, a música subordina-se estritamente ao drama, na parte do ciclo pós-Schopenhauer a orquestra torna-se cada vez mais predominante. No segundo e no terceiro atos de *A Valquíria*, e em *Siegfried* e *Crepúsculo dos Deuses*, nas longas passagens as palavras são quase puras, em um *solfeggio* schopenhaueriano. Em *Tristão* o drama é tão lento e a música tão longa que às vezes

---

58  WPW p. 78-81.
\*  Sem dúvida Walt Disney ouviu essas palavras, e, em seu clássico filme *Fantasia*, o dia passado em Arcádia inspirou-se na *Sinfonia Pastoral*.
59  Na verdade, Wagner a chamava de "sinfonia em fá", o que poderia indicar a sexta ou a oitava. Mas é provável que seja a primeira.
60  WPW p. 91-94. Mais tarde, Nietzsche usaria essa observação como uma *crítica* ao mundo "transcendental" da música romântica. Assim como nas drogas, sugeriu que a libertação dos sintomas é mais importante do que o breve momento de êxtase.
61  PP II p. 432-436.

a obra é vista como uma ópera sem ação. Nietzsche sugeriu que ela poderia ser considerada uma obra puramente instrumental, uma grande "sinfonia",[62] ao passo que minha experiência (na versão de James Levine) da última ópera de Wagner, *Parsifal*, é de um único adágio com a duração de cinco horas e meia. Talvez a aproximação em seus últimos trabalhos à música "absoluta"[63] – se Wagner houvesse planejado compor só sinfonias depois de *Parsifal* – tenha motivado Nietzsche a escrever em seu caderno de anotações que o termo "música-*drama*" era na verdade inadequado.[64]

Não só a música era mais importante do que as palavras – mais uma vez Wagner reverteu sua posição anterior – como ela as originava; a música de uma grande obra artística "contém em si mesma o drama".[65] Por trás desta ideia, cremos, havia a análise de Schopenhauer da emoção referente a um sentimento fenomenológico e um objeto emocional, além (em nossa opinião correta) da ideia de que a música permite vivenciar a "natureza íntima" universal de uma emoção dissociada de seu objeto.[66] Assim, por exemplo, uma experiência real de tristeza consiste no sentimento de tristeza, além do objeto ou do motivo da emoção, como no caso da morte de uma avó. No entanto, o que a música puramente experimental "triste" nos oferece é uma "tristeza sem objeto"; ela proporciona a experiência de tristeza, mas não oferece nada que possa nos entristecer. De acordo com Schopenhauer, isto possibilita acrescentar a uma peça de música absoluta um texto oficial ou não, que exprime o sentimento universal em relação a um "exemplo".[67] Portanto, os títulos da *Sinfonia Pastoral* e da *Sonata ao Luar* não foram atribuídos por Beethoven. (O texto, é claro, pode ser visual, como no filme *Fantasia*, de Walt Disney.)

Todas as grandes artes, disse Wagner, são criadas, caso não forem pela música literal, ao menos pelo "espírito da música": a cultura grega foi criada desse modo, bem como a arte da Renascença italiana.*[68]

\*\*\*

Em resumo, o pensamento de Wagner pós-schopenhaueriano contém duas ideias fundamentais opostas às suas posições iniciais. Em primeiro lugar, o otimismo anarquista e socialista foi substituído pelo pessimismo em relação à condição hu-

---

62   KSA 7 8 [21], BT 21.
63   Wagner criou o termo "absoluto" para referir-se à música puramente instrumental. É possível, segundo o ponto de vista teórico posterior de Wagner, traçar em certo grau o processo de pensamento de Nietzsche nessa direção pelo uso do termo "absoluto" em seus cadernos de anotações dessa época. No outono de 1869, por exemplo, em consonância com a teoria anterior de Wagner, que Nietzsche conhecia antes do período de Tribschen, o termo "absoluto" quando aplicado à música tinha um sentido de evidente desaprovação (KSA 7 1 [54]. Mas no final desse ano, o ano em que Nietzsche comemorou o Natal em Tribschen, essa conotação de crítica havia desaparecido (KSA 7 3 [2]) e no final de 1870 transformou-se em um grande elogio (KSA 7 5 [110]).
64   KSA 7 3 [70].
65   WPW p. 104.
66   WR I p. 261.
67   WR I p. 263, WR II p. 449.
\*    O título completo do livro de Nietzsche é *A Origem da Tragédia proveniente do Espírito da Música*. O termo "espírito da música" indicou a profunda dívida a Wagner, porque esta expressão foi usada por ele em seu ensaio sobre Beethoven publicado dois anos antes do livro.
68   WPW p. 121.

mana e, em consequência, a "salvação" não mais aconteceria no futuro *deste* mundo, mas em *outro* mundo. A "salvação" não significava mais a redenção *do* mundo e sim a redenção *proveniente* do mundo. E, em segundo, em vez de a música subordinar-se às palavras e ao drama, agora ela tem prioridade sobre as palavras que passam a não ter função na arte. Estas mudanças interligavam-se. Na teoria inicial a meta era melhorar o mundo, reviver a comunidade por meio de um trabalho artístico "coletivo", o que implicaria, é claro, que a arte fosse *sobre o mundo*. Em outras palavras, o mito do *ethos* que só as palavras poderiam expressar, tornou-se um elemento vital na arte. Por sua vez, se na teoria posterior era preciso renunciar à ideia de "melhorar o mundo" por ser um projeto inútil, então, a arte que "redime" permitiria *transcender o mundo*. Para Schopenhauer esta era a função precípua da grande música e, neste sentido, a música tornou-se um elemento artístico crucial.

Infelizmente essa posição nunca ficou clara, porque Wagner jamais disse que renunciara à sua antiga filosofia de vida e de arte e a substituíra por essa nova visão diametralmente oposta. Ele nunca declarou que desistira do ideal da arte como um instrumento da redenção *social* e que, de acordo com seu pensamento posterior, a "redenção" convertera-se em uma noção estritamente *individual*. Mesmo um leitor perspicaz como Martin Heidegger não percebeu esta dualidade. Heidegger escreveu que Wagner queria que a "arte fosse a celebração da comunidade nacional... que deveria ser *a* religião" do povo. Mas, continuou ele, "a tentativa de Wagner fracassara", pois ele criara um tipo de música que nos mergulhava na "mais pura indeterminação, na total desagregação e sentimento de grandiosidade", embora (para repetir a citação) "só a grande poesia e pensamento", em resumo, palavras (apoiadas, talvez, pela ação), possam "criar uma base sólida e uma posição articulada em meio aos seres humanos".[69] Porém, ele fez um julgamento errôneo, porque na época Wagner, ao "fragmentar" ou, em suas palavras, ao dar uma "sensação de amplitude" à música para que ela dominasse suas obras, tinha, na realidade, renunciado à ideia de comunidade nacional aliada a todas as coisas mundanas.

Mas Heidegger pode ser desculpado por seu erro, porque Wagner nunca solucionou de maneira adequada a contradição entre suas posições iniciais e posteriores. No ensaio sobre Beethoven, escrito 16 anos depois de sua descoberta schopenhaueriana, ele ainda mencionava a "redenção *da* civilização moderna"[70] como uma tarefa para o "espírito alemão",[71] e em "Sobre o Estado e a Religião", entremeada à ideia do rei como um modelo de uma mudança religiosa para um mundo transcendental havia a ideia, preservada imutável desde o socialismo da década de 1840, do rei como protetor das classes menos favorecidas e dos "interesses humanos" universais, o melhor protetor porque estava acima dos conflitos dos interesses poderosos adquiri-

---

69  Heidegger (1979) p. 86-88.
70  Uma sociedade composta por ascetas que negam o mundo e a vontade, e que esperam pacientemente a morte que os levará para um mundo melhor, pode ser considerada uma "civilização redimida"? Dificilmente, porque na ausência da vontade e da ação essa sociedade logo seria eliminada por seus vizinhos agressivos. A ideia de uma civilização que nega o impulso da vontade é, em resumo, um oximoro. A vida consiste em ação e, na teoria de Nietzsche, "a ação é uma afirmação do mundo".
71  WPW p. 121, minha ênfase.

dos, da natureza da política cotidiana.⁷² Além disso, Wagner continuou a enaltecer a criação da "comunidade nacional" por meio da arte como nos *Mestres Cantores*, outra obra pós-schopenhaueriana. E o projeto de Bayreuth, a obsessão das últimas décadas de sua vida, foi uma tentativa de criar, como disse por ocasião da colocação da pedra fundamental em 1872, um "teatro alemão nacional".⁷³

\*\*\*

A primeira tentativa de Nietzsche de publicar *A Origem da Tragédia* resumiu-se a uma carta a Wilhelm Engelmann, um editor de Leipzig. (A tentativa foi inútil e o livro por fim foi publicado por Ernst Fritzsch, o editor de Leipzig de muitos trabalhos teóricos de Wagner.) Na carta, ele disse que, embora o trabalho oferecesse uma perspectiva nova à filologia grega (o que *supostamente* deveria ser a tarefa de Nietzsche como professor de grego), seu "verdadeiro objetivo era elucidar o estranho quebra-cabeça [ou 'enigma' *Rätsel*] de nossa época, a relação de Richard Wagner com a tragédia grega". Ele também disse que o livro apoiara-se em temas recentemente formulados por Eduard Hanslick, um opositor de Wagner, e, portanto, poderia ter um interesse considerável para o mundo musical e para o pensamento do público em geral.⁷⁴ Mas não pensamos que deveríamos julgar com muita seriedade este "verdadeiro objetivo". Ao longo de sua vida, Wagner sempre foi um assunto "polêmico" e, por este motivo, os livros de Nietzsche, como ele bem sabia, encontravam com mais facilidade um editor quando enfatizavam uma conexão wagneriana. Tampouco cremos que a carta de fato indicava que pelo menos *um* elemento importante em *A Origem da Tragédia* seria a solução de um "enigma" referente à relação de Wagner com a tragédia grega.

É evidente que o enigma em questão era a aparente contradição de Wagner entre as concepções sobre a arte antes e depois de sua descoberta de Schopenhauer. Esta ambiguidade será discutida em *O Caso Wagner*, publicado em 1888 como uma mudança fundamental na teoria e na prática de Wagner.⁷⁵ Ou, talvez, por Wagner ter mantido muitas de suas ideias iniciais em seu pensamento posterior, poderíamos abordar esta mudança não de uma maneira diacrônica do Wagner "inicial" e "posterior" e sim de forma sincrônica em relação a uma personalidade dividida, sobre a contradição entre o "Wagner socialista" e o "Wagner schopenhaueriano". Portanto, *inter alia*, esperamos que *A Origem da Tragédia*, que discutiremos agora possa elucidar essa aparente contradição.

---

72  WMD p. 404.
73  WMD p. 353-369.
74  KGB 11. 1 133.
75  O próprio Wagner mencionou essa contradição. Em uma carta ao amigo August Röckel escrita em agosto de 1856, ele observou que o tema da "renúncia e da negação da vontade" já havia aparecido em obras pré-schopenhauerianas como *Tannhauhaüser* e *Lohengrin*. Segundo sua explicação, essa era uma contradição entre o artista e o primeiro teórico: "com minha razão consciente, trabalhei na direção oposta das ideias intuitivas representadas nessas obras. Como artista, *senti* [a necessidade de negar o mundo]... como filósofo, procurei descobrir a interpretação oposta do mundo", ou seja, de apoio ao socialismo (Magee [1983] p. 341).

## A Sabedoria de Silenus

*A Origem da Tragédia* foi escrito sob influência de Richard Wagner. Mas também foi escrito sob a mesma influência poderosa, como Nietzsche o chamava, do "irmão espiritual"[76] de Wagner, Arthur Schopenhauer. Apesar de ter dedicado o livro a Wagner, a obra foi também elaborada "com o espírito e em honra de Schopenhauer".[77] Esta fidelidade acarretou necessariamente dois comprometimentos. Primeiro, embora associado ao Wagner (posterior), *A Origem da Tragédia* reflete o idealismo de Schopenhauer: o mundo cotidiano, o mundo do *principium individuationis* de Schopenhauer, o mundo da individualidade e do pluralismo, de *coisas*, que é mera "aparência"; por fim, apenas um "sonho". E, mais uma vez associado a Wagner, o livro revela o pessimismo de Schopenhauer. A vida não merece ser vivida, porque sua característica predominante é o sofrimento.

Sob influência de Wagner, pensamos, Nietzsche vinculou o pessimismo à individualidade de um modo mais explícito do que Schopenhauer. A "individualidade", escreveu, "a maldição da individualidade é a principal causa de todo o sofrimento".[78] Assim, o sofrimento é uma característica *estrutural* da vida de um ser humano. Como indivíduos, estamos condenados à morte, em contradição com a essência humana que é, segundo Schopenhauer, a "vontade de viver". Para Nietzsche isso é um "absurdo", uma característica trágica e ao mesmo tempo "cômica" da existência humana:[79] qualquer bolha de vida irá, inevitavelmente, estourar com o tempo e a morte. Além disso, como indivíduos compartilhando o mundo com a pluralidade de outros indivíduos, estamos condenados, em parte pelas teorias de Darwin, à desarmonia, ao conflito, à dor. O sofrimento e o absurdo revelam o que Nietzsche chamou de caráter "repugnante" da existência.[80]

Albert Camus disse que o único problema sério da filosofia é "a questão do suicídio"; a questão se a vida merece ou não ser vivida. O pessimismo de Nietzsche, de Wagner e de Schopenhauer afirma que não. No entanto, de acordo com Nietzsche a premissa de Camus é capciosa, visto que o suicídio não é uma opção. A "vontade de viver" irracional, mas inescapável (biologicamente programada) – a morte abominável como o *summum malum* – significa que, exceto em disfunções ocasionais e biológicas, escolhemos a existência a "qualquer preço" em vez da não existência.[81] Nossa única opção é viver e, por isso, o problema se altera. A questão relevante não é se a vida merece ser vivida e sim, uma vez que *temos* de viver, como torná-la suportável, como tirar o melhor partido das coisas desagradáveis. Por esta razão, a Grécia e, em especial, a arte grega é importante.

Os gregos, disse Nietzsche, eram schopenhauerianos. A "refinada" sensibilidade deles aos "terrores e horrores" da vida humana é captada em seus mitos; no

---
76   KGB 11.1 4.
77   BT 5.
78   BT 9, 10.
79   BT 7.
80   *Ibidem*.
81   "Sobre o *Pathos* da Verdade", o primeiro dos *Cinco Prefácios para Cinco Livros não Escritos* que Nietzsche dedicou a Cosima (KSA 1 p. 756).

destino de Édipo, o homem mais sábio da terra condenado sem saber a assassinar o pai e ter relações sexuais com a mãe; em Prometeu condenado por roubar o fogo de Zeus e dá-lo aos mortais a que uma águia comesse eternamente seu fígado; porém com mais precisão na "sabedoria de Silenus". Capturado pelo Rei Midas e obrigado a revelar sua sabedoria, o companheiro de Dionísio declarou "com uma risada zombeteira",

> Ninguém consegue obter o que mais deseja e não usufrui o que há de melhor na vida. Seria preferível que a humanidade, homens e mulheres, coletivamente ou separados, nunca tivessem nascido. No entanto, por terem nascido o melhor que lhes poderia acontecer seria morrer logo.[82]

Apesar desse pessimismo os gregos sobreviveram e tiveram sucesso: embora em número bem menos expressivo eles derrotaram o Rei Dario I da Pérsia e, *en passant*, criaram a civilização ocidental com uma grandiosidade jamais superada.

Como os gregos conseguiram obter tanto sucesso? Como eles dominaram o caráter repugnante da vida? Segundo Nietzsche, por meio de sua arte. Por este motivo, eles são importantes para nós. Já em Leipzig, como vimos, ao rejeitar a visão limitada da filologia como um fato consumado, Nietzsche percebeu que a *única* maneira séria de estudar história e, em particular, a história antiga, seria através de um "espelho polido" no qual nossa imagem se refletiria.[83] Era preciso estudar a arte grega porque, por meio de um "renascimento" da arte grega talvez superássemos nossa "náusea".

Nietzsche analisou a arte grega em termos de uma dualidade enaltecida, provavelmente inspirada pelo seu "poeta preferido" da época de estudante, Friedrich Hölderlin, a dualidade entre o "apolíneo" e o "dionisíaco". Ele distinguia dois tipos principais da arte grega, a arte apolínea, sobretudo de Homero, e a arte dionisíaca da tragédia grega, de Ésquilo e Sófocles.

## A Arte de Homero

Nietzsche confunde o leitor em *A Origem da Tragédia* ao usar o termo "apolíneo" em dois sentidos. No primeiro, ele refere-se ao mundo cotidiano, o mundo governado pelo *principium individuationis* de Schopenhauer. Como Apolo era o deus da divina distância que criou a individualidade, assim como a justiça,[84] o mundo cotidiano é apolíneo por ser um mundo de *coisas* individuais. Em termos da capacidade da mente humana que criou o mundo, o apolíneo é o domínio do campo conceitual, da linguística, da racionalidade (do hemisfério esquerdo do cérebro segundo a neurologia popular).

---

82  Essa foi a interpretação da "sabedoria de Silenus" formulada na palestra "O Nascimento do Pensamento Trágico", realizada em 1871 (KSA 1 p. 588). A interpretação um pouco diferente formulada em *A Origem da Tragédia* é mais interessante (BT 3).
83  AOM 218.
84  BT 1, 2, 9.

No segundo sentido, o conceito apolíneo refere-se ao mundo glorioso da arte de Homero, sua "perfeição", "apoteose", "transfiguração".[85] Enquanto a arte cristã prega um ideal não humano e, de fato, anti-humano – ninguém tem um nascimento imaculado ou se liberta da luxúria sexual – a arte apolínea, em suas descrições de deuses e heróis, tem um enfoque oposto. Ela "deifica qualquer natureza [humana], boa ou má".[86] A arte apolínea é um retrato exultante dos gregos, "a imagem ideal de sua existência". Então, concluiu Nietzsche, a arte de Homero é uma religião, uma "religião de vida sem obrigações ou ascetismo,[87] porque os deuses "justificam a vida do homem vivenciando-a, a única teodiceia plausível!". Desse modo, os gregos no século VIII " superaram...ou de alguma forma encobriram" os "terrores e horrores" da existência persuadidos de que havia uma existência contínua. "A existência sob a luz do Sol desses deuses é a existência mais desejável do ser humano".[88]

Qual era exatamente a característica dessa "transfiguração" da vida do ser humano? Com frequência, Nietzsche referia-se a "ilusões" e "mentiras",[89] evocando a ideia de falsificação, sentimentalismo, uma visão de vida coberta de fragmentos desagradáveis. Mas, na verdade, esta não poderia ser sua visão, primeiro porque as histórias de Homero narravam eventos de *guerra* com muitos detalhes de perigo, morte e destruição e, segundo, porque, como ele dizia explicitamente, em Homero "todas as coisas boas *ou más* são deificadas".[90] Portanto, *encobrir* os "terrores e horrores" da vida não poderia ser o intuito da transfiguração.

Segundo Nietzsche, a arte apolínea "transforma as coisas mais terríveis com a alegria em mera aparência e redenção por meio da mera aparência".[91] E refere-se ao artista apolíneo como alguém que, ao contrário de um cientista, que sempre quer "descobrir", ir até o fundo das coisas, "se apega com um olhar extasiado ao que restou mesmo depois desta descoberta".[92] Mesmo depois da descoberta de uma verdade desagradável, o artista apolíneo sente prazer diante do belo, prazer em vista das "belas formas".[93]

Essa observação sugere que a arte épica de Homero, e a atitude correspondente perante a vida, é uma questão não de eliminação e sim de foco. Ela indica uma atitude na qual alguém descreve a vida como "terrível, mas esplêndida". Na obra de Uccello, *A Batalha de São Romano*, por exemplo, o chão está coberto de cadáveres e partes de corpos. Porém, o que atrai a atenção é a imponência dos cavalos, o porte atlético dos combatentes, o brilho das armaduras e a vibração orgulhosa das bandeiras balançando-se na brisa. (Esta é uma comparação oposta, visto que Nietzsche compara a existência humana à de soldados em uma pintura a óleo de cena de batalha.)[94] Ao olharmos um exemplo moderno da arte apolínea, pensamos no Oci-

---

85  BT 1, 4, 16.
86  BT 3. Observem a primeira menção à ideia positiva de estar "além do bem e do mal".
87  "A Visão do Mundo Dionisíaco", BT p. 119-138.
88  BT 3.
89  BT 3, 7, 16.
90  BT 3; minha ênfase.
91  BT 12.
92  BT 15.
93  BT 16.
94  BT 5.

dente: apesar da morte e destruição por toda parte, concentramo-nos na coragem arrojada e no "estilo" límpido de seus heróis. Em um nível inferior, o mesmo fenômeno revela-se nas revistas "femininas". Coisas terríveis como alcoolismo, doenças, divórcio e morte acontecem com seus deuses e deusas (membros de famílias reais, atores e atrizes de cinema, músicos de rock e jogadores de futebol), mas apesar disso o glamour, sem afetar sua fama brilhante.

\*\*\*

A visão apolínea da vida – no prefácio de *A Gaia Ciência* Nietzsche chama-a de "superficial, *sem profundidade*" – requer uma abordagem externa vigorosa. De acordo com sua concepção, a morte é, como no Ocidente, desprovida de emoção ou energia, e indolor. Ela exige de nós uma espécie de anestesia interna. Pensamos que, por este motivo, Nietzsche a associava à "ilusão": ela representa um objeto tridimensional em duas dimensões. Embora não haja censura quanto aos *fatos* existe uma censura em relação às *perspectivas*. A subjetividade, a perspectiva interna, a *essência* do sentimento de perda, traumatismo e morte não podem revelar-se. Mas os gregos conheciam a essência da vida. Eles tinham uma sensibilidade "requintada" do "terror e horror" da existência. Por esta razão Nietzsche referia-se à atitude apolínea (sem julgamento) como uma "mentira". Ela é uma forma de autoilusão.

Essa peculiaridade da visão apolínea torna-a de certa maneira frágil e "profiláctica"[95] para combater o niilismo, a "náusea" e a desesperança. O sofrimento penetra nas pessoas independente de quão "superficialmente" elas vivam. Pode-se pensar, talvez, no trágico aprisionamento, decadência e morte do brilhante Oscar Wilde, contemporâneo de Nietzsche, que de certa forma tentou personificar a postura apolínea. Ou refletir sobre a impossibilidade de manter esta postura diante da morte de um filho ou de nossa morte. Ou, no caso de Nietzsche, da aproximação da loucura.

Devido a essa fragilidade, cremos, apesar de a solução apolínea para a náusea e o niilismo terem sido elogiados, Nietzsche preferia a solução "dionisíaca" simbolizada pela tragédia grega, uma solução que ele descrevia como a "mais profunda"[96] das duas. Com a tragédia grega, disse, a arte atinge "o objetivo mais elevado... de todas as artes",[97] ou seja, a melhor contribuição à vida.[98]

## A Tragédia Grega

A palavra-chave para a visão apolínea de Nietzsche é "sonho". Esta palavra tem três implicações: a consciência apolínea lida com imagens, seu mundo de *principium individuation* é um ideal metafísico, um *mero* sonho, e na arte apolínea este mundo elevara-se a um estado de beleza. Esta é a última função porque, para Nietzsche, a essência do ideal clássico de beleza é a austeridade da forma "essencial" e que

---

95 BT 11.
96 BT 10.
97 BT 21, 24.
98 BT 2, 5.

"em nossos sonhos... todas as formas comunicam-se conosco; nada é supérfluo ou desnecessário".[99] Detalhes irrelevantes como o número da placa de um caminhão são omitidos pela artesania dos sonhos.

Aparentemente, a arte trágica do século XV não é diferente da arte de Homero do século XVIII. Os mesmos deuses e heróis aparecem em ambas as artes. No entanto, o que as diferencia é o fato de que, sob a bela superfície do "sonho apolíneo",[100] comum às duas, a tragédia possui uma profundidade "dionisíaca" desconhecida por Homero.

Enquanto o "sonho" simboliza a visão apolínea, a palavra usada por Nietzsche para referir-se à concepção "dionisíaca" é *Rausch*: embriaguez (Dionísio ou Baco era o deus do vinho) ou, melhor, "êxtase", "estado de quem se encontra transportado para fora de si [*ex-stasis*]", fora da consciência cotidiana.[101] Em termos de Schopenhauer, o estado dionisíaco supera o *principium individuationis*, a ilusão da individualidade e pluralidade, para perceber, intuitivamente, sua própria individualidade e seu verdadeiro ser. No êxtase dionisíaco, preservado nas festas medievais de São João e São Vito,[102] no exultante *Ode à Alegria* de Beethoven (e ainda em certo grau, nos concertos de rock e nos estádios de futebol),

> não apenas o vínculo entre os seres humanos é renovado... mas a natureza, alienada, hostil ou subjugada celebra mais uma vez sua festa de reconciliação com o filho perdido, a humanidade. A Terra oferece seus dons e os animais de rapina das montanhas e dos desertos aproximam-se em paz. A carruagem de Dionísio enfeita-se com grinaldas de flores e folhagens; embaixo dela correm uma pantera e um tigre... Agora todas as barreiras rígidas e hostis (apolíneas) que a necessidade, o capricho ou um "padrão sem pudor"[103] haviam estabelecido entre os homens rompem-se. Agora, ao ouvir o evangelho da harmonia universal, todas as pessoas sentem-se não só unidas, reconciliadas ou em sintonia com seu vizinho, assim também com si mesmas, como se [na linguagem de Schopenhauer] o véu da ilusão houvesse sido rasgado e, então, apenas seus fragmentos balançavam-se diante da unidade primordial misteriosa. Cantando e dançando, o homem exprime seu sentimento de pertencer a uma comunidade superior, esqueceu como andar e falar...[104]

Em termos da capacidade da mente humana, a visão dionisíaca transcende conceitos e não pode expressar-se adequadamente pela linguagem. E em termos estéticos ela reflete-se na música, em especial na música "ditirâmbica", a música como a de Wagner, que dissolve tudo em um "mar de sentimento". Na terminologia de

---

99 BT 1.
100 BT 23.
101 "A Música Grega Trágica", uma palestra realizada em janeiro de 1870 (KSA 1 p. 521).
102 BT 1.
103 É claro, foi a "Ode à Alegria" de *Schiller* e não a de Beethoven que foi inserida no último movimento da *Nona Sinfonia*. Ou melhor, é principalmente a *Ode* de Schiller. Como mencionou no ensaio sobre Beethoven, Wagner descobriu, ao examinar a partitura original, que a frase *Was die Mode streng getheilt* (que capricho os separou *estritamente*), Beethoven substituiu por *Was die Mode frech getheilt* (que capricho os separou *sem pudor*). Ele sugeriu que "estrito" não tinha a força suficiente para exprimir a violência da divisão de Beethoven entre os homens. Como conhecia profundamente o ensaio de "Beethoven", Nietzsche com certeza dedicava-se a um trabalho acadêmico discreto ao se referir à *Ode à Alegria* de Beethoven.
104 BT 1.

Wagner, a música dionisíaca é "sublime" em vez de "bela". É a música que elimina a ilusão de separação e nos absorve no cerne da unidade dos seres.

A tragédia grega, argumentou Nietzsche, originara-se na festa de Dionísio,* e nos "ditirâmbicos" hinos em homenagem a Dionísio. Mais tarde, atores e ação foram acrescentados aos hinos – a música "deu à luz" o drama – e depois houve uma divisão formal entre o coro e o público. Entretanto, os espectadores, no período glorioso da tragédia grega, que se lembravam que, originalmente, todos faziam parte de uma congregação de adoradores, ainda se sentiam participantes do coro: "O público da tragédia da Ática identificava-se com o coro na *orquestra* [a parte semicircular em frente ao palco] e, portanto, não havia oposição entre o público e o coro; "o conjunto [era] um coro sublime".[105]

Essa identificação permitiu a Nietzsche elaborar o "efeito trágico", o aparente paradoxo da satisfação obtida por testemunhar a destruição de personagens que, na maioria, representavam figuras requintadas e sábias. Os espectadores gregos sentiam uma empatia com o herói em sua marcha inexorável para a destruição. Mas como a principal identificação era o coro, eles eram transportados por seu canto hipnótico a um estado dionisíaco. Nesta condição eles vivenciavam, disse Nietzsche, um "conforto metafísico" em oposição ao caráter repugnante da existência. Isto acontecia porque o mundo dos indivíduos tornava-se "irreal",[106] um "jogo cênico" nas palavras de Wagner; as pessoas convertiam-se em soldados como em uma pintura da cena de uma batalha.[107] Em vez de identificarem-se *com* o mundo das aparências, "por um breve momento" tornavam-se o que na verdade eram,

> O ser primordial livre da avidez e da luxúria por serem protagonistas da luta, da agonia, da destruição das aparências; agora tudo isso era necessário devido ao excesso de formas de existência surgindo com ímpeto na vida, em razão da exuberante fertilidade do mundo da vontade.[108]

Essa era a única perspectiva para justificar a repulsa à vida: "só um fenômeno estético", isto é, *fora* do mundo da individualidade humana, "seria capaz de justificar a existência e o mundo". Apenas com esta perspectiva poderíamos apreender a "feiura e desarmonia" (que em seu âmago torna a existência humana insuportavelmente "repugnante"), meras partes de um "jogo artístico" jogado por uma unidade básica.[109]

Isso, então, é o "consolo" proporcionado pela grande arte. Por um breve instante superamos o prosaico, o realismo cotidiano e percebemos a verdade do idealismo de Schopenhauer. O caráter absurdo e repugnante da vida e do mundo não é *nosso* problema, porque a morte e o sofrimento só existem no filme épico do qual não mais participamos. Em razão da nossa identidade com a "força construtora do

---

\* Essa é, provavelmente, a contribuição de *A Origem da Tragédia* à filologia grega, mencionada por Nietzsche em uma carta a Engelmann. Ela é uma contribuição importante e genuína ainda aceita amplamente por estudiosos clássicos.

105 BT 8.
106 BT 8.
107 BT 5.
108 BT 17.
109 BT 24.

mundo" que o "sombrio Heráclito" comparou a uma criança que constrói castelos de areia e depois os derruba,[110] somos o "único autor e espectador".[111] Sofrimento e morte não são meras partes, mas sim partes *necessárias* do filme da vida, visto que (como Margareth Atwood certa vez observou com tristeza) não existe narrativa sem conflito, uma realização de algo novo sem a destruição do antigo.

\*\*\*

Nietzsche mencionou que o estado dionisíaco era acompanhado por um "declínio do instinto político", pela indiferença, até mesmo hostilidade em relação "ao Estado e à pátria".[112] Por este motivo, ao menos que seja modificado e controlado de alguma forma, o "inquietante êxtase" dionisíaco "conduz as pessoas... junto com o caminho [schopenhaueriano] ao budismo indiano", cria uma "apatia" em relação aos "assuntos terrenos" e a um "pensamento budista da ausência de desejo".[113] O Estado e a pátria são entidades apolíneas: o Estado requer estrutura e hierarquia, já a pátria precisa do delineamento de um limite entre a "terra natal" e o "estrangeiro", entre o mundo ao qual pertencemos e onde começa o mundo "dos outros". Assim, se ascendermos à "comunidade superior" em consequência da eliminação de todas as diferenças e divisões, encontraremos a ideia do retorno ao mundo da individuação, "a principal causa de todo o sofrimento", da náusea:

> Assim que a realidade cotidiana penetra de novo em nossa consciência, ela torna-se repugnante: assim mergulhamos em um humor ascético, de autonegação. O estado dionisíaco opõe-se à mesquinharia e à banalidade [do cotidiano] como uma ordem superior. Os gregos agora queriam uma fuga total desse mundo de culpa e destino.[114] (...) Na percepção que surge após despertar dessa emoção, eles veem por toda parte o horror e o absurdo da existência, que os repugnam. Agora eles entendem a sabedoria do deus da floresta, a sabedoria de Silenus, o companheiro íntimo de Dionísio.[115]

Essa é também a "sabedoria" posterior de Wagner, o Wagner que afirmava que "meu reino não é deste mundo" e que desejava "a morte, a total inconsciência, a absoluta não existência". Esta sabedoria teve um efeito poderoso nas futuras composições dramáticas de Wagner: ninguém, escreveu Nietzsche, é capaz de ouvir o ato final ditirâmbico de *Tristão* sem a percepção da música absoluta, "pura como um amplo movimento sinfônico", sem "sufocar quando a alma tenta convulsivamente estender suas asas".[116] (A alusão refere-se a *Fedra* de Platão, à alma abrindo suas asas ao preparar-se para voar do exílio terreno em direção à sua verdadeira morada na "fímbria do céu".)

---

110 BT 24. Nos cadernos de anotações Nietzsche identificou a criança-escultor com Zeus (KSA 1, p. 758).
111 BT 6.
112 BT 21.
113 BT 21. Em *A Genealogia da Moral* a "vontade do nada" proporciona a definição do "niilismo" (GM III 14).
114 Comparem essa passagem com a descrição do estado de êxtase mencionado em "Antes do Amanhecer" em *Assim Falou Zaratustra*. Ao se identificar com o "azul límpido" do céu, Zaratustra aprendeu a "sorrir com serenidade e com olhos brilhantes a milhas de distância quando a compulsão, a determinação e a culpa jorram como chuva".
115 KSA 1 p. 595; comparar com BT 7.
116 BT 21.

No entanto, nem *Tristão* nem a tragédia grega *é* música pura. Suas músicas contêm o elemento apolíneo das palavras e da ação. Portanto, disse Nietzsche, elas nos protegem da força plena do efeito dionisíaco, "restauram o indivíduo quase estilhaçado com o bálsamo da ilusão". Ficamos sujeitos a uma "nobre decepção" pelo fato de a tragédia ser puramente apolínea, por referir-se apenas ao destino de uma pessoa em seu único mundo, o mundo dos indivíduos. Até mesmo o dramaturgo não resiste à "decepção", fracassa em captar o sentido profundo de seu trabalho. Por conseguinte, retornamos, esfregando os olhos, à vida cotidiana "estranhamente consolados" e "livres do ônus" de compreender a natureza deste consolo. Livres do peso da percepção dionisíaca podemos, mais uma vez, agir.[117] Este é o verdadeiro e profundo significado da inércia de Hamlet: ele percebe que o "conhecimento mata a ação; a ação requer... o véu da ilusão [apolínea]".[118] Mas, por fim, esta ilusão é o presente de despedida da grande obra de arte, seja a tragédia grega ou a ópera dramática de Wagner. Como uma fada madrinha, Lethe joga um véu de esquecimento sobre nosso momento de negação do mundo, dando-nos uma percepção redentora. Entretanto, podemos continuar.

## O Papel do Mito

Até então, a análise de Nietzsche faz menção apenas a um papel atenuador do elemento apolíneo na tragédia grega: sua única tarefa parece ser de agir como um véu de ilusão que permite recuperar-nos da percepção dionisíaca. No entanto, nas páginas finais de *A Origem da Tragédia* Nietzsche corrige esta impressão.

Enquanto a música constituía o elemento dionisíaco na tragédia grega, a essência do elemento apolíneo é o texto poético, as palavras. Especificamente, seu conteúdo mítico e religioso – Sófocles, enfatizou Nietzsche, foi um escritor "religioso".[119] Quase reproduzindo a mesma interpretação de Wagner do mito como um "resumo" verdadeiro a todas as épocas e culturas, Nietzsche disse que os personagens míticos da tragédia grega eram imagens "reduzidas" com "aparências restritas". Ele acrescentou que eles eram *tipos* humanos em vez de pessoas (o efeito das máscaras dos atores) e, por isso, tinham uma relevância universal.[120]

Qual é a importância do mito religioso? Mais uma vez quase repetindo a opinião de Wagner, Nietzsche afirmou que "só o horizonte mítico unifica uma cultura". Apenas o mito proporciona-lhe "um lugar seguro e sagrado de origem". As imagens do mito, continuou Nietzsche,

> têm que ser as guardiãs diabólicas despercebidas, mas sempre presentes, sob cuja proteção as jovens almas irão crescer e com suas orientações os homens adultos interpretarão a vida e seus conflitos; mesmo o Estado sabe que não existem leis verbais mais poderosas do que o fundamento mítico, que garante sua conexão com a religião e sua manifestação nas representações míticas.

---

117 BT 21.
118 BT 7.
119 BT 9.
120 BT 23.

"A arte e o *Volk* [povo], mito e moralidade", concluiu ele, estão "necessariamente... interligados". Um povo só é de fato um povo se conseguir impor uma visão mítica, "eterna" em sua experiência. Um povo ou um ser humano não podem prosperar sem serem "deuses do lar" para constituir sua "pátria mítica".[121]

Em resumo, o conteúdo mítico da tragédia expressava, de um modo alegórico, o *ethos* de uma comunidade. Assim, promovia uma "arte coletiva" no duplo sentido de uma "festiva reunificação das artes [individuais] gregas"[122] e da reunião da comunidade criando-a e preservando-a *como* uma comunidade. Enquanto o mistério na Alemanha medieval tinha a função de permitir que a pessoa se separasse da comunidade, a fim de meditar sozinho, para "os gregos as antigas tragédias eram uma maneira de reunirem-se [*sich sammeln*]".[123]

## A Solução para o Enigma da Relação de Wagner com os Gregos

Agora, podemos voltar ao comentário de Nietzsche escrito em uma carta a Engelmann sobre a solução proporcionada pela obra *A Origem da Tragédia* do "enigma da relação de Wagner com a tragédia grega". O enigma, como já mencionado, referia-se à aparente contradição entre a visão "socialista" de Wagner da grande arte na juventude e sua concepção posterior ou "schopenhaueriana". De acordo com a primeira, o "aperfeiçoamento do mundo", a concepção, o objetivo do trabalho era descobrir a "salvação" da humanidade *deste mundo*, por meio do restabelecimento da comunidade (socialista e anarquista) e do significado da vida das pessoas. E também segundo esta concepção as palavras, na terminologia de Nietzsche, o elemento apolíneo na arte, precisam ser um fator predominante. O trabalho tem de ser um *drama* musical. Quanto à segunda concepção, a de rejeição do mundo, não existe esperança de redenção deste mundo e, portanto, a única função da arte é a de insinuar de forma gradual e sutil na mente humana a existência de uma redenção em *outro mundo*. De acordo com esta visão, o elemento dionisíaco musical da arte precisa ser predominante; as palavras, na melhor das hipóteses, são irrelevantes ou, ainda pior, apenas um divertimento. A obra deve ser um drama *musical*.

Poderíamos pensar que a única solução possível para a contradição wagneriana seria rejeitar a teoria apolínea inicial ou a dionisíaca posterior da arte. No entanto, a solução de Nietzsche – intelectualmente brilhante – da aparente contradição foi a de mostrar que a arte pode ser *ao mesmo tempo* apolínea *e* dionisíaca. A arte teria o poder de consolar o ser humano diante do caráter repugnante da existência humana *e* também de estimular o florescimento da comunidade, ao reuni-la em uma comemoração e afirmação de sua compreensão fundamental da realidade da existência e de como deveria ser. Embora o "consolo metafísico" proporcionado pela percepção dionisíaca possa ser uma *ameaça* da possível "negação budista da vontade", da inércia de Hamlet, a "nobre decepção" propiciada pela ilusão apolínea bloqueia este

---

121 BT 23.
122 KSA 1 p. 518.
123 KSA 7 3 [1].

caminho em direção ao niilismo e permite que a arte realize seu trabalho de confirmar a reunião comunitária no mundo. E em relação à predominância entre as palavras e a música (o tópico de uma ópera inteira de Richard Strauss, *Capriccio*), a resposta é que elas estão no mesmo nível. Como as palavras e a música têm funções diferentes, mas, também, papéis vitais, existe uma igualdade genuína entre Apolo e Dionísio, uma "união fraterna".[124]

O prolífico, mas confuso Wagner, deveria ser profundamente grato a essa solução excepcional de Nietzsche quanto à sua posição contraditória.[125] Seria possível imaginar um músico culto como Wagner respondendo a perguntas sobre sua opinião referente à tragédia grega com "Eu não sei, pergunte a Nietzsche o que eu penso". Na verdade, Wagner *disse* precisamente isso ao ler o segundo volume de *Extemporâneas* em 1874: "Tenho orgulho e prazer de anunciar", escreveu a Nietzsche, "que nada mais tenho a dizer e deixo todas as futuras discussões ao seu encargo".[126]

---

124 BT 21. Será que o Wagner artista alcançou alguma vez essa combinação de "conforto metafísico" com a "nobre ilusão" que nos permite viver? Talvez apenas uma vez. Nietzsche conseguiu em *A Origem da Tragédia* articular a característica ambivalente e misteriosa dos *Mestres Cantores*. Em Hans Sachs (é claro, uma *persona* de Wagner) e, em especial, em seu grande monólogo *Wahn! Wahn! Uberall Wahn* (Ilusão! Ilusão! Tudo é ilusão), a obra revela, assim como a ópera que a antecedeu, *Tristão*, a negação da vida schopenhaueriana. No entanto, tem um "final feliz". A nova música de Walter revigora a tradição moribunda dos mestres cantores e ele obtém a mão de Eva em casamento. A verdadeira música e o amor verdadeiro vencem neste dia. Assim, apesar da centralidade da expressão schopenhaueriana de Sachs, saímos do teatro com a sensação de uma afirmação maravilhosa da vida.

125 É possível contra-argumentar que a "nobre decepção" que nos protege do niilismo só tem efeito em quem nunca leu *A Origem da Tragédia*. Se a "ação requer o véu da ilusão" e isso se dissipa diante da revelação do idealismo schopenhaueriano, então a ação, a afirmação do mundo, é impossível. Mas essa ideia pressupõe que as crenças são mais estáveis do que na realidade são. Como vimos, Nietzsche foi, em sua juventude, um prussiano apaixonado que apoiou entusiasticamente em 1865 a guerra de Bismarck contra a Áustria. Porém, ao mesmo tempo, disse ao amigo Von Gersdorff (que arriscava a vida no campo de batalha), que em certos momentos "libertava-se por alguns minutos da consciência temporal, da simpatia subjetiva natural pelos prussianos e, então, tinha à minha frente uma peça de teatro de uma grande ação do Estado cujo enredo representava a história atual. É claro, não é uma posição moral, mas para um observador era uma bela visão de elevação espiritual" (KGB 1.2 517). Em outras palavras, Nietzsche oscila entre a perspectiva do compromisso cotidiano do ser humano e a perspectiva descompromissada, "estética" que, em *A Oriem da Tragédia*, ele identificou como uma "unidade primal". Assim como Wagner, que escreveu que o mundo era um "jogo" e o "nada" representava sua única redenção, mas, ao mesmo tempo, dedicava-se ao projeto de Bayreuth. Essa ambivalência, como mais tarde Nietzsche observou, talvez tenha sido o maior exercício da "vontade de poder" na história da arte. A mudança de perspectivas, creio, é muito mais comum do que pensamos. É possível, por exemplo, pensarmos que a "política burocrática" do nosso local de trabalho é viciosa, trivial e patética. Mas, também, podemos nos comprometer plenamente e de uma maneira tão vil como as outras pessoas. A verdade psicológica desse tema refere-se ao fato de que vivemos em sistemas de crenças distintos em épocas diferentes. Por acreditarmos em alguns momentos que o mundo de *principium individuationis* seja ideal, isso não exclui a crença de que em outro momento diferente seja real. Os seres humanos têm muitas almas.

126 KGB 11.4. Para Nietzsche 513.

## Sócrates e a Morte da Tragédia

Inusitadamente, Nietzsche pensava, assim como Wagner, que a tragédia grega morrera nas mãos de Eurípedes. Ainda de forma mais insólita, ele achava que a eminência parda por trás deste ato assassino era Sócrates. Dois fatos foram marcantes na obra de Eurípides. Primeiro, ele "pôs o espectador no palco", em outras palavras, transformou a tragédia em uma representação da vida cotidiana e, assim, matou os arquétipos universais elevados ao nível de mitos. E, segundo, eliminou o coro. Influenciado pela opinião de Sócrates de que a "razão [era] a origem de toda a alegria e criação", ele sentiu-se perplexo com a "profundidade do enigma" da importância da "cauda do cometa", perplexidade revelada pelos personagens de seus predecessores, Ésquilo e Sófocles. Como o misterioso e ditirâmbico som do coro era a fonte deste significado incompreensível, ele o eliminou. Ele agiu deste modo motivado pelo espírito do "socratismo estético", a convicção de que a beleza teria de ser "racional".[127]

De acordo com Nietzsche, o "socratismo" era a razão da alegria por "expor" e penetrar na superfície das coisas, a fim de descobrir seu mecanismo oculto. O "homem socrático" (também "homem alexandrino e teórico") era o homem que, como o histórico Sócrates, tinha a "crença imperturbável de que o pensamento, ao seguir o encadeamento da causalidade, atingia o mais profundo abismo do seu ser e era capaz, não apenas, de entender a existência, mas, ainda, de *corrigi-la*.[128] O socratismo era, em outras palavras, a fé de que a ciência e sua consequência, a tecnologia, seriam capazes de solucionar todos os problemas dos seres humanos. Esta doutrina "otimista" acreditava na possibilidade da "felicidade terrena para todos os seres".[129] Por este motivo, é fácil perceber por que, segundo o ponto de vista "socrático", a tragédia dionisíaca tinha de ser eliminada. Ela debilitava insidiosamente a fé na razão, a chave da felicidade humana.

Nietzsche fez duas observações sobre o socratismo. Primeiro, que era *falso*, uma "ilusão". Graças à "extraordinária coragem e à sabedoria de Kant e de Schopenhauer", em razão, em outras palavras, do confinamento do idealismo metafísico da causalidade ao mundo dos sonhos das aparências, sabemos que a realidade fundamental *não* é acessível e, portanto, não é passível de ser "corrigida" pela ciência.[130] O socratismo é então uma forma de húbris que, por sua autoconfiança excessiva, pode ser catastrófico e responsável por traumas imprevistos, quando o "deus-criança" destrói um de seus castelos de areia. A segunda observação de Nietzsche referiu-se ao fato de o socratismo simbolizar nossa maneira de ser pós-Iluminismo ocidental. (Deste modo é possível pensar no dia 11 de setembro de 2001 ou no aquecimento global como um trauma.) O homem *moderno* é socrático. Nietzsche acrescentou um terceiro comentário: a cultura socrática é *degenerada*. Como assim?

---

127 BT 11.
128 BT 15.
129 BT 18.
130 *Ibidem.*

## *O que há de Errado com nossa Maneira de Ser Atual?*

Segundo Nietzsche, existem duas coisas erradas na cultura moderna. Em primeiro lugar, devido ao domínio do materialismo científico e à consequente perda do elemento dionisíaco, não temos mais o "consolo metafísico" que nos poupou de ficarmos "rígidos de medo" em face dos "horrores da existência individual" e diante, sobretudo, de nossa "destruição" inevitável, a morte.[131] Em *Wagner em Bayreuth*, Nietzsche escreveu que as "pessoas precisam se libertar da terrível ansiedade que a morte e o tempo evocam".[132] Mas a cultura pós-cristã e pós-metafísica não tem meios para realizar esta libertação. Conclui-se então que a cultura socrática é perseguida pela ansiedade, pelos subterfúgios e pelo terror perante a morte.

O segundo erro em nossa cultura socrática, de acordo com Nietzsche, foi a perda do mito. O homem moderno é um "homem sem mito".[133] A razão desta perda é resultado do papel da arte na modernidade.

O mito, seja em Homero ou na arte trágica, pertence ao elemento apolíneo. O efeito essencial da arte apolínea, como vimos, é "transfigurar", "glorificar", "aperfeiçoar". Ao usar as técnicas do comércio – destacar o que é atraente, encobrindo o que desperta menos interesse ou colocando-o em um foco mais difuso e assim por diante – ela eleva suas imagens do terreno mundano à glória. A arte apolínea as faz *brilhar*,[134] dando-lhes, por sua vez, uma autoridade carismática. Elas convertem-se em "heróis", figuras que "valorizamos" e, por isso, procuramos imitá-las.[135] Estas figuras tornam-se, sem refinamento e não muito precisas, "exemplos a imitar".

Atualmente, seria ingênuo negar o "brilho" de determinadas pessoas, pensamentos, ideias etc. Nossa cultura está repleta de personagens e fatos brilhantes, de "deuses" e "heróis": a princesa Di (tão imortal como qualquer deusa do Olimpo), Madonna, Beckham e a mulher, o vencedor do último Oscar ou do *reality show* exibido na televisão, entre outras celebridades. Todos eles resplandecem por intermédio da arte apolínea (conhecida como "mídia"). Mas existem coisas *demais* brilhando na modernidade, e seu brilho logo desaparece.

Esse contexto mítico foi previsto com grande perspicácia por Nietzsche. "Só pelo mito", escreveu, "todas as energias da fantasia e do sonho apolíneo podem libertar-se de seu destino transitório e sem sentido".[136] "O destino transitório e sem sentido" capta com precisão o brilho fugaz das celebridades – o "sonho apolíneo" da época atual. E para Nietzsche a "arte apolínea" da modernidade ocidental era desprovida de conteúdo "mítico".

É importante destacar que para Nietzsche o "mito" significava uma "alegoria unificada, abrangente e coerente". Neste sentido, o mito constituiria "a unidade [*Einsein*] do *Volk* e da cultura", algo que formaria "a nobre essência de [uma]... carac-

---

131 BT 17.
132 UM IV 4.
133 BT 23.
134 Comparar ZI 15.
135 GS 78.
136 BT 23.

terística do povo [*Volkscharacter*]; uma representação simbólica, por exemplo, "*do mito alemão*".[137]* Assim, por exemplo, a panóplia dos deuses e heróis gregos constituía um *único* mito, sendo o outro mito as divindades e os santos cristãos. O "mito" para Nietzsche, em resumo, tinha o mesmo significado que Wagner atribuía, uma "visão em comum da essência das coisas" que formava "a nação". A partir deste ponto de vista, o problema da modernidade é o caos incoerente e a constante mudança dos *fragmentos* de mitos, um "pandemônio de mitos... jogados desordenadamente em uma pilha".[138] Vivíamos, como Zaratustra disse, em uma cidade "heterogênea".

O que há de errado na falta de mito na "heterogeneidade" da modernidade? Ao destacar seus sintomas específicos, Nietzsche desenvolveu uma "crítica cultural" muito influenciada por Wagner e que persistiu com notável consistência ao longo de sua carreira.

O primeiro sintoma é a perda de unidade. Como a unidade de uma comunidade, de um "povo", só pode existir quando as pessoas estão reunidas no "útero materno" de um mito unificado, não há na modernidade uma comunidade nem uma pátria. Em vez disso, temos uma "miscelânea de pensamentos, princípios morais e ações", um "andar a esmo sem lar".[139] A sociedade moderna converteu-se em um mundo pulverizado de, nas palavras de Wagner, "absoluto egoísmo", com o Estado sendo a única unidade artificial e opressora. Em consequência, a vida comunitária ou individual perdeu o sentido.

O segundo sintoma é a "avidez para ocupar um lugar na mesa dos outros", a busca de significado no supermercado de "culturas e religiões estrangeiras".[140] Pode-se pensar aqui não só nos prósperos negócios do "guru oriental", mas, também, na arquitetura pós-moderna, da absorção do passado e de estilos estrangeiros como uma expressão do vazio de nossa cultura que, como Nietzsche observou, não é em absoluto a "pós-modernidade".

O último sintoma é a "agitação febril" dos tempos modernos. A perda da perspectiva eterna e mítica das coisas, a perda do significado da vida, resulta em um "crescimento enorme da mundanidade", uma frívola deificação do presente... do "aqui e agora".[141] Este fenômeno é chamado pelos sociólogos modernos de *Erlebnisgesellschaft* – a sociedade impulsionada pela busca frenética de "experiências", de "emoções triviais"; de sexo, drogas, *rock and roll* e esportes radicais. Esta é a sociedade descrita por Wagner como "mortalmente entediada pelo prazer". Sem um *ethos* comunitário para dar inspiração e significado à vida, a única maneira de manter o

---

137 BT 23; minha ênfase.
\* Bem semelhante a Sachs no final dos *Mestres Cantores*, Nietzsche reivindicou nas últimas páginas de *A Origem da Tragédia*, um "*renascimento do mito alemão*" (BT 23; ênfase de Nietzsche.) Assim que ele recuperou-se do fascínio por Wagner, este sentimento nacionalista desapareceu e tornou-se, na verdade, um anátema em sua maneira de pensar. No entanto, o que nunca desapareceu, como veremos, foi seu comprometimento com a importância vital do mito comunal, o mito comunitário *supranacional*.
138 BT 23.
139 *Ibidem*.
140 *Ibidem*.
141 *Ibidem*.

tédio a distância é a procura frenética de emoções banais. O que Nietzsche e Wagner tinham em mente, pensamos, é a enfática ou tediosa observação de Schopenhauer. Sem a ênfase (saudável) proporcionada por um ideal definido de identidade, só podemos tentar nos preservar do tédio por meio dos retornos medíocres de emoções mais exóticas.

\*\*\*

Em *A Origem da Tragédia*, Nietzsche defendeu a ideia de revivermos a história grega.[142] Assim, praticaríamos na vida moderna o papel exercido pelos festivais de tragédias gregas na vida de nossos "líderes brilhantes", os gregos, no auge de sua cultura.[143] Portanto, tal como Wagner, ele propôs um renascimento da tragédia grega na "arte do futuro". A mensagem predominante de *A Origem da Tragédia* – sua razão de ser – foi a criação do festival de Bayreuth.

---

142 BT 19.
143 *Ibidem.*

# 8

# A GUERRA E SUAS CONSEQUÊNCIAS

A elaboração de *A Origem da Tragédia* foi interrompida por um acontecimento mundial que causou efeitos profundos e permanentes no pensamento de Nietzsche. Em meio a uma carta iniciada em 16 de julho de 1879, na qual contava a Rohde a boa impressão que causara à família Wagner durante sua visita a Tribschen em maio, ele soube a notícia:

> Ouvi um temível estrondo de um trovão: a Guerra Franco-Prussiana foi declarada e nossa cultura desgastada desmorona-se com o terrível demônio em sua garganta... Talvez estejamos no começo do fim. Que devastação! Mais uma vez precisaremos de mosteiros. E seremos os primeiros frades. – Seu verdadeiro suíço.[1]

Isso revela um pouco da reação inicial confusa e ambígua de Nietzsche à declaração de guerra em 19 de julho. Por um lado, ele sentia-se horrorizado pelo fato de a cultura europeia ter fracassado em evitar a eclosão da guerra, um lapso que levaria à barbárie. Mas, por outro, ao já ter percebido que a cultura da Europa precisava restaurar-se, ele antevigu a possibilidade das celas de recuperação, os "mosteiros", crescendo em meio às terras "devastadas" pela guerra. (O "mosteiro", ou às vezes "colônia", para "espíritos livres" logo se tornaria um tema fundamental em sua filosofia.) A assinatura da carta com "seu verdadeiro suíço" sugere que, aproveitando-se da neutralidade suíça, ele planejava não participar da guerra. No entanto, ao mesmo tempo, ele escreveu à sua mãe, "Estou deprimido por ser um suíço. Trata-se de nossa cultura! E pela qual nenhum sacrifício é demasiado! Este amaldiçoado tigre francês.[2] Dois dias depois ele escreveu a Sophie Ritschl que se sentia envergonhado por sua inércia quando o momento, por fim, chegara para usar seu treinamento militar em prol da Prússia.[3]

No início, Nietzsche não tomou nenhuma iniciativa de envolver-se com a guerra. Em vez disso ele levou Elizabeth, que estava passando uma temporada na Basileia, à sua primeira visita a Tribschen e, em seguida, em 30 de julho, a Maderanertal, um vale selvagem e romântico a 1.300 metros acima do nível do mar, onde se hospedaram no Hotel Alpenklub. Lá ele escreveu "A Visão do Mundo Dionisíaca",[4] um trabalho em que pela primeira vez a dualidade apolínea e dionisíaca surgiu com predominância em sua análise da tragédia grega. Adolf Mosengel, um pintor de

---

1 KGB 11.1 86.
2 KGB 11.1 87.
3 KGB 11.1 88.
4 BT p. 117-118.

paisagens de Hamburgo, a quem eles haviam encontrado no caminho, também se hospedara no mesmo hotel. As conversas animadas com Mosengel, assim como as notícias das vitórias alemãs, embora com grandes perdas, em Weissenberg e Wörth, chocaram Nietzsche por ter permanecido sob a proteção da neutralidade suíça. No dia 8 de agosto, ele escreveu ao chefe de seu departamento, Wilhelm Vischer, solicitando uma licença da universidade a fim de cumprir seu "dever *alemão*" em relação à "pátria prussiana", como soldado ou assistente hospitalar.[5]

Ele comunicou suas intenções a Cosima. Apesar de seus vínculos com a França – ela era parente, pelo lado de sua mãe, Marie d'Agoult, do ministro da Guerra francês – o casal Wagner apoiava com paixão a causa alemã. Entretanto, eles pensavam que as pessoas cultas e intelectuais tinham um papel mais importante a exercer do que serem feridas ou mortas em um campo de batalha. Cosima tentou dissuadir Nietzsche de ingressar no serviço militar como um membro ativo, sugerindo que no serviço médico bem organizado do Exército seu amadorismo seria mais um estorvo do que uma ajuda, e que ele poderia contribuir muito mais para a guerra enviando centenas de cigarros à frente de batalha.

Nesse ínterim, a universidade concedeu a licença a Nietzsche, mas, devido à neutralidade suíça, ele só poderia trabalhar como assistente hospitalar. Assim, acompanhado por Mosengel e Elizabeth (que estava com dificuldade de voltar à Alemanha, porque a maioria dos trens havia sido requisitada para o transporte de tropas), ele fez a viagem tortuosa de Maderanertal, via Lindau, no Lago Constança, até Erlangen, na Baviera, onde chegou em 13 de agosto. Durante a viagem, como relatou Elizabeth, eles estavam muito contentes e cantaram músicas alegres, mas ao verem tantos soldados feridos em sua chegada envergonharam-se de sua "frivolidade infantil".[6] Em Erlangen, Nietzsche iniciou o treinamento para trabalhar como assistente hospitalar no *Felddiakonie* [Serviço de Campo], um precursor da Cruz Vermelha.

## A Guerra Franco-Prussiana

A declaração oficial da guerra foi feita pelo Parlamento francês sob instruções do imperador Napoleão III (sobrinho de Napoleão Bonaparte, a quem Nietzsche admirava tanto à época do colégio). Embora a causa formal fosse a possível ascensão de um candidato alemão ao trono espanhol, a eclosão da guerra foi em grande parte arquitetada por Bismark. Prevalecendo-se do medo da França do crescente poder da Prússia e da vaidade de Napoleão, ele viu a guerra como um meio necessário para persuadir os estados do sul da Alemanha a unirem-se à Confederação da Alemanha do Norte que, ao final da guerra em 1871, constituíram uma Alemanha unificada, o segundo* Reich alemão.

---

5   KGB 11.1 89. Ênfase de Nietzsche.
6   YN p. 233-4.
*   O Sacro Império Romano Germânico, que não era sagrado, nem romano nem império, foi o primeiro Reich. O terceiro Reich foi o de Hitler.

Apesar de a guerra ter durado apenas seis meses, ela foi extremamente violenta e, de muitas maneiras, simbolizou um ensaio dos horrores da Primeira Guerra Mundial. Além de um grande número desconhecido de baixas de civis, houve cerca de 500 mil perdas de militares, mortos ou feridos, três quartos de mortes, sendo que 156 mil do lado francês. A França usou pela primeira vez a metralhadora, porém, o novo rifle com carregamento pela culatra, o *chassepot*, com duas vezes o alcance do rifle Dreyse de agulha, demonstrou ser muito mais letal. Os alemães, por sua vez, tinham um novo tipo de artilharia fabricada com aço, muito superior à artilharia francesa. Ainda mais importante, o serviço militar na Prússia era obrigatório e a população tinha uma visão militarizada, nacionalista e francofóbica devido à "guerra de libertação" (da ocupação do exército de Napoleão) de 1813-1814, que considerava morrer pela "pátria" um ato glorioso. Outra vantagem vital foi a atuação do primeiro quartel-general dedicado em tempo integral a planejar guerras atuais e futuras, assim como a presença do marechal-de-campo, Helmuth von Moltke, um estrategista militar genial. Como fizera na guerra contra os austríacos cinco anos antes, Von Moltke usou as ferrovias para transportar as tropas em uma velocidade que surpreendeu os franceses.

Vitoriosos em diversas batalhas, apesar das grandes perdas, em Wissenburg, Spicheren, Wörth, Mars-la-Tour, Gravelotte, Metz, os alemães entraram pela Alsácia na França, e Napoleão rendeu-se em Sedan, junto com 104 mil homens, em 2 de setembro de 1870. Depois os alemães seguiram para Paris onde sitiaram a cidade de 19 de setembro até sua conquista em 28 de janeiro de 1871. Guilherme I da Prússia fora proclamado imperador de uma Alemanha unida 10 dias antes, quando um armistício foi assinado neste dia. Em seguida, foi firmado um tratado de paz em Versalhes em 28 de fevereiro, mas os operários de Paris e a Guarda Nacional não o aceitaram, assumiram o controle da cidade em 18 de março dando início à Comuna de Paris. Com a aprovação tácita da Prússia, o Exército francês reconquistou Paris e executou milhares de operários e revolucionários na "Semana Sangrenta" de 21 a 28 de maio. A guerra resultou na cessão da Alsácia-Lorena para a Alemanha, o que estimulou o rancor entre os franceses e os alemães, que explodiu, 43 anos depois, na Primeira Guerra Mundial.

## A Guerra de Nietzsche

O treinamento médico de Nietzsche em Erlangen demorou 10 dias. Todos os dias os novatos recebiam lições de como fazer curativos e bandagens nos ferimentos, praticando nos homens feridos que haviam retornado da frente de batalha. Obviamente pressionado pelo tempo, mas também por achar necessário registrar sua participação na história mundial, Nietzsche escreveu um diário fragmentado neste período:

> Hoje, sábado [20 de agosto de 1870]... usamos clorofórmio em um francês para imobilizar sua mão quebrada com gesso de Paris (sob anestesia ele dizia *"Mon Dieu, mon Dieu je viens"* [Meu Deus, meu Deus, estou chegando]). Depois tratamos uma menina de 11 anos para não precisar amputar a perna. Poucos dias antes anestesiamos em

uma casa um menino com uma enorme ferida na cabeça; muito difícil. Ontem um alemão morreu no hospital com um tiro no pulmão, hoje morreu outro. Um prussiano, Liebig, com boa saúde; bom apetite, dormiu bem à noite, porém há pouca esperança de salvá-lo, tem um osso quebrado no braço impossível de engessar.[7]

Ao partir para Wörth em 23 de agosto, Nietzsche, como escreveu Elizabeth com sua maneira piegas característica, foi encarregado de uma unidade médica, além de ser

> responsável por guardar muito dinheiro e inúmeras mensagens pessoais, ele tinha de percorrer os campos de batalha de hospital a hospital, e entre as ambulâncias, a fim de consolar os feridos e os moribundos, e anotar as últimas palavras de despedida e de recordações dos lábios agonizantes.[8]

Em 28 de agosto, ele escreveu à sua mãe que "junto a essa carta há a lembrança de um campo de batalha [de Wörth] devastado, coberto com uma tristeza indescritível por partes de corpos humanos e cadáveres fétidos.[9]

Em 2 de setembro, Nietzsche e Mosengel, que haviam ficado juntos o tempo inteiro, foram colocados em um trem hospital em Ars-sur-Moselle para acompanhar pessoas feridas a um hospital em Karlsruhe. Como o tempo estava péssimo os vagões ficaram fechados durante a viagem inteira. Nietzsche descreveu a viagem em uma carta a Wagner:

> depois de três dias e três noites[10] em meio a homens seriamente feridos, atingimos o limite de nossas forças. Eu ficara em um vagão de transporte de gado assustador, com seis homens com ferimentos graves e eu era o único responsável por alimentá-los, fazer bandagens nas feridas e cuidar deles em geral. [Para Von Gersdorff, ele acrescentou o detalhe que tinha de ajudá-los em suas "necessidades humanas".[11]] Todos tinham ossos quebrados, muitos tinham quatro ferimentos e, além disso, observei que dois estavam com gangrena. O fato de eu ter suportado esse ar dominado pela doença, e conseguir dormir e comer, hoje parece um milagre.[12]

Embora houvesse suportado a viagem, ele não saiu ileso da experiência. Quando o trem chegou a Karlsruhe, ele estava muito doente. Com dificuldade o levaram para Erlangen, onde o colocaram na cama. Um médico diagnosticou uma disenteria grave, além de difteria, doenças que Nietzsche notara no vagão de gado.[13] Mosengel escreveu a Von Gersdorff,

> tinha a tarefa de cuidar de mim. E não era uma tarefa fácil dada a gravidade das doenças. Depois de ter sido tratado durante vários dias com ópio e ácido tânico [enemas] e

---

7   KSA 7 4 [1].
8   YN p. 234.
9   KGB 1.2 95.
10  Nietzsche escreveu a Vischer que havia sido "dois dias e duas noites", mas a Von Gersdorff ele voltou a mencionar três dias e três noites (KGB 11.1 103).
11  KGB 11.1 103.
12  KGB 11.1 100.
13  KGB 11.1 103.

nitrato de prata, o perigo passou. Após uma semana deixaram-me ir para Naumburg, mas ainda não me recuperei totalmente. Além disso, a atmosfera da experiência envolvera-me em uma névoa sombria e durante muito tempo ouvi um som melancólico incessante nos ouvidos.[14]

Outro efeito do serviço militar foi o conhecimento básico de drogas adquirido no treinamento em Erlangen e, portanto, agora Nietzsche sentia-se qualificado a se autoprescrever, o que faria o resto da vida com resultados extremamente nocivos à saúde.

Nietzsche ficou de cama no Hotel Wallfisch (Whale) em Erlangen até meados de setembro, depois passou um mês na casa de sua mãe em Naumburg, onde escreveu a carta anterior. Em 21 de outubro, partiu para retomar seu trabalho na Universidade da Basileia, e chegou congelado em Frankfurt, onde passou a noite do dia 22. Depois de uma viagem em que sentiu náuseas o tempo todo, chegou em 23 de outubro à Basileia.[15]

## As Consequências

Embora mais ou menos recuperado fisicamente, as experiências de guerra de Nietzsche, apesar de terem durado apenas um mês, aliadas à ansiedade em relação a Von Gersdorff, que permaneceu na frente de batalha até o final terrível da guerra, além de saber que 16 contemporâneos seus de Pforta haviam morrido nas batalhas,[16] o deixaram psicologicamente abalado. Ele escreveu a Vischer que se dedicava de corpo e alma ao trabalho filológico, em uma tentativa de livrar-se das "imagens horríveis" gravadas em sua memória, mas ainda sofria de "crises nervosas e de fraquezas súbitas".[17] E Elizabeth contou que muitos anos depois, "quando Rohde, que não participara do conflito, queixou-se que quase não conhecia as experiências de guerra de Nietzsche, meu irmão lamentou-se: 'Eu não posso falar sobre esse assunto, é impossível; é preciso esforçar-me para banir essas lembranças da mente.'"[18] Sem dúvida, esses sintomas – a recorrência das imagens do passado tanto tempo depois – descrevem o que hoje seria diagnosticado como "transtorno de estresse pós-traumático".

O efeito desse estado de saúde precário causou uma transformação em Nietzsche similar à vivenciada na Primeira Guerra Mundial pelos poetas de ambos os lados. Como vimos, Nietzsche fora durante sua juventude um prussiano apaixonado, ansioso para servir a "Pátria" no campo de batalha e se necessário morrer por ela. Além do mais, desde criança a guerra fora para ele, assim como para as crianças prussianas em geral, uma atividade gloriosa, com um esplendor "apolíneo" (na linguagem de *A Origem da Tragédia*). Segundo Elizabeth, ele partiu para a guerra feliz e animado. Mas a realidade cruel dos cadáveres fétidos (uma realidade a que ele ficou mais exposto do que se tivesse servido como um oficial em uma frente de

---
14 *Ibidem.*
15 KGB 11.1 104.
16 KGB 11.1 103.
17 KGB 11.1 102.
18 YN p. 235.

batalha distante) e as mortes de seus colegas de colégio, praticamente adolescentes, eliminaram o encanto apolíneo ao expô-lo da forma mais direta possível aos "terrores e horrores" da vida. (É possível que haja um fundamento biográfico na percepção de *A Origem da Tragédia* da fragilidade da "mentira" apolínea.)

Nietzsche não se tornou, de um dia para outro, um pacifista. Em setembro de 1873, ele ainda escreveu a Wagner que o "único elemento positivo era o soldado alemão".[19] Assim como com outras experiências, Nietzsche demorou a assimilar mentalmente suas vivências da guerra, até que seus efeitos se manifestassem plenamente. No entanto, o transtorno do estresse pós-traumático que ele sofreu em 1870 foi, segundo nossa opinião, o acontecimento decisivo que causou duas mudanças fundamentais em seu pensamento. A primeira foi o enfoque intenso na questão da violência humana que surgiu em seus escritos pós-guerra. A segunda mudança referiu-se a uma crítica nova a Bismarck, o verdadeiro instigador da guerra.

## A Violência

Nietzsche cresceu em uma época de uma guerra contínua, real ou imanente. Sua primeira reação à eclosão da Guerra Franco-Prussiana foi, como vimos, de vê-la como um fracasso de uma "cultura": o colapso de uma "cultura desgastada", o "sono invernal de uma cultura".[20] Esta visão evidencia o que seria esta "cultura", orgulhosa de seu nome e capaz de lidar com o problema da violência.

Assim como em quase todos os outros problemas humanos, Nietzsche retoma os temas da Antiguidade, em especial os gregos, a fim de encontrar uma solução. Apesar de ter abordado o tema da violência em *A Origem da Tragédia*, a análise mais profunda do problema foi elaborada em um de seus primeiros trabalhos filosóficos, "Competição de Homero",[21] um dos *Cinco Prefácios dos Cinco Livros não Escritos* que ele deu a Cosima como presente de aniversário no Natal de 1872. Embora nunca tenha sido publicada, é uma obra importante, em que diversos temas vitais da sua filosofia da maturidade são discutidos pela primeira vez.

O "humano" que eleva a humanidade acima dos animais, escreveu Nietzsche, atingiu o auge de seu desenvolvimento com os gregos. Mas, ao mesmo tempo, escreveu, os gregos tinham na origem de sua natureza uma "crueldade desumana", "um prazer como de um tigre destrutivo": o hábito de Alexandre e de Aquiles de arrastar os corpos de seus inimigos atrás de suas bigas é um exemplo desta crueldade. (Esta visão opõe-se conscientemente à concepção do século XVIII dos gregos como seres humanos *serenos e dóceis*.)

Os gregos são um "espelho polido" no qual podemos nos ver. Se a mais humana de todas as espécies não estava livre da predisposição para a violência, nenhuma espécie estaria. A predisposição à crueldade, à agressividade e à violência (mais tarde Nietzsche mencionaria a "vontade de poder") é inata aos seres humanos, é "inerente"

---

19  KGB 11.3 313.
20  KSA 7 32 [62].
21  KSA 1 p. 783-792; GM p. 187-194.

à nossa constituição. Não existe, portanto, a possibilidade de *eliminar* a propensão à violência. A única hipótese seria de a cultura *refreá-la* ou *redirecioná-la*. Esta percepção foi um esforço intelectual por parte de Nietzsche, porque significou uma ruptura radical com a moral tradicional europeia. O ideal cristão do amor altruísta, a determinação de que *devemos* e *podemos* amar até mesmo nossos inimigos, pressupõe que, em princípio, a violência pode ser eliminada da mente humana. Neste sentido, a visão de Nietzsche da impossibilidade de suprimi-la só é plausível para alguém que tenha renunciado aos pressupostos da moral cristã.

Devido ao reconhecimento da característica inerente da violência no ser humano, continuou Nietzsche, o mundo antigo revelou três reações. A primeira foi a desesperança da condição humana, refletida no orfismo: a exposição ao mundo de luta e crueldade conduz à "náusea da existência", à visão de que "uma vida baseada neste princípio não vale a pena ser vivida".[22] A segunda reação foi o estímulo ao descontrole. Esta reação caracterizou o mundo "bárbaro" onde os "estatutos" da vida civilizada eram regularmente eliminados pelos "feitiços" da "sensualidade e da crueldade".[23]

A terceira reação originou-se dos gregos. A característica mais importante dos gregos foi o fato de que eles "tinham consciência" do "impulso... para lutar e do prazer da vitória".[24] Seus julgamentos morais tinham uma "peculiaridade" diferente dos nossos: não havia "pecado" na agressão e crueldade, nem uma transgressão intencional das leis de Deus, era *apenas* a manifestação rude da vida tal como ela era. Por outro lado, eles reconheciam que a agressão nua e crua era prejudicial; embora não fosse "pecaminosa", era na linguagem posterior de Nietzsche "estúpida". Então, a tarefa deles seria de encontrar uma forma de expressão não destrutiva e, se possível, positivamente produtiva. Sua grandeza residia no fato de terem sido bem-sucedidos: eles aprenderam a "purificar" o impulso da violência, de transformar o "terrível" em "nobre", o "prejudicial em benéfico".[25] Isto foi resultado do aprendizado de como "espiritualizar" a violência,[26] de como encontrar uma forma de expressão que a substituísse. Freud descreveu esta espiritualização inspirado em Nietzsche (embora de uma maneira inconsciente) como a "sublimação" da violência.

Uma das formas de sublimação foi por meio da arte. Por este motivo, eles sentiam prazer nas histórias violentas de guerra e mais tarde nas tragédias gregas. Enquanto as festas dos bárbaros em homenagem a Dionísio convertiam-se em orgias de sexo e violência, que com frequência incluíam sacrifício humano, nas festas trágicas em tributo a Dionísio dos gregos, eles "matavam" seus heróis não em vida, mas como diria Nietzsche "em efígie".[27] No entanto, uma maneira mais produtiva de sublimar a violência era através da "competição".

Ao ter consciência de que a vida era essencialmente "luta e vitória", os gregos atribuíram essa peculiaridade ao domínio da deusa Éris, que personificava

---

22 GM p. 189.
23 BT 2.
24 GM p. 189.
25 KSA 7 16 [26], 16 [18].
26 BT p. 123.
27 D 94.

a "inveja", a discórdia, a rivalidade. Porém, o conceito de inveja dos gregos era bem diferente do nosso. Na verdade, eles tinham *duas* deusas – uma deusa Éris "má" e uma "boa". A deusa Éris má fomentava a guerra (ela começou a guerra de Troia ao jogar o pomo da discórdia, sua maçã dourada, um objeto de cobiça universal, entre os convidados do casamento de Peleus e Tétis), mas segundo Hesíodo em *Os Trabalhos e os Dias e Teogonia*, Zeus criou a boa Éris a fim de estimular os homens a trabalhar e prosperar. A diferença entre as duas reside no fato de a predominância da Éris má causar a "luta para a morte", ao passo que a boa Éris instiga a "competição": como Hesíodo escreveu, ela

> incentiva até mesmo um homem sem aptidões a trabalhar: e quando alguém que não possui bens vê uma pessoa rica, ele precipita-se a semear e plantar... Oleiros nutrem ressentimento contra oleiros, carpinteiros contra carpinteiros, mendigos sentem inveja de mendigos e menestréis de menestréis.

Como Hesíodo indica, a competição, *agon*, dominava a vida dos gregos; a cultura grega era essencialmente "agonística" e orgulhava-se disso. A educação era agonística: o incentivo à primazia, o "egoísmo" na linguagem moderna, como Nietzsche sugeriu, era estimulado como uma contribuição ao bem da comunidade em geral. Os grandes dramaturgos do século V competiam entre eles; eles competiam até mesmo, Aristóteles observou perplexo, com os mortos, sobretudo com Homero. Platão criou os diálogos para provar que poderia superar os sofistas em um "debate" dialético. E, é claro, os gregos competiam entre si nos Jogos Olímpicos. A agressão sublimada criava e incentivava a cultura grega.

A lição duradoura que Nietzsche extraiu de suas reflexões sobre os gregos não se restringe à impossibilidade de eliminar a natureza cruel e violenta do ser humano, mas, também, que ele *não quer suprimi-la*, pois as "terríveis potencialidades do homem vistas como inumanas são... na realidade o solo fértil onde o ser humano, seus sentimentos, realizações e trabalhos podem prosperar".[28] O "nobre" e "humano", enfatizou Nietzsche em sua filosofia sobre a natureza, não pode ser inserido na ordem natural por uma ação sobrenatural e, sim, por um redirecionamento de nossa cultura de "besta loura". Precisamos preservar nosso "potencial maléfico em benefício do potencial bom".

## Prússia

Depois de voltar da Guerra Franco-Prussiana, as cartas de Nietzsche começaram a revelar sentimentos em um contraste marcante com o prussianismo apaixonado de sua juventude. Ele passou a ter sérias dúvidas se a supremacia da Prússia como uma potência na Europa continental seria um fator positivo para a Prússia e a Europa. "Vamos esperar", escreveu a Von Gersdorff em novembro de 1870,

---

28  GM p. 187.

que não tenhamos de pagar um preço muito alto pelo incrível sucesso [na guerra] em um campo onde, em minha visão, nenhuma perda poderia se apoiar. Faço-lhe uma confidência: penso que a Prússia atual pode exercer um papel extremamente perigoso para a cultura. Em algum momento no futuro direi publicamente o que penso sobre o sistema educacional.

"Devemos", acrescentou, "ser de fato filósofos para não ficarmos arrebatados pela euforia da vitória".[29] No mês seguinte, ele descreveu a cultura – ou o que ele preferia chamar de "barbárie" – da Prússia governada por Bismarck como o "inimigo que cresce agora no solo sangrento da guerra". E acrescentou que "Nossa batalha está diante de nós... a bala que nos matará não virá das armas e dos canhões". A situação pode ser salva, continuou, "por meio de um novo espírito na educação científica e ética [*Erziehung*] de nossa nação" incentivada por "uma nova ênfase nos estudos dos clássicos".[30]

A fim de compreender a sua crítica à Alemanha de Bismarck, o que significava um novo espírito científico e ético na educação e de como ele imaginava este espírito redentor da cultura alemã para tirá-la de sua condição "semibárbara", precisaríamos ler a série de palestras sobre educação realizadas de janeiro a março de 1872, nas quais ele cumpriu sua ameaça de "expor a natureza do sistema educacional prussiano".

## *Sobre o Futuro de nossas Instituições Educacionais*

Nietzsche realizou suas palestras sob os auspícios da "Associação Acadêmica Voluntária", a associação criada, como vimos, para consolidar o orgulho cívico da universidade, estimular a interação entre a cidade e a comunidade universitária e reduzir a perpétua escassez de fundos.

A discussão começou com uma crítica sobre as tendências atuais da educação prussiana e, depois, estendeu-se a uma crítica à sociedade da Prússia em geral. Ela enfocou o ensino básico, o ensino fundamental, o ensino médio e o ginásio [*Gymnasium*, em alemão]. A crítica de Nietzsche baseou-se em um ponto de vista essencialmente conservador. Em sua visão geral, a educação alemã seguira o caminho certo na "época maravilhosa, profundamente reflexiva e instigante da Reforma" e continuou a trilhar este caminho no tempo de Schiller e Goethe,[31] mas na Prússia moderna uma temível deturpação deste nobre modelo era a atual orientação educacional. (Como o colégio de Nietzsche fora fundado sob os princípios da Reforma Protestante e baseava-se no "classicismo de Weimar" de Goethe e Schiller, em suas reflexões sobre a educação, Pforta era o padrão a seguir.)

A educação alemã dividira tradicionalmente as escolas secundárias no Realschule destinado ao aprendizado do comércio e outras profissões e o ginásio dedicado à educação de uma pequena elite com maior vocação acadêmica e, por esse motivo, Nietzsche considerava os estudos secundários na Prússia do século XIX como uma perversão de um nobre ideal. A crítica de Nietzsche referia-se também ao fato de que o ginásio

---

29  KGB 11.1 107.
30  KGB 11.1 111.
31  EI p. 98.

tradicional assemelhava-se mais a uma faculdade moderna e liberal de artes do que um colégio de ensino médio anglo-saxão. Os professores faziam pesquisa e, como vimos no caso de Pforta, com frequência dividiam-se entre o ginásio e a universidade. Os alunos em geral estudavam no ginásio até os 19 anos ou mais, como no caso de Nietzsche até os 20 anos, e, quando concluíam o exame final, estavam preparados para iniciar uma faculdade. Em razão de o ginásio ser tão similar a uma universidade moderna, às vezes a crítica de Nietzsche tinha uma aplicação surpreendente a esta última.

\*\*\*

Nietzsche identificou duas tendências "prejudiciais" no novo sistema educacional centralizado da Prússia: uma educação "ampla" e, ao mesmo tempo, "fraca".[32] A educação, disse, democratizou-se, tornou-se uma educação voltada para o "grande público".[33] Em consequência, existia uma crescente lacuna entre a demanda de professores e a oferta de profissionais capazes e com vocação para ensinar. Isto causava um efeito "debilitante" reduzindo o nível geral da educação, ao mediocrizar os professores e os alunos. Por conseguinte,[34] os professores medíocres indicavam professores ainda mais medíocres, e uma crescente mediocridade convertia-se na característica da instituição. Isto era ótimo para os medíocres. Ao encontrarem uma "proporção harmoniosa" entre suas aptidões e o espírito da instituição, estas pessoas sentiam-se "justificadas".[35] O professor genuinamente capaz, por outro lado, sentia-se cada vez mais excluído, enquanto o aluno talentoso achava que a instituição pouco tinha a oferecer.

Em relação à causa dessa condição nociva, Nietzsche referia-se em parte a uma "ética predominante" da população, ao "dogma econômico" que exigia "tanto conhecimento e educação" quanto possível e, em consequência, produção e demanda, além da maior felicidade possível. (A "economia do conhecimento".) Essa transição de uma vida agradável para a felicidade e da felicidade para o dinheiro tornara os seres humanos "modernos" – aqueles com habilidades atualizadas que proporcionaram seu enriquecimento – o objetivo e o motivo da procura da educação.[36]

No entanto, Nietzsche enfatizou que o Estado prussiano era o responsável pela situação atual da educação. Suas reflexões sobre a Prússia tiveram uma importância significativa, visto que, devido ao poderio militar, a Prússia era cada vez mais admirada e imitada por outros países.[37]

A Prússia, disse, convertera-se no jargão da época em uma "cultura estatal" [Kulturstaat].[38] Ela assumira a tarefa de financiar, definir o conteúdo e avaliar o produto final da educação e, portanto, a tarefa de determinar a cultura da sociedade em geral.[39] Ao seu povo ela pedia: "Fique alerta, seja consciente! Seja inteligente."[40]

---

32 EI p. 35.
33 EI p. 64.
34 EI p. 64.
35 EI p. 65.
36 EI p. 36-7.
37 EI p. 77.
38 EI p. 74.
39 EH p. 77.
40 EI p. 67.

Os meios usados para criar uma educação de massa foram a formação educacional no ginásio e, em muitos casos, na universidade, como pré-requisito para obter bons cargos no Exército e no serviço civil. Por esse motivo, o ginásio passou a ser visto apenas como um "degrau na escada da honra", a fim de conquistar empregos socialmente prestigiosos.[41]

Outro meio mais sutil foi o uso da filosofia de Hegel como propaganda política, em especial nas escolas. Pelo fato de Hegel glorificar o Estado como (segundo Nietzsche) "o organismo ético aboslutamente completo", a vida significava servir ao Estado, sacrificar-se por ele, talvez até mesmo com um sacrifício final. Em consequência, "a tarefa da educação era a de preparar as pessoas para encontrarem um lugar e uma posição na qual fossem úteis ao Estado".[42]

O objetivo do Estado era simples: para conquistar a "onipotência", em outras palavras, poder total em relação a outros países, era preciso haver uma dominação global. Neste sentido, as escolas influenciadas pela "cultura estatal" hegeliana tornaram-se análogas a outra inovação prussiana, o serviço militar universal.[43] Cremos que o raciocínio de Nietzsche refletia o conceito da sociedade "total" discutido no Capítulo 4: mais especificamente a concepção de uma "sociedade completamente mobilizada" formulada meio século depois por um admirador de Nietzsche, Ernst Jünger, uma sociedade "totalitária" na qual todos os aspectos da vida social eram projetados e controlados pelo Estado, cuja finalidade era, em sua essência, a conquista e a expansão por meio do exercício do poder.

\*\*\*

Nietzsche considerava o Estado prussiano como a personificação do espírito da nova "época das ferrovias", o ciclo mecanizado com uma "pressa vertiginosa".\*[44] A "mecanização" da educação era um aspecto da mecanização da vida em geral. A crítica de Nietzsche à educação referia-se aos "poucos seres humanos" que, como ele, não se sentiam em harmonia com a época dos trens, aqueles que "ainda não adoravam serem esmagados por suas rodas".[45] Dirigia-se às pessoas capazes de trabalhar em prol de um modelo alternativo de uma educação melhor, e com esta iniciativa promoveriam uma renovação da sociedade. Este modelo não significaria uma ruptura drástica com o passado e sim um resgate da nobre essência da concepção alemã tradicional do ginásio. De acordo com o modelo de Nietzsche, a missão do ginásio *não* era educar pessoas para serem úteis ao Estado, mas proporcionar uma "educação [*Erziehung*] direcionada à cultura [*Bildung*]".[46] (Como para Nietzsche a "verdadeira educação" era a voltada à cultura, a formação de pessoas úteis ao Estado

---

41   EI p. 75.
42   EI p. 79.
43   EI p. 76-78.
\*    As ferrovias ainda eram uma maravilha tecnológica na década de 1870. Seu impacto radical na vida dos seres humanos deveu-se ao aumento proporcional da velocidade de viagem proporcionada por elas maior do que a introduzida pelo automóvel ou pelo avião.
44   EI p. 19.
45   *Ibidem*.
46   EI p. 18, 83.

seria apenas uma "instrução" ou um "treinamento" e, nesse sentido, sua tese pode ser expressa como uma tautologia: o objetivo da educação era a educação.)

A conotação do uso da palavra *Bildung* por Nietzsche não é fácil de captar. É preciso analisá-la de acordo com a visão de Schopenhauer do estado estético como uma libertação da vontade para o "desinteresse". Acima de tudo, disse Nietzsche, a educação direcionada à cultura, a verdadeira educação, não se referia à "luta pela existência" ou à "subsistência": "a verdadeira educação não se corrompe pela necessidade e desejo pessoal". A verdadeira educação tem por finalidade estimular o que Schopenhauer chamava de "conhecimento puro, sem desejo ou vontade... e intemporal". Assim, a educação deveria preservar a afinidade natural do adolescente com a natureza, pois

> ao se reconhecer de novo como em infindáveis reflexões e miragens no turbilhão vívido das aparências mutáveis... ele sentirá inconscientemente a unidade metafísica de todas as coisas na grande imagem da natureza e, ao mesmo tempo, se tranquilizará com sua persistência e necessidade eternas.[47]

A sintonia com a natureza libera as pessoas da vontade "egoísta"[48] e as eleva à visão "eterna" da "unidade primordial" descrita em *A Origem da Tragédia*, um engrandecimento que tem um efeito "tranquilizador", porque proporciona a percepção de que, *como* a unidade primordial, as pessoas estão além do tempo, da mudança e da morte. Mas também propicia o conhecimento, visto que, ao estar acima do fluxo da opinião predominante, elas são livres para serem "o espelho límpido da essência eterna e imutável" das coisas.[49]

Schopenhauer e Nietzsche descreveram a capacidade de prolongar esse estado como "gênio".[50] Porém, na descrição de Nietzsche da maneira como deveria ser a educação do gênio, esta concepção assume diversas características diferentes das de Schopenhauer.

O objetivo da educação voltada para o *Bildung* disse Nietzsche é preparar o nascimento do gênio e criar seu trabalho.[51] O foco desta educação seria o estudo da língua e da literatura alemãs, mas, também, ainda mais importante, da Antiguidade clássica à qual se vincula a "essência alemã" que, embora vital, é "repleta de segredos e dificuldades para captar".[52] O aluno familiariza-se com o ápice do verdadeiro "espírito alemão", de "gênios" autênticos como Goethe e Winkelmann, e por meio destes "sumos sacerdotes da educação clássica" familiariza-se também com a Antiguidade grega "a única origem correta da educação".[53] A educação deve, portanto, nos restituir à nossa "pátria grega". "A Grécia antiga infinitamente distante e fechada por barreiras de diamantes"[54] deve converter-se "no local de peregrinação dos melhores e mais bem dotados seres humanos".[55]

---

47   EL p. 82-83.
48   *Ibidem*.
49   EI p. 97.
50   WR II Capítulo 31.
51   EI p. 96.
52   EI p. 60.
53   EI p. 54.
54   EI p. 55.
55   EI p. 60.

## CAP. 8 | A GUERRA E SUAS CONSEQUÊNCIAS

A característica diferente do pensamento de Schopenhauer deve-se ao fato de ele discutir o gênio só no contexto da arte, ao passo que Nietzsche o considerava claramente do ponto de vista do desenvolvimento *moral*, como disse em uma carta a Von Gersdoff de uma "educação ética". A finalidade de Nietzsche era que o ginásio reformulado produzisse uma "pequena tropa"[56] de vanguarda para combater a "barbárie" contemporânea estimulando a recuperação moral e espiritual da cultura em geral. Mas, para incentivar o compromisso da sociedade com o conteúdo alemão e grego do autêntico "espírito" alemão, os alunos do ginásio precisariam ter "um desejo intenso de incorporar a sociedade grega",[57] um anseio de integrar a excelência moral dos gregos em suas vidas. Por este motivo, o estudo da Antiguidade – neste ponto Nietzsche retomou seus planos antigos da reforma da filologia clássica – não apenas como um exercício "científico" e, sim, para reverenciar figuras exemplares que modelariam nossas vidas. Como escreveu em seu caderno de anotações, "os gregos têm para nós [no verdadeiro ginásio] a posição que os santos têm para os católicos".[58] No verdadeiro ginásio, os gregos se tornariam o "espelho polido" que nos refletiria não como *éramos* e sim como *desejávamos* ser.

\*\*\*

No entanto, como esses desbravadores realizariam sua tarefa de regeneração social? Ao atingir a maturidade, qual seria a tarefa do "gênio"? Em razão de o pensamento de Nietzsche não ser uma cópia da concepção de Schopenhauer, qual era então sua visão do gênio?

Inevitavelmente ligada à ideia de gênio havia a noção de criação, de origem da existência, de "originalidade": a origem da palavra grega *gignesthai* conecta-se à ideia de criar a vida. No século XVIII, a origem do gênio era concebida como algo inacessível às regras tradicionais. Como Kant disse "não podemos determinar uma regra definitiva... nem apreender o gênio por meio de uma regra".[59]

Entretanto, havia duas concepções distintas da originalidade e dos tipos de regras. Uma era a originalidade da *expressão*, e a outra, de *conteúdo*. Alexander Pope enfatizou a primeira concepção ao dizer que "pensamos com frequência no gênio, mas nunca expressamos bem sua natureza". Por sua vez, Schopenhauer deu um destaque especial à segunda concepção. Enquanto "uma pessoa talentosa pensa mais rápido e com mais precisão que as demais pessoas, o gênio capta um mundo diferente daquele que vemos; o talento é como um atirador exímio que atinge um alvo... que outras pessoas não veem".[60] O distanciamento crucial de Nietzsche da visão de Schopenhauer de um gênio, cremos, deveu-se ao fato de que nesta fase de sua carreira, pelo menos, ele pensava na originalidade do gênio em termos de expressão em vez de conteúdo.

De acordo com a "natureza aristocrática do espírito", a "ordem natural da condição social", disse Nietzsche ao seu público, a ordem adequada da sociedade era "a suprema-

---

56   EI p. 99.
57   EI p. 63.
58   KSA 7 1 [29].
59   Kant (1972) seção 46.
60   WR II p. 376, 391.

cia dos grandes indivíduos", a "sujeição das massas... sob a autoridade do gênio".[61] Apesar da clara inspiração na sociedade piramidal de *A República* de Platão – os artesãos na camada inferior, os militares e os civis no meio, e o "rei filósofo" no topo – Nietzsche não se referia aqui ao Estado e sim à sociedade civil, o *Volk* [o povo] como ele chamava, ao qual o Estado *deveria* sujeitar-se. O importante para ele não era que o gênio assumisse a liderança política do Estado, mas, sim, que deveria oferecer uma "liderança espiritual" no "império do intelecto",[62] uma liderança cultural no contexto da sociedade civil.

Mas como essa liderança espiritual seria exercida? Nietzsche disse (repetindo a tese de Wagner do *Volk* como o verdadeiro criador da arte), que

> as forças culturais mais elevadas e nobres... irrompem do inconsciente do povo [e]... com a vocação precípua de criar o gênio e, em seguida, lhe oferecer uma educação apropriada e refinamento.[63]

O "gênio" criado pelo povo tinha a tarefa – nesse ponto retomamos a concepção *expressiva* da originalidade do gênio – de manifestar-se no destino mais elevado de um povo... em um trabalho eterno e, assim, fixando seu povo na eternidade, libertando-o da transitoriedade,[64] do fluxo das novidades passageiras. O gênio proporcionaria, na verdade, o que chamaríamos de "educação do povo". Porém, isso não poderia ser realizado diretamente; como, por exemplo, com a introdução de uma educação universal obrigatória pelo Estado. Em vez disso,

> nas regiões mais profundas e autênticas onde as grandes massas adquiriam cultura, regiões em que o *Volk* alimentava seus instintos religiosos, onde mais tarde os poetizava por meio de imagens míticas, nas quais mantinha sua fé na moral habitual, seu direito, o solo de sua pátria, sua linguagem.[65]

Só poderia ser alcançada por intermédio do gênio, cuja tarefa seria articular que a "moralidade habitual", a "pátria" espiritual, em outras palavras, permitir que o "destino mais elevado de um povo" se "manifestasse".

É evidente que voltamos à tragédia grega, com o "trabalho artístico coletivo" que "reúne" o *Volk* em uma clara afirmação de seu *ethos* fundamental. Estas palavras refletem os paradigmas do "gênio" de Sófocles e Ésquilo, assim como de Richard Wagner. Então, a importância fundamental da "educação para a cultura" era que só com a criação e preservação do gênio e de seus trabalhos uma comunidade se libertaria de sua condição de "decadência" e "barbárie" e atingiria os valores "eternos", apesar de "infinitamente distantes", que constituem uma comunidade. Especificamente para os alemães, só por intermédio do refinamento do gênio no ginásio com um enfoque clássico, a "pátria grega" seria recuperada.

\*\*\*

---

61   EI p. 66-67.
62   EI p. 66, 67.
63   EI p. 67.
64   EI p. 67.
65   EI p. 67.

Gostaríamos de concluir com três comentários talvez não muito convincentes.*  O primeiro consiste em observar que o apelo de Nietzsche de um retorno a uma "educação em direção ao *Bildung*" era, em sua essência, um apelo à reprodução da concepção do ginásio humanístico elaborada no início do século XIX pelo famoso geógrafo, linguista, diplomata e educador Alexander von Humboldt, a quem Nietzsche nunca cita. A diferença entre os dois, no entanto, residia no fato de que para Humboldt o *Bildung* era um fim em si mesmo, a essência de tornar-se um ser humano refinado, mas, segundo Nietzsche, era também, e ainda mais importante, uma questão de utilidade social, de produzir uma comunidade em pleno desenvolvimento por meio da "liderança espiritual". Nietzsche escreveu em seu caderno de anotações, que: "A tarefa eterna do *Bildung* [seria] a organização de uma elite intelectual independente da Igreja e do Estado",[66] e todos os membros desta elite iriam "viver e agir de acordo com os esforços de seu *Volk* ou da humanidade... a fim de libertar seu povo de caminhos tortuosos, com a imagem do ideal diante de seus olhos".[67] Como veremos, ele manteve esta ideia de responsabilidade de uma pessoa excepcional em relação à sua comunidade e, por isso, de converter-se, de um modo ou de outro, em um "líder espiritual do povo" até o fim de sua carreira.

O segundo comentário reside em atrair a atenção para a essência do "prussianismo" dos projetos de reforma de Nietzsche. Segundo a filosofia "hegeliana" que Nietzsche rejeitava, o significado apropriado da vida de uma pessoa fundamentava-se no compromisso e no desempenho de alguma atividade, de acordo com as aptidões individuais, para a "organização ética" básica, o Estado. Entretanto, ele também pensava em si mesmo em termos "orgânicos". Seu ideal de sociedade era uma "orquestra" dirigida por um maestro excepcional que transmitia harmonia, liberdade e coordenação a cada um de seus membros.[68] Era preciso em uma sociedade orquestrada que as pessoas tivessem uma vida significativa. A objeção de Nietzsche ao Estado "hegeliano" e bismarckiano não era uma afirmação da visão liberal-democrática da primazia do indivíduo, a ideia de que a função do Estado seria criar um espaço no qual as pessoas viveriam suas vidas insignificantes descoordenadas das vidas das outras pessoas. Sua objeção significava que o verdadeiro "organismo ético" não era o Estado e sim seu "povo" e sua cultura. O Estado, disse, não pode ser o "guarda da fronteira, regulador e supervisor" do povo e de sua cultura. Ao contrário, ele precisava ser o "companheiro forte e vigoroso, pronto para a luta, um companheiro de vida que dava ao amigo admirado e nobre... um salvo-conduto para enfrentar as realidades cruéis da existência".[69] A *Kulturstaat* prussiana de Bismarck era exatamente o oposto. Em vez de a cultura da sociedade civil ser controlada e subordinar-se aos objetivos do Estado, o Estado é que deveria subordinar-se e ser a expressão do *ethos* da sociedade civil. E isto significava que

---

\* Um questionador crítico poderia discutir por que haveria essa ligação exclusiva entre os alemães e os gregos, qual seria a razão de os judeus cristãos não terem sido mencionados e por que só a arte era o trabalho do "gênio".

66  KSA 7 14 [14].
67  KSA 7 8 [92].
68  EI p. 119.
69  EH p. 77.

o gênio, o articulador da autêntica natureza da sociedade civil, seu líder espiritual, era o líder superior do Estado. Quando Martin Heidegger explicou que aderira ao partido nazista para "*den Führer zu führen*", guiar o líder, na realidade, ele seguira uma longa tradição alemã referente à relação entre a política e a cultura, entre o Estado e a vida espiritual, uma tradição que Nietzsche seguia.

O último comentário consiste na ordenação sequencial dos pensamentos do ensaio "Instituições Educacionais" e *A Origem da Tragédia*. Esta última obra faz um apelo ao renascimento da arte coletiva, o primeiro aborda a questão do que deveríamos fazer para estimular o nascimento deste trabalho. Embora à primeira vista "Instituições Educacionais" pareça vivenciar uma experiência bem diferente, sua visão do mundo é idêntica à visão do mundo wagneriana descrita em *A Origem da Tragédia*.

# 9

## A FILOLOGIA ANAL

Nietzsche voltou a Basileia depois do serviço militar, no final de outubro de 1870, a tempo de começar a ensinar no período letivo do inverno. Ele estava sofrendo, como vimos, com os efeitos da disenteria, mas, também, com o transtorno de estresse póstraumático. Ele tinha problemas digestivos contínuos e dores de estômago; o estresse causava insônia, exaustão e depressão, que o atormentaram nos seis meses seguintes. Além destes sintomas, ele tinha hemorroidas. O recomeço das aulas convenceu-o de que a tensão entre a profissão e a vocação, entre a filologia e a filosofia, agravava sua saúde. Isto o levou a escrever a Rohde que pretendia sair logo da universidade, a fim de criar uma "nova academia grega" associada ao projeto de Bayreuth.[1] No entanto, no final do ano, ele teve outra ideia: iria pleitear a cátedra de filosofia, vazia havia pouco tempo, e Rohde o substituiria no seu antigo cargo de professor de Filologia.

Em fevereiro de 1871, a saúde de Nietzsche agravou-se tanto que ele foi obrigado a pedir uma licença para tratamento de saúde e, acompanhado por Elizabeth, hospedou-se no Hotel due Parc em Lugarno durante seis semanas, a fim de recuperar-se. Ao voltar para a Basileia foi informado de que seu pedido para ocupar a cátedra de filosofia fora rejeitado. Ele queixou-se que fora prejudicado em razão de sua dedicação a Schopenhauer, mas a recusa foi plenamente justificada, porque, além de não ter feito um treinamento no método filosófico, ele também não possuía – uma lacuna que nunca preencheu – um conhecimento básico da história da filosofia. Além da *Retórica*, ele não conhecia as obras principais de Aristóteles, desconhecia a escolástica medieval, os racionalistas do continente ou os empíricos ingleses. E embora houvesse lido *A Crítica da Faculdade do Juízo*, de Kant, seu conhecimento de *A Crítica da Razão Pura* resumia-se a fontes secundárias. (Em um resumo de meia página da história da filosofia ocidental em *O Crepúsculo dos Ídolos* intitulado "Como o Verdadeiro Mundo Tornou-se uma Fábula" é surpreendente que nenhum filósofo que viveu entre os dois milênios entre Platão e Kant tenha sido mencionado.) Nietzshe, portanto, não tinha qualificações para atender às necessidades de um pequeno departamento.

Porém, em setembro de 1871, ele recuperou-se da depressão e do desapontamento de seu pedido ter sido recusado. "A Basileia é excelente", escreveu a Von Gersdorff, "meus amigos gostam da Basileia e a Basileia gosta dos meus amigos".[2] Esse foi o espírito com que, no início de 1872, ele recebeu o oferecimento de uma cátedra na Universidade de Greifswald, situada na costa do Mar Báltico, ao nordeste da Alemanha. Rejeitou-a rapidamente, apesar da proximidade de Greifswald a

---

1   KGB 11.1 113.
2   KGB 11.1 156.

Kiel, onde Rohde instalara-se como *Privatdozent*, um palestrante não pago. Mas, também, um pouco constrangido, não aprovou o desfile com tochas que os alunos da Basileia haviam proposto em homenagem à sua lealdade à cidade. Ele rejeitou o desfile porque os alunos, assim como a universidade, que aumentara seu salário, não haviam percebido seus verdadeiros motivos.

Ele explicou à sua mãe que não se deveria procurar um novo tipo de felicidade quando alguém tem, como ele tinha na Basileia, "bons amigos e uma boa reputação". Mas acrescentou que o fundamento real de rejeitar a oferta era sua falta de ambição de seguir "uma carreira acadêmica".[3] Esta era uma explicação diplomática, porque mais uma vez pensava em abandonar a vida acadêmica e seu salário garantido, uma iniciativa que aterrorizaria sua mãe. Sua última fantasia ainda era que Rohde o substituiria como professor de filologia na Basileia, liberando-o para trabalhar em tempo integral no projeto de Wagner. Sua ideia era tornar-se um palestrante peripatético que visitaria as diversas sociedades wagnerianas que haviam surgido por toda a Alemanha, com o objetivo de arrecadar recursos a fim de concluir o prédio da ópera de Bayreuth. (Como faria palestras apenas para os admiradores de Wagner e este projeto sem financiamento dificilmente lhe poderia pagar um salário, esta ideia era sintomática da tênue noção que Nietzsche sempre teve da realidade financeira.) Wagner, como já vimos, recusou a oferta, mas Nietzsche ainda sonhava com o golpe duplo de abril de 1872.[4]

Na verdade, Nietzsche estava sob o domínio da deusa Éris – a Éris "boa". Ele queria ir para a guerra, uma guerra em prol do renascimento wagneriano e contra a cultura do "vandalismo" da modernidade. *A Origem da Tragédia* esclareceu a urgência da guerra; ele queria viver em função de suas palavras. O desejo de uma "guerra" cultural é bem explícito. Ao responder a Von Gersdorff, que retornara à vida civil, a respeito de seu compromisso com a causa wagneriana, ele escreveu em novembro de 1871,

> É uma sensação de ser ainda um soldado determinado a demonstrar sua disposição militar no campo da filosofia e da arte. É essa é uma atitude correta: em especial nesse momento, só como lutadores temos direito a existir, apenas como guardas em postos avançados de uma era futura de cujos delineamentos temos, em nossos melhores instantes, um vago indício.[5]

E, alguns meses mais tarde,

> Em qualquer atividade lembre-se sempre que nós dois temos a missão de lutar e trabalhar na vanguarda de um movimento cultural no qual – talvez na próxima geração, ou mais tarde – o grande público participará. Isso será motivo de orgulho e fortalecerá nossa energia. E acredito que nascemos, não para sermos felizes, mas para cumprir nosso dever: e nos sentiremos abençoados no momento em que soubermos quais são nossas obrigações.[6]

---

3   KGB 11.1 195.
4   KGB 11.1 207.
5   KGB 11.1 168. Ele acrescentou, com o uso de um tropo hölderliano, "Estes melhores momentos nos alienam do espírito da época atual, mas como precisamos encontrar uma pátria em algum lugar, temos, nesses momentos, uma percepção tênue do que acontecerá (*des Kommenden*)".
6   KGB 11.1 197. Comparar com a última seção de *Zaratustra*: "Meu sofrimento... o que importa? Estou lutando por minha *felicidade*? Estou lutando por meu *trabalho*!"

Rohde também se sentia um companheiro de "guerra", dirigindo-se a Nietzsche, em diversas ocasiões, como "camarada de armas".

O ano de 1872 começou com a publicação de *A Origem da Tragédia*, o "manifesto"[7] de guerra, em 2 de janeiro. A partir de então, Nietzsche organizou sua vida como uma campanha militar. Ao ter, como escreveu a Rohde, "concluído uma aliança" com Wagner,[8] ele subordinou tudo ao seu plano de batalha. Entre janeiro e março ele deu as aulas já discutidas, "Sobre o Futuro de nossas Instituições Educacionais", que o casal Wagner achou exageradas pelo tom incisivo. Em março, o filho de Felix Mendelssohn convidou-o a viajar para a Grécia. Apesar do respeito e do prazer pela ligação com o reverenciado compositor, que fora o foco musical da vida em Leipzig e um amigo do pai de Gustav Krug, ele recusou o convite por temer um conflito com o antissemitismo de Wagner. (Sob influência de Wagner, a retórica superficial sobre o antissemitismo, que às vezes permeava suas primeiras cartas, intensificou-se de maneira marcante durante o período de Tribschen.)

Nesse mesmo mês, ele insistiu que Rohde deveria estar presente no festival comemorativo do lançamento da pedra fundamental da ópera de Bayreuth, o "teatro do Festival [*Festspielhaus*]" (ver Ilustração 15) em 22 de maio de 1872: "os dois professores wagnerianos", escreveu a Rohde, que, no mês anterior, tinha por fim obtido um cargo de professor iniciante em Kiel, "não podem estar ausentes".[9] Ambos foram ao festival, assim como, entre outros, Gustav Krug, o primeiro amigo que transmitiu a Nietzsche a admiração por Wagner, a sonhadora e idealista admiradora de Wagner, Malwida von Meysenbug (ver Ilustração 16), que logo exerceria um importante papel na vida de Nietzsche. Embora o lançamento da pedra fundamental tenha sido sob chuva torrencial – o Monte Verde, acima da cidade, ficou um mar de lama – houve uma magnífica apresentação da *Nona Sinfonia* de Beethoven no teatro rococó de Margrave na cidade, com um coro de 300 cantores no último movimento. Cosima anotou em seu diário que a noite "fora espetacular" e (no espírito de Schopenhauer) que todos "se sentiram livres do peso da existência mortal". Rohde voltou para Kiel com a sensação de que se despedira do seu verdadeiro lar e que era seu dever, mais do que nunca, acrescentar "sua força mais frágil" aos seus amigos e companheiros guerreiros "nessa batalha pela arte superior".

## "A Propaganda Maciça" de Rohde

Como seria previsível, o casal Wagner acolheu a publicação de *A Origem da Tragédia* (publicado, como vimos, pelo editor de Wagner, Fritzsch) com muito entusiasmo. Nietzsche recebeu cartas calorosas com elogios de Wagner, Liszt e Hans von Bülow. Mas, quanto ao resto do mundo, em especial ao mundo filológico (o trabalho fez, afinal, importantes observações sobre o nascimento e a morte da tragédia grega), o livro foi recebido com um silêncio desanimador. Entretanto, Nietzsche envolvera *A*

---

7   KGB 11.1 194.
8   KGB 11.1 192.
9   KGB 11.1 218.

*Origem da Tragédia* em seu planejamento militar antes de ele ser publicado. Antecipando que os filólogos fariam o possível para ignorá-lo, ele sugerira a Rohde no final do ano anterior que ele deveria influenciar pessoalmente os filólogos, talvez por meio de uma carta ao editor da *Rheinisches Museum* ou em uma carta [aberta] a ele, Nietzsche. Em resumo, o que ele precisaria era de uma "propaganda maciça".[10] Rohde escreveu uma extensa resenha sobre *A Origem da Tragédia*. Rejeitada pela *Literarisches Zentralblatt*, ela foi publicada em uma versão revisada em uma publicação menos acadêmica, mas grande entusiasta de Wagner, o *Norddeutsche Allgemeine Zeitung*, o principal jornal diário de Berlim, porém, sem impacto sobre a comunidade acadêmica. Rohde tivera esperanças de que a resenha fosse publicada antes do festival do lançamento da pedra fundamental, mas ela só foi editada quatro dias depois, em 26 de maio.

A resenha de Rohde foi um ato de genuína coragem. Com sua posição de professor iniciante em uma hierarquia acadêmica, ele arriscou sua reputação e sua carreira ao ser transferido da universidade. (Felizmente, o dano foi apenas temporário.) Na resenha, Rohde identificou Nietzsche e ele como discípulos de Schopenhauer e profetas da nova música. Schopenhauer foi quem por fim superou a metafísica cristã, e Wagner, por sua vez, suplantou a tradição clássica da arte. A partir deste novo e "moderno" ponto de vista, Nietzsche, disse ele, ofereceu uma interpretação radicalmente nova dos gregos, em que as antigas concepções "científicas" sem julgamento de valores do método filológico exercem um papel bem mais restrito. Esquivando-se da questão se deveríamos ou não esperar um trabalho "científico" de um professor de Filologia, Rohde disse que a abordagem de Nietzsche do "modo filosófico e artístico de observação" proporcionou uma correção muito necessária ao otimismo científico hegeliano. O "socratismo", a supervalorização da razão e da ciência, continuou ele, destruiu a mitologia grega e constitui o maior perigo em nossa época, porque "como uma lógica soberana e autoconfiante ao pensar que é possível resolver todos os enigmas do mundo, tem espaço para a arte, exceto como uma diversão agradável para as horas que estamos exaustos em razão do trabalho do pensamento abstrato?". A ciência sem dúvida fez grandes progressos e, por isso, não nos admira que esteja "aos poucos declarando que domina todas as regiões da Terra e da mente humana". Mas esta arrogância é fatal. A humanidade tem uma necessidade intrínseca do mito. Os antigos mitos morreram. Porém, conclui Rohde com otimismo, "na arte nobre eles ainda conseguem, em um reflexo mítico, pôr as características ocultas da grande deusa do mundo [Gaia, talvez] diante do olhar enlevado".[11]

## A Reação Enérgica de Wilamowitz

Embora Cosima preferisse que a resenha de Rohde fosse mais acessível ao público em geral, Nietzsche a achou maravilhosa. "Meu amigo, meu amigo, que excelente trabalho!", e entusiasmado escreveu no dia seguinte ao final de sua carta, "Lute, lute,

---
10   KGB 11.1 170.
11   Janz I p. 462-463.

lute! Eu preciso de guerra!"[12] Pediu a Frizsch para fazer 50 cópias da resenha e enviou uma delas ao chefe do seu departamento, Visher, sem informá-lo que seu autor, o professor Rohde de Kiel, era seu melhor amigo! No entanto, quatro dias depois uma crítica severa e mordaz contra *A Origem da Tragédia* surgiu em um panfleto com o título "A Filologia do Futuro – Uma Réplica", um trocadilho com a "música do futuro" de Wagner. O autor era um tal de Ulrich von Wilamowitz-Möllendorf, Doutor em Filosofia.

Wilamowitz, que acabou se tornando um gigante dos estudos clássicos e, que mais tarde se arrependeu de seu panfleto, também fora aluno do colégio Pforta. Nietzsche, embora fosse quatro anos mais velho que ele, o conhecia ligeiramente. (Erdmann von Wilamowitz-Möllendorf, sobrinho bisneto de Ulrich – ironicamente o curador da biblioteca pessoal de Nietzsche na Biblioteca Anna Amalia, em Weimar – contou-me bem-humorado que a animosidade de seu tio-bisavô começara no colégio, quando Nietzsche, na época monitor, contou que o vira fumando e que ficara irritado quando suas notas no exame final do colégio não se equipararam ao desempenho espetacular de Nietzsche.) Wilamowitz, que ainda não obtivera uma posição acadêmica, era um jovem agressivo e talentoso. Se suas intenções eram conscientes ou não, é claro que ele tinha interesse em ser o defensor da visão estabelecida do mundo da filologia grega.

Wilamowitz começou seu artigo dizendo (com indisfarçável desprezo) que ele nada tinha em comum com o Nietzsche "metafísico, apóstolo wagneriano e profeta dionisíaco". Mas como o autor de *A Origem da Tragédia* era também um professor de Filologia clássica – Nietzsche apresentou-se como "Professor Titular de Filologia Clássica na Universidade da Basileia" na folha de rosto da obra – era sua obrigação cumprir pelo menos o mínimo dos padrões profissionais. Porém, ele não o fizera. Suas novas interpretações "polêmicas" de Arquíloco, Eurípedes, entre outros, eram produtos da "ignorância e da falta de integridade intelectual". Nietzsche não tinha objetividade científica para entender os textos gregos em relação ao seu contexto histórico e deu-lhes interpretações ridículas, a fim de fazer uma propaganda de Wagner e Schopenhauer. Ele ignorava o trabalho fidedigno de Winkelmann,* de evidência arqueológica, e cometeu erros grosseiros ao especificar as datas. (Neste ponto ele referiu-se subliminarmente às notas ruins de Nietzsche em matemática no exame final do colégio, o que apoia a ideia de uma animosidade nascida em Pforta.) Como um exemplo da incompetência, ou desonestidade, "científica" de NietzscheWilamowitz mencionou seu fracasso em discutir a trilogia de *Licurgo* de Ésquiloem que Orfeu conduziu os seguidores de Apolo a um confronto com os adeptos de Dionísio, um texto (fragmentário) no qual, sugeriu ele, a ideia de uma "fraternidade" entre Apolo e Dionísio era ridícula. Nietzsche também falhou ao não mencionar que *Hipólito* de Eurípedes contém um ataque a Sócrates, o que expõe ao absurdo a noção de que Sócrates teria influenciado Eurípedes. Wilamowitz concluiu sua diatribe ao dizer que, com relação ao evangelho religioso de Nietzsche,

---

12   KGB 11.3 223.
\*   Johan Joachim Winckelmann (1717-68) foi o historiador de arte iniciador da obsessão pela Grécia que dominou a vida intelectual alemã até pelo menos meados do século XX.

sinto-me feliz por ignorá-lo. Minhas armas não o tocam. Eu não sou místico, nem um homem "trágico"... para mim isso sempre foi um sonho alucinado... No entanto, eu gostaria de saber se Herr Nietzsche pratica o que prega, segura o tirso (o bastão enfeitado com hera e pâmparos que simboliza Dionísio)... e demite-se do cargo onde supostamente ensina ciência; ele deve reunir seus tigres e panteras* em seu joelho, ou em qualquer outro lugar, mas não pode mais ensinar filologia alemã aos jovens que precisam aprender a estudar com uma autonegação ascética.[13]**

## A Reação Adversa de Ritschl

O panfleto de Wilamowitz não foi, é claro, a resposta a *A Origem da Tragédia* que Nietzsche esperava. Porém, ainda mais dolorosa foi a reação de seu antigo professor, mentor e amigo, Friedrich Ritschl.

Depois que o livro foi publicado, Nietzsche aguardou ansioso opiniões e críticas, sobretudo, de Ritschl. Mas nada recebeu. Por fim, em 30 de janeiro de 1872, ele escreveu a Ritschl dizendo-lhe que estava surpreso por não ter tido conhecimento de sua opinião, tendo em vista que o livro era um "manifesto" que merecia uma resposta, em especial de seu tão "admirado professor". O livro, acrescentou, tinha

> muitas expectativas quanto à ciência da Antiguidade para a essência alemã, mesmo que algumas pessoas fracassem em compreendê-la... A consequência prática de meus pontos de vista [isto é, a introdução de uma nova maneira de pensar na prática da filologia]... você seria capaz de imaginar em parte esta nova visão, por eu estar fazendo palestras públicas na Basileia "Sobre o Futuro de nossas Instituições Educacionais".[14]

Obrigado a manifestar-se, Ritschl por fim escreveu a Nietzsche em meados de fevereiro. Aos 65 anos, disse, ele estava muito velho para explorar de maneira adequada novos "mundos espirituais". E não tinha conhecimento sobre a filosofia de Schopenhauer para julgar este aspecto do trabalho, o que não o impedia de comentar (a respeito da ideia de salvação schopenhaueriana) que "há pouco a fazer para superar a individualidade, quando o indivíduo liberta-se e desenvolve-se como uma planta que nunca volta para suas raízes". No entanto, continuou, ele gostaria de observar que "você dificilmente poderia esperar que um "alexandrino" [isto é, um tipo "socrático"] e acadêmico como ele "condenaria o conhecimento e permitiria libertar e transformar o mundo apenas em arte". E como um "antigo pedagogo" ele, na verdade, imaginava se os planos de Nietzsche para uma reforma da educação não causariam um "desprezo juvenil pela ciência sem obter um crescente sentimento pela arte" e, assim, abrindo a porta "não para a poesia e sim para o diletantismo".[15]

---

\* A evocação do êxtase de Dionísio em *A Origem da Tragédia* mostra Dionísio aproximando-se em uma carruagem enfeitada com guirlandas de flores puxada por um tigre e uma pantera.
\*\* A última frase tem provavelmente a intenção de lembrá-lo a incumbência de mudar a ideia dos jovens da cidade influenciados contra Sócrates pela sentença do tribunal de Atenas, que o levou ao suicídio.
13  JI p. 469.
14  KGB II.1 194.
15  KGB II.2 285.

Havia muito afeto entre Nietzsche e Ritschl, o que evitou um rompimento total na relação tensa entre os dois. A correspondência deles continuou. Ritschl ficou feliz quando Nietzsche retomou o trabalho filológico – ele produziu um bom "artigo" científico intitulado "O Tratado Florentino Referente a Homero e Hesíodo", publicado na revista *Rheinisches Museum* de Ritschl em fevereiro de 1873 e continuou a enviar bons alunos para Leipzig. Apesar disso, houve uma ruptura subliminar que nunca pôde ser restaurada e Ritschl permaneceu sempre em uma posição defensiva em relação à sua profissão. Em julho, apesar de concordar que o panfleto do Wilamowitz fracassara em cumprir os padrões "científicos", ele afirmou que "jamais concordaria com você que só a arte e a filosofia podem ensinar a humanidade. Para mim, a história exerce o mesmo papel, em especial em seu campo filológico.[16] E ainda ele estava zangado com Nietzsche em fevereiro do ano seguinte, como revelou em uma carta a Vischer:

> Infelizmente, nosso Nietzsche é uma triste história... É surpreendente ver como em um único homem duas almas vivem lado a lado... Por um lado, um acadêmico com um método rigoroso e uma pesquisa científica... por outro, um ser exageradamente fantasioso, sempre pesquisando o incompreensível. A rapsódia do misticismo da arte de Wagner e Schopenhauer! O que mais me irrita é sua falta de respeito em relação à sua mãe, que o amamentou com o amor pela Filologia.[17]

## A Intervenção de Wagner

Doze dias depois da divulgação do panfleto de Wilamowitz, Wagner acirrou ainda mais os ânimos, ao publicar uma carta aberta ao seu "estimado amigo" Friedrich Nietzsche. Ela foi publicada em 23 de janeiro de 1872 no mesmo jornal pró-wagneriano, o *Norddeutsche Allgemeine Zeitung*, que publicara a resenha de Rohde. Enfatizando que o panfleto de Wilamowitz fora redigido por um mero "Doutor em Filosofia", ou seja, que era um trabalho de uma pessoa pretensiosa e desempregada, que atacara um professor titular pleno, ele mencionou que no colégio a paixão de Nietzsche pela Filologia desaparecera devido à abordagem árida e mesquinha do tema exemplificada pela estreiteza de espírito e visão de Wilamowitz. E provocou a seguinte questão-chave: qual era o uso da Filologia clássica? Como Wilamowitz destacara seu caráter "científico", se poderia supor, disse, que seria útil para outras ciências humanas? Mas para os teólogos, juristas, médicos etc. a Filologia não tinha o menor interesse na sua prática diária. Portanto, os "filólogos deveriam ensinar uns aos outros, provavelmente com o único objetivo de tornarem-se filólogos, professores de ensino médio ou de universidades que iriam, no sentido físico e moral, 'cozinhar', isto é, amadurecer grupos de jovens professores de ensino médio ou universitário *ad infinitum*. Como uma prática generalizada, em outras palavras, era um círculo hermeticamente fechado que só tinha utilidade a si mesma e não contribuía para a comunidade que pagava

---

16  KGB 11.4 335.
17  JI p. 511-12.

seus "altos salários". Neste sentido, precisaríamos de um novo tipo de filólogo que tornasse a disciplina "importante" para os não filólogos – nesse ponto Wagner estava defendendo a posição de Nietzsche de criar um novo tipo de "Filologia do Futuro", mencionada por Wilamowitz. Precisamos de um filólogo que "dialogue conosco e não com seus colegas" e que "dê essência à vida na profissão puramente filológica através das fontes do conhecimento humano, que esperaram até agora em vão serem fertilizadas pela Filologia".[18]

Como sempre, Wagner era agressivo em seu caminho para atingir o cerne da questão. ("Sempre que Wagner insulta alguém ele causa um grande problema", Nietzsche observou em seu caderno de anotações.)[19] Mas, entre os profissionais de Filologia, a intervenção de Wagner só piorou a situação de Nietzsche. Hermann Usener, o sucessor de Ritschl em Bonn, disse que *A Origem da Tragédia* era um "absurdo total" e afirmou que "cientificamente" Nietzsche estava morto, o que era verdade. Os alunos de Filologia foram aconselhados a evitar a Universidade da Basileia, e no semestre do inverno de 1872-1873 Nietzsche tinha apenas dois alunos, dos quais nenhum dos dois era especializado em Filologia. Nesta época, quando Burckhardt atraía um público de 53 alunos para seu curso de História Cultural Grega, e o amigo de Nietzsche, Heinrich Romundt, um palestrante jovem não remunerado, reunia 20 alunos para seu curso de Filosofia, o ensino de Nietzsche limitava-se à escola secundária.

## Von Bülow e a "Meditação de Manfred"

Não surpreende que, após o tumulto provocado por Wilamowitz, Nietzsche tenha tido problemas de estômago e intestino em junho. No entanto, apesar do sofrimento pelo dano que causara à universidade, logo recuperou sua elegância. Embora insistisse que Wilamowitz deveria ser "massacrado" e tivesse dado munição a Rohde para destruí-lo, ele passou a ver o assunto com um ligeiro humor indulgente, sugerindo que o "rapaz" insolente provavelmente fora instigado por um grupo de pessoas com poder e influência no mundo acadêmico:[20] ao escrever a Krug perguntou-lhe se vira o panfleto recente pelo ângulo de um bom trocadilho, "*Wilan-ohne-witz*" [William sem sagacidade].[21]

Entretanto, em julho ele recebeu um novo golpe. Estimulado pela entusiástica resposta de Hans von Bülow ao seu livro *A Origem da Tragédia* – eles haviam se encontrado em maio, no lançamento da pedra fundamental em Bayreuth – Nietzsche enviou-lhe a "Meditação de Manfred", sua obra para piano composta em abril de 1872, que tentava imitar o estilo *Zukunftsmusik* de *Tristão*. Von Bülow, famoso por sua falta de tato (certa vez ele disse a um tenor quando regia o "Cavaleiro do Cisne"

---

18 WPW p. 292-298.
19 KSA 7 19 [269].
20 KGB 11.3 227.
21 KGB 11.3 242.

da ópera *Lohengrin* que ele era o "Cavaleiro do Porco"), não poupou críticas. A obra, escreveu a Nietzsche, era

> uma peça de uma extravagância fantástica, sem um mínimo de enaltecimento e um conjunto de notas mais antimusical que já vi em um manuscrito por um longo tempo. Com frequência, questiono-me se tudo não passa de uma brincadeira; talvez você tivesse a intenção de fazer uma paródia da música do futuro?[22]

Ao responder a essa crítica categórica, Nietzsche mais uma vez demonstrou serenidade e elegância. Ele agradeceu a Von Bülow pela franqueza, admitiu seu gosto musical medíocre e que não entendera bem a sintaxe da música. Além disso, garantiu que: "Jamais esqueceria seu conselho, como as crianças quando fazem algo errado", "Prometo que não farei de novo".[23] E, fiel à sua palavra, a "Meditação de Manfred" marcou quase o final de suas composições musicais.

Os estudiosos de Nietzsche consideram a crítica de Von Bülow como a óbvia verdade a respeito do talento de Nietzsche como compositor. Mas ignoram o fato de Liszt ter tocado com prazer suas "Lembranças da Véspera de Ano-Novo" em Bayreuth, em 1872, e quando soube a opinião desfavorável de Von Bülow comentou, com um aceno triste, que isso era o "caminho para atingir o topo" [*sehr desperat*].[24] E, na realidade, é possível que houvesse mais do que uma objetividade musical por trás do julgamento de Von Bülow, porque ele tentara ser um compositor da *Zukunftsmusik* e fracassara com grande tristeza. Talvez esta tenha sido uma das razões de Cosima tê-lo deixado por Wagner. Sempre querendo, assim como Alma Mahler, estar ao lado de um gênio criador, ao perceber que Von Bülow não tinha um talento original como compositor ela o abandonara.[25]

Nietzsche, cremos, não era um mau compositor. Ele era, sem dúvida, um pianista excelente. Mas tinha suas deficiências. Primeiro, ele não dominava uma estrutura de larga escala. (Pode-se dizer o mesmo de suas obras filosóficas: que o estilo desestruturado e aforístico de seus trabalhos da maturidade origina-se mais da necessidade do que do mérito.) Quase todas as suas composições musicais têm menos de cinco minutos, e em suas tentativas de compor obras mais extensas ele é incapaz de lhes dar uma unidade genuína. A música "Véspera do Ano-Novo", por exemplo, após uma deliciosa abertura, perde-se em movimentos sinuosos e vagos. Sua segunda deficiência é nunca ter encontrado uma sonoridade original. Tudo o que compôs refletia obras já compostas: Schumann ou Liszt em um dia ruim, por exemplo. Visto que a imitação era um método aceitável de aprender devido à longa prática, pode-se dizer que, como compositor, Nietzsche nunca ultrapassou o nível de estudante.

---

22 KGB 11.4. Para Nietzsche 347.
23 KGB 11.3 268, 269.
24 KGB 11.3 267.
25 Wolfgang Bottenberg, responsável pela gravação mais extensa da música de Nietzsche, é a fonte desta sugestão. Essa sugestão baseia-se na anotação que Cosima fez em seu diário em 10 de janeiro de 1869: "Nunca", escreveu, "ele [von Bülow] teria me perdido se o destino não houvesse me aproximado de um homem [Wagner], a quem dediquei minha vida até à morte."

## O Retiro para as Montanhas

Em meio às tormentas de meados de 1872 surgiram dois raios de Sol. Primeiro, o amigo de Nietzsche da época de Leipzig, Heinrich Romundt, um filósofo que estava escrevendo uma tese de doutorado sobre a *Crítica da Razão Pura* de Kant, por fim concordou em mudar-se para a Basileia. Segundo, em 28 de junho, junto com Von Gersdorff ele viajou para Munique a fim de assistir a estreia de *Tristão e Isolda* (uma década depois que ele e Krug haviam estudado a partitura). Nietzsche ficou tão inebriado com a experiência, como seria natural, que uma semana depois ele escreveu que "não tinha palavras para descrever *Tristão*".[26] Só em 25 de julho ele confessou que "fora a experiência mais espetacular e pura que já vivenciei. Flutuamos em sua sublimidade e felicidade".[27]

Mas só *Tristão* não poderia mudar as circunstâncias da vida de Nietzsche. Então, no final de setembro ele partiu para as montanhas, a fim de curar suas feridas. Com a intenção de viajar para a Itália, ele chegou em uma carruagem de serviço de entrega postal ao minúsculo vilarejo de Splügen, situado em um vale a 1.524 quilômetros acima do nível do mar, perto da fronteira da Suíça com a Itália. "Era como se eu desconhecesse a Suíça... essa é minha natureza", ele escreveu durante a viagem de carruagem cheia de contrastes pela Via Mala. Em sua carta à mãe ele continuou,

> Quando nos aproximávamos de Splügen senti-me dominado pelo desejo de permanecer lá. Encontrei um bom hotel, com um quarto bem simples. Mas tinha uma sacada com uma vista espetacular. O alto vale alpino... era exatamente o que eu queria. Havia rajadas fortes de ar puro, colinas e seixos de todas as formas rodeados por montanhas imponentes cobertas de neve. Porém o que mais me agradou foram as estradas magníficas por onde andei durante horas. Ao meio-dia, quando a carruagem chegou, comi com estranhos. Não era preciso falar, ninguém me conhecia... Em meu pequeno quarto trabalhei com um entusiasmo renovado no meu atual tema principal, "O Futuro das nossas Instituições Educacionais". [Nesta etapa ele pretendia transformar as palestras em um livro.] (...) Agora conheço um lugar na Terra onde eu poderia viver com vigor e com uma nova atividade, sem a companhia de ninguém. Os seres humanos, aqui, são como imagens difusas.[28]

Por fim, Nietzsche instalou-se em outro vale ainda mais alto na mesma região, ao sudeste da Suíça, em Engardine. Mas já vimos o prenúncio do que seria o tema predominante em sua vida: a necessidade de Nietzsche de ficar sozinho com seus pensamentos.

---

26 KGB 11.3 236. A apresentação foi regida por Von Bülow. Como Nietzsche lhe mandou um mês depois a "Meditação de Manfred", é possível que esse gesto tenha se inspirado na experiência dessa apresentação.
27 KGB 11.3 244.
28 KGB 11.3 257.

## A Filologia Anal e Compulsiva

Em meados de outubro, Nietzsche voltou a Basileia a tempo de assistir ao contra-ataque de Rohde a Wilamowitz, desferido em 15 de outubro de 1872. (Dia do aniversário de 28 anos de Nietzsche.) Nivelando-se ao tipo de ofensas de Wilamowitz, ou talvez em um nível inferior, o panfleto de Rohde, com 48 páginas, um terço mais longo do que o de Wilamowitz, intitulava-se *Afterphilologie*. Com o sentido de "pseudo", *After* também significava "ânus". Uma tradução livre, porém apropriada, seria "A Filologia Anal e Compulsiva".[29]

Em seu panfleto, Rohde tentou prender Wilamowitz em sua própria armadilha indicando as citações erradas, a fim de sugerir que ele fracassara em seu projeto de viver de acordo com seus padrões "científicos". Em seguida, observou que, embora Wilamowitz tivesse optado pelo "homem socrático" que, segundo *A Origem da Tragédia*, era o mito destrutivo de uma "cultura artística", ele tinha, na realidade, tantos traços em comum com Sócrates, a quem Nietzsche respeitava ao mesmo tempo em que criticava, como "um macaco com Hércules". Rohde concluiu dizendo que a sugestão do desempregado Wilamowitz que Nietzsche se demitisse do seu cargo de professor na universidade provocava "sorrisos pela ingenuidade do motivo verdadeiro do zelo denunciatório que a atitude desse ambicioso doutor em filologia revelava".[30]

## Filologia Existencial

O que motivou na realidade toda essa turbulência? O fato curioso foi que todos os envolvidos no conflito, inclusive Nietzsche, pensavam que o assunto em discussão referia-se, como o título do panfleto de Wilamowitz indica, ao "futuro da filologia", mas não há menção à filologia em *A Oriegm da Tragédia*. Portanto, o motivo da discussão não era o que o livro *dizia* e sim o que ele *exemplificava* e *sugeria*.

Como ele já fizera com a filologia em Leipzig, em *A Origem da Tragédia*, Nietzsche assimilou e, por fim, subordinou sua discussão sobre os gregos às "grandes considerações da filosofia". Devido à sua concepção do filósofo como o "médico da cultura",[31] de *nossa* cultura, em consequência, como ele escreveu nas notas de sua obra inacabada "Nós, Filólogos", "a tarefa do filólogo é de entender melhor *sua época* por intermédio do mundo clássico".[32] Assim, *A Origem da Tragédia* exemplificou e implicitamente afirmou que a "filologia existencial" seria o modelo para o futuro da disciplina. Rohde referiu-se a esta nova concepção em sua resenha original do livro, ao sugerir que filologia existencial proporcionava "uma explicação e uma justificativa das aparências",[33] ela demonstrava de que maneira e em que sentido a vida

---

29 Agradeço a David Krell e a Donald Bates por essa sugestão inspirada em seu maravilhoso livro, *The Good European* (Krell; Bates, 1997, p. 82).
30 YN p. 274.
31 KSA 7 23 [15].
32 KSA 8 3 [62].
33 J I p. 465.

valeria a pena ser vivida. Wagner também reivindicava que a filologia não deveria limitar-se aos filólogos, mas sim precisaria ser "relevante" para as questões existenciais fundamentais da humanidade como um todo.

Porém isso ofendeu a comunidade filológica predominante por pelo menos duas razões. Primeiro, exigia uma visão sucinta da Antiguidade e, portanto, desagradou o "operário de fábrica", a "toupeira" acadêmica isolando-a em razão de sua especialidade restrita. E, em segundo lugar, ao sugerir que só a filologia "relevante" justificaria sua existência, este pressuposto debilitou insidiosamente as credenciais morais da premissa indulgente dos filólogos do século XIX que sua disciplina era um fim em si mesma.

Além disso, *A Origem da Tragédia* ofendeu os filólogos influentes ao questionar a visão usual dos gregos como "serenamente racionais". Com a ênfase no elemento dionisíaco irracional na vida dos gregos, com o destaque que a "racionalidade" grega era uma *conquista* e não uma predisposição natural – de acordo com a minha opinião esta é a contribuição mais duradoura e histórica do livro – Nietzsche abalou a estrutura do classicismo de Winkelmann, Goethe e Schiller, ao qual a filologia hegemônica ainda estava ligada.

A ofensa final e talvez a suprema afronta foi a descrição do homem "teórico" e científico como uma anomalia anal e controladora, aterrorizado pelo mistério da vida e sem vínculos, exceto com uma realidade essencial acessível, não com a ciência e sim com o artista em estado de êxtase dionisíaco. Pelo fato de pessoas como Wilamowitz considerarem-se, precisamente, homens científicos por excelência, elas viram na descrição do homem "teórico" ou "alexandrino" um insulto pessoal, a exemplo de Ritschl. Como bem observou Von Gersdorff, o panfleto de Wilamowitz representou "o grito de raiva do homem teórico que vê o reflexo de suas verdadeiras características pela primeira vez e quer quebrar o espelho".[34]

O panfleto de Wilamowitz não teve o efeito que ele desejava de afastar Nietzsche de sua profissão. Por fim, ele recuperou o número de alunos e trabalhou ainda mais sete anos como professor de filologia, apesar de seu artigo sobre Homero e Hesíodo ter sido sua última publicação filológica. No entanto, Wilamowitz influenciou a visão acadêmica (algumas pessoas diriam árida) e antiespeculativa que dominou o estudo dos clássicos durante o século seguinte. Ao relembrar, sob a ótica da quase extinção da filologia clássica, do fato de que agora era praticamente impossível estudar grego no ensino médio, concluímos que Nietzsche tinha razão em sua percepção de que a disciplina precisava de uma reforma radical que a direcionaria a assumir um caráter "relevante". Mas a publicação de *A Origem da Tragédia* e os acontecimentos que o envolveram lhe custaram caro. Ele perdeu o respeito em sua profissão e nunca recuperou a antiga intimidade com Ritschl. Segundo Elizabeth, em uma de suas percepções muito raras, a publicação de *A Origem da Tragédia* estabeleceu um padrão que se repetiria em quase todos os livros subsequentes: as pessoas que pensavam que o conheciam descobriam neles um novo Nietzsche de quem se distanciavam. Cada passo em seu desenvolvimento espiritual, observou Elizabeth, era acompanhado por perda, sofrimento e solidão.[35]

---

34  KGB 11.4. Para Nietzsche 326.
35  YN p. 280.

## As Relações com o Casal Wagner

No final de novembro de 1872, Nietzsche passou três dias com os Wagner em Estrasburgo, onde eles tentavam encontrar cantores para a apresentação do ciclo do *Anel*. Eles o convidaram para passar o Natal na nova casa, em Bayreuth. Sob o pretexto de estar "exausto", ele decidiu ir para Naumburg no Natal, a primeira vez em quatro anos. Depois de um ano estressante, com certeza ele precisaria de uma dose de consolo e afeto maternos.

Wagner não gostou da recusa ao convite do primeiro Natal na nova casa de alguém a quem ele dissera, em junho, que considerava como um filho.[36] E como a viagem da Basileia para Naumburg era muito mais longa do que para Bayreuth, a desculpa da "exaustão" não o convenceu. A descortesia acentuou-se pelo fato de que não houve o presente de Natal habitual nem um cartão avisando que o enviaria. Nietzsche absteve-se de participar. Só no início de janeiro o trabalho "Cinco Prefácios de Cinco Livros não Escritos" chegou a Bayreuth com uma dedicatória para Cosima. Em fevereiro de 1873, Cosima escreveu a Nietzsche que Wagner ofendera-se com a "desconsideração", mas agora tudo fora perdoado. No mês seguinte Nietzsche escreveu a Von Gersdorff,

> Não poderia imaginar que teria ferido tanto a susceptibilidade de Wagner com minha ausência. Deus sabe quantas vezes desagradei o Mestre: todas as vezes surpreendi-me sem saber a causa de seu descontentamento.

Mas em seguida ele revelou que *sabia* a causa:

> Por favor, dê sua opinião em relação às minhas reiteradas ofensas. Não consigo imaginar como alguém possa ser, em assuntos vitais, tão verdadeiro e comprometido como eu: se eu pudesse descobrir seria ainda mais. No entanto, em questões menos importantes e com um distanciamento "saudável" de um convívio pessoal que me é necessário, tenho o direito à liberdade, a fim de preservar minha lealdade com um sentimento mais elevado.[37]

Esse foi o primeiro indício em suas cartas de que havia nuvens no céu de Wagner e de Nietzsche. E embora não fosse muito maior do que a mão de um homem, elas prenunciavam a tempestade futura. Nietzsche precisava de "espaço" para viver sua vida, a fim de evitar a presença avassaladora do "Mestre" e das encomendas de compras incessantes de Cosima. A rispidez de sua atitude de não aceitar o convite do Natal talvez tenha sido uma tentativa imatura de criar este espaço. Outra peculiaridade muito importante na carta enviada a Von Gersdorff foi a distinção entre Wagner *o homem*, de quem Nietzsche precisava manter certa "distância", e as "questões fundamentais" wagnerianas com as quais tinha um compromisso absoluto. Esta distinção se desenvolveria em *Wagner em Bayreuth* editado em 1876 em uma divisão entre o Wagner "superior" e o "inferior". E mais tarde se converteria em

---

36 KGB 11.4. Para Nietzsche 333.
37 KGB 11.3 298.

uma total rejeição a Wagner, como homem e compositor associada, como sugeriríamos, a um compromisso ao qual nunca renunciaria com o Wagner crítico cultural, teóricosocial construtivo e filósofo da arte.

## *"Cinco Prefácios para Cinco Livros não Escritos"*

Os *Cinco Prefácios para Cinco Livros não Escritos*,[38] além de ser um presente de Natal tardio, foi dado de uma maneira indelicada. Os textos reunidos em uma capa feia de couro marrom não foram bem recebidos. "O manuscrito do prof. Nietzsche não revigorou nosso ânimo", escreveu Cosima em seu diário. E queixou-se com Malwida von Meysenbug da "aspereza inábil" que às vezes se manifestava nas "observações profundas" de seu trabalho e que "gostaríamos que ele se dedicasse, em especial, aos temas gregos".[39]

Além do fato de os textos conterem elementos, como veremos, incompatíveis com algumas convicções cruciais de Wagner, Cosima tinha razão em não ter gostado do presente. Ao perceber que precisava dar *alguma coisa* como presente de Natal, Nietzsche reuniu às pressas um conjunto de textos que escrevera em momentos diferentes, o que resultou em trechos de qualidade variada e inconsistentes. Em resumo, um conjunto de textos fragmentados que não deveria ter se tornado um presente de Natal.

\*\*\*

O primeiro *Prefácio*, "Sobre o *Pathos* da Verdade", uma versão inicial de "Sobre a Verdade e Mentiras em um Sentido não Moral"[40] (injustamente considerado um trabalho de uma percepção profunda pelos admiradores pós-modernistas de Nietzsche), foi concluído no verão de 1873. Discutiremos os dois trabalhos juntos.

Os grandes filósofos, observou Nietzsche em "Sobre o *Pathos* da Verdade", pensam que possuem *a* verdade, uma verdade que perdurará para sempre. Mas eles convertem-se em figuras trágicas, porque não existe verdade. A ideia de uma verdade absoluta é uma mera "ilusão (*Wahn*) de um deus". Em "Sobre a Verdade e Mentiras", que começa com a repetição do antepenúltimo parágrafo do "Sobre o *Pathos* da Verdade", ele tenta explicar porque não existe a verdade absoluta.

O texto propõe três argumentos. Primeiro, apesar de pensarmos que o modo como o mundo se apresenta ao nosso intelecto *é* real, se um mosquito ou uma abelha pudessem refletir a este respeito, o mundo teria o mesmo "orgulho onipotente" em relação à maneira totalmente diferente como se apresenta a eles. "Para uma planta, o mundo inteiro é uma planta, para nós, humano", observou Nietzsche em uma nota deste período.[41] Então, "as verdades são ilusões que esquecemos que eram ilusórias".

Segundo, a possibilidade de qualquer coisa ser verdadeira ou falsa depende da linguagem. Mas as palavras são apenas reações convencionais a um "estímulo nervoso" específico, tão arbitrárias como o gênero dos substantivos. (Em alemão os subs-

---

38   KSA 1 p. 753-792.
39   J I p. 496.
40   KSA 1 p. 873-890; BT p. 141-153.
41   KSA 7 19 [158].

tantivos podem ser masculinos, femininos ou neutros.) Portanto (provavelmente porque outras línguas usam palavras diferentes para o mesmo estímulo nervoso), não existe a probabilidade de que coisas que julgamos verdadeiras em nossa língua sejam verdadeiras no sentido correspondente da maneira como o mundo de fato é.

Em terceiro lugar, os conceitos (cachorro, por exemplo) que utilizamos na linguagem são abstratos: eles reúnem coisas individuais como se fossem "uma unidade". Porém, isso é feito para "tornar equivalente o que não é equivalente". Neste sentido, mais uma vez, se alguém pensar que possui uma única verdade a respeito do mundo real estará pateticamente iludido.

A qualidade dessa discussão é medíocre e revela outra justificativa da recusa dos filósofos da Basileia ao pedido de Nietzsche para ocupar a cátedra de filosofia. Esta discussão demonstra, sobretudo, que Nietzsche, embora fosse brilhante, não tinha um treinamento adequado para *elaborar* um pensamento filosófico técnico. Caso ele houvesse estudado Aristóteles e a escolástica medieval, ou se gostasse de Heidegger ou se tivesse cursado um seminário católico, ele não formularia estes argumentos tão inconsistentes.

Se a conclusão de que a "verdade é uma ilusão" for um conceito real, como explicaríamos o fato de o "animal inteligente", o homem, ter sobrevivido em um ambiente competitivo. Nietzsche não faz qualquer tentativa em "Sobre a Verdade e Mentiras" de mencionar que a sobrevivência do ser humano é um caso *prima facie* em que, pelo menos a maioria, de nossas convicções acerca do mundo são verdadeiras.

A segunda observação referente à conclusão de Nietzsche é que ele se contradiz. É reconfortante pensar que as verdades são ilusões, disse ele em "Sobre a Verdade e Mentiras" e em "Sobre o *Pathos* da Verdade", porque a verdade é terrível: se alguém (*per impossible*) perscrutar através de uma fresta da consciência, veria que "a humanidade, em sua indiferença e ignorância, apoia-se na crueldade, na ganância, na insaciabilidade, no aniquilamento". A humanidade "agarra-se aos sonhos como se estivesse no dorso de um tigre". Assim, haveria a possibilidade de conhecer a verdade sobre o mundo, ou ao menos o conhecimento *filosófico* da verdade. Nietzsche sabia que, por trás da aparência civilizada, o ser humano é um animal feroz. Então a verdade era uma ilusão e Nietzsche conhecia a verdade. Uma contradição.

Retomando o primeiro argumento descrito, o fato de um mosquito ver o mundo de uma forma diferente da nossa não significa que nossas convicções sejam *falsas*, uma vez que ambas as visões *podem estar corretas*. Quando olhamos uma maçã podre, um mosquito vê lugar para pôr os ovos. As *duas* percepções do mundo externo são válidas.* O segundo argumento quanto ao uso de palavras diferentes nas diversas línguas para "estímulo nervoso" – frases e declarações confusas é uma falácia exposta no "Pensamento Crítico 101". "Grama é verde" e em alemão é "*Grass ist grün*". Mas as duas "declarações" têm o mesmo significado e ambas estão *corretas*. O que é falso ou verdadeiro, estritamente falando, não são as frases e sim as declarações.

---

\* Assim sendo, a ideia de que diferentes perspectivas possam revelar verdades diferentes, complementares, sobre a realidade seria uma doutrina que chamaremos de "realismo pluralista". No Capítulo 23, iremos sugerir que o realismo pluralista constituiu a concepção de Nietzsche sobre verdade e realidade em sua filosofia da maturidade.

Portanto, o fato de as línguas diferentes usarem símbolos diversos para o mesmo estímulo nervoso não impede que as verdades possam ser expressas nessas línguas.

O último é o mais fraco e banal de todos os argumentos. A classificação dos collies, dachshunds, terriers e pastores alemães como "cachorros" não significa que sejam *iguais*, nem "equivalentes". Apenas alega que se assemelham em *certo aspecto*.

Cosima tinha razão em não ter gostado da linha de pensamento desenvolvida no primeiro *Prefácio*. O segundo, "Pensamentos sobre o Futuro de nossas Instituições Educacionais", é idêntico ao prefácio da série de palestras com o mesmo nome e, por isso, não precisa ser discutido.

O terceiro *Prefácio*, "O Estado Grego",[42] foi escrito nas primeiras semanas de 1871[43] e originalmente seria um capítulo de *A Origem da Tragédia*. Wagner o teria considerado profundamente ofensivo, porque ele elogiava a guerra e a escravidão; Wagner queria eliminar a guerra e achava a escravidão abominável.

O ensaio propunha superar as suscetibilidades, a "excessiva sensibilidade do homem moderno", exposto a verdades "cruéis" e duras. A cultura era a meta mais elevada porque só por meio dela a natureza atingia a "salvação de sua aparência, no espelho do gênio".[44] Este objetivo exigia duas coisas. Primeiro, a presença do Estado, imprescindível para eliminar a "guerra em geral" que antecede e promove as únicas condições de segurança nas quais a arte floresce. E segundo, no âmbito do Estado, a extinção da escravidão, a fim de criar as condições de lazer necessárias para que o "gênio" produza arte. (E Nietzsche acrescentou outra observação passível de ofender Wagner; por que os socialistas sempre detestaram a arte?) Nesse sentido, o Estado seria a "base ampla da pirâmide" delineada em *A República* de Platão; na realidade, a ordem correta do Estado é precisamente a descrita por Platão, exceto pela substituição do "gênio em um sentido mais geral" pelo "gênio da sabedoria e do conhecimento"[45] de Platão, o "rei-filósofo". O que precisaríamos, em outras palavras, seria de um Estado governado por Sófocles em vez de Sócrates. Mas o Estado só pode florescer sob condições de guerra (concreta ou uma ameaça): em épocas de paz, a "mão de ferro" opressora do Estado perdia o vigor e deteriorava-se. Segundo esta linha de raciocínio, a guerra era necessária para a cultura.

O padrão do argumento desse *Prefácio* também é medíocre. O texto interpretou de forma incorreta o contexto histórico, ao pressupor que todos os aspectos de um período admirado do passado deveriam ser reproduzidos, a fim de traduzir com fidelidade as características que o tornaram admirável, erro que os escritos de Wagner jamais cometeram. O argumento de que só as sociedades que reduzem a maioria à "escravidão" – pelo menos econômica – podem produzir arte é refutado pela máquina de lavar: a arte requer que o artista não dependa de um trabalho para se sustentar, mas, tendo em vista que as máquinas podem gerar esta independên-

---

42  GM p. 176-186.
43  Ver KSA 7 10 [1].
44  GM p. 181. Esta talvez seja uma versão do conceito bastante tolo expresso em *A Origem da Tragédia*, segundo o qual o mundo só existe como um entretenimento para seu "único autor e espectador" (BT 6), a unidade primal.
45  GM p. 185-186.

## CAP. 9 | A FILOLOGIA ANAL

cia econômica, não existe a necessidade da "escravidão humana". E mesmo que o Estado precise de ameaça externa para garantir sua autoridade, esta ameaça pode consistir em uma competição econômica, artística ou esportiva em vez da ameaça de violência. Como disse Nietzsche em *Assim falou Zaratustra*, uma nação pode tentar dominar seus vizinhos por meio do "brilho" cultural em vez de uma conquista militar.[46]

Outra inconsistência, que é comum em seu pensamento inicial, é a falta de clareza em relação à condição do "escravo". Por um lado, poderíamos dizer que é uma visão "estética fascista". O "mundo da arte" que pertence a um pequeno número de "homens olímpicos" requer a "infelicidade dos homens que vivem à custa de um trabalho árduo".[47] A sociedade "piramidal" só proporciona exploração e infortúnio para o escravo, porém, isso não tem importância porque apenas a vida do gênio, através da qual a natureza atinge sua meta mais elevada, tem valor.* Mas, por sua vez, Nietzsche observou,

> o efeito arrebatador provocado pela visão de um servo medieval, cuja relação legal e ética com seu superior era inflexível e sensível, e com uma existência restrita profundamente isolada e protegida – como era sublime e ao mesmo tempo censurável.[48]

Essa observação revela a preocupação ambígua de Nietzsche com o bem-estar dos escravos, porque, apesar de terem uma vida não de "infelicidade" e, sim, de uma segurança invejável, a escravidão os obrigava por exigências legais "sensíveis" a uma exploração ilimitada.

O quarto *Prefácio*, "Sobre a Relação da Filosofia de Schopenhauer com a Cultura Alemã", propunha a criação de uma "educação pública" geral oposta à mera "opinião pública" divulgada pelos jornais. E atacava as classes cultas contemporâneas com a acusação de que sofriam de uma "complacência filistina [*Gemütlichkeit*]". Segundo Nietzsche, a razão da complacência era a "consciência histórica", que destrói o entusiasmo. Quando tudo é captado do ponto de vista histórico, entramos em um espírito de *"nihil admirari"*. Assim, por exemplo, ao termos a percepção de nossos valores morais como apenas um item na ampla gama histórica de conjuntos alternativos de valores, eliminamos o compromisso com nossos próprios valores, uma vez que não encontramos uma base para escolhê-los em meio às alternativas disponíveis e seguimos o caminho – aqui vemos os fortes ecos da crítica de Wagner da "história cultural" – do niilismo pós-moderno. Ação, compromisso, paixão, sugeriu Nietzsche, requerem certa xenofobia, um sentido de nossos valores como os únicos valores *possíveis*. (Em *A Genealogia da Moral*, publicado em 1887, ele descreve a "consciência histórica" como um final indulgente da desconstrução da moral cristã.)

---

46  Z I 15.
47  GM 178-9.
\*   Essa é a visão do que chamamos "só o super-homem tem valor". Para muitos intérpretes, esta concepção não é apenas sugerida em alguns dos trabalhos da juventude de Nietzsche e sim consiste no cerne de sua filosofia da maturidade. Mas rejeitamos esta interpretação.
48  GM p. 180.

O último *Prefácio*, "A Competição de Homero", é bem melhor e mais importante do que os outros. No entanto, não o discutiremos agora porque ele foi examinado minuciosamente no capítulo anterior. É suficiente dizer, que escrito quase dois anos depois de "O Estado Grego", ao mencionar a existência da "boa" e da "má" Éris, ele eliminou o argumento prévio da necessidade da guerra. Como a "competição" existia como uma alternativa à violência física, não havia motivo para que a relação "agonística" da violência sublimada *interna*, que estimula a vida de um Estado saudável, não pudesse ser também obtida *entre* os Estados.

Em resumo, "Cinco Prefácios" é uma coletânea de textos de qualidade bastante diversificada, na qual algumas partes contradizem outras. Na verdade, como Cosima sugeriu a obra tinha partes boas e más, porém, infelizmente, o resultado era péssimo.

# 10

## CONSIDERAÇÕES EXTEMPORÂNEAS

O ano de 1873 foi marcado por duas tensões na vida de Nietzsche. A primeira surgiu com a crise entre seu papel de professor de filologia clássica e seu interesse crescente pela filosofia, entre sua *Beruf* [profissão] e sua *Berufung* [vocação], como ele elegantemente descrevia.[1] A segunda tensão, por sua vez, referiu-se ao seu compromisso total com o mundo no contexto do "Horizonte de Bayreuth" e de fazer tudo o que fosse possível pela causa de Bayreuth. Mas, por outro lado, havia a tendência progressiva de libertar-se da gigantesca sombra da personalidade e do intelecto de Wagner e de encontrar um lugar ao sol onde poderia desenvolver-se sozinho. (O compositor Peter Cornelius, apesar da devoção absoluta a Wagner, vivenciava o mesmo problema.) Ele tentou resolver o primeiro destes dilemas ensinando e escrevendo textos clássicos suscetíveis a um tratamento filosófico. Embora nunca mais fosse publicar um livro dedicado ao texto clássico depois de 1872, ele escreveu um estudo importante, mas não publicado, sobre os filósofos gregos pré-platônicos, "Filosofia na Era Trágica dos Gregos". A tentativa de solucionar a segunda tensão resumiu-se a escrever textos polêmicos violentos a favor de Wagner ou a seu pedido, mas, por sua vez, restringiu sua interação com o casal Wagner a uma troca "virtual" de cartas (Cornelius usou a mesma estratégia), o que lhe angariou o desapontamento e a desaprovação deles. Devido a estes conflitos é evidente que a saúde de Nietzsche agravou-se mais uma vez; em 1873 ele teve infecções virais, problemas nos olhos e nos intestinos, sendo a doença intestinal provavelmente ainda uma consequência da disenteria contraída durante o serviço militar. Em termos de saúde, o ano de 1873 estabeleceu o padrão para o resto da vida de Nietzsche: a partir de então, até os últimos três meses de sanidade, ele nunca se livrou destes problemas, exceto por algumas semanas.

### Divertimento em Basileia

O ano começou bem. Nietzsche foi convidado a participar do julgamento do melhor ensaio de poesia sobre o ciclo do *Anel de Nibelungo* pela *Allgemeine Deutsche Musikverein* (Sociedade Musical da Alemanha). Ele orgulhou-se muito com este convite e o divulgou em diversas cartas – orgulhoso, talvez, porque o convite indicava que ele tinha alcançado certo *status* e respeito em relação à meta de sua vida, Bayreuth.

---

[1] KGB 11.5 656.

Ele também se sentia extremamente feliz por ter dois amigos íntimos na Basileia: "Overbeck e Romundt, meus amigos de todos os momentos, nas refeições, em casa e nas conversas", escreveu a Rohde, "são as melhores companhias do mundo".*[2] Ele respeitava Romundt, que estava escrevendo uma tese de habilitação (pós-doutorado) sobre a teoria do conhecimento, por ser um professor com visões filosóficas radicais que instigava seus alunos. Ele gostava de Overbeck por sua bondade e admirava seu "radicalismo".

Em abril ele descreveu o caráter do "radicalismo" de Overbeck:

> Em minha casa [ele escreveu a Malwida von Meysenbug] algo excepcional está acontecendo: uma caracterização de nossa teologia atual em relação ao *cristianismo*. Meu amigo e irmão espiritual, prof. Overbeck, a quem considero o maior teólogo livre-pensador vivo e possuidor de um conhecimento enorme da história da Igreja, está trabalhando agora nessa caracterização e... divulgará uma verdade surpreendente.[3]

"Nossa casa", ele escreveu, fazendo alusão à análise minuciosa e radical que ele e Overbeck estavam realizando sobre as atuais vacas sagradas, "um dia será amplamente conhecida".[4]

O livro de Overbeck, *How Christian is our Present-Day Theology?*, foi publicado em novembro de 1873 por Fritzsch, três meses depois que o primeiro volume das *Considerações Extemporâneas* de Nietzsche foi publicado pelo mesmo editor. Neste livro ele argumentou que o cristianismo original havia sido uma questão de prática em vez de teoria, uma fé do coração, e não da mente, e, portanto, a "teologia cristã" era na verdade um oximoro, ideias que apareceriam no *Anticristo* de Nietzsche e que, 60 anos mais tarde, influenciou a acusação veemente de Martin Heidegger ao "Deus dos teólogos". Na cópia do primeiro volume das *Considerações Extemporâneas* de Overbeck – uma agressão a uma vaca sagrada tão radical, como veremos, quanto a de Overbeck – Nietzsche escreveu:

> Dois gêmeos de uma casa
> Partem com coragem para o mundo
> Para esquartejar os dragões do mundo
> A amizade é o que chamamos
> De um pai para outro.

\*\*\*

No início de 1873, como vimos, só dois alunos matricularam-se no curso de retórica grega e romana de Nietzsche. Ele decidiu, então, que as aulas seriam dadas em seu apartamento na *Gifthütte*. Às vezes ele oferecia cerveja. Nietzsche também dava aulas aos seus alunos do ensino médio em seu apartamento. Um deles, Louis Ketelborn, descreveu Nietzsche em casa:

---

\* Esse comentário parece indicar que Romundt mudara-se para a *Gifthütte*. Mas como Nietzsche escreveu em 1º de abril de 1874 que "Romundt é nosso hóspede desde ontem", ele apenas queria dizer que o visitava com frequência.
2 KGB 11.3 300.
3 KGB 11.3 302.
4 KGB 11.3 301.

> Fica-se imediatamente impressionado pela combinação da cortesia excepcional e do refinamento das maneiras e do comportamento, com a gentileza encantadora e natural, e logo elevamo-nos direta e automaticamente a um ambiente requintado e nobre, límpido, superior e espiritual... Em total harmonia com a elegância de seu porte e de suas roupas, e com sua precisão quase militar, todos os móveis de um apartamento de classe média são agradáveis. Com calças de cores claras e uma sobrecasaca marrom ou um paletó e, na rua, com uma cartola [já bem antiquada na época], é assim que ele vive em minha memória. Nos dias de calor do verão [a Basileia era extremamente úmida] ele tentava diminuir a temperatura na sala com cubos de gelo.[5]

A felicidade da vida doméstica de Nietzsche aumentou quando Frau Baumann, uma verdadeira governanta, chegou a Schützgraben em junho. Por este motivo, *Gifthüter* foi rebatizada de *Baumannshöhle* [caverna de Baumann] e as referências frequentes aos seus moradores (inclusive Romundt em abril de 1874) como os "ursos da caverna". A "caverna" devia ter um samovar (talvez em razão da formação russa de Overbeck) porque, anos depois, Nietzsche enviou um cartão-postal a Overbeck lembrando-lhe o tempo em que passaram juntos em *Baumannshöhle*:

> Versos da Caverna de Baumann
>
> A sabedoria exprime-se quando os pensamentos estão ausentes
> Lá o chá [*Tee*] chega na hora certa
> Um deus ainda desconhecido para as almas dos gregos
> "Deus máquina" [*Maschinentheos*] – faça com que sejamos sensatos!
> (Assim um dos ursos da caverna falava com o outro quando aprendia a tomar chá com ele.)[6]

Além de sentir-se feliz em sua caverna, Nietzsche tinha uma vida social intensa. Ele ia com frequência às casas dos amigos e às casas das famílias mais tradicionais da Basileia, quase sempre sobrepondo classes sociais porque, como observou, muitos professores pertenciam a famílias importantes. Em março ele escreveu para sua casa dizendo que,

> Houve diversas festas como, por exemplo, nos Vischer para comemorar dois noivados... um baile das famílias Vischer e Bischoffs, com umas 100 pessoas; antes disso Sally, Frau Walter e alguns homens fizeram uma opereta. Depois passei uma noite com os simpáticos Sieber, com Socin e Jacob Burckhardt.[7]

A tradução de *Ecce Homo* da Penguin tem na capa um retrato tirado por Caspar David Friedrich de um homem de costas – Nietzsche, é possível – sozinho no topo de uma montanha, olhando para os vales enevoados abaixo. Esta imagem transmite a impressão de que Nietzsche era um misantropo e antissocial. No entanto, como vimos, a vida social animada dos anos em que viveu em Leipzig demonstra que este estereótipo romântico é um mito. (O isolamento de seus últimos anos foi produto não de misantropia nem de uma personalidade antissocial, mas, sim, de uma saúde

---

5   Hayman (1980) p. 160.
6   KGB 111.1 148.
7   KGB 11.3 299.

muito frágil e de um trabalhador compulsivo.) Na Basileia a sociabilidade dos anos de Leipzig continuou, e até mesmo intensificou-se. Esta é a lembrança de Frau Ida Miaskowski de Nietzsche em 1874:

> No inverno conhecemos um pequeno grupo de pessoas com as quais encontrávamos a cada duas semanas à noite. Em uma dessas noites houve, em benefício de Nietzsche, uma apresentação encantadora... um quadro vivo dos *Mestres Cantores*... Quando todos os convidados reuniram-se, eu pedi a Nietzsche que tocasse a *"prizesong"* da ópera e abri a porta da sala de jantar onde o quadro fora montado... Todas as pessoas ficaram encantadas e Nietzsche emocionou-se muito. Ele segurou minhas mãos e as apertou várias vezes em agradecimento pela surpresa que lhe causou tanto prazer... minha Emmy nunca tinha estado em um círculo de um divertimento tão inocente. Porém, que coisa estranha, os dois motivos de alegria, Overbeck e Nietzsche, eram conhecidos na Alemanha inteira como terríveis pessimistas e schopenhauerianos! Na última quinta-feira ouvimos muita música. Nietzsche fez improvisações maravilhosas e Overbeck apresentou uma peça para piano a quatro mãos de Schubert.

Em outra ocasião ela escreveu,

> Esta noite reuniremos nosso grupo de terça-feira. Nietzsche disse que tinha um livro divertido para ler em voz alta [era uma coletânea de histórias engraçadas de Mark Twain]. Na última vez divertimo-nos muito, lemos, tocamos música, com um movimento incessante até meia-noite e meia.

E ela anotou também que durante o inverno Nietzsche vinha com frequência à sua casa às sextas-feiras para acompanhá-la ao piano enquanto ela cantava.[8]

## Tristeza em Bayreuth

Em março de 1873, revelando que seu impulso para compor não fora totalmente destruído pela crítica agressiva de Von Bülow, Nietzsche compôs a "Monodie à Deux", uma peça para piano a quatro mãos em homenagem ao casamento de Herr Monod* (em razão de a "monodia" ser uma peça com uma única linha melódica (assim como o nome indica), a música, como ele observou, "tinha um simbolismo especial para um casamento".[9] No mês seguinte ele, por fim, fez sua primeira visita a Bayreuth acompanhado por Rohde, para passar a semana de Páscoa (6 a 12 de abril) com o casal Wagner em sua nova casa ainda inacabada, *Wahnfried*.

Porém, não os visitou em um momento feliz. Dos milhares de certificados de patrocínio que precisavam ser vendidos antes que o trabalho do Festspielhaus começasse, só 200 certificados haviam sido vendidos. Por isso, Wagner estava irritado, e fora de seus hábitos. Ele disse a Nietzsche, em segredo, que não suportava a "conversa contínua e desinteressante" em sua casa e que lamentava ter partido de Tribs-

---

8   J I p. 595-6.
*   Gabriel Monod se casou com Olga Herzen, filha de Alexander Herzen, o revolucionário socialista russo, e filha adotiva de Malwida von Meysenbug, que mantivera a casa de Herzen para ele em Londres.
9   KGB 11.3 299.

chen. Pressionado pela necessidade de se comunicar com as sociedades wagnerianas em toda a Alemanha e de estimular uma atividade promocional com a imprensa odiada (e mais do que nunca antissemita), ele abstraiu-se do trabalho importante de concluir a orquestração da ópera *Crepúsculo dos Deuses*. Quando Nietzsche tentou alegrá-los tocando suas composições, talvez uma versão resumida da "Monodie à Deux", o fracasso foi total: Cosima escreveu em seu diário "que o passatempo predileto de nosso amigo compositor era enervante". Mas Nietzsche leu seu trabalho ainda em elaboração, "A Filosofia na Época Trágica dos Gregos", em três noites, o que indicou que foi tratado com mais respeito do que com sua música.

\*\*\*

Esse trabalho é de extrema importância pela identificação profunda com Heráclito, que Nietzsche manteve ao longo da vida. Anaximandro, no texto mais antigo da filosofia ocidental conhecido, escreveu,

> Tudo é cíclico na vida: existe um tempo natural para que as fases de um fenômeno ou de uma atividade surjam e desapareçam, porque elas precisam ser punidas e julgadas por sua injustiça, segundo o ritual do tempo.

Tudo o que nasce está condenado a morrer. Para Anaximandro a existência é uma espécie de punição por causa de uma culpa misteriosa, um "pecado original". No entanto, com Heráclito, argumentou Nietzsche, aprendemos a superar o pessimismo de Anaximandro. Ao contrário de Parmênides, que afirmava que a "criação" (mudança) era uma ilusão, Heráclito concordava com Anaximandro que a criação era real. Na verdade, *só existe a criação*, o "ser" de Parmênides é que era uma ilusão. A realização de Heráclito, continuou Nietzsche, foi de transformar a Éris "boa" de Hesíodo em um princípio cósmico. Oposto ao mundo estático de Parmênides, o mundo de Heráclito consiste em uma "competição" eterna, com inúmeras contradições em uma "luta alegre".

Mas isso não envolve culpa e sofrimento, como disse Anaximandro? "Sim", afirmou Nietzsche citando Heráclito, "porém, só para os seres humanos limitados que veem o mundo de uma maneira divergente e não convergente". Para o "homem esteta" ou o "artista criança" (o herói de *A Origem da Tragédia*), tudo é uma brincadeira inocente.[10]

Em uma observação escrita um pouco antes, Nietzsche disse,

> A natureza grega sabia como lidar com todas as características *terríveis* [do mundo]... o uso do nocivo em benefício do útil é idealizado na visão do mundo de Heráclito.[11]

Isso explica o significado da "convergência". Heráclito, disse Nietzsche, tem uma visão de que o mundo pode ser alegre, porque o nocivo por fim torna-se benéfico, mas só para alguém que julgue o ser humano como um artista criança, um deus criador do mundo. Portanto, em *A Origem da Tragédia*, a superação da

---

10   PTA p. 73-160.
11   KSA 7 16 [18].

"náusea" de Anaximandro consiste, para um heracliteano, em uma transcendência da individualidade humana.

Embora Cosima tenha achado a leitura de "A Filosofia na Era Trágica" "inovadora e interessante", ela não fez comentários a respeito da opinião de Wagner, que, provavelmente, achou o trabalho (que não mencionava nem música ou drama) divergente do seu e, por isso, preocupante.

\*\*\*

Quatro dias depois de voltar de Bayreuth para a Basileia, Nietzsche escreveu humildemente para Wagner sobre sua visita:

> Eu percebi que você não gostou da minha presença, mas nada pude fazer, porque só notei seu desprazer aos poucos. Cada momento em que estamos juntos eu sinto algo novo e quero gravá-lo em minha mente. Sei muito bem, meu caro Mestre, que essa visita foi tensa, ou até mesmo insuportável. Sempre quis demonstrar mais liberdade e independência, porém, foi em vão. Peço-lhe apenas que me aceite como seu discípulo... É verdade que me sinto cada dia mais triste por lhe querer ser útil e não consegui-lo, de não poder fazer nada para diminuir suas preocupações e alegrá-lo.[12]

As cartas da época de Tribschen revelavam uma *reverência* em relação ao "mestre". Mas, com seus ecos de uma confissão cristã de culpa implacável, esta carta só pode ser descrita como *servil*. No entanto, a frase mais reveladora é a necessidade de ter "mais liberdade e independência". Nietzsche quis de uma maneira bem delicada dizer ao Mestre o que mencionara na carta a Von Gersdorff, citada no capítulo anterior: que ele precisava de uma distância "saudável" da "convivência pessoal" com Wagner, precisava libertar-se de sua presença avassaladora para ser "verdadeiro com ele em um sentido mais elevado".

A estratégia de Nietzsche de manter essa distância foi a de substituir a "convivência pessoal" com cartas humilhantes. Mesmo depois que Wagner respondeu com seu estilo bem-humorado, mas dissimulado, que "você deveria vir com mais frequência para 'me atormentar'" e que as crianças (que sentiam sua falta como se fosse um pai) brincavam de "Nietzsche e Rohde",[13] Nietzsche continuou com seu tom servil, ao escrever a Wagner em maio que ele "sentia em todos os momentos" que sem Wagner ele seria um "natimorto".[14] Mas, apesar destas cartas, sua presença em Bayreuth era quase inexistente. Em contraste com as 23 visitas a Tribschen entre 1869 e 1874, de 1872 a 1874 ele só fez quatro visitas a Bayreuth, e nenhuma em 1875.

Os estudiosos de Nietzsche sugerem que o distanciamento de Wagner, o homem, significou também um afastamento de Wagner como artista e pensador. Mas esta é uma interpretação errônea. Ao longo de 1873 seus cadernos de anotações não revelaram *o menor* indício de que se afastaria da visão de mundo de Wagner, nem uma mínima restrição à sua música ou à sua filosofia. Na verdade, os pensamentos de Nietzsche eram

---

12  KGB 11.3 304.
13  KGB 11.4. Para Nietzsche 431.
14  KGB 11.3 309.

"observações no universo de Bayreuth".[15] E estes comentários refletem uma grande admiração por Wagner em um contexto no qual a lisonja não tinha limite, como, por exemplo, o já citado "Sempre que Wagner ofende, ele toca em um problema profundo".[16]

## A Primeira Consideração Extemporânea: David Strauss, o Sectário e o Escritor

Na primeira carta "servil", Nietzsche, ao lamentar sua inabilidade para alegrar Wagner, disse,

> Mas talvez eu possa [alegrá-lo] quando terminar meu atual trabalho, uma crítica contra o famoso escritor David Strauss. Eu li seu livro *The Old Faith and The New* e surpreendi-me com sua inépcia e vulgaridade.[17]

Em sua carta "por favor, venha me atormentar de novo", Wagner disse "com respeito a Strauss a única coisa que me angustia é minha urgência em vê-lo criticado. Então termine logo seu trabalho!"[18]

Em 1868 Wagner envolvera-se em uma disputa pública com Strauss e fizera três sonetos satíricos contra ele. Quando o livro *The Old Faith and The New* foi publicado em 1872, Wagner o achara, como Cosima observou, "profundamente superficial". Nietzsche sabia, portanto, que o ataque a Strauss agradaria a Wagner. Ao voltar para a Basileia no início de maio de 1873, ele escreveu a Rohde que "cuspira lava de novo". Ele voltara de Bayreuth "tão triste que só a fúria sagrada poderia eliminar sua melancolia".[19] Este foi o primeiro esboço, como Von Gersdorff o chamou de *Straussiade* (às vezes de *AntiStraussiade*), do bombardeio do Nietzsche guerreiro contra o inimigo de Wagner. O livro foi escrito em uma velocidade incrível. Ele o terminou

---

15  KSA 7 19.
16  KSA 7 19 [269]. C. Landerer e M.-C. Schuster (Landerer e Schuster [2002] p. 114-133) sugeriram que a longa nota escrita na primavera de 1871 (KSA 7 12 [1]), na qual Nietzsche defendeu a visão de Schopenhauer de que a música não *precisava* de palavras, e que as palavras de Schiller eram dispensáveis no último movimento da *Nona Sinfonia* de Beethoven revelou que, no íntimo, ele criticava Wagner e sentia afinidade por seu arqui-inimigo, Eduard Hanslick, mesmo antes da publicação de *A Origem da Tragédia*. Mas não é verdade. Nietzsche estava concordando, como vimos em outras ocasiões, com o antigo Wagner, o Wagner que conhecia, o autor do ensaio de "Beethoven", ao criticar a teoria inicial da ópera. Ou seja, Wagner *concordaria* com todas as palavras de sua nota. É importante observar que na carta escrita a Von Gersdorff ele disse que precisava manter uma distância "saudável" de Wagner, mas logo depois elogiou o ensaio "Estado e Religião" de Wagner recomendando-o como uma leitura essencial, uma leitura "edificante no sentido mais nobre" (KGB 11.3 298). E, em vez de ter simpatia por Hanslick, Nietzsche o colocou na lista de "críticas" (junto *inter alias* com seu alvo de zombaria na primeira *Consideração Extemporânea*, David Strauss) escrita no final de 1872 e início de 1873 (KSA 7 19 [259]. Em resumo, quando Nietzsche disse que precisava manter uma distância pessoal para "conservar a autenticidade em um sentido mais elevado", ele falou a verdade. Uma verdade que não é estranha: os escritores, em geral, só conseguem escrever distanciando-se de suas emoções mais fortes, só quando as emoções podem ser lembradas com "tranquilidade".
17  KGB 11.3 304.
18  KGB 11.4. Para Nietzsche 431.
19  KGB 11.3 307.

em maio (os editores, assim como os serviços postais, eram muito mais eficientes do que agora), e Fritzsch o publicou em julho.

Mas por que Strauss? De todas as pessoas de quem Nietzsche e Wagner discordavam, qual fora a razão de Nietzsche ter escolhido o autor de *The Old Faith and The New*, em especial, como um objeto para desabafar sua fúria reprimida?

A princípio, Nietzsche pensou em intitular sua obra de *A Primeira Extemporânea*, ou todo o projeto em uma série de *Considerações*, "o filósofo como o médico da cultura".[20] Mas, como ele reconheceu em *Ecce Homo*, uma metáfora da violência era mais adequada à peculiaridade "guerreira" da obra. Como ele disse, seria um "assassinato" [*Attentat*].[21] No entanto, como ele escreveu em *Ecce Homo*, o objetivo do ataque não era Strauss, em particular, mas a "cultura alemã" em geral.[22] Assim, a crítica era de certa forma impessoal, porque o interesse por Strauss resumia-se ao paradigma do que havia de errado na ignorância cultural da Alemanha de Bismarck.

Juntamente com George Eliot, como já vimos, outrora Nietzsche admirara Strauss: *The Life of Jesus* exerceu um papel vital em sua renúncia à fé cristã. Aos 20 anos, como relembrou em 1888, ele sentiu um grande prazer em desconstruir a Bíblia.[23] Na primeira *Consideração Extemporânea* ele admitiu que Strauss *fora* um grande estudioso. A pessoa a quem atacava era o Strauss idoso e indulgente que reintroduziu pela porta de trás a religião que, em seus dias de vigor intelectual, rejeitara abertamente. O autor de *The Old Faith and The New* propôs, disse Nietzsche, uma versão do otimismo hegeliano – uma espécie de panteísmo evolucionário – como uma religião alternativa. Ele sugeriu "a racionalidade do real"[24] como um meio de atingir o "céu na Terra".[25] Nietzsche apresentou três críticas a esta premissa.

Primeiro, era uma "doutrina simplista que proporcionava satisfação". Assim como o pensamento hegeliano em geral, era apenas uma "deificação do sucesso", uma "apoteose da banalidade".[26] Em seus cadernos de anotações, Nietzsche repetiu a alegação de Schopenhauer de que "o processo hegeliano do mundo" terminava em um Estado prussiano arrogante com uma boa polícia".[27] Segundo Nietzsche, os seguidores de Hegel da década de 1870 pensaram que o triunfo da Prússia contra a França fora uma coincidência conclusiva da "racionalidade" (isto é, o que correspondia plenamente ao exigido) de um fato real: o "final da história". Para Nietzsche esta ideia era apenas uma visão desprezível do público burguês e autossatisfeito, os "nós"[28] complacentes de Strauss de quem ele era porta-voz. Já em sua quarta edição em menos de um ano, *The Old Faith and The New* de Strauss era um enorme sucesso. "Temos uma opinião depreciativa", escreveu Nietzsche a Cosima, "do que faz um sucesso imediato

---

20 KSA 7 23.15. Em uma carta escrita em março para Von Gersdorff, ele referiu-se a um "apêndice para *A Origem da Tragédia*, que talvez se chame "o filósofo como médico da cultura" (KGB 11.3 298).
21 EH V 2.
22 EH V I.
23 A 28.
24 UM I 2.
25 UM I 4.
26 UM I 7.
27 KSA 7 29 [53].
28 UM I 6.

e é aceito pelo grande público nessa época de desolação".²⁹ Esta opinião *exprimia* o sentimento de que não havia nada a admirar na Alemanha de Bismarck. Mas, na verdade, não havia nada de admirável na burguesia "convencional" que, como um verme, concebia o céu só um pouco mais alto do que sua "carcaça adiposa".³⁰

Como vimos, Nietzsche detestava a atitude triunfalista da Alemanha bismarckiana (refletida no triunfalismo hegeliano de Strauss), o pressuposto de que a vitória militar sobre a França era de certa forma uma prova da superioridade da cultura alemã. (A atitude igualmente desastrosa dos "neoconservadores" norte-americanos depois do colapso da antiga União Soviética oferece um paralelo a este pressuposto.) Nietzsche demonstrou que a vitória sobre a França não significara uma superioridade cultural, e, sim, revelara o "treinamento militar rigoroso, a superioridade da ciência da guerra de seus líderes" e "a união e a obediência entre eles". "Com outra vitória como essa", ele acrescentou, "e enquanto o Reich alemão existir, os alemães serão destruídos".³¹ É claro, a ameaça de o projeto de Bayreuth – a única esperança de revitalizar "os alemães" – fracassar por falta de recursos confirmava a opinião de Nietzsche de que a sociedade imperial da Alemanha estava mergulhada na "barbárie". "O triunfalismo da guerra", observou, era mais um grande perigo para seu "fruto secreto em desenvolvimento"* do que uma derrota militar.

A segunda crítica dirigia-se ao panteísmo de Strauss. Mesmo que fosse, como alegava Strauss, uma fonte primordial de tudo, como ele poderia ser chamado de "Deus" e ser um objeto de veneração religiosa, visto que a fonte de tudo era também a fonte da *maldade*?³² Como vimos, Nietzsche preocupava-se com o problema da maldade, com a visão de Heráclito que a maldade justificava-se por sua contribuição a uma bondade maior. Assim, esta crítica não se referia tanto ao panteísmo em si, e sim ao fato de que Strauss não percebera este conflito, não fizera um esforço intelectual para superar o que, *diante da verdade*, era uma objeção esmagadora ao panteísmo.

A terceira crítica de Nietzsche relacionava-se ao pressuposto de que, na linguagem de *A Origem da Tragédia*, Strauss era um "socrático", um "homem teórico" que acreditava que a ciência poderia dominar a natureza e, portanto, solucionar todos os problemas dos seres humanos. As *Considerações Extemporâneas* fazem duas objeções ao socratismo, que Nietzsche considerava ser a visão predominante de sua época. Primeiro, ele repetiu o argumento de *A Origem da Tragédia* de que o socra-

---

29  KGB 11.3 303.
30  UM I 6.
31  UM I, KSA 7 26 [1].
\*   KSA 7 19 [314]. Essa frase inspirada em Hölderlin é elucidada pela seguinte nota, "Hölderlin na Alemanha: Agora você permanece em silêncio, avaliando um trabalho alegre/A única coisa, como você, que nasceu do/Amor e é bom, como você/Onde está seu Delos, seu Olimpo/Para que possamos todos juntos participar de um festival?/Mas o que seu filho, você um ser imortal, preparou há muito tempo para nós?" (KSA 7 27 [69]). Para Hölderlin, assim como para Nietzsche e Wagner, a redenção da vida alemã dependia do retorno do "festival" grego. Cremos que esta nota indica que, na década de 1870 (na realidade, em toda a sua vida), Nietzsche identificou sua opinião em relação aos alemães com a do seu "poeta favorito": a visão de um "amor inflexível", o amor que exprime verdades duras que precisam ser ditas, mas nunca renuncia à esperança de que um dia os alemães seriam salvos.
32  UM I 7.

tismo revelava-se por meio de uma filosofia falsa de Kant. Strauss, disse, era uma pessoa incapaz de entender Kant. Pelo fato de apoiar "o tipo de realismo mais rude" ele demonstrava que não compreendia,

> A crítica da razão de Kant... não tinha noção das antinomias fundamentais do idealismo [antinomias que eram *solucionadas pelo* idealismo] ou da excessiva relatividade da ciência e da razão. Ou, era precisamente a razão que deveria dizer-lhe como tão poucas coisas em si mesmas [*Ansich*] eram determinadas pela racionalidade.[33]

Nesse sentido, por não conhecer a realidade, a ciência não podia controlá-la, era impotente perante os traumas originados pela decisão do artista criança e criador de derrubar um de seus castelos de areia. (É claro, mesmo se a ciência pudesse controlar o mundo, Nietzsche acreditava, isso não solucionaria nossos problemas mais essenciais. O homem não conseguiria viver sem o idealismo do mito inspirador, e o socratismo, como sabemos, destruía o mito. Strauss, ele observou, teria posto um visionário como Jesus em um hospício, e nada teria a dizer sobre a importância mítica da ressurreição, além de que era uma "fraude".)[34]

A segunda objeção de Nietzsche ao socratismo de Strauss foi que ele era "conscientemente desonesto". O grande dragão assassino evitou seus golpes com medo de perturbar o sono de sua plateia condescendente. Por um lado, ele disse que aceitava a teoria evolucionista de Darwin. Mas, por outro, mencionou que é preciso "lembrar que somos homens e não meras criaturas da natureza". Em outras palavras, em vez de ver que este novo e revolucionário materialismo metafísico requeria uma nova moral revolucionária fundamentada na aceitação da "guerra contra tudo", Strauss afirmava que não precisávamos mudar. Em vez de dizer "eu os libertei de um deus útil e misericordioso, o universo é apenas uma máquina rígida, cuidado para não serem seriamente feridos por suas rodas",[35] Strauss declarou que tudo poderia seguir igual.

\*\*\*

Wagner gostou muito da primeira *Consideração Extemporânea*, como escreveu a Nietzsche. "Eu a reli e juro por Deus que você é a única pessoa que sabe o que eu quero."[36] Liszt observou que "admirara com grande simpatia" o trabalho.[37] E, embora Cosima tivesse ficado menos impressionada, em razão de algumas observações depreciativas sobre Nietzsche feitas pela irmã de Wagner, Ottilie Brockhaus, ela o defendeu como alguém que "arriscara sua carreira por seu irmão" [de Ottilie], e que era seu "seguidor mais fiel".[38] Porém Gottfried Keller (o autor suíço do romance *Green Henry*, que Nietzsche admirava muito) o achou "juvenil", um produto de alguém demasiado ávido para ser um "grande homem".[39] Já Karl Hillebrand, o renomado

---

33 UM I 6; KSA 7 27 [1].
34 UM I.
35 UM I 7.
36 KGB II.3 316.
37 C p. 305.
38 C p. 302.
39 C p. 306.

escritor, achou a obra "perspicaz e com senso de humor", o "sinal de um retorno ao idealismo moral alemão que nossos avós haviam desejado".[40] Na Basileia, o *Straussiade* não o prejudicou. Os tementes a Deus ficaram encantados com o ataque a este notório "ateu"; as demais pessoas acharam o livro divertido. Logo depois da publicação das *Considerações Extemporâneas* seus colegas o elegeram decano da faculdade para o ano seguinte. Strauss ficou perplexo: "como alguém era tão agressivo com uma pessoa, a quem nunca cruzara o caminho?",[41] uma pergunta cuja resposta agora seria evidente. No entanto, quando Strauss morreu em fevereiro do ano seguinte, Nietzsche sentiu remorsos: "Espero que não tenha amargurado seu final de vida e que ele tenha morrido sem saber nada a meu respeito", escreveu ele a Von Gersdorff.[42]

## A Cura de Repouso em Flims

As últimas páginas da primeira *Consideração Extemporânea* foram ditadas. Em maio de 1873, houve uma grave deterioração da visão de Nietzsche. Ele sentia dores terríveis nos olhos e, quando sua irmã o visitou em 5 de junho, ele não conseguia mais ler nem escrever. Ele tinha de usar óculos escuros sempre que saía de casa, mas, na verdade, passava a maior parte do tempo em casa com as cortinas fechadas. Felizmente, Von Gersdorff, que voltara da Itália, estava disponível para escrever o ditado de Nietzsche e preparar o manuscrito, a fim de enviá-lo para impressão. Apesar de sua saúde precária, Von Gersdorff mudou seus planos e ficou ao lado de Nietzsche como um escrivão até setembro, que o descreveu como meu "olho esquerdo" e "minha mão direita" a Wagner.[43] (O fato de Von Gersdorff e outras pessoas terem feito este trabalho sugere que aqueles que conheciam Nietzsche já sabiam que estavam lidando com uma pessoa de uma importância excepcional.)

No início de julho, a saúde de Nietzsche agravou-se tanto que seu médico e amigo, Dr. Immermann, disse-lhe que teria de cancelar suas aulas no ensino médio antes do final do ano letivo, e que precisaria fazer urgente uma cura de repouso em algum vilarejo isolado na montanha. É evidente que Immermann percebera o fator psicossomático que contribuía para o estado de saúde precário de Nietzsche. Ele diagnosticou um estresse psíquico e ofereceu, no lugar de um remédio, o seguinte conselho: "seja menos inteligente e se sentirá melhor".[44]

Assim, Nietzsche e Von Gersdorff partiram da Basileia em 7 de julho para Flims, um vilarejo a mil metros acima do nível do mar, a oeste de Chur, onde se hospedaram em um chalé no alto do vilarejo, com uma vista para o Lago Caumau, até voltarem para a Basileia em meados de agosto. Mais tarde Romundt reuniu-se a eles. Von Gersdorff descreveu as férias em uma carta a Elizabeth:

---

40 C p. 302.
41 C p. 307.
42 KGB 11.3 345.
43 KGB 11.3 313. O comentário de que o olho esquerdo o incomodava mais é estranho, porque quase sempre os problemas recaíam no olho direito. Talvez tenha gostado da precisão literária do contraste.
44 C p. 307.

Estávamos muito satisfeitos... a região era celestial... a casa no alto de uma estrada era bem nova e limpa. As camas eram ótimas e a comida substancial... uma excelente comida caseira... e assim foi possível realizar uma cura com leite. Fritz tomava às cinco e meia da manhã e às cinco da tarde um grande copo de leite. Caminhávamos pela floresta de manhã em baixo de lariços e pinheiros [sombra para os olhos de Nietzsche]; na visão sublime das montanhas líamos *A Valquíria*, *Siegfried* e *Crepúsculo dos Deuses*. Era o lugar perfeito para vivenciar o "crepúsculo". Após o almoço líamos trechos de Plutarco e, depois, fazíamos uma sesta deitados no musgo ou na grama. Às cinco e meia íamos nadar. Às sete horas jantávamos, sempre uma refeição quente. E assim o tempo fluía harmonioso, como na canção de Dresden, para a eternidade. Fritz recebeu uma visita especial. Dr. Vetter, o professor do ensino médio de Chur, contou-lhe que ganhara 300 táleres no concurso do melhor ensaio sobre o *Anel*, do qual Nietzsche participara do julgamento.[45]

Em 8 de agosto as primeiras cópias de *Straussiade* chegaram a Flims pelo correio. Von Gersdorff escreveu a Rohde:

> Às três e meia descemos para o lago verde de Caumau. Gravamos as iniciais U.B.I.F.N. 8/8 de 1873* em uma placa de mármore inclinada. Em seguida, nadamos até um rochedo que se elevava em meio às águas verdes do lago. Lá, discretamente, gravamos as iniciais U.B.F.N.C.G.H.R. 8/8 de 1873,** e depois ficamos algum tempo saboreando o encanto do rochedo de Rheingold. O sol sorria na terra, nas profundezas escuras onde se erguia o rochedo. Depois de nadar abençoamos a primeira pedra e sua inscrição com vinho. A noite estava divinamente pura e clara. Esta foi a maneira que comemoramos o *Antistraussiade*.[46]

## O Caso de Rosalie Nielsen

Rosalie Nielsen foi a primeira, como poderíamos descrevê-la, esquerdista nietzschiana. O caso Nielsen começou logo depois da publicação de *A Origem da Tragédia*. Uma admiradora loucamente entusiasta de Nietzsche, essa viúva feia e idosa, que imaginava ser uma reencarnação feminina de Dionísio, desenvolveu uma obsessão a distância pelo autor do livro e passou a bombardeá-lo com cartas acompanhadas de fotografias de uma natureza simbólica. No verão de 1873, ela começou a visitá-lo, visitas que ele recebia, talvez infelizmente, com sua cortesia discreta habitual. Quando voltou para Leipzig ela fez uma tentativa de comprar a editora de Fritzsh, que publicava as obras de Wagner, a fim de, como disse a Nietzsche, garantir que seus escritos fossem bem cuidados. Fritzsh, atormentado pelas greves dos sindicatos esquerdistas e com dificuldades financeiras, era um presa fácil para aceitar a proposta. Como Nielsen tinha conexões com Mazzini e com marxistas italianos, em outubro Nietzsche temeu uma conspiração internacional para controlar o editor de Wagner,

---
45  C p. 299.
\*   "*Unzeitmässige Betrachtung*, Friedrich Nietzsche, Carl von Gersdorff, Heinrich Romundt, 8 de agosto de 1873."
\*\* "*Unzeitmässige Betrachtung I* (*Consideração extemporânea I*), Friedrich Nietzsche, 8 de agosto de 1783."
46  C p. 300.

com o objetivo de tirar este socialista renegado de cena.[47] Apesar de Fritzsh estar em dificuldades, esta conspiração existia apenas na mente de Nietzsche, ou talvez na de Nielsen. De qualquer modo, logo, ele conseguiu rir deste caso absurdo, não com o mesmo entusiasmo de Wagner, que escreveu nove versos burlescos para expressar sua gratidão pela preocupação de Nietzsche (mesmo imaginária) quanto às ameaças ao empreendimento de Bayreuth. Os versos são lidos da seguinte forma (o final de cada linha resgata as últimas rimas):

> *Schwert, Stock und Pritzsche*
> *kurz, was im Verlag von Fritzsche*
> *shrei, lärm or quietzsche*
> *das shenk meinem Nietzsche*
> *wäs' ihm zu was nützen.*
> Espada, bastão e vara de condão
> Em resumo, tudo na editora de Fritzsch
> Emitia sons agudos, aturdia e dava gritos estridentes
> Eu fiz estes versos para meu Nietzsche, talvez ele os ache úteis.

Apesar de esse episódio ser um pouco cômico, ele revelou que Nietzsche já desenvolvera uma hostilidade ao socialismo e ao trabalho organizado, atitudes fortalecidas pelas casas das famílias tradicionais da Basileia, cujos proprietários enfrentavam problemas com o ativismo sindical. Em uma anotação deste período ele escreveu que tinha "alguns desejos conscienciosos: eliminar o direito universal do voto, manter a pena de morte e a restrição ao direito de fazer greve".[48] A base desta hostilidade era a visão delineada no "Estado Grego", que, devido ao fato de a arte exigir o lazer de poucas pessoas em detrimento do trabalho árduo de muitas, a arte e o socialismo eram inimigos mortais. Como Wagner via esta oposição como espúria, ele conseguiu ter uma atitude menos paranoica em relação ao socialismo e, portanto, vivenciou o incidente Nielsen com menos intensidade.

### Apelos aos Alemães

A situação financeira do projeto de Bayreuth, já precária durante a visita de Nietzsche durante a semana de Páscoa, deteriorou-se ainda mais ao longo do verão e, então, em agosto decidiu-se que deveria haver um novo pedido público de arrecadação de recursos. Wagner sugeriu que Nietzsche escrevesse um manifesto a ser apresentado para aprovação na reunião das sociedades wagnerianas (isto é, os patrocinadores financeiros de Wagner), a realizar-se em Bayreuth em 31 de outubro. Nietzsche concordou, mas foi difícil escrever o documento, porque, em razão de sua deficiência visual, teria de ditá-lo a Romundt. A minuta foi enviada por correio a Wagner em 25 de outubro.

As "Invocações" começavam prevenindo "os alemães" de que os olhos do mundo estavam voltados para eles, a fim de avaliarem se saberiam julgar a arte de Bayreuth,

---

47 KGB 11.3 318.
48 KSA 7 27 [32].

uma arte que, ao se afastar da trivialidade "ignominiosa" do atual teatro alemão, constituiria pela primeira vez "um local para o florescimento do espírito nacional". Vocês não se sentem, perguntou Nietzsche à plateia, estimulados a ajudar a recriar a nação alemã por intermédio da "arte do futuro"? Vocês podem ficar indiferentes enquanto esta tentativa vital estiver sendo feita? Os alemães tinham a reputação de ser um "povo de pensadores". Mas, talvez, como o resto do mundo imaginava, será que eles haviam perdido a capacidade de reflexão? Isso, sem dúvida, era o que os reiterados ataques do projeto de Wagner sugeriam. O "Evento de Bayreuth, em maio de 1872" (o lançamento da pedra fundamental) não foi, disse Nietzsche, uma reunião de apreciadores de música. Em vez disso, foi um encontro da nação e da purificação da arte dramática de importância mundial. A arte wagneriana era o "drama de uma nação", um drama que constituía a possibilidade mais importante de resgatar a maneira de viver "original" e autêntica da Alemanha. Aqueles que são "altruístas e estão preparados para o sacrifício" se comprometerão com este projeto e, quando isso acontecer, a Alemanha assumirá uma nova postura no cenário mundial:

> O povo alemão se revelará honroso e o precursor da cura, quando demonstrar que deve ser temido, *mas por meio da ênfase em seus poderes mais elevados, em seus mais nobres dons culturais e artísticos esqueceremos que ele inspirava medo.*

É preciso, concluiu Nietzsche, "apoiar com todas as nossas forças os grandes feitos artísticos do gênio alemão", essa "purificação e dedicação da magia sublime e assustadora da autêntica arte alemã; senão de outra forma a "influência poderosa impulsionará as paixões políticas e nacionalistas... e nossos sucessores concluirão que nós, alemães, nos perdemos, assim como nos havíamos redescoberto".[49]

Ao longo dos séculos XVIII e XIX, os alemães eram conhecidos e tinham a percepção de serem os *Das Volk von Dichten und Denken*, "o povo da poesia e do pensamento". E em contraste com o impulso comercial e militar da poderosa Grã-Bretanha imperial, os alemães pareciam pacíficos, de certa forma pessoas sonhadoras que preferiam escrever poemas a conquistar colônias. Este era o sentido que Nietzsche evocava dos alemães na frase "povo de pensadores". Embora ele não se opusesse a uma Alemanha unida forte, política e militarmente, a "poesia e o pensamento" eram mais essenciais, a natureza "original" à qual se referia, a "alma" alemã ameaçada de destruição pela ganância do materialismo e a avidez por poder da era de Bismarck. As "Invocações" não renunciavam às paixões nacionalistas, e, sim, as redirecionava. Em vez de serem temidos como um poder militar emergente na Europa, os alemães deveriam lutar para "brilhar"[50] pela superioridade cultural. A Éris "má" deveria transformar-se na Éris "boa" (do poder "duro" para o "suave"). Este foi o sentido da seguinte nota escrita no início de 1874:

> É falso dizer que antes os alemães eram estetas e, agora, são políticos. Os alemães buscaram um ideal no Luteranismo; a música alemã, acima de tudo, representa nossa cultura. A procura por esse ideal deve cessar por que eles têm poder? É precisamente

---
49  KSA 1 p. 891-897.
50  Z I 15.

o poder (devido à sua natureza maléfica), que deve motivá-los a se afastarem dele com mais veemência do que nunca. Os alemães precisam usar seu poder para atingir uma meta cultural mais elevada... A glorificação do Estado moderno pode causar a destruição de nossa cultura inteira.[51]

\*\*\*

Nietzsche mostrou uma primeira versão das "Invocações" a Rohde que, apesar de vê-la como uma "expressão do coração", uma vez que supostamente se dirigia aos não convertidos em vez dos convertidos, para derrotar os opositores de Bayreuth, sua retórica coerciva (os olhos do mundo estão voltados para vocês etc.) era ineficaz.[52] E apesar de Wagner gostar das "Invocações" e de Cosima achá-las "belíssimas" e que falava com "fé e verdade" em vez de apenas "inteligência",[53] como seria seu objetivo, o comitê de patrocinadores concordou com Rohde. O documento foi rejeitado como "muito incisivo" e o substituíram por um panfleto mais inócuo redigido pelo professor Stern de Dresden. Nietzsche aceitou a recusa ao seu documento com a elegância habitual diante da adversidade e disse a Rohde sem rancor que seu panfleto sempre fora a "resposta certa" às "Invocações".[54]

### Segunda Consideração Extemporânea: Da Utilidade e Desvantagens da História para a Vida

Nietzsche tinha uma postura filosófica em relação à rejeição, talvez porque tivesse algo mais importante a realizar. Ao longo do ano ele pensara a respeito de um tema de grande interesse para ele e Wagner, que se referia aos benefícios e desvantagens do conhecimento histórico. Estas reflexões culminaram em torno de novembro com a ideia de dedicar uma segunda *Consideração Extemporânea* ao tema. Para Nietzsche, é claro, a "história" era em sua essência a história grega, portanto, a *Consideração* sobre a "utilidade e desvantagens da história" (ele escrevera em seus cadernos de anotações este possível título) era, mais uma vez, em grande parte, uma reflexão sobre sua profissão, a utilidade e as desvantagens da filologia clássica. O trabalho terminou no Natal, com a ajuda de Romundt e Overbeck, e foi publicado por Fritzsch em fevereiro de 1874.

A segunda *Consideração* foi uma obra de mais envergadura do que o livro anterior, com um nível diferente e um estilo jornalístico. Como o título indica, a obra aborda o uso apropriado ou não da história, no sentido da "história" não com o significado "de passado" e sim com a acepção de historiografia como "representações do passado". A temática geral discutia se a história genuína era essencial "para a vida", ou se a história deturpada a destruía. Por "vida", aqui, Nietzsche referia-se a algo "saudável", ou seja, "em crescimento": a história moralmente correta era essencial para o desenvolvimento de um fato real que pode ser "um homem, um povo

---

51   KSA 7 32 [80].
52   KGB 11.4. Para Nietzsche 474.
53   C p. 304-5.
54   KGB 11.3 330.

ou uma cultura",⁵⁵ já a história deturpada impede sua evolução natural. Nietzsche distinguia três tipos de história que promoviam o crescimento.

\*\*\*

*A História Monumental.* As representações do passado, escreveu Nietzsche, funcionavam como "monumentos" e eram colocadas em um "pedestal" onde mostravam figuras "exemplares e dignas de serem imitadas",⁵⁶ modelos de "autotransfiguração".⁵⁷ Estas figuras "míticas" estimulavam a "grandeza" ao inspirarem a imitação. Elas eram objeto de comemoração dos "festivais populares", em um templo grego ou em catedrais medievais, por exemplo. Pela "eternização da arte e da religião", por seu poder de envolver personagens com uma "ilusão devota", com autoridade carismática,⁵⁸ elas "conferiam à existência o caráter eterno e estável".⁵⁹ Nesta argumentação, Nietzsche remetia-se à educação moral. As figuras "monumentais" – o "papel", ou de um modo menos refinado, os "modelos de vida" – são reaparecimentos das "imagens do mito" que, de acordo com *A Origem da Tragédia*, "podem não ser percebidos, mas são guardiães demoníacos sempre presentes, sob cuja tutela as jovens almas se desenvolverão, e pelos seus símbolos um homem adulto interpretará sua vida e suas lutas".

*A História Erudita.* Uma pessoa e um historiador com uma postura "tradicionalista" em relação ao passado eram "uma alma preservada e honrada" que

> queria preservar para as futuras gerações... as condições em que fora criada. Uma pessoa com esse espírito reverencia o passado *in toto*; sua alma constitui-se, na verdade, pela totalidade do passado.⁶⁰

Esse tipo de personalidade, uma pessoa que quer que tudo permaneça eternamente igual, pode ter muito valor como um limite para os excessos da história monumental. Os modelos de vida sempre precisam de certa quantidade de renovação da "invenção poética", a fim de terem sentido no contexto atual. Os italianos do Renascimento inspiraram-se em modelos gregos, porém, sem as togas e as sandálias e, por este motivo, tornaram-se figuras que, por serem "invenções poéticas livres", não tinham uma conexão real com o passado. Este fato é capaz de provocar um grande dano à continuidade de uma cultura, ou até mesmo destruí-la. As revoluções em geral acontecem devido à glamorização de figuras monumentais que não têm raízes autênticas com a história (Stalin, Hitler ou Mao, por exemplo). O espírito tradicionalista é uma proteção vital contra a adoração de falsos ídolos como estes.⁶¹

---

55 UM II 1.
56 UM II 2.
57 UM III 4.
58 UM II 7. Nietzsche, apropriando-se da terminologia de Wagner, escreveu em seus cadernos de anotações que a "*Wahn* monumental" "promovia a grandeza" (KSA 7 29 [38]) e, portanto, a "ilusão" deveria dissociar-se da noção de falsidade. Ele também escreveu que o poder potencial da arte era tão grande que, mesmo agora, "um grande artista ainda poderia recriar o cristianismo, sobretudo, seu festival" (KSA 7 27 [15]).
59 UM II 10.
60 UM II 3.
61 UM II 2.

No entanto, o aspecto negativo de uma alma erudita consiste no fato de reverenciar *tudo* o que pertence ao passado: mesmo "o trivial, o circunscrito, o decadente e o obsoleto adquirem dignidade e inviolabilidade pelo fato de a alma tradicionalista ter imigrado para este universo, convertendo-o em seu lar". Isto a torna cega a *qualquer* necessidade de mudança. E esta recusa de libertar-se do "decadente e obsoleto" causa a "mumificação" do espírito que provoca um grande dano às pessoas e à comunidade.[62] É neste ponto que a história "crítica" ganha importância.

*A História Crítica*. Só a história monumental, escreveu Nietzsche, é capaz de ser criativa. Apenas ela poderia corporificar uma visão do futuro, inspirar os "arquitetos do futuro".[63] O puro tradicionalismo, por sua vez, paralisava a criação. Neste ponto, evidenciava-se, disse ele, que a história "crítica" também é necessária "para beneficiar a vida". A fim de desenvolver-se, "um homem deve ter a força para romper e dissolver uma parte do passado quando necessário", e é esta disponibilidade que condena certos aspectos do passado. Mas qual é o critério de julgamento para renunciar a determinadas características do passado? Esta norma de confronto, avaliação e escolha encontra-se na base da "vida", disse Nietzsche. Os historiadores críticos determinam quais são os aspectos da tradição, que constituem impedimentos à saúde e ao desenvolvimento da sociedade e, por isso, devem ser eliminados.[64]

Nietzsche afirmou que os três tipos de historiografia citados proporcionam uma interação correta, a "serviço da vida". A história monumental inspira a mudança cultural, que, através da continuidade com o passado, preserva a identidade de uma cultura. Por sua vez, os espíritos tradicionalistas, ao refrear o uso indiscriminado do "monumento", ajudam a garantir que a mudança cultural seja uma preservação da identidade, com uma conotação de reforma em vez de "revolução".[65] O espírito crítico possibilita a realização deste processo. Ao opor-se aos efeitos inflexíveis do puro eruditismo, ele cria a base para construir monumentos capazes de produzir um efeito real.

\*\*\*

*A História que não está a serviço da vida*. Ao repetir uma frase da primeira *Consideração*, Nietzsche definiu a "cultura" como uma "unidade do estilo artístico de todas as expressões da vida de um povo":[66] a vida de *todas* as pessoas, sem divisão

---

62 UM II 3.
63 UM II 3, 6.
64 UM II 3.
65 UM II 2.
66 UM II 4, UM I 1. A palavra mais crucial nessa passagem é "unidade". As notas sempre insistiam que uma cultura autêntica criava unidade, "a unidade dentro da multiplicidade" (KSA 7 26 [16]; ver também BGE 212). Acima de tudo, a cultura criava, como poderíamos dizer, *e pluribus unum*. A anotação faz uma distinção nítida entre "estilo" e "convenção" (KSA 7 29 [122]). O estilo é uma característica da modernidade e a convenção é a "cola" necessária para uma cultura genuína. O paradigma do ser humano convencional é o soldado prussiano criado, em sua essência, de acordo com padrões já estabelecidos (KSA 7 29 [119]). Mas as formas convencionais de comportamento podem, com a prática, tornar-se uma "segunda natureza" e, assim, "ser simples e natural" era o "objetivo mais elevado" da cultura (KSA 7 29 [118]).

entre cultos e incultos, enfatizou ele, com reflexos se não do socialismo wagneriano, mas pelo menos de sua visão comunitária.[67]

O uso da palavra "estilo" nesse contexto é desconcertante, fazendo com que a "cultura" tenha uma conotação de forma e não de conteúdo, mas, na verdade, esta não foi a intenção de Nietzsche. O "estilo" não se *opõe* à substância, ao contrário (como em nosso uso de "estilo de vida") ele a abrange, porque Nietzsche definiu a cultura como a "unidade de sentimento entre as pessoas".[68]

Em *A Origem da Tragédia*, a "unidade de sentimento" é criada pela posse dos deuses que proporcionam uma "pátria mítica" para uma comunidade. Ela é criada, em outras palavras, por um panteão de figuras "monumentais" que coletivamente abrangem o *ethos* comunitário.

Ao repetir a crítica cultural de Wagner e de seus primeiros trabalhos, Nietzsche disse que, acima dos padrões, a modernidade não pode ser considerada uma "cultura", porque é apenas um conjunto de indivíduos isolados reunidos por uma entidade artificial, o Estado. "Não temos cultura, só civilização", escreveu em seu caderno de anotações neste período;[69] não existia cultura, apenas pesquisas por amostragem e a polícia. Por este motivo, a modernidade tornara-se uma "mistura heterogênea", uma "confusão caótica" de estilos de vida diferentes,[70] uma mera "enciclopédia" de fragmentos do passado e de culturas estrangeiras.[71] (Por isso, chamamos a "crítica heterogênea" de modernidade.) E a principal causa deste caos foi o uso inadequado da história, usá-la de uma maneira *prejudicial* à vida.

Porém, usada de uma forma saudável, enfatizou Nietzsche, a história era uma *arte*. Não é possível abordar o passado de um modo onívoro, é preciso selecionar alguns pontos com base nos valores que eles representam e de que forma eles são instrutivos em relação aos nossos valores. (A visão do partido "Whig" da história da Inglaterra, ou a visão "hegeliana" da história alemã, pode ser considerada como formas "artísticas" de historiografia.) E o relato positivo da história deve ser artístico e feito de uma maneira que envolva seus heróis com a "ilusão devota" discutida anteriormente, a fim de motivá-los: "só se a história resistir a ser transformada em uma obra de arte, talvez ela possa preservar os instintos ou evocá-los".[72] Observem que isto é a reafirmação da abordagem didática à história e à filologia descrita em "Sobre o Futuro de nossas Institucionais Educacionais".

Essa prática saudável da abordagem da história foi, no entanto, destruída pela concepção moderna da historiografia como uma "ciência" sem valor, em dois aspectos. Primeiro, a história como ciência é uma história restrita a estatísticas e leis históricas. Mas, isso só mostrou o homem como um "animal unido em um rebanho". As pessoas e, sobretudo, as pessoas importantes e que influenciam o mundo que as

---

67 UM II 4, UM I 1. Então, é possível que até mesmo os "escravos" de Nietzsche pertencessem a uma cultura que só poderia ser construída pelo trabalho deles.
68 UM II 4.
69 KSA 7 27 [66].
70 UM I 1.
71 UM I, UM II 4.
72 UM II 7.

cerca desaparecem na massa.[73] E segundo, por meio da reprodução indiscriminada do passado, a história científica revelou seu conjunto de valores como uma coleção diversificada de alternativas. Este contexto de valores produziu, como Nietzsche disse no quarto estudo das "Cinco Introduções a Cinco Livros não Escritos", o espírito do *"nilhil admirari"*. Ao posicionar "nosso" *ethos* ao lado de uma miríade de outras opções, a história e, poderíamos acrescentar, os "estudos culturais" em geral, a "destroem" e a privam de sua autoridade incondicional sobre nós. Assim como no Império Romano, a modernidade do "carnaval cosmopolitano dos deuses" convertia o homem moderno em um "espectador errante", com um espírito de "senilidade cínica".[74] Privados de nossa confiança ingênua da concepção herdada de uma vida apropriada, começamos a "desconfiar de nossos instintos" e ficamos incapazes de agir como seres compromissados. O pós-niilismo chegara.

## Notas Secretas

Em termos de estilo, os livros de Nietzsche publicados antes de 1876 são característicos do gênero da Alemanha do século XIX. Se o estilo for poético ou ditirâmbico como em *A Origem da Tragédia*, ou polêmico como em *Straussiade*, o vocabulário é floreado e hiperbólico, as frases são longas e pesadas. Como Nietzsche observou em 1886, *A Origem da Tragédia* (para uma sensibilidade moderna),

> é mal escrito, inábil, inconveniente, com ênfase em imagens retóricas e confusas, emotivo e, em alguns momentos, tão afetado que parece efeminado, com um ritmo desigual, sem uma lógica clara... em suma, enfadonho.[75]

Não há perspicácia (em oposição à linguagem bombástica) em *A Origem da Tragédia*, ou em nenhum de seus primeiros trabalhos publicados. No entanto, subjacente a essa visão superficial, na privacidade de seus cadernos de anotações no início de 1873, um novo Nietzsche começou a moldar-se; um Nietzsche de frases curtas, com um ritmo cadenciado, epigramas mordazes, com um sentimento mais francês do que alemão. Embora ele não tenha revelado publicamente este novo estilo até 1878, em seus cadernos de anotações, Nietzsche, o aforista, estava levantando voo; com frequência recorrendo a aforismos de outras pessoas como Goethe, Lutero, Lichtenberg, mas também criando os seus. Alguns continham ecos vagos de seu contemporâneo, Oscar Wilde. A seguir alguns exemplos: "Se a felicidade fosse a meta, os animais estariam no ponto mais alto. O cinismo deles consiste em esquecer: este é o caminho mais rápido para se atingir a felicidade, mesmo se ela não tiver uma qualidade excepcional.[76] "Ele falava com mais clareza do que pensava."[77] Lutero: "Se Deus houvesse pensado nas armas pesadas, não teria criado o mundo."

---

73  KSA 7 29 [40], [139], [149].
74  UM II 10.
75  "Tentativa de uma Autocrítica" (BT p. 5-6).
76  KSA 7 29 [143].
77  KSA 7 29 [147].

"O esquecimento pertence à criação."[78] "Paráfrase da cultura – uma situação em um dado momento e um estado de espírito que permitem que muitas forças originalmente hostis toquem uma única melodia".[79] "Se os filósofos pudessem sonhar com uma *polis* [cidade-Estado] hoje não seria com certeza a *polis* de Platão e sim uma *apragopolis* (cidade de espectadores errantes)".[80] E assim por diante.

Entretanto, isso não era apenas o começo de uma sagacidade, que tornava interessante a leitura dos cadernos de anotações do início da década de 1870. Eles também continham assuntos abordados de uma maneira sucinta ou sem serem citados em suas obras publicadas neste período. Em seguida, apresentaremos algumas destas observações de acordo com o tópico da discussão.

*Idealismo* versus *Realismo*. Nietzsche escreveu, ainda sob influência de Kant e Schopenhauer, que essa premissa era um fato real, e não uma hipótese. É possível mencionar ocorrências naturais e processos, mas tudo está incluído na representação do tema. O cérebro não pensa: nós (o ser humano de transcendência mundial) exercemos o pensamento do cérebro.[81] Mais uma vez, as sensações não são o resultado de nossos órgãos sensitivos. Ao contrário, os órgãos sensitivos são entidades que criamos com base nas sensações.[82] Por este motivo, continuou Nietzsche, ainda se pode constatar, em oposição a Kant, que, apesar de todos os seus argumentos a favor do idealismo, o mundo reflete exatamente sua identidade. Por uma feliz coincidência, em outras palavras, a história do mundo que a mente humana constrói realiza-se para igualar-se à realidade "em si". Mas, na realidade, acrescentou Nietzsche, esta construção não é uma *feliz* coincidência, porque ninguém pode viver com este "ceticismo".[83]*Precisamos* de um outro mundo que tenha uma característica diferente deste mundo. Necessitamos de outra "salvação" mundana, caso não seja cristã, pelo menos a salvação proposta por Schopenhauer.

*Os Limites da Ciência*. No início de 1873, Nietzsche ressentiu-se da falta de formação em ciência do colégio Pforta. Ele pediu emprestados na biblioteca da Universidade da Basileia diversos livros sobre física, química e astronomia. (O mais importante deles, o *Philosophiae Naturalis Theoria* do jesuíta croata Roger Boscovich, desenvolveu uma teoria atômica em que os "puncta" atômicos são pontos sem extensão no espaço nos quais as forças causais manifestam-se, uma antecipação dos "campos de força" da ciência moderna.) Porém, seria um erro pensar que este interesse pela ciência natural significaria uma mudança para uma visão do mundo do ponto de vista do materialismo científico. Ao contrário. Nas notas de 1872-1873 predominam observações referentes às limitações da ciência e do "homem científico". Este último, por exemplo, envolvido em problemas existenciais terríveis, colhe uma flor para contar o número de filamentos de sua célula. Mas, de acordo com Nietzsche, Pascal demonstrou que sua atitude era ambígua. O motivo que o impelia

---

78   KSA 7 29 [108].
79   KSA 7 29 [205]; isto é, "multiplicidade na unidade".
80   KSA 7 31 [7].
81   KSA 7 19 [125]. Conceito absorvido de Lange (ver p. 102).
82   KSA 7 27 [77].
83   KSA 7 19 [125].

a contar os filamentos era um modo de esquivar-se a perguntas como "por que", "para onde", que o fariam estremecer, e para as quais não tinha resposta.[84]

A atitude adequada em relação à ciência do ponto de vista filosófico não era destruí-la e sim "controlá-la", posicioná-la em um contexto que atendesse aos pressupostos filosóficos.[85] Esta foi a postura de Kant. Quando ele escreveu na introdução da *Crítica da Razão Pura*, "Tenho de repelir o conhecimento a fim de abrir espaço para a fé", sua premissa foi "muito importante", pois respondeu a uma "necessidade cultural".[86]

Nietzsche escreveu que, apesar das terríveis consequências para a arte, a religião e a moral (consequências que Strauss recusou-se a confrontar), ele "acreditava" na teoria da evolução de Darwin.[87] Esta opinião não era incompatível com seu apoio ao idealismo kantiano? De modo algum: "Fala-se do processo geológico e darwiniano... mas é impossível rejeitar o tema da criação do mundo."[88] O darwinismo, em outras palavras, é uma teoria verdadeira, porém, *só* em determinada perspectiva do ser humano. Não temos o direito de presumir que a realidade "em si" seja darwiniana (ou espacial ou temporal), porque a realidade em si é uma incógnita.

*O Gênio.* Em todas as suas fases, a filosofia de Nietzsche deu uma extrema importância ao indivíduo excepcional, referindo-se a ele, em momentos diferentes, como "o gênio", "o espírito livre", "a pessoa superior", "o filósofo do futuro" e "o super-homem". A interpretação fundamental desta sua concepção seria: para Nietzsche o indivíduo superior existia basicamente para beneficiar a comunidade inteira ou, por outro lado, será que ele supunha que a comunidade existia em benefício do indivíduo superior? Em suas anotações feitas em 1873, ao discutir o tema da "necessidade da escravidão", Nietzsche disse que a subordinação do indivíduo ao "bem-estar de todos" é quase sempre mal interpretada: esta subordinação não pode ser ao Estado nem às pessoas poderosas, mas ao "ser superior"; não o "mais forte" e sim o "melhor". Estas pessoas superiores são "homens criativos, com uma moral exemplar ou úteis em um sentido amplo; em outras palavras, são os tipos mais puros e que contribuem para o aperfeiçoamento da humanidade".[89] Esta ênfase na utilidade implica que a comunidade como um todo obtenha alguma contribuição para seu bem-estar devido à existência privilegiada do gênio (por exemplo, com a arrecadação de quantias enormes de dinheiro para Bayreuth).

Na discussão sobre "O Futuro de nossas Instituições Educacionais" vimos a natureza do benefício originado pelo gênio. Os paradigmas dos gênios são Sófocles e Wagner, e estes "líderes espirituais" promovem por meio de sua grande arte o *ethos* fundamental sem o qual a comunidade não poderia *ser* uma comunidade. Este pensamento repete-se nas observações que é no trabalho do gênio que "os poderes éticos de uma nação revelam-se".[90]

---

84   KSA 7 28 [1].
85   KSA 7 19 [24].
86   KSA 7 19 [34].
87   KSA 7 19 [132]; ver também 19 [87].
88   KSA 7 27 [37].
89   KSA 7 30 [8].
90   KSA 7 19 [1].

No entanto, percebe-se subliminarmente em suas anotações outro tipo de justificativa do gênio. Nietzsche cita Goethe ao dizer que a "causa final", o objetivo básico do mundo, é a poesia dramática.[91] Outras notas sugerem a ideia por trás deste pressuposto. "No grande gênio... a vontade alcança sua salvação."[92] Esta salvação é atingida, como as notas às vezes propõem, porque a finalidade do mundo, ou seja, o propósito da "unidade primal" ao criá-lo, em sua percepção estética, só é alcançada pela visão do gênio artístico.[93] Não se sabe com que seriedade Nietzsche julgava esta ideia ou se estava apenas pensando na metafísica de Schopenhauer descrita em *A Origem da Tragédia*. Mas, qualquer que fosse seu *status*, esta justificativa do gênio, ao qual a comunidade serviria (e, por sua vez, o gênio serviria à unidade primal), e não vice-versa, inspirava-se completamente na metafísica schopenhaueriana. Quando Nietzsche rejeitou esta metafísica, como discutiremos, ele tinha total clareza de que os interesses comunitários eram mais importantes do que os interesses do indivíduo excepcional.

*Nacionalismo* versus *Cosmopolitismo*. Durante grande parte de sua juventude, como vimos, Nietzsche foi um prussiano orgulhoso e apaixonado, um nacionalista ardoroso. Porém, em suas obras da maturidade, ele orgulhava-se de seu antinacionalismo, de ser não um alemão, mas, sim, um "bom europeu". As suas anotações de 1873 definiram, cremos, o momento de transição do nacionalismo para o cosmopolitismo.

Nos cadernos de anotações que abrangem o período do final de 1872 ao início de 1873, Nietzsche queixou-se regularmente sobre a subserviência dos alemães às práticas culturais da França.[94] Em suas notas escritas entre a primavera e o verão de 1873, Nietzsche ainda lamentou o homem "europeu abstrato", "um homem que imitava tudo de uma maneira imperfeita".[95] Entretanto, no outono desse ano ele escreveu,

> sem a menor dúvida, o cosmopolitismo precisa disseminar-se. Os limites arbitrários impostos pelas nações aos poucos perdem seu mistério e revelam-se, cada vez mais, terríveis e maléficos. Os antagonismos exacerbam-se de uma maneira que não pode ser superados. A exaltação causa a morte.[96]

Mas não devemos enfatizar em demasia essa reflexão, porque as observações de Nietzsche são sempre pensamentos experimentais e não enunciados de sua doutrina. No entanto, nessa nota pela primeira vez Nietzsche percebeu que havia, talvez, algo a ser dito *a favor* do cosmopolitismo, em especial, que seria uma forma de eliminar a guerra.

*Por que a Filosofia?* A partir de reflexões sobre os filósofos "pré-platônicos", Nietzsche observou que nenhum deles criou seguidores no grande público. Então, questionou, qual seria o uso da filosofia quanto ao seu objetivo fundamental, a cultura saudável da comunidade? A filosofia poderia ter diversos usos: "dominar o mítico"

---

91  KSA 7 24 [8].
92  KSA 7 7 [160].
93  KSA 7 7 [157].
94  Ver, por exemplo, KSA 7 19 [314].
95  KSA 27 [24].
96  KSA 7 29 [141].

ao fortalecer o sentido da "verdade" científica, a exemplo de Tales ou Demócrito, ou agir ao contrário, como fez Heráclito. Ou destruir qualquer tipo de dogmatismo, como ilustrado por Sócrates.[97] O filósofo sensato precisava ser o "médico da cultura", a fim de diagnosticar as necessidades culturais de nossa época e os medicamentos adequados. Para nós, continuou Nietzsche, a tarefa do filósofo seria combater a "mundanidade" (o materialismo) para "limitar o efeito da barbárie no desenvolvimento do conhecimento". O médico da cultura atual deveria ser guiado pela percepção de que "a cultura só podia originar-se da importância centralizada da arte ou de um trabalho artístico,[98] portanto, em outras palavras, do projeto Bayreuth.

E se um dia esse trabalho artístico e a cultura fossem resgatados, qual seria a tarefa do filósofo?

> O filósofo do futuro? Ele precisaria ser o tribunal superior de uma cultura artística; como uma força de segurança contra qualquer desvio do caminho traçado.[99]

Em uma cultura saudável, na qual não haja mais necessidade de um "médico", a tarefa do filósofo seria de um *guardião* cultural que preservaria essa saúde o maior tempo possível (um tema que reapareceria no final da carreira de Nietzsche em *O Anticristo*).

*O Futuro da Religião*. "Em relação à religião percebe-se uma exaustão, por fim, estamos cansados dos antigos símbolos importantes... chegou o momento de inventarmos algo novo",[100] por exemplo, uma nova religião. Porém isso não era uma novidade, porque, como *A Origem da Tragédia* enfatizou, uma grande cultura artística como a dos gregos é ao mesmo tempo uma religião e, assim, o retorno de uma "cultura artística" é *a fortiori* a volta de uma religião. Mas como seria esta nova religião? Segundo Schopenhauer, sabemos "quão profunda esta nova religião deve ser". Nesta nova religião, (1) o tema da imortalidade e o medo da morte desapareceriam [de acordo com a visão schopenhaueriana, superaríamos o medo da morte *sem* pressupor a imortalidade pessoal], (2) a separação entre o corpo e a alma dissipar-se-ia, (3) ela teria a percepção de que o sofrimento da existência não poderia ser superado por medidas paliativas [seria preciso sobrepujar o socratismo], (4) que a relação com um deus pertenceria ao passado, (5) [deveríamos sentir] compaixão (não amor por nós mesmos e sim pela unidade de todos que vivem e sofrem).

Nietzsche acrescentou que a "imagem inversa da cultura" ocorre "quando a religião não mais é possível".[101] Esta observação final é muito importante porque, sugeriríamos, toda a vida e a filosofia de Nietzsche foram, acima de tudo, uma luta para encontrar uma nova concepção da religião que redescobriria a "cultura".

---

97 KSA 7 23 [14].
98 KSA 7 23 [14].
99 KSA 7 19 [73].
100 KSA 7 31 [8].
101 KSA 7 28 [6].

# 11

## VOCÊ GOSTA DE BRAHMS?

Nietzsche passou o Natal e o Ano-Novo de 1873-1874 em Naumburg. Apesar do tédio que lhe provocava "a ladainha usual", ele estava entusiasmado como sempre pelos seus presentes de Natal e os descreveu em uma carta a Von Gersdorff com uma alegria pueril: entre outros, ele ganhou um álbum dourado para grandes fotografias, um porta-cartas de madeira com um desenho floral feito por Elizabeth, objetos de couro russo da Princesa Therese de Altenburg (antiga aluna de seu pai) e uma grande reprodução de Rafael.[1] De Naumburg ele fez uma viagem a Leipzig para verificar o processo de impressão da segunda *Consideração Extemporânea* com Fritzsch e a fim de visitar Ritschl, que o submeteu a um "discurso verborreico" referente à péssima poesia de Wagner, ao livro de Overbeck e à suposta conduta de Nietzsche pró-França[2] (suposição baseada, provavelmente, em sua crítica à Alemanha bismarckiana).

De volta à Basileia no início de janeiro, ele teve os problemas intestinais e os enjoos costumeiros até o começo de abril. E sua vista não melhorara. Felizmente, seu aluno do ensino médio, Adolf Baumgarter, que lhe parecia talentoso e simpático,[3] ofereceu seus serviços de escrevente. Filho de um industrial da Alsácia já falecido, Adolf apresentou Nietzsche à sua mãe, Marie, de quem ficou muito amigo.

### Depressão, Casamento e Desistência

Durante a maior parte do primeiro semestre de 1874, Nietzsche sentiu-se mais uma vez deprimido. No início de abril ele relatou que, embora sua saúde física estivesse agora "excelente", ele estava muito "descontente" com a vida.[4] No mês seguinte, escreveu que tinha "consciência da profunda melancolia subjacente à [sua]... alegria".[5] (A alegria continuou pelo menos como uma característica externa de sua vida social intensa na Basileia.)

O "humor negro"[6] que permeava suas cartas para Bayreuth revelou a depressão de Nietzsche em Bayreuth. Preocupados, seus amigos discutiam seu estado psíquico. Cosima escreveu a Malwida von Meysenbug dizendo que ela temia que ele en-

---

1 KGB 11.3 335.
2 KGB 11.3 338.
3 KGB 11.3 346.
4 KGB 11.3 356.
5 KGB 11.3 364.
6 KGB 11.3 368.

louquecesse como Hölderlin, uma ideia inspirada em Von Gersdorff, que dissera a Nietzsche que ele tinha "um elemento da natureza de Hölderlin" nele.[7]

As reflexões a respeito do estado de espírito de Nietzsche levaram Wagner a escrever-lhe em 14 de abril expondo seu diagnóstico, como de hábito, com uma maneira rude, vulgar e dissimulada:

> Entre outros fatores penso que sua vida masculina na Basileia à noite [com Overbeck e Romundt] é algo inusitado para mim... vocês são homens jovens que precisam de mulheres: por que não conquistar uma mulher e não cobiçar a mulher do próximo? Em uma emergência é possível sempre cometer adultério. Em outras palavras, case ou componha uma ópera... Oh! Deus, case com uma mulher rica! Se pelo menos Von Gersdorff fosse um homem como deveria ser!... componha sua ópera, mas será extremamente difícil apresentá-la. Que tipo de demônio o levou a ser apenas um pedagogo!... Agora eu nado todos os dias porque não suporto minha barriga. Faça o mesmo! E coma carne! [Nietzsche e Von Gersdorff tinham se tornado vegetarianos.][8]

Em seguida a essa carta, Von Gersdorff (cujas cartas, desde o ano anterior, eram mais simpáticas em relação ao casal Wagner do que com seu "filho" errante) escreveu que dava total apoio ao conselho de casamento, que eles já haviam discutido juntos o assunto. "Existiam muitas mulheres disponíveis na Basileia, escreveu, acrescentando, com magnanimidade, e "somos nós que temos de encontrar a mulher certa".[9] Nietzsche divertiu-se com a sugestão. No entanto, escreveu a Von Gersdorff que a ideia de "imaginá-lo reunido com os amigos de Bayreuth para discutir um projeto de consultoria matrimonial", a fim de decidir o que fazer sobre seu *status* "celestial", não faria com que empreendesse uma "cruzada" para alcançar a "terra prometida". E, de qualquer modo, Von Gersdorff não fizera mais progressos do que ele neste sentido.[10]

A carta de Wagner, além da vulgaridade, demonstrou precisamente por que Nietzsche precisava distanciar-se do caráter "tirânico" de Wagner, que só reconhecia traços de sua própria personalidade. Como ele, Wagner tinha uma sexualidade forte (o "Liebestod" de *Tristão e Isolda* é, sem dúvida, a evocação mais explícita de um orgasmo sexual na história da música) então Nietzsche deveria sentir o mesmo impulso sensual. Mas ele não tinha um meio para dar vazão a estes sentimentos, porque todas as suas relações íntimas eram com homens e, é possível, como Wagner suspeitava, que ele não tinha propensão a canalizar o desejo carnal em perversões sexuais. Na verdade, o sexo não era importante. O único conselho sensato que Wagner deu foi o de que ele se casasse com uma mulher *rica* para libertá-lo do ônus de lecionar. Esta era a fonte real do problema.

No início de maio de 1874, Nietzsche escreveu a Von Gersdorff que "estava em plena forma" e que "a depressão e a melancolia haviam desaparecido". Disse ainda que fizera grandes progressos no terceiro volume das *Considerações Extem-*

---

7   KGB 11.4. Para Nietzsche 544.
8   KGB 11.4. Para Nietzsche 529ª.
9   KGB 11.4. Para Nietzsche 544.
10  KGB 11.3 367.

*porâneas*.[11] Se estava ou não contando a verdade, esta associação de circunstâncias é significativa. Nietzsche deprimia-se com a diversidade de atividades, inseparável da vida de um professor universitário e de ensino básico, o que cerceava a realização de seu "verdadeiro" trabalho. A origem da depressão era o conflito, por um lado, de ser membro de um meio acadêmico, que, segundo sua opinião, esgotara a verdadeira tarefa da educação e, por outro, restringira sua vocação para ser, em todos os sentidos, um escritor sem restrições de um trabalho filosófico de grande impacto, uma vocação em que cada vez mais ele definiria seu verdadeiro ser. Ou seja, a origem de sua depressão era o sentimento de fracasso pessoal, de não conseguir atingir "sua realização pessoal".

Ao escrever para Malwida von Meysenbug sobre a conclusão da terceira *Consideração Extemporânea* em outubro, disse que "se sentia extremamente feliz ao fazer progressos, aos poucos, em uma tarefa e agora terminara três [como planejara na época] das 13 *Considerações*.[12] Nietzsche era profundamente influenciado, como vimos, pela ética do trabalho de seu lar protestante. A felicidade, o "céu azul límpido da felicidade", observou em *Assim falou Zaratustra*, é o trabalho significativo, que define a vida. Ainda para ser mais exato, era a *produção*, a única prova real do trabalho. "Sem a produtividade", anotou em seus cadernos, "a vida não tem sentido e é insuportável".[13] E para Rohde ele escreveu no início de junho: "Estou com um estado de espírito razoavelmente produtivo e, por isso, contente, minha irmã está aqui, em resumo, sou uma pessoa feliz até ao ponto do que sei o que é felicidade."[14]

Na realidade, embora uma boa produção fosse um fator decisivo para satisfazer o impulso criativo de Nietzsche, a consciência protestante era impossível de apaziguar enquanto fosse um professor:

> É um paradoxo [escreveu ele a Von Gersdorff em abril], mas quanto mais me sinto melancólico e desanimado, mais minha produção aumenta! Tudo que quero é certa liberdade, espaço para viver e proteger-me. Acho indigna a quantidade de obrigações e restrições que me aprisiona. É impossível ter uma produção efetiva quando se está cercado pelo cerceamento da liberdade, pela opressão e sofrimento impostos pelo aprisionamento.[15]

E Nietzsche nada mais dizia que o óbvio: além de lecionar 13 horas por semana, seis na universidade e sete no Pädegogium,[16] uma carga horária absurda para qualquer acadêmico, sobretudo, para alguém praticamente cego, ele era responsável desde o início de 1874 por obrigações administrativas devido ao cargo de decano. "Agora outro trabalho nas minhas costas, eu já tenho o suficiente", escreveu exasperado para Von Gersdorff.

Um dos sintomas recorrentes da depressão de Nietzsche exprimia-se no desejo de "abandonar tudo", um desejo centralizado em torno da necessidade de solucionar

---

11  KGB 11.3 361.
12  KGB 11.3 398.
13  KSA 8 18 [8].
14  KGB 11.3 368.
15  KGB 11.3 356.
16  KGB 11.3 404.

o conflito entre a profissão e a vocação em benefício desta última. No início de fevereiro de 1874, ele escreveu à sua mãe, "eu gostaria tanto de ter uma pequena fazenda e, assim, desistiria da profissão de professor. Há cinco anos que leciono, penso que é suficiente".[17] No mês seguinte ele anotou que "minha irmã veio visitar-me e todos os dias fazíamos planos para uma vida futura idílica e simples cheia de trabalho".[18] E para Wagner ele escreveu que esperava não aborrecer o Mestre se algum dia não fosse mais capaz de suportar a universidade com sua vida acadêmica peculiar. "Penso todos os verões em 'tornar-me independente' em circunstâncias mais modestas (sob as quais me orgulho de dizer que posso viver)."[19]

Apesar de comentar com a mãe a respeito do desejo de ter uma fazenda, em maio o local de refúgio mudou para um ambiente mais urbano:

> Escolhi Rothenburg-ob-der-Tauber como minha fortaleza particular e um lugar solitário... É um vilarejo tradicionalmente alemão [*altdeustsch*]. Detesto as cidades descaracterizadas, misturadas [isto é, "heterogêneas"] modernas, que perderam sua integridade. Lá poderei trabalhar em meus pensamentos, espero, e fazer planos para as décadas futuras e concretizá-los.[20]

Essa passagem revela mais do que o desejo de Nietzsche de ser apenas um escritor. Rothenburg era, e ainda é, uma cidade pequena, medieval, perto de Nuremberg, na Francônia, visualmente preservada da modernidade. Assim como Naumburg, ela era inteiramente cercada por uma muralha antiga, e parecia-se muito com a cidade de Nuremberg homenageada nos *Mestres Cantores* de Wagner como um lugar de uma unidade cultural, continuidade e segurança. Quando Nietzsche observou em suas anotações que "a alegria de Wagner [nos *Mestres Cantores*] é o sentimento de segurança que pertence a alguém que retornara dos grandes perigos e excessos da limitação da pátria",[21] ele expressou sua nostalgia, assim como a de Wagner, da comunidade do passado: uma comunidade que precisava ser "cercada", porque, como Heidegger disse, o limite é onde algo começa e termina.

## *Wagner em Avaliação*

O gênio criativo de Nietzsche afastou-se cada vez mais da vida social na Basileia. Seu afastamento foi resultado, em especial, de suas obrigações acadêmicas na universidade, que haviam aumentado, e da incapacidade de liberar-se delas devido à sua consciência prussiana rigorosa. Mas seu distanciamento da universidade aumentou ainda mais com a morte em julho de 1874 de seu amigo paternal, Vischer-Bilfinger, que fora responsável por sua indicação original e que se manteve fiel a ele em todas as dificuldades:

---

17  KGB 11.3 343.
18  KGB 11.3 361.
19  KGB 11.3 365.
20  KGB 11.3 364.
21  "... in's *Begrenzste und Heimische*" (KSA 7 32 [15]).

> Nosso bom amigo Vischer está morrendo [ele escreveu a Rohde]. Ele foi sem dúvida de todas as pessoas da Basileia quem mais me dispensou uma confiança significativa e importante... Será uma grande perda e me distanciarei ainda mais da universidade.[22]

No entanto, em seus cadernos de anotações percebia-se desde o início de 1874 um distanciamento potencialmente ainda mais traumático: o afastamento de Wagner, pelo menos, de certos aspectos da figura titânica, que ofereceu algum material usado na quarta das *Considerações Extemporâneas, Richard Wagner em Bayreuth*.[23]

Enfatizamos no capítulo anterior que, ao longo de 1873, os cadernos de anotações de Nietzsche não registraram nenhuma crítica a Wagner. As reflexões íntimas sobre o "Mestre" revelavam o mesmo respeito profundo de suas declarações públicas. Mas, inesperadamente, a partir do início de 1874 começaram a surgir observações como "nenhum de nossos grandes compositores foi, aos 28 anos, tão ruim como Wagner,[24] ou "De Bach ou de Beethoven emana uma luz pura. Os êxtases de Wagner são com frequência violentos e não suficientemente ingênuos."[25] Estas observações não são críticas veementes, porém, assim mesmo, são críticas. Wagner deixara de ser um objeto de reverência quase religiosa e tornara-se um mero mortal, com fraquezas comuns aos seres humanos. Em resumo, ele passara da condição de um deus à de um ser humano, na verdade, demasiado humano.

Uma carta escrita a Rohde em fevereiro explica o motivo de Nietzsche ter transformado Wagner em um objeto de avaliação crítica. Referindo-se aos rumores de um "milagre" (os 100 mil táleres doados pelo Rei Ludwig da Baviera no final do mês seguinte, sem os quais o projeto de Bayreuth teria se arruinado), Nietzsche disse,

> Espero que seja verdade. Desde o início deste ano tive uma impressão lúgubre [de Bayreuth] diante da qual consegui, por fim, liberar-me de uma maneira muito estranha. Eu comecei a analisar com profunda frieza por que o projeto poderia fracassar. Assim, aprendi muito e adquiri uma compreensão melhor de Wagner do que antes. Se o "milagre" for verdadeiro então os resultados de minha análise não aborrecerão ninguém. Em vez disso, farei uma festa para comemorá-los.[26]

A atitude de Nietzsche, como ele comentou, é extremamente "estranha". Com medo do fracasso do projeto de Bayreuth, que até então fora o significado de sua vida, ele decidiu analisar as razões de seu provável insucesso, ao mesmo tempo em que desejava com fervor que *não* fracassasse. Seria uma atitude semelhante à de um torcedor fanático de um time de futebol que, ao perder a confiança no time às vésperas de um grande jogo, explicasse as causas de sua derrota, mas sempre com a esperança de que ele venceria o jogo.

A análise do fenômeno Wagner, apesar da argumentação "fria", não se parece com o "assassinato" de Strauss, ou com os "assassinatos" posteriores a Wagner.

---

22  KGB 11.3 373.
23  As notas do início de 1874 contêm o primeiro esboço para a quarta *Consideração Extemporânea* (KSA 7 32 [17]).
24  KSA 7 32 [15].
25  KSA 7 32 [25].
26  KGB 11.3 346.

Não foi uma tentativa de assassinato, primeiro, porque ele atribuiu grande parte das dificuldades do projeto de Bayreuth não a Wagner e sim ao público e à cultura com que ele forçosamente interagiria e, segundo, apesar da descrição das fraquezas de Wagner, ele também reconhecia suas forças. A característica geral da discussão assimilava-se a uma estimativa de valor. E, nesta estimativa, Nietzsche constatou que as fraquezas equiparavam-se às forças.

A crítica girava, cremos, em torno de quatro pontos principais. A primeira crítica referia-se ao fato de Wagner ser intrinsecamente um *ator*.[27] Em vez de permitir que o público ouvisse por acaso, como deveria ser, uma música que surgisse de uma necessidade espontânea interna, Wagner estava em todos os momentos consciente de seu público, sempre calculando como produzir o máximo "efeito". Sua música era uma espécie de "pintura arrebatadora" destinada a causar uma "intoxicação de êxtase sensorial" nos ouvintes; seu objetivo era *emocionar* a qualquer preço.[28] (Esta seria a visão de um filho puritano de um pastor protestante chocado pela sexualidade evidente de *Tristão* e por sua reação a ela?)

A segunda crítica mencionou que não só Wagner era um "ator", como também era um ator com uma natureza "tirânica" específica. Esta característica de sua personalidade explicava por que suas obras eram sob todos os aspectos "colossais"[29] – *Parsifal* tinha a duração de cinco horas e meia, o ciclo do *Anel*, 17 horas (excetuando os intervalos), e a necessidade de uma nova casa de ópera originou-se da demanda de Wagner de recursos orquestrais e de palco em uma escala jamais pensada por compositores anteriores. A meta de Wagner não era só de emocionar, mas também de *subjugar* o público, de "intimidá-lo" com a escala absoluta de suas obras.[30] Ele era, de acordo com a terminologia posterior de Nietzsche, a encarnação da "vontade de poder". A natureza tirânica (precisamos agradecer, disse Nietzsche, o fato de ele não ter poder *político*)[31] afetava sua reação em relação aos outros compositores e seu pensamento social:

> Sua tirania impedia que qualquer outra individualidade revelasse sua força, assim como acontecia com seus amigos íntimos [isto é, seus clones]. O perigo para Wagner era grande, quando ele não permitia que Brahms demonstrasse seu valor. Ou os judeus.[32]

Ou Nietzsche, uma vez que ele precisava de "distância". Essa observação de Nietzsche é importante por dois motivos. Primeiro, por causa da referência a Brahms, que logo seria, como veremos, tema de um encontro doloroso entre Wagner e um "filho", e, segundo, devido à menção aos judeus. Este comentário foi a primeira ocasião em que o antissemitismo desagradável, mas sem veemência, que permeava subliminarmente as correspondências iniciais de Nietzsche foi substituído por uma observação antissemita explícita. Ele revelou, em outras palavras, que o início

---

27  KSA 7 32 [8].
28  KSA 7 32 [16].
29  KSA 7 32 [34].
30  KSA 7 32 [58].
31  KSA 7 32 [35].
32  KSA 7 32 [32].

do questionamento de Nietzsche quanto ao antissemitismo alemão originara-se de seu questionamento do fenômeno Wagner.

Johannes Brahms, apoiado pelo crítico de música vienense Eduard Hanslick, a quem Wagner detestava, era considerado no final do século XIX como o símbolo do "Classicismo", o "comedimento" clássico oposto ao "excesso" romântico de Bayreuth. Esta oposição introduziu a terceira crítica de Nietzsche, na qual ele retomou seu conservadorismo inato: Wagner, com muita frequência, perdia o senso de "medida" e de "limite", embora em algumas partes do *Anel do Nibelungo* e dos *Mestres Cantores* ele o recuperasse.[33] Às vezes lutava-se em vão para encontrar barras de compasso e, portanto, uma ordem rítmica em sua música. A ausência de "medida", continuou Nietzsche, evocava o espaço "infinito" do mar[34] (um efeito, como sabemos, que Wagner conscientemente procurava produzir). O Renascimento, o período da renovação clássica era a única época com a qual Wagner, o pensador, não se identificava.[35] Esta falta de sensibilidade clássica pode ser descrita como uma "rusticidade" alemã autêntica, honesta e sem refinamento, mas, assim, estaríamos esquecendo a tradição musical alemã. A música alemã não era apenas uma "eructação camponesa", pois recebera um requinte importante da Itália.[36] Mas tudo o que adquirira de "graça e delicadeza" (Mozart) e "precisão dialética" (Bach) inexistia em Wagner.[37]

Traduzida na linguagem de *A Origem da Tragédia*, essa crítica da falta de sensibilidade clássica de Wagner concentrava-se na análise de que sua música não tinha uma estrutura "apolínea", era, na verdade, uma espécie de arrebatamento "dionisíaco". Em outras palavras, grande parte da música de Wagner foi puramente dionisíaca. Esta característica conecta-se à quarta e à última crítica de Nietzsche: a arte de Wagner "transcendia" em vez de "transfigurar" o mundo. Era uma arte schopenhaueriana de "êxtase", de negação do mundo. Mas qual seria o uso desta arte, uma arte em que a "vontade de viver" não encontrava expressão? A arte de Wagner não tinha um "efeito moral" além do "quietismo" que, segundo Nietzsche, não possuía um efeito moral adequado.[38]

A crítica explicitada em *A Origem da Tragédia* sugeriu que só o elemento apolíneo e conceitual do trabalho artístico pode realizar a função de "reunir" a comunidade em uma clara afirmação de seu *ethos* fundamental; só o trabalho artístico apolíneo "clássico" (como a concepção inicial de Wagner afirmava) tem importância "moral". Neste sentido, como as obras posteriores de Wagner, a exemplo de *Tristão* e *Parsifal*, eram, tanto na teoria quanto na prática, quase totalmente dionisíacas, elas não podiam realizar a função criadora da comunidade que, em tese, era o objetivo do projeto de Bayreuth. Havia, portanto, uma contradição fatal entre o propósito declarado do projeto de Bayreuth de criar um teatro nacional e o caráter do trabalho artístico que seria apresentado neste teatro.

---

33  KSA 7 [10].
34  KSA 7 32 [32].
35  KSA 7 32 [58].
36  KSA 7 32 [43].
37  KSA 7 32 [30].
38  KSA 7 32 [44].

Essas reflexões suscitaram a seguinte pergunta: o que aconteceu com *A Origem da Tragédia*, que diríamos ser um resultado excepcional do trabalho de um autor, sua demonstração de *compatibilidade* com o aperfeiçoamento do mundo e a negação do mundo de Wagner, a comprovação de que a arte coletiva *pode* reunir a comunidade *e* proporcionar "consolo" dionisíaco em face da dor e da morte? É difícil dizer. Talvez seja uma questão de que tipo de ópera esperava-se ouvir, o que era o principal questionamento de Nietzsche. Se pensarmos em *Tannhäuser, Der Fliegende Holländer*, a primeira metade do *Anel* ou, com certeza, nos *Mestres Cantores*, o mito "coletivo" apolíneo é sem dúvida mais que adequado. Entretanto, talvez seja importante lembrar que, havia pouco tempo, Nietzsche assistira a primeira apresentação de *Tristão* que o emocionou profundamente, pela "música dramática" isenta de drama que traz em si uma ameaça da "morte com uma libertação espasmódica de todas as asas da alma".[39] É possível que Nietzsche tenha visto em *Tristão* a futura direção da arte de Wagner e, por este motivo, o trabalho de reconciliação realizado em *A Origem da Tragédia* tornara-se redundante.

***

Apesar da gravidade dessas reflexões críticas, outras notas amenizaram seu impacto. Estas notas suavizaram a severidade das críticas ao dar uma "interpretação" diferente aos mesmos objetos de crítica. Assim, ao abordar a falta de refinamento "clássico" de Wagner, sua "rusticidade" sob outra perspectiva, uma nota observa que,

> não se deve esquecer:... a arte de Wagner exprime a linguagem do povo e, por isso, inevitavelmente, mesmo as coisas mais nobres tornam-se rudes e vulgares. Ela tem o intuito de trabalhar a distância e de reunir o caos no âmbito da comunidade. Como, por exemplo, na "Marcha Imperial" [*Kaisermarsch*].[40]

(Existe uma alusão não mencionada aqui à tragédia grega: como os atores falavam ao ar livre diante de uma plateia de umas 30 mil pessoas, eles tinham de *gritar* suas falas.) Quanto à descrição pejorativa de Wagner como um "ator", Nietzsche observou que a retórica de um ator é mais honesta que a chamada arte "objetiva" porque, como um prestidigitador, ele não tenta disfarçar suas intenções, de enganar.[41]

Mas o principal argumento que atenuou as críticas consistiu em enfatizar as condições difíceis em que Wagner trabalhava. Vivíamos em uma época e em um lugar onde se cultivava a "antiarte".[42] Wagner não conseguia que os alemães levassem a sério, sobretudo, o teatro.[43] Ele tentava mobilizar o grande "público" de frequentadores de teatro, para que a sociedade se convertesse em uma "teocracia [*Theatrokratie*]". Se fosse italiano (a Itália prestigiava a ópera), ele sem

---
39 BT 21.
40 KSA 7 32 [22].
41 KSA 7 32 [14].
42 KSA 7 32 [58].
43 KSA 7 32 [28].

dúvida teria sido bem-sucedido em realizar a transformação social que desejava. Mas os alemães não respeitavam a ópera e a consideravam uma importação "estrangeira".[44] Wagner fez enormes reivindicações a respeito da importância da arte para a sociedade: ele era uma "figura como Lutero", que procurou fazer uma nova "Reforma" para a comunidade em geral. Porém os alemães contemporâneos achavam suas metas presunçosas, sem sintonia com a grandiosidade.[45] Wagner tinha seus adeptos, mas eles estavam distantes de serem os "reformadores" genuínos que ele precisava. Na verdade, eles eram músicos interessados em efeitos novos, cantores com vozes medianas, adoradores fascinados pelo culto do gênio, ou ouvintes entediados com a antiga arte e com a vida em geral, interessados apenas na "intoxicação".[46] Sob todos os aspectos, a época não estava madura para uma segunda "Reforma".

***

A visão das virtudes positivas de Wagner convergiu em uma concepção, para Nietzsche, de extrema importância, em uma palavra de extrema importância: *unidade*.

> A música não é muito boa, nem a poesia, o enredo ou a ação que quase sempre são uma mera retórica. Mas no conjunto é uma unidade da mesma altura. Wagner é um pensador no mesmo nível do Wagner músico e poeta.[47]

O "poder mais forte" de Wagner, na realidade, era seu sentimento de

> unidade na diferença, não como um artista, mas sim como um indivíduo. Ele tem uma capacidade inata de perceber a relação das artes entre si e da conexão do Estado e da sociedade com a arte.[48]

O sentimento de Wagner da unidade na diferença tornou-o um genuíno "detentor da cultura".[49] Então, nesse atual momento de otimismo,

> Talvez Wagner possa curar os alemães de sua obsessão em relação às artes individuais e isoladas. É até mesmo possível extrair de sua visão de uma cultura unificada [*Bildung*], que jamais poderá ser alcançada pelo mero acréscimo de habilidades individuais e campos do conhecimento distintos.[50]

Em outras palavras, apesar dos defeitos de Wagner e da predominância excessiva de sua música dionisíaca "grandiosa" que confundia e contradizia o ideal de Bayreuth, ainda havia a esperança de que o efeito posterior de seu trabalho promoveria uma "Reforma" na comunidade em geral.

---

44   KSA 7 32 [61].
45   KSA 32 [29].
46   KSA 7 32 [31].
47   KSA 7 32 [10].
48   KSA 7 33 [7].
49   KSA 7 32 [12].
50   KSA 7 32 [21].

De qualquer modo, nessa nota Nietzsche concluiu sua reavaliação do fenômeno Wagner. Ao escrever ao wagneriano Carl Fuchs* no final de abril, ele sugeriu que,

> mais tarde, alguns anos depois, pensaremos juntos sobre nossa "cultura de guerra [*Kulturkampf*]"** (como a expressão execrável indica), a fim de fundar um teatro público – quando tivermos mais nomes e não formos tão poucos. Até lá teremos de lutar sozinhos – eu criei uma boa arma com minhas... *Considerações Extemporâneas*, com as quais golpeio a mente das pessoas até que surja algum resultado.[51]

Em resumo, na conclusão de sua *Consideração Extemporânea* sobre Wagner, Nietzsche continuou, apesar das sérias restrições em relação ao homem, ao pensador e ao artista, comprometido como sempre com o ideal de Bayreuth, com o renascimento do teatro que reunisse a comunidade, com o "trabalho artístico coletivo". A ruptura que começou a surgir entre Wagner, por um lado, e o que poderíamos chamar de "ideal wagneriano", por outro, permaneceu no pensamento de Nietzsche até o final de sua carreira.

Embora suas restrições quanto a Wagner tenham continuado a aumentar, o ideal wagneriano perpetuou-se em Nietzsche até o final.

## A Vida Pessoal, um Novo Editor, Mulheres

Nesse ínterim, Romundt veio a ser um motivo de preocupação. Em janeiro de 1874, ele não conseguiu obter uma posição permanente como professor de filosofia na Basileia, e seu futuro profissional parecia extremamente desanimador. O cargo foi concedido a Max Heinze, antigo tutor de Nietzsche em Pforta. Apesar de manter relações cordiais com Heinze, ele o considerava um intelectual "medíocre".[52] Nietzsche atribuiu o fracasso, assim como havia atribuído seu fracasso em obter a cadeira de filosofia, ao "medo de Schopenhauer".[53] No entanto, devido ao fato de ter relatado em fevereiro que ele e Overbeck estavam preocupados com "o excelente Romundt [porque] ele tornara-se um místico triste... a clareza de raciocínio nunca fora uma

---

\* Nietzsche conheceu Fuchs no círculo de Bayreuth e, embora o tenha com frequência instigado e pressionado, ele o aceitou com paciência até seu colapso final. Fuchs era um antigo aluno de Von Bülow, um organista e pianista, além de articulista muito conhecido na área de questões estéticas e que escrevera uma tese de doutorado sobre a filosofia da música em Schopenhauer. Por muitos anos ele foi diretor musical da cidade de Danzig (Gedansk). Em 1900, o ano da morte de Nietzsche, foi responsável junto com o pianista e concertista Walther Lampe pela construção de um memorial para Nietzsche na península de Chasté, no Lago Sils, perto de Sils Maria (ver Ilustração 26), um dos lugares prediletos de Nietzsche. A amizade foi cultivada, sobretudo, por cartas: eles só se encontraram três vezes.

\*\* *Kulturkampf* fora a expressão criada em 1873 para descrever as tentativas de Bismarck para eliminar a Igreja Católica como uma fonte de poder rival na Alemanha ao assumir suas funções, como casamento e educação, sob o controle do Estado. Embora oposto ao sacerdócio católico, Nietzsche via o anticatolicismo de Bismarck com um olhar preconceituoso, julgando-o uma tentativa da parte dele de construir um *Kulturstaat*, ou seja, um Estado semitotalitário.

51 KGB 11.3 360.
52 KGB 11.5 440.
53 KGB 11.3 341.

característica sua, ou tampouco a experiência de vida, e ele agora estava desenvolvendo um ódio estranho a qualquer cultura",[54] poderia haver outros motivos.

No final de março Elizabeth chegou à Basileia (ver Ilustração 17) para passar o verão hospedada no "chalé envenenado", agora "Caverna Baumann". Ela tinha o hábito desde 1870 de passar os verões na Basileia e os invernos em Naumburg, apesar de a possessividade de Franziska requerer muita diplomacia da parte de Fritz para manter o acordo. A luta entre ele e sua mãe, como Elizabeth comentou ao ouvi-lo dizer, assemelhava-se à "disputa de Helena entre os troianos e os aqueus".[55]

Em maio, os irmãos passaram umas férias em um hotel cinco estrelas perto das Cataratas do Reno, próximas de Schafhausen (a maior cachoeira da Europa), onde Elizabeth lembrava-se de terem rido tanto, uma alegria ruidosa que permitiu a Fritz "restabelecer o equilíbrio entre a realidade e o pensamento concentrado". Divertida, ela lembrava-se como Fritz não sabia o que fazer com a *table d'hôte*, chamando-a de "pasto de rebanhos". Reagindo a uma conta exorbitante, declarou com um trocadilho solene (não fica claro se Elizabeth o entendeu perfeitamente) que "sempre se tem que pagar caro por ser a ovelha negra da família".[56]

\*\*\*

Em 9 de julho, Nietzsche recebeu uma carta com a "proposta de uma nova editora", de Ernst Schmeitzner de Cheminitz. Em sua carta, Schmeitzner escreveu que abriria uma nova editora especializada no que havia de "melhor" em filosofia, literatura e estética alemã, e pedia que uma obra de Nietzsche fosse publicada em sua nova editora.[57] Como Fritzsch não pudera pagar seus honorários das últimas duas publicações, Nietzsche respondeu concordando com a proposta. Em 18 de julho ele o enviou uma minuta da terceira *Consideração Extemporânea* e pediu que assumisse o controle dos dois volumes anteriores do atribulado Fritzsch, e no final do ano Schmeitzner cumpriu o pedido de Nietzsche. É claro, este afastamento da "editora" wagneriana aumentou ainda mais a distância entre Nietzsche e os Wagner, sobretudo, como veremos, porque, de acordo com o ponto de vista deles, Schmeitzner era politicamente suspeito.

Em 1874 duas novas amigas entraram na vida de Nietzsche. Além da contínua troca de cartas com Malwida von Meysenbug, ele desenvolveu uma breve, mas bela, "amizade por correspondência" com uma nobre italiana, Emma Guerrieri-Gonzaga, que ficara muito impressionada com a segunda *Consideração Extemporânea*. Assim como Nietzsche, ela pensava que a antiga religião não mais existia e, de qualquer forma, era inaceitável tendo em vista as "mentiras" expostas por David Strauss, e então sua busca, escreveu, era de uma "futura religião construída completamente sobre fundamentos filosóficos".[58] Ao perguntar se ele concordava com sua opinião, Nietzsche disse que sua resposta encontrava-se em sua terceira *Consideração Extemporânea*[59] (à qual logo retornaremos).

---

54  KGB 11.3 353.
55  YN p. 310.
56  YN p. 314-315.
57  KGB 11.4. Para Nietzsche 553.
58  KGB 11.4. Para Nietzsche 542.
59  KGB 11.3 370.

Ele desenvolveu outra amizade com Marie Baumgartner, mãe de seu aluno e seu escrevente, Adolf, a quem começou a visitar em Lörrach, perto da Basileia, na fronteira da Alemanha. Extremamente culta e com uma mente liberal, Marie, embora agora fosse oficialmente alemã em razão de novo casamento com Herr Köchlin, era uma alsaciana leal originária de Mulhausen. Mais identificada com a cultura francesa do que com a alemã – ela traduziu a terceira *Consideração Extemporânea* para o francês –, ela detestava a anexação alemã da Alsácia pela Alemanha após o final da Guerra Franco-Prussiana e publicou estudos contra esta anexação.[60] Com esta visão política ela respondeu com firmeza a observação de Nietzsche na introdução da primeira *Consideração*, de que o triunfalismo pós-guerra alemão ameaçava "a destruição do espírito alemão em benefício do *Reich* alemão,[61] considerando que havia uma afinidade em um protesto alemão e alsaciano contra a arrogância imperialista da Alemanha.

As cartas de Marie a Nietzsche revelavam mais do que um interesse maternal – ela escrevia que sonhava com ele – apesar de nunca ter transgredido as convenções burguesas. Treze anos mais velha que Nietzsche, o relacionamento assemelhava-se ao de Cosima, de quem tinha ciúmes. Uma idealista veemente e schopenhaueriana, ela foi uma dos muitos amigos que ficaram profundamente aborrecidos pela adesão de Nietzsche ao "positivismo" em 1876, e escreveu para ele, com referência ao *Humano, demasiado Humano* (a primeira manifestação pública desta "adesão"), que

> este seu novo livro parece em muitas partes destinado a chocar, a bloquear qualquer intimidade [humana], mas todo o seu ser e a coragem de se expor assim são de tal ordem que devemos amá-lo... Jamais desistirei de minha crença na bondade humana... que tipo de felicidade teríamos se ela fosse eliminada?[62]

Apesar do abismo espiritual aberto pelo *Humano, demasiado Humano*, quando Nietzsche mudou-se da Basileia em 1879, ela chorou.

Os papéis que Nietzsche exerceu em suas amigas assumiram diversos aspectos: o amor materno sem mácula com Malwida von Meysenbug, a irmã-amada Cosima, a mãe-amada Marie, a amizade pura com Meta von Salis, a paixão por Lou Salomé, e o amor fraterno por sua irmã Elizabeth. No entanto, quase todas suas amigas (exceto Elizabeth) tinham em comum a inteligência, a cultura refinada e o hábito de ler muito. Do ponto de vista biográfico, portanto, não causa surpresa o fato de o requerimento de Fräulein Rubistein de Leipzig de matricular-se em um curso de doutorado ter suscitado uma discussão sobre a admissão de mulheres na universidade pelo comitê dos membros docentes das faculdades da Basileia em 10 de julho de 1874; Nietzsche foi um dos quatro membros que votaram *a favor* de sua admissão. Em razão de, depois de duas horas de discussão, seis membros do corpo docente (inclusive Burckhardt) terem votado contra a admissão, o pedido foi negado. Mas Nietzsche e os outros três que haviam votado a favor, descontentes com o resultado, pediram que suas opiniões discordantes fossem registradas explicitamente.[63]

---

60 KGB II.5 424.
61 UM I 1.
62 J I p. 650.
63 J I p. 624-625.

Em contraposição, os escritos da maturidade de Nietzsche foram antifeministas, até mesmo misóginos. Mais tarde discutiremos o que aconteceu com este apoio inicial, pelo menos parcial, pela emancipação das mulheres.

## Bergün

Em 17 de julho, as férias de verão haviam começado e Nietzsche viajou com Romundt para Bergün. No caminho eles pararam em Chur, onde, como escreveu a Elizabeth, ele "quase decidiu casar" com Fräulein Berta Rohr, a quem conhecera no ano anterior em Flims.[64] A desaprovação de Elizabeth mais uma vez exigiu uma atitude diplomática de Fritz, ao garantir que era só uma brincadeira.[65] Mas como ao mesmo tempo ele dissera a Von Gersdorff que relutara em partir de Chur por causa de Berta,[66] suspeita-se que a afirmação a Elizabeth não era inteiramente verdadeira. Entretanto, para contradizer a teoria de que Nietzsche era homossexual, é possível sugerir que o ciúme obsessivo, quase incestuoso que Elizabeth demonstrava em relação a qualquer mulher que ameaçasse se aproximar mais de Fritz do que ela, em vez do amor que não ousa dizer seu nome, revelou-se o maior impedimento às recomendações da "comissão de casamento de Bayreuth" para que casasse.

Bergün situava-se a 1.400 metros de altura do vale Albula [*Albulatal*], perto de Splürgen e da eventual casa de verão de Nietzsche, Sils Maria. Lá eles hospedaram-se no Hotel Piz Aela. Nietzsche descreveu as férias a Von Gersdorff:

> Aqui (em Bergün, olhe com atenção Baedecker)... somos os únicos hóspedes em um hotel onde centenas de viajantes passam todos os dias indo ou vindo de St. Moritz. É claro, não temos um lago aqui como em Flims: há pouco tempo descobrimos um a cerca de três horas acima da montanha e uns 6 mil metros de altura, banhamo-nos e nadamos até congelar, e ficamos vermelhos como lagostas (*feuerrot*).[67]

E para Overbeck:

> Estamos em um hotel agradável, onde somos bem tratados sem pagar um preço excessivo... Até então vimos um penhasco perto da ponte Albula, que liga e tem uma visão do alto de dois vales isolados situados em montanhas elevadas – um lugar onde eu gostaria de construir uma torre – e uma fonte sulfurosa em um dos vales laterais: trouxemos um pouco dessa água para casa em garrafas, a fim de curar uma pequena constipação causada pelo [um extraordinário diagnóstico] consumo de vinho Verliner.[68]

Quase no final de julho choveu e o tempo ficou nublado, como acontece com frequência nos vales alpinos elevados:

---

64 KGB 11.3 380.
65 KGB 11.3 383.
66 KGB 11.3 381.
67 KGB 11.3 381.
68 KGB 11.3 252.

houve uma chuva terrível que durou vários dias e todos sentiram uma irritabilidade extrema devido ao confinamento [*sehr ungeduldig*] – isso é o que acontece nesse lugar isolado. Eu nada senti porque estou ocupado com minhas reflexões sobre meu novo trabalho, que está em fase de conclusão [a terceira *Consideração Extemporânea*]. Com esta ocupação vive-se em um lugar diferente no qual a chuva não interfere.[69]

## Brahms é Banido em Bayreuth

Exceto pelo fato de saber que ele era uma *persona non grata* no círculo de Wagner, Brahms só surgiu no horizonte musical de Nietzsche em meados de 1874. Até então, era *terra incognita*. Em junho, no entanto, tudo mudou. Nietzsche escreveu a Rohde da Basileia:

> Seu conterrâneo [Rohde e Brahms haviam nascido em Hamburgo] veio à Basileia há pouco tempo e ouvi muito sua música, em especial, a *Triumphlied* [*Canção Triunfal*] que ele mesmo regeu. Minha maior dificuldade em chegar a um acordo com Brahms referiu-se ao problema da consciência estética.[70]

A *Triumphlied* o emocionou tanto que Nietzsche viajou para Zurique para ouvi-la de novo em 14 de julho. (Tendo em vista que das obras famosas de Brahms só o *Réquiem Alemão* havia sido concluído nesta data, a escolha não é tão estranha como parece.)

Brahms compôs o *lied* para celebrar a vitória da Guerra Franco-Prussiana. Wagner havia composto sua *Kaisermarsch* [*Marcha Imperial*] com esse mesmo objetivo. Mas, embora Wagner não tivesse uma afeição verdadeira pela dinastia dos Hohenzollern e tenha composto a *Marcha Imperial* apenas como uma tentativa (não bem-sucedida) de atrair o imperador para o projeto de construir em Bayreuth um teatro *nacional* alemão, Brahms era genuinamente dedicado ao imperador e orgulhava-se do *Reich*.

Vindo de Bergün, Nietzsche chegou a Bayreuth em 5 de agosto com a partitura de *Triumphlied* prestes a explodir em sua mala. Doente como de hábito depois de uma viagem, ele hospedou-se no Hotel Sonne. No entanto, Wagner, ao saber de sua chegada, foi ao hotel e insistiu que ele ficasse em *Wahnfried*, agora quase terminada. Nietzsche recuperou-se rápido e a primeira noite juntos foi muito agradável. Porém, na noite seguinte a situação tomou um rumo diferente.

As desavenças logo começaram porque, como Cosima anotou em seu diário, Nietzsche contou-lhes que ele e Overbeck haviam aceitado o oferecimento de Schmeitzner para ser o editor deles. Eles teriam de "servir ao Partido Social Democrata [socialista], porque era a única forma de os livros serem publicados".[71] Nesta ocasião não havia a menor simpatia entre Wagner e os socialistas.

Depois do jantar na enorme sala de visitas cheia de objetos vitorianos – o piano de Richard, sua mesa grande, a escrivaninha menor de Cosima, quadros, bustos, livros, suvenires e vasos com palmeiras – Richard entreteve seus convidados, que

---

69  KGB 11.3 382.
70  KGB 11.3 371.
71  C p. 321.

incluíam o pianista e concertista Paul Klindworth e, segundo Nietzsche, a grande soprano Lilli Lehmann, tocando uma peça só para piano da cena final das donzelas no *Ouro do Reno*.* Assim que ele terminou, lembrou-se Cosima, Nietzsche "deu um salto" de sua cadeira com a partitura de *Triumphlied* de Brahms na mão.

É preciso lembrar, aqui, as observações íntimas de Nietzsche sobre o caráter "tirânico" da personalidade de Wagner; que "o perigo para Wagner era grande, quando ele não dava valor a Brahms. Ou aos judeus". O "perigo" significava neste sentido o "perigo de que todas as promessas do empreendimento wagneriano seriam destruídas por uma natureza tirânica que impedia que qualquer outra pessoa respirasse". Então, aparentemente, Nietzsche estava tentando modificar o caráter de Wagner, um projeto pretensioso, visto que, com 61 anos, Wagner era 31 anos mais velho do que ele. Ou talvez quisesse provocar uma ruptura final no caso de não conseguir persuadir Wagner a pelo menos dar a Brahms uma justa apresentação de uma peça de sua música. Na verdade, ele propunha um ultimato final: "não seja mais tirânico ou eu me afastarei do círculo de Bayreuth". Sem dúvida, o que estava em jogo era a "tirania" de Wagner em relação a *Nietzsche*: Brahms era seu substituto, um mero pretexto de um confronto pessoal. Porém, como Cosima relembrou, nada aconteceu, porque "Richard deu uma gargalhada ao pensar na ideia de usar a palavra *Gerechtikeit* [justiça] à música".[72]

Na tarde do dia seguinte, alguém, não sabemos quem, tocou no piano a peça ofensiva. Wagner ficou furioso e queixou-se, escreveu Cosima, "do caráter lúgubre da composição que... o amigo Nietzsche elogiara". Para Wagner ela inspirara-se em obras de Handel, Mendelssohn e Schumann, mas lhe faltavam a espiritualidade e a autêntica emoção de Lizst.[73] Durante o resto do dia nada mais se falou sobre Brahms. À noite, depois de tocar alguns trechos de óperas de Auber, Wagner por fim declarou que sua obra chauvinista, a *Kaisermarsch* (CA p. 208), estava morta.

A percepção de Wagner da ocasião traumática é lembrada por Elizabeth. Wagner contou-lhe, escreveu ela, que

> Seu irmão pôs o livro vermelho [que continha a partitura de *Triumphlied*] sobre o piano de cauda e, sempre que eu entrava na sala de visitas, o objeto atraía meu olhar, excitava-me como uma bandeira vermelha excita o touro. Eu percebia muito bem que, com isso, Nietzsche queria dizer-me, tacitamente, "Olhe! Eis aqui alguém que também fez um bom trabalho!" Bem, em suma essa noite foi um martírio, senti-me desrespeitado! "Mas o que meu irmão disse?" Perguntei ansiosa. "Ele não disse nada", respondeu Wagner, "ele apenas se ruborizou e olhou-me com um misto de surpresa e uma dignidade calma". Eu daria 100 mil marcos por um comportamento como o de Nietzsche nessa noite, sempre tão elegante e correto![74]

Nietzsche nunca mencionou o incidente de Brahms em cartas. Elizabeth lembrou-se que certa vez, em que estava sentada com ele em um banco em um parque em Baden-Baden, perguntou-lhe por que ele jamais lhe contara a história da parti-

---

\* A ópera e o ciclo inteiro do *Anel* terminariam, por fim, três meses depois, em 21 de novembro, 26 anos depois dos primeiros pensamentos de Wagner sobre o tema.
72 C p. 321.
73 C p. 321-322.
74 YN p. 332.

tura de *Triumphlied* de Brahms. Ao que ele respondeu, "Lizzie, nessa época ele não era um grande artista".[75]

Wagner também deu sua versão do incidente ao amigo, Hans von Wolzogen. Wagner disse-lhe, como Wolzogen lembrou que

> Nietzsche dissera que eu *tinha* de conhecer a música, a fim de ter uma opinião apropriada a seu respeito. Eu recusei, porém ele insistiu. Por fim, eu fiquei furioso com ele (você conhece minhas crises de fúria – minha pobre Cosima tem de suportá-las com muita frequência). Eu fui rude com ele – oh, meu Deus! – e Nietzsche saiu de minha casa. Essa é a minha maneira de ser e *ele nunca mais voltou*! E agora... tenho de admitir a possibilidade de gostar de Brahms, porque por causa dele eu perdi meu Nietzsche![76]

Nietzsche permaneceu em Bayreuth até 15 de agosto, e a diplomacia de Cosima evitou um conflito declarado. Mas, é evidente, as relações entre o antigo Mestre reverenciado e o hóspede tão querido ficaram extremamente tensas. Nietzsche provocou "muitos momentos difíceis" a Wagner, Cosima recordava. "Entre outras coisas, ele [Nietzsche] dizia que a língua alemã não lhe dava nenhum prazer e que preferiria falar em latim etc.", outra provocação deliberada ao nacionalismo de Wagner.[77]

Wagner tinha certeza de que "perdera" Nietzsche nessa ocasião. Nietzsche manteve seu apoio à causa de Bayreuth, o casal Wagner continuou entusiasmado com as publicações de Nietzsche para o ano seguinte e, embora a troca esporádica de cartas não tenha sido interrompida (em 1875, Nietzsche escreveu um total de cinco cartas para a família Wagner) a antiga intimidade não mais retornou. O episódio do incidente de Brahms marcou a última vez que Nietzsche foi hóspede da casa de Wagner. A partir de então, até a guerra ser declarada, o relacionamento foi mais político que pessoal.

\*\*\*

Além do desastre da visita a Bayreuth, na viagem de retorno para a Basileia, a mala de Nietzsche foi roubada na estação de trem em Würzburg. Ela continha, entre outras coisas, uma cópia assinada do libreto do ciclo do *Anel do Nibelungo*. Ao escrever como se tivesse feito uma descoberta importante sobre a natureza humana, ele concluiu seu relato do incidente para Von Gersdorff com a seguinte observação, "Moral: não se deve deixar uma mala sem vigiá-la nas estações de trem, porque sempre haverá um espertalhão desonesto por lá à procura de bagagens".[78] Nietzsche demonstrou, segundo a opinião de Elizabeth a respeito deste incidente, uma ingenuidade em relação ao mundo.

### *Terceira Consideração Extemporânea: Schopenhauer como Educador*

A terceira *Consideração Extemporânea* foi enviada a Schmeitzner em 19 de agosto e publicada em 15 de outubro de 1874 (data do aniversário de 30 anos de Nietzsche).

---

75   *Ibidem*.
76   C p. 322.
77   C p. 523-524.
78   KGB 11.3 390.

Nietzsche enviou cópias para Wagner, Von Bülow, Malwida von Meysenbug, Marie Baumgartner, Emma Guerrieri-Gonzaga, Krug (mas não a Pinder), Rohde, von Gersdorff e a outras pessoas. Esta lista tinha algum significado devido à observação de Nietzsche de que "só a reação de seis ou sete leitores teve importância".[79] (O fato de ter escrito só de "uns seis ou sete", ou mesmo de "ninguém" será, como veremos, um tema importante em seu trabalho na maturidade.)

Nietzsche sempre considerou a terceira *Consideração Extemporânea* uma obra crucial. Em 1882, ele a recomendou a Lou Salomé dizendo-lhe que ela representava sua "atitude fundamental" em relação a tudo, provavelmente.[80] Cinquenta anos mais tarde Heidegger chamou seu tema de discussão de "autenticidade". Tratava-se de superar a "preguiça" que convertia os seres humanos em "produtos de fábrica... pseudo-homens dominados pela opinião pública". Embora muitas pessoas vivam nesta condição, nós (pelo menos os leitores de Nietzsche) não nos sentimos confortáveis em sermos meros "rebanhos". Além disso, esta é uma condição da qual é possível escapar: "Um homem que não quer pertencer às massas só precisa... seguir sua consciência, que lhe diz: 'Seja você mesmo! Tudo o que você está agora fazendo, pensando, desejando, não é sua verdadeira natureza'".[81] Mas como descobrir "quem" nos tornaríamos?

A psicoterapia pós-freudiana pensa que o "verdadeiro" eu ou "ego" é uma espécie de impulso ou pressão oculta dentro de cada ser, lutando para revelar-se através da camada da repressão social. Nietzsche discorda completamente desta concepção: "nossa verdadeira natureza não está oculta dentro de nós e sim infinitamente acima de nós, ou pelo menos acima do que em geral julgamos ser.[82] O verdadeiro eu é uma "tarefa" a ser realizada e não uma pressão que deve ser liberada. E para descobrir sua tarefa é preciso perguntar do que "na realidade gostou até agora"; o que, em outras palavras, "elevou a alma [de alguém]"?[83] Mas como descobrir isso?

Nesse ponto, as reflexões da terceira *Consideração Extemporânea* começam a convergir com a segunda. A fim de descobrir seu verdadeiro amor e sua tarefa é necessário procurar um "objeto a ser reverenciado" que proporciona a "lei fundamental de [alguém]... de seu verdadeiro eu". Na segunda *Consideração Extemporânea* estes heróis são descritos como figuras "monumentais". Na terceira, eles são descritos como "educadores".[84] O ponto de vista de Nietzsche não é difícil de captar. Mais uma vez ele reitera a ideia "de pessoas que por suas qualidades são exemplos a serem seguidos". Os cristãos, por exemplo, julgam Jesus desta forma. Ao analisar, em uma situação difícil, como agir de acordo com sua consciência mais íntima, eles com frequência questionam: "O que Jesus faria nessa situação?" Nesse sentido, segundo Nietzsche, Jesus agiria como um "educador".

Nietzsche voltou-se agora para a possibilidade de o filósofo ser um "educador". Ele demonstrou com clareza que o "filósofo" é uma pessoa cujo pensamento está incorpo-

---

79  KGB 11.3 395.
80  KGB 111.1 352.
81  UM III.
82  *Ibidem*.
83  *Ibidem*.
84  *Ibidem*.

rado em sua existência e, portanto, propiciava um "exemplo" a ser seguido. Kant era um grande pensador, mas, nesse sentido, não era um "filósofo", porque ele submetia covardemente a coragem moral contida em sua teoria, na vida, às convenções mesquinhas da vida acadêmica e fingia (em benefício de seu trabalho) ter uma crença religiosa.[85]

Como a função do "educador" permite que contestemos a "opinião pública" e nos transformemos em seres individuais, *ele* deve acima de tudo manter uma posição firme contra a opinião pública. Esta postura é especialmente importante nesta época moderna desprovida de valores e marcada (a) pela perda da comunidade – vivemos "um período de átomos, de caos atômico" – (b) de um materialismo vil, de "avidez por dinheiro", (c) de egoísmo, "todos os homens seguem seus caminhos solitários", (d) a redução das pessoas a "autômatos" controlados pela mídia, (e) um vácuo moral, pois o cristianismo destruiu os valores "naturais" da Antiguidade e agora perdeu o poder de dirigir as vidas das pessoas e (f) a "pressa e a ansiedade". Assim, mesmo se soubéssemos o que eles eram, não teríamos tempo para permitir que os valores "eternos" governassem nossa vida, nem tempo para usufruir de uma equanimidade moral.[86] Na época de vácuo moral de uma sociedade mecanizada, fragmentada, atormentada e consumista, o educador teria, sobretudo, de imbuir-se do espírito de sua época: a "extemporaneidade".

E, por fim, chegamos a Schopenhauer, a quem, mesmo depois de sua oposição a ele em 1876, Nietzsche continuou a descrever como "meu primeiro e único educador".[87] Não a um "Schopenhauer" como uma coletânea de escritos, mas como um "homem vivo" porque, é claro, só um ser vivo poderia proporcionar um "modelo" *para a vida*.[88]

O traço mais característico de Schopenhauer, sugeriu Nietzsche, era precisamente sua coragem rigorosa em relação à "extemporaneidade". Ao contrário de Kant, ele desprezava os professores eruditos que lhe poderiam dar um emprego e, em um período dominado pelo otimismo triunfalista de Hegel, ele não hesitava em apresentar sua doutrina impopular do pessimismo filosófico. Ao revelar o "heroísmo da verdade", Schopenhauer demonstrou que uma vida feliz é impossível, que a forma mais elevada da humanidade era a "vida heroica"; uma vida que aceitava "o sofrimento causado por ser verdadeiro"[89]– por ser uma pessoa com autoridade e coragem de expor ao público suas ideias.

Para outras pessoas que nadaram contra a maré do ostracismo social ao qual condenavam, o destino foi extremamente cruel. Hölderlin enlouqueceu e Kleist suicidou-se. Mas, assim como Wagner, Schopenhauer possuía uma "constituição de ferro" que o capacitou a resistir à "solidão" à qual fora condenado.[90]

Nietzsche questionou agora que "círculo de obrigações" poderia originar-se desse ideal. Como poderíamos dizer que ele indicava uma "atividade prática", ou seja, uma "educação" para *nossas vidas*?[91] Schopenhauer não era um crítico da sociedade *atual* nem um reformista social. Ele não pensava que a modernidade fosse melhor ou pior

---

85 UM III 1.
86 UM III 2, 4, 6.
87 *Humano, demasiado Humano*, prefácio do volume II, seção I.
88 UM III 2.
89 UM III 4.
90 UM III 3.
91 UM III 5.

que qualquer outra época, porque as vidas de *todos* os seres humanos em *todas* as épocas foram também dolorosas e inúteis. Portanto, o argumento de Nietzsche, como seria previsível, diz que é uma "tarefa... difícil de demonstrar que *qualquer* ideia prática da 'superioridade' do 'homem schopenhaueriano' possa ser vista como uma rejeição de 'uma participação no mundo da ação'".[92]

No entanto, em uma reflexão surpreendente, ele expõe algumas obrigações práticas resultantes da adoção de Schopenhauer como um exemplo a seguir.* Os deveres consequentes da adoção deste modelo não são,

> as obrigações de um solitário: ao contrário elas colocam as pessoas em meio a uma poderosa comunidade unida não por fatores externos e sim por uma ideia fundamental. É a ideia fundamental da *cultura*, na medida em que cada um de nós tem uma tarefa: *estimular a produção do filósofo, nosso artista e nosso santo externo e interno que irão trabalhar para aperfeiçoar a natureza.*[93]

Em apoio a esse pensamento peculiar, Nietzsche disse que a "natureza" precisa do filósofo e do artista para atingir a "meta metafísica... de seu autoesclarecimento"; e nesse ponto ele repete a observação de Goethe de que a poesia dramática é a *causa finalis* [o objetivo final] do mundo. E a natureza precisa do "santo" (como concebido por Schopenhauer), porque só por seu intermédio a natureza alcançará sua "redenção" final.[94]

Assim como a uma referência anterior a Goethe, essa estranha reflexão nos leva a pensar na versão da metafísica de Schopenhauer apresentada em *A Origem da Tragédia*. Somos, disse ele, apenas figuras e, como em uma pintura de uma cena de batalha,[95] construídas pelo único ser real, a "Unidade Primal", a "Vontade" ou a "Natureza". Por sermos criaturas de "Unidade Primal" é nosso dever colaborar para que o artista criança criador do mundo veja sua natureza refletida na pintura do mundo purificada pelo filósofo e pelo artista. Além disso, é preciso cooperar para o surgimento do santo, porque só pela vivência da percepção do santo, pela necessidade de "negar a vontade", a Vontade Primal verá sua própria necessidade, e o homem obterá sua redenção por meio da "extinção" do mundo de sofrimento que construiu. Só por intermédio da percepção (ou talvez pudéssemos dizer "êxtase") do santo seria possível imaginarmos que algum dia o mundo terminaria.

Esse trecho praticamente ininteligível pouco tem a dizer, perdido nas regiões mais sombrias e contraditórias da metafísica de Schopenhauer. A pergunta sem resposta é: por que deveríamos ter qualquer "obrigação" com o criador do mundo, em especial, de um criador com um caráter tão questionável como a "Unidade Primal" de *A Origem da Tragédia*? Felizmente, Nietzsche logo se opôs à metafísica schopenhaueriana, e a ideia da arte como a *causa finalis* da "Natureza" desapareceu sem deixar vestígios.

---

92  UM III 5.
\*   Como vimos, Schopenhauer *rejeitava* a "participação na ação". A percepção mais elevada da natureza e do valor da vida estava incorporada na "transição da virtude para o ascetismo". Mas Nietzsche sugeriu que ele compreendia o sistema de Schopenhauer melhor do que o próprio Schopenhauer, e que suas implicações eram, na verdade, diferentes da concepção de Schopenhauer.
93  UM III 5.
94  *Ibidem*.
95  BT 5.

No entanto, Nietzsche seguiu uma linha de pensamento bem diferente pela qual procurou chegar aproximadamente à mesma conclusão, que se destacaria cada vez mais em sua filosofia da maturidade. A "humanidade", disse, "deve trabalhar sem cessar para produzir grandes homens, essa é sua única tarefa".[96] (Pelo fato de ele conceber a "grandeza" como uma diferença acentuada entre os seres humanos e os animais em um grau máximo,[97] o "grande" homem teria de ser um *geistige*, uma figura [espiritualmente intelectualizada], em outras palavras, um filósofo, um artista ou um santo.) Ao explicar por que esta seria nossa tarefa predominante, Nietzsche recorreu, não à metafísica excêntrica sem consistência ou justificativa funcional, e sim, à biologia:

> O que seria possível ser aplicado à sociedade e às suas metas poderia ser aprendido pela observação de qualquer espécie animal ou em plantas: a única preocupação é o indivíduo exemplar superior, o mais raro, mais poderoso, mais complexo, mais produtivo – quanto alguém poderia realizar se as extravagâncias inculcadas do objetivo da sociedade não oferecessem uma resistência tão obstinada! Não temos dificuldade em perceber que, quando as espécies atingem seus limites e estão prestes a tornarem-se espécies superiores, a meta de sua evolução consiste, não na massa de seus exemplares e de seu bem-estar..., mas, sim, nas existências aparentemente dispersas e fortuitas onde as condições favoráveis foram produzidas.

Então, conclui Nietzsche, a humanidade deve procurar criar as "condições favoráveis", nas quais os grandes homens surgiriam. Quanto às demais pessoas, suas vidas adquiririam um "valor superior" se vivessem "em proveito dos exemplares mais raros e valiosos".[98]

A argumentação de Nietzsche baseava-se em uma versão do darwinismo (social), pois, como vimos, ele decidira no início de 1873 que a teoria da evolução de Darwin era uma "verdade" incontestável.[99] E sua tese fundamentava-se, em especial, no valor, na linguagem darwiniana, "das mutações aleatórias". Segundo a teoria da evolução, observou, as espécies evoluem em espécies "superiores", quando produzem uma mutação mais bem adaptada ao estado atual do ambiente. Em razão de as mutações desenvolverem-se com sucesso, ao passo que as espécies restantes extinguem-se antes de evoluírem, aos poucos as espécies transformam-se em novas espécies mais bem adaptadas a progredir nas condições ambientais existentes. Como os seres e as sociedades humanos pertencem, assim como as plantas e os animais, ao campo da biologia, concluiu Nietzsche, devemos aplicar o mesmo princípio à sociedade e nos esforçar a estimular o surgimento de "existências casuais", ou seja, de mutações aleatórias. (É provável que essa ideia tenha sido desenvolvida em alguma conversa com Wagner, porque ela é revelada de forma metafórica nos *Mestres Cantores*: quando Hans Sachs por fim convenceu os mestres cantores de que deveriam aceitar a novidade fantástica do *prize song* de Walter e aceitá-lo como membro da guilda, porque esta era a lei da vida: mudar ou morrer.)

---

96 UM III 6.
97 UM III 5.
98 UM III 6.
99 KSA 7 19 [132], 19 [87].

Como já mencionamos, a interpretação mais comum de Nietzsche o apresenta como um "individualista aristocrático": só o "grande" indivíduo, o "super-homem" tem valor; as demais pessoas devem ser suas escravas. É importante observar, então, que em nenhum dos argumentos apresentados anteriormente o indivíduo excepcional possui um valor *supremo*. Na argumentação schopenhaueriana, o grande indivíduo é um *meio* para a autocompreensão e, em consequência, para a autotransformação da "Unidade Primal" e, portanto, o valor supremo assemelhava-se ao bem-estar de "ser" completo. Na discussão darwiniana, o grande indivíduo também tem valor apenas como um *meio*, desta vez um meio para a evolução da *sociedade como um todo* a uma condição "superior".[100] Mesmo assim, apesar de a terceira *Consideração Extemporânea* enfatizar muito a importância do grande indivíduo, em nenhum momento o considera um fim em si mesmo, nem sugere que só a doutrina "do super-homem tem valor". Este padrão, como veremos, permeia toda a filosofia de Nietzsche na maturidade. O grande indivíduo tem uma importância crucial só como um meio para atingir um fim.

\*\*\*

Nesse sentido, nossa "única tarefa" é a de "promover" a produção de "grandes homens", de "gênios". Resta uma pergunta: *como* nós, comuns mortais, realizaremos esta tarefa? Estamos destinados à escravidão a fim de criar a "liberdade do grande homem de não mais precisar ganhar a vida?"[101] As pessoas não geniais teriam de trabalhar em minas de carvão ou como cerzidores de meias? De modo algum. Mesmo os "talentos de segunda e terceira categorias" são capazes de contribuir para a tarefa "interna" e "externa" de criar gênios.[102] Talvez a ideia predominante neste pressuposto seja que, quanto mais elevado for o nível cultural, mais as condições serão favoráveis ao surgimento de gênios. É possível que um professor instigante, mas não um gênio, seja capaz de perceber a genialidade potencial de um aluno e convertê-lo em um gênio. Porém, infelizmente, os menos *talentosos* restringir-se-iam aos trabalhos de mineradores de carvões ou de cerzidores de meias.

Karl Hillebrand fez uma boa resenha da primeira *Consideração Extemporânea*, o que lhe conquistou uma gratidão eterna de Nietzsche (em *Ecce Homo* ele o chama de "o último alemão *humano* que sabia como manusear uma caneta").[103] Mas sua reação à terceira *Consideração Extemporânea* foi totalmente diferente. "Herr Nietzsche", escreveu, com total imparcialidade, no *Allgemeine Zeitung* de Ausgsburg,

> Descreveu com muitos detalhes, mas, ao mesmo tempo, sem grande precisão como seu contato com Schopenhauer, mantido por cerca de nove anos, o afetara e como poderia influenciar outros homens jovens. Seu enfoque é no filósofo como educador, porém, confesso que nem sempre consigo guiar-me por seu raciocínio.[104]

---

100 Nessa etapa do pensamento, o conceito de Nietzsche de "superior" é uma mistura inquietante de "mais adaptável" e "mais admirável", isto é, "mais espiritual".
101 UM III 7.
102 UM III 6.
103 EH V 2.
104 C p. 330.

Cosima, por sua vez, afirmou que não tivera dificuldade na leitura do livro e atribuiu às relutâncias de Hillebrand "a uma mente dominada pela doutrina hegeliana".[105] Ela iniciou uma carta de cinco páginas elogiosas com as palavras "essa é *minha Consideração Extemporânea*, na qual gostei em especial da individualidade autêntica na primeira seção e 'a paixão inebriante que exala de toda a obra'". Este livro, disse, se converterá na Bíblia de todas as pessoas que viveram lutando e sofrendo por uma "grande ideia".[106] E Wagner enviou quatro frases telegráficas de elogio:

> Profundo e grandioso. Muito audacioso e com uma nova apresentação de Kant [que, ao contrário de Schopenhauer, não era um verdadeiro "filósofo"]. Compreensível apenas para seus fiéis seguidores... Espero que você consiga projetar sombras longas e profundas nessa terra ensolarada desses momentos agradáveis![107]

Von Bülow adorou o trabalho e ficou especialmente impressionado com a correlação entre a subserviência à "opinião pública" e a "indolência pessoal".[108] Malwida von Meysenbug escreveu que o livro "está sempre comigo; ele é minha Bíblia. Nunca ninguém definiu o tema da cultura de uma maneira mais bonita", e Elizabeth também emocionou-se profundamente.[109]

Essas reações revelaram que os admiradores, sobretudo as mulheres, da terceira *Consideração Extemporânea* demonstraram uma retórica de uma autenticidade semirreligiosa: o apelo ao leitor de libertar-se do conformismo indolente do "rebanho" (de escapar do que Heidegger chamaria "a ditadura dos Eles", e Sartre "má-fé"), de sacrificar tudo em benefício de um ideal grandioso de redenção do mundo. A única amiga de Nietzsche que não reagiu deste modo, o que sugere que seria uma mulher interessante, foi Emma Guerrieri-Gonzaga, que, embora tenha tocado na questão-chave do trabalho, este "desejo ardente de libertar-se de um mundo terrível" e de atingir um "reino superior de verdade, beleza e amor", não menciona o fato de que a "natureza não nos deu asas" para alcançar este reino e, por este motivo, o efeito geral do trabalho é decepcionante.[110]

A opinião mais divertida sobre a *Consideração Extemporânea* foi dada por um telegrama anônimo que dizia: "Apesar de entendê-lo, você não é igual a mim. [assinado] Schopenhauer."[111] (Schopenhauer morrera havia 15 anos.) Esta foi a avaliação final do livro. Em *Ecce Homo* ele disse que usara Schopenhauer como um "símbolo", porque na verdade ele referiu-se no livro a "*Nietzsche* como educador".[112]

Ou, talvez se expressando melhor, como um *futuro* educador. O que se destaca na obra é a incoerência entre o idealismo elevado de Nietzsche e sua vida real. No livro, como vimos, Kant não é considerado um "filósofo" autêntico porque, embora pregasse a coragem moral, na prática ele "era dedicado à universidade, submetia-

---

105 KGB 11.4. Para Nietzsche 619.
106 KGB 11.4. Para Nietzsche 599.
107 KGB 11.4. Para Nietzsche 598.
108 KGB 11.4. Para Nietzsche 603.
109 YN p. 320.
110 KGB 11.4. Para Nietzsche 610.
111 YN p. 324.
112 EH V 3. Minha ênfase.

se aos seus regulamentos... tolerava viver entre seus colegas e alunos",[113] além de professar uma fé religiosa que não tinha. Em contraste com o corajoso Schopenhauer, Kant nunca assumiu sua "individualidade" potencial. Porém, Nietzsche era um pensador que também "se apegava à universidade" (esta frase é abertamente autobiográfica), quando seu verdadeiro "eu" reivindicava que agisse de outra forma. Quando Elizabeth comentou que ele era o "filósofo educador descrito no ensaio", respondeu corretamente que ela (como de hábito) estava dizendo uma "tolice".[114] No final de 1874, ele disse a Von Gersdorff que suas obrigações na universidade o impediam há muito tempo de pensar a respeito de "coisas extemporâneas".[115] O apelo à "consciência", em outras palavras, fora dominado pela escravidão mecanizada, a "pressa e a urgência" da vida universitária. Entretanto, o fato de estar tão integrado ao trabalho deu a Nietzsche pelo menos um impulso para praticar o que pregava.

## Natal em Casa e o "Hino à Amizade"

O trabalho de escrever a terceira *Consideração Extemporânea*, que Nietzsche achou muito difícil, exauriu seu sistema nervoso. Ao terminar o livro e depois de sua receptividade extremamente favorável, ele conseguiu relaxar quando voltou a Naumburg para passar o Natal em meio à neve (mais uma vez recusou o convite para passar o Natal em Bayreuth). Com a interrupção do trabalho filosófico, ele por fim terminou o "Hino à Amizade" em uma versão para piano solo e para quatro mãos. (A melodia desta composição foi reutilizada na "Prece à Vida".) Embora fosse um trabalho puramente instrumental, ele tinha um programa que descreveu a Malwida:

> Primeiro verso: prelúdio – hino para a procissão dos amigos ao templo da amizade.
> Intermezzo: uma lembrança triste e feliz.
> Segundo verso: hino.
> Intermezzo: como uma previsão do futuro, um olhar mais distante.
> Terceiro e último verso: finale – música dos amigos.[116]

Nietzsche ficou muito contente com a peça, julgando-a "uma prova evidente" da natureza subjetiva da época: apesar de durar apenas 15 minutos "esquecemos o tempo [cotidiano]", porque uma vida inteira desdobra-se na peça.[117](Pode-se imaginar como metáfora a experiência iminente de uma batida de carro quando "a vida inteira de alguém se desenrola diante de seus olhos".)

Nietzsche conheceu em Naumburg as novas mulheres de Pinder e Krug, e nesses encontros ele sentiu que estava distanciando-se de seus amigos íntimos da juventude. "Encontrei diversas vezes com Krug e Pinder no Natal", escreveu a Rohde. "Mas você e eu temos um amor eterno pela juventude, em contraste com esses anciãos de 31 anos."[118] Em 3 de janeiro, ele voltou para a Basileia sob uma forte nevasca e um frio intenso.

---

113 UM III 3.
114 YN p. 320-321.
115 KGB 11.3 404.
116 KGB 11.5 414.
117 *Ibidem*.
118 KGB 11.5 422.

# 12

## AUF WIEDERSEHEN BAYREUTH

Ao chegar à Basileia em 4 de janeiro de 1875, Nietzsche sentiu-se mais oprimido do que nunca com a quantidade de trabalho que teria de enfrentar. Além das obrigações na universidade e no ensino no Pädegogium, ele irrefletidamente prometera a Schmeitzner escrever mais 10 *Considerações Extemporâneas* nos cinco anos seguintes. Mas este trabalho "real" de redimir a "alma" da época só poderia ser realizado, como contou a Von Bülow, nas férias e nos períodos de dispensa por motivo de saúde. "Graças a Deus", escreveu, com a falsa expectativa de que sua doença crônica, independente do problema de visão, no momento "não havia sinal de doença à vista, e com os banhos frios que tomara todos os dias era bastante improvável que eu adoecesse de novo".[1] Isso foi em janeiro! Assim como seu alter ego, Zaratustra, Elizabeth comentou, Nietzsche gostava de "zombar do inverno".[2] Para Malwida von Meysenbug, ele escreveu que tinha tantos deveres profissionais, que os dias transcorriam com uma sensação de "entorpecimento". Ele invejava os mortos, escreveu, mas decidira envelhecer a fim de concluir sua "tarefa".[3]

Em fevereiro ele estava alegre e animado. "Foi um presente de Tyche" (a deusa da sorte), ele escreveu a Rohde, "ter vivido esses anos em Bayreuth". Apesar de o festival de Bayreuth só estar programado para o ano seguinte, Wagner planejara com um cuidado extremo uma série de ensaios em 1875. Por ser uma música revolucionária e ousada, havia um consenso universal de que era preciso assistir aos ensaios (agora ouviríamos as gravações), a fim de que o público se preparasse para as apresentações. No entanto, apreensivo, Nietzsche achou que suas expectativas eram exageradas e temeu decepcionar-se.[4] A vida é "perigosa", escreveu; "treme-se perante o futuro."[5]

Diversos alunos universitários de Nietzsche lembram-se dele nessa fase de sua vida. Jacob Wackernagel recorda que, embora Nietzsche preparasse seus seminários para os alunos já formados pela universidade, com muita seriedade,

> suas aulas para os alunos de [graduação] não eram muito apreciadas. Jacob Wackernagel tinha uma expectativa de ouvir palestras muito interessantes. Mas as conferências de Nietzsche eram extremamente secas e factuais, com alguma frase ocasional importante. Assim, achamos sua "Introdução a Platão" especialmente tediosa.

---

1 KGB 11.5 412.
2 YN p. 340.
3 KGB 11.5 414.
4 KGB 11.5 422.
5 KGB 11.5 414.

Mas, quanto ao ser humano, Wackernagel continuou,

> sentimos um grande prazer em sua companhia. Em seus primeiros anos na Basileia, ele tinha uma vida social intensa, que incluía bailes à noite. As jovens o adoravam. Os alunos ouviam ansiosos as conversas que elas tinham com ele. Certa vez, uma delas contou que ele dissera que havia sonhado que era uma camélia.[6]

Outro aluno, Ludwig von Scheffer, tina uma recordação ainda mais favorável das aulas de Nietzsche:

> acho que o tom provocador de seus escritos não corresponde ao seu comportamento pessoal. As pessoas surpreendem-se quando descobrem sua modéstia, quase humilde de proceder. Ele era mais baixo do que alguém de estatura mediana, a cabeça enterrada nos ombros de um corpo compacto, apesar de delicado. E atrás dos óculos iridescentes e do longo bigode o rosto tinha uma expressão espiritualizada que, com frequência, transmite uma presença expressiva aos homens baixos... caminha com passos pesados, quase cansados até a estante de apoio aos papéis... ele não tem a voz possante de um orador, nem a entonação veemente e ineficaz típica do estilo afetado de muitos professores universitários. O modo de falar de Nietzsche era suave e natural, como se escapasse de seus lábios. Sua maneira de expressar-se tinha uma característica peculiar: ele falava diretamente da alma, o que atraía imediatamente a simpatia.[7]

Entretanto, havia algo menos favorável na descrição de seu comportamento, porque Nietzsche confessou a Rohde que nesse período para preservar sua saúde e força a fim de realizar seu "verdadeiro" trabalho, dera aos alunos "alguns cavalos de batalha veneráveis" que ele poderia "cavalgar enquanto dormisse".[8]

***

Em fevereiro, aconteceu o tormento anual do *Fastnacht* da Basileia [carnaval]. O fato ainda mais insuportável era o barulho contínuo dos tambores de sete da manhã até o final da noite. Então Nietzsche partiu para Lucerna no fim de semana de 14 e 15 de fevereiro: "Lá encontrei muita neve e um silêncio divino", escreveu para a família. "Parecia uma enorme pausa em uma música barulhenta; podia-se ouvir o silêncio."[9] Mas a melhor coisa em Lucerna foi escalar o Monte Pilatus. Esta caminhada teve, escreveu a Von Gersdorff, um significado pessoal específico,[10] um significado que ficou mais claro em uma carta escrita para Rohde logo após seu retorno à Basileia: "senti vontade de ser um montanhês; minha maneira de viver aos poucos se fortaleceria e ficaria essencialmente independente se eu fosse um montanhês".[11] Nietzsche, como veremos, em alguns anos se tornaria um "montanhês". O silêncio solitário que ele procurara para fugir do barulho da Basileia foi um prenúncio de sua vida futura.

---

6   C p. 332-333.
7   C p. 363.
8   KGB 11.5 525.
9   KGB 11.5 433.
10  KGB 11.5 487.
11  KGB 11.5 430.

Enquanto Fritz estava em Lucerna, Elizabeth passou seis semanas em Bayreuth para cuidar da casa dos Wagner, que assistiam concertos em Viena e em Budapeste. Franziska opôs-se veementemente a essa ideia. Segundo ela, Wagner era uma figura escandalosa a quem ela sempre se recusara encontrar. Mas Nietzsche ficou encantado com a intimidade crescente entre Elizabeth e Cosima, que logo começaram a usar o tratamento familiar de *du* em suas conversas. Esta amizade permitia a Nietzsche preservar o relacionamento com o casal Wagner por intermédio de um representante evitando, assim, a presença sufocante de Wagner.

Em março a pressão do trabalho afastou-o quase completamente da vida social na Basileia.[12] "Como alguém poderia ter a detestável ideia de ser um professor 24 horas por dia!" Lamentou-se Nietzsche alguns meses depois. "Eu fiquei dominado pelo trabalho de professor nestes últimos seis anos."[13]

## *Nós, Filólogos*

Em março, sempre com seu problema de visão, começou a ditar para Von Gersdorff o resumo do plano de trabalho da quarta *Consideração Extemporânea*, que se chamaria "Nós, Filólogos". Em suas anotações sobre o projeto ele questionou mais uma vez o tema de que tudo se justificava pelo *status* único "dos gregos": a ideia de que a antiga Grécia significava o ápice da civilização ocidental e que todos os nossos esforços deveriam direcionar-se para restaurar este ideal cultural. Esta concepção não se modificara na Alemanha desde Goethe e Winkelmann no século XVIII e justificava, é claro, a posição proeminente ocupada pela filologia grega na educação alemã.

Mas, refletiu Nietzsche, o que justificava o suposto *status* exemplar dos gregos? Por que deveríamos considerá-los exemplos a seguir? O que haveria de tão especial neles? Devido ao interesse pelo mundo antigo, por que não nos interessaríamos da mesma forma pelos antigos judeus, egípcios ou persas? Essencialmente, disse Nietzsche, a supremacia dos gregos originava-se de uma combinação de uma falsa idealização, de uma abstração das realidades do momento presente em prol de um sonho sentimental, uma hostilidade ao cristianismo e a repetição da lisonja servil aos romanos. Neste sentido, a imitação dos gregos seria um "princípio refutável"?[14] Na verdade não, concluiu Nietzsche. A importância vital dos gregos residia no fato de que, embora compartilhassem a natureza universal comum à humanidade inteira, a inocência infantil deles, sua "ingenuidade" propiciava fenômenos humanos importantes como Estado, educação, sexo e arte, que revelavam com uma clareza singular que "um cozinheiro grego superava qualquer outro cozinheiro".[15] Os gregos eram espontâneos e inocentes porque, ao contrário dos cristãos e da humanidade pós-cristã, eles não tinham o sentimento de pudor:

---

12  KGB 11.5 431.
13  KGB 11.5 477.
14  KSA 8 3 [1]-[16].
15  KSA 8 3 [12].

> Se eu dissesse que os gregos eram, coletivamente, mais éticos que a humanidade moderna, o que isso significaria? A visibilidade da alma deles em ação demonstra que eles não tinham o sentimento de vergonha que pudesse ferir a decência. Eles desconheciam a consciência associada ao mal. Os gregos eram mais espontâneos, mais apaixonados por serem artistas; eles possuíam uma espécie de ingenuidade infantil e, por esse motivo, todas as suas atitudes erradas eram puras, quase sagradas.[16]

(Albert Camus enaltecia a "ingenuidade" grega de um modo similar, associando-a, em especial, à nudez dos atletas.) Sendo assim, os gregos mereciam uma atenção especial. Não obstante, a atenção deve ser dada aos *verdadeiros* gregos e não à imagem sentimentaloide, "envolta em um papel dourado",[17] "castrada"[18] que predominava desde o século XVIII. É preciso reconhecer o aspecto "humano, *demasiado humano*"[19] dos gregos e, também, a natureza humana: devemos *"revelar os aspectos irracionais dos assuntos humanos, sem traço de qualquer desonra"*. Só quando fizermos isso "seremos capazes de distinguir o que é fundamental e o que precisa ser aperfeiçoado".[20] Além disso, apenas quando tivermos um conhecimento sincero e sem artifícios do demasiado humano poderemos lidar com esta característica de uma maneira sensível. Assim como os gregos, precisamos conhecer,

> a ânsia do êxtase, do embuste, da vingança, do ressentimento, do aviltamento do ser humano e, desse modo, seremos capazes de incorporá-los à construção da sociedade e dos princípios éticos. A sabedoria das instituições [gregas] consistia na ausência de uma separação entre o bem e o mal, o preto e o branco e, assim, a natureza não era negada, mas apenas se restringia a cultos e dias específicos. Esta era a origem do vigor do livre pensamento [*Freisinnigkeit*] dos antigos: buscava-se para as forças naturais uma libertação moderada e não a destruição e a negação.[21]

Esse trecho é uma antecipação importante da crítica posterior da abordagem do cristianismo em relação à "maldade". Ou talvez fosse uma crítica proposital ao puritanismo vitoriano, que, por exemplo, restringira o sexo a prostíbulos em ruelas nas periferias das cidades.

"Meu objetivo", escreveu Nietzsche, é a "aversão à nossa cultura contemporânea" e o que [poderíamos na realidade aprender com] a Antiguidade. Quem quer que adote a primeira opção detestará, sem dúvida, a última alternativa.[22] No entanto, o problema com a prática atual da filologia é a representação dos gregos de uma maneira inteiramente improdutiva, a fim de justificar a situação da cultura contemporânea. Os gregos não apenas "ornamentavam e refinavam" como os romanos. Para eles a cultura pertencia às raízes da vida.[23] A modernidade com sua visão da "cultura" como algo supérfluo, uma camada fina de refinamento, encobria uma realidade de um comer-

---

16  KSA 8 3 [49].
17  KSA 8 3 [14].
18  KSA 8 3 [18].
19  KSA 8 17 [72].
20  KSA 8 5 [20].
21  KSA 8 5 [146].
22  KSA 8 3 [68]; minha ênfase.
23  KSA 8 5 [65].

cialismo grosseiro, que se congratulava de estar repetindo o melhor que foi produzido na Grécia. Mas, na verdade, o conceito da cultura como "ornamentação" originava-se do período do Império Romano de Alexandre, o Grande, que já representava um declínio da grandeza da Grécia.[24] Neste ponto, o protesto de Nietzsche foi contra a tendência a adotar falsas aparências, a exemplo de pôr na ornamentação um verniz clássico ou gótico sobre construções idênticas. Sua crítica assimilou-se à de Bauhaus.

Assim como seu mentor, Schopenhauer, Nietzsche atribuiu esse uso da história como uma forma de autoenaltecimento acima de tudo a Hegel. Todos os historiadores modernos escrevem a partir desse "ponto de vista do sucesso". Eles presumem que vivemos no melhor dos mundos possíveis e, então, interpretam nossa vida segundo a concepção dos gregos e, em seguida, tiram conclusões errôneas a respeito de nossa vida elogiando a dos gregos e a nossa. Os historiadores modernos, em outras palavras, são teólogos especulativos.[25] Para Nietzsche só havia uma exceção deste círculo vicioso e improdutivo, seu colega Jacob Burckhardt.[26]

***

Burckhardt era, como Nietzsche, um schopenhaueriano, mas ao contrário de Nietzsche permaneceu fiel a Schopenhauer. Assim como Schopenhauer – cuja personalidade ele compartilhava em muitos aspectos – ele via a condição humana como um infortúnio. E, mais uma vez de acordo com Schopenhauer, ele considerava a história como uma eterna repetição dos mesmos padrões de violência e irracionalidade. Por este motivo, identificava-o como uma exceção significativa dos historiadores hegelianos do século XIX, que afirmavam que a história era a demonstração do triunfo da razão, da verdade e da justiça. Burckhardt distinguia-se mais por sua visão do Renascimento a partir de seus pressupostos. Porém, ele também a aplicava aos gregos dedicando sua perspicácia histórica a desconstruir a descrição dos gregos como pessoas serenas, racionais e felizes do Classicismo do século XVIII e, deste modo, para revelar a vulnerabilidade irracional da vida e da arte gregas.

Nietzsche, é claro, também desconstruiu a visão dos gregos do século XVIII em *A Origem da Tragédia*, ao enfatizar que eles não eram de forma alguma imunes ao lado destrutivo de Dionísio. Porém, *A Origem da Tragédia* tinha um caráter triunfalista: ao contrário dos "bárbaros", os gregos haviam *conseguido* sublimar os perigos dionisíacos com os festivais trágicos. Por sua vez, as anotações de "Nós, Filólogos" insistiam ainda com mais ênfase na vulnerabilidade sombria que existia na vida dos gregos, afirmando que "uma pessoa incapaz de perceber como a história era brutal e sem sentido, não compreenderia o impulso para lhe dar sentido".[27]

Nietzsche assistira às palestras de Burckhardt sobre a história cultural grega em 1872, e os dois haviam tido discussões intensas e longas a respeito desse interesse comum que eles tinham pela Grécia antiga. É possível, portanto, que Burckhardt tenha influenciado o trabalho de "Nós, Filólogos". No entanto, Nietzsche achava que Bur-

---

24 KSA 8 5 [47].
25 KSA 8 5 [143].
26 KSA 8 5 [58].
27 KSA 8 5 [58].

ckhardt não examinara com uma minúcia suficiente o lado obscuro dos gregos. Ao escrever a Rohde em maio de 1876, ele queixou-se que em seu trabalho sobre os gregos ele omitira a "homossexualidade masculina" na vida grega, uma omissão óbvia, visto que tanto a educação dos jovens gregos quanto o conceito de Eros baseavam-se na pederastia: a concepção do amor heterossexual fundamentava-se, alegava Nietzsche, no modelo do amor de um homem mais velho por um menino. Burckhardt, acrescentou, cometera esta mesma omissão. Em suas palestras ele nunca mencionara o assunto.[28]

"Nós, Filólogos" jamais foi publicado e limitou-se às anotações. Em maio de 1875, Nietzsche lamentou-se que, apesar de ter escrito 40 páginas, o trabalho não "fluíra".[29] Não se sabe o motivo do problema. Porém, a explicação mais plausível seria por ele já ter espiritualmente se desinteressado de sua profissão e, assim, não mais tinha energia suficiente para continuar a praticá-la. Além disso, apesar do título da obra, as anotações, embora abordassem bastante o tema dos gregos, havia poucas menções ao estado atual da filologia.

## Uma Resenha, Adeus a Romundt, Saudação de Aniversário para Wagner e uma Crise de Saúde

Em 1º de abril de 1875, o *Westminster Review* de Londres publicou uma longa resenha sobre as três primeiras *Considerações Extemporâneas*. Fundado por Bentham e Mill com contribuições editoriais de George Eliot e mais tarde de Thomas Huxley (o primeiro a usar o termo "darwinismo" em suas páginas), este jornal importante descobrira Schopenhauer em 1853 em uma época em que ele ainda era desconhecido na Alemanha. Ao perceber a devoção de Nietzsche a Schopenhauer, o autor anônimo da resenha, embora reconhecesse o humor schopenhaueriano e suas observações cáusticas sobre a natureza humana, ainda o criticou dizendo que ele era o pior construtor de "castelos de cartas ontológicos" da Alemanha. E, quanto a Nietzsche, o resenhista disse que tinha a expectativa de que "um pensamento positivo de alguma forma por fim... triunfaria sobre a metafísica estéril e desconcertante da Alemanha".[30] Nietzsche achou o resenhista de certo modo "mal-humorado", mas gostou da atenção séria que recebera na Inglaterra.[31] A resenha era importante, porque enfatizava a dessintonia entre a visão científica e materialista da época de Nietzsche e a reconstituição da metafísica idealista de Schopenhauer feita por Wagner. E a previsão de que, muito em breve, "o pensamento positivo" prevaleceria em relação aos "castelos de cartas" no pensamento de Nietzsche.

\*\*\*

Em fevereiro, Heinrich Romundt, sempre mais entusiasmado com os aspectos de negação do mundo de Schopenhauer do que Nietzsche, anunciou aos seus

---

28  KGB 11.5 528.
29  KGB 11.5 443.
30  C p. 334-336.
31  KGB 11.5 443.

companheiros da Caverna de Baumann, que, pelo fato de não ter obtido um cargo de professor de filosofia na universidade, iria ser um padre católico. Nietzsche considerou esta decisão como uma traição pessoal, assim como Overbeck, não apenas devido à negação da razão em prol da fé, mas em razão do *tipo* de fé:

> Oh, nosso ambiente protestante tão agradável! Eu nunca tive tanta consciência de minha dependência íntima com o espírito de Lutero e agora esse homem infeliz quer repudiar tudo o que esse gênio libertador inspirou. Questiono-me se ele enlouqueceu e se banhos frios não lhe fariam bem.[32]

A maioria das pessoas com formação protestante pensa que os locais escuros, o incenso, as velas, a devoção ao Sagrado Coração de Jesus e as estátuas douradas da Virgem Maria são representações teatrais desprezíveis destinadas a camponeses analfabetos. A maior parte dos protestantes é intrinsecamente destruidora de ídolos. Esta concepção protestante, cremos, simbolizava o "ambiente protestante" de Nietzsche, uma austeridade estética sem ídolos.

Em 10 de abril, Romundt finalmente partiu da Basileia de uma maneira chaplinesca, de uma comicidade pungente, que resumiu sua personalidade:

> Overbeck e eu cuidamos das providências de sua [viagem] mais do que ele, que parecia indiferente a tudo. A natureza indecisa de seu caráter chegou ao auge do ridículo quando, uma hora antes sua partida, ele decidiu que não queria mais ir embora. Ele não contou os motivos dessa decisão intempestiva e, então, tivemos certeza de que ele partiria essa noite. Ele começou a demonstrar tamanha infelicidade e repetia sem cessar que o melhor período de sua vida estava prestes a terminar. Em lágrimas, ele pedia perdão; ele não sabia como lidar com a infelicidade que sentia. Um desastre característico aconteceu no último momento. O condutor fechou as portas do trem que partia e Romundt, querendo nos dizer algo mais, tentou abaixar a janela inferior do vagão, porém, sem sucesso. Ele tentou abaixá-la várias vezes, como se estivesse atormentado para comunicar-se conosco, mas foi inútil. O trem partiu devagar da estação... o simbolismo terrível desta cena nos tocou profundamente.[33]

No dia seguinte, Nietzsche ficou de cama com uma "dor de cabeça que durou 34 horas, e vomitando bile", o que mostrou mais uma vez como o estresse ativava seus problemas de saúde. Para seu alívio, Romundt logo desistiu de sua intenção de "ir para Roma". Por fim, ele tornou-se um excelente professor em um colégio em Oldenburg e escreveu ensaios filosóficos ocasionais.

***

Em 24 de maio Nietzsche enviou suas saudações habituais de aniversário para Wagner (com dois dias de atraso). Foi uma das mais profundas cartas que ele escreveu para alguém e indicou, cremos, que o nível de comunicação com Wagner era mais intenso do que com qualquer outra pessoa (exceto, como veremos, com Lou Salomé.) "Quando eu penso em sua vida", Nietzsche escreveu,

---

32   KGB 11.5 430.
33   KGB 11.5 439.

sinto a dramaticidade de seu rumo: é uma sensação de que você é de tal forma um dramaturgo que não poderia viver de outro modo e que só poderia morrer na conclusão do quinto ato. Quando tudo se direciona e se movimenta de maneira violenta para um único objetivo, a casualidade, que aparentemente desaparece, tende a acontecer. Em razão do ímpeto poderoso, tudo se torna uma exigência férrea.

Isso é um indício inicial de um dos temas centrais da filosofia de Nietzsche na maturidade: que para viver de uma maneira satisfatória e significativa deveríamos criar nossas vidas como artistas, unidades estéticas que incorporam tudo o que aconteceu e, assim, nada parece mais "acidental".

Nietzsche continuou a carta contando a Wagner de uma "profecia estranhamente bela", que lera em um dos poemas do "pobre Hölderlin, cujas circunstâncias de vida não foram tão boas como as minhas, e cuja única sugestão referia-se ao fato de que tudo em que confiávamos aconteceria". Em seguida, como presente de aniversário, ele citou todo o poema.

> Oh, sagrado âmago do Volk, oh, Pátria!
> Resignados como o silêncio da mãe Terra
> Cientes, mesmo sem sabermos, de que os estrangeiros nos superam.
> Eles destroem nossos pensamentos, nosso espírito,
> Felizes colhem nossas uvas, desprezam nossas desprotegidas videiras, então andamos a esmo em uma confusão selvagem pela Terra.
> A Terra dos gênios superiores e sérios!
> A Terra do amor! Eu já lhe pertenço,
> [Mas] com frequência choro com raiva, porque quase sempre você nega sua alma,
> Agora você permanece em silêncio, planejando um trabalho alegre que você criou, uma nova figura, a única coisa que, assim como você, nasceu do amor e tem sua bondade.
> Onde está Delos,* onde está seu Olimpo,
> Então como poderíamos participar do festival maior?
> Mas como seu filho poderia imaginar,
> Oh! ser imortal, o que você preparou para o seu?[34]

Nietzsche citara esse poema para confirmar, mais uma vez, o projeto de Wagner de reviver a tragédia grega, "o festival sublime". Com sorte, sugeriu, o projeto de Bayreuth estaria em harmonia com o âmago do *Volk* alemão. E talvez ele quisesse lembrar a Wagner que o renascimento "grego" *era* seu projeto, do qual não podia se desviar.

Um dos conceitos preferidos de Hölderlin era o "luto sagrado", o luto pela alma do *Volk* que ainda não fora recuperada. Ele exprime-se aqui no "choro zangado" do poeta a respeito do fato de o *Volk* alemão ter se desviado tanto do seu verdadeiro eu. O respeito de Nietzsche por Hölderlin explica, cremos, como veremos, seu comportamento descontente no primeiro Festival de Bayreuth: ele sentiu-se em um "luto sagrado", um luto do que poderia ter sido o festival. Hölderlin influenciou a reação de Nietzsche ao Festival.

Wagner, aparentemente, nunca respondeu essa carta.

\*\*\*

---

\*   Na mitologia grega um santuário em uma ilha, local de nascimento de Apolo.
34  KGB III.5 449.

Em 14 de maio, Nietzsche recebeu um lembrete amistoso de Schmeitzner a respeito de seu compromisso de produzir mais 10 *Considerações Extemporâneas*, além do pedido do manuscrito da quarta para que ele pudesse começar a imprimi-lo em junho. Provavelmente como resultado desta pressão, a saúde de Nietzsche agravou-se muito. Nas seis semanas seguintes, apesar da presença reconfortante de Elizabeth, ele sofreu dores agudas nos olhos, enxaquecas e terríveis espasmos estomacais, alguns deles tão violentos que chegou a vomitar sangue. Seu amigo e médico, Dr. Immermann, com sua intuição, tentou primeiro um tratamento com uma solução de nitrato de prata (usado, na época, na reprodução fotográfica, para escurecer os cabelos e remover verrugas), mas quando ele não surtiu efeito começou a lhe dar altas doses de quinino.[35]

Nesse ínterim, apesar de saber de suas péssimas condições de saúde, Cosima lhe enviou uma de suas listas de compras habituais. Como ela escreveu em julho, ele poderia comprar em Estrasburgo (a uma distância considerável da Basileia), "algumas libras de balas de caramelo, doce de damasco, um pacote de frutas cristalizadas (não em garrafas de xarope e sim glaceadas) e um pacote de laranjas cristalizadas",[36] como se Nietzsche não tivesse nada para fazer, além de ser um criado doméstico da família Wagner. Em *Miscelânea de Opiniões e Sentenças*, ele comentou, com ar imparcial, a reação que este tipo de conduta produziu:

> *O erro mais amargo*: É uma ofensa imperdoável descobrir que, em vez de ser alguém amado, somos na verdade apenas uma peça decorativa na mobília do dono da casa, a fim de que ele exerça sua vaidade perante seus convidados.[37]

Nietzsche suportou seus problemas de saúde com sua coragem usual, e sem grande tristeza, talvez porque proporcionariam uma desculpa convincente para não assistir aos ensaios em Bayreuth, que começariam em agosto. Com ecos em sua determinação juvenil de que a fé religiosa, não importa a gravidade da situação, contribui para algo melhor, e antecipando seu futuro tema da vida como uma arte, ele escreveu a Marie Baumgartner que estava tentando entender sua vida como,

> uma arte na qual a existência e as circunstâncias pessoais [sua saúde, o fato de que sua profissão não lhe dava tempo para escrever] tinham uma conexão especial que não era prejudicial e sim era até mesmo útil. Cada projeto apoiava-se nessa ideia, o que significaria rejeitar muitas coisas [por exemplo, a amizade com Wagner], a fim de não ter de repudiar o projeto principal. Como você vê, eu sou corajoso.[38]

## "Cura" em Steinabad

Apesar de, ou talvez por causa do tratamento de Immermann, a saúde de Nietzsche piorou cada vez mais. Desesperado, o médico lhe aconselhou a desistir de todos os

---

35   KGB 11.6/1 680.
36   KGB 11.6/1 691.
37   AOM 74.
38   KGB 11.5 466.

planos de assistir aos ensaios de Bayreuth e, em vez disso, de fazer uma "cura". Assim, Nietzsche partiu em 15 de julho para passar uma temporada de quatro semanas no *resort* termal de Steinabad, perto de Bonndorf, na fronteira alemã da Floresta Negra. A clínica era dirigida por um especialista em gastroenterologia, Dr. Joseph Wiel, que tinha uma fama internacional por ser o autor de um livro de receitas com detalhes de um regime de saúde por meio da dieta. Nietzsche adquiriu um grande respeito por ele: como acreditava que a dieta era imprescindível para uma boa saúde, ele chamou Wiel de "médico revolucionário".[39] "Charlatão", no entanto, seria a palavra mais apropriada segundo os padrões da época, porque, assim como todos os doentes crônicos, Nietzsche apegava-se a qualquer coisa em seu estado de desânimo e sofrimento. Wiel receitou enemas de água fria todas as manhãs e quatro pequenas refeições por dia compostas basicamente por carne, precedidas de manhã por frutas conservadas em sal de Carlsbad, e acompanhadas ao meio-dia e à noite por uma taça de clarete. Como Nietzsche escreveu a Marie Baumgartner três dias depois de sua chegada, não havia "água, sopa, legumes ou pão". Por fim, aplicaram-lhe, como no colégio interno, ventosas nas orelhas.[40] E, quando partiu de Steinabad, Wiel o aconselhou a só cozinhar sua comida em panelas esmaltadas (que, como todos sabemos, sempre lascam).[41]

Wiel diagnosticou um "catarro crônico no estômago acompanhado por uma dilatação significativa do estômago".[42] O "catarro" pressupunha uma inflamação no revestimento do estômago e a "dilatação" era responsável pelas dores de cabeça do paciente: havia uma "teoria" de que a dilatação do estômago interferia na circulação do sangue impedindo-o de alcançar o cérebro.[43]

*\*\*\**

Além da semicegueira congênita no olho direito, o que havia de errado com Nietzsche nessa fase de sua vida? Como Von Gersdorff observou,[44] os sintomas de Nietzsche não eram os mesmos de uma enxaqueca. A náusea e o vômito, a sensibilidade à luz e o cansaço eram sintomas clássicos da enxaqueca, ao passo que as coisas que afetavam Nietzsche, como o estresse emocional, a aversão à luz brilhante e ao barulho alto (os tambores do carnaval da Basileia), eram situações ocasionais que iniciavam um processo mórbido clássico. Mas qual seria a razão de seus problemas intestinais? Immermann sugeriu uma úlcera estomacal.[45] A dor causada por uma úlcera no estômago em geral é aliviada ao beber leite e, embora Nietzsche tomasse muito leite e às vezes achasse que isso o ajudava,[46] não existe uma evidência real de que de verdade a melhorasse. Outra dificuldade em relação à hipótese da úlcera referia-se ao fato de uma úlcera curar-se espontaneamente ou provocar sérias complicações que poderiam ser fatais, mas Nietzsche sentiu dores intermitentes no

---

39 KGB 11.5 481.
40 KGB 11.5 469.
41 KGB 11.5 476.
42 KGB 11.5 470.
43 *Ibidem*.
44 KGB 11.6/1. Para Nietzsche 680.
45 KGB 11.6/1. Para Nietzsche 455.
46 KGB 11.5 498.

estômago a vida inteira, porém, não morreu de uma doença estomacal. Portanto, isto sugere que a "síndrome de um intestino irritável (SIL)" seria um diagnóstico mais plausível no caso complexo da dor de estômago de Nietzsche. O histórico de seus problemas estomacais – períodos de dor intensa seguidos por ausência de dor, fases de prisão de ventre alternadas por diarreias, cansaço frequente e necessidade de descansar na cama, fracasso das dietas alimentares e frequência com que o estresse emocional provocava uma crise são coerentes com os sintomas da SIL.

\*\*\*

No início de agosto, August Wiel notou uma diminuição no "dilatamento do estômago", mas, como o paciente não melhorou, ele renunciou a esta hipótese a favor da úlcera de estômago sugerida por Immermann.[47] Mas isto também não melhorou o estado de saúde de Nietzsche, que apenas alternou poucos dias "bons" com muitos bem desagradáveis.[48]

Uma das vantagens da estação termal de Steinabad era uma piscina fria demais para os mortais comuns (que não tinham o condicionamento físico de Pforta), e Nietzsche nadava às seis da manhã todos os dias.[49] Outra vantagem era a floresta de pinheiros que a rodeava, onde podia caminhar na luz tênue que o protegia das dores nos olhos e na cabeça. Seu antigo aluno Louis Kelterborn lembra sua visita a Nietzsche em Steinabad:

> Era um domingo de julho claro e quente e a natureza desabrochava em sua plena beleza... Mas, além de deleitar-me com a natureza, minha maior alegria foi reencontrar meu amigo querido. Percebia-se, sem dúvida, em seu rosto e na cor de sua pele que estava doente, e ele descreveu-me em detalhes como se sentia, assim como os detalhes do tratamento no qual depositava grandes esperanças. Ele mostrou-me as instalações do *resort* e do parque que o rodeava, insistiu que eu nadasse na piscina, o que recusei, e depois do almoço fizemos um longo passeio pela maravilhosa floresta. Nietzsche sempre fizera extensos passeios a pé, e o movimento vigoroso e regular de sua caminhada rápida sempre o fazia se sentir bem. Aqui, podia-se respirar o cheiro forte e agradável dos pinheiros maravilhosos. Em cada nova curva do caminho passávamos por belezas diferentes... acima de tudo sentíamos a bênção do silêncio profundo e envolvente. Encontramos outras pessoas que também andavam pela floresta e em nosso caminho não vimos vilarejos... Tivemos a sensação de estarmos distantes da agitação e do barulho das cidades e, com esse espírito de profunda satisfação e repouso, eu aproveitei muito mais a conversa sempre original, refinada e instigante.[50]

Sobre o que eles poderiam ter conversado? A saúde e o vínculo entre a saúde e a dieta alimentar, ou outros hábitos pessoais poderiam ser um assunto. "Eu só serei saudável quando conseguir ter um equilíbrio físico e mental", escreveu ele a Von Gersdorff.[51] Em outra carta, ele disse que é o "maquinista" e não a "máquina" que está

---

47  KGB 11.5 475.
48  KGB 11.5 474.
49  KGB 11.5 471.
50  C p. 346.
51  KGB 11.5 495.

doente,[52] doente por culpa ou "moralmente", por "preocupar-se tanto com as maldades do mundo".[53] Na carta de aniversário enviada a Wagner já mencionada, ele escreveu,

> desejo-lhe felicidade e saúde, e a mim também... Na verdade, eu gostaria de dizer que o egoísmo oculta-se na doença, porque nossos pensamentos concentram-se nela, ao passo que o gênio em plena saúde sempre pensa só nos outros e, involuntariamente abençoa e cura, pelo simples toque de sua mão. Um homem doente é sempre uma pessoa desprezível...[54]

Essas observações denotam certa incoerência entre elas. No entanto, o princípio que as motivou consistiu em três ideias. Primeiro, a doença física é provocada pela doença psicológica e, reciprocamente, a saúde física pela saúde psicológica. Segundo, que a cura da doença física é sempre psicológica, ou seja, é preciso "ter um equilíbrio mental". E, em terceiro lugar, a doença psicológica é sempre o resultado de uma doença "moral" – o vício –, enquanto a saúde psicológica é consequência da saúde moral – a virtude. Os doentes são sempre pessoas "egoístas" que *diminuem* o bem-estar geral, ao passo que os saudáveis são pessoas altruístas que sempre têm algo a *acrescentar*.

A analogia entre saúde e virtude será, como veremos, um tema central na filosofia de Nietzsche na maturidade. Mas o importante é a inversão da ordem da causa. Enquanto, aqui, a tendência principal de Nietzsche é enfatizar que a saúde psicológica e física eram produtos da virtude (concebida como altruísmo), em sua maturidade a virtude passou a ser o resultado da saúde psicológica.

Nietzsche tinha um bom motivo para rejeitar essa visão, que convertia a saúde física em um barômetro da saúde moral. Não só esta concepção da doença física era uma charlatanice psicossomática ridícula ("A morte é o fracasso do pensamento positivo", e assim por diante), como ela também incorporava uma teologia mórbida e restrita, na qual os doentes crônicos criados segundo os preceitos da cultura cristã eram especialmente vulneráveis: minha doença *deve* ser minha culpa, um castigo pela minha maldade, porque – esse pensamento era formulado apenas a *sotto voce* – existe um Deus magnânimo e todo-poderoso que *não permitiria* que ocorresse um sofrimento imerecido.

\*\*\*

Bayreuth, é claro, deve ter sido outro tema de conversa. Sentindo-se profundamente constrangido pelo fato de todos os seus amigos (a quem *ele* convencera a serem wagnerianos) estarem em Bayreuth, a fim de assistirem o início dos ensaios de uma nova e radical experiência musical, Nietzsche sabia que não só estava ausente, como também seus amigos sentiriam sua falta como uma ausência sartriana. (Eu vou a um bar para um encontro urgente com meu amigo Pierre, mas ele não está lá. Sinto, sugeriu Sartre, só *a ausência de Pierre*, não percebo as garrafas atrás do bar, o garçom ou as outras pessoas que estão no bar.) Em uma tentativa para desculpar-se com Rohde, Nietzsche escreveu de Steinabad que ele está em Bayreuth "mais de três

---
52  KGB 11.5 521.
53  KGB 11.5 520.
54  KGB 11.5 449.

quartos do dia em espírito e paira no ar como um fantasma".⁵⁵ E para Overbeck em seu último dia na estação termal,

> sempre que recebo uma carta de Bayreuth, sinto um arrebatamento por uma meia hora: quero livrar-me de tudo e correr ao encontro de vocês. Como uma tentação maravilhosa, eu ouço com frequência durante minhas caminhadas algo como "ouro líquido" de um som orquestral e, depois, tenho uma sensação de perda infinita. Saber que você está em Bayreuth não me impede de imaginar que teria sido tão fácil que nenhum de nós estivesse...⁵⁶

O "nós" nessa carta referia-se a outro assunto que Nietzsche tinha em mente em Steinabad: a formação de uma comunidade de pensadores "extemporâneos" ou, como começara a chamá-los, "espíritos livres".⁵⁷ Ele escreveu a Von Gersdorff que,

> precisamos aproveitar nossa juventude para aprender muitas coisas. E aos poucos isso se converterá em uma existência comunal de vida e aprendizado. Haverá sempre alguém novo que queira reunir-se a essa comunidade como, por exemplo, o aluno de Direito [da Basileia] muito talentoso e que já revela um comportamento amadurecido (embora precocemente amargurado), Albert Brenner.⁵⁸

Como veremos no próximo capítulo, Brenner reuniu-se a Nietzsche no ano seguinte em Sorrento no "monastério dos espíritos livres", como Nietzsche descrevia o local.

Talvez outro tema de conversa com Kelterborn possa ter sido o futuro de Nietzsche. Ao escrever para Carl Fuchs, que se queixara de seu insucesso como músico, Nietzsche lembrou-lhe a observação de Lizst de que muitos não são bem-sucedidos devido à pressa, por "não quererem esperar". Quanto a ele, continuou, citando Shakespeare (*Hamlet*), "a rapidez era fundamental":

> Não devemos deixar que o destino perceba nossas intenções...Tenho uma predisposição interna a alimentar pensamentos durante anos sem percebê-los, mas, quando eles me dominam, envolvem-me, eu estou "pronto".⁵⁹

Para Curt Paul Janz havia um abismo inaceitável entre o idealismo sublime das *Considerações Extemporâneas*, a exigência de que o "verdadeiro eu" pairasse "infinitamente acima de tudo", e a relutância de Nietzsche em abandonar a universidade. Mas, além do fato de que ele não tinha meios de se sustentar a não ser com seu salário, sem falar no compromisso de ajudar a mãe, Nietzsche, cremos, não estava *esquivando-se* da decisão a ser tomada e sim *esperava com atenção*, mantendo-se alerta e "preparado" para o momento certo de pedir sua demissão na universidade. Ele escreveu a Marie Baumgartner de Steinabad,

---

55 KGB 11.5 474.
56 KGB 11.5 481.
57 Em seu último dia em Steinabad Nietzsche escreveu a Carl Fuchs "se Deus permitir que nos tornemos espíritos livres, então, você pode ficar com o resto", o que indica ser a primeira vez que usou essa expressão-chave (KGB 11.5 479).
58 KGB 11.5 471.
59 KGB 11.5 479.

> Diversas ideias estão agora amadurecendo em minha mente e aos poucos percebo com mais clareza a missão da minha vida, sem coragem de contá-las a ninguém. É um processo gradual e discreto, porém, decisivo. Pressinto que poderei ir bem mais além. Imagino-me como um alpinista, veja com que orgulho eu falo.[60]

Nietzsche não encontrou ninguém interessante entre os convalescentes em Steinabad e passava a maior parte do tempo sozinho. Entretanto, fez pequenos passeios com outras pessoas a Rothaus para visitar o que diziam ser a maior cervejaria da Alemanha, uma fábrica de queijos e a uma fazenda de porcos.[61] Ele partiu de Steinabad em 12 de agosto.

## Um Novo Apartamento e Novos Amigos: Paul Rée e Heinrich Köselitz

Nesse ínterim, de volta à Basileia, Elizabeth alugara um novo apartamento para os dois em Spalentorweg nº 48, a poucos minutos a pé da Caverna Baumann. Esta convivência semiconjugal foi conveniente a ambos: a Elizabeth porque sempre adorara o irmão, e a Fritz uma vez que a "cura" em Steinabad fora inútil e, assim, quando voltou para a Basileia ele precisou de mais conforto do que lhe proporcionava a comida de Frau Baumann em sua vida de solteiro anterior. Sua sobrevivência dependia desta comodidade física, como escreveu a Overbeck.[62] Nietzsche tinha um andar inteiro só para ele no apartamento nº 48, enquanto Elizabeth ocupava parte do andar superior. O apartamento tinha seis cômodos mobiliados parcialmente com os móveis trazidos de Naumburg, além de uma cozinha, um porão e uma cozinheira. Apesar de estar acima de seus recursos financeiros – ele tivera de pedir cem táleres emprestados a Von Gersdorff[63] – Nietzsche achou que sua nova casa era bem confortável: "Tudo ao meu redor é completamente nietzschiano e reconfortante de um modo especial."[64]

O resto do ano foi marcado por crises frequentes dos problemas habituais. Com frequência, ele não conseguia ler nem escrever, então Elizabeth o distraía lendo em voz alta todos os romances de *Sir* Walter "Skott" (sic),[65] como pensou. Em dezembro, Nietzsche calculou que a cada duas a três semanas ele passara 36 horas na cama.[66] O Natal foi particularmente ruim devido ao colapso total da "máquina", como em geral ele dizia. Isto o levou a fazer um novo autodiagnóstico. A única fonte de todos os seus problemas era uma "inflamação no cérebro": seu pai morrera aos 36 anos e era bem possível que ele morresse antes.[67] Em janeiro do ano seguinte, sua saúde o

---

60 KGB 11.5 475.
61 KGB 11.5 481.
62 KGB 11.5 450.
63 KGB 11.5 493.
64 KGB 11.5 495.
65 KGB 11.5 493.
66 KGB 11.5 494.
67 KGB 11.5 498.

impediu de continuar a dar aulas no ensino médio e, em fevereiro, ele suspendeu temporariamente os cursos na universidade.

\*\*\*

Apesar de seu estado de saúde, no outono de 1875, Nietzsche iniciou, depois de Wagner, as duas amizades filosóficas mais importantes de sua vida: primeiro com Paul Rée, íntima e por fim traumática; a segunda com Heinrich Köselitz, menos íntima, porém, mais duradoura.

Paul Rée, cinco anos mais jovem que Nietzsche, era um huguenote, mas basicamente de origem judia (ver Ilustração 18). Assim como Nietzsche, sua concepção filosófica no início era schopenhaueriana. No entanto, mais tarde rejeitou a metafísica idealista de Schopenhauer e adotou uma visão científica e "positivista". Qualquer pessoa que rejeitasse Darwin, escreveu ele, não deveria ler suas obras (de Rée).

Em 1875, ele publicou o livro *Psychological Observations* e terminou sua tese de doutorado sobre "A Nobreza em Aristóteles" em Halle. Publicou, em 1877, *The Origins of the Moral Sentiments* e, em 1885, *The Genesis of Conscience* e *The Illusion of Freedom of the Will: Its Causes and Consequences*. Mas, por não conseguir um cargo acadêmico, ele trocou a filosofia pela medicina e, em 1890, formou-se como médico. Depois de 10 anos de dedicação abnegada aos camponeses da propriedade do irmão no Leste da Prússia, ele mudou-se para Celerina, no alto do vale de Engadine, perto de St. Moritz, onde cuidou dos montanheses, que o consideravam quase um santo. Em 1901, a uma distância pequena, ele escorregou em um pedaço de gelo e afogou-se no rio En próximo a Schlarigna. Ironicamente, lá ele e Nietzsche haviam rompido em meio a violentas recriminações (ver Capítulo 18); Schlarigna era uma comuna suíça bem perto de Sils Maria onde, havia 20 anos, Nietzsche encontrara seu lar espiritual. É possível que a morte de Rée tenha sido suicídio. Dotado de um temperamento gentil e honesto, com tendência a ter um humor autodepreciativo, embora tenha rejeitado a metafísica de Schopenhauer, ele continuou a compartilhar sua opinião desfavorável sobre o valor e a virtude da existência humana. Além disso, apesar de judeu, aqueles que o conheciam bem, como Lou Salomé e o sociólogo Ferdinand Tönnies, sabiam que ele era antissemita.

Em seguida à vitória da Guerra Franco-Prussiana, uma onda de antissemitismo surgiu junto com a xenofobia racial alemã, que Nietzsche detestava. A palavra "antissemitismo" foi usada pela primeira vez por Wilhelm Marr em 1879 para descrever a oposição política à emancipação dos judeus, que ele estava ajudando a promover. (Cosima Wagner, como vimos, era uma feroz opositora e anotou em seu diário o primeiro encontro com Rée em 1876, "Uma personalidade fria e precisa, ele não atraiu nossa simpatia; observando-o com mais atenção chega-se à conclusão de que ele deve ser israelita".)[68] Theodor Lessing discutiu Paul Rée em seu livro *Jewish Self-Hatred* como o exemplo de uma pessoa que absorveu o antissemitismo de seu ambiente e o transformou em um poderoso estímulo para o ódio a si mesmo. Lou Salomé, que se tornou psicanalista e membro do círculo íntimo de Freud, fez uma conexão entre o ódio de Rée a si mesmo e seu altruísmo: ao dedicar-se aos outros com abnegação,

---

68   Cate (2002) p. 232.

ela sugeriu, ele sentiu uma "libertação feliz de seu eu".[69] É também possível, embora incerto, que Rée atormentava-se em razão de suas inclinações homossexuais.

Em outubro, Nietzsche escreveu sua primeira carta a Rée, com quem tivera um encontro superficial por intermédio de Romundt em maio de 1873, contando-lhe que gostara muito do livro *Psychological Observations* publicado anonimamente e que, no mesmo instante, percebera quem era o autor.[70] Rée respondeu de Paris que sempre admirara Nietzsche à distância e que agora teria muito prazer em tê-lo como amigo.[71] Rée visitou Nietzsche em fevereiro do ano seguinte e, no mês seguinte, Nietzsche escreveu a seu "novo amigo conquistado" dizendo-lhe como fora agradável conhecer alguém tão diferente das pessoas que conhecia na Basileia, alguém com quem ele podia conversar sobre a "humanidade". "Devemos", escreveu,

> fazer desse interesse mútuo a base de nossa amizade e, além disso, espero que possamos nos encontrar com frequência. Seria uma grande alegria e um benefício intelectual e moral para mim se você dissesse "Sim". Imagine como seria produtiva a sinceridade pessoal de uma amizade norteada por esse princípio! Eu não acho tão fácil prometer isso... Mas desejo do fundo do coração merecer sua franqueza...[72]

Vemos nesse texto uma amizade baseada em dois pressupostos: um interesse "científico" pela "humanidade" e um compromisso "comum" de uma franqueza pessoal, uma abertura entre duas almas.

Em uma carta a Rohde, Nietzsche explicou o que significaria "conversar sobre a humanidade". O livro *Psychological Observations* de Rée, escreveu ele, era o trabalho de um "moralista" com uma visão perspicaz, um talento muito raro entre os alemães[73] (exatamente, a "precisão fria" que desagradara a Cosima, que preferia ver as coisas suavizadas por nuvens de incenso católico, o desgostou). O *Psychological Observations* de Rée, provavelmente influenciado em forma e conteúdo pelo mordaz *Aforismos para a Sabedoria da Vida* de Schopenhauer, assim como pelo aforista francês do século XVII, La Rochefoucauld (a quem Schopenhauer também admirava) era, como Nietzsche mencionou, o trabalho de um "atirador perito que sempre atingia seu alvo, mas revelava uma natureza humana sombria".[74] Em outras palavras, era um exercício de "dúvida hermenêutica". Seguindo a observação de La Rochefoucauld que a "autoestima é mais inteligente que o homem mais inteligente do mundo" (frase que Schopenhauer cita),[75] o que nos causa constantemente decepção quanto aos verdadeiros motivos de nossas ações, o livro de Rée contém aforismos de um *amour-propre* depreciativo como "Palestrantes e autores em geral só convencem aqueles que já estão convencidos", "Se a vaidade não existisse quase todas as ciências ainda estariam no berço", "Os críticos competentes são apenas os que elogiam nos-

---
69  Small (2005) p. 44.
70  KGB 11.5 492.
71  KGB 11 6.1 745.
72  KGB 11.5 505.
73  KGB 11.5 494.
74  HH 36.
75  WR II p. 210.

sas realizações", "Quando não há mais esperança de amar pensa-se em casamento", e assim por diante.

O fascínio de Nietzsche pelo livro de Rée suscita uma questão importante: como esse fascínio que o levou a tentar fazer aforismos similares harmonizava-se com o idealismo de uma moral elevada das três *Considerações Extemporâneas* e com a quarta ainda a ser concluída? Embora seja possível pensar que uma preocupação com o aspecto "desagradável" da alma causaria uma rejeição ao idealismo das *Considerações* por considerá-la irrealista, o pensamento de Nietzsche não seguiu esta direção. Apesar de estar prestes a rejeitar o idealismo *metafísico* de Kant e de Schopenhauer ("O mundo é [apenas] minha representação") a favor do realismo – ou do "réealismo"[76] como ele o chamava revelando a influência do amigo – o idealismo *moral*, como veremos, continuou a ser um preceito filosófico em toda a sua vida. No entanto, como ele disse nas anotações de "Nós, Filólogos", um idealismo útil deveria basear-se em um realismo com todas as suas imperfeições em relação à natureza humana e não em uma sentimentalidade "envolta em um papel dourado". Só o realismo, o "réealismo", da natureza humana poderia discernir o que era inalterável ("inerente") e o que poderia ser mudado. Portanto, apenas o realismo conseguiria estabelecer uma distinção entre os tipos de idealismo sem nenhum valor e os úteis ao ser humano. Como ele mencionou sete anos depois:

> Quantas pessoas sabem como observar o mundo que as cerca? Dos poucos que têm essa percepção, quantos fazem uma autoanálise? Todas as pessoas estão muito distanciadas de si mesmas... Queremos ter o nosso eu [verdadeiro]... e com esse objetivo precisamos descobrir todas as legitimidades e necessidades do mundo. A fim de cumprirmos nossa função de *criadores* é preciso sermos *físicos* – porque até então todas as nossas estimativas de valores e ideais fundamentaram-se na ignorância da física ou [como no caso do cristianismo] foram construídos para contradizê-la. Por este motivo, vida longa para a física! E o que ainda mais nos estimula nesse sentido é nossa honestidade [inspirada em La Rochefoucauld, Schopenhauer e Rée]![77]

Observem que essas anotações para "Nós, Filólogos" foram escritas *antes* de Nietzsche ler o *Psychological Observations* de Rée, portanto, devemos pensar em termos de convergência de interesse pela "humanidade", em vez de uma influência de Rée para que Nietzsche seguisse um novo caminho.

\*\*\*

Heinrich Köselitz (ver Ilustração 19), conhecido pelas gerações de leitores de Nietzsche como "Peter Gast",*nove anos mais jovem que ele, conviveu com Nietzs-

---

76 KGB 11.6/2. Para Nietzsche 1084, EH III HH 6.
77 GS 335.
\* Nietzsche inventou esse pseudônimo pensando na carreira de Köselitz como compositor e o convenceu a adotá-lo. "*Gast*" em alemão significa "hóspede" e "Peter" origina-se da palavra latina "*petra*", que significa "pedra". Assim (uma sugestão que devo a Robin Small), ele contém uma referência zombeteira ao "hóspede de pedra", que carrega o Don para o inferno no final da ópera *Don Giovanni*, de Mozart. Nietzsche considerava Köselitz como "o novo Mozart", o que aumenta a plausibilidade desta etimologia.

che por um período mais longo e com poucas interrupções entre todos os amigos, exceto Overbeck. Ele foi um excelente copista – no final ele era a única pessoa que conseguia ler a letra de Nietzsche –, mas Nietzsche nunca lhe concedeu o mesmo respeito ou intimidade que tinha com outros amigos, nem lhe permitiu o uso do tratamento familiar do *du*. Basicamente, o relacionamento sempre foi o de um professor com seu aluno. Filho de um industrial de uma família tradicional da Saxônia, Köselitz estudou música em Leipzig e quis, sem sucesso, ser um compositor de ópera. Um admirador, no início, de Wagner e Schopenhauer, *A Origem da Tragédia* o impressionou muitíssimo e ele o considerou "um protesto veemente contra os efeitos debilitantes de nossa cultura alexandrina".[78] Ele também se emocionou profundamente com os dois primeiros volumes de *Considerações Extemporâneas*. Incentivado por Schmeitzner, ele e seu amigo Paul Widemann decidiram transferir-se de Leipzig para a Universidade da Basileia em outubro de 1875, com o objetivo de assistirem às aulas de Nietzsche.

"A primeira vez que nós o vimos", disse Köselitz em suas extensas anotações a respeito de Nietzsche,

> ficamos surpresos com sua aparência. Um oficial militar e não um "erudito"!... Uma impressão de extremo autocontrole [o estilo prussiano de Pforta]. Rigoroso consigo mesmo, com princípios austeros, ele, por sua vez, era extremamente generoso nos julgamentos em relação às outras pessoas.

Nessa época Nietzsche compôs o *Hino à Solidão*,* uma obra, relatou Köselitz, "plena de heroísmo mesclado com passagens suaves e *dolces*, que, no entanto, são desafiadoras". Köselitz ouviu-o tocando a obra (sua partitura perdeu-se) no piano: "O toque de Nietzsche tem uma grande intensidade, mas sem aspereza, a música é evocatória, polifônica e com uma multiplicidade de sons de flautas, violinos e trombones."

Uma convivência mais íntima, continuou Köselitz, começou no final de abril de 1876, quando ele soube que Nietzsche estava escrevendo uma quarta *Consideração Extemporânea* sobre Richard Wagner. Ele convenceu Nietzsche que "tinha uma visão muito pessoal do trabalho e, portanto, julgava-o impublicável", a acrescentar três capítulos finais e encarregou-se de fazer uma cópia impressa. Originalmente o livro destinava-se a ser um presente de aniversário para Wagner, porém, por fim, fez parte do primeiro Festival de Bayreuth.[79]

## Veytaux, Genebra e uma Proposta de Casamento

Em março de 1876, realizou-se o tormento anual do *Fastnacht* da Basileia. Talvez com a distinção descrita em *A Origem da Tragédia* entre as manifestações dionisía-

---

78   J I p. 695.
\*    Nesse mesmo período, ele estava lendo o texto budista *Sutta Nipata*. Nietzsche gostava, em especial, da frase "Eu andava sozinho sem destino como um rinoceronte" (KGB II. 5 495), uma alternativa interessante para a "nuvem" de Wordsworth.
79   C p. 351-353.

cas "bárbaras" e gregas em mente, Köselitz descreveu o carnaval como "menos *alegre* e, sim, bárbaro e brutal, com o som incessante dos tambores".[80] Desta vez Nietzsche viajou com Von Gersdorff para Veytaux, perto de Montreaux, no lago de Genebra, onde permaneceu de 6 de março até 6 de abril, fazendo caminhadas de seis horas por dia em geral sob um tempo úmido e frio. Ele estava entusiasmado com a ideia de visitar o castelo de Chillon, próximo de Veytaux, imortalizado pelo famoso poema de Byron, *O Prisioneiro de Chillon*, uma obra do herói de sua infância.

Com a saúde bem melhor, Nietzsche viajou de Veytaux para Genebra, onde queria homenagear a casa na qual Voltaire morou durante o exílio – ele referia-se a esse paradigma "socrático" como "meu maior herói", um indício da mudança de sua concepção espiritual e intelectual.[81] Ele também queria encontrar a condessa Diodati, que supostamente terminara uma tradução para o francês de *A Origem da Tragédia*, e Hugo von Senger, diretor musical da orquestra sinfônica de Genebra e um entusiasta de Wagner e Berlioz. (Durante a estadia de Nietzsche em Genebra, ele regeu a abertura de *Benvenuto Cellini* de Berlioz a pedido de seu convidado.)

No entanto, a condessa enlouquecera e estava internada em um hospício. Senger, a quem Nietzsche conhecera em 1872, admirava *A Origem da Tragédia* e visitara Nietzsche na Basileia em fevereiro. Ele era de certa forma neurótico e, como os alemães dizem, um "mulherengo". Depois que beijou sua aluna de piano inglesa, Eliza Vaughan, durante uma aula, ela, uma mulher de personalidade, o levou a um casamento infeliz. Uma de suas alunas, Mathilde Trampedach (ver Ilustração 20), uma jovem esguia, loura e bonita, tinha uma paixão secreta por ele e, mais tarde, se tornaria sua terceira mulher.

Uma manhã, Senger levou Nietzsche ao pequeno hotel em Genebra onde Mathilde estava hospedada com a irmã. "Infelizmente", Mathilde recorda-se, "nós não conseguimos ver o homem famoso porque, apesar da luz tênue, ele usava um boné verde de um tecido espesso na cabeça para se proteger do sol, que encobria seu rosto, sem dúvida em razão de seus olhos frágeis". Alguns dias depois, Von Senger convidou as duas jovens para um passeio de carruagem junto com Nietzsche. Mathilde participou da conversa sobre poesia e poetas e perguntou a Nietzsche se ele conhecia o poema *Excelsior*, de Longfellow. Quando ele disse que não o conhecia, ela se ofereceu para traduzi-lo para o alemão. Mathilde continuou o relato,

> Os dois homens entretinham-se com uma conversa sobre a liberdade dos povos e, em certo momento, não resisti e interferi na conversa dizendo que era surpreendente como as pessoas tão interessadas na liberdade extrínseca, pouco percebiam como eram limitadas e reprimidas intrinsecamente, e que a libertação do peso da fraqueza humana exigia um grau maior de energia... quando levantei os olhos deparei-me com o olhar intenso de Nietzsche fixo em mim.

Mathilde encontrou-se pela terceira e última vez com Nietzsche:

> Ele veio despedir-se e o levaram à sala de recepção, onde ele nos cumprimentou com uma inclinação solene. Em seguida, dirigiu-se ao piano [como no prostíbulo em Co-

---

80 C p. 357.
81 KGB 11.5 516.

lônia] e começou a tocar com um crescente sentimento tempestuoso até diminuir de intensidade em harmonias imponentes que, por fim, desapareceram em um *pianissimo*. Logo após partiu sem dizer uma palavra. O único gesto foi uma mesura profunda.[82]

Alguns dias depois Mathilde recebeu uma carta de Nietzsche (que, é claro, ela guardou):

> *Mein Fräulein...* reúna toda a coragem em seu coração para não se assustar com a pergunta. A senhorita se casaria comigo? Eu a amo e tenho a sensação de que já me pertence. Nenhuma palavra a respeito deste afeto repentino... Só gostaria de saber se não sente o mesmo que eu, que nunca fomos estranhos. Não acha que se nos unirmos seríamos mais livres e melhores do que sozinhos, em outras palavras, que nos destacaríamos?* A senhorita ousaria viajar comigo, com alguém que se esforça sinceramente para se tornar mais livre e melhor? Em todos os caminhos da vida e do pensamento? Por favor, liberte-se de suas inibições e deixe seu coração liberar-se. Ninguém sabe da existência desta carta, exceto nosso amigo em comum *Herr* von Senger.[83]

Além da beleza e da inteligência de Mathilde, e do fato de Overbeck ter anunciado havia pouco tempo seu noivado com a deslumbrante Ida Rothpetz, uma notícia que causou uma profunda impressão em Nietzsche sobre o assunto angustiante de casamento, é provável que o indício desta proposta inusitada a Mathilde fosse o anseio reiterado de "liberdade". A coragem de Mathilde de interferir em uma conversa masculina levou Nietzsche a supor que ela era um novo tipo de boêmia liberada, uma mulher que desafiava os padrões convencionais e defendia o "livre espírito" que ele gostaria de ser e com quem ele poderia transgredir as convenções sociais. É evidente que ele se frustraria. Mathilde com delicadeza recusou seu pedido. Além de estar apaixonada por Senger, segundo a teoria do "gene egoísta", as mulheres procuram no casamento uma boa segurança material. E Nietzsche jamais teria condições de oferecer esta segurança.

Essa hipótese em relação à motivação de Nietzsche é confirmada em uma carta escrita no mês seguinte para Von Gersdorff:

> Eu não vou me casar; na verdade eu detesto as restrições e o envolvimento "civilizado" ["burguês", "provinciano"] dos valores conservadores. Dificilmente, uma mulher teria um espírito livre capaz de seguir-me [sic] e, cada vez mais, os filósofos gregos [solteiros] proporcionam-me o modelo de uma maneira desejável de viver.[84]

Ao voltar para a Basileia em 12 de abril, bronzeado e temporariamente com uma saúde razoável e sem uma mágoa visível da rejeição de Mathilde, Nietzsche recebeu um convite de Malwida von Meysenbug para passar o inverno e a primavera

---

82  J I p. 630.
*   A tradução latina do título do poema de Longfellow é "ainda mais elevado" ou, de uma maneira vaga, "mais além e ascendente". O poema descreve um jovem que atravessa um vilarejo nos Alpes carregando uma bandeira com a palavra "Distinguir-se" escrita. Ignorando todas as advertências, ele subiu a colina cada vez mais alto até que, inevitavelmente, o encontraram "morto, mas belo" semienterrado na neve.
83  KGB 11.5 517.
84  KGB 11.5 529.

seguintes com ela no clima ameno da Itália. (Uma "mudança de ares" era o remédio prescrito com frequência para doentes pelos vitorianos.) Em junho, ele obteve uma licença sabática de um ano, à qual tinha direito após sete anos de trabalho, o que lhe permitiu refletir com seriedade sobre sua sugestão.

## Wagner em Bayreuth

Nesse ínterim, Nietzsche dedicara-se à conclusão da quarta *Consideração Extemporânea, Wagner em Bayreuth*, que ele entregou a Schmeitzner em 10 de julho de 1876. Ele pediu que fossem enviadas cópias para o casal Wagner (duas), para Von Gersdorff, Rohde, Rée, Malwida von Meysenbug, Romundt, sua mãe, Fuchs, Sophie Ritschl, Krug (mas não a Pinder de novo), von Senger, Hillebrand, Marie e Adolf Baumgartner, e para mais quatro pessoas,[85] os "poucos" para quem escrevera.

O trabalho fora planejado para coincidir com o primeiro Festival de Bayreuth, que se realizaria no mês seguinte. A ideia era explicar o significado e a importância do evento, ou seja, produzir uma obra com a mesma característica de *A Origem da Tragédia*, embora, agora, como em o "Apelo aos Alemães", com o enfoque exclusivo em Wagner. Nietzsche escreveu o livro com dificuldade.[86] O motivo principal desta tarefa árdua foi, à época, sua mudança de atitude em relação a Wagner, que se convertera da adulação à ambivalência. Como vimos no último capítulo, as dificuldades pessoais com Wagner foram registradas em seus cadernos de anotações com muitas críticas ao artista (ele era um "ator", um produtor "tirânico" de efeitos banais, sua música "nega" em vez de "afirmar" a vida), o que, mais tarde, constituiu a base de *O Caso Wagner*, no qual Nietzsche continuou suas críticas com extrema violência.

O engenhoso argumento diplomático de Nietzsche buscou reconciliar o compromisso público com a restrição privada e inspirou-se na estrutura narrativa do ensaio "Beethoven", de Wagner, para elaborar uma biografia idealizada em que o eu "elevado" de Wagner por fim prevalecesse contra os erros e fraquezas do eu "inferior". Este argumento permitiu-lhe associar a necessidade de uma hagiografia aos requisitos de sua integridade, ao fazer uma advertência discreta a Wagner de continuar fiel ao seu ideal sublime.

Retrospectivamente, em *Ecce Homo*, Nietzsche revelou que, na verdade, perdera a esperança de que Wagner ou Bayreuth manteria esse ideal: no livro, ele disse, "em todos os momentos decisivos do ponto de vista psicológico eu referia-me à minha pessoa e, portanto, pode-se substituir pelo meu nome ou pela palavra 'Zaratustra' sem hesitação sempre que o texto mencionar o nome de 'Wagner'"... em nenhuma circunstância o livro abordou a realidade wagneriana".[87] Em consequência, assim como no ensaio "Schopenhauer como Educador", a obra "basicamente se reporta a mim... é uma visão de *meu* futuro".[88] Em outras palavras, o eu ou o ideal "elevado" de Wagner não é o

---

85   KGB 11.5 533.
86   KGB 11.5 490.
87   EH III BT 4.
88   EH III UM 3. Minha ênfase.

*seu* ideal e, sim, o dele, Nietzsche. Assim, nesta perspectiva o livro adquire uma importância ainda maior. Estas observações revelam que o ideal semiwagneriano delineado em 1876 continuou a ser o ideal de Nietzsche até o final de sua carreira, em 1888.

\*\*\*

A quarta *Consideração Extemporânea* inicia-se com uma crítica ao teatro moderno, um espaço de uma "arte luxuosa",[89] com emoções triviais e escapistas destinadas a uma plateia entediada e exausta pelo trabalho. Mas o mundo moderno é tão interligado que a mudança de um elemento altera toda a sua estrutura: para reestruturar o teatro e produzir uma "arte mais pura e elevada" seria preciso transformar a sociedade do ponto de vista moral, político e civil. Seria necessário, segundo Nietzsche, eliminar a doença do "homem moderno" e criar uma nova cultura mais saudável.[90] (Esta formulação de Nietzsche seria plausível, ao pensarmos na televisão. Para exibir um programa de televisão "mais elevado e puro" seria preciso, de acordo com Lorde Reith, diretor-geral da BBC, criar uma sociedade profundamente diferente.)

No início, Wagner – o Wagner "inferior" –, quando estava seduzido pela decadência da cultura moderna, era apenas mais um compositor de óperas grandiosas. Em sua imensa ambição nessa época ele queria superar competidores como Meyerbeer na produção de "artifícios" vazios e banais, efeitos "hipnóticos" destinados a "extasiar o público" (talvez uma versão inferior do grego *agon*). Nunca, comentou Nietzsche, um grande artista poderia ter começado sua carreira tão envolvido em erros, ou em uma forma tão "revoltante" de sua arte.[91](Lembrem-se da nota citada no capítulo anterior de que nenhum grande compositor era tão ruim como Wagner aos 28 anos. Mas depois ele tornou-se um revolucionário socialista e começou a ver sua antiga vida como a de um lacaio de uma sociedade corrupta. Então, sua música refletiu a voz do povo, seu objetivo passou a ser a substituição do capitalismo opressivo, com a redução dos seres humanos a meros "trabalhadores", por uma comunidade real, um *Volk* autêntico. O fracasso da revolução de 1848 frustrou suas expectativas, e por algum tempo ele adotou o espírito schopenhaueriano de negação do mundo. Em *Tristão*, seu "*opus metaphysicum*", um homem desanimado perante a vida pensa nos mistérios da noite e da morte. No entanto, apossa-se dele um novo otimismo. Este sentimento expressa-se no "milagre" dos *Mestres Cantores*, uma obra que, embora seja posterior e mais refinada do que seus trabalhos dos dias revolucionários, Wagner de novo afirmou a crença na vida e procurou descobrir "o germe e a primeira fonte da vida de uma verdadeira comunidade de seres humanos, que será perfeita em algum momento do futuro".\* Em sua plena maturidade Wagner por fim assume seu "verdadeiro" eu, o "dramaturgo ditirâmbico", o dramaturgo que, ao limpar os estábu-

---

89  WB 1.
90  WB 4.
91  WB 8.
\*   Observem que, em sua narrativa, Nietzsche considera os *Mestres Cantores* como o desfecho grandioso da produção de Wagner. Assim, como vimos, o ensaio exprimiu o ideal de *Nietzsche*, o que sugere a ideia de a ópera *Os Mestres Cantores* refletir a expressão artística do final admirável da filosofia de *Nietzsche*.

los de Áugeas do teatro moderno, proporcionou a possibilidade de uma nova ordem no mundo, na qual os seres humanos podem mais uma vez prosperar.[92]

Sozinho, é claro, ele não poderia realizar essa tarefa. Mas Wagner não estava sozinho. Os "amigos" (os membros das sociedades wagnerianas) o acompanhavam – esse é o motivo do novo otimismo dos *Mestres Cantores* – um grupo de idealistas que não hesitavam em se sacrificar pela causa de Wagner. Este grupo é o "germe" da "verdadeira comunidade de seres humanos" do futuro na qual o trabalho coletivo se reunirá em Bayreuth. Todos que participarão serão homens "extemporâneos", muito distantes das supostas "pessoas cultas" (os brilhantes e tiaras da coroa) da época atual.[93]

Uma ação corajosa é impossível sem um sonho e uma visão ideal.[94] Wagner não era um homem fantasioso; ele não acreditava na "ordem final das coisas". Porém, acreditava no futuro, porque pensava que alguns traços atuais do homem ocidental não pertenciam à "estrutura óssea" da natureza humana e, em consequência, os seres humanos poderiam mudar.[95] Os "delineamentos vagos" de um futuro melhor poderiam ser pressupostos a partir de uma análise adequada de nossa "necessidade" atual.[96] O que seria a "necessidade"?

A linguagem, observou Nietzsche (sob influência do ensaio "Opera und Drama" de Wagner), está doente. Em razão da exigência em uma sociedade mecanizada de tornar-se abstrata, um instrumento conceitual do "homem teórico", ela perdeu sua finalidade original, a capacidade de exprimir sentimentos, de expressar-se com "ingenuidade". Em vez de ser um instrumento autêntico de comunicação de alma para alma, a linguagem atual nos converte em seres inarticulados e alienados uns dos outros. (Lembrem-se do desejo de Nietzsche e de Paul Rée de serem totalmente "sinceros" em suas relações.) Fausto, o homem da ciência, o homem teórico *par excellance*, que anseia vivenciar a vida e o amor reais, personifica nossa situação difícil. A música "ditirâmbica" (isto é, dionisíaca) de Wagner, no entanto, proporciona um antídoto. Quando "nadamos" em seu "elemento enigmático e arrebatador... não mais possuímos um padrão ['teórico'] de avaliação, todas as coisas fixas e rígidas tornam-se fluidas", uma fluidez que supera "todas as alienações artificiais e incompreensões entre os seres humanos". Este fato, disse Nietzsche, abordando o tema do "bom selvagem" de Rousseau, nos retorna à "natureza", uma natureza "*transformada em amor*". Com este retorno, recuperamos a "alegria suprapessoal", ou seja, o "sentimento correto".

---

92  WB 8.
93  WB 1.
94  WB 4.
95  Uma nota significativa escrita nesse período diz: "A educação é um ensinamento primordial e necessário, em seguida temos o ensinamento do caráter mutável da vida. Mostramos ao aluno como as leis universais da natureza e as leis da sociedade civil são mutáveis. Em relação às últimas leis surge uma pergunta: *teria* de ser assim? Aos poucos o aluno precisará aprender história para conhecer o passado. Mas com esse ensinamento o aluno aprende também que as coisas poderiam ser diferentes. Qual é a dimensão do poder do homem sobre todas as coisas? Essa é a pergunta referente à educação. E agora para mostrar ao aluno como as coisas poderiam ser diferentes apresentamos, por exemplo, os gregos. Os romanos também precisam ser mostrados para que o aluno perceba a evolução da vida que os transformou no que são" (KSA 8 5 [64]).
96  WB II.

Entretanto, o "sentimento correto", em outras palavras, dionisíaco, não é um *mero* sentimento. Ele busca uma "forma correspondente no mundo". Ele procura a expressão de uma estrutura comunal, um Estado. Em *A Origem da Tragédia*, o drama trágico "nasce", como diz o título completo do livro, "no espírito da música", então, segundo Nietzsche uma comunidade inteira nasce desse modo. Com uma ambição extraordinária, ele sugeriu que a música de Wagner oferecia a possibilidade de *um Estado fundado pela música*.[97]

Na realidade, Nietzsche está, essencialmente, repetindo a passagem da "fraternidade universal" do início de *A Origem da Tragédia*. Sob a "magia" de Dionísio, disse ele, "todas as barreiras rígidas e hostis" entre os homens são extintas e, assim, as pessoas "cantando e dançando" sentem-se "unidas" ao seu vizinho em uma "comunidade mais elevada". Como eu diria, em um sentido figurado seria o mesmo sentimento dos torcedores de um time de futebol. Neste ponto ele também antecipou a ideia de um Estado fundado pela música, ao imaginar a obra exultante de Beethoven, *Ode à Alegria*, revelada em uma forma visível. (Esta ideia de um Estado fundado pela música explica seu gosto peculiar por peças musicais quase políticas como a *Canção do Triunfo* de Brahms e *A Marcha do Imperador* de Wagner. Se ele fosse inglês e tivesse nascido em uma geração posterior, com certeza se entusiasmaria pela obra de Elgar, marchas de *Pompa e Circunstância*.)

É evidente que uma comunidade ou o Estado não pode ser fundado só pelo "sentimento correto" comunal. É nesse contexto que o "drama", o lado apolíneo do "drama ditirâmbico", torna-se um elemento importante. Apesar de a "arte não mostrar um instrutor ou um educador em uma atuação direta", as obras de Wagner proporcionam uma estrutura de ação, porque elas representam, disse Nietzsche, "a música mais moral que eu conheço".[98] (A moralidade, disse em uma observação memorável desse período, "é a gramática da vida.")[99] Seus personagens propiciam um "resumo inspirador dos cálculos complexos e intermináveis da ação humana e do desejo". Wotan, Sachs, Brunhilde, Elizabeth e Senta são exemplos extremamente elevados a seguir, que demonstram o tempo inteiro o triunfo do amor sobre o poder e a ambição. O ciclo de *O Anel*, em suma, é "um sistema extraordinário de pensamento [moral]" expresso não por meio de conceitos e sim pelo mito. Como é dirigido, não ao homem teórico, mas à sua "antítese", o *Volk*, ele "pensa mitologicamente" como sempre pensou o *Volk*. Seu conteúdo moral inspirador é *mostrado* e não *dito*.[100]

É preciso, portanto, que a música dramática wagneriana atenda às necessidades da comunidade. Mas assim como em *A Origem da Tragédia*, Nietzsche considera também que ela deva atender à necessidade individual, para superar o sofrimento e a morte. Precisamos, disse ele, nos libertar da "terrível ansiedade que o tempo e a morte evocam" e da "seriedade e do estresse" da vida. Com este objetivo, "as necessidades individuais deveriam dedicar-se [isto é, identificar-se] a algo superior a

---

97 WB 5, 7, 10.
98 WB 2.
99 KSA 8 9 [1]. A frase foi extraída de Karl Eugen Düring, cujo livro *The Value of Life* Nietzsche leu sofregamente no verão de 1875.
100 WB 9, 2.

si mesmo, este é o significado da tragédia".[101] Esta é uma parte do sentimento dionisíaco que nos une ao nosso vizinho. Quando "nadamos" no "elemento enigmático e arrebatador" (a *Liebestod* de *Tristão*), que dissolve todas as coisas "fixas e rígidas", "não mais nos conhecemos" e, assim, nos libertamos do sofrimento e da morte que são a punição da individualidade:

> por algumas horas, pelo menos... temos a ilusão de retorno à natureza livre, ao reino da liberdade. Desse ponto privilegiado observamos, como em um imenso reflexo etéreo, nossas lutas, vitórias e derrotas como algo sublime.

O medo e o estresse anteriores agora parecem "fragmentos estranhamente isolados na experiência total". Mesmo a morte dá a impressão de ser "o estímulo supremo da vida". Ao retornarmos à vida cotidiana trazemos conosco um novo sentido de equanimidade: "transformados em homens trágicos, voltamos à vida com o ânimo reconfortado e com um novo sentimento de segurança."[102]

Assim como em *A Origem da Tragédia*, Nietzsche recorre à autotranscendência como o elemento essencial do "efeito trágico". A música dionisíaca eleva-nos do individual ao universal, à visão "suprapessoal". Desta perspectiva a "unidade primal", o estresse e o sofrimento perdem sua força, porque eles não são *nosso* estresse e sofrimento, a morte não é uma ameaça, visto que não se destina a *nós*. E, na verdade, como não existem resultados positivos sem sofrimento, pelo fato de a destruição do antigo ser necessária para que o novo nasça, percebemos que a vida *exige* o sofrimento e a morte, a fim de desenvolver o fenômeno sempre mutável do fascínio de Heráclito. Do ponto de vista dionisíaco, damos *boas-vindas* ao surgimento da morte na vida.

Até aqui, *Wagner em Bayreuth* é uma continuação da interpretação feita em Bayreuth a *A Origem da Tragédia*. No entanto, em outubro de 1875, Nietzsche escreveu o seguinte texto a Rohde:

> Já quase terminei minhas observações a respeito de *Wagner em Bayreuth*. Mas elas estão abaixo do meu padrão de exigência. Portanto, para mim, elas têm apenas o valor de uma nova orientação para o ponto mais difícil de nossa experiência até o momento. Porém, não estou com o pleno domínio da situação e vejo que ainda há comentários a fazer.[103]

Esse texto indicou, primeiro, as tentativas radicais de *Wagner em Bayreuth* de ver Bayreuth por um novo ângulo privilegiado e, segundo, que as tentativas, de acordo com o julgamento de Nietzsche, não foram inteiramente bem-sucedidas. O que seria essa "nova orientação" e por que ela não obteve um sucesso total?

Minha hipótese baseia-se em que o insucesso parcial disso residiu no uso da palavra "ilusão" na premissa de que no estado dionisíaco "temos a ilusão (*wähnen*) de retorno à natureza livre", para (essa maneira de expressar-se reproduz a visão de Kant da liberdade "inteligível" ou "noumenalidade metafísica") o "reino da liberdade". O termo *wähnen* de Nietzsche originou-se da palavra de Wagner *Wahn*, que, entre os

---

101 WB 4.
102 WB 7.
103 KGB 11.5 490.

mais óbvios de seus diversos significados, tem o sentido de "delírio" e "ilusão". A sugestão implícita no uso da palavra é que, qualquer que seja o benefício psicológico da "elevação" dionisíaca, a ascensão aos "mais elevados níveis de sensibilidade",[104] a experiência, na realidade, é uma ilusão porque *não* existe um "reino da liberdade", nenhum domínio metafísico além do mundo cotidiano das pessoas. Em *A Origem da Tragédia*, é claro, Nietzsche nunca usaria essa palavra, uma vez que, seguindo o idealismo de Kant e Schopenhauer, a "unidade primal" identificada na experiência dionisíaca é absolutamente real. Na verdade, é o *único* ser real, o ilusório é o mundo cotidiano, é apenas um "sonho". Em resumo, em *A Origem da Tragédia, o mundo cotidiano das pessoas é Wahn*. Aqui, no entanto, a "antítese" inverteu-se. Embora às vezes o compositor de *Tristão* pensasse que "o sonho é quase tão real quanto o estado de vigília", na realidade, o sonho dionisíaco é *só* um sonho.[105]

Esses pressupostos indicaram uma profunda mudança no pensamento de Nietzsche que ocorreu antes ou durante a elaboração da quarta *Consideração Extemporânea*. Ele rejeitou o idealismo metafísico optando pelo realismo, pelo naturalismo ou, em um sentido mais amplo, pelo "materialismo". A mudança para o "pensamento positivo", a que o resenhista da *Westminster Review* desejou que Nietzsche por fim encontrasse o caminho. Esta mudança é confirmada em uma carta de 1878: antes de assistir o festival de Bayreuth (e então anterior à publicação de *Wagner em Bayreuth*), como mencionou na carta, ele vivenciara uma "transformação e uma crise" (antecipadas, sem dúvida, pelas discussões com Rée), que consistiram em uma "batalha da razão contra todas as mistificações metafísicas da verdade e da simplicidade, contra a [suposta] razão que pressupõe em tudo um milagre ou um absurdo.[106] Apesar de sua adesão ao positivismo, ele continuou convicto do valor do estado dionisíaco e pessoalmente devotado ao "ouro líquido" da música de Wagner. A "nova orientação", cremos, consistiu em uma tentativa de elaborar uma nova síntese, que associasse o compromisso com a importância da música dionisíaca de Wagner a uma nova concepção não metafísica ou mesmo em oposição à "metafísica", de uma visão renovada de mundo. A tentativa, em resumo, seria de criar uma *percepção dionisíaca sem metafísica*.

Por que ele não se sentia em pleno "domínio" da nova síntese entre o estado dionisíaco e o naturalismo? Por que ele pressentia que havia algo de errado em seu raciocínio, mas sem ser capaz, como acontece com frequência na filosofia, de identificar o problema? Por que, se não fosse pela persuasão de Köselitz, ele não teria concluído o trabalho nem o publicaria?

O ensaio sugeriu que a música de Wagner tinha dois efeitos: ao mesmo tempo em que proporcionava um benefício psicológico, ela era ilusória. Isto não constituía problema, visto que a ilusão quase sempre era benéfica: acreditar na fidelidade de um cônjuge infiel é, na maioria dos casos, um exemplo. Mas a publicação e a percepção do significado do ensaio de Nietzsche *teriam o efeito de destruir a ilusão*. Ainda mais importante, o conteúdo do ensaio destruiria a ilusão *para Nietzsche*. Se eu

---

104 WB 7.
105 WB 7.
106 KGB 11.5 734.

soubesse, se Nietzsche soubesse, que o sentido da fraternidade universal e da imunidade à morte e ao sofrimento era apenas uma alucinação induzida por uma "droga", um truque trivial causado, como a *Consideração Extemporânea* dizia, pelo grande "feiticeiro",[107] só um benefício momentâneo seria destruído. Em resumo, Nietzsche acreditava que a nova síntese era um fracasso. Uma reconciliação genuína entre o estado dionisíaco e o naturalismo deveria ser uma ilusão independente e, por esse motivo, requeria a possibilidade de sobrepujar a individualidade sem o "sonho" de uma identidade sobre-humana para a qual transcendemos. Mais tarde, em seu pensamento da maturidade, sugeriríamos, Nietzsche conseguiu fazer uma síntese genuína entre o estado dionisíaco e o naturalismo, que demonstrava que podemos ser dionisíacos, mas não "metafísicos". Porém, isso seria um projeto futuro: muita água correria sob a ponte até que ele se realizasse. A quarta *Consideração Extemporânea* apoiou-se na percepção de uma possível reconciliação. Mas até então Nietzsche não "controlava" a percepção, porque era incapaz de promover a reconciliação.

\*\*\*

Devido à crítica implícita expressa em *Wagner em Bayreuth* de uma progressão de efeitos medíocres e "tirânicos" do "dramaturgo ditirâmbico", não surpreende que Nietzsche estivesse extremamente nervoso quanto à recepção do livro em Bayreuth. Ele fez pelo menos quatro tentativas de escrever uma carta para o casal Wagner que acompanharia as cópias adicionais.[108] A Cosima ele escreveu que não podia deixar de expressar à distância sua grande alegria pelo "espetacular evento" que iria se realizar em breve. Para Wagner ele escreveu que, depois de terminar o trabalho, se sentiu como o cavaleiro da lenda suábia que atravessou o *Bodensee* (Lago Constança) no inverno, mas só ao chegar à outra margem (visto que o gelo estava coberto de neve) percebeu aterrorizado o que fizera. Ele acrescentou que só o compromisso declarado de Wagner com a "liberdade alemã" lhe havia dado coragem de produzir o trabalho, cujo conteúdo ele guardara em sua mente desde os 14 anos de idade. E com um pressentimento ansioso observou: "Este livro teve como consequência desagradável a impressão de que cada vez que publico um trabalho algo em minha relação pessoal é questionada e tem de ser apaziguada pela simpatia humana."[109] (A dificuldade, é claro, em amizades baseadas com muita veemência em compromissos compartilhados, é o fato de elas não se adaptarem a mudanças de pensamento.)

Porém a resposta de Wagner foi tranquilizadora: "Meu amigo! Seu livro é fantástico! Como teve essa percepção tão perspicaz de mim?[110] Venha logo e acostume-se com o impacto [da música] nos ensaios."[111] E enviou uma cópia do livro de Nietzsche para o Rei Ludwig. Cosima respondeu com quatro frases sem grande interesse e, assim, o casal respondeu aos presentes com um total de oito frases. Eles estavam,

---

107 WB 7.
108 Não se sabe quais foram as cartas enviadas, porque depois que se tornou *persona non grata* em *Wahnfried* no ano seguinte, Cosima destruiu a maioria de suas cartas.
109 KGB 11.5 535, 536, 537, 538.
110 Portanto, a observação feita em *Ecce Homo* de que "Wagner não reconheceu a si mesmo no ensaio" (EH III BT 4) é infundada.
111 KGB 11.6/1. Para Nietzsche 797.

é óbvio, ocupadíssimos com os últimos preparativos para o Festival. Mas, de qualquer modo, oito frases indicavam que Nietzsche não era mais uma espécie de filho a quem Wagner quisera que fosse o tutor de Siegfried.

Outras reações quanto ao trabalho, pelo menos entre os wagnerianos, foram extremamente favoráveis. Malwida von Meysenbug escreveu que ele, junto com Wagner, estava "mostrando à humanidade sua meta sagrada de uma maneira que nem mesmo Schopenhauer fizera" e pediu se poderia vê-lo "com o orgulho feliz que só uma mãe pode sentir pelo seu filho amado".[112] Romundt escreveu que lera o livro de um só fôlego, incapaz de parar a leitura, e que ele abriu um "novo mundo" maravilhoso e "despertou a convicção de que seu momento deveria acontecer em breve".[113] Rohde escreveu que estava lendo o livro com sua noiva e acrescentou, com certo paternalismo, "ela é ainda muito jovem e eu preciso e quero educá-la".[114]

## O Primeiro Festival de Bayreuth

O programa do primeiro Festival de Bayreuth foi o seguinte:
- 29 de julho-4 de agosto de 1876: terceiro ciclo de ensaios
- 6 de agosto: ensaio geral de *O Ouro do Reno*
- 7 de agosto: ensaio geral de *A Valquíria*
- 8 de agosto: ensaio geral de *Siegfried*
- 9 de agosto: ensaio geral de *Crepúsculo dos Deuses*
- 13, 14, 16, 17 de agosto: primeira apresentação do ciclo *O Anel de Nibelungo* (isto é, as quatro óperas anteriores)
- 20-23 de agosto: segunda apresentação do ciclo de *O Anel*
- 27-30 de agosto: terceira apresentação do ciclo de *O Anel*

Apesar de sua saúde precária, Nietzsche chegou a Bayreuth em 22 de julho, onde permaneceu até 27 de agosto, além de um intervalo em Klingenbrunn de 4 a 12 de agosto. Edouard Schuré (crítico musical francês, escritor secreto, wagneriano, admirador de Nietzsche e, mais tarde, antropofisista e amigo de Rudolf Steiner) fez uma descrição de Nietzsche em Bayreuth:

> Sua superioridade intelectual, bem como sua estranha fisionomia, impressionou-me. A testa alta, o cabelo cortado curto e as maçãs do rosto proeminentes, como um eslavo. O bigode espesso que caía em volta da boca e os traços fisionômicos marcantes davam-lhe a aparência de um oficial de cavalaria, apesar da expressão ao mesmo tempo tímida e arrogante. A voz musical e a maneira lenta de falar revelavam sua natureza artística. Seu modo de andar cauteloso e pensativo era de um filósofo. Nada era mais enganador do que o aparente repouso em sua expressão facial. Os olhos fixos, imóveis traíam o processo doloroso de seu pensamento. Os olhos eram simultaneamente de um observador sagaz e de um visionário extravagante... Em momentos apaixonados seus olhos ficavam úmidos, perdidos em devaneios, mas logo se tornavam agressivos de novo. A presença de Nietzsche demonstrava seu distanciamento, o desprezo

---
112 KGB 11.6/1. Para Nietzsche 796.
113 KGB 11.6/1. Para Nietzsche 799.
114 KGB 11.6/1. Para Nietzsche 800.

pouco dissimulado que com frequência distingue um aristocrata espiritual. Durante o ensaio geral e nas três primeiras apresentações da tetralogia [ou seja, do ciclo de *O Anel*] Nietzsche parecia triste e oprimido... Na presença de Richard Wagner, ele ficava tímido,* inibido e quase sempre silencioso. Quando saímos juntos das apresentações, ele não disse uma palavra de crítica; ele demonstrava muito mais a tristeza resignada de alguém que perdera alguma coisa.[115]

Schuré estava certo. Nietzsche sentia-se melancólico e introspectivo, como sugerimos, com a atitude de Hölderlin de "luto sagrado". Quando as pessoas lhe perguntavam sobre *Wagner em Bayreuth* ele respondia dizendo que não queria discutir esse "assunto antigo", e se alguém comentava que o livro só fora publicado havia cinco semanas ele retrucava que parecia que fora há mais de cinco anos.[116] Em 24 de julho, ele saiu de um ensaio de *Crepúsculo dos Deuses* alegando que não podia suportar a ópera[117] – ele não conseguia tolerar o "ouro líquido" que imaginara em Steinabad! Embora a tenha apreciado mais alguns dias depois,[118] assim mesmo escreveu a Elizabeth no dia seguinte dizendo-lhe que "quase se arrependia" de ter ido a Bayreuth. (Os alemães usam a palavra "*Bereut*" com o significado de "arrepender", um trocadilho com "*Bayreuth*".)[119] Por fim, em 4 de agosto, Bayreuth lhe pareceu tão intolerável, que ele tentou desvencilhar-se de suas entradas e partiu para o vilarejo na montanha de Kligenbrunn ("fonte tilintante"), perto de Spiegelau, a seis horas de trem de distância da floresta da Boêmia, na fronteira tcheca.

Por que Nietzsche estava deprimido? Por que ele sentia que "perdera alguma coisa"?

Em primeiro lugar, o tempo estava "loucamente quente" e úmido, um clima que ele sempre detestara. E ele odiou o apartamento com o pé direito baixo que alugara no centro da cidade superpopulosa. Estes problemas, no entanto, foram atenuados ao passar uns dias com Malwida von Meysenbug, que alugara uma casa com um "adorável jardim bem fresco".[120] Sua saúde, sem dúvida, era precária. Mas ele depois admitiu que sua partida de Bayreuth fora causada não por uma "crise" física e sim espiritual, que ele disfarçara sob a polida desculpa de que estava doente.[121] E, como logo veremos, ele recuperou-se extremamente rápido de suas supostas doenças. Qual foi, então, a característica desta "crise"?

Curt Paul Janz sugeriu que, pelo fato de metade da nobreza da Europa estar reunida em Bayreuth, ninguém, em especial Wagner, deu atenção a um obscuro professor e, por este motivo, Nietzsche ressentiu-se. Porém isso é implausível. Wagner não o ignorou; ao contrário, foi Nietzsche quem recusou todos os convites sociais, inclusive os do casal Wagner.[122] Elizabeth anotou que "Wagner nunca perdeu uma oportunidade de homenagear e de manifestar uma consideração especial" por

---

\* Os moralistas são sempre tímidos, porque sabem que, assim que as pessoas percebem suas inclinações, eles são vistos como traidores e espiões (AOM 72).

115 C p. 370.
116 YN p. 390.
117 KGB 11.5 544.
118 KGB 11.5 545.
119 KGB 11.5 544.
120 KGB 11.5 544.
121 KGB 11.5 734.
122 KGB 11.5 734.

Nietzsche, mas Fritz "esquivava-se dessas atenções bajulatórias sempre que possível, porque não gostava do elogio turbulento de Wagner".[123] Nietzsche mais tarde escreveu que seu "amargo desapontamento" em Bayreuth fora provocado pela enorme lacuna entre o ideal com que partira para Bayreuth e a realidade vivenciada.[124] Confrontado com a realidade, o ideal (como sempre havia suspeitado, mas tinha uma grande expectativa de que estivesse errado), transformou-se, como diria depois, em uma *"fata morgana"*, uma miragem.[125] Por quê?

Primeiro, a plateia era (e continuou a ser) bem diferente do grupo de idealistas, de homens "extemporâneos" e talentosos que *Wagner em Bayreuth* idealizara. Ao contrário, o público era dominado pela alta sociedade, um desfile constante de duques e príncipes. Entre os convidados regulares em Wahnfried, por exemplo, estavam a Baronesa Von Schleinitz, a Baronesa Von Meyendorf, a Condessa Usedom e a mulher de um ministro do governo italiano, que gostava do sentimento "democrático" de misturar-se a pessoas como um pintor ocasional e um médico na casa da família Wagner e em uma cervejaria próxima.[126] Ludwig da Baviera, é claro, esteve presente, porém, só em três ensaios gerais, e no caso de *O Ouro do Reno*, ele insistiu em sentar-se sozinho.* Na primeira apresentação do ciclo *O Anel de Nibelungo*, o imperador alemão abraçou Wagner ao chegar (embora não gostasse de sua música). O imperador do Brasil também assistiu à apresentação, assim como o grão-duque de Weimar, que foi recebido com grande pompa na estação de trem por Franz Liszt. Em resumo, a plateia não era nem o "povo" de Wagner nem o grupo seleto de artistas de vanguarda, reformadores sociais e amigos "dedicados". Com poucas exceções o público consistiu, como comentou mais tarde Nietzsche, no que havia "de mais desprezível da alta sociedade ociosa da Europa".

Como Elizabeth observou, o que supostamente iniciaria uma renovação radical do teatro limitou-se a ser outro festival da grande ópera.[127] Mas, é claro, o custo de todo o projeto desde o início pressupôs este resultado. Quando Nietzsche quis livrar-se de oito ingressos (isto é, um ciclo de *O Anel* para duas pessoas), ele os ofereceu aos seus amigos, os Baumgartner, por 100 táleres. Porém, mesmo assim, presumindo uma taxa de desconto, o custo seria em torno de US$ 6.000 atuais, um preço que só a elite social poderia pagar. Se pensarmos no empreendimento total realisticamente, seria previsível desde o início, só em termos financeiros, que a nova "Reforma" estava condenada ao fracasso.

O público, como vimos, ficou extremamente distante da visão idealizada de Nietzsche. E quanto ao artista? O que se poderia dizer de Wagner?

---

123 YN p. 396.
124 YN p. 392.
125 EH III BT 4.
126 J I p. 724.
\* Quando o som demonstrou ficar muito abafado sem uma plateia, relatou Elizabeth, reuniram um grupo de pessoas comuns da cidade para assistir *A Valquíria*, uma plateia completamente inadequada, uma "mistura heterogênea" de "filisteus", queixou-se (YN, p. 378), o que revelou não só seu esnobismo de classe média baixa, como também seu desconhecimento da concepção de Wagner do Festival destinado, segundo ele, "ao povo".
127 YN p. 385.

Uma dificuldade que muitos enfrentaram durante o Festival foi a manutenção de um caráter solene adequado em uma ocasião que se supunha quase religiosa. O problema consistiu em muitas falhas na encenação, o que até hoje é o risco constante de produções não minimalistas. Em uma apresentação de *O Ouro do Reno* as donzelas começaram a girar como se estivessem montadas em cavalos em um carrossel de um parque de diversões, enquanto em *Siegfried* o dragão aterrorizante, Fafner, apareceu com a cabeça e o corpo, mas sem pescoço. O pescoço fora enviado pelos fabricantes de Londres não a *Bayreuth*, mas para *Beirute*.[128] No entanto, não foram estes contratempos que desapontaram Nietzsche, e, sim, a concepção exageradamente naturalista da encenação de Wagner. "Eu discordo das pessoas que não gostaram das decorações, do cenário e dos artifícios mecânicos de Bayreuth", escreveu ele mais tarde. O problema foi "o excesso de trabalho e ingenuidade aplicados à tarefa de atrair a imaginação para temas que... desvirtuam sua origem épica",[129] um modo de produção, em outras palavras, que destruiu o potencial mítico das obras. (É provável que Nietzsche aprovasse as produções minimalistas realizadas pelo neto de Wagner, Wieland, nas décadas de 1950 e 1960.)

Em *A Origem da Tragédia* e na segunda *Consideração Extemporânea*,[130] como vimos, Nietzsche insistiu que as figuras genuinamente míticas deveriam ser, como as figuras com máscaras da tragédia grega, abstratas e não detalhadas de uma maneira naturalista. Uma produção abstrata, "brechtiana", requer que cada pessoa recrie figuras em seu ambiente com sua própria imaginação e, deste modo, permitir que pessoas diferentes reúnam-se em um "consenso". Portanto, são as produções minimalistas que se quer realizar e não o naturalismo dos "efeitos especiais". (Como alguém observou sabiamente os efeitos especiais arruínam um filme.) Mas Wagner divertia-se com os "efeitos especiais". Em *Wagner em Bayreuth* Nietzsche mencionou que Bayreuth fora decisivo para Wagner renunciar, por exemplo, à tradição apropriada de apresentação de suas obras. Porém ele estava fazendo uma versão "spielberguiana", como poderíamos dizer, de seus trabalhos. Isto mostra como ele se afastara de seu ideal do "renascimento da tragédia grega", como o produtor de efeitos medíocres – seu suposto eu com "baixa autoestima" – dominara a situação. As perguntas de Hölderlin, "Onde está Delos, onde está seu Olimpo", seu "festival sublime" citado na carta de aniversário a Wagner? A resposta foi triste: "em lugar nenhum."[131]

A mesma carta, entretanto, mencionou outra causa de seu desânimo em Bayreuth: a mudança positivista em relação à "mistificação metafísica da verdade e da simplicidade", que ocorreu antes de sua chegada; a oposição à metafísica de Schopenhauer e de Wagner e sua opção pelo naturalismo. Em *Wagner em Bayreuth* ele tentou fazer uma síntese entre a música dionisíaca de Wagner e sua nova doutrina naturalista. Mas a tentativa demonstrou ser tão insatisfatória como Bayreuth. Chegara o momento de desistir de incorporar Wagner em sua nova maneira de pensar. Agora, o guerreiro, Nietzsche, tinha de optar pela "razão" e opor-se a Wagner. E então ele partiu para Klingenbrunn, a fim de se fortalecer.

---

128 YN p. 389.
129 YN p. 389.
130 BT 23, UM II 2.
131 KGB 11.5 734.

## Retorno a Bayreuth e um Flerte

Durante a semana em Klingenbrunn, depois de um dia de cama para recuperar-se da viagem sinuosa, Nietzsche escreveu, com uma velocidade incrível, um terceiro livro determinante de seu período "positivista", *Humano, demasiado Humano*. O título provisório foi "A Relha do Arado", no sentido de lavrar a terra, com o intuito de prepará-la para um novo cultivo. Neste trabalho a metafísica do "horizonte de Bayreuth" foi substituída por seu oposto: o horizonte novo, materialista, científico, realista, antimetafísico e antischopenhaueriano, que o fez aderir à tendência predominante do pensamento culto do final do século XIX. Assim, foi durante o distanciamento do Festival de Bayreuth que o "novo" Nietzsche surgiu. No entanto, no final da semana ele voltou para Bayreuth. Embora tivesse gostado do "ar puro" das montanhas, mais uma vez, ele desceu (como seu alter ego Zaratustra), para as "névoas" do vale. O desafio é tentar entender o motivo de sua decisão.

Uma das razões, disse Elizabeth, foi sua necessidade de música como um viciado precisa de drogas. "O bicho-da-seda", como ela citou suas palavras, "arrasta sua antiga prisão por algum tempo até emergir da crisálida".[132] E, apesar de o tema evidente ser Beethoven, ele referiu-se à mesma coisa em uma seção intitulada "A arte provoca no pensador um coração pesado", de *Humano, demasiado Humano* (pela beleza e importância do texto, ele merece ser citado).

> Como é forte a necessidade metafísica e como é difícil despedir-se dela em um adeus final. Mesmo quando um espírito livre renuncia à metafísica, os efeitos mais expressivos da arte podem com facilidade pôr em movimento os fios metafísicos, que haviam ficado muito tempo em silêncio ou rompê-los, vibrando em harmonia; por isso, por exemplo, uma passagem na Nona Sinfonia de Beethoven [no último movimento] fará com que ele sinta que está pairando acima da Terra em uma abóbada de estrelas com o sonho da *imortalidade* no coração: todas as estrelas brilham ao seu redor e a Terra submerge mais e mais. Se ele perceber sua condição, sentirá um golpe profundo no coração e ansiará pelo homem [Wagner], que o conduzirá de volta ao seu amor perdido, seja ele religioso ou metafísico.[133]

Embora em *Humano, demasiado Humano* Nietzsche tenha pedido que "a probidade intelectual" do pensador resista ao apelo da sereia por "seu amor perdido", em Klingenbrunn, se Elizabeth estiver correta, ele sucumbiu à sua necessidade contínua de arrebatamento dionisíaco.

Nietzsche, portanto, do ponto de vista emocional ainda estava ligado à música de Wagner. E também sob o aspecto emocional ele continuava unido à pessoa e ao projeto que fora sua razão de viver por mais de uma década: "Eu fiquei doente", mencionou mais tarde, porque "minha tarefa fora retirada de mim".[134] Em retrospecto, Nietzsche simplificou a sequência de acontecimentos em Bayreuth ao ponto de deturpá-la. Como ele descreveu em *Ecce Homo*, quando partiu de Bayreuth para

---

132 YN p. 376-377.
133 HH 153.
134 HH volume II, prefácio 3.

Klingenbrunn, havia tomado uma decisão e não voltaria atrás.[135] Na realidade, ele sentia-se extremamente confuso, perdido em um terrível conflito entre o coração e a mente. Como pensador, decidira que o projeto de Bayreuth era um fracasso total. Mas como homem, cujos amigos *ele* havia convencido a se tornarem wagnerianos, mantinha um vínculo emocional com o projeto. Quando chegou a Bayreuth, escreveu ansioso para a irmã, "não conte a ninguém, mas só metade dos ingressos foram vendidos para o segundo ciclo, e quanto ao terceiro, apenas um terço".[136] E Elizabeth lembra que ao partir ele escreveu, "Oh, Lisbeth, assim foi Bayreuth!", com lágrimas nos olhos.[137]

Como ser humano, Nietzsche mergulhara em um conflito profundo. Ele sabia que a arte de Wagner não tinha importância cultural verdadeira e que todas as suas expectativas iniciais haviam se reduzido a uma "*fata morgana*". No entanto, ao mesmo tempo ele queria desesperadamente que fosse um sucesso.

\*\*\*

Em Bayreuth o amor pairava no ar. Estimulado, talvez, pelo erotismo implícito da música dionisíaca não convencional de Wagner, Rohde, apesar do noivado recente,[138] elogiava todas as mulheres que encontrava. (Em setembro passado, ele tinha visto *Tristão* em Munique que, como escreveu, "emocionara-me de uma maneira muito pessoal... Senti no latejar dos meus pulsos a paixão inspirada pela obra.")[139] E, por sua vez, Von Gersdorff apaixonou-se loucamente por uma condessa italiana. Nietzsche, talvez por ter percebido que o evento sagrado tão importante revelara-se frustrante, apaixonou-se por uma loura muito bonita chamada Louise Ott, uma cantora talentosa e wagneriana entusiasta. Nascida na Alsácia, ela casara-se e mudara para Paris.

Louise partiu de Bayreuth antes de Nietzsche. (Em *Ecce Homo* Nietzsche escreveu que ele partira antes apesar das tentativas de uma "sedutora parisiense" de detê-lo,[140] mas esse relato é pura ficção.) Depois que ela foi embora, Nietzsche lhe enviou uma carta em que dizia "tudo ficou escuro ao meu redor quando você partiu de Bayreuth, como se alguém houvesse se apoderado da luz", e mais tarde escreveu que "eu penso em você com um carinho tão fraterno que gostarei de seu marido por ele ser seu marido".[141] A resposta de Louise excedeu os limites da discrição:

> Essa nossa amizade saudável e verdadeira é tão prazerosa, que podemos pensar um no outro do fundo do coração sem que nossas consciências proíbam... Mas não posso pensar em seus olhos: ainda sinto seu olhar carinhoso e profundo... Tudo o que aconteceu entre nós deve ser mantido em segredo.[142]

---

135 EH III HH 2.
136 KGB 11.5 545.
137 YN p. 391.
138 Ele se casou em 8 de agosto de 1877, um ano depois do dia do casamento de Overbeck.
139 KGB 11.6/1. Para Nietzsche 711.
140 EH III HH 2.
141 KGB 11.5 549.
142 KGB 11.6/1. Para Nietzsche 810.

No início de setembro, Louise foi mais discreta na correspondência, e escreveu uma carta dizendo que era cristã e lhe perguntou se acreditava na imortalidade da alma.[143] (A resposta foi negativa, visto que uma observação no caderno de anotações do ano anterior dizia que *ninguém* com bom senso acredita mais na imortalidade da alma.)[144] Porém, no final de setembro Nietzsche ainda pensava em Louise e lhe escreveu que a nova amizade era "um pouco perigosa, como vinho novo".[145] Havia um erotismo genuíno, apesar de efêmero, nesses diálogos, assim como no romance *Brief Encounter*, um tipo de erotismo no qual a "decência" significa que o amor nunca tem uma chance.

---

143 KGB 11.6/1. Para Nietzsche 814.
144 KSA 8 3 [76].
145 KGB 11.5 552.

# 13

## SORRENTO

Nietzsche chegou à Basileia depois da estadia em Bayreuth em 27 de agosto de 1876 e continuou trabalhando nas anotações do livro *Humano, demasiado Humano*. Como Elizabeth, depois de um ano cuidando da casa, voltara para Naumburg, ele retornou à sua antiga moradia de solteiro na Caverna Baumann. Overbeck estava em Dresden com sua nova mulher, Ida, e então o aluno favorito de Nietzsche, Adolf Baumgartner, ocupou seu lugar. E Rée tornou-se uma companhia nas conversas durante o almoço.

Em Bayreuth Malwida von Meysenbug repetiu o convite que, em benefício de sua saúde, Nietzsche deveria encontrá-la na Itália (CA p. 226). Nietzsche pedira uma licença sabática em maio passado, enfatizando o caráter "acadêmico" (como qualquer pessoa faria) de sua viagem ao sul,[1] a terra natal da civilização clássica. Quando a licença foi aprovada, ele aceitou o convite de Malwida e conseguiu que seu ex-aluno predileto, o frágil Albert Brenner (que morreria 18 meses depois), o acompanhasse. Em 26 de setembro, ele perguntou a Malwida se poderia levar também Paul Rée, porque ele "sentia muito prazer na companhia de sua mente lúcida, assim como por sua alma de um verdadeiro amigo".[2]

Pouco antes de partir para Sorrento, ele recebeu um telegrama de Wagner que, exausto com o estresse do Festival, escolhera a Itália para se recuperar. Deve ter sido difícil para Nietzsche não se ofender com o telegrama:

> Por favor, envie dois pares de coletes de seda e roupas íntimas fabricadas na Basileia na quarta-feira para o Hotel Bolonha, Itália. Até lá estarei no Hotel Europa, Veneza. Richard Wagner.[3]

O pedido ou tinha uma forte carga emocional ou era uma tentativa rude de retomar a antiga relação servil com o "Mestre", exatamente do que Nietzsche achara imperativo escapar. No entanto, ansioso para evitar que sua nova atitude crítica em relação a Wagner resultasse em uma ruptura pessoal, Nietzsche respondeu que a tarefa era agradável, porque lhe lembrava os antigos dias em Tribschen. Ele mencionou na mesma carta que passava a maior parte do tempo em um quarto escuro fazendo um tratamento com atropina para os olhos (receitado por seu oftalmologista da Basileia, Dr. Schies) e que ou ficaria mais saudável na Itália ou então morreria.

---

1 KGB 11.5 526.
2 KGB 11.5 555.
3 KGB 11.6/1. Para Nietzsche 821.

Por precaução, terminou a carta com uma lisonja ao antissemitismo de Wagner: "por favor, cumprimente em meu nome minha 'amiga mais nobre', sua mulher reverenciada, pelo uso de um dos mais inadmissíveis judeus germanófilos, Bernays."[4]

## A Viagem ao Sul

Em 1º de outubro encontrou-se com Rée em Montreux, onde ele fora visitar sua mãe muito rica em seu *resort* de férias. Em seguida, foram para Bex, perto de Montreux, a sudeste do lago de Genebra. Depois de duas semanas agradabilíssimas de outono, em meio às folhas douradas de uma região de vinhedos, uma temporada que Rée descreveu como "a lua de mel de nossa amizade", eles seguiram para Genebra, onde encontrariam Brenner. Em Genebra, eles pegaram um trem noturno que atravessava o novo túnel do Monte Cernis em direção a Turim e, em seguida, a Gênova.

Na cabine da primeira classe (onde Rée e Brenner dormiam), Nietzsche começou a conversar, depois de encher sua almofada de ar, com uma moça bem jovem, Isabella von Prahlen (mais tarde Baronesa Von Ungern-Sternberg) e sua amiga um pouco mais velha, Baronesa Claudine von Brevern (CA p. 230). Eles conversaram em tom de flerte a noite inteira, um romance de viagem, em uma "orgia de pensamentos", como se lembrou Isabella. Nietzsche fez a seguinte pergunta sugestiva, "a senhorita também é um espírito livre?", e Isabella respondeu também de modo sugestivo que ela gostaria de ser.[5] Em Gênova, Nietzsche e seus amigos embarcaram em um navio para fazer uma viagem de três dias pela costa oeste da Itália, até Nápoles. Em um passeio turístico em Pisa, Isabella e Nietzsche se reencontraram, onde ela recordou-se que eles concordaram que o egoísmo era a forma mais elevada de cultura – um egoísmo refinado sem autoindulgência rude. Ela também se lembrou que Rée pareceu estar com ciúme do tempo que ela e Nietzsche passaram juntos: "ele se aproximou de mim e manifestou seu desagrado em relação ao fato de que eu, apesar de seus esforços ao contrário, deixara Nietzsche perigosamente exaltado" quando, na verdade, ele precisava de "muita calma e solidão para se recuperar de uma séria crise nervosa".[6] (Nesse sentido, é possível pensar na hipótese de que Paul Rée tinha tendências homossexuais.)

Malwida von Meysenbug os encontrou em Nápoles e, no dia seguinte, 27 de outubro, eles chegaram a Sorrento para se hospedarem em um hotel modesto, a Villa Rubinacci (agora irreconhecível, transformado no Hotel Eden), ao lado da Via Correale, onde ela alugara o segundo e o terceiro andares. O casal Wagner, chegara a Sorrento antes deles e recuperava-se do Festival, em um estilo típico wagneriano,

---

[4] KGB 11.5 556. Jacob Bernays sucedeu a Ritschl como professor de filologia clássica em Bonn. Em dezembro de 1872, Nietzsche escreveu a Rohde, "a última notícia é que Jacob Bernays afirmou que [as opiniões expressas em *A Origem da Tragédia*]... são suas opiniões, só que muito mais exageradas. Achei esse comentário da parte desse judeu culto e inteligente de uma audácia divina, mas ao mesmo tempo um bom sinal de que 'o mais esperto na Terra' perceberá que havia algo de novo no ar" (KGB 11.3 277).
[5] J I p. 742.
[6] C p. 382.

no melhor hotel da cidade. O Grand Hotel Excelsior Vittoria ocupava uma área de cinco acres de um pomar de frutas cítricas, com gramados impecáveis, avenidas ladeadas de palmeiras e canteiros de flores exóticas, e localizava-se no topo de uma colina a 70 metros do nível do mar, com uma vista panorâmica do golfo de Nápoles inteiro que se estendia até o distante Vesúvio. Como o hotel pequeno ficava a menos de cinco minutos a pé, eles visitaram o casal Wagner assim que chegaram.

## Malwida von Meysenbug

Malwida, 28 anos mais velha que Nietzsche, era uma mulher notável que, embora ele tenha tentado irritá-la inúmeras vezes, lhe permaneceu fiel mesmo quando em seu processo de demência ele a tratava com brutalidade. Ela também continuou fiel, a vida inteira, a Wagner, cujo círculo íntimo ela frequentava, e a Schopenhauer, em outras palavras, a uma visão que Nietzsche e Rée começaram a abolir em Sorrento. Apesar de suas opiniões, Nietzsche apreciava seu carinho maternal, e tinha um grande respeito por sua personalidade. Ele leu e releu sua autobiografia *Memoirs of a Female Idealist*,[7] e a recomendou entusiasticamente aos seus amigos. Ela exercia uma grande influência em Nietzsche, e sua famosa observação que "sem música a vida seria um erro" inspirou-se em seu comentário a respeito de Wagner, que "sem música a vida seria uma desolação".[8] A amizade entre eles foi incentivada, cremos, por certas similaridades de natureza e história de vida, a mais evidente era seu amor comum pelo sul, tanto pelo local físico quanto por uma visão espiritual compartilhada, entre outros, por Hölderlin e Claude Lorraine.

Como ela contou em suas *Memoirs*,[9] Malwida nascera em uma família de pequena nobreza do norte da Alemanha. Quando criança ela era, assim como Nietzsche, extremamente devota. Também perdera um irmão pequeno. À semelhança de Nietzsche, renunciou à metafísica cristã na adolescência, junto com o ascetismo cristão: "os sentidos", escreveu, "são instrumentos e não inimigos do espírito". No entanto, ao contrário de Nietzsche, ela manteve um compromisso conciliatório "idealista" ao cristianismo, isto é, pela ética schopenhaueriana: a "compaixão", escreveu, é a "verdadeira essência" de uma vida ética. "Ser uma pessoa boa é meu ideal", continuou, e, assim, a "compaixão superou os últimos traços de egoísmo em mim". Parte da admiração de Nietzsche por ela era a absoluta "pureza" de seu compromisso com seu "ideal".[10]

Embora Malwida tivesse rejeitado o Deus cristão, ela manteve a religiosidade panteísta de Spinoza: respeito ao mistério. "Deus", mencionou, "não mais é individual e sim é dominado pelo universo, de acordo com as leis rigorosas que governam o mundo". Como Nietzsche, Malwida repudiou a imortalidade pessoal. Esse

---

7   KGB 11.5 518.
8   J I p. 692.
9   Disponível na internet na tradução em inglês como tese de mestrado apresentada por Monte Gardiner na Brigham Young University.
10  KGB 11.5 518.

desejo significava um "egoísmo pessoal... [uma] arrogância do ego". A imortalidade, concluiu, consiste apenas em uma transcendência da personalidade: "só o espírito livre de qualquer individualidade é imortal".[11] E ela relatou sua experiência com esta liberdade, de vivenciar sua "consciência de unidade com tudo isso".[12] Nietzsche, no período de Sorrento, não aprovou esse relato de imortalidade por considerá-lo uma absorção mística do panteísmo. Mas na época de *Assim falou Zaratustra* ele tornou-se, como veremos, um tema central em seu pensamento, um fato que pode ser atribuído em parte a uma influência posterior de Malwida.

A autobiografia de Malwida é uma história de liberdade pessoal, da tentativa de um espírito livre em perceber sua liberdade, de "ser ela mesma". Uma heroína do movimento inicial do feminismo, as *Memoirs* tornaram-se uma leitura obrigatória para a geração seguinte de feministas, e ela rompeu com sua família ultraconservadora pelo apoio que dera à revolução da classe operária em 1848. Ela converteu-se em uma democrata radical e uma socialista, o que atraiu a atenção do jovem Wagner. (Eles discutiram quando Wagner renunciou ao socialismo.) O foco de seu espírito livre foi a emancipação feminina – os direitos dos operários e das mulheres, para ela a mesma causa. A emancipação exigia independência financeira que, por sua vez, requeria educação. Assim, ela dedicou-se a criar universidades embrionárias para as mulheres em Hamburgo, antes de ser obrigada a fugir para Londres por ser uma revolucionária política. Em Londres ela passou a ser uma amiga íntima e governanta dos filhos do anarquista e socialista russo exilado na cidade, Alexander Herzen, cuja filha, Olga, ela mais tarde adotou. (Por ocasião do casamento de Olga com Gabriel Monod, Nietzsche compôs a *Melodia a Dois*.) Malwida sentia, é claro, uma grande necessidade de expressar afeto maternal, não só com Nietzsche, mas às vezes com todas as jovens feministas na Europa. Depois do colapso nervoso de Nietzsche, ela adotou a mesma relação maternal com o futuro Prêmio Nobel de Literatura, Romain Rolland.

## A Villa Rubinacci

O apartamento na Villa Rubinacci, que Malwida alugara da família Artanasio, tinha dois andares e seria a casa de Nietzsche durante seis meses, de 17 de outubro de 1876 até 7 de maio de 1877. O andar superior menos luxuoso era ocupado por Malwida, com seu espírito de autossacrifício, e por sua leal e eficiente cozinheira Trina (que ensinou Nietzsche a fazer risoto). O andar inferior consistia em uma grande sala de jantar e a sala de estar de uso comum a todos os hóspedes, além de quartos para os "três meninos", como Wagner os chamava. A Villa situava-se em um local alto rodeado por pomares de laranjas e limões que eram usados (ainda são) para fazer o delicioso licor *limoncello*. Ela também tinha bosques de oliveiras e vinhedos, com um cultivo intenso proporcionado pela terra fértil e vulcânica do Vesúvio. Nietzsche gostava de fazer longos e pensativos passeios à sombra dos limoeiros. Havia uma

---

11 *Memoirs of a Female Idealist*, Parte I, Capítulo 10.
12 William James cita essa passagem em *Varieties of Religious Experience* (ver Small [2005] p. 26).

árvore, em especial, contou ele a Malwida, sob cuja sombra surgiam novos pensamentos. Atrás da Villa viam-se colinas de pinheiros – "que transmitiam à distância... a imobilidade do sul e a calma do meio-dia"[13] e, mais além, a vista estendia-se para o belo golfo de Sorrento. Das varandas na parte da frente da casa, via-se o golfo de Nápoles, a oeste Capri e o Vesúvio a noroeste, ainda ativo quando Nietzsche chegou a Sorrento. Algumas destas paisagens são reproduzidas em *Assim falou Zaratustra*.

O dia da "pequena colônia" de Malwida (como ela a descrevia) começava às 6h30 com o grupo inteiro acordado fazendo, por insistência de Nietzsche, uma caminhada rápida. "Era possível realizar atividades nas 'tendas'", Brenner escreveu para sua casa, "que seriam intoleráveis se estivéssemos sozinhos". (Como ele tinha insônia, o dia de Nietzsche começava com frequência ainda bem mais cedo – ele mantinha um quadro de ardósia na mesa de cabeceira para anotar seus pensamentos durante a noite.) O café da manhã era servido a todos às 7h30. Das 9 até às 10 horas ditava seus textos para Brenner e sua visão estava tão ruim à época que sua volumosa correspondência limitou-se a alguns cartões-postais. Depois de um almoço em grupo havia mais caminhadas e passeios nas áreas vizinhas. Às vezes os amigos subiam as colinas atrás da casa para visitarem fazendas onde, lembrava-se Malwida, "jovens graciosas" dançavam tarantela. Outras vezes eles montavam em jumentos e a maneira de cavalgar desajeitada e as pernas compridas de Brenner que se arrastavam no chão provocavam uma alegria barulhenta.[14] Algumas vezes faziam excursões mais longas de três horas de caminhada nas colinas do golfo de Sorrento ou a Pompeia ("uma vulgaridade inofensiva", disse Nietzsche em *A Gaia Ciência*, referindo-se a seus habitantes romanos e não aos turistas atuais).[15] Ou pegavam um barco para visitar Capri ou Ischia. Depois do jantar, discutiam os diversos projetos dos "colonos" ou liam, entre outros, Voltaire, Montaigne, Diderot, Burckhardt, Ranke, Tucídides, Heródoto, Calderon, Cervantes, Michelet, Turgheniev, Renan, a Bíblia, La Rochefoucauld, Stendhal, *Leis* de Platão ou as anotações de Adolf Baumgarter das palestras de Burckhardt sobre os gregos, sobre as quais Nietzsche como especialista em estudos clássicos fazia comentários. (O desaparecimento de noites como estas se deve muito à televisão.) Na véspera do Natal, a sala de uso comum transformou-se em um jardim com laranjeiras iluminadas (presumivelmente em vasos), uma enorme quantidade de rosas e camélias, e do teto penduraram-se lanternas chinesas. Como presentes, Rée ganhou um espelho, uma referência à sua ênfase na vaidade como um fator de motivação do ser humano, Brenner, um guarda-chuva de seda, e Nietzsche uma boina de Sorrento que ele pensou ser um fez turco.

Nietzsche trabalhava no material que seria publicado em *Humano, demasiado Humano*. Nessa ocasião, ele mudara o título provisório de "A Relha do Arado", do trabalho que seria a quinta *Consideração Extemporânea* com esse novo título e Rée dedicava-se à elaboração de seu livro a *Origem dos Sentimentos Morais*, a ser editado no ano seguinte. No exemplar de apresentação de Nietzsche, ele escreveu uma dedicatória em que se intitulava o pai do trabalho e Nietzsche a mãe. Nietzsche

---

13   KSA 8 32.19. Lambrettas, infelizmente, mudou toda essa paisagem.
14   C p. 385.
15   GS 77.

recomendou o manuscrito ao seu editor, Schmeitzner, dizendo que ele usara "um método tão novo e rigoroso que, provavelmente, o livro representará um momento decisivo na história da filosofia moral".[16] Alfred Brenner estava escrevendo um romance curto, *The Flaming Heart*, Malwida dedicava-se ao seu romance *Phaedra* e a uma coletânea de ensaios, *Mood-Pictures from the Legacy of an Old Woman*.

Tendo em vista suas diferentes opiniões, o fato de a convivência ser tão agradável demonstra a capacidade deles de separarem a amizade da opinião. Houve, é claro, discordâncias veementes nas discussões à noite. Enquanto Rée e Nietzsche pensavam que estavam aplicando um novo método de pesquisa, o qual intitularam de "filosofia histórica" e que teria como resultado a inclusão da filosofia no campo das "ciências naturais",[17] Malwida, em *Mood-Pictures*, reiterava a observação de Schopenhauer de que o método científico, mesmo no âmbito do seu paradigma de pesquisa, a física, não era capaz de explicar seus fundamentos, como a natureza das forças fundamentais como a gravidade e o magnetismo, sem mencionar fenômenos como amor, espiritualidade e o gênio artístico.[18] Coerente com este pensamento, ela pensava que Nietzsche supervalorizava a nova abordagem de Rée quanto às questões filosóficas:

> A visão científica e realista estrita do Dr. Rée é uma inovação no que diz respeito à sua [de Nietzsche] produção criativa que, até então, fora permeada por um elemento íntimo poético e musical. Ele sentia uma admiração e um prazer quase infantis com esta nova visão. Com frequência, eu percebia esse entusiasmo e lhe advertia com um tom de ironia que eu não compartilhava a opinião de Rée, apesar de meu grande respeito por sua personalidade e boa índole, revelada, em especial, pela sua amizade e dedicação a Nietzsche.[19]

Mais tarde ela comentou com Lou Salomé a propósito do que ela presumiu (de maneira errônea), ser uma defesa de Rée ao egoísmo, que seu caráter era "a mais evidente refutação de suas teorias". Em relação aos aforismos no estilo de Rée e em seus modelos franceses que Nietzsche agora produzia, Malwida julgava que, embora alguns fossem brilhantes, muitos, que revelavam com clareza a transformação desalentadora de sua visão do mundo, eram muito desagradáveis.[20] Pelas observações feitas por Nietzsche em seus cadernos de anotações nesse período, pode-se supor que ela não gostava nem de "Schopenhauer representa para o mundo o mesmo que um cego representa para a escrita",[21] nem,

> O medo mora no cerne da fantasia humana. A última forma de religião consiste em afirmar a existência da região inexplicável e completamente escura; nela... o enigma do mundo deve ocultar-se.[22]

---

16   KGB 11.5 580.
17   HH 1.
18   Small (2005), p. 26.
19   C p. 394.
20   C p. 392.
21   KSA 21 [13].
22   KSA 8 19 [108].

Uma crítica direta ao seu misticismo religioso. Por outro lado, ela teria adorado "o socialismo apoia-se na decisão de reconhecer todos os homens como iguais e que a justiça deveria aplicar-se a todos eles: essa é a forma mais elevada da moralidade".[23] Ao longo da carreira de Nietzsche, as únicas observações que fogem à hostilidade incontrolável e violenta ao socialismo são desse período e refletiram a influência moderada e temporária de Malwida. O comentário que "Uma pessoa sábia não conhece os costumes, exceto os que derivam suas leis de si mesma"[24] legitimaria sua luta para libertar-se das convenções de sua família e classe social, pois teriam o idealismo dos "Espíritos livres que vivem para o futuro da humanidade e, assim, inventam novas possibilidades de vida que se contrapõem às antigas".[25] O consenso fundamental entre Malwida e Nietzsche era a necessidade de descobrir uma nova forma de cultura. O desacordo básico deles referia-se ao seu caráter.

***

Como o casal Wagner estava hospedado há apenas dois minutos da Villa, nos primeiros 10 dias de idílio em Sorrento, as visitas foram constantes. Malwida, dedicada aos dois homens, agora em um clima de animosidade espiritual, percebeu que, embora Nietzsche nunca fizesse objeção às visitas, seu comportamento na companhia dos Wagner demonstrava "uma naturalidade e uma alegria forçadas", que lhe eram estranhas.[26] Em 5 de novembro, nada indicara que este seria o último encontro dos dois, duas pessoas que haviam vivenciado talvez a maior e mais produtiva amizade entre um artista e um filósofo, uma "amizade faiscante", como Nietzsche dizia.[27] Wagner precisava voltar para Bayreuth, a fim de terminar sua última ópera, *Parsifal*, e logo depois partiria com destino a Londres para realizar uma série de oito concertos no Royal Albert Hall. (Lá, Cosima começou um relacionamento caloroso com George Eliot, surpreendente, devido ao seu antissemitismo e à oposição antissemita apaixonada de Eliot.)

Nietzsche, apesar da necessidade de esquivar-se à presença opressora do "Mestre", preocupava-se, como sempre, em evitar uma ruptura evidente e então continuou a tentar preservar seu relacionamento por meio de cartas. No mês seguinte à partida dos Wagner ele enviou uma carta loquaz a Cosima, confessando-lhe que sentia uma crescente "divergência" com Schopenhauer e adotara uma posição a favor da "razão" e contra todos os princípios "dogmáticos" fundamentais de sua filosofia.[28] Cosima escreveu uma carta longa e afetuosa em resposta, na qual dizia, de certa forma um mau presságio, que ela gostaria de saber quais eram as suas objeções

---

23 KSA 8 21 [43]. Alguns anos depois, quando começou a usar a palavra "moralidade" no sentido pejorativo, Nietzsche poderia ter feito a mesma observação referente a "muito pior para o socialismo". Mas ele ainda não tinha a ideia plena da conotação pejorativa da "moralidade". Sem exceção, a palavra foi usada nos cadernos de anotações de 1877 da maneira tradicional, como uma expressão de grande aprovação.
24 KSA 8 23 [14].
25 KSA 8 17 [44].
26 C p. 386.
27 GS 279.
28 KGB 11.5 581.

ao "nosso filósofo".²⁹ Esta não foi a última carta enviada a Nietzsche. Em 22 de outubro do ano seguinte, ela escreveu uma carta, mais sucinta, agradecendo-lhe o envio da exegese do ciclo de *O Anel* escrita pelo doutor Otto Eiser.

Poucos dias depois do seu encontro final com Wagner, Nietzsche recebeu a notícia da morte de Ritschl, "o último dos grandes filólogos".³⁰ Em menos de uma semana, ele perdeu dois pais.

\*\*\*

No início de 1877, Nietzsche ficou mais uma vez de cama, com os sintomas habituais de dores de cabeça terríveis e vômitos. Desesperado, e após consultar o seu oftalmologista na Basileia, Dr. Schies, conseguiu marcar uma consulta com o Dr. Schrön na clínica universitária em Nápoles. Schrön descartou a hipótese de um tumor cerebral, mencionou uma possível nevralgia e disse que esses sintomas poderiam durar muito tempo ou, talvez, de repente, desaparecessem. Não sabemos o que ele recomendou como tratamento, com exceção da diminuição da tensão nervosa pela falta de relações sexuais, conselho que Nietzsche seguiu com diversas visitas aos prostíbulos de Nápoles.³¹

Rée foi para Jena no início de abril, onde pensou que suas convicções darwinianas seriam mais bem aceitas do que na conservadora Basileia e, devido ao começo do semestre de verão na universidade, Brenner voltou para a Basileia. Nietzsche sentiu muito a falta de Rée: "nada é mais desolador que o quarto de Rée sem Rée... não se afaste de mim de novo", ele escreveu ao amigo ausente.³² Sozinho agora com Malwida, a conversa retomou o assunto dos planos de casamento. Malwida propôs várias candidatas e, por carta, Elizabeth sugeriu o nome de Natalie, irmã de Olga Herzen, como uma boa opção. A independência financeira de Nietzsche de seu trabalho na Basileia era a ideia básica do casamento. A candidata deveria ser "gentil e rica", como disse Malwida sucintamente. Mas, de acordo com o conselho de Schrön, Nietzsche teria razões "médicas" para ficar ansioso com o projeto de casamento e, em julho, ele escreveu que *precisava* casar antes do outono, mesmo que tivesse de encontrar alguém na rua.³³ Estas considerações "médicas" proporcionaram um motivo para que ele se casasse e Nietzsche declarou com franqueza em *Humano, demasiado Humano* que um homem precisa ter relações sexuais regulares, mas como um bom casamento deve basear-se na amizade em vez da atração sexual (que inevitavelmente termina), ele precisa tolerar "exceções", "amantes".³⁴ No entanto, como de hábito, todos os planos de casamento reduziram-se a cinzas.

Talvez outro motivo de Nietzsche querer casar-se tenha sido a sensação de um crescente isolamento, porque cada vez mais ele distanciava-se dos antigos amigos íntimos. Overbeck se casara e, durante a estadia em Sorrento, Nietzsche não teve contato com Rhode nem com Von Gersdorff. A primeira carta enviada a Von Gersdorff desde julho de 1877 foi escrita no final de dezembro de 1876, e limitou-se

---

29  KGB 11.6. Para Nietzsche 858.
30  KGB 11.5 567.
31  C p. 418.
32  KGB 11.5 606.
33  KGB 11.5 630.
34  HH 402, 424.

ao pedido de que Von Gersdorff não enviasse mais cartas desrespeitosas a Malwida.[35] (Von Gersdorff culpou-a pelo caso de amor infeliz com uma jovem italiana.) Nietzsche recebeu uma carta de Paul Deussen junto com um exemplar do novo livro de Schopenhauer, *Elementos da Metafísica*. Ao agradecê-lo, Nietzsche elogiou o livro por sua clara e abrangente apresentação da filosofia de Schopenhauer. Ele acrescentou, porém, que gostaria de ter recebido o livro muito antes porque "esta obra é *uma hábil compilação de tudo em que eu não mais acredito*" e concluiu a carta dizendo que não faria outros comentários "com a intenção de não o magoar, nem mostrar a diferença entre nossos julgamentos".[36] Deussen não recebeu mais nenhuma correspondência até um bilhete apressado em março de 1883. A perda dessas amizades foi um golpe duro, uma vez que significou a perda de quase todas as pessoas com quem usava o tratamento familiar de "*du*" –, apesar da relativa intimidade com Rée eles não foram mais além do "*Sie*".

A ausência de Rée foi parcialmente compensada pela progressiva amizade com seu admirador, o escritor e pintor Barão Reinhart von Seydlitz, entre outros títulos, presidente da Sociedade Wagner em Munique. Nietzsche o persuadira e a sua atraente mulher húngara de viajarem para Sorrento com descrições líricas "de passeios à sombra de laranjeiras sem vento e só pelos movimentos tempestuosos dos pinheiros acima percebemos a tempestade do mundo externo (a realidade e a imagem verdadeiras de sua vida em Sorrento)".[37] O efeito da observação entre parênteses transmite a tranquilidade física e psicológica.

## Rosenlaui: Nietzsche e Sherlock Holmes

No início de maio de 1877, Nietzsche estava passando um dia a cada três na cama com dores de cabeça terríveis. E como ele pensava que temperaturas extremas exacerbavam seus problemas de saúde, a proximidade do verão foi decisiva para sua partida. Em 8 de maio, o Barão Reinhart von Seydlitz e a mulher o acompanharam de Nápoles a Gênova, onde ele embarcaria em um navio, a fim de verificar se suas malas e livros estavam bem alojados. A viagem em direção ao norte foi difícil e, além das dores de cabeça horríveis, Nietzsche sentiu um enjoo violento no mar; oito vezes em uma viagem de três dias ele trocou de lugar no navio para evitar odores nauseabundos e a visão de outros passageiros comendo com um prazer repugnante. De Gênova sua primeira parada na lenta viagem de volta à Basileia foi em Bad Ragaz no cantão suíço de St. Gallen, perto da fronteira de Liechteinstein. Como a expectativa de melhorar a saúde, a principal razão de sua estadia em Sorrento, frustrara-se, ele planejou fazer outra tentativa de "cura" termal nessa estação hidromineral. Durante as três semanas e meia em Bad Ragaz, Nietzsche decidiu ainda hesitante renunciar ao cargo de professor, desde que casasse com uma mulher rica, até que a visita do sempre objetivo Overbeck o convenceu a adiar a decisão.

---

35  KGB 11.5 674.
36  KGB 11.5 642.
37  KGB 11.5 599.

Visto que Bad Ragaz não havia melhorado sua saúde, Nietzsche resolveu que precisava de um clima mais frio e alto. Em 11 de junho, foi para outro balneário, Rosenlaui (no sentido literal "avalanche de rosas"), em um vale alpino acima de Meiringen, a 1.300 metros acima do nível do mar. Além da interrupção de duas semanas perto de Zug com a irmã, ele passou o resto dos três meses e meio de sua licença sabática em Rosenlaui. Cercado pelos Alpes e por uma floresta espessa de pinheiros no vale, o lugar era, escreveu ele, "meu tipo de natureza". A estadia em Rosenlaui proporcionou pelo menos uma melhora momentânea em sua saúde. Sempre depois de uma recaída, ele sentia que precisava de um local ainda mais alto.[38]

Como a temporada de esqui terminara, Nietzsche era o único hóspede do Hotel Rosenlaui e, por isso, conseguiu um preço menor. Ele economizou ainda mais ao evitar as refeições na *table d'hôtel*. Ele comia só duas vezes por dia e disse a Malwida que precisava de menos comida que as outras pessoas.[39]

De Rosenlaui ele escreveu a Overbeck que o trabalho de *Humano, demasiado Humano* fluía bem: "Eu caminho de seis a oito horas por dia e reflito sobre o material que depois jogo no papel, com rapidez e certeza total."[40] Essa maneira de trabalhar – longos passeios pensativos sempre com um caderno de anotações, seguidos por períodos curtos de escrita intensa – tornou-se seu *modus vivendi* para o resto da vida. Seus olhos, pensava, exigiam esse hábito: "Eu leio e escrevo cerca de uma hora e meia por dia... Se forço mais minha vista sinto muita dor no mesmo dia".[41] O estilo aforístico de quase todos os seus trabalhos da maturidade – certa vez ele disse: "Abordo os problemas filosóficos como banhos frios, entrada rápida e saída rápida" – [42] não foi apenas uma escolha literária, mas, sim, uma imposição de seus olhos frágeis. Ou, ainda com mais precisão, era uma exigência em que ele *acreditava*, porque dois médicos, Schiess na Basileia e Schrön em Nápoles, e logo depois um terceiro, haviam dito que um esforço excessivo de sua vista poderia causar cegueira. Embora a opinião dos médicos estivesse errada, ela o convenceu de que iria *sentir* dor se lesse ou escrevesse mais de uma hora e meia por dia e, por este motivo, provocou, ou pelo menos contribuiu para que ele na verdade sentisse dor, um efeito oposto ao de um placebo, como diríamos.

Como a absorção de conhecimento sempre atrasa a produção, a velocidade com a qual Nietzsche trabalhava em *Humano, demasiado Humano* deveu-se, possivelmente, ao fato de Nietzsche só ter três livros para ler: um novo livro de Mark Twain – "eu gosto mais de sua loucura do que da perspicácia alemã", como ele escreveu a Rée – *Leis* de Platão e o livro recém-publicado de Rée, *Origem dos Sentimentos Morais*. "Com certeza serei o primeiro a ler o livro perto de uma geleira", escreveu ao amigo, "o lugar certo para ler um livro que examina a natureza humana com uma espécie de desprezo e distanciamento (você pode incluir-se nesta visão) mesclada à compaixão pelos inúmeros tormentos da vida".[43]

---

38 KGB 11.5 628.
39 KGB 11.5 644.
40 KGB 11.5 654.
41 *Ibidem*.
42 GS 381.
43 KGB 11.5 627.

Em Rosenlaui, Nietzsche retomou sua volumosa correspondência habitual. Algumas cartas referiam-se ao seu desejo desesperado de desistir do trabalho. Ele temia, como escreveu a Marie, voltar ao "crepúsculo de minha existência na Basileia". Ele sem dúvida tinha um "destino mais elevado", uma "tarefa superior", do que ser um filólogo, que anseia emergir da vida falsa de um acadêmico. "Entrego-me ao desejo ardente", disse-lhe.[44] Mas como sempre "tornar-se ele mesmo" ligava-se ao projeto de casamento. No entanto, em desespero ele percebeu que todas as candidatas até então consideradas como opções haviam sido sonhos impraticáveis. Natalie Herzen, em especial, fora explícita ao dizer que a proposta era inaceitável. Apesar de não ser uma candidata óbvia ao casamento, Nietzsche ainda pensava em Louise Ott. Quando soube que ela ficara grávida ele escreveu,

> há pouco tempo [isto é, na imaginação] eu olhei na escuridão de seus olhos. "Por que ninguém olha para mim com esses olhos?" Chorei cheio de amargura. Oh, foi horrível! Por que nunca a ouvi cantar?... Em algum lugar do mundo deve haver uma voz para mim.[45]

O erotismo dessa carta foi expresso na personificação em *Assim falou Zaratustra* de uma "vida" como uma mulher para quem Zaratustra canta, "Olhei em seus olhos. Demorei meu olhar. Oh! vi a vida insondável em que eu submergia.[46]

\*\*\*

Em sua estadia em Rosenlaui, Nietzsche recebeu uma cópia do poema "Prometeu Desacorrentado" de um admirador judeu, Siegfried Lipiner, um membro do círculo pequeno de admiradores de Nietzsche em Viena (cujo entusiasmo seria difundido por Freud). A poesia referia-se à salvação por meio do sofrimento. (Lipner tornou-se mais tarde um amigo íntimo de Gustav Mahler e, em parte por transmitir as ideias de *A Origem da Tragédia*, teve uma influência importante no texto das obras do compositor – a terceira sinfonia tem uma citação da *Canção Inebriante* de *Assim falou Zaratustra* (ver Ilustração 26). Nietzsche sabia que Lipiner era judeu por algumas descrições antissemitas dele feitas por Rée e Rohde: Rée descreveu-o como um "homem sem atrativos especiais", enquanto Rohde o descreveu como "um judeu com as pernas mais arqueadas de todos os judeus, com uma expressão simpática, tímida e sensível em seu rosto semita monstruoso".[47] Nietzsche achou o poema extraordinário e escreveu a Rohde que "se o poeta não for um verdadeiro "gênio" não sei quem possa ser... tudo é maravilhoso e tive a sensação de elevar-me ao estado de divindade.[48] Para Lipiner ele escreveu no final de agosto, "diga-me com franqueza se você tem ascendência judaica. Tive há pouco tempo tantas experiências que me causaram uma grande esperança nos jovens dessa descendência".[49]

---

44  KGB 11.5 661.
45  KGB 11.1 660.
46  Z II.
47  Janz (1976) p. 782.
48  KGB 11.5 656.
49  KGB 11.5 652.

Esse, cremos, foi o momento decisivo em que Nietzsche por fim concluiu sua rejeição ao antissemitismo. No ano anterior ele ainda instigou o antissemitismo de Wagner e, agora, sua amizade com Rée e a admiração por Lipiner, além do fato de que não mais sentia a necessidade de pensar exatamente como Wagner, resultou em um repúdio evidente ao movimento político ao seu redor. Esta rejeição preparou o caminho para uma ruptura com a irmã que, como veremos, se casará com um dos piores antissemitas de todos.

\*\*\*

O vale de Rosenlaui com seu hotel histórico onde Goethe hospedara-se na década de 1780 e suas maravilhosas cachoeiras, passeios e vistas espetaculares para as montanhas de Eiger, Mönch e Jungfrau, atraía muitos turistas ingleses. Um deles foi *Sir* Arthur Conan Doyle, que ficou tão impressionado com a imponência das cataratas Reichenbach que em *O Problema Final* (1891) elas foram cenário da luta mortal de Sherlock Holmes com seu arqui-inimigo professor Moriarty (porém, ele o ressuscitou mais tarde a pedido do público). Nietzsche não encontrou Doyle, mas conheceu George Croom Robertson, professor de filosofia no University College, em Londres, e editor da prestigiosa revista sobre filosofia *Mind*. Ele achou Croom Robertson "extremamente simpático" e ficou admiradíssimo com o alto nível da filosofia na Inglaterra. *Mind*, escreveu a Rée,

> tem como colaboradores os grandes homens ingleses, como Darwin, que escreveu um ensaio encantador "Biographical Sketch of an Infant" no Número IV, Spencer Taylor, entre outros. Como você sabe, não temos na Alemanha nada similar ou tão boa.[50]

Nietzsche acrescentou que convencera Croom Robertson a ler o novo livro de Rée e discuti-lo na revista, uma promessa que o editor cumpriu com uma pequena resenha. Ao voltar para a Inglaterra, Croom Robertson escreveu a Nietzsche que suas *Considerações Extemporâneas* haviam sido mencionadas em uma pesquisa sobre a filosofia alemã recente de Wilhelm Wundt, que seria publicada em *Mind*. Wundt, por desconhecer a grande mudança da visão de Nietzsche, escreveu o seguinte:

> O Professor Friedrich Nietzsche da Basileia é um representante proeminente da tendência pessimista em nossa literatura e os sucessivos volumes de *Considerações Extemporâneas* atraíram muita atenção. Nos textos de Nietzsche em outras obras com a mesma tendência, o pessimismo associa-se de um modo muito peculiar a uma admiração entusiasta a determinadas ideias bem próximas do misticismo religioso. Richard Wagner e sua música são adorados pelos partidários dessa doutrina pessimista. O grande compositor, conquistado pelas concepções profundas de Schopenhauer a respeito da natureza da música, e seus [de Wagner, é provável] admiradores entusiastas declararam que a Vontade revelou-se como um princípio cosmológico em *O Anel de Nibelungo*.[51]

---

50   KGB 11.5 643.
51   C p. 414.

## O Retorno à Basileia

Nietzsche voltou à Basileia no início de setembro de 1877, aterrorizado com a perspectiva de retomar suas atividades como professor – a maior maldição de minha vida[52] – e bastante temeroso com o "butim"[53] filosófico de sua licença sabática. Suas condições psicológicas e físicas haviam se agravado muito durante esse ano sabático: Ida Miaskowski quase não reconheceu seu companheiro alegre de música e dança dos primeiros anos na Basileia. Sob os cuidados mais uma vez de Elizabeth, ele alugou um apartamento em Gellerstrasse nº 22. Apesar de detestar a ideia de ensinar de novo, sentia-se, de certa forma, feliz por voltar à Suíça. Pensara, escreveu ele a Malwida, na hipótese de morar na Itália, em Capri, mas lamentavelmente percebera que a "Itália consumia minha coragem, debilitava-me... Na Suíça eu sou mais 'eu' e como baseei o desenvolvimento do meu 'eu' na ética com alicerces sólidos, nos Alpes eu sou inconquistável, ou seja, quando estou sozinho sou meu único inimigo".[54]

O medo de Nietzsche de que o começo de suas tarefas como professor significaria a perda de contato com o trabalho de *Humano, demasiado Humano* foi infundado. Com Köselitz como assistente e copista e um ânimo melhor, os dois trabalhavam arduamente para reunir o "butim" do período de Sorrento e transformá-lo em um material publicável. O trabalho fluiu com rapidez e no final do ano estava quase pronto.

## O Incidente Chocante do Médico Amigo e do Amigo Cuidador

Durante sua estadia em Rosenlaui, Nietzsche conhecera e ficara impressionado com um ardente admirador de Wagner e dele, um médico de Frankfurt chamado Otto Eiser. Eiser lhe dera uns conselhos médicos, porém insistiu que fosse a Frankfurt para fazer um exame completo, o que Nietzsche fez na primeira semana de outubro. Lá ele foi examinado por Eiser, mas também por um oftalmologista, Dr. Gustav Krüger. O ponto principal da associação dos dois diagnósticos revelou que as dores de cabeça e crises convulsivas de Nietzsche eram causadas em parte por um problema de origem desconhecida nas retinas e por "uma predisposição à irritabilidade do órgão central" (isto é, o cérebro) proveniente de uma "atividade mental excessiva".[55] (Este último diagnóstico da pseudociência foi uma repetição do conselho dado por Immermann, "seja mais tolo e se sentirá melhor", na Basileia.) Eiser descartou a possibilidade de qualquer tipo de tumor cerebral,[56] a febre constante devia-se à herança do "amolecimento cerebral" do pai, mas, em razão da inexistência da tecnologia moderna da tomografia, ele não tinha condições de emitir essa opinião. Os sintomas de Nietzsche, sugeriu Eiser, eram incuráveis, mas controláveis. Recomendou o uso de óculos com lentes azuis, restrição a alimentos picantes, vinho, café, uma

---

52   KGB 11.5 620.
53   KGB 11.5 654.
54   KGB 11.5 662.
55   Janz I p. 787.
56   C p. 422.

vida calma e (o único conselho sensato de Eiser) renunciar a "tratamentos heroicos" como banhos frios no inverno. No entanto, o pior diagnóstico foi que, mais uma vez, para evitar a cegueira, Nietzsche deveria prescindir de qualquer leitura ou escrita por diversos anos.

Em 10 de outubro, Nietzsche escreveu a já mencionada carta para Cosima recomendando-lhe o ensaio interpretativo do ubíquo Eiser sobre *O Anel* (ele foi publicado na *Bayreuth Blätter*, a editora de Wagner no ano seguinte). Ele continuou a carta contando-lhe que três médicos (Schiess, Schrön e Krüger) lhe haviam dito que a "cegueira era inevitável, a menos que se submetesse ao julgamento assustador de se abster da leitura e da escrita. Ele acrescentou que esta "terrível decisão" tinha de ser tomada, mas lhe falta coragem, o que significou que continuaria seu trabalho.[57]

Ao saber por Cosima da situação difícil de Nietzsche, Wagner imaginou que Eiser deveria ser um dos médicos que dera esse diagnóstico lúgubre. Então decidiu ocupar-se do assunto e, em 23 de outubro, escreveu a Eiser expondo-lhe seu diagnóstico da origem dos problemas de Nietzsche e disse-lhe que teria sido preferível que o paciente "ouvisse o conselho de um amigo cuidador em vez de um médico amigo". A causa dos problemas de Nietzsche, afirmou, era a "masturbação" (a antiga crença, hoje uma piada, de que a masturbação cegava) e que a "mudança de pensamento" de Nietzsche devia-se à sua "devassidão anormal com indicações de pederastia".[58] Nietzsche precisava casar sem demora. Este último "diagnóstico" referia-se às advertências que fizera a Nietzsche, que ele era íntimo demais de seus amigos, um comportamento que ele, Wagner, nunca tivera. Certa vez, Wagner escrevera a um amigo,

> O amor em sua forma mais perfeita só é possível entre os dois sexos, apenas como homem e mulher os seres humanos podem se amar... é um erro pensar que esta é a única forma de amar, pois existem outras formas iguais... mas apenas pela união de um homem e de uma mulher (sensual e supersensual) os seres humanos existem.[59]

O verdadeiro amor é inseparável do sexo. Nietzsche amava seus amigos. Portanto, era um pervertido. Sem escrúpulos quanto à confidencialidade do paciente, Eiser respondeu a Wagner com uma carta longa,

> Com relação à sua hipótese de [devassidão anormal], não descobri em minha pesquisa nenhum indício direto deste pressuposto, embora não ignore suas observações. *Quanto* à influência da masturbação, as declarações do paciente são claras. Ao mencionar sua situação do ponto de vista sexual, Nietzsche garantiu-me que nunca fora sifilítico e também negou minha sugestão de uma excitação sexual forte, ou de prazeres anormais... O único fato relevante foi à menção... às infecções de gonorreia nos anos de estudante e que, de acordo com o conselho médico, tivera relações sexuais na Itália. Não tenho dúvidas da veracidade de suas informações, e elas comprovaram, pelo menos, que o paciente pode ter uma satisfação sexual normal... também

---

57  KGB 11.5 669.
58  C p. 417.
59  Magee (1983) p. 121.

em relação ao casamento... A ideia de casar o entusiasma de uma maneira que um masturbador inveterado jamais sentiria.[60]

Como Nietzsche tinha, como vimos, uma aversão muito forte à mentira e pelo fato de que seria plausível que Eiser, um admirador ardoroso de Wagner, tivesse apoiado o diagnóstico de Wagner em vez de contradizê-lo, demonstrou que seu relato é verdadeiro. (As visitas aos prostíbulos talvez indiquem a probabilidade de que sua loucura em 1889 foi causada por um estágio final da sífilis, mas sua negativa explícita de uma infecção sifilítica refuta este argumento tradicional.)

Em um desrespeito posterior em relação à confidencialidade do paciente, a existência da correspondência entre Wagner e Eiser e seu conteúdo foram revelados logo após a troca de cartas. No segundo Festival de Bayreuth em 1878, os mexericos sobre a ausência de Nietzsche, de sua cegueira causada pela masturbação, de suas visitas a prostíbulos na Itália e de ter contraído uma doença venérea na época de estudante, de alguma forma chegaram aos ouvidos de Nietzsche. Em fevereiro de 1883, ao saber da notícia da morte de Wagner, ele escreveu a Overbeck, "Wagner foi o homem mais completo que conheci e, por isso, senti terrivelmente sua falta nos últimos seis anos. Porém, um insulto mortal interferiu em nossa amizade.[61] Mais tarde ele o chamou de "uma traição *muito profunda* motivada pelo desejo de vingança". Mas em uma carta a Köselitz de abril de 1883, disse que "Wagner tinha muitas ideias mal-intencionadas, no entanto, o que você diria se soubesse que ele trocou cartas (até mesmo com meus médicos), a fim de expressar sua *crença* de que a mudança em meu pensamento era uma consequência de uma devassidão anormal, com indicações de pederastia?[62] Nos últimos anos da sanidade mental de Nietzsche, como veremos, ele dedicou-se a ataques cáusticos obsessivos contra Wagner. Resta pouca dúvida de que o incidente chocante com o médico amigo e o amigo cuidador contribuíram para a violência destes ataques.

---

60   C p. 417-448.
61   KGB 111.1 384.
62   KGB 111.1 405. Observem que "uma devassidão anormal, com indicações de pederastia" foram palavras usadas por Wagner em sua carta a Eiser.

# 14

## *HUMANO, DEMASIADO HUMANO*

No Ano-Novo de 1878, Nietzsche deu de presente sua cópia autografada da partitura de *Tristão* a Köselitz e a dos *Mestres Cantores* a um amigo de Köselitz e seu aluno ocasional, Paul Widemann. Se pensava em com isso se ver livre das obras wagnerianas, fracassou, pois no dia seguinte recebeu de Wagner uma cópia completa do libreto de sua última ópera, *Parsifal*. Nietzsche escreveu a Von Seydlitz,

> A impressão da primeira leitura: mais Liszt [um católico] do que Wagner, o espírito da Contrarreforma. Para mim, habituado aos gregos, os seres humanos universais, o libreto restringe-se demais à era cristã. Uma fantasia puramente psicológica, sem carne e muito sangue... A linguagem parece uma tradução de uma língua estrangeira.[1]

Por analogia com os santos e mártires sem ossos e carne, fantasmagóricos e elevando-se ao céu, de El Greco, percebemos o sentido da observação sobre Liszt e a Contrarreforma. Wagner previra esta reação autografando uma cópia "para seu querido amigo, Friedrich Nietzsche, Richard Wagner, Conselheiro da Igreja", uma ironia depreciativa que Nietzsche teimosamente se recusou a aceitar. "Incrível", ele comentou em *Ecce Homo*, "Wagner tornou-se um devoto".[2]

Alguns dias depois, ele terminou *Humano, demasiado Humano* e enviou o manuscrito para Schmeitzner. O livro seria publicado em maio, a fim de coincidir com a comemoração do centenário da morte de Voltaire, o herói por algum tempo de Nietzsche, a quem dedicou a primeira edição da obra. Ele estava extremamente nervoso quanto à receptividade do livro. Por "razões pessoais" – o desejo de não aborrecer o casal Wagner e seus amigos wagnerianos –, queria publicar o livro com um pseudônimo (como Rée em *Psychological Observations*),[3] uma ideia tola que Schmeitzner categoricamente rejeitou, porque o nome de um autor conhecido tinha apelo comercial. Nietzsche cedeu, mas ainda insistiu que a preparação da publicação fosse mantida em segredo. Ele não dissera nada nem mesmo a Rée.[4] Além disso, a edição de uma obra sem *qualquer* divulgação prévia com certeza teria *mais* impacto. Nietzsche tinha sentimentos ambíguos porque queria, e ao mesmo tempo não, chocar o mundo. Acima de tudo, esta ambiguidade referia-se aos Wagner. No início do ano, quando ainda pretendia publicar o trabalho com um pseudônimo, es-

---

1 KGB 11.5 678.
2 EH III HH 5.
3 KGB 11.5 673.
4 KGB 11.5 679, 710.

creveu uma carta para acompanhar o exemplar de Wagner, porém, esta carta nunca foi enviada.

> Envio [meu novo trabalho] que mantenho em segredo, com a expectativa de que suas mãos e as de sua nobre mulher o guardem também em segredo. O livro refere-se a mim: nele revelei pela primeira vez os meus sentimentos mais íntimos sobre os homens e as coisas que se encerram no âmago do meu pensamento. Em momentos de paroxismos e tormentos, este livro foi meu consolo. Ele deve ser publicado com um pseudônimo, para não prejudicar o efeito dos meus trabalhos anteriores. Além disso, não quero expor minha pessoa ao desprezo do público e de meus amigos (minha saúde não suportaria) e, por fim, porque espero que haja uma *discussão racional* a seu respeito, na qual meus amigos inteligentes possam participar sem a interferência de sentimentos pessoais de ternura quanto à minha pessoa... Sinto-me como um oficial do exército que atacou uma fortaleza e, mesmo ferido, desfraldou sua bandeira... Embora não conheça ninguém com uma mente igual a minha, pensei de uma maneira coletiva e não individual, e tenho a estranha sensação de estar sozinho e de ser, ao mesmo tempo um entre muitos, um arauto que segue adiante, sem saber se os cavaleiros o estão seguindo ou sequer existem.[5]

Com a eficiência habitual dos editores do século XIX, o livro foi publicado em 7 de maio, sem referência à posição acadêmica do autor na página de rosto. Nietzsche enviou exemplares para Köselitz, Paul Widemann, Rohde, Rée, Von Seydlitz, Malwida, Lipiner, Romundt, Mathilde Maier (com quem Wagner pensara em casar),[6] Marie Baumgartner, Carl Fuchs, Hillebrand, Croom Robertson, Eiser, Deussen, Von Bülow, Burckhardt, Overbeck, Gabriel Monod, Elizabeth, o casal Wagner (um exemplar para cada um), a biblioteca da Universidade da Basileia e mais seis outros exemplares de presente.

## A Adesão ao Positivismo

Como vimos, Nietzsche sofrera uma "transformação e uma crise", sobre as quais só teve plena consciência durante o verão de 1876, logo depois do primeiro Festival de Bayreuth. Como consequência dessa transformação, ele assumiu o compromisso de "lutar pela razão" contra "qualquer mistificação metafísica da verdade e da simplicidade".[7] Mais tarde, ele a descreveu como uma adesão ao "positivismo".[8] *Humano, demasiado Humano* foi o resultado e o registro deste engajamento.

A versão de Schopenhauer (e de Wagner) do idealismo metafísico de Kant propunha a existência de um mundo metafísico, sobrenatural "além" e "por trás" do mundo de "sonho" da natureza; além, como disse Schopenhauer, da "aparência fenomenológica das coisas".[9] A adesão de Nietzsche ao positivismo foi, sobretudo,

---

5 KGB 11.5 676.
6 Mathilde recebeu a carta mencionada na nota de rodapé 111 do Capítulo 12 e citada de novo no parágrafo seguinte.
7 KGB 11.5 734.
8 TI IV. Ver a seguir, p. 615.
9 WR II p. 164.

um afastamento do idealismo metafísico, a "eliminação" do mundo metafísico.[10] Acima de tudo, o positivismo significou uma mudança de pensamento em direção ao realismo metafísico, ou "réealismo".[11] *Nada* existe "por trás" da natureza, *só* existe a natureza. Portanto, o positivismo conclui, não existe conhecimento que esteja fora do alcance da ciência natural, nada é passível de ser reconhecido exceto se, a princípio, for conhecido pela ciência. Por que Nietzsche fez esta mudança da metafísica para o materialismo e o naturalismo?

Um fato importante que o influenciou foi o "romantismo", como Nietzsche passou a chamá-lo, de Schopenhauer, Wagner e *A Origem da Tragédia* ter sido sempre um *neo*-romantismo. O verdadeiro movimento romântico praticamente terminara no início do século XIX para ser substituído pelo espírito científico e tecnológico, por Darwin, pelas ferrovias e por uma comunicação global eletrônica. O livro *A Origem das Espécies* foi publicado em 1859, a Basileia recebeu sua primeira conexão ferroviária em 1844, Naumburg em 1849, o telégrafo foi inventado em 1832, o telefone em 1876. Auguste Comte criou a "filosofia do positivismo" na década de 1830* e o positivismo tornou-se a doutrina predominante das classes cultas. Com uma visão histórica hegeliana, como uma história do desenvolvimento da humanidade da infância à maturidade, Comte distinguiu três "idades do homem": a religiosa, a metafísica e a científica, ou seja, "positiva". Com o positivismo, a humanidade atingiria seu desenvolvimento mais elevado e sua plena maturidade.

O positivismo, em linhas gerais o "socratismo", criticado em *A Origem da Tragédia*, era ao que, no início do seu pensamento, Nietzsche *se contrapunha*. Com Wagner ele era, como vimos, conscientemente "extemporâneo", um nadador contra a corrente, uma opinião culta em oposição, por exemplo, ao materialismo complacente de David Strauss. Mas em *Humano, demasiado Humano* ele renunciou à luta e rejeitou *esta* característica "extemporânea".

Ao relembrar, em 1888, a adesão ao positivismo em 1876 e 1877 e reconstruindo seu estado de espírito à época, Nietzsche escreveu, "o verdadeiro mundo, isto é, 'a coisa em si' de Kant e Schopenhauer, [é] agora uma... ideia supérflua e, *por conseguinte*,... vamos eliminá-la".[12] Observem que não há aqui nenhuma menção à *prova*. Em nenhum momento, Nietzsche alegou que *rejeitara* o idealismo metafísico, que o naturalismo tinha de ser *comprovado*. Esta aceitação dos princípios positivistas foi uma *decisão*, a decisão de adotar um novo "programa de pesquisa" com o naturalismo e a onisciência potencial da ciência como um pressuposto definidor. Nietzsche tentou em *Humano, demasiado Humano* captar o espírito da era darwiniana, a fim de determinar se não podíamos vê-la como um caminho para uma sociedade melhor, se adotássemos sua concepção não 50%, e sim 150%, como veremos. Nietzsche percebeu que sob a superfície da visão positivista, havia uma grande parte do antigo enfoque metafísico-religioso, apenas encoberto em vez de ter sido eliminado.

---

10   TI IV.
11   EH III HH 6.
\*    No livro Aurora Nietzsche escreveu que Comte "era o maior e o mais honesto francês ao lado de quem os alemães e os ingleses desse século não tinham rival" (D542).
12   TI IV.

Assim, em *Humano, demasiado Humano*, Nietzsche decidiu buscar em Schopenhauer um "horizonte" réealista para, como sugerimos, encontrar uma base provisória exigida pela ciência verdadeira: "homens de convicções", escreveu ele, não são "homens científicos", o "espírito científico" sempre revelado com uma "reserva cautelosa" em relação a todas as convicções, inclusive a coerência do naturalismo.[13] (A mudança de opinião em direção ao positivismo na filosofia da maturidade de Nietzsche é, mais uma vez, como sugerimos, uma mudança de "horizontes", uma questão de sintetizar os horizontes românticos e positivistas em uma terceira opção. O relato de Thomas Kuhn da história da ciência como uma questão de "mudanças de paradigmas" adapta-se muito bem à carreira intelectual de Nietzsche.)

A alteração do paradigma de Nietzsche para o positivismo influenciou o título de *Humano, demasiado Humano*. Como veremos, seus temas principais são a religião, a arte e a moral, tópicos que, na tradição de Kant e Schopenhauer, precisavam de uma explicação metafísica. A estratégia usada por Nietzsche demonstrou que estes temas proporcionavam uma explicação "humana". Como mencionado em *Ecce Homo*, o título é explícito: "onde você vê coisas ideais [isto é, não naturais], *eu* vejo todas as coisas humanas, demasiado humanas".[14]

A estratégia usada por Nietzsche não é *refutar* a metafísica, mas mostrar que o mundo metafísico é uma hipótese "supérflua". Pensemos, como elucidação, em Freud. Por que as pessoas acreditam em Deus? Uma explicação pode ser pela mesma razão que acreditam no Sol – existe um Deus e as pessoas sentem sua presença. Mas, segundo Freud, como as pessoas têm necessidade de uma figura paterna, elas a inventam. Freud disse que o aspecto "humano, demasiado humano" da religião revela, caso seja verdadeiro, que não *precisamos* da "hipótese de Deus" para explicar a crença religiosa. Do mesmo modo, a "ideia perigosa de Darwin" de que tudo é "demasiado natural" na religião: ao explicar o surgimento de um "projeto inteligente" no mundo em termos do puro mecanismo natural da seleção natural, ele demonstrou outra visão, na qual a hipótese de Deus é redundante.

## O Espírito Livre: Nietzsche e o Movimento de Reforma da Vida

O subtítulo do livro é mais interessante: *Um Livro para Espíritos Livres*. Em uma etapa da elaboração do livro, Nietzsche pensou que *O Espírito Livre* seria seu título principal.

Livros, acreditava Nietzsche, pelo menos os seus, quando estão nas mãos erradas, são "perigosos". Ele sempre escrevia para um público muito selecionado, "uns poucos leitores".[15] Em defesa da "obscuridade" da qual era acusado, ele dizia que não tinha nenhum desejo de corromper "solteironas ou solteirões", que só tinham a "inocência" como motivação. E, por este motivo, ele escreveu de uma forma que

---

13 HH 630, 631.
14 EH III HH 1. "Demasiado" tem nessa passagem pelo menos dois significados: as fontes da crença metafísica são demasiado humanas para que a metafísica as alcance, assim como são demasiado humanas em todos os casos do intelecto humano em um dia difícil.
15 *O Anticristo*, prefácio.

apenas "seus amigos" entendiam.[16] Como veremos, ele com frequência *suplicou* a diversas "solteironas", de quem gostava, que não lessem seus livros. Só o subtítulo constituiria uma advertência saudável: apenas "para os espíritos livres ou, pelo menos, para espíritos livres *potenciais*". O subtítulo deixa claro que o livro restringia-se a um "público seleto" de adeptos.

Que efeito esse livro teria sobre espíritos livres potenciais? A maioria dos autores escreve para ganhar dinheiro. Ou, se forem acadêmicos, para obter cargos, ou promoções. Ou, na melhor das hipóteses, a fim de atrair ou instruir leitores. Mas não Nietzsche. Ele escrevia, como observou a perspicaz Lou Salomé, "não para ensinar e sim para *converter* leitores [*Er will nicht lehren sondern bekehren*]".[17] Todos os seus livros, como escreveu a Rohde, são "vozes que atraem e seduzem"[18] destinadas a recrutar pessoas adequadas para sua causa. Para Reinhart von Seydlitz, a quem ele esperava afastar de Wagner, ele apresentou-se quase abertamente como um pirata... sempre, como todos os outros piratas querendo roubar seres humanos, não para vendê-los ou escravizá-los, mas para libertá-los.[19]

Na fase inicial, a causa fora o projeto de regeneração cultural de Wagner. Agora o caminho da regeneração seria o positivismo. A causa era diferente, porém o desejo de converter permanecia inalterado. Quem, no entanto, eram esses "espíritos livres" potenciais que ele pretendia que se unissem à sua nova causa? O que *é* um espírito livre?

\*\*\*

Nietzsche escreveu: "Um espírito livre pensa de um modo diferente do que, com base em sua origem, ambiente, classe social e profissão, ou com base na visão predominante da época, seria esperado".[20] Assim, o espírito livre é alguém que pensa e age diferente do "espírito limitado",[21] que mais tarde Nietzsche chamaria de "rebanho". O espírito livre nada contra a corrente de sua época, em outras palavras, tem características "extemporâneas". O espírito livre é o conceito posterior do "espírito extemporâneo".

O tema do "livre espírito" foi discutido durante as últimas décadas do século XIX. As pessoas sérias não suportavam mais as convenções enfadonhas e, com frequência, hipócritas da sociedade guilhermiana, de base vitoriana. Em 1878, a expressão "*Lebensreform Bewegung*", o "Movimento de Reforma da Vida", foi criada para descrever a contracultura, que se desenvolvia havia algum tempo nos países de língua alemã.

Os reformadores *opunham-se* e procuravam "libertar-se" da grande cidade onde pessoas isoladas eram seres anônimos, "átomos" solitários; da tecnologia moderna industrial que reduzira os seres humanos a meros instrumentos ("recursos humanos", como dizemos agora) e a velocidade da vida em um ritmo inumano; da burocratização "totalizadora" do Estado que absorvia todos os aspectos da vida; da religião estabelecida (os reformadores da vida eram "livres pensadores"); do álcool; do materialismo da classe média (o consumismo); e da moral "vitoriana" sob todas

---

16 GS 381. Ver também AOM 158.
17 Small (2005) p. 41.
18 KGB 11.5 76.
19 KGB 11.5 554.
20 HH 225.
21 *Ibidem.*

as formas, em especial em sua repressão à emoção, ao sexo e às mulheres. Os reformadores *apoiavam*: a solidariedade comunal do vilarejo tradicional (em muitas aldeias africanas ainda existe o costume de que se alguém estiver morrendo de fome os outros habitantes não comem); o caráter "inalienado" das práticas de trabalho tradicionais (Nietzsche observou que na economia artesanal tradicional a compra de artefatos era uma forma de "obter uma distinção" semelhante à que hoje fazemos ao comprar um quadro);[22] a vida na natureza e em harmonia com seus ritmos, a cura natural e a meditação; o nudismo (o *F[reie] K[öperliche] K[tur]* (a Cultura do Corpo Livre) fazia parte desse movimento); roupas soltas e confortáveis; banhos de sol; vegetarianismo; uma nova religião espiritualizada com tendências ao panteísmo ou ao paganismo; a dança; a paz; o "amor livre"; e a emancipação da mulher. E a *juventude*; em meados do século, os jovens procuravam parecer mais velhos do que eram, vestiam-se como seus pais e avós (Nietzsche teve este costume por muito tempo), mas os reformadores da vida começaram a homenagear a juventude como o momento em que somos menos afetados pelos grilhões de uma cultura mórbida e repressora e, portanto, em uma posição mais favorável para nos libertarmos. Um semanário cultural denominado *Jugend* (juventude) designou um novo estilo de *design* da *Jugendstill*, o nome em alemão da *art nouveau*. Outra tendência importante no movimento de reforma da vida foi o *Jugendbewegung* (Movimento da Juventude), que se originou do movimento *Wandervogel* – "Livre como um Pássaro". Semelhante aos escoteiros, os jovens do movimento *Wandervogel* viajavam nos fins de semana para florestas, onde faziam fogueiras nos acampamentos e cantavam músicas sobre a alegria de escaparem da cidade cinzenta e suja. (Mais tarde, eles aderiram à Juventude Hitlerista.) Acima de tudo, os reformadores dedicavam-se à *vida* no sentido de "usufruir de uma vida" que trouxesse alegria; eles queriam mais *Lebensfreude, joie de vivre*, do que a oferecida pela cidade dickensiana austera e repressora.

Com o objetivo de evitar as condições da vida urbana pulverizada, os reformadores sempre assumiram um "distanciamento" da realidade para recuperar o sentido de comunidade, e criaram diversos tipos de comunidades em áreas rurais. A ideia da comunidade exerceu um papel importante no movimento de reforma da vida. Africano Spir (1837-1890), um filósofo russo a quem Nietzsche admirava, elaborou um projeto de uma "comunidade com uma vida racional", que ele publicou com a expectativa de conquistar adeptos.* Entre os 22 estatutos de sua constituição havia, por exemplo, a regra de que todos os seus membros deveriam usar o tratamento familiar de *du*, que não existiria álcool nem jogo e que as refeições seriam feitas em comum, assim como as noites dedicadas a discussões, palestras, música ou jogos (a exemplo de Sorrento).[23] Com frequência, o estímulo do movimento reformista em direção a uma nova forma de vida comunal causou a imigração para a África do Sul

---

22  WS 288.
\*   Como seu amigo Tolstoi, com quem lutara na Guerra da Crimeia, Spir libertou os escravos de sua propriedade rural assim que foi permitido. Nietzsche leu e gostou muito da exposição de sua filosofia teórica em *Thought and Reality*, mas há dúvidas de que soubesse dos planos de Spir de criar uma comunidade.
23  Spir (1869) p. 55ff. O documento foi traduzido com o título *Proposal to the Friends of a Rational Way of Living*.

ou a América do Sul. A tentativa fracassada de Elizabeth em 1886 de criar a colônia Nueva Germania no Paraguai foi em parte, cremos, uma versão desastrosa e deturpada do movimento de reforma da vida.

A comunidade *Lebensreform* mais famosa foi fundada em Monte Verità, em Ascona, às margens do Lago Maggiore, em 1900, com Nietzsche e Tolstoi como heróis. Ela tornou-se o ponto central da contracultura, do "espírito livre" nas primeiras décadas do século XX de pessoas como D. H. Lawrence, Carl Jung, Isadora Duncan, Max Weber, Martin Buber, Stefan George, James Joyce, Walter Gropius e Hermann Hesse. O movimento de reforma da vida foi o precursor do movimento "hippie" dos anos 1960 e dos ambientalistas verdes atuais.

Embora Nietzsche não fosse um "hippie" – como já mencionado, com sua educação rígida e o famoso bigode, seu entusiasmo pela autodisciplina, banhos frios e passos rápidos, ele era confundido com um oficial de cavalaria prussiano – ele tinha muitas afinidades com o movimento de reforma da vida. Ele criticava, por exemplo, o álcool[24] e o tabaco, foi vegetariano por algum tempo e gostava da medicina "alternativa". Detestava a vida apressada[25] e alienada das grandes cidades industrializadas e, em *Humano, demasiado Humano*, queixou-se de que na vida moderna vemos tudo "como se estivéssemos na janela de um trem"[26] e detestava a burocracia totalitária, isto é, o Estado bismarckiano.

Além disso, criado em Naumburg, na região rural, Nietzsche sempre foi, no íntimo, um "menino de uma cidade pequena": "eu gostaria de viver em uma cidade pequena", ele declarou categórico.[27] O lugar mais próximo ao ambiente de seu lar foi Sils Maria, um minúsculo vilarejo nos Alpes suíços, onde viveu mais tarde. Mesmo quando o clima adequado para sua saúde exigia que passasse parte do ano em cidades, ele procurava lugares menores em seus arredores como, por exemplo, ainda hoje, os locais tranquilos longe do centro de Gênova, e preferia os que tivessem características semelhantes às de cidades pequenas, como a homogeneidade de estilo de Turim. Em contraste com a vida agitada da cidade, ele pensava que as pessoas deveriam viver perto e em harmonia com a natureza, e que tivessem uma "*sensibilidade bucólica*":

> Se um homem não tiver traçado linhas firmes e tranquilas ao longo do horizonte de sua vida, como o contorno de uma montanha ou de uma floresta, a essência de sua mente ficará inquieta, distraída e ansiosa como a de um morador de uma cidade: ele não se sente feliz e, em consequência, não transmite felicidade a ninguém.[28]

Nietzsche escolheu viver próximo aos lagos e florestas de alguns dos mais bonitos lugares do mundo: "ele tinha", escreveu sua amiga Meta von Salis, "um talento extraordinário para descobrir os lugares privilegiados da Terra". O paraíso, ele

---

24 EH II 1, TI VIII 2. Embora tenha na juventude, como vimos, consumido bebidas alcoólicas, mais tarde ele quase não bebia, exceto quando pensava que seria benéfico para a saúde.
25 UM II 10.
26 HH 282.
27 WS 218-219.
28 HH 290. Ver também AOM 49.

escreveu, em um texto intitulado "*et in arcadia ego*", é uma paisagem de Poussin povoada por heróis gregos.[29]

Nietzsche acreditava também, pelo menos em teoria, no "amor livre". Ele opunha-se ao casamento (exceto como um último recurso financeiro), disse a bela, mas casada Louise Ott, porque, por ser um "espírito livre", ele era, assim como o vinho, extremamente "perigoso" para ela[30] e, como veremos, quis viver um casamento "selvagem" ("de fato") com Lou Salomé. Assim como sua admiradora, Isadora Duncan, ele acreditava na dança no sentido literal (lembrem-se de como ele gostava de bailes em seus primeiros anos na Basileia), mas também na "dança" espiritual que, em *Assim falou Zaratustra*, triunfa sobre o "espírito da gravidade". E acreditava na *juventude*: minhas obras sempre foram dedicadas "à juventude", escreveu.[31] Além disso, ele defendia, até uma mudança radical de pensamento em 1882, a emancipação feminina e lutará para que as mulheres ingressassem na Universidade da Basileia. Por fim, Nietzsche acreditava, sobretudo, na *alegria*, na "vida" em plena alegria: o enfoque inteiro de sua filosofia, escreveu, foi o de recuperar a capacidade de "alegrar-se" dos povos antigos destruída pelo cristianismo, para criar as fundações de um novo "templo de alegria".[32]

Nesse sentido, Nietzsche pode ser considerado um adepto do movimento de reforma da vida e da contracultura: como escreveu na carta para Wagner, ele "pensava na coletividade e não na individualidade". A elaboração, cremos, de um conceito do espírito livre em *Humano, demasiado Humano* foi uma tentativa de explicitar o espírito do movimento de reforma da vida.

O movimento, é claro, não consistia em um conjunto de cláusulas que as pessoas aprovavam ou não. Na verdade, era uma série de crenças e ideais sem obrigatoriedade de serem aceitos em sua totalidade. Pessoas diferentes dariam "interpretações" distintas ao movimento. *Humano, demasiado Humano*, em especial, expõe seu positivismo, assim como sua dedicação ao herói do Iluminismo, Voltaire, o "grande libertador do espírito".[33] O movimento de reforma da vida seria realizado, não por meio da música wagneriana "fantasiosa", da prece, da astrologia, do espiritualismo ou do poder dos cristais, mas, sim, pela explicação científica "concreta" e inflexível, que eliminava todas as antigas superstições incapazes de justificarem-se perante a razão. Como Nietzsche escreveu em seus cadernos de anotações, ele sonhava com

> uma comunidade de homens que queriam ser livres, sem transigir e que desejavam ser conhecidos como destruidores. Eles submetiam tudo à sua crítica e sacrificavam-se em benefício da verdade. Tudo o que fosse nocivo e falso era exposto à luz do dia.[34]

\*\*\*

---

29  WS 295.
30  KGB 11.5 522.
31  KGB 11.5 656. Às vezes dizia o oposto.
32  AOM 187.
33  O fato de essa dedicação ter sido omitida na edição de 1886 revela o desenvolvimento intelectual de Nietzsche.
34  KSA 8 5 [30].

A premissa do herói nietzschiano como um "destruidor" suscita a pergunta se o conceito do espírito livre tinha uma conotação "negativa". De fato, *Humano, demasiado Humano* foi o golpe definitivo em sua amizade com Rohde. Ele detestou o livro e não reconheceu seu amigo nele. A ideia do espírito livre era, pensou, um "conceito negativo e inútil".[35] Michel Foucault, que se inspirou muito neste livro, tinha a mesma opinião. Mas ambos estavam errados.

A frase-chave de *A Gaia Ciência* (os quatro primeiros livros de Nietzsche ainda refletiram seu período positivista) é "Só como criadores poderemos destruir".[36] E, em 1886, na introdução da segunda edição de *Humano, demasiado Humano*, Nietzsche descreveu o espírito livre que queria "andar sem destino" no "deserto" que ele criara destruindo todas as antigas certezas, como se sentisse "náusea".[37] A destruição para Nietzsche era *sempre* um prelúdio para a construção – vê-lo como um nazista ou um puro "desconstrucionista" é um dos mais graves erros de interpretação possíveis.

Ao escrever para Romundt em abril de 1876, ele disse "Vamos nadar contra a correnteza... Eu só respeito uma norma: liberdade moral e insubordinação". Porém, imediatamente acrescentou, "Detesto qualquer fraqueza e ceticismo. A necessidade diária de elevar-se e elevar os outros, com a ideia de pureza diante dos olhos, sempre sublime, assim quero que meus amigos vivam".[38] "Sublime, cada vez mais elevado", como vimos, foi o título do poema no qual propôs casamento a Mathilde Trampedach, uma proposta em que se descreveu como o alpinista de Longfellow, alguém que "se esforça sinceramente para tornar-se mais livre e melhor". E, é claro, é impossível tornar-se "melhor" sem um conceito de "grandeza".

O espírito livre nietzschiano queria desconstruir as antigas crenças para "libertar-se" delas. Mas só a fim de libertar-se com o *intuito* de um ideal positivo. A principal tarefa, portanto, ao analisar *Humano, demasiado Humano*, consiste em pensar o que seria esse ideal positivo e por que as superstições metafísicas da antiga cultura deveriam ser destruídas.

## O Mosteiro dos Espíritos Livres

*Humano, demasiado Humano*, como vimos, é um exercício de elevação da consciência. Ele é uma "isca" destinada a "seduzir" as pessoas com o potencial de pensar, como Nietzsche que se afastava da cultura predominante, ou de outras versões do movimento de reforma da vida, para ter sua própria versão do movimento. Além disso, Nietzsche tinha algo mais específico em mente. Ele queria, como Africano Spir, fundar uma comunidade baseada em uma vida "racional" e, por fim, cremos, uma série de comunidades.

---

35  Small (2005) p. 31.
36  GS 58.
37  HH Prefácio 3, 4. Em *Zaratustra*, Nietzsche faz a mesma observação, ao dizer que o "leão" do deserto precisa se transformar em uma "criança" criativa para atingir o pleno desenvolvimento do espírito (Z I 1).
38  KGB 11.5 521.

Ele queria criar o que chamava de "mosteiro para espíritos livres", "a escola do Educador",[39] uma "colônia ideal", um "mosteiro moderno". A vida que compartilhara com Malwida, Rée e Brenner em Sorrento seria o protótipo desta comunidade.[40] Malwida lembrava-se de ele ter discutido a ideia de comunidade em Sorrento. Suas noites juntos eram tão tranquilas e harmoniosas, que ela sugeriu, em tom de brincadeira, que o grupo de Sorrento "representava uma família ideal". Esta sugestão, disse, levou-os a desenvolver um plano para fundar

> uma espécie de instituição missionária para que adultos de ambos os sexos tivessem um desenvolvimento livre de uma vida espiritual nobre, a fim de que pudessem seguir adiante no mundo para semear uma nova cultura espiritual... Nietzsche e Rée imediatamente se ofereceram como professores. Eu tinha certeza de que atrairia muitas alunas mulheres... com o objetivo de serem as mais nobres representantes da emancipação das mulheres.[41]

Já nessa época Nietzsche tinha a ideia de organizar uma reunião de espíritos "extemporâneos" inspirada em Bayreuth. Quando escreveu para Rohde em 1870, ele disse que a finalidade de seus escritos era afastar as pessoas das instituições educacionais predominantes e atraí-las para um novo tipo de "mosteiro", que constituiria uma "nova academia grega".[42] Como vimos, Nietzsche tinha uma crença profunda no poder da educação, seja para transformar as pessoas em clones do *status quo* ou libertá-las para horizontes culturais mais inovadores e saudáveis. Portanto, a ideia de uma nova academia, uma espécie de "universidade livre",[43] seria a criação de um núcleo de resistência à cultura prevalecente, que cultivasse as sementes de uma nova cultura.

Nietzsche usou a palavra "mosteiro" com mais frequência do que qualquer outra para referir-se à criação de uma comunidade, porque ela englobava todas as tendências de seu pensamento. Primeiro, seria um lugar onde pessoas "livres" se afastariam da sociedade atual. Como o mosteiro cristão, ele seria um local para aqueles "que desejavam isolar-se do mundo" em sua condição atual.[44] Segundo, seria um lugar onde, como em um mosteiro cristão, as pessoas viveriam de uma maneira *ascética*, "em grande simplicidade".[45] Elas rejeitariam o materialismo da classe média preponderante. Em terceiro lugar, o "mosteiro" seria um local de *aprendizado* – na Idade Média quase todos os estudiosos eram monges. A mente se concentraria na vida "monástica": "trabalhar" com o objetivo de ler, discutir e produzir trabalhos de literatura, arte, ciência e filosofia.* E quarto, assim como o mosteiro cristão pro-

---

39  KGB 11.5 554.
40  KGB 11.5 554.
41  J I p. 750.
42  KGB 11.5 113.
43  KGB 11.5 589.
44  KSA 8 17 [50].
45  KSA 8 17 [50].
\*   Uma observação escrita no verão de 1875 diz: "Estatuto da Sociedade Extemporânea." A cada trimestre todos os participantes apresentarão um relatório por escrito de suas atividades. O. R. G. B. N. (KSA $8_5$ [97]). As iniciais seriam dos membros principais, com quase certeza, Overbeck, Rohde, Von Gersdorff, Brenner ou Baumgarter e Nietzsche. Um protótipo parcial desta sociedade foi, é claro, a sociedade Germania da juventude de Nietzsche.

curou, por intermédio da prece, sacrifício e exemplo, a redenção da humanidade, o mosteiro de Nietzsche também se dedicaria (por meio da Razão em vez de Deus, é claro) à "redenção" da humanidade: seus membros seriam os líderes e educadores da humanidade.[46] Como descrito em *Considerações Extemporâneas*, um "educador" é uma figura exemplar, um modelo a seguir. Portanto, a comunidade de espíritos livres exerceria influência, pelo menos em parte, pelo exemplo: sua ascendência resultaria do delineamento do tipo de vida que "redimiria" a sociedade como um todo, um "indicador" de um caminho a fim de superar a desolação atual, substituindo-a por uma cultura nova e "mais elevada". Ocasionalmente, o mosteiro ideal publicaria trabalhos. Nietzsche descreveu-o em 1879:

> Palestras e horas de meditação diárias para os adultos, sem imposição, porque todos fariam essas atividades como se fosse um hábito: as igrejas são valiosas por serem ricas em lembranças. Todos os dias haveria um festival da dignidade da razão humana. Uma nova e plena eflorescência do ideal do professor, na qual o padre, o artista e o médico, o homem do conhecimento e o homem da sabedoria [isto é, Nietzsche] fundem-se um com o outro... esta é minha visão: eu a retomo sem cessar e acredito com firmeza que ela levanta uma ponta do véu do futuro.[47]

## *Humano, demasiado Humano:* **A Crítica à Metafísica**

O objetivo fundamental do livro *Humano, demasiado Humano*, foi perseguir até destruir a crença no mundo metafísico, tanto em seu aspecto visível quanto no oculto, como uma etapa preliminar para elaborar uma cultura nova, pós-metafísica e "racional". Nietzsche identificava três áreas básicas nas quais a crença na metafísica ocorria – religião, arte e moral – e demonstrou em cada caso que as origens, as *causas*, da crença na metafísica são as *razões* desta crença. Ele intitulou esse método de raciocínio filosófico de "histórico" (mais tarde de "genealógico").[48] Como a *racionalidade justificava* a crença, ela se fundamentava em bons motivos e, assim, para mostrar que uma crença específica não pode ter fundamentos sólidos seria preciso "refutá-la", não no sentido de demonstrar categoricamente que era falsa, e sim para mostrar que um ser racional, o público-alvo de Nietzsche, deveria eliminar esta crença do seu conjunto de crenças. O método "histórico" desenvolvido por Nietzsche e Rée, pensamos, proporcionava uma resposta criativa e importante para o seguinte problema: visto que é impossível *provar* que elas sejam falsas, como alguém pode formular uma crítica racional às crenças metafísicas?

*Religião*. Por que as pessoas acreditam no mundo da metafísica religiosa? A abordagem de Nietzsche é de um toureiro picador e não de um matador: em vez de dar um único golpe fatal, ele identificava um grande número de causas que contribuíam para a crença religiosa e minuciosamente demonstrou, uma a uma, que elas não tinham credibilidade. Ele observou, por exemplo, que, embora a crença reli-

---

46  HH 109.
47  AOM 180.
48  HH 1.

giosa traga a felicidade, ela de modo algum pressupõe a verdade da crença.[49] Talvez seja muito óbvio reiterar o que já foi mencionado no Pensamento Crítico 101, mas, Nietzsche afirmou, com precisão, que o fracasso do "demasiado humano" e do demasiado usual deveu-se à inferência inconsciente da felicidade na razão. Como ele observou, pessoas extremamente lógicas e racionais quando lidam com a maioria dos fatos cotidianos, como investimento financeiro, por exemplo, de repente alternam a mente racional com um raciocínio neutro, quando surgem questões existenciais "importantes". O desejo de encontrar um significado profundo e reconfortante na vida resulta em crenças ilusórias como, por exemplo, astrologia, reencarnação, carma, alienígenas ou no céu cristão.[50]

Nietzsche sugeriu também que o cristianismo "oprime o coração para que possa depois iluminá-lo".[51] Nossa fé cristã no "pecado original" é o resultado da doutrinação com o objetivo não de proporcionar uma verdade, mas para aumentar o poder da Igreja. Somos vítimas da ilusão de nossa confiança. O mesmo se aplica às práticas ascéticas dos santos e dos místicos: somos facilmente convencidos de que eles possuem algum conhecimento vital para praticar estes atos extremos de autonegação. Mas, na verdade, eles não têm este conhecimento. A origem demasiado humana destas práticas é, mais uma vez, o desejo de obter *status* e poder.[52] (Neste ponto, vemos o primeiro reflexo de um conceito central da filosofia da maturidade de Nietzsche: a "vontade de poder".) Outra origem aviltante da crença religiosa é a interpretação errônea das condições patológicas.[53] Por exemplo (os aforismos de Nietzsche são quase sempre construtivos, como fazemos aqui com um dos seus exemplos), o homem que diz que "Deus se comunica com ele todos os dias" tem um "superego" exacerbado. Mais uma vez, o sistema ético e metafísico do cristianismo pode atenuar o tédio: a batalha contra o "inimigo interno" como, em especial, o desejo sexual, torna a vida mais interessante. Em um mundo com poucas alternativas para extravasar a agressão humana, o cristianismo inventou uma nova forma de guerra.[54] Porém, é claro, não existe caminho mais válido para amenizar o tédio do que a felicidade.

Outra maneira de investigar as origens aviltantes da fé religiosa envolve a antropologia especulativa. As origens pré-históricas da religião consistem na tentativa primitiva do homem de entender a natureza. Originalmente, sugeriu Nietzsche, os seres humanos não tinham a percepção da causalidade *natural*. Todos os fenômenos eram vistos de um modo antropomórfico: a tempestade era a manifestação da raiva de um deus, a chuva da primavera da benevolência dele. O controle do comportamento dos deuses era exercido por meio de cerimônias e oferendas. O homem primitivo oferecia aos deuses coisas que lhes poderiam dar prazer, como sacrifícios, exibições de sexo e violência, guerra etc. Portanto, a origem do "culto religioso"

---

49 HH 30.
50 HH 6.
51 HH 119.
52 HH 55, 142.
53 HH 126.
54 HH 115, 141. Nesse trecho vemos, em estado embrionário, o segundo ensaio de *A Genealogia da Moral*.

encontra-se na tentativa primitiva de dominar a natureza.[55] É claro, não somos mais animistas. No entanto, a crença nos deuses transmitida sem critérios de avaliação de geração a geração, indica que "uma parte da humanidade primitiva ainda exerce influência em nosso comportamento".[56] Enquanto acreditarmos nos deuses, estaremos inconscientemente apoiando uma ciência primitiva e ultrapassada.

Como conclusão, Nietzsche disse que *poderia* existir um "mundo metafísico". O fato "de percebermos tudo que nos cerca por meio de uma cabeça humana e como não podemos cortá-la", é impossível negar a possibilidade da existência de um mundo metafísico. Em razão de não podermos tirar os "óculos escuros" kantistas da mente humana, não temos uma ideia precisa da realidade. Entretanto, continuou, "só a paixão, o erro e a ilusão" tornaram esse mundo metafísico habitado por Deus, anjos e as almas dos mortos "valioso, terrível e prazeroso". Ao analisarmos as origens dessas crenças, disse, "temos de refutá-las" demonstrando que elas não são *falsas* e sim desprovidas de uma crença racional ou de uma *justificativa* racional.[57]

***

*Arte*. Ao contrário das aparências, os ataques de Nietzsche contra a "arte" não significaram críticas a todos os tipos de arte. Como veremos, havia um lugar importante para determinadas artes no novo mundo que *Humano, demasiado humano* pretendia construir. Nietzsche criticou a arte "romântica", a arte metafísica da transcendência do mundo. Em outras palavras, sem mencionar o nome, a arte de Wagner. Em sua essência, Nietzsche queria agora rejeitar e eliminar, o que chamara de arte "dionisíaca", a arte do "conforto metafísico" em *A Origem da Tragédia*. Mas manteve a arte "apolínea", a arte que "nos ensina a procurar a alegria [não "por trás" e sim] nas aparências".[58]

A "arte" (a arte metafísica), disse Nietzsche, "manifesta-se quando as religiões diminuem seu controle". Em um mundo pós-Iluminismo onde as pessoas cultas se sentiriam constrangidas de confirmar os dogmas da metafísica cristã, eles continuam a influenciar os sentimentos religiosos e os estados de espírito na arte. A "arte", poderíamos dizer, oferece um sentimento religioso sem responsabilidade doutrinária. Mas que tipos de sentimentos? "Algumas pessoas" (isto é, Schopenhauer), observou Nietzsche, estão convictas da redenção como mostra "o olhar confiante da *Madona de Rafael*". Porém ainda com mais intensidade elas obtêm o mesmo sentimento com a música: "é possível", como sabemos, que uma passagem da *Nona Sinfonia* de Beethoven possa dar a sensação [a uma pessoa] de que ela está pairando acima da Terra em uma abóbada de estrelas, com o sonho da *imortalidade* no coração.[59]

A pessoa nesse trecho era, é claro, Nietzsche como símbolo da condição espiritual de sua época. Lembrem-se de que aos 19 anos, apesar de ter perdido a fé cristã, ele ainda considerava a grande música com uma característica religiosa, que proporcionava a sensação de que "o céu subitamente brilhava", "um brilho momen-

---

55   HH I 111.
56   HH 13.
57   HH 9.
58   BT 17.
59   HH 153.

tâneo do divino". "Essa passagem na *Nona Sinfonia* de Beethoven é, sem dúvida, a *Ode à Alegria* do último movimento, que o início de *A Origem da Tragédia* identificou como um momento de transcendência dionisíaca.

Qual é a relação entre essas observações precisas e autobiográficas com a crítica violenta à metafísica? Nietzsche declarou que estas experiências mostram como é fácil para um espírito livre mais uma vez "suspirar pelo amor perdido, seja a religião ou a metafísica". Elas revelam a força contínua "da necessidade metafísica".[60] A referência, como mencionado antes, é a de um capítulo de Schopenhauer intitulado "Sobre a Necessidade da Metafísica para o Homem",[61] no qual ele argumentou que a função básica da religião e da metafísica é superar a dor e a morte, a fim de atender à necessidade universal dos seres humanos da certeza na imortalidade, que compensará o sofrimento da existência mortal. Nietzsche disse que, enquanto tivermos estas experiências e crenças parciais, repetiremos o erro, sem sermos de fato, ou ainda não, espíritos livres em sua plenitude. Ou, pelo menos, nossa "integridade intelectual" será testada.[62]

Em um texto referente a esse tema, Nietzsche descreveu com firmeza a desconstrução "histórica" das crenças metafísicas baseada na percepção musical, como já discutido. Temos "sentimentos profundos" que não só se encerram no cerne da realidade fundamental, como também de certa forma atestam sua veracidade. Mas, observou ele, estes sentimentos só são profundos porque, imperceptivelmente, provocam determinados pensamentos que consideramos profundos, pensamentos sobre morte, Juízo Final, céu e inferno, as "primeiras e últimas coisas (o título da Parte I de *Humano, demasiado Humano*) que se supõem que os cristãos devam refletir. No entanto, continuou, "um sentimento profundo pode estar muito longe da verdade como, por exemplo, todos os pensamentos metafísicos". E quando diferenciamos o pensamento do sentimento "tudo o que resta é um sentimento forte que não se refere ao *conhecimento*".[63]

Uma outra crítica descreveu o artista metafísico como o oposto do perfil de um artista. (Como Lou Salomé mencionou, o culto a Wagner era o alvo anônimo desse ataque.)[64] Os artistas deste gênero estimulam a concepção romântica e o culto ao "gênio"; a ideia do grande artista capaz de ver através "do buraco da dissimulação da aparência" e, assim, "consegue comunicar algo conclusivo e decisivo sobre o homem e o mundo".[65] Embora pareçam lutar por um elemento da natureza divina do ser humano, na realidade, ele luta para criar o máximo de prestígio para sua arte (como, por exemplo, arrecadar dinheiro para Bayreuth).

Uma das técnicas para incentivar o culto ao gênio era dissimular todos os sinais da "gênese" da obra de arte para dar a aparência de uma perfeição casualmente improvisada, que só um deus poderia realizar. Temos esta sensação diante, por exemplo, do templo de Pesto, que Nietzsche visitou em uma de suas excursões em

---

60  HH 26, 37.
61  WR II CH. 17.
62  HH 153.
63  HH 15.
64  Salomé (1988) p. 67.
65  HH 164.

Sorrento, a sensação de que "certa manhã um deus jovial construiu sua morada".* No entanto, um olhar rápido nas anotações de Beethoven revelam que, em vez de ser um presente do céu, ou a inspiração das Musas (a etimologia grega da palavra "música"), o grande artista é o resultado de um trabalho árduo e de uma qualidade estética: "Todos os grandes artistas foram grandes trabalhadores, uma fonte inesgotável de criatividade [do material], mas também com a capacidade de rejeitar, de analisar com cuidado, de transformar e de organizar."[66] Em resumo, os "gênios" representam nove décimos de transpiração e no máximo um décimo de inspiração.

Não só os artistas promovem o culto ao gênio, como também nós, o público, somos coniventes com eles, devido à vaidade do humano, demasiado humano. Como não somos capazes de escrever uma peça de Shakespeare, iludimo-nos ao pensar que ela tem uma origem milagrosa. Isto preserva nossa vaidade porque, nas palavras de Goethe, "são as estrelas que não cobiçamos". Assim, quando tratamos alguém como divino (quando chamamos uma cantora de "diva" ou o compositor de maestro, ou "mestre"), queremos dizer que "não há necessidade de competir".[67]

***

*Moral.* A moral cristã formulada por Kant e, em especial, por Schopenhauer baseia-se em duas ideias. A primeira é que a virtude consiste em altruísmo – "abnegação", segundo Nietzsche. O critério ideal de nossa avaliação é Jesus, o paradigma do amor puro, abnegado e universal. A segunda ideia é a da liberdade e responsabilidade. De acordo com os moralistas cristãos, temos livre escolha nas ações que realizamos: em todos os casos poderíamos ter agido de maneira diferente. Somos responsáveis e capazes de "justificar" nossas ações. Associadas, pensava Nietzsche, estas ideias eram desastrosas para o equilíbrio psicológico dos seres humanos. Além disso, por sentirmos que *deveríamos* e *podemos* ser altruístas, e ao percebermos que na maioria do tempo não somos, sentimos *culpa* e baixa autoestima.[68] Portanto, a missão essencial da vida de Nietzsche foi a de libertar-nos dos grilhões da moral cristã.

Até agora, essa moral cristã não se referiu à metafísica. Porém, nas mãos de Schopenhauer logo ela adquiriu uma conotação metafísica. Como Kant, Schopenhauer acreditava que os acontecimentos do mundo natural eram, sem exceção, sujeitos às leis causais. Mas se a natureza fosse onipresente não haveria liberdade. Graças, no entanto, ao idealismo metafísico sabemos que a natureza é mera "aparência", por trás da qual existe o mundo "inteligível" da "coisa em si". E, assim, encontraríamos o fundamento da liberdade: visto que, como Kant demonstrou, a causalidade é apenas uma "forma" das aparências, o eu "em si" precisa ser indefinido, livre. Por este motivo, apesar do determinismo causal da natureza, a responsabilidade perante nossas ações e a culpa que sentimos quando não atingimos um padrão moral são totalmente justificadas.

---

\* A sinfonia *Júpiter* de Mozart é uma ilustração mais precisa do argumento de Nietzsche. Seu nome deveu-se à sensação de que só um deus teria criado essa perfeição com tanta facilidade. Ou talvez como se supõe que alguém deveria sentir. Seu nome não foi atribuído por Mozart, mas pelo empresário musical Johann Solomon, interessado em vender o produto.
66  HH 145, 155.
67  HH 162.
68  HH 132-3.

Até esse ponto, Schopenhauer repetiu os pressupostos de Kant:[69] embora sejamos como seres naturais definidos com precisão, como seres "inteligíveis" somos livres. Mas, como ele observou, em Kant os detalhes da ação deste conjunto de elementos concretos ou abstratos estão envoltos em profundo mistério. A contribuição de Schopenhauer esclareceu estes detalhes. O mundo "aparente" da natureza assemelha-se a um sistema ferroviário: o trajeto dos trens está além do meu controle. Porém escolho o trem onde farei viagem. Nasci com uma peculiaridade que funciona como a característica ou a natureza de qualquer outro ser natural. Assim como o comportamento de uma rocha é determinado por sua natureza e pelas circunstâncias em que se encontra (se for jogada na água ela afundará em vez de flutuar), meu comportamento também é definido pelo meu caráter, além das condições que me cercam. Se eu for um cleptomaníaco e vir alguma coisa que me agrade eu a roubarei. *Mas meu caráter ou o caráter que assumi* é resultado de um ato "inteligível" de livre escolha pelo meu eu real. Portanto, apesar de minhas ações serem determinadas pela lei de causa e efeito eu sou, ao mesmo tempo, livre e responsável.[70]

A segunda forma como a moral, na concepção de Schopenhauer, adquire uma conotação metafísica refere-se à possibilidade de altruísmo. Como vimos, a norma do comportamento humano schopenhaueriano era o egoísmo. Esta visão originava-se do fato de que a dor e o prazer que eu sinto são meus, que, em termos de uma experiência ingênua e natural do mundo, as outras pessoas não são diferentes de robôs insensíveis. Então, se o mundo natural dos seres humanos for uma realidade absoluta, o altruísmo não teria explicação nem justificativa. Mas, apesar de o altruísmo ser um sentimento raro, ele existe. A única explicação possível seria que uma pessoa altruísta tem uma percepção metafísica de que por trás do "véu de Maya" tudo é uma Unidade. E, devido a essa percepção, "compartilhamos" o sofrimento das outras pessoas. Neste sentido, a virtude moral para Schopenhauer, assim como a arte, é uma questão do culto ao "gênio": a virtude moral capaz de ver através "do buraco da dissimulação da aparência".

Sob dois aspectos, observou Nietzsche, as noções metafísicas, os "monstros mitológicos", precisam de "apoio" moral.*[71] De uma maneira esquemática, a argumentação de Schopenhauer é a seguinte: (1) Temos a liberdade de agir altruisticamente e, por isso, somos capazes de sentir um amor desinteressado pelas outras pessoas. (2) Por dois motivos, isso não seria possível se houvesse apenas o mundo natural.

---

69 A "Terceira Antinomia" da *Crítica da Razão Pura*.
70 Ver FW p. 94-97, WR I p. 113, 144-146, WR II p. 319-321.
* Ao desconstruir o caminho em direção à metafísica por meio da arte, Nietzsche censurou a tendência que a maioria de nós pode ter, se não de compartilhá-la, pelo menos de enfatizá-la. Mas, ao criticar o caminho por intermédio da moral, ele investiu contra uma diretriz seguida apenas pelos estudiosos da filosofia de Kant e Schopenhauer. Em tese, Nietzsche não deveria preocupar-se com caminhos seguidos só por pessoas com essa formação muito especial, mas é preciso relembrar que ele escrevia para um público específico: primeiro, para si mesmo – *Humano, demasiado Humano* é uma obra na qual "Libertei-me *do que não pertence à minha natureza*" (EH III HH 1) e, segundo, para os alemães do final do século XIX, com conhecimentos e experiências similares aos seus. Seu público básico também incluía pessoas que ainda compartilhavam, ou não mais, a visão de Wagner e de Schopenhauer.
71 HH 37.

(3) Portanto, deve existir um mundo sobrenatural e metafísico. A desconstrução de Nietzsche desse caminho para a metafísica teve duas vertentes (1). Primeiro, ele argumentou que não havia razão para acreditar em nenhum tipo de liberdade. E, em segundo lugar, ele alegou que não somos livres para agir altruisticamente.

***

A crítica de Nietzsche à liberdade é simples: como o determinismo causal universal é um fato real, tudo e, em especial, todas as ações humanas, é uma consequência, "matematicamente calculável", de acontecimentos passados. Assim, alguém com o dom da sabedoria absoluta seria capaz de prever a partir do estado atual do mundo todas as ações futuras.[72] Com base nessa causalidade universal, Nietzsche concluiu que a vontade livre não existia.[73] Observem que Nietzsche não se referiu à ideia de que poderia haver um tipo de liberdade importante *compatível* com o determinismo causal universal. (Em seus trabalhos posteriores, ele mudou de opinião.)

Por que deveríamos acreditar no determinismo causal universal? Nietzsche não propôs uma razão direta para que considerássemos essa premissa como uma verdade. *Humano, demasiado Humano* dedicou-se mais à abordagem do axioma fundamental da pesquisa científica. Ele defendeu este pressuposto indiretamente com uma crítica ao que (uma visão newtoniana, em vez da mecânica quântica, muito comentada à época) julgava ser a única objeção possível a esse princípio, a suposta existência da liberdade do ser humano.

Originalmente, sugeriu Nietzsche, o homem pensava que *tudo* acontecia devido ao livre-arbítrio como, por exemplo, a fome. Como o homem primitivo desconhecia a causa dos acontecimentos, ele presumia que não existia um motivo e que tudo acontecia por sua própria vontade. Agora, iremos concluir esse relato da pré-história, desta última reminiscência do pensamento primitivo, exceto em nosso caso. Chegou o momento de dar o passo final da infância da humanidade para a maturidade intelectual. Não mais chamaremos um ser humano de imoral em consequência de suas ações nocivas, do mesmo modo que não mais denominaremos imoral uma tempestade por deixar-nos molhados.[74]

No entanto, o que nos impediu de dar esse passo em direção ao naturalismo científico *pleno*? Nada além da doutrinação cultural cristã destinada, não a nos beneficiarmos, e sim para estimular seu poder.[75] O livre-arbítrio foi uma invenção dos padres com o objetivo de nos tornarmos dependentes deles. (Retomarei em breve esse tema.) A crença no livre-arbítrio tem uma origem aviltante e deve ser rejeitada por todos os seres racionais. E a metafísica excêntrica de Schopenhauer é desnecessária. A ética de seus fundamentos destinada a explicá-la e justificá-la era uma "ética falsa".[76]

***

---

72  HH 106.
73  HH 18,39.
74  HH 102.
75  HH 119.
76  HH 37.

Discutirei agora a crítica de Nietzsche à moral do altruísmo, a ética cristã do "amor ao próximo", como disse *Zaratustra*, formulada na filosofia moral de Schopenhauer. Como vimos, o caminho de Schopenhauer da virtude à metafísica descrevia, em poucas palavras, o seguinte argumento. Se o naturalismo fosse verdadeiro, todas as ações seriam egoístas. Mas, apesar de raros, havia casos ocasionais de altruísmo genuíno. Neste sentido, o naturalismo era falso e existiria um mundo metafísico. Uma maneira óbvia, portanto, de bloquear esse caminho para a metafísica seria negar a existência de exceções em relação à norma do egoísmo.* Esta foi a estratégia de Nietzsche. O egoísmo não era apenas uma norma, e, sim, uma regra universal. A estratégia foi, em outras palavras, a de discutir o "egoísmo psicológico", a doutrina em que todas as ações humanas são motivadas pelo autointeresse.[77]

Na verdade, Nietzsche referiu-se a uma forma específica de egoísmo psicológico, o hedonismo psicológico. Nessa teoria (que mais tarde rejeitaria com veemência) todas as ações eram motivadas pelo autointeresse, além de uma visão especial do autointeresse: nossos únicos interesses eram vivenciar o prazer e evitar o sofrimento. "Em todos os casos", escreveu Nietzsche, "o único desejo de autossatisfação é o desejo do próprio prazer".[78]

Ao longo dessa tese, a técnica de Nietzsche foi a de expor casos aparentes de atos ou sentimentos altruístas. Assim, por exemplo, ele citou a "compaixão" como uma forma de sentir-se poderoso.[79] Se eu der US$ 200 que tirei há pouco do caixa eletrônico ao mendigo na calçada, meu motivo será o prazer de mostrar minha posição superior na vida. E a verdade, em vez de ser um exercício de honestidade ou justiça era, em geral, justificada por afirmações falsas pelo fato de que mentir exigia muita inteligência e boa memória; mas, as pessoas procuravam falar a verdade por medo de serem descobertas.[80] E assim por diante, com muitas análises detalhadas sobre os motivos humanos, demasiado humanos subjacentes ao aparente altruísmo.

A exposição desses casos apenas reiterou a opinião, já proposta por Schopenhauer, de que o egoísmo era a regra *geral* do comportamento do ser humano. Entretanto, nenhuma série de casos pode afirmar que seria uma regra universal. E o bom senso nos advertiu de que a regra universal era falsa. As pessoas sacrificavam-se na guerra sem, às vezes, qualquer crença na vida após a morte ou medo da humilhação social se não se sacrificassem. As pessoas pautam seus comportamentos pelo senso de dever. É claro, Nietzsche poderia alegar que, com mais tempo, ele descobriria uma motivação egoísta também nesses casos, mas a questão era como ele poderia saber? A alegação de que deveria haver um motivo a ser descoberto é de um dogmatismo infundado e *irracional*, precisamente o que o Iluminismo e a perspectiva científica queriam eliminar. Rohde, em especial, não gostou do dogmatismo expresso no livro de Nietzsche.

---

\* Outra maneira mais eficaz seria mostrar que na visão de Schopenhauer da virtude como uma percepção da verdade pessoal, o eu metafísico é idêntico a todos os outros eus, o que reduziria o altruísmo a um egoísmo metafísico. Assim, nem o egoísmo perceptível nem o egoísmo metafísico tem "valor moral".

77 HH 37, 46.
78 HH 107.
79 HH 103.
80 HH 54.

Talvez, ao reconhecer o impacto negativo de suas palavras, Nietzsche tenha tentado atenuar a situação com uma iniciativa precipitada de elaborar, *a priori*, um argumento conceitual para o egoísmo psicológico:

> Ninguém nunca fez algo para os outros sem um motivo pessoal. Como um homem poderia ser *capaz* de realizar alguma coisa que não se referisse a ele, isenta de qualquer compulsão interna... Como o ego poderia agir sem o ego?[81]

O argumento baseava-se na ideia de que uma ação é um movimento físico provocado por um desejo ou uma vontade, "uma compulsão interna"; em outras palavras, uma preferência. Então, todos os meus atos satisfazem alguma preferência própria. Meu interesse consiste em minhas prioridades. Portanto, todos os atos são motivados por um interesse pessoal. Mas, como já mencionado, é falso supor que todas as preferências têm um autointeresse. O homem que morre em uma batalha sacrifica-se por amor ao país. Sem um treinamento filosófico, a dialética não era o ponto forte de Nietzsche.

## Por que Desconstruir a Metafísica?

Nietzsche reconheceu um aspecto negativo sério em sua desconstrução da metafísica cuja pesquisa ele terminara. Em especial o lado trágico da perda da fé no cristianismo, um processo em curso, mas que a desconstrução em *Humano, demasiado Humano* tinha por objetivo acelerar. O cristianismo fora responsável pelos produtos mais refinados da civilização ocidental e, talvez nessa linha de raciocínio, Nietzsche estivesse pensando, entre outros, nos seus companheiros saxônicos, Bach e Handel.[82] Além disso, o "repouso tranquilo" de um passado, no qual alguém poderia ter uma perspectiva de eternidade, contrastava com nitidez com a "vida agitada e efêmera da época atual".[83] Então, qual era a finalidade de eliminar a fé do mundo metafísico? Por que esse projeto teria importância?

O próprio Nietzsche suscitou essa pergunta: "nossa filosofia... se converterá em tragédia? Será que a verdade não se tornará hostil à vida de um homem superior?[84] Nietzsche registrou esses questionamentos em seus cadernos de anotações. Eles refletiam, sobretudo, as "observações psicológicas" destinadas, pelo menos da parte de Nietzsche, a destruir a ideia do altruísmo do ser humano. La Rochefoucauld e "o autor de *Psychological Observations*" (isto é, Rée) eram, observou, "atiradores peritos que sempre acertavam o *Schwarze*, que significa centro do alvo em alemão, mas também "preto". Assim, ele está fazendo duas alusões em uma mesma frase: as "observações" aforísticas de Rée sobre a natureza eram sempre precisas. Porém, elas também sempre enfatizavam o lado sombrio da natureza do ser humano e, de acordo com uma expressão de Heine, propiciavam uma "visão sombria" da humanidade. O mesmo se aplicava às suas "observações" como, por exemplo, "Alguém fica

---

81 HH 133.
82 HH 20.
83 HH 22.
84 HH 34.

duplamente contente ao jogar-se na água para salvar um homem, quando há pessoas presentes no local que não ousam imitá-lo".[85] Ou existem pessoas que na falta de assunto em uma conversa revelam os segredos mais íntimos de seus amigos.[86] Estes aforismos exprimiam um lado "dolorido". Como Nietzsche dizia, eles nos colocavam em uma "mesa de dissecação moral" onde "facas e fórceps" eram usados de uma maneira não só precisa, mas também "cruel".[87]

Em suas anotações, ele demonstrou preocupação com o efeito dessa "crueldade".* "A crença na bondade", em "ações altruístas", observou, provoca uma crescente confiança social. Mas a crença no oposto tornaria a sociedade humana "mais fraca, mais desconfiada". Podemos admirar a habilidade dos atiradores peritos, porém "no interesse do bem-estar dos seres humanos desejaríamos que eles não tivessem a intenção de desprezá-los ou de criar suspeita".[88] Por isso, não estaríamos em situação melhor sem a existência deles? (Observem a sombra que já obscurecia a relação com Rée. Nietzsche sugeriu, nesse comentário, uma interrogação sobre o caráter de Rée e sua influência nas obras de Nietzsche.)

O método usado por Nietzsche para rejeitar essa dúvida não é inteiramente consistente, devido, eu suspeito, a uma luta secreta entre seu impulso construtivo, em sua essência, de afirmação da vida, e a posição niilista de negar o mundo de Rée. Ele tinha duas formas diferentes de solucionar essa dúvida.

Na primeira justificativa ele observou que, embora seu projeto de desconstrução fosse essencial para eliminar os "monstros míticos" inventados pelo cristianismo, "havia uma indecisão se a observação psicológica seria mais vantajosa ou desvantajosa para o homem". No entanto, não restava dúvida, continuou, de que a desconstrução deveria ser realizada porque a ciência, "que não respeita os objetivos finais" em relação ao bem-estar dos seres humanos, "não pode dispensá-la".[89] Isso suscita a pergunta óbvia: por que a ciência? Por que o desejo de verdade a qualquer custo?

Em uma discussão sobre o mesmo tema – verdade *versus* felicidade do homem – vinculada à religião, Nietzsche afirmou que, pelo menos em curto prazo, a destruição da religião *tornaria* os seres humanos mais infelizes, visto que a ciência não oferecia um consolo similar. Então, como Byron escreveu em seu poema Manfredo (a inspiração infeliz de Nietzsche de a *Meditação de Manfredo*),

*A tristeza é sabedoria: os muito sábios*
*Devem lamentar a mais profunda de sua verdade fatal,*
*A árvore da sabedoria não é a da vida.*

---

85   HH I 325.
86   HH 327.
87   HH 37.
*    Elas também revelaram preocupação de que essa crueldade poderia exceder o que seria justo. "Nós", escreveu Nietzsche ao fazer uma autocrítica, "desenvolvemos a arte de descobrir uma origem vergonhosa em um âmbito tão amplo, como se alguém descobrisse uma discussão humilhante sobre... escovar dentes" (KSA 8 42 [29]). "Às vezes", como Freud provavelmente não diria, mas Bill Clinton sim, "um charuto é apenas um charuto".
88   KSA 8 23 [41], uma versão preliminar de HH 36.
89   HH 36.

Entretanto, prosseguiu, "é preciso continuar com entusiasmo o trabalho de desconstrução, porque não mais podemos ter qualquer relação com o [cristianismo] sem sujar para sempre nossa consciência intelectual e prostituir-nos diante dos outros".[90]

Essa "moral viril", como poderíamos chamá-la, é uma visão típica do positivismo. A mesma moral surgiu em outra obra positivista, o *Mito de Sísifo*, de Albert Camus, na qual Camus critica o "movimento brusco da fé" de Kierkegaard intitulando-o de "suicídio filosófico", uma "mutilação da alma", um insulto profundo ao "orgulho do homem". Os homens genuínos, os "cavaleiros da verdade",* não recorrem lamurientos à religião ou aos substitutos da religião como a música de Wagner porque, assim como Sísifo condenado pelos deuses a empurrar uma enorme pedra até o alto de uma montanha por toda a eternidade, eles suportam o sofrimento.

Em algumas passagens, Nietzsche apresentou um argumento para a "moral viril". Tendo em vista que a definição do "homem" é a de um "animal racional" e, como a razão é a "essência do ser humano", a transição do homem das superstições personificadas pela religião e pela arte até atingir a racionalidade do Iluminismo significou sua "humanização progressiva". O cultivo "da razão e da ciência, os poderes superiores do homem" representaram um progresso (hegeliano ou comtista) da infância para a plena maturidade, para a total realização de seus poderes especiais.[91]

Ou seja, a essência do homem é a racionalidade. Portanto, a busca incondicional da verdade (de um ser humano completamente racional) é o maior desenvolvimento da essência do homem. Neste sentido, precisamos procurar a verdade a qualquer preço. No entanto, assim que o argumento é apresentado nesse contexto, sua fragilidade torna-se óbvia. Primeiro, apesar de respeitável, a definição do homem como a de um "animal racional" é muito arbitrária. Por conseguinte, se a racionalidade for, no âmbito do mundo animal, única aos seres humanos, também seria, por exemplo, na religião, na arte, na política e no riso. Assim, poderíamos definir o "homem" como um "animal artístico", "um animal religioso", um "animal político", ou um "animal com senso de humor". Com exceção dessas definições, no entanto, o argumento contém um grave erro em relação à racionalidade. Se a realidade for vista (uma hipótese implausível) como um atributo que nos diferencia de outros animais, então, ela seria uma racionalidade *instrumental*, o cálculo de meios eficazes para atingir os objetivos finais. Mas ser racional nesse sentido *não* resulta em um compromisso com a verdade a qualquer preço. Se, por exemplo, a perda da fé religiosa nos tornar, mesmo a longo prazo, mais infelizes do que somos, se possível, devemos tentar preservá-la. Nietzsche não abordou esse tema, porque ele confundia a racionalidade *total* com a *pura* racionalidade, na qual o ser humano puramente racional é um pensador sem desejos, além do desejo de conhecimento. Ou seja, um cérebro sem um corpo. Porém, os seres humanos não são assim.

---

90 HH 109. O fato de Nietzshe ser a favor da prostituição literal suscitou reservas quanto a essa observação.

\* Em *A Origem da Tragédia*, Nietzsche elogiou Schopenhauer por seu reconhecimento sincero da infelicidade da existência humana, referindo-se a ele como, de acordo com Dürer, a um "cavaleiro da... verdade" (BT 20). A referência era o quadro *O cavaleiro, a morte e o diabo* de Dürer, cuja cópia ele tinha e que, como contou a Malwida, o emocionara profundamente (KGB II.5 436).

91 HH 147.

\*\*\*

Mas esse interesse de Nietzsche pela "moral viril" foi apenas um impulso momentâneo. Sua motivação principal, e a mais importante, consistia em discutir, primeiro, se a cultura metafísica do passado de fato prejudicou seriamente o ser humano e, segundo, que *pelo menos a médio e longo prazos*, o espírito racional e científico do Iluminismo utilizado de maneira adequada nos transformaria em seres humanos e fomentaria uma cultura "mais elevada", na qual os homens viveriam de forma mais próspera do que na antiga cultura. Ele tinha, creio, três linhas básicas de argumentação para demonstrar que a antiga cultura cristã fora extremamente prejudicial ao bem-estar dos seres humanos. O primeiro raciocínio referiu-se ao estímulo do ódio a si mesmo, o segundo ao seu fracasso em lidar com as causas reais do sofrimento e, o terceiro, com a incapacidade da ética cristã de promover o bem-estar social.

*Ódio a si mesmo*. O cristianismo, disse Nietzsche, "teve a finalidade de não só provocar suspeita em tudo relacionado ao ser humano, mas também de oprimi-lo, castigá-lo e crucificá-lo". Acima de tudo, é claro, ele crucificou o sexo. (A repressão sexual, ele observou, causou uma fantasia sexual e, por esse motivo, os santos cristãos tinham muitas fantasias "sórdidas" que precisavam confessar e, em seguida, se punirem por elas.) A exigência moral imposta pelo cristianismo era, *em sua essência*, impossível de ser cumprida e, por isso, sentíamo-nos "tão pecadores quanto possível" e, portanto, dependentes do poder de absolvição da Igreja e dos padres. O cristianismo "oprimia o coração e só... éramos capazes de suavizar [em parte] essa opressão. Os principais meios de exercer essa coerção moral eram a criação de modelos impossíveis de serem seguidos. (Ninguém, nas palavras de Jimmy Carter, evita o "adultério no coração", ninguém sobrevive sem eliminar pelo menos coisas pequenas.) O cristão compara-se a Deus (ou a Jesus) e, assim, mesmo depois de a concepção de Deus ter desaparecido, as pessoas sentiam uma "depressão" provocada pela "angústia da consciência... o sentimento de culpa". O cristão era como Don Quixote, que subestimava sua coragem, porque sua mente estava repleta de "feitos milagrosos" de heróis da cavalaria medieval.[92]

Essa estratégia de provocar um sentimento extremo de pecado requeria que tivéssemos livre-arbítrio, caso contrário, nossa pecaminosidade seria só culpa do Criador. Por isso, a negação do livre-arbítrio e, por conseguinte, da responsabilidade moral, era tão importante para Nietzsche: a recompensa dessa atitude diante da vida era a absolvição da *culpa*. A eliminação do livre-arbítrio reproduzia, de uma maneira curiosa, a *redenção* do cristianismo. "O sonho lúgubre e assustador" desaparecia (lembrem-se do terror de Fritz diante da estátua do cavaleiro na igreja do pai) e quando abrimos os olhos estamos de novo no "paraíso".[93] Ao eliminar o mito da vontade livre, a humanidade recuperaria sua "inocência" perdida.[94]

*As causas do sofrimento*. Com alguma forma de sofrimento, observou Nietzsche, poderíamos "alterar seus efeitos sobre nossa sensibilidade" ou extinguir sua

---

92  HH 141, 114, 119, 133.
93  HH 124.
94  HH 107.

causa. O cristianismo exerce o primeiro papel – nossa infelicidade mundana de nos sujeitarmos ao castigo de Deus, mas essa punição revela que Ele pensa em nós e somos o objeto de seu amor (severo). O cristianismo "narcotiza" (segundo Marx, a religião era o "ópio das massas") e esse torpor nos impede de eliminar a causa do sofrimento. Quando tomamos um analgésico, o impulso de ir ao dentista diminui.[95] Do mesmo modo, Nietzsche observou, a educação técnica só será uma questão relevante depois que a fé em Deus tiver desaparecido, assim como a medicina só se desenvolverá quando a ciência eliminar a crença nos milagres.[96] A autoajuda só será eficaz no momento em que não mais acreditarmos na ideia de uma ajuda divina.

Poderíamos, é claro, objetar que muitas das coisas que provocam sofrimento – a certeza da morte, a competitividade da vida – *não podem* ter suas causas eliminadas pela ciência e, portanto, a "alteração de nossa sensibilidade" pela religião sempre será necessária para uma vida feliz. Ao perceber a vulnerabilidade de sua posição, Nietzsche usou de subterfúgios para não se expor. Por um lado, ele escreveu que, devido ao progresso da ciência, "o domínio do destino implacável está reduzindo-se, mais e mais, uma visão negativa para padres e escritores de tragédias",[97] o que pode sugerir que o objetivo da ciência é mais modesto: "com a menor dor possível, enquanto houver vida e, em consequência, uma espécie de bênção eterna".[98] Mas é evidente que uma vida "longa" não significa vida "eterna" e, assim, o problema da morte permanece. Como Nietzsche reconheceu em sua filosofia da maturidade, seu ponto de vista nesse debate era inconsistente. Algo profundo e sério deve ser dito sobre a morte, como fizera em *A Origem da Tragédia*.

*Ética*. Antes do cristianismo, Nietzsche escreveu que o padrão de "bom" e "mau" era o costume, que baseava-se na utilidade social. Este era o padrão e não o questionamento se os motivos de uma pessoa eram "egoístas" ou "altruístas". Desde que uma pessoa se submetesse às regras ela era "boa"; a questão se ela se comportava desse modo espontaneamente era irrelevante. Neste sentido, os julgamentos morais pré-cristãos fundamentavam-se nas consequências das ações. Se fossem benéficas ninguém se interessava em examinar os motivos. (Kant disse que o comerciante que é honesto, porque acredita que a honestidade é a melhor prática comercial não merece crédito moral, que só se ele for honesto por pensar que seria sua *obrigação* teria virtudes morais. Se Nietzsche estiver certo, um pré-cristão não veria uma diferença moral entre as duas premissas.)

A utilidade social é o único fundamento racional da moral. E, observou Nietzsche, o estímulo ao bem-estar da sociedade é mais produtivo se alguém estiver buscando seu "bem supremo", do que "agitações e ações piedosas em benefício dos outros". É claro, pessoas não refinadas terão uma noção rudimentar dos princípios propícios ao seu desenvolvimento e aperfeiçoamento moral e, por esse motivo, não promoverão o bem-estar geral. Precisamos ter uma compreensão mais precisa do que nos é "mais vantajoso".[99] Além de afirmar sua posição quanto ao egoísmo psi-

---

95 HH 108.
96 HH 242.
97 HH 108.
98 HH 128.
99 HH 95.

cológico, Nietzsche também defendia uma forma de "egoísmo ético": não só *somos*, como *devemos* ser, "egoístas esclarecidos", como Nietzsche e Isabella von Prahlen concluíram enquanto passeavam em Pisa. Precisamos lutar para conquistar o bem supremo de nossa felicidade, não o que parece lhe ser propício, e sim o que *de fato* o promove.

Nesse sentido, não era o altruísmo cristão, mas o egoísmo esclarecido, alegou Nietzsche, que estimulava o bem-estar da sociedade como um todo. Por que ele defendia essa ideia? Os únicos indícios eram sua identificação com a busca do "bem supremo" individual com nosso "aperfeiçoamento pessoal", a fim de "tornar-nos uma *pessoa* completa".[100] Mas, para descobrir o que ele tinha em mente, é preciso consultar outros textos.

Ao longo de todas as fases de sua carreira, Nietzsche mencionou diversas vezes a *Aufgabe*, a "tarefa" ou "missão" de uma pessoa na vida. Em *Schopenhauer como educador* o "eu verdadeiro" é identificado como uma "tarefa superior". Em *Assim falou Zaratustra* o herói epônimo diz "o que me importa a felicidade... Esforço-me em meu trabalho" ao que seus animais responderam, "mas você deleita-se em um lago azul celeste de felicidade" e, então, ele foi obrigado a admitir que eles o conheciam tão bem como ele próprio.[101] Parte do que é tratado aqui é o que se chama de "paradoxo da felicidade": assim como tocamos piano ou digitamos melhor se não pensarmos na direção dos dedos, atingimos a felicidade quando não a procuramos diretamente, e sim quando assumimos o compromisso de realizar uma tarefa *diferente* da busca de nossa felicidade.

Nietzsche escreveu a Malwida em seu caminho de retorno de Sorrento para a Basileia, que, apesar de seu desinteresse pela vida de professor e a apreensão de retomar suas aulas, ele não suportava a sensação de ser inútil; e os moradores da Basileia eram os únicos que lhe proporcionavam o sentimento de ser útil.[102] (Logo ele mudaria de ideia, ao decidir que seria mais útil à humanidade sendo um escritor "livre".) Esse é o tema fundamental (e para mim correto) que permeia toda a obra de Nietzsche: para o aperfeiçoamento pessoal pleno, como uma pessoa íntegra, é preciso ter uma grande "tarefa" na vida, como disse Sartre, um "projeto fundamental" que dê unidade e coerência a todos os outros projetos menores. Além disso, essa tarefa deve ser *altruísta*, com o intuito de beneficiar o próximo. De acordo com essa visão, para viver uma vida genuína era necessário ser um "profissional". É impossível ser um ator sem plateia, um médico sem pacientes, ou um advogado sem clientes. E a plena realização como ator ou médico é resultado de um bom trabalho, que beneficie a plateia ou os pacientes. Do mesmo modo, afirma Nietzsche, "a felicidade genuína consiste em ter uma tarefa definida com um objetivo altruísta – um 'significado' na vida – bem realizado, com a sensação de ter oferecido 'uma contribuição'". Portanto, era o egoísmo esclarecido, em vez da piedade cristã ineficaz ou o zelo kantiano, que criava um compromisso produtivo com o bem-estar da comunidade.

---

100 HH 95.
101 Z IV 1.
102 KGB 11 630.

## A Cultura Superior de Nietzsche

Agora abordaremos o lado construtivo do livro *Humano, demasiado Humano*. É preciso, argumentou Nietzsche, desenvolver *totalmente* uma nova sociedade pós--cristã "esclarecida", uma cultura "superior" baseada na "razão". Como ela seria?

Vivemos, disse, em uma "época de comparações". Com as novas tecnologias de transporte e comunicação – ferrovias, telégrafo e a previsão de aviões[103]– não somos mais prisioneiros das culturas nacionais herméticas do passado. Vivemos na "cultura do papel" de Wagner, em meio a uma "polifonia" de fragmentos do passado e de culturas diferentes. Antes, como vimos, Nietzsche lamentou a "desordem da mistura heterogênea" da cultura moderna, mas neste ponto ele tem uma visão positiva. O caráter "multicultural" (como diríamos agora) da modernidade proporciona a oportunidade de *escolher* conscientemente uma nova cultura com base na comparação, no conjunto confuso de coisas diferentes e na semelhança.[104] O que, então, deveríamos escolher?

Primeiro, a nova cultura deveria eliminar todas as características deploráveis da modernidade. Ela evitaria, por exemplo, a "comédia" absurda (como no poema "O Aprendiz de Feiticeiro", de Goethe) de os homens inventarem máquinas para facilitar suas vidas, porém, terminavam escravos industriais (ou eletrônicos) de sua tecnologia, um mero "material para aquecer a grande máquina", que, por sua vez, se torna um "fim em si mesmo".[105] Em segundo lugar, na nova era, a cultura não seria ameaçada pelos "meios culturais".[106] Nietzsche exprimiu aqui sua oposição ao Estado "enorme" e controlador da Prússia de Bismarck ou o Estado "totalitário" que ele supunha ser uma consequência do socialismo. Influenciado pelo relato de Burckhardt sobre o Renascimento italiano,[107] Nietzsche pensava que um nível de anarquia social seria necessário para o surgimento do ser humano excepcional. O Estado controlador, segundo ele, só produzia "pessoas sem vontade própria e facilmente manipuláveis", robôs conformistas orwellianos: "O Estado é uma instituição prudente com a finalidade de proteger as pessoas de outras pessoas. No momento em que atingir sua plenitude e perfeição, ele enfraquecerá o indivíduo e, por fim, o desagregará, opondo-se assim ao propósito original do Estado."[108]

Mais uma vez em contraste com pelo menos a modernidade prussiana, não haveria um exército de soldados recrutados, porque o recrutamento era uma maneira garantida de matar os mais corajosos e melhores, precisamente aqueles que a sociedade precisava para "uma próspera posteridade". Eles morriam, visto que assumiam postos de liderança mais perigosos.[109] Nietzsche mencionou os gregos nessa conexão, mas, com certeza, também pensou nos alunos de Pforta que haviam morrido

---
103 KSA 8 23 [16].
104 HH 23-24.
105 HH 585.
106 HH 520.
107 Compare HH 237.
108 HH 235.
109 HH 442. Na guerra moderna, é claro, a liderança e o perigo não têm um vínculo tão próximo.

nos campos de batalha de Bismarck. (Logo depois, como veremos, ele decidiu que os exércitos nacionais permanentes também deveriam ser abolidos.)

De novo em contraste com o ritmo frenético da modernidade e sua obsessão com a atividade e a produção ("produtos", como dizemos na universidade moderna), a nova cultura valorizará o "ócio", e o espaço amplo para uma *"vita contemplativa"*. Os homens ativos eram "seres genéricos", sem vontade própria ou poder de decisão: como eles agiam em vez de refletirem, não tinham chance de, em especial, perceber que poderia haver algo de errado com a cultura em que viviam e que moldava suas ações. Só os pensadores tinham a oportunidade de contestar o *status quo*, de se tornarem pessoas excepcionais, "espíritos livres", em outras palavras.[110]

## A Teoria da Evolução Cultural

A defesa de Nietzsche do "ócio" suscita a questão da importância dos espíritos livres. Por que, exatamente, ele os valorizava tanto? O objetivo fundamental de *Humano, demasiado Humano*, como vimos, era uma segunda "Reforma", uma mudança de paradigma para uma nova cultura.[111] Além disso, era um livro "para os espíritos livres". É evidente, portanto, que os espíritos livres são os elementos essenciais para realizar essa mudança de paradigma. Mas como e por quê?

Nietzsche observou que os espíritos "reprimidos" agem por hábito e não pela razão. Uma pessoa não se converte ao cristianismo como resultado de uma escolha consciente e com a comparação entre religiões, e sim, como uma pessoa que nasce em países com o hábito de beber vinho acostuma-se a beber vinho.[112] (A reunião geográfica das religiões demonstra que a opinião de Nietzsche, em geral, era correta.) Os espíritos a quem se impõem limites, continuou, consideram os espíritos livres perigosos, porque presumem que sua "fé" é primordial para promover a utilidade social. No entanto, tendo em vista que suas práticas tradicionais baseiam-se na fé e não na razão, elas, às vezes, são incorretas. Em uma metáfora, a comunidade podia se sentir presa em uma floresta sem conseguir encontrar uma saída. Mas a intervenção do espírito livre seria útil, ou a do "gênio", uma palavra "isenta de conotações mitológicas ou religiosas": o espírito livre ou o gênio era "original", porque "descobria um novo caminho que ninguém conhecia".[113]

Com uma opinião obstinada, Nietzsche denominou esse processo de um "progresso" para uma "cultura superior" por meio da "degeneração". A "história", escreveu,

> ensina-nos que a parte do povo [*Volk*] que se preserva melhor é a que a maioria das pessoas tem, em consequência da semelhança de seus princípios comuns habituais e indiscutíveis, ou seja, como resultado de sua fé compartilhada, um sentimento natural de comunidade.[114]

---

110 HH 283, 284, 439.
111 Compare AOM 131.
112 HH 226.
113 HH 231.
114 HH 224.

Portanto, a preservação de uma comunidade requer que os espíritos limitados sejam sempre a "regra" e os espíritos livres a "exceção".[115] No entanto,

> o perigo que ameaça essas comunidades fortes baseadas em pessoas com características similares é que aos poucos a crescente estupidez persegue a estabilidade como sua sombra. As pessoas mais livres, indefinidas e [de acordo com a moral predominante] moralmente fracas são responsáveis pelo *progresso espiritual* dessas comunidades: ele depende de homens que realizam coisas novas e, em geral, muitas coisas. Inúmeras pessoas desse tipo fracassam em razão de sua fragilidade, sem produzir um efeito visível; mas, em geral, sobretudo quando legam realizações para a posteridade, elas atenuam os efeitos da rigidez dos costumes e, às vezes, rompem a harmonia de um elemento estável de uma comunidade. É precisamente nesse ponto em desarmonia e frágil que algo novo é *inoculado* na comunidade; sua força, porém, deve ser suficiente para receber essa nova ideia e assimilá-la. As naturezas degeneradas exercem um papel vital para a realização do progresso. Todos os progressos têm de ser precedidos por um enfraquecimento parcial. As naturezas mais fortes *preservam* os traços característicos de uma comunidade e as mais fracas ajudam a *evoluí-los*.

Com a finalidade de esclarecer que, *como pessoas*, os espíritos limitados e os livres têm um valor *igual*, Nietzsche terminou o texto com a frase, "só quando eles tiverem uma base sólida e a garantia de longa duração é que a evolução firme e a inoculação enobrecedora será possível: apesar da convivência perigosa e duradoura, a autoridade estabelecida quase sempre resiste a mudanças".[116] A opressão e a resistência, a reação e o aprimoramento representam, por conseguinte, não períodos isolados de turbulência, mas uma tensão permanente ("agonística") na dinâmica estável de uma sociedade saudável.

Tendo em vista que esse relato da evolução cultural, como vimos, foi mencionado pela primeira vez de uma forma embrionária no terceiro volume da *Consideração Extemporânea*, passou a ser muito natural descrever o espírito livre como a "mutação aleatória", mas Nietzsche usava a palavra "mutilação".[117] Em *A Origem da Tragédia*, Nietzsche escreveu, como já vimos, que uma comunidade só pode prosperar e existir como uma comunidade por meio de uma "fé" comum. Mas essa fé pode converter-se em uma "estupidez", quando impede que a comunidade enfrente os desafios impostos por um ambiente sempre em mutação. (Algumas pessoas dizem, por exemplo, que a democracia ocidental é incapaz de enfrentar o desafio do aquecimento global.) Sendo assim, uma sociedade saudável precisa de desbravadores, que rejeitem a maneira tradicional de proceder e de realizar empreendimentos, precursores de uma nova forma de vida, que "inventem novas possibilidades de vida para contrapor às antigas formas".[118]

Essa visão da evolução social é puro darwinismo (social). Porém, com o elemento desafiador da discussão, Nietzsche fez uma *objeção* ao darwinismo que há cinco

---

115 HH 225, 463.
116 HH 224.
117 HH 224.
118 KSA 8 17 [44].

anos, em 1873, ele acreditava ser uma "verdade".[119] Visto que são "precisamente as naturezas mais fracas" que contribuem para a evolução social, alegou, "a luta louvável pela existência não me parece ser a única teoria que explica o progresso ou o fortalecimento de uma... raça... Um povo frágil, mas que em seu conjunto é ainda forte e saudável", é mais bem-sucedido.[120] No entanto, essa objeção é muito inconsistente e confirma a suspeita de que Nietzsche só conhecia Darwin por fontes secundárias. O darwinismo apenas afirmava que as *espécies com mais capacidade de adaptação* sobrevivem melhor. Ele não abordava o tema da "sobrevivência dos mais adaptados a um grupo ou a uma coletividade", no qual as espécies mais adaptadas ou mais fortes conseguiam preservar com mais eficiência seu sistema de organização interna.

## *A Vida Racional: Escravidão, Castigo, Eutanásia, Eugenia, Conservação*

O "ócio" de um espírito livre ponderado – a quem a futura direção da sociedade será confiada – significava que ele não precisava trabalhar para viver. E, é claro, isso tinha um preço. Uma pessoa "ociosa" precisava ser sustentada por outras pessoas. Neste sentido, uma sociedade racional seria *hierarquizada*. Esta hierarquia, entretanto, não era uma exploração e sim uma delegação de trabalho manual aos que sofriam menos com esse tipo de tarefa.[121] Este pressuposto sugere que Nietzsche apoiava uma espécie benevolente de escravidão: o antigo escravo (como Diógenes), mencionou, talvez uma observação correta, tinha um trabalho menos árduo e vivia mais feliz e com segurança do que o operário da indústria do século XIX, brutalmente explorado pelo mundo dickensiano da sociedade dominada pelas máquinas.[122]

Como sugeri antes, o argumento da necessidade da escravidão foi refutado pela máquina de lavar roupa. Mas, em 1877, Nietzsche escreveu em seus cadernos de anotações que sempre haveria pessoas para fazer "*o trabalho duro e penoso até que fossem substituídas pelas máquinas*".[123] Portanto, a escravidão não era uma característica intrínseca da "utopia" de Nietzsche.[124] Uma vez que abominava a escravidão industrial e advertia que poderíamos ficar "escravos da máquina", no período de *Humano, demasiado Humano* ele defendeu a "escravidão" como uma necessidade contingente e temporária. (Mais tarde ele mudaria de opinião, ao descobrir um enfoque diferente para defender a "escravidão em certo sentido".)

\*\*\*

Visto que não existe livre-arbítrio, "nosso crime contra criminosos consiste em tratá-los como canalhas".[125] Como não há "culpa" no criminoso, porque sua ação é uma consequência do ambiente em que vive e da hereditariedade, não deveria haver

---

119 KSA 7 19 [132], 19 [87].
120 HH 224.
121 HH 462.
122 HH 457. Compare as observações em "O Estado Grego", GM p. 180.
123 KSA 8 25. Minha ênfase.
124 HH 462.
125 HH 66.

um elemento de retribuição, de entregar "apenas sobremesas" ao transgressor. A única função do castigo é a de intimidar, embora a inclusão da pena de morte entre os meios de intimidação não seja justificável.[126]

A escolha pessoal da eutanásia será sancionada pela sociedade racional, como na Antiguidade. Por termos rejeitado as proibições religiosas, seguir o caminho da "morte por livre escolha"[127] em vez de esperar pelo colapso final da "máquina" do corpo representará uma "vitória da razão".[128]

Haveria uma ampla gama de escolhas racionais referentes à "propagação dos homens" (eugenia), nutrição e educação.* E aprenderíamos "a administrar a terra de uma maneira mais econômica".[129] (Nietzsche já antevira a necessidade de preservação ambiental. Surpreendentemente, em seus cadernos de anotações de 1882, ele antecipou o aquecimento global: "É preciso preservar... as florestas. Com o desmatamento das florestas, a Terra se aquecerá".)[130] Em geral, na teoria da "cultura nova e consciente" de Nietzsche, a razão prevaleceria à tradição. Além dessas reformas "racionais", o apoio decidido de Nietzsche à existência dos prostíbulos reflete o espírito da Holanda e da Escandinávia no século XX.

## Religião e Arte na Cultura Superior

Embora a retórica de Nietzsche dê a impressão de que *Humano, demasiado Humano* era uma crítica a todas as formas de religião e de arte, essa impressão é falsa. Na verdade, as restrições referiam-se apenas às formas *metafísicas*.

Nietzsche escreveu, apesar de seu novo entusiasmo pela ciência, que depois da alegria da descoberta, a ciência não acrescentava prazer à vida, na realidade "nos privava cada vez mais do prazer ao estimular a suspeita quanto à metafísica, à religião e à arte, às fontes de felicidade e ao bem-estar da humanidade. Por esse motivo, "a cultura superior daria ao homem um duplo cérebro, como se o cérebro tivesse dois compartimentos, um para acolher a ciência, e outro não científico". Este pressuposto, disse, era um requisito de "saúde". Se essa ideia não fosse concretizada, "a ilusão, o erro e a fantasia, pelo fato de nos darem prazer, retornariam e eliminariam o interesse científico pela verdade".[131] Isso era um sinal, continuou, da "força e flexibilidade" de sermos capazes de "dançar" entre as perspectivas científicas, artísticas e religiosas.[132] A cultura superior construiria, então, "um grande salão" onde a

---

126 HH 105, 70.
127 ZI 21.
128 HH 80.
* Como discutido no *Futuro de nossas Instituições Educacionais*, a difusão da educação para as massas cessaria; as escolas de ensino médio seriam instituições "elitistas" (ou por "meritocracia") reservadas ao ensino de espíritos livres criativos, de acordo com as demandas de nossa cultura saudável. Era evidente que a teoria de Nietzsche da evolução cultural e do "elitismo" educacional se reforçavam mutuamente.
129 HH 24.
130 KSA 10 5 [1] 38. Não tenho a menor ideia do que possa ter ocasionado essa observação peculiar.
131 HH 251.
132 HH 278.

visão científica e a não científica "pudessem se acomodar, mesmo com finalidades opostas".*[133] Assim, a religião e a arte exerceriam um papel na sociedade "racional". Quais eram esses papéis? Uma observação em seus cadernos de anotações sugere que, embora a ciência pudesse descobrir os meios, ela não era capaz de determinar as metas.[134] Discutirei primeiro a religião e, em seguida, a arte.

Na discussão sobre a origem do "culto religioso", disse Nietzsche, a humanidade pré-histórica voltou-se para o animismo, porque desconhecia o princípio da causalidade natural, de uma ordem na natureza independente do livre-arbítrio do homem e dos super-homens. Aterrorizada pelo poder das forças naturais, ela tentou acalmá-las do mesmo modo que apaziguava os seres humanos poderosos. No final da discussão, ele disse que a religião grega, a religião dos olímpicos, era diferente da visão anímica e tinha uma origem mais "nobre" porque não nascera do medo. Os gregos homéricos não precisavam acalmar os deuses animistas, visto que tinham a concepção de *moira*, o destino, conheciam o princípio de uma ordem causal independente e superior, até mesmo dos deuses.[135] (Wagner incorporou essa ideia no ciclo de *O Anel*: o "destino" tecido pelas Nornas estava além do controle de Wotan.)

Ao debater o tema da "nobreza" da religião grega, Nietzsche explicou que os gregos não consideravam seus deuses, a exemplo do modelo judaico ou cristão, como senhores e, sim, "apenas como um reflexo dos exemplares mais bem-sucedidos de sua própria casta". Eles os viam como parentes (ele poderia ter também mencionado que frequentemente os deuses tinham filhos com os mortais), como uma aristocracia que representava um "ideal e não uma antítese de sua própria natureza".[136] Os gregos viam-se a si mesmos e aos deuses como "duas castas, vivendo lado a lado, uma mais nobre e poderosa, e a outra menos nobre; mas ambas de certo modo tinham as mesmas origens e constituíam uma *única* espécie; eles não tinham motivo para se envergonharem uns dos outros".[137] É desta forma que a escultura grega deve ser compreendida: a escultura em um templo homenageia ao mesmo tempo o homem e o deus, ela presta homenagem, poderíamos dizer, *ao homem como um deus*.[138] Neste sentido, a religião grega era "humanística"; era a religião dos heróis musculosos de Michelangelo (oposta às figuras alongadas de El Greco), a religião das glorificações soviéticas dos soldados e operários.

A religião olímpica não era "metafísica". Os deuses não moravam em um mundo sobrenatural e, sim, viviam "lado a lado" com os mortais em um único mundo. Em *A Origem da Tragédia*, Nietzsche alegou que "os fundamentos da arte e da comunidade, do mito e da moral, são inseparavelmente entrelaçados, e acrescentou que o mito

---

\* É instigante descrever a adesão de Nietzsche ao positivismo como uma afirmação do "socratismo" condenado em *A Origem da Tragédia*. Mas isso seria uma simplificação exagerada. Enquanto o socratismo afirma que a ciência é apropriada para satisfazer todas as necessidades do homem – ela pode conhecê-lo e "até mesmo corrigi-lo" – o positivismo de Nietzsche rejeita essa premissa. O positivismo de Nietzsche não é cientificista.

133 HH 276.
134 KSA 9 8 [2].
135 HH 111.
136 HH I 114.
137 HH 111.
138 AOM 222.

religioso "constitui a unidade de uma comunidade e de uma cultura", "a essência nobre... do caráter de um povo".[139] O mito olímpico, ao abranger um panteão de exemplos a serem seguidos (exemplos cujas qualidades humanas, demasiado humanas permitem que nos identifiquemos com eles, em vez de nos sentirmos intimidados), mostra como um grego respeitável deveria ser e a maneira correta de viver.

Esse tema, wagneriano, é reafirmado em *Humano, demasiado Humano*. Sem uma religião em comum formulada primeiro por Homero, a Grécia não teria existido:

> O acontecimento mais extraordinário no refinamento da Grécia foi o fato de Homero ter aderido ao pan-helenismo tão cedo... Para Homero, a centralização nivelou tudo e eliminou os mais graves instintos de independência... Todas as forças espirituais exercem... um efeito repressor; mas esse efeito faz diferença no caso de Homero ou da Bíblia... que tiraniza a humanidade.[140]

Nietzsche alegou em *A Origem da Tragédia* que o "socratismo" – a visão de que só a ciência é necessária para uma vida próspera – destruiu o mito na antiga Grécia e está destruindo de novo na era moderna. Como a existência de uma comunidade depende de um mito religioso compartilhado, o socratismo é a causa da perda do espírito comunitário na modernidade. Em *Humano, demasiado Humano*, como vimos, Nietzsche continuou a valorizar "a vida estimulante de uma comunidade",[141] assim como fizera em *A Origem da Tragédia*, e continuou a pensar que a "mistura heterogênea" do caos cultural da era moderna teria de ser superado. Por este motivo, além de sua admiração inabalável pelos gregos, é evidente que sua cultura superior se inspiraria na religião grega, uma religião que, apesar de não ser metafísica, realizava uma tarefa que só uma religião seria capaz: criar e preservar a comunidade. Cabe ressaltar que a concepção do papel a ser exercido pela religião iguala-se à visão do conceito de religião do sociólogo Emile Durkheim. Ele definiu a "religião" como "um sistema unificado de crenças e práticas relacionadas às coisas sagradas... que unem a comunidade moral... a todos os que aderirem a esse sistema.[142] Para Nietzsche, a religião também se referia à "comunidade moral".

\*\*\*

Nietzsche escreveu: "a arte ensinou-nos durante mil anos a olhar a vida em todas as suas formas com interesse e prazer, e cultivar nossa sensibilidade, a fim de que possamos por fim exclamar [nas palavras de Goethe] 'a vida, qualquer que seja, é boa'".[143] O que ele tinha em mente, aqui, era a arte "apolínea", a arte que nos ensinava a encontrar a alegria, não "por trás", mas, sim, *no* mundo natural. Esta premissa sugeriu que, embora a arte metafísica fosse excluída da cultura superior, a arte apolínea permaneceria.

---

139 BT 33.
140 HH 262. Como sabemos, em razão de a religião grega ser politeísta, não havia a característica "homogeneizante" da moral do cristianismo "monoteísta" e, portanto, permitia que a humanidade florescesse com toda a riqueza de sua diversidade.
141 HH 224.
142 Durkheim (1995) p. 47.
143 HH 222. A citação é do poema de Goethe, "O Noivo".

Na verdade, a arte apolínea era *essencial* na preservação de uma forma da religião "grega". A história e, como vimos, em *A Origem da Tragédia*, a arte e a religião estavam "inseparavelmente entrelaçadas". Nietzsche esclareceu esse ponto de vista no ano seguinte em *Opiniões e Máximas* publicado como um "apêndice" de *Humano, demasiado Humano*. A arte, disse, deveria dedicar-se a "indicar o futuro". O artista não precisaria elaborar um projeto de "um mundo onde as nações e os países progrediriam mais". Em vez disso, ele tentaria,

> igualar-se ou superar os artistas dos primórdios [gregos], que de forma criativa desenvolveram as imagens existentes dos deuses e *de forma criativa desenvolvem* uma bela imagem do homem; o artista perceberia os casos nos quais, em *meio* ao nosso mundo e realidade modernos, e sem distanciar-se ou esquivar-se do mundo, existiria ainda a possibilidade da existência de uma alma grandiosa e sublime, capaz de incorporar-se ao mundo harmonioso e bem proporcionado e, assim, conquistar visibilidade, prolongamento e *status* de um modelo e, pelo estímulo da inveja e da rivalidade, ajudar a criar o futuro.[144]

O "bom poeta" do futuro descreveria, acrescentou Nietzsche, "*apenas a realidade*", evitaria os "assuntos supersticiosos, falsos e obsoletos", em outras palavras assuntos metafísicos, preferidos pelos poetas do passado. Mas ele não descreveria "de modo algum todas as realidades!, ele retrataria só uma realidade específica!"[145] A criação de exemplos a seguir – as figuras "monumentais" do segundo volume das *Considerações Extemporâneas* – requer os poderes "ilusionísticos" da arte apolínea, o destaque simultâneo de enobrecer e encobrir o ignóbil ("mentir" no interesse de uma verdade superior).

Essas discussões – em meio à revolta positivista contra o romantismo wagneriano – nos remetem a Wagner; à obra da comunidade coletiva do início da carreira de Wagner, do "ideal" wagneriano descrito em *Wagner em Bayreuth*. Nos cadernos de anotações desse período, Nietzsche é bem explícito ao dizer que sua ruptura com Wagner não é de modo algum absoluta: "Não podemos esquecer", escreveu, "que na segunda metade do século XIX, sem dúvida, não como seria uma conduta de pessoas boas e sensíveis, Wagner revelou a arte como um fenômeno importante e sublime".[146] E ainda: "Em face da opinião inquestionável de Wagner sobre a vida em si, cabe a nós sermos wagnerianos melhores do que Wagner."[147]

## *Globalização*

Nietzsche observou, com sua percepção surpreendente do futuro, que embora as dinastias dos príncipes e seus aliados tentassem preservar artificialmente as hostilidades entre as nações, os meios de transporte e a informação tecnológica estavam aos poucos, mas inexoravelmente, abolindo as diferenças nacionais e criando, ao mesmo

---

144 AOM 99.
145 AOM 114.
146 KSA 8 30 [90].
147 KSA 8 30 [82].

tempo, um "homem europeu" com suas diferentes formações. Deveríamos, disse, dar as boas-vindas a esse processo sem "temer se proclamar apenas *um bom europeu*".* Não só devemos recebê-lo bem, como precisamos estar preparados para estender esse processo em proporções globais: é necessário "preparar o caminho para essa ainda distante conjuntura, na qual os bons europeus assumirão uma tarefa relevante: a direção e a supervisão da cultura total da Terra".[148] Por que, primeiro, teríamos interesse em ser uma cultura europeia única e, segundo, por que a globalização dessa cultura transformaria a comunidade europeia em uma comunidade global?

Um dos pontos a considerar refere-se à atividade econômica. Em razão de o "livre comércio" ser agora uma teoria "ingênua", é necessário desenvolver um planejamento da atividade econômica mundial e de estabelecer "metas ecumênicas" para contribuir para os "requisitos da humanidade".[149] (É possível estender esse pensamento ao aquecimento global e à crise econômica mundial de fusões e aquisições de empresas europeias em 2008 e 2009. Como o problema é mundial só uma cooperação global o solucionaria.) No entanto, a preocupação predominante de Nietzsche era a eliminação da guerra.

O sonho de uma paz global duradoura remonta, pelo menos, ao Império Romano, à *Pax Romana*. Kant descreveu-a em um panfleto destinado a mostrar o caminho para uma "Paz Perpétua entre as Nações", o sonho do império britânico de uma *Pax Brittanica* e depois da Primeira Guerra Mundial (supostamente "a guerra que terminaria com todas as outras guerras"), o sonho originou a criação da Liga das Nações e, em seguida, às Nações Unidas.

Marcado por suas experiências nos campos de batalha da Guerra Franco-Prussiana, Nietzsche compartilhava esse sonho de uma paz mundial, uma afinidade com o cristianismo e, em especial, com o espírito de Natal que jamais perdera: o desejo intenso quando "*todos* os homens partilhariam a experiência dos pastores que viram o céu brilhar e ouviram as palavras: 'com a paz na Terra, os homens serão abençoados.'" Esse momento ainda não surgira, acrescentou, porque estamos ainda na "*era da individualidade*", de pessoas e nações individuais.[150]

Por que o sonho de uma paz perpétua requer uma comunidade global e uma cultura unificada mundial? Porque, observou Nietzsche, com exceção do imperialismo (que *a fortiori* terminaria se a Europa seguisse a direção da "cultura total da Terra"), o fundamento da militarização da guerra, que se baseava em uma paranoia entre as nações e, por outro lado, no pressuposto de uma distinção absoluta entre "eles" e "nós". A guerra era, fundamentalmente, dizia Nietzsche, um "conflito de civilizações". Por-

---

\* HH 475. Nietzsche sempre mencionava "o europeu" como uma fonte precípua de interesse, mas ele referia-se ao que agora chamamos de "os ocidentais". Ele escreveu, a "Europa engloba um território muito maior do que a Europa geográfica... A América lhe pertence, porque é o berço feminino de nossa cultura. Por sua vez, o conceito cultural da "Europa" não inclui a Europa geográfica inteira. Ele inclui só as pessoas e as minorias étnicas que têm as culturas gregas, romanas, judaicas e cristãs em seu passado comum (WS 215).

148 WS 87.
149 HH 25.
150 WS 350.

tanto, uma cultura global expressa em alguma forma de governo mundial ofereceria uma esperança de desmilitarização, o único "caminho possível para a paz".[151]

É claro, em um mundo em paz, como lidaríamos com o ímpeto agressivo intrínseco da humanidade e sua necessidade dos "tremores de terremotos na alma", as emoções, agitações e as experiências sublimes da guerra. Este é um problema para a cultura, uma vez que a guerra sempre representou a "hibernação da cultura".[152] A solução cultural, como sabemos, é a sublimação da Éris má, de converter a guerra em uma "competição". Porém, esta transição nem sempre assume formas produtivas. Sob a *Pax Romana*, os romanos incentivaram "a provocação da fúria dos animais, as lutas dos gladiadores e a perseguição aos cristãos", enquanto hoje os ingleses "que aparentemente renunciaram à guerra", fazem esportes radicais como "viagens de descobertas perigosas, navegações e alpinismo".[153]

## *O Problema do Livre-Arbítrio*

A cultura "superior" de Nietzsche é de fato superior? Seria uma cultura em que viveríamos com mais prosperidade do que nossas vidas atuais? Em muitos aspectos penso que sim. No entanto, é preciso discutir duas questões cruciais. O ser humano poderia desenvolver-se sem a crença no livre-arbítrio, sem a convicção de sua liberdade no sentido radical do pensamento de Nietzsche? Nietzsche sugeriu que o livre-arbítrio nada mais era do que um proselitismo sem valor, uma ficção inventada pelos padres para incutir o pecado em nossa mente. Mas apesar de ser um caminho para esclarecer essa ideia, dificilmente seria o único. Em Jean-Paul Sartre, um ateu e pacifista, a liberdade radical foi o cerne de sua descrição "fenomenológica" da "vida do mundo", a compreensão do mundo onde os homens vivem e movimentam-se no dia a dia, e ele está longe de ser um carola. Sartre sintetizou sua visão da centralidade da liberdade radical intitulando-a de existencialismo: "a existência antes da essência". No centro da especulação filosófica, vemos o conceito da essência ou do caráter não pré-determinado. Dentro dos limites impostos pela biologia e pela história (eu não posso escolher ser um jogador profissional de basquete se tiver 1,67m de altura ou ser um astronauta se tivesse nascido no século XIII), o que será nosso caráter só depende de nossa escolha pessoal e não determinada. E concordamos com Sartre: a existência sem pelo menos a possibilidade de uma autodeterminação radical seria insuportável e a vida condenada, desde o início, ao aprisionamento a um caráter pré-determinado não valeria a pena ser vivida. O fato de que, mesmo na era pós-religiosa, estamos ainda presos ao que Nietzsche chamava de "ilusão" de liberdade nos sugestiona a pensar desta forma.

Nietzsche abordou esse questionamento em *O Andarilho e sua Sombra* (destinado a ser incorporado a uma edição ampliada de *Humano, demasiado Humano* em 1886). Só um pensamento confuso, disse, torna o abandono do livre-arbítrio ameaçador. As

---

151 WS 284.
152 HH 444.
153 HH 477.

pessoas sentem-se ameaçadas porque pensam no "fatalismo islâmico", a reificação do destino como um poder contra o qual podemos lutar, mas ele sempre será poderoso demais para nós. A partir dessa premissa elas chegam à conclusão desalentadora de que todas as ações são inúteis, porque o futuro é um fato concreto, com linhas já traçadas. Mas Nietzsche demonstrou que esse raciocínio é um erro, visto que,

> você, pobre homem amedrontado, é a implacável *moira* [destino] que reina em sua suprema autoridade acima dos deuses que governam todos os acontecimentos; você é a bênção, a maldição e os grilhões nos quais os mais fortes estão presos; em você o futuro do homem está pré-determinado: é inútil estremecer ao se olhar.[154]

O determinismo, em outras palavras, não torna nossas ações inúteis porque essas ações *pertencem* ao processo que cria o futuro. Não podemos nos sentir oprimidos pelo destino como uma força externa, pois estamos dentro dele. Porém, "quem" somos? Se eu for o "destino", então, em vez de identificar-me com um breve espaço de tempo como em geral faço, tenho de identificar-me com toda a história do universo e com seu futuro inteiro. O abandono do livre-arbítrio não torna necessariamente a vida uma inutilidade. Mas requer uma nova compreensão radical da identidade pessoal – a transcendência da compreensão habitual do ego. Como veremos, Nietzsche em sua maturidade incorporou esse novo entendimento.

## *Sobre a Necessidade da Metafísica pelo Ser Humano*

Como Nietzsche reconheceu ao discutir o "sonho da imortalidade" evocado pela música de Beethoven, a "necessidade metafísica é, sobretudo, a necessidade de algum tipo de consolo em face de nosso terror primal, a morte. A convicção da não finalidade da morte, do prolongamento da existência em alguma esfera metafísica, é a solução do problema apresentado por todas as religiões. Assim, Nietzsche confrontou-se com um problema premente: como a sociedade "racional" e pós-metafísica lidaria com nossa necessidade de consolo diante da morte?

A abordagem de Nietzsche foi medíocre. Uma de suas estratégias foi a de ignorar, ou de usar subterfúgios, na discussão do tema. Ao contrário de *A Origem da Tragédia*, em que enfrentou sem evasivas a questão da morte, é difícil encontrar uma menção a este assunto em *Humano, demasiado Humano*. Ele o aborda em geral sucintamente, sem profundidade e com um sentido vago (como, por exemplo, na discussão sobre a eutanásia anterior).

Só a superstição, declarou Nietzsche, faz com que pensemos na morte como "um fato muito importante" (em uma carta a Von Gersdorff ele disse que a morte era "a maior trivialidade do mundo",[155] como atravessar uma ponte de extrema importância.[156] No entanto, essa sugestão de que a única razão de acharmos a morte

---

154 WS 61.
155 KGB 11.5 674.
156 AOM 88.

relevante, porque acreditávamos em atravessar uma ponte de um mundo para outro, é errônea. Caso acreditemos ou não na vida após a morte, a morte tem uma importância vital, *porque significa o final da vida, além de nosso impulso fundamental e biologicamente programado ser a vontade de viver*. A morte, portanto, negava nosso desejo mais fundamental. Sem algum consolo diante de sua inexorabilidade, sem aprender de alguma forma, de morrer, como Martin Heidegger disse, "uma boa morte", nossas vidas (como admitiu Nietzsche no período das *Considerações Extemporâneas*) seriam repletas de uma ansiedade reprimida em face da certeza de que elas não teriam um desenvolvimento pleno. Como já mencionado, Nietzsche pensava que a religião "modificava nossa sensibilidade" em relação à angústia do ser humano, ao passo que deveríamos eliminar sua causa. As angústias fomentadas pela religião, disse, "não são imutáveis: elas podem se *enfraquecer e ser exterminadas*".[157] Mas não a morte. A morte e a nossa aversão a ela *são* "imutáveis". Neste sentido, é *essencial* modificar nossa sensibilidade primal no que diz respeito à morte. *Humano, demasiado Humano* deveria ter proposto uma maneira *não metafísica* de mudança. Mas essa omissão seria corrigida em trabalhos posteriores.

---

157 HH 27.

PARTE TRÊS
# O NÔMADE

# 15

# O ANDARILHO E SUA SOMBRA

A publicação de *Humano, demasiado Humano* em maio de 1878 coincidiu com uma deterioração da saúde de Nietzsche que, em março, atingira um estado tão sério que, por fim, ele foi liberado de todas as obrigações de professor na escola de ensino médio. Sua saúde não poderia ter melhorado ao receber uma carta estranha do antigo admirador Siegfried Lipiner, na qual ele propunha organizar a vida de seu "querido amigo",[1] sugestão que Nietzsche descreveu como de uma "impertinência inacreditável".[2] Nem melhoraria devido às reações à sua nova linha de pensamento.

## Receptividade ao *Humano, demasiado Humano*

O nervosismo de Nietzsche referente à receptividade do livro era plenamente justificável. Só Burckhardt respondeu de maneira positiva e, encantado por Nietzsche ter se "curado" de Wagner, que sempre prejudicara seu gosto clássico, disse que o "livro era sublime".[3] Na Rússia o livro foi proibido. Mas muito mais séria foi a reação de Bayreuth, que ele esperava com um nervosismo acentuado.

Schmeitzner contou que Wagner lera apenas algumas páginas "para não estragar a deliciosa impressão deixada pelos trabalhos anteriores de Nietzsche".[4] Porém isto não o impediu de criticá-lo na edição de setembro de *Bayreuther Blatter*: embora não tenha mencionado o nome de Nietzsche, em seu artigo intitulado "O Público e a Popularidade", ele descreveu um livro ridículo presumivelmente denominado *Menschliches und Unmenschliches* [O Humano e o Inumano]. A reação de Cosima foi ainda pior: ela culpou Rée – "Uma leitura rápida de algumas frases importantes foi o suficiente e pus o livro de lado... Muitos comentários para um livro lamentável! Por fim, Israel surgiu personificado por Dr. Rée, bem tranquilo, muito sereno e, ao mesmo tempo, aparentemente seduzido e subjugado por Nietzsche, mas que, na verdade, o manipulara com malícia, um microcosmo da relação da Judeia com a Alemanha". Elizabeth observou que a reação de Cosima foi típica do círculo de Wagner: "os antissemitas elaboraram uma teoria de que Rée era a encarnação semítica do mau que transformou Nietzsche, um honesto visionário ariano, em um escritor de uma minuciosidade excessiva". E acrescentou, em uma de suas percepções

---

1  KGB 11.6/2. Para Nietzsche 1057.
2  KGB 11.5 744.
3  KGB 11.5 723.
4  KGB 11.6/2. Para Nietzsche 1065.

ocasionais, uma intuição sobre a natureza fundamentalmente construtiva do livro, que "as pessoas não perceberam a humanidade subjacente calorosa do livro", oposta, de acordo com Elizabeth, às visões áridas de Rée.[5]

Mesmo as pessoas que não eram antissemitas consideraram a obra um produto da influência perniciosa de Rée. Reinhardt von Seydlitz queixou-se a Nietzsche de que "tudo é muito réeal" no livro (essa é a origem provável do termo "réealismo"),[6] e Rohde disse que se sentira transportado de um banho quente (uma alusão ao "calor" do período romântico de Nietzsche) para uma sala gélida. Ele lamentou que a alma de Nietzsche tivesse sido substituída pela de Rée e que a falta de "responsabilidade" das propostas de Nietzsche indicavam uma complacência moral e um egoísmo aos quais Nietzsche sempre se opusera e, portanto, não poderia defendê-lo.[7] Até o antigo aluno dedicado de Nietzsche, Adolf Baumgartner, filho de sua querida amiga Marie, detestou o livro e julgou-o uma tentativa de reduzir a complexidade do coração humano a "algumas fórmulas".

Malwida von Meysenbug também não gostou do livro, mas expressou seu desagrado de uma maneira profunda e profética: "Você terá muitas fases em sua filosofia", escreveu ela, porque

> ao contrário de Rée, você não nasceu com um espírito analítico: você precisa criar artisticamente, e, embora resista a isso, sua aptidão natural o conduzirá à mesma concepção de *A Origem da Tragédia*, só que sem a metafísica...Você não pode usar o escalpelo, como Rée, em dissecções anatômicas das pernas e dos braços e dizer este é o ser humano completo.[8]

A previsão de Malwida, como sugiro, foi exatamente o ponto em que a filosofia de Nietzsche terminou – a retomada da posição fundamental de *A Origem da Tragédia*, só que sem o questionamento metafísico. Malwida, no entanto, compartilhou o sentimento universal de que *Humano, demasiado Humano* fora extremamente influenciado por Rée. Nietzsche tentou superar a acusação com uma brincadeira e escreveu a Rée felicitando-o por sua "nova autoria".[9] Mas, como eu (e Elizabeth) sugerimos, havia um espírito construtivo no trabalho oposto ao pensamento negativo de Rée. Lou Salomé que, como veremos, esteve em uma posição melhor do que qualquer outra pessoa para comparar Nietzsche a Rée, fez também o mesmo julgamento. Rée, disse ela, era um "pensador frio, firme, com uma lógica lúcida e científica", cujo "raciocínio brusco e unilateral" era o oposto ao "espírito artístico, filosófico e religioso profundo de Nietzsche". (Mas ela acrescentou que Rée tinha uma "mente mais incisiva" do que a de Nietzsche, o que provavelmente foi uma opinião correta: a análise filosófica, como já observamos, nunca fora uma aptidão de Nietzsche.)[10]

\*\*\*

---

5   LN p. 39.
6   KGB 11.6/2. Para Nietzsche 1084.
7   KGB 11.6/2. Para Nietzsche 1082.
8   KGB 11.6/2. Para Nietzsche 1083.
9   KGB 11.5 743.
10  Salomé (1988) p. 74. Tradução readaptada.

Assim que o semestre terminou, Nietzsche, sem suportar mais o calor e a umidade da Basileia, foi para Grindelwald, no alto de Berner Oberland, no sopé do Eiger e do Wetterhorn. Ele precisava desesperadamente recuperar-se da tensão horrível de fazer palestras em meio a repetidas crises de dor de cabeça, dores nos olhos e vômito exacerbado pela angústia de não realizar seu "verdadeiro" trabalho. "Eu vou partir", escreveu a Marie Baumgartner no final de julho de 1878, "para as montanhas, em total solidão, sozinho com meu eu",[11] em outras palavras, em busca da tarefa "verdadeira" que constituía seu eu "real". Infelizmente, as três semanas em Grindelwald não melhoraram sua saúde. Quando escreveu para casa encantado com o fato de sua mãe ter conseguido, por fim, comprar a casa em Naumburg, que ela alugava em Weingarten nº 18, ele mencionou que, embora estivesse a dois quilômetros acima do nível do mar, sua saúde não melhorara e, por isso, passou a "suspeitar" do ar da montanha.[12] É evidente que estava testando alguma teoria do resultado benéfico do ar rarefeito da montanha em sua saúde. Como não solucionou o problema, ele foi para Interlaken, a apenas 457 metros acima do nível do mar, onde permaneceu por diversas semanas.

De volta à Basileia em meados de setembro para iniciar o último semestre de sua vida acadêmica, Nietzsche mudou-se para um novo apartamento em Bachletten Strasse nº 11, um lugar fora de moda e semirrural nos arredores da cidade, escolhido para manter seu regime "medicinal" de longos passeios solitários. Neste apartamento, ele terminou os dois trabalhos que seriam publicados como Volume II de *Humano, demasiado Humano*.

## *Miscelânea de Opiniões e Sentenças*

Concluído no final de dezembro de 1878, esse "apêndice" do trabalho "para espíritos livres" foi publicado em março do ano seguinte. Em razão de um título sem muita consistência e pelo fato de ter sido publicado como um adendo de *Humano, demasiado Humano*, esta coletânea aleatória de textos pequenos não se inseriu no conjunto principal de sua obra. Tendo em vista que já discutimos muitas das partes mais importantes do trabalho, serei sucinto em abordar o trabalho.

Em termos gerais *Miscelânea de Opiniões e Sentenças* expressou a mesma visão teórica da obra principal: rejeição à "metafísica", ao naturalismo e ao determinismo causal universal e, em consequência, à concepção do ser humano como, em uma imagem fantástica, de uma "onda insignificante no aspecto dinâmico do vir-a-ser",[13] uma mera ondulação no grande oceano de causas e efeitos. Portanto, como antes, a vontade livre é rejeitada, só a vaidade impede a percepção da "coerção da vontade",[14] e, com isso, a responsabilidade moral: se todos fossem considerados "pecadores" não haveria apenas uma "onda" e sim "o aspecto dinâmico do vir-a-ser".[15] Como antes,

---

11   KGB 11.5 738.
12   KGB 11.5 744.
13   AOM 33, 50.
14   AOM 50.
15   AOM 33.

Nietzsche ainda afirmou sua convicção no hedonismo psicológico, uma virtude que se incorpora ao nosso caráter apenas enquanto o vivenciamos como prazeroso.[16]

Nesse contexto, Nietzsche propôs uma miscelânea de observações, muitas das quais significam um conselho de como cultivar o livre espírito. Por exemplo: não acredite em *nada* que leia nos jornais,[17] seria melhor ter uma "exaltação interna" que tornaria a arte e o vinho desnecessários,[18] a pessoa que segue a moral convencional "se destruirá",[19] e assim por diante. Alguns aforismos têm um tom autobiográfico: como já mencionado, as pessoas que possuem o dom da observação psicológica são tímidas, porque sabem que, assim que as outras pessoas percebem este dom, elas são vistas como "espiãs e traidoras", em razão de sua discrição social evidente.

Uma mudança significativa revelada em *Miscelânea de Opiniões e Sentenças* foi o desaparecimento do que chamamos de "moral viril", que confirmava o valor da observação "científica" em relação à natureza do ser humano, quaisquer que fossem suas consequências. Nietzsche agora declarou que a utilidade da "procura incondicional da verdade" é tão evidente que somos obrigados a admitir que a ofensa moral ou física sem grande importância tem causas ocasionais.[20] Em outras palavras, apesar de ainda defender que a verdade deveria ser revelada incondicionalmente, a razão precípua, como uma *diretriz em linhas gerais*, era o pressuposto de que a verdade promovia o desenvolvimento da vida dos seres humanos. Agora, Nietzsche rejeitou a ideia de que a "verdade" tinha mais valor do que a "vida", a fim de demonstrar que a procura do conhecimento se justificaria no tribunal da vida.

Em *Humano, demasiado Humano* Nietzsche propôs uma nova ideia de que seria um erro presumir que as "observações psicológicas" fossem incondicionais, porque elas só eram aproximadamente verdadeiras e com frequência válidas por apenas uma década.[21] Como suspeitamos esta rejeição à visão da "moral viril" significou o início do distanciamento, do ponto de vista intelectual, de Rée. Enquanto Rée, com sua árida concepção schopenhaueriana, afirmou que suas observações "sombrias" em relação à natureza humana eram eternamente válidas, o espírito construtivo e mais otimista de Nietzsche previa a possibilidade de eliminação, ou pelo menos de uma transformação, do lado sombrio da humanidade.

## A Partida da Basileia

No final de 1878, a saúde de Nietzsche agravou-se tanto que pela primeira vez em sua vida acadêmica ele cancelou as palestras na universidade. A tensão permanente entre a profissão e sua vocação, entre ser "professor" e a "deusa e a amante" estava sempre em seus pensamentos e não foi benéfica para sua condição física.[22] Além de

---
16 AOM 91.
17 AOM 321.
18 AOM 109.
19 AOM 89.
20 AOM 13.
21 AOM 5.
22 KGB 11.5 772.

todos os problemas físicos, ele caiu em uma camada fina de gelo e infeccionou um dedo, e a infecção foi difícil de curar.

No início do ano seguinte, ele teve diversas crises de dores de cabeça e vômitos e, em uma dessas crises, que durou nove dias, sua visão deteriorou-se muito. Como resultado, ele desenvolveu um sentimento violento de "baselofobia", como ele chamava.[23] Com sua alternância de um frio extremo e calor úmido, foi a Basileia, decidiu, que o privara de sua saúde, e se continuasse a viver lá por mais tempo, ela lhe seria fatal.[24]

Em março, assustado demais para fazer sua viagem habitual às montanhas altas dos Alpes – "elas parecem um túmulo coberto de neve" – escreveu em um cartão-postal para Overbeck[25] e decidiu fazer uma "cura" em um *spa* em Genebra. Mas a cura não deu resultado. Elizabeth o viu quando ele voltou para a Basileia e lembrou-se de um irmão que quase não reconheceu, "um homem exausto, prematuramente envelhecido". Com seu bom senso sólido, ela atribuiu seu estado físico não ao clima da Basileia e sim ao seu ascetismo alimentar: "ele só comia frutas, torradas [*Zwieback*], sopas de legumes especiais para inválidos e carne assada fria preparada todos os dias para ele em uma *delicatéssen*. Não há dúvida de que meu irmão quer imitar Diógenes... ele quer descobrir o mínimo essencial para satisfazer as necessidades de um filósofo".[26] (Lembrem-se da observação de Nietzsche de que ele precisava de menos comida do que as outras pessoas.)

Nessas circunstâncias, deprimido e sem poder ler ou escrever por mais de 20 minutos por dia ele, por fim, decidiu renunciar ao seu cargo de professor. A Basileia e o trabalho estavam matando-o: "*Ergo: Academia derelinquenda est.*"[27] Em maio, ditou uma carta ao presidente do Conselho Diretor da universidade pedindo que o dispensasse de todas as responsabilidades acadêmicas. O pedido teve o apoio de seu oftalmologista, professor Schiess, e do professor Massini, um patologista, que o declararam incapaz de continuar em seu cargo. O pedido foi aceito, e, com a generosidade que a Basileia sempre o acolheu, a universidade lhe concedeu uma pensão de mil francos por ano. Logo, esta pensão foi suplementada pela Associação Acadêmica Voluntária da cidade (onde fizera a palestra "O Futuro de nossas Instituições Educacionais", entre outras). Ele receberia as duas pensões por um período inicial de seis anos, o que lhe garantiu dois terços do seu salário regular na universidade. No resto da vida até sua demência, as pensões (que mais tarde estenderam-se além dos seis anos) seriam administradas na Basileia pelo fiel Overbeck.

## St. Moritz

Com a pensão adequada às suas poucas necessidades, Nietzsche empreendeu o projeto há longo tempo sonhado de fazer uma "cura" em um *spa* em St. Moritz, na região a nordeste do Vale Engadine, onde permaneceu de 21 de junho a 16 de setembro.

---

23  KGB 11.5 832.
24  KGB 11.5 739, 839.
25  KGB 11.5 825.
26  LN p. 57-59.
27  KGB 11.5 837.

Com uma série de lagos ao seu redor, Engadine, com 2 mil metros de altura, é o vale mais alto dos Alpes da Suíça. A cidade era (como ainda é) muito movimentada e cara e, portanto, Nietzsche alugou um quarto em uma casa a cerca de uma hora a pé do centro da cidade.

Nietzsche sentiu uma sintonia imediata com o vale, que, a partir de então até seu colapso final, seria o lugar mais próximo de uma terra natal. "Apoderei-me de Engadine", escreveu a Overbeck ao chegar, "e ele é *meu* elemento, uma sensação maravilhosa. Tenho uma relação íntima com essa paisagem".[28] Ele adorava as trilhas pelas florestas, "como se existissem especialmente para minha pouca visão", e dizia que seu clima (provavelmente correto) "era o melhor da Europa".[29] Ele continuou a seguir os hábitos ascéticos dos antigos filósofos, como Elizabeth observara na Basileia: "Minha regulação dos dias e das maneiras de viver e comer, não envergonharia os sábios da Antiguidade: apesar de muito simples, no entanto, persisto em um sistema 50 vezes de considerações delicadas." Mas não serviu de nada: "Estou tão doente aqui como em qualquer outro lugar e fiquei de cama nos últimos oito dias. No entanto, convenci-me de que 'St. Moritz era o lugar certo para mim.'"[30]

## Saúde e Epicuro

Nietzsche concluiu *O Andarilho e sua Sombra* (o título originou-se pelo fato de o livro começar e terminar com um diálogo entre "O Andarilho" e "Sua Sombra"). Outro título planejado foi "Trechos de Pensamentos em St. Moritz, 1879".[31] Ele foi escrito a lápis em cadernos de anotações com um formato de bolso, que Nietzsche carregava em suas caminhadas. Em 11 de setembro, enviou o manuscrito a Veneza para Köselitz, a fim de que ele fizesse uma cópia impressa, e esta cópia chegou às mãos de Schmeitzner em 18 de dezembro.

É importante mencionar que em sua primeira edição o livro não se vinculou ao *Humano, demasiado Humano*. Ao contrário de *Miscelâneas de Opiniões e Sentenças*, um subtítulo de *Humano, demasiado Humano* em sua página de rosto, e publicado como um "apêndice", *O Andarilho e sua Sombra* foi editado como um trabalho independente. Só em 1886 o livro, junto com *Miscelâneas de Opiniões e Sentenças*, converteu-se no Volume II na segunda edição ampliada de *Humano, demasiado Humano*. Esta inclusão em 1886 demonstrou que *O Andarilho e sua Sombra* era um livro "positivista" com os mesmos pressupostos antimetafísicos e naturalistas de seus predecessores, porque Nietzsche preocupava-se à época em dividir seus trabalhos anteriores em períodos. Mas o que não se percebia de imediato em *O Andarilho e sua Sombra* era a mudança significativa em sua concepção da natureza e do objetivo da filosofia proposta em *Humano, demasiado Humano*.

---

28   KGB II.5 859.
29   KGB II.5 863.
30   KGB II.5 864.
31   KSA 8 43.

# CAP. 15 | O ANDARILHO E SUA SOMBRA

Para compreender essa mudança, é preciso enfatizar dois fatos. O primeiro é o estado grave da saúde de Nietzsche, enquanto ele escrevia *O Andarilho e sua Sombra*. Ao seu médico de Frankfurt, o charlatão Eiser, ele escreveu,

> Minha existência é um fardo terrível. Eu a teria rejeitado há muito tempo se não fossem os testes instrutivos e as experiências espirituais e morais... precisamente durante o período de doença e quase total privação, essa alegria, essa sede de conhecimento, eleva-me a alturas nas quais venço o martírio e a desesperança. Sinto-me mais feliz do que jamais me senti na vida, mas, no entanto! Uma dor constante durante horas por dia, uma sensação semelhante ao enjoo no mar, em que tenho dificuldade em falar. As crises das doenças (na última, em que vomitei três dias e três noites, ansiei pela morte). Não posso ler! Se pelo menos eu pudesse escrever! Nenhum contato com os seres humanos! Incapaz de ouvir música! Solidão e passeios solitários, o ar da montanha e o uso de ovos e leite na alimentação. Todos esses meios mais íntimos de melhorar minha saúde foram inúteis... Meus consolos são meus pensamentos e minhas perspectivas.[32]

E em *Ecce Homo* ele mencionou que, durante o período em que escreveu *O Andarilho e sua Sombra*, sua saúde atingiu o ponto mais grave de sua vida inteira:

> Em 1879, demiti-me do meu cargo de professor na Basileia, e vivi todo o verão como uma sombra em St. Moritz e no inverno seguinte, o mais sombrio de minha vida, *como* uma sombra em Naumburg. Este foi o pior momento de minha existência: *O Andarilho e sua Sombra* foi escrito durante esses meses. Sem dúvida, conheci tudo sobre os dias sombrios naqueles dias.[33]

***

Outro fato essencial para se compreender *O Andarilho e sua Sombra* foi que, durante o período em que o escreveu, Nietzsche sentiu uma crescente afeição e, nesse sentido, uma afinidade crescente com o filósofo ateniense Epicuro (341-270 a.C.). Citado sucintamente em *Miscelâneas de Opiniões e Sentenças*, Epicuro tornou-se, em *O Andarilho e sua Sombra*, "um dos homens mais importantes" que jamais viveu.[34] Os livros de anotações e cartas deste período são repletos de referências elogiosas ao "heroísmo tão refinado"[35] e seu "jardim da felicidade".[36] (Epicuro tinha um jardim em Atenas onde ele encontrava e ensinava os seus alunos e adeptos. Por esta razão, sua escola filosófica chamou-se "O Jardim".) Nas cartas e nos cadernos de anotações deste período, Nietzsche decidiu resgatar o "jardim de Epicuro,[37] viver "filosoficamente" à maneira dos epicuristas.[38]

Embora Nietzsche sentisse uma afinidade especial por Epicuro, essa afinidade não se referia ao Epicuro *oposto* aos outros filósofos da Antiguidade, mas ao Epicuro como *representante* da antiga filosofia em geral. O que atraía Nietzsche eram as ideias

---

32  KGB III.1 1.
33  EH I 1.
34  WS 295.
35  KSA 8 28 [15].
36  KSA 8 30 [31].
37  KGB 11.5 826.
38  KSA 9 7 [97].

comuns a todos os antigos filósofos e não as diferenças de detalhes entre eles. Portanto, vemos em seu pensamento uma fusão ou uma homogeneização da filosofia da Antiguidade. Já em *Humano, demasiado Humano* ele sugeriu que a diferença entre os cínicos (mais os estoicos com rígidos princípios em vez dos "cínicos" no sentido moderno) e os epicuristas era apenas uma questão de temperamento,[39] ao passo que em *Miscelâneas de Opiniões e Sentenças* ele sugeriu que os epicuristas, assim como os seguidores do filósofo Epicteto, que pertencia à escola estoica, tinham uma única "sabedoria" perdida.[40] Em *O Andarilho e sua Sombra*, ele mencionou que o sofista Hípias também compartilhava esta sabedoria,[41] como Sócrates, que, severamente criticado em *A Origem da Tragédia*, foi surpreendentemente reabilitado em *O Andarilho*...:

> Se tudo for bem, chegará um momento em que adotaremos a *memorabilia* de Sócrates como um guia da moral e da razão em vez da Bíblia... os caminhos para os modos de vida filosóficos mais variados nos conduzem a ele : no fundo eles são modos de vida dos vários temperamentos, corroborados e estabelecidos pela razão e pelo hábito, e todos se direcionam à busca da alegria de viver dos seres humanos.[42]

\*\*\*

Três características da antiga filosofia em geral e da filosofia de Epicuro, em especial, são importantes para entender *O Andarilho e sua Sombra*. Primeiro, como o livro maravilhoso de Pierre Hadot, *Philosophy as Way of Life*,[43] lembrou-nos há pouco tempo, que o ponto precípuo e a justificativa da filosofia eram, para os antigos, prática e não teórica. Em termos específicos, o objetivo da filosofia era o de proporcionar um conjunto de "sabedoria" que demonstrasse como, ao viver "filosoficamente", poderíamos alcançar o eudemonismo, a doutrina que conduz o homem à felicidade. A antiga filosofia era basicamente eudemônica.

No período helenístico, que foi o objeto de uma atenção especial por parte de Nietzsche (o período entre a morte de Alexandre, o Grande em 323 a.C. e a anexação da Grécia por Roma em 146 a.C.), as diversas escolas filosóficas, como as dos cínicos, estoicos, epicuristas e outros, concebiam a felicidade de uma maneira peculiar: elas pensavam, sobretudo, na *ataraxia*, na tranquilidade imperturbável, na serenidade e na paz de espírito. Talvez devido às condições turbulentas da época, a filosofia tinha como meta específica descobrir a sabedoria que conduziria o ser humano ao caminho da serenidade diante do destino, na melhor das hipóteses incerto e, em geral, hostil: como superar a adversidade, como manter a paz mental em *qualquer situação*.

Outra característica importante da filosofia antiga refere-se à prevalência da visão prática sobre o enfoque teórico na busca da felicidade. A palavra "filosofia", do grego *philosophia*, significava (e sugeriria que ainda deveria ter este significado), o amor pela sabedoria e não a *philotheoria*, o amor pela teoria). Mas isto não queria dizer que a teoria fosse irrelevante para a filosofia e seu objetivo. Epicuro, por exemplo, acreditava

---

39   HH 275.
40   AOM 224.
41   WS 318.
42   WS 86.
43   Hadot (1995).

que nosso mundo era uma série de mundos em um vácuo infinito e que a reflexão sobre este tema perturbaria a nossa paz mental em relação aos assuntos mundanos. No entanto, significava que as questões teóricas sem relevância possível para a felicidade dos seres humanos não faziam parte da filosofia propriamenet dita.

A terceira característica importante de todos os antigos filósofos foi uma espécie de ascetismo. A fim de garantir a felicidade, não importa quão hostil fosse o destino de alguém, os filósofos helênicos propuseram versões da mesma estratégia. Como o sofrimento originava-se da não satisfação do desejo, os homens eram aconselhados a renunciar, ou pelo menos a manter um "distanciamento" dele, porque todos os desejos eram (a) desnecessários e (b) incertos em sua realização: por exemplo, o desejo de riqueza, poder ou fama.

Assim, Epicuro, em especial, embora acreditasse, como o Nietzsche do período positivista, que os seres humanos deveriam ter como sua finalidade principal a busca do prazer, defendia duas espécies de caminhos "moderados" para ter uma vida prazerosa (*Lathe biosas!* – Viver com moderação! – era seu lema). As pessoas deveriam ser moderadas, primeiro, em satisfazer seus apetites sensuais: "alegria do espírito e da alma em vez da indulgência frequente em relação aos... prazeres sensuais", foi a descrição de Nietzsche da recomendação de Epicuro.[44] E devemos ser modestos, no sentido de não termos uma ambição social, de vivermos com discrição em um "jardim" em vez de nos expormos publicamente na praça do mercado: "Um pequeno jardim, algumas figueiras e queijos, três ou quatro bons amigos, estes eram os prazeres sensuais de Epicuro", comentou Nietzsche.[45] Mas, apesar de Epicuro defender um tipo de ascetismo como o caminho de uma vida pacífica e agradável, é essencial distinguir em seu ascetismo – o "ascetismo eudemonista", como poderíamos chamá-lo – do ascetismo da negação do mundo de Schopenhauer.

É claro, é difícil viver dessa maneira "filosófica" porque ela requer autodisciplina, o controle das paixões pela razão, e autoconhecimento, o conhecimento das paixões e apetites. Como Nietzsche escreveu em seus cadernos de anotações, uma vida feliz exige a substituição de "fundamentos no lugar de hábitos, intenções, em vez de impulsos", metas que, por sua vez, requerem o "conhecimento em vez da crença".[46]

\*\*\*

Agora é possível perceber a conexão entre os dois fatos que propiciaram a base essencial da elaboração de *O Andarilho e sua Sombra*: a saúde de Nietzsche e a admiração por Epicuro. A filosofia helenística, como vimos, era eudemonística, cuja finalidade era ter serenidade em face da adversidade. Mas justamente adversidade era o que Nietzsche enfrentava: a "tortura"[47] terrível de uma saúde debilitada que, em 1879, como vimos, se agravou de uma forma jamais vista. Sua condição física representava, em outras palavras, *precisamente* o destino fatal que a filosofia grega queria superar. Por este motivo, ele tornou-se um caso paradigmático para o trata-

---

44  KSA 8 41 [48].
45  WS 192.
46  KSA 8 41 [48].
47  KGB 11.5 842.

mento pela terapia epicurista. Em razão de seu profundo conhecimento da filosofia da Antiguidade adquirido desde a época em que era um filólogo, teria sido quase inevitável sua adesão à filosofia de Epicuro.

Em sua juventude, Nietzsche encontrou consolo para o sofrimento na religião. No período wagneriano, ele o encontrou em uma arte quase religiosa; ele era um homem que tinha uma necessidade "intrínseca" da arte.[48] Mas nem os consolos da religião ou da arte atenuaram os seus sofrimentos em 1879. Além disso, os recursos da medicina no século XIX revelaram-se incapazes de melhorar sua saúde. Como todos os recursos religiosos, artísticos e médicos falharam, a sua "automedicação" espiritual e filosófica permaneceu como a única opção.[49]

Os cadernos de anotações de 1879 são explícitos quanto a esses acontecimentos no período de elaboração de *O Andarilho e sua Sombra*. Como os "consolos do Cristianismo" haviam se tornado uma "antiguidade", escreveu, "os meios de conforto proporcionados pela antiga filosofia surgiram mais uma vez com um brilho renovado".[50] E, com um raciocínio pessoal – algumas notas nos cadernos são em forma de diários e esboços de pensamentos filosóficos – "eu preciso das caixas de bálsamos e dos vidros de remédios de todos os antigos filósofos",[51] o que originou a ordem precisa, "Torne-se antigo"![52]

É claro, Nietzsche não se preocupava apenas consigo mesmo. A assimilação do estilo e de grande parte do conteúdo da filosofia da Antiguidade com o objetivo de se automedicar tinha a intenção de ser um exemplo, de transmitir aos outros como eles também podiam adotar a terapia autoadministrada diante da adversidade. Se não fosse por este motivo, não haveria por que as anotações de *O Andarilho e sua Sombra* sairem da privacidade de seus cadernos. Em 11 de setembro, em uma carta a Köselitz, que enviou junto com o manuscrito para que ele providenciasse uma cópia impressa, ele escreveu:

> Estou no final do meu 35º ano de vida, na meia idade e tão "envolto pela morte".* Por causa de minha saúde, tenho de pensar em uma morte súbita... e, portanto, sinto-me como um homem idoso, mas também me sinto realizado por ter feito o trabalho de minha vida... Basicamente, eu já submeti minha observação da vida a um teste: muitos farão isso no futuro. Meu espírito não se intimidou com o sofrimento prolongado e doloroso e, na verdade, sinto-me mais alegre e benevolente do que antes. Qual foi a origem desta nova peculiaridade de minha personalidade? Não foram os homens que, com poucas exceções, me aborrecem. Leia este manuscrito todo e questione-se, caro amigo, se encontra algum traço de sofrimento e opressão. Penso que não o encontrará, e isso é um sinal dos poderes ocultos desta perspectiva, sem fraqueza ou exaustão.[53]

---

48   KSA 8 30 [52].
49   KGB 111.1 68, 125.
50   KSA 8 41 [32].
51   KSA 8 28 [41].
52   KSA 8 28 [40].
\*    Um hino do século XV contém a frase *dedia vita in morte sumus*, "em meados da vida presenciamos o fim de nossa existência", ou na tradução de Lutero "envolto pela morte".
53   KGB 11.5 880.

Após "testar" os "poderes ocultos" da filosofia epicurista em si mesmo, e ao ter alcançado a felicidade, apesar do terrível destino descrito na carta a Eiser,* ele agora queria transmiti-los aos seus leitores: "eu vi o sofrimento das pessoas que necessitam do ar da montanha de Engadine" (isto é, o *spa* de cura de St. Moritz), escreveu ele. E continuou, "Eu também mando meus pacientes para o ar da montanha",[54] em outras palavras, para o espírito "heroico e idílico"[55] da filosofia de Epicuro.[56]

## O Andarilho e sua Sombra

Ao analisarmos O Andarilho e sua Sombra como uma obra em si e no contexto citado, é impossível não sentir como o livro estava impregnado pela filosofia de Epicuro.

Em primeiro lugar, havia uma afirmação e uma assimilação da concepção epicurista da finalidade da filosofia como um eudemonismo, uma felicidade pessoal. Esta visão pessoal faz de O Andarilho e sua Sombra um livro muito diferente de seus predecessores positivistas e de seus trabalhos da maturidade que, embora referentes ao bem-estar do ser humano em geral, pouco abordavam ou omitiam os meios de se alcançar a felicidade individual. Nietzsche escreveu,

> Se formos sensíveis, a única coisa que devemos procurar é a felicidade em nossos corações. Aliás, alguém disse, se formos sensíveis a melhor coisa que podemos fazer é sermos sábios.[57]

Visto que, em outras palavras, a felicidade não cresce em árvores, ela precisa ser trabalhada e cultivada sob a orientação da *philosophia*, da sabedoria do filósofo. Além disso, embora não seja, como veremos, idêntico, o conceito de felicidade de Nietzsche incluía a *ataraxia* como um ingrediente essencial. Assim, como vimos, a "alegria no coração", a "tranquilidade do coração", o "espírito idílico" e a "felicidade do jardim de Epicuro", bem como o "conforto da alma",[58] são epítetos que necessariamente se aplicam a uma pessoa feliz.

\*\*\*

A finalidade da filosofia de promover a felicidade pelo estímulo à sabedoria explica grande parte do conteúdo de O Andarilho e sua Sombra, e, se fôssemos abordar o livro com um paradigma puramente teórico da filosofia, não teríamos esta percepção. A maioria da obra não se refere às grandes questões da metafísica, da epistemologia, ou até mesmo da ética e, sim, de uma maneira explícita, da *Lebensweisheit*,

---

\* Observem que na carta a Eiser ele descreveu seus "pensamentos e perspectivas" como "consolos", ou seja, prazeres positivos. De acordo com um tema da filosofia helenística, um destino hostil não priva ninguém de sua vida mental e de seus desejos intelectuais, porque eles serão *sem dúvida* motivos de satisfação (alguns, pelo menos), são isentos dos requisitos do ascetismo eudemonista.

54  KSA 8 27 [21].
55  Este tema será discutido nas páginas 373-374.
56  WS 295.
57  WS 300.
58  WS 7.

a "sabedoria de vida", ou, como poderíamos dizer agora, da "orientação na vida". As observações de Nietzsche quanto à orientação na vida são, basicamente, as seguintes: o conselho de como promover a felicidade ao lidar consigo mesmo e com as outras pessoas.

As recomendações de como lidar consigo mesmo consistiam em tornar-se um "bom vizinho" das coisas "mais próximas", de vivenciar a *"paz ao seu redor e a benevolência a tudo o que lhe estiver próximo".*[59] O contraste, aqui, são as "outras coisas" da metafísica cristã: inferno, céu, morte e juízo final.[60] Como as "coisas mais próximas" concerniam à dieta e à saúde, é provável que Nietzsche tenha sido influenciado pelo materialismo alemão do século XIX (inspirado pelo livro de Friedrich Lange, *History of Materialism*, que ele leu em 1886). O espírito do materialismo alemão resume-se na famosa observação de Feuerbach de que um "homem é produto do que come; ou, mais completo, "Se quiser melhorar as pessoas lhes dê uma comida melhor em vez de discursos sobre o pecado. O homem é produto do que come."

As pessoas não percebem, lamentou-se Nietzsche, que ovos maiores são mais saborosos, que as tempestades são benéficas para os intestinos, ou que falar ou ouvir atentamente durante as refeições prejudica a digestão. Elas não observam estes pequenos detalhes cotidianos, que, por acumulação, têm uma importância vital, porque "quase todas as nossas fraquezas físicas e psicológicas" originam-se desta falta de atenção:

> Sem saber o que nos é benéfico ou prejudicial... na divisão do dia, durante quanto tempo e com quem temos encontros sociais, profissionais ou de lazer, exercendo autoridade ou obedecendo, sensível à arte e à natureza, ou ao comer, dormir e pensar; por desconhecer a maioria das pequenas coisas do cotidiano e sem dar-lhes atenção, por isso, a Terra transforma-se para tantas pessoas em um "vale de lágrimas".[61]

Em seus cadernos de anotações, sob o título "A Doutrina das Coisas mais Próximas", ele incluiu "o objetivo do dia (dividido em períodos), alimentação, companhia, natureza, solidão, sono, emprego, educação... o uso das condições do estado de espírito e atmosféricas, saúde, afastamento da política".[62] O uso do estado de espírito talvez seja explicado pela observação de Nietzsche em seu livro seguinte, *Aurora*, que a "paz da alma" dependia do ambiente que nos cerca:[63] depois de um dia agitado lidando com as complexidades do mundo moderno precisamos voltar para um ambiente familiar simples, espaçoso e com cores que transmitam serenidade, como sugere Alain de Botton em *The Architecture of Happiness*.

Ao lidar com outras pessoas nos campos minados da sociedade, Nietzsche propõe, entre outras coisas, o seguinte. Como o carteiro é um agente de intromissões

---

59  WS 350.
60  Esse conceito de felicidade estava implícito em seu pensamento como indica o título da Seção 300, "O indispensável", uma referência indireta a John Bunyan, "One Thing Is Needful; Or Serious Meditations Upon the Four Lasting Things: Death, Judgment, Heaven, and Hell". Nietzsche, é claro, rejeitava as quatro premissas de Bunyan. A única coisa "indispensável" era a "alegria no coração" que a "sabedoria" poderia propiciar.
61  WS 6.
62  KSA 8 40 [16].
63  D 283.

rudes em nossa solidão, devemos abrir nossas cartas só uma vez por semana e, em seguida, tomar um banho.[64] (Uma versão atual recomenda que não se deve abrir e-mails logo ao chegar ao escritório e, além disso, deletar muitos deles para não permitir que outras pessoas dominem seu dia.) É preciso ser um bom *ouvinte*, e prestar atenção no que está sendo dito em vez de pensar na própria resposta.[65] Devemos evitar as pessoas que chegam em casa de mãos vazias depois de um dia duro de trabalho.[66] É necessário (de acordo com Hesíodo) devolver um empréstimo com um acréscimo a fim de que, ao mesmo tempo, quem concedeu o empréstimo sinta-se gratificado por sua ação, e quem pediu o empréstimo exima-se da humilhação por tê-lo pedido.[67] Devemos ter em mente que um homem que recebeu uma grande honraria logo após ter comido sente-se mais generoso.[68] E assim por diante.

\*\*\*

Nesse sentido, para *O Andarilho e sua Sombra*, a meta da filosofia é o eudemonismo. O livro confirmou e assimilou também a filosofia de Epicuro ao excluir da filosofia temas que não têm importância prática para as nossas vidas:

> Epicuro, o tranquilizador da alma da Antiguidade tardia, teve esta maravilhosa percepção, que ainda é tão rara de perceber, que para acalmar o coração não é necessário ter solucionado as questões teóricas fundamentais e mais distantes do cerne da questão. Então para aqueles atormentados pelo "medo dos deuses" é suficiente dizer, "Se os deuses existirem eles não se preocupam conosco", em vez de discutir inutilmente se os deuses de fato existem.[69]

Epicuro argumentou que os deuses, se existissem, não teriam interesses mundanos, porque isto perturbaria o estado de bem-aventurança que pertencia ao conceito precípuo do que seria um deus. (Deus nunca assiste filmes de terror.) Portanto, não precisamos ter medo e sofrer perante a ira divina: se os deuses existissem, não se interessariam pelos seres humanos, e, se não existissem, esta hipótese seria implausível. A moral de Nietzsche proveniente destes pensamentos de Epicuro alegou que deveríamos desenvolver uma "indiferença" em relação a perguntas teóricas cujas respostas não fazem diferença em nossas vidas:

> Com essa premissa quero dizer, por exemplo, as seguintes perguntas: qual é o objetivo do homem? Como ele poderia reconciliar-se com Deus? Assim como pouco nos interessamos pelas questões do dogmatismo filosófico, sejam elas idealistas, materialistas ou realistas. Sua única finalidade é a de nos forçar a tomar uma decisão se a fé ou o conhecimento for necessário... para uma vida plena e excelente do ser humano.[70]

---

64   WS 261.
65   WS 241.
66   WS 250.
67   WS 250.
68   WS 253.
69   WS 7.
70   WS 16.

Nietzsche concluiu essa passagem ao admitir que existia um "reino de escuridão" além do mundo "mais próximo", o mundo da natureza, mas disse que não devíamos preocupar-nos com esse fato. Ele admitiu, mais uma vez, em outras palavras, a *possibilidade* de que o mundo "mais próximo" poderia ser, como, segundo a teoria de Kant, um mundo de mera "aparência", além do qual havia uma realidade "em si" bem diferente. Porém, como a doutrina kantista não resulta em nenhuma diferença para as nossas vidas mesmo se fosse verdadeira, não precisamos ler a *Crítica da Razão Pura*.

Como Epicuro, no entanto, Nietzsche reconheceu que conhecimento teórico não é irrelevante para a filosofia e que ele poderia ser um caminho importante para a paz mental. Deste modo, por analogia à visão de Epicuro de se atingir a imperturbabilidade por meio da reflexão sobre a insignificância dos assuntos mundanos em face da vastidão do espaço e do tempo, Nietzsche aconselha-nos a "rir zombeteiramente" da perspectiva da humanidade como "a meta e o propósito da existência". Ele aconselha-nos a sermos como os astrônomos, "para quem às vezes existe um horizonte independente da Terra [e que] nos propicia o entendimento, que a gota da *vida* no universo não tem significado para o oceano do fenômeno de vir-a-ser e morrer". Esta visão de uma amplitude maior das coisas permite que compreendamos como nossa autovalorização converte-nos em uma "formiga na floresta [que] imagina ser a meta e o objetivo da floresta".[71] Com este pressuposto, Nietzsche quer demonstrar o benefício terapêutico do "horizonte" pós-metafísico e positivista: ao renunciar à ideia do mundo como uma mera etapa para a realização do drama do ser humano sob o olhar observador e colérico de Deus, vemos o homem autoengrandecido como "um bufão do mundo",[72] ou como na linguagem de Sartre inspirada em *A Origem da Tragédia*, um "absurdo".[73] E esta constatação ajuda-nos a diminuir nossos problemas e auxilia-nos a alcançar a *ataraxia*.

A percepção do horizonte do "astrônomo" nos assuntos humanos é, evidentemente, uma perspicácia intermitente. Por este motivo, para preservar a tranquilidade precisamos de uma repetição constante de uma prática de reflexão ou exercício espiritual; uma "ginástica" espiritual, como Nietzsche chamava.[74] Outro exercício seria o pensamento sobre a morte. A sua inevitabilidade deveria, disse Nietzsche, "introduzir em todas as vidas uma gota preciosa com um cheiro adocicado de impermanência [*leichtsinn*, no sentido literal "leveza da mente"].[75] Este pressuposto, mais uma vez, cremos, é um uso terapêutico do "absurdo" de Sartre: por sabermos que a morte interromperia inevitavelmente todos os nossos projetos, que somos apenas uma "onda" no vasto oceano do vir-a-ser e do morrer, podemos superar a *obsessão* – nossa tendência de ficarmos obcecados com, por exemplo, a política organizacional de um escritório. A saúde espiritual, sugeriu Nietzsche, requer que carreguemos o absurdo e, assim, uma espécie de distanciamento estoico sempre em nossas mentes.

---

71  WS 14.
72  *Ibidem*.
73  BT 7.
74  WS 305.
75  WS 322.

## CAP. 15 | O ANDARILHO E SUA SOMBRA

É claro, a ameaça à serenidade do espírito origina-se de uma única fonte: do desejo e da emoção, "as paixões". Então, para Nietzsche, assim como para Epicuro, a serenidade exige autodisciplina, a "superação das paixões"[76] pela razão, da disciplina da alma no contexto de um rigoroso plano racional de vida. Epicuro, como vimos, defendia a eliminação quase ascética de todos os desejos "desnecessários" incertos de serem realizados, bem como Nietzsche:

> A realização [*das exigências pessoais*] de uma maneira mais completa possível, mesmo que imperfeita, é o caminho para a *liberdade de espírito e da individualidade*. Deixar que outras pessoas realizem nosso projeto pessoal... significa uma *dominação*. O sofista Hípias, um espírito aberto, percebeu que tudo está dentro de nós, mesmo quando exteriorizado, e, assim, representa, sob este aspecto, um caminho mais elevado para a liberdade.[77]

O autocontrole é uma imagem mental subjetiva mais factível de ser expressa do que ser materializada. Assim, além de praticar os exercícios espirituais para incorporar a perspectiva do "astrônomo" e da reflexão sobre a mortalidade, Nietzsche recomendava a prática regular da autonegação:

> *A ginástica mais necessária*. A ausência de autocontrole referente a pequenas coisas provoca a desestruturação da capacidade de controle das grandes coisas. Todos os dias são subutilizados e constituem um perigo para o dia seguinte, no qual uma pessoa não tenha rejeitado uma pequena coisa pelo menos uma vez: essa ginástica é indispensável se alguém quiser preservar a alegria de ser o responsável por sua vida.[78]

É claro, o autocontrole não pode ser alcançado sem o autoconhecimento e, portanto, a "observação psicológica" minuciosa é extremamente valorizada em *O Andarilho e sua Sombra*, assim como fora em seus predecessores positivistas. Agora, no entanto, a percepção de Nietzsche sobre o valor destas observações deu um passo decisivo de distanciamento da intenção maldosa do *"réealismo"*, do desprezo e escárnio "depreciativos" de Rée em relação à natureza do ser humano, bem como da ideia "viril" de que a busca incondicional da verdade "científica" consistia em um fim em si mesma. Aqueles cuja "dissecção" da moral era correta e que sempre constituíram uma pequena minoria, não a realizavam como um fim em si, nem por um divertimento sádico de "x", mas "só em benefício de um conhecimento, de um julgamento e de uma vida melhores".[79] Ao contrário dos moralistas "triviais" e cínicos que queriam mostrar, por trás da aparente grandeza da alma, "uma indignidade similar à deles" (mesmo sem a intromissão de Lou Salomé entre eles, uma ruptura de Nietzsche e Rée teria sido inevitável), os moralistas como ele não "*negavam a existência*" dos estados "grandiosos e puros" da alma, dos "homens e das mulheres de fato bons" e sim tentavam "*explicar*" estes estados ao revelar suas origens

---

76  WS 88.
77  WS 318.
78  WS 305: compare WS 65.
79  WS 19.

e complexidade.[80] Em outras palavras, as "observações psicológicas" de *Nietzsche* sobre a superioridade do ser humano destinavam-se, não a ridicularizar, mas, sim, a proporcionar uma *análise psicológica profunda*. Elas são importantes porque, se quisermos cultivar e dominar nossas paixões e, assim, atingir estados excelentes e felizes da alma, é importante que superemos qualquer falso sentimentalismo, que tenhamos uma compreensão clara desses estados da alma. Como os antigos filósofos insistiram, só com o "autoconhecimento" poderemos ter a expectativa de sermos pessoas bondosas ou felizes.

## A Construção do Walden II

É evidente que Nietzsche não seria Nietzsche se sua filosofia fosse uma repetição exata da filosofia de Epicuro. O afastamento crucial da imposição epicurista de uma "vida moderada" foi sua preocupação contínua com a recuperação moral e espiritual da cultura, com sua missão de construir, não por uma ação política direta, mas pela realização discreta e em pequena escala de uma "liderança espiritual" de uma nova sociedade. Para Nietzsche ter uma "tarefa" na vida coerente, com um sentido definido e que convergia para o mesmo fim era, como sabemos, um ingrediente essencial da felicidade, e a renovação da cultura por meio de seus livros era a tarefa de sua vida. A grandeza de sua ambição que, em um sentido amplo, era política, se opunha, cremos, à característica inconspícua da filosofia de Epicuro, de sua recomendação de uma "emigração interna" da política.* Nietzsche escreveu,

> O homem que domina suas paixões adquire uma terra muito fértil, como o colonizador que desbravou florestas e pântanos. O *cultivo* das sementes dos bons trabalhos espirituais no solo das paixões subjugadas é, portanto, uma tarefa urgente. Essa superação é apenas um *meio* e não um objetivo: sem esta visão todos os tipos de sementes e absurdos perniciosos rapidamente brotarão nesse solo fértil agora vazio, e logo se instalará um caos jamais visto.[81]

Esse texto, pensamos, é uma crítica a Epicuro: segundo *ele*, em sua filosofia o domínio racional das paixões era um fim e não um meio. Ele não percebeu que a felicidade requer uma "meta" além de sua própria essência. A felicidade teria de sobrepujar a *ataraxia* epicurista, porque ela exige uma tarefa de vida definida. Na verdade, não existiria a *ataraxia* na ausência desta tarefa. A tarefa de Nietzsche era construir uma nova cultura; a "construção de Walden II", como chamamos.

Com o objetivo de elaborar um projeto para Walden II, *O Andarilho e sua Sombra* inspirou-se em temas já abordados em *Humano, demasiado Humano* e introduziu novas ideias surpreendentes. Começaremos com os temas já abordados.

---

80  WS 20.
*   Epicuro lecionou filosofia em Mitilene, Lesbos, mas em razão de sua doutrina contestar a ortodoxia predominante, ele foi acusado de impiedade e fugiu diante da ameaça de morte. Este episódio o convenceu de que seria melhor não ter relação com a política, mesmo que indiretamente.
81  WS 53.

\*\*\*

*Economia*. No novo mundo, como sabemos, os perigos da "cultura da máquina" devem ser evitados. Na época atual não mais nos orgulhamos da produção característica da economia artesanal e perdemos o conceito de "*distinguir os indivíduos*" que a compra de um bem concedia. Os trabalhadores reduziram-se a "escravos anônimos e impessoais". Então deveríamos desejar sem "pagar um preço muito elevado" para amenizar o trabalho e resgatar a satisfação do trabalhador com sua ocupação.[82] Havia neste pressuposto um eco de um quase contemporâneo de Nietzsche, William Morris. Embora fosse um opositor implacável do socialismo, observações como estas demonstram que Nietzsche não era hostil a todas as tendências do socialismo do século XIX. Elas também revelam, pelo menos no caso de *O Andarilho e sua Sombra*, o erro em pensar que ele só valorizava o bem-estar do indivíduo excepcional.

Nietzsche chegou à mesma conclusão em seu pensamento a respeito do interesse capitalista. Ao estabelecer níveis salariais, a exploração do trabalhador seria evitada, porque o tornaria menos eficiente e constituiria uma classe alienada da sociedade como um todo e, em consequência, um foco de conflito social.[83] (A revolta operária de 1848 era uma lembrança marcante em Nietzsche.)

Por sua vez, Platão e a intenção dos socialistas de eliminar a propriedade privada baseavam-se na falta de conhecimento adequado da natureza humana. Esta eliminação seria um erro, visto que as pessoas se dedicariam apenas ao que poderiam possuir e ao que já possuíam. Entretanto, como o grande abismo entre os ricos causa inveja e conflito social, a concentração de uma enorme riqueza em mãos privadas seria evitada. Os negócios, em especial os bancos, que produziam esta riqueza, pertenceriam ao Estado.[84] Este raciocínio evidencia duas coisas: que, pelo menos em *O Andarilho e sua Sombra*, o "antissocialismo" era, na realidade, uma oposição ao *comunismo*, e que ele *apoiava* o ideal social-democrata de uma nacionalização parcial dos meios de produção e troca.

Uma última observação: como no livre mercado os produtos são avaliados não por especialistas e sim pelos consumidores, que os avaliam pela aparência, será necessário ter uma agência rigorosa de orientação e proteção ao consumidor para manter a qualidade dos produtos.[85]

*Arte e Caráter*. Em termos gerais, a arte e a vida no novo mundo de Nietzsche serão "clássicos" em vez de românticos, tanto pelo estado de espírito como em seus propósitos.* Todas as grandes artes e todos os homens com "senso moral", afirmou Nietzsche, possuem o oposto do desejo romântico (wagneriano) de "mostrar um sentimento mais exacerbado do que de fato têm". "A grandeza de sentimentos gosta

---

82   WS 288.
83   WS 286.
84   WS 285.
85   WS 280.
\*    Uma carta escrita a Rée em setembro de 1879 contém um comentário divertido de Nietzsche sobre seu período romântico: "*Em meus primeiros cinco livros. Certa vez pensei, A e O/Minha sabedoria está dentro deles*" (KGB II.5 879). Os "cinco livros" são, é claro, *A Origem da Tragédia* e os quatro volumes de *Considerações Extemporâneas*.

de aprisioná-los... para que não cheguem a uma conclusão. A "modéstia" da grandeza requer sentimentos que se "revelam mais sóbrios do que de fato são".[86] A pintura *Os Pastores de Arcádia*, de Poussin, retrata heróis helênicos.[87]

*Guerra e Paz*. Assim como vimos, não existe livre-arbítrio e, portanto, a "ira e o castigo" são "pecados lógicos" que, um dia, retornarão para o mundo animal, de onde vieram. Mas temos a capacidade de transcender estes pecados e, então, em algum momento, eles desaparecerão.[88] (Por este motivo, titulamos esta seção de "A Construção de Walden II" – o livro *Walden II* de B. F. Skinner também sonha com o fim da raiva. Observem que a visão de Nietzsche de um castigo legítimo – exílio, prisão – é uma questão de "lembrar" ao transgressor as vantagens da comunidade da qual fora privado por tê-la prejudicado[89] assemelha-se à premissa de Skinner do "condicionamento operante".)

Ao mencionar a hostilidade entre as nações, Nietzsche disse que a "paz armada", na qual em vez de um exército um país tem uma "força de defesa", não significa uma paz real, porque a agressão ao vizinho cria as sementes de uma guerra futura. A verdadeira paz, o período em que se possa de fato dizer que existe "paz na Terra e afabilidade entre os homens",[90] só será alcançada quando as nações mais fortes desarmarem-se voluntariamente por acreditarem que é melhor morrer do que viver em perpétuo ódio e medo.[91] (Nietzsche teria apoiado a Campanha pelo Desarmamento Nuclear.)

É claro, a agressão humana jamais poderá ser completamente erradicada. Portanto, precisamos aprender com o exemplo da "prudência grega" e com o costume dos gregos de praticar ginástica e de promover concursos artísticos nos quais o "estímulo à vitória e à superioridade" poderia liberar energia sem ameaçar a ordem política.[92] A agressão pode ser sublimada. A Éris boa no lugar da Éris má. A Copa do Mundo em vez da Guerra Mundial.

## *Mulheres*

Os aspectos de Walden II de Nietzsche discutidos até este ponto são, em algum grau, familiares ao *Humano, demasiado Humano*. No entanto, a novidade refere-se a uma reconsideração da imagem popular de Nietzsche de antifeminista feroz, na verdade, misógino, como revelam as sua observações sobre as mulheres.

Algumas citações: "A maioria das mulheres tem o espírito de sacrifício e não mais usufrui da vida, quando seu marido se recusa a sacrificá-la."[93] "O que as mulheres pensam agora da mente masculina pode ser adivinhado pelo fato de que quando elas enfeitam-se ['maquiam-se'], a última coisa em que pensam é destacar as qualidades intelectuais de sua expressão." Elas preferem mostrar uma aparência "sensual

---

86  WS 136.
87  WS 295.
88  WS 183.
89  WS 22.
90  WS 350.
91  WS 284.
92  WS 226.
93  WS 272.

e destituída de qualquer sinal de inteligência... A convicção delas de que os homens têm horror de mulheres intelectuais é tão arraigada que elas negam ter uma perspicácia mental e deliberadamente impõem uma reputação de serem *míopes*"[94] (de ser uma "loura tola" que precisa ser guiada por uma mão masculina). Mas em suas conversas privadas elas dizem "estúpido como um homem". E nisto reside a estupidez: "a estupidez é, em uma mulher, ser *pouco feminina*".[95]

Essas observações, lidas adequadamente, não só "acertam o centro do alvo", como também revelam uma extrema simpatia pela condição das mulheres na sociedade paternalista do século XIX. Ainda com mais precisão elas demonstram uma extraordinária *empatia*, uma das características marcantes da personalidade de Nietzsche. Seu alvo não era as mulheres e sim a cultura masculina que as obrigava a assumir papéis depreciativos. E, coerente com sua luta pelo ingresso das mulheres na Universidade da Basileia, ele acreditava que as mulheres eram *tão bem* dotadas intelectualmente quanto os homens e, por isso, a proibição de usarem sua inteligência era um trágico desperdício em relação ao projeto de construir um mundo melhor e com um objetivo mais bem definido sob o aspecto intelectual. Neste sentido, não causa surpresa o fato, como veremos, de ter escolhido companhias femininas durante a última década de sua sanidade.

Depois de ler o manuscrito de *O Andarilho e sua Sombra* preparando-o para fazer uma cópia impressa, Köselitz, como era seu hábito na época, sugeriu algumas alterações:

> Você escreveu, "A mulher é o animal doméstico que soube como criar para si um direito no contexto da humanidade". A comparação das mulheres com animais domésticos é desonrosa e sem conteúdo filosófico; as mulheres, assim como os homens, são pequenos animais. As mulheres, em especial em questões intelectuais, têm vantagens que os homens deveriam imitar.[96]

Nietzsche respondeu:

> Muito obrigado por sua observação. Eu não queria de modo algum menosprezar as mulheres e cortei esse trecho. Mas, originalmente, só os homens eram considerados seres humanos... o reconhecimento das mulheres como seres humanos foi um grande progresso moral. A minha, ou a nossa, opinião sobre as mulheres não pode relacioná-las ao termo "animal doméstico". Segui de acordo com [o escritor de viagens]*Sir* Henry Veel a descrição de Huntley sobre a situação das mulheres nas tribos primitivas.[97]

Já a opinião de Schopenhauer, mais típica da época, dizia que

> as mulheres são qualificadas para serem enfermeiras e governantas desde a infância pelo fato de serem infantis, fúteis e míopes ["a miopia de novo"!], ou seja, permanecem infantis a vida inteira; uma espécie de estágio intermediário entre uma criança e um homem, que é o ser humano em sentido real.[98]

---

94 WS 270.
95 WS 272.
96 KGB 11.6/2. Para Nietzsche 1252.
97 KGB 11.5 900.
98 PP II p. 614-15.

Vemos então com nitidez a situação da mulher nas palavras dos dois homens. A visão de um Nietzsche antifeminista, na realidade, um "opositor da mulher", refletiu-se em sua filosofia posterior. Logo examinaremos o que provocou a mudança de suas opiniões a respeito das mulheres.

## Nietzsche era um Democrata?

A democracia faria parte do Walden II de Nietzsche? Diversas observações em *O Andarilho e sua Sombra* sugerem que sim.

Nietzsche usava com frequência a palavra "democracia" para referir-se a um fenômeno *cultural*: o nivelamento de todas as pessoas a um denominador cultural mais inferior, a criação de uma cultura de "massa". Ele sempre se opôs a este tipo de "democratização". Mas, em relação à democracia como um sistema *político*, sua posição em *O Andarilho e sua Sombra* era diferente. Assim, ao comentar sobre o crescimento da democracia política na Europa à sua época, ele observou, primeiro, que ela era inevitável, visto que até mesmo os opositores da democracia, "os espíritos da revolução [reacionária]", tinham de empregar métodos democráticos e fortalecer as instituições democráticas. Segundo, ele dizia que este contexto político era um desenvolvimento desejável, porque a "democratização política da Europa" envolvia *"medidas profiláticas* importantes em conceitos modernos que nos separavam da Idade Média" e que proporcionariam as "fundações" nas quais "o futuro inteiro poderia ser construído com segurança". O motivo de a democracia propiciar um fundamento "profilático" para o futuro consistia na "impossibilidade de os campos produtivos da cultura serem de novo destruídos de um dia para outro pelas forças selvagens e irracionais". Com a criação de instituições democráticas, "ergueremos cada pedra de nossos diques e muralhas de proteção contra bárbaros, pestes e a *escravidão física e espiritual*.[99] As instituições democráticas seriam locais de quarentena para combater as antigas pestes, o desejo de tirania; deste modo seriam muito úteis e muito enfadonhas.[100] Esta era uma defesa da democracia com uma ortodoxia churchilliana: porque, apesar de suas falhas, a democracia era um bastião contra a tirania.

Antes de decidir, porém, se Walden II seria um Estado democrático, as observações de *O Andarilho e sua Sombra* precisam ser analisadas segundo uma longa e complexa discussão intitulada "religião e governo" na Seção 472 de *Humano, demasiado Humano*. Em resumo, a discussão é a seguinte: a "tutelagem" tradicional (isto é, "paternalista", não democrática) do Estado dependia essencialmente da religião devido à validação da legitimidade do governante (o "direito divino dos reis") e à validação dos governados. A autorização divina convertia o Estado tradicional em um objeto de reverência e, por conseguinte, uma força coerciva para a ordem social. Com a democracia esta reverência desapareceu porque agora o "povo" passara a ser o "único poder soberano". Sob este enfoque a democracia constituía *"a decadência do Estado"*. Embora este poder pudesse ser um estímulo à anarquia social, ela não era vista com

---

99  WS 275.
100  WS 289.

total horror, uma vez que a história mostrara a capacidade de o ser humano criar novas formas de organização social. Em um de seus momentos de visão do futuro, Nietzsche sugeriu que um novo modelo poderia ser, por exemplo, a transferência dos negócios tradicionais do Estado para "empreiteiros privados". Entretanto, esta convicção na capacidade de adaptação do ser humano após o colapso do Estado democrático não significa que devemos nos esforçar para extingui-lo. Ao contrário, esperamos que ele sobreviva "ainda por algum tempo". E, é claro, em *O Andarilho e sua Sombra* Nietzsche expõe por que seria aconselhável esta sobrevivência: o colapso do Estado democrático poderia resultar em uma tirania (como a de Hitler e Mussolini).

É difícil precisar a visão da democracia de Nietzsche no período positivista. Mas alguns pontos de vista são claros. O Estado democrático *não* era a melhor forma de governo, porque constituía a "decadência do Estado". Ele só era a melhor forma no momento atual, visto que, devido à condição da natureza do ser humano, seu desaparecimento conduziria à tirania. Como veremos, Nietzsche abordou em filosofia posterior qual deveria ser a natureza dos seres humanos (ou pelo menos de alguns), para que a substituição da democracia por outro regime de governo não obrigatoriamente fosse pela tirania? Quais seriam as condições em que a extinção da democracia consistisse em um fato benéfico e não em uma adversidade?

\*\*\*

Rohde, que detestara *Humano, demasiado Humano*, teve uma reação muito perspicaz quanto a *O Andarilho e sua Sombra*. O livro, escreveu a Nietzsche, "causa dor a qualquer pessoa que perceba o sofrimento subjacente à tranquilidade de seu espírito, mas devemos alegrar-nos que sua 'conversa sombria' o eleva tão acima de todas as coisas pessoais", ao oferecer ao leitor tantas "vitórias de superação da doença".[101] A Overbeck, Rohde escreveu que "o *réenismo* ficara menos dogmático... Nietzsche teve uma visão de si mesmo com mais liberdade e resgatou seu ser que [em *Humano*] ele suprimira por meio de um livre espírito sem espontaneidade... e em um grau considerável, Nietzsche superou o vento frio do *réenismo* que sucedeu o calor do wagnerismo".[102] Pensamos que estas observações são basicamente corretas.

## Naumburg, Riva, Veneza, Marienbad, Stresa

Com a aproximação do outono de 1879, a estada de três meses de Nietzsche em St. Moritz terminou. Influenciado, talvez, pelos diversos médicos que o aconselharam a desistir de seu péssimo hábito de enfrentar climas frios, ele decidiu que o inverno gélido de Engadine seria tão ruim para sua saúde como o calor do verão na Basileia. Ele decidiu, em outras palavras, que os climas *extremos* eram prejudiciais à sua saúde. Assim, começou a seguir um padrão que se prolongaria durante os últimos nove anos de sua sanidade: vales nas montanhas elevadas no verão, lugares mais quentes no nível do mar no inverno. Embora no ano seguinte tenha procurado estes lugares

---

101 KGB 11.6/2. Para Nietzsche 1265.
102 C p. 453-454.

quentes na Riviera francesa e italiana, em 1879 o local mais quente (marginalmente) que escolheu foi Naumburg onde permaneceu até meados de fevereiro de 1880. Em 17 de setembro, ele pegou um trem para Chur, onde encontrou Elizabeth e discutiram o romance de George Eliot *Middlemarch*,* que ela estava lendo e, em seguida, viajaram para Naumburg, onde chegaram em 20 de setembro.

O projeto de Nietzsche em Naumburg foi o que ele chamou de um "programa racional... de uma cura invernal". A ideia por trás da "cura" era o conselho que ele daria em seu livro seguinte, *Aurora*, que a melhor cura para a depressão física e espiritual era

> dormir bastante no sentido literal e metafórico. E certa manhã sentir-me-ia recuperado. O apogeu da sabedoria de vida (*Lebensweisheit*) consiste em saber como dormir em ambos os sentidos no momento certo.[103]

Ao escrever para Overbeck na chegada em sua "estação de inverno", ele disse que o "pensamento principal" subjacente ao programa era o sono metafórico: "o maior descanso possível de meu constante trabalho interno, minha recuperação, como eu não tenho há anos".[104] Lembrem-se do conselho de Immermmann de que ele se sentiria melhor se "fosse mais estúpido". Ou a frase de Shakespeare sobre tricotar com cuidado os fios emaranhados da manga.

Sob a influência de sua versão da filosofia epicurista, Nietzsche começou a planejar a recuperação de sua saúde física e mental no mês de julho. Nesta época o plano era alugar um quarto em uma torre da muralha da cidade bem próxima à casa da mãe, no final da rua Weingarten. Lá ele complementaria sua renda cuidando do pomar e da horta vizinhos durante a primavera e o verão. O plano, em outras palavras, era morar no "jardim de Epicuro". Em 21 de julho, ele pediu à mãe para informar as autoridades da cidade que se comprometia formalmente a alugar o quarto (por uma quantia modesta) de 17,50 táleres por ano. A jardinagem, continuou,

> é justamente o que eu quero e de modo algum é indigna a um aspirante a "sábio". Você sabe que eu tenho um grande desejo de ter um estilo de vida simples e natural, não existe outra cura para a minha saúde. Preciso de um trabalho demorado e que me fará sentir cansado sem estressar minha mente. Meu pai não disse certa vez que eu me tornaria um jardineiro?[105]

O plano de Nietzsche, em resumo, era o de seguir o conselho de Epicuro de "viver discretamente", de viver pelo menos nesse momento, em um estado de "sono" intelectual. Mas, por fim, o plano não se concretizou porque o quarto foi alugado para outra pessoa. E na ocasião Nietzsche, que não podia mais desistir de sua "tarefa", sentiu-se de alguma forma aliviado por ter sido liberado do contrato de locação

---

\*   O livro fora publicado cinco anos antes, em 1874. Presume-se então que já havia uma tradução para o alemão, porque Elizabeth não lia em inglês.
103 D 376.
104 KGB 11.5 884.
105 KGB 11.5 867.

(que, entre outras coisas, o proibiria de pendurar roupa lavada no quarto ou de abrir uma taberna no local).[106]

A saúde de Nietzsche não melhorou em Naumburg. Na verdade, com o início do inverno ela agravou-se de uma maneira dramática. Em janeiro de 1880, ele escreveu a já citada carta ao Dr. Eiser descrevendo as crises de dores, náuseas e convulsões tão violentas que às vezes ele perdia a consciência. Ao mesmo tempo, em uma exibição "heroica" de uma atitude epicurista, ele informou a Malwida sua morte iminente:

> Sem dúvida esta será minha última [carta]! Os martírios terríveis e infindáveis da minha vida fazem-me sentir ávido pelo fim; de acordo com determinados sintomas, a possibilidade de ter um acidente cardiovascular não é remota, o que me dá esperança. No que concerne às torturas e privações, minha vida nos últimos anos foi a de um asceta... No entanto, atingi nesses mesmos anos a purificação e o refinamento de minha alma, e não mais preciso da religião e da arte... Creio que realizei o trabalho de minha vida... Nenhum sofrimento nunca foi capaz de induzir-me a dar falso testemunho contra a vida, *a vida como eu a conheço*, nem eu o faria.[107]

A morte, porém, seria menos iminente do que ele pensava. E, então, ele começou a refletir de novo sobre a relação entre o clima e a saúde. Naumburg e, na realidade, o norte da Europa em geral, decidiu, era péssimo para ele. Portanto, em 13 de fevereiro ele partiu para Riva, na margem ao norte do Lago Guardia, em Trentino-Alto Adige, uma região do norte da Itália. Situada no sopé das Dolomitas com sulcos de neve, Riva era um oásis de árvores e flores. O terreno amplo de seu hotel, o Seevilla (hoje, Hôtel du Lac et du Parc), estendia-se até a margem do lago. Nietzsche começara sua vida errante, que se prolongaria pelo resto de sua sanidade mental. Apesar de mudar de lugares com regularidade, além de vangloriar-se de ser uma pessoa sem pátria, um "viajante", a partir de então ele de fato iniciou sua vida "nômade":[108] sem se fixar muito tempo em um lugar, nem seguir um padrão definido dentro de um espaço também definido. No caso de Nietzsche, além de excursões ocasionais, ou viagens a trabalho ou por obrigação a Leipzig ou Naumburg, antes seu espaço delimitava-se ao norte pelos vales nos Alpes suíços e, ao sul, pelo Mar Adriático (Veneza) ou pelo Mediterrâneo (Gênova e Nice).

Em Riva, Nietzsche começou a trabalhar nas anotações do livro *Aurora*. Mas, depois de um mês de um tempo frio e úmido e sem sentir nenhuma melhora em sua saúde, ele resolveu ir para a cidade escolhida por seu amigo Köselitz para viver, e mudou-se para Veneza, onde permaneceria até o início de julho. Em Veneza, em sua eterna busca de uma saúde melhor, ele começou um "experimento muito necessário" a fim de verificar se o clima supostamente "depressivo" do ponto de vista médico, não melhoraria suas dores de cabeça.[109] (Com suas lagoas pantanosas, mosquitos e seus inúmeros canais pouco seguros, Veneza foi considerada ao longo

---

106 KGB 11.5 896.
107 KGB 111.1 2.
108 BGE 242.
109 KGB 111.1 17.

do século XIX um lugar onde alguém facilmente sucumbiria a uma infecção fatal.) Durante várias semanas ele hospedou-se com Köselitz perto de Campo San Canciano, na periferia operária de Cannaregio, no número 5.256 na estreita Calle Nuova. Depois, mudou-se para um apartamento a alguns quarteirões de distância com uma vista para San Michele, o cemitério em uma ilha em Veneza.

Nietzsche adorou Veneza. Ele também adorou seu apartamento amplo e espaçoso, os pombos pacíficos da Praça de São Marcos, os cafés ao ar livre onde descobriu o café italiano, o melhor do mundo segundo ele, o sol quente das manhãs de verão, as aleias escuras onde seus olhos descansavam da luminosidade, o ar e os banhos de mar. Ele começou a dormir melhor como há muito tempo não dormia, e sua saúde e aparência melhoraram.[110] Continuou seu trabalho para o livro *Aurora* sob o título provisório de *L'Ombra di Venizia*.[111]

No entanto, o relacionamento com Köselitz era tenso. Por um lado, Köselitz escreveu a um amigo que Nietzsche era "um santo no sentido mais solene... ele era uma pessoa única na Terra, que nunca existira e que não se repetiria".[112] Mas, por sua vez, queria continuar seu trabalho como compositor que, como amigo, copista e alguém que reconfortava os estados de ânimo de Nietzsche, ele interrompera. Porém, ao mesmo tempo, ele se consideraria um "ser ignóbil" se não se dedicasse como deveria a "esse pobre homem que só tem a mim em quem se apoiar". Mas queixou-se ao amigo que Nietzsche o acordava de madrugada para escrever uma ideia que tivera, ou lhe pedia outras vezes para tocar Chopin ou irem tomar banho de mar e, "com frequência à noite, eu constatava que negligenciara totalmente o meu trabalho, o que me deixava tão irritado que eu queria que Nietzsche fosse para o diabo".[113] Mais tarde ele escreveu exasperado para o mesmo amigo, "Passei várias semanas copiando um livro [*Aurora*] de mais de 200 páginas de um manuscrito com uma letra quase inteligível escrito por um homem praticamente cego, pergunte-me se estou com dor de cabeça!".[114]

As cartas de Nietzsche mostram que ele não era insensível à tensão imposta ao amigo. Se fosse apenas para salvar a amizade seria imperativo partir de Veneza, mas, como em julho a cidade ficou muito quente e cheia de mosquitos, ele decidiu passar os meses de julho e agosto em Marienbad (atual Mariánské Lázne, na República Tcheca), uma cidade termal na Boêmia que lhe fora recomendada, hospedado no Hotel Ermitage. Mas não foi uma boa escolha. Ele não gostou das pessoas, da carne, o clima era úmido e sentiu nostalgia dos dias em que passara em Tribschen. A ruptura com Wagner, escreveu a Köselitz, foi "o pior sacrifício que o meu caminho de vida e pensamento exigiu". Na mesma carta (prudentemente sem mencionar o episódio de Brahms), ele começou a deturpar sua relação pessoal com Wagner, uma fantasia que persistiria em seus relatos posteriores desse relacionamento: "nunca trocamos uma palavra áspera", disse.[115]

---

110 KGB 111.1 16-32.
111 KSA 9 47-102.
112 C p. 457.
113 C p. 475.
114 C p. 483.
115 KGB 111.1 49.

Cercado por uma língua que não entendia, Nietzsche sentiu-se totalmente isolado em Marienbad. A única coisa que o interessou foi a floresta e o fato de as pessoas pensarem que ele era polonês.[116] (Outra fantasia em seus escritos posteriores era a de ser polonês.) Houve um momento de emoção quando ele ouviu o barulho de alguém cavando um buraco no jardim do hotel no meio da noite. Na manhã seguinte ele soube que a polícia encontrara uma máquina de falsificar dinheiro e prendera o dono do hotel.[117] Os moradores da cidade referiam-se a ele como "triste professor da Suíça", ao passo que os visitantes relataram que ele era "extremamente silencioso" e quase só falava com as crianças.[118]

Depois de passar o mês de setembro em Naumburg, com a esperança, sem dúvida, de que uma boa dose de amor materno o faria se recuperar da infelicidade que sentira em Marienbad, ele viajou para o sul de novo, desta vez para Stresa, na margem sudoeste do Lago Maggiore, mas achou que o lugar estivesse "bem ao sul", já tremendo de frio com "o vento gelado do inverno".[119] Em Stresa, recomeçou a escrever o livro *Aurora*, agora com a ideia de intitulá-lo *A Relha do Arado*, título que pensara para *Humano, demasiado Humano*. Ele foi obrigado a permanecer em Stresa mais tempo do que queria – de 14 de outubro a 8 de novembro – impacientemente à espera de uma mala que sua irmã enviara de Naumburg. Uma nota escrita durante este tempo revela seu estado de espírito provocado pelas névoas imóveis, frias e úmidas do Lago Maggiore no outono:

> Depois que envelheci sinto dificuldade em satisfazer-me com um lugar mesmo famoso. A beleza anêmica do Lago Maggiore no final do outono, uma beleza que espiritualiza todos os contornos e transforma a paisagem em quase uma visão, não me agrada e me transmite uma tristeza contagiante. Eu conheço esses tons melancólicos em outras circunstâncias além da natureza.[120]

Por fim, a mala chegou e no dia seguinte ele partiu para Gênova, onde decidira passar o inverno.

## Gênova, Recoaro e Sils Maria

Depois de umas tentativas frustrantes, Nietzsche instalou-se em Salita della Battistine nº 8, a uns 20 minutos de caminhada em uma colina da estação de trem Brignole, de Gênova. Ele descreveu a caminhada para Elizabeth com sua precisão matemática habitual:

> Sim, é preciso andar muito! E subir! Para chegar ao meu pequeno sótão eu tenho de subir 164 degraus, e a casa é bem no alto em uma rua íngreme de palacetes.[121] Essa

---
116 *Ibidem*.
117 KGB III.1 42.
118 C p. 476.
119 KGB III.1 40.
120 LN p. 79.
121 Neste caso, os "palacetes" são uma fantasia. A rua, na verdade, tinha algumas casas de classe média de quatro e cinco andares de um lado e do outro o parque de Villeta Dinegro.

rua, por ser tão íngreme e terminar em uma grande escadaria, é muito tranquila, e a grama cresce em meio às pedras.[122]

A casa foi bem escolhida, com inquilinos agradáveis e uma senhoria simpática, Signora Settima Stagnetti, que acrescentou ao seu repertório culinário (ele aprendera a fazer risoto em Sorrento) um prato genovês de alcachofras e ovos.[123] A casa ficava ao lado de um bosque, o Villeta Dinegro, com trilhas excelentes que terminavam com uma vista espetacular da cidade inteira e da baía. O único defeito era a falta de um aquecedor em seu sótão. Neste lugar calmo ele sentiu-se "tão em casa e todas as pessoas com quem minhas necessidades básicas me obrigavam a fazer contato tinham uma expressão amistosa no rosto e uma palavra simpática".[124] A senhoria confirmou a Elizabeth que ele mantinha relações cordiais com os outros inquilinos, e que compartilhava as alegrias e tristezas deles com tanto envolvimento que passaram a chamá-lo de "*il piccolo santo*".[125]

Nietzsche resolvera viver sozinho e anônimo em Gênova, viver com a "discrição" epicurista. Ele estava, escreveu ao seu editor, "vivendo filosoficamente".[126] "Não digam a ninguém onde estou" repetia aos seus poucos correspondentes:

> Todos os meus esforços [escreveu a Overbeck] direcionam-se em desenvolver uma solidão idealizada na qual, após tantos sofrimentos, aprendi que era o meio de satisfazer as exigências simples de minha natureza... Por um bom período eu deveria viver sem companhia, em meio a uma cidade cuja língua eu não entendia... Viver como se os séculos não existissem, sem pensar em datas ou jornais.[127]

Nietzsche, em resumo, recolhia-se em uma profunda solidão ("uma terapia solipsista", poderíamos dizer), que se refletiria nos 10 anos solitários de Zaratustra em uma caverna em uma montanha. Rée o visitara em Naumburg, mas Nietzsche decidiu que a visita fora muito estimulante. Agora, seu esforço concentrava-se em recuperar a harmonia física e mental por meio da eliminação do estímulo externo:

> Estou mais uma vez fazendo uma tentativa [escreveu ele para casa] de descobrir uma vida que me seja harmoniosa e acredito que esse será o caminho para recobrar minha saúde: todos os caminhos de vida que percorri até então me privaram de minha saúde. Quero ser o meu próprio médico e, em consequência, tenho de ser verdadeiro com a profundidade de minha natureza e não escutar a ninguém mais. É impossível exprimir em palavras como essa solidão me faz bem. Não pensem que isso diminui o meu amor por vocês! Ajudem-me a manter em segredo minha existência de eremita! Só desse modo eu conseguirei progredir em todos os sentidos (e ao final talvez possa ser útil aos outros). Aqui, nessa cidade portuária grande e movimentada, onde cerca de 10 mil navios ancoram por ano, sinto-me em paz em minha solidão. Um sótão com uma cama excelente: uma comida simples e saudável, a brisa do mar essencial para

---

122 KGB 111.1 69.
123 KGB 111.1 101.
124 *Ibidem*.
125 LN p. 82.
126 KGB 111.1 85.
127 KGB 111.1 66.

a minha mente, ótimos caminhos pavimentados e, em novembro, um calor delicioso (infelizmente com muita chuva).[128]

Apesar de a saúde de Nietzsche não ser tão boa como em Veneza, ele desenvolveu um afeto intenso por Gênova. Por ser a cidade de onde Colombo partira para descobrir o novo mundo, ela simbolizava sua busca por uma nova aurora para a cultura ocidental – ele agora decidira intitular seu livro de *Aurora*. Em *A Gaia Ciência*, também em grande parte escrita em Gênova, a cidade tinha uma área urbana onde se comemorava a terra natal das pessoas que, "em sua sede pelo novo, colocou o novo mundo ao lado do antigo.[129] Ele adorava os palácios barrocos na Strada Nuova* a cinco minutos de sua casa, adorava a combinação de uma individualidade "agonística" competitiva com uma unidade de estilo predominante que a tornava uma "competição" em vez de um caos.[130] Ele gostava de caminhar de seis a oito horas por dia, do inverno curto (durava só um mês, dizia ele), e de "sentar ou deitar quase todos os dias em pedras distantes como um lagarto no sol, tranquilo e ocupado com as aventuras do espírito".[131] E desenvolveu um amor místico pelo mar de Gênova como um momento de absorção na totalidade panteísta das coisas:

> Aqui é o mar, aqui esquecemos a cidade... Tudo é tão imóvel! O mar claro e brilhante, não pode falar. O céu com suas nuances noturnas e silenciosas vermelhas, amarelas e verdes, não pode falar. Os pequenos rochedos escarpados e as pedras que afundam no mar... nada pode falar. Esse silêncio incrível que subitamente se apodera de nós é adorável e assustador, o coração expande-se nele... Comecei a detestar falar, a detestar até mesmo pensar... Oh! mar, Oh! noite...Você ensina um homem a cessar de ser um homem! Ele deve render-se a você? Ele deve transformar-se no que você é agora, claro, brilhante, silencioso, fantástico e em repouso? Sublimado?[132]

Em março de 1871 *Aurora* estava praticamente terminado e Nietzsche enviou o manuscrito a Schmeitzner. Os espíritos que o dominam, escreveu a Köselitz, são "meus três anjos da guarda genoveses, Colombo, Mazzini e Paganini".[133] Ele e Köselitz escolheram Recoaro, no meio do caminho entre Gênova e Veneza, para rever as provas do trabalho. Nietzsche chegou ao local em 3 de maio com a previsão de uma estada de dois meses.

Localizado nas Dolomitas, a leste do Lago Garda, Recoaro era uma estação termal. Nietzsche poderia tomar as famosas águas de Recoaro (agora disponíveis em garrafas). Os dois amigos hospedaram-se no Albergo Tre Garofani, um hotel elegante, mas despretensioso perto de Fonti Centrali. Lá eles tiveram acesso a um

---

128 KGB 111.1 68.
129 GS 291.
* Peter Paul Rubens ficou tão extasiado pela beleza da Strada Nuova que em 1622 publicou uma coletânea de dois volumes com desenhos arquitetônicos de seus palácios denominada *I Palazzi di Genova*. Agora com o nome de Via Garibaldi, a Strada Nuova é um Patrimônio da Humanidade.
130 GS 290, 291. Ver páginas anteriores.
131 KGB 111.1 76.
132 D 423.
133 KGB 111.1 86.

piano e, pela primeira vez, Nietzsche conheceu de fato a música de Köselitz, em especial sua ópera cômica, *Joke, Cunning, Revenge*. "Ele é um compositor excelente, sem igual entre todos os compositores vivos (isto é, superior a Wagner)", disse. Com sua "alegria, graça, espiritualidade e uma ampla gama de sentimentos de uma brincadeira inofensiva a uma sublimação inocente",[134] a música de Köselitz era, afirmou ele, "precisamente a música à qual minha filosofia pertencia".[135]

Como na maioria dos lugares, a saúde de Nietzsche agravou-se em Recoaro. O choque causado pela reação intensa entre o calor do Mar Adriático com o ar frio dos Alpes desestabilizou seu equilíbrio físico, assim como a ausência da sombra de uma floresta para seus olhos. Em julho, teve suas terríveis convulsões todos os dias. Então, decidiu voltar para Engadine. Uma viagem de pesadelo, com a perda de conexões de trens, da qual precisou uma semana para se recuperar, o levou de volta a St. Moritz. Mas lá, devido aos preços exorbitantes, e diante da recomendação de um habitante local, Nietzsche decidiu ir para um minúsculo vilarejo rural chamado Sils Maria. Neste vilarejo, encontrou um quarto com um preço relativamente barato em cima de uma mercearia, em uma casa simples de dois andares ao lado de uma floresta de pinheiros, que pertencia ao prefeito de Sils Maria, Herr Durish. Assim, em 4 de julho de 1881, uma segunda-feira, Nietzsche descobriu o lugar que se tornaria, mais do que qualquer outro, a essência de sua pátria espiritual.

---

134 KGB 111.1 110.
135 KGB 111.1 109. É possível então que Nietzsche tenha renunciado à ideia de que sua "Meditação de Manfredo" fosse a inspiração musical de *Aurora* (KGB 111.1 83).

# 16

## AURORA

Publicado em julho de 1881, *Aurora* (ou *O Amanhecer*) foi um livro genovês. Embora Nietzsche tivesse começado a elaborá-lo há um ano e meio e continuado a escrevê-lo em Veneza e Stresa, o livro foi concluído em Gênova: o autor gostaria de corrigir sua omissão ao material reproduzido e às referências à biografia do já falecido historiador Curtis Cate, *Friedrich Nietzsche* (Londres: Hutchinson, 2002) como descritas a seguir, "Quase todas as frases foram pensadas, *construídas*, em meio às rochas próximas a Gênova".[1] Ele foi o último trabalho do período positivista de Nietzsche.

### *Um Livro para Leitores Lentos*

Assim como *Humano, demasiado Humano*, *Aurora* destinou-se aos "espíritos livres", potenciais e reais. Ele direcionou-se a um "grupo de pensadores", "aventureiros e pássaros migratórios [*Wandervögel*],[2] que contestavam os costumes e convenções da época e, por este motivo, eram denunciados pela corrente do pensamento predominante como "criminosos, livres pensadores e pessoas imorais", além de "serem estigmatizados [*Vogelfreiheit*]".[3] Como em *Humano, demasiado Humano*, Nietzsche referiu-se a um movimento de aprimoramento gradual da ordem social: "Atualmente... aqueles que não se consideram presos às leis e aos costumes existentes estão fazendo as primeiras tentativas de se organizarem e, com isso, de criarem um *direito* especial, inerente à sua forma de pensar".[4] Ele queria incentivar e orientar esse movimento, mesmo que o colapso da antiga moral resultasse, "em um próximo século perigoso, no qual precisaremos carregar armas".[5] Hoje, observou ele, existem na Europa "talvez 10 a 20 milhões de pessoas que não mais 'acreditam em Deus'" e, portanto, elas "devem se identificar com um sinal" para tornarem-se um "poder organizado na Europa".[6] Como este argumento inspirou-se na frase *in hoc signo vinces* ("com este sinal vencerás", proferida por Constantino ao referir-se à cruz), é provável que Nietzsche tenha usado a palavra "sinal" em seu sentido literal: os espíritos livres precisavam distinguir seus traços característicos com um contra-ataque, algum tipo

---

1 EH III D 1.
2 D 314.
3 D 164.
4 *Ibidem*.
5 *Ibidem*.
6 D 96.

de bóton na lapela ou uma logomarca. (Prometeu libertando-se dos seus grilhões, talvez, a imagem usada na capa da primeira edição de *A Origem da Tragédia*.)

Pelo fato de *Aurora* ser um livro destinado aos espíritos livres, sempre uma exceção e não uma regra, ele direcionava-se a um "público restrito". Esta restrição revelou-se nas observações sobre o casamento. Nietzsche defendia o casamento *em geral*, porque a "procriação", isto é, a eugenia, era uma grande esperança que ele nutria para o futuro: ele queria, por exemplo, associar a obstinação e a inteligência dos judeus ao idealismo e à capacidade de liderança dos melhores membros da aristocracia europeia.[7] Mas, por outro lado, em *Aurora*, Nietzsche demonstrou um profundo ceticismo em relação ao casamento para seu público seleto.[8] Embora alguns espíritos livres devessem casar, uma vez que a "procriação" de seres humanos excelentes do futuro requeresse a reprodução gerada pelos seres humanos atuais, Nietzsche pensava que seus poucos e principais discípulos, assim como ele, deveriam permanecer solteiros.

Qual era a característica de *Aurora*? Como deveria ser lido? O livro, disse Nietzsche, "não deve ser lido de uma só vez ou em voz alta e, sim, por trechos, em especial durante um passeio ou uma viagem; é preciso abaixar e levantar a cabeça repetidas vezes e, assim, descobrir que não existe nada familiar ao redor".[9] Ele não tinha o objetivo, em outras palavras, de ser um *tratado teórico*, mas, sim, um *recurso* espiritual como, por exemplo, a Bíblia. A ideia de um texto para meditação e reflexão, em vez de uma obra de consumo imediato, é mencionada em 1886 no prefácio de sua segunda edição. O livro, escreveu Nietzsche, destina-se *apenas* a uma "leitura vagarosa": ele deve ser lido "*lentamente*". Por isso e para combater a "pressa vertiginosa" da época atual que "quer que tudo seja feito imediatamente", ele foi escrito propositalmente para "diminuir a ansiedade" do leitor apressado.[10] A referência foi o resumo do pensamento em aforismos mais curtos e mais longos, para que a compreensão do texto exigisse uma descoberta vagarosa. Em consequência, o livro torna-se mais intenso para o leitor do que para o autor. O mesmo acontece, creio, com sua aparente falta de estrutura. Ainda mais que em *Humano, demasiado Humano* ele transmite a sensação de ter sido escrito em um "fluxo aleatório de consciência": os cinco "livros" não têm títulos e não existe uma razão óbvia que explique seu início e fim. Mas penso que essa aleatoriedade foi motivada pela mesma concepção do estilo aforístico: como não existe uma estrutura aparente, ela requer um *esforço* para ser descoberta, um esforço que um tipo de leitor inadequado, o "apressado", não realizará.*

Nesse sentido, *Aurora* é um texto para meditação. Mas não no sentido oriental de excluir o intelecto, mas, sim, o contrário: a base do trabalho é o uso intenso e profundo da razão. Nietzsche faz comentários sobre a "intoxicação" com a recém-descoberta arte de raciocínio revelada em "todas as frases" dos diálogos de Platão e

---

7   D 205, 201.
8   D 150, 359.
9   D 454.
10  D Prefácio 5.
\*   Ou seja, deve haver também um elemento capaz de transformar uma necessidade em uma virtude. Uma estrutura de larga escala nunca foi uma aptidão da sensibilidade refinada de Nietzsche, uma sensibilidade sintonizada, como ele dizia, a "quartos de tom" (KGB III.5 960).

lamentou a ausência da razão na "prática atual da filosofia".[11] (A crítica contemporânea ao "logocentrismo" não atraiu sua simpatia.)

## Felicidade

Nietzsche escreveu que enquanto a moral alemã, por exemplo, o imperativo categórico de Kant ("Aja só com a finalidade de que seja uma lei universal"), era uma moral de "obediência incondicional", porém, a "moral da Antiguidade" era totalmente diferente:

> Todos os pensadores gregos, apesar de diversificados... assemelham-se, como moralistas, a um professor de ginástica que diz ao aluno: "Siga-me! Submeta-se à minha disciplina! Então talvez consiga carregar o prêmio perante todos os helenos."[12]

O que era esse prêmio? Nietzsche disse que quando a filosofia transformou-se em um tema de competição pública no século III a.C. havia um prêmio concedido a quem mostrasse uma aparência feliz, a fim de confundir a oposição. Como resultado (devido a uma causalidade inversa) por fim a pessoa *tornava-se* feliz.[13] Ele mencionou os cínicos, cujos principais competidores eram os estoicos, os epicuristas, os aristotelistas e os platônicos. O prêmio para o qual competiam era a felicidade. Como sabemos, todas as escolas helênicas concordavam que o objetivo da filosofia era atingir a felicidade.

Ao seguir o modelo helênico, como em *O Andarilho e sua Sombra*, Nietzsche concebeu *Aurora* como um ensinamento de uma "ginástica" espiritual, uma terapia da alma cuja meta era a felicidade. A finalidade do livro, disse, era apenas "transformar a razão em um estímulo forte e constante, um desejo de uma luz do sol suave, de um ar brilhante e leve, da vegetação do Sul e da brisa do mar".[14] Escrito em Gênova, o livro, como sugeriu *Ecce Homo*, é impregnado pela atmosfera local, a felicidade que se refletia no espírito do lugar. Em consequência, ele era isento de "maldade" (nenhuma alusão à alegria sádica de Rée com o "lado sombrio da vida").* Em vez

---

11   D 544.
12   D 207.
13   D 367.
14   D 553.
\*    Essa premissa parece-me correta: a maldade (embora não a propensão à psicologia profunda) de *Humano, demasiado Humano* desaparecera. Em seus cadernos de anotações desse período, Nietzsche observou que por fim percebera o que havia de fundamentalmente errado na tendência de Rée e de La Rochefoucauld de apreciar o lado sombrio da vida. "Até então eles glorificaram ou aviltaram o ser humano sob o ponto de vista moral. La Rochefoucauld e os cristãos consideravam a humanidade ignóbil: isso era um julgamento moral, que desconhecia outro tipo de moral! No entanto, para nós o homem pertence à natureza que não é boa nem má" (KSA 9 6 [382]). A interpretação maldosa subjacente às "observações psicológicas" de Rée e o desespero que marcou sua personalidade originavam-se, como agora Nietzsche percebia, pelo fato de, apesar de ter rejeitado a metafísica cristã, ele não conseguir libertar-se da moral cristã. Suas observações psicológicas eram vivenciadas e apresentadas como uma exposição do lado "sombrio" da natureza humana apenas por sua crença implícita da visão cristã da "luz".

disso, como seu autor, "ele está deitado ao Sol, livre, como um animal marinho aquecendo-se à luz do Sol sobre as rochas".[15] Assim, o livro *exprime* a felicidade. E como a felicidade é contagiante, ele a *estimula*.

É claro, o resgate de nossa felicidade há muito tempo nos foi negado sob os céus sombrios do cristianismo. Por este motivo, o livro intitulou-se *Aurora* – eu prefiro *Aurora* a *O Amanhecer* como tradução do título porque tem uma conotação de princípio, "a aurora de uma nova era". O Sol está começando a brilhar (*O Nascer do Sol* poderia ser outra possível tradução de *Morgenröte*) após uma longa ausência. Na verdade, como o livro diz que "existem tantas auroras que ainda não despertaram", Nietzsche não pensava em uma única era, mas, sim, em uma série indefinida de novas eras sucessivas,[16] uma série ascendente de "novas auroras".

\*\*\*

*Aurora*, portanto, não é um tratado teórico e sim uma terapia espiritual com o intuito, como as filosofias da Antiguidade, de buscar a felicidade. O espírito de Epicuro norteia *Aurora* como fizera com seu predecessor. Este fato explica por que quase um terço de seus aforismos não tem conteúdo teórico e, em vez disso, são exercícios de "sabedoria de vida",[17] conselhos muito concretos sobre a arte de viver, de como viver uma vida feliz, como, por exemplo, "dormir bastante" e "não confiar em bajuladores".

Ele também explica a sugestão de Nietzsche de que uma filosofia "correta" para uma determinada pessoa talvez seja uma filosofia "correta" diferente para outra pessoa. Assim como um tratamento médico pode não ser apropriado a todos os pacientes, as filosofias, apesar de terem, é possível, elementos benéficos para todas as pessoas, precisariam se diferenciar para cada uma delas. Como o mundo antigo acreditava, a questão de qual filosofia era a mais adequada a alguém dependia do "temperamento" individual.[18] Fundamentalmente, disse Nietzsche, uma filosofia nada mais era do que "um instinto de uma dieta pessoal", e as diferentes filosofias exprimiam "estímulos pessoais" distintos. Em uma borboleta voando "alto na costa rochosa do mar... uma filosofia sem dúvida poderia ser encontrada: porém, não seria minha filosofia".[19]

## A Estrutura Teórica

Como enfatizei no último capítulo, a concepção epicurista da meta da filosofia de atingir a felicidade e de proporcionar "sabedoria" em vez do conhecimento "teórico", não exclui a teoria da filosofia. Ela exclui as teorias irrelevantes, a teoria para seu próprio benefício. Em *Aurora* existe um fundamento teórico explícito.

Primeiro, o livro rejeitou enfaticamente o idealismo de Kant e de Schopenhauer. O que Platão e Schopenhauer queriam descobrir por trás do "véu de aparências"

---

15  EH III D 1.
16  D 575.
17  D 376.
18  HH 275.
19  D 553.

"não existe", não era "nada", escreveu Nietzsche.[20] A "coisa em si", portanto, foi eliminada. Só existe um mundo e não dois. Além disso, o mundo é, na realidade, o mundo da natureza, em especial, da natureza de Darwin. (Embora jamais mencionado pelo nome, Darwin retornou em *Aurora*: até o momento não há uma tentativa para repetir o esforço insignificante para refutá-lo como em *Humano, demasiado Humano*.) Assim, observou Nietzsche, agora o macaco estava sorridente em frente ao portal das supostas origens divinas do homem:[21] Darwin destruiu a metafísica ao revelar as origens humanas, demasiado humanas (ou melhor, animais, demasiado animais) do homem. E também observou que qualquer pessoa que estudasse a teoria evolucionista saberia agora que a "visão *não* era o objetivo subjacente à criação do olhar e, sim,... a visão surgiu apenas quando um acaso (uma mutação aleatória) reuniu as duas funções". "Um único exemplo como esse", continuou Nietzsche, e os "desígnios" desaparecem como escamas dos olhos![22]

O naturalismo então predomina em *Aurora*: só existe o mundo da natureza e o ser humano é apenas um organismo que evoluiu dentro dele. E o racionalismo também impera: a "razão", mais especificamente a ciência natural, é a maneira certa de descobrir esse mundo.[23]

Assim como em *Humano, demasiado Humano*, Nietzsche escreveu que o naturalismo acarretava necessariamente o determinismo causal e esse determinismo, por sua vez, causava a ausência do "livre-arbítrio": *não* existem ações realizadas pelo livre-arbítrio, afirmou categórico.[24] Portanto, não existe a responsabilidade moral.[25] (Em razão desta ausência concluiu, como antes, que não podemos mais punir pessoas por transgredirem a lei, como não podemos castigá-las por adoecerem. Os criminosos *são*, na verdade, mentalmente doentes e, por isso, devem ser vistos como casos de *tratamento* em vez de punição.)[26]

O elemento final da estrutura teórica de *Aurora* é o egoísmo psicológico: "As ações só são morais quando realizadas em benefício de alguém e apenas para seu bem... de outro modo não haveria ações morais."[27] E, embora com menos ênfase do que em *Humano, demasiado Humano*, Nietzsche ainda defendia a versão hedonista do egoísmo. Esta sua visão transparece em diversos trechos,[28] mas a evidência mais forte é que apesar de a "vontade de poder" ser um tema significativo nos escritos de Nietzsche, agora ele defendia a ideia da vontade não do poder e sim a *sensação* de poder [*Machtgefül*], em outras palavras, uma forma de prazer.[29]

---

20  D 474.
21  D 117, 31.
22  D 122. Essa desconstrução darwiniana é, sem dúvida, o principal pensamento subjacente à afirmação de *A Gaia Ciência* de que "a característica total do mundo" seja o "caos", que qualquer projeção de ordem ou de sabedoria no mundo é um mero "antropomorfismo" (GS 109).
23  D 33, 41, 72, 453.
24  D 148, 128.
25  D 116.
26  D 202. É provável que Nietzsche tenha tido a intenção de proteger a sociedade de fatores coibitivos como considerações racionais. Na verdade, ele negou a racionalidade no sentido de *retribuição*.
27  D 148.
28  D 18, 109, 110, 339.
29  D 18, 23, 189, 204, 348, 356.

Em resumo, a estrutura teórica de *Aurora* consiste nas mesmas três doutrinas axiomáticas que vimos em *Humano, demasiado Humano*: naturalismo, determinismo e egoísmo psicológico hedonista. Por este motivo, é plausível considerar *Aurora* como ainda uma obra do período positivista de Nietzsche.

## Crítica à Metafísica Cristã

Assim como nas obras positivistas anteriores à *Aurora*, Nietzsche não sugeriu um argumento direto para a eliminação da "coisa em si" no naturalismo. No entanto, ele indiretamente a apoiou por meio da crítica ao sobrenaturalismo cristão, uma introdução essencial, acreditava ele, à "aurora" de uma nova felicidade. Como antes, algumas de suas críticas tinham uma característica "genealógica", com o uso do "método histórico". Esse método, disse, substitui a tentativa de abordagem direta da fé religiosa para provar a não existência de Deus: "no passado procurávamos provar que não havia Deus, mas, hoje, mostramos como a fé na existência de um Deus pode *surgir* e como essa fé adquire força e importância; então o argumento que Deus não existe torna-se supérfluo".[30] Em outras palavras, ao demonstrar que as causas da crença em Deus não têm razões sólidas, ele sugere que elas não são falsas, mas, sim, irracionais, sem justificativa de crença.

A argumentação de Nietzsche baseia-se nos primórdios das origens da fé cristã. Neste sentido, é questionável se sua discussão é relevante para os fiéis atuais. Apesar da desconfiança em relação aos fundamentos das crenças de nossos antepassados, os fiéis atuais não poderiam basear sua fé em argumentos melhores? Eu penso que a discussão de Nietzsche precisaria ser vista sob a ótica de sua observação em *Humano, demasiado Humano*, de que quase todas as pessoas que adotam uma religião a escolhe sem refletir, do mesmo modo que em países com o hábito de beber vinho, as pessoas crescem bebendo vinho.[31] Em uma família como a de Nietzsche, por exemplo, *nascia-se* em uma "geografia" da Terra, do céu e do inferno, como alguém nasceria na paisagem da Saxônia. A crença religiosa, como a política, é, em geral, herdada e não adotada com base na razão. Portanto, é importante analisar o tipo de fundamento epistemológico que os primeiros fiéis do cristianismo tinham. Por analogia, assim como uma mensagem transmitida a uma tropa de soldados, as bases da crença dos fiéis atuais não podem ser melhores que as dos fiéis originais. Na verdade, quando examinamos estas bases constatamos que elas não têm um fundamento epistemológico.

A Bíblia, por exemplo, que supostamente se inspirou em uma fonte divina de uma verdade infalível, foi compilada de maneira rudimentar por Paulo, por ódio à lei judaica. Frustrado por sua incapacidade de cumprir a lei em razão de sua natureza demasiado humana, essa alma fanática e torturada inventou um novo jogo com novas regras para destruir a antiga lei. Ainda que fosse possível pecar, com essas novas regras não mais seria possível pecar contra a lei judaica.[32]

---

30  D 95.
31  HH 226.
32  D 68.

Do mesmo modo, o motivo de o cristianismo ter se difundido tão rápido no Império Romano, superando todas as outras religiões rivais, não resultou do poder da verdade ou da evidência. Ele disseminou-se, segundo Nietzsche, em consequência de "técnicas de marketing" eficazes. Seus "prosélitos"[33] (isto é, os "propagandistas"), recorrendo a técnicas dramáticas, estrategicamente formuladas para influenciar a opinião pública, como o martírio voluntário,[34] enganaram seus seguidores ao fazê-los aceitar a geografia tripartite do céu, terra e inferno e, assim, obtiveram um duplo efeito: eles aterrorizavam os incrédulos com ameaças de danação eterna e seduziam os fiéis com promessas de bem-aventurança eterna.[35] Em seus cadernos de anotações, Nietzsche acrescentou que o cristianismo disseminara-se como uma "epidemia de pânico", porque profetizara que o mundo terminaria em breve.[36] Neste sentido, o poder do cristianismo nunca se baseou na verdade. Do ponto de vista da razão e da verdade, ele tem uma *pudenda origo* (uma origem vergonhosa)"[37] na vingança de Paulo e na utilização de técnicas sofisticadas de marketing. Em resumo, o cristianismo era um "embuste".

Em *Humano, demasiado Humano*, Nietzsche mostrou orgulhoso seu "método histórico" como o único método para criticar a crença metafísica. Mas agora admitiu que "não existem métodos científicos que sozinhos conduzem ao conhecimento".[38] De acordo com seu pluralismo metodológico, ele usou mais dois métodos de crítica, como sugiro. Esses outros métodos foram necessários, porque a abordagem "histórica" não analisaria nem (a) o "ressuscitamento" cristão que não se apoiava na tradição e sim na "experiência de conversão" nem (b) o cristão *reflexivo*, o cristão que elaborou sua crença por meio do pensamento, visto que pelo fato de o mundo exibir "um *design* inteligente" deve haver um *designer*, ou a ideia de que *algo* causou o "bigue-bangue". Nem sempre o método histórico pressupõe "uma prova oposta à premissa que Deus não existe... supérflua".

O primeiro método crítico adicional de Nietzsche analisou o que poderíamos chamar de "antiteologia interna", a busca de contradições no contexto do dogma cristão. Nietzsche propôs, por exemplo, a seguinte pergunta retórica: se, como a doutrina do pecado original afirma, somos todos desprezíveis, como alguém, em especial Deus, poderia nos amar?[39] Como, perguntou Nietzsche, um Deus amoroso e todo-poderoso fracassa em demonstrar com clareza suas intenções, como permitiu que a discussão sobre suas intenções se prolongasse por milhares de anos? Ele não se assemelha mais a um deus *cruel* do que a um deus amoroso?[40] Ainda mais importante do que essas críticas mordazes (às quais um jesuíta hábil responderia prontamente sem nenhuma dificuldade), foi o fato de as observações de Nietzsche terem se direcionado, não ao "método histórico" das origens, mas às *consequências* nocivas da fé cristã: medo e culpa.

---

33 D 72.
34 D 18, 94.
35 D 72.
36 KSA 9 3 [117].
37 D 102.
38 D 431.
39 D 79.
40 D 91.

Em relação ao medo, Nietzsche observou que o cristianismo obscurece o Sol: a vida de um verdadeiro fiel é sempre "sombria" em razão do "medo do inferno". "Quanta crueldade supérflua resultou das religiões que inventaram o pecado."[41] E, mais uma vez, a respeito do tema da crueldade e do medo, ele alegou que o cristianismo transformou o leito de morte em uma "câmara de tortura".[42] Neste argumento existe um elemento autobiográfico evidente: lembrem-se do que chamei de sugestão "gótica" (p. 7-8) de suas lembranças da igreja do pai em Röcken.

As discussões de Nietzsche sobre a morte durante o período positivista foram triviais. No entanto, é preciso reconhecer que, para ele, o fato de a "ciência ter reconquistado" "a ideia da morte definitiva [*endgültig*],[43] o fato de que o pensamento moderno houvesse rejeitado a ideia da imortalidade da alma, era uma libertação genuína do medo do inferno e da danação, um medo ainda vivenciado por muitos fiéis no século XIX. Segundo Kant, Deus, liberdade e imortalidade eram "postulados da razão prática", os pressupostos necessários da moral. Nietzsche negou todos eles e cada rejeição significou uma libertação.[44]

Junto com o medo mortal, o outro efeito da fé cristã era a culpa, uma culpa sem esperanças de resgatar, a "consciência pesada"[45] sobre a nossa condição irremediável de seres humanos. Afrodite e Eros, divindades do mundo antigo, converteram-se em "monstros diabólicos" pelo cristianismo, uma demonização regular de sentimentos, que é outro modo de expressar a temível crueldade cristã.[46] Além disso, enquanto os gregos tinham o conceito de infelicidade genuína, o cristianismo com seu Deus convertia todos os infortúnios em castigo.[47]

## *Crítica à Moral Cristã*

De acordo com Nietzsche, a metafísica e a moral eram inseparáveis. Na primeira, Deus, liberdade e imortalidade constituíam o pano de fundo do castigo e da recompensa, sem os quais os mandamentos da moral cristã não tinham sentido. Com a mesma visão de Schopenhauer, ele pensava que a ideia de Kant de um "imperativo *categórico*", um pressuposto destituído de qualquer associação ao castigo ou à recompensa não tinha sentido: as normas só fazem sentido como meios para se atingir os fins desejados,[48] uma meta, por exemplo, de alcançar a bem-aventurança eterna e de evitar o tormento eterno. Entretanto, os antigos hábitos são difíceis de eliminar. Embora a metafísica cristã siga um caminho natural de desaparecimento,

---

41 D 53.
42 D 77.
43 D 72.
44 Nietzsche escreveu em seus cadernos de anotações, "Kant: o homem é um ser moral, portanto, ele é (1) livre (2) imortal (3) existe uma justiça recompensadora e punitiva: Deus. Mas como o ser moral é uma ficção..." (KSA 9 7 [20]).
45 D 148.
46 D 76.
47 D 78.
48 D 108.

sua moral, à qual nos habituamos ao longo de tantas gerações, permanece intacta e com seus padrões impossíveis de virtude destrói nossa autoestima. É preciso, portanto, ser um crítico independente.[49]

Schopenhauer dizia que sua ética captava a essência da ética cristã e Nietzsche concordava com sua afirmação. Porém, como Schopenhauer reduzia a virtude à única qualidade do altruísmo que, associada ao pessimismo, se transformava em *Mitleid* (a palavra significa "piedade" e "compaixão"), para Nietzsche a piedade era o cerne da ética cristã. No tocante à piedade, ele formulou dois conceitos: primeiro, que ela era um egoísmo dissimulado e, segundo, que prejudicava em vez de ajudar a quem demonstrávamos piedade.

Como já vimos, na visão de Nietzsche do egoísmo psicológico se uma ação compassiva for concebida como um ato realizado "em benefício de outra pessoa e só para seu bem"[50], ela é irrealizável. A compaixão é, na verdade, *sempre* motivada por um interesse pessoal em vez do interesse alheio. De acordo com Nietzsche, o interesse predominante era "a sensação de poder". Ao dar esmolas ou visitar albergues para pobres, uma pessoa sentia o prazer de demonstrar sua superioridade.[51] Havia, porém, outros interesses que também motivavam uma ação compassiva. Se, por exemplo, "sem refletir" eu mergulhasse para salvar um homem que estava se afogando, inconscientemente, eu pensava em minha honra.[52]

Por que para Nietzsche o altruísmo de Schopenhauer não era importante? Por duas razões penso. Primeiro, porque "devo" pressupõe "posso",[53] pois não temos a obrigação de fazer algo, ou de ser alguém com características especiais, a menos que *possamos* fazê-lo, ou exercer o papel exigido e, por isso, o egoísmo psicológico, se verdadeiro, nos libera das exigências da moral cristã. Segundo, porque os tipos de ações que uma moral compassiva nos encoraja a realizar, atos *aparentemente* compassivos, prejudicam a quem se destinam.

Os atos de piedade são prejudiciais por dois motivos. Primeiro, o prazer provocado pela sensação de poder de quem se comove, causa um sentimento desagradável nos mais fracos e inferiores.[54] Os cadernos de anotações aperfeiçoaram esse raciocínio de uma maneira criteriosa, observando que "nós só podemos ajudar o vizinho se o situarmos em determinada classe (paciente, prisioneiro, mendigo, artista, criança) e, assim, o estaremos humilhando: o indivíduo não pode ser ajudado".[55]

Segundo, a piedade é uma emoção que bloqueia a realização de atos genuinamente bondosos. Nietzsche analisou, em primeiro lugar, o santo schopenhaueriano que simpatizava com o sofrimento do mundo inteiro. Essa empatia, disse ele, nos destruiria: se fôssemos nos sensibilizar com o sofrimento da África, teríamos de assimilar todo esse sofrimento "como requer a filosofia da piedade", e sofreríamos um colapso psicológico que nos tornaria incapazes de fazer uma ação bondosa

---

49 D 57, 99.
50 D 148.
51 D 224, 136, 334.
52 D 133. Como Karl Popper observou a propósito de Freud, argumentos como esses são irrefutáveis.
53 Mas ver nota de rodapé 7 do Capítulo 21.
54 D 135, 224.
55 KSA 9 3 [14].

genuína[56] – "fragmentando todas as asas da alma", como escreveu em *A Origem da Tragédia*.*[57] Mesmo em um nível menos universal, disse Nietzsche, *Mitleid* "paralisaria... a mão estendida para ajudar". Os judeus, "cuja caridade é mais eficaz do que outros povos", não têm a tendência de expressar emoções piegas.[58] O escalpelo do cirurgião tremeria se ele começasse a chorar diante da condição física do paciente: "só quando tomamos conhecimento do sofrimento de outra pessoa sem estarmos sofrendo, é possível agir em seu benefício, como o médico."[59]

A segunda linha de raciocínio de sua crítica revela que Nietzsche não negava que a emoção da piedade e compaixão pudesse se manifestar. No entanto, essa conclusão é muito surpreendente, porque é incompatível com o egoísmo psicológico que ele dizia acreditar. Ele tentou lidar com esse problema ao dizer isso quando sentimos simpatia ou empatia (a última palavra, observou ele, descreve melhor o argumento de Schopenhauer),[60]

> é um erro chamar o *Leid* [sofrimento] que sentimos de *Mit-leid* [no sentido literal com sofrimento], porque sob todas as circunstâncias uma pessoa que sofre em nossa presença é livre: é o seu sofrimento, como o sofrimento sentido por outra pessoa é só dela. Mas é *apenas do sofrimento pessoal* que nos libertamos quando fazemos atos de piedade.[61]

Então suponhamos que eu dê dinheiro ao mendigo, dessa vez não (ou não apenas por piedade, observou Nietzsche, pois a piedade é um fenômeno ricamente "polifônico")[62] para ter uma sensação de superioridade, mas porque me dói vê-lo sofrer. Neste caso, disse Nietzsche, eu agi para libertar-me de *minha* dor.

Esse é um sentimento sem dúvida ambíguo. Se eu não tivesse nenhum interesse no bem-estar dele, se eu fosse completamente indiferente ao bem-estar de qualquer pessoa e só me preocupasse com o meu, a visão do sofrimento do mendigo não me causaria dor e, portanto, não existiria nada do que precisasse libertar-me. Embora Nietzsche se recusasse a admitir isso, percebemos que, quando ele examinava em detalhes a vida emocional do ser humano, ele não encontrava fundamentos para sustentar o pressuposto do egoísmo psicológico, que ele teoricamente defendia. Se agíssemos às vezes com sentimentos genuínos de compaixão, então, não existiria o egoísmo psicológico.

Assim, quais são os argumentos válidos apresentados em *Aurora* sobre a crítica à "moral da piedade"? Primeiro, que atos de *aparente* compaixão são quase sempre egoístas em sua motivação básica: em especial, quando têm o objetivo de provocar um sentimento de superioridade em relação às suas "vítimas". Segundo, a bondade genuína seria reprimida por sentimentos emocionais de simpatia. O amor verda-

---

56 D 137.
* Essa premissa foi inspirada em Schopenhauer, que afirmava, como vimos, que a compaixão universal causava a "transição da virtude para o ascetismo", do amor para a negação do mundo. Mas, enquanto Schopenhauer via essa transição como um elemento positivo, Nietzsche a rejeitava.
57 BT 21.
58 D 134.
59 KSA 9 2 [40].
60 D 63.
61 D 133.
62 *Ibidem*.

deiro, como poderíamos dizer, é um amor *complicado*. Por conseguinte, a universalidade da crítica de Nietzsche à moral cristã confrontou-se com a aquiescência de um cristão sensato perante os dois argumentos. E isso sugere que o alvo que Nietzsche na verdade atingiu, com sua percepção refinada e sutil de romancista, não foi a moral cristã, mas, sim, a mulher de classe média burguesa que, como um fariseu, hipocritamente se congratulava por seus "bons trabalhos" e "sentimentos admiráveis", e pela sua "bela alma".[63] Em suas notas ele observou, "Incapaz de olhar para o sangue, isso é moral?"[64]. O intuito de Nietzsche, na realidade, às vezes conscientemente, outras não, era a crítica ao *narcisismo moral*, um fenômeno que, como Dickens percebeu com tanta acuidade, predominava na sociedade burguesa vitoriana. Seu ataque dirigia-se à "ânsia de aparentar uma moral *exaltada* a qualquer custo"[65] (uma aparência que o pós-modernismo contemporâneo cultiva com frequência para dissimular sua falta de fundamento). A crítica era eficaz e legítima. Porém seria apoiada, sem dúvida, por qualquer cristão ponderado.

## *O Oposto ao Ideal do Cristianismo*

Nietzsche, como vimos, queria que rejeitássemos não só a metafísica cristã, mas também a moral cristã ainda existente. Deveríamos rejeitar totalmente a visão cristã e substituí-la por uma concepção cujos pressupostos* eram o naturalismo, o determinismo (com a consequente negação da livre vontade e da responsabilidade moral) e o egoísmo psicológico. Mas como viveríamos nesse contexto? Qual seria a nova maneira de viver que nós, os espíritos livres, adotaríamos em substituição à antiga forma de viver do cristianismo?

Em primeiro lugar, deveríamos nos tornar egoístas éticos. Se a premissa do egoísmo psicológico for verdadeira, então, como mencionado, só somos obrigados a fazer o que *podemos*, devemos adotar um código moral que seja um apoio evidente à ação em interesse próprio.

"Dever", porém, não resulta apenas em "poder", também tem como consequência "*não poder*". Nietzsche reconheceu essa hipótese: os princípios básicos de qualquer código moral mostram, do ponto de vista da sobrevivência e prosperidade de uma comunidade, quais foram seus principais *fracassos*.[66] (Em *Assim falou*

---

63 KGB 111.5 1144.
64 KSA 9 2 [41].
65 D 190.
\* O subtítulo de *Aurora, Pensamentos sobre o* Vorurteile *da Moral* é, em geral, traduzido como *Pensamentos sobre a Moral como Preconceito*. No entanto, como o significado literal de *Vorur-teile* é "pré-julgamento", "pressupostos" ou "preconceitos" podem ser traduções alternativas. Pressupostos é sem dúvida a melhor tradução tendo em vista a observação escrita nos cadernos de anotações que "Alguém que não começou a achar paradoxais seus pressupostos habituais [sobre a moral] ainda não refletiu o suficiente" (KSA 9 3 [72]). Com essa interpretação do subtítulo a estrutura de *Aurora* torna-se mais compreensível. O livro é uma crítica aos "pressupostos" da moral cristã – Deus, liberdade e imortalidade, com a finalidade de substituí-los por seus "pressupostos", que ele não os chamaria de "preconceitos".
66 D 165.

*Zaratustra*, ele observou que o código moral de um povo revela o que é "necessário e *difícil* para ele.")[67] Só os judeus, os piores inimigos da humanidade, poderiam ter inventado o mandamento de amar seu inimigo.[68] Segundo Nietzsche, essa seria uma conduta a seguir, mas o egoísmo psicológico a impediria. É possível falhar em reconhecer quais são nossos verdadeiros interesses. Grande parte de *Aurora* dedicou-se, portanto (como foi a conversa com Isabella von Prahlen em Pisa [p. 276]) a analisar a natureza de nossos interesses reais, a característica do egoísmo *esclarecido*.

## *Autocriação*

O primeiro requisito para agir em seu próprio interesse de um modo esclarecido é ter um ego. Mas o ego, um núcleo coeso da personalidade em oposição ao caos dos desejos conflitantes, não é uma característica inata. Ele não é algo a ser *descoberto* e, sim, em certo sentido, precisa ser *criado*. Em seus cadernos de anotações desse período Nietzsche escreveu que,

> é um mito supor que descobriremos nosso verdadeiro eu ignorando-o ou esquecendo-o. Desse modo, voltaremos ao infinito. Em vez disso, nossa tarefa é criá-lo, dar forma a todos os elementos. Sempre um escultor! Um ser humano produtivo! Essa tarefa não deve ser realizada pelo conhecimento e sim pela prática e, assim, um [modelo] a ser imitado! O [auto] conhecimento é na melhor das hipóteses um meio.[69]

Entretanto, existe um problema com essa norma de procedimento da autocriação, porque, de acordo com Nietzsche, havia a ausência do livre-arbítrio. Sua argumentação com frequência baseou-se na seguinte linha de raciocínio. Não temos ideia das causas reais de nossas ações, porque elas são subjacentes ao nível da consciência. Portanto, somos pouco responsáveis por nossas ações, assim como por nossos sonhos.[70] Na maioria das vezes, não temos nem mesmo uma linguagem para descrever essas causas, e palavras como "ódio", "amor" e "desejo" só expressam estados de espírito *extremos*, não estados moderados ou intermediários que, em geral, determinam nossas ações.[71] Neste sentido, é um erro alguém pensar que sua vontade provoca suas ações, bem como alguém que diz "eu quero que o Sol nasça" e depois pense que sua vontade causou o fenômeno.[72]

À primeira vista, esses e outros trechos nos reduzem a meros passageiros transportados nos ombros de nosso inconsciente, meros observadores de nossas vidas. Porém, esse não foi o sentido das palavras de Nietzsche. Uma das razões para demonstrar que esse não foi o significado de sua argumentação é a afirmação do "fatalismo islâmico", vista como um erro. Outra razão é o tema da "autocriação", que,

---

67 Z I 15.
68 D 377.
69 KSA 9 7 [313].
70 D 128.
71 D 115.
72 D 124.

como vimos, Nietzsche acreditava que tínhamos um grau considerável de controle sobre o que éramos e, portanto, do que faríamos.

Esses trechos citados são precedidos por uma teoria implícita "básica" e "característica" freudiana (ou uma teoria de Schopenhauer ou de La Rochefoucauld): *na maioria das vezes* temos uma compreensão limitada ou nenhuma percepção do ninho de víboras dos "impulsos" e emoções íntimas, e a *maioria* de nossos motivos refere-se tão pouco às causas reais de nossas ações como o nascer do Sol. O objetivo destas observações, creio, é o de *definir uma tarefa*: se quisermos controlar nossas vidas, precisamos ter um "ego" e não uma "individualidade fracassada" (ou um "ego desestruturado"), uma pré-condição, como enfatizou Epicuro, de "conhecer a si mesmo", de entender nossa natureza por meio, precisamente, das "observações psicológicas" inflexíveis e insensíveis da teoria tradicional de La Rochefoucauld, Schopenhauer e Rée. Em *Aurora*, Nietzsche lamentou, por exemplo, a casualidade do fato de não percebermos, em geral, a verdadeira natureza de nossos "impulsos", da questão de nosso fortalecimento pela "nutrição", e que definharíamos sem ela.[73]

Supondo que atingimos um bom grau de autoconhecimento, uma boa compreensão de nossos "impulsos". Como então realizaríamos nossa tarefa de "autocriação"? Como, na verdade, *deveríamos* proceder? "O que", perguntou Nietzsche, em razão do determinismo, "temos a liberdade de fazer"?

Uma pessoa pode, ele escreveu em um texto vital,

> dispor de seus impulsos como um jardineiro de suas plantas e, embora poucos saibam isso, é possível cultivar as sementes dos sentimentos de raiva, piedade, curiosidade e vaidade de uma maneira produtiva e proveitosa como uma bela árvore frutífera em uma treliça; pode-se fazer isso com o bom ou o mau gosto de um jardineiro e, também, no estilo francês, inglês, holandês ou chinês; é possível também deixar a natureza dominar e só dispor de certa ordem em alguns pontos; por fim, sem lhes dar atenção, deixar as plantas crescerem desordenadamente... temos a liberdade de fazer tudo isso: mas quantas pessoas sabem que dispomos dessa liberdade? A maioria não *acredita* que são pessoas em *pleno desenvolvimento*. Os nossos grandes filósofos não ratificaram esse preconceito com a doutrina da imutabilidade do caráter?[74]

Apesar de aparentemente ser uma referência crítica a Schopenhauer, que enfatizou sua doutrina da "imutabilidade do caráter", esse texto é uma repetição de seu argumento do "caráter adquirido". Nietzsche mencionou, por exemplo, a "autoescultura" ou "autojardinagem" (ou seja, a autopaisagem) como uma questão de deixar os impulsos indesejáveis definharem, quando nos afastamos de lugares e companhias que os estimulam.[75] Isso, palavra por palavra, foi o que Schopenhauer disse a respeito de adquirir o "que no mundo chama-se 'caráter'".[76]

Mas, é possível objetar que a convicção de Nietzsche em relação ao determinismo e à negação do "livre-arbítrio" não o levaria precisamente a *negar* essa "li-

---

73 D 119.
74 D 560.
75 KSA 9 7 [30]; comparar AOM 36.
76 WR I p. 304-305. O "caráter" imutável é um repertório de disposições *básicas*. O caráter "adquirido" é um conjunto de disposições que se expressam.

berdade" de autocriação ou, menos capcioso, de negar o autodesenvolvimento? De modo algum. Se eu serei ou não uma *pessoa que desenvolve as características de um jardineiro ou que tipo de pessoa com essa tendência eu serei já está determinado*: "não temos o poder de combater a veemência de um *desejo*; nem... a escolha do método, nem... o sucesso ou fracasso desse método".[77] No entanto, como Nietzsche *defendia* o "autocontrole"[78] por meio do "autodesenvolvimento" e *desaprovava* "deixar as plantas crescerem desordenadamente" (a teoria do platonismo de que não podemos fazer nada até que nos tornemos "um homem" permeia todo o seu pensamento), ele pressupôs que seus leitores teriam características predeterminadas de "jardinagem" e, assim, a leitura do livro seria um estímulo à sua tendência de horticultores.[79] E isso era um pressuposto razoável, uma vez que aqueles que não tinham essa inclinação não leriam o livro. Ou se lessem, pelo menos não seriam os "leitores perfeitos" para os quais a leitura seria um acontecimento importante.[80]

Ao continuar o tema da "jardinagem", Nietzsche enfatizou o caráter potencialmente ilusório da palavra "autocriação". A condição ideal da alma, disse, era a "fecundidade"; a "capacidade criativa" espiritual, de "gestação" de alguma ideia ou "ação" (um tema que discutirei em breve). Mas, assim como na gestação no sentido literal, a "autocriação" era uma questão de "fazer surgir" (como um escultor que cria uma escultura que repousava adormecida no mármore), um fato que "dissiparia todas as discussões presunçosas sobre 'querer' e 'criar'".[81] Por este motivo, é um erro pensar que a autocriação proposta por Nietzsche fosse a criação, como a de Deus, *ex nihilo*. A autocriação significava, repetimos, um autodesenvolvimento.

Nietzsche que, desde criança, como vimos, admirava a "ética protestante do trabalho", ressaltava que o autodesenvolvimento exigia um *trabalho* árduo. Uma de suas críticas mais incisivas contra (alguns) cristãos referia-se à *preguiça* espiritual deles, ao desejo de evitar "o peso das demandas da moral" ao procurar um "caminho mais curto para atingir a perfeição": uma nova transição brusca em direção à "salvação" era o caminho seguido pelos "exaustos e desesperançados".[82] Embora ele conhecesse na melhor das hipóteses apenas por comentários a doutrina de Kierkegaard, isso poderia ser visto como uma crítica à sua teoria do "salto da fé".

Porém, não são só os cristãos que não fazem um trabalho árduo. Mesmo os egoístas declarados praticam um mero "pseudoegoísmo", porque, apesar de falarem sobre seu "egoísmo", a grande maioria nada fazia por seu ego durante a vida inteira pela simples razão de que eles não tinham ego. Eles agem em benefício de uma "ficção" socialmente construída na qual se iludem.[83] Revistas sofisticadas, por exemplo, me induzem a querer carros velozes, mulheres glamorosas, jogar golfe e pescar. Então eu dedico todas as minhas energias para me aposentar aos 40 anos, a fim

---

77 D 109.
78 *Ibidem*.
79 A análise da tensão entre o "fatalismo" de *Aurora* e o tema da "autocriação" foi realizada originalmente por Brian Leiter. Ver Leiter (2001).
80 D Prefácio 5.
81 D 552.
82 D 59.
83 D 105; ver também KSA 8 2 [15].

de fazer o que *eu* quero. Infelizmente, logo descubro que carros velozes, mulheres glamorosas, golfe e pesca são tediosos, porque esses "desejos manufaturados" não fazem parte dos meus verdadeiros desejos.

Nietzsche identificou seis maneiras de "construir uma individualidade", de suprimir certos aspectos da personalidade que não queremos revelar; é possível negar certos prazeres (deixar de fumar, por exemplo), restringir suas manifestações a determinados períodos de tempo e de lugares (carnavais, antigos e modernos),[84] entregar-se com excesso aos prazeres para criar uma aversão (por exemplo, esportes arriscados como montar a cavalo, sugeriu Nietzsche, porque o cavaleiro com frequência quebra o pescoço), associar o impulso a um pensamento doloroso, assim como os cristãos associavam a ideia do demônio ao sexo (uma terapia de repulsa), elaborar um impulso rival por intermédio de uma constante recompensa e, por fim, como os ascetas, é possível enfraquecer a força física e psíquica que leva a uma ação e, assim, todos os impulsos, inclusive o impulso imediato, perdem seu vigor.[85]

Essas são *técnicas* de autodesenvolvimento. Outros conselhos técnicos (que se destacaram no livro seguinte de Nietzsche, *A Gaia Ciência*) referem-se ao aprendizado com artistas, à forma de aperfeiçoar nosso caráter, em especial com respeito às nossas "fraquezas": os impulsos inadequados ao plano principal do eu. Se não conseguirmos nos libertar deles, pois alguns impulsos têm um vínculo permanente ao nosso caráter, Nietzsche sugeriu que deveríamos aprender a "organizá-los como um artista". Deveríamos estudar Beethoven, por exemplo, e aprender a imitar o uso de elementos de sua natureza "ásperos, obstinados e impacientes" para tornar-nos "vorazmente famintos" de suas virtudes.[86] Outro uso estratégico de nossas fraquezas é o de humanizar nosso caráter: podemos, disse Nietzsche, ser um pouco "insensatos" a fim de não nos convertermos em pessoas *demasiado* perfeitas e inatingíveis.[87]

Mas o que é preciso *fazer* com essas técnicas? Que princípio deveria orientar sua organização? O princípio mais geral seria a organização de nossa vida, do ponto de vista ideal, em torno de um único impulso. Como em *O Andarilho e sua Sombra*, Nietzsche observou (reproduzindo o conselho de Cézanne que um pintor deve sempre descobrir o "cubo, o cone e a esfera" na natureza), as paisagens são desinteressantes, a menos que possuam "sob sua multiplicidade uma forma geométrica simples". E o mesmo, sugeriu Nietzsche, aplica-se aos seres humanos. Um caráter e uma vida agradáveis têm um "substrato matemático".[88]

No caso de Napoleão e na "humanidade da Antiguidade", o modelo ideal de vida (a pirâmide, como veremos, é a forma ideal da alma) era uma linha reta: "um único impulso seguia até o final com uma coerência perfeita" e, em consequência, a vida de uma pessoa convertia-se "na elaboração criativa e na variação ao redor de um só tema".[89] A "multiplicidade na *unidade*"[90] era o lema de todos os pensamentos

---

84 AOM 220.
85 D 109.
86 D 218; ver também 337, 468 e WS 120.
87 D 469.
88 WS 115.
89 D 245.
90 BGE 212.

de Nietzsche sobre a sociedade e a alma: Malwida von Meysenbug lembra-se dele dizendo-lhe que "de todas a vidas, a que Mazzini mais invejou foi a concentração absoluta em uma única ideia [a unificação da Itália], que queimava como uma chama poderosa no íntimo de um indivíduo".[91] Então deveríamos nos transformar em um "homem que obedece a uma unidade lógica" de *A República* de Platão, em vez do caos conflitante ("democrático", como Platão o chamou), no qual às vezes existe a alternância de impulsos predominantes. Mas como? Qual seria a característica que a vida de uma pessoa deveria ter?

O objetivo precípuo de *Aurora* é a *felicidade*: de dissipar as nuvens sombrias do cristianismo para mostrar a paisagem à luz do Sol. Em resumo, Nietzsche queria dizer aos seus leitores como eles poderiam ser felizes. É claro, sua preocupação principal era com a "cultura", uma cultura feliz ou mais feliz por meio dos esforços de seus leitores e de seus sucessores. No entanto, não discutirei agora essa preocupação e, então, a pergunta seria que princípio de vida propiciaria a felicidade *pessoal*?

## O Paradoxo da Felicidade

Mas Nietzsche advertiu seus leitores: "*quando* uma pessoa está procurando a felicidade, não se deve lhe dar nenhuma indicação do caminho da felicidade, porque a felicidade pessoal origina-se das leis desconhecidas dessa pessoa, e qualquer sugestão será um obstáculo ao seu desabrochar."[92] As condições da felicidade pessoal, assim como as da saúde, são tão diversas que não existe uma regra geral. Entretanto, embora Nietzsche não tenha dado uma "receita" de felicidade, ele formulou muitos conceitos abstratos sobre como ser feliz.

O indício da direção de seu pensamento é a observação que o "sacrifício" pessoal em benefício do futuro da humanidade não era um sacrifício e sim "um aumento positivo da *felicidade*".[93] Ele referiu-se nessa observação ao "paradoxo da felicidade", abordado antes de maneira sucinta: a experiência demonstrou que o foco direto na felicidade é contraproducente, que a "procura da felicidade" a afasta. (Donas de casa desesperadas são sempre infelizes.) A felicidade é um subproduto de um envolvimento apaixonado em alguma atividade, *em vez* da busca da felicidade, um envolvimento que exige que, não a felicidade, mas, sim, o objetivo *dessa* atividade seja o foco da atenção. A felicidade, sugeriu Nietzsche (corretamente, creio), só pode ser obtida indiretamente porque, no jargão filosófico, é um "epifenômeno" de um compromisso apaixonado de realizar bem, ou pelo menos espera-se, algo que consideramos importante. Nietzsche propôs essa ideia de uma maneira clara na passagem já citada de *Zaratustra*. Quando o *alter ego* de Nietzsche disse, "O que a felicidade significa para mim... eu estou empenhado em meu trabalho", seus "animais" responderam, "mas você não está aquecendo-se na felicidade do lago azul do céu?", Zaratustra, com um pesar divertido por seus animais terem descoberto sua estraté-

---

91 C p. 399.
92 D 108.
93 D 146.

gia secreta, teve de admitir que eles estavam certos.[94] A felicidade é um subproduto do "trabalho". Porém, que tipo de trabalho? Antes de responder essa pergunta, gostaria de fazer uma digressão para esclarecer um conflito implícito na concepção de felicidade de Nietzsche discutida no capítulo anterior, mas não neste capítulo.

## O Idílio Heroico

Ao discutir *O Andarilho e sua Sombra*, sugeri que o pensamento de Nietzsche no final da década de 1870 deveria ser analisado no contexto da vida dos filósofos helênicos, em especial Epicuro. A finalidade da "sabedoria" deles era atingir a felicidade, na qual o principal componente era a *ataraxia*, a serenidade. Como observei, grande parte dessa concepção helênica da felicidade reapareceu em *O Andarilho e sua Sombra*: somos estimulados, por exemplo, a refletir sobre a inevitabilidade da morte e a respeito da insignificância que se dissipa no espaço e no tempo infinito, a fim de elevar-nos acima da seriedade dos assuntos humanos para vermos essa seriedade como "cômica" e, assim, preservarmos a mente em paz. Essa visão helênica da felicidade é ainda mais enfatizada nos cadernos de anotações desse período. Em seus comentários Nietzsche escreveu, por exemplo, "a tripla alegria" que consistia na "elevação" (acima da seriedade dos assuntos humanos), na "iluminação" (a alegria dos prazeres intelectuais, provavelmente) e na "paz" (da mente). A melhor de todas, no entanto, era a quarta alegria, as "três em uma única alegria", a trindade da elevação, iluminação e paz reunida em uma unidade.[95] Logo depois, ao retomar a ideia de "elevação", ele escreveu que se sentia inclinado a chamar o "sentimento [espiritual]... que flutuava e voava" de "o melhor bem".[96] Mas esses delineamentos de felicidade concentrados na ataraxia eram passivos e, portanto, pouco compatíveis com a ideia de um envolvimento apaixonado a uma causa. Eles não eram compatíveis com o "trabalho" de Zaratustra, nem com o compromisso apaixonado de Nietzsche pela restauração da cultura ocidental. Neste sentido, não havia uma contradição na concepção de felicidade de Nietzsche, uma incoerência entre a passividade e a atividade?

Ao contrário das aparências, penso que a resposta é não. Outra observação do período de *O Andarilho e sua Sombra* referiu-se à paisagem de verão em torno de St. Moritz,

> na noite anterior eu estava tão absorto no êxtase da lembrança da pintura de Claude Lorrain que comecei a chorar profundamente. Se houvesse ainda outra oportunidade de vivenciar esse momento! Nunca soube que a terra poderia causar esse arrebatamento; sempre pensei que era uma criação dos bons pintores. O idílio heroico era agora a descoberta de minha alma.[97]

---

94  Z IV 1.
95  KSA 8 40 [16].
96  KSA 9 7 [37].
97  KSA 8 43 [3].

O tema dessa observação reapareceu no trecho já citado de *O Andarilho e sua Sombra* intitulado, "*Et in Arcadia ego*", sendo "Arcádia" o paraíso pastoral da mitologia clássica. Neste trecho Nietzsche escreveu que sua ideia de paraíso era uma paisagem de Poussin ou de Claude Lorrain habitada por heróis helênicos. Ele acrescentou que seu ideal era um sentimento que, como os deles, "era um só e ao mesmo tempo heroico e idílico".[98] Ele referia-se à aparente combinação paradoxal das paisagens campestres com dramas heroicos, ou poderíamos dizer "épicos", sobre temas típicos da mitologia greco-romana. Assim, por exemplo, embora a pintura de Claude Lorrain transmitisse serenidade e a cena predominante fosse de um paraíso bucólico, com figuras pequenas, seu tema era indicado por títulos surpreendentes como "Mercúrio Roubando os Bois de Apolo", "O Rapto de Europa", "Mulheres Troianas Incendiando a Esquadra" e assim por diante.

Em *Humano, demasiado Humano* existe uma antecipação do idílio heroico, quando Nietzsche mencionou a "visão do artista e do filósofo da felicidade" como uma espécie de "agitação serena", uma "flutuação" ativa.[99] Isto indica, creio, que o "idílio heroico" de Nietzsche assemelha-se ao que Martin Heidegger chamou de *Gelassenheit* ["calma e paz de espírito"], uma serenidade ao mesmo tempo ativa, um tipo de serenidade associado ao domínio de uma arte ou de uma profissão. Nietzsche referiu-se a esta serenidade em *Além do Bem e do Mal* como a "necessidade", o fluxo sem esforço, a ausência de uma escolha consciente, que todos os artistas consideram ser uma característica de seus momentos mais criativos.[100] Pensem, por exemplo, na tranquilidade do concerto de um violinista, mas que é ao mesmo tempo intensamente concentrada, um estado de virtuosidade supremo. Nietzsche, creio, tinha razão: a serenidade e a atividade, inclusive a atividade "heroica", não são opostas e podem coexistir em um único estado.

## *O Egoísmo Benevolente*

Ao encerrar essa digressão, deparamo-nos com a seguinte pergunta: que tipo de "trabalho", que espécie de "tarefa", "heroica" ou não, deveria definir a vida na qual a felicidade é um subproduto? Antes de respondê-la, vamos revisar sucintamente a situação estratégica. Como vimos, Nietzsche queria eliminar a antiga moral da compaixão cristã, do altruísmo, de "preocupar-se primeiro com os outros", de "olhar além de si mesmo", com um "olhar de lince para o sofrimento alheio.[101] Com uma maneira desafiadora, ele iria até o final de sua carreira, referir-se apenas à "moral". (Para diferenciá-la de outros usos, a utilização da palavra "moral" teve habilmente uma conotação pejorativa.)[102] Ele a substituiu por "egoísmo" – agir só em interesse próprio. Porém, isso não resultou na eliminação apenas da moral no sentido pejorativo, mas também da moral *em si*? Logo, Nietzsche começou a chamar-se, de

---

98 WS 295.
99 HH 611.
100 BGE 213.
101 D 174.
102 Leiter (2002).

uma forma provocadora, de "imoral". Mas essa defesa do egoísmo tornou-o não só polêmico, como também de *fato* um imoral, um pensador imoral?

O que é moral? Um código moral, disse Nietzsche, "nada mais é... que a obediência aos costumes".[103] (Como *Sittlichkeit*, moral, origina-se de *Sitte*, costume, que em alemão é quase uma tautologia.) O costume visto como o bem-estar da comunidade moral, com uma "utilidade" social, de acordo com Nietzsche.[104] Mas, na verdade, isso não requer uma moral "no sentido pejorativo"? A ideia de Nietzsche do egoísmo como um princípio orientador de vida não causaria um caos moral e um colapso social? Não poderíamos, no contexto de livros como o de Alan Bloom, *The Closing of the American Mind*, ver o colapso moral da época atual, no qual o *nosso* espaço social comunitário transformou-se em *"Meu* Espaço" e a solidariedade dos amigos dissolveu-se nas manipulações egoístas do *"networking"*, em parte atribuído à influência da ênfase de Nietzsche ao egoísmo?

Nietzsche queria rejeitar de qualquer forma a vinculação de seu egoísmo ético à causa do colapso social e do desaparecimento de ações que possuíssem "utilidade" comunitária. Ele queria, na realidade, mostrar que, após um período difícil de transição, a sociedade como um todo *seria melhor* e mais feliz se seguisse seus pressupostos, do que sob o antigo código cristão de piedade altruísta. Por este motivo, ele enfatizou que,

> jamais poderia negar, a menos que fosse um tolo, que muitas ações consideradas imorais [sob o código cristão] devem ser evitadas e repelidas, e muitas vistas como morais precisam ser realizadas e incentivadas, mas... *por outras razões do que até agora*.[105]

Muitas ações socialmente benéficas realizadas e legitimadas pela moral cristã continuarão a ser praticadas sob a nova moral "egoísta", porém, por motivos diferentes. Por que razão? Por que o pressuposto egoísta de Nietzsche promoveria o bem-estar da comunidade como um todo?

A resposta básica de Nietzsche, penso, resume-se em sua visão do sexo: que "acordo conveniente" é, comentou ele, que "uma pessoa, ao fazer o que lhe agrada, dá prazer a outra pessoa".[106] Em uma carta a Köselitz ele observou que "Deixamos de nos amar apropriadamente quando não mais amamos o próximo e, por este motivo, somos aconselhados a não deixar de amá-lo (em minha experiência)".[107] E nos cadernos de anotações, sem dúvida repetindo um *jingle* popular, ele disse que nunca esqueceria que, "Ao transmitir alegria sentimo-nos alegres [*Freude machen selber Freude macht*]".[108]

Nietzsche quis mostrar que esse enfoque de vida promove a felicidade pessoal e também proporciona o bem-estar duradouro da comunidade. Poderíamos chamá-lo de "requisito de simultaneidade". A procura *esclarecida* da felicidade pessoal *coincide* com a promoção da felicidade da comunidade; que não estamos envolvidos (em um jargão atual irritante) em um "jogo de zero a zero" e, sim, em uma "situação em que só há vencedores".

---

103 D 9.
104 D 9, 165, 377.
105 D 103.
106 D 76.
107 KGB 111.1
108 KSA 8 29 [29].

Nietzsche demonstrou que pelo menos *algumas* formas de egoísmo satisfazem o requisito de simultaneidade. Ele definiu os traços característicos de sua missão de orientador, sua "tarefa" de vida que Horst Hutter chamou de seu "sacerdócio do mundo",[109] um "educador" da humanidade para um futuro melhor,[110] um "médico do espírito" (ou da "alma"),[111] um mentor nas circunstâncias confusas e problemáticas da época atual.[112] Ele sentiu-se orgulhoso e contente quando soube, em 1877, que uma nobre húngara em Viena (a cidade de Freud, é claro) estava usando suas obras para aconselhar pessoas perturbadas por dúvidas religiosas.[113] Em uma descrição idealizada de *sua* condição psicológica, ele descreveu o que chamou de "egoísmo ideal" baseado na definição da vida pessoal em termos desse tipo de missão. Nas cartas, ele referia-se ao "egoísmo sagrado".[114] O "egoísmo ideal", a forma mais elevada de felicidade, disse, é a "gestação" espiritual. Ela consiste em um "estado de dedicação... de orgulho e gentileza... um bálsamo que se irradia... para as almas inquietas". É preciso ter uma "ideia" e "sempre zelar, nutrir e manter nossa alma tranquila, para que nossa capacidade criativa seja capaz de *atingir sua plena realização... em benefício de todos*".[115] (Observem que a combinação do "idílio heroico", aqui, é de uma "missão" com a serenidade de uma Madona.)

A "gestação" para Nietzsche, em seu caso específico, com seus escritos voltados para a recuperação da cultura significava "estar pleno" e, portanto, "queria ser esvaziado".[116] A mesma ideia foi mencionada em uma seção do livro que descreveu "o primeiro efeito da felicidade" como "a *sensação de poder*", uma sensação que "quer expressar-se".[117] (Essa sensação é compartilhada por muitas pessoas criativas. Iris Murdoch, por exemplo, escreveu em uma carta para um amigo, "eu sinto, mesmo nos momentos de mais desalento, uma vitalidade infinita em meu ser", uma vitalidade que ela descreve como "alegria".)[118] Nietzsche referia-se a essa "gestação" como o egoísmo *ideal*, primeiro, penso eu, porque representava o tipo de felicidade que seus leitores escolhidos desejavam – os espíritos livres precursores da nova cultura – e, segundo, visto que satisfazia o requisito da simultaneidade. Ele, e os "discípulos" que esperava atrair, encontrariam a "alegria" de Murdoch no pensamento, na ação, na superabundância e na criação "em benefício de todos".

Nietzsche reconheceu, é claro, que existe outro tipo de "egoísmo".* Enquanto o egoísmo "ideal" ou "sagrado" é "pleno e quer ser esvaziado", tem "reciprocidade",

---

109 Hutter (2006).
110 D 194.
111 D 52.
112 D 449.
113 KGB 11.5 671.
114 KGB 111.1 348.
115 D SS2. Ênfases de Nietzsche.
116 D 145. Essa ideia surge no Prólogo de *Zaratustra* e em sua discussão sobre a "virtude generosa" (Z I 22), o que sugere que esse tipo de virtude deve ser visto como um modelo de gestação.
117 D 355.
118 Citado em Conradi (2002) e em Stuart Hampshire (2001) em uma resenha de um livro de Conradi publicada em *The New York Review of Books*.
\* Uma ação "egoísta" é um ato em que (sucintamente), ao procurar satisfazer meus interesses, eu prejudico os interesses alheios. Portanto, não existiria o "egoísmo benevolente". Para Nietzsche só haveria o *interesse pessoal* benevolente. Mas ele usa o "egoísmo", penso, como uma provocação que se insere em sua rejeição da "moral".

o outro tipo é "vazio e quer ser preenchido",[119] é "faminto" na linguagem de *Assim falou Zaratustra*. Nas cartas ele associou-o aos gatos. Para Lou Salomé ele escreveu: "O que eu mais detesto nos homens é o egoísmo peculiar dos gatos que não possuem mais amor, sem compromisso com nada: é pior do que qualquer maldade".[120] Neste sentido, o verdadeiro desafio do egoísmo esclarecido que promove "o benefício de todos" seria o de mostrar que o egoísmo "vazio" se *apossa* das coisas em vez de *dar*, que "olha tudo com um olhar de ladrão"[121] é *mesquinho*. Por que o barão do narcotráfico fabulosamente rico, o padre com gostos sexuais pervertidos, ou o terrorista niilista, desde que sejam espertos o suficiente para não seres pegos, *não* deveriam satisfazer seus próprios (é evidente, fora do padrão) principais interesses?

Nietzsche não respondeu de imediato essa pergunta em razão, creio, do seguinte argumento. Nietzsche disse que "educadores" como ele "encontram sua *dignidade* com seus próprios olhos" e nos olhos das pessoas a quem respeitam na "*tarefa* da vida deles".[122] E, como vimos, ele mencionava com imenso orgulho o estado de "gestação" como uma "ideia" que beneficiaria toda a humanidade. "É nesse *estado de dedicação*", disse ele, "que deveríamos viver".[123] Ou seja, penso eu, os seres humanos (por motivos fáceis de explicar do ponto de vista sociobiológico) *assim constituídos* para só terem autoestima se olharem para si mesmos, de uma maneira ou de outra, como dando uma "contribuição" para o bem-estar da sociedade. (Abraham Maslow defendeu um tema similar ao nos atribuir a "necessidade de autoestima" fundamental.) Um indício de sua intenção é o fato de que os barões do narcotráfico, terroristas e, às vezes, padres pervertidos, se não forem abertamente psicopatas, tentam racionalizar suas ações em termos de benefício a outras pessoas: o barão do narcotráfico age para o bem da "família", o terrorista quer eliminar o Grande Satã da face da Terra, o padre (como Lísias nos diálogos de Platão) pode alegar que, sob orientação de Eros, sua mão que se movimenta a esmo certo também é uma mão educadora. De acordo com Nietzsche, penso eu, se alguém reconhecer o impulso destrutivo de sua vida, se alguém se definir, por exemplo, como uma *femme fatale*, um destruidor de casamentos ou da felicidade de outras pessoas, então, no fundo do coração ele se desprezaria. Assim como o cristão na visão de Nietzsche, o egoísta "vazio" vive uma vida sob o céu sombrio da "consciência pesada".

Se essa for a interpretação correta do egoísmo nietzschiano, percebe-se, mais uma vez, o caráter fundamentalmente comunitário de sua filosofia. Nietzsche dizia que um dos maiores prazeres de ser um pensador, um "médico do espírito" como ele, era a satisfação da necessidade de vivenciar a "sensação de poder" por meio do exercício "encoberto" de "domínio" sobre a comunidade.[124] Mesmo com pouca percepção desse domínio, as "pessoas práticas" extraíam sua compreensão da "palatabilidade das coisas" de "nós, pensadores".[125] Como já vimos, as pessoas práticas eram tão absorvidas

---

119 D 145.
120 KGB 111.1 348.
121 Z I 22.
122 D 194.
123 D 552.
124 D 449.
125 D 505.

por suas atividades que não conseguiam pensar em metas e valores: nunca se deve perguntar a um banqueiro qual é o objetivo de sua atividade. A avaliação de metas era a esfera de ação da *vida contemplativa*.[126] Sendo assim, de uma maneira subentendida, pensadores como Nietzsche eram "líderes espirituais" da comunidade, os "filósofos ocultos dos reis". Nem todos podiam exercer esse tipo de poder, é claro. Mas todos podiam, de uma forma que se adaptasse à sua especialidade e fase da vida, contribuir para o bem-estar da comunidade e assim assegurar o respeito a si próprio e sua sensação específica de poder: sua felicidade, em outras palavras. No final, portanto, a descrição de Nietzsche de seu "egoísmo ideal" é ideal não só para seu público-alvo de líderes espirituais contemplativos, como também para todas as pessoas.

## Conselho Concreto

Enfatizei que o objetivo de *Aurora* foi o de proporcionar uma "sabedoria de vida", em especial um conselho de como viver feliz. Mas o conselho que recebemos até então foi muito abstrato: criar-se ("paisagem") como um eu coeso governado por um projeto de vida fundamental, que beneficiasse toda a comunidade. No entanto, muitas partes do livro com um estilo mais aforístico têm a preocupação de oferecer um conselho bem concreto de como ser feliz, que poderia ser mais ou menos relevante para casos individuais. Este conselho seguiu três diretrizes: o cuidado pessoal, o percurso pelo mundo das outras pessoas e a influência exercida sobre outras pessoas.

*Cuidado pessoal.* Somos aconselhados a evitar ambientes sociais onde não podemos permanecer em silêncio ou falar o que seria importante[127] (com frequência o problema dos parentes por laços de casamento) e que precisamos de muita solidão para evitar a maldade de "pessoas mesquinhas"[128] (políticos do trabalho?). Outras partes mostram como a preocupação de Nietzsche entremeava-se a questões sobre psicoterapia e ioga. Ele observou, por exemplo, que doenças crônicas físicas e mentais em geral originam-se não de um único acontecimento traumático, mas, sim, de maus hábitos cultivados por muito tempo. Uma respiração curta, por exemplo, pode causar infecções pulmonares, que só podem ser curadas com o hábito de deitar no chão respirando profundamente durante 15 minutos marcados no relógio. No mesmo contexto, se não nos sentirmos em harmonia com nosso ambiente devemos refletir se nossos hábitos são responsáveis por esse desconforto. Em ambos os casos a cura é lenta.[129] Mais uma vez, o sono, no sentido literal e metafórico, é a melhor cura para a depressão: "o auge da sabedoria na vida consiste em saber como adormecer em ambos os sentidos no momento certo."[130] Como vimos, esse foi o conselho subjacente ao projeto da torre de Naumburg em 1879 (p. 350).

---

126 HH 283.
127 D 364.
128 D 323.
129 D 462.
130 D 376.

*Percurso na Sociedade.* Diversas seções do livro indicam características da natureza humana que poderiam nos prejudicar. Por exemplo, uma palavra ou um gesto elogioso podem nos iludir, "assim como qualquer outra bajulação".[131] O sexo exagerado desenvolve o hábito em jovens esposas de continuá-lo depois que seus maridos envelhecem ou ficam doentes.[132] "A mulher é nossa inimiga" dito por um homem para outros homens referindo-se a um impulso excessivo que não só se odeia, como também odeia os meios de satisfazê-lo.[133] (Isso ilustra bem o estilo acróstico de certos aforismos de Nietzsche. É preciso refletir bastante para entender a que ele se referia: a misoginia estava sob o domínio da demonização cristã do desejo sexual, uma observação interessante tendo em vista a reputação de misógino de Nietzsche.) Um promotor público fanático "acredita com toda a inocência que um agressor ou um criminoso tem que necessariamente ter bom caráter ou pretender ter, e assim ele... *revela*-se"[134] como, é provável, para alguém com um bom motivo para *duvidar* que ele tem bom caráter. (Por exemplo, o frenesi predatório que ocorre quando o pecado escondido de uma figura pública é descoberto.) Não perca seu tempo discutindo com antigos filósofos, porque eles não estão interessados em um desafio intelectual genuíno e sim em construir um "templo".[135]

*Como Fazer Amigos e Influenciar Pessoas.* Os axiomas nas duas primeiras categorias talvez não interessem a ninguém. Mas essa terceira categoria direciona-se, especificamente, ao público-alvo de Nietzsche, os espíritos livres que se tornariam os "educadores" do futuro. Para esses futuros educadores, Nietzsche recomenda o seguinte. Um homem com uma posição proeminente faz bem em ter uma recordação amável de outras pessoas, de se lembrar apenas das boas coisas deles e, assim, os mantém em um estado de dependência agradável.[136] (O dom do político de lembrar o nome de todas as pessoas e do momento maravilhoso que passou na última vez que as encontrou.) Mais uma vez, para ser "o profeta e o trabalhador milagroso de sua época" – para ser um "guru" – é preciso viver isolado para que, por fim, surja a crença de que "somos imprescindíveis à humanidade, *porque nós mesmos, claramente,* conseguimos viver sem ela".[137]

## O Status *da Estrutura Teórica*

Destaquei que, de acordo com o modelo helênico, o objetivo fundamental de *Aurora* foi o de proporcionar uma "sabedoria" prática em vez de "conhecimento" teórico. Porém, como vimos, segundo Nietzsche a visão teórica "correta" – a aceitação das premissas básicas do naturalismo e do positivismo – era a pré-condição fundamental da felicidade genuína e de obtenção de uma sabedoria prática. Este pressuposto suscita a questão do *status* epistemológico da estrutura teórica de *Aurora*.

---
131 D 258.
132 D 321.
133 D 346.
134 D 413.
135 D 542.
136 D 278.
137 D 325.

Qualquer aquisição do conhecimento, disse Nietzsche, é na melhor das hipóteses um *Versuch*, um "experimento" ou uma "tentativa".[138] Isso sugere que sua estrutura teórica – naturalismo, determinismo causal, egoísmo psicológico – é apenas um "experimento", algo que ele não considera como um conhecimento incontestável. Este argumento é confirmado pela ênfase em *Aurora* de que todas as nossas tentativas de adquirir conhecimento são limitadas por um "horizonte" (constituído, é óbvio, como em Kant, pelos filtros de nossas mentes), que representam uma "prisão" da qual "não existe possibilidade de fuga, nenhum caminho para o *mundo real*!". Se nossos horizontes fossem diferentes teríamos outra visão do mundo. Portanto, o nosso pretenso conhecimento é um "erro".[139]

Mas essa conclusão não significa que para Nietzsche o "erro" seja uma "falsidade". Apesar de nossa visão do mundo ser sempre subjetiva e diferente da concepção de outros seres cognitivos, ainda assim poderia, ao contrário da visão do mundo de uma formiga, corresponder ao mundo real. Nietzsche fez a seguinte observação sobre essa linha de raciocínio em seus cadernos de anotações: "A possibilidade de que o mundo seja similar ao mundo que nos é revelado não exclui a hipótese da existência de fatores subjetivos."[140] Na verdade, como vimos, Nietzsche nunca usou a palavra "erro" no sentido de "falsidade". Em vez disso, a palavra foi usada, como *Wahn* (p. 134) de Wagner, para significar "ir além da evidência que temos", a "ausência de uma garantia epistemológica de verdade".

Algumas vezes, Nietzsche sugeriu que a inevitabilidade do "erro" era repugnante: às vezes ele achava o mar de Gênova (uma metáfora para a realidade infinita) cruel por sua recusa de falar com ele e "começou a detestar falar e até mesmo a pensar", ao ouvir "por trás de cada palavra o riso do erro, da imaginação, da ilusão [*Wahn*]".[141] Mas este foi um pensamento passageiro. Em geral, ele achava estimulante pensar na inevitabilidade do "erro", em nossa incapacidade definitiva de captar o "mar" da realidade na "teia de aranha" do "conhecimento" humano:[142]

> Em meio ao oceano do viir a ser, despertamos [a consciência humana surge] em uma pequena ilha não maior que um barco, nós, os aventureiros e pássaros migratórios [*Wandervögel*], e olhamos em torno por alguns momentos com uma visão tão incisiva e inquisitiva quanto possível, porque logo poderíamos ser carregados pelo vento... e assim vivemos um minuto precário de percepção e adivinhação e, entre o bater alegre de asas e gorjeios, aventuramo-nos pelo oceano tão orgulhosos como ele.[143]

Na verdade, é melhor não evitarmos o "erro", porque de outra forma não haveria a possibilidade de "aventura", da "alegria" de viajar. Um mundo onde não cometeríamos "erros", no qual teríamos a suposta "intuição intelectual" concedida por Deus (o conhecimento sem a intervenção de filtros mentais) da realidade, seria

---

138 D 432.
139 D 117.
140 KSA 910 [D 82].
141 D 423.
142 D 117.
143 D 314.

insuportavelmente claustrofóbico. Em *A Origem da Tragédia*, Nietzsche citou a observação de Gotthold Lessing de que a busca da verdade é mais importante que a própria verdade,[144] e esta observação, creio, permaneceu como seu sentimento predominante.

Observem que sua insistência sobre a inevitabilidade do "erro" poderia ter dois fundamentos diferentes. Talvez nunca tivéssemos uma justificativa plena para alegar que uma proposição específica correspondesse à realidade, ou que a ideia de uma interpretação independente da realidade não fizesse sentido e, por esse motivo, o pressuposto de correspondência entre o pensamento e a realidade fosse um erro. A escolha, então, seria entre a visão "kantista" e a "pós-modernista": a primeira é uma tese epistemológica que nega a possibilidade de *justificar* plenamente que algo possa ser verdadeiro, a última é uma tese metafísica (ou talvez uma "lógica filosófica") que nega a possibilidade da verdade.

É evidente que a partir dessas observações citadas vemos que Nietzsche não era, ou pelo menos ainda não era, pós-modernista. Havia uma realidade externa, um "*mundo real*", como ele escreveu em *Aurora* sem nenhuma ironia, onde, por tudo o que conhecemos, nossa visão do mundo *poderia* com certa precisão lhe corresponder.[145] Outras observações escritas nos cadernos de anotações indicam que o enfoque de Nietzsche era epistemológico e não metafísico. Por exemplo: "o que existe de novo em nossa atual concepção da filosofia é a convicção... de que desconhecemos a verdade. Todos os nossos predecessores 'possuíam a verdade', até mesmo os céticos".[146] Estes comentários pressupõem que, embora inacessível, "a verdade" existia.

A ênfase de Nietzsche sobre a inevitabilidade do erro provocou uma pergunta relevante em relação à sua suposta refutação: se ele não alegou que sua filosofia era *verdadeira*, por que nos interessaríamos por ela? Porém, isso não constitui um problema, quando percebemos que o "erro" não significa "falsidade". O argumento de Nietzsche, assim como o formulado por W. V. Quine 100 anos depois, se referia à "teoria da observação", ao "horizonte" limitado do conhecimento humano. "Temos", disse Quine, "de escolher entre o ponto de vista de uma teoria ou de outra, ou seja, a escolha da melhor teoria possível em determinado momento".[147]

Por "melhor teoria" Quine queria dizer "teoria do poder máximo": a teoria que explica e prevê o número máximo de fenômenos vivenciados de uma maneira mais eficaz. No entanto, o que significava a "melhor teoria" para Nietzsche? Por que ele pensava que sua estrutura teórica era uma teoria melhor do que a de seus rivais? Por que, em especial, ele pensava que a visão positivista era melhor do que a cristã, ou de uma maneira mais geral a visão metafísica, que ele queria substituir?

---

144 BT 15.
145 Esse ponto de vista fundamenta-se também na visão de Nietzsche como um "kantista" e não um "pós-modernista" revelada pelos cadernos de anotações: "No final, o homem não descobre o mundo, e sim seus órgãos táteis e sensitivos, assim como as leis que os governam, mas sua existência não é uma prova suficiente da realidade? O espelho é a prova das coisas" (KSA 9 10 [D 83]). "Nosso mundo sensível não está presente e, portanto, é uma contradição: ele é uma ilusão sensória. Mas o que são os sentidos? A causa da ilusão tem que ser real" (KSA 9 10 [E 93]).
146 KSA 9 3[19]; ver também WS 16.
147 Quine (1960) p. 22.

Talvez uma resposta seja em termos das consequências de duas concepções do mundo: enquanto a cristã nos tornava deprimidos e passivos com respeito à situação do mundo, a visão positivista era otimista e ativa. Mas Nietzsche disse diversas vezes, com muito desprezo, que a tendência à felicidade proporcionada por uma crença não tinha relação com sua verdade, para pensarmos que ele *importava-se* com a verdade e acreditava em "experimento" de conhecimento, não necessariamente como uma palavra final, porém, pelo menos mais provável de ser verdadeira que sua rival cristã. Como ele teria discutido esse tema?

No início do Capítulo 14 sugeri que Nietzsche impressionou-se com a visão positivista de sua época, que até meados da década de 1870 ele resistira a aceitar, do poder tecnológico e das explicações eficientes: as ferrovias, o telégrafo, o telefone, assim como com a demonstração de Darwin da redundância da "hipótese de Deus". A concepção positivista oferecia uma teoria do mundo de um poder fantástico e eficaz em comparação com as teorias precedentes. E, sem dúvida, é possível imaginar Nietzsche dizendo que isso era uma espécie de evidência da verdade. As pessoas com conceitos radicalmente errados sobre a natureza do mundo tendiam a morrer antes de se reproduzirem. Por outro lado, aquelas cujo poder no tocante ao seu meio ambiente as capacitava a sobreviver e prosperar estavam mais próximas da verdade.

# 17

# A GAIA CIÊNCIA

## Primeiro Verão em Sils Maria

A publicação de *Aurora* quase coincidiu com a chegada de Nietzsche, em 4 julho de 1881, em Sils Maria, onde ele permaneceu até 1º de outubro. Esta estada estabeleceu um padrão para o resto de sua vida. Exceto em 1882, quando sua vida normal foi interrompida, como veremos, pelos acontecimentos traumáticos do "caso Salomé", ele passou todos os anos, até seu colapso mental no final de 1888, os três meses de verão em Sils.

O pequeno vilarejo de Sils Maria situa-se entre o lago Sils e o lago Silverplana, na parte superior do vale do Engadine, a uma altura de 2 mil metros, com uma vista espetacular em todas as direções dos Alpes e do sopé do monte Corvatsch, a 10 minutos a pé do vilarejo. Nietzsche apaixonou-se à primeira vista por Sils: a grandiosidade da paisagem, a vida árdua e simples dos camponeses, a sombra pensativa das florestas, a água turquesa cristalina dos lagos, as trilhas para caminhadas ao redor deles, o silêncio tranquilo quebrado apenas pelos sinos das vacas e das igrejas e a sensação "metafísica" de estar acima e além das questões do mundo.

Coberto pela sombra de um abeto do lado de fora da janela pequena e solitária, o quarto de Nietzsche em meio à luz escura do pinheiro, no segundo andar da casa Durisch, iluminado apenas por um lampião a querosene, era escuro e sem aquecimento (ver Ilustrações 21 e 22). Neste quarto Nietzsche levantava-se todos os dias às cinco horas, lavava o corpo com água fria e refletia durante uma hora antes de comer dois ovos crus, pão, chá e torradas de sementes de anis às seis e meia no café da manhã. Se o tempo e a saúde permitissem ele caminhava durante três horas ou mais pensando até o almoço, que consistia em um bife e macarrão com um copo de cerveja ocasional. Ele sempre almoçava no hotel Alpenrose, a uns 100 metros de seus aposentos, às onze e meia, para evitar o movimento do meio-dia. Em seguida caminhava mais três ou quatro horas, e às seis e meia da tarde, invariavelmente, tomava chá, comia dois ovos crus e (dois exemplares da dieta básica dos camponeses locais) polenta e torradas de sementes de anis. Nietzsche não comeu frutas e legumes nesse verão, o que teve um efeito terrível sobre sua digestão difícil. À noite, como fizera em Gênova, sentava-se imóvel no escuro das sete às nove horas para preservar, como acreditava, seus "poderes espirituais". E depois se deitava.[1]

Nietzsche chamava Sils de seu "local de salvação", um lugar "tranquilo como eu nunca vira antes e onde todas as 50 circunstâncias de minha pobre vida eram

---

1   KGB 111.1 142.

satisfeitas... um presente inesperado e imerecido".[2] Uma opinião peculiar porque ele decidira que um "céu límpido sem fim" era um requisito incondicional para sua saúde[3] e um céu límpido todos os dias seria a última coisa a esperar em lugares montanhosos, com um clima notoriamente instável. E de fato o primeiro verão em Sils foi de névoa constante. Em julho fez calor com tempestades regulares. Nietzsche convencera-se de que a eletricidade atmosférica afetava sua saúde precária e em cada tempestade ele sofria uma crise de dores de cabeça e náusea. Agosto foi um mês extremamente frio, mesmo para os padrões de Engadine, e em seu quarto sem calefação ele teve frieiras provocadas pelo frio. O tempo em setembro também foi ruim, com dias alternados de chuva, tempestades e neve. Ao escrever para a família, Nietzsche comentou que em Sils a neve só começava a derreter em junho e que poderia ainda nevar em julho e agosto e, portanto, um dia de inverno em Gênova era mais quente que um dia de verão em Sils.[4] Longe de qualquer centro civilizado, ele voltou a enviar listas de compras para a mãe. Entre outros suprimentos, ele lhe pediu para mandar salsicha alemã, um pavio para o lampião, uma escova e um pente, bolo e agulha e linha (evidentemente ele sabia costurar e cozinhar). No entanto, ele pediu com mais insistência luvas quentes e meias,[5] e por demorarem a chegar, ele escreveu de novo implorando, "estou sentindo tanto frio: meias! Muitas meias!"[6]

Nietzsche continuou a se automedicar, convencido de que a origem de seus problemas residia em uma doença difícil de diagnosticar e que ele conhecia mais seu estado de saúde do que qualquer médico.[7] Ele também acreditava que a solução para melhorar seu estado físico eram os efeitos do clima na saúde – cada lugar novo, escreveu a Elizabeth, é uma nova "experiência" de tratamento.[8] E leu o livro de Pierre Foissac, *On Meteorology*, que, apesar do título, se tratava de um estudo sobre os efeitos da pressão do ar e da eletricidade atmosférica sobre o corpo, mas constatou com pesar que a "ciência" estava ainda em seus primórdios.[9]

Apesar (ou em razão) da dieta diária rigorosa, sua saúde continuou tão ruim como antes. Com frequência havia dias em que a náusea o impedia de se alimentar.[10] Durante o verão inteiro, ele escreveu a Köselitz no final de setembro, "a morte espreitou-me sobre o ombro: só passei 10 dias suportáveis", no resto do tempo as crises foram tão ruins como na Basileia (onde seu estado precário de saúde o obrigou a desistir de sua profissão).[11]

Não obstante seu insucesso, Nietzsche continuou a acreditar na automedicação: "as pessoas dirão que eu fui um bom médico e não só para mim", acrescentou ele,

---

2   KGB 111.1 122.
3   KGB 111.1 135.
4   KGB 111.1 142.
5   KGB 111.1 137.
6   KGB 111.1 142.
7   KGB 111.1 125.
8   KGB 111.1 121.
9   KGB 111.1 167.
10  KGB 111.1 145.
11  KGB 111.1 153.

referindo-se à recente publicação de *Aurora*.¹² Com essa observação ele quis dizer que sua automedicação do *espírito* em Sils fora um grande sucesso. De acordo com a filosofia epicurista, o sofrimento físico é um destino hostil que o espírito pode superar e até mesmo estimular uma vida produtiva: "Existem muitas formas de nos fortalecermos e de bater muito forte com as asas: a austeridade e o sofrimento são meios que pertencem à economia da sabedoria", escreveu a Marie Baumgartner.¹³ O importante era a saúde espiritual que, segundo Nietzsche, melhorou em Sils. Quando escreveu à mãe para consolá-la da morte do seu tio Theobald, "a melhor pessoa da família Oehler", que cometera suicídio jogando-se no rio Salle, ele disse, "nunca houve um homem a quem a palavra 'deprimido' aplicava-se menos... Eu tenho assuntos mais relevantes para pensar do que a saúde do [corpo]".¹⁴

## A Entrada do Eterno Retorno

Esses "assuntos mais relevantes" eram, é claro, pensamentos filosóficos. Como eles estavam em um estado de euforia, nada mais importava na análise final. "Agora, meu bom amigo", escreveu a Köselitz em 14 de agosto (uma antecipação inquietante de algumas características do comportamento que marcaram seu colapso mental),

> o sol de agosto está acima de nós, o ano passa, está ficando mais calmo e pacífico nas montanhas e nas florestas. Os pensamentos elevaram-se acima de meu horizonte como jamais vi. Eu não posso falar sobre eles... a intensidade dos meus sentimentos provoca arrepios e risos... ontem enquanto caminhava... chorei lágrimas não sentimentais, e sim lágrimas de alegria; e enquanto chorava cantei e disse coisas sem sentido, com uma nova visão que tive antes de todos os outros seres humanos.¹⁵

Os pensamentos que ele recusou-se a falar (assim como os judeus não pronunciam o nome de Deus) inseriam-se no pensamento principal do "eterno retorno do mesmo":* o pensamento de que a história inteira de uma pessoa e o cosmos se repetirão *até o último detalhe* por toda a eternidade. O pensamento, em outras palavras, de que o tempo era um círculo. O eterno retorno é o tema central de *Assim falou Zaratustra* e, como observei, Nietzsche o considerava seu pensamento mais importante. Ele foi um dos dois temas-chave – o outro foi a "vontade de poder" – que constituiu o cerne de sua filosofia da maturidade. Assim sendo, no início de agosto de 1881, estamos no ápice do final do período positivista de Nietzsche e o começo de sua maturidade.

Nietzsche mencionou o início desse pensamento capital em *Ecce Homo*:

---

12  KGB III.1 125.
13  KGB III.1 128.
14  KGB III.1 125.
15  KGB III.1 136.
\*   A palavra de Nietzsche para expressar "retorno", *Wiederkunft*, possui certa aura religiosa. Os cristãos referem-se ao *Wiederkunft* de Cristo, a "segunda vinda". Mais tarde, eu sugiro uma importante continuidade entre o eterno retorno e a devoção cristã da juventude de Nietzsche.

a concepção básica [de *Zaratustra*], a ideia do eterno retorno, o preceito máximo de afirmação que é possível atingir, pertence ao mês de agosto de 1881. Ela foi anotada rapidamente em um pedaço de papel com a legenda: "1,83 quilômetros além do homem e do tempo." Neste dia eu caminhava pelas florestas próximas ao lago de Silvaplana, quando parei ao lado de uma pedra grande em forma de pirâmide (ver Ilustração 23) não muito longe de Surlei. Lá o pensamento surgiu em minha mente.[16]

Mais tarde, Nietzsche calava-se ao passar na companhia de alguém pela pedra piramidal (a 30 minutos a pé de Sils) como se entrasse em um lugar sagrado. Esse pensamento que lhe veio à mente foi, para ele, uma graça do céu.

Ao confiar na memória, Nietzsche, como usual, enganou-se em suas citações. Na verdade, ele escreveu o seguinte no caderno de anotações: como título, "*O Retorno do Mesmo: Esboço*", seguido de cinco itens numerados, depois "Início de Agosto em Sils Maria, a 1,83 quilômetros acima do nível do mar e ainda muito mais acima de todas as coisas humanas!", seguido por um longo comentário sobre quatro dos cinco tópicos.[17] A anotação é enigmática a ponto de ser ininteligível e, por isso, não causa surpresa o fato de ter escrito na carta a Köselitz que dizia coisas "sem sentido" quando a escreveu. Mas há uma abordagem relativamente clara de alguns tópicos.

A primeira sugere a impossibilidade de afirmar a *veracidade* do eterno retorno. Na discussão ele questionou o seguinte: *supondo* que o eterno retorno fosse verdadeiro, quais seriam as consequências existenciais do reconhecimento dessa verdade? Neste ponto ele permaneceu indeciso. Por um lado, ele pensava que isso poderia causar uma atitude de "indiferença": ao constatarmos que não havia uma conclusão ou um significado na vida, nem Juízo Final, ou a entrada no Paraíso de uma maneira celestial ou terrena e, em geral, nenhum "fim da história", poderíamos pensar que a vida era apenas um "jogo" absurdo. Nietzsche não emitiu sua opinião sobre os aspectos positivos ou negativos dessa atitude. Por outro lado, ele mencionou o "prazer estético" do jogo, que, ao discutir O *Andarilho e sua Sombra*, eu chamei de "o uso terapêutico do absurdo": refletir sobre a falta de sentido de nossa existência como uma "ginástica espiritual", a fim de nos libertarmos do estresse, para atingirmos a "elevação" epicurista acima da vida e, por conseguinte, a paz mental. Mas, por sua vez, ele disse que a veracidade do eterno retorno suscitaria "a questão de se ainda queríamos viver". No entanto, uma resposta diferente à premissa do eterno retorno seria o que ele chamou de "o novo peso da gravidade", quando nossos "erros" e "hábitos" adquirem uma "importância infinita". Esse seu conceito talvez tenha inspirado a ideia sugerida por Milan Kundera em seu livro *A Insustentável Leveza do Ser*: se acreditarmos que tudo o que fizermos se repetirá por toda a eternidade daremos uma grande importância ao "peso" e à "gravidade" de todas as nossas ações. Essa reação ao eterno retorno eliminaria a covardia, a transigência e os subterfúgios. Começaríamos, assim, a viver com uma incrível *intensidade*.

Porém, um aspecto peculiar em relação a essas diversas possíveis respostas sobre o eterno retorno escritas ao lado da pedra piramidal é que nenhuma delas proporciona uma ideia de por que o eterno retorno seria a "mais elevada expressão de afirmação da [vida]". Uma atitude "indiferente" perante a vida tem mais um sig-

---

16   EH III Z I.
17   KSA 9 11 [141].

nificado de *negação* da vida, ao passo que decidir viver com extrema intensidade é compatível tanto com a afirmação quanto com a negação da vida. (Poderíamos pensar que seria melhor nunca ter nascido, mas, por termos nascido decidiríamos viver da forma mais intensa possível.) Em resumo, o conteúdo da anotação não propicia um indício do motivo de o eterno retorno estar associado à afirmação da vida.

É possível que essa imprecisão fosse causada pela demora de alguns meses até que Nietzsche fizesse a conexão entre o eterno retorno e a afirmação da vida. Entretanto, inclino-me mais a pensar que, embora não escrita na anotação, Nietzsche já fizera essa associação em agosto de 1881. O motivo, suponho, foi sua descoberta de Spinoza.

\*\*\*

Em junho de 1881, um "instinto"[18] advertiu Nietzsche de que ele precisava conhecer a doutrina do filósofo holandês Baruch Spinoza, de família judia de origem portuguesa, do século XVII. Em consequência e com sua tendência habitual de recorrer a caminhos mais curtos por meio de fontes secundárias, ele escreveu a Overbeck no início de julho pedindo-lhe que enviasse para Sils Maria o volume I do livro de Kuno Fischer, *History of Modern Philosophy*, referente a Spinoza. (Ele usara esta mesma obra composta por seis volumes em 1886 para obter um conhecimento operacional de Kant.) Em 30 de julho, ele escreveu em êxtase com Spinoza,

> estou fascinado [escreveu a Overbeck], completamente extasiado! Eu tenho um predecessor. E que predecessor! Eu pouco conhecia Spinoza... Não só sua tendência assemelha-se à minha de produzir um conhecimento que tenha um efeito mais poderoso possível, mas também que nos cinco pontos centrais da filosofia desse pensador intenso e solitário eu me descobri em seu ensinamento: ele nega a liberdade da vontade, o objetivo, a ordem moral do mundo, o altruísmo, a maldade... Em resumo, minha solidão que com frequência, como nos sentimos no alto das montanhas, me priva de alento, agora pelo menos encontrou seu par.[19]

Spinoza era um panteísta. Deus não era apenas o criador do mundo e sim *era* o mundo. "Deus" e a "natureza" eram aspectos diferentes de uma totalidade única e igual. Por este motivo, Spinoza negou a "maldade": por ser o mundo divino não existiria maldade nele. A finalidade da filosofia de Spinoza expressa em sua grande obra, *Ética*, é de possibilitar que as pessoas atinjam a felicidade por meio do amor de um mundo divino.

Desde jovem Nietzsche admirava Ralph Waldo Emerson, o escritor, filósofo e poeta místico e unitarista norte-americano do século XIX. Ele releu Emerson em seu primeiro verão em Sils. O título na folha de rosto da primeira edição de *A Gaia Ciência*, na qual ele trabalhava nesse período, continha a seguinte citação de Emerson: "Para o poeta e o sábio todas as coisas são amistosas e sagradas, todas as experiências são proveitosas, todos os dias são abençoados, todos os homens são divinos." Esta era a visão panteísta de afirmação do mundo spinozista, o "instinto" que o levou a Spinoza foi, na verdade, a percepção dele como o predecessor de Emerson.

---

18   KGB 111.1 135.
19   KGB 111.1 135.

Em 30 de julho de 1881, Nietzsche declarou-se um adepto da filosofia de Spinoza. Logo depois, no "início de agosto", surgiu o pensamento do eterno retorno ao lado da pedra piramidal. Portanto, é razoável presumir que o panteísmo de Spinoza e de Emerson estava presente em seu espírito quando surgiu o pensamento do eterno retorno. Ao fazermos essa conjectura torna-se claro, pela primeira vez, por que o eterno retorno – o *desejo* do eterno retorno – deveria ser a "fórmula mais elevada" para exprimir o amor superior pela vida. Como *todas* as coisas são (de algum modo) "proveitosas", "sagradas", "divinas" então, é claro, ninguém quer que elas desapareçam. E, se essa premissa for verdadeira, o eterno retorno garantiria a sua permanência. Ainda com mais precisão, o que asseguraria sua continuidade seria uma aproximação maior de uma presença permanente possível em um mundo onde o tempo e a transitoriedade são inevitáveis.

## Segundo Inverno em Gênova

Em 2 de outubro, com a proximidade do inverno, Nietzsche voltou à sua antiga moradia em Gênova no Salino della Battestine, onde permaneceu até o final de março de 1882. Depois de se recuperar da viagem desconfortável, ele enviou um cartão-postal para Overbeck contando-lhe seu prazer de estar

> mais uma vez em minha cidade... a menos moderna que conheço e, no entanto, tão cheia de vida, ela não é romântica, mas é o oposto da vulgaridade. E então viverei sob a proteção dos meus anjos da guarda locais, Colombo, Paganini e Mazzini, que juntos são ótimos embaixadores de sua cidade.[20]

Colombo, o descobridor de novos horizontes e auroras, é obviamente um herói para Nietzsche; Nietzsche admirava Mazzini, como sabemos, por sua monomania, a subordinação de sua vida inteira à ideia fixa da unificação da Itália. Mas por que (alguns suspeitavam que sua inspiração era demoníaca) o mágico do violino, Niccolò Paganini, seria um herói nietzschiano?

Nessa época Nietzsche estava cada vez mais fascinado pela música de Köselitz. Ele admirava Köselitz por ter se oposto ao estilo wagneriano de composição. Segundo Nietzsche, sua ópera cômica (de Peter Gast), *Joke, Cunning, Revenge*, era uma obra de uma "alegria tão brilhante",[21] que justificava chamá-lo de "o novo Mozart".[22] Assim como o bem extraordinário que a Carlsbad (a água mineral) fazia "para um estômago doente", escreveu, "Köselitz era fantástico para um espírito doente".[23] Isso, presumivelmente, era a substituição da seriedade pesada, metafísica, do norte da Alemanha pelo brilho e pela elegância, que ele admirava no virtuosismo leve, até mesmo frívolo, do violino de Paganini. Ele referiu-se a essa preferência pela leveza no prefácio de *A Gaia Ciência*: "o que nós, os convalescentes precisamos, escreveu,

---

20   KGB 111.1 158.
21   KGB 111.1 144.
22   KGB 111.1 326.
23   KGB 111.1 198.

não é do grito teatral da paixão... o barulho e o tumulto romântico [wagneriano], e sim de uma arte divinamente tranquila e artificial, zombeteira, leve e fugaz que, como uma chama brilhante, resplandece em um céu sem nuvens".[24]

Embora ainda com a saúde debilitada, Nietzsche decidiu que "só poderia viver à beira-mar". Em Gênova havia uma "possibilidade humana" de viver nessa condição, "enquanto em Engadine, Marienbad, Naumburg e na Basileia minha vida era de um animal torturado".[25] Mais uma vez, ele interessou-se muito pela culinária italiana: o *Stollen* alemão, disse, era uma pálida imitação do *pane dolce* de Gênova (uma espécie de bolo de Natal coberto por uma massa de pão pesada e adocicada).[26] Ele mudou de quarto em sua pensão e instalou-se, por fim, em um quarto bem claro e com o pé direito alto, pois era benéfico para seu estado de espírito. E também para ler: sua visão estava tão fraca que com frequência tropeçava e quebrava coisas e, então, sentiu-se seguro com a superfície plana das ruas largas de pedras de Gênova, onde era mais fácil de caminhar.[27] Sua vista deteriorara-se a tal ponto que sua escrita ficou ilegível, mesmo para ele e, por isso, esforçou-se seriamente para comprar uma máquina de escrever.[28] (A primeira máquina de escrever com sucesso comercial foi inventada em 1867; e a primeira Remington surgiu em 1873.)

Assim como a surdez de Beethoven obrigou-o a não mais ouvir música e a voltar-se para seus recursos internos, em razão de sua "semicegueira", Nietzsche decidiu enviar seus livros para serem guardados na casa da mãe de Ida Overbeck, em Zurique: "por que animais quase cegos precisam de livros?", perguntou.[29] Sem a leitura dos livros, a escrita de *A Gaia Ciência*, concebida nessa etapa como uma sequência de volumes de seis a dez de *Aurora*,[30] prosseguiu com rapidez.

## *Carmen*, São Januário, Rée e Sarah Bernhardt

As expectativas de Nietzsche de encontrar um clima melhor em Gênova do que o tempo horrível do verão em Sils Maria frustraram-se. Mesmo no nível do mar, os últimos meses de 1881 foram, inusitadamente, frios, úmidos e péssimos. Mas no final de novembro ele alegrou-se ao assistir uma ópera,

> Hurra, amigo! [escreveu a Köselitz] Por fim algo de bom aconteceu, uma ópera de François Bizet (quem é?); *Carmén* [sic]... satírica, forte, em alguns momentos profundamente emocionante. Um autêntico talento francês para a ópera cômica, sem a influência desconcertante de Wagner, um verdadeiro aluno de H[ector] Berlioz. Não imaginei que algo como isso fosse possível! Creio que os franceses têm uma abordagem melhor em relação à música dramática. E eles têm uma vantagem sobre os

---

24 GS Prefácio 4.
25 KGB 111.1 157.
26 KGB 111.1 181.
27 KGB 111.1 181.
28 KGB 111.1 173.
29 KGB 111.1 184.
30 KGB 111.1 188.

alemães em um aspecto essencial: para eles a paixão não se prolonga tediosamente (como, por exemplo, nas emoções da música de Wagner).[31]

No mês seguinte ele assistiu a outra apresentação e, ao mesmo tempo, soube que o compositor que acabara de descobrir já morrera. (Bizet morreu em 1875 aos 36 anos, logo após a estreia de *Carmen*.) Ele ficou desolado:

> Foi um golpe profundo [escreveu a Köselitz] saber que Bizet morrera. Eu assisti *Carmen* [sic] pela segunda vez e tive de novo a impressão de que a ópera era uma novela excelente, similar à de Mérimée.* Uma alma tão apaixonada e elegante. Para mim sua obra merece uma viagem à Espanha, pois é um trabalho completamente com raízes sulistas... muito ruim nesse ínterim, mas recuperado com *Carmen*.[32]

Nietzsche teve a sorte de ouvir a maravilhosa Célestine Galli-Marié no papel de Carmen, a cantora que fizera esse papel na estreia da ópera. Ele gostou da sensualidade ardente, mundana e "sulista", o oposto (aos olhos de Nietzsche) da metafísica lúgubre, que atingira o auge na ópera *Parsifal* que iria ser encenada pela primeira vez.[33]

No início de 1882 houve uma mudança drástica no tempo. O clima assemelhava-se

> à primavera: já de manhã era possível sentar-se do lado de fora mesmo na sombra, sem congelar. Não havia vento, nem nuvens ou chuva! Um homem idoso contou-me que ele nunca vira um inverno como esse em Gênova. O mar calmo e absorvido em si mesmo. Os pessegueiros desabrochavam!...Eu vi o soldado com um traje leve de linho; eu também me vestia assim em meus passeios, como no verão em Engadine.[34]

Embora os produtores de frutas temessem que uma geada repentina destruísse as colheitas, o clima antecipado da primavera continuou, e no mês seguinte Nietzsche já nadava com regularidade no mar.[35] O tempo em janeiro (assim como a correspondência de um admirador de Baltimore)[36] levou-o a um estado de beatitude: "Eu começava e terminava o dia com a pergunta, 'houve alguma vez um clima tão agradável?' Parecia que o tempo fresco e ameno refletia a minha natureza." Então, ele decidiu dedicar o quarto volume, originalmente o último, de *A Gaia Ciência* a esse mês intitulando-o de *São Januário*, o santo que deu origem ao nome do mês.

Januário foi um mártir cristão. Um relicário que supostamente contém seu sangue é guardado na catedral de Nápoles, que Nietzsche visitou em sua estada em Sorrento. Em determinados dias de festa, acredita-se que se repete o milagre da liquefação de seu sangue. Nietzsche começou o Livro IV com um poema:

---

31   KGB III.1 172.
\*   O libreto *era*, na verdade, de Mérimée, baseado em sua novela do mesmo nome.
32   KGB III.1 174.
33   Em 26 de julho de 1882.
34   KGB III.1 194.
35   KGB III.1 202.
36   KGB III.1 187.

> *Tu, que com o fogo de tua lança*
> *Derretes o gelo de minha alma*
> *Fazendo-a correr para o mar*
> *Em busca de sua maior esperança*
> *Sempre mais clara e mais saudável*
> *Livre no destino mais amável*
> *Ela preza o teu milagre*
> *Mais belo entre os janeiros.*
>
> *Gênova, janeiro de 1882*

Em resumo, com o derretimento do gelo do inverno, Nietzsche sentiu que seu sangue começara a fluir de novo. A nova expressão de afirmação do mundo surgiu em sua mente, a ideia do *amor fati* – "amor ao destino", a aceitação plena de *tudo* o que aconteceu, tornou-se sua decisão de Ano-Novo.[37]

A chegada de Rée em 4 de fevereiro para uma visita de cinco semanas aumentou seu entusiasmo. Rée trouxera uma máquina de escrever dinamarquesa que, infelizmente, se danificara na viagem. Ela foi consertada por um profissional local e Nietzsche usou-a para escrever 13 cartas. Mas achando-a "agressiva" e "temperamental, como um pequeno animal" ele sentiu-se aliviado em vez de aborrecido, quando no final de março a máquina parou de funcionar. Grande e pesada ela era, de qualquer forma, pouco coerente com seu estilo de vida itinerante.

Rée contou a Elizabeth que nunca vira Nietzsche tão bem e alegre como em Gênova desde o primeiro encontro deles na Basileia em 1872.[38] No dia seguinte à sua chegada, Nietzsche o levou à praia onde se aqueceram ao Sol, como "dois ouriços-do-mar".[39] Muitas risadas e brincadeiras, apesar de Nietzsche tê-las culpado pelo início de uma de suas crises, fizeram com que enviasse a Köselitz pequenos versos tolos escritos à máquina como,

> *Glattes Eis ein Paradeis* [em alemão correto *Paradies*]
> *Für Den der gut zu tanzen weiss*

(em uma tradução básica, "Gelo liso como no paraíso [sic]/Porque eu dançava com prudência".)[40]

Um dos programas culturais dos "ouriços-do-mar" foi a ida ao teatro para ver a famosa Sarah Bernhardt, mas a noite foi um fracasso,

> Assistimos à estreia da peça. Depois do primeiro ato ela desmaiou e caiu como se estivesse morta. Após uma hora de espera desagradável, ela reapareceu, mas no meio do terceiro ato um frasco com sangue quebrou no palco. Isso causou uma impressão horrível, em especial, porque a atriz estava interpretando o papel de uma pessoa tuberculosa [a heroína de] *A Dama das Camélias* de Dumas, filho. No entanto, obteve um sucesso extraordinário nas duas noites seguintes, o que convenceu Gênova de

---

37  GS 276.
38  KGB 111.7/1 Apêndice 31.
39  KGB 111.1 195.
40  KGB 111.1 201. Esses versos reaparecem na coletânea de poesias no início de *A Gaia Ciência*.

que ela era "a principal artista viva". Ela lembrou-me em aparência e maneira de se comportar com Frau [Cosima] Wagner.[41]

(O desmaio, é óbvio, não causou um dano sério à saúde de Bernhardt, porque ela só morreu em março de 1923. Nascida uma semana depois de Nietzsche, ela viveu 23 anos mais do que ele.)

Outra escapada dos "ouriços-do-mar" foi uma visita de três dias a Monte Carlo no início de março. Como sempre puritano e horrorizado com os preços da Riviera Francesa, Nietzsche não foi ao cassino, mas Rée, um jogador compulsivo no estilo dostoievskiano, não resistiu. Apesar de Nietzsche ter escrito à sua mãe que Rée "pelo menos não perdera"[42] ele, na verdade, deve ter perdido muito dinheiro, porque, quando foi visitar Malwida von Meysenbug em Roma, Nietzsche pagou sua passagem de trem.

Em um nível mais sério, a visita de Rée levou Nietzsche a interessar-se por assuntos científicos, e em março ele escreveu a Köselitz contando-lhe sua admiração por Copérnico e Roger Boscovich,* "os dois maiores opositores à maneira de ver as coisas com uma visão sem formação intelectual". Boscovich, continuou, "definiu a teoria atômica por meio de sua conclusão fundamental", ou seja, "a matéria não existe". Portanto, a física leva à conclusão de que "só existem a força",[43] a gravidade, o eletromagnetismo e assim por diante.

## Messina

No final de março de 1882, Nietzsche partiu repentinamente de Gênova e foi para Messina, na Sicília, onde passou as primeiras três semanas de abril. A partida abrupta interrompeu seu hábito de ir para as montanhas, assim que o tempo começasse a esquentar. Nada se sabe sobre a estada de Nietzsche em Messina, exceto por quatro cartões-postais sucintos e, em um deles, ele citou a descrição de Homero da Sicília como "o ponto extremo do mundo" e "o lugar onde a felicidade vive".[44] A escolha surpreendente de Messina, além da pouca informação concreta a respeito do tempo em que passou lá, é o tema central da tese de Joachim Kohler, *Zarathustra's Secret: The Interior Life of Friedrich Nietzsche*, sendo que o "segredo" da "vida íntima" de Nietzsche é que ele era (Escândalo! Horror!...Vendas de livros!!) homossexual.[45] Havia, parece, uma colônia de artistas homossexuais em Taormina, não muito longe de Messina.

Infelizmente para a tese de Kohler, não há um traço de evidência de que Nietzsche tenha ido a Taormina. Tudo o que sabemos sobre sua estada na Sicília é que

---

41 KGB 111.1 197.
42 KGB 111.1 206.
\* Roger Boscovitch (1711-1789) foi um monge dalmaciano, matemático e astrônomo. Nietzsche leu pela primeira vez seu livro *Philosophiae Naturalis Theoria*, quando o pediu emprestado na biblioteca da Universidade da Basileia em 1873, mas o releu em diversas ocasiões como parte do programa de suprir a ausência do ensino de ciência natural em Pforta.
43 KGB 111.1 213.
44 KGB 111.1 220.
45 Kohler (2002).

ele gostava de acordar com a vista das palmeiras através da janela e que achou os moradores de Messina simpáticos. Mas a pergunta ainda não tem resposta, se não foi para satisfazer seu "segredo íntimo", por que ele escolheu Messina?

Curt Janz sugeriu que o "ímã" secreto seria a presença dos Wagner na Sicília e que Nietzsche esperava encontrá-los. (Eles haviam de fato estado lá, porém, quando Nietzsche chegou já tinham partido.) No entanto, não existe um indício dessa hipótese. E, na realidade, creio, não houve mistério sobre a visita de Nietzsche a Messina, porque suas cartas oferecem um relato perfeitamente plausível de seus motivos.

É preciso lembrar que a saúde de Nietzsche foi uma questão central em sua vida, que ele julgava os lugares para onde ia como um "experimento" de saúde, além do fato de que no verão anterior em Sils o tempo fora horrível.[46] Ele escreveu de Messina a Overbeck, "a razão triunfou: depois que o último verão na montanha foi tão ruim e a proximidade das nuvens sempre está ligada ao agravamento do meu estado de saúde, decidi experimentar se um verão à beira-mar melhoraria minha condição".[47] Assim, não surpreende que tenha desistido de passar temporadas nas montanhas, mas por acreditar que o céu límpido iluminava sua mente, por que teria escolhido primeiro as montanhas? Talvez devido à sua pensão pequena, o suficiente para viver com modéstia; "os preços eram extremamente baratos"[48] na região pobre do sul da Europa.

Mas em Gênova havia mar e, então, por que não continuou lá? É possível, suponho, que pensasse que mais ao sul o céu seria ainda mais claro. No verão anterior ele escrevera de Sils para Overbeck que, tendo em vista "o céu límpido durante meses sem fim" ser uma condição essencial para sua saúde, é provável que tivesse de emigrar da Europa[49] e viver, talvez, no México.[50] Ao saber em março de 1882, três semanas antes de partir para Messina, que o amigo e futuro marido de Elizabeth, Bernard Förster, planejava fundar uma colônia na América do Sul, ele associou estas notícias com seu sonho constante de criar um "mosteiro para espíritos livres", e fantasiou o projeto de fundar uma colônia no México.[51]

Entretanto, o "experimento de saúde" na Sicília não funcionou. Depois de três semanas seu "pior inimigo", o siroco,[52] o obrigou a partir – dificilmente algo que impediria uma pessoa de satisfazer por fim seu "segredo íntimo"! O fato de ter recebido, enquanto estava em Messina, uma carta de Rée dizendo-lhe que uma jovem russa, brilhante e linda chamada Lou Salomé, hóspede de Malwida em Roma, estava "desesperada" para conhecê-lo[53] pesou também em sua decisão de partir. A resposta de Nietzsche a essa sugestão de ser apresentado à jovem russa seria, como veremos, outro duro golpe contra a hipótese do "segredo íntimo".

---

46  KGB 111.1 121.
47  KGB 111.1 221.
48  KGB 111.1 222.
49  KGB 111.1 135.
50  KGB 111.1 162.
51  KGB 111.1 204-205.
52  KGB 111.1 224.
53  KGB 111.1 118.

## Idílios de Messina

Nietzsche terminou em Messina uma série de oito poemas, *Idílios de Messina*,[54] que publicou na nova revista de Schmeitzner, a *Internationale Monatschrift*, em maio de 1882. Ele afastara-se cada vez mais de Schmeitzner e suspeitava que sua revista tinha o intuito de ser um veículo de comunicação wagneriano, nacionalista e antissemita. (Ele estava certo – em 1883 ela recebeu o subtítulo de "Revista para o Combate Geral contra os Judeus".) No entanto, gostou do tom cosmopolita do primeiro editorial. Ao contrário da intenção de Schmeitzner, Bruno Bauer escreveu sobre a necessidade de superar as rivalidades entre as nações e de criar uma Europa unida como "nossa pátria espiritual". Surpreso ao ver "como o editorial harmonizava-se ao seu pensamento", Nietzsche decidiu que julgara mal a revista e entregou os poemas a Schmeitzner para publicá-los.[55] Farei alguns comentários a respeito dos mais interessantes.

*Príncipe Vogelfrei* (Príncipe Livre como um Pássaro ou Príncipe Proscrito, a palavra tem os dois sentidos), o primeiro poema é uma celebração do voo, do "convite" de voar como um pássaro bem acima do mar, sem rumo, amarras, medo, elogio e culpa. Isso relembra sua observação nos cadernos de anotações de considerar o sentido de "flutuar e voar", da "elevação" epicurista como "o bem superior".[56] Ele também exalta o tempo livre de trabalhos árduos e de pensamentos: enquanto "passo a passo" o pensamento quase sempre pisa em falso, flutuar sem esforço no vento é muito mais agradável. E, por fim, enquanto o pensamento requer solidão, cantar sozinho é "tedioso".

*Canção de um pastor de cabras*. O poeta apaixonado está deitado na cama "doente do estômago" enquanto "o ser amado dança em meio à luz e ao barulho". "A amada prometeu fugir furtivamente comigo." Eu esperei como um "cachorro", mas ela não apareceu. "Ela mentiu." "Será que persegue todas as pessoas como as minhas cabras?" "Onde está sua saia de seda?" "Como a espera do ser amado é venenosa e contrai meu corpo em espasmos." "O amor consome-me como o sétimo inferno/Eu quase não comi/Adeus, cebolas [sic]." Ficamos inclinados a pensar que esse poema era uma previsão surpreendente de Nietzsche (ou talvez revelasse sua tendência de representar papéis literários), porque ele relata, com precisão, a trágica história de seu amor por Lou Salomé que logo começaria.

*A pequena bruxa*. Ela fala: Enquanto eu tiver um corpinho bonito/Valerá a pena ser virtuosa/Sabemos que Deus ama uma mulher bonita/Em especial as mulheres bonitas/Com certeza perdoará o pequeno monge zeloso/Deus gostaria que eu tivesse muitos monges que queriam estar comigo/Ele com frequência é igual ao gato cinza/Cheio de ciúme e desejo... Todos me perdoarão. O poema de um flerte que provavelmente gostaria de expressar mais do que revelou, de novo o prenúncio de Lou como Nietzsche a veria.

*O mistério noturno*. Nem o ópio ou a consciência em paz faria o poeta dormir, então ele vai para uma praia quente onde encontra um homem (ele mesmo, talvez) e

---

54 KSA 3 p. 334-342.
55 KGB III.1 195, 224.
56 KSA 9 7 [37].

um barco que coloca no mar. "Uma hora ou talvez duas/Ou foi um ano?/De repente meu pensamento e minha mente/fundiram-se na mesma similaridade eterna/E um abismo sem limites/Abriu-se. E 'nada aconteceu'. Não havia sangue. Estávamos dormindo tão bem, tão bem." Um sonho que incorpora a "sensação oceânica" de Freud, a dissolução da individualidade, a absorção no Todo.

*O julgamento do pássaro.* "Para refrescar-me/Sentei-me há pouco tempo sob árvores sombrias/Ouvi um tique-taque, um tique-taque suave/Delicado como se seguisse um ritmo musical/Zanguei-me e fiz uma pequena careta/Mas por fim eu desisti/Até eu, um poeta, também falava com um som regular e cadenciado/Fiz versos/Sílaba por sílaba que me vinham à mente/Até que comecei a rir, a rir durante quinze minutos/Você é um poeta?/Você é um poeta?/Está com a mente tão confusa?/Sim, amável senhor, você é um poeta/Assim falou o pica-pau." Um poema autodepreciativo para terminar a série de poesias com um tom alegre.

Em 1877, Nietzsche publicou uma versão revisada dos *Idílios* como um apêndice de *A Gaia Ciência* e intitulou a coletânea de *As Poesias do Príncipe Volgelfrei*. Em *Ecce Homo* ele mencionou que estas poesias "compostas na maioria na Sicília evocam explicitamente o conceito provençal de *gaya scienza*, a união do *trovador, cavaleiro* e *espírito livre* característico da Provença medieval.[57] Como esses poemas foram escritos por um trovador "livre como um pássaro" era preciso encerrá-los com um tom alegre.

## *A Gaia Ciência*

*La Gaya Scienza* foi o subtítulo, ou talvez uma tradução do título, do livro seguinte de Nietzsche, *A Gaia Ciência*. Com relação ao título, ele disse o seguinte:

> Para a maioria das pessoas o intelecto é uma máquina complicada de operar, sombria, que produz um ruído áspero devido ao atrito desarticulado entre suas peças e, portanto, difícil de iniciar; quando as pessoas querem trabalhar com a máquina... elas dizem que "estão pensando *seriamente...* e no momento em que querem rir e se divertir [como elas supõem] o pensamento é inútil", o que é um preconceito sério do instinto animal do homem contra a "gaia ciência". Assim, iremos demonstrar que é de fato um preconceito.[58]

Pensar pode ser divertido, realmente divertido!

Como vimos, Nietzsche começou o quarto e (originalmente) último volume do livro em janeiro de 1882. Ele quase o terminara em 21 de abril quando partiu de Messina, mas o trabalho interrompeu-se pelos acontecimentos que serão narrados no capítulo seguinte. O livro foi concluído em Naumburg entre 18 de maio a 15 de junho com a ajuda de Elizabeth: ela ditou o manuscrito, sob supervisão de Nietzsche, para um homem de negócios falido de Naumburg, que fez uma cópia impressa.[59] Como o editorial de Brauer na *Internationale Monatschrift* tinha temporariamente

---

57   EH III GS.
58   GS 327.
59   KGB 111.1 230.

atenuado a preocupação de Nietzsche em relação ao seu editor, o livro foi publicado por Schmeitzner no final de agosto. O Livro V foi acrescentado bem mais tarde, em 1887, e exceto por breves referências, ele não será discutido neste capítulo.

## O Principal Argumento

A *Gaia Ciência* é sobre tudo sob o Sol. Existe, no entanto, um argumento central que, apesar de sua formulação aforística, é, de uma maneira notável, e até mesmo rigorosa, sistemático. Mas antes de abordarmos este argumento, como em todas as obras de Nietzsche, a pergunta que deve ser feita é: para quem o livro foi escrito?

No prólogo de *Assim falou Zaratustra*, como veremos, o herói epônimo começa a sua missão no mundo, quando colocou uma caixa de sabão no mercado e fez uma apologia do "super-homem" como o "significado da terra". As pessoas que o ouviram, achando-o um bufão com um discurso bombástico, riram dele. Após um profundo exame de consciência Zaratustra concluiu que deveria realizar sua missão de uma forma diferente e que, especificamente, precisaria encontrar uma nova maneira de comunicar sua mensagem. Ele teve a "percepção" de que não deveria "falar para as pessoas em geral e sim para os companheiros".[60]

Essa conclusão é, em parte, autobiográfica. Os cinco primeiros livros de Nietzsche, as obras de "Bayreuth", foram escritos para o mundo em geral (é claro, culto), e constituíram uma contribuição à cultura da guerra à época. E alguns foram, de fato, no conjunto ou em parte, discursos com uma linguagem afetada como, por exemplo, o "Apelo aos alemães", a razão de a Sociedade Wagner ter decidido que o texto era inútil. Em *Humano, demasiado Humano*, como vimos, ele desistiu de escrever para "as pessoas" em geral e começou a escrever, explicitamente, só para os "espíritos livres". Estes permaneceram o público-alvo de *A Gaia Ciência*. "Nós", disse, restringindo a si mesmo e a seus leitores escolhidos a um círculo íntimo, "não queremos aceitar os costumes atuais, mas, sim, desejamos nos tornar pessoas novas, únicas e que determinam suas leis".[61] Embora quisesse ter "discípulos" eles precisariam ser "espíritos livres" o suficiente para dizerem "Não", mesmo a ele: discípulos incapazes de ter essa atitude seriam seus inimigos.[62] Assim, mais uma vez, temos um livro para "espíritos livres", uma obra para o mesmo público seleto dos "amigos"[63] de Nietzsche, como todos seus livros a partir de *Humano, demasiado Humano*. Agora, abordarei o principal argumento que ele formulou para esses amigos.

O argumento central de *A Gaia Ciência* pode ser dividido em três etapas. Primeiro, ele descreveu o que seria uma "cultura" ou um "povo" próspero, uma teoria geral da "saúde" cultural. Neste sentido, a teoria da evolução cultural que, como vimos, foi mencionada pela primeira vez na terceira *Consideração Extemporânea* de uma maneira embrionária, foi mais elaborada em *A Gaia Ciência* do que em qualquer outro

---

60 Z Prólogo 9.
61 GS 335; ver também GS 55.
62 GS 32; ver também 255.
63 GS 381.

livro. Em segundo lugar, ele usou a teoria geral para diagnosticar e mostrar a situação nociva da saúde física e moral de sua época. Por fim, da teoria geral originou-se um relato da direção que nossa cultura deveria seguir para recuperar a saúde. Este delineamento de um mundo futuro consistiu em um ideal, cuja realização constituiria a missão de vida dos espíritos livres para os quais o livro foi escrito.

## A Evolução Cultural

A elaboração da teoria geral da saúde cultural baseou-se no darwinismo, que Nietzsche conhecera, como vimos, na leitura de History of Materialism de Lange. A "vida" em geral, definia-se pela "contínua mutação de algo que queria morrer", isto é, "o velho e fraco".[64] Seria, em outras palavras, a "sobrevivência dos melhores" em um ambiente competitivo e, pelo menos potencialmente, hostil. Nietzsche aplicou esta teoria à sociedade dos seres humanos, o que o converteu em um "darwinista social": segundo ele as sociedades humanas eram entidades sujeitas às mesmas leis das entidades em geral.

Todas as entidades, inclusive as dos seres humanos como indivíduos e como membros da sociedade, têm como meta serem vitoriosas na luta pela sobrevivência: o "instinto de fazer qualquer coisa em benefício da preservação da raça humana... constitui a essência de nossas espécies".[65] Nietzsche identificou duas circunstâncias essenciais, nas quais uma comunidade saudável poderia se "adequar" a fim de sobreviver. A primeira seria a que ele denominou "vínculo universal... a fé",[66] às vezes também "moral" ou "hábito". Esta fé transformava a comunidade em uma comunidade real e organizava o relacionamento entre as pessoas de modo a capacitar a entidade social a funcionar como uma máquina eficiente de sobrevivência. Por este motivo, a perda dessa fé, uma fé em que a grande maioria acreditava, constituía "o maior perigo que pairou e ainda paira sobre a humanidade".[67] Sem a coesão social de uma fé comum, uma sociedade perderia sua capacidade de ação coletiva e se tornaria vulnerável à destruição, seja por uma desintegração interna ou pela colonização de uma sociedade mais bem-sucedida.

Os principais meios pelos quais a comunidade, ou o "rebanho",[68] preservava a conformidade da fé comum consistia em formas mais ou menos rudes de ostracismo social, eficazes em razão da necessidade básica individual de uma comunidade. "Mesmo uma pessoa forte e decidida... teme o olhar frio ou de desprezo daqueles entre os quais foi criado. Mas de que tinha medo? Da solidão."[69] Nietzsche chamou essa característica individual de "instinto do rebanho".[70] Portanto, o "instinto do rebanho" tem dois aspectos. Da parte da comunidade é o instinto que exerce pressão

---

64  GS 26.
65  GS 1.
66  GS 76.
67  Ibidem.
68  GS 116-117.
69  GS 50.
70  Ibidem.

para que uma pessoa seja conformista. Por sua vez, esse instinto faz com que ela se submeta a essa pressão.

O efeito básico da "fé" ou da "moral" seria o de converter as pessoas em "funções"[71] ou "instrumentos"[72] da comunidade. Para as pessoas que, por natureza, incorporavam esse instinto, essa pressão não prejudicava a capacidade de realização pessoal. Porém em outras pessoas, mais raras, o desenvolvimento de seu potencial seria, fatalmente, prejudicado caso se sujeitassem ao instinto do rebanho. E, paradoxalmente, a comunidade também seria afetada.

A fé comum, a moral comum, garantia a estabilidade de uma comunidade – "e a estabilidade é um valor essencial na Terra".[73] Mas às vezes seu poder de exercer essa continuidade começava a diminuir, devido à mudança do ambiente humano e natural da comunidade. (Os conceitos tradicionais dos direitos de propriedade como, por exemplo, o livre-arbítrio de cortar árvores, pode, na era do aquecimento global, ser extremamente prejudicial ao bem-estar da comunidade.) As mudanças no meio ambiente requerem uma alteração na moral da comunidade e na sua capacidade de mudar em relação às suas "leis de consenso" fundamentais. No mundo darwiniano a lei era: evoluir ou morrer.

Os agentes dessa mudança eram as pessoas não conformistas, que resistiam à pressão de aceitar sem questionamento as normas vigentes e libertavam-se dos grilhões da moral da maioria do grupo em que vivia, ou seja, os "espíritos livres". A célebre capacidade de *transformação* constante da Europa dependia desses "rebeldes". Por sua vez, a China, disse Nietzsche, era um país onde a insubmissão em grande escala desaparecera há séculos e, por consequência, sua capacidade de mudança.[74] (O que resultou também em sua colonização e exploração pelas potências europeias e, mais tarde, pelo Japão.)

Os espíritos livres podiam ser de "segunda" ou "primeira categoria".[75] Os primeiros diziam "Não" às convenções vigentes, mas suas vidas eram triviais. Os últimos, os verdadeiros leitores de Nietzsche, eram "os semeadores do futuro, os colonizadores espirituais que moldavam a concepção dos novos Estados e comunidades",[76] pessoas como Colombo, que descobriam novas "terras" e horizontes. A diferença essencial entre os dois era a criação e a destruição. Enquanto os primeiros apenas transgrediam as normas, os segundos, ao "criarem novos nomes e valores",[77] geravam "novas possibilidades de vida em contraposição às antigas tradições e formas de viver".[78] Embora muitos fracassassem em seus projetos por falta de influência ou utilidade social, ou por ambos os motivos, a expectativa de uma comunidade de se adaptar com sucesso ao novo ambiente, no qual as antigas crenças e costumes não mais existiam, dependia da influência exercida por essas novas formas de vida, que deveriam atender à sua sobrevivência e prosperidade. (O excêntrico que tricota seus

---

71  GS 116.
72  GS 5.
73  GS 356.
74  GS 24.
75  GS 23.
76  *Ibidem*.
77  GS 58.
78  KSA 8 17 [44].

suéteres recusa-se a dirigir um carro, nunca usa o avião como meio de transporte, e tem seu próprio gerador eólico de luz pode, de repente, transformar-se de um ser "bizarro" em um exemplo a seguir. Na linguagem de Nietzsche, ele é reconhecido como o "argonauta do ideal" e o arauto de uma "saúde melhor".)[79]

Como já mencionado, segundo Nietzsche, tanto o "instinto do rebanho" quanto o "espírito livre" eram essenciais para a prosperidade de uma comunidade. O instinto do rebanho unia as pessoas em uma coletividade capaz de se adaptar e, em especial, de se autopreservar. O espírito livre, por sua vez, que constituía uma minoria[80] em uma comunidade saudável preparava o dia em que a fé comum precisaria mudar, a fim de manter sua capacidade de adaptação. Na concepção de Nietzsche, que alguns podem considerar trágica, uma sociedade saudável vivia *sempre* em um estado de tensão dinâmica. A tensão às vezes mais ou menos evidente ou mais ou menos intensa entre as forças de renovação e de reação não significava uma disfunção social temporária e, sim, uma condição essencial para a saúde coletiva. Não existia um paraíso no "fim da história" no qual todos os conflitos se dissipariam. É preciso aceitar o "eterno retorno da guerra e da paz".[81]

## *A Maneira como Somos Agora*

A segunda etapa do argumento central de Nietzsche referiu-se à teoria geral da situação de sua época. O ponto crucial da modernidade ocidental era a "morte de Deus" mencionada pela primeira vez em *A Gaia Ciência*.[82] De um determinado ponto de vista a perda da fé cristã deveria ser recebida de braços abertos, porque o cristianismo provocava a infelicidade do ser humano. Ao contrário dos gregos, que "enalteciam e deificavam" todas as coisas humanas,[83] o cristianismo gerava (como muitas representações pictóricas do Jardim do Éden evidenciavam) uma humanidade envergonhada de si mesma.[84] E isso fazia com que as pessoas ficassem não só infelizes, como também perigosas. Ao nos ensinar a termos ódio a nós mesmos, o cristianismo instigava uma ação belicosa contra os outros.[85]

Essa foi a reação habitual de Nietzsche à secularização da sociedade europeia. Porém, menos evidenciado foi seu senso arguto do *aspecto adverso* da "morte de Deus". Apesar de suas deficiências, o cristianismo proporcionou um "vínculo universal da fé", que preservou a cultura por dois mil anos. Agora que não mais existia, deixou-nos com uma "ausência de crença religiosa". No mundo ocidental moderno onde os espíritos livres (de "segunda categoria") converteram-se em maioria em vez de exceção, a falta de um vínculo de fé significaria que "é com pouca confiança que poderíamos falar a respeito do futuro da humanidade".[86] No Livro V, ao prever

---

79  GS 382.
80  GS 55.
81  GS 285.
82  GS 108.
83  GS 139.
84  GS 274-5.
85  GS 294.
86  GS 76.

a morte de Deus como causa do colapso da "moral europeia", Nietzsche teve uma premonição das guerras mundiais e da guerra nuclear.[87]

A modernidade, então, estava em decadência, em processo de "corrupção". A antiga fé desaparecera deixando-nos entre espíritos livres de segunda categoria, que perseguiam seus próprios egoísmos. No entanto, não tínhamos razão para ficarmos deprimidos, porque entre esses espíritos havia "os semeadores do futuro": a corrupção, afinal, era "uma palavra rude para designar o outono das pessoas".[88] Que tipo de futuro desejaríamos para esses semeadores?

Na célebre passagem em que o "louco" (que, é claro, nada tem de louco) diz que não só Deus estava morto, como também que nós os pensadores modernos o haviam "matado" com as teorias das ciências humanas e naturais, está implícita a ideia de que "sofreríamos" as consequências de nossas ações.[89] De acordo com a teoria geral da sociedade cultural saudável, tínhamos uma explicação imediata: a expectativa seria a destruição da fé que preservava a comunidade. E uma nova fé seria a única maneira de preservar a comunidade, uma fé adaptada à modernidade e que produziria seres humanos mais felizes do que seus predecessores cristãos. Essa foi a tarefa que Nietzsche atribuiu aos seus leitores escolhidos. Como essa nova fé só poderia ser criada pelos espíritos livres criativos, o louco Nietzsche disse aos escolhidos que essa tarefa seria uma missão fundamental na vida.

Mas em que consistia essa "fé"? Quão próximo do significado da palavra nas religiões tradicionais ele tinha em mente? Qual seria o conteúdo da nova fé que substituiria a fé extinta do cristianismo? As respostas a essas perguntas são encontradas, mais uma vez, no olhar de Nietzsche em direção ao futuro esperado.

## O Futuro de Nietzsche

Os "homens loucos" de Nietzsche diziam que a única forma de "expiar" a destruição do cristianismo seria a realização de novos "festivais" e "jogos sagrados".[90] Isso indicava duas características do futuro esperado. Primeiro, o uso da "fé" em Nietzsche não estava separado da "religião", e o cerne de qualquer religião deveria ser incorporado à reunião festiva de uma comunidade em um local sagrado na afirmação de sua concepção da maneira certa de viver. Segundo, que a nova fé se inspiraria na Grécia, porque os "jogos sagrados" eram, é claro, os jogos olímpicos, a ocasião festiva dedicada a Zeus.

Portanto, voltamos ao tema do "renascimento da tragédia grega" e ao *ideal* wagneriano. Apesar de o pensamento de que a arte de Wagner pudesse redimir a cultura ocidental ter sido completamente rejeitado – a última coisa que precisamos era da arte de "intoxicação", de "fumar haxixe e mascar bétele"[91] –, a busca wagneriana de redenção da

---

87  GS 343.
88  GS 23.
89  GS 125.
90  GS 125.
91  GS 86.

decadência atual do Ocidente, por meio do renascimento do festival grego, continuou a ser a estrela-guia que inspirou o pensamento de Nietzsche até seu colapso final.[92]

Sabemos, então, que a futura sociedade a ser criada pelo seu grupo seleto de leitores (que se assemelharia, *neste* sentido, à sociedade cristã do passado) encontraria seu cerne na nova "fé", uma fé que uniria a religião à moral e se concentraria no festival sagrado. E segundo, a referência aos gregos como um ideal a seguir revelava que, apesar das similaridades estruturais e institucionais da nova religião com a Igreja medieval, em termos de conteúdo, ela seria totalmente diferente. Em substituição ao aviltamento cristão haveria a celebração do ser humano, que ajudaria a criar uma humanidade mais uma vez livre de culpa e de ódio. Estes dois pontos foram resumidos em uma nota enigmática, porém, importante, escrita no caderno de anotações desse período:

> A partir do momento em que não mais precisamos da moral também não precisamos da religião. O "amor [cristão] a Deus", a única forma religiosa antiga, se transformaria no amor a um ideal criativo, puros deuses terrenos. A moral é necessária, porque orienta nossa maneira de proceder. Qualquer ação que fizermos deverá ser avaliada... A moral é uma condição da vida, um "dever".[93]

(Observem que essa nota menciona primeiro a conotação "pejorativa" da "moral" e, em seguida, seu sentido não pejorativo.)

\*\*\*

Uma elaboração posterior do festival religioso foi realizada na discussão sobre a arte em *A Gaia Ciência*. Com uma alusão ao fato de que quase todas as artes anteriores ao período moderno foram artes mais ou menos religiosas, Nietzsche escreveu:

> O que todas as nossas obras de arte significariam se perdêssemos a arte superior, a arte dos festivais! Antes, todas as obras de arte eram mostradas no grande festival do caminho da humanidade, como comemorações de momentos elevados e felizes. Agora usamos a arte a fim de atrair seres humanos pobres, exaustos e doentes para... a intoxicação e a loucura.[94]

A arte do futuro, em consequência, se associaria à nova "fé". Como os artistas que Nietzsche aprovava "constantemente a enalteciam, ou só faziam isso", eles ajudariam a criar a fé do futuro.[95] Em resumo, assim como os artistas "apolíneos" da Grécia enalteciam seus deuses e heróis e os artistas cristãos seus santos e mártires, a arte do futuro criaria "imagens de uma vida nas quais nos inspiraríamos",[96] exemplos a serem seguidos que personificariam a nova fé. Como Nietzsche escreveu em

---

92  KGB 111.1 381, 459, 769.
93  KSA 10 4 [90].
94  GS 89. Nietzsche escreveu no caderno de anotações: "Em oposição à arte dos trabalhos artísticos, quero ensinar uma arte superior: a criação dos festivais."
95  GS 85.
96  KSA 10 4 [265]. Na verdade, Nietzsche disse "muitas imagens", ao expressar sua vontade de que o politeísmo da religião grega substituísse o monoteísmo do cristianismo. Esse desejo está explícito em GS 143.

*Humano, demasiado Humano*, a arte do futuro "desenvolveria de uma maneira criativa uma bela imagem do homem", que o elevaria ao "*status* de um exemplo e, assim, pelo estímulo da inveja e da rivalidade, ajudaria a criar o futuro".

*A Gaia Ciência* enfatiza bastante o poder da arte: seu poder "suave", o poder de criar sentimento, pensamento e ação não por coerção e sim pela atração. Às vezes esse poder não inspirava confiança, porque "os poetas dizem muitas mentiras", mas ficavam impunes por causa do poder da retórica poética de iludir a razão.[97] Mas, segundo Nietzsche, o poder da arte era um componente essencial para a criação do novo "festival". Em especial pelo poder órfico da música:

> "Anseio por um grande compositor", disse um inovador a seu discípulo, "que possa captar meus pensamentos e depois transmiti-los em sua linguagem. Assim, penetrarei melhor nos ouvidos e corações das pessoas. Com sons podemos induzir as pessoas a acreditarem em erros e verdades: quem contestaria um som?" "Então gostaria de ser inquestionável?" perguntou o discípulo. O inovador respondeu: "eu quero que o broto transforme-se em uma árvore. Para um ensinamento transformar-se em uma árvore é preciso que acreditem nele por algum tempo e, por isso, ele deve ser irrefutável..."[98]

É fácil entender por que a nova fé e o festival dependiam essencialmente do poder da arte em geral e da música em especial. Com a morte de Deus, o medo do inferno e a esperança do céu desapareceram e, portanto, a origem do poder e da autoridade da moral que cria e preserva a comunidade não mais provêm de um juiz sobrenatural e de uma moral coerciva. Por este motivo, a moral da nova fé precisava encontrar uma nova fonte de autoridade. Incapaz agora de se basear no poder "rigoroso" da ameaça e da recompensa, a moral deveria voltar-se para um poder "suave", sem coerção, ou seja, o poder da arte.

A concepção de Nietzsche em relação à "nova fé" que se apoiava e fortalecia-se (na linguagem ainda de Wagner) na "arte do futuro", uma fé e uma arte que substituiriam o aviltamento cristão do ser humano com a deificação "grega", soa muito abstrata. No entanto, ela antecipou o pensamento do início do século XX. A fim de captar a visão da fé e da arte inspirada em ideias de Nietzsche, basta pensar na glorificação de soldados, trabalhadores e fazendeiros na arte soviética no início do século XX, a "fé" em questão incorporada ao surgimento da utopia comunista, uma fé que também inspirou os nadadores e ciclistas monumentais de Fernand Léger. Ou, com uma "fé" diferente, temos os filmes de Leni Riefenstahl, que exaltaram o povo ariano do "festival" e dos "jogos sagrados" de Nuremberg em 1936.[99] (Apesar de a apropriação nazista das ideias de Nietzsche ter sido uma profunda perversão do seu pensamento, é preciso, porém, observar as semelhanças genuínas e a coerência das características inerentes a ele e aos nazistas, porque de outra forma seria inexplicável como e por que houve essa apropriação.)

\*\*\*

Assim como em uma fé comum, uma sociedade saudável (ao contrário do nazismo) também abriga, estimula e equilibra a força (criativa) do espírito livre e, por

---

97  GS 84.
98  GS 106.
99  *Triumph of the Will* e *Olympia*.

isso, quando a antiga fé torna-se inadequada, ela tem, pelo menos, a esperança de modificar seu modo de viver para atender às novas condições. Isso originou o segundo aspecto da visão de Nietzsche de um futuro mais saudável.

A Seção 329 de *A Gaia Ciência* resumiu a crítica à modernidade, que permeou todos os trabalhos anteriores de Nietzsche. "Os americanos", Nietzsche escreveu, em especial

> esforçam-se para obter ouro; e sua pressa ávida em trabalhar... já está disseminando-se pela velha Europa... Sentimo-nos agora envergonhados por ficarmos parados; longas reflexões deram uma consciência pesada às pessoas. Pensamos com um relógio na mão, comemos olhando as páginas de economia... todas as formas de vida estão sendo destruídas pela pressa dos trabalhadores... não temos mais tempo nem energia para sermos gentis... cada vez mais é o trabalho que se beneficia com a boa consciência; o desejo de alegria chama-se agora de "a necessidade de nos recuperarmos"... temos o dever de proteger nossa saúde, é o que as pessoas dizem quando decidem fazer um passeio no campo. Logo chegaremos ao ponto em que não mais poderemos ceder ao desejo de ter uma *vita contemplativa* [vida contemplativa] (isto é, passear com ideias e amigos)...[100]

A última frase é a que mais desperta reflexões, porque o maior perigo da "pressa americana" é a destruição da contemplação.

Ela é um grande perigo para os seres humanos contemplativos (em outras palavras, os espíritos livres criativos) que criam a possibilidade de um novo futuro:

> Os seres humanos superiores distinguem-se dos inferiores por... verem e ouvirem com uma maneira reflexiva infinitamente maior... O ser humano superior... recorre à sua natureza contemplativa e assim constata que ele é o poeta e o constante autor da vida. Ele é muito diferente do ator desse drama, o suposto homem de ação; além disso, ele não é um mero espectador nem um visitante de um festival em frente ao palco. Como o poeta ele sem dúvida possui *vis contemplativa* [poder contemplativo]... mas ao mesmo tempo e, em especial, *vis creativa* [poder criativo] que o homem de ação não tem, quaisquer que sejam as aparências e a crença universal. Somos nós, os pensadores receptivos, que de fato criamos continuamente: o perpétuo crescimento do mundo de avaliações, cores, valores, perspectivas, critérios, afirmações e negações. Esse poema que inventamos é constantemente incorporado, exercitado e traduzido em matéria e realidade de forma trivial pelos seres humanos práticos (nossos atores)... mas nós criamos o mundo...[101]

Essa visão do espírito livre contemplativo e criativo como o "autor" que cria o roteiro no qual vivemos reflete o tema alemão de *geistige Führung* [liderança espiritual], de ser o "pastor espiritual do rebanho".[102] Ao contrário das aparências, os verdadeiros líderes são os pensadores e não os atores (não os professores distraídos) "receptivos" às realidades de seus mundos. Os verdadeiros líderes, em outras palavras, são os filósofos no sentido mais amplo do termo. A verdadeira liderança, disse Nietzsche, é a liderança espiritual e intelectual: nas belas palavras de *Assim falou Zaratustra*, "pensamentos que surgem como mensageiros de boas notícias" gover-

---

100 GS 329.
101 GS 301.
102 KSA 9 11.191.

nam o mundo.¹⁰³ As mudanças nas avaliações e opiniões habituais acontecem "por intermédio de pessoas poderosas e influentes... que dizem *hoc est ridiculum, hoc est absurdum* [isto é ridículo, isto é absurdo].¹⁰⁴ Portanto, um tema que remonta às palestras realizadas em 1872, "Sobre o Futuro de nossas Instituições Educacionais"; se eliminarmos a vida intelectual e espiritual, por exemplo, transformando as universidades em meras escolas de treinamento para a vida do trabalho, extinguiríamos a possibilidade de elas serem "educadoras", de nos transmitirem o conhecimento necessário para reagirmos melhor ao mundo em constante mudança onde vivemos.* A fim de evitar essa eventualidade, a nova cultura deveria organizar-se para combater a "pressa" e a avaliação excessiva do trabalho, da produção e do lucro. Ela precisaria estimular a vida contemplativa em pessoas com essa tendência. A arquitetura e a jardinagem, por exemplo, deveriam incentivar a contemplação:

> Algum dia, provavelmente em breve, será necessário examinar o que não temos mais, como necessidade básica, em nossas grandes cidades: tranquilidade e espaços amplos de reflexão, lugares com arcadas extensas e com o pé direito alto para nos proteger de climas inóspitos ou de dias com muito Sol [como em Gênova e Turim], onde gritos e barulhos das carruagens não penetram... um conjunto de prédios e locais que refletiriam a sublimidade da contemplação e da divagação... Queremos *nos* exprimir em pedras e plantas; queremos caminhar *por nós* enquanto andamos por essas arcadas e jardins.¹⁰⁵

\*\*\*

A sociedade futura de Nietzsche valorizaria a liderança espiritual. Mas a liderança, ou o que ele chamou de "hierarquização", era um princípio que permeava todos os aspectos da vida social como, por exemplo, as relações entre homens e mulheres. Por este motivo, ele estendeu-se em suas argumentações para justificar que a correlação da liderança e subordinação não significava o mesmo que opressão. A tese subjacente de Nietzsche era a verdade óbvia de que as pessoas são diferentes, que não existia o "bem-estar [ou a felicidade]", que o alimento das pessoas podia ser um veneno.¹⁰⁶ Algumas pessoas gostam de exercer a liderança, mas em muitas outras há um "impulso de se submeterem", que resulta em uma "alegria" positiva ao se converterem em uma "função" de outra pessoa.¹⁰⁷ Muitas mulheres, por exemplo, revelam

---

103 Z II 22. Esses pensamentos, às vezes, são pensamentos muito *negativos*. A causa fundamental do colapso financeiro global em 2008, sem dúvida, não foi a ganância dos banqueiros, mas, sim, o predomínio da economia neoclássica, com o pressuposto absurdo de que os agentes econômicos eram perfeitamente racionais.
104 GS 39. Essa era a grande esperança, pelo menos na época em que este livro foi escrito, do governo do presidente Obama dos EUA. Pela primeira vez havia uma combinação de uma liderança espiritual (benigna) com o poder global.
\* Na filosofia educacional de Nietzsche existe um pedido implícito de destinação de verbas para criar o que hoje chamamos de pesquisa do "céu azul" no sentido mais amplo do termo. É óbvio, se todas as pesquisas forem vinculadas a metas atuais, não haveria a possibilidade de gerar novas metas, seja técnica, seja cultural. Pesquisadores talentosos precisam ter a liberdade de seguirem seus instintos, não importa o resultado.
105 GS 280.
106 GS 120.
107 GS 118.

um excedente de força e prazer ao se tornarem uma função; elas têm uma percepção sutil dos lugares onde poderiam se transformar em função. Essas mulheres exercem o papel de uma função em um homem que tenha uma característica especialmente fraca e, neste sentido, convertem-se em seu apoio, seu conselheiro ou seu meio de sociabilidade.[108]

(É quase certo que pensava em Cosima Wagner ao formular essa teoria. Quando soube da morte de Richard Wagner, Nietzsche lhe escreveu dizendo que poderia orgulhar-se de "ter feito todos os sacrifícios" por ele.)[109] É claro, a condição essencial de uma relação não opressiva de liderança e submissão era a legitimidade que os líderes deveriam demonstrar perante seus subordinados. Assim, enquanto o dono de uma fábrica é visto pela maioria de seus operários como "um explorador esperto e sem escrúpulo", o líder militar é com frequência tratado com respeito. Em uma liderança bem-sucedida é preciso que o líder tenha uma espécie de nobreza, a aparência de pertencer a uma "raça mais superior" do que a de seus subordinados. "As massas estão preparadas para se submeterem a qualquer tipo de escravidão, desde que seus superiores legitimem-se constantemente como pessoas superiores, com um instinto inato para comandar, e por meio de sua conduta requintada."[110]

Os exemplos citados por Nietzsche são questionáveis. A razão que estimula as mulheres talentosas a se tornarem uma "função" de um homem quase sempre é consequência, não da disposição inata de se submeter em vez de liderar, mas, sim, pelo fato de que por não terem acesso à educação e, portanto, à possibilidade de terem uma renda independente, a cultura da época não lhes dava outra opção. No entanto, a visão de Nietzsche de que a subordinação não era o mesmo que opressão é correta. O capitão de um time de futebol não oprime (em geral) os outros jogadores, nem um líder de um quarteto de cordas oprime os músicos. (A opinião de Michel Foucault de que a subordinação sempre implicava opressão sugere que ele nunca jogou futebol ou pertenceu a um quarteto de cordas.) Mas a existência de líderes e seguidores de todos os tipos na sociedade futura de Nietzsche – em uma linguagem provocadora de "senhores" e "escravos" – não é uma objeção a essa opressão. E sua visão de que uma sociedade "hierarquizada" é mais feliz do que uma sociedade sem hierarquia é correta. Como Alexis de Tocqueville mencionou em suas observações sobre a América, um ponto de vista revisto por Alain de Botton mais tarde, quando uma posição na sociedade corresponde a uma posição na vida, pelo menos libertamo-nos da "ansiedade de *status*".

## A Vida como Obra de Arte

Muitas passagens famosas de *A Gaia Ciência* discutem a vida individual em vez da vida social, o que suscitou uma interpretação aceita amplamente de Nietzsche como um filósofo "elitista" e "individualista" preocupado com o bem-estar de umas poucas pessoas escolhidas, e não com o bem-estar da sociedade.

---

108 GS 119.
109 KGB 111.1 380. Ver também p. 435.
110 GS 40.

Não se pode negar que o livro contém um elemento "individualista" forte: em quase todo o livro Nietzsche preocupou-se em dizer aos seus leitores escolhidos não como seria a sociedade do futuro em relação ao trabalho e, sim, como viver de um modo pleno e feliz aqui e agora. Ao mesmo tempo é preciso lembrar que seus leitores escolhidos são os espíritos livres criativos, os potenciais "semeadores e colonizadores do futuro". Neste sentido, ele enfatizou a singularidade de seus leitores; e por este motivo ele disse que "nós" queremos ser "novos, únicos e incomparáveis",[111] ou seja, personificações das novas formas de vida que, potencialmente, preservariam a comunidade. (Se ele estivesse escrevendo um livro de autoajuda para a grande maioria, cuja felicidade seria maior se fossem "instrumentos" da moral comum, ele teria omitido o caráter singular de seus leitores.) Então, deve haver uma conexão entre o conselho a seus leitores de como se tornarem felizes e as preocupações comuns, que eram mais importantes para ele.

A conexão, penso, encontra-se na ideia de exemplificação e modelagem, uma ideia subjacente ao desejo persistente de Nietzsche de fundar uma "colônia para espíritos livres" (assim como permeou, em muitos casos, a tentativa generalizada dos alemães no século XIX de criar colônias literais em lugares distantes). Os leitores escolhidos de Nietzsche eram "protótipos" que "indicavam" uma forma superior da existência humana. Nietzsche disse que eles deveriam ser "seres humanos com seus festivais, seus dias de trabalho e períodos de luto... seres humanos mais produtivos e felizes".[112] Vemos, então, mais uma vez, um indício de sua afinidade com o movimento de "reforma da vida". Além disso, eles teriam "uma autossuficiência exuberante que se comunicava com os homens e as coisas".[113] Em termos gerais, creio, trata-se da ideia de que a arte exalta e propicia novas formas de vida ao "estimular a inveja e a rivalidade" (p. 321), assim como as vidas dos espíritos livres criativos. Eles se tornariam nossos "educadores", exemplos inspiradores a seguir da nova cultura. Porém, eles só poderiam nos inspirar se irradiassem bem-estar psíquico e físico. (É possível pensar como a personalidade radiante do Dalai Lama é a melhor propaganda de seu ensinamento.) Em resumo, a discussão sobre a felicidade individual insere-se nas preocupações sociais predominantes de Nietzsche. A felicidade exemplificada por seus "protótipos" é um meio importante de criar a nova cultura. Mas, então, como os leitores escolhidos de Nietzsche se tornariam felizes?

***

Como vimos no capítulo anterior, nosso eu não é apenas uma descoberta. Temos de criá-lo: não como um esboço, mas criá-lo "esculpindo-o", "suprimindo o supérfluo", "cultivando-o", "no paisagismo" ou na "paisagem" do conjunto de estímulos que descobrimos em nós. Assim, primeiro, para nos tornarmos pessoas felizes temos de "esculpir" nossa pessoa futura. O livro *Aurora*, como vimos, ofereceu um conselho a respeito da "autoescultura". *A Gaia Ciência* o elaborou. O cerne desse conceito referiu-se à ideia de transformar nossa vida em uma obra de arte.

---

111 GS 335.
112 GS 283.
113 GS 55.

A fim de nos esculpirmos em pessoas genuínas, escreveu Nietzsche, é "preciso aprender com os artistas", mas sermos mais sábios do que eles. Porque, enquanto "seus poderes delicados em geral desaparecem onde a arte termina e a vida começa – de uma maneira estereotipada os grandes artistas têm vidas confusas –, "queremos nos tornar poetas de nossas vidas".[114]

Precisamos aprender com os artistas, "em especial com os do teatro", a nos "simplificarmos e transfigurarmos" a fim de perceber "o herói escondido nas características da personalidade cotidiana". Um romancista ou um dramaturgo habilidoso escolhe e descreve acontecimentos para construir um retrato coerente e verossímil do "herói" da obra (Elizabeth Bennet, Henrique V) e, assim, precisamos contar a nós mesmos nossa história de vida de uma maneira que possamos revelar o "herói" que decidimos ser. Para isso é preciso aprender com os artistas a observarmo-nos "com um distanciamento do passado e do conjunto", porque de outra forma seríamos "apenas um primeiro plano".[115]

Na verdade, estamos tão "confinados" às nossas vidas que não prestamos atenção à madeira por causa das árvores. Em especial na época moderna nossas vidas precipitam-se de um acontecimento para outro – o relatório que deveria estar na mesa do gerente na semana passada, a discussão no café da manhã com a mulher, o mau comportamento de uma criança na escola, o saque a descoberto no banco, as compras para o jantar, o atraso em pegar o trem – são acontecimentos fortuitos. A coerência exige menos ação e mais reflexão; durante algum tempo, pelo menos, necessitamos da *vita contemplativa* (p. 315, 378).

Um exemplo concreto facilita a compreensão do pensamento de Nietzsche. Pensemos em Gauguin, um corretor da bolsa de valores bem-sucedido em Paris, mas também pintor. Sua vida foi uma sucessão de dificuldades destituída de qualquer coerência. Com o objetivo de definir quem seria o "herói" de sua vida, ele precisou distanciar-se de todos os seus problemas, de "aprender a arte de 'subir no palco'",[116] de decidir sua história de vida. Ele tinha (simplificando em prol do exemplo) duas opções. De acordo com a primeira história, ele era um pintor genial que, devido ao apego covarde aos confortos burgueses e restrições, fracassara até então em viver uma vida que de fato queria, fracassara em viver segundo o preceito de Nietzsche de "transformar-se no que você é".[117] Na segunda história (a história na vida real que, é claro, ele rejeitaria) ele era um brilhante operador do mercado financeiro, que se sentia infeliz em razão dos desejos românticos de levar uma vida boêmia de um pintor com pouco talento reconhecido. Observem que cada história mostra a Gauguin *como agir*. A opção por uma história ou outra resulta em uma ação coerente e decisiva. Como consequência do fracasso em fazer uma escolha, continuamos sendo vítimas das circunstâncias, um mero ponto de convergência de acontecimentos e não pessoas autênticas e tangíveis.

É evidente que ser um "herói" literário não é suficiente. *Lady* Macbeth, Ricardo III e o rei Lear são "heróis" no sentido de serem personagens centrais, mas como a

---

114 GS 299.
115 GS 78.
116 GS 78.
117 GS 335.

finalidade é ser uma pessoa *feliz*, seria preciso algo mais para termos coerência. Seria necessário *gostar* da vida que decidimos narrar, a pessoa que havíamos escolhido ser.

"Gostar", é claro, era uma palavra com muito pouco vigor para Nietzsche. Para ele, a fim de igualar-se ao ideal de felicidade seria preciso *amar* a vida que havíamos escolhido, o amor em *êxtase*, o amor, na verdade, a *tudo* relacionado a esse ideal. A decisão de Nietzsche no Ano-Novo de 1882, que inicia o Livro IV de *A Gaia Ciência*, diz:

> Eu quero aprender cada vez mais como perceber a beleza das coisas. *Amor fati* [amor ao destino]: que isso seja meu amor a partir de agora! Eu não quero declarar guerra à feiura... Que desviar o olhar seja minha única negação!... algum dia vou querer ser só um Vidente![118]

Como todos os fatos da vida por pertencerem ao passado são inalteráveis e, portanto, "necessários", a felicidade ideal consiste em amar tudo o que fizemos e tudo o que nos aconteceu. E como uma única "negação" significa um fracasso do *amor fati*, precisamos ser capazes de amar o "eterno retorno". Suponhamos, disse Nietzsche, que um "demônio" sussurre em seu ouvido que

> suas vidas se repetirão inúmeras vezes; e não haverá nada de novo nelas, e todos os sofrimentos e alegrias, pensamentos e lamentos, e todos os fatos irrelevantes e significativos da vida retornarão, mesmo a aranha e o luar entre as árvores, mesmo este momento e eu mesmo,

você se "prostraria diante dessa realidade, rangeria os dentes e amaldiçoaria o demônio" ou ao contrário diria, "você é um deus e nunca ouvi nada mais divino"?[119] Só se for capaz de ter esta última reação, segundo o critério rigoroso de Nietzsche, você atingiria o ideal de felicidade.

Como alguém poderia amar *tudo* em sua vida? Embora muitas pessoas aceitassem viver de novo suas vidas, haveria certos acontecimentos – a morte de uma criança, o fim de um casamento, o dia em que deu uma palestra de uma hora e só percebeu no final que o zíper estava aberto –, que gostaríamos de eliminar de nossa segunda vida. Sempre nos lembramos de fatos que na segunda vida censuraríamos, ou "negaríamos".

É preciso aprender, disse Nietzsche, com os pianistas que são (assim como ele) "mestres da improvisação", a habilidade de incorporar o que na maioria das mãos seria um erro grave em face da beleza do conjunto.[120] Devemos, então, ter a flexibilidade de modular a narrativa de nossa vida diante de novas exigências. Em qualquer momento de nossas vidas precisamos usar nossa "aptidão de interpretar e organizar os acontecimentos", nossa aptidão "literária" em construir o "herói" de nossas vidas, para descobrirmos a "força pessoal" que as permeia. Temos de ser capazes de mostrar como

> tudo o que nos acontece transforma-se em um acontecimento melhor. Todos os dias e horas da vida só querem comprovar sem cessar esse pressuposto; qualquer que seja o acontecimento – bom ou mau tempo, a perda de um amigo, uma doença, uma ca-

---

118 GS 276.
119 GS 341.
120 GS 303.

lúnia, a falta de uma carta, um tornozelo torcido, um olhar rápido em uma loja, um contra-argumento, um gesto de abrir um livro, um sonho, uma fraude – imediatamente ou logo depois se revelará ser um fato imprescindível,[121]

ou, em outras palavras, uma parte essencial da história da vida que gostaríamos de relembrar sempre. É claro, narrar a vida de uma pessoa em que não haja *nada* que ela preferisse não ter acontecido é mais fácil de dizer do que fazer. Mas uma frase bem conhecida – "o que não mata fortalece-me"[122] – indica uma técnica importante: é necessário transformar, ou ter confiança que poderá transformar um evento traumático em um "aprendizado" ou em uma experiência de "crescimento".

Portanto, o desejo do eterno retorno, isto é, do *amor fati*, é o ideal de felicidade de Nietzsche. A tentativa de "esculpir" nossas vidas em um eu único é o requisito para que tudo o que nos aconteça, tudo o que *lembramos* ter acontecido, converta-se "em algo melhor". É claro, poucos de nós atingiriam esse ideal, assim como Nietzsche não alcançou, pelo menos em janeiro de 1882, porque o *amor fati* fora apenas uma *decisão* do Ano-Novo. No entanto, isso não significa uma crítica a esse ideal, visto que, na verdade, as pessoas quase sempre não se igualam à natureza dos ideais. O pensamento de Nietzsche, assim, sugere que, quanto menos deixarmos que os acontecimentos de nossas vidas permaneçam traumas indigestos, mais próximos chegaremos ao ideal, mais felizes seremos.

## *Realidade, Verdade e Conhecimento*

Algumas passagens em *A Gaia Ciência* abordam "grandes" questões tradicionais e teóricas que conhecemos. Uma passagem, por exemplo, apesar da crítica de Nietzsche a muitos aspectos da filosofia de Schopenhauer, refere-se à "doutrina imortal schopenhaueriana [isto é, infinitamente verdadeira] da intelectualidade da intuição... e da natureza instrumental do intelecto".[123] Todas as nossas experiências são absorvidas pelo intelecto como um "instrumento" para fins práticos. No pensamento de Schopenhauer só havia um objetivo, a sobrevivência, mas a teoria de Nietzsche era mais sofisticada: ele reconhecia que temos muitos "estímulos" e que cada um deles tem uma visão "parcial" da realidade,[124] uma "perspectiva" parcial[125] do mundo. O prédio que se mostra ao criminoso condenado como a câmara da morte pode significar para o criminologista uma escola do crime, e para um historiador da área de arquitetura um ótimo exemplo da arte gótica do final do século XIX.

Nietzsche rejeitou a ideia de que por trás das diversas manifestações do mundo havia um "X desconhecido", uma "coisa em si".[126] O idealismo kantista foi definitivamente rejeitado. As várias aparências do mundo não são "sonhos", não são aspectos

---

121 GS 377.
122 TI I 8.
123 GS 99.
124 GS 333.
125 GS 374.
126 GS 54.

falsos da realidade como os sonhos. Mas tampouco podemos privilegiar uma perspectiva como a única verdadeira, em especial, do "realismo" racional científico que alega que "antes [da ciência natural] só a realidade revelava-se".[127] Não existe uma perspectiva do mundo que apenas capture sua verdade.

Temos, portanto, duas formas possíveis de entender a posição de Nietzsche. A primeira possibilidade refere-se à sua observação no último capítulo, que chamei de "pós-modernismo": temos diversas interpretações do mundo que servem a diferentes objetivos práticos, mas a ideia de que elas correspondam à realidade não faz sentido. Nossas interpretações do mundo não são nem falsas nem reais. A segunda possibilidade, que denominei "realismo plural",[128] foi a teoria de Nietzsche, assim como a de Spinoza, da realidade multifacetada que, por esse motivo, revela perspectivas diferentes e aspectos distintos da realidade. Cada um deles revela *uma* verdade, porém, nenhum mostra *a* verdade. O prédio à minha frente pode ser uma câmara da morte *e* uma escola do crime, *além* de um ótimo exemplo da arquitetura neogótica. É evidente que esse pressuposto não se aplica a tudo como, por exemplo, a um povoamento no exterior e o cenário de um filme. Como determinaríamos a inautenticidade dessas descrições? Nietzsche mencionou "a sublime coerência e inter-relação do conhecimento",[129] o que sugere a seguinte ideia. As perspectivas de um condenado à morte, do criminologista e do historiador da área de arquitetura são coerentes: juntas ajudam a elaborar uma imagem consistente do objeto. Porém, a ideia de que seja um cenário de um filme ou um povoamento no exterior não é coerente com essa imagem e, portanto, constatamos que provavelmente é falsa.

A discussão sobre verdade e conhecimento em *A Gaia Ciência* é formulada em um nível metafórico tão elevado que dificulta a decisão de aderirmos ao pós-modernismo ou ao realismo plural. Inclino-me a pensar em Nietzsche como um realista plural, embora seja possível que não tivesse, nessa fase, uma visão clara de sua posição. Retomaremos esse tema quando discutirmos o livro *A Genealogia da Moral*, escrito quase no final de sua carreira. Mas como nosso interesse principal refere-se à sua posição final adiarei essa abordagem.

Em conclusão, a discussão sobre verdade e conhecimento parece desconectada com o que chamei de "principal argumento", o debate do papel dos espíritos livres em promover o bem-estar cultural. Entretanto, é uma interpretação errônea, porque o papel dos espíritos livres seria fomentar a mudança cultural ao dar "novos nomes e avaliações" para as coisas,[130] a exemplo da ciência ambiental; o que era antes uma "floresta" e um "suprimento de madeira" passou a ser chamado de "sumidouro de carbono". Esta nova terminologia alterou radicalmente nossa "avaliação" e comportamento em relação a essas questões ambientais. A mudança cultural, em outras palavras, realiza-se por meio de alterações de perspectiva. Por isso, Nietzsche deu grande importância à ênfase de que nosso acesso ao mundo *era* perspectivo e que havia perspectivas infinitas nele.[131] De outro modo, a mudança cultural seria impossível.

---

127 GS 57.
128 A expressão é de Hubert Dreyfus; ver Dreyfus (1991).
129 GS 54.
130 GS 58.
131 GS 374.

# 18

## O CASO SALOMÉ

### Lou Salomé

Em 26 de abril de 1882, Nietzsche marcou um encontro na basílica de São Pedro, em Roma, com uma jovem russa que, bela e brilhante, seria a causa dos acontecimentos mais traumáticos de sua vida, e da mudança de seu ponto de vista intelectual. O encontro fora organizado por Paul Rée, que se sentou em um banco da igreja fingindo ler umas anotações, mas, na verdade, por razões que logo se revelarão, mantinha um olhar atento ao comportamento dos dois. Apesar de os poemas de Messina sugerirem que Rée tivesse exercido certa pressão para que o encontro se realizasse, eles também indicaram que Nietzsche já estava apaixonado pelo amor, e pronto para ser resgatado de sua vida solitária. E assim ele a cumprimentou com uma réplica de *Romeu e Julieta*, sem dúvida preparada com antecedência: "que estrelas", perguntou ele, "nos reuniram aqui?" (Em *A Gaia Ciência*, recém-concluído, ele dá adeus a Wagner com o pensamento de que "órbitas estelares" diferentes os separaram:[1] aqui ele diz o oposto.)

A saudação introdutória dirigiu-se a Lou Salomé (ver Ilustração 24), 21 anos mais nova que Rée e 16 anos menos que Nietzsche. Lou era filha de um alemão do Báltico que, no ambiente favorável aos alemães em São Petersburgo no final do século XIX (o czar Nicolau I e o czar Alexandre II tinham mulheres e mães alemãs), ascendera ao posto de general no exército do czar. Ela adorava tanto o pai bonitão quanto detestava a mãe ansiosa e dominadora, Louise, que, embora fosse russa, tinha também, como Rée, ascendência huguenote"(CA p. 392).

Nascida em uma família de homens – Lou tinha cinco irmãos mais velhos – ela desenvolveu características consideradas "masculinas" pelos padrões da época como inteligência, determinação, coragem e clareza de objetivos. Sua mãe, a quem exasperava com frequência, dizia que ela era "teimosa e decidida a agir à sua maneira". Paul Rée chamava-a de "comandante em chefe Fräulein Lou", e Nietzsche descreveu-a como uma jovem "com olhos penetrantes como de uma águia e corajosa como um leão", mas, ao mesmo tempo, "muito feminina".[2] Köselitz disse que ela tinha um caráter "heroico", com um rosto semelhante aos da antiga Roma.[3]

Lou Salomé nasceu no período revolucionário de libertação dos servos e decidiu libertar-se de seu papel de "crianças, igreja e cozinha", que na época era o des-

---
1   GS 279.
2   KGB 111.1 263.
3   C p. 536.

tino inevitável das mulheres. Sobretudo, estava determinada a vencer a proibição de as mulheres receberem só uma educação elementar. Desde cedo teve dúvidas religiosas e recusou, para grande desapontamento do pai moribundo, o sacramento da confirmação na Igreja Reformada Alemã. Por outro lado, começou a assistir aos sermões de Hendrik Gillot, o pastor ultraliberal da Igreja Reformada Holandesa em São Petersburgo. Fascinada pelo seu teísmo moderno, no qual encontrou um antídoto ao ateísmo incipiente da *intelligentsia* russa, aos 18 anos convenceu-o a aceitá-la como aluna. Além de ensinar literatura francesa e alemã, ele deu-lhe aulas de religião e filosofia orientais.

Gillot era 25 anos mais velho do que ela e tinha duas filhas quase de sua idade. Isso não o impediu de se apaixonar por Lou e chegou a propor deixar a mulher para casar-se com ela. Lou recusou sua proposta. Isso estabeleceu um padrão para grande parte de sua vida. Quase todos os homens com quem teve um contato sério quiseram casar com ela (ou pelo menos ter relações sexuais), ao passo que ela só queria ter um estímulo intelectual livre. O desejo apaixonado de Lou de ter a mesma independência dos homens levou-a a recusar quase todos os pedidos de casamento. Ela sabia que o casamento envolvia sexo que, por sua vez, em uma época onde não havia métodos contraceptivos confiáveis, se traduzia em filhos e no aprisionamento no papel tradicional da mulher. Em sua autobiografia ela mencionou que dissera a Rée que "sua vida amorosa estava encerrada pela duração de [sua] vida", uma decisão incentivada "por seu desejo inabalável de liberdade". Depois de seu relacionamento com Nietzsche, ela casou, por fim, com o linguista Carl Friedrich Andreas (que durante o noivado tumultuado deles esfaqueou o peito, mas não atingiu uma artéria), porém, só aceitou o pedido de casamento se não houvesse sexo.

Em 1880, devido aos sintomas de uma possível tuberculose, ela partiu de São Petersburgo, acompanhada da mãe, para evitar o inverno rigoroso da Rússia. Louise e Lou instalaram-se em Zurique, onde ela teve permissão para assistir a palestras sobre Hegel, hinduísmo, confucionismo e filósofos gregos pré-socráticos na universidade. Ansiosa por conhecer Malwida von Meysenbug, cujo livro *Memoirs of a Female Idealist* a tinha convertido em uma heroína para mulheres como Lou, ela chegou a Roma em fevereiro de 1882, ainda acompanhada pela mãe. Começou a frequentar o salão de Malwida, que reunia pessoas da sociedade, artistas e intelectuais em sua sala de visitas na Via Polveriera 6, com vista para o Coliseu. Quando Rée voltou de sua visita a Nietzsche em Gênova, depois de ter perdido dinheiro em Monte Carlo (p. 323), ele pareceu, aos olhos de Lou, mais instigante e com um "espírito mais livre" do que as senhoras de meia-idade convencionais do círculo de Malwida.

## Nietzsche em Roma

No início, o interesse de Rée por Lou foi puramente intelectual. Antes que tivesse outro interesse por ela, ele pensou em apresentá-la a Nietzsche. Em sua primeira semana em Roma, Rée escreveu uma carta (que desapareceu) a Nietzsche. A resposta enviada de Gênova em 21 de março dizia:

> Se houver oportunidade, cumprimente a jovem russa por mim. Há muito tempo desejo [*lüstern*] esse tipo de alma. Na realidade logo começarei a procurá-la, porque, tendo em vista o que planejei para os próximos 10 anos, preciso de uma alma gêmea. Mas o casamento é um assunto completamente diferente, no máximo só aceitaria um casamento por dois anos e apenas em relação ao que terei que fazer nos 10 anos seguintes.[4]

Esse texto sugere que Rée recomendou Lou não só como uma secretária inteligente, mas também como um projeto de um possível casamento. A possibilidade ilusória proposta por Nietzsche de tê-la como um caso amoroso temporário e parcial logo teria consequências catastróficas.

Um mês depois, em 20 de abril, Rée propôs uma relação a três em vez da sugestão inicial. A "russa", disse ele

> é uma jovem ativa, incrivelmente inteligente com características, que mesmo infantis, são muito peculiares... Fiz palestras sobre meu livro [provavelmente *The Genesis of Conscience*], que me ajudaram muito porque na plateia estava a jovem russa atenta a tudo o que eu dizia. Ela, mesmo de uma maneira extremamente constrangedora, sabia o que eu iria falar em seguida, e o objetivo da palestra.[5]

Ela queria, escreveu, que nós três vivêssemos juntos durante um ano (de uma maneira casta, é claro), talvez em Gênova, acompanhados por uma mulher mais velha como Malwida, a fim de preservar os padrões sociais e morais.[6] Na realidade, seria "um mosteiro para os espíritos livres", uma renovação do espírito de Sorrento, de que Lou, sem dúvida, ouvira muitos comentários. Mais tarde, Viena e Paris substituiriam Gênova. Malwida, no entanto, preocupada com o fato de o "espírito livre" ser alvo de mexericos maledicentes, ficou assustada com a ideia. "É perigoso desafiar o destino", disse-lhes com uma previsão do futuro: "dessa forma vocês se expõem a problemas, e o que poderia parecer puro, claro e bonito na época e em retrospecto, resultaria no futuro em fatos discordantes e confusos". E foi exatamente o que aconteceu.

A mudança de planos de uma vida a dois para morarem os três juntos foi, é claro, uma reação aos desejos de Lou e adequava-se bem às expectativas que Rée e Nietzsche tinham há muito tempo de um "Retorno a Sorrento", de restabelecer uma comunidade intelectual. Mas Rée não contou a Nietzsche que não queria mais oferecer-lhe Lou espontaneamente, porque se apaixonara por ela. Em seus passeios à noite pelas ruas de Roma antes da chegada de Nietzsche (escandalosos pelos padrões da época) sua vida emocional despertara. Por intermédio da mãe de Lou ele a pediu em casamento. Lou, é evidente, recusou gentilmente a proposta, dizendo-lhe que a hipótese de sexo estava descartada e que deveriam viver juntos "como um irmão e uma irmã". O fato, entretanto, de Rée ter dissimulado sua mudança de ideia foi desde o início um artifício para enganar Nietzsche. E significou também que ele e Lou estavam sempre um passo à frente de Nietzsche; na verdade eles se aproveitaram de sua

---

4 KGB III.1 215.
5 KGB III.2 118.
6 *Ibidem*.

ingenuidade. Rée e Lou precisavam dele como um estímulo intelectual, porém, nenhum dos dois, por razões muito diferentes, queria que ele se apaixonasse por Lou.

Nietzsche chegou a Roma vindo de Messina em 24 de abril. Depois da exaustão habitual das viagens, ele sentiu-se bem para o primeiro, como esperava, encontro histórico com Lou na basílica de São Pedro. Lou mais tarde recordou suas primeiras impressões de um homem "solitário" com uma "profunda vida interior". Ele a surpreendeu por sua "extrema educação", pelas "formalidades sociais e a elegância das roupas", ao mesmo tempo em que tinha "uma suavidade quase feminina e uma tranquilidade benevolente". "Do que o homem revela", concluiu ela, usando as palavras de Nietzsche, "é possível imaginar o que ele esconde".[7]

Com a mesma falta de tato extraordinária com que pediu Mathilde Trampedach em casamento seis anos antes, Nietzsche decidiu imediatamente pedir Lou em casamento (desta vez não apenas por "dois anos"). Como desconhecia os sentimentos de Rée, ele confiou ao melhor amigo a missão de fazer a proposta em seu nome. Dois dias depois, Rée, com um enorme constrangimento, transmitiu a proposta a Lou. É evidente que ela recusou esse segundo pedido com apenas um mês de intervalo. Delicadamente, ela disse a Nietzsche que o casamento significaria a perda da pequena pensão que seu pai já falecido lhe deixara para os anos de *celibato* e, portanto, de sua independência financeira. Nietzsche aceitou estes argumentos. Como ele só conseguia se sustentar com dificuldade, não estava em posição de contra-argumentar.

## O Mistério de Sacro Monte e a Fotografia do "Chicote"

No início de maio, o trio com uma relação harmoniosa frágil, junto com a mãe de Lou, Louise, partiu para Lucerna, com uma parada na primeira semana de viagem em Orta San Giulio. Orta é uma pequena cidade situada em uma península no lago Orta, contemplada pelo monte Rosa sempre coberto de neve, a oeste do lago Maggiore, na província de Piemonte, no Norte da Itália. O tempo estava idílico e eles fizeram passeios de barco no lago, visitaram a ilha do mosteiro de San Giulio e encantaram-se com o canto dos rouxinóis. Nietzsche deliciou-se com as ruas estreitas sem Sol entre os prédios da cidade antiga.

Um dia, Nietzsche e Lou conseguiram escapar do controle de Louise e Rée e caminharam até Sacro Monte, uma colina atrás de Orta dedicada a São Francisco de Assis. Sacro Monte (agora Patrimônio da Humanidade) chama-se assim por causa das 20 pequenas capelas que o rodeiam. Cada uma delas tem uma apresentação de slides que mostra uma cena da vida de São Francisco de Assis, com um quadro em três dimensões de figuras de terracota em tamanho natural. Neste lugar, inspirado talvez pelo apelo autêntico do santo, algo de uma natureza intensa aconteceu. É possível que Nietzsche tenha revelado a Lou o segredo do eterno retorno que ele dera uma forma final em *A Gaia Ciência* (p. 409). Ou podem ter se abraçado e até mesmo se beijado. Quando lhe perguntaram muitos anos depois se Nietzsche a beijara (nessa

---

[7] C p. 510.

época ele já tinha uma fama internacional), Lou respondeu com indiferença que "não se lembrava mais". Porém, o que aconteceu na colina teve duas consequências. Primeiro, Nietzsche vivenciou seu estigma: seu amor pelo amor transformou-se em um amor real. Mais tarde ele sussurrou para Lou, "Sacro Monte,[8] o sonho mais delicioso de minha vida, eu devo a você".[9] E, segundo, a reunião deles com o grupo atrasou muito, e na volta Louise estava zangada e Rée de mau humor.

Ao partirem de Orta, o grupo combinou de se encontrar de novo em Lucerna uma semana depois. Nietzsche foi à Basileia para visitar o casal Overbeck. Lá ele falou de seu desejo de sair de seu mundo solitário e surpreendeu Franz com sua aparente ótima saúde. Enquanto estava em Lucerna, onde Nietzsche permaneceu de 13 a 16 de maio, ele e Lou fizeram uma visita nostálgica a Tribschen. Lou lembrava-se que por um longo tempo ele sentou-se em silêncio na margem do lago calmo perdido em uma recordação melancólica. Devagar, abaixou a cabeça e, mexendo com uma vareta na areia de cascalho macia, começou a falar dos dias que passara em Tribschen com Wagner. E quando levantou os olhos ela viu que ele chorava.

Nietzsche conseguiu ficar mais uma vez sozinho com Lou em Lion Garden, o parque da cidade de Lucerna. De acordo com Lou, ao sentir que Rée não se esforçara em seu trabalho de convencê-la, ele repetiu o pedido de casamento pessoalmente e foi rejeitado de novo com os mesmos argumentos anteriores.

O trio visitou em Lucerna o estúdio do fotógrafo Jules Bonnet, onde a fotografia desprezível do "chicote" foi tirada (ver Ilustração 25). Ela mostra Lou em uma pequena carroça puxada por Rée e Nietzsche, como se fossem cavalos, brandindo um "chicote" feito de broto de lilás. Esta fotografia foi imaginada por Nietzsche, que venceu com seu entusiasmo a antipatia da vida inteira de Rée de ser fotografado. Quando escreveu a Rée três meses depois,[10] Lou comentou que, embora a expressão do rosto de Nietzsche fosse totalmente inescrutável, tanto em fotografia como em pessoa, ela era reveladora. Sua personalidade, observou, era visível em seu rosto – seu poder arguto de observação e a inteligência do olhar e da testa, seu desdém entediado pela vida na curva suave da boca. Apesar de seu comentário referir-se a outra fotografia, essas observações são precisas quanto às presenças contrastantes dos dois "cavalos" na fotografia de Lucerna. E elas explicam, com muita acuidade, creio, por que Rée detestava ser fotografado. (Resa von Schirnhofter, uma amiga de Nietzsche, observou, também com sutileza, que os dois cavalos seguiam em direções diferentes.)

Em razão da famosa frase em *Assim falou Zaratustra* – "Você vai encontrar mulheres? Não esqueça o chicote" – houve muitas tentativas especulativas de dar uma característica sádica à misoginia de Nietzsche. Mas como na fotografia de Lucerna é *Lou* quem segura o "chicote na mão" esta interpretação não se justifica. A interpretação mais sensível foi feita por Curt Janz,[11] que sugeriu (em especial porque a fotografia fora tirada em um lugar que ficava meia hora a pé de Tribschen), que a

---
8   A colina chama-se, como sempre foi chamada, Sacro Monte, Sacro Monte d'Orta.
9   KGB 111.7/1 p. 905.
10  Anotação do diário de Lou escrita em uma segunda-feira, dia 21 de agosto de 1882, em Tautenburg (KGB 111.7/1 p. 904-911).
11  J II p. 130.

alusão referia-se a Fricka na tetralogia de *O Anel de Nibelungo* de Wagner, que em sua carruagem puxada por cavalos erguia a mão com um chicote para o marido, o suposto deus supremo Wotan, a quem dominava. A ideia de Nietzsche ao imaginar essa fotografia, eu sugeriria, foi a de ironizar o fascínio exercido por Lou nele e em Rée. Se essa hipótese for correta, no momento da fotografia ele percebera que os sentimentos de Rée em relação a Lou eram os mesmos dele, porém, enganou-se ao pensar que estavam em igualdade de condições.

## Comportamentos Dissimulados

Em 16 de maio, o grupo partiu de Lucerna com diversos destinos: Rée foi para a casa de sua família em Stibbe, no Norte da Alemanha, e Lou retomou seus estudos em Zurique. Ela levou uma cópia de "Schopenhauer como Educador", que Nietzsche lhe recomendara como uma expressão fundamental de seu ponto de vista.[12] Com um aviso por telegrama de apenas algumas horas de antecedência, Nietzsche chegou à casa dos Overbeck na Basileia de ótimo humor. Sem perceber a interrupção na vida cotidiana deles, ele os manteve acordados até bem depois da meia-noite com uma conversa animada. Mais uma vez, eles surpreenderam-se com a cor saudável de sua pele e a aparência geral de boa saúde. Dois dias depois, ele chegou à casa de sua mãe em Naumburg, que seria a base de sua moradia até 24 de junho.

Sem nenhum princípio moral e ético, além de ignorar os sentimentos do seu melhor amigo, Rée começou uma batalha sutil, dissimulada e de longo prazo, para conquistar o coração de Lou só para ele. Em suas cartas, ele se dirigia a ela com o tratamento íntimo de *du*, ao passo que Nietzsche sempre usou o formal *Sie*. "Tenho muito prazer de tratá-la de *du*", ele lhe escreveu no final de maio. E lhe disse "querida, querida Lu", um apelido que inventara para ela, que a "desejava", porque era a única pessoa que amava no mundo. O projeto de sua mãe de adotá-la de certa forma era uma boa ideia, escreveu, visto que "quando estiver com minha família e comigo, Nietzsche perceberá mais rápido que você não quer sua companhia por muito tempo, *sobretudo*, não quer ficar *sozinha com ele*". Rée contou-lhe que não dissera nada a Nietzsche sobre o plano de "adoção", "porque ele veria isso como uma manobra para afastá-la dele" (o que era verdade) e, provavelmente, ficaria "agitado e zangado". Em um ataque momentâneo de consciência, escreveu, "em minhas relações com Nietzsche eu não fui totalmente franco e honesto, em especial, quando certa jovem que surgiu de uma maneira inesperada" foi rejeitada por exigências excessivas de amor: "Mas, sinceramente, eu nunca fui fiel a ele como sou a você." Diversas vezes ele disse a Lou para não mencionar sua "história do dinheiro", isto é, as perdas no jogo em Monte Carlo. Como sugeri antes, essa história lhe deu um charme dostoievskiano aos olhos de Lou. No entanto, o motivo de esconder este fato (Nietzsche *sabia* que ele tinha perdido no jogo, uma vez que emprestara dinheiro a Rée para comprar a passagem de trem para Roma) era, sem dúvida, de

---

12  KGB 111.1 352.

envolver Lou em uma conspiração de crianças maliciosas contra Nietzsche no papel de um professor rígido e enfadonho.[13]

Nesse ínterim, em Naumburg, Nietzsche começou também a escrever cartas de amor para Lou. Apesar de mais respeitosas e reservadas do que as cartas de Rée, nelas Nietzsche revelou o caráter ilusório de seu relacionamento com Lou. "Quando estou sozinho", escreveu em 24 de maio, "com frequência falo seu nome em voz alta, com enorme prazer". Mas na mesma carta ele comentou com grande generosidade que "Rée é em todos os aspectos um amigo melhor do que eu sou ou possa ser: observe bem essa diferença!"[14] Ele acrescentou que não dissera uma palavra à sua mãe (porque ela acharia a ideia escandalosa) da proposta do *ménage à trois*.[15] A Ida Overbeck ele escreveu que "Rée e eu temos o *mesmo sentimento* em relação à nossa amiga corajosa e nobre... ele e eu confiamos plenamente um no outro quanto a esse assunto",[16] o que foi uma tentativa de convencer a si mesmo e a Ida de que (a) a amizade com Rée estava ilesa e (b) embora em ambos a atração sexual que Lou exercia e, como escreveu a Köselitz, provocava o "animal feroz" em um homem, o desejo de "pôr a cabeça para fora da jaula" [sic],[17] eles tinham certeza de que manteriam o animal feroz sob controle em nome dos interesses de uma vida intelectual e espiritual mais elevada.

No final de maio, o esforço de Nietzsche em preservar a história oficial de que ele e Rée estavam só interessados em um "mosteiro para espíritos livres celibatários" começou a enfraquecer. Ao saber dos planos de Lou de viajar para Berlim a caminho da casa da família de Rée em Stibbe, ele disse que também iria a Berlim para encontrá-la na floresta de Grunewald (sombra para seus olhos, é claro), porque, para "ser franco, eu desejo muito ficar sozinho com você o mais breve possível".* "Solitários como eu", continuou, "precisam acostumar-se devagar com os outros, mesmo com os que lhes são mais queridos".[18] Em outra sugestão, nessa carta ele propôs ficarem sozinhos nas florestas do vilarejo turíngio de Tautenburg, perto de Naumburg, com Elizabeth de acompanhante. E sugeriu Viena como um lugar para os três visitarem no outono.[19] (Ele preferia Viena, uma cidade intelectualmente desenvolvida porque, após os detalhes finais de *A Gaia Ciência*, seu "último livro", ele planejava passar a década seguinte estudando temas científicos para superar a deficiência da sua educação em Pforta.) Uma semana depois, ele escreveu referindo-se a *Aurora*, o livro que Lou estava lendo e que a impressionara profundamente,

> Eu também tenho auroras em torno de mim, mas nenhuma delas impressa. Agora parece possível, algo que nunca acreditei, encontrar um amigo na minha felicidade e sofrimento mais profundos, como a possibilidade dourada no horizonte da minha

---

13 KGB 111.7/1 *Briefe, Erinnerungern und andere Materialien* p. 48-59.
14 KGB 111.1 231.
15 KGB 111.1 233.
16 KGB 111.1 233.
17 KGB 111.1 250.
\* Em 16 de junho ele saiu de Naumburg e fez uma visita rápida de um dia a Berlim, a grande cidade que sempre detestou, em uma tentativa fracassada de encontrar Lou. Ele temia que as florestas de Grunewald estivessem cheias de lixo e turistas.
18 KGB 111.1 234.
19 KGB 111.1 234.

vida futura. Emociono-me sempre que penso na alma corajosa e intuitiva da minha querida Lou.[20]

Vemos então que a ideia de um "casamento de dois anos" estava morta e enterrada. Nietzsche ansiava por uma parceria para a vida inteira – casamento – com Lou. Por fim, pensou, encontrara sua Cosima.

## Nietzsche em Tautenburg

Em 25 de junho, Nietzsche chegou a Tautenburg, onde permaneceu até 27 de agosto. O vilarejo ficava a nove quilômetros a leste de Jena e a 20 quilômetros ao sul de Naumburg, e a uma hora a pé do castelo de Dornburg, no rio Saale. Tautenburg era um vilarejo pitoresco (ainda é) de uns 300 habitantes. Situava-se em meio às colinas com florestas sob o olhar protetor da torre do antigo castelo de Tautenburg, que deu seu nome ao vilarejo. Desde que a ferrovia ao longo do vale de Saale estendera-se até Dornburg em 1875, Tautenburg começou a ser um lugar de férias onde os moradores de Jena podiam respirar o ar puro da floresta e recuperar-se do estresse da vida na cidade.

O fato de Tautenburg ter se tornado conhecido como um local de férias deveu-se em grande parte aos esforços do pastor dinâmico e progressista, Hermann Stölten, um entusiasta em atender física e espiritualmente seus conterrâneos. Com este objetivo, passou a ter hóspedes na paróquia, que lhe pagavam a hospedagem.

Elizabeth, que visitara Tautenburg antes, há alguns anos tentava convencer Nietzsche a adotá-lo como um refúgio no verão. Segundo sua biografia, ela gostava do lugar e recomendou-o ao irmão por causa da sombra que a floresta ao redor ofereceria aos seus olhos. Mas por trás dessa atração havia um propósito encoberto. Ela e sua mãe pensavam que Stölten poderia conversar com Nietzsche no mesmo nível e, assim, convencê-lo a voltar para a fé cristã rígida e limitada.[21] A ideia não era totalmente infundada, porque Stölten estudara teologia, lógica e filosofia em Leipzig, mas ele, é claro, logo percebeu que não tinha capacidade intelectual para combater a crítica bem fundamentada e extremamente elaborada do cristianismo de Nietzsche. Ele também não teve uma opinião muito favorável de Nietzsche como pessoa e comentou que não entendia como um homem "tão espiritualizado e com tantos méritos intelectuais" poderia "destilar tanto veneno em seus escritos". É evidente que na mente generosa de Stölten um homem tem precedência sobre seus escritos, porque em setembro de 1882 Nietzsche foi eleito membro honorário da Sociedade de Embelezamento de Tautenburg,[22] o único título honorífico que recebeu ao longo da vida.

---

20  KGB 111.1 237.
21  Ver Schaumann (1998) p. 59-87. O professor Gerhard Schaumann sugeriu-me, quando visitei Tautenburg no verão de 2007, que Elizabeth estava ligeiramente apaixonada pelo pastor (casado), o que talvez tenha exagerado sua avaliação da capacidade dele de conversar com Nietzsche no mesmo nível.
22  A sociedade ainda prospera. O fato de o professor Schaumann, mencionado na nota de rodapé anterior, ser um membro atuante revela um ponto de continuidade interessante.

A Sociedade de Embelezamento está incluída na correspondência de Nietzsche. Ele decidira, como contou orgulhoso a Elizabeth no início de julho, construir cinco bancos dentro e ao redor da floresta só para suas caminhadas. Eles se chamariam "A Gaia Ciência" (ele estava corrigindo as provas finais do livro em Tautenburg). Em 11 de julho ele disse que os bancos estavam no lugar, mas havia apenas dois. "Eu prometera colocar duas placas... em uma escreveria "O Homem Morto. F. N." ["O Homem Morto" era o nome estranho da parte da floresta onde Nietzsche gostava de caminhar.] e na outra "A Gaia Ciência. F. N." E pediu à mãe para encomendar placas que fossem "de excelente qualidade e bonitas, e que me honrariam".[23]

No entanto, há algo de estranho nessa história.[24] Por que os fazendeiros que constituíam os principais membros da Sociedade tratariam uma pessoa que, na época, era quase desconhecida fora de um pequeno círculo de intelectuais, como se fosse um filósofo famoso? É provável que originalmente *Nietzsche* tivesse insistido na construção de pelo menos dois bancos e depois dourou a pílula para impressionar a mãe e a irmã.

## Elizabeth *versus* Lou

De acordo com a sugestão de Nietzsche, depois de uma visita a Bayreuth, Lou se reuniria a ele em Tautenburg, acompanhada por Elizabeth. Ao contrário de Rée, Lou e Wagner (que vivera uma relação adúltera com Cosima na devota Suíça), Nietzsche preocupava-se profundamente em não ser "motivo de bisbilhotices na Europa".[25] O chamariz que ele usou para atrair Lou a Tautenburg foi a proposta de ser seu "professor", o que a tornaria sua "herdeira" espiritual, além da promessa de revelações esotéricas que não constavam em seus livros. Agora teria de contar a Elizabeth o convite que fizera, mas lhe disse que Lou iria a Tautenburg para fazer um curso rápido de preparação para o planejado "mosteiro". Em meados de julho, ele contou em segredo a Köselitz a viagem dos três e tentou manter a história oficial dizendo-lhe, "por favor, honre-nos preservando a ideia de um caso de amor bem distante de nosso relacionamento".[26]

Em 24 de julho, Elizabeth encontrou-se com Lou em Leipzig, a fim de acompanhá-la a Bayreuth para assistir à estreia da ópera *Parsifal* de Wagner (regida pelo maestro Hermann Levi, no dia 26). Apesar de não ter intenção de assistir esse evento, Nietzsche fez uma viagem de Tautenburg a Naumburg para "preparar um pouco minha irmã para *Parsifal*". Em maio ele estudara a redução para piano. Ele contou-lhe, a fim de alertá-la para a religiosidade da obra, que "é *o* tipo de música que escrevi quando menino ao compor meu *Oratório*"(p. 32). Ele disse a Köselitz que tocara

---
23  KGB 111.1 262.
24  As lembranças de Tautenburg quanto ao local e o número de bancos se contradizem. Há muito pouco tempo a Sociedade de Embelezamento construiu dois bancos como recordação da visita de Nietzsche, mas sem nenhuma intenção de colocá-los no lugar dos bancos originais.
25  KGB 111.1 239.
26  KGB 111.1 263.

essa composição e percebera "que a identidade do espírito e da expressão é extraordinária". Um trecho em seu *Oratório*, "a morte do rei", comentou ele, "é completamente parsifalesca". Ele sentiu um choque ao perceber "mais uma vez como Wagner e eu éramos íntimos".[27] Em 1º de agosto, escreveu que soubera que "o antigo mágico obteve de novo um sucesso extraordinário" e que Elizabeth e Lou haviam recebido um convite particular para visitar Cosima.[28]

Em Bayreuth, Elizabeth e Lou no início fingiram gostar uma da outra e logo adotaram o familiar *du*. No entanto, após uma semana a amizade transformou-se em guerra declarada. Em razão da deserção do irmão, Elizabeth era *persona non grata* em Bayreuth. Além disso, tinha 36 anos, não era casada, tinha recebido uma educação medíocre, era deselegante e desajeitada, com uma mentalidade de cidade pequena. Lou, por sua vez, era jovem, bonita e sentia-se inteiramente à vontade em meio às pessoas ricas e famosas reunidas naquela ocasião. Com naturalidade, ela seduziu os homens do grupo de Wagner e, imediatamente, teve acesso ao seu círculo de amigos íntimos. Ela flertou e discutiu espiritualismo com o pintor Paul Joukowsky, que trabalhara no cenário da produção e fizera havia pouco tempo um retrato de Cosima; com Heinrich von Stein, tutor dos filhos de Wagner, ela discutiu filosofia demonstrando, segundo a amiga de Nietzsche, Resa von Schirnhofer, "uma surpreendente virtuosidade dialética". (Rée a preparara para discutir a metafísica schopenhaueriana de Stein com a frase positivista de que "todas as causas têm de ser verificadas pela experiência".)

Elizabeth, desesperada para libertar-se das restrições de Naumburg e de uma mãe intolerante, ficou consumida por uma inveja horrível pela maneira livre e natural com que a rival movia-se com facilidade no círculo íntimo de Bayreuth, no qual não se sentia à vontade e nem era aceita. Ela ficou também horrorizada pelos mexericos que Lou provocou ao circular a "divertida" fotografia do "chicote", com a sugestão implícita de que ela dominava os dois homens. (Resa von Schirnhofer também achou "de mau gosto" a exibição da fotografia (p. 472). Furiosa ela enviou um telegrama ao irmão dizendo que não conseguia mais controlar a jovem escandalosa e que partiria de Bayreuth.

Parte dos documentos sobre os acontecimentos seguintes desapareceu (destruídos, é provável, por Elizabeth), mas é evidente que Elizabeth fez um relato desaprovador do comportamento de Lou em Bayreuth, com o acréscimo de alguns fatos ficcionais. Porém, o que feriu profundamente os sentimentos de Nietzsche foi a descrição de que, ao bajular os wagnerianos, Lou com frequência demonstrava desprezo pelo inimigo deles, Nietzsche. "Minha irmã tem centenas de histórias de Lou 'humilhando-me' em Bayreuth", escreveu mais tarde.[29] Em consequência, Nietzsche cancelou o projeto de criar uma comunidade em Viena[30] e com alguns murmúrios piegas sobre um pássaro que passou voando e agarrou qualquer coisa em desespero como os solitários fazem, ele pensou que o pássaro seria uma águia que

---

27  KGB 111.1 272.
28  KGB 111.1 276.
29  KGB 111.1 339.
30  KGB 111.1 278.

simbolizava um "mundo superior", mas que agora "o mundo inteiro" era uma ilusão. Isso o levou a reflexões mais gerais referentes ao que seria melhor, ser "iludido" ou "não ter ilusões".[31]

Entretanto, logo o amor superou a suspeita. Quando se recuperou do veneno de Elizabeth, ele respondeu em 4 de agosto a uma carta (extraviada) de Lou, que o pássaro que pensara ser uma águia *era* uma águia. "Venha" para Tautenburg como fora planejado, escreveu: "Eu sofro tanto por tê-la feito sofrer. Iremos suportar esse sofrimento melhor juntos."[32]

## Ela Disse Ela Disse Ele Disse

De algum modo as feridas cicatrizaram-se e o projeto de Tautenburg foi retomado. Em 6 de agosto, Lou e Elizabeth chegaram juntas a Jena para passar a noite com uma família amiga dos Nietzsche, os Gelzer, a caminho de Tautenburg. Mas, em Jena, houve uma violenta discussão.

O motivo da discussão foi o fato de Rée ter contado a Lou a proposta de um "casamento" de dois anos – um concubinato – na linguagem da época. Talvez Nietzsche tenha repetido a proposta no Lion Garden em Lucerna, oferecendo-a como um prelúdio ao casamento verdadeiro. Afinal, isso existia nos meios artísticos e Sigfried, filho dos Wagner nascera de uma relação adúltera. É possível também que Rée tenha contado a Lou que Nietzsche tivera contato com prostitutas durante a estada em Sorrento. Outro motivo foi a crítica, que tanto Nietzsche quanto Lou concordavam, que Nietzsche era "egoísta". Mas, como Lou ficara profundamente impressionada com o livro *Aurora*, que acabara de ler, ela também concordava (com razão), que, de acordo com uma tese fundamental da obra, *éramos* todos egoístas. Mas o ponto crucial referiu-se à maneira como Lou via o egoísmo de Nietzsche. Ao lhe escrever de Hamburgo um mês antes de acompanhar Elizabeth a Bayreuth, ela disse

> compreendi por que pessoas como Malwida gostam mais do seu trabalho do que do de Rée, mesmo que ela pense que você diz mais coisas desagradáveis. Enquanto Rée é egoísta... ele diz que "nosso único objetivo é ter uma vida confortável e feliz", você diz, em algum lugar, "o que faríamos sem uma vida feliz, que não fosse também heroica".[33] Essas representações tão diferentes do egoísmo, que em certo sentido exprimem o instinto mais profundo do escritor, definem a diferença. E essas concepções diferentes, se incorporadas em duas pessoas distintas, indicam as características do egoísmo rééiano e as de um herói.[34]

Essa observação demonstra que Lou entendeu a distinção feita em *Aurora* entre o egoísmo generoso, como ela diz nesse trecho, "heroico", que tem necessidade de *dar*, e o egoísmo "mesquinho" que só *subtrai*, assim como o autorretrato idealizado

---

31  KGB 111.1 278.
32  KGB 111.1 279.
33  Ver KGW 111.1 p. 369.
34  KGW 111.2 125.

implícito na obra (p. 374-378). Mais tarde, quando a decepção amorosa transformou-se em ódio, Nietzsche atribuiu a Lou um "egoísmo de um gato que não consegue mais amar".[35] Mas Lou tinha consciência de seu egoísmo, de sua necessidade de ser igual em um mundo masculino para realizar o trabalho importante que ela se sentia capaz de fazer, de ser, como Nietzsche, generosa e "heroica".

A discussão na casa dos Gelzer começou quando Elizabeth elogiou Nietzsche chamando-o de "santo" e "ascético". Ela exagerou nos elogios (um reflexo de sua possessividade quase incestuosa) e, em certo momento, Lou perdeu a paciência e contou o segredo da proposta do "casamento de dois anos". Em uma carta escrita à amiga Frau Gelzer depois do acontecimento, Elizabeth descreveu a raiva de Lou:

> "Quem arrastou primeiro nosso plano de uma família comunitária para a lama mais suja, quem pensou primeiro em termos de casamento?" [Lou perguntou.] "Seu irmão!" E para enfatizar disse: "Sim, foi seu nobre e puro irmão que teve primeiro a ideia desprezível de um concubinato!" E a discussão prolongou-se até tarde durante a noite.

Depois, em Tautenburg, como os ânimos continuaram exaltados por algumas semanas, a carta de Elizabeth mencionou que Lou dissera, "Não pense por um momento que estou interessada em seu irmão nem apaixonada por ele; eu poderia dormir no mesmo quarto que ele sem ter ideias indecorosas."[36] Esse comentário tem um fundamento sólido, porque nessa ocasião Lou não suportava mais o assédio sexual (de seu ponto de vista) de homens mais velhos.

Em outro comentário que, segundo Elizabeth, Lou fizera na casa dos Gelzer, ela acusara Nietzsche de egoísta. Na carta a Frau Gelzer, Elizabeth escreveu que Lou dissera que ele era um egoísta "no grande [isto é, 'heroico'] estilo", mas para a mãe disse que Lou o chamara de "egoísta comum".[37] Elizabeth, é claro, era uma mulher com uma mente muito pouco filosófica, que seria incapaz de perceber a distinção importante que Nietzsche e Lou faziam entre os diferentes tipos de egoísmo (uma distinção que reafirmava a diferença da moral cristã entre egoísmo e altruísmo). Porém, é bem possível que, já consciente de que os projetos de Nietzsche na relação entre os dois eram mais do que intelectuais, Lou o julgou precisamente em termos dos padrões dele e acusou-o de rebaixar seu ideal "heroico" para um egoísmo muito "mesquinho".

A discussão em Jena terminou de uma maneira abrupta, quando Elizabeth ficou tão transtornada que começou a vomitar.

## Lou em Tautenburg

Apesar desses acontecimentos contados, sem dúvida, com exagero a Nietzsche – "ela [Lou] foi cruel e injusta quanto ao meu caráter e determinação em Jena", ele escreveu mais tarde[38]– o projeto de Tautenburg prosseguiu. Lou chegou no dia 7 de agosto com

---
35  KGB 111.1 348, 347.
36  KGB 111.7/1 p. 912-18.
37  KGB 11.2 152.
38  KGB 111.1 339.

Elizabeth para hospedarem-se com o pastor Stölten, a alguns minutos a pé dos aposentos de Nietzsche. Não obstante a situação difícil, ela ficou em Tautenburg até 26 de agosto de 1882, o dia em que *A Gaia Ciência* foi publicado. Nietzsche julgou que o fato de a forma final do livro ter sido concebida sob sua presença era um bom presságio.

Nietzsche e Lou faziam longos passeios pela floresta (com pausas, é claro, para sentarem-se nos famosos bancos) envolvidos em discussões filosóficas intensas, que duravam muitas horas, além de escreverem aforismos juntos. Todas essas atividades excluíam Elizabeth. A maior parte do tempo eles evitavam sua companhia, reduzindo-a em uma acompanhante só no nome. Lou registrou em seu diário o dia inteiro que passara com Nietzsche:

> Passamos um lindo dia sozinhos na floresta de abetos calma e escura, com esquilos e a luz do Sol filtrando-se entre as árvores. Elizabeth fora visitar o castelo de Dornburg com alguns conhecidos. Na estalagem do vilarejo, quando eu cheguei vestida com minha capa e Nietzsche sem Elizabeth, e onde sentamos sob as tílias com seus grandes galhos, as pessoas pensaram que pertencíamos um ao outro, assim como você e eu.

O "você" referia-se a Rée. É extraordinário, mas ela manteve um diário detalhado em Tautenburg explicitamente para controlar seu ciúme. Incapaz de evitar o fracasso de seu plano de tê-la só para si, Rée preveniu-a em 4 de agosto, que, desde que concordara em ir para Tautenburg, Nietzsche a considerava sua noiva.[39] Sem o conhecimento de Nietzsche, portanto, Rée podia "ver" tudo o que acontecia em Tautenburg, a fim de assegurar-se de que não havia qualquer ação de má-fé.

O diário,[40] tendo em vista a quem se destinava, era de uma objetividade franca e brutal e nos fornece detalhes rápidos da vida em Tautenburg. Nietzsche, escreveu Lou, sempre ia aos seus aposentos e às vezes beijava sua mão. Quando ficou de cama (ela teve uma crise séria de tosse e suspeitaram que estivesse tuberculosa), ele lhe escrevia bilhetes ou conversava através da porta do quarto. Nietzsche, disse, era "um homem de oscilações violentas de humor" e algumas vezes sentia "emoções turbulentas", sobretudo, no início de sua estada. (Nietzsche lembrava-se que a "cada cinco dias ou aproximadamente tínhamos um pequeno drama".)[41] Mas também, escreveu ela, nos divertíamos muito. Elizabeth que pensava que o espiritualismo e o "outro mundo" em geral deveriam ser tratados com mais seriedade, escandalizou-se quando eles disseram que ouviam uma "batida fantasmagórica na porta", assim que Nietzsche entrava em seus aposentos. E (outra brincadeira, como a fotografia do "chicote", com um sentido subjacente desagradável) Nietzsche decorou uma fotografia de Rée com folhas de hera. Lou afirmava (correto em meu julgamento) que tinha uma afinidade intelectual profunda com Nietzsche – "com frequência tirávamos as palavras da boca um do outro" – e assim suas discussões às vezes duravam o dia inteiro e as noites, quando Nietzsche cobria o abajur com um tecido vermelho para proteger seus olhos. Seu crescente respeito pelo intelecto de Lou levou-o a desistir do plano de ser seu "professor"; como Zaratustra diz a seus "discípulos", e

---

39 C p. 525.
40 KGB 111.7/1 p. 904-911.
41 KGB 111.1 282.

aconselhou-a a criar com independência e nunca se comportar como uma aluna. Às vezes a comunicação entre eles transcendia as palavras que seriam inteligíveis a uma terceira pessoa, e eles olhavam juntos "para o abismo" de, como poderíamos imaginar, um mundo sem Deus.

Apesar dessa profunda comunhão de ideias, Lou contou a Rée que havia uma "sombra" entre eles. No "âmago de nossas naturezas", escreveu ela, "existem mundos separados". A natureza de Nietzsche possui "muitas masmorras e porões ocultos que não se revelam durante uma breve amizade, no entanto, contêm sua essência". Estes "porões ocultos", pensou Lou, significavam que "um dia nos confrontaremos como inimigos". Vemos subjacente a essa argumentação psicanalítica radical da futura psicanalista freudiana um fato simples: Nietzsche desejava ter relações sexuais com Lou, mas ela não queria ter um contato carnal com Nietzsche.

## Ao Sofrimento

Um aspecto notável no relacionamento entre Lou e Nietzsche foi que eles conseguiram, por longos períodos, ascender ao campo do puro pensamento, de pôr todas as paixões de lado e conviverem só como mentes genuínas. Lou anotou em seu diário a capacidade de elevação mental de Nietzsche: enquanto, disse ela a Rée, você trabalha com um "relógio na mão", Nietzsche, assim como ela, era obcecado pelo seu trabalho. "Todas as emoções que não se relacionam ao trabalho são consideradas deslealdades." "Você", continuou, "não tem o coração fixado no cérebro e conectado indissoluvelmente a ele no mesmo grau de Nietzsche, o egoísta em grande estilo".*

Quais eram os assuntos que Nietzsche e Lou, nas ocasiões em que transcendiam o campo pessoal, falavam? Ida Overbeck comentou que a transformação radical do estilo dos aforismos inteligentes e satíricos de Nietzsche em *A Gaia Ciência* para a maneira de expressar "religiosa" e "profética" em *Assim falou Zaratustra*, seu livro seguinte, deveu-se ao contato com Lou. "Mais tarde ele disse ao meu marido", lembrou ela, "que a religião era o único assunto que discutiam".[42]

Assim como Nietzsche, Lou perdera a fé no Deus cristão na adolescência. Ainda mais precoce do que ele, Lou rejeitara não só a revelação sobrenatural cristã, mas também, como evidenciado em seu diário, a "metafísica" em geral. Aos 21 anos, ela já adotara a visão positivista que se converteu no vínculo entre Rée e Nietzsche. Ao longo de sua vida, ela descreveu "sua perda de Deus" como uma "infelicidade", em-

---

\* É claro, para todas as pessoas nessa época o paradigma do "egoísta em grande estilo" era Wagner. Lou, creio, fez uma observação criteriosa de que em termos de escala de sua ambição e de sua disponibilidade de sacrificar-se àqueles que lhe eram mais próximos e mais queridos, Nietzsche não era "menos" egoísta do que Wagner. Na verdade, penso, ela via que parte de seu problema de relacionamento com Nietzsche era paralelo ao dele com Wagner – devido à natureza "tirânica" do gênio, ele é a grande árvore sob cuja sombra nada mais cresce. Não só a constante tensão sexual, mas também sua necessidade de autonomia intelectual demonstraram que precisava romper com Nietzsche. Em ambos os aspectos Rée, um homem mais simples e mais moderado em todos os sentidos, era uma companhia melhor.

42  C p. 540-541.

bora a tenha compensado com um "despertar vago, porém nunca menos intenso e presente" do sentimento panteísta da "união eterna com tudo o que ela representa".[43] Lou viu em Nietzsche a mesma sensação de perda e a mesma "busca de Deus": a procura de um novo deus para preencher o espaço deixado pela morte do antigo deus. Como já mencionei, Nietzsche, também sob influência de Spinoza e Emerson, voltara-se para o panteísmo.

O "problema do mal" era a questão fundamental dessa adesão ao panteísmo. Se a totalidade da natureza fosse divina, o objeto de afirmação do êxtase e da reverência, por que ela conteria tanto sofrimento? Esse pressuposto é uma reformulação do problema confrontado pela teologia cristã tradicional: se Deus é todo-poderoso e bondoso por que Ele permite que haja tanta maldade no mundo? Na teologia cristã, a teoria que procura oferecer uma resposta convincente a essa pergunta chama-se "teodiceia". E isso, em sua essência, era o projeto de Lou e Nietzsche.

No início de julho de 1882, Nietzsche enviou um poema a Köselitz intitulado "Ao Sofrimento", aparentemente escrito por ele. Seu texto inicial era:

> Quem poderia lhe escapar se você o capturasse/Quando você o aprisiona com o olhar sério?/Eu não o amaldiçoarei quando você agarrar-me/Eu nunca acreditei que você apenas destrói!/Sei que toda a existência terrena deve acompanhá-lo/Nada no mundo fica intocado por suas mãos./A vida sem você seria bela/e, no entanto, sua vida tem valor./Com certeza você não é um fantasma da noite/Você veio mostrar ao espírito seu poder/A luta fortalece/A luta por uma meta em caminhos intransponíveis...[44]

Duas semanas depois, ele revelou que o poema fora escrito por Lou (talvez escrito em razão da morte do pai), e não por ele. E acrescentou que o poema "pertencia ao universo que exerce um poder total sobre mim. Nunca consegui ler esse poema sem chorar; ele soa como uma voz que desde a infância eu esperei e esperei".[45]

Na devoção de sua infância, como vimos, Nietzsche rezava pedindo sua submissão à vontade de Deus:

> Meu Senhor querido, dê-me força e poder para realizar meus propósitos e proteger o caminho de minha vida. Como uma criança, eu confio em Sua graça divina. Ela nos protegerá para que nenhuma infelicidade recaia sobre nós. Mas Sua graça será cumprida! Tudo o que Ele der eu aceitarei com alegria: felicidade e infelicidade, pobreza e riqueza, e um olhar corajoso em face da morte... (p. 19)

Quando no início de 1882 ele elaborou o conceito de *amor fati* (isto é, o desejo de eterno retorno) como a formulação de sua meta fundamental (p. 378), ele descreveu-o como uma expressão de "submissão a Deus".[46] Em suma, assim que se libertou dos grilhões da doutrina positivista, o problema mais crucial que enfrentou foi o de recuperar a atitude religiosa perante a vida, sem reincidir nos mitos sobrenaturais.

---

43  Salomé (1968) p. 24.
44  KGB 111.1 252.
45  KGB 111.1 263.
46  KGB 111.1 190, 236, 243.

O poema de Lou é o cerne desse problema: como adotar uma atitude religiosa na vida, de afirmação, amor e reverência apesar do sofrimento e da ausência de qualquer espécie de compensação metafísica? E ofereceu um caminho para a solução: o sofrimento era a possibilidade de crescimento. Sem sofrer e lutar não existia "vitória" nem "grandeza". Como disse Nietzsche em 1888, o que não mata nos fortalece. Havia então uma profunda afinidade intelectual entre Nietzsche e Lou. Aos 22 anos ela já se preocupara com esse problema fundamental. Como intitulou seu romance em 1885, a questão era a "Luta por Deus",* mais especificamente a luta para encontrar "Deus" *apesar* da maldade e do sofrimento da vida.

Nietzsche descreveu esse sentido fundamental *do* problema e *da* meta, o estado de espírito essencial que controlou o desejo por Deus e que moldou o pensamento e o sentimento dele e de Lou, como "musical". Ao partir de Tautenburg, Lou lhe deu outro poema, a "Prece da Vida", e ele imediatamente musicou para voz e piano o primeiro verso.[47] Algumas semanas depois, ele escreveu a Köselitz dizendo-lhe que queria fazer uma apresentação pública da peça "a fim de atrair os homens para minha filosofia".[48] Os versos do poema são:

> *É certo – um amigo ama um amigo da maneira*
> *Que eu amo você, vida enigmática*
> *Se me der alegria ou tristeza,*
> *Eu amo você com sua infelicidade e infortúnio,*
> *E se tiver de me destruir,*
> *Afasto-me dolorosamente de seus braços,*
> *Como um amigo separa-se contra a vontade do coração de um amigo.*
> *Eu a abraço com toda a minha força!*
> *Deixe que as chamas inflamem meu espírito,*
> *E eu no ardor da luta*
> *Encontrarei uma solução para seu enigma.*
> *Para viver e pensar por um milênio!*
> *Atire completamente sua essência em mim:*
> *Se não tiver mais felicidade para me oferecer*
> *Então me dê seu sofrimento.*[49]

Mesmo na água turva que passava sob a ponte, Nietzsche, durante o resto de sua vida, nunca perdeu a convicção do sentido sagrado da vida, e que deveríamos rezar por ele apesar de todo o sofrimento expresso no poema de Lou e capturar a essência de seu espírito. Em *Ecce Homo*, ele referiu-se ao trabalho musicado em um novo arranjo feito em 1886 para coro e orquestra, intitulado *Hino à Vida*, como a expressão da "grandeza" da alma implícita em *Zaratustra*.[50]

---

\*   Um *roman à clé* que narra com um tênue disfarce sua vida com Rée e Nietzsche.
47   KGB 111.1 293.
48   KGB 111.1 295.
49   *Ibidem*. É significativo que não tenha musicado o segundo verso, cujas últimas linhas eram incompatíveis com sua busca de teodiceia sem Deus.
50   EH III Z 1.

## Ruptura com a Família

Em 27 de agosto, Nietzsche viajou para Naumburg, mas com o coração oprimido. Depois de semanas tentando amenizar a situação, ele por fim admitiu que Elizabeth "transformara-se em uma inimiga mortal de Lou".[51] E, à sua maneira, era tão obstinada como Lou, e com um talento considerável para fazer intrigas mesquinhas, ele sabia que o rompimento radical nas relações com a família era inevitável. Embora Elizabeth tivesse ficado em Tautenburg "para que mamãe não visse meus olhos cheios de lágrimas" e Nietzsche pudesse "contar tudo a mamãe sozinho",[52] ela na verdade escreveu à mãe, como Nietzsche dissera a Overbeck, que

> em Tautenburg ela viu minha filosofia traduzida na vida real e ficou chocada: eu amo a maldade enquanto ela ama a bondade. Se ela fosse uma boa católica iria para um convento de freiras e teria feito uma penitência por toda a perversidade que resultou disso.[53]

Elizabeth também fez um relato à mãe, é claro, ornamentado com seus detalhes, do suposto aviltamento de Nietzsche que Lou fizera entre seus inimigos em Bayreuth e da exibição da fotografia com o "chicote" para todas as pessoas. Em consequência, escreveu ao concluir a carta para Overbeck, "agora tenho a 'virtude' de Naumburg contra mim"[54] – uma pequena cidade provinciana, pequeno-burguesa, convencional, legalista e com uma moral estreita. A crise familiar chegou ao auge quando Franziska disse que jamais receberia Lou em sua casa e chamou Nietzsche de uma "vergonha ao túmulo do pai". Como resultado, Nietzsche fez a mala em 8 de setembro e partiu na manhã seguinte para Leipzig, onde se hospedou até 15 de novembro na Auenstrasse 26.

## O Fim do Caso

Apesar de tudo o que acontecera, Nietzsche ainda tinha esperança de formar uma trindade harmoniosa, "três em um",[55] com Lou e Rée. Sem dúvida, ele escreveu a Rée, dois "psicólogos" perspicazes como eles seriam "inteligentes o suficiente" para administrar as dificuldades. E, acrescentou, um apelo à simpatia aliado à segurança da natureza platônica de suas intenções em relação a Lou, que "por ter perdido uma irmã natural, eu teria outra irmã ainda mais natural".[56] Em 1º de outubro, Lou e Rée cedendo ao seu pedido insistente fizeram uma visita de cinco semanas a Leipzig. Na noite da chegada deles, Nietzsche organizou uma sessão espírita (devido à brincadeira sobre as "batidas fantasmagóricas na porta" em Tautenburg, é provável que quisesse proporcionar um divertimento ligeiro), que eles acharam ser um embuste

---

51 KGB 111.1 301.
52 C p. 528.
53 KGB 111.1 301. Nietzsche citou uma carta que desapareceu.
54 *Naumburger "Tugend"* (*ibidem*).
55 KGB 111.1 304.
56 KGB 111.1 303.

óbvio. No entanto, os muitos sentimentos não expressos causaram um ambiente tenso e melancólico à visita. Lou evitou, em especial, o desejo sexual e a personalidade dominadora de Nietzsche e, além disso, a amizade entre Nietzsche e Rée definitivamente terminara. Quando o livro de Rée, *Genesis of Conscience*, foi publicado três anos depois, ele não o dedicou a Nietzsche, embora Nietzsche tivesse mais tarde dito que recusara a dedicatória.

Porém, havia ainda a pretensa ideia de "três em um", e eles combinaram na partida de Lou e Rée que logo voltariam a se encontrar de novo. Em 7 de novembro, Nietzsche escreveu para a sua antiga paixão, Louise Ott, perguntando-lhe se recomendaria Paris no inverno. Mas em menos de uma semana ele percebeu que Lou e Rée nunca haviam levado a sério sua ideia e que, na realidade, eles haviam se desvencilhado de sua presença inoportuna. Abruptamente, ele cancelou todos os projetos de ir a Paris, e retomou seu hábito de passar o inverno no Sul.

Em 23 de novembro, ele chegou em Gênova, vindo da Basileia. Mas ao encontrar seu antigo apartamento alugado decidiu ir para Portofino, a 20 quilômetros a leste ao longo da costa, um vilarejo encantador de pescadores situado em um porto rodeado de montanhas. Nietzsche adorou o lugar e escreveu que o "equilíbrio orgulhoso e calmo" com que as montanhas descem até o mar completa a "melodia" do golfo de Gênova, o modelo de um final perfeito que só grandes compositores poderiam tentar igualar ou superar.[57] Como também teve dificuldade de encontrar um local onde se hospedar em Portofino foi para Rapallo, a mais 20 quilômetros a leste da costa, onde chegou em 23 de novembro.

## Consequências

Em seguida à visita de Nietzsche à Basileia (em 16 de novembro), Overbeck, sempre solidário, escreveu a Rohde descrevendo o estado físico do amigo:

> Este verão e o outono foram o período mais dramático de sua vida e agora ele está condenado a um novo tipo de solidão, que nem mesmo ele suporta. Depois dos acontecimentos deste verão a solidão é o pior veneno para ele... Eu não posso ajudá-lo... Sua saúde melhorou surpreendentemente e é a menor de suas preocupações... O rompimento total com a família foi terrível para ele (logo após houve a história da ruptura com a jovem russa, que nessas circunstâncias é uma bênção)... seu futuro é muito sombrio.[58]

Overbeck não exagerou. Após ter perdido o amor de sua vida, sua companheira intelectual mais próxima, a mãe e a irmã a quem, apesar dos defeitos, ele era visceralmente ligado, Nietzsche entregou-se a um desvario de recriminações. Em rascunhos de cartas, às vezes para Lou outras para Rée (algumas, mas não todas, ele enviou), ele chamou Rée de preguiçoso: uma natureza excepcional que se entrega à indolência e à falta de compromisso intelectual genuíno,[59] um "nobre caráter em

---
57   GS 281.
58   C p. 538.
59   KGB 111.1 348.

decadência".[60] Mas suas recriminações principais dirigiram-se a Lou. Ele descreveu a (suposta) difamação e o ridículo a que ela o expusera em Bayreuth, Jena e Tautenburg como a maneira mais "hedionda" que alguém o tratara em toda a sua vida,[61] o que confirmou o sucesso das tentativas de Elizabeth de envenená-lo contra ela. Nietzsche a chamou de um "gato",[62] uma pessoa que não praticava seu "egoísmo sagrado", e, sim, o "egoísmo de um gato que não consegue amar".[63] Em vez de amor, ela tinha um "autocontrole ardiloso quando se tratava da sensualidade dos homens (com um eufemismo ele quis dizer que Lou era uma coquete manipuladora), que ela exercia para satisfazer sua "vontade poderosa".[64] Lamentou ter-lhe dado o texto "Schopenhauer como Educador" para que ela conhecesse seu ponto de vista fundamental (p. 416) e o compartilhasse, mas descobriu que ela era totalmente "superficial", uma pessoa sem "respeito, gratidão, piedade, cortesia e admiração".[65] "Você não acredita realmente que o 'espírito livre' seja meu ideal", acrescentou.[66] O impacto desta última observação contrastou com o idealismo intenso e moralmente sério revelado em "Schopenhauer como Educador", com a ideia de que "tudo segue seu caminho". A acusação referia-se ao seu niilismo: o desrespeito de Lou às convenções sociais (e aos sentimentos das pessoas) sem substituí-lo por nada. Ela era um espírito livre sem valor, de "segunda categoria" (p. 399), anos-luz distante dos espíritos livres criativos de "primeira categoria" (p. 399).

Algumas vezes Nietzsche revelou como sua visão do papel predominante do homem havia sido ferida. Ele escreveu que sempre detestara ouvir a voz dela, "exceto quando suplicava",[67] e que ela era uma mulher que "pertencia ao nível mais baixo da humanidade [isto é, uma prostituta]", apesar de sua inteligência.[68]

No entanto, entremeado ao ódio, havia outros estados de ânimo: momentos de autopiedade abjetos, momentos em que pretendia estar acima de tudo e momentos nos quais tentava uma reconciliação. "Você deve estar contente por ter se livrado de mim por algum tempo", escreveu a Rée no final de novembro, "e desejo aos dois as maiores felicidades". Mas, continuou, "nos encontraremos todos às vezes, não é? Não se esqueça de que este ano de repente me vi privado do amor [de Elizabeth] e, portanto, estou com uma grande carência afetiva".[69] De novo: "Lou, minha querida, crie um céu límpido acima de nós", em outras palavras, um retorno à situação anterior. Pouco antes do Natal, ele contou a Lou e a Rée que não conseguia dormir nem trabalhar, que tomara uma dose enorme de ópio, e que eles deveriam considerá-lo um homem insano, "que a solidão o levava à semiloucura". E, acrescentou, de uma

---

60 KGB 111.1 353.
61 KGB 111.1 339.
62 KGB 111.1 347.
63 KGB 111.1 348.
64 KGB 111.1 351.
65 KGB 111.1 352.
66 KGB 111.1 335.
67 KGB 111.1 352.
68 KGB 111.1 362.
69 KGB 111.1 334.

maneira patética, que eles "não deveriam se preocupar muito se ele se suicidasse".[70] Em 1882, no dia de Natal, ao mesmo tempo em que disse à mãe que "ela deveria dirigir-se a ele com outro tom" se quisesse que abrisse as cartas de Naumburg,[71] ele escreveu a Overbeck que não conseguia dormir apesar dos soníferos fortes e das "caminhadas" de seis a oito horas por dia. "Este pedaço da vida", continuou, "é o mais difícil que já mastiguei". Em seguida, ligou o caso Salomé e todas as suas ramificações à sua filosofia. "Eu", disse ele, "estou atravessando todas as fases de autossuperação". Porém, pensou se conseguiria terminar o processo, se seria capaz de "engolir" o "pedaço da vida" de Lou Salomé. Depois indicou que a "deglutição" consistiria em:

> Se eu não inventar a arte do alquimista de transformar fezes em ouro, estarei perdido. Essa é a melhor oportunidade possível de provar a mim mesmo que "todas as experiências são úteis, todos os dias sagrados e todos os homens divinos!!!"[72] Todos os homens divinos. Neste momento minha desconfiança é grande. Em tudo que ouço eu sou alvo de desprezo em todos os aspectos.[73]

A "deglutição" consistiria, em outras palavras, como sugerido no poema de Lou, em encontrar uma "teodiceia" que abrangeria até mesmo o furacão do qual ela era o olho.

Apesar dos esforços para superar a situação, Nietzsche continuou, como veremos, sofrendo com o caso Salomé até pelo menos o final de 1883. Nietzsche reconciliou-se com Elizabeth em meados do ano (na verdade, as comunicações com a família nunca haviam cessado por completo) e conspirou com a irmã para mandar Lou de volta para a Rússia por ser uma "pessoa imoral".

\*\*\*

Lou mereceu de fato esse tratamento? A maioria dos estudiosos de Nietzsche, tanto homens quanto mulheres, surpreendentemente, pensa que sim. Curt Janz, por exemplo, considera Lou quase uma psicopata, alguém que "percebia o sofrimento que causava nas pessoas, mas sem arrependimento ou remorso. Ela nunca teve um sentimento de responsabilidade ou culpa". "Porque ela não tinha capacidade de sentir um amor profundo, nem possuía um sentido de dever e respeito."[74] Mas, poderíamos perguntar, quem aos 22 anos *tem* um compromisso de dever e respeito, em especial, quando os objetos de um possível "compromisso respeitoso" tinham quase a idade para ser seu pai? Em uma de suas queixas, Nietzsche disse que Lou o tratara como um estudante de 21 anos.[75] Mas como alguém de 21 anos o *trataria*? Sua "rejeição" a Nietzsche e depois a Rée sem dúvida representou um comportamento "experimental" típico de alguém com sua idade. Janz e Nietzsche exigiram de Lou uma maturidade emocional além de sua idade.

---

70  KGB 111.1 360.
71  KGB 111.1 363.
72  A citação de Emerson mencionada na p. 390.
73  KGB 111.1 364, 365.
74  J II p. 167. A observação sobre a incapacidade de amar de Lou referia-se a "pelo menos nessa fase de sua vida e por muitos anos futuros".
75  KGB 111.1 364.

Em razão do fato de seus pretendentes, Gillot, Nietzsche e Rée, serem do seu ponto de vista homens idosos, é inteiramente compreensível que Lou tenha se recusado a ter relações sexuais com eles. Como já mencionado, o sexo significava a probabilidade de ter filhos e, em consequência, o aprisionamento no papel tradicional feminino. Além disso, ela fora bastante explícita ao dizer que o sexo estava descartado "pela duração da minha vida". Assim, ela estaria errada em continuar na companhia deles, sabendo que tinham desejos sexuais reprimidos? Lou teve a infelicidade de viver em um mundo onde a educação após os 14 anos era quase uma prerrogativa masculina. Portanto, ela tinha o direito de usar os meios disponíveis para ser admitida ao mundo de ideias que sua mente brilhante ansiava.

Ela era realmente um "gato egoísta", uma "usurpadora" que nunca "dava" nada em troca? Em 1897, aos 36 anos, ela conheceu o poeta Rainer Maria Rilke, 15 anos mais jovem que ela. (Foi Lou quem o convenceu a mudar seu nome de René para Rainer.) Ela teve com Rilke a primeira experiência sexual satisfatória. Embora Rilke a tenha abandonado três anos depois para casar com Clara Westhoff, ela continuou a ser sua amiga e correspondente pelo resto da vida, sempre com cuidados maternais em relação a esse perpétuo hipocondríaco até o final. Lou não foi apenas uma mente brilhante. Por fim, revelou ser, de muitas maneiras, uma "mulher maravilhosa, afetiva e generosa".[76]

***

A última observação sobre o caso Salomé deve ser atribuída a Schopenhauer. Em 1844, ele escreveu que, ao lado da vontade de viver, o desejo sexual

> revela-se... o mais forte e enérgico de todos os impulsos e sem cessar ocupa metade dos poderes e pensamentos dos jovens. Ele é a suprema meta de quase todo o esforço do ser humano; tem uma influência desfavorável nos assuntos mais importantes, interrompe nossas ocupações mais sérias e, às vezes, atordoa por algum tempo até as mentes mais brilhantes. E sabe como inserir bilhetes amorosos e cachos de cabelos até mesmo em... manuscritos filosóficos.[77]

Um desejo sexual que veremos a seguir em *Assim falou Zaratustra*. Não há mais nada a dizer sobre o caso Salomé. Mesmo (ou talvez especialmente) os filósofos são passíveis de se comportarem de uma maneira tola ou prejudicial, quando "o animal selvagem em um homem põe a cabeça para fora da jaula" (p. 417). Em sua paixão por Lou, Nietzsche comportou-se de um modo ridículo e desagradável. Assim como todos nós, ele era humano, demasiado humano, como Ida Overbeck lhe disse para seu grande desprazer.[78]

---

76 Banville (2006) p. 61-4.
77 WR II p. 533.
78 KGB 111.1 444.

# 19

## ZARATUSTRA

### Refúgio em Rapallo

Como acontece com frequência, o sofrimento causado pelo caso Salomé propagou-se pelo lugar onde os fatos aconteceram. Nietzsche não suportou mais ficar na Alemanha[1] e, como disse a Overbeck, "fugiu" para a Itália.[2] Instalou-se por fim, como vimos, em Rapallo no final de novembro de 1882, onde permaneceu até o final de fevereiro do ano seguinte. Ele hospedou-se em um albergue à beira-mar em frente a palmeiras, com preços baratos em razão de estar fora de temporada.

Como seria previsível, sua saúde que até então estava ótima deteriorou-se a um ponto jamais visto. Com crises prolongadas de vômito, dor de cabeça, dores nos olhos e insônia – ele só conseguia dormir com altas doses de hidrato de cloral[3] – mais uma vez ficou extremamente deprimido. As palavras da mãe que ele era uma "desgraça ao túmulo do pai" o atormentavam e o pensamento tentador do "cano de uma pistola"[4] lhe vinha sempre à mente. Só sua missão, o compromisso predominante com sua "tarefa principal", evitou o adeus definitivo a uma "vida de um sofrimento extremo".[5]

As condições locais não ajudaram. A comida do albergue era ruim e para o clima em geral ameno do golfo de Gênova estava excepcionalmente frio, o vento agitava com violência as folhas das palmeiras no cais, e as janelas do hotel eram cinza por causa da maresia. Nietzsche atribuía sua infelicidade não só à Alemanha como também seu retorno não usual à sociabilidade ao caso Salomé. Em benefício de sua saúde física e mental, ele decidiu retomar o "regime de eremita" de estrito isolamento.[6] Mas o frio converteu o isolamento em alienação. "Um quarto frio afeta o estado de espírito" e provoca uma sensação de estar "alienado do mundo", de ser um exilado e um "peregrino".[7] Esse foi o estado de ânimo *Winterreise* expresso no ano seguinte em seu memorável poema "Adeus":

> Os corvos crocitam/E voam com um som sibilante para a cidade./Logo irá nevar/Feliz é quem tem pátria/Agora você em uma postura rígida/Olha para trás!/ Oh, já há

---

1 KGB III. 370.
2 C p. 538.
3 KGB III. I 372.
4 KGB III. I 370.
5 KGB III. I 403.
6 KGB III. I 431.
7 KGB III. I 431.

quanto tempo!/ Por que você, tolo/Fugiu do mundo antes do inverno?/O mundo – um portão/Para milhares de terras áridas, silenciosas e frias/Qualquer que seja a perda/O que você perdeu não encontra repouso./Agora você está parado lá, pálido/Condenado a uma vida de peregrino no inverno/Que como a fumaça/Sempre procura céus mais frios./Voe pássaro, grasne/Sua canção sintonizada com uma terra árida/Esconda tolo/ Seu coração dilacerado no gelo e no desprezo/Os corvos gritam alto/E voam com um som sibilante para a cidade/Logo irá nevar/Como é infeliz quem não tem pátria![8]

Apesar de toda essa infelicidade, uma mudança inesperada no clima, com 10 dias de tempo claro e fresco em janeiro de 1883, provocou, como em janeiro do ano anterior, um sentimento de gratidão: "nós, os sofredores", refletiu Nietzsche, "somos muito modestos [em nossas expectativas] e propensos a sentimentos exagerados de gratidão".[9] E foi com esse estado de espírito que, nos 10 dias de bom tempo, ele escreveu a "Parte I" (originalmente concebida como o trabalho inteiro, que terminou com quatro "Partes") de seu livro mais famoso, *Assim falou Zaratustra*.[10]

## Anti-Antissemitismo

Embora tenha terminado a Parte I de *Zaratustra* em janeiro, ela só foi publicada em agosto, um ritmo muito lento para os padrões do século XIX. Esta demora deveu-se em parte ao fato de que a firma Teubners, a empresa de Leipzig que a editora Schmeitzner encarregara de imprimir o livro, fizera um trabalho apressado de imprimir 500 mil exemplares de livros de cânticos religiosos e, também, em razão das sérias restrições ao conteúdo anticristão de *Zaratustra*.[11] Nietzsche considerou essa atitude da editora como uma derrota, porque agora, com uma seriedade divertida, julgava que o "Anticristo" era a descrição mais precisa de seu autor e o resumo mais sucinto de seu tema principal.[12] No entanto, em parte a demora foi também causada por Schmeitzner, por suas frequentes ausências do escritório devido às suas atividades antissemitas à frente da "Aliança Antijudaica". Nietzsche ficou furioso. Primeiro, o "obstáculo cristão" e agora o "obstáculo antissemita". "Quem", perguntou a Overbeck, "me libertará de um editor, que pensa que o movimento antissemita é mais importante do que publicar meus pensamentos"?[13]

Esse fato marcou o início do anti-antissemitismo de Nietzsche. Porém para entender a que ele se opunha é importante mencionar que no século XIX o significado da palavra "antissemita" nesse contexto só surgiu em 1879, e antes ela tinha uma conotação bem diferente.

No início do século XIX os judeus eram considerados, tanto pela religião quanto pela etnia, como um "povo" não europeu com direitos civis muito restritos: não

---

8    KSA II 28 [64].
9    KGB III. I 369.
10   KGB III. I 373.
11   KGB III. I 399.
12   KGB III. I 400.
13   KGB III. I 431.

tinham direito de voto e com frequência eram obrigados a viver em guetos, além de serem excluídos de muitas atividades comerciais e profissões. Napoleão e mais tarde o impulso liberal da unificação alemã originaram um movimento de emancipação dos judeus, de eliminação de todas as restrições especiais e da concessão de um tratamento como cidadãos plenos do Reich alemão. Na década de 1870, em decorrência de um movimento de oposição a esse impulso liberal surgiu um movimento antissemita radical sob a liderança de Schmeitzner, do futuro marido de Elizabeth, Bernard Förster, e do pregador cristão socialista Adolf Stöcker.

É importante observar que foi esse movimento *político* (não o movimento criado em geral pela esquerda em vez da direita, como agora) que se tornou um alvo específico da oposição acirrada de Nietzsche. Sua principal objeção a essa posição política era, como disse asperamente a Schmeitzner, à política de inveja que ameaçava causar uma perturbação "anárquica" da ordem social: "Visto a distância", escreveu ele, "o antissemitismo" nada mais é que a luta contra os ricos e a classe média estabelecida com intuito de ficar rica.[14]

Como Nietzsche opunha-se a um movimento *político*, essa oposição era a princípio compatível com os preconceitos *culturais* contra os judeus. (O expoente clássico dessa compatibilidade era o mandarim homossexual inglês e membro do grupo de Bloomsbury, Harold Nicholson, que disse em 1945, "Eu detesto o antissemitismo, mas não gosto de judeus", e os descrevia habitualmente como "pegajosos".) E, embora, para os padrões do século XIX, Nietzsche fosse razoavelmente livre de preconceitos contra os judeus, ele não era totalmente isento de sentimentos antissemitas, sobretudo, logo após ser traído pelo antigo amigo judeu, Paul Rée. Assim, por exemplo, em suas anotações de 1883, encontramos a observação, "É impossível não perceber a profunda ausência de nobreza em Cristo, sua origem judaica, sua substituição favorável de privilégio de forma pouco ética",[15] a barganha de não "proporcionar uma felicidade terrena em troca de uma felicidade celestial mil vezes maior".[16] Mas, como vimos (p. 284), e veremos, em muitos aspectos Nietzsche em sua maturidade era sem dúvida um filossemita.

### Nietzsche, o "Herdeiro" de Wagner

Em 13 de fevereiro de 1883, Wagner sofreu um ataque do coração em seu hotel, o Palazzo Vendramin, no grande canal em Veneza. Ele havia ido a Veneza para descansar depois de reger *Parsifal* no segundo festival de Bayreuth realizado em agosto do ano anterior. Ele morreu nos braços de Cosima. No dia seguinte, Nietzsche leu em um jornal de Gênova um pequeno obituário com detalhes de sua morte. Imediatamente teve uma de suas crises que o obrigou a ficar de cama diversos dias. De sua cama, ele escreveu a Malwida que fora "extraordinariamente difícil ser, durante seis longos anos, o opositor de alguém a quem respeitara e amara como amei Wagner"

---

14   KGB III. I 399.
15   KSA 107 [227].
16   KSA 107 [213]. Em *O Anticristo* esse pressuposto de Jesus foi radicalmente alterado.

e acrescentou que um "insulto mortal" os separara,[17] uma referência, como vimos, à alegação de Wagner de que a raiz de seus problemas era a "masturbação"... "com indicações de pederastia" (p. 287).

Nietzsche escreveu uma carta de condolências interessante para Cosima, mas, é claro, não teve resposta: "Você viveu para cumprir uma meta e fez todos os sacrifícios por ela", escreveu. "Em especial para o homem que você descobriu seu ideal, e isso não morre, essa percepção lhe pertence, lhe pertence para sempre."[18] A distinção, aqui, entre o ego enorme de Wagner, o ideal que se esforçou para realizar – sua "verdade íntima e grandeza", citando uma frase de Heidegger – e os defeitos reais dos seres humanos, foi a mesma feita em *Wagner em Bayreuth* (p. 261). Nos livros de anotações de 1883, ele usou essa distinção para justificar o homem Wagner: "Quem quer que tenha percebido o ideal de alguém se torna seu juiz implacável e ao mesmo tempo sua consciência pesada."[19] Em uma carta a Köselitz, essa mesma dicotomia indicou uma distinção entre o jovem e o idoso Wagner: "No final", Nietzsche escreveu, "foi contra o Wagner idoso que tive de proteger-me",[20] o Wagner que "rastejara de volta para o cristianismo e a Igreja, o que considerei um insulto pessoal";[21] um insulto e uma traição, porque a missão que nos unia era o renascimento da cultura *grega*, não a cristã. Em relação ao "autêntico" Wagner, Nietzsche continuou,

> tornei-me em grande parte seu herdeiro. Neste último verão percebi que ele me afastara de todas as pessoas [Rohde, von Stein, von Seydlitz etc.] na Alemanha a quem não fazia sentido influenciar, e começou a incorporá-los à sua animosidade infeliz e solitária de uma idade avançada.[22]

Essas reações à morte de Wagner revelam um tema que, apesar de ser universalmente negado, eu o enfatizo há algum tempo, ou seja, embora Nietzsche rejeitasse o *homem e o artista* Wagner, com seus defeitos humanos, demasiado humanos, em 1883 ele *ainda* era fiel ao *ideal* wagneriano. Elas também evidenciam que, com a morte de Wagner, ele, o sustentáculo desse ideal, teria como tarefa atrair os "homens superiores" que conhecia a retomarem a ideia do Wagner ideal em vez do Wagner humano.

Ao longo das notas da década de 1880, Nietzsche manteve sua opinião de que seríamos "melhores wagnerianos que Wagner",[23] e tampouco negou seu apoio à visão de Wagner da arte como um "fenômeno importante e grandioso";[24] uma concepção da arte não como o entretenimento da ópera franco-italiana, mas, sim, por um festival de profunda importância. No futuro, Nietzsche escreveu, haveria "festivais em que muitas criações [artísticas] individuais se uniriam no trabalho artístico

---

17  KGB III. I 382, 384.
18  KGB III. I 388.
19  KSA 10 [27].
20  KGB III. I 381.
21  KGB III. 382.
22  KGB III. I 381.
23  KSA 8 30 [82].
24  KSA 8 30 [90].

do festival,[25] para os quais seria necessário construir 'templos' especiais".[26] Mesmo no final de 1886, Nietzsche ainda afirmava seu apoio ao ideal wagneriano. Ao referir-se ao fato de que "o mundo inteiro" ainda o considerava um membro do círculo de Bayreuth, ele escreveu a Overbeck,

> É maravilhoso ver como todos os seguidores de Wagner permanecem fiéis a mim. Você sabe, creio, que ainda acredito no ideal de Wagner com tanta firmeza como sempre e por que seria importante eu me confrontar com tantos obstáculos humanos, demasiado humanos que Richard W[agner] colocou no caminho de seu ideal?[27]

Essas e outras observações, como sugeri, não deixam dúvida de que o ideal wagneriano permaneceu em seu pensamento até seu colapso final. Assim poderíamos concluir que o projeto wagneriano original, a redenção da cultura ocidental por meio do renascimento "grego", apoiado em sua essência pela arte e pela religião constituiu o cerne do pensamento de Nietzsche sobre arte, religião e sociedade.

## Segundo Verão em Sils Maria

No final de janeiro, Nietzsche recebeu uma carta de Malwida convidando-o para uma estada prolongada em Roma. Como estímulo, ofereceu o trabalho de uma jovem, Cécile Horner, como secretária. Mas como convidara também Elizabeth, porque sua intenção real era promover uma reconciliação entre os irmãos, Nietzsche recusou o convite com a desculpa de que o clima úmido de Roma não lhe fazia bem e que sua saúde precisava da proximidade do mar. Porém, na verdade, ele não se sentia capaz de enfrentar Elizabeth que, como escreveu a Köselitz, decretara "guerra declarada" contra ele até que renunciasse ao "egoísmo desumano" e se tornasse de novo "uma pessoa boa e genuína".[28]

Até o final de abril Nietzsche recusou-se a ir a Roma. Mas não suportando mais as condições locais em Rapallo, voltou para seus aposentos em Gênova. Ele ficou na cidade até 3 de maio e por fim decidiu passar seis semanas em Roma. Esta decisão foi provocada por uma carta que recebeu de Elizabeth no final de abril, na qual ela dizia que ele vira os acontecimentos familiares sob um ângulo "trágico" demais e que eles deveriam se beijar e se reconciliar. Como a separação da mãe e da irmã lhe causava muita angústia,[29] ele escreveu cartas conciliatórias às duas e partiu rápido para Roma, onde, de acordo com Elizabeth, o *status quo ante* foi logo restabelecido.

Exceto por uma semana em que procuraram inutilmente uma casa de verão para Fritz no Sul da Itália, os irmãos ficaram em Roma até 14 de junho, quando viajaram juntos para Milão e, em seguida, Elizabeth voltou para Naumburg e

---

25 KSA 9 3 [81].
26 KSA 9 3 [107].
27 KGB III. 3 769.
28 KGB III. 1 405.
29 *Ibidem*.

Nietzsche foi para Sils Maria, onde chegou em 18 de junho de 1883 para uma estada de sete semanas.

Embora estivesse excepcionalmente frio em Sils, com neve no vilarejo, ele ficou encantado de voltar à casa Durish, onde todos, inclusive a pequena Adrienne Durish, o saudaram quase como se fosse um habitante local que retornava de viagem. Ele aproveitou a praticidade de poder comprar muitas coisas de que precisava na mercearia no andar térreo – biscoitos ingleses, carne enlatada, chá e sopa – apesar de ainda receber, agora que as relações familiares haviam se normalizado, pacotes de comida de casa com presunto, salsichas e mel (que às vezes derramava na viagem).[30]

Nietzsche sentia-se em casa em Sils. "Aqui e em nenhum outro lugar", escreveu a Von Gersdorff, "é de fato minha terra natal e um local de meditação".[31] Ele queria construir uma casa de madeira com dois aposentos, como um "canil de cachorro", na península Chasté no lago Sils.[32] A 10 minutos a pé de sua pensão, Chasté era, segundo ele, "sem igual na Suíça ou em qualquer lugar na Europa".[33] E esperava que Sils seria o lugar, como escreveu no início de julho, onde morreria e seria enterrado.[34]

Nesse estado de espírito idílico ele terminou, provavelmente nos primeiros 10 dias de julho, o manuscrito final da Parte II de *Zaratustra*, descrevendo-a como uma "justificativa" que deu um "novo significado" ao ano inteiro: a ociosidade imposta em Roma, suas crises de dor e insônia e, sobretudo, sua decisão de voltar à sua fonte de inspiração, o vale Engadine.[35]

## Continuação do Caso Salomé

Mas o estado de espírito idílico foi temporário. Motivada pela hipótese de uma visita de Lou e Rée a Engadine para tentarem uma reconciliação e implacável em seu ódio, Elizabeth escreveu uma longa carta à mãe de Rée acusando Lou de ser "uma caçadora de homens" disfarçada de intelectual, e seu filho um amigo falso e um personagem mefistofélico que contara calúnias a Lou, que ela usara contra Nietzsche.[36] E enviou uma cópia da carta ao irmão.

Embora a carta consistisse apenas em acusações hipotéticas, ela surtiu um profundo efeito sobre Nietzsche, apenas em razão do excelente texto literário que Elizabeth jamais havia escrito. (Evidentemente ele esqueceu sua observação que "os poetas mentem muito".) A carta, escreveu a Ida Overbeck "(por acaso uma obra-prima da literatura feminina!)... deu-me uma percepção [sobre a situação] e que percepção! Dr. Rée entrou em primeiro plano".[37]

---

30 KGB III. I 425, 426.
31 KGB III. I 427.
32 KGB III. I 427.
33 KGB III. 3 741.
34 KGB III. I 428. Ver também KGB III. 3 741.
35 KGB III. I 432.
36 KGB III. 7/1 p. 952-957.
37 KGB III. I 443.

Com essa nova "percepção", Nietzsche escreveu a Rée, chamando-o de falso amigo e um homem moralmente repreensível, com a afirmação específica que fora ele, Rée, que originara a declaração de que "sob a máscara do idealismo" Nietzsche "com respeito a Fräulein Salomé se comportara com as intenções mais degradantes". (Mas [p. 413] Nietzsche *sugerira* um "casamento de dois anos"!) No final da carta, escreveu: "Tenho um desejo intenso de lhe dar uma lição prática de moral com um par de balas", porém, lamentou (usando um insulto antissemita) que isso só poderia ser feito por "mãos limpas e não por dedos melífluos".[38] Não satisfeito com essa carta, ele escreveu também uma carta ofensiva a Georg Rée em que dizia que o irmão era um ser vil e referiu-se a Lou como "um macaco mumificado, sujo, com mau hálito e seios falsos",[39] uma carta que ele imaginou poderia provocar um duelo, mas quem iria duelar com alguém quase cego? Na verdade, ela só causou a ameaça de um processo judicial se as cartas ofensivas não parassem. Ao mesmo tempo, ele escreveu uma carta pretensiosa à mãe de Lou dizendo-lhe que "minha irmã e eu eliminamos sua filha do nosso calendário social".[40] No início, apesar de estarem escritas, nem todas as cartas foram enviadas. Mas depois, em pânico pela crença errônea de que a família de Rée viesse para Sils (houve uma confusão de nomes de futuros visitantes no registro do hotel), ele queimou as restantes.[41]

Enquanto escrevia essas cartas insultuosas, Nietzsche teve uma vaga ideia de que estava sendo manipulado por Elizabeth, com sentimentos e ações opostas aos seus interesses. Porém, ela astuciosamente lhe disse que escondera por muito tempo grande parte do horror do comportamento de Rée e Lou.[42] "Minha irmã quer se vingar da jovem russa", escreveu a Ida Overbeck, com uma tentativa de repatriar Lou para a Rússia sob a alegação de que ela era uma "pessoa imoral, ela tem esse direito, mas até então a vítima de suas invectivas tem sido eu".[43] No entanto, ele continuou a apoiar Elizabeth 100%. Até o final de julho de 1883 ele ainda afirmou que Elizabeth tinha o "total direito" de procurar se vingar de Lou,[44] e que ele e a irmã eram "melhores amigos do que antes".[45] É claro, o subtexto dessas intrigas era a imposição de que Nietzsche teria de escolher entre ela e Lou: o preço de terminar a "guerra" foi o de aceitar o "controle" que ela exerce em toda a situação, a prova necessária de que ele voltara a ser uma "pessoa boa e genuína".

Mas em meados de agosto as dúvidas de Nietzsche a respeito das maquinações de Elizabeth e em relação à maneira como se comportara sob sua influência acentuaram-se. Ele fora, é óbvio, enganado, manipulado, e sua honra denegrira-se, escreveu à sua confidente Ida Overbeck, sempre solidária, porém, com uma objetividade gentil, e assim, quando seus amigos pediam "satisfação" em seu nome, ele não podia queixar-se:

---

38   KGB III. I 434.
39   KGB III. I 435.
40   KGB III. I 436.
41   KGB III. I 444.
42   KGB III. I 443.
43   KGB III. I 438.
44   KGB III. I 442.
45   KGB III. I 443.

Eu disse que era "direito total" de minha irmã. Mas todas essas medidas hostis tiveram um lado negativo, porque elas direcionaram-se a pessoas que certa vez eu amara e talvez ainda ame. Eu, pelo menos, estou preparado para desistir da polêmica de insulto e comportamento vergonhoso gerada em relação a mim em qualquer momento.[46]

"Lou", acrescentou, "qualquer que seja o comentário sobre seu caráter moral, é um espírito de 'primeira categoria' e mesmo Rée devia ter qualidades por ter conquistado a boa opinião de Malwida no ano passado em Sorrento".[47] Na carta seguinte a Ida, ele disse que era a única pessoa prejudicada por Elizabeth, e que sentia uma profunda falta de Lou, porque ele nunca conversara sobre filosofia de forma tão produtiva como com ela e, de qualquer modo, o assunto era tão complicado (como o leitor deste livro deve concordar) que seria impossível culpar alguém.[48] No final de agosto, ele tocou em um ponto crucial com Köselitz. Agora ele percebia que Elizabeth lhe causara uma "febre nervosa". Sua mente ficara confusa. "Eu senti-me extremamente infeliz o ano inteiro em meio a sentimentos que recusei a reconhecer e pensamentos que achei que teria superado, pelo menos em suas formas mais cruéis: sentimentos de vingança e *'ressentiment'*."[49] Como, em um sentido pessoal, sua filosofia mais profunda era o impulso em direção ao *amor fati* e ao desejo do eterno retorno, ele percebeu mais tarde que fora manipulado em tudo por Elizabeth, *inclusive* no caso Salomé, na direção diametralmente oposta à sua filosofia: ou seja, ao ideal do seu "verdadeiro eu" e de sua tarefa.

Em 22 de agosto, Nietzsche fez uma viagem curta de carruagem pelo Vale Engadine até Schuls (ou em romanche, Tarasp) para passar três dias com o amigo sempre leal e paciente, Overbeck. Na viagem de retorno, como lhe escreveu em 26 de agosto, ele sentiu "um ódio verdadeiro por minha irmã":

> Com seu silêncio em momentos inoportunos e a conversa também inoportuna, ela destruiu o sucesso dos meus melhores sentimentos de superação e, por fim, tornei-me uma vítima de um desejo brutal de vingança, embora em meu íntimo houvesse rejeitado qualquer vingança e punição.[50]

Três dias depois, ele escreveu a Elizabeth pedindo-lhe que não mencionasse mais o caso Salomé.[51] E no início de 1884, ao descrever Lou como a "mais bem dotada e reflexiva" de todas as pessoas conhecidas, ele implorou a Elizabeth fazer as pazes com ela.[52] (Em vão, Elizabeth continuou com sua *vendetta* contra Lou até bem depois da morte dele.) Ao mesmo tempo, ele escreveu uma carta a Overbeck dizendo-lhe que pela sexta vez em dois anos recebera uma carta da irmã que

---

46   KGB III. I 448.
47   *Ibidem*.
48   KGB III. I 449.
49   KGB III. I 457.
50   KGB 111. I 458.
51   KGB III. I 459.
52   KGB III. I 481.

destruiu a tranquilidade dos meus sentimentos mais elevados e abençoados (sentimentos raros na Terra) cujos fundamentos refletiam as características do humano, demasiado humano. Fiquei furioso em todos os momentos em que minha irmã referiu-se a Fr. Salomé de uma maneira pejorativa e ofensiva... Eu nunca conheci uma mente reflexiva mais bem dotada.[53]

Para um homem cuja vida social era agora realizada quase exclusivamente por cartas, o conselho de *A Gaia Ciência* de tomar um banho depois de ler a correspondência é, sem dúvida, um bom conselho.

## A Sombra de Bernhard Förster

A aproximação do inverno obrigou Nietzsche a terminar sua estada em Sils. Apesar de seus sentimentos menos cordiais em relação à irmã, ele foi para Naumburg em 5 de novembro, onde passou cinco semanas tensas. A tensão foi causada em parte pela insistência da mãe e da irmã para que ele reassumisse seu trabalho na universidade e suas queixas de que ele não frequentava mais a casa de pessoas respeitáveis. Mas a tensão foi provocada, em especial, pela sombra ameaçadora do Dr. Bernard Förster e, desta vez, mãe e filho ficaram do mesmo lado.

Bernard Förster, um professor de ensino médio de Berlim, desde 1880 era um dos líderes do movimento antissemita, e depois da guerra contra a França tornou-se um patriota prussiano ardente e xenófobo. Seus heróis eram Ernst Hasse e Adolf Stöcker. Hasse, um ex-cirurgião do Exército prussiano que ajudara a criar a Liga Pan-germânica, tinha o objetivo de promover a criação de colônias alemãs na África, na América do Sul e no Leste europeu. Stöcker era um antigo capelão do Exército, que baseara seu antissemitismo fanático em uma versão do socialismo cristão, segundo a qual os judeus tinham ligações inextricáveis com a exploração de trabalhadores pelo capitalismo moderno. Förster também admirava Wagner (e os trabalhos iniciais de Nietzsche). Em 1880, ele escreveu a Wagner pedindo-lhe para assinar uma petição solicitando ao chanceler alemão que adotasse medidas rigorosas para conter a influência preponderante da imprensa de Berlim e a "corrupção" dos valores religiosos dos plutocratas judeus. Para honrar seu nome e reputação, Wagner recusou.

A mãe de Förster era uma conhecida de Franziska de Naumburg e foi por seu intermédio que Elizabeth e Förster conheceram-se. Sem ter mais o poder de transformar o irmão no centro emocional de sua vida, Elizabeth logo encontrou um novo (e oposto) centro em Förster. Ela e Förster, como disse a Köselitz (que, sem dúvida, ficou horrorizado) em uma ocasião, "saciamo-nos... com a compaixão, a autonegação, o cristianismo, o vegetarianismo, o arianismo, as colônias no sul etc. Tudo isso me agrada muito e sinto-me completamente familiarizada com essas ideias".

No outono de 1882, Förster envolveu-se em um conflito violento nas ruas de Berlim e, em consequência, perdeu o cargo de professor. Desconcertados, seus colegas do Partido do Povo Alemão, que ele ajudara a fundar, incentivaram-no a aban-

---

53 KGB III. I 483.

donar a atmosfera "poluída" de Berlim por algum tempo e a estimular a nobre causa da pureza racial alemã, com a fundação de uma comunidade ariana "modelo" na América do Sul. Em fevereiro de 1883, ele embarcou para a América do Sul, com o objetivo de encontrar um lugar para fundar a colônia perto do rio da Prata.

Förster, é evidente, simbolizava tudo o que Nietzsche detestava. Franziska, por sua vez, ao perceber pela troca frequente de cartas que Elizabeth se interessara por ele, o olhava com a mesma desaprovação. Em parte, ela temia o desaparecimento da única filha na América do Sul, mas apesar de certas ideias antissemitas culturais, Franziska pensava que um agitador político antissemita que provocava brigas nas ruas estava abaixo do padrão mínimo de respeitabilidade.

No entanto, quanto mais Nietzsche e a mãe o desaprovavam, mais a teimosa Elizabeth recusava-se a aceitar as opiniões deles e insistia que Förster era um mártir em nome da verdade e da bondade. Implícita à sua teimosia havia o fato indiscutível de que, ao se aproximar dos 40 anos, Förster seria a última chance de um casamento, que a libertaria da vida claustrofóbica de uma solteirona em uma pequena cidade.

Com a família em guerra, foi com alívio que Nietzsche partiu de Naumburg no dia 2 de outubro para viajar, de novo com uma visita ao casal Overbeck, para Gênova em sua última estada nessa cidade tão amada. Ele retornou para seu antigo hotel da Signora Stagnetti na Salita della Battestine, mas desta vez hospedou-se em um novo quarto no quinto andar. Porém, novamente sua saúde piorou. Além disso, ele já conhecia todos os passeios e lugares perto do hotel e começou a achar a cidade muito barulhenta. Então decidiu ir para Nice, a três horas de trem em direção ao oeste ao longo da costa da Riviera, passando por Ventimiglia, Menton e Monte Carlo. Ele chegou a Nice no dia 2 de dezembro e lá permaneceu pelos quatro meses e meio seguintes.

## O Primeiro Inverno em Nice

Originalmente uma cidade italiana, Nice – ou "Nizza", em italiano e alemão – foi cedida sem luta ao império francês de Napoleão III em 1860. Logo se tornou um balneário preferido dos europeus ricos do Norte em busca do sol. Mas com as palmeiras na Promenade des Anglais e as fachadas vermelhas e cor de laranja, Nice manteve suas características italianas.

No início, Nietzsche recusou-se a aceitar que Nice situava-se na França. "*Nizza* como uma cidade *francesa*", escreveu, "é desagradável e é uma espécie de mácula nesse esplendor do Sul". "Ainda é uma cidade italiana, na cidade antiga onde aluguei um quarto as pessoas falam, quando necessário, em italiano e, assim, parece um bairro genovês." O que o atraiu a Nice foi a pesquisa lida nos guias de viagem que a cidade tinha 220 dias de céu límpido, duas vezes mais que Gênova. Pensando em primeiro lugar em sua saúde, o bom tempo foi decisivo em sua escolha. Por esse motivo, com muito pesar ele "deu adeus à amada cidade de Colombo – a cidade nunca passou disso para mim."[54]

---

54   KGB III. I 474.

Nietzsche alugou um quarto de uma senhoria alemã no segundo andar de um prédio de seis andares na Rue Ségurane, 38, 10 minutos a pé da beira-mar. Como companhia às refeições, havia um general prussiano e sua filha, a mulher de um "príncipe indiano" (com o nome implausível de "Lady Mehmet Ali") também acompanhada da filha, e um "magnífico traje persa".[55]

No entanto, para seu desapontamento a mudança não melhorou sua saúde: "tão ruim como nas piores épocas... vômito, insônia, pensamentos depressivos sobre acontecimentos antigos, dor de cabeça, e uma dor lancinante nos olhos".[56] Além disso, o quarto não tinha calefação e era assustadoramente frio. Então decidiu mudar de novo para um lugar onde poderia retomar seu regime de solidão, em especial à hora das refeições. Pouco antes do Natal, mudou-se para Villa Mazzolini, no Chemin de St. Philipe (hoje Rue de Châteauneuf, 39). Lá, sua senhoria, também alemã, cozinhava refeições especiais para ele e instalou um aquecedor em seu quarto que produzia "se não calor ao menos uma fumaça espessa". Seu locatário espanhol, com quem falava em italiano, o tratava *"come un fratello"*.[57]

## Dois Discípulos

Na véspera de Natal, Nietzsche contou a Overbeck que recebera cartas de um admirador, Paul Lanzky, "a primeira pessoa que me chama em cartas de 'honrado mestre' (o que suscitou diversos sentimentos e lembranças)",[58] lembranças, é claro, de sua maneira de se dirigir a Wagner. Lanzky era um judeu rico coproprietário de um hotel em Vallombrosa, na Toscana. Depois de ler *Humano, demasiado Humano*, ele convenceu-se de que Nietzsche era o escritor alemão vivo mais importante e propôs-lhe o uso de uma casa no terreno do seu hotel como o "ninho" de sua filosofia (é possível que fosse uma ideia similar ao "mosteiro para espíritos livres"). Nietzsche pensou que talvez aceitasse o oferecimento durante parte do ano de 1884.[59]

Dr. Joseph Paneth, também judeu, porém, não religioso e antissionista, foi outro admirador que o procurou. Eles conversaram longamente em 26 de dezembro sobre Spinoza, Schopenhauer, Wagner e o antissemitismo. Paneth ensinava fisiologia na Universidade de Viena e depois (junto com Lou Salomé) pertenceu ao círculo íntimo de Freud. Freud o respeitava muito e foi por seu estímulo que mais tarde ele começou a ler Nietzsche.

Paneth descreveu para sua noiva os modos e a aparência de Nietzsche aos 39 anos da seguinte forma:

> Ele é extremamente afável e sem nenhum traço de um falso *pathos* ou o ar de um profeta, que eu pensei que teria depois de seu último livro [*Zaratustra* Parte I]. Em vez disso, ele parece bastante inofensivo e natural... Ele contou-me sem a mínima afetação

---
55 KGB III. I 475.
56 KGB III. I 478.
57 KGB III. I 478.
58 KGB III. I 477.
59 *Ibidem.*

ou presunção, que sempre tivera uma missão e agora na medida em que seus olhos permitissem, queria realizá-la... ele tem uma testa alta e serena incomum, cabelos castanhos, olhos velados e profundos que correspondem à sua semicegueira, sobrancelhas hirsutas, um rosto arredondado e um bigode espesso, mas sem barba.[60]

***

O encontro com Paneth realizou-se quando Nietzsche estava dando os retoques finais na terceira parte, que ele julgava ser a última parte na ocasião, de *Assim falou Zaratustra*. Em 25 de janeiro de 1884, ele disse a Overbeck que terminara o trabalho e que "a obra inteira fora escrita durante precisamente um ano; na verdade, ao longo de 3 x 2 semanas: *nunca* viajei em um mar como esse".[61] As "3 x 2 semanas" revelam a tendência constante de Nietzsche de exagerar a inspiração divina de *Zaratustra*, de apresentá-lo como um presente dos deuses. Mas uma consulta em seus livros de anotações mostra centenas de páginas de um trabalho preparatório para as seções e planos de sua estrutura. Como vimos, Nietzsche observou em *Humano, demasiado Humano*, que os artistas se autopromovem quando dizem que o trabalho em vez de ser árduo é uma inspiração.[62]

## Uma Nova Bíblia

Nietzsche descreveu *Zaratustra* como uma grande "sangria" em que o sangue extravasado pelos tormentos do caso Salomé encontrava sua "justificativa retrospectiva".[63] Mas foi difícil decidir que tipo de livro deveria escrever. Às vezes as notas nos cadernos referem-se às suas partes como "atos", o que sugere uma peça de teatro, enquanto em outras ele as chama de "sinfonia". Em outras vezes ele insistiu que em vez de ser "literário" o livro seria uma "grande síntese" de sua filosofia.[64] Porém, também as chamou de "poesia", uma poesia que iria além de tudo o que escrevera como "filósofo" e que exprimiria pela primeira vez seus "pensamentos mais essenciais".[65]

No entanto, não tinha dúvida e insistiu neste ponto que o livro seria concebido, acima de tudo, como um trabalho *religioso*. Primeiro, o herói epônimo que "discursa" é uma figura religiosa – Zaratustra é Zoroastro, o fundador do zoroastrismo. Segundo, o estilo de seu discurso é mais bombástico que a Bíblia, e talvez ele tenha pensado em seu autor como Lutero mesclado a elementos de Goethe.[66] O livro tem o "ar de [ter sido escrito por] um profeta" como pensou Paneth (p. 443), assim como muitas outras pessoas, até mesmo admiradores de Nietzsche, que acharam *Zaratustra* seu livro menos interessante. Terceiro, Nietzsche afirmou que era um trabalho

---

60  Janz II p. 257.
61  KGB III. I 480.
62  HH I 145, 155.
63  KGB III. I 403.
64  KGB III. I 473.
65  KGB III. I 398.
66  KGB III. I 490.

religioso referindo-se a ele como "um quinto Evangelho"[67] e um "novo livro sagrado" que "desafiaria todas as religiões existentes",[68] especialmente, é claro, o cristianismo. Em resumo, *Zaratustra* pretendia ser um texto sagrado central da nova religião, que substituiria o agora "extinto" cristianismo. (Se o projeto de sua "colônia para espíritos livres" se realizasse, poderíamos imaginar um exemplar de *Zaratustra*, como a Bíblia Sagrada, em cada quarto.) Em retrospecto, em *Ecce Homo*, ele disse que o livro fora escrito por "Deus":[69] um livro superior à Bíblia e aos *Vedas*, seus autores não mereceriam "desamarrar os sapatos" do autor[70] de *Zaratustra*. Nietzsche acreditava que havia escrito um dos dois ou três livros mais importantes da história da humanidade.

Essa convicção o fez pensar que superara a tentativa fracassada de Wagner de criar uma nova religião. Com licença poética, ele afirmou que a Parte I de *Zaratustra* fora concluída "na mesma hora" que Wagner morrera,[71] e com ela começara seu próprio ciclo de *O Anel de Nibelungo*.[72] Os cadernos de anotações referem-se a *Zaratustra* tanto como um trabalho musical quanto uma peça de teatro, e sugerem que poderíamos vê-lo como o libreto de uma música dramática religiosa.

*Zaratustra* pretendia então ser a Bíblia de uma nova religião, acrescentou Nietzsche, seria uma religião da "vida presente" e não da "vida após a morte". Assim como o Novo Testamento narra a vida exemplar e a jornada espiritual de Jesus, o texto de Nietzsche relata a vida de Zaratustra. Entre outros acontecimentos, o livro é um *Bildungsroman*, uma história do desenvolvimento espiritual de seu herói, seu progresso em direção à sua "grandeza"[73] final da alma que consiste em aceitar o conceito do eterno retorno, uma história que nos inspiraria a seguir seus passos. Na linguagem anterior de Nietzsche, Zaratustra era o grande "educador".

A escolha do nome do herói é surpreendente. Afinal, Zaratustra ou Zoroastro criou uma religião baseada no contraste rígido e total entre luz e escuridão, bem e mal, espírito e corpo, o *epítome* de tudo o que Nietzsche queria eliminar. Em *Ecce Homo*, ele explicou que, por ser o mais antigo dos pensadores religiosos, ele teria tempo de se corrigir. Jesus, acrescentou, tinha grandeza suficiente para fazer o mesmo, mas morreu cedo demais.[74]

\*\*\*

Faremos duas perguntas preliminares antes de comentar o texto. Em primeiro lugar, qual era a relação entre o personagem central e seu autor? Continuamente, em suas cartas Nietzsche referiu-se ao "meu filho Zaratustra".[75] Então Nietzsche é "pai" de Zaratustra. Em parte, claro, isso é uma metáfora: um autor é o "pai" dos personagens

---

67  KGB III. I 375.
68  KGB III. I 404
69  EH III Z 2.
70  EH III Z 6.
71  KGB III. I 452. Como Wagner morreu em 13 de fevereiro de 1883, a Parte I de *Zaratustra* estava terminada pelo menos duas semanas antes.
72  KGB III. I 370.
73  EH II 10.
74  Z I 21.
75  Ver, por exemplo, KGB III. I 407, 421.

que cria. Mas esta frase significa mais do que uma metáfora. O filho, escreveu Nietzsche (talvez estivesse pensando em Leopold e Wolfgang Mozart), é "com frequência apenas a alma exposta do pai".[76] Quase sempre "o pai compreende-se melhor quando tem um filho".[77] Portanto, em certo sentido Zaratustra *é* Nietzsche. Não o Nietzsche imperfeito e, sim, o Nietzsche ideal; o verdadeiro "eu" de Nietzsche, o eu que nas palavras de "Schopenhauer como educador", "eleva [sua] alma" (p. 232). Zaratustra é o "avatar" de Nietzsche, a pessoa que ele gostaria de ser em sua Segunda Vida.

Há um aspecto bem específico dessa "identidade" entre o autor e o herói. Como Nietzsche observou retrospectivamente em *Ecce Homo*, o maior desafio de Zaratustra em sua jornada de desenvolvimento espiritual foi a de superar sua "*grande aversão*" em face da feiura mesquinha da humanidade atual.[78] Porém, como vimos, a principal tarefa de Nietzsche durante o período em que escreveu *Zaratustra* foi a de superar com a alquimia da "transformação em ouro" sua repulsa e "*ressentiment*" em relação ao caso Salomé. Neste sentido, em um aspecto importante a escrita de *Zaratustra* foi uma expiação de Nietzsche, em efígie, de *sua* repulsa.

Por fim, a última pergunta: para quem *Zaratustra* foi escrito? O subtítulo responde essa pergunta de uma maneira paradoxal. *Zaratustra* é "um livro para todos e para ninguém". "Todos" é fácil de decifrar: em vez de ter sido escrito no estilo denso e técnico da filosofia, Nietzsche o escreveu, como observou, em um estilo que (assim como a Bíblia) é "acessível a todos".[79] E isso tinha um aspecto biográfico: biografias (inclusive esta, espero) adoçam a pílula difícil de engolir da filosofia.

Mas por que "ninguém"? Porque, penso, assim como todos os livros escritos depois de *Humano, demasiado Humano* Nietzsche o escreveu para os "espíritos livres" (da "primeira categoria"), as pessoas que em diversos trechos da obra são descritas como "companheiras", "amigas" e "irmãs" de Zaratustra. A questão implícita em "ninguém" era o medo de Nietzsche de, em razão de os poucos espíritos terem se afastado dele pela "sedução" de Wagner e também por Lou ter se retirado de cena, ele *não* teria leitores apropriados entre seus contemporâneos. Na melhor das hipóteses, em "minha terra da infância",[80] disse Nietzsche, "eu encontrarei leitores adequados".

## *Assim Falou Zaratustra: Prólogo*

*Zaratustra* é praticamente uma coletânea dos "discursos" do seu herói. No entanto, seu Prólogo contém uma grande narrativa, mais do que em outras partes do livro. Nele lemos que aos 30 anos Zaratustra partiu de sua terra natal à margem do lago para viver em uma caverna na montanha durante 10 anos. (Um paralelo óbvio entre o retiro de Zaratustra na montanha e o de Nietzsche em Sils Maria. Com frequência, ele referiu-se ao seu quarto na casa Durisch como sua "caverna".) Suas únicas

---

76  KSA 12 [43].
77  GS 9.
78  EH III Z 8.
79  KGB III. I 375.
80  Z II 14.

companhias eram a cobra e a águia, mas como a cobra simbolizava sua "sabedoria" e a águia seu "orgulho",[81] os animais eram personificações de aspectos de sua personalidade; vozes internas em vez de externas.

Depois de 10 anos, Zaratustra, em uma conversa com o sol ao amanhecer – o famoso poema sinfônico de Strauss *Assim falou Zaratustra* e a música do filme *2001: Uma Odisseia no Espaço* –, explicou que, assim como o sol *precisava* brilhar sobre ele, também ele precisava irradiar para a humanidade a sabedoria acumulada em 10 anos de meditação solitária. (Retornarei mais tarde a essa conversa.) E então desceu da montanha e voltou para o convívio da sociedade. Em seu caminho ele encontrou um velho eremita, que não ouvira a notícia de que "Deus está morto", e chegou a uma cidade chamada "Vaca Malhada".

A Vaca Malhada ("matizado" é a palavra que Platão usa em seu livro *A República* para descrever e condenar o Estado democrático)[82] era uma mera modernidade ocidental.[83] Como vimos (p. 210), uma sociedade possui, para Nietzsche, uma "cultura" desde que tenha uma forma de vida unificada (embora não homogênea). Já, portanto, na primeira *Consideração Extemporânea*, Nietzsche condenou a modernidade denominando-a "feira policromática": no lugar de uma cultura genuína a sociedade moderna tinha uma "mistura caótica", uma "justaposição grotesca e confusa de diferentes estilos" (p. 211).

Assim sendo, "malhada" significava a "semibarbárie" que vimos diversas vezes associada à modernidade na crítica cultural de Nietzsche. "Vaca", é óbvio, indicava que a cidade era habitada por um "rebanho". Essa modernidade sem expressão própria e facilmente manipulável pode parecer incoerente à ideia de diversidade, mas eu penso que Nietzsche tinha em mente ao formular esse conceito a capacidade dos políticos e da imprensa de estimular a histeria das massas como, por exemplo, a histeria contra a França que precedeu a Guerra Franco-Prussiana. Basta pensar por um momento sobre nossa história recente para constatar que Nietzsche tinha razão em pensar que a diversidade e a histeria das massas poderiam coexistir: o "multiculturalismo" em que vivemos e a manipulação da histeria das massas – a morte da princesa Diana, a ameaça da pedofilia, a "guerra ao terror".

Na praça do mercado na cidade havia uma corda esticada entre duas torres (segundo Elizabeth havia o mesmo na praça do mercado em Naumburg durante a infância de Nietzsche).[84] Uma multidão se reunira à espera de o funâmbulo (funâmbulo "dançarino" em alemão) começar seu espetáculo. Com a irreflexão insana de um cristão renascido (ou talvez pelo alívio de falar depois de 10 anos de silêncio), Zaratustra resumiu em palavras apressadas sua sabedoria acumulada em uma década de meditação. "Vejam", gritou, "existe uma 'corda esticada entre o animal e o super-homem'". O super-homem é o "sentido da Terra". Amados são aqueles que escolhem o caminho perigoso de dedicarem-se a fazer do mundo uma "casa para o super-homem". O ho-

---

81  Z Prólogo 10.
82  *A República* 55c.
83  Z II 14.
84  YN p. 52-54. Elizabeth dizia que um truque regular do funâmbulo, o "velho Weizmann", era ter um cúmplice que, ao se aproximar dele na direção oposta, pulava sobre ele sem desequilibrá-lo.

mem precisa de um "ideal". Mas como o sobrenatural é uma ilusão, devemos rejeitar todos os ideais não terrenos. Atingimos nossa "hora suprema" quando percebemos que estamos tão distantes do super-homem como o macaco de nós.

A multidão, é evidente, não estava interessada em ouvir esse discurso. O povo pensou que Zaratustra fosse uma espécie de bufão e animador cujo trabalho seria apresentar o funâmbulo (o "homem" que logo se tornaria "super" acima da cabeça das pessoas) e pediu que o espetáculo começasse sem barulho. Frustrado, Zaratustra tentou outra forma de transmitir sua mensagem. E disse que estava prestes a acontecer uma catástrofe com a chegada imanente do "último homem": um homem do tamanho de uma pulga, que andaria aos pulos sobre uma terra minúscula dizendo "inventamos a felicidade" e apenas "piscava" os olhos como um míope, quando alguém sugeria a existência de outras coisas na vida além do prazer de narcóticos baratos. Existem em nós, gritou Zaratustra, ainda "caos" suficiente e liberdade de espírito para "criar uma estrela". Porém logo esses atributos desaparecerão e será o fim do "homem".

Não fica claro em que sentido o "último homem" é o "último". É possível e ainda de um modo mais radical, que Nietzsche pensasse, tendo em vista sua teoria da cultura saudável (p. 397-399), que o fracasso em produzir espíritos livres criativos causaria o fim literal da humanidade como, por exemplo, o aquecimento global. Em uma possibilidade um pouco menos radical talvez ele considerasse que a "morte do homem" representaria o desaparecimento de todas as características que distinguem os seres humanos dos animais. Ainda menos radical seria a probabilidade que estivesse mencionando a morte do homem *europeu*, a hipótese de que a cultura europeia fosse absorvida por uma cultura mais forte. Retornarei com mais ênfase a este tema quando discutir o livro *Além do Bem e do Mal*.

O discurso do "último homem" não obteve mais sucesso do que o discurso do "super-homem": a multidão gritou – uma das alusões frequentes e satíricas de Nietzsche ao Novo Testamento[85] – "Dá-nos o último homem. Fique com o super-homem".

Nesse ínterim, o funâmbulo começou a andar na corda. De repente, surgiu um palhaço na corda atrás dele, que o insultou e, por fim, pulou sobre ele. O funâmbulo perdeu o equilíbrio, deixou cair seu bastão, e sofreu uma queda abrupta. Zaratustra consolou o homem agonizante dizendo-lhe que tivera a dignidade de "fazer do perigo o seu ofício". A liberdade de espírito, observou, como o fez em outras ocasiões,[86] com frequência termina em "martírio", o que sugere que o palhaço representava a opinião convencional, estável, e não o espírito livre que segue um caminho (um "caminho neural") trilhado milhares de vezes antes.

O início da pregação de Zaratustra no mundo foi um desastre total. No entanto, proporcionou-lhe uma experiência de aprendizado. "Um raio de luz iluminou-me", refletiu. "Zaratustra não deve falar para as pessoas em geral e sim só aos seus companheiros", companheiros que primeiro precisaria "atraí-los para fora do rebanho". Isto reflete o processo gradual de Nietzsche de escrever só "para os espíritos livres".

---

85 Em Mateus 27,15-26 Pilatos perguntou à multidão que prisioneiro deveria ser libertado, Jesus ou Barrabás. A multidão escolheu Barrabás.
86 GM III 9.

## Zaratustra Parte I: Os Discursos de Zaratustra

O Prólogo de *Zaratustra* é seguido pelos "Discursos de Zaratustra", cada um com seu título que abrange as quatro "Partes" da versão final do livro. Entremeados aos discursos, há trechos que situam Zaratustra no espaço físico e espiritual. Às vezes existem "canções" ao final dos discursos, e "Assim cantou Zaratustra" substitui o usual "Assim falou Zaratustra". Resumi (em itálico) o texto original e a seguir comentei (em fonte normal) o que julguei ser, inevitavelmente uma escolha subjetiva, os discursos mais importantes começando pela Parte I do trabalho.

*Das Três Metamorfoses.*[87] *Primeiro, o espírito transforma-se em um camelo no deserto que "sofre muito"; por exemplo, "alimenta-se de bolotas e de erva do conhecimento, e sente fome na alma em benefício da verdade", assim como "afasta-se de nossa causa quando celebramos vitória". Em seguida, o camelo torna-se um leão que mata com violência o dragão chamado "você deve" pelo desejo de ser "o senhor de seu deserto". Por fim, o leão converte-se em uma criança. A metamorfose final é necessária para que o espírito se torne o redentor do mundo, porque, ao dizer o "sagrado Não", o leão não cria nada para substituir o que nega. Por esse motivo, para a criação de "novos valores" é necessário uma criança. "A criança é inocência, esquecimento, um novo começo, um brinquedo, uma roda que gira sobre seu eixo, um sagrado Sim."*

A "causa" da qual Nietzsche afastou-se no momento da vitória foi, é claro, Bayreuth, e então o "camelo" seria a expressão do Nietzsche positivista, e o dilema dos positivistas, que renunciaram à antiga fé em benefício da verdade, mas que ainda precisavam encontrar a nova fé, eram simbolizados pelo camelo espiritual do "deserto".

O camelo tinha de transformar-se em leão porque, embora tivesse renunciado ao antigo Deus, ele ainda era um "espírito que sentia grande reverência". Apesar de ter renunciado à *metafísica* cristã, ele ainda era fiel à *ética* cristã. A virtude cristã do compromisso com a verdade obrigou-o a admitir que o antigo Deus estava "morto". O leão, ao perceber que a ética cristã não fazia sentido sem o Deus cristão para se apoiar, soltou, se assim existisse, o outro sapato.

É evidente que o leão, o mero destruidor dos valores existentes, correspondia aos espíritos livres de "segunda categoria" de *A Gaia Ciência*. Por sua vez, como a "criança" era criativa, gerava uma nova forma de vida, ela era um espírito livre de "primeira categoria". No entanto, havia dois fatos preocupantes em relação à "criança".

Ou seja, a ideia de um "movimento inicial espontâneo" da criança era uma afirmação precisa da doutrina do "livre-arbítrio", que Nietzsche até então tivera dificuldade em rejeitar julgando-a ser um mito prejudicial. Como o determinismo causal universal foi reafirmado em *Zaratustra*,[88] precisamos entender a natureza com "movimento próprio" da criança, não no sentido de estar livre do determinismo causal, mas no sentido de ter um *eu genuíno* em vez de ser um "animal do rebanho" impulsionado pelo "instinto do rebanho". E o "primeiro movimento" da criança deve ser visto sob a perspectiva não de ter uma causa indeterminada, e, sim, de ser um elemento, *no que se refere às normas sociais existentes*, de uma nova forma de vida.

---

87  Z I 3.
88  Z III 2.

O segundo fato ainda mais preocupante em relação à "criança" eram as consequências de sua "inocência e esquecimento" na teoria do "decisionismo": a ideia de que os valores fundamentais são princípios que dependem da decisão individual, valores que temos de *criar* a partir do nada. Mas como demonstrou Jean-Paul Sartre, na teoria do decisionismo e, em consequência do livre-arbítrio, os valores fundamentais de uma pessoa seriam "absurdos" e destituídos de uma autoridade genuína. Se, por exemplo, a base ideológica do meu comunismo fosse o resultado de minha escolha decisória sem uma comprovação, no momento de lutar contra o fascismo, não haveria *nada* que eu pudesse provar que essa escolha seria preferível à de um fascista. E, portanto, eu não teria uma crença genuína sobre o motivo de minha luta.

Como vimos, grande parte do pensamento social de Nietzsche é bem distante da teoria do decisionismo, porque gira em torno da ideia de resgatar "os gregos". Em vez do "esquecimento", sua doutrina pressupunha uma reapropriação de uma lembrança *criativa*. Mas talvez o que Nietzsche tenha atribuído à criança fosse só um esquecimento *relativo* – um esquecimento dos dois últimos milênios, que abria caminho para uma lembrança profunda: é preciso fazer uma longa viagem ao passado, se "quisermos dar um grande salto" para o futuro.[89]

*Dos Crentes no Além-Mundo.*[90] *Certa vez Zaratustra projetou sua ilusão mais além da vida dos homens, como todos que creem em um mundo por trás [do véu das aparências]. O mundo lhe pareceu então a obra de um deus sofrido e torturado. O mundo, aos meus olhos, me pareceu sonho e criação imaginária de um deus, eflúvio colorido diante dos olhos de um divino descontente. Mas esse outro mundo não era "celestial".*

Esse resumo preciso de *A Origem da Tragédia* revela como o desenvolvimento espiritual de Zaratustra inspirou-se intimamente no próprio desenvolvimento de Nietzsche. A principal finalidade de *Assim falou Zaratustra* é mostrar, com um tom ficcional, o caminho do desenvolvimento espiritual de Nietzsche como um exemplo, apresentar seu eu idealizado de "educador".

A rejeição ao idealismo metafísico nessa passagem demonstra que Nietzsche ainda apoiava os pressupostos naturalistas do período positivista. Na verdade, ele ainda defendia as premissas "materialistas" do positivismo: a "alma", disse Zaratustra, "é apenas uma palavra para designar algo sobre o corpo".[91]

*Das alegrias e paixões.*[92] "*Seja a sua virtude demasiado elevada para a familiaridade das denominações.*" Assim como um relativo "novo começo", a nova maneira de viver da "criança" não se exprimiria pela linguagem existente, não pelo menos, por suas palavras de elogio.

"*Meu irmão, se tiver sorte só terá uma virtude. É uma distinção possuir muitas virtudes, mas é um destino cruel.*" Se tiver sorte só terá um impulso central. Se tiver vários estímulos você possuirá um potencial de riqueza interna, mas é preciso ter uma grande autodisciplina para estruturar a alma em uma unidade hierárquica. Será impossível ter uma "ordem hierárquica" se os impulsos se transformarem em

---

89 BGE 280.
90 Z I 3.
91 Z I 5.
92 Z I 5.

uma "batalha e em um campo de batalha de virtudes". (Isso explica a infelicidade "*Do pálido criminoso*" discutida por Nietzsche no discurso logo após *Das alegrias e paixões*. Como sua alma é uma "bola de serpentes ferozes" ele não tem paz interior e, portanto, inflige sofrimento no mundo ao seu redor.)[93]

"*Antes você tinha cães ferozes no porão, mas por fim eles transformaram-se em pássaros melodiosos.*" Essa frase é a sublimação do tema da transformação da Éris má a Éris boa, da violência em *agon*, da guerra em "competição". Ao contrário do cristianismo que se envergonhava e queria *extirpar* o instinto guerreiro, Nietzsche o louvava por ser, quando "espiritualizado" de maneira adequada, o agente essencial do crescimento pessoal e comunitário: "A guerra (mas sem armas!) entre pensamentos diferentes e seus exércitos"[94] precisa ser apreciada e cultivada.

*Dos mil e um objetivos.*[95] Esse grande discurso faz uma sequência de observações sobre o "bem e o mal", o "maior poder na Terra".

"*Ninguém pode viver sem avaliar.*" Um "povo" ou "cultura" é definido como tal pela posse de um *ethos* comum. Não existe uma comunidade genuína sem uma compreensão compartilhada da maneira correta de viver.

"*Se um povo quiser se preservar ele não deve se avaliar como seu vizinho.*" Se a Europa quiser se preservar como um território europeu distinto dos demais lugares, ela deve evitar, por exemplo, incorporar valores americanos, se "americanizar". Caso contrário, tornar-se-ia, culturalmente falando, uma parte da América.

*Os povos nunca compreenderam seus vizinhos; e sempre se surpreenderam com a maldade deles.* Todas as culturas são moralmente xenófobas: a crença de que só um grupo possui uma verdade moral promove sua sobrevivência.

*É valorizado o que lhe parece indispensável e difícil. A moral é uma "tábua das superações de um povo".* É óbvio que, se uma característica ou um tipo de comportamento for *inútil* para uma comunidade, ele não será valorizado pelo *ethos* comum. E também não será valorizado se todos tiverem as mesmas características: não haveria espaço para respirar em um preceito moral. A moral é essencialmente uma *disciplina*, uma questão de "superação". O parágrafo seguinte descreve o objetivo dessa superação.

*A moral é "a expressão da vontade de poder [de um povo]".* Essa é a primeira menção à "vontade de poder", um conceito central da filosofia posterior de Nietzsche. O parágrafo anterior sugere, primeiro, que esse poder significa o poder sobre *si mesmo* e a autodisciplina. No entanto, logo depois o conceito estende-se ao poder sobre os outros: "o que permite a um povo governar, conquistar e brilhar para temor e inveja de seu vizinho é para ele o mais elevado poder, a medida e o sentido de todas as coisas". Observem que isso é apenas um *comentário histórico e sociológico* da frase "muitas terras e povos viu Zaratustra". Nietzsche não apoiava os "horrores" que as nações infligiam umas às outras e, na verdade, ele queria, como vimos, sublimar as manifestações "terríveis" da agressão em uma "guerra... *sem* armas".

"*Assim que reconhecer a necessidade de um povo, a terra, o céu e seu vizinho; você será capaz de adivinhar a lei de suas superações.*" A moral de uma comunidade

---

93  Z I 6.
94  KSA 10 16 [50].
95  Z I 15.

exprime-se em sua "vontade de poder"; seu estímulo para crescer e expandir-se, para ser hegemônica em relação aos seus vizinhos, seja pelo poder "rigoroso" da intimidação militar e conquista, ou pelo poder "suave" do "brilho" cultural (iPhones e rock). Mas para expandir o nosso ser *é preciso antes de tudo sobreviver*. E isso significa que um "código de valores" de uma comunidade deve contemplar o meio ambiente, tanto humano quanto natural, em que vive essa comunidade. Os povos de climas frios, por exemplo, que precisam armazenar comida para o inverno, valorizam muito os hábitos frugais e acumulativos (talvez por esse motivo o capitalismo tenha surgido na Europa e não no Sul do Pacífico).

"*No início os criadores foram povos e só mais tarde indivíduos... o prazer do rebanho é mais antigo que o prazer do Eu, e enquanto a boa consciência chama-se rebanho só a consciência pesada diz Eu... o Eu astucioso não é a origem do rebanho.*" Em parte esse conselho tem a intenção de prevenir os espíritos livres que não se surpreendam caso se sintam constrangidos ao terem de rejeitar as convenções, com certa indiferença quanto a esse resquício afetivo do seu passado. Mas também é uma crítica à teoria de Thomas Hobbes, em que a origem da sociedade e do Estado consiste em um grupo de pessoas racionais e em pleno desenvolvimento, que fazem um cálculo teórico no qual, uma vez que o "estado da natureza" é "desagradável, brutal e restrito" é do interesse deles criar um Estado onde todas as pessoas sacrificam certo grau de autonomia. Como essa teoria não é correta do ponto de vista histórico, Nietzsche argumentou (sem dúvida com propriedade), que a vida comunitária surgiu milênios antes que os povos tivessem consciência de serem indivíduos, com interesses diferentes dos interesses da tribo.

"*Até então existiram mil objetivos, porque havia mil povos. Se só os grilhões para os mil pescoços ainda inexistirem, só faltará um único objetivo. A humanidade ainda não tem uma meta.*" Nos cadernos de anotações Nietzsche escreveu, "no *super-homem... os indivíduos tornam-se um só*".[96] Essa foi sua visão cosmopolita, a demanda de uma comunidade europeia, uma cultura europeia nova e supranacional que superaria os nacionalismos belicosos do passado e, por fim, se disseminaria para o mundo inteiro (p. 322-323). Só essa forma de governo mundial propiciava a possibilidade de uma paz mundial. O cosmopolitismo foi o fundamento da admiração de Nietzsche por Napoleão, razão pela qual ele o chamava de um "bom europeu", da mesma forma como se autodenominava.

No entanto, essa premissa implicava um quebra-cabeça: por que a sublimação da agressão não oferecia uma alternativa para o governo mundial? Se a agressão fosse sublimada na "competição" em nível individual, por que não poderia ser também em nível coletivo? Por que o "brilho" competitivo entre as nações não proporcionava uma alternativa para a guerra? Talvez a resposta seja a seguinte: o genuíno *argon*, seja nos Jogos Olímpicos ou nas competições para escrever a melhor tragédia, requer *regras* coercivas de competição. Assim como os jogos exigem entidades de arbitragem e disciplinares, o "brilho" internacional demanda alguma forma de autoridade global. (A exemplo da Organização Mundial do Comércio.)

---

96  KSA 10 4 [188].

*Das Mulheres, Velhas e Jovens*.⁹⁷ A inabilidade, em determinados tópicos, de mostrar a diferença entre o conceito de profundo e de patológico era uma das deficiências de Nietzsche como filósofo. Embora a finalidade formal dessa passagem seja a de aconselhar os espíritos livres potenciais a como se comportarem com as mulheres, seu principal valor é a evidência do dano profundo causado pelo caso Lou Salomé na atitude de Nietzsche em relação às mulheres.

Zaratustra encontrou uma *"mulher idosa"* em seu caminho. *"Tudo na mulher, disse-lhe, tem como solução a gravidez. Um homem deve ser educado para a guerra e a mulher para o prazer do guerreiro. A tarefa de uma mulher é gerar um filho. A felicidade de um homem é "eu quero" e a da mulher é "ele quer". Seu mundo torna-se "perfeito" quando ela lhe obedece com um amor total. A mulher idosa responde-lhe com uma "pequena verdade": "Vai encontrar mulheres? Então, não esqueça o chicote."*

Eis a desprezível menção ao "chicote". (Acho irrelevante que a observação tenha sido feita por uma mulher idosa.) É um mero recurso retórico para enfatizar a força de Zaratustra na visão de Nietzsche sobre as mulheres: "Veja, em razão da sabedoria da idade a mulher concorda comigo." Há duas maneiras de interpretar essa observação. É possível pensar que Nietzsche encorajava um comportamento sádico em relação às mulheres, em especial se tomarmos como referência a fotografia do "chicote" tirada na Basileia (ver Ilustração 25 e p. 416). Ou como uma advertência que as mulheres sempre procuram dominar os relacionamentos e, assim, alteram a ordem natural das coisas. Mas penso que faz pouca diferença qualquer que seja a interpretação que fizermos, porque em ambas a mensagem é de uma negação radical do movimento de emancipação feminina, que se fortalecia ao seu redor, uma reafirmação reacionária da tradicional repressão das mulheres. A repressão deveria continuar *com seu* "chicote" ou *em razão do* chicote *dela*.

Existe um contraste marcante entre a empatia de Nietzsche diante da situação difícil das mulheres na Europa no século XIX, no período anterior a Lou (p. 346-347) e essa intransigência machista que, mesmo pelos padrões do século XIX, era caricatural, esse insulto a tudo que Lou (e Malwida) aspirava. Os fatos passados eram perceptíveis. No ano anterior Nietzsche posara para a fotografia do "chicote" que, em uma zombaria de mau gosto, refletiu a realidade do século XIX ao mostrar a "virilidade" de uma Lou voluntariosa segurando um chicote. Agora, depois do caso Lou Salomé, Nietzsche atenuava seu sofrimento com uma vingança ficcional. Essa passagem, em outras palavras, tem a mesma conotação das cartas patológicas que ele escreveu a Rée e a Lou na época em que redigia a Parte I de *Zaratustra*– como vimos na horrível observação em que ele disse que só suportava a voz de Lou "quando ela suplicava".⁹⁸ Isso era, como ele comentou a respeito dessas cartas, incompatível com a rejeição ao *ressentiment* de seu modo mais íntimo de pensar.

Além das observações desagradáveis sobre as mulheres na Parte I, nas duas "canções de dança", uma na Parte II e a outra na Parte III, a "Vida" (que Zaratustra alega amar sem reservas) é retratada por uma mulher, "selvagem e não virtuosa",⁹⁹

---

97 Z I 18.
98 Z I ₇.
99 Z II 10.

que dança em êxtase em um círculo com "cabelos flamejantes e esvoaçantes"[100] (em parte, é claro, um retrato da heroína da ópera predileta de Nietzsche, *Carmen*). É possível analisar essa atitude ambígua com referência às mulheres, de acordo com as duas categorias definidas por Nietzsche dos conceitos de "dionisíaco" e "apolíneo". As mulheres atraíam Nietzsche, porque o erótico representava a transcendência do sofrimento individual (como em *Tristão e Isolda*), a absorção "embriagadora" em uma "comunidade mais elevada"[101] como descrito em *A Origem da Tragédia*. Porém, profundamente magoado com o caso Lou Salomé, ele reagiu com um sentimento apolíneo exagerado descrito em *A Origem da Tragédia*, como a resposta dórica ao aspecto prejudicial dionisíaco: "a rejeição majestática a qualquer liberdade" por parte de Apolo.[102] As mulheres eram tão perigosas, que deveriam ficar presas na jaula do chauvinismo machista do século XIX.

Na Parte III de *Zaratustra*, escrita no final de 1883, quando ele começava a recuperar um pouco, pelo menos temporariamente, seu equilíbrio emocional depois do caso Lou Salomé, o texto agressivo de Nietzsche de certa forma atenuou-se e, até mesmo, ele fez uma ressalva quanto à observação sobre o chicote. Em *A Outra Canção*[103] ele tentou fazer com que a dança da Vida seguisse seu ritmo com o barulho do chicote, como deveria ter feito na Parte I. A Vida pediu que ele parasse. Sem dúvida, ele percebeu que o "barulho mata os pensamentos", sobretudo, os pensamentos "mais suaves" que a dança evocava. (Esta é uma alusão divertida ao ensaio de Schopenhauer "Em Barulho e Ruído", em que ele se queixa amargamente como o estalido dos chicotes dos cocheiros perturbava os pensamentos do gênio.) No entanto, mesmo na Parte III, Nietzsche ainda se opôs à emancipação das mulheres: "as mulheres estão ficando masculinizadas", disse, porque existe tão pouca "virilidade" nos homens – só um homem de fato viril "*resgatará a feminilidade* nas mulheres".[104] Mas isso ainda soa muito preconceituoso para os ouvidos modernos. Entretanto, é uma opinião fundamentada em uma tese filosófica importante e séria, um princípio teórico no qual a diferença entre as pessoas é um fato inquestionável e, portanto, as escolhas mais adequadas e satisfatórias do estilo pessoal de viver variam radicalmente de uma pessoa para outra e, talvez, de um sexo para o outro (p. 520).

*Do Filho e do Casamento*.[105] *Ao continuar a discussão de como o espírito livre deveria comportar-se em relação às mulheres, Zaratustra diz que um homem só tem direito de casar se for vitorioso, seguro de si mesmo, soberano dos seus sentidos, senhor de suas virtudes*. Como vimos, Nietzsche apoiava a eugenia, a criação de uma "aristocracia espiritual e física" por meio da "promoção e prevenção de casamentos".[106] Mas ele era também um lamarckista, que acreditava na herança de características adquiridas durante a vida de uma pessoa.[107] Então ele acreditava na importância do

---

100  Z III 15.
101  BT I.
102  BT 2.
103  Z III 15.
104  Z III 5.
105  Z I 20.
106  HH I 243.
107  GS 143, BGE 213.

*Bildung*, do autodesenvolvimento. Se um pai, por meio da autodisciplina e de uma boa educação, tivesse se tornado uma pessoa requintada, seria provável que suas virtudes se transmitissem geneticamente ao filho. A "procriação", no entanto, de pessoas que não desenvolveram o *Bildung* tinha o efeito de transmitir precisamente o que não deveria ser transmitido. (Como existe uma transmissão cultural, assim como biológica entre gerações, não penso que essa tese fundamenta-se em sua essência no lamarckismo.)

*Da morte voluntária.*[108] *Morra no "tempo certo", ensina Zaratustra. Não se agarre ao galho como uma maçã murcha. Sua morte deve ser uma "realização", um estímulo e promessa para os vivos. A morte deve ser uma festa "dedicada aos juramentos dos vivos". Ao morrer seu espírito ainda "brilhará como um pôr do sol".*

Ele defendia não apenas a eugenia, como também uma eutanásia voluntária.* Essa premissa justificava-se por uma questão social e nos remete a personagens exemplares e "monumentais" da segunda *Consideração Extemporânea*. Assim como uma boa obra de arte deve ser concluída no momento certo, o mesmo se aplica a uma vida exemplar, que possa vir a ser um modelo para as futuras gerações. Porém a complexidade de fazer uma analogia entre a vida e a literatura na vida real, devido ao desconhecimento do que nos reserva o futuro, dificultava ou mesmo impossibilitava determinar o "momento certo" de encerrá-la. Ao julgar o cristianismo de *Parsifal* como um declínio senil, Nietzsche disse que Wagner visivelmente não morrera no "tempo certo".[109] No entanto, muitas pessoas achavam que *Parsifal* era a realização máxima do compositor e que se houvesse seguido o conselho de Nietzsche ele teria, assim como Jesus, "morrido cedo demais". Mas, por ironia do destino, Nietzsche foi quem, de uma maneira dramática, não morreu no momento certo, quem viveu durante 11 anos como um "vegetal" em sua demência.

*Da virtude dadivosa.*[110] Existem dois tipos de egoísmo: o "egoísmo doentio", dos "gatos e lobos", que sempre querem se apropriar de tudo, e o "egoísmo sagrado", que quer dar, que é um "amor dadivoso".

Em uma observação repetida ao longo dos cadernos de anotações de 1883, Nietzsche escreveu que "o egoísmo não é um princípio, e sim um fato".[111] Portanto, durante a escrita de pelo menos as três primeiras partes de *Zaratustra*, Nietzsche *acreditava* no egoísmo psicológico, na sua concepção de que ninguém age sem interesse. Isso, como vimos, foi um ponto central de divergência entre ele e Rée, que concordava com Schopenhauer de que o altruísmo, embora raro, manifestava-se genuinamente.

Em substituição à diferença entre o egoísmo e o altruísmo de Rée e Schopenhauer, Nietzsche queria fazer uma distinção entre o bom e o mau egoísmo: o egoísmo do "gato", o egoísmo atribuído a Lou menos de um mês antes de escrever essa passagem,[112] e o egoísmo "sagrado". O último foi descrito na interação de Zaratustra

---

108 ZI 21.
\* Devido à semelhança dos nomes, é possível que o incentivador australiano da eutanásia, Dr. Philip Nitschke, tenha se inspirado nessa passagem de *Assim falou Zaratustra*.
109 KGB III. I 382.
110 Z I 22.
111 Ver, por exemplo, KSA 107 [256].
112 KGB III. I 347.

com o Sol no Prólogo do livro. "Como o Sol seria infeliz", disse Zaratustra, se não houvesse seres humanos para iluminá-los com sua luz brilhante, e como ele se sentiria igual a uma abelha que acumulara mel demais: era preciso 'inundar' o mundo com sua sabedoria e, por esse motivo, ele iria 'descer' para o mundo dos homens.[113]

No entanto, a questão seria se a vontade de Zaratustra de "descer" para o mundo fora motivada pelo desejo orgástico de "liberar" seu "mel" metafórico pleno de desconforto, ou pelo desejo de transmitir sua sabedoria aos homens. Como o último desejo não faz referência ao prazer ou ao alívio de Zaratustra de se libertar do sofrimento – um desejo inteiramente diferente – Nietzsche, sem dúvida, supôs que Zaratustra foi motivado pelo primeiro desejo.

Mas dois anos depois, no início da Parte IV de *Assim falou Zaratustra*, Nietzsche escreveu o seguinte texto, ao qual já fizemos referência:

> "Oh! Zaratustra", disseram [seus animais], "você está procurando a felicidade?" "Pouco importa a felicidade!" ele [Zaratustra] respondeu. "Há muito parei de buscar a felicidade: só me esforço para realizar meu trabalho." "Oh! Zaratustra", disseram de novo os animais... você não está imerso em um lago azul celestial de felicidade? "Oh! seus travessos", respondeu Zaratustra, "Como escolheram bem essa imagem!"[114]

Nessa passagem, creio, de uma maneira bastante explícita, ele rejeitou a ideia da motivação egoísta de Zaratustra. Tudo o que lhe importava era sua missão, seu "trabalho". Ele sabia que o subproduto de seu trabalho seria a felicidade, o "paradoxo da felicidade". Mas esse não era seu objetivo.

O fato de Zaratustra ter há muito tempo "cessado" de buscar a felicidade refletiu a rejeição de *Nietzsche* da ideia do egoísmo psicológico, bem antes de terminar a Parte IV, em 1885. Por fim, admitiu com relutância que as motivações do seu herói tinham de ser altruístas e não podiam limitar-se a nenhum tipo de "egoísmo". Como vimos neste livro, o compromisso total de sua missão reflete em detalhes à de Zaratustra e, assim, podemos concluir que Nietzsche, em 1885, percebera que por muito tempo havia feito uma interpretação errônea de sua natureza e motivação. É possível também concluir que, em sua ingenuidade, Elizabeth vislumbrara a verdade ao insistir que no fundo do coração seu irmão não era egoísta.

### Zaratustra Parte II

Em seguida ao discurso da virtude dadivosa, como um "semeador que plantou sua semente", Zaratustra retirou-se de novo do mundo dos homens – dos amigos e dos inimigos – e refugiou-se sozinho na montanha. Pediu aos seus seguidores que se tornassem "irmãos" independentes, em vez de "discípulos" privados de sua liberdade. E disse-lhes que só voltaria para o convívio deles (como São Pedro), quando o tivessem "negado" e se sentissem "envergonhados" por lhe terem conhecido.

---

113 Z Prólogo I.
114 Z IV. Ver também ZIV 20.

Anos depois um sonho lhe disse que seus inimigos haviam distorcido seus ensinamentos e que seus amigos envergonhavam-se dele.[115] Então ele foi para as "Ilhas dos Bem-Aventurados", onde se passa toda a Parte II. Nietzsche explicou a Köselitz que as "Ilhas" eram na verdade a ilha de Ischia, no Norte da Baía de Nápoles, que conhecera em sua estada em Sorrento.[116] Esta identificação referia-se ao fato de que na "Canção da Dança"[117] as jovens locais dançam com "Cupido", nome do deus do amor no dialeto de Ischia.[118]

Em *Ecce Homo*, fazendo uma digressão, Nietzsche escreveu que o aspecto dionisíaco, ausente do seu pensamento desde o período positivista, retornara (mas não com esse nome) à essência da estrutura de *Zaratustra*. O conceito "dionisíaco" converteu-se em uma ação suprema.[119] O aspecto dionisíaco vinculou-se estreitamente à dança (e é claro à música), uma vez que a exaltação na dança era a principal característica dos farristas dionisíacos na Antiguidade. *A Origem da Tragédia* explicita essa conexão. As multidões que dançavam nas ruas nos carnavais medievais eram "entusiastas dionisíacos", que exprimiam seu sentimento de pertencer a uma "comunidade mais elevada", na qual a individualidade e a divisão da vida cotidiana não existiam.[120]

Como Nietzsche sugeriu, a dança era em sua essência *comunitária*. Na dança conquistamos ou reafirmamos nosso sentido de ter uma ligação em comum com outras pessoas. A dança faz parte da característica fundamentalmente religiosa do pensamento de Nietzsche, que ele queria resgatar na dança festiva, como uma reafirmação do espírito comunitário.

*As Ilhas dos Bem-Aventurados.*[121] *Certa vez alguém disse que "Deus" olhou para mares distantes. Mas eu o ensinei a dizer: super-homem... Tudo deve ser compreensível, visível e perceptível aos sentidos dos seres humanos.* Isso remete ao contraste sempre explicitado de Nietzsche entre o Deus cristão e os deuses gregos. Enquanto o primeiro simbolizava o ideal anti-humano, um padrão impossível de ser seguido e, portanto, evidenciava que nossas características eram demasiado humanas, para os gregos seus deuses eram "os mais bem-sucedidos exemplares de sua raça", e eles e seus deuses eram "duas castas vivendo lado a lado", uma "mais poderosa e nobre", mas ambas "da mesma espécie".[122] Nesse trecho, Nietzsche disse algo similar: quem quer que seja o super-homem, ele é uma figura *humana*, e não anti-humana.

Nos cadernos de anotações, ao comentar a transformação do homem contemporâneo em uma mera engrenagem da "máquina" dos interesses econômicos (um aspecto do tema do "Último Homem"), Nietzsche escreveu que seria possível conceber um "tipo mais elevado" do ser humano. E depois acrescentou: "Como é amplamente conhecido, meu conceito, minha *metáfora* que define esse ser mais ele-

---

115 Z H I.
116 Outra "Ilha dos Abençoados" (*der Glückseligen*) foi, como vimos, Tribschen (p. 120). A frase foi mencionada primeiro no livro de Hesíodo, *Os Trabalhos e os Dias*.
117 Z II 10.
118 KGB III. I 452.
119 EH III Z 6.
120 BT I.
121 Z II 2.
122 HH I III.

vado é a expressão 'super-homem'".[123] Por que a palavra é uma "metáfora", escrita em itálico, como um destaque? Porque, penso, Nietzsche queria rejeitar a ideia de que a concepção do super-homem designaria *espécimes peculiares* da humanidade: não pensaríamos no super-homem como um personagem de televisão como o "Homem de Neandertal", o "Homem de Cro-Magnon", ou o "Homem ariano". Sobretudo, não pensaríamos no super-homem como o "final da história" (ou na leitura equivocada de Heidegger da obra de Nietzsche, como um comandante da SS, louro e de olhos azuis, do Exército nazista).

No final de seu discurso, Zaratustra diz que a "permanência é apenas uma alegoria" e que, em sua glorificação à permanência, "os poetas mentem muito". Essa afirmação da inexorabilidade da mudança aplica-se também ao super-homem. Embora o super-homem fosse um ideal, "o significado da Terra" (p. 446), ele nunca seria eterno, um ideal *fixo* do ser humano. Em vez disso, assim como o horizonte, o ideal estaria sempre além de qualquer etapa de prosperidade, que uma sociedade humana tivesse atingido. (A expectativa de Nietzsche, como vimos, não era a de uma "aurora", e sim de uma *série interminável* de "novas auroras" (p. 360). Apesar de serem apenas noções fugazes, conhecemos algumas coisas sobre o super-homem ideal: que esse ideal seria sempre humano, em vez de um ideal anti-humano, e que sempre seria um ideal *comum*: "no super-homem, como vimos, os indivíduos tornam-se um só" (p. 452).

*Dos compassivos.*[124] *A compaixão [Mitleid], a virtude central da ética cristã [e schopenhaueriana] é, na verdade, não uma virtude e sim uma causa de sofrimento. Ela fere o orgulho do objeto da compaixão e gera ressentimento. Mas também inflige sofrimento aos compassivos. Deus morreu em razão de sua compaixão pelo homem.*

Na Alemanha, como já observado, *Mitleid* tem o significado de "piedade" e "compaixão". Por um lado, nossa tendência natural é de aceitarmos o ponto de vista de Nietzsche quanto ao aspecto prejudicial da *Mitleid*. Sem dúvida, a *piedade* humilha a quem oferecemos nossa compaixão e nos faz sentir superiores ("tenho pena de você, seu miserável infeliz!"). Mas, por sua vez, *Mitleid*, no sentido de *compaixão*, é bem diferente: aqui, sentimos um impulso altruísta, um sentimento comum com o sofredor. Como disse Schopenhauer, na compaixão "identificamo-nos" com o sofredor.[125] Há uma comunhão de sofrimento.

Na discussão de *Mitleid* em *Aurora*, vimos que, embora admitisse a existência da compaixão empática, a compaixão schopenhaueriana, Nietzsche argumentou que, assim como a piedade, embora de uma maneira diferente, a compaixão também fere os sentimentos dos outros: a identificação empática com a desventura do cosmos revela a futilidade das tentativas de minorar o sofrimento e, portanto, debilita e, por fim, elimina a benevolência (p. 365-366). Nesse ponto, Nietzsche observou o mesmo fenômeno sob um ângulo diferente: cósmica, a compaixão schopenhaueriana prejudica o seu *objeto* ao provocar um colapso psicológico, uma depressão profunda. Nietzsche, creio, resumiu essa ideia no conceito poético de que Deus morreu em

---

123 KSA 12, 10 [17].
124 Z II 3.
125 BM p. 243-244. WR I p. 375-376.

virtude de sua compaixão pelo infortúnio da existência humana. E assim Nietzsche descobriu uma razão posterior para rejeitar a compaixão e a piedade: a compaixão não só fere os sentimentos de seu objeto potencial, como também prejudica os compassivos, em diversos níveis, ao eliminar sua capacidade de "afirmação da vida". Essa é a principal razão da afirmação de Nietzsche de que os "criadores" devem ser "severos".[126] Se tivéssemos de reformular o mundo seria preciso, em benefício dos outros e de nós mesmos, endurecer nossos corações diante da compaixão. A compaixão, como já observei, era uma característica proeminente na personalidade de Nietzsche. Por esse motivo, ele foi, por exemplo, "o pequeno santo" dos genoveses. Sua convicção de que a compaixão prejudicava os compassivos tinha raízes profundas em sua autoanálise. Em setembro de 1884, ele escreveu a Overbeck:

> A depressão total que sentia em razão da... desapareceu: agora penso que levei centenas de vezes as minhas contradições a sério demais... Minha dificuldade foi sempre a de repetir o erro de exagerar a dimensão do sofrimento dos outros. A frase escrita na infância, "Na *Mitleid* reside meu pior perigo", confirmou diversas vezes essa atribuição de maior grandeza ou de dimensão da compaixão. (Talvez isso seja um reflexo negativo da personalidade extraordinária do meu pai, porque todos que o conheceram achavam que ele pertencia mais ao mundo dos "anjos" do que ao dos "homens".) As más experiências com a *Mitleid* provocaram uma mudança teórica muito interessante sobre sua avaliação.[127]

*A canção da noite*.[128] "*Essa é minha solidão rodeada de luz... Eu não conheço a felicidade dos que recebem... por isso, na minha pobreza a minha mão nunca se cansa de dar.*"

Esse é o aspecto mais relevante do "novo discurso" que diferencia a Parte II da Parte I com a introdução das "canções" nas quais Zaratustra "canta", em vez dos "discursos" em que ele "fala". Essas canções, creio (tendo em vista que Nietzsche às vezes dizia que *Assim falou Zaratustra* era uma obra musical), podem ser "árias" nas quais, em vez de continuar a narrativa ou o assunto da discussão, exprimem os sentimentos de Zaratustra em seu caminho de desenvolvimento espiritual. (Um compositor do futuro poderia transformar *Zaratustra* em uma ópera.)

Em *Ecce Homo*, ele chama a "Canção da Noite" de "Ditirâmbico Dionisíaco" e a descreve como "a canção mais solitária jamais escrita". Ela exprime o lamento imortal de Zaratustra, que, em razão da sua superabundância de luz e poder, e devido à sua natureza de ser um "sol", está condenado a não ser amado".[129]

É fácil entender por que o "sol" ou o "super-homem" não pode *ser* amado: ou seja, ele só poderia ser reverenciado. O tipo de amor que inclui amizade (como vimos, as cartas de Nietzsche referem-se ao seu "amor" pelos amigos) exige equivalência. Mas por que essa "mão que nunca se cansa de dar" é incapaz de *amar*? Pela mesma razão. O tipo de amor descrito pela canção só pode realizar-se entre iguais e, infelizmente, Zaratustra, o *alter ego* de Nietzsche (como Deus), não tem igual. Por

---

126 Z III 12.
127 KGB III.I 533.
128 Z II 9.
129 EH III $Z_4$, 7.

esse motivo, a pessoa que se "destaca" entre seus contemporâneos está condenada à solidão. É frio no alto. Em março de 1885 Nietzsche escreveu à irmã:

> ... algumas das pessoas mais brilhantes da Alemanha dizem que eu sou louco ou que morrerei em um hospício. Sou orgulhoso demais para acreditar que qualquer ser humano possa me amar, porque isso presumiria que eu havia encontrado – que maravilha! – um ser humano do meu nível. Não esqueça que eu achei o fundador do cristianismo superficial em comparação a mim. Eu também não penso que um dia poderei amar alguém.[130]

*Da superação de si mesmo.*[131] *O desejo de conhecer a verdade é a vontade de tornar "imaginável" tudo o que existe, porque duvidamos, com justa desconfiança, que tudo possa ser imaginável. A vontade de tornar os seres imagináveis é a "vontade de poder", e então é preciso que tudo se "amolde", seja "nosso espelho", mesmo que falemos do bem e do mal. Onde encontramos a vida, encontramos também a vontade de poder. Mesmo os fracos querem dominar os mais fracos e, até mesmo, o fraco procura roubar o poder do mais forte por meios dissimulados. É preciso superar sempre a vida.*

Os cadernos de anotações de 1883 revelam uma nova fase de ceticismo global em relação a tudo na realidade que corresponde a uma rede de conceitos – matéria, coisa, causa e efeito – em termos de tornarmos o mundo inteligível. (Mais tarde, como veremos, ele superará essa fase.) Porém, afirma Zaratustra, o *alter ego* de Nietzsche, isso não importa porque a inteligibilidade é tecnológica; é o domínio do "poder" sobre nós e nosso ambiente. Até mesmo a moral serve a esse objetivo, porque é uma evolução da ideia de que a moral sempre foi útil às "condições da existência" de uma comunidade. Agora Nietzsche diz que a moral não é útil apenas a uma mera existência, mas, sim, a um "poder" comum: o aumento e a expansão, ou "crescimento" é com frequência sinônimo de "poder".[132]

Nesse ponto voltamos para o tema recorrente: a vida é a vontade de poder. Isso está implícito ao conceito de que "a vida deve sempre superar a si mesma", porque (a) a vida é a vontade de poder e (b) a vontade de poder representa sempre mais vontade de poder. Observem que essa premissa geral não tem a abrangência da tese de *Além do Bem e do Mal* de que a "vida" (na verdade o "mundo") é a "vontade de poder e nada mais".[133] Ao contrário dessa tese concludente, *Zaratustra* não exclui a possibilidade de outros motivos, além do poder.

Qual é o *status* desse pressuposto geral? Zaratustra diz que ele encontrou a vontade de poder "no lugar onde eu encontrei um ser vivo". Essa é uma formulação cautelosa: não é um pressuposto dogmático, mas, sugiro, é uma premissa baseada em informações; ou seja, uma *hipótese* indutiva. Schopenhauer afirmava que sua "vontade de viver" "interpretava", ou melhor, unificava o "enigma" da experiência.[134] A sugestão de Nietzsche de fazer o "experimento" sem a "vontade de poder" não foi

---
130 KGB III.I 593.
131 Z II 12.
132 BGE 259.
133 BGE 36. Meu destaque.
134 WR II p. 182.

uma solução melhor. (O destino desse experimento será discutido em detalhes no Capítulo 26.)

Da redenção.[135] O fato de *Erlösung*, "salvação" ou "redenção", ser uma palavra religiosa, suscita mais uma vez a discussão sobre a conotação religiosa de *Zaratustra* como um texto religioso. Tanto no cristianismo tradicional quanto na síntese mística do cristianismo e do budismo, a salvação consistia em ascender do mundo mundano de sofrimento para um mundo sobrenatural da bem-aventurança. Nietzsche, como vimos, a partir de sua juventude piedosa, ansiava pela salvação, por um mundo, não só tolerável, mas, assim como o mundo supremo do cristianismo, *perfeito*. Em *O Anticristo*, ele disse que os seres humanos "mais espiritualizados" são os que podem afirmar "que o mundo é perfeito",[136] e na Parte IV Zaratustra, em um estado de "estranha embriaguez" provocado pelas emanações de um vinhedo, vivencia, por um momento, o mundo como "perfeito".[137] Zaratustra rejeita, é claro, o sobrenatural. Sua tarefa, portanto, é de mostrar como a salvação, a perfeição e a bem-aventurança podem ser encontradas no âmbito do naturalismo, e o "reino do céu" pode ser descoberto no coração.*

Um corcunda diz a Zaratustra que ele precisa curar os aleijados, para que o povo acredite em seu ensinamento. Não, responde Zaratustra. "Se tirarmos a corcova do corcunda, lhe retiraremos também seu espírito." Isso revela a estratégia básica de Nietzsche: a teodiceia que demonstra que os fenômenos problemáticos são, na verdade bênçãos disfarçadas e, como Nietzsche escreveu em seu caderno de anotações, "as Fúrias são apenas um nome inadequado para as Graças".[138] O resto do discurso revela como praticar a teodiceia.

*"Eu andei entre os homens como em um... campo de batalha ou de morticínio." (Sem dúvida, aqui, Nietzsche vivenciou suas lembranças pós-traumáticas dos corpos putrefatos do campo de batalha de Wörth (p. 161-162). Por toda parte eu só via pedaços, membros e acidentes terríveis, mas nenhum ser humano. Era preciso recompô-lo, poetizá-lo em uma unidade, porque tudo era "fragmento, enigma e acidentes terríveis". Era preciso aprender a "voltar atrás", para recordar "como era" ou "como seria".*

Em *A Gaia Ciência* já havíamos visto o que "seria voltar atrás": ou seja, narrar a vida de uma pessoa como se tudo o "que houvesse acontecido teria uma consequência positiva", seria uma experiência "indispensável" do *Bildungsroman* da vida de uma pessoa: a história de um desenvolvimento espiritual com o objetivo de fazer com que uma pessoa atingisse seu ideal (p. 409-410). Ao contar a história de uma vida voltada para um ideal estaremos, é claro, dando-lhe unidade, integrando seus elementos para formar um todo coerente, do que antes eram "acidentes" casuais. Acidentes fortuitos constituiriam parte da "providência pessoal". Acidentes "pessoais" autênticos jamais acontecem. Quanto ao resto, tudo é acidente.

---

135 Z II 20.
136 A 57.
137 ZIV 10.10.
\* Na Seção 34 de *O Anticristo*, como veremos, Nietzsche que para o Jesus *histórico* "o reino do céu" não está "acima de nós" e, sim, é um "estado do coração". Apesar de chamar Jesus de *décadent*, nesse ponto, creio que tem um profundo consenso com a opinião dele.
138 KSA 9 16 [22].

Zaratustra descreve aqui o *conceito* de salvação: o que seria preciso fazer para "redimir" nossa vida e, como seria vivenciá-la inextricavelmente *no mundo*, na história do mundo como um todo. No entanto, isso não significa que ele (ou Nietzsche) fosse capaz de realizar a tarefa de redenção. E como é claro no final dos dois discursos da Parte II, ele de fato não seria capaz. Pois eles revelam seu "desgosto" na inabilidade de "redimir" os seres "superiores e melhores", com quem é forçado a compartilhar seu mundo. Essa inabilidade exprime-se em sua incapacidade de expressar o pensamento do eterno retorno. O que demonstra que o conceito do eterno retorno é apenas uma expressão enfática da redenção. Redenção, salvação, o encontro do mundo perfeito, o *amor fati*, a aceitação do eterno retorno são expressões diferentes da mesma concepção.

## *Zaratustra Parte III*

Como o desenvolvimento espiritual de Zaratustra – o *Bildungsroman* de sua vida – ainda não terminou, ele volta à solidão da montanha para refletir mais. A Parte III (publicada em abril de 1884) descreve seu caminho para as Ilhas Bem-Aventuradas da Montanha. (Observem que as idas e vindas de Zaratustra entre o mar e a montanha refletem o ciclo de vida do seu "pai".)

*Da visão e do enigma.*[139] *Com grande dificuldade, Zaratustra por fim conseguiu formular seu pensamento mais "profundo e insondável", apesar de descrever seu conteúdo apenas como uma "visão". O portão chamado (presente) "Momento" tem dois caminhos, um para o passado e o outro para o futuro. Mas na verdade eles são o mesmo caminho. O tempo é um "círculo". E como cada acontecimento está "ligado" a uma causa, o que acontece agora se repetiu em um número infinito de vezes antes como, por exemplo, na aranha à luz do luar. Depois que Zaratustra terminou de explicar sua visão, ouviu-se o uivo de um cachorro. E em seguida a cena muda. Um jovem pastor contorce-se sufocado por uma cobra negra que lhe sai da boca (como Nietzsche com frequência se contorcia com o vômito). Após uma luta feroz ele decepa-lhe a cabeça e levanta-se com um pulo rindo "como nenhum ser humano jamais riu".*

Para entender o conteúdo da "visão", iremos visualizar um trem de brinquedo com uma bateria inesgotável, sempre andando em um trilho circular: como o vagão que passa agora sob a ponte chamada "Momento" está "ligado" ao vagão à sua frente, o mesmo vagão já passou e passará inúmeras vezes sob a ponte. O discurso indica que a ideia do eterno retorno é possível de ser vista sob dois ângulos: ela pode ser a causa do "uivo" de um cão ou da bile negra de uma cobra, ou pode ser um pensamento que causa o riso alegre do super-homem, ou as palavras de *A Gaia Ciência*, "nunca ouvi nada mais divino" (p. 408). Por que o eterno retorno, supondo que fosse um conceito verdadeiro, seria capaz de causar essas reações?

Em primeiro lugar, por que alguém, como Zaratustra, por exemplo, ou pelo menos na maioria da obra, acha que o eterno retorno é "profundo e insondável"?

---

[139] Z III 2.

*Não* em razão do tédio incrível de viver sempre a mesma vida. Como agora eu não tenho lembrança de uma existência anterior, na qual minha vida com absoluta *precisão* repete-se sucessivamente, os acontecimentos recorrentes me parecem novos.

O cristianismo, assim como a maioria das religiões, crê na "salvação", seja individual ou do mundo, como um estado abençoado que, pelo menos no sentido comum, termina a história. O tempo então seria uma flecha que atinge um alvo e interrompe seu movimento. No entanto, se o tempo for um círculo não haveria um "término". Esse é o aspecto potencialmente "profundo e insondável" do eterno retorno: ao eliminar a flecha, o círculo extingue a crença na salvação. Não existe uma "solução final" para o "enigma" da vida.

Mas suponhamos que seja possível encontrar a salvação *na* vida. Supondo que possamos "redimir", transformar em "ouro" (p. 407) todos os nossos acontecimentos dolorosos e problemáticos? Então nosso mundo *já* seria "perfeito", a "salvação" fora alcançada e, portanto, não haveria necessidade de outro tipo de salvação. O reino do céu é *aqui* e *agora* e, assim, não seria necessário ter um reino em outro lugar no futuro. Ao nos apaixonarmos pelo círculo, não mais desejamos a flecha. De uma maneira inexplicável, o jovem pastor realizou a grande teodiceia e fez a transição da náusea à alegria.

*Antes do nascer do Sol.*[140] *Oh, o céu sobre mim, tão puro e profundo... elevo-me à sua altura, essa é minha profundidade... minha inocência... Deus oculta-se em sua beleza... juntos... aprendemos a elevar-nos acima de nós... e a sorrir para um céu sem nuvens, com olhos luminosos até lugares distantes, enquanto sob nós desvanecem-se como névoa vaporosa a imposição, o fim e a culpa. Atormento-me com nuvens levadas ao sabor dos ventos... elas tiram de você e de mim... a imensa e infinita afirmação e o amém... Tornei-me um ser que abençoa e afirma... Mas essa é minha bênção: pairar acima de cada coisa como seu próprio céu, a sua abóbada azul e eterna segurança, e abençoado é aquele que assim abençoa. Pois todas as coisas são batizadas na fonte da eternidade, além do bem e do mal... O mundo é profundo, mais profundo do que jamais pensou o dia.*

Dois aspectos dessa passagem que, como diz *Ecce Homo*, simbolizam a "divina ternura",[141] têm uma importância crucial. Primeiro, Zaratustra, por um momento, é um ser que "afirma", e atingiu uma "felicidade esplendorosa". Por um momento, ele compartilhou a experiência de Emerson de pensar que "todas as coisas são proveitosas, todos os dias são sagrados e todos os homens são divinos". Por um instante, ele conseguiu amar o eterno retorno. O segundo aspecto importante é o estilo e o sentimento da passagem, extático, dionisíaco. Em *Ecce Homo* esse aspecto é explícito: "Antes do Nascer do Sol" é o "ditirambo" de "um Dionísio".[142] Dionísio, eliminado durante o período positivista de Nietzsche, nos remete a *A Origem da Tragédia* e ao "conforto metafísico" do sofrimento da vida provocado pela consciência dionisíaca.[143] É claro, como agora Nietzsche rejeitou o "mundo metafísico" em benefício

---

140 Z III 4.
141 EH III Z$_7$.
142 EH III Z$_7$.
143 BT 17.

do naturalismo, o mundo dionisíaco não mais pode ser concebido como em seu pensamento inicial. Entretanto, existe uma ligação entre esses dois momentos do seu pensamento filosófico.

Em *A Origem da Tragédia*, o estado dionisíaco consiste em dois tipos de transcendência: da natureza e da individualidade sendo esta última a fonte de todo o sofrimento.[144] Como a possibilidade de transcendência da natureza foi rejeitada, o estado dionisíaco no período da maturidade de Nietzsche consistiu na transcendência da individualidade. Em uma nota de 1888, ele disse que "a palavra dionisíaca significa um desejo de união além de nossa personalidade, do cotidiano, um fluxo apaixonado e doloroso".[145]

Mas como pode haver uma transcendência dionisíaca da individualidade, se não existe mais o pensamento por trás da transcendência mundana de uma concepção metafísica? Na Parte III, Zaratustra descreveu-se como uma "alma que, libertando-se de si mesma, se reencontra na esfera mais ampla",[146] uma alma que se redescobre não "por trás", e sim *na* totalidade da existência. E isso, sugiro, é o que acontece na parte aqui examinada: por um momento, Zaratustra *transforma-se* na "abóbada azul" do céu, você é '*minha* profundidade', diz ele ao se converter na totalidade de todas as coisas.

"Antes do Nascer do Sol" retoma a ideia de que a elevação espiritual consiste na transcendência da individualidade. *Assim falou Zaratustra* nos proporciona uma nova visão da transcendência. Lou Salomé a descreveu como um "mergulho evidente no eterno mistério do misticismo".[147] Mas é um erro pensar que a transcendência dionisíaca nos leva além, ou mesmo nos opõe, à razão, porque a filosofia racional de Nietzsche afirma que, de um ponto de vista conclusivo, a individualidade é uma ilusão. Vimos em diversas ocasiões que o "eu" cotidiano pensa ilusoriamente que *age* e é "responsável" por suas ações. Porém a responsabilidade de "minhas" ações, em um mundo "interligado" pela causa e efeito, é a casualidade da história do mundo e, portanto, o uso esclarecido do "eu" aplica-se à história total. Como ele escreveu em *O Crepúsculo dos Ídolos*, a percepção racional, assim como o êxtase poético consiste em ver que "pertencemos à totalidade e, assim, somos um conjunto".[148]

Nesse sentido, temos uma conexão entre a suprema "afirmação" e o desejo do eterno retorno, por um lado, e, por outro, o estado dionisíaco de transcendência (não metafísica) da individualidade.[149] Nietzsche faz esta conexão em muitos dos seus trabalhos. Mas, como diz o Livro V de *A Gaia Ciência*, só o "deus ou o homem

---

144 BT 10.
145 KSA 13 14 [14] (WP 1050).
146 Z III 12 19. A frase reaparece em Rilke.
147 Salomé (1998) p. 35.
148 TI VI 8.
149 Se a razão (apolínea) apoia a ideia da transcendência, por que haveria algo especialmente dionisíaco nisso? Creio que o pensamento de Nietzsche é que, como a perspectiva cotidiana do mundo que está centrada no eu cotidiano é tão arraigada — ela é, afinal, sua parte mais essencial do equipamento de sobrevivência —, ela toma algo extraordinário - poesia, drogas, primavera, emoção forte, uma espécie de "intoxicação" - para alcançar, como se fosse um lançamento: a propulsão na "esfera mais ampla", na perspectiva acima da individualidade no mundo.

dionisíaco" conseguiria atingir uma afirmação de vida, em seu aspecto mais "terrível e questionável", que derrotaria qualquer ser inferior.[150] O "ser livre de amarras que diz Amém" é, afirma *Ecce Homo*, o "conceito de Dionísio".[151] No entanto, é difícil definir o *motivo* que levou Nietzsche a fazer esta conexão. Por que o eterno retorno não pode ser determinado pela perspectiva cotidiana e individual? Por que o eterno retorno só é possível para aqueles que "ampliam suas almas" para se tornarem uma totalidade, na linguagem preferida de Nietzsche, do "vir a ser"?

No Livro IV de *A Gaia Ciência*, Nietzsche escreveu que aprendemos a usar nossa "habilidade teórica e prática de interpretar e organizar acontecimentos" para descobrir uma "providência pessoal" em nossas vidas, uma narrativa que demonstre que tudo o que acontece é com a "melhor das intenções".[152] Neste texto não há indício de que a "redenção" do passado seja necessária para afirmar que o eterno retorno exige apenas uma perspectiva comum e individual do mundo. Mas, na parte seguinte, Nietzsche mergulha "na melancolia", no pensamento da morte: o pensamento de que nossa "vida sedenta" logo "se silenciará", e que a "sombra das pessoas paira implícita como seu companheiro de viagem".[153] (Observem como a "sombra" em *O Andarilho e sua Sombra* revela ser a morte.) Isso sugere, que pelo menos no livro (original)[154] a morte e sua inevitabilidade constituem um obstáculo insuperável ao desejo do eterno retorno.

E, sem dúvida, é um obstáculo insuperável. Se eu for um apaixonado pela vida, Nietzsche gostaria que meu *último* desejo fosse morrer. (Ninguém quer sair de uma festa animadíssima.) Para uma pessoa que gosta de viver, sua morte *jamais* será um "acontecimento feliz". Já para uma pessoa deprimida, é claro, a morte pode ser uma libertação do sofrimento, mas para ela existem diversos outros obstáculos para confirmar o círculo. A morte, então, é uma circunstância que estraga o prazer: devido à "sombra" onipresente da morte o círculo não *pode* ser confirmado por uma perspectiva comum e, por esse motivo, requer uma concepção especial, ou seja, a transcendência para a identificação com a totalidade. *Deste* ponto de vista, a situação modifica-se: a morte da pessoa que eu pensei em dado momento ser meu eu, agora, é um fato banal. E também uma necessidade, uma vez que a morte é um pré-requisito para o nascimento do novo.

Em *Assim falou Zaratustra*, como vimos, Nietzsche quis escrever um livro precursor de uma nova religião. Mas uma verdadeira religião precisa ter algo profundo e reconfortante a dizer sobre a morte. Porque a morte, para os seres humanos, é o *summum malum*, um fato trágico, o nosso medo primal. Para Nietzsche, em especial, ela tinha este significado, visto que era a negação final do que ele cada vez mais identificava como a essência humana, a vontade de poder. Sem a vida, não existiria o poder!

Em *A Origem da Tragédia*, Nietzsche mencionou essa necessidade primal: a "ilusão" da individualidade para a realização de uma identidade pessoal com a

---

150 GS 370.
151 EH III Z 6.
152 GS 277. Somos também advertidos a não excluir as "citações inquietantes" em relação à "providência pessoal" nem na apostasia da crença no antigo Deus.
153 GS 278.
154 Livros I – IV.

"Unidade Primal", o "conforto metafísico" para, acima de tudo, alcançar a mortalidade. No entanto, em seu período positivista, ele evitou o assunto da morte; ou quando forçado a expressar-se ele o abordava de uma maneira trivial ou usava de subterfúgios. Mas em *Humano, demasiado Humano* ele teve um momento de nostalgia em relação à sua ideia da juventude, de que a grande arte poderia garantir a vida eterna: a *Nona Sinfonia* de Beethoven dá a sensação a uma pessoa sensível de que "ela está pairando acima da Terra em uma abóbada de estrelas com o sonho da *imortalidade* em seu coração" (p. 303-304). (Observem que a "abóbada de estrelas" une o "sonho" de Beethoven à "abóbada azul" de "Antes do Nascer do Sol".) Porém, logo a repudiou por ser o tipo de sentimentalismo que testa a "probidade intelectual" dos espíritos livres.

A discussão em *A Gaia Ciência* sobre o "pensamento melancólico da morte" é tão evasiva como em suas obras do período positivista; portanto, aconselho que tentemos ignorar o elefante na sala, ou evitar "pensar na morte".[155] Mesmo a Parte I de *Zaratustra* aborda o tema da morte de um modo superficial. Como vimos, o texto recomenda que devemos "morrer no momento certo", ao optar pela "morte livre", como se escolher o dia da morte fosse um ato tão fortuito como cancelar a assinatura da revista *Time*. Mas, por fim, em "Antes do Nascer do Sol", Nietzsche discutiu o tema da morte com profundidade e sabedoria, *sem* a evocação de forças sobrenaturais, uma visão, na verdade, implícita aos fundamentos de sua filosofia. Talvez por influência de Malwida (p. 276) e de Lou (p. 424), ele adotou a doutrina filosófica do panteísmo: a morte não é um momento de revelação, porque a verdadeira identidade individual é uma "Totalidade" extática e panteísta. Ao se transformar na "abóbada azul" que é a fonte [a iluminação da alma] da eternidade, Zaratustra alcançou a imortalidade, que Nietzsche ridicularizou em razão da perspectiva limitada do período positivista. Para os esclarecidos, o medo da morte foi substituído pela "eterna segurança" de uma alma que se expandiu em uma "esfera mais ampla".

## *Zaratustra Parte IV*

Em janeiro de 1884, Nietzsche escreveu a Schmeitzner avisando-lhe que terminara por fim *Assim falou Zaratustra*.[156] No entanto, em novembro anunciou que estava trabalhando em uma quarta parte (e planejando até mesmo a quinta e a sexta partes, porque, segundo ele, Zaratustra não o deixaria em paz até morrer).[157] Em fevereiro do ano seguinte, avisou que concluíra a Parte IV como um "final sublime" para o conjunto da obra, mas que não a publicaria e só a distribuiria entre amigos. Em abril de 1885, foram impressos 45 exemplares, distribuídos para os amigos habituais, entre outros, uma certa Helene Druskowitz. No início, a relutância de Nietzsche em publicar a obra foi uma maneira de contornar uma situação delicada. Embora não quisesse publicar mais livros com o detestável Schmeitzner, ele não *tinha* um edi-

---

155 GS 278.
156 KGB III. I 479.
157 KGB III. I 556.

CAP. 19 | ZARATUSTRA

tor.[158] Entretanto, em 1886, suas cartas demonstram claramente que ele não queria publicar a Parte IV: em razão de sua natureza extremamente blasfema, ele temia a "polícia" e perder sua pensão.[159] Assim como ele ofenderia gratuitamente pessoas como sua mãe, a publicação da Parte IV poderia resultar na proibição da obra inteira de *Assim falou Zaratustra*.

Os estudiosos de Nietzsche tentam explicar a não publicação do suposto livro "completo" de *Zaratustra* em 1886 (quando as Partes I a III foram editadas pela primeira vez juntas), sob pretexto da qualidade inferior da escrita em comparação com as três primeiras partes. Apesar de o estilo ser *diferente* das outras partes – o tom solene e bíblico foi substituído pelo burlesco –, não creio que haja uma diminuição na qualidade do texto. Ainda mais importante, não há evidência de que Nietzsche tenha duvidado da qualidade da Parte IV.

Existe uma agradável simetria na obra. Ao andar perto da caverna onde vivia, Zaratustra, agora com cabelos brancos, encontrou oito "homens superiores", prováveis candidatos a serem os "espíritos livres" para quem os livros de Nietzsche eram escritos, e os convidou para festejarem o encontro em sua caverna. Embora não atendessem completamente às suas expectativas exigentes, eles eram "superiores" à ralé dos "últimos homens" modernos, do tamanho de uma pulga. Entre os oitos homens havia um "vidente", uma figura schopenhaueriana para quem a vida não fazia sentido; "dois reis" (tratados como uma só pessoa), figuras reacionárias que faziam discursos violentos e delirantes contra a "ralé" e em protesto contra a falta de hierarquia e respeito no mundo moderno (o estilo e o tema dos discursos bombásticos bem semelhantes a Nietzsche); um "espírito consciencioso", um tipo erudito interessado apenas na verdade, independente de suas limitações; um "mágico", um "ator" no sentido de um "impostor", uma paródia explícita de Wagner; o "último papa",* que sabe que Deus está morto e sugere que a piedade cristã (em relação à verdade) impede que Zaratustra e ele continuem a acreditar em Deus; o "mendigo voluntário" descoberto ao pregar para as vacas, uma espécie de Jesus; a "sombra" que se descreve como um "andarilho"; e por fim o "homem mais feio" do mundo cuja feiura causou a morte de Deus. É claro, estas eram facetas da personalidade e da história de Nietzsche. Como Zaratustra não considera os homens eminentes "superiores o suficiente", eles representavam aspectos da vida e da personalidade que Nietzsche "superou": ele fora um schopenhaueriano, criticara com veemência a modernidade, fora um estudioso de banalidades filológicas sem sentido, um wagneriano que renunciara a Deus em nome da veracidade cristã, um homem que vivia uma vida de pobreza voluntária (e também, como veremos, pregava para vacas), tinha muitas partes "feias" em sua alma, reveladas em especial no caso Salomé e, no período positivista, fora um andarilho e uma sombra do seu antigo eu.

---

158 KGB III. 3 572. Nietzsche dizia que as editoras eram em geral "prostíbulos", mas as cartas 573 e 580 revelam que, no início, ele quis ser um editor.
159 KGB III. 3 761, 773.
* Descrito como "um homem alto vestido de preto, com um rosto pálido e abatido", ele parece com Franz Liszt, sobretudo, no retrato bastante conhecido pintado em 1839 por Henri Lehmann. Como Lizt tornou-se mais tarde um abade católico, essa descrição é uma maldade proposital da parte de Nietzsche.

## *A Festa do Burro*

Os homens superiores reuniram-se para irem à caverna de Zaratustra. No caminho de volta ele ouviu um "grito de angústia", que parecia vir do grupo insólito de seus acompanhantes. Zaratustra disse para eles se animarem, o que eles precisavam era de dançar e ouvir coisas cômicas para todos rirem.[160] Mas por achar o ar da caverna opressivo, ele decidiu fazer um passeio. Quando voltou ouviu o som de risos e sentiu o cheiro de incenso (ou talvez de maconha) e de pinhas queimadas vindo da caverna. Dentro da caverna, ele encontrou os homens superiores venerando um burro. No auge da "Festa do Burro" os participantes adotaram um tom solene e zombeteiro, expresso em uma "ladainha" de louvor ao burro, tratado como a encarnação de Deus. Ela começava com a prece, "Amém, louvada seja a honra, a sabedoria e a força de nosso Deus", respondida pelo burro, como seria previsível, com um "Sim" como um relincho.[161]

\*\*\*

Historicamente a Festa do Burro, também conhecida como a Festa dos Tolos, era uma festa carnavalesca realizada na Europa medieval, em especial na França em meados do inverno. Proibida, embora em geral sem grande repressão pela hierarquia cristã, os participantes jogavam dados e comiam morcela (chouriço de carne de porco) no altar (uma paródia da Eucaristia) usando máscaras, vestidos como mulheres ou animais, e, depois da cerimônia, andavam pela cidade provocando briga. Com frequência, a festa terminava com pouco derramamento de sangue.

O burro era o centro da atenção na cerimônia. Levado para a catedral, em geral coberto por um tecido dourado com as quatro extremidades seguradas pelos quatro cônegos mais proeminentes da Igreja, ele era objeto de hinos de louvor.

As "pinhas queimadas" mencionadas por Nietzsche na Festa do Burro inspiraram-se na descrição de uma versão especial da festa medieval do aforista Georg Lichtenberg, um autor do século XVIII que Nietzsche conhecia muito bem, e que estava lendo pouco antes de começar a escrever a Parte IV de *Zaratustra*.[162] A versão da festa realizada no século XIII descrita por Lichtenberg é uma representação da fuga da Virgem Maria do Egito. A jovem que representa o papel da Virgem Maria era levada até a catedral seguida por uma procissão de clérigos e da congregação, e a missa realizava-se em um clima muito solene. Depois de cada parte da liturgia, no entanto, o refrão não era "Amém", mas "Sim". E se o burro participasse da missa, ainda melhor. No final da cerimônia, em vez da bênção familiar, o padre dizia "Sim" como um relincho, imitado pela congregação. E se o burro se juntasse a eles, melhor ainda. A cerimônia terminava com um hino de louvor ao burro cantado metade em latim e metade em francês. O hino continha a seguinte frase "*Adventabat asinus/ pulcher et fortissimus* (Eis aqui o burro belo e forte.)[163] Nietzsche citou esta frase

---

160 Z IV 17, 18.
161 Z IV 17, 18.
162 Lichtenberg (1867) p. 326 ff.
163 KGB III 7/2 p. 76.

como "um *leitmotiv* adorável de um antigo mistério" em uma carta a Von Gersdorff escrita poucos dias depois de terminar a Parte IV de *Zaratustra*,[164] e no ano seguinte em *Além do Bem e do Mal*.[165]

\*\*\*

A descoberta da comemoração da Festa do Burro mudou a atitude de Zaratustra em relação aos homens superiores. Apesar de não serem o que ele esperava (eles não eram, em outra expressão de Nietzsche, espíritos livres "de primeira categoria"), "o corajoso absurdo" deles e a nova "alegria" lhe agradaram tanto ao ponto de chamá-los de seus "novos amigos". Segundo minha opinião, dois elementos da festa histórica mudaram a atitude de Zaratustra. Primeiro, sua conotação blasfema maravilhosa, bem em desacordo com o estereótipo da Idade Média como "a idade das trevas" oprimida pela religião cristã. Este aspecto o atraiu muito, porque agora se considerava o "Anticristo". E segundo, ela significava uma continuação dos festivais dionisíacos da Antiguidade na Idade Média. Esta continuidade é descrita em *A Origem da Tragédia* nas multidões que dançavam e cantavam em comemoração às festas de São João e de São Vito como "entusiastas de Dionísio", reencarnações do "coro dionisíaco" da tragédia grega.[166] Em razão, como agora sabemos, desta renúncia à "sobriedade" apolínea (a visão comum do mundo) e à adoção da "embriaguez" dionisíaca (a visão extrassensorial) necessária para o eterno retorno, é possível perceber por que os homens superiores, mesmo se o estado dionisíaco deles fosse apenas uma embriaguez momentânea, indicava um caminho de esperança.

\*\*\*

*Assim falou Zaratustra* termina com a "Canção da Embriaguez",*[167] como, é evidente, era outro "ditirambo dionisíaco". "Toda a alegria quer a eternidade, deseja o retorno", declama Zaratustra. Mas também como ele diz "agora meu mundo ficou perfeito", vemos, por fim, que ele foi capaz, pelo menos por um momento, de desejar o eterno retorno. O dia amanhece e "O Sinal"[168] surge: um leão risonho rodeado por pombas. Agora sóbrios, os homens superiores fugiram.

Talvez as pombas signifiquem que, apesar de o leão (como diz C. S. Lewisish) ser um guerreiro feroz, sua guerra "não tem fumaça nem pólvora".[169] É possível, então, que Zaratustra seja um parente do leão nas "Três Metamorfoses" descritas no início de *Zaratustra* (p. 449-450) e, assim, como o "sinal" da "criança" é o criador genuíno. Então ele ri em vez de rosnar, tendo em vista ser um leão mais eficaz do que

---

164 KGB III-I 601.
165 BGE 8.
166 BT I.
\* Em sua conclusão, a "Canção da Embriaguez" é uma prosa poética que se transformou em um poema. Esse poema foi gravado no memorial de pedra construído em 1900 na península Chasté em Sils Maria (onde Nietzsche gostaria de ser enterrado) pelo amigo organista de Nietzsche, Carl Fuchs, e pelo pianista, Walther Lampe (ver Ilustração 26). Como já citado, Gustav Mahler incluiu essa frase em sua *Terceira Sinfonia*.
167 Z IV 19. Em uma edição posterior a canção foi publicada com o título de "Canção do Sonâmbulo".
168 Z IV 20.
169 EH III HH I.

seu parente, porque Nietzsche observou, "Não é pela raiva que se mata, e sim pelo riso".[170] Isso indica o que há de errado nos homens superiores, ou com os estágios anteriores da jornada espiritual de Nietzsche, que ele (ou pelo menos Zaratustra) agora superou. Nos estágios anteriores, ele combateu a decadência da cultura moderna com uma *fúria* veemente reveladora de sua inclusão a esta cultura. Só quando superamos a raiva, só no momento em que descobrimos que o antigo Deus é *ridículo* e não maléfico, começaremos um "novo" período existencial. Só então seremos livres para criar novos deuses.

---

[170] Z I 7.

# 20

# O CÍRCULO DE MULHERES DE NIETZSCHE

As Partes II e III de *Assim falou Zaratustra* foram escritas, como vimos, em Nice, onde Nietzsche decidiu passar o inverno de 1883-1884. Esse estilo de vida migratório de verões em Sils e invernos em Nice foi planejado para criar um "inverno ameno permanente",[1] que ele considerava ser melhor para sua saúde e que se prolongaria até quase o final de sua vida produtiva. Mas, no início, ele não gostou de Nice: sua impressão inicial foi de "uma imitação medíocre de Paris, uma cidade mediana e pretensiosa com pouquíssimas florestas, sombra e tranquilidade".[2] A procura de silêncio levou-o a mudar de moradia duas vezes em alguns meses, da Villa Mazollini para a Pension de Genève, na Petite Rue St. Etienne, que lhe foi especialmente recomendada pela excelente cozinha suíça da família Savorin.

## Joseph Paneth

Durante grande parte do primeiro inverno em Nice, Nietzsche recebeu visitas regulares de Joseph Paneth. Paneth lembrava-se que nesses encontros Nietzsche referia-se ao movimento antissemita como uma atitude "desprezível" que impregnara até mesmo sua família, e insistia em mencionar sua ascendência polonesa. Seu nome, dizia Nietzsche em um tom brincalhão, originava-se de "*Niecki*", que significava "destruidor" ou "niilista". (Overbeck também se lembra de Nietzsche repisar sempre esse assunto por longos momentos tediosos, mas sugeriu que isso era mais um conceito do que uma crença séria.) Paneth recordava-se que Nietzsche falava que suas cartas nunca seriam publicadas e que ele pediria aos amigos que liberassem para publicação, após sua morte, só as cartas que ele havia selecionado e preparado com esse objetivo. Um homem, dizia, não pode aparecer em público "em mangas de camisa". Em seguida, a conversa girava em torno da conexão entre o gênio e a loucura. Essa similaridade, sugeria Nietzsche, deve-se à obsessão em ambos os casos por uma única ideia. E citava a frase de Goethe, "O homem só esforça-se para realizar algo se for louco". No quinto encontro no início de março, Nietzsche revelou que sua meta fundamental era "o aperfeiçoamento da raça e da cultura do ser humano", um aperfeiçoamento do que ele chamava de "super-homem". Só em períodos sem força moral e determinação, acrescentou, as pessoas buscavam o prazer; em épocas vigorosas e florescentes, as pessoas esforçavam-se para atingir seus objetivos. No último encontro

---

1 KGB III. I 606.
2 KGB III. I 486.

realizado no final de março, Nietzsche chamou os alemães de raça "servil" sempre disposta a sacrificar sua individualidade pelo suposto bem da sociedade como um todo. Citando outros crimes dos alemães, ele queixou-se que a intervenção de Lutero adiara seriamente o colapso do cristianismo e que os alemães eram responsáveis por frustrar as tentativas heroicas de Napoleão de criar uma Europa unida.[3]

## Resa von Schirnhofer

Embora tivesse planejado ir para Veneza no início de abril de 1884, Nietzsche continuou em Nice até o dia 20 de abril por causa de uma carta de Resa von Schirnhofer (ver Ilustração 27), cuja "amiga maternal", Malwida von Meysenbug, sugerira que ela o visitasse entre os dias 3 a 12 de abril.

Nascida em 1855 (ela morreu aos 93 anos), Resa chegou a Zurique em 1882 para fazer seu doutorado, que concluiu em 1889. (Na época, Zurique sediava a única universidade de língua alemã que admitia mulheres.) No início de 1882, ela conhecera Malwida na estreia de *Parsifal*, em Bayreuth, onde também conheceu Lou, com quem antipatizou um pouco. A "virtuosidade dialética" de Lou, pensava ela, com frequência recaía no "sofisma" e, além disso, julgou de mau gosto a exibição generalizada da fotografia do "chicote" (p. 421).

Nietzsche foi um anfitrião encantador durante sua visita, e o receio inicial de Resa logo desapareceu diante de seu comportamento amistoso e modesto e a familiaridade de seu jeito "professoral". Ele a levou a uma tourada (na qual não era permitido matar o touro) e a seus passeios favoritos. Um deles, a subida ao monte Baron, foi memorável:

> Estava um dia celestial [lembrava-se Resa], com o mistral soprando o tempo todo enquanto subíamos a montanha. Nietzsche estava com um humor ditirâmbico e agradecia ao vento por ser o salvador da gravidade terrena: para ele havia uma libertação saudável nas rajadas de vento. A certa altura, guardas franceses bloquearam nossa passagem para o pico fortificado. Nesse local encontramos uma *osteria* [um café barato] simples com mesas e bancos de madeira sob uma pérgula. Sentamo-nos em meio à natureza celestial da montanha. A paisagem alternava pitorescamente as montanhas ao redor e, abaixo de nós, víamos a costa com seu desenho gracioso e as enseadas encantadoras. As enseadas eram rodeadas por vegetação e as casas brilhavam como flores reluzentes. Nessa *osteria* experimentei pela primeira vez "o vermute di Torino", que Nietzsche me serviu... com bom humor e cheio de inspirações engraçadas. A "montanha vigiada" foi a fonte da composição de diversos versos recitados uns após os outros. Fiquei surpresa ao pensar na minha insignificância. Não era uma improvisação literária sofisticada, e sim versos simples e divertidos que revelaram um Nietzsche inusitado.[4]

Nietzsche disse a Resa que ela não deveria se ofender com a famosa passagem do chicote em *Zaratustra*. E, como acrescentou em suas lembranças, nessa etapa do relacionamento deles ela via essa passagem como uma "generalização poética", que

---

3   C p. 575-580.
4   C p. 581.

CAP. 20 | O CÍRCULO DE MULHERES DE NIETZSCHE

não se aplicava a todas as mulheres, e sim a casos específicos. (Elizabeth que interpretou erroneamente a observação sobre o "chicote" da mesma forma, disse que a observação aplicava-se apenas a determinadas mulheres, que precisavam de uma "mão masculina" para mantê-las em seus "limites adequados" e, portanto, não é difícil imaginar a quem tinha em mente como um caso apropriado para esse tipo de tratamento.) Em outra ocasião ele a levou para passear na Promenade des Anglais e mostrou-lhe a Córsega, quase invisível no horizonte. Depois Nietzsche falou sobre Napoleão, a quem considerava um intermediário entre a humanidade contemporânea e o "super-homem". E acrescentou que Napoleão tinha a mesma frequência dos batimentos de pulso que ele, 60 pulsações por minuto.

Nietzsche conseguia sentir-se à vontade com Resa, assim como com outras pessoas; "ela era uma pessoa divertida que o fez rir muito", como a descreveu para Overbeck.[5] Ele também comentou que Resa não era bonita, na verdade, ela era feia,[6] mas, é provável que a ausência de atração sexual lhe tenha deixado relaxado e alegre e, assim como fazia com sua irmã, compôs versos tolos.

## O "Outro" Nietzsche

No entanto, em outra ocasião durante sua visita a Nice, Resa viu uma pessoa muito diferente:

> Quando Nietzsche levantou-se subitamente para partir, seu comportamento mudou. Com uma expressão rígida no rosto e olhando relutante em torno, como se um perigo terrível ameaçasse que alguém ouvisse suas palavras, ele pôs a mão na boca para abafar o som e anunciou-me o "segredo" que Zaratustra sussurrara ao ouvido da Vida... Havia algo bizarro, até mesmo sinistro, na maneira em que me falou do "eterno retorno" e da enorme importância de sua ideia. Mas muito mais do que o conteúdo da ideia, o modo de anunciá-la foi que me soou estranho. De repente, eu via outro Nietzsche que me assustou... Então, sem mais explicações sobre o conceito do eterno retorno, ele voltou à maneira normal de falar e de agir. Tive a impressão de que ele propositadamente tocara *fortíssimo* no instrumento da minha sensibilidade para enfatizar a magnitude de sua descoberta.[7]

Havia outros registros de mudança súbita de personalidade. Resa vivenciou-a de novo no mês de agosto seguinte em Sils Maria (p. 477), e Overbeck também presenciou a mudança repentina de voz para um "sussurro" solene, quando Nietzsche lhe revelou a "doutrina secreta" do eterno retorno.[8] Além disso, nas cartas desse período, começaram a surgir indícios ocasionais de megalomania, ou pelo menos de grandiosidade. Em fevereiro de 1884, por exemplo, ele disse que, seguindo os passos de Lutero e de Goethe, *Zaratustra* era a etapa final da perfeição da língua

---

5   KGB III. I 526.
6   KGB III. I 528.
7   C p. 580-582.
8   C p. 586.

alemã,[9] e em março declarou que sua obra "dividiria a história da humanidade em duas metades".[10] Em março do ano seguinte ele alegou, como já mencionado, que, comparado a ele, Cristo era um personagem "superficial" (p. 460), ou seja, era uma pena que Deus não existisse, porque então teria pelo menos um amigo de seu nível e, além disso, como elucidar o enigma de sua relação biológica com Elizabeth?[11] Parecia que por trás dos óculos e das maneiras comedidas de Friedrich Nietzsche havia outro ser (que, é claro, se chamava "Zaratustra"), uma figura profética que carregava com ele uma mensagem "secreta" de relevância histórica mundial. Adiarei, por enquanto, a discussão sobre a importância desse "outro" Nietzsche. Porém, no capítulo 28 abordarei esse tema associando-o ao surgimento dessa dupla personalidade à natureza e à causa da loucura em que ele mergulhou em 1889.

## Meta von Salis

Nietzsche partiu de Nice no final de abril de 1884 e fez uma lenta viagem via Veneza, Basileia e Zurique até Sils Maria. Em Zurique ele conheceu uma amiga de Resa e sua colega na universidade, Meta von Salis (1855-1929). Um belo e inteligente membro da alta aristocracia suíça (ver Ilustração 28), Meta era, assim como Resa e sua amiga mútua e exemplo, Malwida von Meysenbug, uma feminista apaixonada dedicada à causa da libertação das mulheres (das mulheres de classe alta, pelo menos) do vínculo tradicional do papel de dona de casa. Em 1887 ela terminou seu doutorado (um estudo sobre a imperatriz medieval, Agnès de Poitiers) e foi a primeira mulher suíça a obter o grau de doutora. Ela disse que tinha pouco interesse pessoal no título, mas decidira concluir sua tese "em benefício da causa feminista".

Nietzsche admirou as maneiras aristocráticas de Meta, em especial o fato de ela falar em alto-alemão, em vez do dialeto suíço. Por sua vez, ele a fascinou – o encontro, disse, foi uma "luz dourada" que iluminou o resto de sua vida,[12] uma vida dedicada a promover sua filosofia. (Meta comprou, em 1897, a Villa Silberblick em Weimar onde Nietzsche e Elizabeth moraram nos últimos três anos de vida dele e que, hoje, abriga o Nietzsche Archive.) Meta continuou amiga de Nietzsche até ele enlouquecer.* Mas, naquele momento, ele não mais simpatizava com seu ideal de vida, o movimento feminista, e quando ela tentou mudar para a Basileia, a fim de estudar com Burckhardt na primavera de 1885 e foi rejeitada pela política de proibição

---

9  KGB III. I 490.
10 KGB III. I 494. Na realidade, essa ideia originou-se de Köselitz que, cada vez mais bajulador, escreveu a Nietzsche em fevereiro de 1884, dizendo-lhe que Zaratustra "dá a impressão de que o tempo deve recomeçar a partir dele" e que "um dia ele será mais reverenciado do que os fundadores das religiões asiáticas" (KGB III. 2. Para Nietzsche 223). Mas, como veremos, Nietzsche acreditou com convicção nessa opinião.
11 KGB III. 3 583.
12 Gilman (1987) p. 159.
*  Como Meta e sua amiga íntima e companheira no movimento feminista, Hedwig Kym, moravam ainda na mesma casa em 1910, havia uma falta de atração sexual benéfica entre ela e Nietzsche e, por esse motivo, ela ficou chocada quando sugeriram que eles tinham uma convivência tão harmoniosa que deveriam ter se casado (Gilman [1987] p. 198).

de acesso das mulheres à universidade, a reação antipática de Nietzsche foi a de "rir com sutileza do agente provocador: ela queria provocar essa rejeição e, assim, aumentar a 'agitação'".[13] Uma contradição porque esse mesmo homem, lembrem-se, como decano de Humanidades na Universidade da Basileia, lutou bravamente pelo direito de *admissão* das mulheres (p. 229).

## Terceiro Verão em Sils Maria

Nietzsche chegou a Sils Maria em 18 de julho para passar sua terceira temporada de verão, que se prolongou até 25 de setembro. Durish recebeu-o com a carruagem do correio de Chur com as mãos estendidas e Nietzsche lhe disse, "por fim estou de novo em casa".[14]

Durisch considerava Nietzsche como "um de nós". Apesar de sua erudição, Nietzsche tinha, como Meta von Salis observou, "o dom da simplicidade" (o mesmo se dizia de Martin Heidegger), o que lhe permitia integrar-se com naturalidade na vida de camponeses rústicos. Ele compartilhava, disse Meta, a preocupação de seu senhorio que seu gado fosse vítima da epidemia de febre aftosa e conversava animado sobre a próxima colheita. A agricultura era o principal fator econômico de Engadine, porque a alimentação do gado no inverno dependia totalmente do resultado das colheitas.[15]

Nietzsche voltou para sua "caverna" com o pé direito baixo, escura, revestida de madeira de pinheiro e que cheirava a resina, no segundo andar aos fundos da casa Durish. Com sua disciplina espartana adquirida em Pforta, ele acordava bem antes do amanhecer, lavava-se com água fria do jarro, e depois de beber um copo de leite quente trabalhava até às 11 horas. Às duas horas ele caminhava ao redor de um dos lagos e, em seguida, almoçava sozinho no Alpenrose. Muito tempo depois do colapso mental de Nietzsche, Herr Krämer, o dono do hotel, que, como Durish, considerava Nietzsche como "um de nós", dizia que seu hóspede não tinha "defeitos", exceto o hábito de comer muita carne.[16]

Depois do almoço, vestido com um paletó comprido e elegante marrom, ele fazia longos passeios à margem dos lagos ou ao vale Fex, onde caminhava até sua geleira alta. Às vezes, algum visitante o acompanhava, mas em geral fazia seus passeios sozinho com seu caderno de anotações, um lápis e um guarda-chuva verde acinzentado para proteger seus olhos da claridade. Ao voltar para casa entre quatro e cinco horas, começava a trabalhar, mantendo-se à base de biscoitos, pão camponês, mel, linguiça, presunto, frutas e bebia chá preparado na pequena cozinha do segundo andar. Às 11 horas deitava-se com o caderno de anotações e o lápis ao lado, caso precisasse anotar algum pensamento à noite (ver CA p. 451).

---

13   KGB III. 3 589.
14   C p. 588.
15   C p. 592.
16   C p. 594.

Embora Nietzsche evitasse a maioria dos veranistas de Sils (muitos convalesciam de alguma doença mental ou física), ele mantinha contato com duas mulheres. Uma delas, uma solteirona russa, a condessa Mansuroff, ainda se recuperava de um colapso nervoso. Com o equilíbrio mental frágil, ela fora dama de companhia da tsarina, era tia do atual embaixador russo em Paris, além de ser compositora, pianista e ex-aluna de Chopin. Nietzsche sentiu-se atraído pela personalidade não convencional, a educação e o talento musical de Mansuroff, e se afeiçoou muito a ela.

## Helen Zimmern

Ele gostava também da companhia de Helen Zimmern (1846-1934), uma mulher judia, nascida em Hamburgo, mas que mudara para Londres aos quatro anos. Com pena de um homem "solitário, tão terrivelmente solitário",[17] ela o acompanhava com frequência em seus passeios à tarde.

Bilíngue, inteligente e bem educada, Zimmern (a quem Nietzsche encontrou rapidamente em Bayreuth em 1876) foi a principal responsável pela introdução de Schopenhauer na língua inglesa, com a tradução de suas obras e com a primeira biografia filosófica de Schopenhauer de sua autoria. Outra amiga feminista de Nietzsche, Zimmern contou-lhe que queria divulgar o livro de Malwida, *Memoirs of a Female Idealist*, na Inglaterra.[18]

A atitude de Nietzsche em relação a Zimmern, que pertenceu ao seu círculo de amigas durante vários verões em Sils, era ambígua. Por um lado, sabendo do sofrimento que uma mulher com uma postura "viril" poderia causar, ele sentiu sua segurança masculina ameaçada pela "protagonista da defesa dos direitos das mulheres".[19] "Curioso", escreveu ele a Köselitz, "é preciso defender-se contra a emancipação da mulher: outro paradigma da escritora medíocre que chegou a Sils para reunir-se a mim".[20] Por outro, ele apreciava o fato de ela ser judia. Na mesma carta a Köselitz ele escreveu, "incrível como essa raça domina a 'vida intelectual' na Europa". Essa observação talvez seja uma insinuação conspiratória paranoica digna de Bernhard Förster. Na verdade, ao escrever para a mãe com tendências antissemitas, ele disse, referindo-se à origem judaica de Helen, "Deus ajudou os europeus a entenderem por que é preciso renunciar à compreensão do judaísmo". Depois ele observou que o autor de uma resenha elogiosa de *Zaratustra* Parte III "era judeu (um alemão não deixaria com facilidade que perturbassem seu sono), desculpe a brincadeira, minha mãe querida".[21]

Zimmern fez um relato tocante da empatia que Nietzsche sentia pela condessa Mansuroff. A condessa, escreveu ela,

---

17  C p. 588.
18  KGB III. I 528. O projeto nunca se concretizou.
19  KGB III. 3 750.
20  KGB III. 3 724.
21  KGB III. 3 750.

tinha ideias obsessivas. Já estávamos em setembro e o tempo esfriara e, por isso, ela pedia todos os dias aos amigos que providenciassem uma carruagem para buscá-la no hotel [Alpenrose], a fim de levá-la a um lugar com um clima mais quente na Itália. No entanto, todos os dias a carruagem voltava vazia, porque a condessa recusava-se a sair do quarto. Um dia Nietzsche... disse aos seus amigos preocupados, "Deixem que eu vou ocupar-me dela!" E certo dia ao meio-dia, quando a carruagem chegou mais uma vez ao Alpenrose, ele apareceu na porta de entrada do hotel com a senhora doente, que o acompanhava como se fosse um cachorro obediente, embora sempre ficasse furiosa quando alguém mencionasse o assunto da partida. Nunca se soube o que Nietzsche fizera. Com certeza o famoso chicote não foi usado...[22]

A ironia da referência ao "chicote" por parte de uma feminista convicta é um assunto que discutiremos em breve.

\*\*\*

Em meados de agosto, acompanhada por sua aluna, a feminista Clara Wildenow, Resa von Schirnhofer fez uma viagem de 11 de Zurique a Sils para visitar Nietzsche pela segunda vez. Com reservas no Alpenrose, ele foi buscá-las com a carruagem do correio no vilarejo de Silverplana. Um dia ele levou Resa ao seu passeio favorito ao longo da margem oriental do lago Silverplana (ver Ilustração 29). Quando chegaram à "Pedra de Zaratustra" em forma de pirâmide, lembrou-se Resa, uma "pletora de pensamentos e imagens ditirâmbicos" foi lançada por Nietzsche que ficou em um estado de "grande tensão emocional e intelectual", o "outro" Nietzsche manifestando-se de novo. Mas assim que passaram pela "zona do Zaratustra mágico", as "vibrações reticentes" de suas palavras desapareceram e ele voltou à sua maneira habitual de ser.

Em outro dia, intrigada por Nietzsche não ter ido ao hotel, Resa foi à casa Durisch para saber notícias suas. Como em Nice sua saúde estava esplêndida, ela ficou horrivelmente chocada ao vê-lo apoiado no batente da porta entreaberta do quarto, com um rosto pálido e abatido. Assim que a viu, ele começou a falar de seus sofrimentos. Ele disse que não conseguia dormir e quando fechava os olhos via flores imaginárias. Então, com os "olhos sombrios fixos nela", ele perguntou se esses sintomas poderiam ser o início de uma insanidade mental, mencionando que seu pai morrera de uma doença cerebral. Só mais tarde Resa pensou que essas alucinações poderiam ser resultado do uso do hidrato de cloral e outros remédios sedativos e hipnóticos, inclusive haxixe, que ele comprara em Rapallo, com o simples expediente de assinar uma receita com o nome "Dr. Nietzsche", cujas credenciais nunca foram questionadas. Ele também disse que bebia ultimamente cerveja escura e forte inglesa (irlandesa?) e uma cerveja mais leve e clara.[23]

## Heinrich von Stein

O barão Heinrich von Stein foi mais um peregrino que procurou refúgio como um "eremita" na montanha mágica de Sils Maria. Apesar de ter confessado que não entendera mais do que 12 frases do livro, *Assim falou Zaratustra* o impressionara muito.

---

22  C p. 588-589.
23  Gilman (1987) p. 161-166.

"Alto como um gigante e magro, o rosto redondo cheio de vida, o cabelo louro e os grandes olhos azuis", como um contemporâneo o descreveu,[24] a aparência desse nobre francônio refletia a imagem perfeita de Siegfried. (Von Stein não era apenas um belo homem, foi também um personagem trágico. Depois de terminar seu pós-doutorado sob a orientação de Wilhelm Dilthey em 1887, ele foi nomeado professor da Universidade de Berlim, mas morreu de um ataque cardíaco aos 30 anos, no dia seguinte à notícia de sua nomeação.)

A pesquisa básica de Von Stein concentrou-se na redescoberta da religião em um contexto conciliatório com a visão materialista da ciência moderna. Von Stein estudou teologia e, em seguida, estudou a ciência darwiniana e fez doutorado em estética, extremamente influenciado pelo filósofo materialista e otimista, o positivista Eugen Dühring. Seu primeiro livro publicado em 1878 intitulou-se *The Ideal of Materialism: A Lyrical Philosophy*. Apesar de admirar profundamente Nietzsche, Von Stein pertencia ao círculo de amigos íntimos de Wagner e fora, durante um ano, tutor de Siegfried, filho de Wagner. Para ele, a redescoberta da religião baseava-se na arte, em específico na arte wagneriana.

Nietzsche tinha admiração por Von Stein e considerava sua visita a Sils como "*o acontecimento do verão*".[25] Segundo Nietzsche, ele era o "exemplo esplêndido de uma alma nobre e generosa, que eu admiro em razão do heroísmo de seu espírito". Como o "materialismo lírico" expresso no título do livro de Von Stein descrevia bem a posição madura de Nietzsche, é possível entender sua afinidade com esse homem mais jovem. "Por fim, um novo homem", escreveu em uma carta a Overbeck, "alguém que me pertence e que tem um respeito instintivo por minha pessoa! Apesar de ainda muito 'wagnetisado' [sic], em razão de seu treinamento racional com Dühring, ele está bem preparado para eu recebê-lo."[26] Nietzsche sentia, em outras palavras, que o jovem Von Stein, ao seguir suas pegadas, logo renunciaria ao seu fascínio por Wagner e iria transferir sua lealdade para ele. Na presença de Von Stein, continuou Nietzsche, ele teria a percepção nítida da "tarefa *prática* que faz parte da minha vida", uma tarefa que ele só poderia realizar "se estivesse rodeado de pessoas jovens [como Von Stein] de uma qualidade sem mácula".[27] Nietzsche ansiava em ter discípulos, ou seja, um "discípulo", como disse a Von Stein, "que faça um juramento de fidelidade a mim",[28] em vez de a Wagner.

A "tarefa prática" de Nietzsche era, é claro, a criação de uma "colônia para espíritos livres" concebida aqui mais no contexto wagneriano de guru e discípulo, do que na visão igualitária e democrática do período de Sorrento. Ele queria formar uma ampla classe de homens europeus que chamava, com certo humor, de "cavaleiros e de pessoas unidas por laços fraternos da ciência *prazerosa*", assim como em Nice, "uma pequena comunidade, mas de extrema qualidade que representaria a

---

24 J II p. 326.
25 KGB III. I 514, 533.
26 KGB III. I 533.
27 *Ibidem*.
28 J II p. 289. Essa parte é a continuação do KGB III. I 514 descoberta na pesquisa minuciosa de Janz do manuscrito que faltava no KGB.

crença na gaia ciência".[29] E teve uma sensação de quase êxtase quando, durante sua visita a Sils, Von Stein, "um homem que toca meu coração", "prometeu espontaneamente... visitar-me em Nice".[30]

No entanto, logo depois Von Stein o desapontou. No final de novembro, Nietzsche lhe enviou um poema intitulado "O Desejo do Eremita", dedicado a ele como "lembrança de Sils Maria". Ele começa e termina com os versos,

> Oh, meio-dia da vida! A hora de comemorar!
> Oh, jardim de verão!
> Felicidade inquieta à espera!
> Ansioso esperei dia e noite.
> Onde está o novo amigo? Venha! É tempo, é tempo![31]

A resposta surpreendente de Von Stein a esse pedido (que reapareceu em "Das Altas Montanhas" em *Além do Bem e do Mal*) foi a de convidar Nietzsche para participar de uma comunidade de discípulos dedicada a interpretar as obras de *Wagner*, que Cosima lhe encarregara de indexar. "Essa comunidade", perguntou, "não seria o mosteiro ideal?",[32] revelando, assim, que falara a verdade ao dizer que não entendera mais que 12 frases de *Zaratustra*. Von Stein permaneceu fiel ao seu ídolo até a morte. Em uma anotação escrita no início de janeiro de 1885, Nietzsche comentou seu desapontamento: "Que carta ambígua recebi de Von Stein... Ele não sabe mais como se comportar."[33]

## Reconciliação com Elizabeth em Zurique

Com a chegada do "frio intenso"[34] em setembro de 1884, Nietzsche preparou-se para sua estada anual em climas mais quentes. Assim, como a maioria das "aves" migratórias, ele partiu de Sils em 24 de setembro. Arrastando seu "pé torto congênito" dos 104 quilos de livros, ele chegou a Zurique dois dias depois, onde passaria um mês na Pension Neptune. O principal objetivo dessa visita era a tentativa de reconciliação com Elizabeth.

Durante a maior parte de 1884, o ódio lhe consumiu mais uma vez. As cartas escritas em janeiro e fevereiro a acusaram, assim como à sua mãe, de terem destruído sua vida. Ele escreveu que desde criança tinha a nítida percepção da "distância moral" entre eles. E que lhe "repugnava" o fato de ter relações com pessoas tão "desprezíveis e desrespeitosas" como Elizabeth, pessoas que sempre interferiam nos seus "sentimentos mais elevados e abençoados" com os "eflúvios banais do humano, demasiado humano".[35] Em abril ele escreveu a Köselitz que "rompera totalmente" com a irmã e

---

29   KGB III. I 529.
30   KGB III. I 528.
31   KGB III. I 562. A palavra "novo" só reaparece na repetição do verso no final do poema.
32   KGB III. 2. Para Nietzsche 262.
33   J II p. 369.
34   KGB III. I 531.
35   KGB III. I 482, 483.

com tudo o que lhe dizia respeito. Para ele, seu projeto de imigrar para o Paraguai junto com o personagem execrável de Förster seria uma boa maneira de se livrar de uma pessoa sem nenhuma qualidade moral ou intelectual.[36] No entanto, em meados de maio, ele pensou que talvez pudesse superar esse ressentimento,[37] porque na época um de seus heróis era o estadista republicano francês, o marquês de Mirabeau, que "era incapaz de perdoar um insulto simplesmente porque o esquecia",[38] e, por fim, em setembro ele sentiu que poderia tentar uma reconciliação com a irmã.

Como a forte afeição visceral entre os dois permanecia intacta, a reconciliação foi imediata. Nietzsche escreveu a Franziska que ela ficaria feliz ao saber que seus filhos haviam se reconciliado, ao passo que Elizabeth disse que Fritz retomara o hábito de escrever versos ridículos sobre assuntos mundanos, como comprar uma "máquina de chá", e que em geral estava descontraído e de bom humor. Logo depois Nietzsche começou a escrever cartas, como antes, endereçadas ao "Meu Querido Lama".[39] Mas para Overbeck ele escreveu que a reconciliação fora de certa forma superficial: "temos de enterrar muitas mágoas para vivermos bem" e que "seria impossível retomar a antiga intimidade".[40]

A visita de Nietzsche a Zurique tinha dois outros objetivos. O primeiro seria encontrar o escritor suíço Gottfried Keller, cujo livro, *Green Henry*, considerado o mais importante romance suíço, ele admirava profundamente. Eles, de fato, encontraram-se, embora Keller (um liberal e marxista) mais tarde tivesse dito a um amigo que Nietzsche era, "*Ich glaube dä Kerl ischt verrucht*", no dialeto suíço, "Eu acho que ele é louco". A outra finalidade da visita era a de convencer o maestro da orquestra sinfônica de Zurique, Friedrich Hegar, a quem conhecera em Tribschen, nos tempos de Wagner, a tocar algumas composições de Köselitz. Hegar atendeu seu pedido e regeu em um ensaio a abertura do *Lion of Venice*. Nietzsche sempre foi leal ao amigo, mas não teve sucesso em promover a carreira de "Peter Gast". Fazia parte da "amizade", escreveu a Overbeck, evitar que um amigo tenha de pedir ajuda como se fosse uma esmola.[41]

## Helene Druskowitz

Nietzsche teve um encontro importante em Zurique com Helene Druskowitz, outro membro do círculo de feministas admiradoras de Malwida von Meysenbug. Nascida em Viena em 1856, Druskowitz terminou seu doutorado na faculdade de Filosofia da Universidade de Zurique em 1878 aos 22 anos, a segunda mulher a fazer doutorado na Seção I dessa faculdade. Em 1884 ela publicou *Three English Writers*, um estudo sobre Joanna Baillie (uma dramaturga), Elisabeth Barrett Browning e George Eliot. Druskowitz e Nietzsche faziam longos passeios filosóficos juntos,

---

36 KGB III. I 507.
37 KGB III. I 512.
38 GM I 10.
39 KGB III. I 547.
40 KGB III. I 551.
41 KGB III. I 551.

e Nietzsche descreveu sua "nova amiga" a Elizabeth como uma pessoa "nobre e honesta" que, "de todas as mulheres que conheço, é a que mais se envolveu seriamente com meus livros, e não sem proveito".[42] Portanto, não causa surpresa que Helene tenha sido um dos poucos privilegiados a receber um exemplar, no ano seguinte, da Parte IV de *Zaratustra*.

No entanto, a mútua admiração foi efêmera. Ao descrever seu entusiasmo pela filosofia de Nietzsche como uma "paixão momentânea", Druskowitz devolveu o livro com uma carta em que o criticou, mas Nietzsche julgou-a pelo menos "honesta, porém, sem gentileza ou perspicácia, além da falta de 'modéstia'".[43] Em 1886 ela publicou o livro, *The Quest for a Substitute for Religion*, no qual fez uma crítica severa a *Zaratustra*. Nietzsche soube que o livro fora publicado em fevereiro de 1887: "parece", escreveu a Malwida, em uma pretensa inocência ofendida que,

> Fräulein Druskowitz escreveu um mexerico literário precioso contra meu filho Zaratustra: aparentemente cometi algum tipo de crime que desviou sua pena literária contra meu peito, OK! Porque como minha amiga Malwida [sic] diz "Eu sou ainda pior do que Schopenhauer".[44]

Em setembro ele terminou a amizade com Druskowitz: com o diminutivo familiar e condescendente (mas também defensivo), que usava para descrever mulheres que ousavam entrar em seu domínio das letras, ele escreveu que a "pequena literata simplória" é "não passa de uma aluna".[45]

Ao longo dos anos, o feminismo de Druskowitz ficou ainda mais radical, e entre suas obras literárias encontra-se um panfleto intitulado, *The Male as Logical and Moral Impossibility and Curse of the World*, que contém frases como "o homem é o estágio intermediário entre o ser humano e o animal" (uma versão oposta à frase desprezível de Schopenhauer [p. 347]). Logo depois do colapso mental de Nietzsche, Druskowitz também sofreu uma crise nervosa e foi internada em um hospício, onde continuou a escrever até morrer, em 1918.[46]

## Segundo Inverno em Nice

De Zurique, sempre em busca de um novo "experimento de saúde", Nietzsche viajou para Menton, na Riviera francesa, perto da fronteira com a Itália (ele sempre se referia a essa cidade com o nome de "Mentone"), onde chegou em 9 de novembro. Como lhe recomendaram, hospedou-se na Pension des Étrangers administrada por alemães. Mas apesar de ter achado a paisagem sublime e a cidade tranquila em com-

---

42 KGB III. I 549.
43 KGB III. 3 623.
44 KGB III. 5 809.
45 KGB III. 5 914.
46 Esses detalhes sobre a vida e as obras de Druskowitz foram extraídos do trabalho excelente de Robert C. Holub "Nietzsche and the Woman's Question" (BGE 231-234) que, aparentemente, só está disponível na *web*.

paração a Nice, ele culpou sua saúde precária, mais uma vez em péssimo estado, à falta de vento. Além disso, ele já tinha escolhido Nice como local da "colônia" que ele esperava criar em breve. Então voltou para o ambiente familiar da Pension de Genève, para o mistral revigorante e o céu límpido de Nice, onde ficou de 28 de novembro até 8 de abril de 1885.

Mas Nietzsche deparou-se com um inverno rigoroso, com temperaturas abaixo de zero e muita neve. Em janeiro houve a pior tempestade dos últimos 50 anos, com sérios estragos na famosa avenida de palmeiras ao longo da Promenade des Anglais.[47] No entanto, a intermitência do céu claro lhe inspirou a escrever e Nietzsche concluiu a "divina blasfêmia" da parte final de *Zaratustra*. Nesse ínterim, um holandês misterioso lhe deu um estranho pó branco, provavelmente cocaína, que o ajudaria em seus problemas de saúde, e o atencioso, porém lúgubre, Paul Lanzsky hospedou-se na mesma pensão que ele para uma estada de três meses. Este personagem sombrio e não muito inteligente o irritava. "Ele suspira demais" e "me priva da solidão sem me proporcionar companhia",[48] queixou-se Nietzsche à mãe.

Depois que por fim ele partiu, a tristeza contagiante de Lanzsky levou Nietzsche a lhe enviar um conselho para ser mais alegre: a "alegria [*Heiterkeit – heiter* significa "claro" e "alegre"] do 'céu' depende de muitas coisas boas ainda a realizar, e a vida é muito curta para fazê-las todas".[49] Este conselho revela, talvez, um fato importante da psicologia de Nietzsche: como muitos grandes realizadores, a obsessão por sua "tarefa" e "meta" relacionava-se ao medo do tédio, medo de ter mais tempo disponível sem uma atividade importante para preenchê-lo.

## Quarto Verão em Sils Maria

Nietzsche passou grande parte dos meses de abril e maio de 1885 em Veneza que, apesar da umidade muito prejudicial à sua saúde,[50] e adorava, não só pela presença útil de Köselitz, mas também pela sombra interminável das ruas estreitas e pela ausência de carruagens. Dessa forma, o professor semicego não corria o risco de ser atropelado na rua. Porém, como detestara o apartamento que Köselitz lhe reservara, foi um alívio quando em 6 de junho ele partiu para Sils.

O acontecimento mais importante dessa quarta temporada de verão em Sils foi a visita do professor de piano da condessa Mansuroff, Adolf Ruthardt, que veio de Genebra para lhe dar lições de composição. Durante sua estada, ele fez um recital no Alpenrose no excelente piano que a condessa Mansuroff despachara via Chur especialmente para essa ocasião. Ele tocou a transcrição de Liszt da *Tocata e Fuga em Ré Menor* para órgão de Bach, um noturno de Chopin e *Kreisleriana* de Schumann. Embora Nietzsche e Ruthardt discordassem quanto aos méritos de Schumann, que agora Nietzsche considerava pouco elaborado e de um romantismo sentimental,

---

47   KGB III. 3 571.
48   KGB III. 3 760.
49   KGB III. 3 582.
50   KGB III. I 491.

eles passearam juntos com uma agradável convivência. Ruthardt fez uma vívida descrição de Nietzsche aos 45 anos:

> De altura mediana, esbelto, bem constituído, com uma postura ereta, mas não tensa, ele tem gestos harmoniosos, é calmo e de poucas palavras; o cabelo quase preto, o bigode espesso semelhante ao de Vercingetórix,* seu terno claro e elegante, não lhe dão a aparência de um erudito alemão, e sim de um nobre do Sul da França, ou um oficial do Exército de alta patente italiano ou espanhol em trajes civis. Seus traços fisionômicos nobres exprimem uma profunda seriedade, mas de modo algum a expressão sombria, rígida, demoníaca que lhe é atribuída em pinturas e bustos.[51]

Assim como trabalhou na elaboração de *Além do Bem e do Mal*, Nietzsche também se dedicou durante o verão em Sils em dar uma unidade às suas obras iniciais escrevendo novas introduções. Duas dessas introduções foram escritas para *Humano, demasiado Humano*, que incorporou *Miscelânea de Opiniões e Sentenças* e *O Andarilho e sua Sombra* como um segundo volume. Durante o primeiro mês, uma senhora mais idosa, Louise Röder-Wiederhold, outra feminista de Zurique, trabalhou como secretária. Como ela foi "batizada no sangue de 1848" (a revolta pela emancipação que deu esperanças de uma emancipação feminina, entre outros), ela tinha opiniões "horríveis e antidemocráticas e, em especial, da "mulher com a paciência de um anjo", escreveu a Resa von Schirnhofer.[52] No entanto, ela deve ter achado o trabalho mais difícil do que Nietzsche lhe explicara, porque chorava muito e sacudia as pernas de uma maneira que ele julgava deselegante para uma senhora e, por fim, ela o irritou. Teve uma enorme sensação de alívio quando ela partiu.[53]

Durante essa estada em Sils em 1885, os nomes de Emily Fynn e de sua filha, também chamada Emily, surgiram pela primeira vez na correspondência de Nietzsche. Mas, como desde o início dessa estada, ele já esperava ansioso a chegada das "minhas duas senhoras inglesas", e por serem amigas inseparáveis da condessa Mansuroff, a quem conhecera no verão anterior, é provável que a amizade datasse do verão de 1884. (Na verdade, como seu sobrenome indicava, Emily Fynn era uma senhora idosa *irlandesa* que vivia em Genebra e falava um excelente alemão.)[54] Segundo Resa von Schirnhofer, Emily foi o centro do "círculo" de mulheres de Nietzsche no verão. Como quase todas as pessoas que visitavam Sils, Emily convalescia de uma doença (mas não especificada). E como Nietzsche ela perdera uma irmã, apesar de por morte e não por antissemitismo como ele.[55] Nietzsche sentia uma profunda afeição por Emily, a quem elogiava por ser uma "alma nobre e suave",[56] e a considerava uma segunda mãe. Uma católica convicta, ela contou a Resa von Schirnhofer que, com lágrimas nos olhos, Nietzsche lhe suplicou que não lesse seus

---

\* Ou, como poderíamos dizer, "bigode de Asterix". Vercingetórix foi um chefe gaulês que liderou a revolta gaulesa contra os romanos.
51 Gilman (1987) p. 182-184.
52 KGB III. 3 607.
53 KGB III. 3 613.
54 Gilman (1987) p. 213.
55 KGB III. 3 671.
56 KGB III. 3 661.

livros, porque poderiam ferir seus sentimentos.*⁵⁷ Em uma carta escrita à mãe de Nietzsche em 1890, Emily relatou o convívio agradável e encantador que os três mantinham. Nietzsche, disse,

> Com muita gentileza interessou-se pela pintura da minha filha e sempre dizia que também deveria pintar algo feio, para ressaltar, ainda mais, a beleza de suas flores [alpinas]. E certa manhã, ele lhe trouxe um sapo saltitante que ele mesmo capturara; e como se divertiu com sua brincadeira! Em troca, alguns dias depois lhe enviamos um vidro de geleia, mas quando ele o abriu com cuidado uns gafanhotos pularam em cima dele!⁵⁸

## Nietzsche e suas Amigas Feministas

Gostaria de interromper, por um momento, a narrativa para refletir sobre a natureza paradoxal da relação de Nietzsche com as mulheres. Como vimos, depois do sofrimento causado pela moça "manipuladora", "voluntariosa", "masculina" e "impostora",⁵⁹ Lou Salomé, sua atitude solidária referente à emancipação das mulheres, pelo menos no que dizia respeito ao acesso das mulheres ao ensino superior, mudou radicalmente. A partir do final de 1882 (quando fez a primeira observação famosa sobre o "chicote"),⁶⁰ ele tornou-se um feroz opositor do movimento feminista, uma posição que nunca negou: eu sou o "grande lobo mau" do movimento, repetia.

As opiniões de Nietzsche em relação às mulheres não eram ofensivas apenas sob a ótica moderna. Elas eram ofensivas, também, para a opinião progressista do século XIX, além, é claro, de o serem sob o ponto de vista de muitas mulheres cultas.⁶¹ Em 1869 John Stuart Mill escreveu seu livro seminal, *On the Subjection of Women*, no qual defendeu a igualdade das mulheres. Entretanto, há uma extraordinária contradição no comportamento de Nietzsche, porque suas amizades a partir de 1883, com exceção da condessa Mansuroff e de Emily Fynn, não eram mulheres comuns – em Sils e Nice Nietzsche em geral evitava os professores que vinham procurá-lo –, mas acolhia mulheres feministas como Malwida von Meysenbug, Meta von Salis, Resa von Schirnhofer, Helen Zimmern, Louise Röder-Wiederhold, Helene Druskowitz, entre outras. Esse paradoxo suscita duas questões. Primeiro, por que, apesar de sua oposição ao movimento feminista, as feministas eram atraídas por Nietzsche? Por sua vez, por que as mulheres feministas o atraíam?

---

\* Nietzsche defendia a suposta "obscuridade" de seus livros "perigosos" alegando que queria que fossem ininteligíveis para "solteironas", a fim de não corrompê-las (GS 381). Porém, não se deve enfatizar essa justificativa, porque em sua retórica contra o "rebanho" do discurso do "Último Homem" de Zaratustra tem o objetivo específico de estimular os espíritos livres a perceberem como eram diferentes das outras pessoas. Nietzsche manteve a opinião de que "as solteironas" *sempre deveriam ser maioria*, e que pessoalmente ele as valorizava e, às vezes, as *amava*.

57 Gilman (1987) p. 1985.
58 Gilman (1987) p. 213.
59 KGB III. 3 636.
60 KSA 10 3 [I] 367.
61 Esse ponto foi muito bem enfatizado por Robert Holub (op. cit.).

No início do século XX surgiu um fenômeno curioso de um movimento feminista inspirado em Nietzsche, um movimento até hoje bem ativo. As mulheres sentiam-se atraídas pela filosofia de Nietzsche devido à coincidência com a mensagem de libertação e as aspirações do movimento feminista. Para reconciliar seu feminismo com os aparentes elementos antifeministas da filosofia de Nietzsche, as feministas nietzschianas usavam duas estratégias básicas:[62] ou achavam desnecessário considerar Nietzsche como um antifeminista, porque suas críticas, como insistiu Valentine de Saint Pont, em 1912, não se dirigiam às mulheres, e, sim, ao elemento "feminino", que tanto os homens quanto as mulheres poderiam ter,[63] ou admitiam e rejeitavam seu antifeminismo, mas consideravam sua mensagem básica importante e verdadeira em defesa da emancipação.

Mas para as mulheres que conheceram Nietzsche, a primeira dessas estratégias, a estratégia de uma "interpretação criativa", como poderíamos dizer, não se aplicava, porque ele *enfatizava* sua posição antifeminista, provocando choro, como vimos, em Louise Röder-Wiederhold. Em maio de 1885, ele escreveu a Elizabeth, com um tom bem-humorado, que "todos aqueles que defendem com entusiasmo a 'emancipação das mulheres' perceberam aos poucos que eu sou o 'grande lobo mau' que os ataca". Em Zurique, continuou (baseando-se na informação de Köselitz) "as alunas feministas têm ódio de mim". Embora entre essas alunas sem suas amigas, Resa von Schirnhofer e Meta von Salis, ele terminou a carta com uma expressão de gratidão pelo fato de as mulheres terem consciência de sua oposição: "Por fim! E quantos 'por fim' eu ainda terei de esperar!"[64]

Como a estratégia da interpretação criativa não se aplicava a elas, as amigas feministas de Nietzsche tinham, pelo menos implicitamente, de tratar seu antifeminismo como uma idiossincrasia e não uma parte essencial de sua filosofia. Com certeza, isso motivou o comentário irônico de Helen Zimmern a respeito do "famoso chicote" (p. 477).

Resa von Schirnhofer também pensava da mesma maneira, como sugere sua elaboração do "pensamento preferido" que Nietzsche lhe contara em julho de 1884, o pensamento que

> os seres humanos só conhecem uma parte ínfima de suas possibilidades, como indica a frase final do aforismo 336 de *Aurora*, "Quem sabe aonde as circunstâncias *poderiam* nos levar!", aforismo nove de *A Gaia Ciência*, "Todos nós temos jardins e plantações ocultos...", e o aforismo 274 de *Além do Bem e do Mal*..."As coincidências felizes são necessárias... para que o ser humano possa 'desabrochar'... Mas a maioria desses pensamentos *não* acontece e no mundo inteiro as pessoas os esperam..."[65]

É visível, penso, que a interpretação de Resa da filosofia de Nietzsche destinava-se a enfatizar sua mensagem de libertação pessoal e de autorrealização, ao ignorar discretamente o fato de que essa mensagem dirigia-se "apenas aos homens".

---

62   Ascheim (1992) p. 86.
63   Ascheim (1992) p. 62-63.
64   KGB III. 3 600.
65   J II p. 300. Essa passagem foi traduzida por Gilman (1987) p. 160. No índice de Gilman ela recebeu o título singular, mas apropriado de "Sobre o potencial do *homem*" (minha ênfase).

A estratégia de Meta von Salis de separar a posição antifeminista de Nietzsche do cerne de sua filosofia foi mais explícita. Ao observar "o tom cada vez mais crítico" em relação "às mulheres" no período após a *A Gaia Ciência* (isto é, depois de Lou), ela comentou que nunca ficou irritada ou indignada com sua opinião, porque "um homem com a amplitude de sua visão e dotado de um talento tão extraordinário pode errar às vezes". E, acrescentou, seu erro "lhe é mais benéfico do que a nós" e, portanto, sua fonte é o "fato vergonhoso que ele diz a verdade em relação à maioria das mulheres". Em outras palavras, Nietzsche fez uma generalização indutiva plausível, porém falsa, das mulheres de sua época com o "o eterno feminino", mas, não anteviu a *chegada* da "mulher do futuro com sua percepção de um ideal de poder e beleza em uma coexistência harmoniosa". "Deus seja louvado", concluiu, "pelo destino que me permitiu ver e reverenciar, além da importância efêmera da questão da mulher, a elite dos seres humanos, homens e mulheres".[66] Em resumo, a aristocrática Meta, tão antidemocrática quanto Nietzsche, fez apenas um acréscimo à sua filosofia: o futuro pertence tanto às "supermulheres" quanto aos "super-homens".

Em relação à segunda pergunta, por que o chauvinismo de Nietzsche atraía as mulheres feministas, penso que a resposta encontra-se na concepção de *Zaratustra* da mulher como uma "parceira", sua "recreação" quando volta para casa depois de suas ocupações sérias e masculinas da "guerra" (p. 453); alguém que "faz aflorar nossa criança interna". A "brincadeira", como vimos, é um elemento importante nas relações de Nietzsche com as mulheres: a história do sapo com Emily Fynn, os versos tolos que compunha com Elizabeth e Resa. Mas é importante enfatizar que, até o final, quando ele lhe escrevia cartas de amor, o ideal feminino de Nietzsche continuou a ser Cosima Wagner e, portanto, seu ideal de um casamento era o do casal Wagner. Na casa de Wagner as possibilidades de divertimento eram muito mais amplas: elas não só incluíam as partidas de críquete, como também a brincadeira das ideias, tanto verbais quanto musicais. Com Cosima, havia os momentos deliciosos em que tocava piano a quatro mãos com ela e as longas conversas filosóficas que tinham (p. 124, 129).

Ao juntarmos esses fatos, temos a percepção nítida de que, para homens como Wagner e Nietzsche, uma mulher capaz de ser uma "parceira" ideal *teria* de possuir um alto nível de inteligência e educação, de *ser* alguém como Cosima, ou Lou, que *lesse* seus livros, em vez de uma mulher como Emily Fynn, a quem suplicava para não os ler. O tipo elevado de "recreação" do guerreiro não consistiria *apenas* em brincadeiras com sapos e versos tolos que, no cotidiano, seriam tediosas. Por este motivo, apesar de sua oposição à emancipação feminina, Nietzsche nunca desistiu de sua luta inicial a favor do acesso a uma educação superior para as mulheres bem dotadas. O que o aterrorizava era o acesso ao poder de mulheres monstruosas como Lou: "as mulheres são sempre menos civilizadas que os homens", observou. "Na essência de sua alma elas são selvagens".[67] Essa era a ideia, creio, subjacente à opinião repetida com frequência que, "Estimulamos a emancipação das mulheres e, como consequência, castramos os homens".[68] Ele observou também a propósito da

---

66 Salis-Marchlins (2000) p. 31-36.
67 KSA 11 25 [92].
68 KGB 10 3 [I] 442.

"questão do trabalho" que "Se quisermos escravos seria tolo educá-los para serem senhores",[69] porque assim estaríamos plantando as sementes do descontentamento social e até mesmo de uma revolução. Mas de modo algum é incomum que o ser humano que fracasse em suas percepções sobre determinada área também falhe em suas intuições a respeito de outras esferas de ação, sobretudo, quando estão envolvidas emoções fortes.

## Os Förster

No início de 1885, ficou claro que nada impediria Elizabeth de casar com o execrável Förster. O casamento desses dois wagnerianos fanáticos realizou-se em Naumburg em 22 de maio desse ano – o aniversário de morte do compositor – e, em seguida, foram passar a lua de mel em Tautenburg [CA p. 461]. Elizabeth quis que Fritz fosse seu padrinho, mas, apesar da reconciliação em Zurique, nada o convenceria a dar esse selo de aprovação ao seu casamento com um agitador de rua xenófobo e antissemita. Em uma linha tênue entre apoiar publicamente o casamento e destruir a reconciliação, ele começou uma correspondência superficial com Förster e enviou-lhe sua cópia da gravura *O Cavaleiro, a Morte e o Diabo* de Dürer como presente (bem estranho) de casamento. Ao resistir à pressão de investir dinheiro no projeto racial da criação da colônia no Paraguai, *Nueva Germania*, com a compra de um terreno (dinheiro que certamente teria perdido), ele observou que esse projeto seria inadequado para um "imperialista inveterado e um antissemita radical"[70] como Förster. E, embora tivesse lido o livro de Förster de evangelização em prol da colonização – *German Colonies in the Upper La Plata Region. Results of Extensive Tests, Practical Work and Journeys with a Map of Paraguay Drawn and Revised by Myself* –, ele manifestou sua preocupação com os perigos que podiam ameaçar uma mulher de classe média alemã ao viver na companhia de fazendeiros analfabetos e em meio à selva. Ele previu, com precisão, que a falta de infraestrutura adequada e a burocracia do Paraguai, assim como a força hegemônica da Argentina com seu acesso ao mar, impediriam a exportação de madeira e impossibilitariam manter uma economia sustentável na colônia. Ele ainda sugeriu que para um homem culto como Förster seria mais útil fundar uma "instituição de ensino independente", que seria uma alternativa para as "escolas escravizadas ao Estado" da Alemanha.[71]

No entanto, nada deteria os colonizadores de realizar seu empreendimento mal planejado e infeliz. Relutantemente, quando o outono anunciou o momento de sua migração anual a Sils, ele ficou um mês e meio na Alemanha dividindo seu tempo entre Naumburg e Leipzig (distantes a uma hora de trem), para despedir-se da irmã. Em 28 de outubro teve o último encontro com Elizabeth até seu colapso mental. Ela partiu de navio do porto de Hamburgo em 15 de fevereiro de 1886.

---

69   TI IX 40.
70   KGB III. 3 669.
71   KGB III. 3 669.

## A "Desgraça de Schmeitzner"

Além de despedir-se da irmã, Nietzsche tinha um segundo motivo urgente para voltar à Alemanha, a fim de tomar uma providência a respeito da terrível situação de suas publicações. Os primeiros sintomas de insatisfação com seu editor começaram, como vimos, em 1883, quando ele percebeu que as atividades antissemitas estavam atrasando as publicações de suas obras e, que, por influência do editor elas poderiam ser vistas como antissemitas. No entanto, a verdadeira "desgraça de Schmeitzner"[72] começou em abril de 1884, quando se tornou evidente que o editor estava à beira da falência. Por diversas razões, este fato deixou Nietzsche em um estado de grande agitação. Primeiro, com o afastamento de Schmeitzner, ele se converteria em um escritor sem editor. Em segundo lugar, ele emprestara 7 mil marcos a Schmeitzner para iniciar seu negócio, e a perda deste dinheiro em seu orçamento tão reduzido seria desastrosa. Ele queria também que Schmeitzner cedesse os direitos autorais dos livros *Humano, demasiado Humano, Miscelânea de Opiniões e Sentenças, O Andarilho e sua Sombra* e as Partes II e III de *Zaratustra*, para relançá-los como uma obra integrada com novas introduções, um projeto que, sem dúvida, Schmeitzner cobraria do novo editor. E, por último, ele queria que Schmeitzner lhe desse os exemplares das primeiras edições desses livros que não haviam sido vendidos, para que pudessem, com novas introduções, constituir uma segunda edição.

Nietzsche iniciou um processo judicial sob os cuidados de um tio advogado para reaver o dinheiro e, por fim, entregou-o a um advogado inteligente de Leipzig chamado Kaufmann que, depois dos vários adiamentos do pagamento, conseguiu receber 5 mil marcos de Schmeitzner (ou do pai dele, que decidira ser o fiador de suas dívidas) em novembro de 1885. Quando recebeu o dinheiro, depois de pagar algumas despesas, Nietzsche insistiu com a mãe em pagar uma bonita lápide para o túmulo do pai,[73] como uma forma de libertar-se da acusação que ela lhe fizera de ser a "desgraça do túmulo do pai" (p. 427).

Quanto à questão dos direitos autorais e dos livros que não haviam sido vendidos, Schmeitzner tentou fazer, na opinião de Nietzsche, várias trapaças. Uma delas foi o plano de vender todo o seu negócio, inclusive as obras de Nietzsche, para um editor de livros pornográficos e (ainda pior) um "social-democrata"[74] de Leipzig, Albert Erlecke. Outro plano foi pedir uma soma exorbitante, segundo Nietzsche, pela mesma transação com um editor mais respeitável de Leipzig, Hermann Credner.

Por sorte, Nietzsche encontrou seu primeiro editor, Ernst Fritzsch (p. 144, 228) em uma rua de Leipzig em meados de junho de 1886.[75] Fritzsch retomara suas atividades de editor e ansiava em restabelecer uma relação profissional com Nietzsche. Logo ficou claro, como Nietzsche escreveu a Overbeck que

---

72  KGB III. 3 741.
73  KGB III. 3 652.
74  KGB III. 3 711.
75  *Ibidem*.

ele dá muito valor ao fato de sua editora ter os direitos autorais das obras completas em prosa de Wagner, mas também as obras completas de Nietzsche (uma proximidade que me agradou, porque Wagner fora a única, ou pelo menos a primeira pessoa, a perceber meus projetos).[76]

Fritzsch começou a negociar com Schmeitzner, mas as negociações se arrastaram por algum tempo, visto que as demandas de Schmeitzner de certa forma justificavam-se pelo fato de ele ter quase 10 mil livros não vendidos de Nietzsche inclusive, no caso de *Zaratustra*, de uma tiragem de mil exemplares em cada caso, 915 exemplares da Parte I, 907 da Parte II e 937 da Parte III. Portanto, só em 5 de agosto Fritzsch lhe enviou um telegrama exultante, "por fim com a posse", e Nietzsche pôde comemorar o rompimento de suas relações com Schmeitzner.

## Terceiro Inverno em Nice

Ao partir de Leipzig em 1º de novembro de 1885, Nietzsche fez um caminho diferente do seu padrão usual migratório. Parou primeiro em Munique, onde passou uns dias com Reinhart von Seydlitz, que estava fazendo um negócio próspero de venda de objetos de decoração japonesa (a moda do "japonismo" invadira a Paris de Van Gogh no mesmo ano). Von Seydlitz, ainda presidente da Munich Wagner Society, era o único amigo que fizera depois da universidade que tratava pelo familiar *du*. Com sua mulher húngara Irene, "alegre, bonita e jovem", que poderia ser sua "companheira perfeita de vida", escreveu Nietzsche com inveja a Elizabeth, ele sentia-se tão à vontade que quase a tratava por *du* também.[77] Nietzsche viajou com Irene para Florença, onde ficou encantado ao ver o principal astrônomo da cidade com um exemplar de *Humano, demasiado Humano* ao seu lado. Uma viagem rápida ao hotel de Lanzsky na cidade vizinha de Vallombrosa convenceu-o, por razões obscuras, a desistir do plano de passar o inverno lá (possivelmente pela lembrança dos meses irritantes em que convivera com Lanzsky) e, então, em 11 de novembro, a "toupeira hamletiana de Nice"[78] chegou mais uma vez, via Gênova, ao seu refúgio familiar de inverno. Mais uma vez Nice superara os flertes com outras opções.

O flerte com lugares desconhecidos tinha o efeito de abrir os olhos de Nietzsche para as delícias do que lhe era familiar. Seu desprazer inicial com o estilo francófilo da arquitetura da cidade transformou-se em amor. Ele escreveu aos Förster no início de janeiro, no momento em que faziam os preparativos finais para emigrarem, que estava vendo Nice "pela primeira vez", seus olhos subitamente alertas pelo seu "requinte e as cores suaves".[79] Em outra carta, ele comentou que gostava, em especial, da península St. Jean com seus "soldados jovens que jogavam petanca, rosas frescas e gerânios nos canteiros, verde por toda parte e um calor agradável" (em dezembro!). "Eu bebi [acrescentou] três grandes taças de *vin ordinaire* em homenagem

---

76 KGB III. 3 720.
77 KGB III. 3 656.
78 KGB III. 3 644.
79 KGB III. 3 652.

a vocês e estou *a bitzeli betrunken* [no dialeto suíço-alemão 'ligeiramente bêbado']." Incapaz de resistir a implicar com as opiniões raciais do cunhado, ele disse que a proibição de alho era "a única forma de antissemitismo que cheira bem para vocês, rinocerontes cosmopolitas, desculpe!"[80] (Evidentemente, algum estereótipo do século XIX que associava os judeus a alho.)

Assim que chegou, Nietzsche hospedou-se na conhecida Pension de Genève, com sua excelente cozinha suíça, mas insatisfeito com o quarto mudou-se, três dias depois, para um quarto mais barato em um grande hotel na Rue St. François de Paule, 26, "segundo andar, à esquerda", como escrevia no cabeçalho das cartas. Embora o quarto fosse frio e ele preferisse comer no Genève, ele gostava da vista deslumbrante de sua janela das casas, da floresta e do mar a distância e, aos seus pés, a Square des Phocéens. Nietzsche adorava o "cosmopolitismo incrível dessa combinação de palavras", inglês, francês e grego ("Phocéens" refere-se aos fócios, povo grego que fundou Nice). "O nome ecoa um sentimento de vitória e de europeanismo" escreveu a Köselitz, "algo muito reconfortante que me diz 'aqui você está no lugar certo'".[81] Alguns dias depois, em uma carta com o intuito de convencer Köselitz a trocar Veneza por Nice, Nietzsche lhe pediu

> Pense no lindo conceito de "Nice" (o nome é de origem grega e refere-se a uma vitória\*). É um lugar cosmopolita, oh, se algum dia a Europa se tornasse uma cosmópole! Sentimos a sofisticada influência francesa, mas não em tudo... minha rua tem um grande teatro em um estilo italiano sublime... a orquestra em Monte Carlo é dirigida por um alemão... a cidade tem muitas *trattorias* onde se come tão bem como no Panada [um hotel de Veneza] (na verdade, melhor e mais barato)... e um grupo selecionado de russos e poloneses.[82]

Sem dúvida, uma bela mistura racial e cultural.

## *O Cosmopolitismo de Nietzsche*

Como vimos (p. 135), o nacionalismo alemão foi intrínseco à visão posterior de Wagner. Apesar do forte estímulo nacionalista causado pela experiência dos horrores dos campos de batalha da Guerra Franco-Prussiana, o cosmopolitismo de Nietzsche começou com a rejeição ao lado humano, demasiado humano do wagnerianismo em *Humano, demasiado Humano*. Neste período, é preciso lembrar (p. 322-325), ele entusiasmou-se com a ideia de uma unificação europeia, como uma maneira de superar a guerra e viu nessa unificação um prelúdio da globalização da cultura europeia, da colonização pela Europa do mundo inteiro. Em *A Gaia Ciência*, ele admirou o europeanismo da Igreja medieval (na verdade, ele admirou o aspecto

---

80  KGB III. 3 654.
81  KGB III. 3 648.
\*   O nome "Nice", "Niceia" em grego, inspirou-se em "Nike", a deusa da vitória. A cidade de Nice foi fundada pelos gregos em torno de 350 a.C..
82  KGB III. 3 650.

"romano" e não o "católico" de sua doutrina) e elogiou Napoleão por seu esforço em "unificar a Europa".[83] Em *Além do Bem e do Mal*, que seria publicado em breve, ele elogiou o novo "europeu" livre de qualquer "sentimento nacionalista",[84] e disse que chegara o momento de renunciar à política nacionalista trivial e seguir uma política global "grandiosa". É preciso adotar uma visão globalizada, disse, com premonição, porque o "futuro da humanidade" está em jogo.[85]

Para Nietzsche, o "europeu" simbolizava o "clássico". Ele manteve a concepção idealizada dos gregos que permeou seus estudos de filologia. Em *Miscelânea de Opiniões e Sentenças*, os ideais clássicos de "harmonia", "proporção", "força", "suavidade", "tranquilidade" e "uma moderação inata e involuntária" são formas de "abranger a base dourada" onde o futuro seria construído.[86] Os momentos "dourados" da história moderna foram o Renascimento e Napoleão, em outras palavras, a tentativa de um "renascimento" do ideal clássico. Segundo Nietzsche, o cristianismo "oriental"[87] significava uma invasão estrangeira, que deveria ser excluída do verdadeiro renascimento "europeu".

O renascimento da cultura ocidental, portanto, era uma questão de redescobrir os valores clássicos e, é claro, de reinterpretá-los para que fizessem sentido no mundo moderno (só uma ideia ridícula proporia o retorno das togas e das sandálias). Como sugeri no último capítulo, é importante manter o classicismo de Nietzsche em mente, como um modo de corrigir a impressão que às vezes temos dele como um "decisor", que defendia – como mencionei, autodebilitando-se insidiosamente – a tese de que os valores fundamentais não tinham uma base sólida e, por esse motivo, dependiam de uma *escolha* arbitrária. Mas não penso que ele acreditava nessa premissa. Pela "assimilação de um estilo" em nossas características e cultura, na verdade, ele queria dizer um estilo *clássico*. Apesar de se referir a um tipo de pessoa que esperava que o futuro gerasse, isto é, um "nômade"[88] (como ele), a referência não significava um andarilho sem raízes. Seria alguém, como ele, com raízes em sua pátria que, em razão de sua característica "supranacional",[89] permitia uma mobilidade entre as fronteiras do país. Essa pátria é "europeia" e, portanto, "clássica".

Se quiséssemos saber o que havia de tão especial nos valores clássicos, creio que Nietzsche responderia que os valores clássicos são os únicos que protegem um indivíduo ou uma comunidade da "anarquia" e da "barbárie", sempre para ele com uma conotação de condenação final.[90] Só os valores clássicos, isto é, apolíneos, salvaram os gregos da "barbárie" dionisíaca de seus vizinhos;[91] só os valores clássicos irão nos salvar da "barbárie" anárquica do liberalismo moderno sem amarras. Os valores clássicos são os únicos que promovem a integração, a unificação e com sua persistência são os únicos que fomentam, em resumo, a "vida". Neste sentido, os valores clássicos

---

83   GS 362.
84   BGE 242.
85   BGE 208.
86   AOM 99.
87   WB 4, BGE 46.
88   BGE 242.
89   *Ibidem*.
90   Ver KGB III. I 399 e BGE 188.
91   BT 2.

não são uma questão de preferência, mas, sim, de sobrevivência. O oposto ao classicismo, o Romantismo, significava uma objeção à vida, a decadência; por fim, como ele argumentou em seu último ano criativo, simbolizava a "vontade de morrer".

É possível perceber no cosmopolitismo de Nietzsche, com um vínculo forte à sua crítica radical contra o antissemitismo, porque o "cosmopolitismo sem raízes" era, assim como foi no século XX, um estigma familiar antissemita, precisamente a característica de sua aversão ao cunhado. Nietzsche não criticou o colonialismo de Förster: ao contrário, Nietzsche defendia a ideia que a Europa deveria colonizar o mundo inteiro. Sua objeção referia-se à característica nacionalista e racista do colonialismo de Förster. Nietzsche queria uma colonização *europeia* e não *alemã*, uma *Nueva Europa* em vez de uma *Nueva Germania*. E ele queria uma colonização promovida não pela cultura decadente europeia atual e, sim, a realizada por uma cultura europeia restaurada e unificada e, por isso, disse a Förster que, em vez de ir para o Paraguai, ele deveria fundar uma escola de ensino médio alternativa, porque a educação sempre foi para Nietzsche, junto com a arte e a religião, a chave da renovação de uma cultura.

## A Publicação de *Além do Bem e do Mal*

Em meados de janeiro de 1886, Nietzsche procurou Hermann Credner (o mesmo editor de Leipzig que negociara sem sucesso com Schmeitzner), com o objetivo de publicar *Além do Bem e do Mal*, agora quase concluído. No início ele pensou que o livro poderia ser o segundo volume de *Aurora*, mas em março, já na fase final do livro, ele percebeu que teria de ser publicado como uma obra independente.[92]

Nesse ínterim, no entanto, Credner havia lido alguns trechos de *Aurora* que o chocaram tanto que cortou qualquer comunicação com Nietzsche. Outra abordagem em abril, desta vez com o editor Carl Dunker em Berlim, também não foi bem-sucedida, embora, em desespero, Nietzsche houvesse proposto abrir mão dos direitos autorais,[93] um desespero justificado visto que a finalidade de seus livros era, como escreveu em meio à disputa com Schmeitzner, de atirar "varinhas de pesca"[94] para fisgar pessoas para sua causa. Então, agora com o dinheiro que recebera de Schmeitzner, ele decidiu publicar o livro à sua custa, com a impressão feita pela empresa de Naumann em Leipzig.

\*\*\*

Ao partir de Nice no final de abril de 1886 para fazer uma breve estada em Veneza, Nietzsche passou a maior parte do mês de maio fazendo companhia à sua mãe solitária em Naumburg. Depois foi para Leipzig, a fim de se ocupar pessoalmente da edição de *Além do Bem e do Mal*. Em Leipzig teve os últimos encontros melancólicos com Rohde que, em uma atitude tola, mudara de Tübingen, onde era muito feliz, para assumir o cargo de professor catedrático em Leipzig, de volta à sua

---

92   KGB III. 3 682.
93   KGB III. 3 687.
94   KGB III. I 553.

universidade, só para brigar quase imediatamente com seus novos colegas. Nietzsche achou-o angustiado e com saudades de Tübingen, e sem nenhuma compreensão de sua filosofia atual. Rohde, por sua vez, disse a Overbeck que não mais reconhecia seu antigo melhor amigo, com a sensação de "que ele pertencia a uma terra onde ninguém morava".[95] Nietzsche partiu de Leipzig em 27 de junho e chegou a Sils Maria três dias depois para passar sua quinta temporada de verão.

*Além do Bem e do Mal* foi lançado em 4 de agosto de 1886. Nietzsche atribuíra as péssimas vendas dos livros anteriores à relutância cada vez maior de Schmeitzner de enviar exemplares para críticos literários influentes e, assim, pediu a Naumann que distribuísse um grande número de exemplares adicionais, não só aos seus leitores escolhidos usuais (como também aos novos, a exemplo de Helen Zimmern), como também a editores de 25 periódicos e jornais de Leipzig, Dresden, Berlim, Munique, Hamburgo, Colônia, Viena, Zurique e Londres, onde os livros foram enviados para os editores do *Atheneum*, da *Academy* e da *Westminster Review*.[96]

## "Dinamite", "Filosofia Elitista", "Patológico"

Graças a esses exemplares adicionais, *Além do Bem e do Mal* foi resenhado por diversos críticos logo após sua publicação. Como os críticos de livros eram, na época, como agora, da esquerda liberal, no conjunto, as resenhas representaram o primeiro grande conflito de Nietzsche com a opinião liberal. Quase todas as resenhas foram hostis, embora algumas tenham suscitado algumas questões que, até hoje, são essenciais para avaliar o livro.

A primeira resenha foi escrita por Joseph Widmann (um amigo de Brahms), que a publicou na revista suíça *Der Bund* em setembro de 1886.[97] Inspirando-se em uma imagem de Nietzsche,[98] ele chamou o livro de "dinamite" e que deveria ser assinalado com uma "bandeira preta". Ele referiu-se à bandeira que marcou o lugar das dinamites usadas para abrir a passagem do túnel ferroviário de Gotthard (um dos primeiros usos do explosivo na construção de obras), que terminara havia cinco anos com o custo de 214 vidas. Widmann comentou, com perspicácia, que o livro era uma tentativa corajosa de encontrar uma saída viável para a dualidade tradicional entre moral e realidade, mas lamentou que, com muita frequência, Nietzsche tenha sacrificado o rigor filosófico em benefício de uma frase bem elaborada. Suas opiniões reacionárias em relação às mulheres e à democracia eram, disse Widmann, totalmente erradas.

A resenha de Gustav Glagau, publicada no *Deutsche Literaturzeitung* em outubro de 1886, criticou a visão bem diferente do "espírito livre" no tocante à "democracia esclarecida" dos últimos 100 anos (esta frase foi extraída do prefácio do livro), e que o livro não oferecia nada que pudesse ser aceito ou rejeitado, e, sim, apenas fragmentos de uma visão pessoal. Glagau também criticou que, em vez de oferecer

---

95 C p. 635.
96 KGB III. 3 726.
97 Janz III p. 257ff.
98 BGE 208.

argumentos racionais, o livro tentava "entorpecer" o leitor com golpes repetidos do martelo da retórica na cabeça.

P. Michaelis, na edição do periódico *Deutsche Literaturzeitung*, de Berlim, de 4 de dezembro de 1886,[99] disse que o livro só "merecia ser lido para criticá-lo". Às vezes, sugeriu Michaelis, o livro parecia uma sátira das "demandas arrogantes da aristocracia reacionária", embora, na realidade, não fosse uma sátira, mas, sim, "um sintoma da direção precisa para a qual caminhava a vida moderna". Nietzsche era "um filósofo que defendia a classe privilegiada da aristocracia prussiana" (a classe de Bismarck). O fundamento da filosofia de Nietzsche, continuou Michaelis, "era uma devoção ilimitada aos privilegiados, e um desprezo ilimitado pelos menos favorecidos". "A religião era um anacronismo a ser superado, mas era um meio útil para controlar o rebanho." E a "moralidade só se aplicava à plebe". O lema dos senhores era o "poder é correto". Mas a "impudência" com que o autor expressou seus pensamentos resgatou, de certa forma, o livro. (Nietzsche disse que essa resenha era "boa apesar de hostil", "a recapitulação mais confiável do caminho do meu pensamento". "Não me incomoda em absoluto", acrescentou, "que meu pensamento tenha causado um sentimento de repulsa no crítico".)[100]

Na resenha de Heinrich Welti publicada no *Neue Zürcher Zeitung*, de Zurique, em 13 de dezembro de 1886, apesar de dizer que "o livro era uma obra rara e singular", o elogio foi um artifício para disfarçar o fato de que o crítico não tinha capacidade intelectual para compreender o livro e, aparentemente, escreveu a resenha como uma tarefa eventual desprovida de importância. Mais tarde Nietzsche queixou-se da incompetência da maioria dos seus críticos.

Johannes Sclaf escreveu uma resenha publicada no *Allgemeine Deutsche Universitätszeitung* em janeiro de 1887, na qual disse, surpreendentemente, "o que dá estrutura aos aforismos é a ideia não particularmente original da vontade de poder e 'a transvaloração de todos os valores'", além de o autor exagerar o valor da individualidade, exibindo uma autoconsciência doentia das pessoas que se isolam da sociedade, mesmo aqueles que não podem viver sem ela. O autor, concluiu, quer criar tolos ou parasitas perigosos.

Em uma resenha anônima publicada em *Nord und Sud* de Breslau em maio de 1887, o autor, com uma percepção sutil, escreveu que o livro era uma tentativa interessante de construir uma "ética" sobre "a vontade de poder como um princípio moral fundamental". G. von Gizycki, no volume 13 do *Deutsche Rundschau* desse mesmo ano, descreveu a obra como no "limite do patológico", ao passo que Thomas Frey em *Antisemitic Letters* de dezembro de 1887, referindo-se às observações de Nietzsche a respeito da "questão judaica", escreveu que graças a Deus só meia dúzia de pessoas iriam ler o livro.

A reação final em relação ao livro ocorreu em uma carta a Overbeck, na qual Rohde descreveu o livro do antigo amigo como um produto feito após o jantar por alguém que bebera muito vinho, "quase infantil" em sua visão filosófica e política, uma opinião sem fundamento, a não ser por um estado de espírito. A concepção

---

99 KGW III 7/3, 2 Apêndice 6.
100 KGB III. 5 918.

do livro foi abordada como a única forma possível, mesmo que em seu trabalho seguinte os argumentos de Nietzsche fossem, sem dúvida, opostos. "Eu não levo mais a sério essas eternas metamorfoses",[101] escreveu Rohde, o que revelou a fonte real de sua rejeição ao livro: ele considerou a renúncia de Nietzsche ao ponto de vista que ele, Rohde, defendera com tanta veemência e paixão contra Wilamovitz (p. 177-178, 185), como uma traição pessoal.

Passemos então a examinar o livro, a fim de determinar se essas resenhas e reações são pertinentes ao conteúdo da obra.

---

[101] C p. 641.

# ALÉM DO BEM E DO MAL

## O Coração das Trevas

Qual é o objetivo fundamental de *Além do Bem e do Mal*? Como veremos, o livro fez uma distinção (bem mais extensa em *A Genealogia da Moral*) entre a moral "escrava" (a moral do bem *versus* o "*mal*") introduzida pelo cristianismo e a antiga moral "soberana" da Antiguidade (a moral do "bom" *versus* o "*mau*"), que o precedeu. E, portanto, o título nos instiga a avançar "além" da moral do "bem e do mal" que conhecemos. É possível que também nos estimule a resgatar alguma versão da moral do "bom e do mau". Precisamos, diz o título, de uma revolução moral.

O subtítulo, *Prelúdio a uma Filosofia do Futuro*, transmite a mesma mensagem de uma maneira diferente. Para entendê-la é necessário observar a dupla referência a Wagner, o compositor que chamou *O Ouro do Reno* de um "Prelúdio" das obras que compõem o ciclo de *O Anel de Nibelungo*, e suas óperas de a "arte do futuro".* Assim como indica que Nietzsche continuava sua luta pelo poder com o antigo "Mestre", o subtítulo pressupõe que *Além do Bem e do Mal* é uma apresentação "prévia", um "prelúdio" sucinto de um trabalho futuro que *será* a "filosofia do futuro". Uma carta escrita logo após a publicação de *Além do Bem e do Mal* é elucidativa: ele agora estava planejando, escreveu Nietzsche a Elizabeth, passar os quatro anos seguintes escrevendo uma "obra-prima em quatro volumes e com um título assustador de *A Vontade de Poder. Tentativa de uma Transvaloração de todos os Valores*.[1] "Transvaloração de todos os valores" foi a expressão de Nietzsche para sugerir uma "revolução moral". Assim, mais uma vez, precisamos de uma revolução moral. Por quê?

Nietzsche sempre descreveu seu livro em termos muito sombrios: o trabalho é, escreveu ao concluí-lo, "terrível e repugnante",[2] "um livro assustador... muito escuro como a tinta de uma lula". Neste livro, continuou, ele "agarrara algo 'pelos chifres', mas com certeza não foi um touro".[3]

O algo similar a uma "lula" que *Além do Bem e do Mal* "agarra", creio, é uma referência à ciência darwiniana. Como veremos, o conceito da "vontade de poder" que assume em *Além do Bem e do Mal* um destaque inigualável de outras obras publica-

---

\* Wagner iniciou seu programa artístico revolucionário em 1849 com um panfleto intitulado "A Arte do Futuro". A obra foi dedicada a Ludwig Feuerbach e, é evidente, inspirou-se no título do livro *Principles of a Philosophy of the Future* de Feuerbach (1843). Portanto, indiretamente, o subtítulo de *Além do Bem e do Mal* também se inspirou em Feuerbach.

1 KGB III. 3 741.
2 KGB III. 3 617.
3 KGB III. 3 690.

das foi elaborado como uma modificação do darwinismo. O problema devastador do final do século XIX em geral, e especialmente para Nietzsche, não era apenas a "morte de Deus", mas, sim, o fato de que a divina providência fora substituída pela "sobrevivência dos mais adaptáveis". Ainda com mais acuidade, na versão nietzschiana "aperfeiçoada" de Darwin, o mundo consistia "na vontade de poder" e nada mais.[4] O que tornou essa ciência tão "repugnante" foi a introdução do conceito da "dualidade entre moral e realidade" mencionada na resenha de Widmann (p. 493). Como Nietzsche escreveu em uma carta, não podemos fugir à evidência "de que o fato até então mais odiado, temido e desprezado", isto é, "a luxúria de poder e sensualidade", é a realidade da vida e do mundo.[5] A moral cristã nos ensina que devemos ser "altruístas", e que é preciso amar o próximo como a si mesmo. Mas, segundo a ciência darwiniana, não ficamos às vezes distantes desse ideal e, sim, por uma questão de necessidade científica, sempre estamos aquém dele, porque agimos de uma maneira *oposta* à maneira correta de agir, sempre em busca da luxúria egoísta de poder. Por esse motivo, Nietzsche escreveu que não agarrara um touro "pelos chifres" e o expôs, mas no contexto da perspectiva da moral tradicional, ele mostrou o diabo.

As teorias de Schopenhauer anteciparam de certa forma a visão de Darwin. E isso o levou a concluir que o mundo "não deveria existir".[6] Essa premissa revelou também a inexorabilidade do dualismo radical entre "dever" e "ser": ele causa tristeza e desesperança, negação do mundo, e o niilismo de Sileno descrito em *A Origem da Tragédia* (p. 144).

Em razão de a "afirmação do mundo" ser o objetivo principal da filosofia da maturidade de Nietzsche, na verdade, uma afirmação arrebatada do mundo, a finalidade principal de *Além do Bem e do Mal* foi a de superar a dualidade moral, a lacuna entre "dever" e "ser". E como "ser" permanece inalterado, em consequência "dever" tem de mudar. Era preciso fazer uma "transvaloração de valores" fundamental. Gordon Gekko, o "herói" do filme *Wall Street*, declara que a "cobiça, o desejo veemente por um mundo melhor, é um sentimento positivo". Apesar de este pressuposto não ser uma "transvaloração" para Nietzsche, ele sugere a natureza radical e chocante, em uma perspectiva tradicional, da sua visão.

Nietzsche não se limitou apenas a comentar o aspecto sombrio do livro após concluí-lo. Ele *enfatizou* no livro o caráter lúgubre de sua concepção do mundo, do ponto de vista da moral tradicional da qual, é claro, por ser um produto de sua época, ele não se libertara inteiramente. (Por isso, penso, às vezes o imaginamos como um coelho iluminado pelos faróis de um carro, paralisado de horror diante do

---

4  BGE 36.
5  KGB III. 5 1036. Ver também KSA 13 16 [43].
6  O princípio que "dever" implica "poder" é em geral visto como um truísmo. Mas nessa negação do mundo ele não é uma verdade incontestável. Não há incoerência na posição de Schopenhauer quando ele diz que devemos ser altruístas (pelo menos como seres naturais), mas ao mesmo tempo não podemos. É precisamente a associação de "dever" e "poder" que, caso seja uma verdade indiscutível, tornaria um projeto de vida inviável, como escolhêssemos participar em um jogo, no qual quem faz o primeiro movimento sempre perde e em que sempre temos de fazer o primeiro movimento. No verdadeiro princípio da *premissa de que a vida vale a pena ser vivida*, "dever" implica "poder".

mundo sombrio que descreve.) Sua ênfase é resultado do alvo principal de ataque de *Além do Bem e do Mal*, um conceito que ele descreveu como "idealismo".

Idealistas, "os queridos idealistas", são aqueles que "louvam com um enlevo poético a bondade, a verdade e a beleza".[7] O significado da palavra (sem conotação com o idealismo metafísico) sem dúvida inspirou-se no livro de Malwida von Meysenbug, *Memoirs of a Female Idealist*. Embora Nietzsche tenha admirado muito o livro de Malwida, durante os últimos anos de sanidade ele demonstrou um crescente antagonismo em relação a ela.

Apesar de ter plena consciência de que o "idealismo" era uma característica predominante da cultura do século XIX, Nietzsche o atribuía em especial às mulheres cultas. Mais tarde, ele acusou a "sentimentaloide", George Eliot, de cultivar esse mesmo idealismo.[8] Seus fundamentos eram consequência do fracasso da rejeição metafísica cristã, sem a rejeição da moral cristã. Ao renunciar à metafísica cristã, os idealistas recorriam com extrema intensidade aos princípios morais. Eles, portanto, eram ameaçados pelo dualismo entre "dever" e "ser" que, segundo o compromisso de Schopenhauer com a moral cristã e sua visão implacável do mundo, provocava a negação do mundo.[9] No entanto, os idealistas, para evitar essa desesperança, fechavam a lacuna entre o "dever" e o "ser". Mas eles a fecharam *não* por meio da estratégia proposta por Nietzsche de "transvalorar" o "dever", e sim pela estranha alternativa de "transvalorar" o "ser". Malwida, escreveu Nietzsche a Meta von Salis, povoa o mundo com "belas almas que não veem a realidade", um projeto que a obriga a "mentir em cada frase".[10] Para evitar a lacuna que resultava em desesperança moral, em outras palavras, os idealistas *falseavam* sua percepção da realidade. Eles enganavam, acima de tudo, a si mesmos ao pensarem que o mundo estava repleto de pessoas "boas" que "amavam o próximo" com altruísmo a maior parte do tempo. Diziam a si mesmos, podemos ser pessoas "boas". No fundo temos "belas almas" e se agirmos mal, nosso eu e nossa consciência sentirão culpa.

Na verdade, o que havia de errado com o "idealismo"? A resposta de Nietzsche era categórica. Os idealistas eram "desonestos", "mentiam" para si mesmos, mas não fica claro por que Nietzsche opunha-se à autoilusão. Na mesma carta a Meta von Salis, ele disse que o fato de Malwida "ver o melhor em todas as pessoas" não é por "inocência", mas, sim, por "uma extrema arrogância". Creio que ele se referia à arrogância de insistir que o mundo *precisava ser* da maneira que pensamos que *deveria* ser (o "dever" é uma "falácia", poderíamos dizer), um desrespeito à realidade dos fatos; uma arrogância do poder divino da criação do mundo. Porém, mais uma vez não ficou claro por que a "arrogância" seria uma objeção, sobretudo, vindo de um admirador, como veremos, da "moralidade mestra". Nietzsche reconhecia que a "superficialidade cor-de-rosa" de Malwida permitiu que ela "flutuasse em meio a uma

---

7   BGE 39.
8   TI IX 5.
9   Schopenhauer, observou Nietzsche, era "um homem teimoso e convicto de seus princípios morais, que precisou negar o mundo para que sua moral pudesse prevalecer" KSA 12 2 [106]).
10  KGB III. 5 1144.

vida difícil".[11] Por sua vez, no novo prefácio de *A Gaia Ciência* ele elogiou (do ponto de vista de um "convalescente") a "superficialidade" grega – a "superficialidade originária da profundidade". Essa observação é uma referência ao relato em *A Origem da Tragédia* da arte "apolínea" de Homero como um véu brilhante jogado sobre os "terrores e horrores" da vida, o que possibilitava uma "afirmação da vida" (p. 146-148).

O que, reiteramos, havia de errado com o "idealismo"? Por que teríamos de tirar os óculos "cor-de-rosa" para olhar com a coragem inabalável schopenhaueriana no coração das trevas? Talvez Nietzsche quisesse fazer dois comentários críticos. Primeiro, que o subterfúgio usado pelos idealistas para não enfrentar a verdade sobre o mundo não era apenas uma estratégia dos psicologicamente frágeis, mas também uma estratégia que rejeitava a oportunidade de superar a fragilidade emocional. "Sinta medo, mas aja assim mesmo" é um *slogan* familiar da psicologia popular. O conselho de construir sua "confiança" e tornar-se uma pessoa mais "poderosa" (e provavelmente mais "amorosa"), sem a fuga da realidade, e, sim, com a coragem de enfrentar o medo sempre que se deparar com ele. Assim como em grande parte da psicologia popular, um fato que torna a "sabedoria de vida" de Nietzsche menos original, esse conselho inspirou-se nas teorias nietzschianas. Em outras palavras, tem o mesmo sentido do famoso aforismo "o que não me mata, me fortalece".[12] Portanto, sua crítica ao "idealismo" referia-se à recusa da possibilidade de crescimento pessoal. A autoilusão dos idealistas, como mencionado em *Além do Bem e do Mal*, é motivada pela crença de que se povoarmos o mundo com "belas almas" todas as pessoas serão felizes.[13] Mas, ao rejeitarem a possibilidade de crescimento pessoal, os idealistas anulam a chance de ter uma felicidade mais *robusta* e, por esse motivo, melhor.

E, na verdade, o que eu considero o ponto principal de sua crítica, o idealismo, não torna seus adeptos felizes. Lembrem-se de que os idealistas de Nietzsche são pessoas *cultas*. Então elas *conhecem* a ciência moderna, sabem muito bem que de acordo com nosso conhecimento mais aperfeiçoado (ou o esforço de conhecer), a realidade é um mundo de competição cruel isento de "amor ao próximo". Neste sentido, subjacente ao lirismo idealista, a desesperança moral está sempre presente. Malwida apenas "flutua", mas "manter-se flutuando" não significa felicidade.

Por isso, Nietzsche frustrou-se com ela ao longo dos anos. Ele sabia que Malwida não era feliz e que, apesar da extensa exposição ao seu modo de pensar, ela se recusara a captar a essência do seu pensamento. E, por essa razão, ele enfatiza em *Além do Bem e do Mal*, como veremos, com uma retórica brutal, o caráter *deplorável* do ponto de vista dos idealistas, em um mundo governado pela vontade de poder. Ele *grita* seu *slogan* que "o mundo é vontade de poder e nada mais" para romper a surdez deliberada dos idealistas. Sua meta é *forçá-los* a renunciar à sua estratégia de "transvaloração" que camufla os fatos, obrigá-los a perceber a necessidade absoluta de adotar sua estratégia de "transvalorar *valores*".

Se essa compreensão geral de *Além do Bem e do Mal* estiver correta, dois argumentos devem ser discutidos. Primeiro, não haveria espaço para o pensamento de

---

11  KGB III. 3 678.
12  TI I 8.
13  BGE 39.

Nietzsche no ceticismo pós-modernista a respeito da verdade: o que cria um problema vital é a *verdade* incontestável da ciência darwiniana, ou para ser mais preciso, é a nossa compreensão mais criteriosa da verdade sobre o mundo que *requer* uma aceitação racional. Segundo, não haveria espaço para discutir o conceito da vontade de poder. Às vezes, a fim de suavizar o choque das posições radicais de Nietzsche, os estudiosos sugerem que a "vontade de poder" significa "poder sobre si mesmo". Porém, esse eufemismo elimina uma peculiaridade fundamental da atitude de Nietzsche, porque ele *queria* chocar. Quando dizia que o "domínio" e a "exploração" dos mais fracos pelos mais fortes pertenciam à essência da vida,[14] ele estava sendo fiel ao seu pensamento.

\*\*\*

A frase "além do bem e do mal", como sugeri, nos leva a fazer uma transvaloração moral imprescindível à "afirmação da vida" (entre outros aspectos, do ponto de vista social) em um mundo darwiniano. Ela nos conduz a uma moral que opõe o bom ao "mau" em vez do bem ao "mal". Às vezes, no entanto, como, por exemplo, na canção de *Zaratustra*, "Antes do Nascer do Sol" (p. 468), Nietzsche usa essa mesma frase, não para substituir a perspectiva moral "do bem e do mal" pela perspectiva "do bom e do mau", mas, sim, para exprimir um estado de êxtase, no qual uma pessoa está "além" do bem e do mal, *porque tudo é bom*, pelo menos no contexto de "vir a ser" como um todo. Em uma carta de 1888 em que relata a perfeição de morar em Turim, ele escreveu "Noites na ponte do rio Pó: celestial! Além do bem e do mal!!"[15] Esta frase sugere uma ligação entre estar "além do bem e do mal" e a vontade do eterno retorno.

Nietzsche explicitou essa conexão em uma carta de 1888 a Georg Brandes (como veremos, ele foi o dinamarquês que o tornou famoso):

> "Transvaloração dos valores" – você entende o sentido figurado dessa frase? – Fundamentalmente, o minerador de ouro é o tipo de homem a quem mais devo. Com os recursos mais desprezíveis, ele transforma uma atividade ignóbil em algo valioso e até mesmo dourado. Minha tarefa é muito estranha à época em que vivo: até então fui odiado, temido, menosprezado pela humanidade e, dessa circunstância desfavorável, eu cavei meu "ouro".[16]

Ao nos lembrarmos da ligação que Nietzsche estabelece entre a "alquimia" de "transformar excremento em ouro" e a visão emersoniana de achar que todas as coisas eram "divinas" vistas sob a ótica da totalidade da existência (p. 431), é evidente que o objetivo de estar "além do bem e do mal" não se trata de uma mera "afirmação da vida". Seria, antes, uma afirmação da vida *sem restrições de qualquer tipo*, que nos permitiria assumir plenamente a ideia do eterno retorno.

\*\*\*

Ainda mais uma pergunta preliminar. Como sempre insisto, em todos os textos de Nietzsche é preciso perguntar: para quem foi escrito? Qual foi o público-alvo?

---

14  BGE 259, Z II 12.
15  KGB III. 5 1013.
16  KGB III. 5 1036.

Assim como os livros publicados após 1876, *Além do Bem e do Mal* foi escrito para "os poucos". "Os livros escritos para o grande público sempre cheiram mal", dizia Nietzsche. "O mau cheiro de pessoas medíocres aderem a eles".[17] Livros escritos para livrarias de aeroportos sempre se nivelam pelo denominador comum mais baixo. Como já vimos, os "poucos" que Nietzsche esperava atrair para a causa nietzschiana em geral e, em casos selecionados, para o "mosteiro dos espíritos livres", eram os poucos espíritos livres criativos e excepcionais que seriam os "colonizadores do futuro", os semeadores de uma cultura renovada. Mas *Além do Bem e do Mal* tinha um objetivo ainda mais específico: o objetivo precípuo de Nietzsche era o de atrair Heinrich von Stein para sua causa. De fato, o poema da "Canção da Noite" com o título "Das Altas Montanhas" foi uma versão ampliada do poema que Nietzsche enviara a Von Stein em novembro de 1884 (p. 478-479), implorando que ele viesse às "montanhas altas" de Sils Maria e ao pensamento de Nietzsche.

## *Filosofia Teórica: Os "Preconceitos" dos Metafísicos*

Depois de discutir os aspectos mais gerais da obra, agora examinaremos o conteúdo específico de *Além do Bem e do Mal*. Como em todos os livros de Nietzsche a grande dificuldade é a de encontrar um fio condutor em meio ao labirinto de aforismos. O fio condutor que utilizarei em minha análise do texto consiste em dividir a obra em dois livros de tamanhos diferentes, um referente à filosofia "teórica" e o outro à filosofia "prática", ou "ética" no sentido mais amplo da palavra. O texto do primeiro livro estende-se quase todo na Parte I, o segundo, nas oito partes restantes.

Como já mencionado, o livro tinha o intuito de mudar a vida de seus leitores e por meio deles transformar a cultura dos seres humanos. E assim como Marx, Nietzsche queria redefinir a noção de filosofia. A filosofia não mais seria uma mera "crítica" – Kant, o grande "chinês* de Königsburg", foi um "grande crítico" e um notável "filósofo laborioso", mas não um verdadeiro filósofo.[18] A filosofia, acrescentou Nietzsche, não pode mais limitar-se à "epistemologia", porque, como a mera epistemologia, poderia "dominar" e mudar o mundo?[19]

Por sua vez, os novos filósofos foram bem aconselhados a ignorar as áreas tradicionais da filosofia e os grandes nomes em seu Hall da Fama. Kant e Hegel realizaram a "nobre tarefa" de codificar e resumir as ideias tradicionais sobre moral e metafísica, e simbolizaram os "passos" para o verdadeiro filósofo que, pelo menos em muitos casos, precisa de "pré-condições" para empreender a verdadeira tarefa de "criar valores".[20] Não é claro por que Nietzsche acreditava nesse pressuposto. Talvez tivesse em mente que, para criar uma nova maneira de apreender o mundo, o verdadeiro filósofo teria uma grande ajuda se conseguisse ter uma percepção abrangente do que deveria ser

---

17  BGE 30.
\*   É possível que seja uma referência à imutabilidade das "formas" de experiência de Kant, seu fracasso em perceber a volubilidade das estruturas da consciência humana.
18  BGE 210, 211.
19  BGE 204.
20  BGE 211.

substituído. Mas qualquer que seja a razão, a Parte I do livro intitulada "Sobre os Preconceitos dos Filósofos" resume os frutos do estudo de Nietzsche da filosofia tradicional, à época de sua iniciação filosófica. O texto tem como finalidade demonstrar algumas posições teóricas assumidas no decorrer de sua vida como filósofo.

\*\*\*

*Dualismo Metafísico.* O livro inicia-se com o postulado expresso por "metafísicos" da existência de uma dicotomia entre o mundo "real" e o "aparente". Ele visava aqui, em especial, Platão, o cristianismo ("o platonismo para o povo")[21] e Kant.[22] Como Nietzsche sempre usava o termo "metafísica" – meta-física – no sentido de supranaturalismo, seu objetivo foi a discussão sobre a suposta dualidade entre o mundo natural e o supranatural.\*

A crítica de Nietzsche dos dois mundos é pouco usual pelo fato de ter uma característica genealógica. A "crença fundamental dos metafísicos", disse ele, é a "oposição de valores", além da premissa que as coisas mais valiosas têm uma origem totalmente diferente das de valor inferior.[23] Essa tese de origens diferentes atribui aos metafísicos, creio, a insistência em afirmar que, em sua totalidade, a realidade é uma ordem moral. Nietzsche lhes atribui uma versão do que chamei de falácia do "dever e ser": já que só o valor mais elevado de um par oposto *deveria* existir, então, só ele *existe*.

A seguir, descrevo alguns exemplos do que eu penso que Nietzsche tinha em mente ao formular essa teoria: Platão, como todos os conservadores, detestava a mudança. Ele odiava o "vir a ser" e admirava a imobilidade dos egípcios, o "ser". E então ele concebeu um mundo "real" de "Formas" imutáveis. A mudança era relegada à mera aparência. Os cristãos detestavam o sofrimento e a morte. Assim, mais uma vez com o uso da premissa dissimulada de que no fundo a realidade deve ser como ela de fato é, eles supunham um mundo real sem sofrimento ou morte. Kant detestava a ideia de que a sensualidade seria a fonte de um comportamento egoísta e, portanto, defendia a hipótese de um eu "inteligível" que consistia em uma vontade pura e "moral", sem qualquer prazer sensual. E assim por diante.

A crítica de Nietzsche ao dualismo metafísico tinha duas vertentes. A primeira referia-se à visão negativista da teoria tradicional da oposição de valores. Segundo ele, o egoísmo, por exemplo, tinha mais valor "para a vida" que seu oposto, a noção tradicional do "bom e honrado". A segunda premissa de Nietzsche defendia a ideia de que não havia oposições de valor absoluto: o valor mais elevado sempre tinha um "vínculo incriminatório" e, na verdade, era "essencialmente o mesmo" de seu oposto. Mais uma vez vemos o tema familiar da sublimação. Sem a Éris má, por exemplo, não existiria a Éris boa, sem a vontade de poder agressiva que poderia resultar em guerra, não haveria a "competição" que cria a cultura (p. 164-166). A exclusão

---

21 BGE Prefácio.
22 BGE 2.
\* Há uma ambiguidade desgastante quanto ao uso do termo "metafísica" pelos filósofos. Algumas vezes significa "o relato da natureza fundamental da realidade", em outras, "relato *supranatural* da natureza fundamental da realidade". A descrição de Nietzsche do mundo como "vontade de poder" é "metafísica" no primeiro sentido, mas, é claro, não no segundo.
23 *Ibidem.*

cristã da agressão de seu "mundo real" é, portanto, um erro duplo. É um erro supor que a realidade é derivada de uma noção de como ela deveria ser, mas também é um erro pressupor que impulsos como vontade de poder e egoísmo não deveriam existir. Observem que o tema da sublimação exerce um papel importante na tarefa de transformar a aparente "lula" em "ouro", do "amor ao destino" em uma aceitação plena do eterno retorno. A visão da agressão como uma pré-condição da cultura significa aceitar sua presença em uma totalidade que podemos amar sem reservas.

Assim como em todas as críticas genealógicas de Nietzsche, há sempre a questão do objetivo a ser atingido pela crítica do dualismo. Sugiro que seu argumento implícito é o seguinte. O naturalismo é a descrição mais óbvia e plausível da natureza da realidade. *Prima facie*, o supranaturalismo é bastante implausível. Por que então alguém seguiria a tendência dualística da metafísica? A resposta básica é: *valorizar* o dualismo. Mas essa valorização, como demonstrado, é uma opção errônea. Sendo assim, devemos optar pelo naturalismo. Kant e Platão tinham, é claro, argumentos para discutir o dualismo metafísico sem a conotação de valores. Mas, como, segundo Nietzsche, (a) para os metafísicos essas são racionalizações e não razões e (b) nenhuma delas tem poder suficiente para tornar o dualismo mais plausível que o naturalismo. Deixo a tarefa de desenvolver a premissa (b) para o leitor.

*O Idealismo Schopenhaueriano*. O idealismo de Schopenhauer era, é claro, uma versão do dualismo metafísico. No entanto, Nietzsche o criticou sem a acusação da valorização do dualismo. "O mundo material é apenas a representação criada por nossos sentidos" – uma opinião frequente em Schopenhauer –, mas, disse Nietzsche, ela é contraditória, porque se os órgãos dos sentidos são meras ficções eles não poderiam criar nada.[24] A crítica é totalmente correta. A fim de dar coerência a essa opinião seria preciso reformulá-la dizendo, por exemplo, "*a imagem habitual do mundo* é produto de nossos órgãos cognitivos" ou então negar que órgãos físicos constituem a origem da consciência. Como veremos, a posição de Nietzsche corresponde à primeira dessas opções.

*O Realismo Comum*. Dois "nobres" espíritos, escreveu Nietzsche, ambos poloneses (como ele fantasiava ser), são Copérnico e Boscovich. Ambos negaram o testemunho dos sentidos e desprezaram a supervalorização do sentido da percepção característico da era moderna. Copérnico contestou que a Terra fosse imóvel, contrariando a então vigente teoria geocêntrica, ao passo que Boscovich negou a "matéria". Ele demonstrou seu pressuposto ao afirmar que este último refúgio da partícula "atômica" é "apenas uma abreviação"; uma abreviação, como vimos (p. 212), dos centros de força que Boscovich chamou de "puncta".

O texto continua com o argumento de que a guerra de Boscovich aos átomos precisava ser mais bem elaborada, para que pudéssemos negar que a "alma atômica" fosse a base do cristianismo. É preciso contestar o "atomismo da alma", a fim de perceber que a alma atômica, assim como a "coisa em si", são apenas produtos da regra gramatical de sujeito e predicado. A alma simples e indivisível seria substituída pela ideia da alma como uma "multiplicidade de sujeitos". A ideia da alma como uma "estrutura social de impulsos e emoções" deveria receber os "direitos de cidadania na ciência".[25]

---

24  BGE 15.
25  BGE 12.

Chamo a atenção nesse ponto da discussão à opinião depreciativa de Nietzsche em relação ao senso comum que, segundo ele, se baseava em uma crença ingênua na capacidade de percepção como reflexos fiéis da natureza e estrutura da realidade. A imagem comum do mundo é "plebeia"[26] ("Espero *não ter bom senso*", disse certa vez lorde Bertrand Russel) e extremamente inferior à imagem científica.

*Realismo Científico*. No entanto, a preferência pela ciência natural em detrimento do senso comum não significa que ela seja o árbitro final da verdade: "a física revela apenas uma interpretação e organização do mundo (de acordo com nossa opinião! Eu diria) e *não* uma explicação do mundo".[27] Esse pressuposto é quase uma repetição literal da visão de Schopenhauer, de que a imagem científica do mundo era de fácil compreensão e bidimensional; "como uma parte de um bloco de mármore que mostra os diferentes veios em todos os lados, porém, não permite que vejamos os veios em seu interior... a partir da superfície".[28] As chamadas "leis" da ciência, disse Schopenhauer, baseiam-se nas "forças naturais". Mas quanto à natureza dessas forças como gravidade, impenetrabilidade, eletricidade etc. a ciência não tem nada a dizer. Elas são "ocultas", "incógnitas matemáticas".[29] Neste sentido, a ciência natural é incompleta, concluiu Schopenhauer:

> A *física* no sentido mais amplo da palavra refere-se à explicação dos fenômenos do mundo; mas a natureza dessas explicações é insuficiente. A *física* precisa do apoio da *metafísica* para manter-se de pé, quaisquer que sejam os fundamentos teóricos desta última.[30]

A repetição da visão de Schopenhauer sobre a ciência natural foi o início da preparação do relato filosófico da natureza da realidade de Nietzsche. A "ciência" no sentido mais amplo em alemão, disse, precisa ir além da ciência natural. Agora abordarei sua tentativa de corrigir e concluir sua teoria a respeito da ciência natural.

## *A Metafísica do Poder*

Como vimos, a concepção metafísica positiva de Nietzsche é acima de tudo naturalista. Nada existe fora da natureza, nem fora do espaço e do tempo. O ponto de partida de sua metafísica foi, creio, a teoria da evolução de Darwin. Embora dissesse que Darwin era "um inglês medíocre",[31] suspeita-se que esse desdém foi uma maneira de encobrir a influência de suas opiniões no pensamento de Nietzsche, assim como no de todos os pensadores contemporâneos, cujas opiniões foram moldadas pela "perigosa ideia" de Darwin.

Um dos elementos de sua visão positiva da realidade já foi mencionado: a negação da teoria do átomo em favor de um mundo constituído por forças, de Bos-

---

26  BGE 14.
27  *Ibidem*.
28  WR I p. 98.
29  WR II p. 318.
30  WR II p. 172.
31  BGE 253.

covich. Nietzsche achava que essa desmaterialização da natureza para privilegiar a força lhe dava a impressão de que seguia o caminho certo. No entanto, assim como acontecera com Schopenhauer, Nietzsche não conseguiu *identificar* essa força.

> O conceito vitorioso da "força" com o qual os físicos criaram Deus e o mundo precisa de um complemento: é necessário que ele tenha um mundo interno que chamarei de "vontade de poder", isto é, o impulso insaciável de manifestar poder; ou como meio para exercitar o poder, um impulso criativo etc.[32]

Como vimos há pouco, a expressão "precisa de um complemento" é um argumento de Schopenhauer, quando alega que em razão de a natureza de determinadas forças ser "incógnitas matemáticas" para a ciência natural, seria necessário que a "física" fosse complementada pela "metafísica", a fim de suprir a falta fundamental de sentido da ciência.

O principal conceito de Schopenhauer para "complementar" a física, dando um significado à "força" foi, como já discutimos, a "vontade de viver". Porém, Nietzsche criticava a metafísica de Schopenhauer, não por estar errada, mas por não se aprofundar em suas teorias. Seu conceito central, a "vontade de poder", dizia, era muito mais crucial do que a "vontade de viver" de Schopenhauer. Ao criticar Schopenhauer, no entanto, ele ao mesmo tempo criticava Darwin. Em *Crepúsculo dos Ídolos*, ele atribui explicitamente a vontade de viver, a "luta pela existência",[33] a Darwin, por um bom motivo, já que o título completo da primeira edição do famoso livro de Darwin era o seguinte: *Sobre a Origem das Espécies por Meio da Seleção Natural* ou *A Preservação de Raças Favorecidas na Luta pela Vida*.

"Os fisiologistas", disse Nietzsche,

> deveriam pensar duas vezes antes de pressupor que o impulso de autopreservação seja o impulso primordial do organismo de um ser vivo. Afinal, um ser vivo quer *descarregar* sua força – a vida em si é a vontade de poder [ou de "crescimento"[34]] – e a autopreservação é só uma das *consequências* indiretas e mais frequentes da vontade de poder.[35]

O argumento de Nietzsche, em outras palavras, sugere que o impulso fundamental de todos os organismos, inclusive dos seres humanos, é o "poder". Evidentemente, como a existência é uma pré-condição do poder, existe um impulso menos importante na vida. Schopenhauer e Darwin, portanto, estão incluídos em uma visão do mundo ainda mais fundamental.

Pelo fato de a vida em geral consistir na vontade de poder, no caso específico da vida do ser humano, a "psicologia", uma especialidade da fisiologia, deve ser entendida como "a morfologia e a *doutrina (Lehre) do desenvolvimento da vontade de poder*, uma teoria que já elaborei".[36] Certos comportamentos dos seres humanos

---
32  KSA 11 36 [31].
33  TI IX 14.
34  BGE 259.
35  BGE 13.
36  BGE 23.

como, por exemplo, o exercício do poder político, são, sem dúvida, motivados pelo poder. Mas a universalidade da tese de Nietzsche levou-o a descobrir o impulso da vontade de poder em casos cuja motivação *aparentemente* era bem diferente. Assim, por exemplo, como veremos, o surgimento da moral cristã foi, na verdade, uma "dissimulação"[37] dos seus desígnios e, por sua vez, a dominação astuciosa por parte dos escravos da Antiguidade foi uma tentativa de eliminar o poder dos seus senhores. E a compaixão, como já vimos, é um poder que exercemos nas pessoas que julgamos merecedoras de nossa compaixão. A "psicologia", o estudo da motivação do ser humano, converteu-se para Nietzsche, na "hermenêutica da suspeita". Como a baixa autoestima em geral reprime o poder real da força de uma ação, a psicologia nietzschiana é extremamente influenciada pela "suspeita"[38] de que o ponto decisivo de uma ação em geral ocorre abaixo do nível da intenção consciente.

Nietzsche escreveu que os "preconceitos morais" criaram "resistências inconscientes" nos pesquisadores, que impediram que a "psicologia ousasse se aprofundar mais em suas análises".[39] Essa ênfase exagerada encobre sua dívida em relação à "hermenêutica da suspeita" de La Rochefoucauld, Schopenhauer e Paul Rée sobre a qual discorreu extensamente em *Humano, demasiado Humano*. Mas, na verdade, ele referia-se à psicologia medíocre praticada pelos "queridos idealistas". Presos aos seus "preconceitos" morais cristãos, eles não conseguiam perceber o que de fato motivava as coisas a acontecerem e, por isso, eram obrigados, como Malwida, a "mentir em todas as frases" para "não enfrentarem a realidade". Por esse motivo, como comentei, Nietzsche expressava seu conceito da vontade de poder com uma aspereza deliberada, com o intuito de tirar os idealistas do torpor do seu sonho sentimental, como um benefício que Nietzsche lhes poderia oferecer. As páginas finais do livro contêm um trecho particularmente brutal da sua metafísica do poder:

> A vida, *essencialmente*, é um processo de apropriação, menosprezo e domínio dos estrangeiros e dos mais fracos, oprimindo-os, sendo cruel, impondo sua maneira de pensar e agir, incorporando-os, ou, no mínimo, explorando-os.[40]

Nesse trecho Nietzsche faz uma referência especial à utopia marxista que, segundo ele, era uma versão de "no fundo todos nós temos belas almas" da psicologia subjacente à consciência ocidental cristã. "Todas as pessoas", escreveu,

> vivas e não à morte... incorporarão o conceito da vontade de poder, terão desejo de crescer, de expandir-se, de conquistar e dominar. Mas não vejo como a consciência europeia poderia despertar: atualmente, as pessoas em todos os lugares estão imersas em um entusiasmo exaltado, até mesmo em uma ilusão científica [isto é, marxista] em relação a uma sociedade futura, na qual não haveria "exploração do homem pelo homem" [o "enfraquecimento do Estado"]: para mim isso soa como uma promessa de inventar uma vida que prescinde de todas as funções orgânicas. A "exploração" não

---

37  Z II 12.
38  BGE 32.
39  BGE 23.
40  BGE 259.

faz parte de uma sociedade primitiva corrupta ou imperfeita: ela pertence à *essência* de estar vivo como uma função orgânica fundamental.[41]

Portanto, é uma tolice sentimental pensar que uma "fera predatória" como César Bórgia sofria de alguma "doença". Na verdade, algo deve ser feito a respeito desses "monstros tropicais" (retornarei a esse tema no Capítulo 26), mas supormos, como Kant, que eles sofriam com um "inferno" interno de um belo eu "superior" oprimido e dominado por um eu "inferior" feio e sensual é um absurdo.[42]

## Epistemologia

Evidentemente, o argumento inusitado de Nietzsche de que a vida, ou, na realidade, o "mundo", consiste na "vontade de poder" e nada mais[43] merece uma análise mais minuciosa. Porém, adiarei essa análise até discutir seu projeto de escrever uma obra-prima que se chamaria "A Vontade de Poder" no Capítulo 26. Agora, examinarei o tema do *status* epistemológico da metafísica do poder de Nietzsche.

A "honestidade" intelectual, dizia Nietzsche, é a principal virtude dos "espíritos livres" ou de filósofos como ele.[44] Como vimos, ele julgava necessário demonstrar uma honestidade implacável em relação ao mundo a ser pesquisado. Mas também insistia que deveríamos ter uma honestidade rigorosa quanto ao nosso papel de pesquisadores e aos limites de nossa capacidade de adquirir conhecimento desse mundo.

A honestidade se transformou dessa forma em forças de autorreflexão para nos convencer de que teríamos de renunciar ao "dogmatismo", que era a marca registrada da filosofia tradicional. A filosofia tradicional vangloriava-se de revelar com total certeza a verdade fundamental a respeito do mundo. (Suas "provas" da existência de Deus, por exemplo, eram *irrefutáveis* e não uma hipótese razoável.) Essa era sua visão metafísica. O motivo de renunciar a esse dogmatismo, como escreveu Nietzsche no Prefácio, devia-se ao fato de o "perspectivismo" ser uma "condição essencial da vida".

O perspectivismo de Nietzsche era uma herança kantista que já discutimos nos capítulos iniciais: nossa percepção ou pensamento é formado pela estrutura de nossas mentes, uma estrutura que constitui um "horizonte" que nunca ultrapassaremos, um "canto" impossível de "olhar ao redor".[45] Devido à consequência epistemológica dessa limitação (até então, Nietzsche estava seguindo as pegadas de Kant), e tendo em vista estarmos impedidos de tirar os "óculos escuros" da mente, jamais conseguiríamos saber se o mundo era como pensávamos ser. Nunca teríamos certeza de que nossas teorias a respeito do mundo correspondiam à realidade. Portanto, *Nietzsche* nunca teria certeza de que seu conceito metafísico da vontade de poder seria uma premissa evidente e verdadeira. Qual seria, então, seu pretenso *status* epistemológico?

---

41 *Ibidem.*
42 BGE 197.
43 BGE 36.
44 BGE 227.
45 GS 374.

Nietzsche rejeitava o "ceticismo": existem "fanáticos puritanos da consciência que prefeririam morrer a admitir que duvidam de alguma coisa", mas essa era uma atitude "niilista", uma "doença" da alma.[46] Como o perspectivismo era uma "condição de vida", por consequência haveria a "incerteza", e rejeitá-la seria rejeitar a vida. O amor à vida implica amor ao "erro",[47] e, por erro, como enfatizei diversas vezes, Nietzsche não queria dizer "falsidade", e, sim, a "crença na dúvida".

Essa posição revela o *status* do conceito metafísico da vontade de poder: ele não era um conhecimento, mas, sim, uma "teoria" ou "ensinamento" (*Lehre*)[48] que deveria receber os "direitos de cidadania na ciência".[49] A astrologia era outra "teoria". Por que a teoria de Nietzsche teria direitos de cidadania na ciência e não a astrologia? Como em geral fazemos escolhas entre teorias diferentes? De acordo com Nietzsche, deveríamos escolher uma teoria que "promovesse e preservasse a vida"[50] da melhor maneira possível. Esta premissa, como sugeri na discussão das similaridades entre *Aurora* e o livro de W. V. Quine (p. 381-382), assemelha-se muito ao pragmatismo americano (que tem raízes na filosofia de Schopenhauer e de Nietzsche). A melhor teoria é a que "funciona"; em outras palavras, a que nos dá poder individual e sobre o ambiente que nos cerca. O argumento de Nietzsche em defesa da vontade de poder – uma versão, segundo ele, corrigida e concluída da ciência darwiniana – pressupõe que esse conceito metafísico assimila racionalmente a realidade de uma forma mais abrangente e poderosa do que qualquer outra teoria rival. Ele também acrescentaria, penso, como sugeri na discussão de *Aurora*, que a evidência do bom "funcionamento" de uma teoria, apesar de não ser uma evidência conclusiva, é assim mesmo uma evidência e, neste sentido, não deixa dúvidas quanto à sua veracidade.

## *Crítica Cultural*

Agora, discutirei a filosofia prática de *Além do Bem e do Mal*. Em todos os seus trabalhos, a filosofia prática de Nietzsche – a discussão de temas sociais, políticos, artísticos e morais – foi abordada por um prisma que norteou sua concepção do filósofo como o "médico da cultura",[51] desde o paradigma da descrição, diagnóstico e da receita médica. A descrição e o diagnóstico de sua "crítica cultural" em *Além do Bem e do Mal*, mais uma vez expôs com clareza a condição do filósofo: o filósofo, disse ele, é a "consciência pesada" de sua época.[52] Ou seja, ele é um "homem inoportuno".

Como vimos, a cidade que Zaratustra desprezou e depois amou chamava-se "Vaca Malhada". Estas duas palavras indicam as duas vertentes da crítica cultural negativa de Nietzsche: uma delas seria a característica heterogênea das manifestações culturais, e a outra a submissão da "vaca", isto é, do "rebanho".

---

46  BGE 10, 208.
47  BGE 24, 4.
48  BGE 259, 23.
49  BGE 12.
50  BGE 4.
51  A 7, KSA 7 23 [15], D 52.
52  BGE 212.

*A Diversificação da Modernidade*. A humanidade atual, disse Nietzsche, tem uma "alma híbrida e heterogênea". Ela trata a história como um armário de "roupas", que constantemente experimenta, mas nunca acha algo que lhe cai bem. A humanidade está sempre experimentando novos estilos nos "hábitos e nas artes": um dia é o gosto pelo romântico, no dia seguinte a moda é o estilo barroco. A moda tem um ciclo contínuo de eleger "um novo objeto antigo ou um país estrangeiro", como um objeto de admiração para depois descartá-lo. (No capítulo anterior, como escreveu Nietzsche, Reinhardt von Seydlitz tinha um negócio próspero de venda de artigos de decoração japoneses em moda na Europa.) A invasão de elementos do passado ou de culturas estrangeiras na cultura europeia moderna converteu-a em um "caos".[53] Diversos fatores foram responsáveis pela democratização das classes sociais, da miscigenação e da quantidade sem paralelo de produção intelectual sobre o passado ou acerca de outros países. Esses fatores foram influenciados, sobretudo, pelo "nosso sentimento histórico", nossa empatia histórica por tudo o que fazia parte do passado ou que nos era estranho.

Essas ideias de Nietzsche referiam-se à globalização, ao multiculturalismo e à mistura "pós-moderna" de estilos, efeitos da nova tecnologia de ferrovias e de comunicação eletrônica. Wagner, a primeira pessoa a observar esse fenômeno, disse que o pós-modernismo não era um acontecimento posterior ao modernismo, ao contrário, era uma parte integrante desse movimento. A referência de Nietzsche ao pós-modernismo evidencia-se, quando ele diz que a única maneira de conviver em harmonia (e não o contrário) com a diversidade do período moderno seria adotar uma postura de "parodista" com uma "risada carnavalesca",[54] uma figura bizarra e "caricatural", com palavras importantes (e sérias) de elogio ao pós-modernismo.

O que haveria de errado nessa diversidade do pós-modernismo? Para Nietzsche, nossa "curiosidade plebeia" de tudo e de todos era uma demonstração ignóbil da falta de "bom gosto". Apesar de apreciarmos diversas coisas (como, por exemplo, a culinária étnica), uma cultura "nobre e autossuficiente" distinguia-se pelo seu "paladar ruim ou bom, sua aversão imediata e sua reserva hesitante em relação a todas as outras culturas estranhas e exóticas".[55] Nietzsche referia-se à modernidade como uma "semibarbárie":[56] "semi" porque usufruíamos dos recursos da civilização como, por exemplo, sistemas de canalização e polícia, e "barbárie", devido à inexistência de cultura. A "cultura" definia-se, como já mencionado, por uma "homogeneidade do estilo artístico de todas as expressões da vida de um povo;[57] uma concepção *coesa* do belo, inclusive de uma bela (isto é, de uma boa) vida. Não só não tínhamos uma coesão cultural, como também nossa tendência à diversificação nos tornava "hostis" ao "aprimoramento das artes e da cultura" em razão do "estímulo de uma grande força... em um súbito movimento repressor e fossilizado... em uma base ainda incerta". Essa hostilidade, disse Nietzsche, nos expõe a um grande perigo.[58]

---

53 BGE 223, 224.
54 BGE 223.
55 BGE 224.
56 *Ibidem*.
57 UM II 4.
58 BGE 224.

O perigo seria "a total degeneração do homem".[59] – *Entartung* significa a decadência dos espécimes "humanos" – em certo sentido, a "morte do homem". O perigo, em outras palavras, seria de sermos os "últimos homens" de *Zaratustra* (p. 447-448). Nietzsche sempre mencionava os "espécimes" da humanidade (um indício da característica biológica, darwiniana de seu pensamento). Mas essa decadência do "homem" não se aplicava a todos os "espécimes" da humanidade, visto que o âmbito de sua crítica cultural limitava-se à modernidade ocidental, "europeia". Neste sentido, o que o "bom europeu" temia, creio, seria a "morte" dos espécimes "europeus" da humanidade.

Os "espécimes" da humanidade de uma cidade-Estado grega ou da República de Veneza da Baixa Idade Média, disse Nietzsche, para "serem espécimes" precisavam ser "bem-sucedidos e manter uma luta constante com seus vizinhos ou com seus povos oprimidos em conflito, ou que ameaçavam se insurgir". Esta atitude exigia "firmeza, uniformidade e simplicidade da forma". Era uma experiência, acrescentou, que revelava as qualidades que nos permitiam sobreviver e "manter nossa ascendência". Essas "virtudes" constituíam a moral. A fim de garantir que os povos adquiririam virtudes seria preciso aplicar medidas de extrema "severidade".[60]

A moral, como vimos, era um *kit* de sobrevivência. Ainda para ser mais preciso, como a sobrevivência era um pré-requisito do poder, a moral era, nas palavras de *Zaratustra*, "a expressão da vontade de poder de um povo".[61] Mas porque essa moral exigia "firmeza, uniformidade e simplicidade"? Qualquer técnico de futebol poderia responder essa pergunta com facilidade. A "uniformidade" referia-se à ideia de "planejamento do jogo", no qual todos os membros do "time" contribuíam para uma meta comum. A "simplicidade", a eliminação de qualquer complexidade desnecessária, seria uma aspiração, porque quanto mais complexo fosse o planejamento mais chances haveria de incorrer em erro. E, é claro, para assegurar que todas as pessoas cumprissem as tarefas que lhes foram designadas, o planejamento precisava de uma disciplina "severa". Por esse motivo, a modernidade heterogênea europeia estava sob ameaça de "morte": por não ter um "planejamento do jogo", essa modernidade não tinha capacidade de agir coletivamente com eficiência, em especial, para uma ação direcionada à sua preservação e expansão. De acordo com Nietzsche, a morte do humanitarismo europeu seria bastante prejudicial. No entanto, as pessoas mais preconceituosas, mais *culpadas* e apegadas à visão europeia tradicional talvez pensassem diferente.

*A "Vaca" na Modernidade.* Nietzsche atribuía a natureza de "rebanho" da modernidade ao cristianismo e às suas diversas "sombras". A moral cristã foi, disse ele, a primeira grande "transvaloração de valores" europeia.[62] Por meio da "revolta de escravos", o cristianismo reverteu todos os valores da Antiguidade. A moral, continuou, tinha dois tipos básicos dependendo de quem a havia criado, "senhores" ou "escravos". (Nas culturas mais desenvolvidas, os dois tipos com frequência coexistiam em uma mistura confusa.) A moral do "senhor" ou do "nobre", como, por exemplo, a dos vikings, era "autoglorificante". Ela elevava ao *status* de virtudes as

---

59  BGE 203.
60  BGE 262.
61  Ver p. 454.
62  BGE 46.

qualidades "firmes, enérgicas" do guerreiro – força, vontade de poder, resolução, autodisciplina, coragem, lealdade – que os permitiram ser vitoriosos. (Em 1888, Georg Brandes proferiu uma série de palestras em Copenhague tendo como tema a filosofia de Nietzsche. As conferências fizeram um enorme sucesso e deram início à sua fama. Ao ter notícias desse evento, Nietzsche escreveu que *é claro* que os escandinavos tinham capacidade de entender sua doutrina, porque haviam lido as sagas da Islândia, a "mais rica fonte" para "minha teoria da moral do senhor".)[63] A distinção do valor dessa cultura dividia-se entre "bom e mau", entre as pessoas "nobres" e as pessoas "vis" (com uma má formação apesar dos esforços da humanidade), ou seja, os escravos desprezíveis a quem haviam conquistado.

A moral do senhor era, portanto, *auto*centrada. Por sua vez, a moral do escravo concentrava-se no *outro*. Baseava-se no ódio e no medo aos seus opressores. Por esse motivo, a palavra "mal" que destila ódio substituiu "mau", com uma conotação de desprezo. Na "revolta" ética dos escravos a dicotomia entre bem e mal substituiu a dicotomia entre bom e mau dos senhores. As qualidades enérgicas dos senhores receberam novos nomes – "autoconfiança" passou a significar "arrogância", e "resolução" se tornou "crueldade" e assim por diante – e simbolizavam o "mal". Ao mesmo tempo, as antigas qualidades "suaves" desprezadas também receberam novos nomes – "impotência" foi substituída por "humildade", "covardia" por "cordialidade" etc. e foram elevadas ao *status* de virtudes.[64]

A cultura da Grécia e de Roma era, é claro, muito diferente do estilo de vida guerreira e de pilhagem dos vikings. Mas tinha o mesmo conjunto de virtudes da moral dos senhores, com a diferença de que valorizava mais sua expressão sublimada do que a expressão natural. A qualidade mais valorizada, como vimos em diversas ocasiões, não era a agressão da Éris má, mas, sim, a competição da boa Éris. No entanto, quando a moral dos escravos aos poucos predominou no Império Romano, a moral cristã a dominou e a "transvaloração" terminou.

A vitória do cristianismo e de sua moral foi, em dois aspectos cruciais, um desastre. Primeiro, contaminou a Europa com ideias nocivas por dois milênios ao incutir na humanidade o ódio; o ódio aos fenômenos físicos em geral e à natureza fisiológica do ser humano em especial.[65] O cristianismo incutiu também o ódio aos impulsos naturais, sobretudo, ao sexo. De uma maneira metafórica envenenaram Eros, um deus da Antiguidade, mas o fracasso da tentativa de matá-lo transformou-o em vício.*[66]

---

63  KGB III. 5 1041.
64  BGE 260.
65  BGE 62.
\*   Um exemplo do ódio ao corpo e ao sexo é descrito no livro vencedor do prêmio Booker de Anne Enright, *The Gathering*, uma narrativa que tem como pano de fundo o catolicismo irlandês. Veronica, a heroína de Enright, relata como ela detesta acordar ao lado do marido, Tom: "Eu acordo e vejo uma intumescência arroxeada em seu corpo deitado; uma coisa roxa prestes a deteriorar-se... um pênis tão púrpuro que o oprime." Depois ela inclui seu corpo em sua repulsa a tudo o que concerne à natureza humana: "Eu adoraria sair do meu corpo. Talvez seja por causa de suas falhas e defeitos, os fluidos certos nos lugares errados, a confusão infantil e sádica; mas há meios de combatê-lo, de nos libertarmos dessa carne. (Eu gostaria de atravessá-lo a nado, você sabe? – de cuspi-lo como uma palavra para que desaparecesse com um movimento repentino.)
66  BGE 168.

A segunda consequência desastrosa da vitória do cristianismo foi a "manutenção do 'homem' em um nível... inferior".[67] Essa condição resultou de duas ações: a preservação das "deficiências" da vida e o impedimento do seu "sucesso" potencial. Ela preservou as deficiências em razão da suposta virtude da compaixão. A compaixão significava a preservação na cultura cristã de "grande parte do que deveria ser eliminado".[68] Embora não haja motivo para pensar em campos de extermínio nessa concepção cristã, não há como evitar a crueldade dessa visão. Creio que Nietzsche referia-se nessa passagem à eugenia, o controle da "procriação",[69] uma teoria, como já vimos, que ele defendia. Por meio da "indulgência e da proteção" àqueles "que a vida era um sofrimento como se fosse uma doença",[70] por intermédio do bem-estar cristão, os que deveriam ser eliminados sobreviviam e, assim, gerava sua "fraqueza", com uma transmissão genética de suas características. Por conseguinte, o nível médio da força e do poder das pessoas permaneceu abaixo do nível considerado ideal.[71]

A moral cristã impedia o sucesso potencial da vida, porque ele "era uma fonte de suspeita em relação ao prazer da beleza, reorientava a autoglorificação, sobretudo, por meio da conquista, da autocracia, de todos os instintos que pertenciam ao tipo do "ser humano" superior e com uma formação mais aprimorada, levando-o à incerteza, à crise de consciência e ao limite da autodestruição.[72] A moral dos escravos destruía a vontade de ascender acima da média, de ser uma "grande papoula" e, por isso, *não* existiam grandes papoulas. Essa ação perniciosa realizava-se pela destruição do "*pathos* da distância",[73] a percepção natural de uma pessoa excepcional de se sentir superior e com mais *valor* que os outros. A doutrina cristã da "igualdade perante Deus" de todas as almas provocava culpa em relação ao *pathos* da distância, que resultava, por fim, em sua destruição. A "igualdade" cristã reduzia todas as pessoas à condição de um "animal do rebanho".[74]

*\*\*\**

Deus estava morto. A metafísica cristã não se aplicava aos europeus cultos contemporâneos. Mas a "sombra" da moral de Deus,[75] em sua forma dissimulada, que Nietzsche chamava de "movimento democrático", "iluminismo democrático" ou "ideias modernas",[76] permanecia inalterada. Segundo Nietzsche, a destruição da consciência moral pelo cristianismo sobrevivia nas "ideias modernas".

---

67 BGE 62.
68 *Ibidem*.
69 BGE 4, 24, 61.
70 BGE 62.
71 Observem que Nietzsche preocupou-se nesse trecho com o nível *médio* do "rebanho". No início não fica claro se ele pensava que havia mais chance da "procriação" de seres excepcionais de um nível superior ou se acreditava que uma sociedade saudável precisava tanto dos seres excepcionais quanto do rebanho feliz. Mas como um rebanho forte e feliz, sem dúvida, oferecia uma contribuição importante ao sucesso de uma comunidade na luta evolucionista, a última interpretação me parece a correta.
72 BGE 62.
73 BGE 257.
74 BGE 62.
75 GS 108.
76 BGE 202, 203.

O conceito de Nietzsche das "ideias modernas" originou-se de uma grande renovação da moral dos escravos e da Revolução Francesa, o que o levou a sugerir "ideias francesas" como um sinônimo.[77] Subjacente às "ideias modernas" ele incluiu a democracia política e o sufrágio universal,[78] o "utilitarismo" (para John Stuart Mill e na concepção do século XIX basicamente um movimento de emancipação social, e não uma doutrina abstrata de ética filosófica), o "socialismo" (uma palavra referente tanto à democracia social quanto ao comunismo),[79] e, por fim, a veemência do movimento feminista.[80] Todos estes movimentos foram consequência da doutrina de "direitos iguais", o que os tornava "herdeiros"[81] da doutrina cristã de igualdade de todas as almas perante Deus. E todos eram estimulados pela ideia de que "a simpatia pelos sofredores" era uma virtude, convertendo-os em herdeiros da doutrina cristã de "amor ao próximo".[82]

Em razão de o "iluminismo democrático" ser a continuação da consciência moral cristã em uma forma dissimulada, ele tinha o mesmo efeito de debilitar insidiosamente os impulsos para desenvolver a grande papoula. O "espírito superior independente", "uma nobreza elevada, sólida e autoconfiante" era visto como "ofensivo" e "perigoso"; o "cordeiro", ou melhor, o "carneiro", o "animal do rebanho" continuou a ser o ideal. Assim como o cristianismo, o iluminismo democrático procurava "nivelar" as pessoas no mesmo grau inferior. No tipo superior potencial causava uma "fraqueza patológica", matava o desejo de ascender acima da média.[83] Ele produzia, em outras palavras, uma sociedade de "vacas".

O que haveria de tão errado em uma sociedade constituída inteiramente de "vacas", de "animais do rebanho"? A resposta é evidente, recai na teoria de Nietzsche da cultura saudável. Esta teoria é descrita em *Além do Bem e do Mal* apenas em pequenos comentários, porém, Nietzsche pressupôs, sem dúvida, que os leitores teriam lido todas as suas obras anteriores.

Recapitulando: um "organismo" social requer, como sabemos, uma moral comum disciplinada, um "planejamento do jogo" para que possamos sobreviver e nos desenvolver na selva "darwiniana". Mas também exige uma capacidade de mudança, de reação eficaz diante de circunstâncias mutáveis. Ele requer uma "mutação aleatória" (p. 316-317), uma criatividade do "espírito livre" que rejeitará as práticas em curso e as normas sociais, e que nos proporcionará indicadores do caminho em direção à "nova moral". Como disse Nietzsche, só precisamos de um pequeno número de pessoas para demonstrar "como a moral de nossa época estava *obsoleta*" e essas pessoas dirão (com o espírito de Colombo): "Precisamos sair daqui e ir para um lugar onde *nos* sentiremos pelo menos à vontade."[84]

\*\*\*

---

77 BGE 253.
78 BGE 202, KSA 11 25 [174], 25 [211].
79 BGE 202.
80 BGE 232, 233, 238, 239.
81 BGE 202.
82 BGE 44.
83 BGE 44, 201, 202.
84 BGE 212.

O compromisso "democrático" cristão com a "igualdade" resultou em uma sociedade de "vacas", uma sociedade na qual os espíritos criativos, que proporiam novas maneiras de pensar e viver estão cada vez mais escassos? A igualdade pela qual os pensadores modernos e liberais chegariam a um consenso a respeito da igualdade do *deserto*: todos os seres humanos merecem respeito moral e atenção. Na divisão de bens sociais seria imoral dizer, pessoas com QI menos de 90 não receberiam nada. Nietzsche argumentou que essa noção de igualdade impedia a criação do gênio, porque negava "todas as reivindicações, direitos e privilégios especiais".[85] Mas esse argumento está errado. *A igualdade do interesse entre as pessoas não resulta em igualdade de tratamento*. Ele mesmo demonstrou esse erro ao enfatizar[86] que a carne de um homem poderia ser o veneno de outro, isto é, circunstâncias diferentes constituíam a felicidade de pessoas distintas. A felicidade de uma pessoa podia originar-se de fatos muito simples (por exemplo, o treinamento para ser mecânico de carros), ou mais sofisticados (o estudo para ser neurocirurgião). Neste sentido, Nietzsche incorreu em erro ao supor que o tratamento elitista de pessoas extremamente talentosas não se justificaria em uma sociedade (em um sentido específico) "igual".

Essa discussão provocou uma objeção psicológica: a moral igualitária impedia o sentimento de "valor"[87] inerente ao gênio. Ela causava um complexo na grande papoula quanto à sua altura, fazia com que se inclinasse para frente, com menos vigor. A acuidade dessa observação é comprovada em uma classe de alunos do ensino médio na Alemanha: "*Streber*" ("o aluno aplicado" ou talvez "esforçado" em inglês) é um tratamento familiar ofensivo em uma sala de aula alemã. O aluno mais talentoso é aconselhado a esconder seus talentos, e talvez eles desapareçam naturalmente. Porém, isso significava o "instinto do rebanho" que existia em todas as comunidades e subcomunidades, *qualquer que fosse* seu código moral, e não uma consequência específica da moral cristã. Uma frase sucinta popular (usada por Marx) diz: "A cada um de acordo com suas necessidades". Mas acrescenta: "De cada um segundo suas habilidades". Essas frases reconhecem que algumas pessoas têm habilidades mais relevantes ou mais meritórias do que outras, e que certas pessoas têm mais "valor" para a comunidade do que as demais. Por esse motivo, não há razão de a moral de igualdade dos desertos negar ao gênio seu "*pathos* de distância", a percepção de seu "valor" superior para a comunidade do que a maioria das outras pessoas.

\*\*\*

Uma dificuldade potencialmente séria na crítica cultural de Nietzsche revelou-se na aparente incoerência entre as duas vertentes da crítica à "vaca heterogênea". Por um lado, ele disse que a modernidade era um "caos". Mas, por outro, ele atribuiu esse fato a uma *ordem* nociva: a da moral cristã (dissimulada).

Nietzsche não abordou explicitamente esse problema, mas penso que sua resposta implícita seria que a democracia, o socialismo e o feminismo eram para ele valores, em sua essência, *negativos* e destrutivos. Esse argumento fundamentava-se na

---

[85] BGE 202.
[86] BGE 194, 198.
[87] BGE 257.

natureza negativa e reativa da "revolta dos escravos", na qual o liberalismo moderno tinha raízes: como vimos, enquanto os senhores criavam valores com a autoglorificação, os escravos negavam esses valores. Ou seja, a moral dos escravos não *criava* nada. Portanto, a democracia, o socialismo e o feminismo nada mais eram (como o antissemitismo (ver p. 434) do que a pura "política da inveja". As "ideias modernas", em resumo, queriam subverter a "ordem hierárquica" da antiga moral, mas não possuíam meios de superar o "caos" resultante, de oferecer nada de *positivo*, ou um ideal construtivo para substituí-lo. Nessa inferência lógica em seu raciocínio, estava implícita a sugestão habitual de propor a palavra "socialismo", como sinônimo de "anarquismo".

O fato de os valores da modernidade serem todos "negativos" motivou as anotações do período "niilista" moderno, um conceito que significava, como Nietzsche disse, "*que os valores mais relevantes desvalorizavam-se*". "*Não existia um objetivo e, então, 'Por quê?' Mas não havia resposta*".[88] Em *Além do Bem e do Mal*, Nietzsche observou que no mundo após a morte de Deus as perguntas "Para onde?" e "Para quê?"– que significavam uma concepção positiva de uma boa vida – não existiam.[89]

Uma crítica final: será que Nietzsche fez um diagnóstico incorreto da origem da modernidade simbolizada por uma "vaca"? A modernidade ocidental é, sem dúvida, uma "cultura de massa". É possível que essa característica dê solidez ao argumento de Nietzsche, quando ele alega que existiam forças em ação na modernidade que "nivelavam"[90] as pessoas em uma "média" bem inferior. Assim, poderíamos perguntar se Nietzsche identificou de uma maneira correta essas forças. De acordo com ele, a origem do instinto de rebanho da modernidade é o legado da moral cristã. Mas uma causa alternativa poderia ser a tecnologia moderna, a tendência da indústria moderna, as comunicações e a tecnologia administrativa que convertem os seres humanos em "recursos humanos", engrenagens de uma grande máquina, que se diferenciam tão pouco uns dos outros como peças das máquinas. Seria, então, a tecnologia e não o cristianismo a causa real da característica "bovina" da modernidade, na qual os homens não têm vontade própria e são facilmente manipuláveis? Em seus trabalhos iniciais, como vimos, Nietzsche tinha plena consciência desse efeito da tecnologia. Porém, agora em razão da determinação crescente de culpar o cristianismo por todos os problemas do mundo, o tema importante da tecnologia passou despercebido.

## *Como Superar a Doença da Modernidade: Os Filósofos do Futuro*

A crítica de Nietzsche à "heterogeneidade" da modernidade o levou, como vimos, à conclusão de que precisamos de um novo "planejamento do jogo": uma nova compreensão compartilhada da maneira correta de viver que propiciará a "solidez, a uniformidade e a simplicidade à forma" necessárias para sermos competidores bem-sucedidos no mundo social darwinista. Esse sucesso requer que sejamos "colonizadores espirituais, que imprimem uma feição e característica aos novos estados

---

88  KSA 12 9 [35] = WP 2.
89  BGE 211.
90  BGE 44.

e comunidades".⁹¹ Embora o ressurgimento da revolta dos escravos, com o consequente conceito das "ideias modernas", ameace a manifestação desses colonizadores, ainda não atingimos o ponto de sermos os "últimos homens". É ainda possível "criar uma estrela". Portanto, precisamos de novos líderes que "ensinarão à humanidade como ser seu futuro" e a "imagem desse líder (*Führer*) que paira diante de nossos olhos".⁹² (Como eu disse antes, apesar das similaridades, devemos evitar o pensamento de que a doutrina de Nietzsche tenha influenciado os nazistas.)

Nessa argumentação a tarefa prática e a escrita teórica de Nietzsche unem-se. Precisamos de novos líderes, como Heinrich von Stein, e *Além do Bem e do Mal* destina-se a atraí-los. Neste livro, assim como em *Ecce Homo*, Nietzsche (repetindo uma frase e um gesto de Hölderlin) escreveu "a lenta busca de pessoas semelhantes a mim".⁹³ Diversas passagens descrevem a imagem do novo líder, o tipo de perfil de um candidato adequado a fazer parte da "colônia dos espíritos livres". (Como Nietzsche procurava "pessoas semelhantes a ele", o perfil é ao mesmo tempo um autorretrato idealizado.) Como seriam esses novos líderes? No início eram chamados de "espíritos livres". Mas agora, em parte para evitar a confusão com o "livre pensador", que sugeria as "ideias modernas", ele os chamava de "filósofos do futuro".⁹⁴ Como seriam esses filósofos?

A primeira observação sobre essa frase refere-se à sua ambiguidade (presente também no subtítulo do livro *Prelúdio de uma Filosofia do Futuro*). A intenção da frase talvez seja a de "filósofos que, no sentido literal, *vivem no futuro*" ou "filósofos que filosofam *direcionados para ou sobre o futuro*". Como para Nietzsche "o filósofo" estava além do seu tempo, porque ele era um pensador "do amanhã ou do dia depois de amanhã",⁹⁵ então poderíamos dizer que o segundo tipo de filósofo também vive no futuro, porém, só metaforicamente. Chamarei o primeiro tipo de filósofo de "filósofo vitorioso". (Em sua insanidade, como veremos, Nietzsche pensava que ele *era* o filósofo vitorioso, e na megalomania que o dominou ele acreditava que tinha o poder de depor as cabeças coroadas da Europa.) O segundo tipo, "o filósofo visionário", como poderíamos chamá-lo, simbolizava o espírito livre criativo, a "mutação aleatória", alguém assim como Nietzsche, que representava e transmitia uma nova maneira de pensar e de viver.

Essa ambiguidade também pode referir-se à concepção do filósofo como "comandante e legislador".⁹⁶ Às vezes havia um indiscutível renascimento do rei filósofo de Platão. Nietzsche dizia, por exemplo, que os filósofos eram uma "nova casta de governantes"⁹⁷ que "usavam a religião com objetivos procriadores e educacionais".⁹⁸ Essas observações diziam respeito ao "filósofo vitorioso". Por sua vez, o filósofo que

---

91  GS 23.
92  BGE 203.
93  EH III BGE 1. Compare com o poema de Hölderlin, "Homecoming/To the Relatives".
94  BGE 44.
95  BGE 212.
96  BGE 212.
97  BGE 208.
98  BGE 61.

"comanda" e "ensina à humanidade como será seu futuro",[99] que com sorte realizará sua tarefa algum dia, e não o que deve ser feito *agora*, refere-se ao filósofo visionário. Esses filósofos, em vez de serem reis filósofos, disse Nietzsche, são os "arautos" e precursores dos "futuros" reis filósofos.[100] Voltarei ao tema dos reis filósofos em breve, mas no momento usarei a expressão "filósofo do futuro" para indicar, exclusivamente, os "espíritos livres [criativos],[101] ou seja, os filósofos visionários. Como eles seriam?

Como já mencionado, em *Além do Bem e do Mal*, Nietzsche redefiniu o "filósofo" sob a óptica marxista. O "filósofo como *nós* o entendemos"[102] não será, como Kant e Hegel, apenas um codificador de valores atuais. Essa atividade seria uma "subutilização do potencial"[103] da "filosofia genuína".[104] Em vez de codificar e reafirmar valores usuais, o novo tipo de filósofo desconstruirá, com "dinamite",[105] esses valores como um prelúdio de sua "tarefa principal",[106] a de "*criar [novos] valores*": "os verdadeiros filósofos... alcançam o futuro com uma mão criativa", ensinando à sua comunidade o novo significado de "Para onde"? e "Para quê"?[107]

Enquanto os filósofos do antigo estilo apenas procuraram entender o mundo, o novo estilo procuraria mudá-lo e tentaria "*dominar*" o futuro:[108] a filosofia do novo estilo exprimia a vontade de poder do filósofo. Isso significava que o filósofo sujaria suas mãos e "jogaria um jogo duro". Embora "extemporaneamente" ele precisasse estar conectado sob o aspecto intelectual com sua época, em vez de refugiar-se como Spinoza "nas alturas geladas",[109] as alturas descompromissadas de um mero espectador. Nem ele toleraria o mero ceticismo,[110] a mera crítica,[111] ou a mera erudição.[112] E apesar de precisar *ter* uma filosofia, não seria necessário escrevê-la em livros. Von Stein, por exemplo, disse Nietzsche, não tinha "inteligência" para entender a filosofia dos livros.[113] Mas isso não o incomodava. Seu "espírito heroico essencial" era a personificação de uma nova maneira de viver.[114] Nietzsche mencionou que Frederico II da Sicília, Cesar, Leonardo e, sobretudo, Napoleão eram heróis de quem "gostava", *filósofos* de acordo com a nova concepção. Hegel chamou Napoleão de "a história a cavalo". Mas Nietzsche, creio eu, o chamaria de filósofo a cavalo.

---

99 BGE 211, 203.
100 BGE 44.
101 *Ibidem*.
102 BGE 61.
103 BGE 211.
104 BGE 204.
105 BGE 208, 274. A metáfora elaborada na resenha de Widmann (p. 493).
106 *Ibidem*.
107 BGE 203, 211.
108 BGE 204.
109 BGE 25, 26.
110 BGE 208.
111 BGE 210.
112 BGE 205-207.
113 KSA III. 3 598.
114 KSA III. 1 531, 533.

## A República de Nietzsche

Qual seria a *direção* do trabalho do filósofo visionário? Segundo Nietzsche, ele conhecia uma nova "grandeza".[115] Porém, qual seria essa grandeza?

Ele não discutiu em detalhes essa teoria. Em parte, porque um *ethos* bem-sucedido existe em função das circunstâncias em que vive uma comunidade: como Nietzsche não tinha uma bola de cristal, ele não poderia dizer que tipo de moral possibilitaria a sobrevivência e a prosperidade de uma comunidade no futuro. Mas também porque ele não queria reprimir a criatividade dos seus "discípulos" – como disse Zaratustra, um professor está mal cercado por alunos que permanecem eternamente alunos. Os cadernos de anotações oferecem uma evocação encantadora do mistério no cerne da filosofia de Nietzsche:

> Eu disse certa vez ao deus Dionísio, "você parece ter em mente conduzir-me para um caminho negativo, e é possível pensar que queira a destruição da humanidade". "Talvez", respondeu o deus, "mas algo pode surgir nesse caminho". "O quê?" – perguntei curioso. "Ou quem?" – isso é que você deveria perguntar. Depois Dionísio ficou silencioso, como se quisesse seduzir-me. Você precisaria tê-lo visto! Era primavera e o bosque exalava um fluido vital.[116]

Como veremos, Nietzsche "transformou-se" em Dionísio após seu colapso mental.

Na verdade, o mistério não foi tão profundo como parecia, porque Nietzsche falou bastante a respeito de sua nova sociedade. Mas foi uma descrição formal, extremamente abstrata de como deveria ser uma sociedade bem-sucedida, um modelo quase kantista, quase *a priori*, no qual qualquer sociedade saudável deveria ser construída. Como em *Ecce Homo* ele observou despretensiosamente, *Além do Bem e do Mal* oferece um conjunto de "indicações" de uma sociedade "antiética" da modernidade enferma.[117] Agora iremos examinar essas indicações uma a uma.

### Hierarquia

Nietzsche escreveu,

> Todos os aperfeiçoamentos do "homem" foram resultado do trabalho de uma sociedade aristocrata e, portanto, sempre será: uma sociedade que acredita em uma longa hierarquia e diferenças de valor entre os homens e que, além disso, precisa, em certo sentido, da escravidão. Sem o *pathos da distância* originário de uma diferença hierárquica arraigada, de uma casta de governantes constantemente alerta e olhando com desprezo para seus súditos e instrumentos,\* e pelo contínuo exercício do poder e da

---

115 BGE 212.
116 KSA 12 4 [4].
117 EH III BGE 2.
\* No Livro I da obra *Política* de Aristóteles, o autor chama aqueles que por natureza são escravos de "instrumentos".

obediência... o *outro pathos* mais misterioso nunca surgiria, o *pathos* que resulta no "aumento da distância na alma, para a "autossuperação".[118]

Diante dessa ideia elitista de distância social como um pré-requisito da distância psicológica, ficamos imediatamente inclinados a dizer que Nietzsche não tinha uma origem aristocrática. Mas essa objeção seria uma interpretação incorreta, porque Nietzsche quis dizer que o homem superior do ponto de vista psicológico seria capaz de *perceber* a superioridade social, não em razão de *pertencer* necessariamente a uma posição social superior. E, de qualquer modo, Nietzsche originava-se de um tipo de aristocracia, a aristocracia espiritual do sacerdócio luterano.

"Aristocracia" em sua origem grega significava "governar com os melhores". E, como vimos, para Nietzsche, assim como para Platão, "os melhores" governantes eram os filósofos (vitoriosos). "Comandar e legislar" eram suas atribuições. Então, como Platão, Nietzsche acreditava no "rei filósofo".

Nossa tendência natural é a de achar absurda a ideia de filósofos (pouco competentes, em geral, até mesmo para dirigir seus departamentos nas universidades) governando o mundo – "infantil" como disse Rohde (p. 494). No entanto, temos de ter dois pontos em mente. Em primeiro lugar, os filósofos visionários, como já mencionado, não são necessariamente escritores ou leitores de filosofia, como também não são os filósofos vitoriosos. Se Napoleão poderia ser o primeiro tipo de "filósofo" também, sem dúvida, poderia ser o segundo. O segundo ponto que se esclarecerá quando discutirmos O *Anticristo*[119] refere-se ao fato de que, assim como Platão, Nietzsche não atribuía funções executivas ao rei filósofo. Ele seria uma "grande imagem" e não um homem prático. Em vez de tomar decisões executivas, ele oferecia à comunidade uma liderança espiritual, um papel que Wagner aconselhara o rei da Baviera a exercer (p. 135). Nesse caso poderíamos fazer uma analogia entre a relação do presidente do Irã e o Grande aiatolá, "líder supremo"* da nação, ou entre o governo chinês do Tibet e o Dalai Lama, como modelos aproximados do ideal de Nietzsche. Esses modelos são bem apropriados, como veremos, na alternativa de Nietzsche à democracia, na realidade, sua versão de algo semelhante ao "Estado teocrático". Embora essa premissa não tivesse o intuito de incutir sua teoria política aos leitores ocidentais, ela evidencia que, devido à existência de Estados teocráticos, qualquer que seja nossa opinião a respeito deles, não podemos pensar que o ideal de Nietzsche do "rei filósofo" fosse uma ideia absurda e impraticável.

Nietzsche acreditava na liderança espiritual do rei filósofo. Mas sua empatia pelo Estado ideal descrito por Platão em *A República* era ainda maior. Porque, assim como Platão, ele acreditava que a "hierarquia" de qualquer sociedade saudável consistia em três classes básicas: os líderes espirituais, a classe média culta e autodisciplinada, que aspirava a ter uma "espiritualidade maior" e que poderiam ser

---

118 BGE 257.
119 A 57.
* Dizem que o aiatolá Khomeini leu *A República* quando estava em Qum, na década de 1900, e inspirou-se na visão de Platão do rei filósofo para criar a república islâmica.

futuros líderes (os "assistentes" de Platão) e, por fim, "o povo comum que constituía a grande maioria" ("os artífices" de Platão).[120]

A definição de "justiça" por Platão referente ao Estado consistia no exercício, por parte de todos os habitantes, de seu papel adequado na comunidade determinado pelas classes às quais pertenciam. Do mesmo modo, Nietzsche acreditava na tese que chamarei de uma "estratificação das virtudes". A virtude era uma "circunstância" ou um "papel" específico.[121] Os traços da personalidade considerados virtudes em tipos inferiores seriam vistos como vícios nos filósofos. "A autonegação e uma atitude discreta", louváveis naqueles que haviam nascido para obedecer seriam julgados vícios nos nascidos para comandar.[122] E, por sua vez, a vontade de comandar seria vista como um vício nas pessoas nascidas para se submeterem. Neste sentido, o universalismo cristão, a visão que Nietzsche atribuía à ética cristã do que "é certo para alguém é certo para todos" era, na verdade, "*imoral*".[123]

No "Estado Grego" de 1871 (discutido na p. 189-191), Nietzsche escreveu que "*O Estado perfeito de Platão* era... sem dúvida ainda mais grandioso do que poderiam pensar seus mais fervorosos admiradores, sem mencionar o sorriso afetado e pretensioso com o qual as pessoas "historicamente" cultas rejeitavam essa concepção da Antiguidade".[124] Como a hierarquia tripartida da sociedade sugerida em *Além do Bem e do Mal* era idêntica à da proposta no texto sobre Platão escrito em 1871, poderíamos dizer que as ideias de Nietzsche referentes à *estrutura* da sociedade (bem como a necessidade de uma "mão de ferro"[125] para fortalecer essa estrutura) não haviam mudado desde 1871.

## A Questão da Escravidão

Segundo Nietzsche, "todos os aperfeiçoamentos do 'homem' foram obra de uma sociedade aristocrática que, em certo sentido, precisa da escravidão".[126] Essa opinião nos remete ao tema do "imoralismo" abordado na discussão de *Aurora*. Nietzsche era, *de fato*, um "imoralista", ou suas opiniões tinham o objetivo de gerar polêmica? Mas, creio que essa questão gira em torno de uma posição ambígua, ou seja, ele pensava ou não que *só* os homens superiores tinham direito ao bem-estar, acreditava ou não que as massas medíocres *nada mais* eram que um sistema de apoio aos seres humanos superiores? Se Nietzsche tratasse os homens "inferiores" como *apenas* meios, se os tratasse como coisas em vez de pessoas, nesse caso, ele seria um pensador imoral (e ontologicamente cego).

---

120 BGE 60. A precisão de seu pensamento em harmonia com o Estado ideal de Platão fica ainda mais evidente na Seção 57 de *O Anticristo*.
121 BGE 30.
122 BGE 221.
123 *Ibidem*. A ideia de que a ética cristã não aceitava a estratificação das virtudes foi o mesmo erro que Nietzsche cometeu, ao supor que a "igualdade" moral impedia a existência de todos os "privilégios" especiais (p. 514).
124 GM p. 185.
125 *Ibidem*.
126 BGE 257.

Em uma passagem-chave na Seção 258, Nietzsche disse que a aristocracia no início da Revolução Francesa rejeitou com uma aversão sublime seus privilégios e se sacrificou devido ao excesso do seu sentimento moral [isto é, cristão] e, assim, entrou em um estado de "corrupção". Mas uma aristocracia saudável *não* se considera uma função (caso seja da realeza ou da comunidade), e, sim, como o *sentido* e a suprema justificativa (da realeza ou da comunidade). Só desse modo pode aceitar com a consciência em paz

> o sacrifício de inúmeras pessoas que, por sua causa, são oprimidas e reduzidas a seres humanos incompletos, a escravos, a instrumentos, *em benefício da aristocracia*. Sua crença fundamental tem de ser que a sociedade *não* pode existir para o bem da sociedade, mas apenas como uma subestrutura e estrutura nas quais o homem excepcional possa elevar-se a um... modo superior de *ser*. Assim como as trepadeiras ávidas de sol da ilha de Java chamadas *sipo matador* [cipó-matador], que com seus braços envolvem com tanta frequência e por tanto tempo o carvalho que, por fim, conseguem abrir sua copa e exibir sua felicidade em plena luz.

Essa passagem, mais do que qualquer outra, provocou a acusação de "elitismo imoral", a acusação de que nada tinha importância para Nietzsche além de dois Goethe por milênio: "só o super-homem tem valor". Essa foi a maneira habitual com que o interpretaram, começando pela crítica de P. Michaelis à sua "filosofia elitista" na resenha publicada em 1886 (p. 493). Bertrand Russell, por exemplo, dizia que para Nietzsche "a felicidade das pessoas comuns não fazia parte do bom *per se*", o que "acontecia com a... [não elite] não tinha importância [moral]",[127] ao passo que o influente John Rawls pensava que Nietzsche acreditava em uma elite de pessoas como Sócrates e Goethe, de filósofos e de artistas, sem preocupação ou interesse pelos "medíocres". Essa discriminação social e cultural indicava uma atitude imoral, que revelava um gosto pela "perfeição" estética[128] acima dos princípios da "justiça". Para Nietzsche, disse ele, a filosofia grega justificava a escravidão na Grécia.[129]

Nietzsche não valorizava a arte nem a filosofia em seu próprio proveito: "a arte para o bem da arte" era uma forma de "niilismo", uma "paralisia da vontade" para criar *benefícios socialmente importantes* à arte[130] (p. 628-629). E, como vimos, ele atribuía uma tripla responsabilidade social aos filósofos: eles tinham de ser a "consciência pesada", os diagnosticadores da doença da sua época, os "médicos da cultura"; eles precisavam ser os espíritos livres criativos precursores de uma nova maneira de viver; e no melhor dos mundos eles seriam os "comandantes e legisladores" da comunidade. Acima de tudo, seria o "filósofo como *pensamos* que deveria ser... um homem com uma grande responsabilidade, cuja consciência carrega o peso do desenvolvimento

---

127 Russell (1957) p. 796.
128 Assim, um "consequente perfeccionismo" era outra crítica à suposta posição de Nietzsche.
129 Rawls (1972) Seção 50. Exceto por uma curta lua de mel na época da publicação de *Aurora*, em vez de achar que Sócrates era um "super-homem", Nietzsche julgava-o um "*décadent*" (TI II, KSA 13 11 [375]). Isso sugere uma interpretação errônea por parte de Rawls e de que ele estava atrás de um dois de paus em vez de obter uma compreensão genuína da filosofia de Nietzsche.
130 BGE 208.

da humanidade".[131] Neste sentido, ao afirmar que na visão de Nietzsche a sociedade existia em benefício do artista e do filósofo, Rawls cometeu um erro básico.

A inconsistência do padrão de leitura da passagem do carvalho, assim como muitos textos de Nietzsche, é um motivo para tentarmos ler o trecho de uma forma não usual. E isso não é uma tarefa difícil. O argumento crucial que deve ser observado refere-se ao fato de que Nietzsche não disse "*minha* crença fundamental", e sim que os "aristocratas" são o "sentido e a justificativa" de tudo o que existe. Ele escreveu sobre a maneira de sentir dos *aristocratas* e a respeito da "crença" fundamental que as aristocracias saudáveis tinham, uma visão bem distante do seu ponto de vista.

Penso que o objetivo de Nietzsche na Seção 258 foi o de pesquisar o passado com um caráter antropológico que adotava com frequência,* e com uma referência que, nas aristocracias prósperas do passado, os aristocratas tinham uma arrogância sublime que, em seu colapso, ocasionou a decadência, a "corrupção" dessa sociedade. A passagem não subentende a opinião de Nietzsche que a aristocracia era a melhor forma de sociedade, como tampouco sua descrição das sociedades com a "moral dos senhores" como mais saudáveis que as sociedades com a "moral de escravos", indica que ele apoiava as pilhagens dos vikings.

E, na verdade, creio, Nietzsche *não* defendia a aristocracia no sentido usual da palavra. É importante observar que, ao terminar a Parte 9 do livro, que inclui a Seção 258, ele não a intitulou de "O que é Aristocrático (*adelig*)?", mas, sim, "O que é Nobre (*vornehm*)?". A diferença relevante surgiu em sua última carta para Brandes: "Se vencermos", escreveu, "superaremos as fronteiras absurdas entre raças, nações e classes (*Stände*), porque a partir de então só existirá uma hierarquia (*Rang*) entre os seres humanos".[132] A diferença hierárquica entre *status* e classe é a diferença entre capacidade e nascimento. Veremos em mais detalhes ao discutir *O Anticristo*, que Nietzsche referia-se a uma hierarquia não definida pela hereditariedade, e sim pelas habilidades e aptidões naturais.

Porém, a pergunta continua: e quanto aos "escravos"? A escravidão "em certo sentido", afirmou Nietzsche, era a condição de uma cultura superior.[133] Como ele acreditava na escravidão para não condenar uma grande parte da população ao cadafalso, então porque ele deveria ser acusado de pensador imoral?

A resposta não é evidente de imediato. Apesar de a Seção 258 mencionar que os escravos eram "reduzidos a seres humanos incompletos" em razão da necessidade de apoio à aristocracia, essa observação, como sugeri, seria uma visão dos aristocratas e não da concepção de Nietzsche. Já a Seção 61 fala da existência das massas apenas para "utilidade geral" e, aqui, não se sabe se foi o Nietzsche antropólogo ou o Nietzsche filósofo normativo quem escreveu esse trecho.

Nietzsche reconhecia que a posição tradicional destinada às mulheres era de escravidão: assemelhava-se à "condição de escravo".[134] E como sua opinião em rela-

---

131 BGE 61.
\* "Muitas terras e muitos povos viu Zaratustra: assim ele descobriu a bondade e a maldade em muitos povos..." (Z I 15).
132 KGB III. 5 1170.
133 BGE 257, 239.
134 BGE 239.

ção às mulheres era enfática, poderíamos deduzir sua visão a respeito da escravidão a partir de sua opinião sobre as mulheres.

## Mais uma Vez as Mulheres

A visão de *Além do Bem e do Mal* no tocante às mulheres* significou uma crítica não tanto às mulheres, e, sim, ao movimento de emancipação feminina que se fortalecia bastante no momento em que ele escrevia o livro. Com frequência as emancipacionistas eram seu alvo explícito: as defensoras do movimento de "autodeterminação feminina", disse, não perceberam que, ao citarem Madame de Staël e George Sand como exemplos excelentes de mulheres emancipadas, essa opinião produzia um resultado oposto ao esperado, porque os homens achavam essas mulheres cômicas, exemplos opostos das aspirações emancipacionistas.[135] Nietzsche desenvolveu quatro grandes temas em sua argumentação.

(1) *"A mulher como tal", o "eterno feminino", não tem capacidade de exercer atividades "viris"*. As mulheres não se preocupam com a verdade, o grande talento delas é o hábito (servil) de mentir. Elas não têm capacidade de se "aperfeiçoarem" (objetividade racional) e, portanto, não deveriam opinar em temas como religião, política ou sobre a "mulher como tal". As mulheres nem mesmo sabem cozinhar, embora tenham se dedicado a aprender há milhares de anos: nossa comida horrorosa é uma prova contundente da "falta de racionalidade na cozinha".[136] (De fato, quando se trata de um bom churrasco, é o homem que sempre cozinha!) Até mesmo as mulheres admitem que nunca existiu uma mente feminina tão profunda como a de um homem. (Como pode jamais ter havido uma mulher grande compositora ou filósofa???) As mulheres também confessam que o coração feminino nunca será como o de um homem (e, portanto, as mulheres não têm capacidade de administrar suas propriedades ou famílias).[137] Sendo assim, o papel adequado das mulheres é o de gerar e criar filhos.[138] A mulher erudita tem algo errado em sua sexualidade.[139]

---

\* Na Seção 231 Nietzsche disse que sua opinião sobre as "mulheres como tais" era peculiar. Elas são apenas *"minhas* verdades", um "destino espiritual", uma "grande estupidez que... *não compreenderei"*. Ele revelou, em outras palavras, que sua opinião estava contaminada pelo preconceito. A fonte desse preconceito era óbvia: o trauma do caso Lou Salomé, que mudou radicalmente sua atitude perante as mulheres (Capítulos 18 e 19). Em 1885, como vimos, a maioria dos amigos e admiradores de Nietzsche compunha-se não só de mulheres, como também de mulheres *feministas*. Este fato demonstra a quem fazia uma concessão: Malwida von Meysenbug, Helen Zimmern, Meta von Salis, Resa von Schirnhofer, Helene Druscowicz, entre outras. É evidente que Nietzsche não queria debilitar insidiosamente sua visão a respeito das mulheres por completo; pois como então as iria apresentá-la. Mas, ao reconhecer, penso que suas amigas feministas precisavam fortalecer a posição delas, Nietzsche incentivou-as, assim como Zaratustra fez com seus seguidores, a examinar com muita atenção suas opiniões com uma percepção clara entre o elemento filosófico e a questão patológica. Essa análise deveria também ser nossa tarefa.

135 BGE 233.
136 BGE 234.
137 BGE 232.
138 BGE 239.
139 BGE 144.

Esses eram *apenas* alguns dos muitos preconceitos, ou, na melhor das hipóteses, uma "fase de erros", ou havia um problema sério em meio a essa hostilidade, uma raiva grotesca involuntária? Porém, como já observei, a "posição" de Nietzsche ou o "papel" da ética, referia-se ao seu antiuniversalismo, à insistência platônica de que as virtudes são específicas e inatas a um tipo de pessoa. Sem definir se as capacidades intelectuais ou emocionais pertencem a um gênero específico, a ideia não é absurda. *Talvez* seja verdade que os homens são melhores em determinadas atividades, ao passo que as mulheres são mais talentosas em outras, embora a evidência empírica rejeite a ideia de Nietzsche de que a arte, a ciência e o exercício de liderança ou comando eram aptidões especificamente "masculinas". Outra questão que deve ser observada diz respeito ao fato de que, apesar de as capacidades físicas terem uma especificidade de gênero, elas podem ser modificadas pela tecnologia: embora as mulheres do passado não pudessem ser soldados, agora elas podem ser comandantes de tanques ou pilotos de guerra.

(2) *As mulheres são assustadoras e potencialmente incivilizadas.* Nietzsche refere-se à "mulher" como "um gato bonito e perigoso". (Como ele chamava Lou de "gato", a possuidora de um "egoísmo de gato",[140] há uma evidente associação de nomes.) Dentro da luva de uma mulher estão suas garras de tigre. No amor e na vingança as mulheres são assustadoras. ("O inferno não tem fúria como...").[141]

(3) *As mulheres precisam ser submetidas a um controle masculino rigoroso.* Isso é resultado da capacidade delas de exercer um terrorismo incivilizado. O tratamento oriental da mulher como "propriedade" é "extremamente racional". A mulher não pode perder seu "medo do homem".[142] (Assim falou o aiatolá Nietzsche!)

(4) *O movimento de emancipação e a igualdade de direitos fazem parte da destruição democrática da hierarquia, que resultará no nivelamento social e cultural da Europa.* O feminismo, em outras palavras, fazia parte do nivelamento geral da modernidade ocidental, que reduzia as pessoas à condição medíocre de "rebanho", e destruía sua capacidade de produzir um indivíduo excepcional necessário à sobrevivência e ao crescimento.[143] Como vimos, Meta von Salis, uma aristocrata por nascimento, era tão antidemocrática como Nietzsche: o único ponto em que discordava dele referia-se à sua crença de que poderia haver "super mulheres", assim como "super-homens". Nietzsche não percebeu que os "direitos iguais" para as mulheres não necessariamente implicava "direitos iguais" para todos.

\*\*\*

Até o momento a discussão sobre as mulheres consistiu em vê-las como instrumentos, uma mera "propriedade", como disse Nietzsche. No entanto, depois do caso Lou Salomé, Nietzsche demonstrou uma preocupação em relação às mulheres, que excluía o conceito de meros instrumentos. O movimento democrático, disse, na verdade *diminuiu* o poder real das mulheres, que dependia de um clima de mistério

---

140 KGB III. I 347, 348.
141 BGE 239.
142 BGE 238.
143 BGE 239.

e de uma dissimulação astuciosa.[144] Como agora ele definia a "felicidade" como "o sentimento de um poder crescente, cuja resistência foi superada",[145] uma de suas objeções ao movimento de emancipação era sua visão de que as mulheres seriam menos felizes do que antes. Este argumento recapitula o texto de *A Gaia Ciência*, no qual Nietzsche escreveu que as mulheres sentem "mais força e prazer" ao terem "funções" de um homem, sua bolsa, confidente ou apoio social (p. 404), de serem o "poder atrás do trono". (Apesar de as mulheres não poderem falar no marae, a cultura maori é descrita com frequência como mais um matriarcado do que um patriarcado.) Nietzsche preocupava-se que, à sua maneira, as mulheres, assim como os homens poderiam exercer a vontade de poder. Ele inquietava-se, em resumo, que as mulheres fossem felizes. Por esse motivo, ele dizia que as mulheres estavam "predestinadas à servidão e *se satisfaziam com esta condição*".[146] Porém, subjacente a esta fanfarrice, a visão de Nietzsche a respeito das mulheres não o tornava um imoral, mas, sim, um *paternalista* bem tradicional. E o mesmo acontecia, talvez, com sua visão sobre a "escravidão" em geral.

Essa posição evidenciou-se no último trabalho de Nietzsche, *O Anticristo*. Neste livro ele escreveu que as pessoas que eram por natureza "instrumentos" sentiam-se felizes em *serem* instrumentos. "Para o medíocre, a mediocridade significava felicidade." Elas sentiam-se infelizes em razão dos agitadores socialistas, que as incitavam a ascender além do nível feliz de suas vidas.[147] Então, não apenas a virtude, mas também a felicidade era específica para cada tipo de pessoa. Neste sentido, para *Nietzsche* não havia o argumento de que as pessoas estavam sendo "reduzidas" à escravidão, porque *seus* únicos "escravos" – "os medíocres" – destinavam-se *por natureza* a esse papel.

Em resumo, as opiniões de Nietzsche sobre hierarquia, escravidão e mulheres não o convertia em um pensador imoral. Elas revelam, ao contrário, uma pessoa "compassiva", ou, como os ingleses dizem, um conservador "paternalista". Observem, entretanto, que é muito provável não chegarmos a essa conclusão, se pensarmos que suas opiniões referentes às mulheres são constrangedoras e não condizem com sua filosofia.

## *Moral, Religião e a Arte no Novo Mundo*

A primeira característica, portanto, da utopia de Nietzsche, era a hierarquia social com "escravos em certo sentido", pessoas destinadas a serem escravas por natureza e mais inclinadas a receber do que a dar ordens, com a posição no menor nível da "pirâmide" social.[148] A segunda característica era a que, ao contrário da modernidade "heterogênea", ela tinha uma moral comum: tinha a "firmeza, a uniformidade e a simplicidade da forma" que "uma [qualquer] comunidade aristocrática

---

144 BGE 239.
145 KSA 13 11 [414].
146 BGE 238. Minha ênfase.
147 A 57.
148 A 57.

impõe aos seus princípios de vida".[149] Ela teria, em suma, o mesmo "planejamento do jogo" que, segundo a teoria de uma cultura saudável, é essencial para o sucesso da sua evolução.

Mas essa unidade não precisava ser totalmente uniforme. Uma sociedade nobre não se assemelharia a uma Coreia do Norte, e, sim, refletiria a "grandeza" humana que consiste "no âmbito e na diversidade da humanidade, na unidade da multiplicidade".[150] Mais uma vez a analogia com um time de futebol surge à mente. Um bom time de futebol, é óbvio, não é aquele em que os jogadores têm as mesmas funções, e, sim, em que exercem papéis diferentes coordenados por um único planejamento do jogo, a fim de atingir uma meta comum. Observem que a tese de estratificação de Nietzsche – a "posição", a natureza relativa – tanto da virtude quanto da felicidade encontra uma explicação imediata em termos dessa analogia.

A sociedade ideal de Nietzsche, portanto, possui um *ethos* comum, mas não totalitário. No entanto, para ser eficaz, um *ethos* precisa ter autoridade. Neste ponto Nietzsche percebeu a posição central de uma religião comum na sociedade "nobre": não uma religião baseada, como o cristianismo, no medo, e, sim, uma religião "nobre" fundamentada, como a dos gregos, na "gratidão" pelo sucesso da comunidade na luta evolucionista, uma religião que refletia as imagens idealizadas de seu povo "nobre" como "princípios" morais, paradigmas da excelência humana.[151]

Porém, para serem eficazes esses modelos precisavam ter autoridade de serem objetos de reverência, objetos que provocavam um "silêncio involuntário". O hábito de reverenciar determinados ensinamentos e princípios, um dos poucos legados benéficos do cristianismo, que "cultivou nas pessoas a compreensão que não podiam tocar em tudo, que havia experiências sagradas diante das quais tinham de tirar os sapatos e manter as mãos sujas longe delas".[152] Em *Miscelânea de Opiniões e Sentenças* isso foi uma tarefa, em especial, dos artistas que usaram suas técnicas sutis de "transfiguração"[153] para produzir imagens brilhantes de "belas almas" que, por meio de seu poder carismático, estimulavam a rivalidade.[154] O fato de *Além do Bem e do Mal* mencionar que a arte (o tipo certo) pertencia aos "elementos genuinamente nobres"[155] da cultura indicou que ele mantivera esta opinião.

Agora, ficou claro por que falei da alternativa para a democracia como uma espécie (não metafísica) de teocracia. O que ele procurava, penso eu, como procurou em seu primeiro livro, era o "renascimento da tragédia grega", o renascimento de uma "arte coletiva" que, em seu cerne sagrado, reunia a comunidade em uma clara afirmação de seu *ethos* fundamental.

\*\*\*

---

149 BGE 262.
150 BGE 212.
151 BGE 49.
152 BGE 263.
153 TI IX 9-11.
154 AOM 99.
155 BGE 224.

Nietzsche disse que o líder filosófico de um Estado ideal, incumbido, como ele (e como o rei Ludwig encarregara Wagner [p. 135]), de "exercer uma responsabilidade muito abrangente" em prol do "desenvolvimento da humanidade" fará uso de uma religião "para seu trabalho de cultivar a educação". Como ele mencionou o sistema de castas indiano ligado a essa ideia, ele tinha em mente o apoio da eugenia, em que acreditava, com sanções religiosas. As religiões, acrescentou, proporcionam muitos benefícios sociais: por exemplo, elas "unem seu governante aos governados" e "dão ao povo comum um sentido inestimável de satisfação com sua condição".[156] Em outras palavras, elas propiciavam uma explicação clara e decisiva do *ethos* comum.

No entanto, em razão da admiração de Nietzsche por *A República* de Platão, essa imagem do "uso" da religião pelo filósofo com fins sociais sugere a ideia da religião como uma "nobre mentira" e do governante como um intruso cínico, que ninguém descobre a "fraude piedosa":[157] a imagem do rei filósofo que, assim como o personagem do poema "O Grande Inquisidor" idealizado por Ivan Karamazov em *Os Irmãos Karamazov* de Dostoievsky, tem uma percepção sagaz de que a religião era o ópio para controlar as massas, embora a julgasse ser apenas uma superstição infantil. Por isso, a resenha de Michaelis sugeriu que a defesa da "religião" por Nietzsche era "um anacronismo, um ponto de vista ultrapassado, mas representava um instrumento útil para controlar o rebanho" (p. 4493-494).

Mas, na verdade, esse não era o pensamento de um líder filosófico, porque, desse modo, ele não teria as características de um "livre pensador": o homem de "ideias modernas" que olhava para a religião "com um ar de superioridade, como quase uma diversão agradável... mesclado a um leve desprezo pelo que ele presume ser a "impureza" do espírito existente em alguém que apoia a Igreja".[158] Em que então o "rei filósofo" acreditava?

Ao voltarmos à passagem que diz que "todos os aperfeiçoamentos do 'homem' foram resultado do trabalho de uma sociedade aristocrática", vemos que o rei filósofo de Platão governava por intermédio de seu conhecimento das "Formas" (o projeto "divino" de como o mundo deveria ser) e, portanto, o líder filosófico de Nietzsche não governaria por decretos arbitrários. Em vez disso, ele exerceria "um processo contínuo '*de obedecer* e comandar'".[159] Por que então junto com todos os mundos metafísicos Nietzsche rejeitou o reino sobrenatural de Platão das Formas, ao qual seu líder ideal obedecia?

Ele seguiria o *ethos* comum, a "moral" que era uma função do seu caráter singular, da história e das circunstâncias atuais em sua comunidade. Como a religião da comunidade era apenas uma articulação válida desse *ethos*, ele saberia que os deuses não eram seres sobrenaturais, e, sim, projeções dos seres humanos. (Homero e os poetas gregos em geral não "acreditavam" em seus deuses, observou Nietzsche; porque, se acreditassem, eles não teriam tido a liberdade de "inventá-los" em suas

---

156 BGE 61.
157 BGE 105.
158 BGE 58. Ver também 263.
159 BGE 257. Minha ênfase.

representações.)¹⁶⁰ Mas, assim como Feuerbach,* Wagner e o próprio Nietzsche, ele saberia que, por serem ficções (ou versões ficcionais de pessoas reais), não prejudicariam de modo algum seu papel de "modelos" de excelência humana.

Nietzsche captou aqui, penso, uma questão importante sobre o discurso religioso: "Jesus jamais faria isso" tem a mesma força ética para alguém que acredita que Jesus nunca existiu ou para alguém que acredita em sua existência. Como *O Clube de Leitura de Jane Austen* cita, "Esse seria o comportamento de Emma (personagem de um dos livros de Jane Austen) perante essa situação" pode ter uma força ética. Mas vemos em todos esses questionamentos que, embora a religião possa ser uma "nobre mentira" contada para as massas, ela não limitava de modo algum o governante esclarecido a uma indiferença cínica. Ao contrário, ao reverenciar os deuses, ele sabia que respeitava o que havia de melhor em sua comunidade. Seria uma situação semelhante entre uma mãe e um filho: ambos concordavam que uma "santa não seria assim" apesar de alguns pensarem que uma santa era uma ficção e outros acreditassem na sua existência.

Nietzsche dizia que "o preço a pagar é elevado e perigoso, quando a religião *não* atende aos objetivos de criar e promover a educação por meio dos filósofos, torna-se *soberana* em sua intenção de ser uma meta final e não um meio entre outros meios".¹⁶¹ Esta premissa talvez possa ser interpretada como um incentivo para que um líder use a religião para manipular as massas e, ao mesmo tempo, se mantenha em um distanciamento cínico. Mas, creio que sua argumentação leva à conclusão de que uma religião adequada deveria atender ao bem-estar dos seres humanos e não, como no cristianismo, subordinar a vida humana a preceitos religiosos prejudiciais ao ser humano saudável. "Os deuses" devem prestar serviços aos homens, e não os homens aos deuses.

---

160  HH 125, GS 302.
\*   O livro de Ludwig Feuerbach, *Essence of Christianity* (1841), que teve um efeito profundo em Wagner (e em George Eliot, que o traduziu para o inglês), originou a ideia de que os deuses eram projeções ficcionais dos desejos humanos (de imortalidade, por exemplo) e virtudes.
161  BGE 62.

# 22

# A PREPARAÇÃO

## Quinto Verão em Sils Maria

*Além do Bem e do Mal* foi publicado quando Nietzsche passava mais uma temporada de verão em Sils Maria. Ele chegou em 30 de junho de 1886 com planos de estender sua estada, como sempre, até o final de setembro. Embora agora o lugar tivesse um movimento grande de turistas de classe média, o que lhe desagradava, em agosto chegaram 10 professores a Sils para seu desprazer ainda maior, sendo que quatro, com ele inclusive, ficaram hospedados na casa Durish. Mas era preciso suportar a presença deles em razão do "inverno permanente e suave" que ele acreditava ser benéfico para sua saúde (uma "agradável cura climática", poderíamos dizer). Como companhia ele tinha seu círculo habitual de mulheres, as duas Emily Fynn, a condessa Mansuroff e a mais intelectualizada Helen Zimmern. Meta von Salis fez uma visita de dois dias a Sils acompanhada da mãe e de uma amiga (e amante) Hedwig Kym. Ao sentar-se à mesa da sala de jantar junto com outros hóspedes, lembra-se Meta,

> Olhei ao redor e aos poucos meus olhos míopes certificaram-se de que Nietzsche estava sentado no final da mesa. Ele parecia mais jovem do que no nosso primeiro encontro e conversava animado com uma moça à sua direita, a qual me apresentou no dia seguinte como senhorita Helen Zimmern... Essa noite observei como ele era educado e atencioso com as mulheres, especialmente com as mais velhas, o que não correspondia à sua reputação. Logo que nos levantamos da mesa, eu lhe enviei meu cartão de visitas. Ele procurou-me e eu lhe apresentei minha mãe e a amiga. Ele foi encantador... com minha mãe. Não havia traço de uma atitude forçada... Ele tentou convencê-la a ficar em Sils no dia seguinte... Queria lhe mostrar os lugares bonitos da região [e] descreveu seus encantos especiais, a península [Chasté], os dois lagos... Para mim Nietzsche era inseparável da... montanha silenciosa do mundo de Engadine... o homem mais solitário, orgulhoso e suave do nosso século entrara em seu reino ancestral, como o filho de um rei nascido no exílio.[1]

No entanto, houve momentos menos régios: durante uma pausa em um longo passeio ao redor do lago Silverplana, Meta recorda-se que ele havia feito um discurso apaixonado e longo para as vacas que pastavam em torno deles (lembrem-se do "mendigo voluntário" de *Zaratustra Parte IV*).[2]

---

1  J II p. 480.
2  C p. 640.

## As Explosões nas Planícies

Nietzsche ouviu pela primeira vez, como o som de explosões distantes nas planícies, as reações iniciais a *Além do Bem do Mal*, enquanto ainda estava em Sils. No início, gostou da resenha "dinamite" de Widmann (p. 493), e citou um parágrafo em uma carta a Malwida.[3] Por fim, davam-lhe uma atenção respeitosa. E lhe agradou a ideia de que seus livros fossem considerados "perigosos", porque ele os havia chamado assim.[4] Porém, logo em seguida começou a pensar que haviam enfatizado demais o "perigo" e que em breve "todos os tipos de polícia" o perseguiriam.[5] Do mesmo modo, embora sua reação inicial à resenha de Welti (p. 494) tivesse sido de prazer pelo "grande respeito" demonstrado pelo "suíço",[6] teve de reconhecer sua vacuidade essencial, assim como a superficialidade de todos os seus resenhistas e, em janeiro do ano seguinte, queixou-se que nos 15 anos como escritor de livros ele não recebera uma única resenha competente.[7]

Por outro lado, ficou encantado com a reação de Burckhardt ao livro. À sugestão de Nietzsche de que eles estavam trabalhando no mesmo problema, as "condições para o crescimento da cultura"[8] (que eu chamei de "teoria da cultura saudável"), Burckhardt respondeu dizendo-lhe que, como um humilde historiador, ele não tinha uma "mente filosófica" e, portanto, não poderia dizer que compartilhava o projeto de pesquisa de Nietzsche. Na verdade, confessou, fora incapaz de entender a maior parte do livro. Mas concordava com a "natureza de rebanho" da modernidade; com a democracia como herdeira do cristianismo; e "em especial sobre o nosso futuro na Terra". "Nesse ponto", escreveu Burckhardt, "você descreveu a provável geração e as condições de vida de uma maneira que suscitará um forte consenso".[9] Não surpreende, então, que Nietzsche tenha ficado encantado com essa opinião e com o alto nível de compreensão e concordância demonstrado pela carta "celestial" e respeitosa de Burckhardt.[10]

Um outro leitor, o historiador francês e teórico literário Hyppolite Taine também recebeu um exemplar do livro e agradeceu com uma carta em que demonstrava "o reconhecimento como eu gostaria".[11] Nietzsche respeitava Taine quase tanto quanto respeitava Burckhardt; eles, escreveu, são meus únicos leitores verdadeiros.[12] E escreveu uma carta furiosa a Rohde, que dissera que o trabalho de Taine "não tinha conteúdo", dizendo-lhe que essa observação revelava quão estúpido ele era e, acrescentou, ao contrário de Taine, sua vida (a de Rohde) é que não

---

3  KGB III. 3 751, 756.
4  GS 76.
5  KGB III. 3 761.
6  KGB III. 5 803, 811.
7  KGB III. 5 794. No entanto, em junho de 1887, ele reverteu sua opinião e disse que a resenha de Widmann era "muito inteligente" (KGB III. 5 865) e lhe enviou, como gratidão, um exemplar de *A Gaia Ciência* (KGB III. 5 869).
8  KGB III. 3 754.
9  KGB III. 4 403.
10  KGB III. 3 760.
11  KGB III. 3 769.
12  KGB III. 3768, KGB III. 5 849.

tinha sentido.[13] Ele sentia uma profunda admiração pela biografia de Napoleão escrita por Taine: "foi você", escreveu a Taine, "que nos apresentou o problema extraordinário do monstro e do super-homem (*Unmensch und Übermensch*),[14] um julgamento sobre Napoleão que reapareceu em *A Genealogia da Moral*. Por outro lado, ele não concordava com a teoria do *"milieu"* de Taine, a ideia de que obras de arte são funções absolutas de seu *"milieu"* físico e cultural. O gênio, escreveu Nietzsche em suas anotações, não se explica pelo ambiente em que vive. Pessoas diferentes podem reagir de uma maneira distinta a um mesmo ambiente.[15] Em *O Crepúsculo dos Ídolos* ele descreveu o que havia de errado com a teoria: ela era incompatível com o surgimento de um gênio individual.[16] Se, em outras palavras, a criatividade fosse uma função absoluta do meio ambiente não haveria a necessidade nem a possibilidade de uma "mutação aleatória".

## Hino à Vida

Em agosto de 1886, sempre com o desejo de ser um compositor, Nietzsche concluiu seu *Hino à Vida*. Era a conclusão de sua *Prece à Vida*, seu arranjo musical do poema de Lou Salomé (p. 427) composto em 1885, mas com duas diferenças. Primeiro, a obra original para tenor e piano (ela mesma uma nova versão da melodia de 1873 do *Hino à Amizade*) transformou-se em uma peça para coro e orquestra, mas a orquestração, muito além da competência técnica de Nietzsche, foi realizada por Köselitz. E, segundo, agora ele incluiu no poema musicado o segundo e o terceiro versos da poesia de Lou.

Ao tentar obter a aprovação de seu amigo, o maestro da orquestra de Zurique, Friedrich Hegar (p. 479), ele disse que o final da obra tem "um tom trágico que irrompe do mais profundo do meu 'âmago'". Ele queria que fosse tocada, continuou, em "minha memória", para que "daqui a uns 100 anos compreendam o que eu queria exprimir".[17] Embora Hegar não tenha se entusiasmado com a orquestração (ou pelo menos disse isso), a obra foi publicada por Fritzsch em outubro de 1887.

Em *Ecce Homo*, Nietzsche deu uma extraordinária ênfase ao *Hino*, ligando-o intimamente à ideia do eterno retorno e à inspiração que lhe fez escrever *Zaratustra*, um livro que "talvez possa ser também uma música". A composição musical do poema de Fräulein Lou von Salomé, disse ele (tratando a *Prece* e do *Hino* como sendo a mesma obra), surgiu em um momento

---

13   KGB III. 5 849.
14   KGB III. 5 872. Ver KSA 12 5 [90], em que há uma menção à revelação de Taine da "intensidade, coerência e lógica interna" do "sonho" de Napoleão que o tornou irmão de Dante e de Michelangelo.
15   KSA 12 2, 175. A frase de Zaratustra "Mil e uma metas" que "assim que reconhecemos a necessidade de um povo, da Terra, do céu e do vizinho, com certeza poderemos imaginar a lei para superá-la", sua moral parece ter sido inspirada pela teoria do *milieu*.
16   TI IX 44. Comparar KSA 12 7 [33] e 7 [25].
17   KGB III. 3 735, KGB III. 5 951.

em que eu estava possuído no mais alto grau pelo *pathos affirmative par excellence*, que eu chamo de *pathos* trágico... Quem sabe como extrair significado das últimas palavras de um poema adivinhará por que prefiro e admiro essas obras: elas possuem grandeza. O sofrimento não é uma objeção à vida: "Se não tiver mais felicidade para me oferecer, então! *Você ainda tem seu sofrimento*..." Talvez minha música também seja grandiosa a esse ponto. (Última nota do clarinete em lá é dó agudo e não dó. Erro de impressão.)[18]

Esse comentário ajuda a explicar a mudança do título "prece" de Lou para "Hino". "Prece" e "hino" são palavras religiosas, mas enquanto uma "prece" é uma conversa com uma divindade pessoal, o "hino" exprime a admiração e a glorificação diante de uma divindade impessoal. É significativo que os cadernos de anotações desse período contenham tantas observações favoráveis sobre "panteísmo", a tentativa panteísta de "pensar de tal forma que a maldade, o erro e o sofrimento não sejam argumentos contra a divindade". A consciência panteística gera, escreveu, uma afirmação de "gratidão pela existência", que encontra uma expressão natural no "ditirambo"; em outras palavras, um *Hino* não dedicado ao "Deus moral" do cristianismo, e sim a Dionísio.[19]

Schopenhauer afirmava (com propriedade, penso) que a essência da música é a que provoca a *sensação* do sentimento, da emoção. A música "triste" ou "alegre", mesmo a puramente instrumental, é chamada de "triste" ou "alegre" porque essa é a sensação que nos provoca. As palavras na música transmitem à mente um "exemplo" específico de algo que nos entristece (a paixão do poeta que o abandonou) ou nos alegra (ela tinha voltado). A íntima conexão que sempre Nietzsche viu entre sua filosofia e sua música – como vimos, a *Prece à Vida* original tinha o intuito de "atrair" pessoas para sua filosofia[20] – é explicada, creio, pela visão de Schopenhauer. Enquanto as palavras dos livros escritos a partir de *Zaratustra* transmitiram uma mensagem de afirmação da vida, só sua música (inclusive a "música" de sua poesia e da prosa poética) transmitiu a emoção fundamental "ditirâmbica" subjacente a esses trabalhos e que os unifica, e transmitiu isso nos fazendo *sentir* essa emoção.[21] Portanto, a filosofia, que tem como objetivo mudar a vida das pessoas, *precisa* da música para realizar sua meta. Em consequência, Nietzsche não compôs música como um *acréscimo* à filosofia. A filosofia e a música são o mesmo empreendimento.*

## Um Mês no Campo

Com a chegada do mês de setembro, o plano de Nietzsche de manter a temperatura ambiente entre 9 e 12 graus Celsius ao longo do ano[22] determinou que chegara de novo o momento de fazer sua migração anual. Nietzsche estendera sua estada e esse

---

18 EH III Z 1.
19 KSA 12 2 [106], 2 [114], 2 [117].
20 KGB III. I 295; ver p. 427.
21 KGB III. 5 931, 940.
* Como poderíamos dizer, elas constituem uma *Gesamtkunstwerk*, uma "arte coletiva". A ideia de que só a arte *musical* tem o poder emocional de mudar a vida das pessoas constituiu o cerne da teoria estética de Wagner.
22 KGB III. 3 773.

ano, disse à mãe, foi "o último pássaro a voar de Sils".[23] A fim de evitar o calor ainda considerável em Nice, ele optou por um *intermezzo* de um mês nas colinas acima de seu amado golfo de Gênova, em Ruta Lugure.

Nietzsche adorou Ruta. Na carta enviada a Köselitz com o cabeçalho "Cerca de 400 metros acima do nível do mar, na estrada para a península de Portofino", ele sentiu um impulso de escrever

> um comentário sobre este canto maravilhoso do mundo... Pense em uma ilha no arquipélago grego, com florestas e montanhas que se espalham aleatoriamente e que um dia, por acidente, nadaram para o continente e nunca mais voltaram. Há algo de grego no lugar, mas também alguma coisa de pirático, de repentino, de oculto e perigoso.*[24]

Embora tivesse encontrado o estilo veneziano de cozinhar no Albergo Italia em Ruta, com a ausência de uma "boa carne", "horrível", ele conseguia viver com apenas "cinco francos por dia, incluindo vinho". E adorava a vista de sua janela. "À esquerda", escreveu a Emily Fynn, "vejo o golfo de Gênova até o farol [o ponto de referência de Gênova]; sob minha janela até as montanhas tudo é verde, escuro, refrescante para os olhos".[25] E ele gostava também do ar revigorante, os passeios "entre dois mares" (o golfo de Gênova e o golfo de Tigullio) e as noites frias: "já três vezes", escreveu, "acendemos grandes fogueiras do lado de fora... não existe nada mais bonito que ver as chamas brilhando... no céu sem nuvens".[26] (Como uma imagem artística, essas chamas foram mencionadas no novo prefácio de *A Gaia Ciência* (p. 409) escrito durante a estada de um mês em Ruta: o que "nós, convalescentes", precisamos é "de uma arte zombeteira, luminosa, veloz, divinamente imperturbável, divinamente artificial que, como uma chama brilhante, resplandece em um céu sem nuvens".)

Apesar de no início ter encontrado em Ruta o isolamento de "Robinson [Crusoé]"[27] necessário para trabalhar, mais uma vez sua solidão foi interrompida pelo tedioso e grudento Lansky. Educado demais para evitar a presença de Lansky, Nietzsche ficou feliz ao saber que ele não iria segui-lo em sua temporada de inverno em Nice.[28]

## Quarto Inverno em Nice

Nietzsche chegou no dia 20 de outubro em Nice, para sua quarta estada de inverno (a sétima no Mediterrâneo entre Nice e Gênova), e permaneceu na cidade até o início de abril de 1887. Embora as palmeiras na Promenade des Anglais tivessem feito com que ele descrevesse Nice como uma "cidade africana",[29] nesse ano o frio era

---

23   KGB 760.
\*    Apesar do amor que Nietzsche sentia pela antiguidade grega, ele nunca pensou em ir à Grécia. Talvez quisesse preservá-la como um lugar imaginário, com medo de que a realidade estragasse o sonho.
24   KGB III. 3 759.
25   KGB 757.
26   KGB III. 3 757, 759.
27   KGB III. 3 759.
28   KGB III. 3 760.
29   KGB III. 3 770.

intenso, especialmente em seu quarto voltado para o norte e sem aquecimento na Villa Speranza, o prédio vizinho à Pension de Genève, para onde tinha se expandido com mais 40 quartos.

Os "dedos congelados" dificultavam a escrita.[30] Então, relutantemente, ele mudou-se no início de janeiro para a Rue des Ponchettes, 29 (agora número 17), onde encontrou um quarto iluminado pelo Sol e com aquecimento. Mas espartano como sempre, ele vangloriava-se de não ter usado ainda o aquecedor,[31] e continuou a acrescentar a cor azul violácea de seus dedos à paleta de cores locais: "As montanhas mais próximas estão brancas há muito tempo (como a natureza parece vaidosa com essas montanhas brancas em meio a essa paisagem saturada de cor). A 'essa abundância de cores' pertencem também meus dedos violáceos [e] os pensamentos sombrios."[32]

Logo depois da chegada a Nice, sua paz de espírito foi interrompida pelos pedidos de dinheiro dos Förster no Paraguai. Os pedidos foram feitos mais uma vez sob a forma de um investimento em um lote de terra onde, como sugeriram, ele moraria quando emigrasse. Nietzsche ficou impressionado com a extensão de terra que a *Nueva Germania* comprara: 31.079.857 m, comentou, era uma área maior do que a de alguns principados alemães. E ele lhes desejou sorte em seu sonho de que uma estrada de ferro fosse construída através de suas terras, permitindo-lhes assim exportar madeira. Mas, como escreveu a Köselitz, recusou-se a ter qualquer envolvimento pessoal nesse "empreendimento antissemita",[33] e temeu, além disso, que os habitantes da Basileia, ao saberem que ele estava comprando uma propriedade, pensariam, é óbvio, que não precisava mais de sua pensão.[34] Ele recusou gentilmente a oferta de compra e, de uma maneira covarde, responsabilizou Overbeck por sua decisão. Overbeck (seu amigo sempre atento na Basileia), disse ele, lhe prevenira que poderia ter sérios problemas com sua pensão se realizasse essa compra.[35]

## Os Preparativos para a Grandeza

Em seguida à conclusão de *Além do Bem e do Mal*, o projeto literário de Nietzsche em 1886 foi o de reeditar, em uma edição revisada, suas principais obras filosóficas. Assim, no início de setembro, trabalhando com extrema rapidez, ele escreveu novos prefácios para *Humano, demasiado Humano* e *A Origem da Tragédia*. Depois escreveu um prefácio para *Miscelânea de Opiniões e Sentenças* e *O Andarilho e sua Sombra*, que passaram a constituir o segundo volume de *Humano, demasiado Humano*. As segundas edições dos quatro livros foram publicadas por Fritzsch em 31 de outubro. Além disso, as Partes I e III de *Zaratustra* foram publicadas, pela primeira vez, no final de 1886, como uma única obra.

---

30   KGB III. 5 785.
31   KGB III. 5 798.
32   KGB III. 5 790.
33   KGB III. 5 851.
34   KGB III. 3 774.
35   KGB III. 3 773.

## CAP. 22 | A PREPARAÇÃO

Porém, ainda não satisfeito, em meados de novembro, Nietzsche terminou um novo prefácio para a segunda edição de *Aurora* e, no final de dezembro, entregou ao seu editor um prefácio para a nova edição de *A Gaia Ciência*. A segunda edição incluiu uma epígrafe inédita na folha de rosto, o prefácio escrito em Ruta e, no final do livro, acrescentou um quinto trabalho seguido pelas "Canções do Príncipe Vogelfrei", uma versão ampliada de "Idílios de Messina" (p. 394-395). Devido a atrasos desagradáveis de impressão, esses dois livros só foram publicados em junho de 1887.

Nietzsche tinha diversos motivos para reeditar todas as suas obras. Em primeiro lugar, Fritzsch comprara de Schmeitzner não só os direitos autorais de seus livros, como também grande parte dos exemplares que não haviam sido vendidos (p. 488-489). Nietzsche esperava que o fato de reeditar os antigos exemplares, com novos prefácios, lhes daria "novas asas" e provocaria "um novo interesse do ponto de vista comercial".[36]

O segundo motivo menos comercial consistiu na certeza de Nietzsche, como se vangloriou com Fritzsch, de "ser o pensador mais independente de sua época, e o que pensava mais além do que qualquer outro em grande estilo". Além disso, seu desenvolvimento como um pensador diante das dificuldades e incertezas da época atual era um exemplo para seus contemporâneos. Por isso, era preciso revelar com urgência o processo de evolução de suas obras e, assim, mostrar, por exemplo, como "criar uma nova literatura para a Alemanha (um prelúdio moral para a educação e cultura que até então os alemães não possuíam)".[37]

O último motivo foi causado pela sensação de que atingira um momento decisivo em sua carreira. Ao concluir o projeto de reedição de suas obras, ele sentiu que "uma fase de sua vida terminara" e, portanto, "agora tenho uma enorme tarefa diante de mim. À minha frente e, ainda mais importante, acima de mim".[38] Como sabemos, essa enorme tarefa, esse trabalho "em grande estilo" de recapitular sistematicamente sua filosofia (e desse modo propiciar sua inclusão entre os grandes filósofos alemães), teria o título grandioso de "A Vontade de Poder: Tentativa de uma Transvaloração de todos os Valores". O projeto foi mencionado pela primeira vez em suas anotações no final de 1885[39] e nas cartas em agosto de 1866, quando ele pensou que uma "peregrinação" a Ajaccio na Córsega, local de nascimento de Napoleão, seria uma preparação histórica adequada para realizar sua tarefa.[40] Portanto, a apresentação final de seus trabalhos seria uma ação preparatória, um prelúdio necessário para concentrar seus esforços em seu projeto grandioso. Um sinal da percepção intuitiva de que concluíra uma fase da vida foi a sensação momentânea de náusea em face dessas obras: só "aqui entre nós", escreveu a Köselitz, "eu não as suporto".[41]

---

36 KGB III. 3 742. O fato de as quatro *Considerações Extemporâneas* não terem sido incluídas no projeto de reedição sugere que Nietzsche não as considerava trabalhos importantes, mas uma razão mais provável seria, creio, por Fritzsch ter comprado poucos, ou talvez nenhum, exemplares não vendidos desses livros.
37 KGB III. 3 730, 740.
38 KGB III. 5 834.
39 KSA 12 1 [126], 2 [73], 3 [4].
40 KGB III. 3 734.
41 KGB III. 3 770.

## Os Prefácios de 1886

Na mesma carta, Nietzsche disse a Köselitz que foi "uma sorte" não ter exemplares de *A Origem da Tragédia* nem de *Humano, demasiado Humano* à sua disposição quando escreveu (em Sils Maria) os novos prefácios.[42] A razão pela qual achou que fora uma sorte consistia no objetivo de que, além de estimular a venda dos livros, o conjunto dos novos prefácios não visava proporcionar guias precisos do conteúdo das obras. E, sim, como já mencionado, seu objetivo era apresentar "uma espécie de narrativa de um desenvolvimento espiritual",[43] uma *Bildungsroman*, uma história de "autoeducação" que seria um exemplo para os alemães (e também para a modernidade ocidental). Nos prefácios, Nietzsche apresentou-se como um *herói* espiritual. Mas como escreveu em *A Gaia Ciência* (p. 406) para descobrir o herói "oculto nos personagens cotidianos" é preciso ter um "distanciamento" artístico do tema, a fim de evitar se perder na floresta por causa das árvores. No entanto, o distanciamento estético significa que "há muitas coisas que não mais vemos, e nossos olhos têm muito a acrescentar se quisermos ver alguma coisa".[44] Em resumo, é preciso *falsificar* um pouco os fatos. Em consequência, não devemos esperar uma precisão acadêmica nos prefácios escritos em 1886. Com a finalidade de se apresentar como uma figura "monumental" e exemplar, o pensador que ele retrata tinha que ter em certo grau, como os modelos a imitar, de ficção artística. (A arte, disse Picasso, é a mentira que conta a verdade.)

O caráter não acadêmico dos novos prefácios fica especialmente evidente na "Tentativa de uma Autocrítica", que precedeu a segunda edição de *A Origem da Tragédia*. O problema não consistiu nas críticas ao estilo de seu primeiro livro – "mal escrito, desajeitado, constrangedor, com um excesso de imagens confusas, emocional em alguns trechos tão piegas a ponto de parecerem efeminados". O problema referiu-se à tentativa de analisar um livro que, como vimos, tinha em todos os sentidos um compromisso com o idealismo metafísico e o pessimismo em relação à vida. Um livro que refletiu o pensamento de Schopenhauer, cuja verdadeira mensagem era o naturalismo e a afirmação da vida. Essa mensagem, disse (sem lembrar as obras anteriores a ele), "fundamentalmente reflete o espírito e o gosto de Kant e Schopenhauer", mas foi um projeto fracassado em razão da tentativa de expressá-la "em formulações kantistas ou schopenhauerianas". Na tentativa, em benefício da narrativa, de descrever o "verdadeiro" Nietzsche em estado embrionário, em *A Origem da Tragédia*, ele fez um relato impreciso de seu conteúdo. (É importante observar que o novo Livro 5 de *A Gaia Ciência* escrito na mesma época, mas não nas mesmas circunstâncias, é muito mais rigoroso: "É preciso lembrar, pelo menos entre meus amigos, que no início eu abordei o mundo moderno [e em especial]... o pessimismo filosófico do século XIX como um sintoma de uma força superior de pensamento.")[45]

---

42  A falta de precisão desses prefácios do ponto de vista acadêmico contrasta com as descrições mais acuradas dos primeiros livros como *A Origem da Tragédia* nas anotações de 1888 (ver KSA 13 [14] *passim*).
43  KGB III. 5 908.
44  GS 299.
45  GS 370. Z I 3 também é mais preciso.

Do mesmo modo, no novo prefácio de *Humano, demasiado Humano* (agora volume I da versão ampliada), ele disse que *nunca* fora um schopenhaueriano ou um wagneriano. Sem a coragem de enfrentar o isolamento de um pensador radical, ele sugere

> Eu fechei *conscientemente* meus olhos perante a vontade cega de Schopenhauer em relação à moral [cristã], em um momento em que já tinha uma visão clara sobre a moral. De modo similar, *iludi-me* com o romantismo incurável de Richard Wagner, como se fosse um início e não um fim [ênfases minhas].

Ao escrever para Fritzsch (que, como sabemos, também era editor de Wagner) sobre o prefácio do volume II da versão ampliada de *Humano, demasiado Humano*, Nietzsche disse que o objetivo desse prefácio era "terminar com o eterno mal-entendido referente ao rompimento das minhas relações com Wagner... e expor com clareza os fatos".[46] E disse que, enquanto escrevia *Humano, demasiado Humano*, percebera que

> havia chegado o momento de *dizer adeus*: e imediatamente tive a confirmação dessa intuição. Richard Wagner, o aparente conquistador, na verdade, um romântico decadente e desesperado, de repente cai, desamparado e atormentado, aos pés da cruz cristã [o relato de Nietzsche de *Parsifal*]... Não havia sequer um alemão com olhos para ver... esse espetáculo terrível?

Mas, na realidade, a atitude de Nietzsche em relação a Wagner não era assim tão radical. Menos de um mês depois de escrever esse trecho, na carta já citada a Overbeck (p. 435-436), ele afirmou que continuava a acreditar "no ideal em que Wagner acreditava", e que só "hesitava" diante da característica "humana, demasiado humana" de Wagner. É importante observar que ele *nunca* disse adeus a Wagner. Porém a ideia de uma ruptura dramática e total era uma história melhor.

## A Gaia Ciência, *Livro V: Ser Científico em Relação à Ciência*

A parte mais relevante do projeto de reedição das obras de Nietzsche foi o novo Livro V acrescentado ao livro *A Gaia Ciência*, quase cinco anos depois da publicação dos primeiros quatro volumes. Desde que a serena luminosidade de "Nós, os Destemidos" revelou um Nietzsche no auge do poder, esse aforismo merece uma discussão extensa.

\*\*\*

Em alemão, como já observei, tudo é "ciência" (*Wissenschaft*). As ciências humanas, inclusive a filosofia, são "ciências espirituais e intelectuais" (*Geiteswissenschaften*). A "ciência" em inglês corresponde à palavra *Naturwissenschaften*, as "ciências naturais". Quando Nietzsche refere-se apenas à "ciência" ele está citando as ciências naturais e humanas, embora em geral tenha mais em mente a ciência humana. Embora a ciência supostamente deva ser definida e diferenciada de outras formas de crença do ser humano por estar isenta de "preconceitos", "convicção" e "fé" irracionais – "na

---

46   KGB III. 2 747.

ciência as convicções não têm direito de cidadania"⁴⁷ – as principais seções do Livro V demonstram as diversas maneiras nas quais a ciência com frequência não está isenta de qualquer desses elementos. Neste sentido, a maior preocupação foi a de atribuir uma característica científica à "ciência", em especial no campo da filosofia.

A ciência natural foi outro alvo da crítica ou, com mais exatidão, a ciência natural "materialista" com uma aparência metafísica. A crítica concentrou-se no físico que propôs dois conceitos de uma estupidez arrogante: primeiro, que sua "interpretação" ou "perspectiva" do mundo revelou que quantidades de matéria mensuráveis, atraídas por forças mecânicas matematicamente quantificáveis, captavam a realidade *como de fato ela era*. Segundo, que sua premissa era "a *única* interpretação correta do mundo".⁴⁸ Eu chamarei essas duas reivindicações – só a ciência é verdadeira – de "infalibilidade" da perspectiva científica.

Nietzsche mencionou que o "inglês pedante", Herbert Spencer, alegou ter elaborado uma "perspectiva final", mas é possível que tivesse em mente seu antigo amigo, Paul Rée, um naturalista científico dogmático. Se estivesse vivo hoje ele certamente criticaria materialistas dogmáticos como Daniel Dennet e Richard Dawkins, como exemplos fundamentais da admiração pela ciência não científica.

Nietzsche comentou que os dois elementos da crença na infalibilidade da ciência são "preconceituosos". Como já vimos, "não podemos olhar depois da dobra da nossa esquina",⁴⁹ não podemos ir além das nossas mentes, é impossível ter *certeza* de que *qualquer* interpretação do mundo formulada por nosso "raciocínio delimitado por quatro ângulos"⁵⁰ corresponde completamente, ou em parte, à realidade. E por não termos certeza de que nossa interpretação capta o mundo como ele de fato é, não temos fundamentos para rejeitar outras interpretações: "bom gosto" requer "respeito por tudo o que está além [de nossa] interpretação pessoal".⁵¹

Em vez da arrogância científica, o lema do espírito verdadeiramente científico é "modéstia". A própria palavra "filosofia", a "*amante* da sabedoria", disse Nietzsche, foi criada por gregos modestos que, exceto pelos "vaidosos" Pitágoras e Platão, nunca alegaram *ser* sábios ou *conhecerem* qualquer coisa de real importância.⁵² Uma pessoa com um espírito científico genuíno é modesta no que concerne a sua interpretação do mundo, uma modéstia que exige "autodomínio e força". Todos os tipos de "fanatismo", seja sob a forma de socialismo, niilismo russo, "realismo" de Flaubert e Zola ou a visão "positivista científica" da época atual, é um indício de uma vontade fraca e tímida que não tem coragem de viver em um mundo de incertezas. Sem ter, como disse Nietzsche, a coragem "de [se] equilibrar na corda bamba das possibilidades", de dançar "na beira do abismo", o fanático com uma vontade fraca precisa ser "comandado" por alguma "fé" predefinida, precisa converter-se em um "sectário" de uma fé que acredita em um "único ponto de vista".⁵³

---

47  GS 344.
48  GS 373; minha ênfase.
49  GS 374.
50  GS 373.
51  *Ibidem*.
52  GS 351.
53  GS 347.

Para ser um bom cientista ou um filósofo seria necessário, em outras palavras, ter um bom caráter. As pessoas com essa qualidade vivem, escreveu Nietzsche, com a percepção de um mundo que se "tornou infinito", porque, devido a perspectivas do mundo a que pertencem a criaturas não humanas, vemos que não existe limite ao número de possíveis interpretações do mundo, cada qual à sua maneira, tão boas como as outras. Ao viver nesse mundo, "nós" (Nietzsche e os "amigos" para quem o Livro V foi escrito)[54] estamos bem distantes da "pretensão ridícula de afirmar que as perspectivas só são *aceitas* a partir do nosso ângulo de interpretação".[55]

Deparamo-nos aqui, mais uma vez, com a teoria de Nietzsche do "perspectivismo": a mente do ser humano molda todos os seus estímulos, e como não podemos ir além de nossas mentes, jamais teremos certeza absoluta de que qualquer de nossas interpretações sobre o mundo seja verdadeira. Quanto a esse perspectivismo, como chamei de herança "kantista" (p. 508), Nietzsche fez agora duas modificações. Primeiro, existem *muitas* perspectivas diferentes dos seres humanos em relação ao mundo (assim como, talvez, existam perspectivas não humanas). E, segundo, cada perspectiva era o produto de alguma necessidade especial, desejo, emoção ou interesse.[56]

Que tipo de relato metafísico está subtendido no perspectivismo? Como sugeri, há duas possíveis interpretações da posição de Nietzsche. A primeira seria uma leitura "pós-modernista": uma vez que existem muitas interpretações da realidade e nenhuma delas é mais *verdadeira* do que as outras, por consequência *nenhuma* interpretação é uma representação fiel do mundo. Assim, não faz sentido dizer que a realidade *tem* uma característica específica e, portanto, a ideia de uma interpretação fiel à realidade é contraditória. A segunda interpretação, a leitura do "realismo plural", como chamei (p. 338), sugere, com um espírito ecumênico, que, pelo fato de termos diferentes interpretações válidas do mundo, *todas*, ou pelo menos muitas delas, expressam uma realidade multifacetada verdadeira, fiel a uma realidade que tem muitos aspectos, cada um deles revelado por uma interpretação específica.

Não é fácil decidir qual dessas interpretações adotar. Porém não há dúvida de que, pelo menos nos cadernos de anotações, Nietzsche revela opiniões que sugerem pós-modernismo.[57] Como já mencionado, apesar da minha tendência a optar pela leitura do realismo plural, eu adiarei uma decisão final entre essas leituras rivais até discutirmos o perspectivismo em *A Genealogia da Moral*. No entanto, quero enfatizar um tema abordado no capítulo anterior. O objetivo da linguagem violenta na qual a metafísica da vontade de poder exprimiu-se em *Além do Bem e do Mal* era de forçar os "idealistas" sentimentais a enfrentar a *realidade*, pelo menos, uma realidade que os seres humanos racionais aceitassem sem hesitação, embora sempre em caráter temporário, como sendo *verdadeira*. Assim, se lermos Nietzsche sob a óptica do enfraquecimento insidioso da ideia precisa da verdade, tiraríamos o vigor de *Além do Bem e do Mal*. É possível, é claro, que o conjunto da filosofia de Nietzsche seja inconsistente, que ele se contradiga ao expor suas ideias sobre a verdade,

---

54  GS 381.
55  GS 374.
56  GS 354. Comparar KSA 12 6 [11].
57  Ver, por exemplo, KSA 12 9 [40].

a realidade e a vontade de poder. Mas as contradições e incertezas fazem parte da dinâmica de seu pensamento e, portanto, sua suposta incoerência lhe deve ser atribuída apenas como um último recurso.

\*\*\*

Nessa linha de raciocínio poderíamos dizer que as pessoas que acreditam na infalibilidade de suas perspectivas, que não percebem que perspectivas podem *ser* hipóteses, simbolizam um tipo de "preconceito" na ciência. Outro preconceito será discutido em uma Seção com o título intrigante de "Até que Ponto ainda Somos Devotos".[58]

As "convicções", repetimos, não têm "direito de cidadania" na ciência. Elas são permitidas só como "hipóteses", uma "tentativa experimental de ponto de vista" e permanecem sempre "sob supervisão e desconfiança policial".[59] Mas, perguntou Nietzsche, para que a rejeição convicta à ciência *comece*, não seria preciso haver uma convicção anterior de que "*Nada é mais* necessário que a verdade"? A prática da ciência, em outras palavras, apoia-se na "vontade incondicional da verdade", a vontade da verdade "a qualquer preço". Porém, perguntou Nietzsche, qual era o fundamento dessa verdade? Ela deveria, decidiu, apoiar-se na vontade de não se iludir ou (à primeira vista a resposta mais óbvia) na vontade de não ser iludida. No entanto, por prudência ela não pode apoiar-se na última premissa, porque em muitas ocasiões é melhor se iludir do que saber a verdade. (Suponhamos que meu parceiro seja culpado de uma infidelidade já superada há muito tempo, mas eu sou o tipo de pessoa a quem o conhecimento de uma infidelidade provoca uma raiva assassina e um desespero suicida. Nessa situação seria melhor para todas as pessoas envolvidas que eu me iludisse com a fidelidade de meu parceiro. Portanto, ao contrário das expectativas, a vontade de verdade incondicional deveria basear-se na vontade de não enganar ninguém, nem a si mesmo, e, assim, disse Nietzsche, "posicionamo-nos em fundamentos morais": a vontade de verdade a qualquer preço seria um compromisso *moral*. Mas por que a verdade adquire esse valor incondicional? Por razões já mencionadas ele não pode ser adquirido por qualquer benefício resultante do mundo natural. Então, concluiu Nietzsche, ele deve originar-se de benefícios obtidos supostamente em *outro* mundo: "as pessoas audaciosas e que têm fé na ciência *afirmam que existe outro mundo além da vida [e] da natureza*". No final da seção, Nietzsche escreveu que demonstrara que "até mesmo os homens atuais, sem um deus e opostos aos metafísicos entusiasmam-se com a... fé cristã, que também era a fé de Platão que Deus e verdade e que essa verdade é divina... Mas o que fazer agora que Deus converteu-se em nossa mentira mais duradoura?

Evidentemente, Nietzsche não queria dizer que as pessoas que tinham "fé na ciência" afirmavam em plena consciência que acreditavam na existência de um céu cristão, porque era exatamente a não existência que os homens dedicados à prática moderna da ciência defendiam com veemência. Em vez disso, ele expressou que o compromisso deles de sobrepor-se ao valor da verdade era, em primeiro lugar, uma característica remanescente do passado cristão e, em segundo, um

---

58   GS 344.
59   *Ibidem*.

## CAP. 22 | A PREPARAÇÃO

compromisso totalmente irracional, porque, como agora sabíamos, a metafísica cristã era uma "mentira".

Como uma resposta imediata a esse argumento peculiar, poderíamos dizer que seria uma ingenuidade total supor que a prática da ciência apoiava-se na vontade incondicional da verdade. As pessoas praticam a ciência por diversos motivos, e o mais óbvio como meio de vida. Mas Nietzsche tinha uma percepção precisa desse fato. Na parte inicial de *A Gaia Ciência*, ele observou que "mesmo *sem* essa nova paixão, isto é, a paixão pelo conhecimento, a ciência seria estimulada: até então ela desenvolveu-se e amadureceu sem essa paixão", e que, no passado, o "impulso científico" fora motivado pela pesquisa, curiosidade ou medo do tédio.[60] Em um nível mais institucional, os cadernos de anotações desse período indicam (em *aparente* contradição à passagem de *A Gaia Ciência*), que "*o medo do imprevisível* [era] *o instinto oculto* da ciência".[61] E em *A Genealogia da Moral*, o livro que começara a escrever quando *A Gaia Ciência* havia sido publicado, ele diferenciou explicitamente os "crentes" na verdade da maioria dos cientistas como "os casos mais raros... os últimos idealistas que temos hoje entre os filósofos e os eruditos".[62]

Ao contrário das aparências, portanto, aqueles que "ainda eram devotos", ainda *demasiado* devotos, não eram cientistas (cientistas dedicados às ciências naturais, filósofos e eruditos) em geral, e, sim, uma minoria minúscula para quem a prática da ciência *era* motivada pela vontade incondicional da verdade. Os devotos mais extremados eram os "idealistas" da verdade, para quem a procura da verdade *era* um ideal absoluto, que acreditavam que em todas as circunstâncias eles deviam pesquisar a verdade "a qualquer custo". A pergunta seria: quem eram eles?

De acordo com Nietzsche, "nós" seríamos os "devotos", "aqueles sem um Deus e opostos aos metafísicos". Ou seja, em outras palavras, o paradigma *dele e de Rée* no período de colaboração no projeto "positivista" de destruir, como enfatizavam, a "metafísica". Foi nesse período, como vimos, que Nietzsche percebeu ao ler Byron, que "a árvore do conhecimento não era a da vida" (p. 310), e que, com frequência, o conhecimento trazia tristeza em vez de alegria, o conhecimento, por exemplo, de que Deus não existia. Entretanto, ele insistiu nessa época que "qualquer grau de... melancolia é melhor do que... sujar incuravelmente a consciência intelectual e prostituí-la" por meio de um "retorno romântico... ao cristianismo".[63] É verdade que na privacidade dos cadernos de anotações do período positivista ele preocupava-se que as "observações psicológicas" mordazes de Rée tornariam as pessoas desdenhosas e desconfiadas das outras,[64] mas nenhuma dessas dúvidas íntimas perturbaria o *ethos* da verdade a qualquer preço do projeto oficial.

Em resumo, a Seção 344 de *A Gaia Ciência* consiste em outro longo adeus a Rée junto com a explicação do motivo, do ponto de vista intelectual, pelo qual os dois deveriam se separar; porque Nietzsche superara – como *seria* natural – seu "*réealismo*"

---

60  GS 123.
61  KSA 12 5 [10].
62  GM III 24.
63  HH 109.
64  KSA 8 [23]; ver p. 255-256.

do final da década de 1870. (De uma maneira similar, a crítica aos "eruditos" no Livro V – eles tinham espasmos digestivos por ficarem sentados tempo demais e cãibras nas mentes em razão da especialidade de estudo restrita, cuja importância eles superestimavam – significou uma despedida a Rohde e explicou por que ele, também, tinha de amadurecer. Nietzsche quase explicitou essa ideia ao dizer que "os amigos de [sua] juventude" tornaram-se tão "intransigentes a ponto de não os reconhecer".)[65]

De que modo Nietzsche pensou que havia superado a vontade da verdade a qualquer preço e quais foram as consequências desse amadurecimento? Nietzsche nunca renunciou à ideia da honestidade intelectual como a suprema virtude. Nos cadernos de anotações desse período ele escreveu: "a virtude essencial... *nossa* virtude chama-se honestidade. Quanto ao resto somos apenas os herdeiros... das virtudes que não reunimos nem guardamos".[66] No Livro V, ele elogiou Schopenhauer pela "integridade de [seu] ateísmo honesto e incondicional", por sua honestidade inabalável em relação ao sofrimento da vida que, associado à fidelidade à moral cristã, eliminou a possibilidade de interpretar o mundo como o produto de um criador benevolente. E afirmou que a virtude *cristã* da verdade prevalece, em Schopenhauer, à metafísica cristã: foi a "consciência cristã traduzida e sublimada pela consciência científica, na pureza intelectual a qualquer preço" que "venceu o Deus cristão".[67]

Mas, repetindo a pergunta, "o que fazer agora que Deus se converteu em [uma] mentira"? E se a vontade incondicional da verdade "pressupusesse" a existência de Deus, do céu e da alma imortal, porém, ficássemos convencidos de que não existe Deus? Então — esta é a conclusão a que Nietzsche nos leva a chegar — teremos de ir além de Schopenhauer com um olhar "honesto" não só na metafísica cristã, como também na moral cristã, *inclusive na suposta virtude da verdade*. E, em consequência, como resultado da total *honestidade* em relação à vontade da verdade, veríamos que não existe justificativa para perseguir a verdade "a qualquer preço", que a verdade, o conhecimento da verdade, *não* é o valor mais elevado. A vontade da verdade incondicional é autodestrutiva. No entanto, isso não significa, é claro, que desistiríamos de praticar a ciência. Mas significa que, se a praticarmos e, quando, agiremos por motivos de prudência e não de moral. A verdade "a qualquer preço" seria substituída pela verdade "quando o preço for correto". Se, por exemplo, estivermos convencidos de que o projeto de La Rochefoucauld e de Rée de "observações psicológicas" teria o efeito de abalar os fundamentos da vida, precisaríamos renunciar a esse projeto. Porque o valor fundamental está associado não à "árvore do conhecimento", e sim à "árvore da vida". Temos ainda mais a comentar sobre esse tema, porém, adiarei a discussão para o próximo capítulo.

### As Palavras do Andarilho

Assim como em todas as obras de Nietzsche, o elemento instigante subjacente no Livro V foi a visão "extemporânea" da modernidade ocidental, a perspectiva alienada,

---

65  GS 366, 373, 381.
66  KSA 12 1 [144], [145].
67  GS 357.

como mais uma vez ele se intitula, de um "andarilho... sem pátria".[68] Era uma visão totalmente crítica de Nietzsche com referência ao estado atual da cultura ocidental, mas, ao mesmo tempo, cheia de esperança, como veremos, na "fé" em seu futuro. A principal razão que motivou essa expectativa foi, é claro, a morte de Deus:

> O acontecimento recente mais importante foi – "Deus está morto"; a impossibilidade de crença no Deus cristão já está lançando sua primeira sombra sobre a Europa... Um tipo de Sol surgiu, e uma antiga e profunda confiança transformou-se em dúvida.

Mas, continuou Nietzsche, poucos perceberam "quantas coisas desmoronarão porque foram construídas sobre essa fé... por exemplo, a moral europeia". Poucas pessoas notaram a consequente e "monstruosa lógica do horror" que dela deriva, "a longa sucessão densa de demolição, destruição, ruína e revolta que agora estão à nossa frente".[69]

Nietzsche pensava, de uma maneira profética, em um século de guerras como uma das traumáticas consequências do colapso da fé e da moral antigas. Outra consequência seria a angústia do pessimismo e do niilismo. O pessimismo de Schopenhauer – sua negação do "valor da existência" – era, disse Nietzsche, um fenômeno "pan-europeu": Schopenhauer falava em seu nome, mas também se dirigia à consciência pós-cristã do Ocidente em geral. E sua contestação ao significado cristão da vida provocava imediatamente a pergunta "aterrorizante": "*a existência tem algum significado?*"[70] Como, em outras palavras, uma vida sem sentido representava uma vida sem valor, a perda da antiga fé significava que, em sua essência, para a humanidade moderna ocidental a vida não valia a pena ser vivida.

Outra consequência do colapso da antiga moral seria a "americanização" do Ocidente – nesse conceito Nietzsche ampliou o que chamei de sua crítica à "heterogeneidade" da modernidade. No passado, ponderou ele, a profissão de um homem simbolizava, ou para ser mais preciso, "tornava-se" seu caráter; por meio da casualidade do nascimento e formas de "coerção" social, o que era originalmente "artifício" transformava-se em "natureza". O papel profissional exercido por um homem na sociedade era considerado seu "destino". A fé incorporava-se às guildas medievais e às distinções das classes sociais e, desse modo, permitiu construir a "ampla base da pirâmide social" do feudalismo. Qualquer que seja a crítica ao caráter coercivo da Idade Média, "pelo menos lhe damos o crédito" da "durabilidade" social, e a "durabilidade", acrescentou Nietzsche, era um "valor de primeira categoria na Terra". Agora, no entanto, com o colapso da antiga fé, vivemos em uma época de anarquia "democrática". Somos dominados pela "fé americana... segundo a qual o indivíduo está convencido de que pode fazer tudo e *que pode exercer o mesmo papel* que outras pessoas". Isso significava que a profissão ou o papel exercido na sociedade não mais constituía um "caráter" ou um "destino", que os papéis eram *exercidos* apenas temporariamente. Neste sentido, a modernidade ocidental era uma época de *atores* (que, como vimos, "tinham muitos papéis"). Era uma época de fluidez e imprevisibilidade e, como resultado, a capacidade da "arquitetura" social e a "força para construir" agora estavam "paralisadas":

---

68 GS 377, 380.
69 GS 343.
70 GS 357.

A fé fundamental com a qual alguém poderia planejar, prometer e sacrificar o futuro em nome do seu projeto de vida estava desaparecendo. Ou seja, a fé básica de que um homem tem valor e significado por ser *uma pedra em um grande edifício*; por isso, ele deveria ser *firme*, uma "pedra" acima de tudo... e não um ator!... e a partir de agora nunca mais será *possível* construir uma sociedade no antigo sentido do termo... *Não mais constituíamos material para uma sociedade*.[71]

O Ocidente, então, encontrava-se em uma situação incerta. Em sua "heterogeneidade" ele não tinha uma "estrutura firme, uniforme e simples" de, como chamei, um "planejamento do jogo" (p. 510) necessária para sobreviver e progredir em um mundo competitivo. Mas ainda havia esperança. Por um lado, apesar de todas as dificuldades geradas, o colapso do cristianismo com a consequente doença de nossa cultura, era um motivo de comemoração. Por outro, tínhamos uma "fé" secreta, uma percepção do que nos redimiria do presente e do passado. Porém, perguntou Nietzsche enfaticamente, de fato "superamos" nosso passado cristão? Em benefício da "descrença?" "Não", ele respondeu, "nosso conhecimento supera essa dúvida, meus amigos! O Sim oculto em você é mais forte que todos os 'Nãos' e 'Talvez' que o angustia e à sua época como uma doença". Em vez de ser um triste "fim da história", a modernidade, disse Nietzsche, será um "tempo de transição".[72] Para quê?

## A Terra não Descoberta de Nietzsche

Grande parte do livro *A Gaia Ciência* foi escrito, como vimos, na cidade de Colombo, Gênova. O Livro V, concluído com a vista de Gênova em Ruta, foi, como os anteriores, permeado pela visão e pelo cheiro do mar. A persistência da imagem de Colombo constituiu o principal vínculo dessa obra com seus primeiros livros: nós, os "amigos" de Nietzsche, nós, os "espíritos livres", escreveu Nietzsche, alegramo-nos com a vista do "mar aberto".[73] Nós, que "precisamos navegar pelos mares", somos "imigrantes" por natureza.[74] No entanto, assim como todos os marinheiros, nossa viagem deve ter um destino: uma esperança e uma visão do futuro que nos transformará de simples marinheiros em "argonautas do ideal". Apesar dos "naufrágios" frequentes, viajamos em direção a "uma terra desconhecida cujas fronteiras ninguém viu... um mundo riquíssimo em beleza, exotismo, questionamento, assustador [pelos padrões atuais] e divino".[75]

Como seria essa "terra"? Embora suas "fronteiras" exatas fossem desconhecidas, com certeza sabemos *algo* sobre suas características, porque, de outro modo,

---

71 GS 356. Observem que Nietzsche eliminou apenas a possibilidade de construir uma sociedade, na qual o nascimento predestinava o "destino", e não a possibilidade de construir *qualquer* tipo de uma nova sociedade.
72 GS 377.
73 GS 343.
74 GS 377.
75 GS 382.

não faria sentido ser nosso destino. Pelo menos algumas de suas características seriam perceptíveis a partir da crítica de Nietzsche da época atual.

A principal peculiaridade da terra prometida era sua "ótima saúde", em contraste com a "doença" da cultura cristã.[76] Mas o que isso significava? A discussão de Nietzsche sugere que o ideal perseguido por "nós os argonautas" consistia, na verdade, em dois ideais, um deles referente à saúde da comunidade, o outro à saúde individual.

## A Saúde da Comunidade

É preciso sair da cidade, observou Nietzsche, para ver a altura de suas torres. (Com certeza, ele referia-se a Naumburg com a altura imponente das torres das catedrais, visíveis a quilômetros de distância na paisagem plana, que só podiam ser apreciadas de longe.) Da mesma forma, é preciso nos "distanciarmos" da moral atual e "perambular" por outras concepções de moral, a fim de captar a essência da nossa moral. Porém, devemos ser cuidadosos ao observar cada moral com distanciamento, pois de outro modo nossas observações seriam apenas "preconceitos sobre preconceitos".[77] Como resultado dessa análise aleatória, escreveu, perceberíamos como é tão "infantil" supor que a moral cristã é universal, que é a única moral "verdadeira". É também "infantil" pressupor que, em razão de haver muitas concepções de moral, *nenhuma* moral teria um vínculo. Todas as sociedades precisam ter uma orientação moral, devem seguir princípios socialmente aceitos para ser uma sociedade.[78]

A moral, continuou Nietzsche, é uma espécie de remédio, "o mais famoso de todos os remédios".[79] É um remédio eficaz, em outras palavras, que promoverá a *saúde* da comunidade. Essa visão da moral tem duas consequências. Primeiro, o tipo de moral que uma sociedade precisa em determinado momento de sua história variará de acordo com as circunstâncias e as "doenças", que a ameaçam nesse momento. E, segundo, como já enfatizado, como Nietzsche não poderia saber quais "doenças" ameaçariam o futuro, sua visão da moral na "terra" futura era extremamente abstrata: tudo o que poderia proporcionar seriam características estruturais que, ele acreditava, uma moral saudável deveria ter.

Uma dessas características estruturais, disse Nietzsche a partir do tema abordado em *Além do Bem e do Mal*, seria a associação íntima da moral com a religião. A religião, escreveu ele, não inventa "maneiras de viver". A função de uma religião seria legitimar uma forma de vida já existente, mas sem ainda a percepção de seu valor especial. O fundador de uma religião escolhe uma cultura específica e fornece uma explicação do motivo de ela ser a maneira mais elevada de vida ("Os povos escolhidos por Deus", e assim por diante). Uma religião, em outras palavras, reúne um grupo de pessoas "que ainda não havia percebido que eram aliadas", propiciando

---

76   GS 382.
77   GS 380.
78   GS 345.
79   GS 345.

"uma longa festa de reconhecimento".[80] (Um festival de *Bayreuth* sem o aspecto humano, demasiado humano seria, sugiro, o subtexto de seu argumento.)

A "maneira de viver" era outra expressão mais reveladora do significado da "moral" para Nietzsche. Portanto, uma religião legitima a moral, dá-lhe *autoridade*. Ela estabelece uma "*disciplina voluntatis* (disciplina da vontade)",[81] ao elevar determinadas pessoas consideradas exemplares ao *status* de deuses ou heróis e (com a ajuda, sugiro, da "arte coletiva") lhes proporciona uma autoridade carismática. Esta tarefa não é tão difícil de realizar, porque o homem por natureza é um "animal que venera":[82] se lhe dermos uma pequena chance, ele reverenciará e imitará modelos de vida apresentados com eficiência.

As religiões, escreveu Nietzsche, têm em geral duas outras consequências. Primeiro, estabelecem um domínio exercido por uma pessoa de destaque:

> A Igreja é, sobretudo, uma estrutura de controle que garante um *status* superior aos seres humanos *mais espiritualizados* e que *acreditam* no poder da espiritualidade a tal ponto que os impede de usar instrumentos de força mais cruéis; e, por isso, a Igreja, sob todas as circunstâncias, é uma instituição mais *nobre* do que o Estado.[83]

Em segundo lugar, a maneira de viver que ela apresenta como tendo um valor superior a eleva a uma posição de "um bem pelo qual lutamos e sob determinadas circunstâncias sacrificamos a nossa vida por ele".[84] A religião ilumina a vida comunitária de tal modo que a contribuição pessoal para a preservação e a prosperidade da comunidade converte-se em seu maior valor, *seu significado de vida*, um significado pelo qual, às vezes, alguém está disposto a sacrificar a vida. Na maneira de viver ideal não perguntamos o que a nação pode fazer por nós, e, sim, o que podemos fazer por ela.

Essas observações sobre a moral e a religião, penso, não são apenas relatos sobre a evolução do ser humano, mas, sim, "indicativos" do "ideal" da sociedade futura de Nietzsche. Por exemplo, como ele sabia muito bem que, historicamente, nem sempre a Igreja rejeitou o uso de "instrumentos de força cruéis", é evidente que ele se referia a uma Igreja "ideal". Neste sentido, essa discussão demonstra que Nietzsche não era o "ateu" convicto como com frequência o julgavam. Apesar de sua rejeição à religião *cristã*, sua futura sociedade idealizada seria uma sociedade religiosa: ela seria conduzida, pelo menos, espiritualmente, por uma espécie de sacerdote, teria um panteão de figuras "monumentais" que legitimaria uma forma de viver que daria significado às vidas individuais e superaria, assim, a ausência de sentido da modernidade. E as ocasiões "festivas" regulares reuniriam a comunidade em uma reafirmação comemorativa de sua moral essencial: a "arte coletiva" congregaria a comunidade em uma unidade coesa, concedendo-lhe, desse modo, o "valor primordial da terra", a "durabilidade".

---

80  GS 353.
81  GS 353.
82  GS 346.
83  GS 358.
84  GS 353.

## Saúde Mental

Nietzsche escreveu que, assim como seu ideal de "saúde" *comunitária*, "outro ideal segue... à nossa frente, o ideal de um bem-estar e benevolência humanos e sobre-humanos",[85] um ideal de saúde *individual*. Nietzsche formulou esse conceito a partir da sua teoria do "super-homem", uma concepção que deveríamos imitar expressa em uma brilhante seção intitulada *O que é o Romantismo*?[86]

O "pessimismo", disse Nietzsche (acrescentando um novo e incomum sentido à palavra) é um fato inexorável: a vida e o sofrimento são inseparáveis. Mas existem dois tipos de "pessimismo": o "romântico" e o "dionisíaco". O pessimismo romântico considera que o sofrimento é uma objeção à vida. Na arte e na filosofia, portanto, o romântico busca a "tranquilidade, o silêncio, mares calmos, redenção pessoal... ou a embriaguez, o paroxismo, o torpor, a loucura". O romantismo, em resumo, é um escapismo. Ele "nega" a vida. E, naturalmente, são os suspeitos habituais, Wagner, Schopenhauer e os cristãos que são identificados são românticos.*

Nietzsche aborda o romantismo como um sintoma de uma condição fisiológica: de um "empobrecimento da vida", uma condição de pouca energia. A "antítese" seria a "superabundância da vida" (isto é, a "vontade de poder"), um "transbordamento de energia prenhe de futuro". Essa era a condição subjacente do "pessimismo dionisíaco", que não só achava que o sofrimento não era uma objeção à vida, como também o acolhia muito bem. O ideal dessa condição era o "deus ou o homem dionisíaco" que (ao contrário do "idealista" criticado em *Além do Bem e do Mal*),

> não só enfrentava a visão das coisas terríveis e questionáveis, como também os feitos horríveis e o exagero da destruição, decomposição, negação; em seu caso, tudo o que representasse a maldade, o absurdo e a indignidade seria admissível em razão do excesso de procriação, forças fertilizantes capazes de transformar qualquer deserto em uma fazenda luxuriante.[87]

Em seus cadernos de anotações ele escreveu:

> A decisão sobre o que estimula o prazer e o desprazer depende do grau de poder; a mesma coisa que, no caso de uma pequena quantidade de poder, surge como um perigo que precisa ser repelido imediatamente, com uma consciência maior da ple-

---

85 GS 382.
86 GS 370.
\* Porém, surpreendentemente, Nietzsche acrescentou Epicuro à lista: o "cristão", escreveu ela, "é na verdade apenas um epicurista e, como Epicuro, é, em sua essência, um romântico" (GS 370). Essa rejeição ao herói de *Aurora* é inusitada, porque no Livro I desta obra ele ainda o admira muito: "Sim, tenho orgulho de conhecer o caráter de Epicuro de um modo que talvez ninguém conheça, e de usufruir, em tudo o que ouço e leio a seu respeito, sua felicidade" (GS 45). Mas sua opinião mudou com a formulação entre 1882 e 1886 da teoria da vontade de poder: se a essência do ser humano é a vontade de poder, a felicidade, disse Nietzsche, tem de ser concebida como um crescente poder pessoal sobre o mundo, e não com o refúgio no "jardim de Epicuro". No entanto, ele esqueceu, pelo menos temporariamente, sua noção de "herói idílico" (p. 373-374), um conceito que possibilitaria *associar* a serenidade epicurista à vida de desafio e ação.
87 *Ibidem*.

> nitude do poder, pode resultar em um estímulo voluptuoso, uma sensação de prazer... Prazer e desprazer nunca são "fatos originais"... Eles são *reações* [variáveis] *dos (efeitos) da vontade*.[88]

Em outras palavras, o que parece "maldade, absurdo e indigno" para alguém com uma pequena "quantidade" de poder seria instigante e prazeroso, uma ocasião de exercitar e expandir sua "vontade de poder" em uma pessoa com uma grande quantidade desse mesmo poder. Assim, a pessoa que correspondesse ao ideal da saúde mental de Nietzsche teria tanta vontade de poder que *tudo*, ao contrário da sensação da maioria das pessoas diante das coisas "terríveis e questionáveis", era visto como uma ocasião de "superação", uma superação que só os que possuíam uma profunda autoconfiança atingiam.

Nietzsche tinha consciência de que seu padrão de ideal era extremamente elevado: só um "deus dionisíaco ou o [super]-homem" pode atingi-lo em toda sua plenitude. (Retornarei, no Capítulo 24, à questão da importância que o "dionisíaco" tem nessa passagem.) No entanto, apesar de parecer à beira da megalomania, sua visão baseava-se, creio, em experiências bem familiares. Quando estamos "deprimidos" tudo parece impossível, muito difícil, temos a impressão de que o mundo está contra nós. Gostaríamos – "romanticamente" – de estar em outro lugar. Mas quando nos sentimos "animados" nada parece muito difícil, o mundo está sob nossos pés. Sentimo-nos cheios de energia e confiança, confiança em nosso poder de superar o "terrível e questionável". E então nós (que estamos cheios do "poder de pensamento positivo", outro subconceito nietzschiano) damos *boas-vindas* ao estresse do mesmo modo que um alpinista saúda o desafio da montanha. E temos essa sensação não só em relação ao que está sob nosso controle, mas também quanto ao mundo em geral: que, de uma maneira ou de outra, tudo se resolverá bem no longo prazo. O ideal da saúde espiritual de Nietzsche concebe o êxtase "dionisíaco" não apenas como uma condição momentânea, mas, sim, como um estado de exaltação permanente:

> A maioria das pessoas não acredita em estados de espíritos positivos e cheios de energia, a menos que esses estados de ânimo durem no máximo 15 minutos... Mas ser um ser humano de excelente humor — ser o próprio bom humor encarnado —, isso é até agora apenas um sonho... porque a história não nos ofereceu exemplos. No entanto, a história pode criar um dia essas pessoas [com a sensação]... de uma contínua elevação como se subisse escadas e, ao mesmo tempo, com a sensação de repousar em nuvens.[89]

O indício de ter alcançado esse ideal de saúde espiritual era, é claro, a capacidade de desejar o eterno retorno, para "redimir" as coisas "terríveis e questionáveis", ao vermos como elas são um componente essencial na totalidade divina. A saúde mental perfeita, como sabemos, permite que gritemos "*Da capo!*" *Encore!* Para "toda ação e desempenho"[90] até os mínimos detalhes.

---

88 KSA 13 11 [710].
89 GS 288.
90 BGE 56.

## *"Um Pensamento Adorável: Via Sils para a Grécia!"*[91]

Nietzsche chamou o "pessimismo" alegre aquele que se opõe ao romantismo "clássico". Com uma compreensão apropriada, disse (isto é, não com o sentido de "*serenamente racional*"), a "visão" de um classicismo resgatado pertencia ao seu eu "mais íntimo"[92] que, desde Pforta, gostava da Antiguidade clássica. Em um sentido adequado, portanto, o lema para atingir a saúde individual (e também a saúde comunitária, uma vez que a estrutura da comunidade de Nietzsche inspirou-se, como vimos, no sentido quase literal em Platão) era o "retorno aos gregos".

Essa é a chave para entender o significado do pressuposto de Nietzsche de que ele e seus "amigos" imaginários, embora estejam "sem lar" no momento atual, estão "em casa" em outro lugar. Estamos em casa, disse, porque somos

> — e que essa seja nossa palavra de honra — *bons europeus*, os herdeiros da *Europa*, os ricos herdeiros do espírito milenar europeu, ricos e pródigos, mas também herdeiros sujeitados em excesso aos milhares de anos do espírito europeu. Assim, superamos o cristianismo e lhe fazemos oposição.[93]

É muito importante perceber que por "o europeu" Nietzsche queria dizer "o clássico". Ao contrário de pensadores como Hölderlin e Heidegger, ele não procura fazer uma síntese entre o clássico e o cristão. Em vez disso, ele *exclui* o cristianismo "oriental"[94] do autêntico "europeu", como faz o nome "Europa".* A imagem então que ele oferece é a seguinte. Somos "herdeiros" dos valores milenares "europeus". Mas a mistura é turva e confusa, estamos "sujeitos em excesso" a obrigações conflitantes, nossa moral é um "campo de batalha" (ver p. 566) de princípios morais competitivos e conflitantes, escravo e senhor, clássico e cristão. A tarefa é recuperar a coerência ao "sobrepujar", superar o cristão. É claro que não podemos nem queremos recriar no sentido literal "o grego": "não desejamos retornar ao passado".[95] Porém, isso significa que, como os franceses no século XVII, precisamos reinterpretar, "traduzir" o classicismo para que faça sentido no contexto moderno:

> Os franceses da época de Corneille, assim como os da Revolução Francesa, apoderaram-se da Antiguidade romana de uma maneira que não mais teríamos coragem de fazê-lo... E a Antiguidade romana também agiu da mesma forma: ela apossou-se com tanta violência e ao mesmo tempo com tanta ingenuidade de tudo o que a An-

---

91 KGB III. 5. Em agosto de 1887, Paul Deussen visitou Nietzsche em Sils Maria a caminho da Grécia.
92 GS 370. A mesma sublimação do classicismo ocorre em seus comentários sobre música. O maior elogio à música maravilhosa do novo Mozart, Heinrich Köselitz, era chamá-la de "clássica" (KGB III. 5 951).
93 GS 377.
94 Ver p. 490.
\* A palavra utilizada por Nietzsche, *Europa*, era o padrão alemão da palavra "Europe" no texto original em inglês deste livro. No entanto, devido à intensidade de seu interesse pela mitologia grega, o conhecimento de que "Europa" originalmente aplicava-se apenas à Grécia sempre esteve presente em seu pensamento. (O nome originou-se de uma princesa fenícia raptada por Zeus na forma de um touro, que mais tarde se tornou rainha de Creta.)
95 GS 377.

tiguidade grega tinha de nobre e grandioso. Como os romanos traduziram as coisas para a Roma de sua era!... Eles não conheciam os prazeres do sentido histórico [a "preservação da cultura"]... a tradução foi uma forma de conquista. Não só ela omitiu o conteúdo histórico; ela também acrescentou ilusões ao presente e, sobretudo, eliminou o nome do poeta e o substituiu pelo seu, não no sentido de roubo, mas, sim, com a melhor consciência do *Imperium Romanum*.[96]

Esse texto, sem dúvida, proporciona a chave para entender a visão de futuro de Nietzsche. O classicismo, os gregos, foi a fonte de inspiração das linhas gerais da "boa saúde". Além de propiciar o meio de "traduzir" essa estrutura para a era moderna.

---

96   GS 83; ver também D 191 e WC 9.
*A genealogia da moral*

# 23

# A GENEALOGIA DA MORAL

## *Parsifal,* Dostoievski e um Terremoto "Bem-Intencionado"

O ano de 1887 começou com um frio intenso: a "Europa", escreveu Nietzsche a Elizabeth, no calor opressivo do Paraguai, "transformou-se em uma montanha de neve e em um urso polar". Embora não houvesse neve em Nice, as colinas ao seu redor estavam cobertas de neve.[1] Apesar do novo quarto com vista para o sul na Rue des Ponchettes (p. 535-536), seu problema de "cianose" persistiu, assim como um agravamento em sua saúde e em seu estado de espírito, um efeito cumulativo, ele pensou, de dois meses de frio e chuva.[2] No entanto, no final de janeiro seu ânimo melhorou em razão de uma viagem inesperada: a ida a Monte Carlo para assistir o prelúdio de *Parsifal.* "Deixando de lado a questão do uso dessa música e observando-a do ponto de vista puramente estético", ele escreveu a Köselitz,

> Wagner compôs algo melhor? A percepção psicológica profunda e a precisão referente ao que deveria ser dito, expresso, *transmitido,* as formas mais curtas e diretas, cada nuance de sentimento reduzida a epigramas: a clareza da música como uma arte descritiva... e um sentimento sublime e extraordinário, a experiência memorável da alma no cerne da música que homageia Wagner no mais alto grau.[3]

E em seus cadernos de anotações ele chamou a ópera de "a maior obra-prima do sublime que conheço". "Nada capta o cristianismo com tanta profundidade ou nos transmite essa intensa afinidade com ele", escreveu, e acrescentou "nenhum pintor retratou essa visão sombria e melancólica" como seus acordes finais, "nem Dante ou Leonardo".[4] Alguns meses depois ele escreveu a Köselitz dizendo-lhe que a "teatralidade" subordinada às convenções do drama era um erro na música moderna. Deveria haver, acrescentou, "um retorno à música de natureza não teatral".[5] Estas reflexões sobre Wagner explicitam duas questões interligadas: primeiro, a repetição da visão schopenhaueriana de que a música era um fenômeno muito mais espiritual do que as palavras ou os dramas e, segundo, que Nietzsche continuava a valorizar a autotranscendência exaltada – em alemão a palavra "sublime" é *erhoben,* que significa, no sentido literal, "transcendente".

\*\*\*

---

1 KGB III. 5 794.
2 KGB III. 5 792.
3 KGB III. 5 793.
4 KSA 12 5 [41].
5 KGB III. 5 824.

O segundo acontecimento que ajudou a minimizar o efeito opressivo do inverno foi a descoberta, no início de fevereiro, de Dostoievski. Por acaso, ele encontrou em uma livraria de Nice o livro traduzido para o francês, *Memórias do Subsolo*, de um autor que nunca ouvira falar. Logo depois ele leu mais dois livros do mesmo autor, *Humilhados e Ofendidos*, "um dos livros mais humanos jamais escritos",[6] e *Recordações da Casa dos Mortos*. Com alegria ele reconheceu no "grande psicólogo" uma visão da condição humana da qual se sentiu "instintivamente próximo".[7]

O fato de Nietzsche ter a impressão de que ele e Dostoievski estavam "na mesma sintonia" não surpreende o leitor de *Zaratustra*. A semelhança do "Pálido Criminoso" de Nietzsche com o personagem Raskolnikov de Dostoievski, o primeiro tão confuso quanto aos motivos que o levaram a cometer o assassinato como este último, levou muitas pessoas a acreditar que Nietzsche *tinha* que conhecer o livro *Crime e Castigo*, em 1883. Mas, na verdade, não há razão para duvidar que ele nunca tivesse ouvido falar de Dostoievski antes de 1887.[8] Em relação à afinidade entre Nietzsche e Dostoievski cabe observar que os dois homens (Dostoievski após sua execução de morte cancelada e sua deportação para a Sibéria) eram fortes opositores do "socialismo", do "anarquismo" e do "niilismo", e que ambos acreditavam na preservação e recuperação da hierarquia social sólida, aristocrática, e sancionada pela religião do passado. A diferença, porém, residia na crença de Dostoievski em uma sociedade aristocrática *cristã*. Por esse motivo, escreveu Brandes que, embora Nietzsche julgasse que Dostoievski era "o material psicológico mais valioso que conheço" ele, não obstante, disse que "de uma maneira estranha lhe sou grato por ser oposto ao meu instinto básico".[9] Se a afinidade entre os dois tivesse sido completa, não haveria nada que Nietzsche pudesse dizer.

\*\*\*

O terceiro acontecimento animador, apesar de muito peculiar, foi um forte terremoto que matou duas mil pessoas na Riviera Francesa. Em Nice, os hóspedes aterrorizados fugiram de seus hotéis e pensões e foram para a rua na madrugada do dia 24 de fevereiro" (CA p. 461). Nietzsche dormia profundamente quando ocorreu o terremoto, e por ser um homem de formação e treinamento prussianos, "caminhou"[10] pela cidade "cuidando de pessoas que conhecia e que estavam sentadas ao ar livre em bancos ou em carruagens, com a esperança de escapar do perigo". "Eu", acrescentou, contente por ter reagido bem diante de um perigo mortal pela segunda vez, "não senti medo em nenhum momento, mas uma grande dose de ironia".[11] (A ironia, é provável, referia-se à "dinamite" mencionado em *Além do Bem e do Mal* que visivelmente *não* causou um terremoto no mundo das letras.)

Além de não sentir medo, Nietzsche alegrou-se com o acontecimento:

---

6 KGB III. 5 814.
7 KGB III. 5 804.
8 KGB III. 5 804. Presumindo que conhecesse pelo fato de a resenha de Widmann de *Além do Bem e do Mal* (p. 493) começasse com uma citação de *O Adolescente*, de Dostoievski.
9 KGB III. 5 1151.
10 KGB III. 5 824.
11 KGB III. 5 805.

CAP. 23 | *A GENEALOGIA DA MORAL*  555

Estamos vivendo em uma expectativa muito interessante de *mortes* graças a um terremoto bem-intencionado, que teve um efeito muito maior que os uivos de cães. Que prazer quando a antiga casa acima de nós estremeceu como um moinho de café! Quando o tinteiro declarou sua independência! Quando as ruas encheram-se de figuras aterrorizadas e seminuas com os nervos abalados.

Nice, continuou em sua carta a Von Seydlitz, assemelha-se a um acampamento militar: "Encontrei todos os meus amigos e amigas lamentavelmente estendidos sob as árvores verdes, bem enrolados em toalhas e cobertores porque o frio era cortante, e pensando a cada tremor que o fim do mundo havia chegado."[12]

Talvez a alegria de Nietzsche tenha uma explicação em um comentário escrito no caderno de anotações alguns meses depois. Quando em épocas primitivas a "maldade" consistia em "acaso, incerteza e imprevisibilidade", no mundo moderno, tornado seguro e previsível pela ciência e tecnologia, o repentino e o inesperado apresentam-se como fatos *positivos*: uma "excitação" que rompe o tédio da previsibilidade.[13] (As quebras das Bolsas de Valores podem provocar essa alegria atemorizada, mesmo naqueles que estão perdendo dinheiro rapidamente.)

O terremoto esvaziou Nice. Na terceira semana de março, dos 68 hóspedes que se reuniam em torno da *table d'hôte* na Pension de Genève (onde Nietzsche continuava a almoçar apesar da mudança para a Rue des Ponchettes) reduziram-se a seis, incluindo ele. E o quarto e último andar da pensão onde ele havia escrito a terceira e a quarta partes de *Zaratustra* ficou tão danificado que teve de ser removido.

## Jovens e Antissemitas

Embora tivesse gostado do terremoto, outras interrupções na rotina de trabalho de Nietzsche não foram tão bem acolhidas. Uma delas foi a visita de um rapaz de origem maio alemã meio americana recém-formado na universidade, Dr. Adams, que estudara os clássicos com Rohde, mas agora queria que Nietzsche, seu "Mestre", lhe ensinasse como se "tornar um filósofo".[14] Nietzsche não gostou de Adams nem percebeu nele qualquer dom para a filosofia. Mas com sua educação inata, e em respeito a Rohde, ele ocupou-se do rapaz pacientemente. Sentiu-se muito aliviado com a partida de Adams e queixou-se com Overbeck que os "'jovens' eram um fardo, em especial quando me procuram como admiradores de meus escritos, porque deveria ser óbvio que eles são inadequados para os 'jovens'".[15] Sua opinião em relação aos

---

12  KGB III. 5 807.
13  KSA 12 10 [21].
14  KGB III. 5 820.
15  KGB III. 5 847. Como, por exemplo, Heinrich von Stein era 27 anos mais novo que Nietzsche quando ele o conheceu e ficou fascinado pelo rapaz, essa queixa talvez expresse uma irritação momentânea, e não um julgamento rígido.

"jovens" não melhorou quando Adams, que não tinha recursos, lhe pediu dinheiro para pagar a conta do hotel e nunca o reembolsou.[16]

Ele também recebeu mal as cartas de Theodor Fritsch (não confundir com seu editor Fritzsch), que pensou ter descoberto sua xenofobia e antissemitismo refletidos em *Zaratustra*. Nietzsche lhe escreveu dizendo que não tinha simpatia pelo assim chamado "espírito alemão", e quanto aos judeus *versus* os alemães, ele achava que os judeus eram bem mais interessantes que os alemães. Por fim, sem a sua habitual polidez devolveu a Fritsch toda a sua correspondência junto com a literatura antissemita perversa e nociva, e terminou sua carta com a pergunta, "Como você pensa que me sinto quando os antissemitas pronunciam o nome de Zaratustra?".[17] A pergunta foi respondida na privacidade de seus cadernos de anotações: "Herr Fritsch, um tipo muito peculiar, tem se correspondido comigo. Como ele é bastante insistente, só me resta lhe dar uns pontapés. Esses 'alemães' atuais me enojam."[18] Por seu turno, depois de ter fracassado em mostrar a Nietzsche o erro de sua posição a favor dos judeus, Fritsch o criticou na *Antisemitic Correspondence* como um homem que escrevera um "livro de aprendizado judaico" destituído de qualquer compreensão da "essência alemã".

O episódio com Fritsch levou Nietzsche a refletir com ceticismo sobre a estranha "influência secreta ou obscura" das pessoas erradas: "Por todos os partidos radicais (socialistas, niilistas, antissemitas, cristãos ortodoxos, wagnerianos) eu sinto um estranho, quase misterioso respeito"[19] (uma situação que perdura até hoje).

## Intermezzo

Nietzsche detestava a primavera e o outono, as estações "intermezzo" como ele as chamava, uma vez que perturbavam a programação de sua vida entre 9 a 12 graus Celsius o ano inteiro. No início de abril, já muito quente em Nice, mas frio demais em Sils, ele decidiu ir a Cannobio para passar o *intermezzo* da primavera entre suas duas "casas". Uma antiga e bonita cidade a 200 metros acima do nível do mar, na margem ocidental do lago Maggiore, ela lhe foi recomendada como um lugar "celestial" onde ele seria muito bem tratado na Villa Badia, uma pensão dirigida por um casal suíço confiável. Sua primeira reação foi entusiástica: "esse lugar", escreveu a Köselitz, "é mais bonito que qualquer local na Riviera, como só o descobri tão tarde? O mar tem, assim como todas as coisas grandiosas, algo de estúpido e indecente. Porém, isso não existe aqui".[20] (Ao contrário do mar os lagos são inteligentes e modestos! Em *A Genealogia da Moral* ele os chama de "olhos".) Logo, no entanto, seu "olho interno" continuou a "dizer sim" para a beleza do lugar e a "incomparável limpidez" do céu, enquanto os olhos externos "diziam não" para a luz do Sol brilhante e

---

16  KGB III. 5 855.
17  KGB III. 5 819, 823.
18  KSA 12 5 [45].
19  KGB III. 5 820.
20  KGB III. 5 829.

a ausência de sombra.[21] Então, no final do mês, ele relutantemente decidiu esperar o resto do *intermezzo* em seu antigo *habitat*, a Pension Neptun em Zurique.

Na maioria das vezes, como vimos, Nietzsche passara momentos agradáveis com amigos em Zurique, raros em seu cotidiano solitário. No entanto, nesta ocasião, embora Overbeck tivesse vindo da Basileia para visitá-lo por alguns dias, ele teve dificuldade em encontrar-se com as pessoas. Meta von Salis estava sob pressão para terminar a tese de doutorado e, ao mesmo tempo, ajudava a irmã a reformar a casa atingida havia pouco tempo por um incêndio. Ele conseguiu encontrar-se com Resa von Shirnhofer, mas só quando ela voltou de Paris, no final de sua estada. Assim como Nietzsche, ela descobrira Dostoievski, o que causou uma discussão intensa sobre *Recordações da Casa dos Mortos*. Ele também lhe disse que admirava seu conterrâneo austríaco, o compositor de lieder Hugo Wolf (que também enlouqueceu como Nietzsche em 1897). Leal como sempre, ele tentou convencer diversas pessoas, inclusive seu amigo maestro, Friedrich Hegar, a respeito dos méritos da ópera de Köselitz, *O Leão de Veneza*, porém, como observou Resa, ele em geral constrangia as pessoas com "suas críticas muito evidentes contra Wagner".[22]

Em razão da falta do estímulo social habitual e sentindo-se mal no clima úmido e quente, Nietzsche ficou mais uma vez deprimido – "o pior dos castigos que existe na Terra" –, escreveu a Malwida.[23] Como não encontrou acomodações em sua amada Veneza, depois de uma semana ele decidiu ir para Chur, um vilarejo a meio caminho entre Zurique e Sils, tanto em tempo de viagem como em altura. Lá ele hospedou-se modestamente na casa de um professor, à espera do momento em que poderia retornar a Sils "sem morrer congelado".

## Depressão em Chur

No entanto, Chur foi uma má escolha. Apesar de ter evitado a umidade de Zurique, ele deparou-se com dias frios, chuvosos, que impediram os passeios nas florestas de pinheiros ao redor do vilarejo. Sua saúde física e mental deteriorou-se ainda mais, agravada pelo pensamento de que seria muito mais agradável estar na companhia de Köselitz na ensolarada Veneza: "sem música, nem Palazzo San Marco ou as gôndolas, só camponeses feios",[24] lamentou. Mais tarde ele assistiu ao concerto do oratório de Schumann, *Das Paradies und die Peri*, um "mar de limonada" autocomplacente, que só o fez se sentir pior.[25] Ele pensou de novo em seguir o conselho de Platão (de acordo com Nietzsche), que uma massagem poderia curar até mesmo a consciência pesada, embora isso não o tivesse ajudado até então.[26]

---

21 KGB III. 5 827, 839.
22 Gilman (1987) p. 193.
23 KGB III. 5 884.
24 KGB III. 5 851.
25 KGB III. 5 863.
26 KGB III. 5 851. É possível pensar que os prostíbulos que Nietzsche às vezes frequentava eram também "locais de massagem".

Em Chur, ele recebeu a notícia do noivado de Lou Salomé com (o futuro orientalista renomado) Friedrich Carl Andreas. (Como já mencionado, Lou só concordou em casar com ele sob a condição de ser um casamento sem sexo.) "Fräulein Salomé anunciou-me seu noivado", escreveu a Malwida em 12 de maio, "mas eu não lhe respondi... É preciso evitar esse tipo de pessoa, alguém que não tem respeito pelos outros. Ninguém sabe quem é o Dr. Andreas".[27] Porém, seis meses depois escreveu à irmã que não iria visitar o casal Overbeck na Basileia, porque não conseguia perdoar Ida por "seus comentários maledicentes e desprezíveis a respeito de uma mulher, a quem eu havia dito que fora a única natureza semelhante a mim que conheci na minha vida inteira".[28] É óbvio que estava longe de perdoar ou esquecer o caso Lou Salomé, além da dificuldade de definir seus verdadeiros sentimentos em relação a Lou, algo, creio, que ele nunca descobriu.

Nietzsche também não foi capaz de superar a animosidade reprimida que sentia pela irmã e pelo marido dela. Enquanto as tentativas deles, no passado, de lhe tirar dinheiro foram encobertas pelo pretexto de ele comprar terras na colônia de *Nueva Germania*, em Chur ele recebeu um *pedido* direto de uma garantia de empréstimo bancário de 4.500 marcos. Ele recusou terminantemente o pedido.[29] Apesar da carta que enviou a Elizabeth (ele não suportava mais escrever para ela e o cunhado em uma mesma carta e, na verdade, nunca enviou ao cunhado outra carta) desculpando-se pela recusa com a justificativa de sua situação financeira precária,[30] um rascunho não enviado revelou seus verdadeiros sentimentos: ele não tolerava qualquer empreendimento antissemita, não confiava mais nela, tinha esperança de que todos os antissemitas partissem da Alemanha para se reunirem a eles, e que tinha a expectativa de os judeus assumirem o poder na Europa.[31] O rascunho de outra carta escrito no final do ano revela ainda com mais clareza seus verdadeiros sentimentos com relação a Elizabeth:

> Como sofri com a associação do nosso nome respeitável a esse movimento [antissemita] por meio do seu casamento! Nos últimos seis anos [isto é, remontando à época do caso Salomé] você perdeu toda a capacidade de julgamento e respeito. Deus, como foi difícil para mim! Eu nunca pedi, como seria natural, que você entendesse minha posição diante dos fatos. No entanto, com um pequeno instinto amoroso, você se absteria de se envolver com meu antípoda. Agora tenho mais ou menos a mesma opinião que Schopenhauer sobre as irmãs – elas são supérfluas, elas não criam nada além de atos perversos.[32]

## Quinto Verão em Sils Maria

Sentindo-se infeliz em Chur, Nietzsche partiu para Sils o mais cedo possível e chegou ao vilarejo em 12 de junho, o primeiro hóspede da temporada. Os vestígios de uma avalanche atrás da casa Durish lembrou-lhe como antecipara sua chegada. Em-

---

27  KGB III. 5 845.
28  KGB III. 5 968.
29  KGB III. 5 850.
30  KGB III. 5 855.
31  KGB III. 5 854.
32  KGB III. 5 968.

bora se sentisse feliz por estar de novo em seu "lar", sua saúde agravou-se ainda mais que em Zurique e em Chur. Uma semana depois de sua chegada, ele teve crises de 12 horas de dor de cabeça e vômito, insônia e febres que o fizeram suar apesar do frio.[33] Ele decidiu que sofria de "uma profunda obstrução fisiológica de causa e localização desconhecidas e, por esse motivo, tinha uma sensação de estar... sempre abaixo de zero grau". "Sem exagero", escreveu a Overbeck, "não tive até então um único dia no ano inteiro em que me sentisse bem tanto física como espiritualmente...[e sofrendo de] uma profunda depressão permanente".[34]

Porém, no final de junho, sentiu-se bem o suficiente para pensar em provisões para o verão, e mandou mensagens SOS para a mãe e o casal Overbeck pedindo-lhes que lhe enviassem, entre outras coisas, mel, salsichas, "12 pontas de canetas de metal tamanho 15", e chá:

> o único chá em que confio... é o chá inglês Horniman... suas latas de um quilo custam 12 francos... Esse chá não é o dos melhores, mas ele mantém a mesma qualidade (por 40 anos*) e, portanto, não é, como outros chás que compramos, um experimento.[35]

Também no final de junho Nietzsche recebeu a notícia da morte de Heinrich von Stein, praticamente sua última ligação com o círculo de Wagner. Ele morreu em 20 de junho aos 30 anos. Nietzsche ficou tristíssimo durante semanas:

> Em meu íntimo, estou abalado psicologicamente [ele escreveu a Köselitz]. Heinrich von Stein morreu... de repente, de um ataque cardíaco. Eu gostava muito dele. Tive a impressão de que teria o prazer de sua convivência mais tarde. Ele pertencia ao círculo das poucas pessoas cuja existência me alegra; e ele tinha muita fé em mim. Disse-me que em minha presença os pensamentos surgiam em sua mente, os quais, de outro modo, não teria coragem de expressar. Eu o "liberei". E como rimos juntos aqui... Ele era sem dúvida o mais belo espécime de ser humano entre os wagnerianos.[36]

E acrescentou para Overbeck: "Tenho certeza de que ele estava destinado a mim em um momento posterior: porque homens como ele, ricos e profundos, que necessariamente têm um desenvolvimento lento, precisam de mais tempo para amadurecer. E isso lhe foi negado!"[37] Von Stein, como vimos, fora o foco das expectativas de Nietzsche de atrair os melhores wagnerianos para sua causa. Ao longo do tempo, ele agora sentia (esquecendo, como é natural em face da morte, como Von Stein lhe desapontara tanto (p. 478-479), Von Stein teria atravessado seu caminho do wagnerismo para o mundo dos "espíritos livres".

---

33   KGB III. 5 863.
34   KGB III. 5 870.
\*   Na verdade, por 61 anos. Horniman foi uma marca famosa da era vitoriana e, provavelmente, deve ter sido o chá vendido pela primeira vez em latas. Em 1918 a empresa foi comprada por J. Lyons, mas o nome foi um marco na indústria de chá na Grã-Bretanha até a década de 1960, e nos Estados Unidos até os anos 1990.
35   *Ibidem.*
36   KGB III. 5 868.
37   KGB III. 5 870.

O mês de julho começou com uma descoberta instigante: a misteriosa "Muthgen" mencionada nos diários de Goethe como um caso de amor do jovem poeta era sua avó por parte de pai, Erdmuthe. Mas as pesquisas revelaram que Erdmuthe era muito jovem para ser "Muthgen", uma conclusão que Nietzsche relutou extremamente em aceitar.[38] Como Goethe era seu grande herói, seu paradigma de saúde mental, uma conexão pessoal, a possibilidade de ter o sangue de Goethe circulando em suas veias lhe daria uma grande alegria.

Em meados de julho, as duas Emily Fynn e a condessa Mansuroff chegaram mais uma vez em Engadine, mas não ficaram em Sils e hospedaram-se no Grand Hotel em Maloja, a cerca de uma hora e meia a pé em direção à margem sudeste no final do lago Sils. O relato de Nietzsche de que vira 900 veículos no pátio do hotel, o que fez com que Maloja "se assemelhasse muito a Nice",[39] soa exagerado, mas as fotografias da sala de jantar da época, com lugar para 300 ou 400 pessoas em torno de enormes mesas, mostram que na década de 1880 o turismo de massa chegara a Engadine.

Em pleno verão, a Europa inteira foi atingida por uma forte onda de calor, levando Nietzsche a escrever a Köselitz que, em Veneza, ele deveria parecer "mais um omelete do que um homem".[40] Embora por sorte Nietzsche estivesse a 1,83 quilômetros acima do nível do mar, mesmo em Sils a umidade era elevada, acompanhada por tempestades frequentes. Este clima não melhorou sua saúde nem o estado de espírito, apesar de alguns dias de bom tempo que lhe permitiram concluir sua "pequena polêmica", *A Genealogia da Moral*, em três semanas.

No início de agosto, Nietzsche decidiu fazer outro experimento alimentar.* Apesar de não ter sido invadido por turistas como Maloja, a sala de jantar do Alpenrose em Sils tinha umas 100 pessoas que jantavam ao redor da *table d'hôte*, entre elas muitas crianças. Nietzsche então se convenceu de que, por causa do barulho e da natureza "perigosa" da comida, ele era "um animal muito frágil para se alimentar com as massas". Assim, decidiu almoçar meia hora antes do movimento dos hóspedes e, sem seguir o cardápio do hotel, adotou a seguinte dieta: todos os dias almoçava bife com espinafre e, como sobremesa, comia um grande omelete com geleia de maçã; à noite, seu jantar consistia em algumas fatias de presunto com duas gemas de ovo e dois pãezinhos. Cedo, substituiu a xícara de chá das cinco horas da manhã por uma xícara de chocolate sem açúcar (a marca holandesa Van Houten de chocolate era sua preferida, embora depois tenha experimentado o chocolate suíço Sprügli). Em seguida, após uma hora de sono, levantava-se, vestia-se, bebia uma xícara de chá e começava a trabalhar.[41] Não causa surpresa que esse regime espantoso, sem frutas e quase sem legumes não tivesse melhorado de maneira visível sua saúde. E ele ainda

---

38   KHB III. 5 873, 878.
39   KGB III. 5 895.
40   KGB III. 5 883.
\*   Como vimos, Nietzsche sempre insistia na natureza "experimental" de seu pensamento e do pensamento racional em geral. Seus experimentos constantes com o clima e o regime alimentar para melhorar sua saúde refletiam sua visão racional e talvez a tivesse formado. Mas o fracasso em sua capacidade de racionalizar deveu-se à não percepção de que sua digestão seria bem melhor se seguisse uma dieta mais regular.
41   KGB III. 5 885.

CAP. 23 | A GENEALOGIA DA MORAL

a piorou com a substituição do bife com espinafre no almoço por presunto, seguindo a recomendação do agora falecido (como seria previsível) Dr. Wiel (p. 249-250), da "cura com presunto" para doenças do estômago.[42]

Durante o mês de agosto, Nietzsche teve a companhia regular da (agora Dra.) Meta von Salis, que chegou com sua amiga Hedwig Kym, com quem depois morou. Meta lembrava-se que Nietzsche caminhava dois minutos a pé de suas acomodações para as dela quase todas as manhãs, e às vezes também à tarde. Quando não aparecia para visitá-la era sinal de que estava doente. Se não estivesse muito calor eles faziam um passeio, ou tinham "conversas íntimas" no quarto dela. Na maioria das vezes, Nietzsche estava muito alegre e fazia brincadeiras inocentes, como as que fazia com as mulheres (a exemplo de Elizabeth no passado), com quem mantinha uma relação "fraternal". Meta e Hedwig lhe ensinaram a remar e ele gostava do ligeiro arrepio de medo que sentia quando ventava. Diante da expressão de culpa de Hedwig depois de um passeio no qual ela não remara, ele disse que sempre se lembraria dela como um "lastro bem-vindo".

A estada de Meta terminou no início de setembro:

> Nunca esquecerei nossa despedida... caminhávamos ao longo da margem do lago Silverplana, no sopé do [monte] Corvatsch. O ar tinha um tom prateado, outonal, que Nietzsche gostava de chamar de "sobrenatural". O lago estava um pouco agitado e as pequenas ondulações na água que refletiam as nuvens cor-de-rosa do final da tarde faziam um movimento murmurante para frente tocando a areia da margem e, em seguida, recuavam. "Como se quisessem também apertar as mãos de vocês e dizer adeus", falou nosso amigo com sua voz melodiosa. Depois, ao voltarmos para casa, quando andávamos por um caminho deserto entre o lago e Sils, ele disse com um suspiro: "Agora estou viúvo e órfão de novo."[43]

O último encontro no início de setembro foi com seu antigo amigo de colégio, Paul Deussen. Nietzsche havia recebido um exemplar do novo livro de Deussen, uma extensa tradução e comentários sobre os *Sutras de Vedanta*.[44] Em vez de tratar Deussen com condescendência, como fizera habitualmente no passado, Nietzsche ficou impressionado por ele ter obtido, em Berlim, uma cátedra de filosofia, o primeiro schopenhaueriano a conquistar esse cargo. E também ficou muito impressionado com o importante livro de Deussen. "Sutil e refinado", escreveu ele, o livro deu renome a Deussen como um grande especialista em cultura oriental na Europa. E fez com que tenhamos uma percepção, acrescentou ele, de que "as posições inteligentes da filosofia europeia mais moderna (kantismo, atomismo, niilismo e assim por diante) já tinham acontecido na filosofia indiana há muitos milênios".[45] Deussen visitou-o de 2 a 4 de setembro, junto com a mulher, Marie, judia e com metade da sua idade, a caminho da Grécia. Deussen recordou que

---
42  KGB III. 5 887.
43  C p. 670.
44  O livro foi publicado em inglês com o título *The Sutras of the Vedanta with the Commentary of Cankara* em 1906.
45  KGB III. 5 899, 903.

foi com o coração pulsando forte que encontrei meu amigo pela primeira vez, depois dos 14 anos de separação e, muito emocionado, o abracei. Mas como ele mudara ao longo desse período. Não mais tinha o porte orgulhoso, os passos ágeis e a conversa fluente do passado. Arrastava-se devagar inclinado para um lado. E pronunciava as palavras com esforço e hesitação... Na manhã seguinte levou-me ao seu quarto ou o que chamava de "caverna". Era um quarto simples em uma casa de camponeses a três minutos da estrada principal... De um lado colocara seus livros, dos quais a maioria me eram bem familiares de épocas anteriores. Ao lado deles havia uma mesa rústica com xícaras de café, cascas de ovo, manuscritos, objetos de toalete, enfim uma miscelânea de coisas em uma confusão colorida, depois uma descalçadeira em cima de uma bota e, por fim, a cama desfeita. Tudo indicava desleixo de um senhor tolerante... E quando nos despedimos havia lágrimas em seus olhos, que eu nunca vira antes. Eu jamais o veria de novo em sua sanidade mental.[46]

\*\*\*

O clima de outono mostrou que chegara mais uma vez o momento de partir de Sils. Poucos dias antes de viajar, Nietzsche escreveu a Widmann (autor da resenha "dinamite" de *Além do Bem e do Mal*) pedindo-lhe que mostrasse o *Hino à Vida* ao seu amigo Johannes Brahms.[47] Talvez pensasse que sua ruptura com os wagnerianos faria de Brahms, antípoda musical de Wagner, um aliado natural. Porém, Brahms só lhe enviou uma nota formal do recebimento da composição. A Widmann, Brahms escreveu que tinha um exemplar de *Além do Bem e do Mal* (presumivelmente por recomendação de Widmann), mas também uma novela italiana e, assim, ele poderia escolher "andar sob um céu cinza ou azul".[48] Mas seu comentário revelou que pelo menos folheara a obra.

\*\*\*

Nietzsche partiu de Sils em 21 de setembro e de novo procurou um *"intermezzo"* entre suas duas "casas". Desta vez teve mais sorte com Veneza e encontrou acomodações em Calle Dei Preti, 1263, perto de sua amada praça São Marcos e do amigo Köselitz. Em Veneza como em Nice havia um mosquiteiro em cima da cama. Esta foi sua última visita a Veneza e a última ocasião em que Köselitz o viu antes de seu colapso mental. Mas, embora gostasse da brisa fria e do céu límpido, o Sol muito forte abreviou os dois meses que pretendera passar na cidade para um mês. Após uma tortuosa viagem que incluiu uma demora de duas horas em um túnel de trem entre Gênova e Milão, ele chegou a Nice em 23 de outubro, com uma mala cheia e uma dor de cabeça terrível.

## Quinto e Último Inverno em Nice

Apesar do estresse da viagem ele ficou encantado por voltar à cidade. Bem mais quente que Veneza, havia, escreveu a Köselitz, uma "embriaguez" na alegria, na elegância mundana, a sensação de uma grande cidade e a vegetação exótica "africana".[49]

---

46  C p. 671-2.
47  KGB III. 5 907.
48  C p. 699.
49  KGB III. 5 937.

Desta vez não havia possibilidade de hospedar-se em outro lugar que não fosse a conhecida e confiável Pension de Genève, nem de fazer coisas diferentes a que estava habituado: "Cheguei a tal ponto", escreveu a Franziska, "em que não posso fazer nada... a não ser as coisas familiares e genuínas (Nice entre elas), e impedir que meu trabalho – o sentido da minha existência – seja perturbado o mínimo possível por coisas externas".[50] "Evitar todos os tipos de distrações é uma questão", escreveu a Carl Fuchs, "de encontrar nosso 'centro'":

> Quando eu era um filólogo, eu era "excêntrico [ex-cêntrico]", fora do meu centro (o que não significa que fosse um mau filólogo). Hoje, acho uma excentricidade ter sido um wagneriano... Aos poucos nos disciplinamos para voltar ao âmago de nossa unidade; a paixão que, por muito tempo, não tinha nome, nos salva de todas as digressões e dispersões para nos dedicarmos à tarefa da qual, sem liberdade de escolha, somos os missionários.[51]

Como previsível, o retorno a um quarto barato na Pension de Genève significou mais uma vez um quarto frio, escuro por causa da sombra de uma árvore, com vista para o norte que, no mês de janeiro, ele não achou nada "divertido".[52] Com o problema usual dos "dedos arroxeados", ele pensou em alugar um aquecedor. Mas como custaria 50 francos (sem o combustível) durante a temporada, ele pediu a Franziska que lhe enviasse um de Naumburg. Com uma felicidade extraordinária ao vê-lo chegar, tomou um banho no luxo de um quarto aquecido pela primeira vez, e confessou a Köselitz que fizera uma "dança pagã" ao redor do "deus do fogo".[53]

***

No início de dezembro, Nietzsche recebeu uma carta de um erudito e crítico dinamarquês Georg Brandes. Brandes (nascido Morris Cohen) ficara famoso como autor de um estudo de diversos volumes sobre as principais tendências literárias do século XIX. Ele escreveu a Nietzsche que lera *Humano, demasiado Humano*, *Além do Bem e do Mal* e *A Genealogia da Moral*, e agora queria ler todas as suas obras. Brandes escreveu que se surpreendera com o fato de Nietzsche ser professor e felicitou-o por não ter um ar professoral. Ele apoiava a crítica ao cristianismo e à mediocridade democrática, assim como o "radicalismo aristocrático" de Nietzsche. No entanto, por não ser um bajulador, tinha dúvidas sobre a opinião desfavorável em relação à compaixão e não concordava com a crítica contra as mulheres. E havia, acrescentou, muitas coisas que não entendia.[54]

Nietzsche respondeu chamando Brandes de "bom europeu". Quanto às dificuldades de compreensão ele as atribuiu ao fato de que "por ser um antigo músico tenho um bom ouvido para quartos-de-tom, o que tornava a textura de seus livros mais densa e provocava "desconfiança no tocante à dialética, mesmo com sua inten-

---

50  KGB III. 5 938.
51  KGB III. 5 963.
52  KGB III. 5 940.
53  KGB III. 5 958.
54  KGB III. 6 500.

ção de oferecer razões".[55] Encantado por ter sido notado por uma pessoa de tanta influência, Nietzsche pediu a Fritzsch que lhe enviasse todos os livros que Brandes ainda não tivesse. A Köselitz ele escreveu que Brandes era "intelectualmente o mais profundo dinamarquês da época atual e, além disso, era judeu" e que sua descrição do "radicalismo aristocrático" fora "bem expressa e revelava conhecimento".[56] À parte as discussões sobre filosofia, Brandes, que passara algum tempo com eles em Berlim, contou-lhe que Rée e Lou Salomé viviam juntos "como irmão e irmã".[57]

\*\*\*

Em 1887, Nietzsche escreveu que o Natal em Nice fora "fantástico e absurdo":

> Neve profunda: um acontecimento novo tanto para mim quanto para muitos habitantes. As palmeiras curvaram-se sob o peso da neve, as laranjas amarelas apareciam em meio à neve e, acima, havia um céu inacreditável, radioso de alegria. Nessas circunstâncias m orgulhei do meu pequeno aquecedor (que eu acendo todas as manhãs precisamente às seis horas).[58]

Logo depois do Natal, Nietzsche assistiu à quarta apresentação de *Carmen* na Ópera de Nice no recém-inaugurado teatro italiano. Mais uma vez foi um "evento extraordinário e eu aprendi e compreendi muito mais nessas quatro horas do que nas quatro semanas anteriores",[59] escreveu, em uma demonstração frequente de que a música, ou pelo menos o espírito musical, a emoção, fazia brotar seu pensamento. Ao refletir sobre essa mesma experiência um mês depois, ele escreveu a Köselitz

> A música agora me proporciona sensações como nunca antes. Ela libera-me, acalma-me, como se eu observasse, subjugado, a cena a uma grande distância. A música me fortalece... sempre depois de uma noite ouvindo música surgem diversas percepções e pensamentos na manhã seguinte. É muito estranho. Tenho a sensação de imergir em um elemento natural. A vida [e evidentemente o pensamento] sem a música é um erro, uma exaustão, um exílio.[60]

Observem, mais uma vez, a ideia permanente de autotranscendência por meio da música.

## Projetos Literários

Como vimos no capítulo anterior, com seus novos prefácios para as antigas edições e com a nova edição ampliada de *A Gaia Ciência*, Nietzsche sentiu, em junho de 1887, que "realizara os últimos ritos e despedira-se de todos os seus livros escritos

---

55   KGB III. 5 960.
56   KGB III. 5 964.
57   KGB III. 6 505.
58   KGB III. 5 966.
59   KGB III. 5 964.
60   KGB III. 5 976.

até então".[61] Ele concluíra, escreveu, um "segmento da sua vida" e agora tinha à sua frente a "enorme tarefa" de escrever "A Vontade de Poder",[62] a "filosofia do futuro" da qual todas as suas obras até o momento, como o subtítulo de *Além do Bem e do Mal* anunciou, eram meros "prelúdios". Como já mencionado, o projeto surgiu pela primeira vez nas cartas escritas em agosto de 1886. Em razão de *Além do Bem e do Mal* ter sido publicado neste mês, parece claro que o plano original era a dedicação total ao trabalho para que a grande obra fosse publicada logo depois de seus "prelúdios".

Mas os acontecimentos não seguiram o planejado. Apesar dos 66 exemplares dados de presente e da publicação de algumas resenhas, o efeito de *Além do Bem e do Mal* no público leitor foi, como usual, nulo. Em junho de 1887, Nietzsche queixou-se a Overbeck que, dos exemplares dados de presente, apenas um quinto provocara alguma reação e que até este mês só haviam sido vendidos 114 exemplares. Os lucros, acrescentou, não cobriam ainda os 100 táleres que ele pagara, com seu dinheiro, para editar a Parte IV de *Zaratustra*, os 300 táleres para publicar *Além do Bem e do Mal* e os 150 táleres do trabalho de revisão e ampliação das antigas obras.[63] Nietzsche decidiu então interromper os planos de trabalhar em "A Vontade de Poder", a fim de escrever um pequeno livro, *A Genealogia da Moral*, que seria uma "ampliação e elaboração" de *Além do Bem e do Mal* e, portanto, teria de ser publicado exatamente como seu antecessor.*

Como seu subtítulo revela, *A Genealogia da Moral* tinha intenção de ser um livro "polêmico" cuja "importância" para a situação atual atrairia mais interesse e, em consequência, teria uma venda mais expressiva do que os livros anteriores.[64] (Nietzsche tinha, penso eu, dificuldade em julgar o efeito dos seus trabalhos nos leitores, porque não poderíamos dizer que algum deles *não* tenha sido polêmico. Um fato relevante sobre *A Genealogia da Moral*, escreveu, referia-se à sua "declaração de guerra à moralidade",[65] mas essa guerra já havia sido declarada em *Humano, demasiado Humano*. Em sua descrição de *Além do Bem e do Mal*, o comentário de que o livro tinha uma "neutralidade estudada" em contraste com o "*allegro feroce*" de *A Genealogia da Moral*[66] é especialmente incorreto.)

O conteúdo básico de *A Genealogia da Moral* foi escrito em três semanas, de 10 a 30 de julho.[67] Porém, Nietzsche ainda acrescentou pequenos detalhes no final de agos-

---

61  KGB III. 5 858.
62  KGB III. 5 834.
63  KGB III. 5 858.
\*   KGB III. 5 946. Como a expressão "ampliação e elaboração" surgiu no verso da página de rosto da primeira edição de *A Genealogia da Moral*, e que essa foi a única edição publicada sob supervisão de Nietzsche, foi uma pena que não tenha mais aparecido na coletânea Colli-Montinari ou nas traduções inglesas padrão. Em fevereiro de 1888, Nietzsche escreveu a Naumann, seu editor, que, em vez de *A Genealogia da Moral*, ele deveria ter mantido o título mais interessante de *Além do Bem e do Mal*, com o subtítulo *Apêndice. Três Ensaios* (KGB III. 5 994). É lamentável que na última década os filósofos anglo-saxões das correntes da ética e da moral tenham ficado obcecados pela discussão sobre *A Genealogia da Moral*, mas raramente discutem *Além do Bem e do Mal*.
64  KGB III. 5 894.
65  KGB III. 5 949.
66  KGB III. 5 985.
67  KGB III. 5 1014.

to.[68] Por ser o mais orgânico de todos os livros de Nietzsche, com uma organização precisa, por seus padrões de acordo com as diretrizes de sua visão do conjunto como nenhum outro, a obra é um extraordinário *tour de force*. Ela foi publicada em 16 de novembro de 1887, mais uma vez por Naumann e de novo à custa de Nietzsche, porque agora ele considerava Fritzsch, apesar de bem-intencionado, incompetente.

Depois de escrever *A Genealogia da Moral*, Nietzsche decidiu que *este* seria o livro que concluiria uma "época", encerraria sua "narrativa de desenvolvimento" e "significaria uma linha divisória na minha existência até este momento", e não a versão ampliada de *A Gaia Ciência*.[69] "Estou", escreveu no final de dezembro, "em um momento intermediário: uma porta se fecha e outra se abre", a porta para a "obra principal de minha existência", *A Vontade de Poder*.[70]

## Sobre A Genealogia da Moral

O objetivo central de *A Genealogia da Moral* foi o de libertar os leitores escolhidos de Nietzsche – como sempre os "poucos" – do poder da moral cristã e indicar-lhes o caminho de uma moral melhor. Como veremos, o tipo "superior" de leitor a quem *A Genealogia da Moral* dirigia-se não era o leitor totalmente imbuído pela moral cristã, e, sim, o leitor que se debate no "campo de batalha" entre essa moral e a antiga moral clássica. O intuito de Nietzsche foi o de mostrar a batalha subterrânea entre "Roma" e a "Judeia", na qual Nietzsche confirmou a vitória de "Roma".

Assim como na maioria dos prefácios de Nietzsche, o prefácio de *A Genealogia da Moral* não é um guia confiável de seu conteúdo. "Minha dificuldade", escreveu, "é descobrir sob que circunstâncias o homem estabeleceu os parâmetros de julgamento do bem e do mal? *E que valores eles próprio tinham?*[71] Neste sentido, o objetivo de estabelecer o valor (é claro, negativo) da moral cristã e o método consistia em elaborar uma "genealogia" de suas "origens".[72] Mas a visão do livro dificulta a compreensão da intenção fundamentalmente construtiva de garantir uma vitória para "Roma". Além disso, a pesquisa genealógica da moral cristã limita-se em grande parte, aos dois dos primeiros três ensaios. O terceiro ensaio, por exemplo, contém discussões importantes de temas que pouco se referem ou, em alguns casos, não têm relação com a origem ou o valor da moral cristã.

Contudo, não há dúvida de que a genealogia da moral cristã é o tema central do livro. E a ideia de que o "valor" poderia ser determinado pela pesquisa das "origens" é uma advertência. Isso não seria uma afirmação da "falácia genética"? Cito como exemplo a energia nuclear. Ela foi gerada com a intenção de provocar a morte e a destruição em uma escala desumana. Porém agora ela é valorizada de uma maneira crescente como uma fonte de energia "verde" não poluidora. O caráter maléfico de

---

68  KGB III. 5 879.
69  KGB III. 5 951, 908, 964.
70  KGB III. 5 965.
71  GM Prefácio 3.
72  GM Prefácio 5.

sua origem, portanto, não é um fator determinante de seu valor atual. Como do ponto de vista lógico a falácia genética é um fracasso, além do fato de que Nietzsche tinha consciência disso,[73] e também pelo subtítulo de *A Genealogia da Moral* ser "Uma Polêmica", muitos estudiosos concluíram que Nietzsche não se interessava pela lógica ou pela racionalidade. Seu objetivo, acreditavam, era libertar o leitor escolhido das garras da moral cristã. E, como sugeriram, seu método preferido não era a crítica racional, e sim a retórica comovente. Neste sentido, *A Genealogia da Moral* seria um livro direcionado não a leitores puramente intelectuais, mas, sim, àqueles mais sensíveis ao seu ambiente externo ou interno.

No entanto, discordo inteiramente dessa visão sobre a obra. Mas como só é possível discutir a racionalidade ou o método de pesquisa genealógica de Nietzsche ao vê-lo em ação, adiarei a discussão sobre estes temas até o final do texto.

### Primeiro Ensaio: "Bem e Mal", "Bom e Mau"

O primeiro ensaio de *A Genealogia da Moral* é uma ampliação da narrativa de *Além do Bem e do Mal* sobre as origens históricas da moral cristã na Antiguidade, com a "revolta" dos escravos contra a moral de seus senhores.

Os primeiros princípios morais, sugeriu Nietzsche, originaram-se dos nobres guerreiros como, por exemplo, os vikings e os gregos de Homero. Em razão do *"pathos da distância"* entre eles e os "plebeus" ou as "pessoas comuns",[74] os nobres intitulavam-se "os bons" e chamavam suas características proeminentes de virtudes: saúde, força física, coragem, habilidades militares, apego à verdade, lealdade e crueldade em relação aos inimigos. Aqueles que não eram semelhantes a eles, seja tribos estrangeiras a quem poderiam dominar ou seus escravos, eles designavam de "maus". Assim como em um ser "ovo ruim", uma pessoa "má" não tinha uma conotação de ódio, e sim de desdém, um desprezo dissimulado por uma simpatia genuína pela infelicidade de "não ser como nós". Para a nobreza grega os maus eram "os infelizes".[75]

Com seu conhecimento de filologia, Nietzsche observou a evidência da prioridade dos princípios morais dos senhores pelo fato de a palavra "bom" ter em muitas ou talvez em todas as línguas europeias uma ligação etimológica com palavras que descreviam a nobreza guerreira. É provável que a palavra latina *bonus* derivasse de *duonus*, guerreiro, e o alemão *gut*, sugeriu, com certeza originava-se de *gott* e, assim, em seu sentido original significava "da raça divina".[76] O conceito de superioridade social, disse Nietzsche, sempre gerava o conceito de superioridade psicológica que, ao longo do tempo, se distanciou da posição social atual.[77] Por sua vez, o conceito

---

73  GS 345, GM II 12.
74  GM I 2.
75  GM I 10.
76  GM I 5.
77  GM 16. É provável, então, que, quando a Seção 257 de *Além do Bem e do Mal* afirma que o *"pathos da distância"* só pode originar-se em uma "sociedade aristocrática", o texto sugere que essa sociedade seja uma aristocracia baseada em atributos psicológicos, em vez de uma classe social.

de uma posição social inferior criou a noção de baixa autoestima: *schleht* (mau) é apenas uma variante tipográfica de *schlicht* (comum, simples).[78]

Em uma nota no final do primeiro ensaio, Nietzsche propôs aos linguistas que pensassem na pergunta "*Que sugestões os linguistas, especialmente quanto ao estudo da etimologia, oferecem para a história da evolução dos conceitos morais?*", o que pressupõe que a história da moral descrita no primeiro ensaio foi apresentada, não como um conhecimento, mas, sim, como uma hipótese de um projeto de pesquisa. Brandes aceitou pesquisar o assunto e consultou especialistas dinamarqueses em etimologia a respeito das ideias de Nietzsche. Estes especialistas confirmaram, escreveu ele a Nietzsche, a origem etimológica de *bonus-duonus*, mas disseram que no alemão gótico *gut* e *gott* não tinham conexão.[79] É possível pensar em outros exemplos para apoiar a sugestão de Nietzsche: tanto em inglês quanto em alemão a palavra "nobre" como um atributo do caráter origina-se de "nobre" como uma designação de posição social, "vulgar" no sentido de "rude" origina-se de "vulgar" com uma conotação de classe social inferior, e "vilão" no sentido de canalha pode, sem dúvida, ter sua origem etimológica em "vilão", um servo feudal.

A noção de "nobreza moral" segue essa mesma linha de raciocínio. A "moral dos escravos" originou-se, disse Nietzsche, dos judeus escravizados. Esses judeus, com "seu ódio extremo", foram os primeiros a conquistar os nobres com a substituição da equação da moral nobre, "bom = nobre = poderoso = bonito = feliz = abençoado", pela moral dos escravos "bom = sofredor = pobre = indefeso = humilde".[80] Isso foi o que ele chamou de "a primeira transvaloração de valores" em *Além do Bem e do Mal*.[81] (Observem que "transvaloração" neste contexto significa apenas "inversão", o que proporciona um "indício" claro da característica da segunda "transvaloração" de Nietzsche.) O motivo de os judeus reagirem dessa maneira à opressão deveu-se ao fato de ser um "povo sacerdotal", uma nação conduzida por sacerdotes.

Duas características dos sacerdotes judeus – que são também peculiaridades dos sacerdotes em geral – foram cruciais para a "revolta dos escravos". Primeiro, em razão da cobiça de poder por serem fisicamente indefesos e oprimidos, os sacerdotes eram "caldeirões de um ódio intenso", suas almas eram "envenenadas" pelo *ressentimento* – uma palavra vital em *A Genealogia da Moral*.*[82] Segundo, os sacerdotes eram *inteligentes*: por isso, eles tinham uma posição de influência na sociedade judaica. A inteligência dos sacerdotes permitiu que realizassem "um ato deliberado

---

78 GM I 4.
79 KGB III 6 542.
80 GM I 7.
81 BGE 46.
\* Embora tenha visto a palavra em *The Value of Life* de Emile Dühring, que ele leu em 1875, Nietzsche extraiu esse conceito de *The French Revolution*, livro em três volumes de Hyppolite Taine e, por esse motivo, ele usa coerentemente a palavra em francês, em vez da palavra em alemão *Groll*. Taine, a quem ele enviou um exemplar gratuito de *A Genealogia da Moral*, gostou de ver seu conceito fundamental elucidativo no livro de Nietzsche.
82 Como veremos, é um relato bem diferente da natureza e motivação do sacerdote expresso em *O Anticristo* (Seção 24). Talvez essa mudança tenha sido uma reação à crítica de Overbeck de que *ressentiment* era uma explicação demasiado simples para a revolta dos escravos (KGB III.6 Para Nietzsche 510).

de vingança", um plano astucioso para enfraquecer os nobres opressores e, assim, diminuir a opressão aos judeus, ao convencê-los a adotar a nova moral, segundo a qual as qualidades que julgavam ser virtudes se transformavam em vícios, e as qualidades consideradas vícios convertiam-se em virtudes.[83]

No entanto, Nietzsche não respondeu em *A Genealogia da Moral* a pergunta sobre o momento em que ocorrera a revolta dos escravos judeus e contra quem ela se dirigira. Em uma carta a Overbeck, Nietzsche admitiu que *A Genealogia da Moral* omitira muitos detalhes importantes em benefício de uma visão geral da história.[84] Mas em *O Anticristo*, escrito no ano seguinte, ele mencionou que a revolta aconteceu, não como poderíamos pensar, no Império Romano, e, sim, no Exílio Babilônico (597 a.C.).[85] O relato é o seguinte: os judeus criaram primeiro a "moral dos escravos", uma moral que legitimava a vida que eles foram obrigados a viver durante o Cativeiro Babilônico. Cem anos depois os cristãos apoderaram-se desse instrumento aperfeiçoado de eliminação do poder pessoal, acrescentaram logo alguns refinamentos e o usaram contra a nobreza romana. Em razão da existência desta história anterior, Nietzsche escreveu em *A Genealogia da Moral* que o cristianismo era o "herdeiro" da revolta dos escravos[86] (e, por isso, no sentido estrito, a moral cristã era uma espécie de "moral escrava").[87] E também por esse motivo Nietzsche disse que, quando Constantino impôs o cristianismo como a religião oficial do Império Romano em 312 d.C., o "cristianismo" não foi o vencedor, e, sim, "*Israel*": "com sua vingança e transvaloração de todos os antigos valores", Israel foi o vitorioso como continua até a época atual.[88] O foco do interesse de Nietzsche concentrou-se na transição da moral da Antiguidade clássica à moral cristã da Idade Média. Mas ele viu essa transição como a conclusão de um processo iniciado na Babilônia.

\*\*\*

Como, precisamente, funcionou essa "primeira transvaloração de valores"? Qual foi o *mecanismo* da inversão de valores? Nietzsche sugeriu dois conceitos, que eu chamarei de "revolução moral" e "invenção de anexos metafísicos".

Visto através dos "olhos venenosos do *ressentiment*" as qualidades nobres foram "retocadas e reinterpretadas",[89] em outras palavras, houve uma "mudança". A autoconfiança transformou-se em egoísmo, a força em barbárie, o hábito de comandar em arrogância, a verdade em crueldade e assim por diante. Por outro lado, com a imitação da autoglorificação dos senhores, os escravos converteram as características que *tinham de* demonstrar em virtudes. No sentido literal, eles tiraram o melhor proveito possível de uma situação difícil. O ato de se aconchegarem aos outros escravos para se aquecerem transformou-se em "amor ao próximo", timidez tornou-se humildade, escravidão converteu-se em obediência, "ter de esperar na

---

83 GM I 6, 7, 10, 11.
84 KGB III. 5 971.
85 A 25.
86 GM I 7.
87 James Stewart sugeriu que a moral budista pode ser considerada como outra espécie, porque surgiu como uma reação contra as práticas opressoras dos brâmanes.
88 GM I 8; minha ênfase.
89 GM I 11.

porta" passou a significar paciência. Em geral, a "impotência tornou-se bondade".[90] (Observem que essa "revolução" representa uma mudança de perspectiva: a mesma característica antes vista pela visão do senhor era agora uma perspectiva do escravo. Este pressuposto estabelece uma conexão para a discussão importante do "perspectivismo" no terceiro ensaio de *A Genealogia da Moral*.)

Segundo a moral cristã, "não só [os escravos] são melhores, como também têm uma "vida melhor", ou pelo menos terão algum dia.[91] Assim, para o cristianismo (de acordo com *O Anticristo*, São Paulo foi o principal arquiteto do desenvolvimento desse conceito), a morte adquiriu dois "anexos" metafísicos, que aumentaram seu poder.

O primeiro foi a atribuição a qualquer ser humano do "livre-arbítrio". Este conceito tinha um duplo objetivo: o de fazer com que os nobres livres e, portanto, responsáveis, fossem julgados culpados e merecedores de castigo por seus atos de opressão e, segundo, para permitir que os escravos simbolizassem sua fraqueza como *realizações*, virtudes de livre escolha, merecedoras de crédito moral e recompensa.[92]

O segundo anexo referia-se ao sobrenatural: Deus, céu e a alma imortal. Como os "maus" prosperavam sempre na vida, para que se faça "justiça" (isto é, vingança), seria preciso haver uma vida eterna na qual as circunstâncias fossem diferentes. O "ódio eterno", disse Nietzsche, criou a vida após a morte, em apoio da qual ele citou a afirmação de Aquino de que "os abençoados no reino dos céus verão o tormento dos amaldiçoados *e, assim, eles poderão usufruir ainda mais de sua bem-aventurança,*[93] um lapso momentâneo que revelou a realidade por trás do "amor cristão".

\*\*\*

Nietzsche pensava que havia dois contrastes fundamentais entre a moral dos escravos e a dos nobres. O primeiro residia em suas origens diferentes. Enquanto com os nobres a *autoestima* é o que cria, a revolta dos escravos começou quando o *"ressentiment* tornou-se criativo". Enquanto o nobre dizia "Sim" para si mesmo, o escravo dizia "Não" para o outro. Assim, ao passo que a moral da nobreza era *auto*centrada, a moral dos escravos era reativa e focada no *outro*. Por esse motivo, enquanto a palavra central na moral da nobreza era "bom" – o "mau" era só um contraste necessário tênue e conceitual – a palavra central da moral dos escravos era a "maldade" cheia de ódio e "bom" apenas um contraste tênue, apesar de necessário. A moral da nobreza começou com as *virtudes* e acrescentou vícios como um "pensamento posterior"; a moral dos escravos fez o oposto.[94]

A segunda diferença fundamental consistia na condição "doentia" dos escravos em oposição à "saúde" psicológica dos nobres. Enquanto as almas "dissimuladas" dos escravos, especialmente de seus sacerdotes, eram desfiguradas, "envenenadas" e devoradas pelos "vermes" cancerosos do *ressentiment*,[95] as dos nobres revelavam-se "magníficas" do ponto de vista psicológico – "animais de rapina louros e ávidos à es-

---

90  GM I 14.
91  GM I 14.
92  GM I 13.
93  GM I 15. São Tomás de Aquino em *O Livro das Revelações*.
94  GM I 10.
95  GM I 10.

preita de espólios e vitória" –, a fim de exercitar sua vontade de poder. É verdade que, em oposição ao comportamento ganancioso sem limites em relação aos forasteiros, em sua tribo os nobres guerreiros também eram oprimidos. Eles eram "extremamente controlados pelos costumes, pelo respeito, pelo hábito, pela gratidão e, sobretudo, por espionarem e terem ciúme uns dos outros". Mas isso não prejudicava por muito tempo a saúde mental deles, porque os ataques violentos constantes contra os forasteiros "compensavam a tensão por estarem confinados em benefício da paz da comunidade".[96] Por serem capazes de "liberar a tensão", de eliminar a frustração do não exercício da vontade de poder com frequência e rapidez, isso não exasperava nem envenenava suas almas.[97] (Observem como o modelo da alma simplória, que funciona sob pressão, infiltrou-se em grande parte da psicoterapia contemporânea: os psicoterapeutas aconselham seus pacientes a "matar" a almofada para "se livrarem" de um pai ou de uma mãe detestável e odiado, embora já morto.)

## *O Primeiro Ensaio: Contribuição para uma Visão do Futuro*

Nietzsche escreveu em *A Genealogia da Moral* que *Ecce Homo* abordava "três estudos preliminares... para uma transvaloração de todos os valores",[98] a fim de substituir a moral cristã por uma nova moral. Como, antes, em *Além do Bem e do Mal*, esses três ensaios em conjunto proporcionam alguns "indícios" de uma moral "antiética" oposta à atual.[99]

Em oposição ao "livre pensador" que diz, "Veja bem, Nietzsche, sua visão da moral dos nobres é muito atraente, mas vamos encarar os fatos reais, os judeus venceram, não há como voltar atrás.[100] Nietzsche pensava que, apesar de a moral dos escravos ser predominante em nossa cultura, havia ainda muitos lugares onde a "batalha" entre a moral dos escravos e a dos nobres ainda não havia sido decidida. Na verdade, o que definia com precisão uma pessoa superior era o fato de sua alma ser um "campo de batalha" moral genuíno. Como sabemos, o combate a ser lutado seria o de "Roma contra a Judeia" (a batalha, como sugeri, entre a veneração de Pforta pela Grécia, por um lado, e o cristianismo por outro [p. 27-28]). O "bem-estar e o futuro da raça dos seres humanos", disse Nietzsche, depende de uma revolução moral que resgataria o "domínio dos valores incondicionais aristocráticos, isto é, valores romanos".[101] (Teremos de retomar o salto inexplicável dos vikings para os romanos, a ideia de que, de alguma forma, eles compartilhavam o mesmo tipo de moral.)

E, em seguida, Nietzsche descreveu uma história sucinta da Europa vista sob a óptica de "Roma (e assim, é claro, da Grécia) *versus* Judeia". Roma foi derrotada por uma Idade Média extremamente religiosa, mas, neste momento, houve um "novo

---

96  GM I 11.
97  GM I 10.
98  EH III GM.
99  EH III BGE 2.
100 GM I 9.
101 GM I 16.

despertar estranho e brilhante do ideal clássico, do nobre método de avaliar todos os valores e conceitos" do Renascimento italiano. Mas, logo a seguir o Renascimento foi silenciado pela força do cristianismo da Reforma protestante. Em seguida, em 1789, houve o triunfo ainda menos original da Revolução Francesa. Por fim, houve um breve fulgor do ressurgimento do clássico com Napoleão, a personificação da nobreza moral em quem "a questão do *ideal nobre* materializava-se", porque (como disse Taine [p. 532]), Napoleão era a "síntese do *Unmensch* (o inumano) e do *Übermensch* (o sobre-humano)".

\*\*\*

Como disse Nietzsche, essa descrição de Napoleão revelava de uma maneira sucinta a problemática de seu desejo de um retorno a "Roma", de um renascimento da nobreza moral: o dilema de lidar com o *Unmensch* sem destruir a possibilidade do *Übermensch*. Nietzsche enfatizou repetidas vezes a barbárie incrível, o "prazer de destruição" selvagem dos vikings e das tribos germânicas, que invadiram o agonizante Império Romano. Embora a "besta loura" fosse "magnífica" devido à sua saúde, força e alegria de viver, ela era também de uma "violência chocante" e, portanto, seria "plenamente justificável" nos protegermos dela. O resto da Europa tinha toda a razão de presenciar com uma "desconfiança profunda e gélida" a ascensão da potência alemã, uma desconfiança criada "pelo horror interminável com que, durante séculos, a Europa assistiu à violência da besta loura alemã".[102] (No ano seguinte, Nietzsche pediu às nações europeias que criassem um "anel de aço" em torno do *Reich* alemão agressivo e poderoso.)

Assim, segundo Nietzsche, seria possível compreender e identificar-se com o *fundamento* da moral dos escravos e até mesmo admirar a habilidade com que, apesar da posição indefesa, os escravos domaram a besta. Ou seja, a vitória da moral dos escravos teve o efeito de transformar a besta loura em um "animal de estimação... domesticado", uma mediocridade doentia, em outras palavras, semelhante à humanidade ocidental contemporânea: o "homem atual não evolui... é decadente... envenenado" com uma alma que não mais procura "expandir-se".[103] A moral cristã está destruindo a possibilidade da existência do espírito livre criativo.

Nesse sentido, a Europa civilizou a besta loura de uma maneira errada. Essa é, em minha opinião, a principal conclusão do primeiro ensaio. Então, qual seria a forma correta? A resposta, como já sabemos, seria a "solução grega". Precisaríamos substituir a castração cristã pela sublimação grega: não seria necessário eliminar a Éris, e sim transformar suas manifestações "ruins" em "boas", converter a guerra em "competição". Teríamos de *preservar* a guerra e o instinto guerreiro, mas, reitero, seria uma "guerra sem armas e fumaça".[104] Desse modo, evitaríamos o *Unmensch* sem destruir a possibilidade da existência do *Übermensch*, um ser que estaria "além" da moral do bem e do mal, embora enfaticamente *não* além da moral do bom e do

---

102 GM I 11.
103 GM I 11, 12.
104 EH III HH 1.

mau.[105] Se procedêssemos desta forma preservaríamos nossa *"fé no ser humano"*,[106] nossa fé de que esse homem, o homem europeu (ver p. 509-510), tem um futuro. Mas, de outro modo, descobriríamos que éramos os "últimos homens", que tínhamos chegado ao "fim da história (ocidental)".

## *Segundo Ensaio: A Moral Consagrada pelo Hábito e a Soberania Individual*

O segundo ensaio de *A Genealogia da Moral* tem um início estranho. Apesar de o título anunciar um ensaio sobre "Culpa", "Consciência Pesada" e "Assuntos Relacionados", ele começa com uma discussão acerca do sentido de fazer promessas e da "soberania individual", temas que não são mencionados no título. Na Seção 4, Nietzsche referiu-se ao *retorno* ao tema da genealogia da moral e, assim, as três primeiras seções constituiriam uma discussão a respeito do tópico proposto no título, "Assuntos Relacionados", como um prólogo à discussão principal.

No início do ensaio, Nietzsche observou que, surpreendentemente, *o problema da humanidade, o de "criar um animal capaz de fazer promessas"*, foi em grande parte resolvido. O que causa surpresa nessa afirmação é o fato de que a capacidade efetiva de "esquecimento" não é uma disfunção isolada da mente do ser humano, mas, sim, ela é essencial para a "felicidade e a alegria": nos tornaríamos "dispépticos", melancólicos, sem essa capacidade de esquecer.[107] Se guardássemos uma lembrança vívida de uma ofensa passada (o caso Salomé, por exemplo), ficaríamos obcecados por essa lembrança, consumidos por uma sede reprimida de vingança; de *ressentiment*. O paradigma do perdão saudável de Nietzsche é descrito no primeiro ensaio, o já mencionado marquês de Mirabeau, um político da época da Revolução Francesa, que, segundo dizia, nunca perdoava um insulto porque simplesmente o esquecia.[108]

O problema da humanidade de fazer e manter promessas, explícitas ou implícitas, convertia o homem em um ser "comum, uniforme e previsível". Desde a época pré-histórica, continuou Nietzsche, o que transformou o homem em um ser previsível foi a "moral do hábito", que foi, disse referindo-se ao livro *Aurora*, "a primeira proposta de civilização", presente até mesmo entre as tribos mais primitivas.[109] Como vimos, a fim de sobreviver em um ambiente competitivo, darwiniano, uma comunidade precisava ter uma moral que proporcionasse "solidez, uniformidade e simplicidade", como sugeri, precisava ter um "planejamento do jogo" compartilhado (p. 510). Nietzsche agora acrescentou a "previsibilidade" à lista de requisitos: se não houver uma confiança social, ou confiança de que as pessoas realizarão a tarefa que lhes foi atribuída, o planejamento do jogo será ineficaz.

Como o esquecimento é uma força tão poderosa e a previsibilidade tão importante, são necessários meios terríveis para "marcar a fogo" na mente de uma pessoa

---
105 GM I 17.
106 GM I 12.
107 GM II 1.
108 GM I 10.
109 GM II 2.

a lembrança da promessa feita à comunidade em geral. Para usufruir das vantagens da sociedade ela, implicitamente, prometeu seguir as regras da moral consagradas pelo hábito. Pelo fato de o sofrimento ser "a mais poderosa de todas as mnemônicas", a castração de uma pessoa, de ser arrastada até o local de execução e esquartejada, de assistir ao sacrifício de um primogênito, eram os meios típicos usados para "lembrar" os infratores das leis da promessa feita.[110]

A expressão de Nietzsche "moral do hábito" refere-se, é claro, a qualquer moral comunitária. Por sua vez, o segundo ensaio aborda a moral "pré-histórica",[111] das tribos anteriores aos gregos. Estamos tentando descobrir, disse Nietzsche, as primeiras "origens da responsabilidade", a responsabilidade de manter as regras que, implicitamente, prometemos seguir. Esta criação da responsabilidade e, em consequência da previsibilidade, converteu o homem em um "par entre seus pares", um membro da tribo, em vez de uma pessoa isolada.[112]

Lembrem-se do trecho do primeiro ensaio no qual Nietzsche escreveu que, embora as tribos dos vikings e dos godos agissem como "animais predatórios" em relação aos forasteiros, na tribo eles "seguiam estritamente os costumes, o respeito e, sobretudo, observavam secretamente seus pares com desconfiança" (p. 570). Com esta visão em mente percebemos como o argumento sobre responsabilidade e previsibilidade mescla o segundo ensaio com o primeiro: a discussão a respeito da "moral do hábito" é uma ampliação da breve referência anterior ao trabalho *interno* das tribos bárbaras. Outra continuidade entre os dois ensaios refere-se à discussão da "consciência pesada" que, como logo veremos, é um relato sobre o que acontece ao "animal de rapina" quando é privado do seu costume de saque e pilhagem. No entanto, antes de discutirmos o tema da consciência pesada faremos uma digressão importante relativa à "soberania individual".[113]

A conclusão, e a "fruta mais madura", do "imenso processo" que abrange muitos milênios de subordinação das pessoas a "rígidas normas sociais" da moral consagrada pelo hábito é, disse Nietzsche, o "indivíduo soberano". *Zaratustra* expressa algo similar: "os criadores [de princípios morais] foram primeiro povos, só depois indivíduos; na verdade, o indivíduo é sua criação mais recente".[114]

A ideia é a seguinte. Ao longo de muitos milênios, a imposição do "hábito" criou a obrigação da "responsabilidade", de cumprir a promessa implícita de obedecer às regras usuais. O homem tornou-se uma pessoa com um hábito enraizado de ser verdadeiro em relação aos seus compromissos. Certo dia — Nietzsche não fez qualquer tentativa de explicar como este fato aconteceu, houve, na linguagem que estou usando, uma "mutação aleatória" — surge um indivíduo com o hábito da responsabilidade, "a vontade duradoura e inquebrantável" fixou-se em um novo alvo: em seu *próprio* "padrão de valores". O indivíduo, tão "responsável" quanto a pessoa impelida pelo hábito, "liberta-se", não, é claro, no sentido de ter um "livre-arbítrio"

---

110 GM II 10.
111 Ver GM III 9.
112 GM II 2.
113 GM II 2.
114 ZI 15.

fortuito (uma ilusão, segundo Nietzsche), mas, sim, no sentido de "autonomia", de ter *independência* moral ou intelectual, em vez de ser impelido pelo hábito. Ele torna-se, na linguagem de *A Gaia Ciência*, um "espírito livre", livre para seguir *seu* "instinto predominante". Com a liberdade, ele converte-se em uma pessoa "acima do hábito", porque "autonomia" e "hábito" são mutuamente exclusivas.[115] Nietzsche descreveu esse processo em seus cadernos de anotações:

> *O Desenvolvimento da Humanidade.* (A) A conquista da natureza e, em *consequência*, a conquista de certo poder sobre si mesmo. A moral era necessária para que a humanidade vencesse a batalha contra a natureza e com o "animal feroz" [interno]. (B)... Assim que um ser humano adquiria poder sobre a natureza, ele podia usar esse poder para moldar-se com liberdade: a vontade de poder elevando-se e se fortalecendo.[116]

Nietzsche descreveu a longa história da moral criada pelo hábito como "meios" para atingir a soberania individual. Este pressuposto assemelha-se ao de Hegel ao dizer que a história era uma construção com um final feliz e, portanto, soa muito estranho vindo de Nietzsche, porque ele sempre negou a existência de propósito no mundo. Assim como escreveu em *A Gaia Ciência*, "o mundo é um caos eterno" e qualquer projeção de padrão, ordem ou objetivo é um mero "antropomorfismo".[117] Mas, penso que ele queria dizer que se, do ponto de vista do desejo do eterno retorno (desejo sempre presente na mente de Nietzsche), observarmos os terríveis meios para impor o hábito da responsabilidade e imaginarmos como eles poderiam se "redimir" na totalidade da existência, então, em retrospecto, de acordo com o ponto de vista que não projeta qualquer objetivo ou intenção prévia no mundo, poderíamos pensar que a moral do hábito são "meios para", isto é, meios justificados da soberania individual. Nietzsche fez uma referência evasiva a essa visão retrospectiva de transformar os acontecimentos em meios e terminou com uma carta: "A característica intencional do... destino... não é um mito como o entendemos."[118]

O que significava, exatamente, o conceito do indivíduo soberano? Em razão de *A Genealogia da Moral* ser uma "elaboração" de *Além do Bem e do Mal*, ele é, sem dúvida, uma repetição do "filósofo do futuro". Lembrem-se de que tanto a "consciência" quanto a "responsabilidade" lhes eram atribuídos: "o filósofo como o entendemos... [é] um homem com uma responsabilidade abrangente, e cuja consciência carrega o peso do desenvolvimento futuro da humanidade".[119] Como esse "filósofo do futuro" referia-se tanto ao "filósofo visionário" quanto ao "filósofo vitorioso" (p. 516), a "soberania individual" seria, sugiro, uma referência dupla similar. Quando Nietzsche disse que o "autocontrole" da soberania individual permitia que o filósofo do futuro "dominasse... todas as pessoas com uma vontade mais efêmera e menos confiável",[120] ele referia-se ao mesmo tempo à liderança espiritual exercida

---

115 GM II 2.
116 KGB 12 5 [63].
117 GS 109.
118 KGB 1.2; ver p. 78.
119 BGE 61; ver p. 520-521.
120 GM II 2.

pelo filósofo visionário, ao guiar seus companheiros em direção a uma comunidade ideal, e à liderança do filósofo vitorioso no âmbito da comunidade ideal.

Por que Nietzsche antecedeu essa discussão do principal tópico do ensaio, a "consciência pesada", com a discussão da soberania individual? Lembrem que, de uma maneira ou de outra, quase todas as obras de Nietzsche tinham a preocupação de apresentar um perfil, ou seja, uma "descrição do cargo", que determinava se alguém seria um candidato potencial para aderir à sua causa. Em geral, o perfil consistia em um autorretrato idealizado. Neste caso, creio, ele referia-se a uma descrição da soberania individual (que na verdade era um autorretrato não tão idealizado.)* Por este motivo, é importante para ele enfatizar que, embora grande parte do ensaio seja uma tentativa de mostrar que a "consciência pesada" é uma espécie de doença, *ela de modo algum opõe-se à consciência, e, sim, ao contrário, precisa dela*. Nietzsche não tinha interesse em atrair os "anarquistas", esses "livres pensadores" ("espíritos livres de segunda categoria"), que rejeitavam a moral usual, mas que não tinham outra moral, nenhuma "consciência", nem uma personalidade coerente ou estilo de vida para substituí-la. Um recruta potencial seria alguém que estivesse à altura do "autocontrole" da soberania individual; uma alma disciplinada com uma hierarquia coerente e unificada. A soberania individual subordinaria todos os seus impulsos a um "instinto predominante", que ele "chamaria [corretamente] de sua *consciência*".[121] "Ser responsável por si mesmo e também orgulhoso",[122] ser responsável perante o ideal da tarefa superior, era a condição de ter uma soberania individual. Só aqueles que conseguiam desenvolver esse tipo de "consciência" tinham o potencial de se tornarem os "filósofos do futuro".

## *As Origens da Consciência Pesada*

Após terminar a discussão sobre a soberania individual, por fim Nietzsche abordou a questão da genealogia da "culpa" cristã. Mais uma vez ele inspirou-se na etimologia para elaborar essa genealogia: a "culpa (*Schuld*)" origina-se de um conceito "bem material" de "dívida (*Schuld*)".*[123] Esta origem é sugerida em razão de no alemão moderno a palavra *Schuld* significar "dívida" e também "culpa". Agora Nietzsche descreveu o que lhe parecia ser uma história instigante da evolução etimológica das duas palavras.

Nas comunidades mais antigas (mais uma vez uma abordagem de tribos guerreiras) havia a promessa de ressarcimento, com base no qual os serviços eram prestados. Mas como o devedor com frequência não tinha nenhum bem para dar como garantia, ele oferecia a mulher, a liberdade, a vida ou até mesmo a vida após a morte para cum-

---

\* A biografia de Nietzsche revela muitas características da "soberania individual". A autodisciplina prussiana adquirida em Pforta permaneceu em sua conduta, mas, depois de 1876, ele adotou um novo "padrão de valores" bem oposto à visão prussiana.
121 GM II 2.
122 GM II 3.
\* Esse fato não é uma peculiaridade do alemão. A etimologia da palavra "culpa" em inglês é duvidosa. Mas a escolha recai em um ancestral do inglês antigo *gieldan*, "dívida", e *gylt*, "delinquência".
123 GM II 4.

prir a promessa. Em geral, o devedor oferecia algo que envolvia sofrimento e sacrifício equivalente ao serviço e que poderia ser reivindicado caso não pudesse cumprir a promessa de ressarcimento. Todas as sociedades tinham, observou Nietzsche, um credor e um devedor e, por isso, suas relações eram promissoras. Nas sociedades mais primitivas, essas relações eram formalizadas em um sistema abrangente de "justiça" fundamentado na premissa de que "tudo tinha seu preço, *tudo* poderia ser remunerado".

Nietzsche comentou sucintamente os castigos terríveis infligidos aos devedores que não pagavam suas dívidas nos força a encarar o fato (mais uma vez "sombrio") de que a crueldade, "a malícia desinteressada", é um ingrediente intrínseco da natureza humana. Ver alguém sofrer é prazeroso, fazê-lo sofrer ainda mais. No mundo antigo a ausência de sofrimento significava ausência de festivais. O melhor presente que os gregos fizeram aos seus deuses foi a Guerra de Troia, apresentando-a como um filme de carnificina, sexo e violência para entretê-los. (Os gregos, sugeriu Nietzsche, viviam com a sensação da presença onipresente dos deuses como sua plateia, assim como em *O Show da Vida*, em que os atores pensavam que o mundo deles era o cenário de um filme.)[124]

Assim como a relação entre pessoas e entre uma pessoa e a comunidade quanto à promessa de obedecer à moral habitual, a relação entre devedor e credor era uma consequência da comunidade em geral e dos ancestrais que a fundaram. A existência da tribo justificava-se apenas devido aos esforços e sacrifícios de seus fundadores, que continuavam a existir como espíritos guardiões poderosos. Quanto mais próspera a tribo, mais poderoso era seu ancestral e maior a dívida a ser paga por meio de festivais e muitos sacrifícios, por exemplo, o sacrifício do primogênito. (Abraão obedeceu à ordem de Jeová de sacrificar seu filho, Isaque.) Por fim, o ancestral era colocado no reino do "divino mistério e transcendência", e transfigurado em deus. Em sua essência, portanto, os deuses originavam-se do medo, o medo do que fariam se a dívida não fosse paga.[125]

Nesse momento surge o cristianismo. Ao ter herdado a ideia pagã da dívida ao credor-deus, o cristianismo inventou a ideia de um deus "supremo", monoteísta e todo-poderoso e, assim, uma dívida suprema.[126] No entanto, seu "golpe de gênio" foi a crucificação: Deus sacrificou-se em razão da dívida do homem – o credor sacrificando-se para pagar a dívida do devedor – supostamente por "amor". Em consequência deste sacrifício, por sermos indignos, a possibilidade de pagarmos nossa dívida foi "excluída" para sempre. Só Deus poderia quitar a dívida.[127]

Nietzsche identificou essa circunstância do surgimento do cristianismo com o início da "moralização" da dívida, o momento em que a *Schuld* pagã, a "dívida", transformou-se na *Schuld* cristã, a "culpa".[128] A principal distinção, creio, era a diferença entre a dívida *necessária* e a *contingente*. A culpa cristã consistia em nosso "pecado *original*", no *caráter* de nossa incapacidade de devolver a Deus o que lhe devíamos. *Schuld* saíra do reino da troca e entrara no da metafísica.

---

124 GM II 5, 6, 7, 8.
125 GM II 19.
126 GM II 20.
127 GM II 21.
128 *Ibidem*.

\*\*\*

Nesse ínterim – neste ponto a estrutura complexa da narrativa de Nietzsche recua no tempo – outro desenvolvimento estava acontecendo. Prisioneiro da paz – Nietzsche talvez tivesse em mente, aqui, algo próximo à transição das comunidades que viviam da caça e da colheita de alimentos para comunidades agrícolas – o homem sentiu-se desconfortável diante das exigências de sua nova vida e, ao mesmo tempo, teve uma sensação de não pertencer àquele mundo. Ele sentia-se como um "animal marítimo obrigado a viver na terra" (um "peixe fora d'água").*[129] Os instintos dos antigos guerreiros não mais obtinham satisfação de uma maneira natural. Assim, eles foram obrigados a procurar satisfações "subterrâneas". Como não lhes era permitido ter prazeres externos, os impulsos agressivos tornaram-se *auto*direcionados.[130] O homem guerreiro transformou-se em um homem que se odeia a si mesmo. A agressão — "em minha linguagem a vontade de poder"[131] — interiorizou-se.[132] Como o tigre no zoológico que morde sua pata, o homem (a mulher não participa dessa narrativa) adoece profundamente.

\*\*\*

Agora temos duas histórias genealógicas. Uma narra a transformação da dívida com o ancestral em uma dívida *não quitada* e culpa diante do Deus cristão. A outra se refere ao desenvolvimento do ódio a si mesmo quando os nobres guerreiros estão em paz. (Eles *precisavam*, é claro, continuar a agredir os outros, mas, como os gregos, de uma maneira sublimada. Eles deveriam ter inventado os Jogos Olímpicos ou um festival trágico. Porém, nisso consistia a genialidade dos gregos.)

Na Seção 22, as duas histórias encontram-se (o suspense de Nietzsche assemelha-se ao de um escritor de histórias de detetive que revela de repente a convergência do tema e do subtema). O ser humano que odeia a si próprio, com todos os meios de dar vazão aos seus instintos agressivos bloqueados, agarra-se aos preceitos religiosos a fim de "intensificar seu tormento", dar um foco e moldar seu ódio a si mesmo, que precisa de coesão e coerência. O "amor" a Deus torna-se, por um lado, Jesus, a antítese de seus instintos animais (e como a personificação do novo ideal intensifica a aversão a si próprio) e, por outro, o "Deus carrasco" o aterroriza com o medo do tormento eterno. O mundo torna-se estranhamente estimulante, mas também um "hospício" que habitamos há muito tempo.

---

\*   Em *Straw Dogs*, John Grey argumentou que a transição da vida livre e despreocupada dos caçadores para a vida sedentária dos agricultores resultou em uma diminuição radical da saúde, da longevidade e da felicidade. Ele concordou com Jared Diamond que a introdução da agricultura foi, como o título do artigo de Diamond na revista *Discover* (maio de 1987) indicou, *The Worst Mistake in the History of the Human Race* ["O pior erro na história da humanidade", em tradução livre].
129 GM II 16.
130 GM II 16.
131 GM II 18.
132 Nietzsche acrescentou dois questionamentos neste trecho. Primeiro, o ideal cristão de autossacrifício surge do prazer de ser cruel consigo mesmo. Só o desejo de autoviolência proporciona a condição de avaliar o "altruísta". Segundo, essa terrível doença faz com que o homem desenvolva uma vida interior: ao adquirir o que mais tarde se chamaria "alma", o homem torna-se "interessante" e com um "futuro promissor". Sua doença assemelha-se à gravidez (GM II 16, 19).

***

O primeiro ensaio de *A Genealogia da Moral* contém duas lacunas. A primeira é a ausência de um relato sobre o impulso inicial da moral cristã: como os escravos do Império Romano tiveram *êxito* em atrair os corações e as mentes dos nobres para sua nova moral. Como veremos, essa lacuna será preenchida nas últimas obras de Nietzsche. Porém, esse acréscimo exigiu uma grande modificação em seu argumento de que a "vida consiste na vontade de poder e nada mais". Como isso só aconteceu na fase final de sua carreira, terei de adiar a discussão deste assunto até abordar esta alteração no Capítulo 26. A segunda lacuna refere-se à forma como a moral cristã difundiu-se além do Império Romano, de como ela conquistou os corações e as mentes das tribos bárbaras. Agora estamos em condições de entender a resposta de Nietzsche a essa segunda pergunta.

No primeiro ensaio, vimos que as restrições internas impostas pelo hábito não prejudicaram por muito tempo os guerreiros, porque eles podiam "extravasar seus instintos agressivos" externamente. O segundo ensaio continua a história dessas tribos ao longo do tempo quando o saque e a pilhagem já não eram mais possíveis, uma época em que a vida era *completamente* limitada do ponto de vista moral ou intelectual. E então a agressão passou a ser exercida internamente. Isso constituiu um terreno fértil para a expansão do cristianismo além de suas origens no Império Romano, a fim de conquistar o mundo. Como descrito em *O Anticristo*, o cristianismo conseguiu conquistar as tribos bárbaras devido ao fato de que (ao se transformarem em comunidades agrícolas) elas haviam "se convertido em povos atormentados e ferozes".[133] As antigas tribos guerreiras precisavam de um bastão para se castigar e o cristianismo proporcionou um bastão maior e melhor do que qualquer outro.

## A Contribuição do Segundo Ensaio para uma Visão do Futuro

No final do segundo ensaio, Nietzsche perguntou, "Eu criei um ideal ou o destruí neste texto? Ele respondeu, "Se criasse um santuário, *seria para destruí-lo*".[134] Isso indica duas coisas: primeiro, que ele tinha uma alternativa positiva, uma "oposição ao ideal"[135] cristão em mente e, segundo, que em razão de "santuário" ser uma palavra com conotação religiosa, a oposição de Nietzsche não só substituiria o cristianismo pelo ateísmo, como também ofereceria uma visão alternativa da religião.

A fim de ter uma percepção sucinta do que seria esse "ideal" alternativo, retornaremos às origens da religião no sentido de uma "dívida" em relação a um ancestral poderoso e transcendental. Essas origens, sugeriu Nietzsche, não se referiam à "devoção", porque a religião originou-se do "medo".[136] Nietzsche, é claro, não queria que vivêssemos com medo dos deuses, mas embora a doença *fundamental* da cons-

---
133 A 22.
134 GM II 24.
135 GM I 16.
136 GM II 19.

ciência pesada "moralizadora" tenha surgido com o cristianismo, o relacionamento com os deuses que o precedeu estava longe de ser saudável.

Ou talvez só em grande parte tivesse essa origem, porque algumas "tribos nobres" foram exceções no que diz respeito à tese de que a religião originou-se do medo.[137] Existem outras maneiras de utilizar a "invenção" dos deuses além da autocrucificação e a autoviolência, disse Nietzsche, porque "felizmente podemos vislumbrar nos *deuses gregos* os reflexos dos homens nobres e orgulhosos, nos quais o homem *animal* sente-se deificado".[138]

Como vimos, os deuses gregos, no ponto de vista de Nietzsche, eram autorretratos gloriosos, expressões de profunda autoestima. Dessa premissa é possível deduzir, mais uma vez, que os deuses que promovem o bem-estar dos seres humanos e não a aversão a si mesmo, habitarão o "santuário" que pertence ao futuro ideal de Nietzsche. Por esse motivo, ele referia-se ao seu ideal como "oposto" ao cristianismo:[139] essa "transvaloração de valores" é, em resumo, uma eliminação da primeira.

Observem, aqui, o papel *construtivo* exercido pelo método genealógico. Ao permitir que identifiquemos os pontos em que a religião torna-se, de um grau a outro, antiética para a "saúde" do ser humano, os pontos em que a saúde dissolve-se em doença, ele "indica" o caminho de uma concepção mais saudável dos deuses e de nossa relação com eles. Como Nietzsche observou em *Além do Bem e do Mal*, se quisermos nos preparar para dar um "grande salto" para frente é uma ótima ideia percorrer um longo caminho para "trás".[140]

### Terceiro Ensaio: Qual é o Significado dos Ideais Ascéticos?

Em *Ecce Homo*, Nietzsche escreveu que "o terceiro ensaio responde a pergunta referente ao extraordinário poder do ideal ascético".[141] Na verdade, o ensaio menciona tanto os "ideais ascéticos" quanto o "ideal ascético". Penso que seria elucidativo pressupor que o conceito de "ideais ascéticos" significa "práticas ascéticas". Devido a esta substituição, a seção introdutória do ensaio menciona que as práticas ascéticas, ou seja, as práticas que exibem as virtudes monásticas tradicionais de pobreza, castidade e humildade[142] têm "significados" muito diferentes. Se estivermos falando de artistas, essas práticas têm uma "amplitude" que não pode ser descrita em um resumo sucinto; quanto a filósofos e eruditos, são indícios de "condições favoráveis de uma intelectualidade superior" (o argumento padrão de Nietzsche contra o casamento); para os sacerdotes, são "os melhores instrumentos de poder e sanção fundamental desse poder". Nietzsche, além de mencionar que nas mulheres a castidade era "mais um charme sedutor" (ele *ainda* não havia superado o sofrimento do

---

137 GM II 19.
138 GM II 23.
139 GM II 24.
140 BGE 280.
141 EH III GM.
142 GM III 8.

suposto coquetismo de Lou Salomé (p. 427-428), ele também mencionou os santos, cujo ascetismo lhes deu uma antecipação do além. No entanto, as mulheres e os santos não continuaram a ser um tópico da discussão. O pensamento de Nietzsche concentrou-se nos sacerdotes, embora ele tenha discutido a princípio longamente a respeito dos artistas e filósofos e, em seguida à discussão sobre os sacerdotes, ele abordou a questão dos eruditos e dos cientistas.

## Wagner e o Ideal Ascético

Nas seções 2 e 5 do ensaio, Nietzsche abordou a questão da contribuição ao ideal ascético por parte dos artistas. Mas, na realidade, ele só discutiu um artista (o único que tinha importância), Wagner, é claro. Qual a importância do fato de ele, um homem idoso, "ter prestado homenagem à castidade"? Nietzsche mostrou, corretamente, a contradição entre a afirmação da vida animal e sensual, da afirmação do mundo do jovem Wagner anarquista e socialista (sem mencionar as inúmeras relações amorosas em sua vida pessoal) e a negação do mundo em seus últimos trabalhos, sobretudo em sua última ópera, *Parsifal*, com seu tema de redenção por meio da negação ao sexo. Nietzsche atribuiu essa mudança à descoberta de Wagner da doutrina de Schopenhauer em meados de sua carreira (p. 137-144).

Para Wagner, a importância da filosofia de Schopenhauer residia, disse Nietzsche, em sua teoria da "soberania" da música sobre o drama. (Segundo Schopenhauer, como vimos (p. 96), enquanto todas as outras artes lidavam com o mundo como mera "representação", a música penetrava no cerne da "coisa em si", transportava-nos para o Absoluto.) Nietzsche mencionou que o egoísmo de Wagner, que faria qualquer coisa para "a glória maior da música", isto é, do músico, fez com que ele se apegasse com firmeza e obstinação à concepção da música como um oráculo e um sacerdote, um "ventríloquo de Deus", o detentor de "um telefone ["uma linha direta"] com o além". Como Wagner incorporou a ideia de ser um sacerdote, nada mais natural que adotasse os paramentos e as práticas sacerdotais, em especial a castidade.[143] Neste sentido, Nietzsche sugeriu de uma maneira implícita que o ascetismo posterior de Wagner era um *falso* ascetismo; o ascetismo de um – aqui Nietzsche empregou sua palavra usual de crítica a Wagner – *ator*. Wagner assemelhava-se ao guru com sua tanga simples e a tigela de mendigo, mas com seu Rolls Royce branco escondido ao dobrar a esquina.

## Sexo e o Filósofo

A principal função da discussão sobre Wagner (além da demonstração da raiva ressentida de Nietzsche) foi a de introduzir Wagner e seu antigo herói, Schopenhauer, no tema do ensaio e com eles a pergunta: qual seria a importância *para os filósofos*

---

143 GM II 2-5.

de difundir o ideal ascético? Embora a pergunta tivesse um caráter geral, Nietzsche a usou para inserir a discussão sobre Schopenhauer e, com fino verniz de impessoalidade, acerca de si mesmo.

Apesar de agora lhe fazer oposição, Nietzsche ainda tinha um profundo respeito por Schopenhauer. Enquanto Wagner era um impostor, ou pelo menos uma derivação do filósofo que ele considerava seu "testa de ferro", em relação a Schopenhauer a "pergunta era mais séria: qual é o significado da homenagem prestada ao ideal ascético por um *filósofo* verdadeiro, uma mente independente e genuína como a de Schopenhauer, um homem e um cavaleiro com uma postura sem dissimulação, que tinha a coragem de ser ele mesmo, e que sabia como ficar isolado"?[144]

A crítica de *A Genealogia da Moral* enfocou a teoria da filosofia da arte, especificamente sua definição do estado estético como "desinteressante". Embora ele houvesse extraído esta palavra da teoria estética de Kant, Schopenhauer a interpretou, disse Nietzsche, de uma maneira mais pessoal. Quando escreveu que a experiência estética era um modo de percepção, no qual "comemoramos o sabá do trabalho forçado do desejo (p. 96), suas palavras, na verdade, significavam a libertação do desejo *sexual*.[145] Nietzsche escreveu em seus cadernos de anotações: "O Mundo como Vontade e Representação" – que poderíamos interpretar com a frase schopenhaueriana: "O Mundo como Pulsão Sexual e Tranquilidade."

Stendhal, observou Nietzsche, era um homem sensual. Ele definiu a beleza como "uma promessa de felicidade", em outras palavras, um *estimulante* do desejo erótico. Schopenhauer também era um sensualista, mas, ao contrário de um Stendhal sem "conflitos e feliz", Schopenhauer sentia *culpa*. Neste ponto vemos o primeiro "indício" do significado da homenagem prestada pelo filósofo às práticas ascéticas: ele queria fugir de uma espécie de *tortura*.[146] Nietzsche, aqui, repetiu implicitamente o argumento que, embora ele tivesse se libertado da metafísica cristã, Schopenhauer continuava saturado da moral cristã. O desejo sexual era um tormento para ele devido à noção cristã da fisicalidade, animalidade e sexualidade como pecaminosas.

Na Seção 7, em seguida a essa psicanálise de Schopenhauer, Nietzsche faz outro comentário inesperado e surpreendente: os filósofos *como uma categoria* são parciais em relação às práticas ascéticas. Se não fossem, eles seriam apenas os "chamados" filósofos. Entretanto, este tipo de ascetismo a que se refere Nietzsche é bem diferente da negação de vida schopenhaueriana. Os filósofos abominavam o casamento – um filósofo casado (o submisso Sócrates) é uma figura cômica –, porque um verdadeiro filósofo recusa-se a perder sua "independência". O que motiva o filósofo genuíno e isento de culpa a praticar o ascetismo não é uma negação cristã da vida, e, sim, o desejo de usufruir "de uma espiritualidade superior e mais ousada".[147] O ponto crucial dessa argumentação é que as práticas ascéticas podem ter motivos

---

144 GM II 5.
145 GM II 6.
146 *Ibidem*. Nietzsche tentou alegar que a teoria estética de Schopenhauer contradizia-se, porque ele tinha "o maior interesse possível" em entrar em um estado estético. Porém, isso era um grande erro: alguém que tem interesse em entrar em estado estético, não poder dizer que ele é "desinteressante".
147 GM II 7.

radicalmente diferentes e, portanto, na linguagem do título do terceiro ensaio, podem ter "significados" diferentes ou até mesmo opostos.

A Seção 8 continuou a discussão do ascetismo do "filósofo genuíno" quase em um tom confessional e, pelo menos para os "amigos" de Nietzsche, abertamente autobiográfico. À sua maneira o "filósofo" (isto é, Nietzsche) pratica as virtudes monásticas da pobreza, da castidade e da humildade não como *virtudes*, mas como *meios* para ser um filósofo: é uma questão de seu "instinto *predominante* impondo-se sobre os outros". O filósofo pratica a "pobreza" e segue para o "deserto". Apesar de inclinado a uma luxúria sensual, ele parte para as montanhas. Não em direção às mortas, e, sim, para as com "olhos, ou seja, os lagos" (os lagos de Sils Maria). Lá ele hospeda-se em um quarto espartano em um hotel. (Isso não explica por que essa "pobreza" era útil à filosofia.) Provavelmente, seria uma maneira de negar impulsos passíveis de confundir e contradizer o impulso central do filósofo que, assim, "definharia" como mencionado em *Aurora* (p. 368-369). Ele pratica a "humildade" hospedando-se em hotéis onde ninguém o conhece, e então pode conversar com qualquer pessoa impunemente, como Nietzsche conversava a seu bel-prazer em Gênova, Nice e Sils. Ele evita "coisas chamativas" (ao contrário de Wagner), como a fama e o apadrinhamento real. Ele evita animosidades, mas também amizades (como vimos, exceto por Overbeck, Nietzsche nessa época já havia perdido todos os seus amigos íntimos). Em resumo, a humildade do filósofo consiste em *manter uma atitude discreta*. (Porém, não era uma humildade verdadeira, porque "ele vivia no mundo como uma sombra; quanto mais o Sol desaparecesse no horizonte maior ele se tornava". A vontade de poder de Nietzsche supera a de qualquer celebridade contemporânea.)

O filósofo evitava o casamento em parte, como vimos, a fim de preservar sua "independência", o que talvez significasse para Nietzsche um pensamento livre de distrações. Mas também em razão da "humildade", de manter uma atitude discreta. (A incurável sociabilidade das mulheres inevitavelmente arrasta os maridos para o convívio social.) Porém ele também o evitava para manter a "castidade": isso não tinha ligação com o ódio aos sentidos, e, sim, era uma opinião elaborada porque, como todos os "atletas" e "jóqueis" sabem, o sexo elimina a energia vital necessária à criação. (Até hoje os treinadores de rúgbi proíbem os jogadores de terem relações sexuais na véspera ou até mesmo na semana anterior a um grande jogo.) Escrever livros era outra forma de ter filhos.

O principal ponto dessa discussão sobre o ascetismo e o filósofo consistiu na tentativa, de certo modo ansiosa de Nietzsche, de diferenciar-se da visão ascética de Schopenhauer. Apesar de o seu estilo de vida parecer muito mais com o de um contestador da vida (embora talvez tivesse colocado o pé em um balde de água fria durante as noites de inverno em Pforta), a realidade por trás da aparência era, como queria nos convencer, bem diferente.

## *Perspectivismo e Objetividade*

A Seção 6 comentou que, ao julgar a objetividade do ponto de vista "imparcial", a marca registrada da filosofia de Kant revelava a característica do que ele considerava a "glória do conhecimento, isto é, impessoalidade e universalidade". Mas Nietzsche abandonou o tema do conhecimento, a fim de discutir a vida sexual de Schopenhauer como mencionado anteriormente. No entanto, na Seção12, a complexa estrutura do ensaio retoma a abordagem da objetividade e do conhecimento.

Schopenhauer fez a mesma ligação entre conhecimento e objetividade que Kant, ao descrever o "gênio" como "pura objetividade".[148] Na verdade, a tradição científica ocidental faz essa mesma conexão: a ciência, todos insistem, deve ser "objetiva", "impessoal", "imparcial", "isenta de juízo de valor". Segundo a tradição, a subjetividade e o interesse distorcem a percepção e, portanto, debilitam insidiosamente o conhecimento. Agora Nietzsche direcionou sua crítica a essa tradição.[149]

Em seu argumento básico, ele mencionou a impossibilidade de existir um conhecimento destituído de interesse: a "pura vontade sem sofrimento do tema eterno do conhecimento" (uma citação direta de Schopenhauer), a "pura razão", a "contemplação sem interesse" são "contos de fadas conceituais", "não conceitos", "absurdos". "Neste ponto", disse, "somos levados a pensar em um olho voltado para nenhuma direção, um olho em que os poderes ativos e de interpretação são suprimidos, estão ausentes, mas apesar disso olham até ver alguma coisa". E depois afirma: "*Tudo* que existe é um olhar em perspectiva, um conhecimento em perspectiva."[150]

O perspectivismo discutido no capítulo anterior (p. 440-443) pressupõe *duas* coisas: primeiro, o chavão pós-kantista de que não existe um encontro epistêmico no mundo, de "ver *algo*" sem estar mediado por um esquema conceitual específico ou "horizonte", e, segundo, de que não existem encontros epistêmicos isentos de interesse no mundo. O perspectivismo então é uma dupla negação: ele nega tanto a perspectiva livre de conceito quanto livre de interesse.

Mas sem dúvida essas duas negações conectam-se. Os conceitos são instrumentos para dar sentido ao mundo. Em alemão, a natureza desse conceito é particularmente óbvia: a palavra para "conceito", *Begriff*, origina-se de *greifen*, "captar". Os conceitos são instrumentos para "entender" o mundo. Porém, de que forma essa percepção ocorre, que "instrumento" usar, dependerá do "interesse" de quem o utilizará. Assim como um fazendeiro "analisa" sua terra para avaliar a quantidade do estoque de forragem previsto para alimentar os animais domésticos, um ambientalista por meio de conceitos avalia o ecossistema, o profissional do mercado imobiliário calcula o preço de um apartamento por metro quadrado. Em geral, então, os conceitos estão inter-relacionados. Nietzsche apresentou esse argumento de uma maneira explícita em *A Gaia Ciência*, ao admitir que o aprendera com Schopenhauer. Parte da grandeza de Schopenhauer, disse ele, é sua "doutrina imortal da intelectualidade da percepção [e]... a natureza instrumental do intelecto".[151] Mas ele criticava em Schopenhauer o fracasso em descrever esse tema de um modo *abrangente*, sua tentativa

---

148 WR I p. 185-186.
149 Christopher Janaway (2007) fez essa observação no Capítulo 12 de seu livro *Beyond Selflessness*. Embora nem sempre concorde com Janaway, a leitura deste capítulo foi extremamente útil para analisar o terceiro ensaio de *A Genealogia da Moral*.
150 GM II 12.
151 GS 99.

de definir a percepção estética como uma *libertação* da "instrumentalidade", da influência profunda do interesse da percepção.

Se a doutrina do perspectivismo de Nietzsche parou nesse ponto (e se ignorarmos o fato de que ele chama o ceticismo de "doença" niilista (p. 508), seria razoável considerá-lo um cético "pós-modernista" em relação à verdade e ao conhecimento. Existem muitas interpretações que servem a um interesse ou a outro, e nenhuma delas pode alegar ser "mais verdadeira" do que as outras. Portanto, nenhuma interpretação pode pretender representar a realidade e, assim, não tem sentido supor que *exista* uma manifestação específica da realidade.* Existe apenas o texto, mas não a terra firme, só um oceano de interpretações. De fato, contudo, a discussão de Nietzsche *não* termina neste ponto. Ao criticar a ideia tradicional da objetividade, ele percebeu que deveria desenvolver sua própria argumentação. Em vez de pensar na objetividade como um conceito desinteressante, ele sugeriu que deveríamos pensar na objetividade como algo que *"temos em nosso poder* para estudar os 'prós' e os 'contras' da questão e, por esse motivo, com referência, precisamente, à *diferença* das perspectivas e das características emocionais das interpretações, seria possível torná-la útil do ponto de vista do conhecimento". Porque só existe uma *única* perspectiva do "saber", continuou,

> quanto *mais* falarmos sobre uma coisa, quanto *mais* olhos, *mais* olhares diferentes serão atraídos para a mesma coisa e, mais completo será nosso "conceito" (*Begriff*) da coisa, nossa "objetividade". Mas para eliminar a vontade completamente e suprimir todas as emoções sem exceção, presumindo que isso fosse possível, não *castraríamos* o intelecto?[152]

A ideia básica seria então reunir em mais visões possíveis o conceito da perspectiva e da influência profunda do interesse na natureza do conhecimento. Mas esse pressuposto suscita duas perguntas importantes: como um conjunto de "interpretações emocionais", de perspectivas, poderia produzir algo que chamamos de "objetividade"? Como acrescentar o que poderíamos chamar de "parafusos" a uma máquina desparafusada?

A primeira observação a fazer refere-se ao fato de que se a interpretação tiver uma conotação de interesse ou emocional, isso não significa que seja uma interpretação do mundo falsa, ou até mesmo suspeita. Esse sempre foi um ponto fraco no argumento de Schopenhauer porque, segundo ele, só uma percepção imparcial pode produzir conhecimento. Schopenhauer mencionou com frequência a "falsi-

---

\* Na realidade, há um sério problema com esse argumento, porque ele não pressupõe a existência de muitas interpretações do mundo, todas igualmente boas, mas que não revelam a verdade. Em consequência, só temos a alternativa de acrescentarmos a premissa de que nenhuma interpretação é verdadeira a menos que seja uma verdade *única*. Esse raciocínio sugere, portanto, que o pós-modernista é, de acordo com a palavra que cunhei no capítulo anterior, um "absolutizante" frustrado: alguém com o "mau gosto" de querer que sua interpretação seja "a única interpretação correta do mundo" (GS 373). Esse desejo metafísico de ser o único proprietário da verdade frustrado pelo perspectivismo leva o pós-modernista, por ter sido contrariado, a alegar que "Bem, então, ninguém pode dizer nada verdadeiro sobre o mundo". Como o pós-modernismo é o resultado de um raciocínio com graves problemas de qualidade, devemos evitar, se possível, atribuir a Nietzsche essa visão pós-moderna.

152 GM II 12; compare com KSA 12 I [50].

ficação" da realidade por uma consciência medíocre e parcial, mas esses exemplos expressivos só indicam uma *simplificação*. Para um viajante apressado, disse ele, a bonita ponte sobre o Reno reduz-se apenas a um travessão com uma vírgula, para um jogador de xadrez as peças chinesas com belos desenhos limitam-se a meros Xs que exercem seu papel no jogo; na maioria do tempo, quase todas as pessoas estão reduzidas a sua descrição de cargo ou posição social. Em resumo, disse Schopenhauer, na percepção dominada pelo interesse prático, o mundo se mostra como "uma paisagem desenhada no mapa de um general de um campo de batalha".[153] O general de Schopenhauer com sua visão simples do mundo reaparece nos cadernos de anotações de Nietzsche:

> Assim como existem muitas coisas que um general não quer saber, do mesmo modo nossa mente consciente pode ter, acima de tudo, uma necessidade instintiva de eliminar pensamentos indesejáveis. A lógica e nosso sentido de espaço e tempo têm uma capacidade prodigiosa de resumir. Um conceito é uma invenção a qual nada corresponde em sua totalidade, e, sim, a muitas coisas de uma maneira superficial. No entanto, com essa invenção do mundo rígido dos conceitos... o homem capta uma enorme quantidade de fatos por meio de sinais.[154]

Essas reflexões sobre o general e seu mapa simplificado, sem dúvida, proporcionam a chave para compreender a concepção de Nietzsche acerca da objetividade, como um processo de construção "completo" do conceito de uma ideia. Os mapas representam apenas um aspecto do mundo mapeado; cada mapa mostra um tema específico como estradas, contornos das colinas e vales, tipos e distribuição da vegetação, a composição geológica do terreno, a diversidade étnica da população, sua diversidade religiosa, e assim por diante. Para termos um conhecimento "completo" do terreno é preciso reunir todos esses mapas e mais ainda.[155] Em princípio, não há limite quanto ao número de representações do mundo, "mapas" de diferentes tipos podem ser reunidos, mas, embora possamos adquirir um conhecimento mais "completo" do mundo, jamais teremos um conhecimento *absolutamente completo*. A ciência, a aquisição de conhecimento, nunca termina, porque, com o reconhecimento do perspectivismo nosso mundo, como mencionado em *A Gaia Ciência*, "torna-se infinito".[156] Essa é a compreensão correta da objetividade nietzschiana como sugerida na seguinte nota escrita no caderno de anotações:

> Uma coisa em si é tão obstinada em incorrer no erro como o significado por si só. Não há um fato em si. Ao contrário, para haver um fato, um sentido ["horizonte", "perspectiva"] precisa primeiro ser projetado nele. Uma coisa fica não "definida" até que todas as perspectivas possíveis de todos os seres possíveis sejam levadas em consideração.[157]

---

153 WR II p. 372, 381, PP II p. 69.
154 KSA II 34 [131].
155 Creio que essa analogia do "mapa" foi retomada há pouco tempo por Frijof Bergmann.
156 GS 374.
157 KSA 12 2 [149].

A discussão anterior, descrita no Capítulo 17 (p. 410), reitera a ideia de que Nietzsche era um "realista plural". A realidade tem múltiplos aspectos.* Algumas perspectivas (não todas, é claro) revelam genuinamente aspectos da realidade. Quanto maior for a amplitude de nossas perspectivas genuínas, quanto mais "conhecimento" tivermos, mais perto chegaremos de uma meta inatingível, mas estimulante, de "concluir a ciência".

Ainda não abordei um aspecto da discussão de Nietzsche: a ideia de reunir as perspectivas (com interesse) de uma pessoa sobre uma coisa será uma questão de reunir os "prós" e "contras" dessa pessoa. Embora não seja impossível imaginar, em geral não temos uma opinião favorável ou desfavorável sobre um tomate, por exemplo. Por este motivo, quando Nietzsche refere-se à reunião de prós e contras, ele tem em mente, basicamente, penso, seus tópicos especiais, como religião e moral. A imparcialidade de Nietzsche, que coexiste, paradoxalmente, com sua tendência de abordar questões polêmicas tendenciosas e radicais, é um traço de grande vigor de sua filosofia. Assim, de uma maneira consistente, sua análise dos aspectos negativos do cristianismo, por exemplo, equilibra-se com sua avaliação crítica de seus aspectos positivos. (Ele tinha, é claro, de assumir essa posição equilibrada para defender a teoria do eterno retorno.) O cristianismo proporciona às pessoas um sentido na vida, torna-as mais espiritualizadas, mais interessantes, incute um sentimento de reverência pelas coisas sacras. A Igreja Católica, sem dúvida, é uma grande instituição supranacional, entre outros atributos. Quanto mais enfoques do cristianismo conseguirmos reunir, mais "completo" será nosso conhecimento e, portanto, estaremos em uma posição melhor para decidir, com *ponderação*, se é uma doutrina boa ou má. É essa *coerência* e *imparcialidade* que tornam a discussão de Nietzsche de seus temas centrais "objetiva", em vez de *meramente* "polêmica", séria do ponto de vista intelectual e não apenas uma propaganda. Em resumo, a doutrina do perspectivismo de Nietzsche substitui a ideia tradicional da objetividade como um olhar de Deus, que penetra no âmago do ser e apossa-se dele imediatamente, de uma forma clara e inteira – a visão a partir de lugar nenhum e sem qualquer interesse – com uma nova e impressionante noção de objetividade como uma pesquisa lenta e cuidadosa de uma coisa que constrói nosso conhecimento dela.

Uma pergunta final: por que a "supressão" das emoções "*castraria* nosso intelecto"? Por que significaria a *ausência* de cognição? O argumento se esclarece se voltarmos para a analogia entre conceitos e ferramentas. Se não quisermos construir nada, não pegamos um martelo. Do mesmo modo, se não quisermos sobreviver – com mais precisão, se não tivermos o impulso de aumentar nosso poder – o conhecimento jamais começaria. Como ele escreveu nos cadernos de anotações, "é a vontade de poder que *interpreta*", o foco da interpretação é o de "*se tornar senhor de algo*".[158]

---

\*  Em *A Gaia Ciência* ele chama essa multiplicidade de aspectos de *vieldeutig*: a melhor palavra em inglês é "ambíguo", mas a palavra, na verdade, significa não "de dois", e, sim, "de *muitos* significados" (GS 373). Spinoza foi o primeiro grande filósofo ocidental que analisou a realidade sob a ótica da multiplicidade de aspectos. É possível, portanto, que o "realismo plural" seja parte da afinidade que Nietzsche sentia pelo esmerilador de lentes holandês (p. 386-387).

158  KSA 12 2 [148].

## *O Ideal Ascético conforme Praticado e Difundido pelos Sacerdotes*

A discussão sobre o perspectivismo é uma digressão do tópico principal do terceiro ensaio, o ideal ascético. Na Seção 11, Nietzsche retorna a esse tema com uma abordagem do cerne desse tópico. Só quando observamos o "sacerdote ascético", escreveu Nietzsche, "conseguimos de fato refletir sobre nosso problema: o que significa o ideal ascético?". Exceto no caso de Schopenhauer, em outras palavras, discutimos os "ideais" ascéticos, as *práticas* ascéticas úteis sob diversas formas e, portanto, no sentido de *afirmação de vida*. Mas agora analisaremos o ascetismo como uma *negação de vida* genuína. "O" ideal ascético, a doutrina difundida pelos sacerdotes, é uma "avaliação de nossa vida":

> Ele relaciona isso (junto com tudo o que pertence à "natureza", ao "mundo", toda a esfera de ação do que surge e desaparece) a uma esfera de existência bem diferente, que lhe é oposta e o exclui *a menos* que ele se volte contra si mesmo em um processo de *autonegação*. Neste caso, de negação da vida ascética, a vida representa uma ponte para a outra existência. Para o asceta, a vida é um caminho errado.[159]

Em outras palavras, como disse Schopenhauer, a vida e o mundo "não deveriam existir".

A pergunta básica do terceiro ensaio é a seguinte: O que "significa" a negação da vida por um sacerdote ascético? "Significado" é uma palavra vaga. Na verdade, penso que a pergunta de Nietzsche refere-se ao questionamento de como seria possível que um ser humano desvalorizasse a vida. Segundo ele, essa depreciação era "surpreendente", "paradoxal"[160] e "contraditória" sob o ponto de vista "fisiológico".[161] E como o aspecto "fisiológico" significa, em sua essência, o "darwinismo", é fácil perceber quem seria o tipo de ser humano que de uma maneira evidente pensaria que "renunciar à vida é melhor do que viver". Hoje, implicaria uma ideia de genocídio autoinfligido ou aos outros. Em consequência, o pressuposto da "vida contra a vida" seria uma descrição ilusória e "meramente temporária". Na realidade, deve haver um sentido de *preservação da vida* no ideal ascético.[162] Seu verdadeiro "significado" seria então a função de preservar a vida.

Isso é resultado, disse Nietzsche, do fato de "*o ideal ascético ter surgido como uma manifestação de um instinto protetor e saudável de uma vida degenerada*".[163] Ele continuou sua argumentação ao mencionar que o *sucesso* do sacerdote em disseminar a aceitação do ideal ascético "revelava uma questão importante, a *fraqueza* do tipo de homem que viveu até agora, pelo menos do homem domesticado". O sacerdote asceta é a "personificação de seu desejo... de estar em outro lugar", sua "náusea" e "cansaço". O sacerdote asceta torna-se o líder de "um rebanho de fracassados, de descontentes, de seres insignificantes e obscuros" e, como veremos, os convence a

---

159 GM III 11.
160 *Ibidem*.
161 GM III 13.
162 GM II 11.
163 GM III 13.

# CAP. 23 | A GENEALOGIA DA MORAL

"manter o controle de suas vidas". Ele atinge seu objetivo, porque o grande "Não" do ideal ascético atrai muitas "aquiescências suaves".[164]

A menção ao "homem domesticado" – na Seção 20, Nietzsche mencionou o "animal enjaulado" – nos leva de volta para a identificação no segundo ensaio do fundamento da "culpa" cristã e da "consciência pesada", como consistindo na interiorização do instinto agressivo dos antigos nobres guerreiros privados de sua "válvula de escape" do saque e da pilhagem.

Contudo, agora, deparamo-nos com uma surpresa: embora a "consciência pesada animal"[165] pareça ser uma característica universal a todos os seres humanos, quando (como sugeri) os caçadores transformaram-se em agricultores, agora vemos que só um determinado grupo – os "fracassados, descontentes, seres insignificantes e obscuros" – tinha uma "consciência pesada". Porém, não é difícil captar o argumento de Nietzsche. Mesmo em épocas de paz os nobres permaneciam saudáveis, porque conseguiam extravasar sua agressividade; a única diferença de seus dias livres, ao sabor de seus caprichos, como tribos nômades consistia agora em extravasar sua violência contra seus próprios escravos, em vez do alvo anterior de tribos estrangeiras, jogando-os para serem comidos pelos leões, entre outros atos de extrema crueldade. (Enquanto eu escrevia este livro, Robert Mungabe, aos 85 anos, continuava a torturar e matar seus conterrâneos no Zimbábue, apesar, ironicamente, de seu tom de pele.) Então, tudo indica que o impulso de autoagressão restringe-se aos "destituídos de privilégios e aos desafortunados".[166] Este pressuposto retoma o tema da "revolta dos escravos" do primeiro ensaio.

Como, então, ao contrário das aparências, o sacerdote asceta com sua propaganda cristã, o ideal ascético preservava a vida das classes de "escravos"? De quatro maneiras. Primeiro, o padre defendia os "doentes" contra os nobres saudáveis. Ele protegia os escravos de sofrerem atos de violência nas mãos dos nobres por meio de uma "guerra astuciosa", que atraía os nobres para a moral dos escravos convertendo-os em pessoas "doentes" também, privando-os de sua "válvula de escape" dos instintos agressivos. Isso reduzia (a) a violência praticada contra os escravos e (b) aumentava o número de partidários do clero e, portanto, o poder dos sacerdotes.[167]

Segundo, o sacerdote protegia os escravos contra a inveja dos saudáveis (e em consequência contra uma tentativa fracassada de uma "revolta do gueto").[168] Ele dizia aos escravos "é mais fácil um camelo passar pelo buraco de uma agulha do que um rico entrar no reino de Deus",[169] e, assim, é possível que os escravos tivessem pena de seus opressores, os nobres.

Terceiro, o padre asceta defendia o rebanho contra a "anarquia e a ameaça sempre presente da desagregação interna". A ameaça existia porque, como disse Zaratustra, "o fraco que serve ao forte procura dominar os ainda mais fracos".[170] (Pensamos, aqui,

---

164 *Ibidem.*
165 GM III 20.
166 GM III 13.
167 GM III 15.
168 *Ibidem.*
169 Mateus 19, 24.
170 Z II 12.

nas intimidações feitas a crianças das classes menos favorecidas no Ocidente contemporâneo.) O sacerdote evitava a desagregação interna, ao ensinar os conceitos de culpa, de pecado e da condenação às penas do inferno para acalmar o material explosivo do *ressentiment*. Ele tranquilizava os escravos interiorizando o sentimento de *ressentiment* e, assim, tornava-os relativamente "inofensivos". A culpa pelo sofrimento alheio é um grande "anestésico", mas o sacerdote dizia "a culpa é só de vocês". Em outras palavras, devido ao pecado original sou infeliz por *minha culpa* e, por isso, devo-me autoflagelar, no sentido literal ou metafórico, em vez de atormentar os outros.[171]

Por fim, creio, a fim de causar impacto, que Nietzsche reservou o efeito mais importante do ideal ascético na preservação da vida para o final do ensaio, na Seção 28. Apesar de seu aspecto negativo, o ideal ascético dá "sentido" à vida. Isso significa que "o desejo foi preservado", resguardado da "falta de significado". E o pressuposto de que um "homem prefere desejar nada a não ter desejo", ou seja, "qualquer significado é melhor do que a ausência de significado".

Em *A Gaia Ciência*, como vimos, Nietzsche disse que precisamos nos converter em "heróis" de uma narrativa uniforme de vida. E, em seguida, acrescentou que, pelo menos, se poderia dizer o seguinte do cristianismo: ao oferecer ao homem a ideia de "perspectivas eternas" ele lhe ensinou a ver a si mesmo como um ser trágico, um "grande criminoso" em busca de redenção.[172] Em outras palavras, isso dava importância à vida. Mas por que precisaríamos de um sentido na vida? Porque sem ele a *vontade* seria impossível; o desejo tem de ter uma direção, uma meta, um *objetivo* definido. (Ele precisa ter um *sens*, que, em francês, significa "sentido" e "direção".) Segundo Nietzsche então, o cristianismo *estimulava* nossa vida. Ele nos oferecia um *projeto* com o qual poderíamos trabalhar, e esse projeto *nos* incentivava a viver até o momento destinado à nossa partida desse mundo. Ou seja, ele permitia o exercício de nossa vontade de poder, de crescimento pessoal, mesmo se o poder se limitasse ao poder individual. Ele proporcionava um meio para dar vazão a sentimentos e emoções sem nos sentirmos "deprimidos", com uma "sensação de bloqueio físico ou psíquico".[173]

## *O Ideal Ascético na Modernidade*

O esforço de Nietzsche para enfatizar a discussão sobre o ideal ascético não é uma mera excursão à história antiga. Mesmo que tenhamos renunciado à "astronomia teológica", a "negação" da vida do ideal ascético ainda é uma força predominante em nossa cultura. Ao contrário de Copérnico (isto é, da ciência moderna), o sentimento de "autodepreciação do ser humano" desapareceu e surgiu um movimento crescente para transformar a humanidade em um mero animal "afastando-se cada vez mais rápido do centro em direção a... nada". Em consequência, "desde Kant todos os tipos de transcendentalismo tiveram uma mão vencedora".[174]

---

171 GM III 15-16.
172 GS 78.
173 GM III 17.
174 GM III 25.

O argumento básico neste ponto refere-se ao fato de que, por termos conservado a moral cristã, inevitavelmente, mantivemos a visão do homem como um ser maculado e pecaminoso. A lacuna entre o "dever" cristão e o "ser" natural é tão extensa como sempre. Mas isso, sugeriu Nietzsche, agravou o estado da humanidade pós-metafísica. A doença continua, assim como a necessidade perceptível de "redenção" da carne, porém, não temos o remédio para curá-la. Como resultado qualquer guru oriental, ou um artista que se autopromove como arauto da redenção a exemplo de Wagner, tem um mercado garantido, porque o desejo de trocar esse mundo por outro melhor – a negação da vida, em outras palavras, o "niilismo" no uso mais fundamental da palavra por Nietzsche – é a característica essencial da modernidade.[175]

Essa argumentação insere-se profundamente no estado de espírito do final do século, no momento em que Nietzsche escrevia suas obras. Nas últimas duas décadas do século XIX, Schopenhauer tornou-se o maior filósofo europeu, enquanto a *décadence*, o culto ao declínio dos costumes, ao desvio comportamental e à morte fazia um enorme sucesso no campo da arte: na França com Baudelaire e na Inglaterra com Oscar Wilde e Audrey Beardsley. Na música, Wagner compunha *Tristão e Isolda* e *Parsifal*, ao passo que Mahler – compositor de *Weltschmerz* – escrevia a *Sinfonia da Ressurreição*. Nietzsche usou o termo "*Weltschmerz*" para expressar a "letargia" e a "depressão", com o objetivo de descrever o estado de espírito predominante na Europa à sua época.[176]

A pergunta é a seguinte: qual a relevância disso para nós? Ainda somos "niilistas" ou o argumento de Nietzsche sobre a predominância do ideal ascético é *apenas* um comentário a respeito do contexto cultural, psicológico e moral de fim de século na sua época? Ainda temos, em nossa cultura e mentes, pelo menos um elemento do desejo de "eu preferia estar em outro lugar"? O aquecimento global está criando em nós uma espécie de niilismo fatalista? Ou o ambientalismo tornou-se uma nova religião que deu um sentido à vida e que ocupou o vazio deixado pela "morte de Deus", uma nova religião com o poder de resgatar-nos da "vontade do nada"? Observem que, pela linha de raciocínio de Nietzsche, podemos concluir que *nós* precisamos tanto do ambientalismo quanto o planeta. Heidegger chamou os ambientalistas de "guardiões" da Terra. Os "guardiões da Terra" seriam capazes de substituir o "grande criminoso" como uma descrição da essência humana, que nos permitiria encontrar novos meios mais saudáveis para expressar nossa vontade de poder?

## *O que Há de Errado com o Ideal Ascético?*

Com sua visão imparcial e "objetiva", Nietzsche indicou diversas vantagens do ideal ascético que, no contexto predominante da história europeia, significava o cristianismo. Ele preservava a ordem social, prevenia as revoltas dos guetos, evitava que as classes menos favorecidas se vingassem de sua infelicidade nos outros, diminuía a violência dos senhores contra os escravos e, sobretudo, dava um sentido à vida, um

---

175 GM III 14.
176 GM III 17.

caminho que permitia exprimir a vontade de poder. A pergunta, portanto, torna-se mais incisiva: o que há de errado com o ideal ascético?

A crítica fundamental de Nietzsche é simples e ele já a formulara em *Humano, demasiado Humano*. O sacerdote, o "médico" dos doentes que também está doente combate "só o sofrimento, o desconforto de quem sofre... e *não* sua causa, *não* o fato real de estar doente. Isso constitui a principal objeção ao tratamento terapêutico sacerdotal".[177] A principal função deste tratamento era produzir um "excesso de sentimento",[178] "emoções fortes", "paroxismos de felicidade desconhecida" que, ao serem liberados, "combatiam a letargia". No entanto, mais tarde como um "narcótico", ele só agravava o estado do doente.[179]

De uma maneira mais geral, como sabemos, o sofrimento em questão é a "jaula" da vontade de poder do animal feroz,[180] os "descontentes" de Freud que são o preço da civilização. O que o "narcótico" religioso usado para combater essa "sensação fisiológica de obstrução" e a consequente "depressão" e o "cansaço espiritual do mundo"?[181] Como já vimos, Nietzsche referia-se com frequência à música de Wagner como um "narcótico" e, por esse motivo, creio, ele tinha em mente a visão do paraíso oferecida pelo cristianismo ou pela arte semicristã. Por que o narcótico piorava o estado de saúde do doente? Segundo Nietzsche, apesar do "grande quadro", que reduz nossa existência terrena a um capítulo sucinto de uma longa história com um final feliz, melhorar a "depressão" por um breve instante, seu efeito geral é agravar ainda mais a situação do "quadro pequeno". Ao chegarmos ao "paraíso", a nostalgia resultante dificultava ainda mais termos o mesmo entusiasmo anterior em relação à vida mundana. A sensação de "euforia" provocada por todas as drogas, disse Nietzsche (ele tinha, como vimos, uma considerável experiência com drogas), era sempre contrabalançada pelo "desânimo" quando os sintomas de euforia desapareciam.

## *A Ciência e o Ideal Ascético*

O que havia na natureza humana, perguntou Nietzsche, que permitiu a predominância do ideal ascético na cultura ocidental por dois milênios? A resposta é simples: "até então" não houve alternativa, nenhum "contraideal" ao ideal ascético.[182] Em razão de "o homem preferir desejar nada a não ter desejo", e por não haver candidatos rivais, o ideal ascético fora eleito sem restrições.[183]

O "até então" evidencia o ponto que enfatizei ao longo deste livro, de que Nietzsche não era apenas um crítico, ele também queria oferecer um "ideal positivo oposto" ao cristianismo. Nos comentários feitos em *Ecce Homo* sobre *A Genealogia*

---

177 GM III 17.
178 GM III 19.
179 GM III 20.
180 *Ibidem*.
181 GM III 24.
182 GM III 24.
183 GM III 28.

*da Moral*[184] ele disse que esse ideal "*só surgiu com o advento de Zaratustra*". Este livro, como sabemos, "dividiria a história em duas metades",[185] ao proporcionar, ou pelo menos "indicar" com clareza um "contraideal".

Diante do contexto atual, o terceiro ensaio pergunta: onde estão os "contra-idealistas"? Existem "opositores" ao ideal ascético?[186] Qual seria a "contrapartida" ao ideal ascético, que o espelharia oferecendo sua própria "meta" a fim de superar todos os outros?[187] (Observem a equação entre o "opositor" e os "contra-idealistas", uma equação que pressupõe a ideia de que o "opositor" não pode ser um mero crítico; repetindo mais uma vez a premissa de *A Gaia Ciência*, "só como criadores *podemos* destruir".)[188]

Nietzsche iniciou o terceiro ensaio com um argumento negativo: a "ciência" *não* é um opositor genuíno do ideal ascético. A era moderna estabeleceu a ciência como opositora do ideal ascético com sua própria "meta" (isto é, a verdade), mas a ciência é a "mais recente e nobre manifestação" do ideal ascético.[189] Sob a categoria de "cientista" Nietzsche incluiu os "filósofos" e os "eruditos", caracterizando-os como "descrentes" e "ateus".[190] Assim, ele estava falando de cientistas do campo humano e natural e, especificamente, dos que tinham uma visão antimetafísica. E é evidente, portanto, que falava sobre si mesmo.

Por que as manifestações dos "cientistas" não se opunham ao ideal ascético? Porque os cientistas tinham "um desejo de verdade incondicional" e, por isso, sem perceber, eles "afirmavam a existência de um outro mundo". A fim de entendermos esse pressuposto, Nietzsche referiu-se à Seção 344 de *A Gaia Ciência*,[191] que discutimos no capítulo anterior (p. 542-544). Mas para recapitular, ele argumentou que, como as falsas crenças às vezes são mais benéficas para a vida do que as verdadeiras, o compromisso com a verdade a qualquer preço implica a valorização de algo superior à vida. Ao afirmarmos a premissa da "verdade a qualquer custo" estaremos confirmando um princípio hostil à vida. E, ao fazê-lo, aqui surge pela primeira vez a frase que exerceu um papel crucial nas últimas obras de Nietzsche – existe "uma vontade oculta da morte".[192] Neste sentido, em vez de lhe opor resistência, a "ciência" é uma *afirmação* do ideal ascético.

Como mencionei no capítulo anterior, Nietzsche conhecia muito bem os verdadeiros motivos da restrição feita pelos cientistas à noção da "verdade a qualquer preço". Assim, o alvo de sua crítica, como sugeri, foi *ele e Rée*, comprometidos *de*

---

184 EH III GM.
185 KGB III.I 494, III.I 1132. Ver p. 473.
186 GM III 24.
187 GM III 23.
188 GS 58. Minha ênfase. Nietzsche escolheu *können* em vez de *dürfen*, contrariando seu hábito de utilizar a norma culta da língua, porque, creio, assim como em inglês "poder" *können* significa "ser possível" e "poder". A *mera* crítica, disse, é *ineficaz*, um protesto irritado que não surte efeito. Sem um ideal de oposição para oferecer em substituição ao ideal criticado, a crítica seria incapaz de evitar a apostasia, porque, como vimos, a vontade de poder preferia ter uma meta nociva a não ter meta alguma.
189 GM III 23.
190 GM III 23-24.
191 GM III 24.
192 GS 344.

*fato* com a verdade, com a "clareza intelectual" a qualquer custo em seu projeto de "observação psicológica", ou para ser mais preciso, de enfraquecimento psicológico. O que dizer então do autor de *A Genealogia da Moral*? Ele fracassou em ser um opositor genuíno do ideal ascético porque, secretamente, ainda acreditava nele?

"Todas as coisas importantes", escreveu Nietzsche, sucumbindo a um momento hegeliano, "provocam sua eliminação por meio de um ato de autocancelamento (*Selbstaufhebung*)".[193] Assim, pelo agenciamento dos "cientistas" modernos, o cristianismo superou-se. A moral cristã superou a metafísica cristã. "A moral cristã", o conceito de verdade, disse Nietzsche, em uma citação direta da Seção 357 de *A Gaia Ciência* – traduzida e sublimada na consciência científica, na clareza intelectual a qualquer preço, "*conquistou* o Deus cristão".[194]

Deveríamos então concluir que (a) Nietzsche *aprovou* essa manifestação final do ideal ascético e (b) considerou-se um participante dessa manifestação? Nem tanto. Pois, neste ponto, ele identificou uma tarefa posterior para a verdade "cristã": após ter superado o Deus cristão, ele precisou então voltar sua atenção para a moral cristã, *inclusive para o* próprio "*desejo de verdade*". Percebemos neste momento que o desejo de verdade era um "problema".[195] Nietzsche então disse, ao questionar a legitimidade do desejo de verdade incondicional, que ele *afastara-se* do ideal ascético. Depois de usar a escada da verdade "cristã" para distanciar-se da metafísica cristã, agora ele a empurrava para uma posição inferior. Observem, aqui, a plausibilidade de minha sugestão anterior de que Nietzsche não era um opositor, e, sim, um *continuador* radical da tradição protestante – proteste-ante – em que fora criado. O que supera, primeiro a metafísica cristã e, em seguida, a moral cristã, é a própria moral cristã – a verdade cristã.*

O que significou para Nietzsche o "questionamento" do desejo de verdade transformado em um *tema de discussão*? Ele representou a elevação da vida, da *vida saudável*, a um valor superior à verdade. O engano de si mesmo, a ilusão, é o melhor incentivador de *nossa* saúde mental e, portanto, devem ser estimulado. No entanto, isso não significa a eliminação do "desejo de verdade", porque a seguir temos a palavra final de Nietzsche em *Ecce Homo* sobre a questão do valor relativo da verdade e da ilusão:

---

193 GM III 27. Uma "autonegação" ou "autossublimação" são outras traduções possíveis. O princípio geral, obviamente, é falso ou trivial, mas isso não é muito importante, porque Nietzsche preocupou-se apenas com um exemplo dele. Ele é, penso eu, só um artifício de retórica.
194 *Ibidem*.
195 *Ibidem*.
\* A ideia de que a virtude cristã resulta em dizer a verdade "a qualquer preço" soa para mim como uma fraqueza evidente e estranha no argumento de Nietzsche. É óbvio que a compaixão cristã conciliaria, e até mesmo encorajaria, a mentira "branca" ocasional. Presumo que uma proibição incondicional de falar uma mentira fazia parte da tradição protestante em que Nietzsche fora educado. (Kant, também protestante e conterrâneo prussiano, escreveu um ensaio famoso no qual negou *categoricamente* o direito de dizer uma mentira "branca".) Eu já sugeri que a "consciência científica" mencionada por Nietzsche, em sua essência, pertence ao autor de *Humano, demasiado Humano*. Mas, penso que o argumento só seria plausível se tivesse uma inspiração autobiográfica.

Quanta verdade um espírito poderia *suportar*, quanta verdade um espírito *ousaria* enfrentar? Cada vez mais essas suposições tornam-se para mim a medida real de valor. O erro (a crença no ideal*) é uma *covardia*... Todos os passos em direção ao conhecimento resultam da coragem, do rigor pessoal, da clareza com respeito a si mesmo.[196]

Se, em outras palavras, uma pessoa for do tipo extremamente saudável, extremamente "nobre", *terá* "o desejo de verdade a qualquer preço", porque terá confiança de poder "pagar" qualquer preço. Como mencionado em *A Gaia Ciência*, "aquele que possui uma vida riquíssima, o deus ou o homem dionisíaco, enfrenta a visão do que é mais terrível ou "questionável", porque ele tem consciência de "um fluxo de procriação de forças fertilizantes capazes de transformar qualquer deserto em uma fazenda luxuriante".[197] Ao contrário do espírito mais fraco que precisa da muleta da ilusão e do "convalescente" que necessita da "superficialidade – em vez da profundidade" (p. 499), uma pessoa com uma saúde impecável pode (de uma forma que será discutida no próximo capítulo) desejar o eterno retorno em sua plenitude e um conhecimento inabalável de tudo o que é "sombrio e escorregadio" no mundo. No final, portanto, o desejo incondicional de verdade converte-se no critério da saúde psíquica.

## Senhores do Universo

Há pouco nos dispusemos a descobrir o que o terceiro ensaio teria a dizer sobre o "contraideal" de Nietzsche ao cristianismo, e sua visão de um futuro melhor. Esta contribuição positiva foi descrita na Seção 9.

Todas as coisas "boas" foram coisas "más", escreveu Nietzsche, expondo mais uma vez sua teoria do desenvolvimento cultural. O casamento costumava ser considerado uma transgressão dos direitos comunitários, a lei vista antes como uma transgressão do direito de fazer uma *vendetta*. Por isso, temos, categoricamente, de proteger e incentivar as poucas pessoas espiritualmente excepcionais, "os seres humanos dotados de sorte" ("mutações aleatórias", como os chamei), para serem agentes da capacidade de mudança cultural que é essencial a uma comunidade saudável. As forças conservadoras transformarão, é claro, a maioria deles em "mártires", mas com sorte entre os sobreviventes haverá os que promoverão a mudança necessária.

Uma das "coisas" boas que antes foram "más", continuou Nietzsche, é a nossa vontade de dominar a Terra. Embora tenhamos orgulho desse impulso de dominação, para o homem pré-moderno, "mesmo com o uso do padrão de julgamento dos gregos antigos", nossa "existência moderna"

> nada mais é que húbris e descrença, tendo em vista sua força e percepção dessa força... hoje, o húbris caracteriza nossa atitude em relação à natureza, a violação que cometemos contra a natureza com a ajuda das máquinas e com as invenções inescrupulosas

---

\* Em outras palavras, a falsificação sentimentalizada da realidade pelos "queridos idealistas" como Malwida von Meysenbug (p. 498-499).
196 EH Prefácio 3.
197 GS 370.

dos técnicos e engenheiros. O húbris caracteriza nossa atitude em relação a Deus, ou, melhor, a suposta teia de aranha do objetivo e da ética... ele caracteriza a atitude que temos a *nosso* respeito, porque agimos de uma maneira que não se aplicaria nem aos animais, felizes fazemos uma vivissecção em nossas almas só por curiosidade... Depois nos curamos... nos violamos... somos quebra-nozes da alma, questionando de uma maneira questionável, tratando a vida como se ela fosse apenas um ato de quebrar nozes.

A primeira observação a respeito dessa passagem refere-se ao fato de ela não *endossar* o húbris – o orgulho arrogante e injustificado, que, nas tragédias gregas, resultou em retribuição e ruína. Em vez disso, esse trecho demonstra que a atitude da modernidade em relação à natureza e à natureza do ser humano *seria considerada* um húbris mesmo pelos gregos, que não eram de forma alguma deficientes em orgulho. Além disso, essa passagem é autorreflexiva porque percebemos que o próprio Nietzsche – o "observador psicológico" com sua característica de debilitar insidiosamente os fundamentos de um pensamento, doutrinas etc., o desconstrucionista genealógico da "ética" – é o "quebra-nozes da alma" *par excellence*. Isso significa que, embora o uso da palavra "questionável" possa sugerir que ele condenava a atitude moderna perante a natureza, este ponto de vista não estaria correto, porque, assim, ele condenaria sua obra inteira.

Essa passagem, penso, *endossa* a vontade de poder ilimitada da modernidade sobre a natureza e a natureza do ser humano. Antes considerada uma ação nociva, de "brincar de Deus", hoje é uma ação benéfica. E aqui Nietzsche oferece uma nova "meta" para superar todas as outras metas, uma meta final que substituirá a "única meta" do cristianismo: de nos tornarmos senhores do universo.

Os cadernos de anotações desse período esclarecem essa posição. Então lemos, por exemplo, que para substituir a antiga moral seria "necessária" uma "inversão de valores", que produziria "uma moral que geraria uma casta de governantes – os futuros *senhores da Terra*".[198] Em *A Gaia Ciência*, Nietzsche elogiou Napoleão por querer transformar a Europa em "senhora da Terra",[199] uma admiração resultante do desejo de que a cultura europeia dominasse o mundo revelado em *Humano, demasiado Humano* (p. 322-323). Nos cadernos de anotações de 1886-1887, vemos Nietzsche sonhando com uma época em que a ciência teria uma "superabundância força de [por exemplo, nuclear]" à disposição do homem, que lhe permitiria "*escravizar a natureza*".[200] E, como o domínio da natureza, incluiria o domínio da natureza humana, ele sonhava com uma "raça superior", os futuros "senhores da Terra", os "artistas" que "esculpiriam" os tipos "dóceis" do rebanho em "instrumentos flexíveis" e a humanidade em geral para transformá-la em espécies mais perfeitas e mais poderosas.[201] Lembrem-se de seu entusiasmo pela eugenia em *Humano, demasiado Humano*.

Os termos usados por Nietzsche de "transgressão", "violação" e "domínio" assemelham-se muito às palavras usadas por Martin Heidegger para descrever o mundo da

---

198 KSA 11 37 [8].
199 GS 362.
200 KSA 12 5 [61].
201 KSA 12 2 [57]. Ver, também, KSA 12 2 [76] e KSA 11 37 [8].

moderna tecnologia. No entanto, a diferença consiste na crítica de Heidegger à vontade de poder ilimitada da modernidade que, pelo menos nesse texto, Nietzsche defende.

Vivenda na época em que vivemos, nossa tendência é concordar com a crítica de Heidegger. É possível também achar a aprovação de Nietzsche à vontade ilimitada de poder repulsiva, de pensar que *de fato* era um húbris, uma recompensa fatídica refletida no aquecimento global que agora vivenciamos. Isto, porém, é algo com que temos que conviver. Nietzsche viveu na era do espírito modernista que inventou as ferrovias, a energia elétrica, o telefone e o Estado burocrático, na qual o mundo parecia uma ostra inesgotável de tecnologia. Portanto, todas as suas críticas sobre os efeitos da moderna tecnologia revelam a visão de sua época. É provável que se estivesse vivo hoje ele classificaria a vontade de poder ilimitada como uma das coisas consideradas "boas", mas que agora eram "más".

## *A Questão do Método*

Encerrarei a discussão sobre *A Genealogia da Moral* retornando à pergunta mencionada no início do texto se o método genealógico usado nos dois primeiros ensaios, de um ponto de vista racional, era falacioso, se o poder persuasivo anticristão da obra, por previsibilidade ou por acaso, era mais retórico do que racional.

No primeiro ensaio, como vimos, Nietzsche assumiu como *datum* que o "homem atual" estava doente; "reprimido em sua evolução natural... debilitado... envenenado".[202] E ele observou que, no passado, a humanidade gostava de exibir uma boa saúde. Então, lembrem que ele se descrevia com frequência como o "médico da cultura", decidiu diagnosticar a origem da doença do "paciente". E, assim, perguntou ao paciente: você comeu alguma coisa nova ou não usual quando começou a sentir-se mal? E o doente contou que, na verdade, tinha comido algo novo e não habitual, isto é, a moral dos escravos. Neste sentido, o envenenamento por chumbo proporciona uma analogia ao método de Nietzsche. Se ingerirmos chumbo pouco antes de adoecer, é bem provável que essa seja a razão de estarmos doentes.

A argumentação de Nietzsche baseia-se no *ressentiment*, que originou a moral dos escravos. Ele o exibe como uma espécie de mecanismo destinado deliberadamente a "envenenar" e, assim, desempoderar os nobres opressores. A finalidade da criação do mecanismo é, em geral, um indicador confiável de seus efeitos.[203] Se soubermos que o cano de gás foi projetado como uma arma de guerra concluiremos que, quase com certeza, o gás contém veneno. Por este motivo, a compreensão mais precisa dos efeitos potenciais da moral dos escravos nos permite dizer que a cultura ocidental adoeceu depois de "ingerir" essa moral, porque o que havia sido "ingerido" era venenoso. Não existe, então, nenhum indício de irracionalidade nesse raciocínio. Ao contrário, ele é um paradigma do raciocínio poderoso, racional e "medicinal".

---

202 GM I 12.
203 Agradeço a John Richardson o esclarecimento sobre a importância dessa observação.

O argumento do segundo ensaio é uma aplicação um pouco mais complexa do mesmo método de diagnóstico. O *datum* é um aspecto específico da doença da humanidade moderna, nossa "consciência pesada" e a falta de autoestima. A pergunta mais uma vez é: o que a causou? E a resposta seria que ela se originou da agressão interiorizada do homem animal "enjaulado" atrás das grades da civilização, uma agressão moldada, fortalecida e intensificada maciçamente pelo cristianismo. A partir desta premissa, Nietzsche concluiu que o cristianismo foi a principal causa de nossa doença atual. Como terapia, ele recomendou uma moral que resgataria a autoestima da humanidade por meio de seu instinto básico de agressão, mas que teria o mesmo *efeito* de preservar a civilização da moral cristã, ao apoiar o elemento cultural em vez do natural, o elemento sublimado e não as formas físicas rudes de sua expressão. Mais uma vez nos deparamos com um paradigma do raciocínio "medicinal", um paradigma que não contém o menor sinal de irracionalidade ou de uma mera polêmica.

# 24

# 1888

## Inverno em Nice

O ano de 1888 começou, como o ano anterior terminara, com o tempo frio. Sentado em seu quarto na Pension de Genève, redecorado por sua escolha com um papel de parede com um tom marrom avermelhado escuro, Nietzsche achou o aquecedor importado de Naumburg "perfeito" para prevenir seu problema de cianose. Sentado à grande escrivaninha, ele começou a escrever um trabalho sério destinado a ser a principal obra de sua vida, a produção de sua "obra-prima sistematizada",[1] *A Vontade de Poder*, da qual todos os seus livros anteriores haviam sido meros prólogos. O livro teria quatro volumes de um "extremo rigor"[2] intelectual, que proporcionaria uma base e uma exposição sinóptica de sua filosofia inteira. Em 13 de fevereiro, ele terminou o primeiro plano detalhado (agora com o título de "Tentativa de Transvaloração de todos os Valores"). Mas, apesar de continuar a trabalhar com regularidade, ele teve crises de diarreia e insônia, com seu estado de ânimo agravado pelo frio e mais abatido ainda por não ter ganhado o prêmio de 50 milhões de francos na loteria de Nice.

Assim como muitos dos outros hóspedes que tinham a expectativa de que o clima de Nice melhorasse suas diversas condições físicas ou mentais, a conversa à mesa da pensão durante o jantar concentrava-se no clima e na saúde. Uma senhora de Berlim, por exemplo, que sofria de "uma espécie de desespero melancólico" e que quase não saía de casa em Berlim, ficara, dizia ela, curada com o ar seco de Nice. Uma curta "mudança radical de clima", concordou Nietzsche, lhe havia sido especialmente recomendada.[3]

Além do clima certo, uma rotina diária rigorosa e inalterada era, pensava ele, essencial: dormia às nove horas, acordava às seis e meia, tomava chá com duas torradas, caminhava uma hora de manhã, almoçava ao meio-dia, fazia um passeio de três horas à tarde, sempre no mesmo caminho, jantava às seis, sem vinho, cerveja, bebidas alcoólicas, ou café, sempre a mesma rotina, dia após dia.[4]

Para quebrar a monotonia, no início de janeiro ele foi assistir a um concerto em Monte Carlo. Mas dessa vez foi um desastre: César Franck e "outra música moderna francesa ou, para ser mais claro, um Wagner ruim... exaltado, brutal, exigente e arrogante, tudo de mau gosto".[5] O concerto foi, concluiu ele, uma manifestação de

---

1 J II p. 577.
2 KGB III. 5 1105, 1110.
3 KGB III. 5 983.
4 KGB III. 5 1005.
5 KGB III. 5 973.

pura "*décadence*", assim como Baudelaire – "um libertino, místico, 'satânico', mas, acima de tudo, wagneriano".[6] (A respeito da afinidade de Baudelaire e de Wagner, ver p. 609-611) Por outro lado, alguns meses depois ele ficou encantado com três peças de Offenbach, "uma bufonaria, porém, com um gosto clássico, lógico... maravilhosamente parisiense",[7] uma manifestação do gosto crescente pela música ligeira, que marcou seu último ano de sanidade mental. (Em *A Gaia Ciência*, Nietzsche mencionou "os convalescentes" que precisam da "superficialidade da profundidade", a necessidade de "uma arte imperturbável e divinamente artificial".[8] É possível supor que isso tenha sido uma indicação tênue do abismo que levou Nietzsche a precisar cada vez mais de uma música "superficial".)

Ao longo do ano de 1888, Nietzsche preocupou-se mais com a situação política europeia, "com a paz armada" entre a Rússia e a França e, também, com a Tríplice Aliança, o acordo militar entre a Alemanha, o Império Áustro-Húngaro e a Itália. "A Tríplice Aliança com o *Reich* significa uma *mésalliance* de um povo inteligente", escreveu no final do ano.[9] Segundo Nietzsche, "belicosa como um ouriço com armas" sob a política agressiva de Bismarck e do imperador de 90 anos, Guilherme I, a Alemanha era o principal perigo para a paz na Europa. Com suas experiências no campo de batalha da Guerra Franco-Prussiana gravadas na memória, Nietzsche temia que a Europa estivesse à beira de uma catástrofe em uma escala sem precedentes. Sua última esperança para a dinastia de Hohenzollern era o príncipe coroado, Friedrich, que por fim, foi proclamado imperador do *Reich* em 9 de março de 1888. Mas, nesse ínterim, ele havia contraído um câncer de garganta e morreu 99 dias depois da coroação em San Remo.

Nietzsche admirava Friedrich. As notícias da morte iminente do imperador o entristeceram e, de acordo com as informações de sua vizinha à mesa do jantar, a baronesa Pläncker, que dizia ser uma amiga íntima da imperatriz, suspeitou que forças ocultas, inglesas ou alemãs, estavam tramando algo para impedir a realização de uma traqueostomia, que talvez pudesse salvá-lo.[10] "Você ficaria surpreso", escreveu a Köselitz, "se soubesse como estou seriamente abalado com as notícias de San Remo".[11] A preocupação de Nietzsche era de fato surpreendente, porque Friedrich, ao contrário de seu pai antiquado e ultraconservador, era um liberal. Casado com a princesa Vitoria, "Vicky", filha da rainha Vitoria, e extremamente influenciado por seu conterrâneo alemão, o respeitável príncipe Albert, ele admirava o governo britânico e sua democracia parlamentar. (Se ele não houvesse morrido e sido sucedido por seu filho, o arrogante Guilherme II, a Primeira Guerra Mundial nunca teria acontecido.)

Além de ser um excelente cavaleiro e general, Friedrich era um homem cultíssimo e fluente em cinco línguas. Nietzsche o admirava não por sua política, e, sim, por seu liberalismo cultural – "o último vislumbre do livre pensamento na

---

6   KGB III. 5 1000.
7   KGB III. 5 1007.
8   GS Prefácio 4.
9   NCW Prefácio.
10  KGB III.5 1003, 1005.
11  KGB III.5 998.

Alemanha"[12] –, assim como por sua oposição ao antissemitismo. "A morte do imperador [Friedrich]", escreveu a Köselitz em meados de junho, "emocionou-me profundamente, porque ele era a última esperança para a Alemanha. Agora começou o governo de Stöcker e cheguei à conclusão de que meu livro *A Vontade de Poder* será confiscado primeiro na Alemanha".[13] (Como já mencionado, Stöcker, batizado, apropriadamente, com o nome de Adolf, era um líder antissemita.)

## Primeira Visita a Turim

A primavera e o outono, o *"intermezzo"* entre suas casas de verão e inverno eram, como sabemos, o pior período do ano para Nietzsche. Ao se aproximar o momento de partir de Nice, ele ficou acordado a noite inteira torturando-se com seu "problema da primavera". Os lagos italianos eram muito úmidos e deprimentes, Zurique era impossível em qualquer época do ano e, na primavera, todos os lugares na Suíça ainda estavam envolvidos em uma nuvem pesada, em névoa e frio.[14] Então surgiu uma sugestão de Köselitz: Turim.

A viagem foi, mais do que o habitual, desastrosa. Míope e confuso, no momento de trocar de trem, Nietzsche embarcou no trem errado e foi parar em Gênova, onde, se sentindo muito mal para continuar a viagem, andou a esmo pela cidade, perdido em antigas lembranças. Mas sua bagagem "manteve a intenção original" e chegou, como planejado, a Turim.[15] Quando, por fim, chegou em Turim em 5 de abril, Nietzsche apaixonou-se à primeira vista pela cidade:

> Que cidade nobre e séria! Não é uma grande cidade [tem uma população de cerca de 300 mil habitantes], e não é moderna, como temi. Ao contrário, é uma cidade magnífica do século XVII com um único critério por toda a parte, o de cortesia e nobreza. Uma calma aristocrática foi preservada, não existem subúrbios miseráveis, e a cidade tem uma uniformidade de cor (tudo é amarelo ou vermelho ocre).[16]

Como se tivesse sido projetada expressamente para atender suas necessidades, Turim tinha mais de um quilômetro de arcadas cobertas nas quais poderia andar em qualquer clima. A vista dos Alpes, o ar da montanha e a água, as livrarias com livros em três idiomas, a comida excelente – barata em razão dos inúmeros jovens que cursavam a universidade ou a academia militar. O rio Pó sereno que percorria o limite a leste da cidade, com um parque e uma avenida larga e arborizada do outro lado, tudo era motivo de êxtase. "As noites na ponte do Pó", escreveu, "são celestiais! Além do bem e do mal!!".[17] Ele adorou a vida boêmia dos cafés (como na época de estudante em Leipzig), tornou-se um conhecedor do *gelato*, reflexo de "uma cultura superior", e

---

12   KGB III.5 1049.
13   *Ibidem.*
14   KGB III.5 1007.
15   KGB III.5 1013.
16   *Ibidem.*
17   *Ibidem.*

gostava da pequena orquestra que tocava no átrio ladeado de palmeiras, que às vezes o acompanhava (sem aumentar o preço acima dos habituais 30 centavos).[18] "O café... uma meia taça de paraíso", escreveu em seus cadernos de anotações.[19]

Nietzsche amava a vida musical intensa de Turim. Ele ouvia Rossini, Tchaikovsky e Goldmark ("100 vezes melhor do que Wagner"),[20] e cumprimentou a cidade por estender a temporada de *Carmen* no Teatro Carignano por dois meses em detrimento de três outras óperas. E gostava do fato de que a opereta estivesse disponível quase todo o tempo devido à existência de duas companhias rivais de opereta. Em Turim seu gosto pela música ligeira tornou-se mais indiscriminado até o ponto de gostar de quase todos os gêneros musicais, desde que fossem opostos à grandiloquência wagneriana. A única exceção era Johann Strauss, porque o sentimentalismo alemão era tão ruim como a seriedade alemã, "*Wienerei = Schweineri*".[21]

Fugindo aos padrões normais, a saúde de Nietzsche melhorou rapidamente, apesar de o tempo péssimo de quando ele chegou ter continuado nublado, chuvoso e com nevoeiros constantes, o oposto ao clima que julgava benéfico à sua saúde. (Ele nunca admitiu uma contestação a todas as suas teorias a respeito da dependência da saúde às condições climáticas.) Ele hospedou-se no apartamento do dono de uma banca de jornais, Davide Fino, na "sublime" Piazza Carlo Alberto. De sua janela com um balcão no quarto andar do prédio (a família Fino morava no terceiro andar) na Via Carlo Alberto, 6, ele tinha uma vista aristocrática da estátua de Carlo Alberto, rei do Piemonte de 1831 a 1849, vestido com um uniforme militar completo e o sabre levantado para o céu.

## Sic Incipit Gloria Mundi

De Turim, a correspondência de Nietzsche com Brandes continuou intensa. Eles concordaram que a civilização moderna era um problema, em vez de uma solução. Nietzsche contou a Brandes que o título da Parte IV de *Zaratustra* poderia muito bem ser "A Tentação de Zaratustra", e que isto seria a melhor resposta às suas dúvidas sobre a crítica à compaixão. Ele lhe disse que "o alquimista que transformava metais em ouro", como ele, que convertia em "ouro" o que a humanidade mais temia e desprezava, era seu maior beneficiário.[22]

A notícia mais estimulante que Brandes lhe enviou foi o comentário a respeito do ciclo de cinco palestras sobre a filosofia de Nietzsche, inclusive uma palestra referente ao livro *A Genealogia da Moral*, que ele realizara de 10 de abril a 8 de maio. O evento foi um enorme sucesso, e cada palestra contou com a presença de mais de 300 pessoas. Nietzsche havia dito que, enquanto compositores sem fama eram iguais

---

18 KGB III.5 1022, 1025.
19 KSA 13 11 [296].
20 KGB III.5 1068. No entanto, no segundo *postscriptum* de *O Caso Wagner* ele chama Wagner de "macaco esperto".
21 KGB III.5 1122, 1148.
22 KGB III.5 1036.

às jovens com quem ninguém dançava, para os filósofos a fama nada mais era que uma "carga opressiva".[23] Entretanto, louco de alegria, ele enviou notícias do ciclo de palestras, enfeitando-as fantasiosamente, para quase todos os correspondentes. Em seus cadernos de anotações ele adotou o tom pomposo de uma declaração pública:

> Será importante que os amigos do filósofo Friedrich Nietzsche saibam que no inverno passado o inteligente dinamarquês, Dr. Georg Brandes, realizou um extenso ciclo de palestras na Universidade de Copenhague dedicado à minha filosofia... A plateia de mais de 300 pessoas demonstrou tanto interesse por este novo e ousado modo de pensar sobre a filosofia alemã, que fez uma ovação com as pessoas de pé ao palestrante e ao seu tema.[24]

Köselitz observou que as palestras de Brandes abriram as portas da fama para Nietzsche. O fato de ter atraído a atenção de um homem com uma ampla reputação na Europa, um erudito que escrevia em francês, alemão, sueco, russo e polonês, assim como em seu dinamarquês nativo, garantiu que ele se tornaria famoso. Nietzsche concordou. "*Sic incipit Gloria mundi*", escreveu com indiferença em um cartão-postal para Deussen – "Assim começou a glória mundial", um trocadilho do antídoto familiar ao húbris, "Assim terminou (*Sic transit*) a glória mundial".[25]

Com o objetivo de ajudar esse processo de divulgação de sua obra, Nietzsche enviou a Brandes um currículo atualizado, em que misturou verdade e ficção em proporções iguais. Ele nascera no campo de batalha de Lützen (perto, mas não nele) e descendia de uma família nobre polonesa (totalmente falso). A avó pertencia ao círculo de Schiller e Goethe em Weimar (uma versão modificada da história de que "a avó era o amor de Goethe", mas também falsa). E assim por diante.[26]

Como resultado dos esforços de Brandes, Nietzsche começou a receber cartas de Nova York e de São Petersburgo, que (embora no final as sugestões de traduzir seus livros para o inglês e russo não tenham tido repercussão) o levaram a pensar que estava ficando famoso nos Estados Unidos e na Rússia, na verdade, em todos os lugares, menos na Alemanha. Isso teve o efeito de aumentar sua fúria contra seu país de língua e nascimento. Apesar de ter sido "aclamado neste inverno na Dinamarca [como]... o espírito mais independente da Europa e o único escritor alemão", escreveu a Malwida, "e embora algo similar estivesse prestes a acontecer em Nova York", "em minha querida pátria natal, caso prestem alguma atenção em mim, meus conterrâneos tratam-me como alguém que 'pertencesse a um hospício'" (um resenhista, lembrem-se, escrevera que *Além do Bem e do Mal* era um livro no "limite do patológico" (p. 494). "O cretinismo de Bayreuth", continuou ele, ignorando a conhecida lealdade de Malwida em relação a Wagner, "atrapalha meu caminho. O antigo sedutor, Wagner, mesmo depois de morto, afasta de mim os homens remanescentes a quem eu poderia causar impacto".[27]

---

23  KGB III.5 796.
24  KSA 13 16 [63].
25  KGB III.5 1026.
26  KGB III.5 1014.
27  KGB III.5 1078.

Brandes convenceu o grande dramaturgo sueco, August Strindberg, um dos pais do moderno teatro realista, a ler Nietzsche, e ele se tornou um ardente admirador de sua obra, e repetiu o julgamento de Nietzsche (p. 641-642) de que *Zaratustra* era "sem dúvida o livro mais profundo que um homem jamais possuiu".[28] Como Brandes havia descrito Strindberg como "um verdadeiro gênio", apesar de "um pouco louco",[29] este comentário mais do que qualquer outra coisa, talvez, persuadiu Nietzsche de que por fim conseguira ser reconhecido. Os dois escritores "um pouco loucos" iniciaram uma correspondência intensa. Nietzsche leu a peça de Strindberg, *O Pai*, uma tragédia doméstica sobre a luta de poder entre o marido e a mulher. "Fiquei profundamente emocionado", escreveu a Strindberg, e "surpreendi-me ao ler uma obra que expressa de uma maneira precisa minha concepção do amor – um campo de batalha de um ódio mortal entre os sexos".*[30] Para Overbeck ele vangloriou-se de que, "O gênio sueco, Strindberg, considera-me o maior psicólogo do 'eterno feminino'",[31] o que não deixava de ser verdade, já que Strindberg escreveu a Brandes, "Nietzsche é um homem com quem eu me identifico... é claro, um homem que detesta as mulheres como todos os homens talentosos" (Strindberg carregava as cicatrizes de três casamentos e três divórcios dolorosos).

Certa vez Nietzsche dirigiu-se a Brandes chamando-o de "ilustre Herr Cosmopoliticus",[32] transformando um insulto familiar antissemita em uma virtude de ser um "bom europeu". (Os judeus cosmopolitas, como chamavam os antissemitas, não tinham lealdade ao Estado, um estigma que sem dúvida contribuiu para a eclosão do "caso Dreyfus" na França.) Um dos principais fundamentos do antissemitismo exacerbado de Nietzsche era o reconhecimento de que qualquer que fosse sua fama ele a devia, quase por completo, aos esforços dos judeus entre outros Lipiner, Zimmern, Lansky, Paneth e, sobretudo, a Brandes. "Sem os judeus não haveria imortalidade",[33] escreveu a Köselitz.

Elizabeth também tinha a mesma percepção. Ao escrever para Overbeck no Natal de 1888, Nietzsche comentou que o empreendimento no Paraguai estava à beira da ruína: os colonos, seduzidos pelas falsas promessas, exigiam o reembolso do dinheiro deles, mas agora a violência imperava. Mas, continuou Nietzsche, isso não impediu que Elizabeth escrevesse com um profundo desdém, que eu tinha razão em querer ser "famoso". Isso era muito gentil! E que ralé eu escolhera para atingir a fama – judeus, como Georg Brandes, um cidadão do

---

28 KGB III.5 1181.
29 KGB III.5 1130.
\* Essa concepção do amor é descrita na segunda seção de *O Caso Wagner*. Ao contrário de Wagner, que representa o amor como um autossacrifício – "senta-sentimentalidade" – *Carmen* mostra o amor como ele de fato é: "*fatalista*, cínico, inocente, cruel... O amor cujo método é a guerra, cuja base é o *ódio mortal entre os sexos*". É possível pensar que essa visão do amor simboliza os sentimentos de Nietzsche em relação a Lou Salomé e subtende que, assim como só com a morte o amor-ódio de Don José por Carmen terminará, só com sua morte espiritual seu amor-ódio por Lou se extinguirá.
30 KGB III.5 1160.
31 KGB III.5 1163.
32 KGB III. 5 1107.
33 KGB III.5 1207.

mundo subserviente[34] (uma versão, talvez, do estigma de "cosmopolita"). Isso deixa claro que em suas últimas semanas de relativa sanidade, as relações entre Nietzsche e a irmã eram as piores possíveis. Em resposta ao insulto dela a Brandes, ele esboçou uma carta em que dizia adeus definitivamente à irmã.[35]

## O Último Verão em Sils Maria

Ao chegar o mês de junho, Nietzsche mais uma vez fugiu do calor do verão. Agora, ele sabia que sua autorrecomendação de um "inverno moderado" permanente não mais era regra estrita. "É estranho", escreveu a Köselitz, que "apesar da temperatura de 31ºC dia após dia que só cai à noite para 22ºC, eu, a pessoa mais sensível ao calor, nada sinto,[36] e continuou com sua rotina obstinada. No entanto, como de hábito, decidiu passar o verão nas montanhas, no sétimo verão em "minha antiga residência de verão em Sils Maria, o alto Engadine – minha paisagem, tão distante da vida, tão metafísica [meta-física]".[37]

Porém, a mudança foi uma má escolha. Embora houvesse agora um trem direto de Turim para Chiavenna, logo depois da fronteira com a Suíça, a longa viagem seguida do trajeto na carruagem do correio até Sils, onde chegou em 5 de junho, o deixou prostrado na cama durante uma semana com crises de dor de cabeça e vômito. E nos meses seguintes sua saúde continuou péssima; um "absurdo",[38] como disse.

O clima que o recebeu em Sils foi também um "absurdo". Um calor e uma umidade excepcionais que provocaram muitas avalanches – uma delas chegou próxima à casa Durish – que acabaram com florestas inteiras nas encostas de suas colinas. (Nietzsche observou que, segundo uma lei local, as árvores arrancadas por uma avalanche pertenciam ao proprietário da terra e, assim, muitos deles receberam indenizações inesperadas.) Contudo, em meados de junho ainda nevava, escreveu Nietzsche, "sentado em minha caverna eu pensava se o meteorologista enlouquecera".[39] Ele passou a usar roupas de inverno e a colocar dois edredons na cama à noite.

Em meados de julho surpreendeu-se com o recebimento de 2 mil marcos por intermédio de Paul Deussen, como uma contribuição a seu projeto de publicar seus livros com seus próprios recursos.[40] (Mais tarde Meta von Salis doou alguns milhares de marcos.) No início, Nietzsche pensou que Deussen havia doado o dinheiro, mas, na verdade, quem doara fora um docente recém-nomeado de Berlim, Richard M. Meyer, outro incentivador judeu de sua carreira.

---

34  KGB III.5 1210.
35  KGB III.5 1145.
36  KGB III.5 1045.
37  KGB III.5 1018.
38  KGB III.5 1066.
39  KGB III.5 1048.
40  KGB III.5 1068.

## Visitantes

Meta von Salis partiu do castelo da família em Chur para visitar Nietzsche nas três primeiras semanas de agosto. Juntos fizeram uma caminhada de cinco horas de Sils até o correio do vilarejo de Silverplana e, em outra ocasião, foram até Maloja para ver, pela primeira e única vez na vida de Nietzsche, o lago escuro de Cavloccio. E em águas revoltas remaram ao redor de sua amada península Chasté no lago Sils. Em razão de sua vida solitária, lembra-se Meta, cada interrupção em seus dias dedicados ao trabalho era um acontecimento especial.[41] Ela não percebeu, mencionou mais tarde, nenhum sinal de desequilíbrio mental.[42]

Julius Kaftan, que o visitou nas mesmas três semanas de agosto, também o acompanhava nas caminhadas. Antigo colega próximo de Overbeck e agora professor de teologia em Berlim, Kaftan conhecera Nietzsche na Basileia. Em seus passeios, eles tinham conversas filosóficas sérias centradas, a partir de seus pontos de vista opostos, no tema da religião. Conversas que talvez tenham estimulado Nietzsche a escrever *O Anticristo* e, possivelmente, *O Crepúsculo dos Ídolos*, iniciados logo depois de sua partida. Kaftan lembrava-se de que, certo dia,

> caminhamos pelo vale Fex em direção à geleira... Depois de atravessar uma ponte pequena [simbólica]... ele parou no caminho estreito e falou com uma voz calma sobre a grande transformação que vivenciara. Assemelhava-se à descoberta de uma pessoa devota cuja vida não tem sentido e, portanto, dá sua alma para Deus. O que ele tinha em mente era a transição [1876] do Não para o Sim. Essa era a base de todo seu ensinamento.[43]

Em sua autobiografia, Kaftan escreveu que tinha quase certeza de que fora a última pessoa a ter uma conversa filosófica com Nietzsche e disse que não percebera, assim como Meta, o menor sinal do colapso mental que Nietzsche sofreria quatro meses mais tarde.[44]

Dois outros visitantes atraíram a atenção de Nietzsche. Um deles foi o pianista de Hamburgo, Karl von Holten, que tocou em um concerto privado trechos de composições de Köselitz, as *Köselitziana*, como Nietzsche as chamava, inspiradas na *Kleisleriana* de Schumann.[45] Eles também discutiram a influente teoria do fraseado musical proposto por Hugo Riemann, que, com sua insistência de que mesmo um mínimo elemento musical deve ser enfatizado e fraseado, segundo Nietzsche, dissolveu o conjunto musical em elementos atômicos, uma manifestação típica da *décadence* wagneriana.

Ele também continuou uma longa discussão intermitente que começara em outubro de 1884[46] sobre esse mesmo tema com Carl Fuchs, que escrevia de 10 ou mais páginas de cartas de uma só vez. Mas, de certa forma, a relação com Fuchs esfriou

---

41   KGB III.5 885.
42   KGB III.5 887.
43   C p. 670.
44   Essa observação foi mencionada na tradução para o inglês como *The Sutras of the Vedanta with the Commentary of Cankara*.
45   KGB III.5 899, 903.
46   C p. 671-672.

devido à sua tentativa de permanecer amigo dos wagnerianos. Além disso, Nietzsche suspeitava (provavelmente sem razão) que, como organista da sinagoga em Danzig (Gdansky), Fuchs fizera comentários a respeito da cerimônia religiosa judaica "em termos mais ofensivos possíveis".[47] Por fim, subjugado página após página com a teoria do fraseado musical, ele abordou-o com uma dose de humor ao estilo Monty Python:

> Cartas sobre "fraseado" para o filósofo da transvaloração de todos os valores!... Em Nice elas tentaram me interessar pela questão dos marcianos – eles têm o maior telescópio da Europa. O que se aproxima mais do meu interesse intelectual, os marcianos ou o fraseado? Gostaria de continuar a me interessar pelo Dr. Fuchs, mas com exceção de seus marcianos... P.S: eles tentaram atrair minha atenção para a maior truta já pescada, com 14 quilos: neste caso, quem sabe, talvez com um bom molho de maionese...[48]

Fritz Baedecker, o editor de Leipzig dos famosos guias de viagem Baedecker e filho do fundador da empresa, foi outro visitante que atraiu a atenção de Nietzsche embora a distância. "Herr Baedecker e sua elegante mulher 'brilharam' no meu hotel (Alpenrose) o verão inteiro", escreveu entusiasmadíssimo a Von Seydlitz.[49]

\*\*\*

Duas anotações de Nietzsche de sua última estada em Sils permitem que nos distanciemos dos temas de suas cartas e que percebamos, mesmo que superficialmente, como as pessoas locais o viam. Em 1938, Frau Fümm lembrava-se de que

> três senhoras de Genebra, Frau Choindron e as duas filhas, hospedaram-se conosco no vale Fex. Por serem amigas de Nietzsche, durante todo o verão ele veio à nossa casa duas vezes por semana para beber leite fresco. O amável convalescente nunca falava muito... Conosco ele falava em *Schwyzerdütsch* [um dialeto suíço, ininteligível para a maioria dos alemães]. No final ele preferiu ficar cada vez mais sozinho. Tínhamos um grande respeito por aquele homem estranho com sobrancelhas grossas. Mais tarde, ele sentia dores de cabeça o tempo inteiro. Nessas crises ele andava sem chapéu e com grandes folhas úmidas na testa e na cabeça. Ele ficava imóvel por muito tempo como se estivesse preso ao lugar olhando o céu. E quando caminhava com os braços e as pernas balançando de uma maneira estranha, todos riam do pobre homem. Depois ergueram um memorial em sua homenagem em Chasté [ver Ilustração 26 e p. 468-469]. Assim é a vida: só se fica famoso após a morte.[50]

A segunda peculiaridade de seu comportamento é vista através dos olhos cruéis de crianças. Muitos anos depois, Herr Zuan, filho do professor local, contou ao filósofo Theodor Adorno em visita a Sils que

> um grupo de crianças, Zuan inclusive, divertia-se jogando pedras dentro do guarda-chuva fechado de Nietzsche e, então, quando ele o abria elas caíam em sua cabeça. Ele corria atrás das crianças ameaçando-as com o guarda-chuva levantado, mas nunca as pegou.[51]

---

47   KGB III.5 907.
48   C p. 699.
49   KGB III.5 937.
50   KGB III.5 938.
51   KGB III.5 963.

Em outra lembrança mencionada em 1938, Zuan contou que Nietzsche

> caminhava durante horas todos os dias quase sempre em direção a Chasté. Lá havia uma enorme pedra conhecida agora como a pedra de Nietzsche [Ilustração 26], na qual ele sentava-se olhando pensativo à sua frente. E as crianças riam dele, implicavam, puxavam seu guarda-chuva vermelho e tentavam pôr pedras em seu bolso sem que ele percebesse. O homem com o grande bigode não notava nada que se passava ao seu redor. Chamávamo-lo de "o idiota".[52]

\*\*\*

Com a aproximação do outono, a partida de Nietzsche de Sils foi adiada devido a enchentes enormes. A maior parte da cidade ficou submersa; a península de Chasté (Halbinsel, "semi-ilha" em alemão) transformou-se em uma ilha. Com seu eterno gosto por estatísticas, Nietzsche disse a Deussen que caíram 220 milímetros de água em quatro dias, ao passo que em setembro só chovia em geral 80 milímetros.[53] Por fim, em 20 de setembro, o volume das águas diminuiu um pouco, e ele partiu mais uma vez para Turim.

### *Escritos em Sils Maria:* O Caso Wagner

Quase no final da primavera em Turim, Nietzsche decidiu interromper o trabalho de sua "obra-prima" para escrever *O Caso Wagner*. Não se sabe o motivo de sua decisão. Por um lado, ele descreveu esse novo trabalho como uma "diversão",[54] por outro, como (mais uma) "declaração de guerra" a Richard Wagner.[55] Como vimos, Nietzsche ainda sentia um grande ressentimento em relação ao "velho sedutor" porque, mesmo postumamente, continuava a privá-lo de seguidores potenciais. Portanto, não se poderia pensar que a declaração de guerra fosse um mero "divertimento". Na verdade, penso que, diante da dificuldade crescente de Nietzsche em fazer de *A Vontade de Poder* a obra-prima que ele desejava, o fato de descer para o nível da polêmica era um relaxamento, uma liberação da tensão intelectual.

A guerra contra Wagner e contra tudo o que ele agora representava, a xenofobia alemã, o antissemitismo, a *décadence* da arte o motivava a escrever o livro. Mas outra razão explícita era a vontade de atrair a atenção do público. Na década de 1880, Wagner continuou a ser um tópico cultural "quente". O imperador alemão (Friedrich) declarara que o movimento de Wagner tinha uma importância nacional.[56] Além disso, dos últimos trabalhos de Nietzsche o que alcançou um público maior foi *Wagner em Bayreuth*, um livro em que ele *defende* Wagner. Por que então não entrar de novo na arena, mas desta vez do outro lado? Qualquer coisa relacionada a Wagner, de uma forma ou de outra, tinha a garantia de gerar lucros.

---

52  KGB III.5 940.
53  KGB III.5 958.
54  KGB III.6 500.
55  KGB III.5 960.
56  KGB III.5 964.

O raciocínio de Nietzsche não estava errado. O catálogo de vendas de Naumann registrou mais de mil pedidos antes de o panfleto ser impresso. Malwida também percebeu que a polêmica causaria impacto e escreveu para Olga Hertzen que, para melhor ou pior, colocaria Nietzsche de novo no cenário literário. Aliado aos esforços de Brandes, *O Caso Wagner* fez uma contribuição considerável para a fama, ou notoriedade, de Nietzsche.

Nietzsche terminou grande parte do primeiro esboço em Turim – o trabalho tinha o subtítulo de "Carta de Turim, maio de 1888", mas o concluiu em Sils, e enviou a Naumann em 17 de julho. No entanto, o impressor devolveu o trabalho imediatamente por estar ilegível. Nietzsche então reescreveu o manuscrito inteiro com uma nova caneta de ponta grossa (uma Sönnecken Rundschrift número 5), que o impediu de fazer os rabiscos microscópios das antigas canetas. Em 2 de agosto ele enviou as partes finais do novo manuscrito para o impressor de Leipzig, que o publicou em 22 de setembro. Assim como todos os livros a partir de *Além do Bem e do Mal*, ele foi publicado com seus próprios recursos. Até então, escreveu a Malwida em julho, a publicação dos últimos livros havia custado 4 mil francos[57] – mil francos mais do que sua renda anual da pensão da Basileia.

## Décadence

Como a descrição da "Carta" sugere, *O Caso Wagner* foi um trabalho relativamente leve. Para alguém que conhecesse seus trabalhos anteriores a partir de *Humano, demasiado Humano*, a maioria das críticas a Wagner soava familiar, até mesmo enfadonha. Wagner era a fonte de sentimentos banais de transcendência e beatitude, que oferecia ao mundo e a uma plateia entediada um vago substituto à "redenção" do cristianismo não mais possível. (Em 1888, é claro, poucas pessoas *conheciam* seus trabalhos iniciais e, portanto, os leitores não achariam as críticas enfadonhas.) Não só a arte de Wagner era criticada, mas também seu caráter. Acima de tudo, disse Nietzsche mais uma vez, Wagner era um *ator*, o que significava que seus efeitos não apenas eram banais, como também falsos. (Algo similar pode ser dito dessa outra saga dos *Anéis*: "tolkienesco" surge à mente como um resumo da crítica de Nietzsche ao Wagner "ator".) Além dessa crítica, Nietzsche tentou fazer com que Wagner caísse na própria cilada de seu antissemitismo porque, provavelmente, Wagner era filho do seu padrasto, Ludwig Geyer, um suposto judeu. (É possível que Wagner tenha contado suas preocupações referentes à sua paternidade a Nietzsche na época em que eram íntimos.) Então, embora não sendo alemão, ele representava o papel de um alemão, fazia uma boa imitação do germanismo,[58] precisamente a crítica de músicos judeus em geral, e de Mendelssohn em especial, contra o ensaio desprezível "Sobre o Judaísmo na Música" de Wagner.

---

57  KGB III.6 505.
58  KGB III.5 966.

Porém, em meio a essas críticas essencialmente familiares, existem dois temas novos e interessantes. O primeiro refere-se à noção da "*décadence*", o segundo versa sobre a gênese e a natureza do ciclo *O Anel de Nibelungo*.

\*\*\*

Wagner era um estudo de caso interessante, disse Nietzsche, porque a "*décadence*" de sua arte resume – e seu sucesso extraordinário comprova – a "*décadence*" da modernidade em geral. Só o decadente aprecia a decadência. Mas o que seria essa "*décadence*"?

Como o sotaque francês indica, Nietzsche inspirou-se nesse termo, que passou a ser seu resumo favorito de tudo o que havia de errado na modernidade, no movimento literário francês do final do século XIX personificado pelo poema "As flores do mal" de Baudelaire, um movimento caracterizado pelo gosto "gótico", uma obsessão de fim de século com a decadência, com o desvio comportamental e a morte. Como quase todos os "impressionistas" contemporâneos descrevem-se desafiadoramente com uma palavra que antes era usada em um sentido pejorativo em relação a eles, os *décadents* usam esse termo como um símbolo de honra.[59]

Nietzsche definia a *décadence* como uma "neurose" em que "alguém exausto é *atraído* pelo que é prejudicial" à vida.[60] Em *O Crepúsculo dos Ídolos*, ele disse algo similar: "escolher por instinto o que *lhe* é prejudicial... é praticamente a fórmula da *décadence*.[61] Essa é uma descrição precisa do movimento literário francês. Obcecados com a deterioração da morte e com uma espécie de "desejo da morte", como o "amor parcial pela morte tranquila" de Keats, os estetas decadentes eram "atraídos pelo pernicioso". No entanto, Wagner era ainda mais *décadent* do que Baudelaire, enfatizou Nietzsche, porque depois de ler Schopenhauer ficou dominado pela ideia da "não existência" revelada no final do ciclo de *O Anel de Nibelungo* (e ainda de maneira mais explícita em *Tristão*), como sua concepção final de "salvação". Wagner, em resumo, era a personificação da principal característica da *décadence*, o "desejo da morte".[62] Observem que, nessa definição, a *décadence* refere-se à mudança sísmica da metafísica de Nietzsche, que será discutida no Capítulo 26. A renúncia à "vida" e ao "mundo" significavam "a vontade de poder e nada mais". Agora, existia algo "além" – o "desejo da morte".

O conceito do desejo da morte, o "desejo oculto da morte" surgiu pela primeira vez na Seção 344 do Livro V de *A Gaia Ciência* e foi incorporado à Seção 24 do terceiro ensaio de *A Genealogia da Moral*, no qual é visto como idêntico ao "ideal ascético". Mas em *A Genealogia da Moral*, Nietzsche ainda acreditava no conceito metafísico da vontade de poder e, portanto, em certo sentido, ele não podia levar a sério o ideal ascético, porque se todas as pessoas têm vontade de poder e, em consequência, o desejo de viver, a *impressão* de que o ideal ascético "nega a vida", deseja a morte, é ilusória. Assim, como vimos, o grande "Não" do padre ascético é, na

---

59   KGB III.5 964.
60   KGB III.5 976.
61   KGB III.5 858.
62   KGB III.5 834.

verdade, superado por diversos "Sim suaves" (p. 588) e a *pretensa* adesão de Wagner a um ideal é puro fingimento (p. 580). Agora, no entanto, após ter renunciado (sem menção ao fato) à universalidade do seu conceito metafísico de vontade de poder, ele, por fim, aborda o ideal ascético, o desejo da morte, com a seriedade que ele merece. Wagner *tinha* de fato o desejo da morte, o desejo da "negação da existência" era *genuíno* e, nesse sentido, genuinamente *décadent*.

*O Caso Wagner* também oferece uma explicação importante sobre a *décadence*. Mas o raciocínio de Nietzsche é capcioso na medida em que dá uma segunda explicação do conceito que aparentemente não tem nenhuma relação com a primeira. Esta outra visão originou-se da longa discussão com Carl Fuchs a respeito da teoria do fraseado musical de Riemann (p. 607)– Riemann é mencionado na Seção 11. Este é o "sinal" infalível da *décadence* na literatura:

> A vida não mais existe no todo. A palavra tornou-se soberana e saltou da página, a página adquiriu vida à custa do conjunto – o conjunto não é mais um conjunto. Mas isso se assemelha a todos os estilos da *décadence*; existe sempre a anarquia dos átomos, a desintegração da vontade, a "liberdade pessoal", e segundo uma expressão moral expandiu-se na teoria política, "direitos *iguais* para todos". A vida, *assim como* a vitalidade, a vibração e a exuberância da vida rejeitam, em suas mínimas formas, o lado *mesquinho* da vida. Por toda parte, vemos a paralisia, a inércia *ou* a hostilidade e o caos: mais e mais evidentes à medida que ascendemos... o conjunto não mais existe no todo; ele é complexo, premeditado, artificial ou construído pelo homem.[63]

Ao associar essa explicação à "*décadence*" de Wagner, Nietzsche disse que ele estava contaminado pelo "declínio do poder de organização" característico de todos os aspectos da vida moderna.[64] Em consequência seus trabalhos eram desestruturados – o princípio da "melodia infinita" é apenas uma tentativa de tirar o melhor partido possível de uma situação difícil. Na verdade, Wagner era apenas um "*miniaturista*" talentoso.[65]

A associação da segunda característica da *décadence* ao campo da política e da vida moderna em geral era, é claro, uma nova formulação da crítica à "heterogeneidade". A "democratização" da modernidade ocidental a reduziu a uma "anarquia de átomos". E por não ter uma unidade disciplinada de uma moral compartilhada (um "planejamento do jogo", como chamei) necessária à sobrevivência em um mundo competitivo, ela não resistiu ao "declínio da vida",[66] e seguiu o caminho inexorável do colapso e da morte. (Por ser "artificial" ou imposto em vez de ser uma expressão orgânica de uma "moral" comunitária, o Estado moderno, acreditava Nietzsche, não podia exigir lealdade de seus cidadãos nem deter seu declínio em direção à morte.)

A introdução do tema da morte nesse trecho nos ajuda a perceber a conexão entre as duas explicações da *décadence*. Mas adiarei a discussão do caráter preciso dessa conexão para o Capítulo 26 (p. 677-679).

---

63   KGB III.5 858.
64   KGB III.5 894.
65   KGB III.5 949.
66   KGB III.5 985.

## A História de O Anel

A Seção 4 de *O Caso Wagner* apresenta um tema de discussão diferente da crítica rotineira contra Wagner. Nessa seção, Nietzsche descreve "a história de *O Anel*, como uma análise da gênese e natureza do ciclo *O Anel de Nibelungo*".

Como todas as óperas de Wagner, observou Nietzsche, as quatro óperas do ciclo resumem-se a uma "história de redenção". No entanto, na metade de sua composição Wagner mudou radicalmente sua concepção da natureza da redenção. Pela primeira vez em sua vida criativa, ele acreditou na revolução "como qualquer francês". Ele pensou que encontrara em Siegfried a essência do espírito revolucionário. Todos os problemas do mundo originavam-se de "antigos contratos". Só declarando guerra a eles – guerra à moral e à tradição – a antiga sociedade seria eliminada. E é exatamente o que Siegfried faz: ele liberta-se da reverência à tradição e à autoridade, supera todos os *medos*. (A revolução termina quando ele quebra a lança de Wotan, o defensor dos antigos contratos.) A natureza revolucionária de Siegfried, sua "guerra à moral",* está implícita em seu nascimento incestuoso. Sua relação amorosa com Brunhilde significa o nascimento de uma nova era dourada com o amor livre como tema central. Esta será a era que sucederá o "crepúsculo" e a morte dos antigos deuses e contratos.

Essa é a história original. Mas, na metade de sua composição de *O Anel*, o "navio" de Wagner bateu no "recife" da filosofia de Schopenhauer. Sob o fascínio de Schopenhauer, Wagner percebeu envergonhado que "exprimira a essência do *otimismo* por meio da música". Nesse momento inspirador ele viu que talvez o naufrágio fosse *a meta*.

> Assim ele traduziu *O Anel* em termos schopenhauerianos. Tudo dá errado, todas as coisas cessam de existir, o novo mundo é tão ruim como o antigo: o *nada*, a feiticeira Circe faz um gesto sedutor. Originalmente, Brunhilde se despediria com uma canção em louvor do amor livre, consolando o mundo com a visão de uma utopia socialista em que "tudo dá certo", mas agora precisa fazer outra coisa. Ela tem de estudar Schopenhauer primeiro: ela precisa transcrever o quarto livro de *O Mundo como Vontade e Representação* [a defesa de Schopenhauer da negação do mundo e a ascensão "ao nada"] em versos.[67]

A redenção em *O Anel* em vez de ser uma utopia socialista converte-se em morte e não existência, o que torna a ópera um trabalho de *décadence* por excelência. (Observem que a nova visão de Wagner da negação da vida, a "vergonha" de seu "otimismo" anterior, é aqui tratado como *genuíno*. A insistência da crítica ao Wagner "ator" e "falso"[68] introduz uma inconsistência no texto de *O Caso Wagner*.)

Nietzsche tinha uma percepção nítida do impacto de Schopenhauer na composição de *O Anel*\*\* desde 1872, se minha interpretação de *A Origem da Tragé-*

---

\* Aqui, talvez, tenhamos a origem das "Três Metamorfoses" do leão de *Zaratustra* (p. 446-449). Assim como Siegfried mata o dragão, Fafner, o leão também mata dragão, "Tu morrerás". E também a origem da criança das "Metamorfoses": por desconhecer seus ancestrais e o medo, Siegfried tem a inocência de uma criança.

67  KGB III.5 1014.
68  KGB III.5 879.

\*\* Em 1852, Wagner criou o chamado "final Feuerbach" para o libreto de *O Anel*, no qual Brunhilde canta a melodia da morte dos deuses e sua substituição por uma sociedade humana governada

*dia* descrita no Capítulo 7 estiver certa. Como argumentei nesse capítulo, no início Nietzsche tentou arduamente transformar o círculo em um quadrado, mostrando que Wagner poderia ser *tanto* um socialista *quanto* um schopenhaueriano. Agora, em sua visão, Wagner *renunciou* ao socialismo e adotou a doutrina schopenhaueriana e, portanto, tornou-se "*décadent*".

Notem, nessa pequena digressão, com que facilidade, em certo sentido, Wagner realizou a transformação de *O Anel* que Nietzsche lhe atribuiu. Como a destruição de Valhalla (a morte dos deuses) no final do ciclo pode significar o final de tudo *ou* o início de uma nova época melhor, o começo da noite ou a chegada do amanhecer e, assim, fica a critério do diretor apresentar o ciclo tanto como uma obra socialista ou como uma ópera schopenhaueriana. Uma ligeira modulação no final era suficiente para revelar sua essência. Na produção Deutsche Staatsoper de Harry Kupfer realizada em 1996-1999, por exemplo, a representação da destruição de Valhalla como um holocausto nuclear foi um recurso cênico para mostrar uma criança pequena e encantadora (que parecia ter saído do cenário de *Os Miseráveis*) em meio aos escombros no epílogo da ópera como uma sugestão de que, por fim, "tudo dá certo". Mas, em razão de a presença da criança não ter justificativa no enredo do libreto, é possível pensar que a produção tenha querido agradar uma plateia incapaz de suportar a mensagem niilista final de Wagner.

\*\*\*

Um problema grave em *O Caso Wagner* refere-se à ausência de uma discussão ou menção aos *Mestres Cantores de Nuremberg*,[69] a ópera em que Wagner mais enfatizou a afirmação da vida, da não transcendência, e da celebração a uma comunidade e a uma arte flexíveis o suficiente para aceitar a novidade, mas, que, ao mesmo tempo, preservava a tradição. (A mensagem, aqui, é idêntica, ou talvez tenha sido uma inspiração, da teoria do desenvolvimento cultural de Nietzsche.) Apesar de o ciclo de *O Anel de Nibelungo* terminar como uma obra *décadente*, seria implausível aplicar este epíteto aos *Mestres Cantores*. Este epíteto seria, precisamente, o que Nietzsche alegava não existir, porque seu reconhecimento destruiria a simplicidade do fluxo polêmico.

Outro ponto fraco na formulação conceitual do livro refere-se ao absurdo de chamar Wagner de "miniaturista" musical, incapaz de organizar uma obra em larga escala. Sem dúvida, sua música não tinha a uniformidade lógica de Mozart e Haydn. Mas, assim como na interpretação de *Os Mestres Cantores* de Walther von Stolzing, Wagner era um homem de negócios, que não seguia a antiga lógica musical, e sim inventava uma nova lógica. Ao negar a Wagner o direito de inovar do ponto de vista musical, ele revelou, mais uma vez, seu conservadorismo musical inato. Quem era o

---

pelo amor. Em 1856, dois anos depois de descobrir Schopenhauer, ele esboçou um "final schopenhaueriano" em que ela canta a negação da vontade e do mundo, e a redenção por meio da absorção no nirvana. Por fim, nenhum desses finais foi musicado. Ambos, no entanto, constaram como notas de rodapé na versão final da orquestração, junto com a observação de que, embora o final de Schopenhauer fosse o correto, foi desnecessário incluí-lo, porque o significado seria mais bem expresso só pela música.

69  KGB III.5 908, 951, 964.

verdadeiro miniaturista *era Nietzsche*. Um compositor de obras sem uma estrutura formal com não mais de cinco minutos de duração,* sua música não tinha nem a antiga lógica nem a nova, e como filósofo seus trabalhos transformavam-se com facilidade em um "caos de átomos" de aforismos. Apesar de seus padrões formais, a estrutura orgânica de *A Genealogia da Moral* às vezes desviava-se de seu tema devido ao excesso de digressões. No Capítulo 26, veremos como sua tentativa de produzir uma obra-prima abrangente e genuinamente sistemática terminou em desastre.

## *O Livro Escrito em Sils Maria*: O Crepúsculo dos Ídolos

Em 7 de setembro, Nietzsche escreveu a Malwida que em duas noites recentes ele acordara às duas horas da manhã com ideias fervilhando no cérebro e imediatamente as escreveu em um papel. Então, na terceira noite, continuou, "ouvi meu senhorio, Herr Durish, abrir cuidadosamente a porta da frente e sair de casa para caçar cabra montês. Quem sabe! Talvez eu estivesse também caçando cabras..."[70] "A caça às cabras", outro "descanso"[71] do trabalho de escrever sua obra-prima,[72] foi *O Crepúsculo dos Ídolos*. O livro começou, disse Nietzsche, em 18 de agosto e terminou 20 dias depois, em 7 de setembro.[73] Embora tenha inserido um material do caderno de anotações que, originalmente, fora escrito para a obra-prima, não existem observações nos cadernos sobre esse trabalho específico e, assim, o comentário de Nietzsche de que o livro foi um trabalho de inspiração e não de transpiração em parte é verdadeiro.

A princípio, o livro se intitularia *O Ócio do Psicólogo*. Mas com um pouco de esforço Köselitz convenceu Nietzsche de que o título era inadequado para o significado do conteúdo. Como ele estava apontando sua "artilharia pesada" contra as "montanhas mais altas", concordou que não havia "ócio" no livro, e a falsa modéstia do título original era de fato inapropriada.[74] Assim, o livro foi intitulado *O Crepúsculo dos Ídolos*. Apesar do jogo de palavras brilhante com *O Crepúsculo dos Deuses*, de Wagner, *O Crepúsculo dos Ídolos* tinha o mesmo objetivo de *O Caso Wagner*, o de atrair o mercado wagneriano. Ele chamou o livro de irmão "gêmeo" de *O Caso Wagner* e decidiu que seria publicado em um formato que evidenciasse esta ideia,[75] mas, de certa forma, é um título capcioso, porque Wagner quase não é mencionado.

A obra, Nietzsche escreveu a Köselitz, continha muitas referências contemporâneas e dizia algumas verdades duras aos alemães e, por este motivo, não agradou à *Reichsdeutsch* (a mentalidade xenófoba arrogante e agressiva) dos alemães.[76] Apesar

---

\* Seu amigo e maestro de Zurique, Friedrich Hegar, embora gostasse mais da *Meditação de Manfredo* de Nietzsche do que Von Bülow (ver p. 182-184), comentou que a "música não tinha uma estrutura capaz de transmitir ideias musicais e, por isso, dava a impressão de ser um trabalho improvisado e não de um trabalho musical elaborado" (J I p. 580-581).

70 KGB III.5 965.
71 GM Prefácio 3.
72 GM Prefácio 5.
73 GS 345, GM II 12.
74 GM I 2.
75 GM I 10.
76 GM I 5.

de ser um fato verdadeiro é também de certa forma falacioso, porque, como Nietzsche escreveu no prefácio, o trabalho queria, em sua essência, demonstrar a falsidade "não só dos ídolos contemporâneos, como também dos *eternos* ídolos". Ao contrário de *O Caso Wagner*, a polêmica contra alvos contemporâneos constituía uma parte relativamente pequena do livro.

O estilo, escreveu a Köselitz, é leve e sedutor – "francês" em vez de alemão –, portanto, o livro pode ser um "tira-gosto" para a obra-prima.[77] Embora o subtítulo fosse *Como se Filosofa com o Martelo*, no prefácio está escrito que o martelo que "examina" os ídolos é usado como um diapasão (um funcionário ferroviário verificando se os vagões têm rodas de barro, talvez).

Nietzsche pensou que não deveria escrever um livro leve depois da publicação da obra-prima, um tratado de uma "seriedade rigorosa... quilômetros além da tolerância e da amenidade",[78] e então decidiu publicar *O Crepúsculo dos Ídolos* o mais rápido possível. Porém, como veremos, outros fatos alheios aos seus planos intervieram, adiando a publicação para 24 de janeiro de 1889.

Apesar de ter terminado o livro poucas semanas antes de seu colapso mental, *O Crepúsculo dos Ídolos* é um trabalho brilhante. Ao contrário de seus sucessores, não há pré-evidências da aproximação da loucura, o que confirma o testemunho de Meta von Salis e de Julius Kaftan de que Nietzsche não demonstrava sinais de desequilíbrio mental durante seu último verão em Sils (p. 606). O estilo é fluente e agradável, com uma concisão e uma precisão magistrais. A maioria dos seus famosos epigramas foi escrito em *O Crepúsculo dos Ídolos*. Talvez a euforia de se ver livre do trabalho árduo e não recompensador de escrever sua obra-prima tenha provocado um momento de criatividade fácil e natural intensa.

Embora leve no estilo, Nietzsche tinha total consciência da profundidade de seu conteúdo. Ele disse que o livro era "uma introdução completa à minha filosofia",[79] um "resumo da minha heterodoxia essencial",[80] uma verdade inquestionável. Em *Ecce Homo*, Nietzsche comentou que em *O Crepúsculo dos Ídolos* "não nos deparamos com coisas não questionáveis, e sim com decisões".[81] Quais são essas decisões? Tentarei descrevê-las ao pensar na obra como uma série de respostas a perguntas feitas por um leitor inteligente de seus livros anteriores como, por exemplo, Brandes. Nesse contexto, pelo menos nove perguntas importantes receberam respostas decisivas.

## *Qual é a Natureza da Realidade?*

A quarta das 11 partes do livro, que se estende por meia página, intitula-se "Como o Mundo Verdadeiro Transforma-se em Fábula". Essa transformação tem seis etapas.

---

[77] GM 16. Provavelmente, então, quando a Seção 257 de *Além do Bem e do Mal* afirma que o *"pathos da distância"* só se origina na "sociedade aristocrática", ele sugere que a sociedade em questão possa ser uma aristocracia baseada em atributos psicológicos, em vez de uma classe social.
[78] GM I 4.
[79] KGB III 6 542.
[80] GM I 7.
[81] BGE 46.

Primeiro o "verdadeiro" (o termo, é claro, tem um sentido irônico) mundo sobrenatural do "ser", oposto ao mundo natural do sofrimento e do "vir a ser", torna-se imediatamente acessível ao sábio olhar mental de Platão. Porque é algo que temos de esperar; o cristianismo adia o mundo verdadeiro, convertido na futura casa dos virtuosos. Com Kant ele recua ainda mais, visto que sua existência não pode ser *conhecida*. Mas como uma *esperança* consoladora na qual *precisamos acreditar* para que a moral tenha sentido, ele paira em um estado crepuscular. Porém, em seguida, surge a "aurora do positivismo", o pensamento de que algo desconhecido dificilmente seria um consolo. "A manhã cinzenta", disse Nietzsche, "o primeiro bocejo de razão do amanhecer do positivismo". Isso resulta em um golpe fatal. O positivismo quando, por fim, apareceu, *eliminou* o verdadeiro mundo (negou, poderíamos dizer, "o direito de cidadania à ciência"). Nietzsche aplaudiu em segundo plano. "Dia brilhante, café da manhã, retorno do bom senso; Platão ruboriza-se envergonhado; pandemônio de todos os espíritos livres." E, assim, se não existe um mundo "verdadeiro", não tem sentido chamar "este aqui" de um mundo "aparente". Só existe um mundo "este aqui".[82] Em *Ecce Homo* ele escreveu que o "mundo verdadeiro" é um "*mundo fabricado*" e, portanto, o que chamamos de "mundo das aparências" é, na verdade, uma "realidade".[83]

A exemplo do livro *A Very Short History of Western Philosophy* esse é um relato brilhante, além de ser, exceto na primeira etapa, uma narrativa autobiográfica. Ela refere-se à renúncia de Nietzsche ao cristianismo de sua infância, sua passagem pelo "verdadeiro mundo" kantista e schopenhaueriano, sua adesão ao positivismo e, em seguida, ao naturalismo da filosofia da maturidade. Para Nietzsche, também, "este" mundo era o único mundo.

Mas o que é "este" mundo? Nietzsche continua a estimular o realismo científico em detrimento do senso comum. Não é só que o "verdadeiro mundo" seja uma fábula; as "coisas" também são uma projeção de nossa vida interna. É um pensamento errôneo achar que existe uma coisa chamada Eu que provoca nossas ações* e depois estende esse esquema para o mundo externo a fim de povoá-lo de "Eus" que provocam "ações". No entanto, isso é uma mera projeção. As coisas em geral, inclusive os átomos e a teoria da "*coisa* em si", são meras projeções. A concepção de Boscovitch do mundo de forças continua a ser a melhor explicação sobre a natureza fundamental da realidade física.[84]

Porém qual é a característica dessas forças? À época em que escreveu *Além do Bem e do Mal*, o conceito de força precisava ser "complementado" pela noção da vontade de poder (p. 505). Mas em *O Crepúsculo dos Ídolos* Nietzsche foi estranhamente reticente em relação ao assunto. Não há menção a uma complementação e, além disso, a expressão "vontade de poder" só aparece quatro vezes no livro inteiro, e nunca com referência a forças naturais. Essa omissão sugere, mais uma vez, que a ideia da grande

---

82   TI IV.
83   EH Prefácio 2.
\*    *A Genealogia da Moral* argumenta que isso é uma ilusão de gramática. Como a gramática requer um sujeito para cada predicado, pensamos que todas as ações exigem um impulso significativo para que aconteçam.
84   TI VI 3.

metafísica da realidade como "vontade de poder e nada mais" fora descartada. Nesse sentido, devemos compreender as forças apenas em termos de seus efeitos.*

## O que é Liberdade?

Um pressuposto fundamental em todas as ciências, disse Nietzsche, é o determinismo causal. Isso significa que a perspectiva do "livre-arbítrio", visto como uma causa de nossas ações, deve ser rejeitada. Ela era, de qualquer modo, uma invenção teológica destinada a nos sentirmos responsáveis por nossos atos e, portanto, culpados, merecedores de castigo e, assim, dependeríamos da intercessão do padre para nossa salvação. Então, se formos apenas "peças do destino", o resumo final da história causal do mundo até então recupera (como discutimos em *Humano, demasiado Humano*) nossa "inocência" perdida.[85]

É claro, algumas partes do passado têm uma importância mais direta para uma pessoa do que para outra. A partir da rejeição geral às "coisas", vemos que as "pessoas" não são "átomos", nem "elos de uma corrente". Em vez disso, uma pessoa é resultado de "uma única linhagem inteira de humanidade que chega até ela".[86] Essa "linhagem" é outra palavra para representar a família. E a ideia de Nietzsche, aqui, poderia ser chamada agora de determinismo genético: a ideia de que uma pessoa "é" o resumo dos genes herdados dos pais, que os herdaram de seus pais, e assim por diante. Observem que essa ideia explica a crença de Nietzsche na importância da eugenia.[87] Por isso, a liberdade não pode ser a liberdade dos teólogos, o absurdo da *causa sui*, a causa autoprovocada.[88] Mas Nietzsche não rejeita essa noção de liberdade. "Minha ideia de liberdade", escreveu ele, é uma questão de ser "responsável por si mesmo", mantendo um "distanciamento", uma "indiferença ao sofrimento", uma "capacidade de sacrificar pessoas em nome de sua causa, inclusive a si mesmo". Livre para que "os instintos que sentem prazer na guerra e na vitória ganharam controle sobre os outros instintos", o instinto de "felicidade", por exemplo, uma felicidade pelo menos como a concebida por "merceeiros, cristãos, vacas, mulheres, ingleses e outros democratas". A liberdade não é um direito de nascimento. Ao contrário, "*conquistamos* a liberdade" em razão de sermos "guerreiros" no campo de batalha interno da alma. O grau de liberdade que possuímos é medido pelo grau de "nossa resistência à superação, a quantidade de esforço que custa para estarmos *no topo*".[89]

Os filósofos fazem uma distinção entre a liberdade "positiva" e a "negativa". Esta última consiste na ausência de barreiras *externas* que impeçam nosso livre-arbítrio – de uma maneira mais geral, de sermos o que quisermos – e a primeira é a ausência de barreiras *internas* para sermos o que desejamos. Um escravo sul-americano

---

* Mas isso, sugeriu Nietzsche, seria o mesmo se pensássemos que o relâmpago em "O brilho do relâmpago" é maior e superior ao seu brilho (GM I 13).

85 TI VI 7-8.
86 TI IX 33.
87 TI IX 36.
88 BGE 21.
89 TI IX 38.

no século XIX não tem a liberdade negativa. Porém, se formos escravizados por opção, por exemplo, pelo desejo incontrolável por drogas ou sexo, não possuímos, em grande escala, a liberdade positiva. A ideia da liberdade positiva nos remete ao livro *A República*, de Platão. Para Platão, a liberdade que nos permite sermos o que quisermos exige uma longa e árdua disciplina de nossas paixões. Não se nasce livre, mas, sim, temos ou não a possibilidade de nos libertarmos.

O valor da liberdade negativa, disse Nietzsche, o "conceito moderno de liberdade" como um "fato qualquer" é uma prova da *décadence* da sociedade moderna e "*não* é o que julgo ser liberdade".[90] Ao contrário, o conceito de liberdade para Nietzsche é de uma liberdade positiva, intimamente relacionada à concepção de Platão. É preciso ser um "guerreiro", comprometido, sobretudo, na batalha contra os desejos, a batalha de organizá-los em uma hierarquia coerente, na qual o desejo principal se realize em detrimento, se for necessário, dos desejos menos importantes.

Observem que não é possível ser livre sem *ter* um desejo predominante, que seja mais importante do que qualquer outro, que define nossa vida, determina nossa identidade. É impossível moldar a alma como uma pirâmide, a menos que saibamos o que constitui seu ápice. Por esse motivo, Nietzsche menciona "a causa de uma vida", o significado da vida, pelo qual devemos fazer "sacrifícios".

A liberdade positiva é totalmente compatível com o determinismo causal universal, uma "peça do destino". Como resultado da verdade do determinismo, conseguimos nos "libertar" com fundamentos suficientes, que antecedem ao nosso nascimento.

## O que é Felicidade?

Como as observações acima sugerem, a noção de liberdade de Nietzsche tem uma íntima conexão com sua visão de felicidade. "A fórmula da minha felicidade", escreveu, é "um sim, um não, uma linha reta, uma *meta*",[91] em outras palavras, uma causa que dê significado à vida. (Como mencionado, ele contou a Malwida que a vida que ele mais invejava era a do patriota italiano Giuseppe Mazzini, em razão de sua "absoluta concentração em uma única ideia" – a Unificação da Itália – que "o queimava como uma chama poderosa".)[92] Esta mesma visão surge em um dos aforismos mais memoráveis de *O Crepúsculo dos Ídolos*:

> Se tivermos um *porquê* na vida poderemos aceitar quase todos os *como*? O homem *não* se esforça para ser feliz; só o inglês.[93]

O inglês, nesse caso, é John Stuart Mill,[94] o defensor do princípio "utilitarista" segundo o qual devemos procurar "as maiores felicidades em grande número". O

---

90 TI IX 42.
91 TI I 44.
92 C p. 399.
93 TI IX 12.
94 Em razão de sua anglofobia causa surpresa o fato de Nietzsche ter lido, ou pelo menos folheado, não menos de seis obras de Mill. Brobjer (2008), p. 303-304.

aforismo é uma repetição do "paradoxo da felicidade" (p. 372-373). A única felicidade que pode ser procurada diretamente é a "felicidade inglesa",[95] uma "doutrina trivial e estúpida", estúpida porque a busca da felicidade inglesa, por fim, causa tédio e frustração. A verdadeira felicidade é sempre um *subproduto* do "trabalho" de uma pessoa, um compromisso ativo com uma "linha reta" da vida e da "meta" dessa vida.

No entanto, é preciso mais do que um compromisso para conquistar a felicidade. Como Nietzsche enfatizou, ou enfatizou com exagero, um socialista tem de estar comprometido com a causa da revolução do trabalhador, consumido pelo *ressentiment* contra os opressores capitalistas e, portanto, longe de ser feliz. A felicidade requer a superação do *ressentiment*, do ódio reprimido e do desejo de vingança; é preciso "redimir" as maldades cometidas no passado (por exemplo, o caso Salomé) ao mostrar que, como o epigrama de Nietzsche mais famoso (mas não o melhor) diz, "O que não me mata me fortalece".[96] E isso exige também que superemos a culpa. São Paulo, por exemplo (meu exemplo, não o de Nietzsche), tinha o compromisso de difundir o evangelho, mas esse compromisso era motivado por uma profunda culpa – o *ressentiment* contra si mesmo – por ter perseguido os cristãos antes. Mais uma vez, portanto, essa pessoa estava longe de ser feliz. Em *O Crepúsculo dos Ídolos*, Nietzsche escreveu a respeito da felicidade, "Não seja covarde em suas ações! Não renuncie a elas depois! A dor aguda ['*bite*' em alemão] da consciência é obscena".[97] Como é preciso "redimir" as maldades cometidas *contra* alguém, também é necessário redimir as ações feitas *por* alguém. Em resumo, a "linha reta" que define a meta e a identidade de alguém deve "narrar" sua vida de uma maneira que todas as suas ações tenham justificativa e possam ser "redimidas" em vida.

Nietzsche resume essas ideias com um panegírico a Goethe, a personalidade que ele admirava mais do que qualquer outra. Um espírito como Goethe, disse

> que se *libertou*, posiciona-se no meio do mundo com um fatalismo alegre e confiante, com a *fé* de que só o que é individual é repreensível, que tudo se redime e se afirma no conjunto – *ele não nega mais...* uma fé como essa é a mais elevada fé entre todas as outras: eu a batizei de *Dionísio*.[98]

A "fé mais elevada" é, claro, a fé que constitui o *amor fati* (amor ao destino), a fé que nos permite desejar o eterno retorno. A felicidade perfeita é a capacidade de desejar o eterno retorno.

Observem duas coisas. Primeiro, que a "fé de Goethe" expandiu-se para abranger não apenas coisas feitas diretamente para ou por ele, mas também a *tudo* o que acontece. É impossível ser *perfeitamente* feliz sem a fé na "redenção" *universal*, que engloba o universo inteiro. Se alguma coisa no mundo for imperdoável (Auschwitz, por exemplo), então, caso pertença ou não à minha vida individual, minha felicidade não será completa. Notem ainda a ênfase de Nietzsche na "*fé*". Em qualquer momento do tempo sempre haverá um fenômeno evidente "imperdoável"

---

95 BGE 228.
96 TI I 8.
97 TI I 10.
98 TI IX 49.

(Auschwitz de novo) e, portanto, como não temos bola de cristal, nunca *teremos certeza* de que haverá "redenção" na totalidade das coisas. Essa certeza mostra que o otimismo é *verdadeiro*. E isso, disse Nietzsche, como todos os julgamentos de valor na vida, nunca se revelará: "julgamentos, julgamentos de valor referentes à vida, a favor ou contra, jamais poderão ser verdadeiros. Eles têm valor apenas como sintomas... [porque] *o valor da vida não pode ser avaliado*.[99] Nesse sentido, o que é importante na "fé" de Goethe, no desejo do eterno retorno, não é a representação de uma cognição superior, e, sim, de um "sintoma", o teste definidor do estado ideal de felicidade mental.

### *Por que o Desejo do Eterno Retorno é "Dionisíaco"?*

Por que Nietzsche "batizou" a fé de Goethe, a precondição do desejo do eterno retorno, de "Dionísio"? Grande parte de *O Crepúsculo dos Ídolos* transmite a sensação de fechar um círculo, de voltar ao início do pensamento de Nietzsche, de abordar de novo os temas centrais de *A Origem da Tragédia*, mas com uma nova visão e sob a óptica naturalista. A culta e perspicaz Lou Salomé disse o seguinte: "A filosofia de Nietzsche", "forma um círculo... no final o homem aproxima-se de novo da juventude por meio de suas diversas experiências mais íntimas e ocultas."[100] Um aspecto desse retorno circular ao início (eliminando o *rapprochement* do período positivista) é o retorno à afirmação contida em *A Origem da Tragédia* de que Sócrates representava a decadência da cultura grega.[101] No entanto, ainda mais forte é a sensação de retorno ao que gerou o surgimento do estado dionisíaco. "Eu fui", observou Nietzsche, em relação a *A Origem da Tragédia*, "o primeiro a perceber com seriedade o maravilhoso fenômeno que tem o nome de "Dionísio". Sem entender esse *fato fundamental* do instinto helênico – seu "desejo de vida" – que se exprime nos mistérios dionisíacos, na psicologia do estado dionisíaco, não é possível entender os gregos. Nos festivais dionisíacos, continuou Nietzsche, os gregos transmitiam sua "coragem em face do terror".* Nos festivais eles

> garantiam para si mesmos... a vida *eterna*, o eterno retorno da vida, o futuro prometido pelo passado, o passado dedicado ao futuro: o sim triunfal à vida, assim como à morte e à mudança. A verdadeira vida como uma continuação da vida por intermédio da procriação, por meio do mistério da sexualidade. Por isso, o símbolo *sexual* deveria ser venerado acima de todos os outros, o verdadeiro elemento da antiga devoção. Todos os detalhes sobre os atos de procriação, gravidez e nascimento inspiram os sentimentos mais elevados e solenes. Na doutrina dos mistérios, o *sofrimento* é sagrado, as "dores da mulher em trabalho de parto" santificam o sofrimento em geral — o que nasce e cresce, tudo que garante o futuro envolve sofrimento... assim como a "agonia

---

99  TI II 22.
100 Salomé (1988) p. 32.
101 TI II.
\*   *A crítica do julgamento* de Kant usou essa frase para definir o "sentimento do sublime", o sentimento de transcender o seu eu cotidiano.

da mulher em trabalho de parto" é inexorável, o mesmo se aplica à eterna alegria da criação. O nome de "Dionísio" significa tudo isso.[102]

E, então, na conclusão do livro, Nietzsche encerra a discussão dos mistérios dionisíacos e aborda a tragédia grega:

> A psicologia orgiástica, um sentimento superabundante de vida e força quando o sofrimento age como um estímulo, me deu a intuição da ideia do sentimento *trágico*... Ao dizer sim à vida, mesmo diante de problemas estranhos e difíceis, a vontade de viver alegra-se por ser inesgotável devido ao *sacrifício* dos espíritos superiores. É *isso* que eu chamo de dionisíaco, a ponte que encontrei para chegar à psicologia do poeta trágico.

Como Nietzsche escreveu em *A Origem da Tragédia*, e continuou em *O Crepúsculo dos Ídolos*, o que atrai uma pessoa para a tragédia não é a "catarse" de Aristóteles, a purgação da compaixão e do medo, e sim,

> além do medo e da compaixão, *há a eterna alegria da criação* — a alegria que inclui a alegria da destruição. E com isso retorno ao meu ponto de partida — *A Origem da Tragédia* foi minha primeira transvaloração de todos os valores. Agora volto ao solo onde minhas carências, minhas *habilidades* crescem. Eu, o último discípulo do filósofo Dionísio, eu sou o professor do eterno retorno.[103]

E assim o círculo se fecha.

Dois detalhes devem ser observados nessas passagens. Primeiro, a *percepção cognitiva* ocorre no estado dionisíaco. Nesse estado, garantimos a "vida eterna" ao pairarmos acima da "morte e da mudança". Transcendemos a vida como um ser humano ao *nos identificarmos com* "a continuação da vida". "Ter a eterna alegria da criação", é o estado em que nos identificamos e entendemos o que é a "*verdadeira* vida". Como enfatizei antes, grande parte da filosofia de Nietzsche foi uma preparação para legitimar o sentimento dionisíaco, para validar a ideia de que a "verdadeira" vida é universal, que a vida individual é "irreal": o tema constante do indivíduo como o resumo da história causal do universo até então, o indivíduo sem substância, e sim um conjunto temporário de forças que logo se reconfigurará, uma "onda momentânea no jogo necessário da criação".[104] Essa *anatta*, a ontologia da negação do eu, assim como a ampla rejeição das "coisas" em geral, é um ponto em comum entre a ontologia nietzschiana e a budista. Porém é um conceito tão arraigado na sólida filosofia ocidental, no pensamento "do filósofo Dionísio", o pensamento de todos aqueles que seguem Heráclito (em cuja companhia Nietzsche sentia-se "mais reconfortado e com um estado de espírito melhor do que em qualquer outro lugar")[105] ao rejeitar o ser e os seres como "uma ficção vazia".[106]

---

102 TI X 4.
103 TI X 3.
104 AOM 33.
105 EH III "*A Origem da Tragédia*" 3.
106 TI III 2.

O segundo ponto consiste em observar em que medida essa percepção ontológica de fato recapitula *A Origem da Tragédia*. "Dizer sim à vida mesmo diante dos problemas mais difíceis" exige a transcendência do ego, uma transcendência também para uma "unidade primal". Só agora, depois que a metafísica schopenhaueriana fora rejeitada há muito tempo, essa "unidade primal" não existe *atrás* do fenômeno, mas sim representa *a totalidade dos fenômenos naturais*, a "eterna... continuação da vida".

Dizer "um sim triunfal à vida" mesmo em face de seus aspectos mais terríveis significava, é claro, a vontade do eterno retorno. Assim para voltar à premissa original do batismo da "fé de Goethe", como uma precondição do desejo do eterno retorno "dionisíaco", de acordo com Nietzsche, ele só pode ser alcançado por meio da transcendência do ego e da identificação com a totalidade da existência. Mas por quê? Como sugeri em razão do problema inquestionável da morte. Se eu amo a vida, a última coisa que eu poderia querer seria deixá-la e, portanto, não posso aceitar minha morte – a derrota definitiva da minha vontade de poder. Mas enquanto estiver preso ao meu ego, o desejo do eterno retorno estará além do meu alcance. Só com a transcendência do ego, só quando "tiver a alegria eterna da criação", poderei "garantir [minha] vida *eterna*". A felicidade de "nós os hiperbóreos",* Nietzsche escreveu no início de *O Anticristo*, moramos em um reino "além da morte".[107]

## Como um "Imoralista" Lidaria com as Ações Nocivas?

Nietzsche, como sabemos, opunha-se à "domesticação" dos seres humanos pela moral cristã. Mas isso suscita uma pergunta premente: como ele sugeriu que lidássemos com a tendência dos seres humanos de causar mal aos outros e a si mesmos? Nietzsche reconhecia que essa conduta era problemática, porque "todas as paixões passam por uma fase em que são desastrosas; quando arrastam sua vítima para baixo com o peso de sua estupidez".[108] Como brigas agressivas em bares, cadeias e a falta de educação das pessoas. A ganância resulta em fraudes e um destino similar. Existem, continuou, duas maneiras de lidar com a estupidez dos impulsos e emoções – os cristãos aconselham o "extermínio" e sua própria prescrição da "espiritualização", a sublimação.

A doutrina cristã ensina a nos tornarmos, como Cristo, *livres* de impulsos "negativos" de agressão e, em especial, do desejo sexual. Temos muitos impulsos (mesmo se a vontade de cometer adultério esteja apenas no "coração"), dos quais devemos nos envergonhar. O objetivo principal é sua "castração", para que não surjam de novo. Em geral, a "castração" é a técnica preferida dos fracos. Os monges trapistas tinham tão pouca fé em sua capacidade de resistir à corrupção das coisas mundanas, que tinham de se afastar totalmente do mundo.[109] O erro desastroso, um

---

\* Hiperbórea era um paraíso na mitologia grega localizada "além" (*hiper*) da Trácia, de onde "o vento do norte" (*bóreas*) soprava. "Além de um lugar remoto inatingível", como diriam os australianos.

107 A 1.
108 TI V 1.
109 TI V 2.

desperdício incrível subjacente à "castração" cristã refere-se ao fracasso em explicar como as paixões poderiam ser "espiritualizadas, embelezadas e deificadas".[110]

> A espiritualização da sensualidade chama-se *amor*. É um grande triunfo do cristianismo. Outra vitória é a espiritualização da *hostilidade*. Ela consiste em uma profunda reflexão do valor de ter inimigos, em resumo, começamos a agir da maneira oposta ao usual.[111]

Valorizamos nossos inimigos, acrescentou Nietzsche, porque só descobrimos nossa identidade ao nos depararmos com a oposição. Essa constatação aplica-se tanto às pessoas quanto aos partidos políticos.

A espiritualização e a sublimação oferecem um novo impulso espiritual em substituição à tendência antiga de crueldade física, tornando-a inofensiva. Observem, no entanto, um elemento na concepção de Nietzsche da sublimação ainda não totalmente explicitado: a sublimação não apenas *elimina* o impulso perigoso (e assim o torna neutro, do mesmo modo quando se elimina a agressividade em um campo de futebol), como também o transforma em um impulso "oposto" ao habitual, algo *positivamente benéfico*. É possível que a observação enigmática de Nietzsche signifique que a inserção do impulso sexual no contexto do amor transforma o "outro" de um mero objeto sexual em uma pessoa a ser respeitada e amada. E a espiritualização da hostilidade converte-se em uma amizade competitiva.

O segundo exemplo refere-se às reflexões de Nietzsche sobre a Éris má e a Éris boa, e mostra por que a espiritualização é uma solução melhor para o problema da violência do que a "castração". Como vimos em diversas ocasiões, os gregos transformavam a agressão em "competição", e era essa energia "agonística" que estimulava, não só os Jogos Olímpicos, mas, também, o festival trágico e a vida cultural grega em geral. Lidar com a violência por meio da castração significa privar a humanidade da energia necessária para estimular a criação. A mesma ideia surge em relação ao sexo nos cadernos de anotações do período em que Nietzsche escreveu *O Crepúsculo dos Ídolos*:

> O artista é, talvez por necessidade, um homem sensual... No entanto, sob pressão de sua tarefa, de sua vontade de dominar, ele na verdade é comedido, até mesmo casto. Seu instinto predominante requer essa atitude... A força despendida na concepção artística é a mesma gasta no ato sexual, porque existe apenas um tipo de força. O artista trai a si mesmo se desperdiçar sua energia no sexo.[112]

Como mencionado em *A Genealogia da Moral*, é um lugar-comum conhecido por qualquer "atleta ou jóquei" que o sexo esgota a energia vital necessária ao processo criativo (p. 583). Se o sexo for "desperdiçado" fisicamente sem moderação, não existirá a arte. Mas, por outro lado, se o sexo for "exterminado", também não haverá arte.

---

110 TI V 1.
111 TI V 3.
112 KSA 13 23 [2]. Ele sugere que Wagner traiu a si mesmo dessa maneira, um trecho eliminado por Elizabeth na reedição da nota como WP 815.

## *O Egoísmo É Prejudicial?*

A espiritualização é a resposta, então, que Nietzsche oferece para lidar com os efeitos perniciosos dos impulsos e paixões dos seres humanos. Mas ainda não terminamos o tema dos comportamentos ou reações nocivas, porque ainda iremos discutir a questão do egoísmo. Poderíamos perguntar com uma preocupação natural se a rejeição ao "altruísmo" e a defesa do "egoísmo" não seria uma *defesa* positiva do que é prejudicial? A *admiração* positiva por César Borgia[113] não revela um sentimento oculto?

No centro de "todas as religiões e das concepções morais", disse Nietzsche, está a ideia de que a virtude é o caminho da felicidade, "faça isso, não faça aquilo e, assim, será feliz! Senão... Nós, no entanto, continuou, dizemos exatamente o oposto:

> uma pessoa refinada, uma "pessoa feliz", *tem* de realizar certos atos e, instintivamente, evitará outros. Em resumo, sua virtude é o *efeito* de sua felicidade.

Nietzsche enfatizou a importância dessa percepção por ser o primeiro exemplo de sua "transvaloração de todos os valores",[114] o que significa, talvez, que a primeira premissa de sua moral seja: torne-se uma pessoa "feliz", "refinada" e, em seu termo preferido, "saudável"! Sócrates afirmou que nenhum homem culto pratica o mal. Nietzsche propôs uma nova versão. Uma pessoa culta (refinada, feliz) e plenamente *saudável* não comete maldades. Mas por que deveríamos acreditar que esse pressuposto é verdadeiro?

Nietzsche escreveu: "O egoísmo (ou egocentrismo — *Selbstsucht*) só tem importância como um valor fisiológico da pessoa egoísta; pode ter um valor elevado, ou não ter nenhum valor ou ser desprezível."[115] Essa afirmação repete a distinção feita em *Zaratustra* e no período positivista entre o egoísmo de "um gato faminto" que quer se *apoderar* de tudo, e o egoísmo "sagrado" de, por exemplo, Zaratustra que quer *dar*, para "transbordar", e que se exprime como um amor "dadivoso" (p. 454-455). Como já observado, pelo fato de uma pessoa generosa agir como *quer*, Nietzsche usou a palavra "egoísta". Porém, como vimos, é um uso inadequado da palavra porque, em razão de todas as ações serem motivadas por algum desejo, ele reduz a premissa de que "todas as pessoas sempre agem de maneira egoísta" a uma tautologia vazia.* No entanto, precisamos estar atentos ao fato de que Nietzsche usou a palavra "egoísta" tendo em mente o significado de "algo que queríamos fazer".

O "egoísmo" das pessoas saudáveis tinha, disse Nietzsche, um "valor extraordinário" porque "a vida *progride* por intermédio delas".[116] As pessoas saudáveis e felizes beneficiam as demais pessoas. Quem são elas? Já sabemos a resposta a essa

---

113 TI IX 37.
114 TI VI 2.
115 TI IX 33.
\* Nietzsche disse que era "altruísta" porque "não tinha nenhuma necessidade interna, nem escolha pessoal profunda, ou prazer", "um autômato do dever" (A 11). Em outras palavras, só os computadores podem ser "altruístas": as ações dos *seres humanos* são por definição "egoístas".
116 TI IX 33.

pergunta: são pessoas como Goethe e Mirabeau que, como Nietzsche escreveu em *A Genealogia da Moral*, por não terem o "verme" do *ressentiment*, demonstram um amor *verdadeiro* aos seus vizinhos.[117] As pessoas que beneficiam as outras nunca são motivadas pela culpa, medo, ódio ou *ressentiment*. Essas pessoas "confiam" que até mesmo as coisas e os seres humanos mais repulsivos contribuem para um bem maior, e demonstram uma benevolência extraordinária e universal em relação ao mundo que não "nega" nada. Quanto mais nos aproximarmos de Goethe, maior será o valor de nosso egoísmo (altruísmo). É claro, os melhores planos dos ratos e dos homens às vezes não são bem-sucedidos. Os ingênuos também são generosos. No tocante à motivação, a "alegria e o fatalismo confiante" que podem desejar o eterno retorno é um ideal ao qual devemos aspirar.

O que teríamos então a dizer sobre César Bórgia (não a respeito de sua irmã Lucrécia, a brilhante envenenadora, mas sim sobre o general admirado por Maquiavel por seus métodos brutais)? Ou acerca dos vikings e dos godos em *A Genealogia da Moral*? Assim como César, eles eram saudáveis e felizes, porém não eram ao mesmo tempo uns bárbaros desumanos? Em uma passagem destinada deliberadamente a ser "desafiadora", Nietzsche escreveu em *O Crepúsculo dos Ídolos* que César era um "homem superior"... um tipo de super-homem".[118] Por sua vez, em *Além do Bem e do Mal* ele o chama de "monstro... saudável".[119] Essa associação de epítetos, "super-homem" e "monstro" o eleva à mesma categoria de Napoleão: ele é a "síntese do monstro (*Unmensch*) e do super-homem (*Übermensch*)".[120]

Então, o que Nietzsche teria a dizer sobre esses "monstros saudáveis"? Eles não eram um exemplo oposto de sua opinião de que nenhuma pessoa saudável e culta comete o mal, que uma pessoa refinada e "feliz" nunca pratica más ações? Penso que não. Porque Bórgia, Napoleão e os vikings, embora saudáveis e felizes, não eram na visão de Nietzsche "refinados". E por esse motivo (assim como von Bülow pensou em relação à composição de Nietzsche, *Meditação de Manfredo*, que não tinha uma "estrutura" melódica à altura de ser chamada de música (p. 182-183), eles não eram, no sentido pleno, *pessoas*. Portanto, apesar de terem elementos do *Unmensch*, eles não eram um *Mensch*, nem um *Übermensch*. Um ser humano no sentido pleno precisa sublimar os impulsos sub-humanos tornando-os humanos e humanitários.

No entanto, essa argumentação não responde à seguinte pergunta: por que alguém se *esforçaria* para tornar-se, na concepção de Nietzsche, um "ser humano pleno"? É possível que um Bórgia respondesse sugerindo, primeiro, que a visão de Nietzsche de uma "pessoa" era específica e não descritiva e, segundo, que ele não tinha interesse em se tornar uma "pessoa" no sentido proposto por Nietzsche, e sim preferia continuar com a violência e a pilhagem. Caso se sentisse inspirado poderia até mesmo irritá-lo, ao dizer que o conceito de Nietzsche de uma "pessoa" era de um ser *escravizado* e que ele preferia sua própria concepção do "senhor". Discutirei a possível abordagem de Nietzsche a essa resposta no final do Capítulo 26.

---

117 GM I 10.
118 TI IX 37.
119 BGE 197.
120 GM I 16.

## *O que Há de Errado com os Alemães?*

O estereótipo moderno da Alemanha coloca a tecnologia como a essência de sua civilização. Como Audi diz, a Alemanha é o lugar do *Fortschritt durch Technik*, um centro influente da alta tecnologia. Mas, durante o século XVIII e na primeira metade do século XIX, o estereótipo era o oposto. Os alemães eram, mesmo aos olhos dos próprios alemães, *Das Volk von Dichten und Denken*, "o povo dos poetas e pensadores", que não estava nos laboratórios, nas fábricas ou nos campos de batalha, mas sim passeando nas florestas escuras e misteriosas, com calções de couro, carregando canetas em vez de espadas.

Nietzsche lamentou essa transição para o estereótipo moderno, que aconteceu com uma velocidade notável aproximadamente à época da Guerra Franco-Prussiana, no primeiro volume de *Considerações Extemporâneas*.[121] Essa transição constituiu a base da crítica formulada em *O Crepúsculo dos Ídolos*; sob Bismarck, queixou-se, os alemães renunciaram à vida do espírito em benefício do poder político. (Observem que ele faria a mesma crítica a César Bórgia se fosse seu contemporâneo.) Antes "a" nação de pensadores, agora não existem *mais* pensadores alemães (exceto Nietzsche, mas ele era "polonês"). "*Deutschland, Deutschland über Alles*" (o primeiro verso do hino nacional alemão) simbolizava, segundo Nietzsche, o final da filosofia alemã. O intelecto alemão fora destruído pelo nacionalismo exacerbado da mentalidade *Reichsdeutsch* e o substituíram pela "cerveja" e pelo "pijama".[122] (Não se sabe o que Nietzsche tinha contra o pijama.)

Não era uma mera coincidência que, com a chegada do poder alemão, o espírito alemão, a cultura alemã tenha desaparecido. Como sabemos, não havia uma "opção" de escolha. Se as pessoas ou a nação gastasse toda a sua energia na "economia, no comércio mundial... no poder e no poder político" não haveria energia a ser despendida com a cultura. Como "ninguém pode dar mais do que tem... a cultura e o Estado – vamos ser honestos – são adversários".[123] Não podemos ser ao mesmo tempo a Éris boa e a Éris má.

\*\*\*

Como sempre, o principal foco da crítica de Nietzsche do cenário atual da Alemanha referia-se à educação superior. Repetindo a crítica feita em "Sobre o futuro de nossas instituições educacionais" (p. 166-174) – as opiniões expressas nesse texto permaneceram inabaláveis ao longo de sua carreira – ele observou que o verdadeiro objetivo da universidade deveria ser o de formar seres humanos superiores, impecáveis tanto do ponto de vista do intelecto como do caráter. No entanto, a universidade do Reich convertera-se em uma fábrica de transformar homens em máquinas, máquinas projetadas para o serviço civil. (Ele acrescentou um resumo mordaz da metafísica do dever "prussiano" de Kant: "o funcionário civil como a coisa em si é considerado superior ao funcionário civil como fenômeno".)[124] Coerente com sua função

---

121 UM I 1.
122 TI VIII 2.
123 TI VIII 4.
124 TI IX 29.

de fábrica, as universidades estão repletas de "idiotas eruditos". E isso é um desastre, porque precisamos de *"educadores que sejam cultos"* – Jacob Burckhardt era a única exceção à regra. É claro, a "democratização" das universidades impossibilitou a transmissão da genuína "educação superior e as *hordas* são contraditórias". Para "educar", para promover o crescimento de "seres humanos superiores" (as "mutações aleatórias", lembram, das quais o futuro da comunidade e da cultura dependiam), a universidade deve permanecer o privilégio de poucos, em vez do direito das massas.[125]

\*\*\*

A última crítica de Nietzsche à Alemanha moderna e suas implicações para a modernidade ocidental em geral, uma crítica do que ele julgava ser uma tendência em evolução, é sua rejeição às "instituições liberais", por "liberais" ele queria dizer instituições dominadas pela ideia de "direitos iguais para todos", que englobava essa crítica à crítica contínua dos "direitos iguais". Essa visão das "instituições liberais" incluía o movimento de emancipação feminina, a educação universal, a democracia parlamentar, o bem-estar social, sindicatos, entre outros.

"As instituições modernas", escreveu Nietzsche, são "ruins":

> Porque, para serem instituições, elas precisariam de um tipo de vontade, de instinto imperativo, que é antiliberal a ponto da mordacidade. O desejo de tradição, de autoridade e de responsabilidade que atravessa os séculos, a *solidariedade* no elo que une as gerações, *ad infinitum*. Quando esse desejo está presente vemos algo similar ao *Imperium Romanum* ou como a Rússia, a *única* potência que pode esperar, que ainda tem potencial para fazer promessas, cuja estrutura pode resistir.

Nesse trecho prefigura-se o lado conservador da teoria da saúde comunitária. Aliada à ocasional "mutação aleatória", uma comunidade próspera requer um "desejo de tradição" poderoso, um conservadorismo rígido e autoritário, que supere as dificuldades iniciais da tradição. É nesse ponto que as "instituições liberais" fracassam. Assim como o casamento. Antes era "indissolúvel" com a única "autoridade jurídica" no marido, uma transparência na cadeia de poder, que lhe proporcionava um "centro de equilíbrio". Mas agora se baseava no amor, um fundamento notoriamente volúvel. E com os "direitos iguais" das mulheres sua antiga clareza de objetivo desaparecera. Em de vez de caminhar, o casamento moderno "claudica nas duas pernas". Em consequência, há a degeneração social (a decadência dos "valores familiares", um espírito similar ao atual).[126]

Observem a análise racional do conservadorismo autoritário — como seus resenhistas pensaram, sua doutrina era uma "filosofia da classe privilegiada" (p. 493), devido à aversão de Nietzsche a Bismarck. Sem esse conservadorismo, a capacidade de uma ação coletiva determinada se dissipava e, assim, a comunidade degenerava-se e, por fim, desaparecia. Na linguagem de *A República* de Platão, uma sociedade, ou alma, que fracassa em seu projeto de "união" não tem capacidade, em especial, para se proteger do colapso externo e interno. Por isso, no mundo moderno, só a Rússia czarista poderia "fazer promessas", mas só se fossem confiáveis e pudessem ser cumpridas.

---

125 TI VIII 6.
126 TI IX 38-39.

## O que Gostaríamos que Substituísse a Cultura Moderna?

Evidentemente, em *O Crepúsculo dos Ídolos*, uma sociedade com valores superiores seria composta por instituições *não liberais*. Seria uma sociedade que, apesar de apoiar as instituições educacionais elitistas que alimentavam os tipos excepcionais, os semeadores do futuro, ao mesmo tempo *dificultava* a realização das tarefas deles. Além disso, seria uma sociedade apoiada por uma hierarquia rígida. Examinaremos agora a questão dos trabalhadores. Na verdade, a máquina econômica exigia *escravos* industriais. Mas, ao mesmo tempo, o liberalismo insípido, sem nenhum vigor, insistia em lhes dar educação, o direito de voto e o direito de se sindicalizar. Por conseguinte, eles desenvolviam o desejo de serem senhores. E isso resultava em um conflito social e infelicidade. "Se quisermos escravos, é insensato treiná-los para serem senhores", disse Nietzsche.[127]

Qualquer sociedade precisa, continuou, de um estrato de "pessoas modestas e autossuficientes, como os cules chineses".[128] Como vimos, a forma básica da sociedade precisa ser igual à "pirâmide" de *A República* de Platão, com um estrato de trabalhadores que compõe a "base maior" (p. 189 e 636). No entanto, no contexto dessa forma básica haverá distinções muito sutis. Como a "realidade nos mostra uma miríade maravilhosa de pessoas" é tolo dizer, como os "moralistas", que o "homem *deve* ser dessa maneira ou daquela outra" para "pintar um quadro na parede e dizer *ecce homo*".[129] Qualquer que seja a moral da sociedade haverá direitos e obrigações distintas para tipos diferentes de pessoas. Apesar de hierárquica, a sociedade será heterogênea.

## Qual é o Lugar da Arte na Nova Sociedade?

"A arte pela arte" é, disse Nietzsche, um protesto legítimo contra a subordinação da arte à moral cristã. (Ele referia-se ao movimento "estético", um aspecto do movimento *décadent* que era o estilo predominante da época em que estava escrevendo.) Porém, embora a arte não devesse fazer uma propaganda cristã, isso não significava que não tivesse um objetivo ulterior. A arte, a arte de qualidade, "selecionava" e "engrandecia". Ela "fortalecia" algumas "avaliações" e enfraquecia outras. A arte fortalecia, especificamente, as avaliações de afirmação à vida e debilitava as que negavam a vida. O tema da arte extraordinária de Rafael era, é claro, cristão. Mas não sejamos "infantis": "Rafael disse sim, Rafael *tinha* identidade própria, *ergo* Rafael não era cristão."[130]

"Qualquer moral saudável", declarou Nietzsche, qualquer moral "natural", serve de "regra para a vida".[131] Ela era, como vimos, "a voz da vontade de poder do povo" (p. 450-451), sua vontade de viver e prosperar. E também era a manifestação de sua

---

127 TI IX 40.
128 *Ibidem*.
129 TI V 6.
130 TI IX 9, 10, 24.
131 TI V 4.

arte. Portanto, existe uma identidade entre a arte saudável e a moral saudável: as "avaliações" legitimadas pela arte de uma comunidade são avaliações de sua moral. Essa premissa refere-se à tarefa destinada à arte em *Humano, demasiado humano* de "desenvolvimento imaginativo", imagens brilhantes da "grande e bela alma", e às figuras "monumentais" do segundo volume das *Considerações Extemporâneas*. Por fim, recua à época de Wagner e de *A Origem da Tragédia* com a afirmação que a "arte, as pessoas, o mito e a moral" estão "necessária e intimamente entrelaçadas" (p. 151) em uma comunidade saudável. Quanto à conexão entre arte e sociedade nada mudou.

## Última Estada em Turim

Como mencionado (p. 608), em razão de uma enchente grave Nietzsche só partiu de Sils para Turim no dia 20 de setembro. Como usual, a viagem foi um desastre e, perto de Como, a travessia de uma ponte para pedestres estreita sobre um terreno inundado demorou uma noite inteira — "perfeito para uma vaca cega como eu", queixou-se. (É evidente, nem toda a viagem pela Itália podia ser feita de trem.) Porém no mesmo instante em que chegou ele esqueceu a viagem desastrosa. "Estranho!", Nietzsche escreveu, "como antes, em um minuto todas as dificuldades desapareceram. Uma claridade maravilhosa, as cores do outono, uma sensação deliciosa de bem-estar espalhando-se sobre todas as coisas". A acolhida gentil da família Fino e da trattoria local era tudo que podia desejar. Como antes, ele gostou de estar a apenas dois minutos a pé do magnífico castelo na Piazza Castello, adorou o teatro ao ar livre onde se podia tomar sorvete enquanto assistia a espetáculos, gostou de assistir diversas operetas (a única que não lhe agradou foi *O barão cigano* de Strauss).[132] Pela primeira vez na vida fez um terno sob medida.

Embora o tempo estivesse ruim ao chegar, isso não afetou sua saúde nem sua produtividade.[133] Mas o tempo logo melhorou com um glorioso outono do início de outubro até novembro, "uma beleza dourada dia após dia, *da capo*".[134] Quando não estava trabalhando, Nietzsche tocava piano a quatro mãos com a filha de Fino de 12 anos, Irene, por quem desenvolvera uma afeição semelhante à de Adrienne Durish. (Mas, por sua vez, Giulia, de 16 anos, o achava estranho e sentava-se olhando para ele por longos períodos.) Ele visitava com frequência as livrarias excelentes, folheando os livros novos, apesar de não comprar nada. E, claro, era um frequentador assíduo de seus cafés preferidos, o café Livorno à tarde e o café Florio (ainda hoje famoso por seus sorvetes) à noite.

## *O Anticristo*

Durante o ano de 1888, Nietzsche sentiu-se "belicoso", dedicado a uma "guerra sem quartel" espiritual contra o momento "presente", porém mais especificamente contra a época atual alemã, a xenofobia e o antissemitismo dos alemães, e a decadência

---

132 KGB III.5 1122.
133 *Ibidem*.
134 KGB III.5 1142.

de sua cultura.¹³⁵ Em 30 de setembro, ele terminou uma de suas mais famosas peças de artilharia, *O Anticristo* (ou *O Anticristão*, a palavra em alemão tem ambos os sentidos), que na ocasião ele considerou ser o Livro I da série de quatro livros da obra-prima (agora, por motivos que discutiremos no Capítulo 26, foi intitulado *Reavaliações de todos os valores*). No entanto, em meados de novembro decidiu que ele constituiria a *totalidade* de sua obra-prima. Com essa decisão a obra adquiriu um significado especial e, em certo sentido, sua última vontade e testamento.

*O Anticristo* é um livro desigual tanto no tom quanto no conteúdo. Algumas passagens, como o relato do Jesus histórico, por exemplo, são tão boas como os outros textos que já escrevera. Mas outros trechos, muito extensos, não passam de uma expressão de raiva contra o cristianismo e não esclareciam nada diferente do que já havia sido dito. O subtítulo *Uma maldição ao cristianismo*, acrescentado no último momento de lucidez, capta a qualidade de sua raiva. O judicioso equilíbrio dos "prós" e "contras" do cristianismo desaparecera (p. 587), e fora substituído pelo julgamento rude do cristianismo como "a maior corrupção concebida".¹³⁶ O trabalho termina com a promulgação pelo "O Anticristo" da parte sétima, "As Leis contra o Cristianismo", com o subtítulo de "Sobre o Dia da Salvação", o primeiro dia do ano um (30 de setembro de 1888, segundo o cálculo errado da época).* As "leis" se contradiziam, porque a primeira queria "encarcerar" todos os padres, ao passo que a quinta dizia que eles deveriam ser condenados ao ostracismo nas horas das refeições. É difícil acreditar que Nietzsche ainda tinha controle de suas faculdades mentais quando escreveu esse adendo do livro.

## *O Judaísmo e as Origens da Moral dos Escravos*

Um aspecto essencial do cristianismo, escreveu Nietzsche, referia-se à sua origem judaica. Os judeus inventaram a "moral dos escravos", a "moral do *ressentiment*".¹³⁷ Originalmente criada durante o Exílio na Babilônia,¹³⁸ foi depois adotada pelos cristãos no início do Império Romano. Agora, *O Anticristo* proporciona um relato das origens da moral escrava baseada no *ressentiment* que, tendo em vista sua referência, ele acreditava que nada mais era do que a ampliação da narrativa apresentada no primeiro ensaio de *A genealogia da moral* (p. 566-567).

> Do ponto de vista psicológico, os judeus são um povo com a força mais intensa de vida, que quando se vê em condições impossíveis de existência, incorpora todos os instintos da *décadence*... com um profundo e perspicaz sentido de autopreservação, não porque são dominados por esses instintos, mas devido à percepção de que esses instintos tinham um poder que poderia ser usado para terem uma posição hegemônica "no mun-

---

135 KGB III.5 1112.
136 A 62.
\* Lembrem-se de que *Zaratustra* "dividiria o mundo em duas metades (p. 473 e 592). "Antes" e "Depois de *Zaratustra*" substituiria o antigo sistema a.C./d.C.
137 A 24.
138 A 26. Ver p. 568.

do". Os judeus são o oposto dos *décadents* — eles têm de agir como *décadents*, como um artifício... um *non plus ultra* do gênio teatral... para uma pessoa que exerce poder no contexto do judaísmo... para um sacerdote a *décadence* consistia apenas em meios.[139]

Em sua origem, então, a moral dos escravos era um mero *teatro*, uma "nobre mentira" que os sacerdotes judaicos usaram para dominar seus opressores babilônicos. Ao estimular e legitimar os instintos *décadents* dos nobres (p. 677-679), eles os convenceram a transferir sua lealdade à moral dos "senhores" para a moral dos "escravos" e, assim, sua opressão terminaria.

O que surpreende no início dessa história em relação ao relato da "revolta dos escravos" descrito em *A Genealogia da Moral* é o fato de que os sacerdotes judeus — "caldeirões de ódio não saciado", "envenenados" pelo *ressentiment* contra seus opressores — eram vistos como paradigmas da *doença* (p. 570). Mas agora vemos esses mesmos sacerdotes como paradigmas da *saúde* — "o oposto da *décadence*". Nietzsche teria mudado de ideia com referência à "revolta dos escravos"? Ao contrário do que aparenta, penso que não. Na verdade, ele está aqui expandindo o contexto de *A Genealogia da Moral* e não o contradizendo.

O fato crucial mencionado em *O Anticristo* refere-se não à revolta dos cristãos contra os romanos, e sim a revolta judaica contra os babilônios. Nietzsche descreve esses *primeiros* sacerdotes judeus, que, embora ressentidos contra a opressão dos senhores da Babilônia, não haviam sido infectados pelo veneno do *ressentiment*. A *reação eficaz* deles contra a opressão, é evidente, ajudou a "amenizar" e a *expressar* seu ressentimento.

É claro, eles não reagiam da mesma maneira que os vikings que extravasavam seu ressentimento contra as restrições internas impostas pela tribo (p. 570). Sob "condições impossíveis" a reação dos vikings não era uma opção disponível. Em vez da espada, a arma deles era, como não podia deixar de ser, a informação falsa ou ambígua, a propaganda negra. Assim como Nietzsche, eles estavam envolvidos em um *agon* espiritual. Eles viam seus opressores como inimigos, até mesmo os odiavam, mas não envenenavam suas almas com o ódio *reprimido* do *ressentiment*.

Entretanto, ao examinarmos os sacerdotes judeus *posteriores*, os padres cristãos, a história é muito diferente. A diferença consistia na *interiorização* da moral dos escravos: o que para seus predecessores era um mero "teatro" para eles era a verdade absoluta. E, sem dúvida, isso exigia que "oferecessem a outra face", o que lhes impedia de realizar uma vingança restauradora saudável.

O contraste mais marcante, portanto, era entre o sacerdócio judaico e o cristão. O que *O Anticristo* chama de "sacerdotes judeus" saudáveis e *A Genealogia da Moral* de "sacerdotes judeus" doentes não é uma contradição, porque o primeiro discute a questão dos sacerdotes do judaísmo, enquanto *A Genealogia da Moral* enfoca os padres do cristianismo. *O Anticristo* faz essa distinção ao dizer que, enquanto os sacerdotes do judaísmo eram o oposto dos *décadents*, "o cristianismo de *Paulo*" era um "movimento de *décadence*".[140] E talvez *A Genealogia da Moral* também faça a

---

139 A 24.
140 *Ibidem*.

mesma distinção ao especificar que o alvo de seu ataque não era, na realidade, os "padres" em geral, e sim os "padres ascéticos" (p. 588).

## O Jesus Histórico

O Jesus real, histórico, disse Nietzsche, não pregou as ideias de pecado e de castigo. Atormentado por uma sensibilidade exaltada quanto ao sofrimento, ele pregou uma doutrina de amor universal, a não resistência, sempre "oferecendo a outra face". É possível que o sofrimento, aqui, seja o sofrimento da divisão, da animosidade. Com o amor e o perdão, quaisquer que fossem as ações de uma pessoa, ela nunca se tornaria uma inimiga. Para Nietzsche isso era uma espécie de hedonismo, intimamente relacionado ao epicurismo. Jesus e Epicuro eram *décadents*,[141] é evidente, porque não tinham o desejo de conquistar "vitórias" e, em consequência, de fazer "inimigos". Em resumo, eles não tinham a vontade de poder (ver p. 677-679).[142]

O Jesus real não era metafísico, não tinha crenças sobrenaturais. Para ele o "reino dos céus" era um "estado do coração". Não se situava "acima da Terra" nem "depois da morte", mas era alcançado aqui e agora na prática do amor universal. Jesus transmitiu seus ensinamentos com parábolas e exemplos. Sua morte não foi uma expiação dos pecados dos homens, e, sim, a última demonstração de sua doutrina de não resistência.[143] Ele, em suma, era uma espécie de budista em razão de o budismo ser também uma prática de vida não metafísica criada pela hipersensibilidade ao sofrimento.[144] Jesus representou um "movimento budista em prol da paz".[145] O cristianismo verdadeiro e original significa uma "vida ainda possível hoje, porque para *determinadas* pessoas ele é uma necessidade".[146] Uma vida possível e na década de 1960, sem dúvida, real. De acordo com o relato fascinante de Nietzsche, Jesus foi o primeiro *hippie* da história.

## A Perversão de Paulo

Logo em seguida à morte de Jesus, continuou Nietzsche, os discípulos traumatizados perguntaram: quem o matou? As classes altas judias, foi a resposta. Dominados pelo *ressentiment*, os judeus viram em Jesus um opositor radical a eles. Portanto, a morte de Jesus não encerraria o assunto, porque haveria a "segunda vinda", o julgamento e o castigo. Essa foi a tocha transmitida ao "apóstolo tirânico" Paulo, que extraiu suas noções do julgamento judeu da metafísica de Platão, inventou o cristianismo como o conhecemos baseado no pecado original, no céu e no inferno sobrenaturais, um

---

[141] A 30.
[142] A 2.
[143] A 29, 30, 33, 35.
[144] A 20, 22, 42.
[145] A 42.
[146] A 39.

juiz todo-poderoso, e a morte de Cristo como a esperança de redenção. Paulo, sobretudo, estimulou a ridícula adulação da vaidade humana, a ideia da imortalidade pessoal. Isso foi o trunfo para a disseminação do cristianismo.[147]

## As Acusações contra o Cristianismo

O tropo no qual *O Anticristo* foi elaborado baseou-se em um tribunal. "O processo" faz uma série de acusações (para as quais não há "defesa") em que "o prisioneiro no banco dos réus" é condenado pela "maior corrupção possível". Embora não houvesse nada de novo nas acusações, elas proporcionam um compêndio útil das principais objeções de Nietzsche em relação ao cristianismo. A seguir, apresento as oito objeções.

Em primeiro lugar, a mais conhecida refere-se às críticas ao "idealismo" e à "arrogância" do cristianismo (Malwida, por exemplo, ver p. 499), uma arrogância que "não permite que nenhum fragmento da realidade seja respeitado, ou até mesmo expresso".[148] Como ele escreveu em *Ecce Homo*, "a ponto de *fabricar* um mundo ideal destituído de realidade de seu significado, do valor e de sua veracidade".[149]

Segundo, o cristianismo produziu e intensificou a doença do ódio a si mesmo.[150] Ele demonizou todos os instintos naturais, em especial o sexo,[151] interpretando-os como "pecados" que nos ameaçavam com a eterna danação, exceto se houvesse a intervenção de Cristo, isto é, dos padres. Assim, como vimos (p. 579), ele propiciou e intensificou a aversão "brutal" que o ser humano preso na jaula da civilização sente por si mesmo e lhe oferece um bastão com o qual ele satisfaz o desejo de causar dor que, por força das circunstâncias, ele interiorizou.[152]

Terceiro, o cristianismo destrói todos os instintos da vida, todo o "espírito público". Em face da tarefa de salvar a alma imortal, todas as tentativas para promover o bem comum tornaram-se irrelevantes. Além disso, a preocupação em melhorar as coisas "mundanas" pode ser vista como uma distração positiva da tarefa verdadeira de salvar a alma.[153] (Sem dúvida, a doutrina de "salvação pelas obras" foi introduzida para contrapor-se a essa teologia.)

Quarto, por meio da "doutrina venenosa" dos "direitos *iguais* para todos" (notem que Nietzsche não fazia objeção aos "direitos"), a ideia de que temos o mesmo valor aos olhos de Deus, o cristianismo iniciou uma guerra mortal contra todos os sentimentos de respeito e distância entre as pessoas, ou seja, o *pressuposto* do enobrecimento, do crescimento de nossa cultura. Ao destruir a "aristocracia da mente",

---

147 A 41, 42. Segundo os estudiosos da Bíblia, Paulo inspirou sua doutrina da imortalidade pessoal, não em Platão, mas, sim, na seita dos fariseus à qual ele originalmente pertencera.
148 A 8, 9.
149 EH Prefácio 2.
150 A 21.
151 A 43.
152 A 22.
153 A 43, 58.

o "evangelho dos humildes *inferioriza* ainda mais as coisas",[154] um processo que, como sabemos, é realizado pelas "ideias modernas".

Quinto, o cristianismo é uma forma incrivelmente astuciosa de hipocrisia. "Pois, se não perdoardes aos homens os seus delitos, também vosso Pai celeste não vos perdoará" (Mateus 6,15). E "Se alguém escandalizar um destes pequeninos que creem, melhor seria que lhe prendessem ao pescoço a mó que os jumentos movem e o atirassem ao mar" (Marcos 9,42). Em declarações como estas, o "ódio à casta dos intocáveis indianos" se disfarça em amor. A mensagem de amor original de Jesus foi desvirtuada em uma ameaça de um escravo ao poderoso com o fogo do inferno e a danação.[155]

Sexto, os teólogos do cristianismo moderno mentem atrás do sorriso. Eles *sabem* que "Deus" não existe mais, que a "hipótese de Deus" é incompatível com a estrutura mental da mente moderna e culta. Todas as pessoas sabem que não existe o "Juízo Final", nem "pecado" ou redenção. Mas o discurso continua o mesmo. É notável que as "Leis contra o cristianismo" que conclui *O Anticristo* reservam castigos cruéis aos cristãos *liberais*, com o argumento de que o "crime de ser cristão aumenta com a proximidade da ciência".

Sétimo, o cristianismo não apenas mente como também mente de má-fé. Todas as grandes religiões do mundo, sugeriu Nietzsche, são condescendentes com a "mentira sagrada": o islamismo, o cristianismo, o confucionismo, o Código de Manu, sem mencionar o fundador de uma nova religião, Platão. No entanto, o motivo da "mentira" é muito diferente.

Vejamos, por exemplo, o Código de Manu. (Sem dúvida, a fonte de Nietzsche nessa passagem é o livro de Deussen sobre o hinduísmo, que ele lera no ano anterior [p. 561].) Em determinado momento, os líderes espirituais da sociedade antiga indiana decidiram que a era da experimentação moral deveria terminar, porque sua sociedade elaborara um *código* que atendia melhor à saúde da comunidade. Então, eles chamaram esse código de "Código de Manu", que definiu a hierarquia da divisão da sociedade em cinco castas: os brâmanes (sacerdotes), os xatrias (governantes e guerreiros), os vaixias (comerciantes), os sudras (artesãos e camponeses) e os párias ou intocáveis. Na realidade, o Código era um resumo empírico da hierarquia social que a longa experiência demonstrara que funcionava melhor. Mas, para evitar futuras experimentações (a dinâmica conservadora da visão de Nietzsche da cultura saudável), seria preciso dissimular sua característica empírica. O Código, segundo os sacerdotes, era um produto da revelação divina e, em uma era de ouro, fora seguido fielmente pelos seus ancestrais. As "revelações" e a "tradição" foram dois "muros" erguidos para evitar a experimentação posterior.[156]

Nesse sentido, o Código de Manu é uma "mentira sagrada". Logo veremos que, na verdade, Nietzsche não apoiava nenhum tipo de mentira sagrada. Entretanto, pelo menos superficialmente, observou Nietzsche, existia uma enorme diferença entre a mentira do Código de Manu e a do cristianismo: a mentira do cristianismo destinava-se a "envenenar, difamar [e] negar a vida". Já o Código de Manu tinha o

---

154 A 43.
155 A 44-47.
156 A 57.

objetivo de promover o bem-estar da sociedade, e "dizia Sim à vida".[157] A reflexão sobre o Código de Manu demonstrou que algumas "mentiras sagradas" eram piores que outras, e que a "mentira" do cristianismo era a pior de todas.

Por fim, em O Anticristo Nietzsche fez a acusação mais séria contra o cristianismo (a fonte de seu ódio), culpando-o de "ter nos enganado a respeito dos frutos da antiga cultura".[158] O Código de Manu, escreveu Nietzsche, foi uma tentativa de "eternizar" a condição suprema para uma vida *próspera*, uma importante organização da sociedade. Porém, ao final, ele não proporcionou um modelo que poderíamos seguir, assim como criou e perseguiu a casta inferior dos "párias". Não só isso representou um enorme "dano" à sociedade, o que consideraríamos "ultrajante", como também cultivou as sementes de sua destruição pelas mãos da "vingança dos párias", a revolta dos escravos.[159]

O Império Romano é um exemplo ainda melhor do esforço de "eternizar" as condições de uma vida próspera. "Nessa sociedade, o benefício da racionalidade adquirida em muitos anos de experimentos e incertezas *deveria* ter investido em vantagens de longo prazo, para que a maior, mais rica e mais perfeita safra fosse colhida."[160] O Império Romano, herdeiro da Grécia, inseriu a sabedoria moral do mundo antigo, a maravilhosa compreensão da "arte de viver", na estrutura política "mais resistente do que o bronze",[161] um projeto que *deveria* ter se prolongado e *provado* seu valor por um milênio. (Em outras palavras, ter se tornado o "Império dos Mil Anos".) Ninguém antes pensara "com esse ponto de vista eterno" em tão "grande estilo", ninguém tinha sonhado com uma "arquitetura" social tão magnífica. No entanto, estávamos destinados a não usufruir dos "frutos" desse "início" maravilhoso europeu devido ao nosso projeto imperfeito, a criação de uma classe de "párias". Apesar de uma estrutura forte que sobreviveu a imperadores incompetentes e ataques dos bárbaros, o Império Romano não conseguiu resistir ao "verme" da corrupção interna, da "vingança dos párias" contra o cristianismo, da disseminação da moral dos escravos que aos poucos alienou as "almas" [da nobreza romana] dessa estrutura extraordinária.[162] Roma morreu, Nietzsche concordava com Gibbons, em razão do cristianismo, do "vampiro" dentro dele que aos poucos sugou seu sangue.[163] E, assim, o "início" magnífico do Ocidente teve um fim trágico.

## O Grande Meio-Dia

Nesse processo de acusação (como eu disse, sem defesa), O Anticristo condenou o cristianismo acusando-o de ter sido o pior desastre sofrido pela humanidade. Em suas "Leis contra o cristianismo" ele condenou todos os padres a serem expulsos ou

---

157 A 56.
158 A 60.
159 TI VII 3-4
160 A 58.
161 A 57.
162 A 58.
163 *Ibidem*.

presos, junto com todos os pregadores da castidade. Todas as suas igrejas deveriam ser demolidas e, em seu lugar, seriam construídos viveiros de cobras venenosas (isto é, memoriais do "holocausto"). Mas e depois? Que mundo pós-cristão poderíamos desejar e esforçarmo-nos para obtê-lo?

A fúria de Nietzsche diante da perda do grande "início" (Hölderlin e Heiddeger usaram a mesma palavra para lamentar essa perda, embora não tivessem culpado o cristianismo) sugere, como tenho enfatizado ao longo deste livro, que nosso novo início deveria inspirar-se na Antiguidade clássica. O que, escreveu Nietzsche em seus cadernos de anotações, precisaríamos para criar um ser humano mais forte em meio ao "caos" da modernidade? Necessitaríamos de um renascimento do "gosto clássico... da simplificação, do fortalecimento, da visibilidade da felicidade".[164]

Em *Ecce Homo*, o tema do "retorno aos gregos" é ainda mais explícito. A tarefa "histórica do mundo", anunciada em *Wagner em Bayreuth*, era "o retorno iminente ao espírito grego, a necessidade de *opor-se ao alexandrinismo*\* a fim de *refazer* o nó górdio da cultura grega desfeito".[165] Como realizaríamos esse trabalho de renascimento da Grécia clássica que recuperaria a saúde de nossa cultura? Como transformar em realidade O Grande Meio-Dia (O último esboço do quarto e último livro de *A Vontade de Poder*, que tinha como objetivo relatar sua visão do futuro, chamou-se O Grande Meio-Dia.)[166]

O Código de Manu, disse Nietzsche, está longe de representar uma ordem social perfeita. No entanto, a ideia geral de um "sistema de castas" é correta; "a ordem das castas e a hierarquia eram uma fórmula para a lei suprema da vida, uma '*ordem natural*', legitimada *par excellence*".[167] Mas, para a "natureza" não deveria haver quatro (ou cinco, se contarmos os párias) classes sociais como recomendava o Manu, e, sim, três:

> Em todas as sociedades saudáveis, três tipos fisiológicos mutuamente condicionantes separam e gravitam em direções diferentes, cada um deles tendo sua própria higiene, sua própria área de trabalho, seu sentimento de perfeição e área de domínio. A natureza, e *não* o Manu, os separa uns dos outros: pessoas predominantemente espiritualizadas, em seguida as pessoas com força muscular e temperamento e, em terceiro lugar, o grupo de pessoas comuns sem qualquer traço característico.[168]

Os governantes formam a menor dessas três castas. "Eles não governam porque querem, mas, sim, porque *existem*, eles não têm a liberdade de ocupar uma segunda posição. Favorecidos por um carisma natural que, em uma sociedade saudável, gera um respeito previsível, nem sua natureza nem seus companheiros permitem que ele não governe. O que, aqui, significa "governar"? Em *Ecce Homo*, Nietzsche repetiu a declaração bela e profunda de *Zaratustra*, a que "pensamentos que surgem nas patas

---

164 KSA 13 11 [31].
\* Para Nietzsche, o alexandrinismo foi um período de decadência da cultura superior grega.
165 EH III BT 4.
166 KSA 13 18 [17]. Ver também EH III BT. A Seção 57 de *O Anticristo* descreve, de uma forma resumida, qual seria o conteúdo deste livro.
167 A 57.
168 A 57.

dos pombos guiam o mundo".[169] Então que tipo de liderança é exercido pelos governantes – "os filósofos do futuro" em *Além do Bem e do Mal* (p. 516-518) – exercem um poder *espiritual*, em vez de um poder político. À semelhança, como sugeri, de um "líder supremo" de uma república islâmica, o "rei-filósofo" de Nietzsche é um rei *espiritual* e, por isso, no futuro, "a concepção da política será incorporada... à guerra espiritual."[170]

A segunda casta, os tipos vigorosos tanto no aspecto espiritual quanto no físico eram os "assistentes, o braço direito e os melhores alunos" dos líderes espirituais, além de guardiões da lei e do poder militar. Eles eram os executivos dos mais espiritualizados e realizavam todas as tarefas "*penosas*" do governo. A terceira casta era responsável pela "manufatura, o comércio, a agricultura, a ciência e grande parte da arte". Como essa casta era bem mais numerosa, a "cultura superior era uma pirâmide" com uma "base ampla".[171] Essa argumentação repetiu as ideias do ensaio "Estado Grego" escrito em 1872 (ver p. 189), o que indica que a visão política de Nietzsche no final de sua carreira era idêntica à do início.

Para alguém familiarizado com *A República* de Platão, essa discussão é quase um plágio. Não só o número de castas era o mesmo, como tinham funções idênticas. A ideia de que pertencemos *por natureza e não por um privilégio social herdado* a uma dessas castas era o conceito de Platão de uma "mentira nobre" de almas que nasciam em berço de ouro, prata ou bronze. (Observem que, do ponto de vista de Nietzsche, não era uma "mentira", e, sim, a expressão metafórica de uma *verdade* natural.) Até mesmo os detalhes foram extraídos de Platão como, por exemplo, que os líderes exerciam seu papel por imposição da sociedade e não por um desejo pessoal, assim como havia uma afinidade natural entre as duas primeiras castas.

Para nós, é extraordinário que um documento de 2.500 anos tenha inspirado um projeto do futuro do Ocidente, assim como foi para muitos contemporâneos de Nietzsche. Por este motivo, como vimos, ele precisou se defender do "sorriso afetado e malicioso dos eruditos com uma formação histórica", que rejeitaram esse legado da Antiguidade (p. 520-521). É preciso ter em mente que entre pessoas criadas com o respeito à Grécia que influenciaram, ou quase definiram, a escola secundária alemã com ênfase no ensino acadêmico até o século XIX, a ideia de que a teoria política (como a geometria e a lógica) fora aperfeiçoada pelos gregos era bastante natural. Essa também era a opinião de Martin Heidegger.

\*\*\*

No entanto, o argumento de Nietzsche não é um plágio. Para Platão, os filósofos deveriam governar porque eles eram os únicos que conheciam as "Formas": os paradigmas eternos e perfeitos de justiça e virtude, o conhecimento do pré-requisito para ser um governante sábio. Mas Nietzsche, como sabemos, dizia com desdém que o "mundo verdadeiro" era uma "fábula". Então propôs algo diferente como condição de liderança:

---

169 EH Prefácio 4.
170 EH 14 11.
171 A 57.

A casta superior – que eu chamo de *os poucos*– por ser a casta perfeita também tem o privilégio dos poucos: neles estão incluídos os modelos [exemplares] de felicidade, beleza e bondade na Terra. Só os seres humanos mais espiritualizados podem... [moralmente] ser bonitos; só entre eles a bondade não é uma fraqueza... Por outro lado, não se tolera neles uma conduta repreensível ou uma visão pessimista... A indignação e o pessimismo são o privilégio dos párias. "*O mundo é perfeito*", este é o instinto dos seres mais perfeitos, o instinto de afirmação à vida.[172]

Segundo Goethe, pensar que o mundo era "perfeito" simbolizava "a fé mais elevada possível" (p. 619), a fé que redime tudo na existência e que nos torna aptos a abraçar a ideia do eterno retorno. Este pressuposto indica uma característica, talvez a mais importante, da vontade do eterno retorno.

As pessoas que rejeitam a democracia, como Nietzsche e Platão, que acreditam e que têm coragem de defender franca e abertamente a ditadura, questionam como garantir uma ditadura *benevolente*. A resposta de Platão, como vimos, não se harmoniza à visão de Nietzsche, porque para ele as Formas eram um mito. De uma maneira mais abrangente, penso, Nietzsche não acreditava que a característica *mais* essencial de uma boa política *era* um conhecimento cognitivo adquirido pelo estudo, pela experiência e pela prática. Embora os líderes espirituais tivessem de ser os "mais circunspectos (isto é, os mais perspicazes e com uma visão do futuro)",[173] sua característica fundamental era a qualidade de seu coração. Precisamos de líderes *genuinamente* "bons", aqueles em que a bondade não é uma fraqueza, os "mais gentis" e que tratam os homens comuns com mais delicadeza do que tratam a si mesmos ou a seus iguais.[174] O líder ideal, portanto, é alguém como Zaratustra ou Goethe (ou o rei Ludwig, como Wagner queria que fosse [p. 135]), que olham o mundo com um amor universal, que são capazes de desejar o eterno retorno.[175] No contexto político, ser capaz de desejar o eterno retorno é o critério essencial de um bom governante.[176] Observem que isso é uma reafirmação da visão de Nietzsche de que a "virtude é uma *consequência* da felicidade" (p. 624). E caso esse conceito seja verdadeiro, a suprema virtude do líder ideal requer uma suprema felicidade.

Talvez uma pessoa possa olhar o mundo com um amor universal, sem exercer uma função pública ou comunitária, porém, essa hipótese é impossível. Amor significa ação, demandas e, como no caso de Zaratustra, precisa ser "superabundante". O amor pela comunidade (pela humanidade) exige ação em benefício da comunidade como um todo. Nesse sentido, o líder ideal seria aquele que tivesse qualidades viris e nobres e que considerasse os negócios de Roma como os seus, sua seriedade, seu *orgulho*.[177] Na verdade, para o líder ideal ou para qualquer pessoa saudável, a prosperi-

---

172 A 57.
173 *Ibidem*.
174 A 57.
175 Como a teoria do eterno retorno de Nietzsche só pode ser adotada de uma perspectiva dionisíaca isso, penso eu, é a essência da nota enigmática que dizia, "Dionísio – o tipo do legislador" (KSA 13 23 [8]).
176 No delineamento do conteúdo do quarto volume do livro *A Vontade de Poder* (KSA 13 18 [17]) já mencionado, dois dos três temas principais (o terceiro é enigmático demais para que possamos entendê-lo) são "Ordem Hierárquica do Princípio da Vida" e "O Eterno Retorno".
177 A 58.

dade da comunidade (da humanidade) era o significado de sua vida. Para uma pessoa saudável, o significado pessoal era uma extensão do significado comunitário.

\*\*\*

Mas, e quanto às pessoas comuns? Como a "República de Nietzsche" nega o conceito de "direitos iguais",[178] na realidade, elas não constituem, apesar de toda a benevolência dos líderes, uma classe de escravos oprimidos? Como vimos, Nietzsche disse que, pelo fato de o Código de Manu e o Império Romano terem criado uma classe de "párias" e, devido ao desenvolvimento de uma classe inferior alienada do contexto sociopolítico, eles plantaram as sementes de sua ruína. Ele precisava, portanto, demonstrar que sua sociedade do futuro não cometeria o mesmo erro.

Cada uma das três castas tinha, disse Nietzsche, um tipo específico de felicidade. A carne de um homem era o veneno do outro, como enfatizou em *Além do Bem e do Mal* (p. 514). Uma pessoa "comum", por exemplo, seria "esmagada" pelo peso da liderança e do estilo de vida ascético que constituíam a felicidade de uma pessoa espiritualizada: "a vida torna-se cada vez mais difícil à medida que alguém ascendia socialmente, fica mais fria e com mais responsabilidade."[179] Já para as pessoas comuns, com desejos e aptidões normais, "ser comum era uma felicidade". Àqueles que nasciam como uma "máquina inteligente", uma "roda" no sistema, viver como uma roda (ou uma peça na engrenagem) representava a felicidade.

Essa visão de Nietzsche era sua principal objeção ao socialismo, porque ele causava *infelicidade*, "debilitava insidiosamente" instintos e prazeres dos trabalhadores, seus sentimentos de modéstia em relação à mediocridade de sua existência. A "injustiça", concluiu Nietzsche, reafirmava, exatamente, a definição de Platão de que o fato de as pessoas terem uma posição na sociedade a qual lhes era, por natureza, apropriada, "não significava direitos desiguais, mas, sim, uma reivindicação de direitos '*iguais*'".[180]

## A Religião na "República" de Nietzsche

O Deus cristão, como vimos, era o "maior corrupto". Mas como Nietzsche também rejeitava os deuses em geral, seu novo mundo não teria religião? Em razão de *O Anticristo* ser sua última obra filosófica criativa, ela proporciona a palavra final sobre o tema dos deuses.

"Um povo", escreveu Nietzsche,

> que ainda acredita em si mesmo possui uma moral em harmonia com seu deus. Nele o povo venera as condições por meio das quais ele prosperou, isto é, ele projeta em um deus seu agradecimento por suas virtudes, sua alegria e seu sentimento de poder. O homem rico quer presentear; um povo orgulhoso precisa de um deus ao qual se *sacrificar*... No contexto desse pressuposto, a religião é uma forma de gratidão. Quem

---

178 A 57.
179 *Ibidem*.
180 *Ibidem*.

sente gratidão por si mesmo precisa de um deus. Esse deus deve ser ao mesmo tempo útil e prejudicial, amigo e inimigo.[181]

Nesse trecho Nietzsche refere-se ao que *A Genealogia da Moral* chamou de religião "nobre", a religião de um povo saudável, um paradigma dos gregos (p. 579) que "retribuíam com grande generosidade seus fundadores, ancestrais (heróis e deuses) pelos *nobres* atributos que, nesse ínterim, haviam adquirido".[182] Um deus é útil e prejudicial ao mesmo tempo, porque "não entenderíamos" um deus "que não conhecesse a raiva, o espírito de vingança, a inveja, o desprezo, a astúcia e a violência". Precisamos de um deus com características humanas em oposição ao deus "*artificial*" do cristianismo.[183] Em *A Origem da Tragédia*, Nietzsche mencionou que um modelo *não* humano é *desumano* porque seus efeitos são deprimentes em vez de inspiradores; um modelo genuinamente inspirador com quem é possível haver uma identificação precisa ser humano, até mesmo humano, demasiado humano.

Nietzsche escreveu que antes do Cativeiro da Babilônia o deus dos judeus era um deus saudável:

> No início, em especial, na época dos reis, Israel tinha uma relação *correta*, isto é, natural com todas as manifestações da vida. Jeová permitia que o povo expressasse a consciência de poder, a alegria e a esperança de Israel. Jeová proporcionava ao povo a expectativa de vitória e salvação, de confiança de que a natureza lhe daria o que precisava, sobretudo, chuva... Os cultos festivos exprimiam esses dois aspectos da autoafirmação do povo: a gratidão pelo destino esplêndido que os elevara à posição atual, a gratidão pelo ciclo anual e pela sorte que tivera com a agricultura e com a criação de gado.[184]

As sociedades saudáveis do passado tinham deuses que lhes permitiam, de uma maneira ou de outra, celebrarem a si mesmos. "Nunca houve um povo [bem-sucedido] sem uma religião", Nietzsche escreveu em seus cadernos de anotações;[185] a "cultura" *simbolizava* os "deuses".[186] E a sociedade saudável do futuro seria igual. "Quase dois mil anos sem um novo deus", lamentou. O fato de termos o mesmo "monoteísmo" antigo contribuiu muito pouco para a "vocação religiosa" da Europa.[187]

Observem o gesto de Nietzsche em direção ao politeísmo grego, em razão de o judaísmo, assim como o cristianismo (e o Islã) serem religiões monoteístas.[188] Jeová, no final, não seria um deus ideal. Como a principal função dos deuses saudáveis era serem personificações exemplares das virtudes da comunidade, e como Nietzsche insistia que a virtude e a felicidade eram variáveis que dependiam da posição social,* não haveria, por fim, "um tipo adequado" de deus, e, sim, diversos deuses como na Grécia, talvez com uma hierarquia entre eles.

---

181 A 66.
182 GM II 99.
183 A 66.
184 A 25.
185 KSA 33 II [346].
186 KSA 13 II [375].
187 A 99.
188 O Antigo Testamento reconhece só um "verdadeiro" deus.
\* "Um homem como deveria ser, tão insípido como "seria uma árvore", ele escreveu no caderno de anotações.

Esses eram os deuses da Grécia que Nietzsche admirava e cuja fonte de inspiração ele confessou de uma maneira pessoal no último caderno de anotações:

> Poucos ou muitos de nós, que ousaríamos viver de novo em um *mundo sem moral*, nós, pagãos da fé, fomos talvez os primeiros a captar o sentido da fé pagã: ao imaginar *seres mais superiores* do que o homem, além do bem e do mal, ao julgar todos os seres superiores [em termos cristãos] imorais. Nós acreditamos no Olimpo e não na *"crucificação"*.[189]

O retorno dos deuses "gregos" com o renascimento da tragédia grega foi, é claro, a aspiração do primeiro livro de Nietzsche. Com relação aos deuses, nada de essencial mudou desde então.

## Ecce Homo

Segundo Nietzsche, seu último livro, *Ecce Homo* foi uma arma mais possante que *O Anticristo* em sua "guerra contra o mundo atual". Nietzsche começou a escrevê-lo no dia do seu aniversário, 15 de outubro, e pensou tê-lo terminado, pelo menos em princípio, em 4 de novembro, mas continuou a fazer alterações até 6 de janeiro de 1889.

No prefácio, Nietzsche escreveu que, "como pretendo em breve confrontar a humanidade com a exigência mais rigorosa de todos os tempos, me parece indispensável dizer *quem eu sou*". Nietzsche referiu-se nessa passagem à imanente publicação de sua obra-prima (reduzida, como veremos, em tamanho) e sua demanda urgente de "transvaloração de todos os valores".

Como imaginou que a obra-prima seria ainda mais "sombria e escorregadia" do que *Além do Bem e do Mal*, sentiu-se obrigado a dizer que seu autor não era, como um resenhista sugerira (p. 494), um misantropo sádico, um caso "patológico". A ideia de ser um "homem assustador" ou um "monstro moral", como escreveu no prefácio,[190] alguém que (agora ele resume a resenha de Widmann de *Além do Bem e do Mal*) se "esforça para eliminar todos os sentimentos decentes", é um erro total.[191]

Nietzsche apresentou um autorretrato humano e íntimo de um homem com uma formação normal, que lutara passo a passo contra uma saúde precária, e que *fora* contaminado pelo vírus da *décadence* que criticava. Essa apresentação teve o objetivo de mostrar, penso eu, que o impulso fundamental do seu trabalho (como escreveu a Elizabeth em uma das últimas tentativas de penetrar no cérebro espesso dela) "não era de inflexibilidade ou insensibilidade, mas, sim, de um verdadeiro espírito humanitário, que se esforça para evitar um desastre desnecessário".[192]

*Ecce Homo*, "eis o homem", as palavras com as quais Pilatos apresentou Jesus à multidão pedindo sua crucificação, é, nesse sentido, uma autoapresentação. O subtítulo –*De como nos Tornamos o que Somos*– indica sua intenção de escrever uma

---
189 KSA 13 16 [16].
190 EH Prefácio 2.
191 EH III 1.
192 KGB III. 5 1145.

espécie de autobiografia. Mas como para Nietzsche a autorrealização era a tarefa básica do ser humano, ele também sugeriu a natureza *exemplar* da narrativa. Ao dizer que "era a história da minha vida",[193] Nietzsche teve mais uma vez a intenção de se apresentar como um modelo de vida e, em sua linguagem, como um "educador".*

Como o colapso mental de Nietzsche aconteceu logo depois de ele terminar o livro, uma pergunta inevitavelmente surge se, em que extensão, a obra foi afetada pela loucura iminente. A pergunta é ainda mais pertinente pelo fato de o livro conter ilusões evidentes: ele descendia da aristocracia polonesa, mesmo na infância ele nunca levou a sério o Deus cristão, a influência de Schopenhauer em *A Origem da Tragédia* fora mínima, nunca tivera inimigos, sua grandeza era óbvia para todos que o conheciam, e assim por diante.

No entanto, o mais grave foi a apresentação de sua vida como um exemplo para o leitor, uma ficção "idealizada" e "encenada" e, assim, "havia muita coisa não mais perceptível, e os olhos precisavam acrescentar muitos detalhes para que fosse possível ver [algo]",[194] é uma parte legítima e essencial do projeto, a exemplo dos prefácios escritos em 1886. Portanto, ao se apresentar como um modelo de saúde e poder "dionisíacos", uma hipérbole de "Muhammad Ali" – os títulos dos capítulos "Por que Sou tão Sábio", "Por que Sou tão Inteligente", "Por que Eu Sou um Destino", o comentário que *Zaratustra* era melhor que Goethe, Shakespeare e superior aos quatro livros dos *Vedas*[195] – podem ser vistos como uma parte legítima do projeto. E o mesmo pode ser dito sobre as mentiras ou ilusões mencionadas anteriormente.

Mas os dados ficcionais não têm uma justificativa literária. A afirmação de descender pelo lado paterno da nobreza polonesa[196] revela sua opinião de que *não* havia redenção possível para os alemães, além de proporcionar um recurso para destilar em quase todas as páginas de uma maneira tediosa a bile contra o "gado vulgar" que cometeu crimes culturais nos últimos 400 anos. Porém, tendo em vista o suposto oferecimento de uma descrição da saúde psíquica, ele não poderia estar impregnado de *ressentiment* e, portanto, não haveria bile para destilar. O *ressentiment*, cabe observar, é a palavra correta a ser aplicada neste contexto. O fato de demonstrar com amargura que só era lido, como pensava, pelas inteligências *escolhidas*... em Viena, São Petersburgo, Estocolmo, Copenhague, Paris e Nova York, em todos esses lugares, exceto na planície de um país da Europa, a Alemanha,[197] trai sua opinião de que os leitores a quem dava uma *verdadeira* importância eram seus conterrâneos alemães, mas que o ignoravam ou o desprezavam tachando-o de louco.

Além disso, grande parte da hipérbole é megalomaníaca e, como veremos no próximo capítulo, Nietzsche continuou a escrever sobre os mesmos temas nas car-

---

193 EH Prefácio 4.
* Em *Ecce Homo*, Nietzsche observou que, pelo fato de ser um autorretrato e não um retrato de Schopenhauer, *Schopenhauer como Educador* poderia se intitular com mais acuidade "Nietzsche como Educador" (EH III UM 3). Em 1914, foi publicado um livro intitulado *Nietzsche como Educador*, escrito pelo reformador e humanista Walther Hammer.
194 GS 299.
195 EH III Z 6.
196 EH I 3.
197 EH III 22.

tas incoerentes do período que antecedeu ao colapso mental. O comentário, por exemplo, de que "em qualquer lugar em Turim, todos os rostos alegram-se e ficam mais acolhedores ao me verem... as mulheres do antigo mercado esforçam-se para escolher as uvas mais doces[198] surge, como veremos, diversas vezes nas chamadas "cartas loucas", assim como quando disse ser Deus: a ideia de ter um parentesco com a mãe e a irmã, uma passagem em *Ecce Homo* que Elizabeth tentou por muitos anos não divulgar, era uma "blasfêmia contra minha divindade".[199]

*Ecce Homo* é, nesse sentido, um livro com imperfeições. Outros sinais do declínio do vigor intelectual de Nietzsche revelam-se na repetição, na organização aleatória do livro, em autocitações enormes e autoindulgentes. Ao fazer uma crítica de seus primeiros livros, ele perdeu o senso da relativa importância deles; enquanto *A Genealogia da Moral* só mereceu um comentário de menos de uma página, Nietzsche mencionou seis páginas de *O Caso Wagner*. Mas, apesar de tudo, *Ecce Homo*, em razão de Nietzsche ser ainda em grande parte Nietzsche, é um livro muito interessante e cheio de momentos sublimes.

O livro aborda basicamente dois assuntos. Primeiro, ele relata ao leitor como Nietzsche transformou-se "no que ele era" e como *alguém* passa por essa mesma transformação. E, segundo, *qual era* o significado dessa mudança.

## *Como Alguém se Torna o que É*

Em *Schopenhauer como Educador*, Nietzsche descreveu o processo de "transformação do ser humano no que ele é" com suas características pessoais, ao vivenciar seu "verdadeiro eu". Essa mudança interna não é algo "escondido em seu âmago", mas, sim, um impulso "infinitamente acima dele ou, na melhor das hipóteses, acima do que ele pensa ser". Esse "ideal" e essa "tarefa" "elevam a alma" (p. 232-233). Em *Wagner em Bayreuth* (que ele agora diz ser um relato sobre ele e não sobre Wagner),[200] ele aplicou essa fórmula a Wagner, ao explicar como ele superou suas inclinações "desprezíveis" e tornou-se o "ideal" de si mesmo. Sua concepção de "transformação de alguém no que ele é" por meio de um idealismo moral apaixonado manteve-se inalterada em *Ecce Homo*: para nos transformarmos no que deveríamos ser, disse Nietzsche, temos de ser os "argonautas do ideal".[201]

Como uma pessoa se tornaria um ser humano verdadeiro e ideal? Por meio da atitude (*Selbst*) de defesa dos próprios interesses (*sucht*) – a tradução padrão de *Selbstsucht* como "egoísmo" não transmite o caráter tautológico da palavra egocentrismo. A atitude ética ou social de defesa dos próprios interesses é o caminho para a descoberta de seu "eu". E se alguém for como Nietzsche ou como os tipos superiores de seus leitores, o eu superior é o "destino" histórico do mundo. Em *Schopenhauer como Educador*, descobrimos nosso eu verdadeiro ao revelar nossa admiração pelo "educador", como alguém que "de fato amamos".

---

198 *Ibidem*.
199 BH I 3.
200 EH II UM 3.
201 EH III Z 2.

Sem rejeitar a importância dos modelos exemplares, *Ecce Homo* amplia as técnicas de autodescoberta de uma maneira interessante:

> A mudança para o que na realidade somos pressupõe que não tínhamos a mais remota ideia de nosso eu real. Desse ponto de vista, até mesmo os *erros* da vida têm seu significado próprio e valor, as estradas vicinais e as curvas erradas, as demoras, a... seriedade desperdiçada em tarefas que estão além *da* tarefa.[202]

Assim, para descobrir quem nós somos pela percepção de quem *não* somos, é preciso manter a "superfície da consciência... livre de todos os grandes obstáculos e palavras imponentes", porque de outra forma "entenderíamos cedo demais nossa natureza", sua autodefinição seria ilusória, falsa. Para nos tornarmos pessoas "superiores", com características novas e singulares, seria preciso manter certa passividade, enquanto a "ideia" predominante de descobrir o "significado" da vida pessoal "continua a crescer no âmago de nosso espírito".

Logo ela assume o controle e devagar se *distancia* das estradas vicinais e das curvas erradas.[203] Em resumo, "a atitude de defender os próprios interesses" é, por meio de um processo de avaliação e, possivelmente, de muitos erros, uma questão de se *autodescobrir* em vez de *criar* uma *persona*, assim como o escultor "descobre" em vez de criar a figura "adormecida" no mármore. Em especial, se temos uma vida de atividade mental, um livro como *Zaratustra* não é uma obra de criação, e, sim, de receptividade, de revelação no sentido de algo que subitamente se torna *visível* e audível... escutamos, não procuramos nada, aceitamos o que nos é revelado, não perguntamos quem está lá, como se fosse uma explosão repentina de luz... Não temos escolha... É tudo involuntário... os fatos surgem sem nossa interferência e se oferecem espontaneamente a nós.[204]

A ideia de deixar que nossos "eu" e "destino" surjam por meio de nossos erros proporciona a estrutura da narrativa do livro, uma narrativa centrada, como previsível, em Wagner. A relação "mais afetiva e mais profunda" de sua vida, disse Nietzsche, foi com Richard Wagner. "Nenhuma outra relação pessoal foi tão intensa e nunca esquecerei os dias em que passei em Tribschen".*[205] Mas chegou o momento do festival de Bayreuth:

> Onde eu estava? Eu não reconheço nada. Quase não reconheci Wagner. Examinei minhas lembranças em vão. Tribschen – a distante ilha dos Abençoados agora irreconhecível. Os dias incomparáveis em que enterramos a pedra fundamental [da ópera:

---

202 EH II 9.
203 *Ibidem*.
204 EH III Z 3.
* Depois de uma vida inteira administrando as finanças de Nietzsche, mantendo-lhe sempre informado, oferecendo-lhe em certos momentos uma cama e um ombro para chorar, um importante companheirismo intelectual e uma extrema lealdade, esse comentário magoou profundamente Overbeck. Köselitz provavelmente tinha tanto respeito e admiração por Nietzsche que se sentiu menos ferido no amor próprio.
205 EH II 5.

observem que Nietzsche *ainda* apoiava o empreendimento *original*]; um pequeno grupo de pessoas que pertencia àquele lugar... *O que havia acontecido?*

O fato é que Wagner fora "traduzido para o alemão",[206] deixou-se capturar pelos wagnerianos e nesse processo transformou-se em um *Reichsdeutsch*,[207] um xenófobo alemão antissemita. (Com *Parsifal* suas tendências agravaram-se; acima de tudo Wagner desviou-se para a "piedade" cristã.)[208] E, por isso, como sabemos, Nietzsche partiu de Bayreuth no meio do festival e foi para Kligenbrunn, onde pensou que chegara o momento de refletir se escolhera um caminho muito errado para sua vida. Ele começou a escrever *Humano, demasiado Humano*, o livro "no qual eu me libertei do que não pertencia à minha natureza".[209] Observem a expressão "à minha natureza". A *décadence* wagneriana, o impulso de negação do mundo era, enfatizou Nietzsche, um impulso "interno" em vez de um aspecto "externo" à sua natureza. Assim, a transformação interna "do seu verdadeiro eu" foi mais uma questão de um mundo interiorizado do que da resistência a uma influência estranha.

Sob a inspiração de Voltaire, continuou Nietzsche, em *Humano, demasiado Humano*, ele afastou-se do romantismo wagneriano e adotou o pensamento do Iluminismo. (Ele poderia ter mencionado a influência de Paul Rée, mas sem perdoá-lo até o final, negou que *Humano, demasiado Humano* representava um "*réealismo* superior".)[210] Logo depois, em razão de uma feliz interferência da doença e da progressiva perda de visão, ele renunciou à carreira de filólogo – outra opção errada – e começou a escrever sua filosofia.

Assim, na essência, no final de *Ecce Homo*, a narrativa é sucinta. Como Nietzsche dedicou a vida a escrever livros, seu trabalho final foi revê-los. Quando se afastou de Wagner, ele rejeitou o espírito da *décadence* e o romantismo de negação à vida e abraçou a causa da saúde e da afirmação à vida. Portanto, Nietzsche tornou-se "o que ele era". Mas o que isso significou? Em quem ele se transformou?

## Em quem Nietzsche se Transformou?

"Eu sou", declarou Nietzsche, "*um portador de boas-novas* como ninguém antes foi".[211] (Devido a essa alusão à anunciação do anjo do nascimento iminente de Cristo, assim como o título de *Ecce Homo*, o diagnóstico do "complexo de Messias" paira no ar.) Quais são essas boas "notícias"? Qual era a mensagem de Nietzsche para o mundo? Grande parte dessa mensagem agora nos é familiar. No entanto, como sempre, as teorias de Nietzsche contidas em sua mensagem básica receberam uma nova nuance.

"Até então", escreveu, referindo-se à moral cristã, a "humanidade reverenciou valores opostos aos que poderiam garantir sua prosperidade, um futuro, um *direito*

---

206 EH III HH 2.
207 EH II 5.
208 EH III HH 5.
209 EH III HH 1.
210 EH III HH 6.
211 EH IV I.

elevado de um futuro".²¹² Como ele excluiu os primórdios da Europa de sua crítica, e em razão de desconhecer os valores contemporâneos da África, por exemplo, por "humanidade" ele referiu-se a "espécimes" *modernos* europeus da humanidade. Como enfatizei antes, a filosofia de Nietzsche era profundamente "eurocêntrica".

Assim, o atual estado da cultura ocidental constituía uma ameaça ao seu "futuro". "O bom", como definido pelos padrões atuais, vive à custa da "verdade" e do "futuro". "Por esse motivo", explicou Nietzsche, Zaratustra às vezes chama os homens de bem de "os últimos homens" e, em outros momentos, "do início do fim".²¹³ Eles eram o início do fim porque, reitero, sem a capacidade de adaptação à mudança do meio ambiente que exige, é evidente, um conhecimento preciso da "realidade" desse ambiente,²¹⁴ os espécimes da humanidade, os "povos", serão derrotados ou destruídos.

A fim de se adaptar e prosperar, como sabemos, um povo precisa "dar à luz uma estrela",²¹⁵ um "espírito livre", em minhas palavras, uma "mutação aleatória". *Ecce Homo* identifica o "super-homem" como outro nome para o arauto do futuro: o super-homem "é um super-homem especificamente quando comparado aos homens de *bem*" – ele paira "acima" da moral deles. Nietzsche acrescentou, em uma referência à menção em *A Genealogia da Moral*, que a maioria dos espíritos livres seria "martirizada" pelas forças do conservadorismo social, e os "homens de bem chamariam o super-homem [de Zaratustra]... de *diabo*".²¹⁶

O que um "super-homem" sugeriria para a reforma cultural? Em poucas palavras, "o retorno imediato ao espírito grego". A comunidade seria mais uma vez criada, reunida e preservada pela *autêntica* arte coletiva, "a arte suprema de afirmação à vida e à tragédia renascerá". E isso nos remete de novo a Wagner; a um Wagner sem o exibicionismo vulgar, sem o antissemitismo e a xenofobia alemã, sem seu romantismo, cristianismo e negação da vida. A "ideia de Bayreuth se transformará em... o *grande meio-dia*... quem sabe? A visão de um festival que precisarei assistir algum dia".²¹⁷

Mas, se renunciarmos à visão cristã, como lidaríamos com a questão mais problemática da vida, sua finitude, uma questão para a qual, como temos de admitir, o cristianismo proporciona uma solução? A resposta é mais uma vez "dionisíaca": ao pensar na "psicologia do poeta trágico" para quem "acima de tudo o medo e a compaixão *por si mesmo* convertem-se na eterna alegria de se transformar", a "vontade de viver alegrando-se com sua inexauribilidade por meio do *sacrifício* de seus seres humanos superiores". A fim de ser totalmente saudável e entrar no estado dionisíaco, é preciso ser capaz de alegrar-se, *inter alia*, com o eventual "sacrifício" de seu eu cotidiano. Pela transcendência da ilusão da individualidade quando percebemos nossa identidade individual em uníssono com a totalidade da existência, não só superamos a morte, como também atingimos uma "afirmação positiva da morte [em especial da *própria*]".²¹⁸

---

212 EH Prefácio 2.
213 EH IV 4.
214 Não há, portanto, como negar o aquecimento global.
215 Z Prefácio 5.
216 EH Por que eu sou um destino 5.
217 EH III BT 4.
218 EH III BT 3.

## O Ataque da Artilharia

Em meados de novembro, o outono agradável de Turim – um "Claude Lorraine permanente", como Nietzsche o chamava[219]– terminou com a chegada do inverno. Os Alpes cobriram-se com uma "peruca leve".[220] Nietzsche comprou seu primeiro aquecedor a gás e surpreendeu-se com o fato de que bastava acender um fósforo para fazê-lo funcionar.[221] Livre pela primeira vez em 20 anos das crises terríveis de dor de cabeça e vômitos, ele não mencionou mais seus boletins médicos nas cartas. "A saúde", escreveu a Meta von Salis, "é um estado de equilíbrio dinâmico que temos de controlar".[222] Ao olhar-se no espelho parecia "ter 10 anos menos".[223]

O bem-estar mental seguiu o físico. A gratidão por não sentir dor irradiou um brilho benigno sobre todas as coisas. Ele tinha a impressão de que todas as pessoas o tratavam como uma "pessoa respeitável" e citou, por exemplo, que abriam a porta para ele sempre que entrava em algum lugar. Para viver de acordo com sua nova dignidade, comprou um par de luvas de couro inglesas muito elegantes e assistiu ao enterro do conde Robilant, o "melhor exemplo" de um aristocrata piemontês, disse a Meta.[224] (O conde Robilant, filho natural do rei Carlo Alberto, fora embaixador em Londres, onde morreu em 17 de outubro.) Pela primeira vez em sua vida adulta, sentiu-se em casa. Seus dias como um nômade haviam terminado. Em Turim ele sentiu (como Sócrates em Atenas) que descobrira "um lugar de onde ninguém quer partir, nem mesmo passear na região do campo ao redor, um lugar onde só andar pelas ruas já era uma alegria! Antes eu teria dito que isso seria impossível".[225]

Porém, como sempre ocorria, um acontecimento imprevisto interrompeu o ambiente agradável de Turim. Em 25 de outubro o editor de Nietzsche em Leipzig, Fritzsch (ver p. 488-489), publicou em sua *Weekly Musical Review* uma resenha de *O Caso Wagner* escrita por um admirador wagneriano fanático, Richard Pohl. (Em defesa de Fritzsch, é preciso lembrar que (a) ele também era editor de Wagner e (b) que essa polêmica vendia livros.) Intitulada *O Caso Nietzsche: um Problema Psicológico*, a resenha dizia que Nietzsche acreditava ser o maior compositor vivo, porém, não tinha nenhuma sensibilidade musical. Pohl também afirmou – por ter ouvido do próprio Wagner – que a animosidade entre os dois surgira porque Nietzsche havia mostrado a Wagner sua ópera, e ele comentou que a obra era um lixo. Apesar de alguns wagnerianos acreditarem nessa história até hoje, Nietzsche nunca fez uma tentativa de compor uma ópera.

Nietzsche ficou furioso quando descobriu a resenha. "Você teve", escreveu a Fritzsch, "a honra de ter o homem mais importante deste século na sua editora. A permissão que você deu a um idiota total como Pohl de escrever a meu respeito é uma das coisas que só poderiam acontecer na Alemanha". O mais irritante foi o fato de

---

219 KGB III.5 1444.
220 KGB III.5 1443.
221 KGB III.5 1157.
222 KGB III.5 1144.
223 KGB III.5 1137.
224 *Ibidem*.
225 KGB III.5 1192.

a resenha ter sido publicada ao mesmo tempo em que "cartas elogiosas chegavam de diversos lugares do mundo dizendo que [*O Caso Wagner*] era uma obra-prima de perspicácia psicológica sem igual".[226] (Como previsível, esse comentário foi um exagero, porque a maioria das cartas foi escrita por amigos ou foram cartas acusando o recebimento de exemplares do livro. Nenhuma delas se excedeu em elogios.) Depois desse insulto, Nietzsche decidiu tirar todos os seus livros da editora de Fritzsch e passou os últimos dias antes de seu colapso mental tentando obter a enorme quantia de 10 mil táleres, que Fritzsch exigia como pagamento de direitos autorais.

Em meados de dezembro foi publicado um artigo sobre *O Caso Wagner*, mas dessa vez escrito por Ferdinand Avenarius, um dos admiradores judeus de Nietzsche. Embora o artigo fosse em geral elogioso, Avenarius lamentou que um pensador tão profundo como Nietzsche tivesse relatado sua "mudança recente de opinião" em relação a Wagner com um estilo meramente jornalístico. Indignado, Nietzsche disse que havia 10 anos publicava críticas sobre Wagner, desde *Humano, demasiado Humano*.[227] Como esse mal-entendido trivial poderia se disseminar e prejudicar a recepção de *Ecce Homo*, Nietzsche decidiu adiar sua publicação para que o ensaio "Nietzsche contra Wagner" (com o subtítulo "Dos Arquivos de um Psicólogo"), uma coletânea de trechos de seus livros mais antigos datados de 1878, fosse publicada antes. Seu objetivo foi o de demonstrar a natureza de sua longa e profunda análise crítica a Wagner.[228] Isso também permitiria, é claro, que Nietzsche ganhasse mais uma vez dinheiro à custa de Wagner.[229]

Uma motivação bem diferente para adiar a publicação de *Ecce Homo* foi sugerida por uma observação estranha mencionada em uma carta a Köselitz escrita em 16 de dezembro: "Eu não vejo razão para apressar demais a trágica catástrofe de minha vida, que começa com *Ecce*."[230] Isso indica que Nietzsche tinha consciência de sua deterioração mental,* assim como que *Ecce Homo* seria a conclusão apropriada de sua vida produtiva. Nesse sentido, ao adiar sua publicação ele prolongaria um pouco mais sua vida. A vida imitaria a arte. E talvez ele estivesse certo. Como sabemos, o doente terminal com frequência agarra-se à vida até passar a comemoração de datas significativas, como o Natal ou o aniversário.

O manuscrito de "Nietzsche contra Wagner" foi enviado a Naumann em 15 de dezembro. No entanto, cinco dias depois sua "guerra contra o presente" tornou-se cada vez mais errática, e Nietzsche decidiu, por razões quase incompreensíveis, que

---

226 KGB III.5 1147.
227 KGB III.5 1184.
228 KGB III.5 1189.
229 KGB III.5 1192.
230 KGB III.5 1192.
\* Ernest Horneffet, um colaborador da primeira tentativa de realizar uma edição de uma coletânea de obras de Nietzsche, comentou a "excitação nervosa" que se agita em "frêmitos" ao longo de seus últimos manuscritos, e de como sua letra mudou completamente em 1888. "De repente, em 1888, ele começou a usar as abreviações mais inacreditáveis, omitindo letras e sílabas e, por fim, escrevia quase só com consoantes" (Gilman [1987] p. 256). Além disso, sua pressa incrível de produzir e a recusa em escutar qualquer coisa, exceto música bem leve, sugerem que Nietzsche em certo sentido havia percebido, antecipadamente, que sua vida precipitava-se para o desenlace fatal.

*Ecce Homo* deveria ser publicado primeiro.[231] Apesar de os dois livros terem sido publicados quando ele não mais tinha condições mentais de opinar, a ordem original foi mantida. *Nietzsche contra Wagner* foi publicado em fevereiro de 1889, mas *Ecce Homo* só foi editado em 1908.

Em suas últimas semanas de períodos intermitentes de sanidade, Nietzsche renunciou ao pensamento filosófico sério, com um sentimento de ter terminado tudo o que tinha a dizer ou de não ser mais capaz de formular suas teorias filosóficas. Ele ainda escrevia freneticamente, mas como agora sua tarefa consistia em pôr em ação sua "artilharia" em vez de fabricá-la, ele escreveu cartas. Entre 1º de dezembro de 1888 e 6 de janeiro de 1889, ele escreveu mais cartas do que em 1884 ou 1885. O objetivo da maioria das cartas era a adesão à sua causa de "transvaloração de todos os valores" dos formadores de opinião europeus e para conseguir traduzir seus livros primeiro em duas línguas, depois três, quatro, sete e por fim em todas as línguas estrangeiras[232] pelos mais proeminentes escritores da Europa como August Strindberg. (Strindberg lhe disse que não havia motivo de traduzi-los para o "groenlandise" [isto é, uma mistura de sueco, norueguês e dinamarquês], porque ninguém lia nessa língua.]

Paralelo ao projeto de conquistar o apoio de formadores de opinião para sua causa, Nietzsche reviveu a ideia de fundar um "mosteiro para os espíritos livres" com uma nova forma institucional: a criação de uma rede de "sociedades de Nietzsche" (a exemplo da rede das sociedades de Wagner). Em *Ecce Homo*, ele escreveu que sonhava com o dia em que haveria "instituições nas quais as pessoas viveriam e ensinariam da maneira como entendo viver e ensinar, além de disciplinas de filosofia dedicadas à interpretação de *Zaratustra*".[233] "A última palavra", ele escreveu em seu caderno de anotações no mês de dezembro:

> A partir de agora precisarei de um número ilimitado de mãos solícitas – mãos imortais. *A Transvaloração* será publicada em duas línguas. Seria uma boa ideia criar sociedades em todos os lugares para que eu possa ter no momento certo um milhão de discípulos. Primeiro, seria importante recrutar todos os oficiais do Exército e banqueiros judeus. Ambos representam a vontade de poder. Meus aliados naturais são, em particular, os oficiais. Quem tem instintos militares não pode ser cristão... Do mesmo modo, os banqueiros judeus são meus aliados naturais por serem o único poder internacional que, devido à origem e ao instinto, unem as nações, depois que os execráveis interesses políticos transformaram a arrogância e o egoísmo dos países em uma obrigação.[234]

Para diminuir o estresse de estar "em campanha", Nietzsche passou os últimos dias de sua sanidade mental aproveitando a vida nos cafés de Turim:

> À noite [ele escreveu a Köselitz em 16 de dezembro] eu me sento em uma sala esplêndida com o pé direito alto. Uma pequena orquestra excelente (piano, quatro cordas e um instrumento de sopro) produz um som abafado, perfeito. Há três cafés um ao lado

---

231 KGB III.5 1202.
232 KGB III.5 1156, 1203, 1213.
233 EH III 1.
234 KSA 13 25.II.

do outro. Eles me trazem o *Journal des débats* [Jean Bourdeau era, como ele pensava, um influente discípulo seu francês]. Tomo um ótimo sorvete, que custa 40 centavos incluindo a gorjeta (um hábito daqui que adquiri). Na Galeria Subalpina (que vejo do outro lado da rua quando saio pela porta da frente do apartamento) onde tem os cafés mais encantadores que conheço, eles tocam *O Barbeiro de Sevilha* todas as noites.[235]

## O Estado Mental de Nietzsche

Diversos fatos entremearam-se ao estado mental de Nietzsche nas últimas semanas de 1888. Um deles foi a já mencionada sensação de euforia quase contínua provocada (ou pelo menos para a qual contribuiu) pela libertação, como ele chamava com frequência, da "tortura animal" do seu corpo. Não só isso irradiou um brilho tranquilo sobre todas as coisas, como também estimulou a realização em um ano de três grandes livros, uma obra menor e de diversas publicações sem praticamente nenhum esforço. "Eu sou", escreveu a Overbeck em outubro, com um tom indisfarçável de despedida, "o homem mais agradecido do mundo, em um estado de espírito outonal no melhor sentido da palavra. Este é o meu maior período de colheita. Tudo acontece com facilidade... mesmo que talvez ninguém tenha jamais tido coisas tão importantes à mão".[236]

Ao mesmo tempo a tendência à megalomania, surtos que remontam à época de *Zaratustra*, começaram a ficar mais acentuados. O tema de que sua obra explodiria a história do mundo em duas metades,[237] porque ele era "uma dinamite mais possante do que um homem"[238] ficou mais enfático, assim como a afirmação de que ele era o 'primeiro homem' do 'século', mais tarde do 'milênio' e, por fim, de 'todos os milênios'".[239] Proporcional ao sentido de sua importância para a história do mundo, ele acreditava ser um homem que atraía a atenção de todas as pessoas:

> É estranho [escreveu a Overbeck] que aqui em Turim eu exerço um fascínio total nas pessoas, embora eu seja uma pessoa muito modesta e compreensiva. Quando eu entro em uma grande loja todos os rostos mudam de expressão; as mulheres olham para mim na rua – as senhoras no mercado procuram me vender as uvas mais doces e reduzem o preço.[240]

Em geral, "elas me tratam como um príncipe, mas talvez eu seja mesmo um príncipe".[241]

Além dessa sensação de uma importância excepcional, Nietzsche acreditava que tinha um poder telecinético: "Eu leio o *Journal des débats*, que me deram espontaneamente a primeira vez em que fui a um café. Não havia mais acasos; quando

---

235 KGB III.5 1192.
236 KGB III.5 1132.
237 KGB III.5 1132.
238 KGB III.5 1159.
239 KGB III.5 1147, 1158.
240 KGB III.5 1210.
241 KGB III.5 1186.

penso em alguém na mesma hora surge uma carta por baixo da porta."[242] (Em *A Gaia Ciência* [p. 409] ele mencionou a importância de interpretar a vida de alguém, para que tudo o que aconteça não seja acidental, e, sim, significativo. Mas agora o poder retrospectivo de *interpretação* foi substituído pelo poder *causal*.)

Como previsível, à medida que a megalomania se intensificava, ele começou a perder seu sentido de realidade. Os contatos que Brandes fez para ajudá-lo atraíram a atenção, exceto no caso de Strindberg, de pessoas comuns – pessoas que, além disso, se interessaram por sua filosofia, mas não a adotaram, transformaram-se em sua mente em "discípulos", seguidores devotados "extraordinários, com alta posição social e influência em São Petersburgo, Paris, Estocolmo, Viena e Nova York". Em sua megalomania, ele ficara "incrivelmente famoso", convertera-se em uma celebridade: "não existia um nome tratado com tanto respeito como o meu."[243] Jean Bourdeau, um mero colaborador ocasional foi promovido a editor-chefe do *Journal des débats* e da *Revue de deux mondes* e, por isso, era "o homem mais influente da França".[244] Mas, na realidade, Bourdeau não admirava Nietzsche e achava seus livros "cruéis e perversos".

É evidente, em poucos anos Nietzsche *seria* uma celebridade, em parte precisamente por causa dessa autoestima. Mais cedo ou mais tarde, disse Disraeli, o mundo reconheceria um homem com essa estatura. No entanto, nada disso altera o fato de que Nietzsche vivia em um mundo ilusório em relação à sua fama em 1888.

Além da megalomania, Nietzsche tinha crises de fúria que rompiam a calma desse cenário, uma fúria dirigida contra aqueles que não reconheciam sua genialidade. Antes de tudo, contra os alemães, um "povo com alma de rebanho", "idiotas", "desprezíveis", "criminosos" históricos (Lutero matou o Renascimento, as supostas "guerras de libertação" assassinaram Napoleão e Kant matou o pensamento científico),[245] que não reconheceram que Nietzsche e só Nietzsche "justificava" a existência miserável deles[246] por ter escrito o "livro mais profundo em língua alemã".[247]

As explosões de fúria também se dirigiam contra as pessoas. Contra Fritzsch, como vimos, por ter permitido que Pohl criticasse "o homem mais importante do milênio". Contra Von Bülow, um maestro sempre ocupado com viagens, por ter demorado em responder a seu pedido, como se fosse um pedido régio, de se interessar pela música *Leão de Veneza* de Köselitz. "Você não respondeu a minha carta", escreveu Nietzsche. "Eu não o incomodarei de novo", prometo-lhe. "Penso que percebeu que o espírito mais relevante de sua época lhe expressou um desejo".[248] Malwida von Meysenbug tornou-se o alvo de seus insultos implacáveis. Sempre tentando conciliar sua lealdade a Wagner e a Nietzsche, Malwida dissera gentilmente que ele desprezara sua antiga afeição por Wagner ao usar a palavra "idiota" (*Hanswurst*) referindo-se a Wagner e a Lizt em *O Caso Wagner*.[249] Nietzsche respondeu impe-

---

242 KGB III.5 1210.
243 KGB III.5 1204.
244 KGB III.5 1193.
245 KGB III.5 1132.
246 KSA 13 25 [7] 5.
247 KGB III.5 1050.
248 KGB III.5 1129.
249 KGB III.6 591.

rioso que Wagner "era um assunto sobre o qual eu não admito críticas". Continuou agressivo, e chamou mais uma vez Wagner de "*Hanswurst*" (no sentido literal, a "salsicha de Hans"), e de uma maneira surpreendente para uma pessoa tão educada, chamou sua amiga e sua segunda mãe há mais de 15 anos de uma vaca velha e tola.[250] Como vimos (p. 606), Nietzsche acreditou (erroneamente) que a doação de 2 mil marcos para publicar seus livros com recursos próprios, que recebera por intermédio de Deussen, era uma doação dele. Isso lhe deu coragem para pedir ao antigo amigo 10 mil táleres para comprar os direitos autorais de suas obras de Fritzsch. Deussen, é claro, respondeu que (como um homem casado que ganhava um salário de professor), infelizmente, não tinha meios para arcar com uma quantia tão elevada. Nietzsche, em seguida, chamou-o com desprezo de "estúpido demais para nós, muito banal", em uma carta a Köselitz.[251]

---

250 KGB III.5 1131.
251 KGB III.5 1207.

# 25

## CATÁSTROFE

### O Deus Nietzsche

A primeira vez que a família Fino notou que havia algo estranho com seu locatário — eles, é claro, não sabiam que Nietzsche estava escrevendo cartas cada vez mais esquisitas havia algum tempo – foi no início de dezembro de 1888. Nietzsche lhes pedira para tirar tudo o que estivesse pendurado nas paredes de seu quarto, porque ele esperava uma visita do rei e da rainha da Itália, e o quarto tinha de parecer um templo para recebê-los.[1] Eles também começaram a encontrar dinheiro rasgado em sua lata de lixo. A escuridão, no entanto, não o envolveu de repente, havia ainda momentos de lucidez. No início de dezembro, ele começou a escrever cartas indiscutivelmente perturbadas, uma delas para Bismarck, por exemplo, estava assinada, "O Anticristo/Friedrich Nietzsche/Fromentin"[2] (este último um pintor romântico francês que morrera em 1876). Mas, mesmo assim, ele conseguiu escrever uma carta normal para Emily Fynn em 6 de dezembro e uma razoável para Köselitz em 16 de dezembro.[3] Aos poucos, porém, sua perda de contato com a realidade ficou cada vez mais acentuada.

Com relação ao seu corpo, por exemplo, ele notou uma perda esporádica de controle e uma espécie de incontinência emocional. Certa vez, escreveu em 25 de novembro, ele teve uma inspiração "idiota" quando andava nas ruas e durante meia hora não conseguiu parar de rir. Uma dessas inspirações foi de fato louca, uma ideia quase obscura de inspirar-se em Malwida (a mais virginal das mulheres) para criar o personagem Kundry em *Ecce Homo*, a prostituta má (por fim redimida) da ópera *Parsifal* de Wagner. "Eu não consegui manter uma expressão séria no rosto durante quatro dias", contou a Köselitz.[4] Em outra ocasião, enquanto assistia a um concerto maravilhoso, contou ele, a dissociação do corpo com a mente repetiu-se: "meu rosto fazia caretas sem parar para tentar controlar meu extremo prazer, inclusive, por 10 minutos, a careta das lágrimas."[5]

A megalomania mencionada no capítulo anterior levou-o a viver em um mundo de fantasia política. No início de dezembro ele escreveu a Brandes que,

---

1   C p. 716.
2   KGB III.5 1173.
3   KGB III.5 1173, 1192.
4   KGB III.5 1157.
5   KGB III.5 1168.

> Estou preparando um acontecimento que, é muito provável, dividirá a história em duas metades, a ponto de termos uma nova maneira de calcular o tempo: 1888 será o ano um (ver p. 630)... Ainda haverá guerra, mas não entre nações e classes sociais. Tudo explodirá – eu sou o mais terrível dinamite que existe. Vou pedir que publiquem *O Anticristo: a transvaloração de todos os valores* daqui a três meses. É um segredo, mas ele será um trabalho destinado a causar polêmica. Quero traduzi-lo em todas as línguas europeias... na primeira edição ele terá uma tiragem de mil exemplares em cada língua.

A guerra, continuou Nietzsche, será uma "guerra de extermínio" do cristianismo. Em todos os lugares do mundo as leis o proibindo serão promulgadas, o imperador "idiota" será deposto e a "Tríplice Aliança" (o tratado político-militar da Europa continental) será abolido. Nietzsche concluiu seu raciocínio com o seguinte texto já citado:

> Se vencermos, teremos o controle do mundo em nossas mãos e a paz mundial será estabelecida... [teremos] de eliminar as fronteiras absurdas entre as raças, nações e classes sociais, e só a hierarquia entre os homens permanecerá, na verdade, será uma escada hierárquica gigantesca.[6]

A esse exercício de liderança política "histórica", da "grande política por excelência",[7] seguem-se cartas depondo o imperador e toda a dinastia dos Hohenzollern[8] e, de novo, eliminando a Tríplice Aliança. Em 31 de dezembro, ele escreveu a Strindberg, que por ordem sua um feriado nacional comemoraria a execução do jovem imperador, e assinou a carta com o nome de "Nietzsche César".[9] Strindberg, que por pouco escapara de ser internado em uma instituição psiquiátrica, respondeu que "às vezes era um alívio ser louco".

Em 3 de janeiro, a vitória foi alcançada e a paz mundial se estabeleceu: "Você não percebe a alegria do céu?", escreveu a Meta von Salis. "Agora conquistei meu reino, vou pôr o papa na cadeia e ordenarei que fuzilem Guilherme [o imperador], Bismarck e Stöcker [o antissemita]."[10] No dia seguinte (na sua concepção própria de "solução final"), ele estava tendo as suas costumeiras verborragias antissemitas.[11]

Os sintomas, sem dúvida, eram de loucura. No entanto, havia um método em sua argumentação, um traço fragmentado de sanidade das suas melhores obras. Havia, em primeiro lugar, um sinal de sanidade política originária da experiência nos campos de batalha da Guerra Franco-Prussiana. Suas observações nas páginas finais dos cadernos de anotações sobre a "loucura" da dinastia disputam o espaço com "coloquem a flor da juventude, a energia e o poder na boca do canhão".[12] Além disso, seus comentários referentes à insanidade de gastar 12 bilhões de marcos por ano para manter a "paz armada" da Tríplice Aliança, uma paz fictícia, uma mera re-

---

6   KGB III.5 1170.
7   *Ibidem*.
8   KGB III.5 1227.
9   KGB III.5 1229.
10  KGB III.5 1239.
11  KGB III.5 1249.
12  KSA 13 25.15.

ceita de uma guerra futura,[13] são indícios de sanidade. E o pressentimento subjacente da eclosão da Primeira Guerra Mundial, que aconteceria 14 anos depois de sua morte, é profético. A ideia de que a guerra só seria superada com a eliminação do egocentrismo nacional e dinástico, que só seria possível com a unificação europeia e, em consequência, com um governo mundial também é uma ideia perfeitamente lúcida. Estas opiniões, o cosmopolitismo de Nietzsche e sua compreensão de que só a renúncia ao nacionalismo armado poderia provocar a paz genuína, ideias descritas em *Humano, demasiado Humano*, são sinais evidentes de sanidade mental.[14]

Lúcida também é a tese que poderíamos chamar de "os livros fazem a diferença", a tese de que a "liderança espiritual" dos grandes pensadores influi na cultura, na política e na vida, de que as ideias que mudam o mundo "vêm carregadas nas patas dos pombos". Nietzsche denominava sua guerra contra o cristianismo e a dinastia dos Hohenzollern de "guerra espiritual". Mas a ideia de que a guerra espiritual obteria resultados quase imediatos e não ao longo dos séculos, de que tudo o que ele precisava fazer para provocar o colapso do governo e da Igreja seria enviar exemplares de *Ecce Homo* e de *O Anticristo* às cabeças coroadas da Europa e ao papa era totalmente insana.[15] Sua convicção de que a nova ordem já estava acontecendo era também um sinal evidente de loucura.

Cada vez mais, Nietzsche perdeu contato com seu corpo e com a realidade política e, por fim, perdeu contato com sua identidade. Em 31 de dezembro, ele escreveu a Köselitz que não se lembrava mais o seu endereço, mas acrescentou, "Vamos supor que seja o palácio Quirinal"[16] (residência do rei da Itália em Roma). Muitas cartas eram assinadas "O Crucificado",[17] e mais ainda como "Dionísio".[18] (A associação entre Jesus e Dionísio originava-se do fato de ambos terem superado a morte. Os dois foram assassinados. Dionísio foi esquartejado pelos Titãs, mas ressuscitou para a vida eterna.) Em sua última carta a Burckhardt, escrita em 6 de janeiro, ele revelou seu estado de perturbação mental:

> Caro Herr professor, eu preferiria ser um professor na Basileia a ser Deus. Porém, não ouso ser tão egoísta e privar o mundo de minha criação. Aluguei um pequeno apartamento de estudante em frente ao palácio Carignano (onde nasci como Vítor Emanuel). Não leve muito a sério o caso de Prado [Prado fora condenado à morte em Paris no dia 14 de novembro pelo assassinato de uma prostituta]. Eu sou Prado, sou também o pai de Prado... basicamente sou todos os protagonistas da história... tudo no "reino de Deus" provém de Deus. Esse outono, vestido tão modestamente como possível, compareci duas vezes ao meu funeral: primeiro como conde Robilant. (Não, ele é meu filho porque eu sou Carlo Alberto)...[19]

Duas coisas são marcantes nessa carta extraordinária. Primeiro, revela uma experiência de "transcendência física" (que talvez explique a perda de controle do

---

13   KSA 13 25. 19.
14   WS 284, 350, ver p. 322-324.
15   KGB III.5 1172, 1173, 1254, 1255.
16   KGB III.5 1128.
17   KGB III.5 1238, 1243.
18   KGB III.5 1235, 1244, 1249, 1250, 1251, 1252.
19   KGB III.5 1256.

corpo), e uma transcendência do ego cotidiano. Em segundo lugar, essa experiência vivenciada por Nietzsche significa uma transcendência para uma nova identidade universal: ele se transforma em uma "unidade primal". Isso demonstra certa continuidade entre sua filosofia e a loucura. A noção que permeia o final de seu pensamento filosófico das "experiências mais íntimas e ocultas" subjacente no início, como observou Lou Salomé (p. 620-621), continua nas "cartas loucas". O estado de êxtase da loucura de Nietzsche consistia em habitar o mundo dionisíaco. Essa moradia, no entanto, era confusa. Por um lado, a "unidade primal" é uma *imanência*, uma unidade *natural*: ele "é" César, Robilant, Carlo Alberto, Prado, o pai de Prado, quem quer que surja à sua mente, ou seja, a totalidade dos seres humanos. Essa é uma visão *não metafísica* do estado dionisíaco descrito em suas últimas obras. Mas, por sua vez, ele transforma-se na unidade primal de *transcendência natural, metafísica* de *A Origem da Tragédia*. Ele incorpora o deus criança e artista sobrenatural que, como mencionado na carta, "cria o mundo"; cria e, por isso, podemos mudar o "cenário do campo de batalha" do mundo onde vivemos (p. 146). O estado de êxtase da loucura de Nietzsche pode ser então descrito como a entrada no estado dionisíaco que fundamenta sua filosofia. Porém, agora, existe uma nova versão confusa e volátil desse estado.

No início de 1889, Nietzsche de uma maneira confusa "converteu-se" no deus Dionísio. E com essa nova identidade surgiu uma intensificação do espírito de alegria sagrada, em que ele vivia desde que chegara a Turim, no final de setembro. "Cante para mim uma nova música: o mundo se transfigurou e todos os céus se alegram",[20] disse a Köselitz em uma linguagem do Novo Testamento de sua infância. E pediu a Cosima para anunciar "as boas-novas" em Bayreuth.[21] (Assim como em *A Origem da Tragédia* a "nova música" teria de soar muito parecido com a *Ode à Alegria*, de Beethoven [p. 149].

Paralelo a essa transfiguração do mundo para atingir a perfeição, e com sua nova identidade do deus Dionísio e do Jesus "crucificado", Nietzsche dedicou-se à causa do "perdão dos pecados", às vezes com certa sagacidade, outras com malícia. Ele escreveu a Malwida dizendo que lhe "perdoara muitas coisas, porque ela lhe havia amado tanto".[22] Para Von Bülow (lembrem-se, foi o primeiro marido de Cosima) ele enviou um acróstico espirituoso: "com a terceira garrafa de Veuve-Cliquot de Ariadne [a terceira garrafa de champanhe, isto é, do marido de Ariadne, isto é, Cosima] não quero estragar seu jogo, eu o condeno [a tocar para sempre] *Leão de Veneza*" (a ópera de Köselitz pela qual Von Bülow não se interessara).[23] Para Deussen (que, como vimos, fora muito "estúpido" para fornecer o dinheiro com o qual Nietzsche compraria seus direitos autorais de Fritzsch), ele escreveu que também já lhe reservara um lugar nesse novo "plano mundial" como um sátiro.[24] Ao pôr a culpa da briga deles na "cegueira" sobre Taine, Nietzsche disse que reservara um lugar para Rohde entre os deuses, "ao lado da deusa mais bonita".[25] Mesmo Wagner foi perdoado, ou pelo menos desculpado, por ter uma "mente doentia".[26]

---

20   KGB 1247; cf. 1239.
21   KGB III.5 1242.
22   KGB III.5 1248.
23   KGB III.5 1244.
24   KGB III.5 1246.
25   KGB III.5 1250.
26   KGB III.5 1252.

Tudo isso, é claro, refletiu a teoria de Nietzsche de *amor fati*, do desejo do eterno retorno. *Amor fati* reaparece nas páginas finais do caderno de anotações:

> O último ponto de vista, talvez o mais nobre. Eu justifico os alemães, só eu... Eu não teria sido possível sem essa raça oposta... sem Bismarck, sem 1848, sem a "guerra de libertação" [antinapoleônica], sem Kant, sem Lutero... Os grandes crimes culturais dos alemães justificam-se em uma economia com um alto nível cultural. Eu não queria que nada fosse diferente, nem oposto... *Amor fati*... Mesmo o cristianismo era necessário; a forma superior, a mais perigosa, a mais sedutora. A negação à vida opõe-se à sua afirmação mais elevada – eu.[27]

## A História do Cavalo

Depois do Ano-Novo, a vida da família Fino ficou impossível. Aos poucos, Nietzsche passou de intermináveis músicas de Wagner tocadas no piano, sempre de memória, a golpes frenéticos nas teclas, quase sempre com os cotovelos, acompanhados de canções loucas e gritos a qualquer momento do dia ou da noite. Por três noites seguidas ninguém na casa conseguiu dormir. Em uma ocasião, Fino espiou o quarto de Nietzsche pelo buraco da fechadura e o viu gritando, aos saltos, e dançando ao redor do quarto, nu, como se fosse uma representação da orgia de Dionísio. O relato sucinto de Overbeck a respeito desse acontecimento lança um véu sobre "outras coisas" vulgares demais para serem mencionadas. Talvez, por exemplo, não tenha mencionado o pênis ereto do sátiro.

Em 3 de janeiro de 1889, a situação chegou ao limite. Ao ver um cocheiro chicotear com força seu cavalo em uma das praças de Turim, Nietzsche abraçou o pescoço do cavalo, com as lágrimas escorrendo pelo rosto e, em seguida, caiu desmaiado no chão.

A história é peculiar porque, caso seja verdade, Nietzsche parcialmente escreveu essa cena um ano e meio antes. (Lembrem-se da sugestão que ele fez na juventude de que a loucura de Hölderlin foi em parte "escrita" devido à sua identificação com Empédocles (p. 46-47) e a sua pela íntima identificação com Hölderlin.) Na metade da carta a Von Seydlitz, ele abruptamente interrompeu a conversa sobre assuntos triviais para contar uma visão da "moral tristíssima" que lhe surgia à mente sem nenhum motivo: "uma paisagem de inverno. Um cocheiro idoso com uma expressão de cinismo brutal, mais dura que o inverno em torno, urinava em seu cavalo. O cavalo, a pobre criatura destruída, olhava ao redor agradecido, muito agradecido."[28] Para uma leitura ainda mais exata da cena, lembrem-se da expressão "criação fantasiosa" em *A Gaia Ciência*,[29] que também pode ser vista em *Crime e Castigo*, quando Raskolnikov tem um sonho no qual, possuído de compaixão, atirou os braços ao redor de um cavalo que havia sido açoitado até morrer. (A discussão em *O Crepúsculo dos Ídolos* do criminoso como um homem forte, que adoecera

---

27 KSA 13 25 [7].
28 KGB III.5 1034.
29 GS 78.

devido a circunstâncias desfavoráveis, atribui essa visão ao *"profundo"* Dostoievski, o que é uma indicação enfática de ele ter incluído, em 1888, *Crime e Castigo* em sua leitura desse autor russo.)[30]

A confiabilidade da história do cavalo tem sido questionada em razão de a fonte original ser um artigo anônimo de um jornal escrito 11 anos depois do suposto acontecimento. No entanto, ela deve ter algum fundamento porque, como vimos, Nietzsche tinha uma forte inclinação a sentir compaixão (um motivo essencial para sua crítica quanto aos efeitos debilitantes nos compassivos, sugiro) e sempre se emocionava, com facilidade, quase às lágrimas.

Ao voltar para o apartamento na Via Carlo Alberto acompanhado por dois policiais, as pessoas da casa conseguiram convencer Nietzsche a deitar-se enquanto esperava a chegada do psiquiatra Dr. Carlo Turina. No momento, porém, em que ele apareceu, Nietzsche gritou *"Pas malade! Pas malade!"* e recusou-se a vê-lo. Só mais tarde, quando apresentou Turina como um amigo da família, Fino por fim persuadiu Nietzsche a recebê-lo. Brometo, usado amplamente como tranquilizante no século XIX, foi pedido na farmácia Rosseti (que ainda existe), na praça Carignano.

Nesse ínterim, na Basileia, Burckhardt, muito perturbado pela carta "Eu preferia ser professor na Basileia a ser Deus", visitou Overbeck em 6 de janeiro. Overbeck, que havia várias semanas estava preocupado com o estado mental de Nietzsche, consultou seu colega Ludwig Wille, professor de psiquiatria na universidade e diretor da clínica psiquiátrica local. Wille aconselhou-o a trazer Nietzsche para a Basileia imediatamente, caso contrário, ele corria o risco de ser encarcerado em alguma questionável instituição italiana.

Na tarde de 7 de janeiro, Overbeck chegou ao apartamento de Nietzsche, para grande alívio de Davide Fino que, apesar de gentil e sensível, estivera a ponto de chamar a polícia. Overbeck encontrou seu antigo amigo, uma sombra do que fora, sentado em um canto de um sofá, mastigando algo, e lendo as provas finais de *Nietzsche contra Wagner*. Nietzsche o abraçou apaixonadamente e depois caiu no sofá trêmulo e gemendo. Overbeck ajoelhou-se ao seu lado. Haviam dado mais uma dose de brometo ao doente e ele por fim se acalmara. Nietzsche começou a falar animado sobre a recepção que iria dar naquela noite (provavelmente para o rei e a rainha da Itália). Ele vive, escreveu Overbeck a Köselitz na semana seguinte,

> mergulhado em seu mundo perturbado do qual, em minha presença, ele nunca mais saiu. Discernia claramente quem eu era e quem eram as outras pessoas ao seu redor, mas perdera por completo o contato com sua realidade física e mental... Em crises cada vez mais intensas de cantos e de golpes nas teclas do piano, vinham-lhe à mente fragmentos do mundo onde há pouco vivera. Às vezes, em um sussurro, ele falava frases de uma luminosidade maravilhosa. Mas também dizia coisas terríveis a seu respeito como sucessor do Deus agora morto, com todas essas crises psicóticas intercaladas com o som do piano e, em seguida, mais convulsões e surtos de um sofrimento indizível.[31]

---

30   TI IX 45.
31   J III p. 39.

Em 9 de janeiro, Overbeck decidiu que Nietzsche teria de partir sem demora da Itália. Como a polícia já estava ciente de seu estado, a alternativa seria uma prisão em Turim. Com seu temperamento suave, Overbeck não conseguiria controlar o doente e, então, seria impossível fazer a viagem sozinho. Felizmente, surgiu um *deus ex machina*, Dr. Bettmann, recomendado pelo cônsul alemão por saber lidar com doentes mentais e que se ofereceu para acompanhar Nietzsche até a Basileia. (Bettmann, na verdade, era um dentista judeu, o último da longa sequência de judeus que incentivaram e protegeram Nietzsche durante sua vida adulta.) Como Nietzsche seguia todas as instruções de Bettmann com uma obediência infantil, do mesmo modo que a condessa Mansuroff, em épocas felizes, seguira as suas (p. 477), foi possível realizar a viagem. Bettmann convenceu Nietzsche de que uma grande recepção o aguardava ao final da viagem, e assim o levou à estação de trem.

Durante a viagem sedaram Nietzsche com hidrato de cloral, mas quando começou a passar o efeito do remédio Nietzsche quis abraçar todas as pessoas e cantou sem parar uma música de gondoleiro que, mais tarde, Overbeck percebeu ser a poesia de *Ecce Homo*.[32] Ao chegar à Basileia, em 10 de janeiro, Nietzsche foi levado sem opor resistência para a clínica psiquiátrica de Wille.

---

32 EH II 7.

# 26

# A ASCENSÃO E QUEDA DE *A VONTADE DE PODER*

No Capítulo 24, vimos que, durante os últimos anos de sua vida produtiva, o projeto de escrever um livro intitulado *A Vontade de Poder* foi o principal objetivo filosófico de Nietzsche. Este capítulo dedica-se a investigar por que este livro nunca foi concluído.

A ideia da vontade de poder surgiu pela primeira vez nas obras de Nietzsche publicadas em 1878, na discussão em *Humano, demasiado Humano* sobre um fenômeno psicológico específico: em sua essência, a gratidão é a vingança do poderoso, o desejo de estimular a piedade significa a procura de controle por parte do mais fraco, o ascetismo ostensivo é a busca de poder espiritual do santo, e a consciência pesada é a procura de poder obrigada a se interiorizar.[1] A *expressão* "vontade de poder" surgiu pela primeira vez em janeiro de 1883 na Parte I de *Zaratustra*. Aqui, no contexto da psicologia de grupo, a ideia começou a ter uma visão mais sistemática. A moral do "povo", como vimos, é "a voz de sua vontade de poder", de sua vontade de "dominar, conquistar e brilhar para horror e inveja dos vizinhos".[2] No verão de 1883, na Parte II de *Zaratustra* a ideia expandiu-se para englobar a vida inteira:

> Em qualquer lugar onde eu encontrar vida, encontrarei a vontade de poder, mesmo na vontade de servir verei a vontade de dominar... E a vida contou-me um segredo: "Olhe", ela disse, "*eu represento tudo o que você sempre terá de dominar*".[3]

Dois anos depois, em abril de 1885, Nietzsche pensou em ampliar a ideia da vontade de poder a uma base subjacente não apenas do mundo biológico, mas também do mundo inorgânico. Ele escreveu em seu caderno de anotações: "a vontade de poder dominará o mundo inorgânico, caso contrário, não haverá o mundo inorgânico".[4] Em agosto deste ano ele fez o primeiro de uns 20 planos para um livro que teria como título principal *A Vontade de Poder*.[5] E no verão de 1886 ele concebeu o trabalho como um empreendimento maciço com quatro volumes,[6] uma "obra-prima"[7] que proporcionaria um relato "sintético"[8] de sua filosofia inteira. A

---

1  HH 44, 50, 55, 137.
2  Z I 15.
3  Z II 12.
4  KSA II 34 [247].
5  KSA II 39 [1].
6  KSA 12 2 [100].
7  KGB III.3 741.
8  KGB III.5 973.

"tarefa" tornou-se seu projeto literário central e, como vimos, o significado de sua vida até pouco antes de seu colapso mental.

Mas, embora tenha escrito mais de mil páginas de notas preparatórias para a obra-prima, ele nunca a publicou. O trabalho póstumo publicado em 1901 com o título *A Vontade de Poder: uma tentativa de transvaloração de todos os valores*, reeditado em 1906 e 1911 e, por fim, ampliado para conter 1.067 pequenos trechos de seus cadernos de anotações foi uma mistura filológica vergonhosa[9] por parte da terrível Elizabeth ajudada, em especial, por Köselitz, que se unira ao inimigo.

Em razão da seriedade com que Nietzsche idealizava o projeto e a aparente possibilidade de que sua não publicação pudesse ser atribuída ao início da loucura, não é um absurdo que muitos filósofos e estudiosos de Nietzsche tenham considerado os cadernos de anotações não publicados, os *Nachlass*, como uma referência à "verdadeira" filosofia de Nietzsche.* Martin Heidegger aderiu a essa visão e escreveu no início de seu estudo de quatro volumes sobre Nietzsche que

> A verdadeira filosofia de Nietzsche, a posição fundamental de suas opiniões... todos os escritos que ele publicou não assumiram uma forma final nem foram publicados em livros... As obras de Nietzsche publicadas durante sua vida criativa foram sempre de primeiro plano... Sua filosofia real foi relegada a um trabalho póstumo e não publicado.[10]

Alfred Bäumler, o estudioso nazista de Nietzsche, também adotou essa opinião baseada no argumento de que os *Nachlass* revelaram um Nietzsche protonazista. Com uma perspectiva diferente, Heidegger também viu Nietzsche como um protonazista. No final de seu estudo com quatro volumes, ao perceber com horror a realidade nazista ao seu redor nos anos iniciais da guerra (embora tenha permanecido membro do Partido Nazista), ele decidiu que sua admiração da vida inteira por Nietzsche fora mal direcionada, "no final da metafísica de [Nietzsche]", escreveu, "vemos a declaração *Homo est brutum bestiale*", a "besta loura".[11] A personificação do "super-homem" nietzschiano, disse, era o comandante do tanque da SS. (Essa interpretação dos *Nachlass* provocou quase um colapso nervoso: *Nietzsche hat mich kaputt gemacht*, lamentou ele.)

Não foram apenas os filósofos alemães que defenderam a ideia de que o Nietzsche "real" seria encontrado em seus cadernos de anotações. Filósofos anglófonos com uma formação "analítica" tradicional também defenderam com frequência essa teoria. No estudo monumental de Richard Schacht, por exemplo, de um total de

---

9   O plano que Elizabeth usou, extraído de um esboço feito em 17 de março de 1884, foi um projeto de uma obra com quatro volumes contendo 374 aforismos. Desse número, 104 não foram aproveitados. Dos 270 aforismos restantes, 137 foram reproduzidos de maneira incompleta ou com alterações intencionais – supressão de cabeçalhos ou de frases inteiras, divisão de textos que pertenciam a um conjunto e assim por diante (ver Montinari (2003) p. 92-93). E, é claro, 693 trechos da edição preparada por Elizabeth em 1906 não seguiram o projeto elaborado em 1844. Muitos deles haviam sido jogados na cesta de lixo de Nietzsche em Sils e, por razões desconhecidas, Durisch os recolheu.

\*   Essa ideia foi incentivada por Elizabeth que, em uma tentativa de apoiar a legitimidade de seu projeto da "vontade de poder", disse que Franz Overbeck destruíra o manuscrito completo do "trabalho".

10  Heidegger (1979) vol. I, p. 8-9.
11  Heidegger (1979) vol. 4, p. 148.

1.718 citações de Nietzsche, 861, mais da metade, foram extraídas do "livro" que Nietzsche nunca publicou. E no capítulo dedicado à suposta metafísica de Nietzsche, das 199 citações 152 foram retiradas dos papéis de Elizabeth.[12]

Schacht e Heidegger compartilharam a mesma percepção de Nietzsche. De acordo com os dois, ele era um filósofo tradicional e, portanto, o cerne de seu pensamento era metafísico. Apesar de terem pontos de vista diferentes em relação à metafísica – enquanto para Heidegger era um tema a ser "superado", Schacht era mais imparcial –, mas ambos viam Nietzsche, acima de tudo, como um "metafísico". De um modo mais específico, eles pensavam que sua filosofia oferecia uma doutrina "cosmológica" segundo a qual tudo, em sua essência, significava a "vontade de poder". No entanto, das 3.130 páginas que Nietzsche escolheu publicar,[13] só uma passagem de quase uma página, a Seção 36 de *Além do Bem e do Mal*, propõe uma doutrina cosmológica e mesmo assim de uma maneira específica.[14] O objetivo de ler Nietzsche para conhecer sua cosmologia metafísica deve basear-se nos *Nachlass*.

A abordagem de Heidegger e de Schacht com referência a Nietzsche não é tola. Porque, como agora iremos mostrar, o estímulo original do projeto de escrever *A Vontade de Poder* foi precisamente de adaptá-lo à grandeza filosófica tradicional. Porém, como iremos ver, foi um impulso que ele depois rejeitou e, por esse motivo, desistiu do projeto da *Vontade de Poder*. Não foi o início da loucura, e sim uma decisão de um Nietzsche consciente, em plena sanidade mental, que nos privou – ou deveria ter privado – de *A Vontade de Poder*.

## *O Estímulo Intelectual de Casaubon*

Ao longo do período em que George Eliot escreveu o livro *Middlemarch*, o reverendo Edward Casaubon dedicou-se arduamente a escrever *Key to all Mythologies*, um livro que nunca terminou. Essa vontade de descobrir a "chave" para abrir o universo era a mesma ideia subjacente à primeira concepção de Nietzsche de sua "obra-prima". A nota escrita em 1885 no caderno de anotações, na qual essa concepção fez sua primeira e grandiosa aparição diz:

*A Vontade de Poder*
Tentativa de uma nova explicação[15] de todos os acontecimentos[16]
de Friedrich Nietzsche.[17]

---

12 Trata-se do Capítulo IV de *Nietzsche* (Schacht [1983]). Essas estatísticas são mencionadas em Magnus (1986).
13 Na edição KSA.
14 A Seção 12 do segundo ensaio de *A Genealogia da Moral* pode ser interpretada como uma *afirmação* dessa doutrina.
15 Ou "interpretação" – *Auslegung*.
16 Por que "acontecimentos" em vez de "coisas"? Porque, como sabemos, Nietzsche pensava que as coisas em geral eram uma ilusão da gramática (p. 525). A realidade, dizia, é feita de acontecimentos. O único tema que precisava ser discutido era a característica desses acontecimentos.
17 KSA II 39 [1].

Os mesmos título e subtítulo foram mantidos no segundo esboço escrito cerca de um mês depois.[18]

O único amigo da vida inteira de Nietzsche, que o apoiou em todas as ocasiões, Franz Overbeck, fez uma surpreendente avaliação póstuma do caráter de Nietzsche. Ele não era, escreveu Overbeck, "um grande homem no sentido genuíno", mas, sim, "o que o dominava e o possuía era a *aspiração* à grandeza, a ambição na competição da vida".[19] Nietzsche tinha, sem dúvida, uma aspiração em um grau extraordinário de intensidade de grandeza pessoal. A ambição que resultou em megalomania, uma peculiaridade essencial de sua insanidade, já se manifestara em 1884: *Zaratustra*, disse, com um tom profético "dividirá a história em duas metades" (p. 473).

Na Alemanha do século XIX, para ser um escritor "importante" era preciso escrever um "grande" livro. Nenhuma das publicações de Nietzsche anteriores ao projeto da obra-prima tinha esse perfil – só a concisão já as desqualificava. Então, a tarefa de escrever um livro que igualaria ou superaria a *Crítica da Razão Pura*, a *Fenomenologia do Espírito* e, sobretudo, *O Mundo como Vontade e Representação*, absorveu todas as suas energias depois da conclusão de *A Genealogia da Moral* em agosto de 1887.

Um antigo estudioso dos clássicos que não tivera uma formação adequada em história da filosofia, Nietzsche só *conhecia* os gregos, com sua admiração concentrada nos pré-socráticos, e "seu único educador" fora Arthur Schopenhauer. Com esses antecedentes, era inevitável que, para atingir a grandeza imaginada por ele e Casaubon, seria necessário formular uma "teoria de tudo", uma teoria de "tudo é X". Os pré-socráticos haviam desenvolvido essas teorias. Para eles tudo era água, matéria, átomos, ser ou vir a ser, assim como em Schopenhauer, para quem tudo se resumia em "vontade" e "vontade de viver".

Nietzsche apoiava essa tendência de fazer afirmações abrangentes e observou em seus cadernos de anotações que Demócrito e Empédocles haviam "criticado e aperfeiçoado" o trabalho de Anaxágoras devido à convicção de que a essência do "método científico" era a "lei da parcimônia", a lei que "a hipótese que se desdobra em mínimos pressupostos e quer explicar o mundo supera todas as hipóteses rivais".[20]

Schopenhauer também defendia a lei da parcimônia com a justificativa da expansão da "vontade" além de seu limite natural no cerne da motivação humana, para se tornar o fundamento metafísico de todos os acontecimentos. A justificativa dessa expansão, escreveu, encontra-se na "lei da homogeneidade divina" de Platão, que requer a procura do gênero mais elevado, no qual todas as espécies naturais se incluiriam.[21]

Assim, seria inevitável que a busca de grandeza de Nietzsche exigisse que ele elaborasse, como sugerido pelo subtítulo, "uma explicação de todos os acontecimentos" que os reduziria a um único princípio, e com o instigante conceito da vontade de poder à sua disposição, ele pensava que tinha uma boa chance de fazer essa redução.

---

18  KSA II 40 [2].
19  Bernoulli (1908), vol. I, p. 269. Minha ênfase.
20  KSA 7 23 [30].
21  FR p. 1.

## A Explicação de todos os Acontecimentos

Como mencionado, a "teoria de tudo" de Nietzsche surgiu nos cadernos de anotações no verão de 1885. Ele continuou o trabalho de elaborá-la em segredo até meados de 1888, mas só uma vez, em torno da metade do ano de 1886, na Seção 36 de *Além do Bem e do Mal*, ele referiu-se a essa teoria, porém, com um caráter experimental no contexto do objetivo da publicação.

A elaboração da teoria começou com uma crise de pensamento substantival que, como sabemos, era um tema há muito tempo abordado em seus cadernos de anotações e nos trabalhos publicados. As substâncias, as "coisas" eram, disse Nietzsche, "erros": ilusões, mitos, ficções. Embora úteis, na verdade essenciais para a sobrevivência, não havia nada que lhes correspondesse na realidade. Até mesmo as substâncias das ciências naturais eram mitos: à substituição do "átomo material" de Boscovich por um *punctum* infinito de forças, como escreveu em *Além do Bem e do Mal*, devemos o conhecimento de que a matéria não existe (p. 504).

Portanto, sob a mitologia popular do bom senso a realidade consiste em "forças". Mas qual seria o significado dessas forças? Para dar um significado à palavra-chave da física de Boscovich, Nietzsche refletiu, era preciso dar um sentido inteligível à palavra "força" em termos de nossa experiência: "não podemos imaginar a força como uma palavra vazia e deveríamos negar os direitos de cidadania à ciência."[22] Em seguida, para repetir a citação, Nietzsche escreveu que

> o conceito vitorioso de "força" com o qual os físicos criaram Deus e o mundo precisa de um acréscimo: é necessário lhe dar um mundo interno que designarei como "vontade de poder", isto é, o impulso insaciável para expressar poder ou o uso e exercício do poder, como um impulso criativo etc.[23]

Até esse ponto, a linha de raciocínio de Nietzsche segue exatamente a doutrina de Schopenhauer. Ele também argumentara que a matéria era uma ficção, que a realidade fundamental era representada pela força (ele atribuiu a descoberta a Joseph Priestley, mas Priestley, na verdade, fora influenciado por Boscovich) e que, com apenas seus próprios recursos, as forças da ciência natural nada mais eram que "Xs desconhecidos".[24] Portanto, concluiu Schopenhauer, para dar significado à ciência, as forças precisavam ser pensadas em termos de "vontade", porque era a única experiência plausível. No entanto, a vontade de Schopenhauer exprimia-se no conceito de "vontade de viver", a vontade de autopreservação e, nesse ponto, Nietzsche alegou sua originalidade, sua reivindicação de superar seu antigo "Mestre": o mundo não significava vontade de *viver*, e, sim, vontade de *poder*; a "autopreservação", escreveu em *Além do Bem e do Mal*, "é apenas uma das consequências indiretas e mais frequentes da vontade de poder". Deveríamos, acrescentou, referindo-se à "lei da parcimônia", "ter cuidado com princípios teológicos *supérfluos*".[25]

---

22   KSA 12 2 [88].
23   KSA 11 36 [31].
24   WR II p. 318.
25   BGE 13.

É claro, se a vontade de viver fosse o fundamento *adequado* da "teoria do tudo", ele *não* seria "supérfluo". A teoria de Schopenhauer teria, assim, um único princípio e seria tão parcimoniosa como sua rival. Nesse sentido, a opinião de Nietzsche de que a teoria de Schopenhauer não poderia "salvar os fenômenos" não explicaria a característica do mundo tal como o vemos. A razão dessa impossibilidade, segundo ele, era a constatação de que o mundo de nossa experiência não era uma "comemoração da luta pela existência" postulada por Schopenhauer e por Charles Darwin um "inglês medíocre",[26] mas, sim, uma luta por *poder*, porque os "riscos e sacrifícios da autopreservação frequentes da vida" ocorrem em benefício de um "*aumento do poder*".[27]

No mundo secreto de seus cadernos de anotações, a teoria de poder de Nietzsche começou com a transformação do *puncta* de Boscovich em "*quanta*", o "*quant[a]* da vontade de poder".[28] Esse impulso de "dominar", de "controlar" todos os outros *quantum* para incorporá-los prevaleceu. As consequências dessas lutas por poder, esses esforços subatômicos de colonização, são sistemas organizados de *quanta* – as "coisas" da experiência cotidiana – que tentam dominar outros poderes de *quanta*. Isso explica a visão da vida como uma enorme luta pelo poder. Além disso, se olharmos para o mundo sem nenhum sentimento, será impossível evitar o pensamento, repetindo as palavras de *Além do Bem e do Mal*, de que "a vida é *essencialmente* um processo de apropriação, de injustiça e dominação dos estrangeiros e dos mais fracos. Oprimindo-os, sendo cruéis com eles, impondo nossa maneira de viver e de pensar, incorporando-os, e, no mínimo, explorando-os".[29]

As duas outras características dessa grande teoria merecem uma menção. Como a vontade de poder era, como vimos, "insaciável"[30] (a vontade de poder resulta sempre em mais vontade de poder), e, à medida que os sistemas complexos de *quanta* tornam-se mais instáveis, a estrutura do poder organizada sofre um colapso. Eles crescem cada vez mais até, como o Império Romano ou a General Motors, que explodem e tudo retorna, mais ou menos, ao início. Este pressuposto levou Nietzsche a especular se o retorno ao início poderia não ser um retorno *exato*, ou, em outras palavras, se o "eterno retorno ao mesmo" poderia ser apenas um pensamento com o objetivo de testar a saúde espiritual de suas obras publicadas, além de ser uma verdade metafísica. E segundo pelo menos uma nota seria; como a quantidade total de força no mundo era finita, em consequência, disse Nietzsche, cada estado possível é captado em um tempo infinito e, portanto, o retorno ao estado atual *exato* do mundo é garantido.[31]

Nietzsche resumiu essa visão da totalidade das coisas em uma observação escrita em 1885, de que Elizabeth sem perceber a contínua evolução do pensamento dele por mais três anos escolheu como final extático de *sua* versão de *A Vontade de Poder*:

---

26   BGE 253.
27   GS 349.
28   KSA 12 14 [79].
29   BGE 259.
30   KSA 11 36 [31].
31   WP 1066. George Simmel afirmou em 1907 que este argumento era uma conclusão falaciosa.

> Este mundo: um monstro de energia sem início ou fim, uma magnitude férrea de força estática... um jogo de forças e ondas de forças... que aumenta e ao mesmo tempo diminui... sempre em mutação, eternamente recuando, com longos anos de recorrência, com fluxos e refluxos de formas mais simples que evoluem em direção a formas mais complexas... que depois retomam a forma mais simples... sem contradições... a eterna criação de si mesmo, a eterna autodestruição, "além do bem e do mal"... *Esse mundo é a vontade de poder e nada mais!* E você é a vontade de poder e nada mais![32]

## *A Transvaloração de todos os Valores*

Essa foi a "nova explicação de todos os acontecimentos". No entanto, no verão de 1886, Nietzsche escolheu outro subtítulo para sua obra-prima: "A transvaloração de todos os valores".[33] Esta escolha não foi resultado do abandono da ideia de uma explicação universal, porque foi durante esse verão que ele *publicou* o conceito de que "o mundo... era vontade de poder e nada mais" na Seção 36 de *Além do Bem e do Mal*. Ao contrário, a mudança resultou da ideia de um *acréscimo*, de algo que se apoiasse em "valores".

Qual seria a associação da "nova explicação de todos os acontecimentos" com valores? A modernidade, como sabemos, é "niilista". O aspecto positivo do fim do cristianismo era o fim de um sistema de crença que adoeceu a humanidade, em razão da aversão a si mesma por dois milênios. Mas o aspecto negativo foi a perda de nosso sentido de vida. "Os valores mais importantes desvalorizaram-se. Não existe objetivo; o "por quê" não tem mais resposta."[34] Agora, devido à antiga metafísica pelo menos sabemos que a vida *é* "vontade de poder e nada mais". Por isso, Nietzsche dizia que o significado da vida tinha de ser a conquista de (mais) poder.[35] Além disso, como os valores eram a "expressão da vontade de poder [individual ou] de um povo", ou de uma maneira menos poética, "as condições de preservação e crescimento das estruturas complexas da permanência relativa da vida em evolução",[36] por conseguinte a moral era um manual de instrução para "a preservação e o crescimento" de uma pessoa ou de uma comunidade. A nova compreensão do mundo, da nova ontologia, proporcionava um novo significado para a vida e exigia uma nova moral; uma "transvaloração de todos os valores". Seria preciso então voltar ao mundo de Maquiavel (esse Henry Kissinger do Renascimento florentino), um retorno à "virtude do estilo renascentista, a *virtù* [em outras palavras, eficiência], uma moral sem virtude".[37]

De acordo com a tradição, as três perguntas fundamentais da filosofia eram: O que está aqui?, O que podemos saber? e O que devemos fazer? Com o tema da "transvaloração", percebemos nitidamente que Nietzsche respondera a todas as três perguntas. Pela primeira vez deparamo-nos com a grandeza de sua visão e de sua ambição

---

32  KSA 11 38 [12] = WP 1067.
33  KSA 12 2 [100].
34  KSA 12 9 [35] = WP 2.
35  KSA 12 10 [137].
36  KSA 13 11 [73].
37  KSA 12 11 [43].

com uma simplicidade total. A resposta às duas primeiras perguntas foi "O mundo é vontade de poder e nada mais", e a resposta à terceira pergunta: "Vontade de poder!"

Mas poderíamos objetar que a conclusão de que a "vida era vontade de poder" o "poder que deveríamos perseguir", essa tentativa de extrair a ética da ontologia, um exemplo ostensivo da bem conhecida "falácia naturalista", a falácia de tentar associar o "deve" ao "é"? Essa vontade de poder não a tornava, sem dúvida, uma *fortiori* desejável.

Nietzsche fez uma digressão para enfatizar que, em relação à sensibilidade moral atual, a capacidade de captar e expressar sentimentos que, de certa forma, ele compartilhava, sua visão metafísica era de horror: "a 100 milhas à frente... tudo é agradável", a ideia que assumia uma forma nos cadernos de anotações,[38] e a ponta do livro submerso nesse pensamento denso torna-se visível. *Além do Bem e do Mal* é, como sabemos, "muito sombrio e escorregadio". No rascunho de um possível prefácio para sua obra-prima, ele escreveu:

> A concepção do mundo na qual descobrimos os antecedentes desse livro é extraordinariamente lúgubre e desagradável; entre os tipos de pessimismos conhecidos até então, nenhum atinge esse grau de malignidade. O contraste entre o mundo verdadeiro e o aparente inexiste [não há saída para uma salvação "além"], existe apenas um mundo falso, cruel, contraditório... sem significado.[39]

Essa ênfase à visão sombria de Nietzsche, como sabemos, tem a intenção de revelar a natureza radical da separação entre, por um lado, a moral tradicional cristã do amor altruísta e, por outro, a realidade do mundo revelada pelo pensamento científico moderno, pós-darwiniano. E o objetivo de destacar essa separação era o de forçar os seres raros, os leitores apropriados de Nietzsche, a escolher entre duas posições fundamentais em relação ao mundo. A primeira opção seria a de manter-se leal à moral tradicional. Mas, nesse caso, como o "altruísmo" é um sentimento *impossível* de exprimir-se em um mundo onde "a essência da vida era um processo de apropriação, de injustiça, de dominação dos estrangeiros e dos mais fracos, de opressão... de exploração",[40] as pessoas eram obrigadas a "negar a vida"; e concluiríamos esse pensamento com a teoria de Schopenhauer de que o mundo era algo que "não deveria existir" e que nossa existência era um "erro... ou um engano".[41] A segunda posição quanto ao mundo seria a da "afirmação à vida", na qual seríamos *obrigados* a ir "além do bem e do mal [tradicionais]" e a manter o compromisso fundamental de Nietzsche com a "transvaloração de valores". Só teríamos, portanto, a opção de adotar a nova moral, segundo a qual só o poder tinha valor,[42] e o "bem" *significava* o "aumento de poder", e o "mal" a "diminuição de poder".[43] Se fizéssemos a primeira dessas escolhas, sucumbiríamos à doença do "niilismo", uma doença que resultava em desespero e suicídio. Por sua vez, a segunda escolha, a transvaloração de todos

---

38 KGB III.5 1105.
39 KSA 13 11 [415].
40 BGE 259.
41 WR II p. 605.
42 WP 55.
43 KSA 13 11 [414].

os valores, revelava a saúde mental, uma meta que um ser humano saudável *deveria* seguir. Esta saúde exigia a afirmação do mundo e, nesse sentido, era a premissa que reconciliava a inferência da ontologia do poder com a ética do poder.

Ernst Jünger assimilou essa teoria de Nietzsche. Como um oficial especial da área operacional durante a Primeira Guerra Mundial (ferido 14 vezes, ele foi um dos heróis de guerra mais condecorados da Alemanha), ele teve a sensação de ser uma engrenagem em um processo gigantesco, em que a vontade cósmica de poder expressava-se nesta última forma mecânica. No início, este processo lhe pareceu um horror total. Porém, inesperadamente, como escreveu em *Storm of Steel*, suas recordações das trincheiras, ele sentiu que, ao se submeter a esse processo, vivenciara um sentimento de elevação e intensidade sem paralelos, que lhe pareceu um encontro com seu verdadeiro eu. E esse sentimento transformou-se em um guia ético para a vida na modernidade. Por não ser uma guerra evidente, e, sim, o mundo da modernidade "totalmente mobilizado", que simbolizava a vontade de poder mecânica ("eletrônica", poderíamos dizer agora) em ação, em consequência, para viver em harmonia com esse mundo seria preciso afirmar – mesmo se fosse uma afirmação extática – da vontade de poder em sua expressão tecnológica atual. Em resumo, esta foi a lição que Jünger aprendeu com Nietzsche: caso seja impossível moldar o mundo para adaptá-lo à nossa moral, então, precisaríamos moldar nossa moral para harmonizá-la ao mundo. (Se não pudermos vencê-lo, vamos nos unir a ele!)

Assim, se os princípios filosóficos contidos nos cadernos de anotações fossem fascistas (ou talvez "neoconservadores"), teríamos de concordar com Heidegger, tendo em mente que Jünger foi um dos heróis de Hitler. Essa foi a estrutura da obra--prima quase pronta para se revelar e surpreender o mundo, quase pronta para fazer o que *Zaratustra* não conseguira, ou seja, "dividir a história em duas metades". Mas, exceto por essa menção momentânea em *Além do Bem e do Mal*, ela nunca viu a luz do dia. Nietzsche decidiu abandonar o projeto de escrever *A Vontade de Poder*.

## A História de um Projeto Literário Fracassado

O trabalho de elaboração do projeto de *A Vontade de Poder* atingiu o auge da produtividade em fevereiro de 1888, com o já mencionado plano de incluir um total de 374 aforismos divididos em quatro volumes.[44] Mas Nietzsche ficou profundamente insatisfeito com o resultado. Ao escrever a Köselitz em 13 de fevereiro, ele disse que "a primeira versão da 'Tentativa de Transvaloração' estava pronta, porém, era sob todos os aspectos uma tortura, pois não tivera a audácia necessária para escrevê-la como deveria. Daqui há 10 anos farei uma versão melhor".[45] (Observem o uso do subtítulo em vez do título principal, uma indicação de que existia uma desarmonia com o plano original.) Treze dias depois ele contou a Köselitz que desistira da ideia de publicar o trabalho.[46]

---

44  KSA 13 12 [1].
45  KGB III.5 991.
46  KGB III.5 1000.

No entanto, bastante relutante quanto à ideia de renunciar a um projeto brilhante que esclareceria todos os mistérios, Nietzsche obrigou-se a agir como um soldado no cumprimento do dever e continuou seu projeto como o concebera no original até o final de agosto de 1888. Em 22 de agosto, ele escreveu a Meta von Salis que o trabalho realizado em Sils Maria no verão consistira em uma

> "submersão no ralo da pia [*ins Wasser gefallen*]". Estou arrasado com essa absorção do meu espírito [continuou] porque, comparado ao sucesso do ano passado, o primeiro das minhas visitas na primavera[47] [a Sils], desta vez sinto mais energia e, além disso, tudo fora preparado para *uma tarefa importante e muito específica*.[48]

Em 26 de agosto, Nietzsche redigiu o esboço do plano final de um livro que teria o título principal de *A Vontade de Poder*.[49] Mas quatro dias depois, em uma carta à mãe, ele escreveu que "um trabalho longo e bem estruturado, que deveria ter terminado neste verão havia 'desaparecido no ralo da pia'".[50]

Na mesma carta Nietzsche contou à mãe que "mais uma vez estava em plena ação" – um sentimento indiscutível de libertação agora que, por fim, desistira do projeto de *A Vontade de Poder*. O foco de sua produtividade renovada era uma nova estratégia de publicação mencionada nos cadernos de anotações no início de setembro. O plano consistia em publicar bons trechos do material de *A Vontade de Poder* em uma série de "textos selecionados de minha filosofia".[51] Uma dessas coletâneas seria intitulada *O Ócio de um Psicólogo* (logo, como vimos, teria o título de *O Crepúsculo dos Ídolos*), outra *Transvaloração de todos os Valores*, com *O Anticristo* como o título do primeiro dos quatro volumes.

Embora a *Transvaloração* fosse menor do que o projeto original de *A Vontade de Poder*, Nietzsche ainda queria que sua obra-prima, como escreveu a Paul Deussen em 14 de setembro, pedindo-lhe "um conselho valioso e excelente", "dividisse (mais uma vez!) a história da humanidade em duas metades". Todas as suas outras publicações, escreveu, representaram meros "relaxamentos e diversões" de sua tarefa principal.[52] A contínua centralização desse livro de acordo com a concepção de Nietzsche de sua "tarefa" de definir a vida, a contínua grandeza de sua ambição, além da presença constante de *Transvaloração* como título legitima, penso, a *Transvaloração* como um prolongamento do projeto de sua "obra-prima".

Em 30 de setembro, Nietzsche terminou *O Crepúsculo dos Ídolos* e *O Anticristo*, e continuou a descrever este seu último trabalho como "o primeiro livro da *Transvaloração de todos os Valores*".[53] Mas em 20 de novembro ele escreveu a Georg Brandes referindo-se ao *O Anticristo*, que "a *Transvaloração de todos os Valores* está diante de

---

47 Nietzsche pensou que, fora de seus hábitos, ele chegara mais cedo em Sils em 1887, mas se enganou. A data em que Nietzsche chegou mais cedo em Sils foi 7 de junho de 1885. Em 1887, ele chegou em 12 de junho.
48 KGB III.5 1094.
49 KSA 13 18 [17].
50 KGB III.5 1098.
51 KSA 19 [2]-19 [8].
52 KGB III.5 1111.
53 TI Prefácio.

mim" e que "em alguns anos este livro revolucionará o mundo".[54] E seis dias depois ele escreveu a Deussen contando-lhe que "minha *Transvaloração de todos os Valores*, cujo título principal é o *O Anticristo* está pronta", acrescentando que pretendia publicar mil exemplares em sete línguas.[55] Assim, a obra planejada para ter quatro volumes reduziu-se ao livro *O Anticristo*.

Talvez em 29 de dezembro ou próximo dessa data, quando logo depois abraçou em lágrimas o cavalo chicoteado em uma praça de Turim e teve seu colapso mental, Nietzsche fez a última correção no projeto de sua obra-prima: ele substituiu o subtítulo de *O Anticristo*, *Transvaloração de todos os Valores*, por *A Maldição ao Cristianismo*.

É possível, então, concluir que a última das muitas alterações feitas no projeto de sua obra-prima transformou *O Anticristo* em uma obra independente e, portanto, na total desistência do projeto. No entanto, inclino-me a resistir a essa conclusão, apesar da concisão do texto. Mas gostaria de criticar o subtítulo *A Maldição ao Cristianismo* sob vários aspectos. Primeiro, Nietzsche já havia quase perdido a lucidez quando o criou – as explosões de fúria foram uma das características de sua loucura. Em segundo lugar, porque *A Maldição ao Cristianismo* é um subtítulo que não corresponde ao conteúdo do livro, porque, como vimos, ele não se limita a uma crítica ao cristianismo. E terceiro, porque o material adicional contém diversas passagens que haviam sido escritas para a *Transvaloração*. No último plano de escrever a *Transvaloração* em quatro volumes, *O Anticristo* seria o Livro I, uma crítica à "moral", o Livro II, uma crítica à filosofia, o Livro III, enquanto o Livro IV intitular-se-ia *Dionísio. A Filosofia do Eterno Retorno*.[56] Como também vimos, uma versão sucinta da "filosofia do eterno retorno" foi incorporada em *O Anticristo*: o desejo do eterno retorno como uma condição para se tornar um líder da comunidade ideal de Nietzsche constitui o ápice de sua filosofia política (p. 639). E o material dos Livros III e IV havia sido, de qualquer modo, apresentado em muitos trabalhos anteriores. Portanto, inclino-me a concluir, como vimos, que Nietzsche percebeu em 16 de dezembro, ou talvez antes, a "trágica catástrofe" que se aproximava com rapidez (p. 647) e reunira todo o material do projeto de sua obra-prima, ainda não publicada, em *O Anticristo*.

\*\*\*

Assim, Nietzsche desistiu do projeto de escrever *A Vontade de Poder*, transformando-o no projeto da *Transvaloração* que, por fim, se resumiu a *O Anticristo*. Este desdobramento suscita duas perguntas. Primeiro, o que perturbou tanto Nietzsche a ponto de renunciar, no final de agosto de 1888, à tentativa de publicar um livro intitulado *A Vontade de Poder*? E em segundo lugar, algum material do projeto original foi usado nas obras filosóficas posteriores como *O Caso Wagner*, *O Crepúsculo dos Ídolos*, *Ecce Homo* e *O Anticristo*? Qual o papel, se houve algum, exercido pelo conceito da vontade de poder nos livros concluídos nos últimos quatro meses de 1888?

---

54   KGB III.5 1151.
55   KGB III.5 1159.
56   KSA 13 22 [14].

## A Pureza Intelectual

Por que Nietzsche desistiu de escrever *A Vontade de Poder*? Se retornarmos ao momento em que sua insatisfação manifestou-se pela primeira vez em fevereiro de 1888, duas coisas se destacam. Primeiro, o fato de que quase o tempo todo a partir desse ponto (embora tivesse momentos de nostalgia em relação ao título original), ele pensou no projeto de escrever um livro intitulado *A Transvaloração de todos os Valores*, em vez de *A Vontade de Poder*. E, segundo, o comentário escrito nos cadernos de anotações sobre o projeto é elucidativo:

> Eu desconfio daqueles que adotam uma organização sistemática e tento sempre evitá-los. A vontade de sistematizar, pelo menos para um pensador, é uma concessão, uma forma de imoralidade... Talvez ao olhar sob ou atrás desse livro alguém perceberá que o sistematizador está fazendo o possível para me evitar.[57]

Como vimos, o estímulo original do projeto de sua obra-prima baseou-se totalmente em um método sistemático. A redução de "todos os acontecimentos" a um único princípio foi, de acordo com as teorias pré-socráticas e de Schopenhauer, uma condição decisória para a "grandeza" que Nietzsche desejava. A rejeição às suas ambições de sistematizar o trabalho no início de 1888 é uma clara indicação de que o projeto estava com problemas sérios.

Esse aforismo também ajuda a entender um pouco a característica do problema. Sua ideia de reduzir sistematicamente tudo ao conceito da vontade de poder teria "comprometido" a integridade de Nietzsche como filósofo, e significaria uma forma de "imoralidade" intelectual. Vemos então que no início de 1888, Nietzsche estava em um estado de turbulência mental provocado por um conflito entre, por um lado, seu desejo de grandeza, uma grandeza nos moldes tradicionais e, por outro, devido ao provável comprometimento de sua integridade intelectual.

Nas obras publicadas de Nietzsche, como vimos, a integridade intelectual – a "honestidade", a "consciência intelectual",[58] a "pureza intelectual",[59] a "vontade de conhecimento"[60]– era sempre apresentada como a virtude pessoal mais elevada tanto nele quanto nos pensadores que admirava.[61] E, no final, um fato muito importante para sua idoneidade, depois de uma longa e angustiante luta, foi sua integridade intelectual, seu desejo de verdade que prevaleceu sobre sua ambição de grandeza e levou-o a desistir do projeto original. Mas o que o convenceu de que para preservar a integridade intelectual seria preciso rejeitar seu sistema abrangente original?

\*\*\*

A grande tentativa "sinóptica" para "explicar todos os acontecimentos" como vontade de poder envolveu três elementos, na linguagem de Schopenhauer, três "extensões"[62] da vontade. Eu os descrevo a seguir:

---

57 KSA 13 11 [410].
58 GS 335.
59 BGE 210, GM 357.
60 GM Prefácio 2.
61 Ver também EH Prefácio 3.
62 WR I p. 111.

(1) *A doutrina psicológica*: a "extensão" da vontade de poder como uma psicologia profunda de características especiais a exemplo da gratidão, da piedade e do ascetismo, a psicologia profunda de *todas* as motivações dos seres humanos. Esta tese é apresentada em *Além do Bem e do Mal* como uma forma de ver a psicologia sob a óptica da morfologia e da *doutrina do desenvolvimento da vontade de poder*.[63]

(2) *A doutrina biológica*: o argumento segundo o qual não são as ações dos seres humanos, mas, sim, são todos os fenômenos orgânicos que se reduzem à vontade de poder. Em *Além do Bem e do Mal*, Nietzsche escreveu que a *"vida"* – qualquer vida – é "vontade de poder e nada mais".[64]

(3) *A doutrina cosmológica*: a teoria de que tudo – "*o mundo*" – é "vontade de poder e nada mais".[65]

Com relação a cada uma dessas "extensões" de uma ousadia crescente, é possível questionar se houve algo, ou qual a sua natureza, que ofendeu a integridade intelectual de Nietzsche e levou-o a rejeitar seu sistema original. Discutirei as três doutrinas a partir da terceira.

## *A Doutrina Cosmológica*

Na Seção 36 de *Além do Bem e do Mal*, Nietzsche recapitulou seu caminho em direção à doutrina cosmológica em tópicos. A essência de uma apresentação não muito clara é a seguinte:

(1) É possível "explicar os impulsos de nossa vida inteira como a organização e o resultado de uma forma básica da vontade (isto é, a vontade de poder é *minha* reivindicação)". É possível, então, descrever a motivação total do ser humano em termos da "causalidade da vontade de poder" ("A doutrina psicológica").

(2) "A partir da definição" do "método" científico de que as "múltiplas diversidades do princípio da causalidade não devem ser pressupostas, até que a tentativa de fundi-las em um só princípio tenha evoluído na medida do possível (*ad absurdum*, se quiser)".[66] ("A lei da parcimônia" [p. 664-665]).

(3) Portanto, devemos fazer a tentativa de pensar que todas as "forças" subjacentes ao mundo evidente, inclusive ao "mundo dito mecânico", são essencialmente iguais às forças subjacentes à nossa vida psicológica, e que a "natureza interna" do mundo inteiro é "vontade de poder e nada mais" ("A doutrina cosmológica").

Em resumo, um raciocínio que imita exatamente a "extensão" de Schopenhauer da vontade em direção à natureza inorgânica (p. 664-665); a doutrina psicológica e o princípio da parcimônia criam a doutrina cosmológica.

---

63  BGE 23.
64  BGE 259 (minha ênfase), BGE 36.
65  BGE 36. Minha ênfase.
66  Ver também BGE 13.

A elaboração de Nietzsche desse argumento é, na verdade, mais experimental do que eu descrevi aqui, porque ele disse: "*supondo*"[67] que os pressupostos estejam certos, *então*, surge a doutrina cosmológica. Essa é uma etapa em que ele ainda se sente razoavelmente confiante quanto à doutrina psicológica, como indicado pela observação entre parênteses "é *minha* reivindicação" no tópico (1). Mas sua preocupação com a "lei da parcimônia" é sugerida pela atitude de defesa expressa em "*ad absurdum*, se quiser" no tópico (2). O que poderia tê-lo preocupado em relação a esse princípio?

Elizabeth tomou muitas decisões erradas em sua versão de *A Vontade de Poder*, entre elas, a decisão de organizar os aforismos do irmão por temas e não cronologicamente. Deste modo, ela deturpou a característica básica de um *caderno* de anotações, um conjunto confuso e com frequência contraditório de *experiências* no laboratório do pensamento, e não de ensinamentos dogmáticos da doutrina final.

Na realidade, já em 1885 Nietzsche tinha dúvidas a respeito da lei da parcimônia, ao observar em uma nota sua "decepção" com a crença de que um "complexo de ideias é mais verdadeiro" quando ele é organizado como um grande "sistema". O "preconceito fundamental" no qual se baseia essa noção, escreveu, a ideia de que "ordem, clareza na organização e sistematização devem refletir a verdadeira natureza das coisas enquanto o oposto – a desordem, o caos, o incalculável – dá a falsa aparência ou a compreensão inadequada do mundo", é um "preconceito moral pedante" e improvável que "vê as coisas de acordo com os preceitos de um funcionário público exemplar.[68]

Essa é uma crítica à "vontade de sistema" e, em consequência, à "lei da parcimônia". Segundo a maneira como se expressa (mas que ele se esquece de reprimir), Nietzsche, o sistematizador, revela a mentalidade de um funcionário público prussiano – uma de suas sátiras à filosofia moral de Kant consistia em resumi-la em "um funcionário público como a coisa em si elevado à posição de um fenômeno".[69]

Um tema que talvez tenha contribuído para a sensação de inquietude em *Além do Bem e do Mal* no que concerne à doutrina cosmológica foi a observação de Nietzsche em *A Gaia Ciência* de que todos os tipos de "antropomorfismos estéticos" resultam em uma falsa (ou, pelo menos, injustificada) concepção da realidade. A "característica do mundo" é "o caos eterno", no sentido não de ausência de necessidade, e, sim, da falta de ordem, organização, forma, beleza [ou] sabedoria.[70] Sem dúvida, não existe nada mais "antropomórfico" do que o uso em *Além do Bem e do Mal* da lei da parcimônia para mostrar "o mundo mecânico no mesmo plano da realidade que nos afeta... como uma... *forma anterior* de vida".[71] Além disso, não há a projeção de uma "beleza" sobrenatural no mundo, ao retratá-lo como um gigantesco círculo sempre em mutação? Assim como na teoria de Schopenhauer, a versão de Nietzsche da doutrina cosmológica é antropomórfica e sistemática e, portanto, é ambígua.

---

67 BGE 36. Minha ênfase.
68 KSA 11 40 [9].
69 TI IX 9.
70 GS 109.
71 BGE 36.

## A Doutrina Biológica

Agora discutirei a doutrina biológica, segundo a qual não só os seres humanos, como também *toda* a vida orgânica é "vontade de poder e nada mais". O problema básico dessa doutrina, que é bem provável que Nietzsche tenha percebido, é a ausência óbvia de fundamentos. (Por este motivo, a doutrina cosmológica também não tem uma base sólida que a legitime.)

Como vimos, dominado por sua ânsia de grandeza sistemática, Nietzsche afirmou que seu conceito da "vontade de poder" era superior "à luta pela existência" de Schopenhauer e Darwin, pois era coerente com o fato de que a vida era uma luta universal pelo poder. Em razão dessa luta universal, ele escreveu nos cadernos de anotações que as "árvores na floresta primitiva lutam entre si... [não pela mera existência e sim] por poder".[72]

Essa premissa é, sem dúvida, absurda. Embora as árvores, eu suponho, na linguagem de *Além do Bem e do Mal* "agridam", "oprimam" e "dominem" as árvores "mais fracas", assim como "apropriam-se" da luz e do solo, essa ação agressiva significa a luta pela *sobrevivência*, e não o desejo de "crescer, expandir-se e dominar",[73] e tornarem-se senhoras da floresta. Nietzsche opõe-se a Schopenhauer ao dizer que a vontade de viver é apenas um *meio para* o exercício da vontade de poder (p. 505). Mas para a natureza não humana, orgânica, sugiro, vemos exatamente o oposto: o impulso do "poder", tal como ele existe, é um meio de satisfazer o impulso de sobrevivência. Em resumo, no sentido da "vontade" com relação à natureza não humana e biológica, a "vontade de viver" de Schopenhauer é uma teoria muito mais racional do que a "vontade de poder" de Nietzsche.

Se examinarmos com mais atenção a linha de raciocínio que levou Nietzsche a pensar que as árvores lutam entre si por poder, veremos que a suposição dessa ideia basear-se em uma evidência empírica é falsa. Ele escreveu:

> O homem esforça-se para encontrar a felicidade, que verdade absoluta! Para entender a vida, a luta e a tensão da vida, o mesmo raciocínio deverá ser aplicado às árvores e às plantas... Com que intuito as árvores nas florestas primitivas lutam entre si? Pela "felicidade"?... Por poder...[74]

Em outras palavras, o que de fato motiva a doutrina biológica é mais uma vez a tese psicológica e a lei da parcimônia. A vida do ser humano é impulsionada pelo poder; o "método" exige a homogeneização da realidade; e a natureza humana em maior escala;[75] ergo, as plantas e a vida animal *são* também impelidas pelo poder.

Nietzsche manteve sua posição antidarwiniana nos livros concluídos no final de 1888. Mas nesses trabalhos sua crítica referiu-se só ao darwinismo *social*. Em *O Cre-*

---

72 KSA 13 11 [111].
73 BGE 259.
74 KSA 13 11 [111].
75 Observem que um limite lógico à vontade de poder "insaciável" seria "tornar-se Deus". Será que a megalomania insensata de Nietzsche o ajudava a defender a metafísica do poder? Sua fé na doutrina psicológica apoiava-se, em parte, na introspecção?

*púsculo dos Ídolos*, por exemplo, ele alega que Darwin (como observei, é quase certo que Nietzsche nunca o leu) "esqueceu o espírito", esqueceu que o rebanho é medíocre e tenta com astúcia debilitar insidiosamente os seres superiores, para que as "espécies não cresçam mais perfeitas".[76] Trata-se, é claro, de uma crítica tola. A teoria de Darwin não é uma teoria de evolução *cultural* e, de qualquer modo, ele não disse que as espécies ficam mais "perfeitas", e, sim, que se tornam mais *adaptáveis*. Porém, a menção ao "espírito" revela que o foco de seu argumento dirigia-se às "espécies" da *humanidade*. Nos livros publicados depois que abandonou o projeto de escrever *A Vontade de Poder*, a doutrina biológica, por excelentes motivos, desapareceu sem deixar traços.

## *A Doutrina Psicológica*

A integridade intelectual obrigou Nietzsche a renunciar tanto à doutrina cosmológica quanto à biológica. Elas não foram mencionadas, nem defendidas, nos livros publicados em 1888. E o que aconteceu com a doutrina psicológica, a premissa de que a motivação humana pode resumir-se à vontade de poder? Esta doutrina também não foi citada nos trabalhos de 1888. Agora, iremos descobrir o motivo.

Dois fatos importantes aconteceram nesses últimos trabalhos. Primeiro, o aforismo "oposto à sistematização" reaparece, mas *sem* a identificação anterior de *Nietzsche como um sistematizador* "par excellence": "eu desconfio de todos os sistematizadores e os evito. A vontade de sistematizar é uma falta de integridade", foi tudo que ele escreveu em *O Crepúsculo dos Ídolos*.[77] Esta modificação do aforismo é uma boa indicação, penso, de que ele superara sua intenção de elaborar um sistema abrangente e resgatara sua integridade.

O segundo fato importante foi sua nova perspectiva mais aberta à rica variedade das motivações dos seres humanos e, portanto, ele não mais tentou impor a coerção da vontade de poder. Na discussão "da psicologia do artista", por exemplo, em *O Crepúsculo dos Ídolos*, Nietzsche reconheceu a existência de *três* impulsos fundamentais: a "intoxicação" apolínea, que estimula o olhar e inspira a grande arte visual; a "intoxicação" dionisíaca, que inspira a música e a dança; e o "sentimento elevado de poder", que inspira a grande arquitetura, mas nenhuma outra arte.[78]

Além disso, ao longo de 1888, a intoxicação sexual (diferente do casamento porque, como vimos, ele o considerava uma luta de poder) foi vista como uma causa de percepção e ação, sem a repressão da vontade de poder. Uma observação escrita na primavera desse ano, por exemplo, especifica as características dos "efeitos de dizer sim" como "orgulho, alegria, saúde, amor sexual, animosidade e guerra, respeito..." a vontade forte, *assim como* a influência da "vontade de poder" que transfigura as coisas, tornando-as "douradas, eternas e divinas".[79]

---

76 TI IX 14.
77 TI I 26.
78 TI IX 9-11.
79 KSA 13 14 [11].

Outra motivação à ação descrita nas últimas obras distinta da vontade de poder – nesse ponto, creio, seus trabalhos enfrentaram um obstáculo à tendência de síntese de Nietzsche, uma ideia que permeava seu pensamento há mais de uma década –*Mitleid* ("piedade" ou "compaixão"). As obras anteriores dedicaram-se com veemência a descrever a piedade como uma tentativa de humilhar o outro e, assim, ter não só a "sensação de poder", como também do poder em si.[80] Porém, a tentativa de mostrar a compaixão como um exercício, ou busca de poder sempre foi uma batalha árdua na qual, penso, Nietzsche nunca acreditou completamente. A razão desse impasse referia-se ao tema presente nas discussões iniciais, de que a piedade prejudica quem exprime esse sentimento e quem é objeto da piedade.

Influenciado pela teoria de Schopenhauer de que a compaixão provoca uma "transição da virtude para o ascetismo",[81] Nietzsche afirmou, como vimos (p. 365-366), que a piedade, a empatia com o sofrimento alheio, causa depressão. Se eu me comover com o sofrimento da África, a quantidade de sofrimento do mundo seria quase impossível de suportar e, por isso, impossibilitaria *quaisquer* atos de bondade. Nietzsche mencionou esse tema em *Ecce Homo*, no qual disse que o "grito de angústia" da piedade pela humanidade é a última "tentação" de Zaratustra (ver p. 602-603): ele precisa resistir porque esta tentação ameaça "seduzi-lo" para que renuncie à sua "tarefa sublime" de guiar a humanidade para um mundo novo e melhor. Ela também o levará a fazer atos de bondade "medíocres", bem como destruirá sua fé na possibilidade de melhorar a condição humana.[82] O verdadeiro amor é um amor implacável.[83]

Esse tema pressupõe que a realidade da piedade é uma empatia genuína com o sofrimento dos outros, uma emoção sem nenhum vínculo com a tentativa de se sentir superior ou de dominar a quem sentimos piedade. Como vimos, o fato de Nietzsche ser excepcionalmente propenso a ter sentimentos de compaixão torna a história de seu abraço no cavalo, que estava sendo chicoteado na praça em Turim, totalmente plausível.

## *O que Resta da Vontade de Poder?*

Os últimos livros não mais discutiram a doutrina psicológica sucinta e permitiram que as motivações dos seres humanos florescessem em toda a sua riqueza. No entanto, por trás dessa riqueza Nietzsche detectou um padrão subjacente. Este padrão renunciou à ideia do monismo da "vontade de poder e nada mais", substituindo-a por um *dualismo* entre dois tipos de vida, um dualismo que, penso, tinha a intenção de reunir as motivações dos seres humanos em dois campos. Por um lado, havia a vida saudável ou "em ascensão", o "princípio" dominante da vontade de

---

80 HH 54, D 135, 224.
81 WR 1 p. 380.
82 EH 1 4.
83 Essa é sem dúvida a maior parte da discussão por trás da afirmação reiterada de que os "Criadores são severos", duros como "diamantes" (Z III 12, TI XI).

poder.[84] A vida saudável, Nietzsche escreveu em *O Anticristo*, é o "instinto de crescimento para acumulação de força, de *poder*".[85] Mas como um equilíbrio à vontade de poder, surge agora o conceito que Freud chamaria mais tarde de "instinto da morte". "Sem a vontade de poder", diz *O Anticristo*– observem a rejeição *explícita* à doutrina psicológica – "havia um declínio", uma "*décadence*".[86]

A palavra "*décadence*" surgiu pela primeira vez como um termo filosófico significativo nos livros de Nietzsche publicados em 1888. Como já observado (p. 610-611), o que dificulta entendê-la é sua definição por Nietzsche em dois sentidos. Segundo a primeira definição, *décadence* é o desejo do "nada", a "vontade de morrer", implícito na propensão de Baudelaire de decadência e desvio comportamental, e explícito nas últimas óperas de Wagner. De acordo com a segunda explicação, *décadence* define-se em termos de atomização: caso estivermos falando de arte ou de sociedade, a *décadence* da modernidade consiste na diminuição do poder que permite manter unidades complexas, "a exuberância da vida" sendo arrastada para suas formas menores e, assim, assistimos à fragmentação dos antigos conjuntos, ao "caos".[87]

Essas caracterizações não me parecem incompatíveis. Nietzsche disse que as pessoas "fracas e exaustas" convertiam-se em seres *décadents*.[88] Elas desenvolviam um ódio à vida e um desejo de alienação por não suportarem mais seus desafios. E a razão desse fenômeno, desse final de século *Weltschmerz* e da exaustão da vida, consistia na atomização. Na "anarquia" de seus "instintos",[89] no fracasso em se organizarem em conjuntos disciplinados, na incapacidade de agir de uma forma coerente e coesa imprescindível para conquistar a "vitória" e a confiança de serem vitoriosos em face dos desafios da vida. Os *décadents* eram, na linguagem de Pforta, as pessoas que não mais conseguiam se "unir em prol de um objetivo comum". Elas haviam se esquecido de serem "guerreiros".

Além de Wagner e Baudelaire, como vimos, Jesus (o real) e Buda também foram classificados como *décadents* devido à incapacidade deles de enfrentar a oposição e a animosidade.[90] E o sucesso do cristianismo (por fim a pergunta de que maneira a moral dos "escravos" conquistou os corações e mentes dos nobres (ver p. 630) recebeu uma resposta) deveu-se em parte à *décadence*. Os sacerdotes judeus conseguiram convencer seus antigos opressores a adotar a moral metafísica cristã, devido aos seus "instintos de *décadence*" em um mundo apático e corrompido.[91] O estado "mórbido"[92] das almas de seu público-alvo, sua vontade do nada, foi um solo fértil no qual o cristianismo – a santificação da vontade do nada – enraizou-se.

\*\*\*

---

84 WC Epílogo.
85 A 6.
86 A 6, 17.
87 WC Segundo *Postscriptum*, WC 7.
88 WC 6.
89 TI II 9.
90 A 30, 42.
91 A 24.
92 TI IX 35.

Em seus últimos livros, como vimos, Nietzsche renunciou aos três elementos que haviam constituído a grande visão do mundo como "vontade de poder e nada mais". Porém, isso não significou um retorno ao conceito da vontade de poder, como um mero artifício para revelar a profundidade da psicologia de determinados comportamentos dos seres humanos das obras publicadas na década de 1870. A vontade de poder permanece, no final, como o "princípio" dominante de uma vida *saudável*. Em seus últimos trabalhos a teoria da vontade de poder, em vez de ser um princípio de *explicação* universal, torna-se um princípio de *demarcação*, uma demarcação entre a vida saudável e a vida *décadente*.

A vida *saudável* continua a significar a procura "insaciável" de poder, ou de "crescimento",[93] "o que devemos sempre superar".[94] Além disso, Nietzsche afirmou que a saúde era a mais elevada aspiração do ser humano. Mesmo o mundo *décadent* preferia ser saudável e só se tornava *décadent* quando não mais conseguia manter seu estado de equilíbrio espiritual e físico. Em consequência, a busca constante de poder continua a ser o significado da vida (saudável), o "porquê" da resistência de uma vida saudável e "como"[95] ela resistia e, portanto, o padrão de valor.[96] Com certa inflexão, toda essa discussão pode ser resumida pela expressão "a vida é vontade de poder". Mas agora a "vida" passou a ser um processo contínuo de avaliação. Em uma linguagem simbólica diríamos a uma pessoa que parasse de ser um neurótico pedante e "Vivesse"!

## O Problema do "Monstro Saudável"

Como vimos, segundo Nietzsche, a moral, a "virtude", são "as leis mais básicas para a preservação e o crescimento de uma comunidade ou de indivíduos". No entanto, em oposição à teoria da moral padrão de Kant, em *O Anticristo* ele argumentou que, devido à diversidade da natureza do crescimento das comunidades e das pessoas, seria preciso que cada pessoa ou comunidade "inventasse suas *próprias* virtudes, *seus* imperativos categóricos",[97] suas regras para o crescimento de seu tipo de poder. Mas não qualquer tipo de poder é aceitável. O poder político de Bismarck, como vimos, era inaceitável por dois motivos. Primeiro, porque era um desperdício de energia, disciplina e inteligência necessárias para criar o que *O Crepúsculo dos Ídolos* chamou de "*poder cultural*".[98] E segundo, visto que era incompatível com uma das mais fundamentais metas de Nietzsche, a paz mundial. O tema do "bom europeu" que permeia todas as suas obras a partir de 1878, e até mesmo nas "cartas loucas" (p. 654) é, como vimos, o desejo de eliminar o nacionalismo intolerante, que resultava no militarismo e na guerra.

---

93 BGE 259.
94 Z II 12.
95 TI I 12.
96 A 2.
97 A 11.
98 TI VIII 4.

Nietzsche aprovava, como sabemos, a expressão da vontade de poder *sublimada* ou, como ele dizia, "espiritualizada".[99] A "guerra" era um fato incontestável, as pessoas saudáveis, como Nietzsche, eram "guerreiras", mas a "guerra seria uma batalha sem pólvora".[100] Os "instintos mais fortes" dos gregos, por exemplo, manifestavam-se na vontade de poder. No entanto, o apogeu de sua cultura maravilhosa ocorreu quando eles sublimaram a vontade de poder convertendo-a em um "instinto agonístico" que deu origem à cultura, ao festival trágico, à filosofia, à arte e à ciência.[101]

O coração de Nietzsche, então, estava no lugar certo. A violência, a brutalidade e a barbárie deveriam ser eliminadas da vida dos seres humanos. Mas sua mente também estava no lugar certo, será que ele conseguiria justificar essa eliminação em termos de seu princípio fundamental de valor? Se o que me beneficia é qualquer coisa que estimule meu poder, por que eu não decidiria, sobretudo, se eu fosse musculoso e sem um talento especial para a dialética ou para escrever tragédias, que o poder brutal em vez do sublimado me seria mais apropriado? Afinal, César Bórgia, como Nietzsche disse, embora fosse um "monstro", não demonstrava nenhum traço de "doença".[102] E em outras ocasiões, ele disse o mesmo dos vikings saqueadores.

A resposta de Nietzsche a essas perguntas é simples. "Todas as paixões passam por uma fase... quando arrastam para baixo suas vítimas com o peso de sua estupidez."[103] E a verdade a respeito do exercício brutal de poder é, quase certo, estúpida. Com frequência, ele enfatizou como o grupo de "medíocres" ataca as pessoas excepcionais, as "martiriza"[104] em benefício das normas convencionais. E o que mais poderão fazer se a excepcionalidade delas assumir uma forma sociopatológica violenta? A barbárie individual pode ser saudável. No entanto, é provável que termine mal. César Bórgia morreu no exílio aos 31 anos.

A visão de Nietzsche não se limitava à ideia de que quase com certeza isso *aconteceria*. Ele pensava também que *deveria* acontecer. Se, como argumentei ao longo deste livro, sua principal preocupação referia-se à prosperidade da comunidade como um todo, a comunidade tinha o *direito* de eliminar os que ameaçassem destruí-la, ou que ameaçassem *sua* vontade de poder. Em geral, ele lamentou a destruição da excepcionalidade do indivíduo excepcional provocada pelo "rebanho". Mas nem sempre. Ele não tinha dúvidas quanto ao direito pessoal de se proteger de atos criminosos.

---

99  TI V 1.
100  KSA 10 16 [50].
101  TI X 3.
102  BGE 197.
103  TI V 1.
104  GM III 9.

# 27

## O FIM

### A Clínica na Basileia

Em 11 de janeiro de 1889, Franz Overbeck informou ao outro único contato remanescente de Nietzsche, Heinrich Köselitz, que internara Nietzsche,

> ou para ser mais exato internei um fantasma, que só um amigo reconheceria, em uma clínica psiquiátrica na Basileia. Ele sofre de ilusões de grandeza infinita, mas também de outros delírios, e seu estado mental não tem esperança de recuperação. Eu nunca tive uma visão tão terrível de destruição.[1]

Ele entregou o amigo aos cuidados do Dr. Ludwig Wille, a quem Nietzsche reconheceu imediatamente. "Acho que já nos encontramos", disse a Wille com a dignidade civilizada de um professor da Basileia, "porém, sinto muito ter esquecido seu nome. Você poderia..." "*Wille*, meu nome é Wille", respondeu o médico. "Ah, sim, Wille", concordou Nietzsche. "Você é psiquiatra. Há alguns anos tivemos uma conversa sobre a insanidade religiosa."[2] Embora sua lembrança estivesse correta, Nietzsche não tinha a menor ideia de quem ele era nem o motivo de não saber.

Wille diagnosticou uma "paralisia progressiva", em outras palavras, neurossífilis, um diagnóstico baseado em sua área de pesquisa. (Para os que têm talento para martelar, dizem, tudo parece um prego.)

Segundo os registros médicos, a conversa loquaz de Nietzsche durante a primeira semana na clínica foi uma "confusão pitoresca de antigas experiências" misturadas "sem uma conexão lógica". No entanto, o conhecimento de sua filosofia revelou um padrão de comportamento, uma continuação da paródia do estado dionisíaco, que marcou suas últimas semanas em Turim.

Havia, em especial, a euforia megalomaníaca dos últimos dias em Turim. "O paciente sente-se extraordinariamente bem e animado", registrou o boletim médico. E também registrou que, desculpando-se com a equipe da clínica pelo clima péssimo, ele disse que preparara "um tempo esplêndido para o dia seguinte". Quando sua mãe chegou, ele conversou longamente e com coerência sobre os assuntos da família antes de exclamar, repentinamente, "Cuidado com o tirano de Turim!" e, em seguida, começou a murmurar coisas incoerentes. Depois, a "psicologia das festas

---

1 C p. 735.
2 C p. 736.

orgiásticas"[3] continuou a se manifestar. Ele sentia-se amoroso, queria abraçar todas as pessoas que via, cantava e dava grandes saltos como um bode, em uma aparente recriação da orgia dionisíaca. Sua sensualidade também estava exacerbada (semelhante, talvez, ao efeito da maconha). Ele comia em excesso e queria sempre mais comida, tinha sonhos eróticos e pedia com regularidade a companhia de "mulheres" (outra contradição à teoria de que Nietzsche era homossexual).

Em 17 de janeiro, levaram-no à estação ferroviária a fim de ser transferido para uma clínica em Jena, perto de Naumburg, onde sua mãe poderia visitá-lo com frequência. Ele estava acompanhado por Franziska, pelo jovem Dr. Mähly (de quem Nietzsche fora professor no ensino médio) e de um guarda. Overbeck foi à estação para dizer um adeus final. A partida, escreveu a Köselitz,

> foi o momento mais terrível e inesquecível. Eu vi Nietzsche por volta de nove horas da manhã na luz lúgubre do vestíbulo de entrada da estação central, com seus acompanhantes próximos a ele. Seu passo era rápido, mas hesitante, tinha uma postura artificial e tensa, seu rosto parecia uma máscara... Estou atormentado pelo pensamento de que deveria ter sido o dever de um amigo matá-lo, em vez de levar o pobre homem para uma clínica psiquiátrica. Agora meu único desejo é que morra logo... Para Nietzsche tudo terminou (*Mit Nietzsche ist es aus*).[4]

Overbeck encontrou o amigo em sua cabine do trem, onde ele apertou-o com força em seu coração e disse que ele era "o homem a quem mais amara na vida",[5] uma afeição que Overbeck merecera muitas vezes.

## A Clínica em Jena

A clínica psiquiátrica da Universidade de Jena era dirigida pelo professor Otto Binswanger. Nietzsche se internou na clínica em 18 de janeiro de 1890 e permaneceu lá até o dia 24 de março. Como tivera um ataque de fúria contra a mãe no trem, ele foi imediatamente sedado. Em seus dados no registro da clínica constavam "religião: protestante; estado físico: paralisia progressiva; causa: sífilis (a observação a respeito de sua religião pouco inspira confiança sobre a descrição de sua doença). O diagnóstico de Wille foi aceito sem questionamento ou sem um exame de Binswanger, que também tinha como especialidade a paralisia progressiva.

Fisicamente, Nietzsche ainda estava bem. O aumento de peso devido ao apetite extraordinário lhe deu uma boa aparência e, pelo menos nos dois anos seguintes, ele conseguiu andar três a quatro horas por dia sem dificuldade. A partir de então, embora entremeado por fragmentos de lucidez, seu estado mental deteriorou-se profundamente. Em uma palestra para estudantes de medicina (a dignidade do paciente era, é evidente, uma prioridade insignificante), Binswanger estimulou-o a conversar com a plateia, uma conversa, como um estudante se lembra, em que ele

---

3   TI X 5.
4   C p. 739.
5   C p. 738.

falou sobre as maravilhas de Turim e as vantagens das grandes e pequenas cidades com "convicção e um estilo fascinante" que o aluno nunca vira, mas, em seguida, ficou confuso e começou a murmurar coisas incoerentes.[6] Por outro lado, sua musicalidade manteve-se intacta. Köselitz o visitou e disse que sua improvisação no piano foi impecável. Seus acordes "cheios do espírito de *Tristão*" com maravilhosos efeitos orquestrais: "dramáticos, pianíssimos, coros de trombones, fanfarras de trompas semelhantes ao rigor de Beethoven".[7]

Ele ainda tinha momentos de euforia "dionisíaca". Com frequência, apresentava-se como o duque de Cumberland ou como o imperador alemão; e o marido de Cosima, Wagner. Quando o "barão X" (conforme relatou um paciente que preservou o anonimato de outro paciente) tocava sua cítara, Nietzsche dava um salto e começava a dançar até que um guarda o acalmasse. "Ele deve ter sido um ótimo dançarino na juventude", comentou o paciente anônimo.[8]

Havia, no entanto, aspectos menos atraentes em sua perda de controle (sua filosofia diria do controle "apolíneo"). Ele regredia a uma espécie de infantilismo, sujava as paredes com excrementos, embrulhava fezes em papel e guardava na gaveta de uma mesa, e urinava na bota e bebia a urina.

Apesar dos momentos de euforia, cada vez menos frequentes, em geral o estado de espírito de Nietzsche na clínica em Jena demonstrava uma grande infelicidade. As explosões de fúria eram constantes, e certa vez ele chutou outro paciente, e em outra ocasião deu um soco com o punho em uma janela. E a provável causa da maioria dos ataques de fúria eram as crises de paranoia recorrentes. Ele pensava que fora torturado à noite e que um arquiduque tentava envenená-lo. Ele quebrou o vidro de outra janela porque viu o cano de um rifle atrás dela. Pedia sempre um revólver para se defender.

No final de 1889, Julius Langbein, um historiador da arte, admirador de Nietzsche, e autor de *Rembrandt as Educator*, quase convenceu Franziska de que o filho estava tendo um tratamento inadequado na clínica, e que ele precisava fazer uma terapia em que pudesse conversar e não tomar remédios. Langbein, um precursor das apropriações nazistas das teorias de Nietzsche, foi um mistagogo antissemita convencido de que os alemães eram os herdeiros da grandeza da Grécia. Com o objetivo de transformar Nietzsche em líder de seu movimento, ele pediu sua custódia legal por dois anos, assim como o controle de sua pensão. Nietzsche ainda tinha discernimento suficiente para detestar o homem no instante em que o conheceu, virou uma mesa e sacudiu o punho com ar ameaçador diante dele. No entanto, ele foi obrigado a fazer diversos passeios com essa figura abjeta, até que Overbeck convenceu Franziska de que ele era um péssimo caráter.

No final de março de 1890, Franziska decidiu transferi-lo para uma residência particular em Jena, onde, apesar da supervisão médica, ele ficou mais feliz e mais calmo. Ele ainda tocava piano maravilhosamente – *inter alia*, as sonatas Opus 31 de Beethoven – e fazia longos passeios com a mãe. No entanto, em um desses passeios

---

6   C p. 743.
7   C p. 755-756.
8   C p. 741.

aconteceu um desastre. Escapando da vigilância da mãe, ele perambulou pela cidade à procura de banhos públicos. Quando os encontrou fechados, e como fora um ótimo nadador na época do colégio, resolveu nadar em um lago da cidade e tirou a roupa. Por fim, Franziska o encontrou conversando amigavelmente com um policial, e dois policiais o levaram sem dificuldade para casa. Mas a clínica ficou furiosa, com medo de que sua reputação de segurança ficasse comprometida. Prevendo uma nova internação, mãe e filho se apressaram a ir para Naumburg.

## Em Naumburg

Em 12 de maio de 1890, Nietzsche voltou para sua casa na rua Weingarten, de onde havia 32 anos ele fora para Pforta. Até sua morte sete anos depois, a devoção e o cuidado com seu filho, ajudada pela fiel serviçal Alwine, foram extraordinários. É possível supor que ela se sentisse feliz, porque o antagonismo de Fritz não existia mais para frustrar a expressão de seu amor e que, por fim, recuperara o filho. Embora no início estivesse bem fisicamente, o estado físico de Nietzsche deteriorou-se com rapidez. No final de 1891, ele perdeu o controle manual e destruiu o piano de tanto tocá-lo, e no final do ano seguinte passou quase o tempo todo na cama ou na cadeira de rodas. No ano seguinte, Franziska colocou uma porta na parede de seu quarto para que ele pudesse tomar ar na varanda em sua cadeira de rodas. Além disso, era preciso massageá-lo para evitar escaras. Agora já não reconhecia mais antigos amigos como Paul Deussen e até mesmo tinha dúvidas quanto à identidade da mãe. Ele mergulhou mais e mais na apatia; quase não manifestava interesse por nada, exceto por bonecas e outros brinquedos infantis. Ainda falava às vezes, mas, principalmente, frases banais como um colegial que tivesse sofrido uma lavagem cerebral. Franziska anotou algumas dessas frases: "eu traduzi muito"; "eu moro em um lugar agradável chamado Naumburg"; "eu nadei no Saade"; "eu me sinto bem porque moro em uma casa muito agradável"; "eu gosto de Bismarck"; "eu não gosto de Friedrich Nietzsche".

Teria sido uma bênção pensar que ele vivia em um estado de contentamento vegetativo, mas ele sofria muito. Ele sofria com a insônia que o perseguira a vida inteira, e as visitas no andar térreo da casa ouviam com frequência os gemidos e os gritos vindos de seu quarto. No final de 1893, Franziska o ouviu dizer "Mais luz!" (as palavras de Goethe agonizante) e "Em breve, a morte", o que indicou ser esse seu desejo.

## Uma Celebridade

Por uma ironia do destino, o declínio mental de Nietzsche foi seguido pelo crescimento de sua fama. Em fevereiro de 1889, o jornal *Allgemeine Schweizer* soube que ele sofrera um colapso mental e publicou um trecho de Shakespeare (a fala de Ofélia em *Hamlet*) "Oh, que nobre alma destruída". No mesmo mês, um ensaio de 18 páginas intitulado "Friedrich Nietzsche: The Outline of his System and his Personality" foi publicado na revista *Unsere Zeit*, um ensaio que no ano seguinte seu autor, Ola

Hansson, ampliou com a edição de um livro, *Friedrich Nietzsche: His Personality and his System*. (Evidentemente, Hansson omitiu o aforismo "a vontade de sistematizar é uma falta de integridade".) Em maio de 1889 uma tradução de 12 aforismos de Nietzsche foi publicada na *New York Century Magazine*. Agora surgiram rapidamente livros sobre Nietzsche cada vez mais volumosos. O livro de Lou Salomé escrito com grande percepção intuitiva em 1894 (p. 620-621) – para Overbeck era o trabalho mais importante disponível — e, entre as publicações do ano seguinte, o Volume I da tentativa de Elizabeth de publicar dois livros para ganhar dinheiro com facilidade à custa de Nietzsche.[9] (Este livro deturpado e maldoso contou a história da vida de Nietzsche com o intuito de (a) destruir Lou Salomé (quando o livro de Lou foi publicado, Elizabeth disse que ela era uma judia finlandesa), (b) de omitir o papel importante de sua mãe na vida do irmão e (c) de mostrá-la como uma coadjuvante em seu caminho para a fama.) Pessoas da Alemanha inteira e de outros lugares vinham a Naumburg com a esperança de ver o filósofo que enlouquecera aparecer na janela de seu quarto na casa da rua Weingarten. Na época da crítica feminista dos romances da era vitoriana, a loucura de Nietzsche só aumentou o fascínio por sua filosofia.

## A Exploração de Elizabeth

Logo no começo o empreendimento dos Förster no Paraguai teve problemas sérios. Baseado em uma ideologia ariana em vez da experiência e do planejamento, pouco depois de sua instalação a água ficou escassa e a falta de estradas e ferrovias impossibilitou o transporte da madeira para os mercados, que sustentaria financeiramente o projeto. Houve um conflito com os colonos devido ao preço que os Förster cobravam para o fornecimento de suprimentos básicos e o tamanho da casa imponente deles causou um grande ressentimento. As terras que haviam vendido aos colonos como uma propriedade livre e alodial, na verdade, haviam sido arrendadas do governo e, então, quando os colonos descontentes queriam partir eles viam que seus depósitos haviam desaparecido com os pagamentos do aluguel. Em 3 de junho de 1899, Bernhardt Foster se suicidou com a ingestão de uma mistura de morfina e estricnina e morreu sozinho em uma cama de um hotel no Paraguai. Este foi o início da longa carreira de Elizabeth como uma impostora. (Além de uma versão espúria de *A Vontade de Poder*, com a omissão de *Ecce Homo* e de *O Anticristo*, e cartas fictícias que Nietzsche lhe teria escrito, ela atribuiu a morte do pai a uma queda na escada e a loucura do irmão a uma combinação de excesso de trabalho e do uso abusivo de remédios para dormir.) Ela subornou um médico local para dar um atestado de óbito falso citando como causa da morte do marido um ataque cardíaco, uma mentira inútil porque as notícias do suicídio já haviam chegado aos jornais locais.

Elizabeth voltou para a Europa no final de 1890, onde ficou até meados de 1892, em uma tentativa surpreendente de conquistar mais adeptos e arrecadar mais recursos para o projeto no Paraguai. No principal jornal dos colonizadores,

---

9  YN e LN.

*Südarmerikanishe – Nachrichten*, um de seus colonos, Franz Neumann, a acusou de cometer um "crime" por continuar a atrair colonos para a *Nueva Germania*. Depois de uma investigação, o jornal descreveu o empreendimento em um editorial como "uma exploração de pessoas inexperientes e crédulas realizada sem escrúpulos e de uma maneira cruel". No ano seguinte, um antigo aliado de Elizabeth, Paul Ulrich, escreveu um artigo no jornal chamando-a de mentirosa, ladra e pedindo aos colonos que a expulsassem do lugar.[10]

Em setembro de 1893, ao perceber que a batalha estava vencida, Elizabeth vendeu seus últimos bens e voltou para a Europa, determinada a explorar algo mais glamoroso e com um potencial lucrativo, isto é, as obras e a vida de Nietzsche. Mudou legalmente seu nome para Elizabeth Förster-Nietzsche (uma combinação contraditória do antissemitismo e da oposição radical ao antissemitismo), e dedicou suas enormes reservas de energia, sem o menor escrúpulo e com uma vontade de poder ilimitada para dominar totalmente o empreendimento de Nietzsche e, assim, controlar suas obras e o que restava de sua vida.

Com uma mentalidade de "guerreira" semelhante à do irmão (embora de uma forma vulgar, sem "espiritualidade"), Elizabeth perseguiu duas estratégias para controlar suas obras literárias, publicadas ou inéditas. Primeiro, ela teve a ideia de organizar o Arquivo Nietzsche, que guardaria os documentos e preservaria o importante acervo de bens ou de objetos de Nietzsche para a posteridade, um local para sediar "acontecimentos especiais" e, em geral, um santuário para veneração a Nietzsche. Em 18 de novembro de 1893, ela mobiliou e instalou o Arquivo em duas salas no andar térreo da casa de sua mãe. No ano seguinte, ela promoveu palestras sobre os textos sagrados, inclusive *O Anticristo*, que não fora ainda publicado, palestras, no entanto, que às vezes eram perturbadas por gritos e gemidos do segundo andar.

Desde 1891, com a aprovação de Franziska, o conselho de Overbeck e o incentivo de Naumann (a saúde financeira de sua editora dependia extremamente dos textos de Nietzsche), Köselitz trabalhava com uma enorme dedicação para publicar uma edição completa das obras de Nietzsche, que teria uma introdução de sua autoria em cada livro. Segundo a descrição das linhas gerais de sua interpretação que fez a Overbeck, essas introduções seriam criteriosas, interessantes, minuciosas e, em certo grau, imparciais. "Honrado mestre", ele escreveu a Overbeck,

> na introdução de *Zaratustra*... eu enfatizei uma característica específica da doutrina de Nietzsche, ou seja, que a meta inicial do homem deve ser o *autocontrole*: o domínio da moral no contexto do mundo de impulsos individuais. O resto – o domínio de outros aspectos da vida – acontece espontaneamente. Transformei o conceito de "super-homem" em qualidade, uma abstração, embora saiba que Nietzsche lhe dava outro sentido. Queria que se passasse uma década até que o leitor se acostumasse com esse conceito antes de mencionar os grandes mestres da disciplina (*Zucht*), que Nietzsche considerava importantes... Eu confesso que nunca vi um pensador similar a Nietzsche: o mais próximo é Platão... Nietzsche queria *organizar um povo* em um regime democrático.[11]

---

10  Hollingdale (1999) p. 249.
11  J III p. 157-158.

Essa é a visão precisa da influência da filosofia de Platão na doutrina filosófica de Nietzsche, que enfatizei ao longo deste livro, e escrita por alguém que sabia quais eram suas intenções melhor do que ninguém, é uma confirmação importante do meu ponto de vista.

No final de 1893, foram editados cinco volumes dessa coletânea. Como não tolerava a realização de um trabalho sem sua supervisão, Elizabeth disse a Köselitz que seus serviços não eram mais necessários. "Quem disse que *você* é um editor?", perguntou, e mandou que todos os exemplares de sua edição fossem triturados. No ano seguinte, ela contratou em seu lugar um jovem pianista e poeta, com doutorado em filosofia, e um ardente admirador de Nietzsche, um rapaz muito bonito chamado Fritz Kögel. Ela o orientou a trabalhar em uma segunda tentativa de edição da coletânea de suas obras.

Nesse ínterim, surgiu a questão dos direitos autorais porque, legalmente, Franziska e um primo com uma função apenas nominal, detinham todos os direitos dos textos de Nietzsche. Por fim, depois de uma longa campanha para esgotar sua resistência (durante esse período Elizabeth roubou o pacote de cartas do irmão que estava com a mãe), Franziska concordou em ceder os direitos para o Arquivo Nietzsche, nas entrelinhas, para Elizabeth, mediante um pagamento inicial de 30 mil marcos e 1.600 marcos anuais pelos direitos de uso das obras. Elizabeth disse que um grupo de admiradores oferecera 30 mil marcos especificamente para comprar os direitos autorais e doá-los ao Arquivo, e esse argumento encerrou o assunto. Mas, na verdade, o dinheiro era de um empréstimo bancário que Elizabeth conseguira depois de convencer os "admiradores" a serem avalistas.

No início, o trabalho de preparar uma nova coletânea prosseguiu sem dificuldades. Elizabeth sentia um grande prazer em colaborar com o atraente Fritz Kögel. Logo, no entanto, as relações ficaram tensas. Kögel percebeu que ela planejara suprimir, e até mesmo falsificar, partes dos textos e, então, começou a fazer um registro pessoal do conteúdo desses textos. E do ponto de vista de Elizabeth, Kögel cometeu o pecado mortal de se apaixonar, não por ela, mas pela filha de um professor de Weimar.

Em meados de 1896, com o objetivo de ter uma base mais sólida para realizar sua tarefa filológica, Elizabeth decidiu estudar filosofia com Rudolf Steiner, que estava ajudando o Arquivo a organizar a biblioteca de Nietzsche. Steiner (mais tarde o fundador da antropossofia) lhe fez uma crítica categórica ao comentar que "ela não tinha nenhuma compreensão das distinções sutis, ou mesmo toscas e lógicas", e que "era incapaz de ter um mínimo de respeito pelos fatos e pela objetividade".[12] Porém, ele escondeu, é claro, sua opinião, porque Elizabeth lhe ofereceu o cargo de editor da coletânea de obras em substituição a Kögel. Sabiamente, Steiner recusou. Kögel foi demitido no ano seguinte, e seu projeto editorial caiu no esquecimento. Por fim, em 1898, a terceira tentativa de publicar a coletânea, em uma edição intitulada *Grossoktav*, devido ao tamanho do papel, começou sob a orientação de seis editores, inclusive Köselitz, porque, diante de suas qualidades incomparáveis, Elizabeth o chamara de novo para o Arquivo. Os motivos que levaram Köselitz a aceitar

---

12  C p. 793.

as propostas de uma mulher que ele detestava são obscuros. É possível que tivesse a esperança de evitar, pelo menos, as deturpações terríveis dos textos. Mas não teve sucesso porque a edição publicada, volume por volume, de 1899 a 1913, foi, como já mencionado, uma desgraça filológica.

***

O segundo objetivo estratégico de Elizabeth foi o de dominar fisicamente o irmão, ainda um objeto cultural de grande importância. Assim que voltou do Paraguai ela começou a fazer uma campanha de perseguição à mãe com essa meta em mente. Ela tentou convencer as autoridades médicas de que os cuidados (na realidade, exemplares) proporcionados por Franziska e pelo dedicado médico da família, Oscar Gutjahr, eram inadequados, e pediu que Nietzsche fosse morar em sua casa em Naumburg, onde ele ficaria sob seus cuidados. E, em 1895, tentou suspender a pensão da Basileia alegando que ela era supérflua, ciente de que sem a pensão Franziska seria obrigada a lhe ceder o butim da guerra. Overbeck deu um basta nessa maquinação e, por isso, Elizabeth devotou um ódio eterno tanto a ele como a todas as pessoas que tinham alguma relação com a Basileia.

Exausta com a campanha de perseguição da filha, Franziska adoeceu e dois meses depois, em 20 de abril de 1897 (oitavo aniversário de Hitler), morreu aos 71 anos. Elizabeth atingira finalmente sua segunda meta estratégica.

## O Santuário em Weimar

Na cidade natal de um dos maiores nomes da literatura alemã, Goethe, e agora sede do Arquivo Goethe-Schiller, Weimar, a 50 quilômetros de Naumburg, representava o centro da *Kultur* alemã. Com sua visão de marketing perspicaz, Elizabeth percebera havia algum tempo que se ela, o Arquivo e o que restava do irmão fossem para Weimar, ela incentivaria a ideia de que Nietzsche também pertencia a esse centro da cultura alemã. A oportunidade surgiu por intermédio da generosidade de Meta von Salis, que, em maio de 1897, comprou a Villa Silberblick (vista prateada), uma casa de quatro andares, a meia hora a pé do centro da cidade, rodeada na época por plantações de trigo e com uma vista panorâmica da cidade, que inspirara seu nome. Meta pôs a casa à disposição de Elizabeth, tanto como residência para ela e o irmão como também para ser a sede do Arquivo.

Como seria previsível, Elizabeth começou, imediatamente e sem consultar ninguém, a fazer grandes alterações e reformas para adaptar a casa não só ao Arquivo, como também ao elegante estilo de vida que pretendia levar, com todas as despesas pagas pela proprietária da casa. Meta ficou furiosa e depois de várias recriminações rompeu relações com Elizabeth no ano seguinte. Em 1899 ela vendeu a casa para um primo de Elizabeth, Adalbert Oehler, que em 1902 a transferiu para a prima. Então, Elizabeth contratou o belga Henry van der Velde para reconstruir externa e internamente a casa inteira no estilo *art nouveau*, que a casa mantém até hoje (ver Ilustração 30).

Em agosto de 1887, os irmãos mudaram para a Villa. Elizabeth começou a viver no estilo que ela sempre achou que merecia. As visitas especiais eram recebidas na estação de trem por criados vestidos com librés, enquanto ela usava sua carruagem e o séquito de criados para se locomover nos mínimos trajetos pela cidade. (Na década de 1930, ela recebeu muitas pessoas importantes do regime nazista, inclusive Hitler, em sua casa [ver Ilustração 32], e essa nódoa degradante permanece até hoje. Não havia sinal de Nietzsche.)

Elizabeth organizou o Arquivo como um santuário do irmão, com retratos, livros e manuscritos expostos quase como relíquias sagradas. Os convidados especiais eram acompanhados pelas escadas até a presença do grande pensador, agora um ser muito magro, quase esquelético, os olhos fundos nas órbitas. O lado direito do corpo estava paralisado e ele o esfregava inutilmente. Um visitante observou que, quando Elizabeth o convenceu a estender a mão, com as veias violáceas protuberantes e uma mão tão fria como se fosse de cera, a sensação era de cumprimentar um cadáver e não um ser humano vivo. Richard Strauss, que doara uma partitura de seu poema musicado *Assim falou Zaratustra* ao Arquivo, em 1896, visitou Nietzsche em seu último ano de vida.

Os visitantes viam um homem inexpressivo, uma lousa sem nada escrito, em quem poderiam projetar qualquer fantasia que quisessem. Mas, quase sempre era o profeta e o vidente, o Zaratustra-Nietzsche, que eles queriam ver: alguém que não estava louco, e sim como Ernst Bertram (um dos primeiros a tentar transformar Nietzsche em um herói mítico nazista) escreveu, "ascendera ao nível místico", uma "transição orgulhosa" para um estado mais elevado. Já Ernst Horneffer, um dos editores da coletânea *Grossoktav*, viu "um profeta com uma simplicidade divina... Parei diante dele intimidado pelo respeito que me inspirou. A primeira coisa que eu vi foi a testa magnífica. Havia algo de goethiano ou de Júpiter em sua forma", a forma de uma testa de "um homem que não nega mais sua grandeza".[13] Rudolf Steiner também se impressionou com a energia quase religiosa que ele irradiava:

> Quem quer que veja Nietzsche nesse momento [ele escreveu] reclinado na poltrona vestido com um roupão branco pregueado [ver Ilustração 31], com a expressão de um brâmane em seus olhos grandes e fundos sob as sobrancelhas espessas, com a nobreza do rosto enigmático e perscrutador e a cabeça leonina e majestosa de um pensador, tem a sensação de que esse homem não pode morrer, que seu olhar deveria contemplar a humanidade por toda a eternidade e o mundo inteiro de aparência com sua alegria insondável.[14]

Elizabeth, é claro, estimulava essa aura mítica. Afinal, ser a irmã e guardiã de um semideus dificilmente não seria benéfico para sua autoestima ou os negócios. Em 1898 ela pediu a Friedrich Krause que fizesse um busto com o "olhar eterno" de Nietzsche pousado no futuro da humanidade, e Curt fez um relevo em bronze do rosto brilhante como uma chama do filósofo banhado pela luz do futuro e com a águia de Zaratustra (o símbolo do seu "orgulho" e, é evidente, do orgulho da Alemanha) ao fundo. Fritz Schumacher projetou o memorial de Nietzsche "como um templo redondo sozinho em uma pequena colina e, em cima dele, o gênio da humanidade com os braços levantados para o céu e, em baixo, formas escuras gigantescas

---

13 Gilman (1987) p. 254.
14 Hollingdale (1999) p. 253.

presas em seus grilhões",[15] um projeto que, surpreendentemente, conquistou um convite para ir a Weimar. Outros objetos foram produzidos em massa para turistas: cartões-postais com a imagem do Arquivo e da cabeça jovem de Nietzsche e a águia, além de um molde em gesso de Nietzsche sentado em uma poltrona para ser colocado no consolo de uma lareira.

## A Morte de Nietzsche

Nietzsche teve um acidente vascular cerebral no verão de 1898 e outro ainda mais sério em maio do ano seguinte. Em 25 de agosto de 1900, após oito meses do início do último ano do século que iria assistir aos seus temores em relação à Alemanha e ao mundo, ele morreu. Köselitz (que agora insistia em ser chamado pelo pseudônimo que Nietzsche lhe dera, "Peter Gast") fechou seus olhos, embora o olho direito tenha ficado aberto e, mesmo no caixão, a esclera e a parte inferior do olho eram visíveis sob os cílios. Realizou-se uma cerimônia no Arquivo com a presença importante, mas que também se autovalorizava, do historiador da arte, Kurt Breisig, que viera de cadeira de rodas de Berlim acompanhado pelo diretor do Arquivo para fazer o discurso de elogio solene. Fritz Schumacher fez o seguinte relato:

> O sentimento óbvio que permeava o estado de espírito da cerimônia seria captado por um discurso com poucas palavras solenes e profundas... Em vez disso, o orador começou a ler um texto manuscrito volumoso. Como tinha dificuldade em segurar o manuscrito, a caixa de costura de Frau Förster serviu de suporte para apoiar o texto. E, em seguida, ele leu sem piedade uma análise cultural e histórica do fenômeno Nietzsche. Poucas vezes tive uma experiência tão soturna. A erudição acompanharia esse homem ao túmulo. Se houvesse ressuscitado ele teria jogado o palestrante pela janela e nos afugentado do templo.[16]

Ao contrário de seu desejo – ele havia escrito a Elizabeth em 1886, que queria ser enterrado na península de Chasté, em Sils Maria[17] – Nietzsche foi enterrado entre seus pais na igreja em Röcken, perto de onde havia nascido. Os sinos da igreja tocaram e o discurso do funeral, proferido por Köselitz, agora completamente envolvido no projeto de transformar Nietzsche em um mito, terminou com as palavras: "Que a paz reine em suas cinzas! Sagrado seja seu nome para as gerações futuras!".

Quando Elizabeth morreu, em 1935, Hitler, que apoiava financeiramente o Arquivo, assistiu ao enterro junto com diversos líderes nazistas. Em sua morte ela cometeu a última das muitas indignidades que infligira ao irmão. Sob suas ordens, ele foi retirado do túmulo e colocado ao lado da sepultura para que *ela* pudesse ser enterrada entre os pais. No que se refere ao poder político, Elizabeth não tinha rival.

---

15  C p. 810.
16  Gilman (1987) p. 248.
17  KGB III.3 741. Ver também p. 438. Felizmente, pelo menos o memorial de Nietzsche foi construído em Chasté.

# 28

# A LOUCURA DE NIETZSCHE

O que havia de errado com Nietzsche? Por que ele enlouqueceu? Esta pergunta foi longamente discutida, tanto pelos médicos que tentaram diagnosticar a doença do morto ilustre como se fosse um passatempo e também pelos estudiosos de Nietzsche. Os estudiosos em geral tinham interesse nas consequências de sua morte. Os admiradores de Nietzsche defendiam um diagnóstico essencialmente fisiológico, ou seja, o diagnóstico tradicional de sífilis, ao passo que seus opositores alegavam um fator psicológico. Mas, se a loucura de Nietzsche originava-se de elementos fisiológicos intrínsecos à sua personalidade, é possível pensar que sua filosofia tenha sido influenciada pelos mesmos elementos; como disse o resenhista (p. 494) de *Além do Bem e do Mal*, Nietzsche tinha uma personalidade "patológica". Seus opositores em geral defendiam esta hipótese, ao contrário dos admiradores.

Como vimos, Nietzsche sofria de terríveis crises intermitentes de depressão, que algumas vezes o levaram a pensar em suicídio (p. 433). Em junho de 1887, ele comentou que estava deprimido havia um ano,[1] um estado psíquico (o "cão negro" de Winston Churchill) que ele descreveu como um sofrimento mais doloroso do que todas as suas doenças físicas, "o pior castigo da vida".[2]

No entanto, em outros períodos ele sentiu momentos de grande entusiasmo, um entusiasmo com toques de grandeza e crescentes surtos de megalomania. Em 1884, o "outro" Nietzsche se manifestou: o "super-homem" escondido no suave Friedrich Nietzsche com seus óculos grossos, aquele que tivera o pensamento secreto do eterno retorno, um pensamento que "dividirá a história em duas metades" e revelará um Jesus "superficial" em comparação com quem o possui (p. 473). E talvez o "outro" Nietzsche já tivesse se manifestado em 1869, quando ameaçou terminar a amizade com Deussen, porque ele não percebera a honra de ter um professor universitário como amigo (p. 91-92). (A posição superior dos professores na cultura alemã é indicada na expressão "Deus professor".) Ou nas oscilações de humor – Lou Salomé observou que Nietzsche tinha "mudanças violentas de humor" (p. 422-423)–, que sugerem o diagnóstico de uma psicose "maníaco-depressiva"; em uma linguagem mais anódina, de "transtorno bipolar". É possível que Nietzsche tenha sido por muitos anos, pelo menos em estado latente, um maníaco-depressivo, "um estado quase permanente da psicose maníaco-depressiva", uma hipótese plausível para descrever suas últimas semanas em Turim.

---

1  KGB III.5 870.
2  KGB III.5 884.

A seguir, por cortesia de Oliver Sachs,[3] descrevo alguns sintomas da psicose maníaco-depressiva (em geral relatos dos pacientes, embora ocasionalmente sejam descrições dos terapeutas): "Ele começou a pensar que era um Messias"; "eu acho que posso parar os carros e paralisar as forças deles simplesmente ficando no meio da estrada com os braços estendidos" (observação do poeta Robert Lowell); o "êxtase"; "a apoteose da saúde"; "um estado de euforia"; "você está se sentindo [tão]... bem, deve estar doente"; "a liberação de um eu profundo reprimido"; "não só tudo tinha um sentido perfeito, como também tudo se uniu a uma relação cósmica maravilhosa"; "minha sensação de encantamento com as leis do mundo natural me comove... como tudo é tão bonito".

Três temas permeiam essas descrições: o êxtase panteísta, o sentido do mundo como uma totalidade perfeita; a crença de ser um Messias; e o poder de mudar o mundo com sua vontade (parar carros). Estes temas caracterizam o estado psíquico de Nietzsche nas últimas semanas em Turim. Ele sentia-se constantemente eufórico, acreditava que o mundo estava "além do bem e do mal", porque ele era perfeito. Ele pensava que era um Messias – o portador das "boas-novas" (p. 663). E, ao se "tornar Deus", ele acreditou que tinha poderes telecinéticos capazes, por exemplo, de depor as cabeças coroadas da Europa. Portanto, o "transtorno bipolar" é uma descrição plausível da fase inicial de sua loucura.

As crises maníaco-depressivas, como vimos, não foram prolongadas. Em poucas semanas, ele começou a manifestar sintomas de uma psicose séria: alucinações, delírios paranoicos, problemas psicomotores e comportamentais, pensamento e fala incoerentes (embora entremeados de fragmentos coerentes da memória), degeneração catatônica e, por fim, um estado vegetativo. Presume-se em geral que os sintomas psicóticos descritos aqui como transtorno bipolar poderiam ser diagnosticados como esquizofrenia. Isso sugere um diagnóstico psiquiátrico duplo, isto é, que a psicose maníaco-depressiva de Nietzsche degenerou, após 1889, em esquizofrenia. Este, de fato, é o diagnóstico do Dr. Richard Schain.[4] Mas a corrente moderna da psiquiatra considera que as crises psicóticas com sintomas semelhantes à esquizofrenia indicam, em muitos casos, um transtorno bipolar e não esquizofrenia. Além disso, o diagnóstico do Dr. Schain não é factível, porque os sintomas psicóticos de Nietzsche só surgiram aos 40 e poucos anos, ao passo que os da esquizofrenia aparecem em geral no final da adolescência ou no início dos 20 anos. É provável então que a descrição do estado mental de Nietzsche demonstre sintomas de "transtorno bipolar com, nos estágios finais, características esquizofrênicas".[5] No entanto, surge uma pergunta, ou seja, se os sintomas podem ser diagnosticados ou se são apenas descrições de uma sintomatologia; ou se poderia haver uma patologia física subjacente aos sintomas psicológicos. Iremos analisar essas opções.

\*\*\*

---

3 Sacks (2008).
4 Schain (2001).
5 Depois da publicação deste livro recebi uma carta da Dra. Eva M. Cybulska, na qual dizia que sugerira o mesmo diagnóstico de "desordem bipolar" em 2000 em seu artigo "Nietzsche's Madness: Misdiagnosis of the Millenium". *Hospital Medicine* vol. 61, nº 8, p. 571-575.

A história original e a mais aceita é a de que Nietzsche sofria de sífilis. Esse, como vimos, foi o diagnóstico de Willie na clínica na Basileia, um diagnóstico repetido por Binswinger em Jena. Os dois psiquiatras afirmaram que Nietzsche sofria de "uma paresia [paralisia parcial] da sanidade"; em outras palavras, demência causada pela neurossífilis, uma forma terciária da sífilis, na qual as espiroquetas (bactérias) atacam o cérebro. Como a sífilis era extremamente disseminada (a Aids da época), esse era o diagnóstico básico no século XIX para homens de meia-idade, que sofriam de demência. Mas de modo algum seria a única causa.

Críticas recentes revelaram pelo menos seis pontos inconsistentes no diagnóstico de sífilis. Primeiro, o fato de Nietzsche sofrer de coriorretinite – inflamação da retina – causada pela sífilis, o que na verdade poderia ser a causa. Porém, poderia também ser provocada por uma ampla variedade de doenças como miopia que, como sabemos, era um problema de visão que Nietzsche tinha desde criança. Segundo, quando foi internado na clínica em Jena ele não tinha tremores, um sintoma quase universal da "paresia" sifilítica. Terceiro, apesar de as enxaquecas fortes poderem ser um sintoma terciário da sífilis, elas surgem em poucas semanas, ou meses, antes do colapso total. Porém as enxaquecas de Nietzsche começaram quando ele ainda estava no colégio. Em quarto lugar, para alguém com paresia sifilítica, Nietzsche viveu um período extraordinariamente longo, 11 anos, depois do colapso mental em Turim. Em um estudo do final do século XIX, de 244 pacientes com a doença, 229 morreram cinco anos depois do diagnóstico, 242 em nove anos. Quinto, enquanto a paresia sifilítica afeta os dois hemisférios do cérebro, diversos sintomas físicos de Nietzsche (que comentaremos em breve) sugerem um processo restrito ao hemisfério direito. Por fim, Dr. Eiser relatou que, apesar de Nietzsche ter confirmado as infecções de blenorragias em seus anos de estudante, ele negou explicitamente ter contraído sífilis (p. 288). Em razão de sua franqueza com relação à blenorragia, não seria provável que ele escondesse a sífilis. Ele poderia, é claro, ter tido sífilis sem saber, mas, devido à observação constante e minuciosa de sua saúde, este fato seria improvável.

Diante de todas essas dificuldades para diagnosticar sua doença, merece destaque o diagnóstico alternativo do Dr. Leonard Sax.[6] Desde a adolescência, sugeriu Sax, Nietzsche possivelmente teve um meningioma, um tumor cerebral benigno situado à direita do nervo óptico.

Os sintomas psiquiátricos que poderiam ser originários da psicose maníaco-depressiva ou da demência, explicou Sax, eram comuns em pacientes com esses tumores. Seu desenvolvimento, disse, era lento, mas inexorável, e às vezes podia cessar por completo durante alguns anos. As dores de cabeça fortes e intermitentes também eram comuns e, com frequência, eram confundidas com enxaquecas. Um tumor à direita do nervo óptico e abaixo do lobo frontal explicaria a recorrência das dores de cabeça do lado direito, examinadas por dois médicos em 1889, pela pupila dilatada que sua mãe notou quando ele tinha cinco anos e para o fato de o olho direito ser mais proeminente que o esquerdo (a razão, é evidente, de a pálpebra direita

---

[6] Sax (2003). Os detalhes médicos da crítica ao diagnóstico de sífilis foram extraídos de Sax e de Schain (2001).

não ter fechado totalmente quando estava no caixão (p. 690). Em determinado momento, concluiu Sax, o crescimento do tumor teria provocado uma lobotomia frontal responsável pela apatia quase vegetativa dos últimos anos de vida de Nietzsche.

Temos, então, três possibilidades de diagnóstico: a sífilis, o tumor cerebral de Sax e a hipótese de o estado mental e físico de Nietzsche ser um caso *puramente* psiquiátrico, com sintomas maníaco-depressivos que mais tarde desenvolveram características psicóticas. Sob a ótica da crítica recente, a sífilis é a opção mais descartável. O tumor cerebral de Sax é uma tentativa elegante de explicar todos os problemas de saúde de Nietzsche, mentais e físicos, desde as dores de cabeça da vida inteira, os sintomas maníaco-depressivos e a apatia final causados pelo tumor cerebral. Infelizmente, o elegante diagnóstico de Sax, por ele ser um médico clínico e não um oftalmologista, é inconsistente do ponto de vista oftalmológico. Primeiro, os casos de meningiomas na infância são extremamente raros. Segundo, quando os tumores cresciam, o crescimento era rápido e agressivo (ao contrário dos meningiomas na idade adulta que, de fato, cresciam devagar e insidiosamente). Terceiro, eles não causavam uma dilatação na pupila, a menos que afetassem os músculos dos olhos. Mas, nesse caso, desde a infância, o olho direito de Nietzsche ficaria virado sempre para baixo e com a pálpebra caída, o que não acontecera. Por fim, se a protuberância do olho direito de Nietzsche fosse provocada por um tumor seria lógico que ela aumentaria com seu crescimento. No entanto, as várias fotografias tiradas ao longo de sua vida não mostram nenhuma alteração.[7]

Assim, o diagnóstico do tumor cerebral de Sax é tão inconsistente como a história da sífilis. Mas, em razão de a possibilidade de exumar o corpo de Nietzsche para fazer uma autópsia com o uso das técnicas mais modernas da medicina nunca ter se concretizado, jamais saberemos se seu estado mental fora consequência de uma patologia física subjacente. Entretanto, a conclusão mais plausível seria, na verdade, que a loucura de Nietzsche fosse de fundo puramente psicológico.

Isso significa que não podemos negar o vínculo entre sua filosofia e a loucura: uma associação, como já mencionado, entre o aspecto dionisíaco de sua filosofia e a característica "dionisíaca" das "cartas loucas" e dos últimos dias em Turim. Esta associação estreita demonstra que sua doutrina filosófica era, em muitos aspectos, "patológica"? A loucura afetou os fundamentos da filosofia de Nietzsche?

A filosofia de Nietzsche de uma maneira não usual dá um valor extremamente elevado ao êxtase: um estado mental no qual transcendemos nossa identidade cotidiana ao mesmo tempo em que achamos o mundo "perfeito" e, assim, somos capazes de desejar seu "eterno retorno". Esta valorização do êxtase remonta ao início de seu pensamento, à primeira seção de *A Origem da Tragédia* com sua celebração do estado em que "todas as barreiras rígidas e hostis" entre os homens desaparecem e então "cantando e dançando" temos a sensação de "pertencer a uma comunidade superior" (p. 149). A importância dessa descrição do estado dionisíaco refere-se ao

---

7   Agradeço essas informações a Helen Danesh-Meyer, professora de Oftalmologia da cátedra W & I. Stevenson na Medical School da Universidade de Auckland e uma autoridade mundial, em especial, em meningiomas. Este capítulo inteiro foi extremamente aperfeiçoado como resultado de sua crítica a uma minuta anterior.

fato de que todos nós podemos reconhecê-lo e sentirmos empatia por ele. Porque ele se assemelha, como sugeri, à sensação de um "concerto de rock" ou de uma "torcida de futebol". Como todos temos o estado dionisíaco em nosso íntimo, é impossível detectar qualquer elemento "louco" na teoria dionisíaca da filosofia de Nietzsche.

No entanto, não conseguimos perceber em nossa experiência a crença de que somos capazes, com o poder da nossa vontade, de controlar qualquer aspecto do mundo que escolhermos. Mas isso é uma característica marcante do transtorno bipolar e dos últimos dias de Nietzsche em Turim. Existe, portanto, uma linha clara de demarcação entre o estado dionisíaco de sua filosofia e o êxtase dionisíaco louco dos últimos dias. Embora a filosofia de Nietzsche tenha sido elaborada por um maníaco-depressivo (como, provavelmente, as obras de Platão, Newton, Mozart, Hölderlin, Coleridge, Schumann, Byron, Van Gogh, Geog Cantor, Winston Churchill, Silvia Plath, John Lennon, Leonard Cohen e muitos outros seres humanos relevantes), não há nada de "patológico" a seu respeito, exceto do ponto de vista das mulheres.

# CRONOLOGIA

1844   15 de outubro: nascimento de N, primeiro filho de Karl Ludwig e Franziska Nietzsche (de solteira Oehler), em Röcken, próximo a Lützen e perto de Leipzig.
1846   10 de julho: nascimento de Elizabeth.
1849   30 de julho: morte do pai com uma doença cerebral aos 35 anos.
1850   4 de janeiro: morte do irmão de N, Ludwig Joseph, aos 2 anos. Início de abril: mudança para Naumburg. Matrícula de N na escola primária da cidade.
1851   Primavera: transferência para a escola particular de Weber, onde faz amizade com Krug e Pinder. Os três são transferidos para a escola de ensino elementar da Catedral.
1858   Outubro: a família se muda para a rua Weingarten nº 18, onde Franziska morou até sua morte, em 1897. N começou a estudar no colégio Pforta.
1859   N conhece Paul Deussen.
1860   25 de julho: N, Krug e Pinder fundam a sociedade *Germania*. Schopenhauer morre em setembro. Início da amizade com Paul Deussen.
1861   Janeiro e fevereiro: N tem fortes dores de cabeça.
Março: descoberta da ópera *Tristão* neste ano ou no ano seguinte. 19 de outubro: chama Hölderlin de "meu poeta preferido".
1863   Setembro: primeiros sinais do bigode de N.
1864   Setembro: torna-se amigo de Carl von Gersdorff. Formatura e partida de Pforta. Férias na Renânia com Deussen.
Outubro: começa a estudar em Bonn; associa-se à confraria *Franconia*.
1865   Fevereiro: decide abandonar os estudos de teologia para se dedicar à filologia. Visita ao prostíbulo de Colônia.
19 de outubro: N se matricula na Universidade de Leipzig, onde Rohde se torna seu melhor amigo.
Novembro: descoberta do livro *O Mundo como Vontade e Representação*, de Schopenhauer.
1866   Verão: descoberta do livro *History of Materialism*, de Lange.
1867   Agosto: passeio a pé na floresta da Boêmia com Rohde.
Verão: entusiasma-se cada vez mais por Wagner, sobretudo, por causa da ópera *Os Mestres Cantores de Nuremberg*.
Setembro: começa o serviço militar em Naumburg.
1868   Março: N machuca o ombro em um acidente a cavalo, o que encerra o serviço militar em junho.
Outubro: retoma os estudos em Leipzig.
8 de novembro: primeiro encontro com Wagner.

1869 12 de fevereiro: é nomeado professor de filologia clássica na Universidade da Basileia.
19 de abril: mudança para a Basileia.
17 de maio: primeira das 23 visitas à família Wagner em Tribschen.
1º de julho: mudança para a rua Schützgraben nº 45 (a "Cabana Venenosa" e mais tarde "Caverna Baumann").

1870 Abril: Franz Overbeck muda-se para Schützgraben nº 45.
19 de julho: o Parlamento francês declara guerra à Prússia.
13 de agosto: chegada em Erlangen para treinamento como assistente hospitalar.
23 de agosto: segue em direção à frente de batalha e passa por lugares de combates recentes. Fica horrorizado com a cena dos corpos esquartejados no campo da batalha de Wörth.
25 de agosto: Wagner se casa com Cosima.
2 de setembro: N na frente de batalha, que agora está em Ars-sur-Moselle, perto de Metz. Passa três dias em um vagão de trem fechado acompanhando soldados feridos a Karlsruhe. Adoece com disenteria e difteria e é hospitalizado durante uma semana ao voltar para Erlangen.
14 de setembro a 21 de outubro: recuperação em Naumburg.
Novembro: retoma seu trabalho de professor na Basileia; lê o ensaio "Beethoven" de Wagner; assiste às palestras de Burckhardt sobre historiografia.
Dia de Natal: assiste à primeira apresentação do *Idílio de Siegfried*, o presente de aniversário para Cosima, sentado na escada da casa em Tribschen.

1871 18 de janeiro: o Segundo Reich proclama Guilherme I cáiser.
28 de fevereiro: final da Guerra Franco-Prussiana.

1872 2 de janeiro: *A Origem da Tragédia* é publicado por Fritzsch.
16 de janeiro: inicia a série de palestras do ensaio sobre "O Futuro de nossas Instituições Educacionais", que se prolonga até 23 de março. Recusa o cargo de professor em Griefswald neste mês.
22 de abril: Wagner muda de Tribschen para Bayreuth.
22 de maio: junto com Rohde e Von Gersdorff assiste ao lançamento da pedra de fundação do Festpielhaus em Bayreuth. Conhece Malwida von Meysenbug, uma amiga íntima do casal Wagner.
Final de maio até setembro: a resenha de Rohde de *A Origem da Tragédia* e a crítica de Wilamovitz são publicadas. Longas conversas com Burckhardt a respeito das palestras dele sobre a história cultural da Grécia.

1873 Primavera: começa uma leitura intensa de livros sobre ciência natural, como o livro de African Spir *Thought and Reality*.
Maio: primeiro encontro com Paul Rée, que fora convidado a passar o verão na Basileia por um amigo de N, Heinrich Romundt.
8 de agosto: o primeiro volume de *Considerações Extemporâneas, David Strauss, o Sectário e Escritor* foi publicado.
Novembro: "Os Apelos aos Alemães" de N (ensaio de apoio ao projeto de Bayreuth) foi rejeitado pelos wagnerianos.

1874 15 de janeiro: N foi nomeado decano da faculdade de Humanidades da Basileia.

22 de fevereiro: o segundo volume de *Considerações Extemporâneas, sobre os Usos e Desvantagens da História para a Vida* é publicado por Fritzsch.
9 de julho: N é procurado pelo editor Ernst Schmeitzner.
Agosto: leva a partitura de *A Canção do Triunfo* de Brahms para Wahnfried, a casa da família Wagner em Bayreuth. Wagner fica furioso.
15 de outubro: o terceiro volume de *Considerações Extemporâneas, Schopenhauer como Educador* é publicado por Schmeitzner.
Dezembro: termina, mas não publica "A Filosofia na Era Trágica dos Gregos".

1875 Janeiro a meados de julho: começa a escrever "Nós, Filólogos", porém, não termina o texto.
Outono: muda para Spalenthorweg nº 48 com Elizabeth como governanta. Lê o livro *Psychological Observations*, de Paul Rée.
Novembro: primeiro encontro com Heinrich Köselitz ("Peter Gast"), que veio à Basileia para assistir às palestras de N.

1876 Janeiro: N é liberado de seu trabalho como professor no Pädegogium por motivo de saúde. As dores de cabeça dificultam suas atividades na universidade.
Fevereiro: início da amizade com Rée.
11 de abril: sua proposta de casamento a Mathilde Trampedach é recusada.
10 de julho: o quarto volume de *Considerações extemporâneas, Richard Wagner em Bayreuth* é publicado por Schmeitzner. A tradução francesa de Marie Baumgartner é editada em fevereiro de 1877.
13 de julho: viagem a Bayreuth para assistir ao primeiro Festival de Bayreuth. Em 4 de agosto parte repentinamente para Klingenbrunn, onde começa a escrever *Humano, demasiado Humano*.
8 de agosto: Overbeck casa com Ida Rothpletz.
12 a 26 de agosto: retorno a Bayreuth para assistir à estreia do ciclo *O Anel de Nibelungo*. Conhece Reinhardt von Seydlitz; flerta com Louise Ott.
27 de outubro: chega em Sorrento, onde se hospeda na Villa Rubinacci, alugada por Malwida von Meysenbug, até 8 de maio de 1877.

1877 11 de junho a 1º de setembro: escreve *Humano, demasiado Humano* em Rosenlaui. Conhece Croom Robertson editor de *Mind*.
5 de outubro: N é examinado pelo Dr. Otto Eiser e pelo oftalmologista Gustav Krüger em Frankfurt.

1878 Janeiro: recebe o libreto de *Parsifal*.
7 de maio: *Humano, demasiado Humano* é publicado por Schmeitzner.

1879 20 de março: *Miscelânea de Opiniões e Sentenças* é publicado por Schmeitzner como um "Apêndice" de *Humano, demasiado Humano*.
2 de maio: N pede demissão da Universidade da Basileia em razão da péssima saúde.
21 de junho a 16 de setembro: temporada em St. Moritz. A saúde chegou a um ponto crucial. Escreve *O Andarilho e sua Sombra*, publicado por Schmeitzner em 18 de dezembro.

1880 Fevereiro a março: escreve *Aurora* em Riva Del Garda.
Março a julho: passa uma temporada em Veneza com Köselitz.
Julho a agosto: depressão em Marienbad.

Novembro: primeiro inverno em Gênova, onde permanece até maio do ano seguinte.

1881 4 de julho a 1º de outubro: primeiro verão em Sils Maria.
8 de julho: *Aurora* é publicado por Schmeitzner.
Início de agosto: N pensa pela primeira vez no conceito do eterno retorno.
2 de outubro: segundo inverno em Gênova, onde permanece até o final de março de 1882.
27 de novembro: assiste *Carmen* pela primeira vez no teatro Politeana, em Gênova.

1882 Janeiro a março: escreve *A Gaia Ciência*. Rée o visita trazendo uma máquina de escrever.
29 de março a 21 de abril: temporada em Messina, na Sicília.
Final de abril: viagem a Roma. Conhece Lou Salomé. Propõe casamento a ela por intermédio de Paul Rée. A proposta é rejeitada.
Primeira metade de maio: visita Sacro Monte com Lou. Um possível beijo. Outra proposta de casamento no Lion Garden em Lucerna mais uma vez rejeitada. Tira a fotografia do "chicote".
Primeira semana de junho: *Idílios de Messina* é publicado na revista mensal de Schmeitzner.
16 a 17 de junho: N passa um dia em Berlim em uma tentativa inútil de encontrar Lou.
25 de junho a 27 de agosto: viagem a Tautenburg. Lou e Elizabeth o visitam de 7 a 26 de agosto. Lou presenteia N com seu poema "Prece à Vida", que ele imediatamente musicou, usando a melodia de seu *Hino à Amizade* composto em 1874.
26 de julho: estreia de *Parsifal*.
26 de agosto: *A Gaia Ciência* (livros I-IV) é publicado por Schmeitzner.
7 de setembro: parte de Naumburg e vai para Leipzig depois de discutir com a mãe indignada com a versão de Elizabeth do caso N-Rée-Lou.
Outubro: último encontro com Lou e Rée.
23 de novembro: via Gênova e Santa Margherita Ligure para Rapallo, onde permanece até o final de fevereiro do ano seguinte.

1883 13 de fevereiro: Wagner morre em Veneza.
24 de fevereiro: N volta para o antigo apartamento em Gênova.
18 de junho a 5 de setembro: segundo verão em Sils Maria.
Final de agosto: a Parte I de *Zaratustra* é publicada por Schmeitzner.
Setembro: Elizabeth anuncia seu noivado com Bernhard Förster.
2 de dezembro: primeiro inverno em Nice, onde permanece até 20 de abril de 1884.

1884 Janeiro: a Parte II de *Zaratustra* é publicada por Schmeitzner.
Abril: Schmeitzner publica a Parte III de *Zaratustra*. Resa von Schirnhofer visita N em Nice.
Junho: encontro com Meta von Salis em Zurique.
18 de julho a 25 de setembro: terceiro verão em Sils Maria. Conhece as duas Emily Fynn.

Outubro: conhece Helene Druskowitz em Zurique.

28 de novembro: segundo inverno em Nice; a estadia se prolonga até 8 de abril de 1885.

**1885** Primeira semana de maio: a Parte IV de *Zaratustra* foi editada por Naumann com recursos financeiros de N.

7 de junho a meados de setembro: quarto verão em Sils Maria. Primeiros planos para escrever "A Vontade de Poder".

Setembro a outubro: último encontro com Elizabeth em Naumburg antes do colapso mental.

11 de novembro: terceiro inverno em Nice, onde permaneceu até o início de maio de 1886.

**1886** Fevereiro: o casal Förster parte para a América do Sul.

30 de junho: quinto verão em Sils Maria, onde fica até 25 de setembro. Conhece Helen Zimmern.

4 de agosto: *Além do Bem e do Mal* é impresso e publicado por Neumann à custa de N.

5 de agosto: Schmeitzner entrega a Fritzsch os exemplares dos livros que não haviam sido vendidos e cede os direitos autorais das obras de N.

25 de setembro a 20 de outubro: temporada em Ruta Lugure. Escreve um novo prefácio para *A Gaia Ciência*.

20 de outubro: quarto inverno em Nice, onde permanece até 2 de abril de 1887.

31 de outubro: nova edição de *A Origem da Tragédia* (com o prefácio "Tentativa de Autocrítica") é publicada por Fritzsch. Uma edição em dois volumes de *Humano, demasiado Humano* (que incorporou *Miscelânea de Opiniões e Sentenças* e *O Andarilho e sua Sombra*) é publicada por Fritzsch.

Final de dezembro: as Partes I e III de *Zaratustra* são editadas em um único volume por Fritzsch.

**1887** 24 de fevereiro: o terremoto de Nice.

12 de junho: quinto verão em Sils Maria; a estadia se prolonga até 19 de setembro.

24 de junho: Fritzsch publica uma nova edição de *Aurora* e de *A Gaia Ciência* (inclusive o novo Livro V).

20 de outubro: *Hino à Vida* (com coro e orquestra) é publicado por Fritzsch.

23 de outubro: quinto inverno em Nice, onde N fica até 8 de abril de 1888.

16 de novembro: Naumann publica o livro *A Genealogia da Moral*, financiado por N.

**1888** 5 de abril: primeira estadia em Turim, onde N permanece até 5 de junho.

10 de abril a 5 de maio: Brandes realiza palestras sobre N em Copenhague.

6 de junho: sétimo e último verão em Sils Maria; a temporada se estende até 20 de setembro. Meta von Salis e Kaftan não notam sinais de loucura em N.

21 de setembro: estadia em Turim até 9 de janeiro.

22 de setembro: *O Caso Wagner* é publicado por Naumann.

Dezembro: o colapso mental.

**1889** 10 a 17 de janeiro: N é internado na clínica psiquiátrica na Basileia.

18 de janeiro: N é internado na clínica psiquiátrica em Jena, onde permanece até 24 de março de 1890.
24 de janeiro: Naumann publica *O Crepúsculo dos Ídolos*.
Fevereiro: *Nietzsche contra Wagner* é editado por Naumann.
3 de junho: Bernhard Förster se suicida.

**1890** 24 de março a 12 de maio: N é internado em uma residência particular em Jena.
12 de maio: N muda para a casa da mãe na rua Weingarten, nº 18, onde vive até 19 de julho de 1897.

**1891** Köselitz começa a edição das obras completas de N.

**1892** Março: Naumann publica a Parte IV de *Zaratustra*.

**1893** Outubro: Elizabeth dispensa os serviços de Köselitz de edição das obras completas de N. Uma nova edição começa a ser preparada sob orientação de Fritz Kögel. Elizabeth inicia a organização do Arquivo Nietzsche na casa da mãe.

**1894** Novembro: Naumann publica *O Anticristo*.

**1895** Abril: o primeiro volume da biografia de N escrita por Elizabeth é publicado por Naumann.
Dezembro: Elizabeth assume o controle total das obras de N.

**1896** 1º de agosto: mudança do Arquivo para Weimar em salas alugadas por Meta von Salis. Um ano depois o Arquivo é transferido para a Villa Silberblick.

**1897** 20 de abril: morte de Franziska. O segundo volume da biografia de N escrito por Elizabeth é editado por Naumann na primavera.
Junho: Kögel é demitido do cargo de editor da coletânea de obras de N.
20 de julho: mudança para a Villa Silberblick, onde Nietzsche mora até a morte.

**1898** A edição *Grossktav* da coletânea das obras começa sob a supervisão de seis editores, inclusive Köselitz.

**1900** 25 de abril: morte de Nietzsche.

**1901** 28 de outubro: morre Paul Rée aos 52 anos.

**1903** 23 de abril: morte de Malwida von Meysenbug aos 87 anos.

**1905** 26 de junho: Overbeck morre aos 68 anos.

**1930** 1º de abril: morte de Cosima.

**1935** 8 de novembro: Elizabeth morre aos 92 anos.

**1937** 5 de fevereiro: morte de Lou Salomé aos 75 anos.

# ÍNDICE ALFABÉTICO

A afinidade entre Baudelaire e Wagner, 599-600
"A Canção da Embriaguez", 285, 469, 469n
"A Canção da Noite", 459
"A Competição de Homero", 164, 192
A conexão com a virtude saudável, sobre Nietzsche, 251-252
A cultura grega
    como exemplo a seguir pela civilização ocidental, 243-246, 551-552, 551n, 571-573
    religião, 321-322, 321n
    sublimação da violência, 164-166, 578
*A Crítica da Razão Pura* (Kant), 107, 213
*A Crítica do Julgamento* (Kant), 620, 620n
*A Cultura do Renascimento na Itália* (Burckhardt), 118-119
A deificação da arte, 44
A desconstrução voltairiana, 28
A ética no cristianismo, 313-314. *Ver também* cristianismo; moral, a visão de Nietzsche do
A existência de Deus, sobre Hegel, 93-94
A Festa do Burro (Festa dos Tolos), 468-469
A fotografia do chicote, 414, 420
*A Gaia Ciência*
    autodesenvolvimento, reflexão sobre, 70-71, 70n, 461
    contemplação, destruição, 403-404, 404n
    Livro V: *Ser científico em relação à ciência*, 539-544, 610
    o tema da evolução cultural, 397-399
    o tema da morte de Deus, 399-400, 466
    o tema do "renascimento da tragédia grega", 401, 401n, 499-500
    o tema do eterno retorno, 385-387, 385n
    perspectivas em, 584-586, 585n, 587n
    prefácio, 1886, 538-539, 538n
    público-alvo, 396
    reedição de, 536-537
    sobre a fé, 98-99
    sobre a verdade, 543
    sobre a vida como arte, 405-409, 590, 599-600
    sobre a visão apolínea da vida, 148
    sobre arte (música), 401-403
    sobre as relações de gênero, 124
    sobre criação, destruição, 40, 299

    sobre hierarquização na sociedade saudável, 404-405, 404n
    sobre o autoaperfeiçoamento, 370-371
    sobre o mundo como um caos, 360-361
    sobre o pan-europeísmo, 490, 596
    sobre realidade, verdade, conhecimento, 409-410
    visão geral, 395-396
*A Genealogia da Moral*
    A obsessão moderna com, 565n
    A questão metodológica, 597-598
    como conclusão da época, 566
    elaboração de, 560, 565-566
    má consciência, origens da, 576-579
    O domínio do conceito terreno em, 594n, 595-597
    perspectivismo em, 541, 583-584, 585n, 586
    *Primeiro Ensaio: Bem e Mal, Bom e Mau*, 567-573, 579, 597-598, 615n
    público-alvo, 564-566
    *Segundo Ensaio: A Moral do Hábito e a Soberania Individual*, 573-576, 579-580, 598
    sobre a verdade, 542
    sobre Napoleão, 532-533
    sobre objetividade, 583-584, 616n
    *Terceiro Ensaio: O que Significam os Ideais Ascéticos?*, 580-581, 610 (*Ver também* ascetismo)
    visão geral, 566-567
A história do cavalo, 657-659
A história erudita, 208
*A maldição ao cristianismo*, 671
A moral comunitária no bem-estar da sociedade, 397-399
A Moral do Hábito e a Soberania Individual, 573-576, 579-580, 597-598
A ópera de Bayreuth, 177
*A Origem da Tragédia no espírito da música*
    a crítica de Wagner, 182-183
    a filologia existencial em, 185-186
    a influência de Hölderlin em, 46-48
    a influência de Wagner em, 129, 129n, 142n, 144, 153-154,
    a mensagem central, 158

a visão apolínea do mundo em, 146-148
como alvo de crítica, 79
comunidade, fé na, 317
e Tribschen, 126-127
influência de Schopenhauer em, 104-105, 145-146, 235, 311n
o estado de êxtase dionisíaco em, 147n, 148-150, 153-154, 223, 264-265, 463-466, 464n, 620-622
o papel do mito em, 152-153, 156-158, 157n, 271, 320-321
o romantismo em, 292-293
o tema da tragédia em, 45-46, 264-266
prefácio, 538-539, 538n
publicação de, 144, 176-177
reedição, 536-537
sobre a cultura grega, 244-245
sobre a individualidade, sofrimento, 50
sobre a inspiração musical, 44-45
sobre política, 151
sobre redenção, 142-143, 153-154
sobre Ritschl, 180-181
sobre Rohde, 177-178
sobre violência, 164
sobre Wilamowitz, 178-180
A "República" de Nietzsche
a hierarquização em, 404-405, 404n, 519-521, 526, 635-639
a religião em, 639-641
o tema do eterno retorno, 638n
visão geral de, 551-552
A tragédia grega
a dualidade apolínea e dionisíaca na tragédia grega, 159-160
morte (da), 155
sobre Wagner, 131-133
A visão apolínea, 146, 153-154, 223
"A Visão Dionisíaca", 159-160
*A vontade de poder: tentativa de transvaloração de todos os valores*
a integridade intelectual em, 672-673
a teoria de tudo, 665-667
a versão de Elizabeth, 662, 662n, 674, *décadence*, 677-679
desistência do projeto, 671
elaboração de, 537, 564-565, 599, 669-670
*Nachlass*, influência dos, 662-663, 662n
o estímulo de Casaubon, 663-664
*O Grande Meio-Dia*, 635-639
o tema da vida saudável, 679-680
o tema do dualismo, 677
ordem hierárquica, o tema do eterno retorno em, 638n
publicação de, 661-663
visão geral, 667-669

A vontade de viver, sobre *O Crepúsculo dos Ídolos*, 506, 675-676
"Ao Sofrimento", 424-426
"Aftersong", 479
*Aforismos sobre a sabedoria da vida* (Schopenhauer), 256
*Além do Bem e do Mal*
a "República" de Nietzsche, 519 526-529
"Aftersong", 479
crítica cultural, 509-516
dualismo metafísico, 503-504, 503n
elaboração de, 483
epistemologia, 508
idealismo schopenhaueriano, 504
metafísicos, preconceitos, 502-503
o conceito do homem do rebanho, 509
poder, metafísica do, 505-508, 541, 666, 672-674
publicação de, 492-493
público-alvo, 502
realismo, científico, 505
realismo, senso comum, 504-505
resenhas, 493-495, 532, 554n, 564-565, 565n, 603
sobre escravidão, 521-523, 567-569
sobre hierarquia (ordem hierárquica), 519-521
sobre idealismo, 498-500
sobre mulheres, 524-526, 524n
sobre o esclarecimento democrático, 513
sobre o pan-europeísmo, 490-491
tema da revolução moral, 497-499, 500-502
Alemanha, ódio à, 603-604, 626-627
Altruísmo (egoísmo), 306, 308, 308n, 365
Amizades em geral, 17-18, 581-583
Amor, sobre Nietzsche, 604n
Anaximandro, 197-198
Andreas, Friedrich, 412, 557-558
Andreas-Salomé, Lou. Ver Salomé, Lou (Andreas-),
*Antes do amanhecer*, 463-466
Antissemitismo, 222, 254-257, 329-330, 394, 434-435, 441-442, 555-556, 601, 683
Antissemitismo exacerbado, 76n, 286, 434-435, 483, 558, 604
Apelos aos alemães, 205-207
Argumento do estresse ou do tédio, 94-95, 157-158
Arquivo Nietzsche, 685-687
*Arquitetura da Felicidade,* (Botton), 340
Arte
*A Gaia Ciência*, 401-402
crítica a *Humano, demasiado Humano*, 302-305, 401, 465-466
*O Andarilho e sua Sombra*, 345
*O Crepúsculo dos Ídolos*, 628

## ÍNDICE ALFABÉTICO

Arte grega
  sobre Nietzsche, 145-146, 148-150, 321-322
  sublimação da violência, 164-165
Arte na cultura superior, 321-322
Ascetismo
  a ciência no, 592-595
  a prática dos padres, 568n, 588-590
  crítica ao, 591-592
  na modernidade, 590-591
  o papel da filosofia no, 581-583, 583n
  sobre Schopenhauer, 97
  visão geral, 580-581, 610
  Wagner como ideal, 581
*Assim falou Zaratustra*
  "A Canção da Embriaguez", 285, 469, 469n
  "A Canção da Noite", 459-460
  *Antes do amanhecer*, 463-466
  como autobiografia, 446
  crítica à, 480-481
  *Da Ilha dos Abençoados*, 457-458
  *Da Morte Livre*, 455
  *Da Redenção*, 461-462
  *Da Superação de si Mesmo*, 460
  *Da Virtude Dadivosa*, 455-456
  *Da Visão e do Enigma*, 462-463
  *Das Alegrias e Paixões*, 450-451
  *Das Mulheres, Velhas e Jovens*, 453-454
  *Das Três Metamorfoses*, 449-450
  discursos, 449-456
  *Do Filho e do Casamento*, 454-455
  *Dos Compassivos*, 458-459
  *Dos Crentes no Além-Mundo*, 450
  *Dos Mil e um Objetivos*, 451-452
  Festa do Burro (Festa dos Tolos), 468-470, 469n
  influência de Salomé, 424
  inspirações para, 443-444, 612, 663-664
  o antissemitismo exacerbado em, 434-435
  o estado de êxtase dionisíaco em, 147n, 148-151, 153-154
  o paradoxo da felicidade, 372-373, 375-377, 376n
  o tema do eterno retorno em, 385, 385n, 473-474
  Parte I, 434, 445, 661
  Parte II, 456-462, 471, 661
  Parte III, 462-466, 471
  Parte IV, 466-467, 602
  prólogo, 446-448
  público-alvo, 396-397, 446
  reedição de, 536-537
  sobre a dominação do Estado, 190-191
  sobre a imortalidade, 277-278
  sobre a vontade de poder, 661
  sobre amizades, 17-18
  sobre casamento, 298
  sobre mulheres, 63-64, 284-285, 472-473, 484n
  sobre os ruminantes acadêmicos, 78
  sobre trabalho, 72, 176n, 218-220, 314
  visão geral, 444-446, 533n
Ativismo sindical, 204-205
*Aurora*
  a crítica à metafísica cristã, 362-364
  a crítica à moral cristã, 364-368, 458
  amigos, conquista, 379
  conselho concreto em, 378-379
  elaboração do, 351
  estilo de escrita, 359n
  estrutura teórica, 360, 379-382
  o paradoxo da felicidade, 370n, 372-373
  o tema do heroísmo idílico em, 373-374, 549n
  publicação do, 355, 357
  reedição, 536-537
  sobre a autocriação, 368-372
  sobre a felicidade, 359-360
  sobre curas de depressão espirituais, 350
  sobre o cuidado consigo mesmo, 378
  sobre o egoísmo benevolente, 374-378, 376n
  sobre o egoísmo esclarecido, 366-368, 367n
  sobre o erro, 379-382
  sobre o uso do estado de espírito, 340
  sociedade, percurso pela, 379
  visão geral, 357-358, 358n
Autodesenvolvimento
  *Humano, demasiado Humano*, 109-110, 596, 645
  reflexões sobre, 70-71, 70n, 77-78, 368-372, 405-410
Autoestima, em La Rochefoucauld, 256-257
Autonegação no desenvolvimento do espírito livre, 343

Bach, Johann Sebastian, 4, 309
Bachofen, Johann Jacob, 117-118
Baedecker, Fritz, 607
Basileia
  alienação da, 220, 242-243, 253, 287
  clínica, 681-682
  colegas, amigos em geral, 117-118
  descrição, 113-115
  mulheres, ingresso na universidade, 228, 474-475
  nomeação para o cargo de professor de filologia, 78-80
  partida de, 332-333
  problemas de saúde, afastamento da função de professor devido a, 329
  palestras, sobre os alunos, 241-243
  vida universitária, 115-117, 193-196, 219
Baumgartner, Adolf, 217, 275, 330

Baumgartner, Marie, 217, 228
Bäumler, Alfred, 662
Beethoven, Ludwig von, 42, 140-142, 149n, 264
*Bem e Mal, Bom e Mau*, 567-573, 567n, 578-579, 596-598
Bergün, 229-230
Bernays, Jacob, 275-276, 276n
Bernhardt, Sarah, 3, 391
Bíblia, 362
*Bildung*, 173
Binswanger, Otto, 682
Bismarck, Otto von, 3-4, 28, 80-84, 160-161, 600
Bonaparte, Napoleão, 3, 533, 572
Bonaparte, Napoleão III, 55, 55n, 88, 160-161
Bonn
    cortejar jovens, 63-65
    fraternidade, rede, 61-63, 71-72
    partida de, 71-72
    questões financeiras, 60-61
    trabalhos literários, 66-67
    viagem para, 59-60
    visão geral, 59
Boscovitch, Roger, 392n
Botton, Alain de, 340
Brahms, Johannes, 222, 230-232, 562
Brandes, Georg, 563, 602-605
Brenner, Albert, 275, 278-280
Brobjer, T., 129n
Buddensieg, Robert, 27
Bülow, Hans von, 177, 182-183, 238
Burckhardt, Jacob, 114-115, 118-119, 245-246, 532

Camus, Alfred, 99, 145, 310-311
*Canção de um pastor de cabras*, 394
*Canção do príncipe Vogelfrei*, 394, 537
Cannobio, 556
Característica de *O Andarilho e sua Sombra*, 345
*Carmen*, 389-390, 564, 604n
Casamento
    comentário de Wagner sobre, 217-220
    críticas ao, 298, 358, 583, 627
    desejo de, 282, 285
    Ott, Louise, 273-274, 285, 298
    Salomé, Lou (*Ver* Salomé, Lou)
    Trampedach, Mathilde, 258-261, 299
Casaubon, Edward, 663-664
Chur, 557-558
Ciência
    convicções, 542-544
    cristianismo, influências na, 32-33, 38-41
    crítica à, 539-542
    influência no mundo natural, 102-104
    no ascetismo, 592-595
    "Notas do Verão e Inverno de 1873" sobre os limites da, 212-213

*Cinco prefácios para cinco livros não escritos*, 188-192
Cínicos (estoicismo), 336
clínica psiquiátrica em Jena, 682-684
Clube Filológico, 76
Competição, sublimação da violência por meio da, 164-166
Comte, Auguste, 292-293, 293n
Comunidade, sobre Wagner, 131-133
Conceito de *décadence*, 609-611, 678
Conhecimento, a aquisição do conhecimento em busca da virtude moral, 168-171
Considerações Extemporâneas
    "Nós, Filólogos", 243-246, 249, 257-258
    reedição das, 537n
    resenhas, 246, 286
    *Schopenhauer como Educador*, 218-219, 226, 232-239, 261, 263n, 314, 347, 642n, 643
    sobre cristianismo, 194
    sobre o socratismo, 200-201
    *Straussiade*, 199-203
    *Usos e Desvantagens da História para a Vida*, 207-211, 208n, 217, 227-228, 271
    *Wagner em Bayreuth*, 220-221, 261-271, 322
Cornelius, Peter, 193
Cosmopolitismo, 490-492
Cosmopolitismo *versus* nacionalismo, 214-215
Criminosos, punição dos, 318-319
Cristianismo, Nietzsche e
    a formação cristã, 4-6
    ataques ao, 301-303
    críticas ao, 65-71, 542-544
    devoção ao, 20-22
    distanciamento do (*Ver* obras literárias, 1858-1864)
    fé, perda, 98-100
    guerra ao, 11-12, 32-33, 37, 653-655
Cristianismo. *Ver também* religião
    a crítica à moral, *Aurora*, 364-367, 458
    a moral como poder de domínio, 505-508, 567-573
    ascetismo no, 588-590 (*Ver também* ascetismo)
    ciência, influências no, 32-33, 38-41
    crítica metafísica, *Aurora*, 362-364
    críticas gerais, 227, 633-635
    crueldade, os temas do medo no cristianismo, 364
    *décadence* do, 677-679
    desenvolvimento do, o povo judeu no, 135n, 569, 630-631
    disseminação do, história, 362
    ética no, 313-314
    o legado do ódio a si mesmo do, 130, 512-513, 512n, 578, 578n

# ÍNDICE ALFABÉTICO

o pecado original como uma questão de dívida, 576-579
o sofrimento, causas do, 312-313
ódio a si mesmo, estímulo ao, 312, 359n, 397-399
sobre a maldade, 424-425
sobre a verdade, 594, 594n
sobre Overbeck, 194
tema da culpa, 363, 618-620
valores do, 100
Culpa, origens da, 576-579
Cultura, sobre Nietzsche, 208n, 209-211, 509-516. *Ver também* modernidade
crítica, *Além do Bem e do Mal*, 209-211
A evolução da teoria de *Humano, demasiado Humano*, 316-318
A evolução do tema de *A Gaia Ciência*, 396-399

*Da Ilha dos Abençoados*, 457-458
*Da Morte Livre*, 455
*Da Redenção*, 461-462
*Da Superação de Si Mesmo*, 460
*Da Virtude Dadivosa*, 455-456
*Da Visão e do Enigma*, 462-463
Darwin, Charles, 236, 293, 675-676
Darwinismo social, 236, 316-318, 397-399
*Das Alegrias e Paixões*, 450-451
*Das Judentum in der Musik*, 89, 89n
*Das Mulheres, Velhas e Jovens*, 453-454
*Das Três Metamorfoses*, 449
Dedicação ao trabalho, objetivo, em Nietzsche, 314
Derrida, Jacques, 28
"Destino e História", 39-41, 53-54
Determinismo causal universal, 57-58, 307, 331
Deussen, Paul
  apoio financeiro de, 605, 652
  como heterossexual, 35-36
  em Bonn, 59
  especialidade acadêmica, 35n
  na Guerra Franco-Prussiana, 80-81
  o tratamento de Nietzsche, 100-101, 109n
  sobre a fé cristã de Fritz, 32-33
  sobre Schopenhauer, 100-101, 101n
  último encontro antes do colapso mental com, 561-562
  visitas com Nietzsche, 59-60, 551n
Disney, W, 141n
Distanciamento como uma fuga do sofrimento, 95-96
*Do Filho e do Casamento*, 454-455
Domínio do conceito terreno, 595-596
*Dos Compassivos*, 458-459
*Dos Crentes no Além-Mundo*, 450

*Dos Mil e Um Objetivos*, 451-452
*Dos usos e desvantagens da história para a vida*, 54
Dostoievski, Fiodor, 554, 554n
Doutrina do *amor fati*, 20, 408-409, 425, 657
Druskowitz, Helene, 480-481, 524n
Dualidade apolínea/dionisíaca, 159-160
Duelo, 61-63
Duncan, Isadora, 297

*Ecce Homo*
  o retrato de Nietzsche na capa da edição da Penguin, 195
  publicação de, 648
  sobre "A Canção da Noite", 459
  sobre a elaboração de *O Andarilho e sua Sombra*, 335-336
  sobre *A Genealogia da Moral*, 592-593
  sobre a procura de novos líderes, 517
  sobre a realidade, 633
  sobre *Humano, demasiado Humano*, 294
  sobre Nietzsche, 645-646
  sobre o autodesenvolvimento, 643-645
  sobre *O Crepúsculo dos Ídolos*, 616
  sobre o dionisíaco, 457
  sobre o ensinamento, 116
  sobre o *Hino à Vida*, 533-534
  sobre o tema do eterno retorno, 385, 385n
  sobre seu pai, 5-6
  sobre sua guerra contra o cristianismo, 5
  sobre Tribschen, 127
  sobre Wagner, 261, 272
  sobre *Zaratustra*, 445-446
  visão geral, 641-643
Educação
  a escola preparatória de Weber, 15
  Bonn (*Ver* Bonn)
  escolas primárias, 14-15
  Pforta (*Ver* Pforta)
  sistema educacional, opinião de Nietzsche sobre, 167-174, 177, 319n
Egoísmo, sobre *O Crepúsculo dos Ídolos*, 624-625, 624n
Eiser, Otto, 287-289, 335, 339n
Elberfeld, 59
Eliot, George, 41
"Em que Extensão ainda Somos Devotos", 542-544
Emerson, Ralph Waldo, 387-388
Empédocles, 47n, 52
Epicuro, 335-338, 343-344, 344n, 549n
Epistemologia, 508-509
Esclarecimento democrático, 348-349, 513-515
Escravidão, 190-191, 210n, 318-319, 521-524, 568n, 573
Espíritos livres
  a evolução cultural, 397-399

aperfeiçoamento dos, 331, 478
desenvolvimento, autonegação, 343
desenvolvimento dos, 40, 294-299
mosteiro para, 299-301, 300n
sociedades de Nietzsche, 648-649
*Essence of Christianity* (Feuerbach), 41
Eugenia, 318-319
Eurípides, 155
Eutanásia, 318-319
"Evening Fantasy" (Hölderlin), 50-51
Evolução, 236-237, 316-318
Existência, culpa e sofrimento como natureza da, 197
Existencialismo, 99

Fama, relações públicas, 602-603, 684-685
*Fantasia* (Disney), 141n
Felicidade
    *Aurora*, 359-360
    *O Andarilho e sua Sombra*, 339, 385-387
    *O Crepúsculo dos Ídolos*, 618-620
    o paradoxo da felicidade, 372-373
Ferrovias, 169n
Festa dos Tolos (Festa do Burro), 468-470, 469n
Festival de Bayreuth, 268-271
"Filologia Anal Compulsiva", 185
Filologia, clássica
    crítica de Wagner à, 181-182
    estudo de, 78-80
    limitações da, 243-246
    profissão, 35
    renúncia à, 193
Filologia existencial, 185-186
Filosofia
    ascetismo, papel na, 581-583, 582n
    ciência e, 212-213
    devoção à, 193
    falta de formação acadêmica em, 175
    metas, percepções helenistas da, 335-338
    objetivo, "Notas do Verão e do Inverno de 1873" sobre, 214
    posição acadêmica, rejeição à, 175
"Filosofia na Época Trágica dos Gregos", 193, 196-198
Filósofo como educador, 232-239
Fino, Davide, 602, 629, 653, 657-658
Flims, 203-204
Förster, Bernhard, 441-442, 487, 685
Förster-Nietzsche, Elizabeth. *Ver* Nietzsche, Elizabeth (Förster-)
Francônia, 61-63, 72
Freud, Sigmund, 443
Friedrich Wilhelm IV (rei da Prússia), 15
Fritsch, Theodor, 556
Fritzsch, Ernst, 204-205, 227, 488-489, 533, 647-648

Fuchs, Carl, 226, 226n, 253n, 606
Fynn, Emily (filha), 483, 531, 560
Fynn, Emily (mãe), 483, 531, 535, 560, 653

Gast, Peter. *Ver* Köselitz, Heinrich
Gauguin, Paul, 407
Gênova, 353-355, 388-389
Gersdorff, Carl von, 35-36, 35n, 62, 84, 100-101, 109n, 203-204, 273-274
Gillot, Hendrik, 411-412
Glagau, Gustav, 493
Globalização, 322-324, 323n
Goethe
    a admiração de Nietzsche por, 17, 560, 619
    a vida em Liepzig, 73
Guerra Austro-Prussiana, 35n
Guerra da Crimeia, 16
Guerra Franco-Prussiana
    comemorações musicais de, 230-231
    consequência, 163-164
    declaração, a reação de Nietzsche, 159
    em Mushacke, 72n
    envolvimento de Nietzsche, 159-163
    envolvimento de von Gersdorff, 35n
    Napoleão III, 55n
    visão geral, 159-160
Guerrieri-Gonzaga, Emma, 227, 238
Grécia, 535, 535n
Grey, John, 578n

Hammer, Walther, 642n
Handel, Georg Friedrich ("Händel"), 4, 18, 42, 69, 231, 309
Hanslick, E., 140, 144, 199n, 223
Hayman, R., 25, 62
Hegar, Friedrich, 533, 614n
Hegel, Georg
    filosofia, sobre Nietzsche, 199-203
    sobre a existência de Deus, 93-94
    sobre Camus, 99
    sobre o papel da escola na glorificação do Estado, 169
Heidegger, Martin, 47, 136-137, 143, 596-597, 662-663
Heinze, Max, 27, 27n
Heráclito, 197-198
Hillebrand, Karl, 202-203, 237
"Hino à Amizade", 239
*Hino à solidão*, 258
*Hino à vida*, 533-534, 562
História crítica, 209
História monumental, 208, 208n
Historiografia, 207-211
*History of Materialism and Critique of its Significance for the Present* (Lange), 102-103

# ÍNDICE ALFABÉTICO

Hitler, Adolf, 688-690
Hohenzollern, Friedrich, 600
Hölderlin, Friedrich, 46-53, 47n, 48n, 248
Holmes, Sherlock, 286
Holten, Karl von, 606
"Homero e a Filologia Clássica", 115
*How Christian Is our Present-Day Theology* (Overbeck), 194
*Humano, demasiado Humano*
    A teoria da evolução cultural, 316-318
    altruísmo (egoísmo), 306, 306n, 308, 309
    arte/artistas, crítica, 303-305, 305n, 400-401, 466
    conceito de cultura superior, 315
    cultura superior, religião, arte em, 319-322
    desconstrução da metafísica, benefícios da, 309-310, 310n, 315
    elaboração de, 278-280, 284, 287
    espíritos livres, desenvolvimento dos, 40, 294-299
    espíritos livres, mosteiro para, 299-301, 300n
    liberdade, crítica à, 307
    metafísica, a necessidade do ser humano da, 325-326
    metafísica, crítica à, 301-309
    moral, crítica à, 305-306, 306n, 565-566, 661
    o tema do escapismo, 272-273
    o tema do heroísmo idílico, 373
    *Opiniões e sentenças*, 331-332, 483, 491, 536
    positivismo em, 228, 292-294, 320n
    prefácio, 1886, 538-539, 538n
    publicação de, 291-292, 294n
    reedição de, 483, 536-537
    resenhas sobre, 329-330
    sobre a globalização, 322-324, 323n
    sobre a modernidade, 297
    sobre a sexualidade, 282-283
    sobre o autoaperfeiçoamento, 108-110, 596, 645
    sobre o livre-arbítrio, 324-325, 331
    sobre o pan-europeísmo, 490-491
Humboldt, Alexander von, 173
*Hyperion* (Hölderlin), 46-47, 49, 51-52

Idealismo
    Sobre as "Notas do Verão e do Inverno de 1873", 212
    Schopenhaueriano, 504
*Idílios de Messina*, 394-395, 537
Igreja luterana, descrição, 4-6
Imagem de Colombo, 39
Imortalidade, *Zaratustra*, 277-278
Independência de pensamento, Schopenhauer, 80, 93-94
Individualidade
    *A Origem da Tragédia*, 50

soberania, 573-576, 576n
sofrimento, Nietzsche, 145-146, 232-239
*Internationale Monatschrift*, 394

Jahn, Otto, 59, 71
Januário, São, 390
Janz, Curt Paul, 68, 68n, 253, 269, 393
Jesus, em Nietzsche, 41
Jesus, histórico, 41, 632
*Joke, Cunning, Revenge* (Köselitz), 388
Judaísmo
    desenvolvimento da moral dos escravos, 569, 630-632
    desenvolvimento do cristianismo por meio do judaísmo, 135n, 569, 630-632
Jünger, Ernst, 669

Kaftan, Julius, 606
*Kaisermarsch*, 231, 263-264
Kant, Immanuel
    influência em Nietzsche, 381, 381n
    Lange, impacto sobre, 102-104
    sobre a existência de Deus, 93-94
    sobre a objetividade, 583-584
    sobre a virtude moral, 305-306
    sobre a vontade, 94
    sobre o egoísmo, 624n
    sobre o mundo natural, 94
    sobre o socratismo, 201-202
Keller, Gottfried, 202
Königswater, 60
Köselitz, Heinrich
    *Consideração Extemporânea*, 258
    pseudônimo, origem do, 257n
    publicação da obra de Nietzsche por, 686
    relacionamento com Nietzsche, 351-352, 355-356, 388, 556, 644n
    último encontro com Nietzsche antes do colapso mental, 562
    *Zaratustra*, 474n
Krämer, Oscar, 26, 83
Krug, Gustav, 15-18, 30-31, 177
*Kulturkampf*, 226, 226n

La Rochefoucauld, 256-257, 359n
Lampe, Walther, 226n
Langbein, Julius, 683
Lange, Friedrich, 102-104, 104n
Lanzky, Paul, 443
Leipzig
    Biedermanns, 87
    cargo de professor de filologia clássica, 78-80
    Clube Filológico, 76
    filologia clássica, estudo da, 78-80
    matrícula, 73

música em, 76-77
os dias felizes, 74-78
"Lembranças da Véspera de Ano-Novo", 125
Liberdade
  crítica a *Humano, demasiado Humano*, 306-307
  depois de Pforta, 59-60
  sobre *O Crepúsculo dos Ídolos*, 616, 618
"Liberdade da vontade e do destino", 57-58
Liderança, espiritual, 404-405, 404n
*Life of Jesus* (Strauss), 65-66
Linguagem
  como um bem fundamental, 38
  como uma barreira à verdade, 188-189, 263
  música como prioridade, 44-45, 44n
Lipiner, Siegfried, 285, 329
Liszt, Franz
  a semelhança física de Wagner com, 467n
  comentários de Wagner sobre *Tristão e Isolda*, 138
  como pai de Cosima, 121
  comparação com *Parsifal*, 291
  música, sobre Nietzsche, 42
  música, sobre Wagner, 231
  presença na estreia do ciclo de *O Anel de Nibelungo*, 270
  sobre "Lembranças da Véspera do Ano-Novo", 183
  sobre a primeira *Consideração Extemporânea*, 201-202
  sobre Nietzsche como compositor, 125
  sobre *A Origem da Tragédia*, 177-178
  sobre o sucesso, 253
  transcrição de Bach, 482
*Little Witch, The*, 394
Ludwig da Baviera, 270, 270n
Lutero, Martinho, 4

Marx, Karl, 9
"Meditação de Manfredo", 182-183, 184n, 310, 356n
"Meistersinger, die" (*Mestres cantores*), 262-263, 262n, 613
*Memoirs of a Female Idealist* (Meysenbug), 277, 499
Messina, 392-395
Metafísica
  a necessidade do homem da, 325-326
  crítica cristã, *Aurora*, 362-364
  crítica de *Humano, demasiado Humano*, 301-309
  desconstrução, benefícios da, 309, 310n, 315
  dualismo em, 503-504, 503n
Metafísicos, preconceitos dos, 502-503
Meyer, Richard M., 605

Meysenbug, Malwida von
  como uma pessoa maternal, 277
  crítica de Nietzsche a, 499-501, 524n, 651-652
  papel, percepção de Nietzsche, 228
  relacionamento com Nietzsche, 227, 260-261, 275
  sobre as *Considerações Extemporâneas*, 238
  sobre *Humano, demasiado Humano*, 330
  sobre o autoaperfeiçoamento, 371-372
  sobre *Wagner em Bayreuth*, 268
  Villa Rubinacci, comunidade, 276, 278-283
  Wagner, lealdade a, 603
Michaelis, P., 494
Mill, John Stuart, 618, 618n
Mito, papel em *A Origem da Tragédia*, 152-153, 156-157, 157n, 271, 320-321
Modernidade
  a guerra de Nietzsche à, 176-177, 176n, 315, 447
  a redenção da, 516-518, 546, 571-573,
  a vida agrícola nociva à saúde, 578, 578n,
  ascetismo na, 590-591
  crítica à, 156-158, 209-210, 209n, 403-404, 509-516, 544-546, 626-627
  domínio do conceito terreno, 595-597
  *Humano, demasiado Humano*, 297
  sobre Wagner, 130-131
Monarquia,
  amor de Nietzsche pela, 9, 9n
  liberalismo *versus* monarquia, 54-56
Monod, Gabriel, 196, 196n
"Monodie à deux", 196-197
Moral, visão de Nietzsche sobre. *Ver também A Genealogia da Moral*
  a comunidade no bem-estar da sociedade, 397-399
  ciência, influências sobre, 32-33
  como necessidade, 547-548
  crítica, *Aurora*, 364-367, 458-459
  desenvolvimento, história do, 567-568, 567n, 573
  do hábito, 573-576
  egoísmo benevolente, 374-378
  escravidão, o judaísmo no desenvolvimento da, 630-631
  escravo *versus* nobre, 570-571
  *Humano, demasiado Humano*, crítica à, 305-307, 306n, 564-566, 661
  obras literárias, 1858-1864, 53-56, 54n, 55n
  religião e, 38-39
Moral, em Schopenhauer, 96-98, 305-307, 364-366, 366n
Moral machista, 311, 332
Morte
  de Deus, *A Gaia Ciência*, 399-401, 466

ÍNDICE ALFABÉTICO

em Nietzsche, 197, 325-326, 364
em Schopenhauer, 83-84, 100-102, 105-106
Mosengel, Adolf, 159-160, 161-163
Movimento de Reforma da Vida, 294-299
Mozart, W. A., 305n
Mulheres
    em *Além do Bem e do Mal*, 524-526, 524n,
    em *Zaratustra*, 64, 285, 472-473, 484n
    emancipação das, 278, 474-475
    ingresso na universidade, 228, 474-475
    relacionamento de Nietzsche com as mulheres em geral, 228, 258-261, 281-282, 472-473, 484n, 484-487
Mundo natural
    influência da ciência no, 102-104
    visão de Nietzsche, 66-67
Muralhas como sensação de segurança, 13-14
Mushacke, Hermann, 72, 72n, 100-101
Música
    como formação da sociedade, 263
    como influência em Fritz, 4-6, 17-18, 684
    como prioritária à linguagem, 44-45
    como uma comunicação com a transcendência, 107-108, 563-564
    em *A Gaia Ciência*, 400-403
    em Liepzig, 77
    inspiração em *A Origem da Tragédia*, 43-44
    natureza da, em Schopenhauer, 96
    obras literárias, 1858-1864, 42-45
    sobre Schopenhauer, 140-144
    sobre Wagner, 139-143, 142n, 534n

Nacionalismo *versus* cosmopolitismo, 214
Natal, o afeto de Nietzsche pelo, 20-21, 70
Naturalismo. *Ver também* positivismo
    adesão de Nietzsche ao, 266-267, 361
    em Schopenhauer, 94
    poder, da metafísica, 505-508
Naumann, Constantin Gustav, 492-493, 686
Naumburg, 13-14, 684
Neokantismo, 102-104
Nice, 442-443, 471, 481-482, 489-490, 535-536, 554-555, 562-564, 599-601
Nielsen, Rosalie, 204-205
Nietzsche, Elizabeth (Förster-)
    alienação de, 285
    casamento, 487
    controle físico do irmão, 688
    descrição de Elizabeth, 7
    Lou Salomé *versus* Elizabeth, 419-421, 427, 438-441
    morte de Nietzsche, 690
    o casal Wagner e, 243
    publicação dos livros do irmão, 685-688
    relacionamento com Fritz, 7n, 17, 67-69, 227-228, 229, 254, 427, 437, 438-441, 479-480, 536, 558, 604-605
    sobre a brincadeira do Rei Esquilo, 16-17
    sobre a Basileia, 113
    sobre a Sociedade *Germania*, 30-31
    sobre Ludwig, 4-6
    sobre Naumburg, 13
    sobre o serviço militar do irmão, 161-163
    sobre os ensaios do Festival de Bayreuth, 270n
    sobre Pforta, 23-25
    sobre Tautenburg, 418-419
    sobre Tribschen, 125-126
    versão de *A Vontade de Poder*, 661-662, 662n, 674
Nietzsche, Erdmuthe, 4-5, 7, 13, 560
Nietzsche, Franziska Oehler
    alienação de, 32-33, 243, 427
    apoio ao filho, 66-69
    cuidados com o filho, 13, 684
    descrição, 7
    morte de, 13, 688
    relacionamento com os filhos, 4, 7
    sobre o casamento de Elizabeth, 441-442
    sobre Pforta, 23
    venda dos direitos autorais, 687
Nietzsche, Friedrich "Fritz"
    a suposta homossexualidade, 35-36, 392-393
    como compositor, 182-183
    construção do mito, 688-690
    críticas de, 612-613, 612n
    descrição na juventude, 19-20
    idealismo wagneriano, adesão ao, 435-437
    infância/vida familiar, 4-6
    jogos de guerra, 15-16
    memoriais para, 226n
    morte de, 690
    morte do pai, influências em, 9-11
    mudanças de personalidade, 473, 477
    música como influência em, 4-6, 16-17, 684
    nascimento, 3
    personalidade, intensidade da, 424, 424n, 473
    perspectivas mutáveis, 154n
    problemas de saúde (*Ver* problemas de saúde)
    relacionamento com Elizabeth, 7n, 17, 67-69, 227-228, 229, 254, 427, 437, 438-441, 479-480, 536, 558, 604-605
Nietzsche, Karl Ludwig, 4-6, 9-10
*Nietzsche como educador*, 642, 642n
*Nietzsche contra Wagner*, 647-649
*Nihil admirari*, 211
"Nós, os Destemidos", 539-541
"Nós, os Filólogos", 243-246, 248-249, 257, 258
"Notas do Verão e do Inverno de 1873"
    ciência, limites da, 212-213

gênios, 213
idealismo *versus* realismo, 212
nacionalismo *versus* cosmopolitismo, 214
objetivo da filosofia, 214-215
religião, futuro da, 215
visão geral, 211-212

*O Andarilho e sua Sombra*
a arte e a característica, 345-346, 345n
a vida como um manual de ensinamento, 339-341, 340n
antecedentes, 337-339
autocontrole, obtenção do, 343-344
influência da filosofia antiga em, 335-338
o tema do heroísmo idílico em, 373-374
positivismo em, 334
publicação, 334
questões teóricas, indiferença às, 341
reações ao, 349
reedição de, 483, 536-537
serenidade, desenvolvimento da, 342-343
sobre a morte, 465
sobre a renúncia à vontade livre, 324-325
sobre democracia, 348-349
sobre economia, 345
sobre felicidade, 339, 385-387
sobre guerra e paz, 346
sobre mulheres, 346-348
sobre o autoaperfeiçoamento, 371
Walden Dois, 344-346

*O Anticristo*
a "República" de Nietzsche, sua hierarquia, 528, 635-639
a "República" de Nietzsche, sua religião, 639-641
*A maldição ao cristianismo*, 671
a perversão de Paulo, 570, 632-633, 633n
cristianismo, críticas ao, 633-635
Jesus histórico, 41, 632
judaísmo, o desenvolvimento da moral dos escravos e, 568, 630-631
os escritos de, 606, 670
sobre felicidade, 526
visão geral, 629-630, 636n

*O caso Wagner*
a história do ciclo de *O Anel*, 612-614, 612n, 613n, 614n
o conceito de *décadence*, 602n, 609-611
resenhas, 647-648, 651-652
visão geral, 604n, 608-609

*O cavaleiro da morte e o diabo* (Dürer), 311n
*O ciclo de O Anel* (Wagner), 141, 222, 231n, 264, 612-614, 612n, 613n

O conceito de vontade de poder
doutrina biológica, 673, 675-676, 675n
doutrina cosmológica, 673-674
doutrina psicológica, 673, 676-677
expansão, 549, 549n, 550

O conceito do homem do rebanho, 92, 397-399, 447-448, 509-513, 513n

*O Crepúsculo dos Ídolos*
Alemanha, crítica à, 626-627
elaboração do, 606, 670-671
Eliot, crítica a, 41
o tema do eterno retorno, 620-622, 638n
realidade, natureza da, 615-617, 616n, 617n
sobre a felicidade, 618-620
sobre a liberdade, 617-618
sobre a sociedade, aperfeiçoamento da, 628, 635-639
sobre a sublimação da violência, 622-623, 623n
sobre a teoria do *milieu*, 532-533
sobre a vontade de viver, 505-506, 675-676
sobre arte, 628-629
sobre *décadence*, 609-611
sobre o egoísmo, 624-625, 624n
visão geral, 614-615

"O Desejo do Eremita", 479
"O Estado Grego", 190-191

O êxtase dionisíaco
em *Assim falou Zaratustra*, 148-151, 151n, 153-154
em *A Origem da Tragédia*, 146n, 148-151, 153-154, 223-224, 264-266, 463-466, 464n, 620-622
na loucura, 654-656
na sociedade saudável, 549, 549n, 551

*O Gênio*, sobre Nietzsche, 171-172, 191, 191n, 213, 235-237, 532-533
*O Grande Meio-Dia*, 635-639
*O julgamento do pássaro*, 395
*O materialismo alemão*, 339-340, 340n
*O Mistério Noturno*, 394-395
*O mito de Sísifo* (Camus), 99, 310-311
*O mundo como vontade e representação* (Schopenhauer), 74, 93-98, 105-110
O mundo sobrenatural, em Nietzsche, 41, 66-67, 570
O prostíbulo de Colônia. *Ver também* prostíbulos
O projeto de Bayreuth
a transvaloração de Nietzsche do, 220-224
apelos aos alemães, 205-207
como redenção alemã, 201, 201n
o compromisso de Nietzsche com, 187, 193, 198-199
recursos financeiros, 221

*O que Significam os Ideais Ascéticos?*, 580-581, 610-611.*Ver também* ascetismo
*O que é Romantismo?*, 549, 549n, 551

## ÍNDICE ALFABÉTICO

O Reich alemão, 27-28, 81, 600
O tema da vida saudável, 679-680
O tema do eterno retorno
    *A Gaia Ciência*, 385-387, 385n
    *A Vontade de Poder*, 638n
    *Assim falou Zaratustra*, 385, 385n, 473-474, 474n
    *O Crepúsculo dos Ídolos*, 620-622, 638n
O tema do super-homem, 171-172, 191, 191n, 213, 236-237, 532-533
Oberdreis, 60
Objetividade
    sobre *A Genealogia da Moral*, 583-584, 616n, 617n
    sobre Schopenhauer, 583-584
Obras literárias, 1858-1864
    destino e liberdade, 57-58
    moral, política, 53-56, 54n, 55n
    música, 42-45
    pátria *versus* cidadão do mundo, 56-57
    plágio em, 49n
    poesia, 46-53
    religião, 38-41
    tragédia, 45-46
    visão geral, 37-38
Obras literárias, Bonn, 66-67
Ódio a si mesmo
    como legado cristão, 130, 512-513, 512n, 578, 578n,
    o estímulo do cristianismo, 312, 359n, 399-400
Oehler, Auguste, 7, 13
Oehler, David Ernst, 4, 5
Oehler, Edmund, 5n
*Old and New Faith*, 199-203
Ópera, 42-43, 131
*Ópera e Drama* (Wagner), 44n
*Opiniões e Sentenças*, 331-332, 483, 491, 536-537
Oposição ao catolicismo, 226, 226n
Oratório, 42-43
*Oratório de Natal*, 42-43
*Origem dos Sentimentos Morais* (Rée), 279-280
Os anos da infância
    Naumburg, 13-14
    Röcken (*Ver* Röcken.)
    vida familiar, 4-6
Ott, Louise, 273-274, 285, 298
Overbeck, Franz
    cuidados com Nietzsche, 657-659, 681-682
    Elizabeth, relacionamento com, 662n
    internação de Nietzsche em uma clínica psiquiátrica, 681-682
    Nietzsche, relacionamento com, 119-120, 193-196, 581-583, 644n
    Romundt, relacionamento com, 246-247
    sobre Nietzsche, 663-664

Pacifismo, desenvolvimento do, 163-164
Paneth, Joseph, 443-444, 471-472
Parmênides, 197
*Parsifal (Wagner)*, 142, 222, 281, 291, 390, 419, 553
"Pensamentos Referentes à Música Coral na Tragédia", 45
Personalidade, mudanças, 473-474, 477
Perspectivismo, 508-509, 541, 583-584, 585n, 587
Perversão de Paulo, 570, 632-633, 633n
Pessimismo
    alegria, 551-552
    em Nietzsche, 145-146, 545, 549, 668
    em Schopenhauer, 94-95, 234-235, 365
    em Wagner, 137-139, 142-143
    Nietzsche descrito como, 286, 538
    superação, 197-198, 550-551, 638
Pforta
    como colégio ideal, 167-168
    cultura, 23-29, 54n
    currículo, 29-30
    filologia como profissão, 35
    história do, 23
    obras literárias (*Ver* obras literárias, 1858-1864)
    rebeldia na adolescência, 33-35
    sobre Nietzsche, 23-25
    Sociedade *Germania*, 30-31, 300n
    transferência de Nietzsche para, 14-15, 23
Pinder, Wilhelm, 15-18, 30-31
Platão, 135n, 138n, 519-521
Poder
    metafísica do, 505-508, 541, 666, 673-674
    vontade de (*Ver* o conceito de vontade de poder)
Poesia
    obras literárias, 1858-1864, 46-53
    papel na arte grega, 152-153
    para Lou Salomé, 393
Política
    obras literárias, 1858-1864, 53-56, 54n, 55n
    sobre *A Origem da Tragédia*, 151
    sobre Wagner, 9, 151
Positivismo. *Ver também* naturalismo
    adesão de Nietzsche ao, 266, 360-362
    em *O Andarilho e sua Sombra*, 334
    *Humano, demasiado Humano* no, 228, 292-294, 320n
    poder, metafísica do, 505-508
Povo. *Ver* Volk
Prahlen, Isabella von, 276
"Prece à Vida", 239, 426, 533-534
Preservação, 319
Problemas de saúde
    a antiga filosofia como cura para, 337-338
    a história do cavalo, 657-659

a relação com o clima, 349-353, 384, 392-393, 563, 599
a teoria da sífilis, 63-64, 287-289, 681, 682-684, 691-695
afastamento de Liepzig, 74-75
automedicação, 163, 384
clínica psiquiátrica em Jena, 682-684
colapso mental, 642-643, 648n, 650-652, 653-657, 681-682
depressão, 217-220, 268-269, 334, 433-434, 557-558
estresse (enxaqueca), 14-16, 36-37, 71-72, 125-127, 193, 217, 246-251, 254, 282, 433-434, 559
ferimento no peito, 86
hábitos alimentares, 333, 383-385, 558-561, 560n
insanidade, teorias da, 691-695
licença por problemas de saúde da função de professor, 329
loucura, influências iniciais, 48
masturbação como causa da, 287-289
megalomania, 650-652, 653-655, 681-682
mudanças de personalidade, 473-474, 477
realidade, dissociação da, 653-657
tentativa de cura no ar da montanha, 331
tentativas de cura do homem de ferro, 287-289
tentativas de curas ascéticas, 334
transtorno de estresse pós-traumático, 163-164, 175
visão, deterioração da, 203-204, 203n, 284, 389
Prostíbulos
Colônia, 63-65, 259-260
proibição do sexo no cristianismo, 244
visitas de Nietzsche aos prostíbulos, 282, 289, 319
Prússia. *Ver também* Guerra Franco-Prussiana
filosofia posterior de Nietzsche sobre, 166-167, 199-203
guerra civil, 80-84
influência sobre Nietzsche, 3-4, 29
serviço militar na, 84-86
sistema educacional, opinião de Nietzsche sobre, 167-174, 177, 319n
*Psychological Observations* (Rée), 255-257

Ranke, Leopold von, 24
Realidade, natureza da, 615-617, 616n, 617n
Realismo
científico, 504-505
em "Notas do Verão e do Inverno de 1873", 212
em *A Genealogia da Moral*, 583, 616n, 617n

senso comum, 505
sobre Schopenhauer, 667-669
Realismo plural, 189n
Recoaro, 355-356
Redenção
cultura como, 190
sobre *A Origem da Tragédia*, 142-143, 142n, 153-154
sobre *Zaratustra*, 461-462
Redtel, Anna, 35-36
Rée, Paul. *Ver também* Salomé, Lou
crítica de Nietzsche a, 359n, 540, 592-594
*Humano, demasiado Humano*, influência em, 329-330, 645
na fotografia do chicote, 415
Nietzsche, relacionamento com, 254-257, 275, 276, 390-392
*Origin of the Moral Sentiments*, 278-280
Reforma Protestante, 4, 23
Regime alimentar, a importância na vida cotidiana, 340, 340n
Reich, alemão, 28, 81, 600
Religião. *Ver também* cristianismo; Cristianismo, Nietzsche e
como posse fundamental, 38
crítica à, 301-302
função correta, 547-548
na cultura superior, 320-321
"Notas do Verão e do Inverno de 1873" sobre o futuro da, 214
obras literárias, 1858-1864, 37-38
Revolução Francesa de 1789, 8-9
Richter, Hans, 125, 125n
Ritschl, Friedrich, 59, 71-72, 73-74, 75-76, 90-92, 180-181
Ritschl, Sophie, 76
Robertson, Croom, 286
Röcken
descrição, 3-4
sobre Nietzsche, 8-9
vicariato, 7, 8, 8n, 9
Röder-Wiederhold, Louise, 483
Rohde, Erwin
casamento, 75n, 273-274
como discípulo de Wagner, 100-101, 123
Nietzsche, relacionamento com, 74-75
resenha de *Além do Bem e do Mal*, 494-495
rompimento das relações com, 492-493, 532-533
sobre *A Origem da Tragédia*, 177-178
sobre *Humano, demasiado Humano*, 299, 329-330
sobre *O Andarilho e sua Sombra*, 349
sobre Willamowitz, 185
Romantismo, 293-294, 549, 549n, 551

ÍNDICE ALFABÉTICO

Romundt, Heinrich, 193-194, 194n, 196-197, 226-227, 246-247
Rosenlaui, 283-286
Rothenburg-ob-der-Tauber, 220
Rousseau, Jean-Jaques, 9, 44n
Rubens, Peter Paul, 355n
Ruta Lugure, 535
Rütimeyer, Ludwig, 117-118

Sacro Monte, 414-416
Salis, Meta von
   apoio financeiro de, 605
   como feminista, 484-487, 524n, 525
   Nietzsche, relacionamento com, 474-475, 474n, 484-487, 531
   papel, percepção de Nietzsche do, 228
   santuário de Weimar, 688-690
   tese de doutorado, 557
   último encontro antes do colapso mental com, 561-562, 606
Salomé, Lou (Andreas-)
   a fotografia do chicote, 415-416, 420
   brigas, 421-422
   caso, consequência, 427-431, 438-441
   caso, fim do, 427-428
   descrição, 411
   Elizabeth *versus*, 419-421, 427, 438-441
   em Tautenburg, 418-419, 422-424
   encontro, 392-393, 411, 413
   experiências com, influência do pensamento posterior de Nietzsche, 484, 524n, 557-558, 604n
   flerte de Nietzsche com, 416-417, 422-424
   motivações, 411-412, 424-425
   papel, percepção de Nietzsche do, 228
   percepção da história de, 430
   proposta de Nietzsche a, 413-416
   Rée e, 254-255
   relacionamento, poesias, 394
   sobre Sacro Monte, 414-416
Santuário de Weimar, 688-690
Schacht, Richard, 662-663
Schiller, Friedrich, 51
Schirnhofer, Resa von, 472-473, 477, 484-487, 524n, 557
Schmeitzner, Ernst, 227, 249, 279-280, 291-292, 394, 434-435, 488-489
Schopenhauer, Arthur
   a descoberta de Nietzsche, 74, 93
   admiração de Nietzsche por, 77, 108-110, 582
   crítica a, 104-105, 582n
   descoberta de, 246
   filosofia, adesão de Nietzsche à, 98-102
   idealismo, 504
   influência sobre Rée, 256-257
   influência sobre Wagner, 612-613, 612n, 614n
   *O Mundo como Vontade e Representação*, 74, 93-98, 105-110
   reconstrução de, 105-110
   Rohde, sobre a importância de, 177-178
   sobre a fuga do sofrimento, 95, 304
   sobre a independência de pensamento, 80, 93-94
   sobre a morte, 84, 102, 105-106
   sobre a virtude moral, 96-98, 305-306, 365, 366n
   sobre música, 140-142, 533-534
   sobre Nietzsche, 234-235
   sobre o mundo natural, 94
   sobre objetividade, 583-584
   sobre realidade, 665-667
   sobre sexualidade, 431, 581-583
   sobre sofrimento, vontade, 94-95, 105-106, 109-110, 139-140
   sobre Wagner, 89-90, 137-144
*Schopenhauer como educador*, 219-220, 228, 232-239, 261, 263n, 314, 319, 642n, 643
Schulpforte. (*Ver* Pforta)
Sclaf, Johannes, 494
*Ser científico em relação à ciência*, 539-544, 610
Sexualidade
   em Nietzsche, 282-283, 375, 581 (*Ver também* ascetismo)
   em Schopenhauer, 431, 581-583
Seydlitz, Reinhart von, 283, 330
*Siegfried* (Wagner), 121-122
Significado da vida, sobre Nietzsche, 248
Sils Maria, 383-385, 437-438, 475-476, 482-484, 531, 558-562, 605, 670n
Sinfonia *Júpiter*, 305n
*Singing Neanderthals, The* (Mithen), 44n
Sistema de castas (hierarquia), 635-639
"Só a visão do super-homem tem valor", 191, 191n
"Sobre a Infância dos Povos", 38
"Sobre a Necessidade do Homem da Metafísica", 304
"Sobre a Relação da Filosofia de Schopenhauer com a Cultura Alemã", 191
"Sobre o Estado e a Religião" (Wagner), 137-139
"Sobre o Futuro de nossas Instituições Educacionais", 167-174, 177, 190, 210, 319n, 404, 404n, 626
"Sobre o Judaísmo na Música" (Wagner), 135n
"Sobre o *Pathos* da Verdade", 188-189
"Sociedade de Embelezamento de Tautenburg", 418-419, 419n
Socialismo, sobre Nietzsche, 204-205, 281, 281n, 344-346
Sociedade, aperfeiçoamento da sociedade, 628, 635-639. (*Ver também* modernidade)

Sociedade *Germania*, 30-31, 300n
Socratismo, 155, 201-202, 320n, 321, 335-336
Sofrimento
    em *A Origem da Tragédia*, 50
    em Schopenhauer, 94-95, 105-106, 109-110, 139-140
    fuga de Schopenhauer ao, 96, 304
Suicídio como uma questão filosófica, 145, 318-319
Solidão
    como necessidade de Nietzsche, 184
    como o preço de excelência do poeta, 46-47
Spinoza, Baruch, 387-388, 587n
Spir, African, 296, 296n
St. Moritz, 333-334
Stein, Heinrich von, 477-479, 555n, 559
Steinabad, 249-254
Stölten, Hermann, 418-419, 418n
Strade Nuova, 355, 355n
Strauss, David, 65-66, 199-203
*Straussiade*, 199-203
*Straw Dogs* (Grey), 578n
Strindberg, August, 604
Subserviência do Estado à ideia da sociedade civil, 171-172
*Sutras of the Vedanta* (Deussen), 561-562

Taine, Hipólito, 532-533, 533n, 568n
Tautenburg, 418-419, 422-424
Teógnis de Megara, 55n, 75
Teoria da sífilis, 63-64, 287-289, 681, 682-684, 691-695
Trabalho, 72, 176n, 218-220, 314
Tragédia
    grega. (*Ver* tragédia grega)
    obras literárias, 1858-1864, 45-46
Trampedach, Mathilde, 258-261, 299
Tribschen
    afastamento de, 125-127
    ambiente, 120-125
    o antissemitismo de Wagner, desenvolvimento do, 176-177
    sobre *A Origem da Tragédia*, 127
*Tristão e Isolda* (Wagner), 31, 121, 138, 152, 154n, 222, 262
*Triumphlied* (Brahms), 230-232, 264
Turim, 601-602, 629

União, realização na loucura, 654-656
Universalismo, rejeição ao, 56
Universidade de Greifswald, 175
*Usos e desvantagens da história para a vida*, 207-211, 208n, 217, 227-228, 271
Utilidade para a comunidade como comportamento ético, 313-314

*Vaterhaus*, a perda de segurança, 9-11
Veneza, 351-352, 562
Verdade
    devoção à, 65-71, 539-541
    negação da existência da verdade, 585n
    sobre *A Genealogia da Moral*, 543
    sobre o cristianismo, 594, 594n
Veytaux, 258-259
Villa Rubinacci, 276, 278-283
Violência
    em *A Origem da Tragédia*, 163-164
    sublimação da, em *O Crepúsculo dos Ídolos*, 622-623, 623n
    sublimação na cultura grega, 164-166, 578
Vischer-Bilfinger, Wilhelm, 117-118, 220-221
*Volk* (povo). (*Ver também* projeto de Bayreuth)
    a arte como essência do, 132, 133-134, 171-173
    benefícios do conhecimento, 171-173
    o conceito wagneriano do, 134-135, 247-248, 262, 264
    o papel da comunidade na preservação do, 316
    o papel do mito para, 152-153, 156-158
    super-homem, o nascimento do, 171-173
Vontade livre
    a rejeição de Nietzsche, 368-372
    a renúncia de *O Andarilho e sua Sombra*, 324-325
    como falsa moral, 570
    em *Humano, demasiado Humano*, 324-325, 332
    sobre Schopenhauer, 94-95, 104-105, 140-141

Wagner, Cosima
    antissemitismo de, 255, 281, 329-330
    George Eliot e, 281
    relacionamento com Elizabeth Nietzsche, 243, 419-421
    relacionamento de Nietzsche com, 228, 486
    resenha da primeira *Consideração Extemporânea*, 238
    resenhas de trabalhos de Nietzsche feitas por, 129, 196-198, 329-330
    sobre a separação de von Bülow, 183n, 184n
    sobre Nietzsche como compositor, 120-125
    sobre o serviço militar de Nietzsche durante a guerra, 159-160
    tratamento de Cosima a Nietzsche, 249
Wagner, Richard
    A natureza tirânica de, 88-89, 221-222, 231
    *décadence* de, 609-611
    morte, 435-437
    o impacto de Schopenhauer em, 90, 137-144, 154n
    proibição de Brahms por, 230-232

# ÍNDICE ALFABÉTICO

Rohde, a importância de, 177-178
*Siegfried*, 121-122
sobre a arte, 130, 136-137, 142-143
sobre a comunidade (*Volk*), 132-134
sobre a tragédia grega, 131-133
sobre amor, sexualidade, 287-288
sobre as *Considerações Extemporâneas*, 201-203, 238
sobre *Humano, demasiado Humano*, 329-330
sobre industrialização, 130
sobre música, 140-142, 141n, 534n
sobre nacionalismo, 134-136, 135n
sobre o consumismo, 130
sobre o cristianismo, 130
"Sobre o Estado e a Religião", 137-139
sobre o niilismo pós-moderno, 130-131
sobre política, 9, 151-152
sobre Schopenhauer, 97n, 144n
*Tristão e Isolda*, 31, 121, 138, 152, 154n, 222, 262
visão do mundo de, 130-136
Wagner, Richard, Nietzsche e
admiração, 76-77, 87-88, 223-225
alienação, 220-224, 227-228, 230-232, 242, 247-249, 252-254, 267-268, 275-276, 281-282, 287-289
ataques, 304
críticas, 220-224, 261-262, 608-609, 644-645
encontro, 88-90
ideais, estímulo de, 176-177, 176n
*Opera and Drama*, 44n
relacionamento, 68n, 100-101, 120-125, 129, 140n, 187-188, 193, 197-199, 199n, 217-218, 276-277
sobre o consenso nos trabalhos, 225-226
*Wagner em Bayreuth*, 140n, 220-221, 261-271, 321-322, 643
*Wahn*, 135n, 154n
Walden Dois
arte e característica de, 345n, 346
democracia em, 348-349
economia em, 345
guerra e paz em, 346
mulheres em, 346-348
projeto de, 344-346
*Walküre*, 270n
Welti, Heinrich, 494
*Westminster Review*, 246
Widmann, Joseph, 493
Wiel, Joseph, 249-251
Wilamowitz-Möllendorff, Ulrich von, 178-180, 185-186
Wille, Ludwig, 681-682
Winckelmann, Johann Joachim, 179, 179n
Wolf, Hugo, 557

Zimmern, Helen, 476-477, 524n
Zurique, 556-557

**FORENSE UNIVERSITÁRIA**

**www.forenseuniversitaria.com.br**
bilacpinto@grupogen.com.br

| 10 | 1 |
|---|---|
| 9 | 2 |
| 8 2014 | 3 |
| 7 | 4 |
| 6 | 5 |

Impressão e Acabamento: